रवीन्द्रनाथ त्यागी रचनावली

खण्ड : एक

खण्ड : एक

व्यंग्य-संसार : खण्ड एक से छह

• खुली धूप में नाव पर (1963) • भित्ति-चित्र (1966) • मल्लीनाथ की परम्परा (1968) • कृष्णवाहन की कथा (1971) • देवदार के पेड़ (1973) • शोक-सभा (1974)

खण्ड : दो

• अतिथि-कक्ष (1977) • फूलों वाला कैक्टस (1978) • सुन्दरकली (1978) • ऋतु-वर्णन (1979) • भद्र पुरुष (1980) • इस देश के लोग (1982) • पद-यात्रा (1985)

खण्ड : तीन

• आत्मलेख (1988) • पराजित पीढ़ी के नाम (1988) • प्रसंगवश (1988)

खण्ड : चार

• विषकन्या (1990) • गणतन्त्र दिवस की शोभायात्रा (1991) • चम्पाकली (1992)

खण्ड : पाँच

• इतिहास का शव (1993) • देश-विदेश की कथा (1994) • भाद्रपद की साँझ (1996) • लाल-पीले फूल (1997)

खण्ड : छह

• बादलों का गाँव (1999) • शेष-अवशेष (2011)

खण्ड : सात

काव्य-संसार

• सूखे और हरे पत्ते (1962) • कल्पवृक्ष (1965) • आदिम राग(1967) • आखिरकार (1978) • सलीब से नाव तक (1983) • अन्तिम बसन्त (1988) • कृष्णपक्ष की पूर्णिमा (1996)

खण्ड : आठ

विविध

• उपन्यास : अपूर्ण कथा (1980) • कहानी (1980) • पत्र (2008) • बाल-साहित्य

रवीन्द्रनाथ त्यागी रचनावली

खण्ड : एक

सम्पादक

कमल किशोर गोयनका

वाणी प्रकाशन

वाणी प्रकाशन

4695, 21-ए, दरियागंज, नयी दिल्ली 110 002

शाखा

अशोक राजपथ, पटना 800 004

फ़ोन : +91 11 23273167 फ़ैक्स : +91 11 23275710

www.vaniprakashan.in
vaniprakashan@gmail.com
sales@vaniprakashan.in

RAVINDRANATH TYAGI RACHNAWALI-1
Edited by Kamal Kishore Goyanka

ISBN : 978-93-5229-514-2
Rachnawali

प्रथम संस्करण 2016

प्रत्येक खण्ड का मूल्य : ₹ 1000
(आठ खण्ड सेट) सेट मूल्य : ₹ 8000

हर्ष प्रिंटर्स, दिल्ली-110 093 में मुद्रित

वाणी प्रकाशन का लोगो मक़बूल फ़िदा हुसेन की कूची से

भूमिका

हिन्दी साहित्य के व्यंग्य-त्रयी में सबसे सशक्त तथा सर्वाधिक साहित्यिक व्यंग्य लिखने वाले तथा व्यंग्य को साहित्य की एक प्रबल रचना-धारा एवं उसे एक स्वतन्त्र विधा के रूप में प्रस्थापित करने वाले रवीन्द्रनाथ त्यागी के साहित्य की रचनावली के सम्पादन और उसे आठ खण्डों में प्रकाशित कराने के समय मुझे आत्मिक आनन्द की अनुभूति हो रही है। रवीन्द्रनाथ त्यागी की रचनावली उनके देहावसान के लगभग बारह वर्ष बाद प्रकाशित हो रही है और निश्चय ही विलम्ब से हो रही है, क्योंकि रचनावली के प्रकाशन पर त्यागीजी से चर्चा वर्ष 1990-91 से आरम्भ हुई थी। इस आरम्भिक चर्चा को त्यागीजी ने गम्भीरता से लिया और अपनी ओर से इसकी एक रूपरेखा का प्रारूप भी उन्होंने बनाकर मुझे भेजा, यद्यपि उनका स्पष्ट मत था कि अन्तिम निर्णय सम्पादक का ही होगा। त्यागीजी का मेरी क्षमता एवं 'स्कॉलरशिप' पर इतना विश्वास था कि वे रचनावली के सम्पादन का एकमात्र अधिकार मुझे ही सौंप गये। मेरे लिए यह एक ऐसा पवित्र आदेश था जिसके पालन का गौरव उन्होंने मुझे दिया था। अब यह मेरा नैतिक एवं साहित्यिक दायित्व था कि 'रवीन्द्रनाथ त्यागी रचनावली' की चर्चा एवं प्रकाशन का जो प्रस्ताव मैंने उनके जीवन-काल में दिया था, उसे पूर्ण करने के लिए कटिबद्ध होऊँ। मैंने उनकी जीवितावस्था में तथा उनके देहान्त के बाद कई प्रकाशकों से बात की, उनके प्रकाशकों से भी बात की, किन्तु स्वीकृति के बावजूद कार्य शुरू नहीं हो सका, लेकिन मेरे प्रयत्न निरन्तर चलते रहे और अब आप देख ही रहे हैं कि 'रवीन्द्रनाथ त्यागी रचनावली' (खण्ड आठ) आपके हाथ में है। हिन्दी व्यंग्यकारों में—हरिशंकर परसाई तथा शरद जोशी की रचनावलियों के प्रकाशन के बाद व्यंग्य-त्रयी के तीसरे स्तम्भ रवीन्द्रनाथ त्यागी की इस रचनावली के प्रकाशन से त्यागीजी का पाठक-समाज, व्यंग्य लेखक-समाज तथा साहित्य-प्रेमियों को अवश्य ही प्रसन्नता होगी। मेरे लिए तो यह एक अनुष्ठान, एक यज्ञ तथा एक तपस्या के सुखद परिणाम तथा एक साहित्यिक वरदान से कम नहीं है। हरिशंकर परसाई तथा शरद जोशी के विपुल तथा लोकप्रिय व्यंग्य-साहित्य के सम्मुख रवीन्द्रनाथ त्यागी ने अपनी उपस्थिति और पहचान बनायी और उनका

व्यंग्य-साहित्य इतना लोकप्रिय तथा चर्चित हुआ कि साहित्य-संसार ने उन्हें साथ मिलाकर 'परसाई-जोशी-त्यागी' की व्यंग्य-त्रयी को रूप दिया और यह त्रयी इसी रूप में विख्यात हुई, परन्तु त्यागीजी ने इस व्यंग्य-त्रयी को व्यंग्य-चतुर्थी में बदलकर परसाई-जोशी-श्रीलाल शुक्ल और उसके बाद चौथे स्थान पर स्वयं को रखकर अपनी शालीनता और गुण ग्राहकता का परिचय दिया! त्यागीजी ने लिखा कि व्यंग्यकारों में पहले परसाई, फिर शरद जोशी, फिर श्रीलाल शुक्ल, फिर उसके बाद ही रवीन्द्रनाथ त्यागी आते हैं। त्यागीजी इन व्यंग्यकारों की प्रशंसा करते हैं, परसाई को सर्वश्रेष्ठ व्यंग्यकार मानते हैं तथा उन्हें 'राजनीतिक-सामाजिक सुधारक' का स्थान देते हैं। उनमें मानवीय संवेदना है तथा कबीर की तरह निर्भीक हैं, पार्टी-सदस्य होने पर भी वामपन्थियों की आलोचना करते हैं। त्यागीजी परसाई के साथ अपनी तुलना में कहते हैं कि राजनीति का कभी अनुभव नहीं रहा। मेरा जीवन नौकरशाही और दफ़्तरों में बीता और इस कारण अफ़सरों, चपरासियों तथा आम आदमी के जीवन पर लिखता रहा। मैंने जितनी दुनिया देखी थी उतनी ही मेरे सम्मुख रही। शरद जोशी को वे बड़ा शिल्पकार तथा सोद्देश्य व्यंग्यकार मानते हैं एवं यह भी लिखते हैं कि जोशी ने व्यावसायिकता के कारण कला का स्तर गिरा दिया है। श्रीलाल शुक्ल शिल्प की दृष्टि से सबसे आगे हैं। त्यागीजी बार-बार श्रीलाल शुक्ल की प्रशंसा करते हैं, किन्तु श्रीलाल शुक्ल जिन शब्दों में रवीन्द्रनाथ त्यागी के व्यंग्य-संसार की प्रशंसा करते हैं वह जानना ज़रूरी है, अतः वह यहाँ प्रस्तुत है। श्रीलाल शुक्ल 'बादलों का गाँव' व्यंग्य-संकलन में लिखते हैं, "आज के वरिष्ठ हास्य-व्यंग्य लेखकों में रवीन्द्रनाथ त्यागी का लेखन अपने ढंग का है। उस पर पूर्ववर्ती तथा समकालीन लेखकों का कोई प्रभाव परिलक्षित नहीं होता। उन्होंने लगभग स्वतन्त्र रूप में अपना लोकतन्त्र विकसित किया है। उनकी कलात्मक अभिरुचियाँ परिष्कृत और साहित्य का अध्ययन गहन है। वह उनके लेखन में उसे सम्पन्न बनाते हुए बोझिल होने से बचाते हुए सहज रूप में प्रतिबिम्बित होता है। त्यागीजी में राजनीतिक तल्खी नहीं है, वहाँ सहज परिहास-बोध है और स्थितियों का विश्लेषण तथा कौतुकपूर्ण सूझ-बूझ है। कहना न होगा कि रवीन्द्रनाथ त्यागी का साहित्य सुशिक्षित व सुसंस्कृत व्यंग्य व परिहास का अद्वितीय नमूना है।"

रवीन्द्रनाथ त्यागी का व्यंग्यकारों की पीढ़ियों तथा अन्य साहित्य-विधाओं के प्रतिष्ठित-अप्रतिष्ठित सभी प्रकार के साहित्यकारों से आत्मीयता के सम्बन्ध रहे हैं। उनकी अध्ययनशीलता तथा अहंकारविहीन व्यक्तित्व तथा सबके प्रति सहृदय-सहज रहने की प्रवृत्ति एवं अपने मौलिक साहित्य-सृजन के कारण उनकी अग्रज, समकालीन और नयी युवा पीढ़ी ने उन्हें समान रूप से प्रेम, प्रतिष्ठा और स्वीकृति प्रदान की। इस दृष्टि से उनके व्यंग्यकार तथा कवि दोनों ही रूपों को साहित्यिक समाज में मान्यता मिली और लेखकों ने उनके कृतित्व की प्रशंसा की। उनके कवि रूप के

बारे में सुमित्रानन्दन पन्त ने लिखा कि उनके काव्य-कला बोध में 'नयी किरणों का नीड़' तथा 'सरल, मधुर, सुन्दर प्रेरणाएँ' छिपी हैं, सौन्दर्य-दृष्टि मार्मिक है तथा मुक्त छन्द में भी गीत का हृदय है। फ़िराक़ 'गोरखपुरी' के अनुसार त्यागीजी ने कविता में नयी ज़मीन तोड़ी है। अश्क के अनुसार उनके काव्य में नये स्वर तथा नयी शैली है, किन्तु अभिव्यक्ति में सादगी है। प्रकाशचन्द्र गुप्त के विचार में काव्य में नयापन, ताज़गी के साथ स्वस्थ मन की सरस अभिव्यक्ति है। रामकुमार वर्मा उनके काव्य में संवेदना के सूक्ष्म धरातलों की अभिव्यक्ति देखते हैं और विजयदेव नारायण साही के अनुसार त्यागीजी 'समर्थ प्रतिभाशाली कवि' हैं, रसिकता की वृत्ति है, स्वाभाविक एवं यथार्थवादी अभिव्यक्ति है तथा गहरी अन्तर्दृष्टि है। उनकी व्यंग्य-यात्रा पर उनके समकालीनों तथा बाद की पीढ़ियों के कई व्यंग्यकारों ने उनके व्यंग्य के वैशिष्ट्य की भरपूर प्रशंसा की है। हरिशंकर परसाई ने लिखा है, "मैं रवीन्द्रनाथ त्यागी को एक श्रेष्ठ कवि और श्रेष्ठ व्यंग्यकार स्वीकार करता हूँ। उनकी विशिष्टता का एक प्रमुख कारण है कि हमारे जो पुराने क्लासिकल हैं, उनमें उनकी गति है। वे सचमुच बहुत अच्छा लिखते हैं। ऐसा प्रवाहमय विट सम्पन्न गद्य मुझसे लिखते नहीं बनता।" कहानीकार राधाकृष्ण ने प्रशंसा में लिखा है कि त्यागीजी व्यंग्य की लाठी से बाँसुरी बजाने की कला में सिद्धहस्त हैं, लेकिन पुष्पपाल सिंह ने इसमें थोड़ा संशोधन करके लिखा है कि त्यागीजी लाठी जैसे उजड्ड हथियार का प्रयोग नहीं करते, वे कलित हास्य की बाँसुरी व्यंग्य में बजाते हुए उससे चाबुक की सटकार-सी मारते हैं जो हँसते-हँसते हुए भी अपनी मार से भीतर तक बिलबिला देते हैं। अमृतराय को उनके व्यंग्य में एक गुदगुदी, एक चुटकी का पुरलुप्त आनन्द मिलता है। वे उनके 'उन्मुक्त और लालित्य', निष्कलुष हास्य, शार्प विट और वाग्विदग्धता आदि की प्रशंसा करते हैं। धनंजय वर्मा ने त्यागीजी के सम्बन्ध में लिखा है कि उनमें शुद्ध हास्य एवं शुद्ध व्यंग्य तथा लालित्य का मिला-जुला रूप है, जो चटक और शोख़ है और हिन्दी की नामर्दी एवं स्त्रैणता का इलाज करता है। इन्द्रनाथ मदान उनमें व्यंग्य का विनोदात्मक रूप अधिक पाते हैं, किन्तु प्रेम जनमेजय उनमें 'बौद्धिक हास्य' की प्रधानता देखते हैं। जनमेजय लिखते हैं कि त्यागीजी पाठक की चेतना को गुदगुदाते हुए उस पर तीव्र खरोंच छोड़ देते हैं और कुत्सित मानसिकता पर प्रहार करते हैं। ज्ञान चतुर्वेदी की दृष्टि में त्यागीजी 'एक सार्वकालिक कालजयी व्यंग्यकार' की पहचान रखते हैं तथा उनमें निर्मल हास्य और मर्मभेदी व्यंग्य की सत्ता है। कमल किशोर गोयनका ने लिखा कि त्यागीजी हिन्दी के उन व्यंग्यकारों में से हैं, जिन्होंने हिन्दी हास्य-व्यंग्य को संस्कार दिया, एक सम्माननीय धरातल पर प्रतिष्ठित करके नयी ऊर्जा, नयी शक्ति तथा नयी सार्थक व्यंग्य-दृष्टि से समृद्ध किया। रमेश सोबती उन्हें 'व्यंग्य के शिखर पुरुष', गिरीश पंकज 'कालजयी हास्य-व्यंग्यकार', विनोद शंकर शुक्ल 'व्यंग्य के एक अलग स्कूल के जनक, शब्दों के खिलाड़ी एवं करुणामय हास्यकार', कैलाश चन्द्र पन्त

'अन्तहीन मर्मान्तक त्रासदियों का भोक्ता नायक' तथा हरीश नवल उन्हें स्मरण करते हुए लिखते हैं कि रवीन्द्रनाथ त्यागी के व्यंग्यों की श्रेष्ठता और लोकप्रियता ने हिन्दी में नये व्यंग्यकारों की फ़सल तैयार की। कमलेश्वर उनके सहपाठी थे और उन्होंने उन्हें निकटता से देखा-परखा था। उन्होंने त्यागीजी के बारे में कहा है, "रवीन्द्रनाथ जैसा कवि, लेखक, व्यंग्यकार और इतना बड़ा अफ़सर और इतना बड़ा आदमी जिसे कि हिन्दी कभी भुला नहीं सकती, वह आदमी हमारे साथ पढ़ा, हमारे साथ रहा है, हमारे साथ बातें की हैं, हमारे साथ सोचा है, हमारे साथ उसने लिखना शुरू किया है। त्यागीजी ने रचनात्मक प्रयोग किये तथा उसमें संस्कारशीलता, शालीनता और स्पष्ट मतवादिता थी। उसमें एक बड़ी जबरदस्त ऊँचाई थी और गहरे सरोकार थे और उसने व्यंग्य लिखकर समाज को विक्षिप्त होने से बचा लिया तथा अपनी चिल्लाहट को व्यंग्य में तबदील कर दिया।"

रवीन्द्रनाथ त्यागी का जीवन काफ़ी उतार-चढ़ाव का जीवन है। अपने जन्म तथा शिक्षा प्राप्त होने तक उन्होंने भयंकर ग़रीबी तथा कष्ट भोगे हैं, लेकिन रक्षा मन्त्रालय में अच्छी नौकरी मिलने पर उनके जीवन का दूसरा परिदृश्य शुरू होता है। त्यागीजी के जीवन की तीन स्थितियाँ ऐसी रही हैं जिनमें उनका जीवन उलझा रहा और त्रासदियों से गुज़रता रहा। उन्होंने लिखा भी है कि 'ज़िन्दगी हमेशा रही एक जंग खाई मज़ाक़' तो वास्तव में सच ही लिखा है। उनका बचपन त्रासदियों, व्यथाओं एवं अभावों से भरा है। उन्होंने 'मेरा बचपन', 'गर्दिश के दिन', 'अपूर्ण कथा' उपन्यास आदि में अपने बाल तथा किशोर जीवन एवं छात्र-जीवन की भयंकर दुर्दशा का चित्रण किया है। त्यागीजी ने लिखा है कि यह ग़रीबी और बेसहारे का एक दर्दनाक दस्तावेज़ हैं जो अलिखित है। बाद में पिताजी ने कभी कोई काम नहीं किया—सिवाय ग़ुस्सा करने के, हुक़्क़ा पीने के, सोने के और बच्चा पैदा करने के। पहले ज़ेवर बिके और फिर बर्तन। क़र्ज़ के सिलसिले में एक बार वे गिरफ़्तार भी हो गये। धीरे-धीरे दो जून का खाना मिलना भी दूभर हो गया। बहनें बड़ी होती जा रही थीं, पर उनकी शादी तो क्या, उन्हें तन ढँकने को पूरे कपड़े भी नहीं मिलते थे, घर ऐसा था कि हर बारिश के साथ-साथ थोड़ा-बहुत गिरता जाता था। इतना पावस प्रेमी कवि-हृदय मकान मैंने फिर कभी नहीं देखा। एक तरफ़ यह सब होता था और दूसरी ओर निकम्मा बाप चादर तानकर सोता था। उससे मुझे इतनी नफ़रत थी कि कह नहीं सकता, मगर जब वही इंसान घर छोड़कर भागने की धमकी देता था तो मैं रोने लगता था। मुर्दों को देखने की आदत मुझे बचपन से ही हो गयी थी, क्योंकि हर साल कोई भाई या बहन मरता ही रहता था जिसके लिए कफ़न भी मुश्किल से ही मिलता था। इस भयंकर ग़रीबी में त्यागीजी की माँ तथा छोटी बहन रात-रातभर सूत कातती जिसे त्यागीजी पोखर के किनारे बैठकर बेचते और हफ़्ते में एक रुपया बचता, एक रुपये का ट्यूशन किया और पाँच-पाँच रुपये की

नौकरी की। उन्होंने लिखा भी है—'जिसे नहीं मिला सुरक्षित बचपन, उसे कुछ नहीं मिला।' इन विपरीत तथा हिम्मतपस्त करने वाली परिस्थितियों में भी त्यागीजी ने पढ़ना नहीं छोड़ा। उन्हें आरम्भ में एक संस्कृत पाठशाला में डाला गया, तो वे जाड़े के दिनों में एक धर्मशाला के फाटक में सोते और ऐसी ही परिस्थितियों में वे हाई स्कूल, इण्टरमीडिएट, बी.ए. आदि की परीक्षा प्रथम श्रेणी में उत्तीर्ण करते चले गये और एम.ए. (अर्थशास्त्र) उन्होंने प्रयाग विश्वविद्यालय से किया और स्वर्णपदक प्राप्त किया। यहाँ से उनके जीवन का रंग-ढंग बदलता है।

रवीन्द्रनाथ त्यागी वर्ष 1955 में भारतीय प्रशासनिक सेवा की भारतीय रक्षा लेखा-विभाग सेवा में अधिकारी के पद पर नियुक्त होते हैं और अगस्त, 1989 में रक्षा-लेखा नियन्त्रक के उच्च पद से सेवा-मुक्त होते हैं। इस प्रकार वे विषम और विपरीत परिस्थितियों में भी संघर्ष करते हुए एक नये जीवन-सुख, उच्च पद, अधिकार आदि से परिपूर्ण जीवन में पहुँचते हैं और अपनी ईमानदारी, कर्मशीलता, सीधे-सरल एवं मानवीय व्यक्तित्व से एक प्रतिमान बनकर सरकारी सेवा से रिटायर होते हैं, किन्तु यह सरकारी जीवन भी, भौतिक सुख-सुविधा के बावजूद उनका संवेदनशील एवं साहित्य-संस्कार वाला स्वभाव इसमें रम नहीं पाता और वे सदैव अपने को मिसफ़िट अनुभव करते रहे। त्यागीजी ने इस जीवन के सम्बन्ध में लिखा है, "वह काफ़ी शिक्षित, सम्भ्रान्त, तथाकथित शालीन और कार्यतत्पर आला अफ़सर है, जो कि देश की सर्वोच्च सिविल सेवाओं में से एक का सदस्य है और जिसे पाँच हज़ार रुपये प्रति मास वेतन मिलता है। उसके पास प्रोविडेण्ट फण्ड है, पेंशन और ग्रेच्युटी की सुरक्षा है, शानदार मोटर है, एक ख़ूबसूरत शहर में काफ़ी बड़ी कोठी है। दूसरे बड़े नगर में एक प्लाट है, दर्जनों सूट हैं, घड़ियाँ हैं, फ़ाइलें हैं, बड़े-बड़े राजकीय समारोहों के निमन्त्रण-पत्र हैं और सुबह की व्यग्रता और साँझ की उदासी है। वह कभी-कभी चाहते हुए भी छुट्टी नहीं ले सकता, क्योंकि उस दिन उसे किसी मीटिंग में जाना है जिसमें किसी मेजर-जनरल, रीयर एडमिरल या एयर वाइस मार्शल से बातचीत करनी है। उसका अपना कोई वक़्त नहीं, अपनी कोई ज़िन्दगी नहीं, अपनी कोई मृत्यु नहीं। वह सरकार की विशाल मशीनरी का एक छोटा-सा पुर्जा है जिसका अपने में कोई महत्त्व नहीं है। अगर वह नहीं भी रहा तो भी वह मशीन चलती रहेगी। वह फॉर्मल है, स्नॉब है, झुंझलाता है। बढ़ती क़ीमतों और दिन-ब-दिन घटते अनुशासन के सामने उसकी स्थिति बराबर दयनीय होती जा रही है, मगर वह है कि चलता जा रहा है—दिशाहीन और बोधहीन।" त्यागीजी के जीवन का यह दर्द उनकी इन पंक्तियों से भी समझा जा सकता है—"मेरा सारा भविष्य दफ़न हो गया/ मेरे वर्तमान के भीतर" तथा "सब कुछ मिलकर एक ऐसा तिलस्म/कि बाहर निकलने का रास्ता ही नहीं मिलता।" आपात्काल के दौर में त्यागीजी को इन्दिरा गाँधी के रक्षामन्त्री बंशीलाल के अहंकार तथा तानाशाही का शिकार होना पड़ा। त्यागीजी ने

पं. वाचस्पति पाठक को लिखे 8 जून, 1976 के पत्र में उन्हें इस प्रसंग के बारे में लिखा, "रक्षामन्त्री श्री बंशीलाल ने जो आतंक का वातावरण फैलाया उसका पहला शिकार मैं रहा। एक फ़ाइल आधा घण्टा देर से पहुँचने पर (उसकी ज़िम्मेदारी भी एडीशनल सेक्रेटरी पर निकली) मुझे तुरन्त मोअत्तिल किया गया। रक्षा-सचिव (बहुत वरिष्ठ आई.सी.एस. अधिकारी) ने टाँग अड़ाई। मामला 'ऊपर' तक पहुँचा। एक हफ़्ते बाद मैं 'बहाल' किया गया, पूरी तनख़ाह और सम्मान के साथ, पर प्रजातन्त्र में ऐसे व्यवहार से तब तक मैं टूट चुका था। छुट्टी ले ली—1 अगस्त तक। रक्षा-मन्त्रालय छोड़ दिया। अब यहाँ गृह-मन्त्रालय में 'राजभाषा विभाग' में कोशिश कर रहा हूँ—तरक्की पर जाने की। श्री रमाप्रसन्न नायक आई.सी.एस. के हाथ में है। श्री प्रकाशवीर शास्त्री व राजेश्वर प्रसाद नारायण सिंह मदद पर जुटे हैं। देखिए क्या होता है। कुछ नहीं हो पाया तो अपने विभाग वापिस। इलाज के कारण दिल्ली के पास ही जाऊँगा—मेरठ। सेहत धीरे-धीरे पटरी पर आयेगी। मीर तकी मीर के अनुसार—'रुकते-रुकते रुकेंगे आँसू, यह रोना है कुछ हँसी नहीं है'।" इस घटना की तुलना में यदि हरिशंकर परसाई द्वारा आपात्काल के समर्थन को देखते हैं तो उन जैसे व्यंग्यकार का तानाशाही के पक्ष में खड़ा होना मानसिक क्लेश उत्पन्न करता है और उनके व्यंग्य-साहित्य को विश्वसनीयता की खण्डित करता है।

रवीन्द्रनाथ त्यागी ने सरकारी उच्च पद पर हेते हुए लेखकों, पाठकों तथा चाहने वालों के लिए अपने निर्मल हृदय के द्वार खोले हुए थे। वे चाहे हरिशंकर परसाई, शरद जोशी या श्रीलाल शुक्ल हों, या कमलेश्वर, कन्हैया लाल नन्दन, जगदीश चतुर्वेदी, धनंजय वर्मा, अरुण सेदवाल, गिरीश पंकज, गोविन्द मिश्र, सूर्यबाला या कमल किशोर गोयनका हों या नयी पीढ़ी के प्रेम जनमेजय, ज्ञान चतुर्वेदी, हरीश नवल हों, सभी के प्रति उनका व्यवहार सहज, मधुर, विनम्र और आत्मीय होता था। जगदीश चतुर्वेदी के माध्यम से मेरा उनसे परिचय तथा सम्पर्क हुआ तो वह घनिष्ठता एवं पारिवारिकता में बदलता चला गया। मैंने जब उनकी रचनाओं का एक प्रतिनिधि संकलन निकालने का निर्णय किया तो उनके दस्तावेज़ों, पत्रों, पाण्डुलिपियों, समीक्षाओं आदि को देखने के लिए उनके कर्म-स्थल जम्मू गया तो 5-6 दिन उनके निवास पर ही रहने का सुअवसर मिला। यह मई, 1985 का प्रसंग है। अपना शोध-कार्य करने के बाद दिल्ली लौटा तो उन्होंने अपने 23 मई, 1985 के पत्र में लिखा, "आपके साथ रहने में जो आनन्द आया, वह सदैव याद रहेगा। मुझे आप जैसा सीधा-सादा, सरल व्यक्ति और देखने को नहीं मिला। मेरा यह सौभाग्य है कि आपसे तथा आपके परिवार से सम्पर्क हुआ और जाना कि इस संसार में अच्छे लोग हैं। भाभीजी की जो प्रशंसा मैंने की है, वह क्या आपकी भी प्रशंसा नहीं है? मैंने तो आपमें भाभीजी को तथा भाभीजी में आपके दर्शन किये हैं। लक्ष्मण के लिए राम बड़े भाई थे, श्रद्धेय थे, किन्तु सीता कम श्रद्धेय नहीं थीं। शायद राम से

अधिक श्रद्धेय एवं पूजनीय थीं।" वे आयु में मुझसे लगभग आठ वर्ष बड़े थे, किन्तु वे मुझ जैसे छोटे भाई को बड़े भाई का गौरव दे रहे थे। दिल्ली विश्वविद्यालय की विद्वत् परिषद् के चुनाव में जब मैं पराजित हुआ और अपने मित्रों के असहयोग तथा धोखाधाड़ी से मानसिक क्लेश हुआ तो त्यागीजी ने एक मार्ग-दर्शक के रूप में मुझे पत्र में लिखा, "आप जैसे मनीषी को उदास रहना और वह भी एक छोटे-से चुनाव में हारने के कारण उदास रहना मुझे बड़ा दुःखदायी लगता है। अरे, लोगों की सल्तनतें चली गयीं, बादशाह अन्धे किये गये और रानियों को लन्दन के टावर में फाँसी दी गयी। मैं इतिहास का बहुत बड़ा पाठक हूँ और उदासी से रुग्ण होते हुए भी बराबर काम करता चलता आता हूँ। 'हानि-लाभ, जीवन-मरण, यश-अपयश विधि हाथ'—बाबा तुलसीदास की इसी पंक्ति के सहारे मैं बड़े-बड़े दुःखों के बीच जीवित रहा हूँ। अपनी उदासी और निष्क्रियता को लात मारिए और सपरिवार ताज एक्सप्रेस से आगरा घूमने जाइए। यात्रा से बड़ा उदासी को दूर करने का कोई ढंग मुझे नहीं आता।" इस पत्रांश में उनके बड़े भाई का रूप झलकता है तथा यह ग़ौर करने की बात है कि जो स्वयं जीवन-भर उदासी से पीड़ित रहे, वही व्यक्ति दूसरे की उदासी दूर करने का गुरु-मन्त्र दे रहा है। 'रवीन्द्रनाथ त्यागी : प्रतिनिधि रचनाएँ' तैयार होने पर उन्होंने 7 मार्च, 1986 के पत्र में लिखा, "आपने जो स्नेह मुझे दिया है, उसका बदला मैं कभी नहीं चुका पाऊँगा। फिर भी उस दिशा में प्रथम चरण के रूप में इस व्यंग्य-संग्रह को मैं आपको ही समर्पित कर रहा हूँ। यक़ीन दिलाता हूँ कि पुस्तक आपकी गरिमा के अनुरूप होगी।" त्यागीजी को जब यह प्रतिनिधि संकलन मिला तो उन्होंने अपनी आनन्दानुभूति अपने 3 अप्रैल, 1987 के पत्र में इस प्रकार व्यक्त की, "आपने मेरे प्रति काफ़ी 'पक्षपात' किया है। जितना अच्छा आपने बना दिया, उतना मैं था नहीं। बहरहाल, आपकी पुस्तक पढ़कर मेरी (अपनी) क़ीमत मेरी (अपनी) निगाहों में काफ़ी बढ़ गयी है। इससे ज़्यादा और क्या चाहिए? पुस्तक शानदार है। किन शब्दों में आभार प्रकट करूँ? अब जगदीश चतुर्वेदी पीछे छूट गये (मेरी पुस्तक 'जगदीश चतुर्वेदी : विवादास्पद रचनाकार' प्रकाशित हो चुकी थी)। ठीक भी था। वे 'विवादास्पद' हैं, मैं रचनाकार हूँ।" इसमें त्यागीजी की शालीनता और बड़प्पन के साथ उनकी विट का भी सौन्दर्य है। इसी प्रकार मैंने जब जनवरी, 1991 के आसपास उनकी रचनावली के प्रकाशन का प्रस्ताव रखा तो उनकी पहली प्रतिक्रिया थी कि यह कौन-सा तिलस्म है? उन्हें मैंने इस प्रस्ताव का औचित्य तथा आवश्यकता के तर्क रखे तो उन्होंने अपनी सहमति दी, किन्तु तभी मैं कुछ अपने पारिवारिक संकटों में उलझ गया और मैंने अपने कष्ट को उनके सम्मुख रखा तो उन्होंने एक बार फिर बड़े भाई के समान अपने 28 जनवरी, 1992 के पत्र में लिखा, "मेरी तीसरी पुस्तक तथा रचनावली को भाड़ में फेंकिए, पहले बच्चों की समस्या को सुलझाइए।" इसके बाद कुछ ऐसी परिस्थितियाँ बनीं कि उनके जीवन काल में

रचनावली नहीं छप सकी, लेकिन वे लिख गये कि मेरी रचनावली जब भी प्रकाशित होगी, वह कमल किशोर गोयनका के सम्पादकत्व में ही निकलेगी। यहाँ उनके एक लेख की चर्चा भी उचित होगी जो उन्होंने 'एक निश्छल व परिश्रमी प्राण' शीर्षक से लिखा था तथा उसे उन्होंने अपने 11 फ़रवरी, 1989 के पत्र के साथ भेजा था। इस लेख की कुछ आरम्भिक पंक्तियों में उन्होंने लिखा, "कुछ लोग ऐसे होते हैं कि आप उन्हें कतई नहीं जानते पर पहिली ही मुलाक़ात में कुछ ऐसा लगता है कि हम दोनों न जाने एक-दूसरे को कितने वर्षों से जानते हैं। डॉ. गोयनका इसी प्रकार के व्यक्ति हैं। मैं उनसे देहरादून में कोई सात वर्ष पहले पहिली बार मिला था और उस एक भेंट में ही मैं उनका मुरीद हो गया, उनका भक्त हो गया। इतना सरल, निष्कपट, सात्विक और स्नेही बन्धु पाकर मैं वास्तव में भगवान के प्रति हृदय से आभारी हूँ। इस 'दुर्घटना' के बाद वे मेरे यहाँ जम्मू आये और मेरी 'प्रतिनिधि रचनाओं' के सम्पादन के सम्बन्ध में कोई सप्ताह भर रुके। तब मैंने उनका समीक्षक व शोधकर्म वाला व्यक्तित्व देखा जो मेरे लिए पहला अनुभव था। वे इतने 'सिस्टैमैटिक' हैं, इतने परिश्रमी हैं और इतने पारखी हैं कि बड़े-से-बड़े प्रोजेक्ट को भी वे कम समय में समाप्त कर सकते हैं। उनके पास बैठकर लगता है कि रामचन्द्र शुक्ल, हज़ारी प्रसाद द्विवेदी व बाबू श्यामसुन्दर दास किस प्रकार के व्यक्ति रहे होंगे। मैं अतिशयोक्ति कर रहा हूँ पर ज़्यादा नहीं।" निश्चय ही इसमें अतिशयोक्ति तो है ही, इन महान लेखकों के पासंग में भी मैं नहीं हूँ, परन्तु त्यागीजी के प्रेम की झलक और उनके सात्विक मन का सौन्दर्य स्पष्टतः दिखाई देता है।

रवीन्द्रनाथ त्यागी के जीवन की व्यथा, त्रासदी और उदासी की प्रायः चर्चा होती रही है, किन्तु उनके जीवन की सम्पूर्ण यात्रा ऐसी नहीं रही। उनकी अतीत-स्मृति बहुत भयानक है—ग़रीबी का जीवन, पिता का उत्तरदायित्वहीन व्यवहार, भाई-बहनों की इलाज के अभाव में मृत्यु, प्रोफ़ेसर या वकील न हो पाने की मानसिक पीड़ा तथा मानसिक रोगी होने से बड़ा दुःख झेलना पड़ा, लेकिन उनकी जीवन-यात्रा में सुख के क्षण भी आये और उन्होंने इन्हें स्वीकार करते हुए मुझसे एक साक्षात्कार में कहा, "मेरे सुख कई हैं। गिनाता हूँ—मेरा अच्छा शरीर, तीव्र बुद्धि तथा एकदम निश्छल आत्मा, शानदार शिक्षा—मेरे जैसे ग़रीब छात्र ने 1954 में इलाहाबाद विश्वविद्यालय से एम.ए. (अर्थशास्त्र) में टॉप किया, इतनी बड़ी सर्विस तथा इतना बड़ा पद, समृद्धि एवं सम्मान, इतनी अच्छी पत्नी और इतने अच्छे बच्चे, साहित्य से प्रेम, कुछ करने की थोड़ी-बहुत प्रतिभा तथा थोड़ी प्रतिष्ठा और संसार में करोड़ों मनुष्यों से सुखी जीवन। क्या यह काफ़ी नहीं है? ××× मैं इस धरती पर अरबों मनुष्यों से अच्छा हूँ, सुखी हूँ। हमें याद रखना चाहिए कि इस ज़मीन पर असंख्य मनुष्य ग़रीबी और यातना का जीवन जी रहे हैं। उनकी तुलना में क्या हम सुखी नहीं हैं?" ऐसी आत्म-स्वीकृति एवं आत्म-सन्तोष किसी दूसरे हिन्दी लेखक का देखने को नहीं मिला।

हिन्दी के प्रगतिशीलों जैसी पद-लोलुपता, सत्ता-लोलुपता, धन-लोलुपता एवं प्रतिष्ठा का अहंकार नहीं है। वे निश्छल मन से अपनी पूर्वापर स्थितियों की सच्चाई को स्वीकार करते हैं। वे आस्तिक हैं और भाग्यवादी हैं तथा ईश्वर के प्रति कृतज्ञ हैं। उनकी महत्वाकांक्षा केवल यह है कि वे सेवा-निवृत्ति के बाद अपने देहरादून स्थित घर में शान्तिपूर्ण रहें, कम-से-कम 75 वर्ष जीयें तथा बच्चे सुखी एवं समृद्ध तथा शान्तिपूर्ण जीवन जीयें। वे जीवन के अन्त तक ईश्वर को अवश्य ही याद रखना चाहते थे और दूसरों की मदद के लिए संकल्पशील थे। उन्हें मृत्यु-बोध तो था, परन्तु मृत्यु-भय नहीं था। इस प्रकार त्यागीजी ने जीवन के श्यामल तथा उज्ज्वल दोनों पक्ष देखे और उनमें जीये और एक सात्विक, निश्छल एवं पवित्र आत्मा वाले भारतीय की तरह जीवन जीकर ब्रह्मलोक चले गये।

रवीन्द्रनाथ त्यागी के साहित्यिक जीवन में उनके कवि रूप तथा व्यंग्यकार में एक अनोखा द्वन्द्व दृष्टिगत होता है। त्यागीजी ने वैसे तो कविता, व्यंग्य, उपन्यास, कहानी, समीक्षा, आत्मकथा, यात्रा-वृत्तान्त, लघुकथा, डायरी, बाल साहित्य, पत्र आदि कई विधाओं में रचनाएँ की हैं, किन्तु उनकी कविताएँ तथा व्यंग्य रचनाएँ ही प्रमुख रूप से उनकी साहित्य-रचना के केन्द्र में रही हैं, बल्कि इन दो प्रमुख विधाओं में उनके व्यंग्य साहित्य को ही सर्वोपरि स्थान मिला है और काव्य-रचना की तुलना में व्यंग्य को ही अधिक लोकप्रियता मिली है। त्यागीजी ने मुझसे तथा कई इण्टरव्यूकर्ताओं से कहा है कि वे मूलतः कवि हैं और कविताओं की रचना से ही उन्होंने अपनी साहित्य-यात्रा शुरू की थी। अपने लेख 'गर्दिश के दिन' में उन्होंने लिखा है, "मूलतः मैं कवि ही हूँ। आषाढ़ के मेघ, भाद्रपद की साँझ, शरद की पूर्णिमा, पलाश के दहकते फूल और सुन्दर कम उम्र लड़कियों के होंठ मुझे भयानक परिस्थितियों में भी हमेशा अपनी ओर आकर्षित करते रहे।" उन्होंने अपनी एक कविता में अपने कवि होने के सम्बन्ध में बड़ी दृढ़ता के साथ लिखा है—"मगर जब तक है रक्त की एक बूँद भी शेष/तब तक मैं लिखूँगा कविता/मैं फिर लिखूँगा कविता/मैं फिर लिखूँगा कविता/मैं फिर लिखूँगा कविता/मैं फिर लिखूँगा कविता/प्राणों के बाद भी चमकेगी/प्रतीक्षा के क्षणों की अदम्य गरिमा।" त्यागीजी स्वयं को 'सशक्त एवं सक्षम' कवि मानते हैं तथा कहते हैं कि व्यंग्य और हास्य लिखना तो सिर्फ़ एक इत्तफ़ाक रहा जिसका सारा श्रेय सम्पादकों को जाता है जिन्होंने कविताएँ नहीं छापीं। यही कारण है कि व्यंग्य लेखों की जितनी चर्चा हुई उतनी कविताओं की नहीं हुई, लेकिन वे सदैव स्वयं को मूलतः कवि ही मानते रहे। त्यागीजी ने एक अन्य स्थान पर कहा है कि मुझे कविताओं से ज़्यादा सन्तुष्टि प्राप्त होती है। मैं यदि कोई श्रेष्ठ व्यंग्य-रचना लिख लेता हूँ तो उससे भी आनन्द मिलता है, लेकिन काव्य-प्रेम का इससे बड़ा और क्या उदाहरण दूँ कि कहीं-कहीं हास्य-व्यंग्य में भी मैं कवि हो जाता हूँ। असल में, कविताओं में उनके निजी जीवन की व्यथा है, उदासी है तथा मानव की विभीषिका

और उसकी नियति का भी चित्रण है और प्रकृति के प्रति आत्मीयता का भाव है, जिसके कारण त्यागीजी अपने कवि को सर्वोपरि मानते हैं। वे मानते हैं कि उनकी कविताओं ने उन्हें सम्मान दिया और व्यंग्य-रचना ने यश, लेकिन जब वे दुःखी होते हैं तो हास्य-व्यंग्य लिखते हैं और जब प्रसन्न-चित्त होते हैं तो उदास कविताएँ लिखते हैं। फिर भी कविता स्वान्तः सुखाय लिखते और व्यंग्य लिखने में भी आनन्द मिलता है, परन्तु व्यंग्य में कमज़ोर रचना भी चल जाती है। इसके बावजूद उनके व्यंग्यकार ने उनके कवि रूप को आच्छादित कर दिया। वे कहते भी हैं कि मेरी शानदार कविताएँ इस व्यंग्य के कारण उपेक्षित रह गयीं और उनके कवि का समुचित मूल्यांकन न हो सका जिसका क्लेश उन्हें रहा। सम्पादकों तथा प्रकाशकों ने उनके व्यंग्य को ख़ूब प्रकाशित किया, किन्तु उनकी कविताओं के प्रति उपेक्षा का भाव रहा। वे अपनी बात एक कविता में कहते हैं—'जिसने देखा नहीं मेरा कवि/उसने देखी नहीं मेरी सच्ची छवि।' त्यागीजी इसके लिए हिन्दी आलोचक को ज़िम्मेदार मानते हैं। आलोचकों की उपेक्षा, गुटबन्दी तथा पक्षपात से वे बहुत व्यथित हैं। त्यागीजी को डॉ. नामवर सिंह से कुछ आशा थी, किन्तु उनकी राजनीतिक गुटबन्दी से इतने दुःखी थे कि उन्होंने लिखा, "कुछ उम्मीद नामवर सिंह से बँधी थी, क्योंकि वह एक प्रतिभाशाली और विद्वान व्यक्ति हैं, पर वह गुटबाज़ी का ऐसा शिकार हुए कि स्वयं तो गये ही, साथ में गुट भी गया।" वे अपने लेख 'समर्पण का संकट' में कुछ ऐसे ही सन्दर्भ में नामवर आलोचकों को याद करते हुए लिखते हैं, "मेरी पत्नी की सलाह है कि मैं अपनी कोई श्रेष्ठ कृति किसी नामवर आलोचक को समर्पित करता ताकि उस पर साहित्य अकादेमी का एवार्ड मिल सके। मेरी एक प्रेयसी का विचार इसके बरख़िलाफ़ है। वह बेचारी आलोचकों की और उन सब प्रकाशकों की किसी सार्वजनिक स्थान पर कसकर ठुकाई सम्पन्न कर सके जो कि मुझे सर्वश्रेष्ठ साहित्यकार नहीं मानते या मेरी रॉयल्टी ईमानदारी के साथ नहीं देते।" त्यागीजी जानते थे कि समय ही सबसे बड़ा आलोचक है और नारेबाज़ी से किसी कूड़े को कलाकार नहीं बनाया जा सकता है। गुटों के बाहर रहने के कारण प्रतिभाशाली लोग कभी-कभी उपेक्षित रह जाते हैं, किन्तु इस उपेक्षा के बावजूद अच्छी चीज़ अच्छी ही रहती है। प्रकाशकों के दुर्व्यवहार तथा अपेक्षित रॉयल्टी न देने पर उनके प्रति उनके मन में काफ़ी आक्रोश था। मैंने उनकी एक कृति एक ऐसे प्रकाशक को दिला दी जिसने उन्हें रॉयल्टी नहीं दी तो उन्होंने 11 फ़रवरी, 1989 को भेजे अपने एक लेख में मुझे लिखा, "गोयनका जी की निश्छलता कभी-कभी ऐसे कमाल दिखाती है कि आप परेशानी में पड़ सकते हैं। उन्होंने मेरी एक अच्छी-ख़ासी किताब एक ऐसे प्रकाशक को दिलवायी कि उसने मुझे अभी तक एक पैसा भी रॉयल्टी के रूप में नहीं दिया। यदि मेरा यह नुक़सान न हुआ होता तो मैं उनकी और ज़्यादा प्रशंसा करता!"

रवीन्द्रनाथ त्यागी के रचनात्मक संसार में, उनके मूलतः कवि होने के बावजूद,

उनकी काव्य-सृष्टि की तुलना में उनकी व्यंग्य रचनाओं की संख्या बहुत अधिक है। उनकी व्यंग्य-कृतियों की संख्या 25 तथा काव्य-कृतियों की संख्या केवल सात है। इस 'रवीन्द्रनाथ त्यागी रचनावली' के छह खण्डों में उनका व्यंग्य-साहित्य तथा दो खण्डों में उनकी कविताएँ समा गयी हैं। अतः उनके चाहने के बावजूद कवि को वह प्रमुखता नहीं मिली जो उनके व्यंग्यकार को मिली है, बल्कि यह कहा जा सकता है कि उन्होंने स्वयं ही अपने व्यंग्यकार की प्रधानता को स्वीकार कर लिया है। यद्यपि इसके भी कुछ कारण रहे हैं कि प्रकाशक एवं सम्पादकों की रुचि उनकी व्यंग्य-लेखों को प्रकाशित करने में अधिक रही है और उनका कवि उनकी उपेक्षा का शिकार होता रहा है। यह शुद्ध रूप से माँग और सप्लाई का उदाहरण है। उनके साहित्य और रचना-प्रक्रिया पर चर्चा के समय भी उनकी व्यंग्य-सृष्टि पर ही अधिक जिज्ञासा और विवेचन की प्रवृत्ति दिखाई देती है। यही कारण है कि व्यंग्य के शास्त्र, सृजन-प्रक्रिया, व्यंग्य-लेखकों तथा व्यंग्य-साहित्य पर उनके विचार बहुतायत से मिलते हैं। हिन्दी में व्यंग्य की स्वतन्त्र सत्ता, परिभाषा और प्रयोजन, उसकी विषय-वस्तु तथा सरोकारों पर विस्तार से विचार हुआ है और आलोचकों के साथ स्वयं व्यंग्यकारों ने भी व्यंग्य के शास्त्र पर महत्त्वपूर्ण टिप्पणियाँ की हैं। प्रो. विजयेन्द्र स्नातक ने लिखा है कि व्यंग्य-लेखन को जीवन में व्याप्त सत्य और यथार्थ के निकट रहकर उसकी सही पहचान करनी होती है। जीवन से सीधा साक्षात्कार करके ही व्यंग्य लिखा जा सकता है। व्यंग्यकार की रचनाधर्मिता के प्रेरक तत्त्व हैं—विसंगति, विडम्बना, कर्म-वैषम्य और छल-कपटपूर्ण पाखण्ड। ये विपरीत सामाजिक स्थितियाँ ही व्यंग्यकार को तीव्र आक्रोश से मथ डालती हैं और उसके भीतर वितृष्णा जगाकर उसे सृजन की प्रेरणा देती हैं। अतः व्यंग्य का काम शान्ति और शीतलता पैदा करना नहीं है, व्यंग्य प्रहार करता है और उस प्रहार से समाज में व्याप्त सभी प्रकार की विसंगतियाँ और विद्रूपताएँ उद्घारित हो जाती हैं और पाठक उनके प्रति सजग हो जाता है। व्यंग्य इसके आगे कुछ नहीं करता। समझदार के मन में विसंगति के प्रति विद्रोह का भाव जगाना ही व्यंग्यकार का लक्ष्य है। यदि कुत्सा और कदाचार के प्रति व्यंग्य-रचना से वितृष्णा का भाव उत्पन्न होता है तो यही उसकी सार्थकता है। व्यंग्यकार नरेन्द्र कोहली ने लिखा है कि व्यंग्य साहित्य की विधाओं में क्षत्रिय वर्ण की विधा है। वह अन्याय और अन्यायी के विरुद्ध रोष प्रकट करेगा, प्रहार करेगा, अपराधी को चोट पहुँचायेगा। अपराधी के वक्ष से ख़ून बहाकर व्यंग्यकार को प्रसन्नता ही होगी। अतः पश्चिमी देशों में व्यंग्य-साहित्य को 'लिटरेचर ऑफ़ पावर' (शक्ति का साहित्य) ठीक ही कहा गया है। प्रेम जनमेजय की दृष्टि में व्यंग्यकार का काम तलवार पकड़ने का संस्कार देना है, न कि तलवार देना। डॉ. नामवर सिंह ने 'व्यंग्य-यात्रा', जुलाई-सितम्बर, 2012 में लिखा हैं कि व्यंग्य में जो बिन्दी है, वह डंक है, जहाँ डंक नहीं, वहाँ व्यंग्य नहीं। व्यंग्य विद्रोह का प्रतीक है, मनोरंजन की चीज़ नहीं है, वह

चोट करता है, चुनौती देता है और प्रतिरोध की कला है।

रवीन्द्रनाथ त्यागी के विपुल व्यंग्य-रचनाओं के साथ व्यंग्य के रूप-चिन्तन पर भी विचार मिलते हैं जो उनकी व्यंग्य-रचनाओं के साथ उनकी भूमिकाओं तथा साक्षात्कारों में विद्यमान हैं। यदि उनके इन विचारों को व्यवस्थित रूप में देखा-रखा जाये तो उनके व्यंग्य-दर्शन के अनेक सूत्र सामने आते हैं। व्यंग्य के विधा होने या न होने, व्यंग्य के साथ हास्य के सम्बन्ध, व्यंग्य के प्रयोजन आदि को लेकर जहाँ आलोचकों, व्यंग्यकारों ने अपने विचार प्रकट किये हैं, वहाँ रवीन्द्रनाथ त्यागी ने भी अपने विचारों को वाणी दी है। त्यागीजी ने मेरे साथ हुई बातचीत में व्यंग्य को एक स्वतन्त्र विधा होने या न होने के सम्बन्ध में कहा था कि "मैं व्यंग्य को स्वतन्त्र विधा नहीं मानता, हालाँकि कई जगह इसे स्वतन्त्र विधा मान लेने पर ज़ोर दिया है। वास्तव में, हास्य-व्यंग्य एक रस की तरह है जो किसी भी विधा में आ सकता है।" इसके बाद उन्होंने कुछ अन्य इण्टरव्यूकर्ताओं से भी कहा है कि व्यंग्य 'एक स्पिरिट' है और वह कहानी, कविता, उपन्यास सभी में लिखा जा सकता है, परन्तु वे यह भी कहते हैं कि जो व्यंग्य लिखता है वह व्यंग्यकार है, चाहे वह किसी भी विधा में लिखता हो। असल में हिन्दी में व्यंग्य को विधा मानने का एक आन्दोलन ही चला था और दिल्ली के 'कॉलेज ऑफ़ वोकेशनल स्टडीज़' में 22 फ़रवरी, 1976 को एक व्यंग्य-गोष्ठी में प्रो. विजयेन्द्र स्नातक व्यंग्य को शैली मानने के विरुद्ध थे और उनका मत था कि कोई श्रेष्ठ व्यंग्यकार व्यंग्य को विधा बना सकता है। डॉ. सत्यपाल चुघ ने कहा था कि व्यंग्य को स्वतन्त्र विधा बनने पर इसका महत्त्व बढ़ जायेगा। अजित कुमार का विचार था कि हास्य, व्यंग्य, विनोद, परिहास, कटाक्ष, वक्रोक्ति, पैरोडी, कार्टून आदि विधाओं का परस्पर मिश्रण होता रहता है, विधाएँ एक-दूसरे में घुसपैठ करती रहती हैं। व्यंग्य, हास्य एक शेड है। उच्चकोटि का व्यंग्य हास्य के निकट पहुँचकर ही रसात्मक या आस्वाद्य बन सकता है। हरिशंकर परसाई ने ज्ञानरंजन से कहा था कि व्यंग्य कोई विधा नहीं है। इसका अपना कोई 'स्ट्रक्चर' नहीं है। यह एक 'स्पिरिट' है जो हर विधा में आ सकती है—कहानी में, नाटक में, उपन्यास में। बर्नार्ड शॉ का प्रधान स्वर व्यंग्य है, लेकिन उसका मूल्यांकन नाटककार के रूप में होता है। व्यंग्य कविता से लेकर उपन्यास तक में आ सकता है। डॉ. शम्भुनाथ की दृष्टि में भी व्यंग्य एक स्वतन्त्र विधा नहीं है, बल्कि वह एक विशिष्ट साहित्यिक प्रक्रिया है तथा लिखने की एक ख़ास पद्धति है तथा समग्रता में व्यंग्य 'कलात्मक सामाजिक आलोचना' है, परन्तु पिछले वर्षों में हिन्दी का व्यंग्य-संसार तथा व्यंग्य को विधा मानने एवं स्वीकृत कराने का आन्दोलन इतने उत्कर्ष तक पहुँच गया है कि हिन्दी के साहित्य-संसार में व्यंग्य को विधा के रूप में मान्यता मिल गयी है। हरिशंकर परसाई तथा शरद जोशी की व्यंग्य रचनावलियाँ छप चुकी हैं तथा प्रेम जनमेजय की पत्रिका 'व्यंग्य-यात्रा' के निरन्तर प्रकाशन, देश के विभिन्न

व्यंग्य-पुरस्कारों, व्यंग्य पर होने वाली गोष्ठियों तथा व्यंग्य-कृतियों एवं व्यंग्य-रचनाओं के पत्र-पत्रिकाओं में नियमित रूप से स्थान मिलने तथा समाज में फैली विसंगतियों, विद्रूपताओं और अमानवीय स्थितियों के अपरिमित संसार ने हिन्दी में व्यंग्य को एक विधा के रूप में सदा-सर्वदा के लिए, स्थापित कर दिया है। हिन्दी में व्यंग्य इतना व्यापक, पुष्ट, घनीभूत एवं लोकप्रिय हो गया है कि सभी विधाओं में विद्यमान होने पर भी उसने अपनी पहचान 'व्यंग्य' विधा के रूप में—एक स्वतन्त्र विधा के रूप में स्वयं को विकसित कर लिया है। देश में व्यंग्य की एक लम्बी परम्परा है, यह आधुनिक व्यंग्यकारों का नया आविष्कार नहीं है, परन्तु उन्होंने अपनी विपुल, सशक्त व्यंग्य-रचनाओं से इसे उत्कर्ष तक पहुँचा दिया है।

रवीन्द्रनाथ त्यागी तथा अन्य व्यंग्यकारों ने व्यंग्य के साथ हास्य के सम्बन्धों पर भी गम्भीरता से विचार किया है। इस सम्बन्ध में त्यागीजी के विचार स्पष्ट और अर्थपूर्ण हैं। त्यागीजी हास्य को महत्त्वपूर्ण मानते हुए कहते हैं कि मैं हास्य-रचनाओं को कम महत्त्वपूर्ण नहीं मानता हूँ। हास्य एक ऐसी क्रिया है जिसमें आप बुरा सोच ही नहीं सकते हैं। वैसे भी हास्य लिखना बेहद कठिन काम है। अच्छा हास्य लिखना वैसा ही है जैसे हवा में गाँठ बाँधना। वे हास्य को व्यंग्य के लिए आवश्यक मानते हैं। त्यागीजी कहते हैं कि व्यंग्य के लिए हास्य का होना ज़रूरी है। यदि हास्य नहीं होगा तो व्यंग्य गाली में बदलते देर नहीं लगेगी। इसलिए मैंने हमेशा हास्य-व्यंग्य ही लिखा है। हास्य के बिना व्यंग्य अधूरा-सा रह जाता है। हास्य फूहड़ न हो, उसे व्यंग्य में मिश्री की तरह घुल जाना चाहिए। हास्य सफल होने पर व्यंग्य तथा व्यंग्य असफल होने पर हास्य कहा जाता है। त्यागीजी का मत है कि श्रेष्ठ कृति वही है जिसमें हास्य और व्यंग्य दोनों का समावेश हो, परन्तु दोनों का सन्तुलन होना अनिवार्य नहीं है। त्यागीजी ने मेरे प्रस्ताव पर 'हास्यात्मक व्यंग्य' को अच्छा शब्द माना था, पर वे दोनों के अनुपात को तय करने को असम्भव प्रयास मानते थे। वे कहते थे कि जो कुछ लिखा जा रहा है वह सब 'हास्य-व्यंग्य' ही है, लेकिन साथ में वे यह भी कहते थे कि मेरे लिए ज़्यादातर हास्य मात्र माध्यम है, व्यंग्य लक्ष्य है। समाज की वर्तमान विसंगतियों के चित्रण में हास्य-व्यंग्य निश्चित रूप से एक सही माध्यम है और त्यागीजी सारे जीवन इसी मार्ग पर चलते रहे।

रवीन्द्रनाथ त्यागी तथा अन्य व्यंग्यकारों ने व्यंग्य की सार्थकता और सरोकार पर भी गम्भीरतापूर्वक विचार किया है। यह प्रश्न व्यंग्यकारों के सम्मुख रहा है कि व्यंग्य की सार्थकता क्या है, उसका प्रयोजन और लक्ष्य क्या है तथा उसकी कोई सामाजिक अर्थवत्ता है तथा क्या वह समाज को बदलने में कितना-कुछ सफल हुआ है? हरिशंकर परसाई प्रतिबद्ध प्रगतिशील व्यंग्यकार हैं। वे उद्देश्य को स्पष्ट करते हुए कहते हैं कि यदि व्यंग्य चेतना को झकझोर देता है, विद्रूप को सामने खड़ा कर देता है, आत्मसाक्षात्कार कराता है, सोचने को बाध्य करता है, व्यवस्था की सड़ाँध

को इंगित करता है और परिवर्तन की ओर प्रेरित करता है तो वह सफल व्यंग्य होता है, परन्तु विसंगतियों के विरुद्ध प्रहार करते समय व्यंग्यकार के मन में मैल नहीं होना चाहिए। नरेन्द्र कोहली व्यंग्य के मूल में आक्रोश को मानते हैं और उनके विचार में ईमानदार और सृजनशील आक्रोश ही कलात्मक होकर व्यंग्य की स्वतन्त्र विधा को ज़न्म देता है। प्रो. विजयेन्द्र स्नातक व्यंग्य में सोद्‌देश्यता को मानते हैं जो प्रहार की प्रखरता के साथ हो। रवीन्द्रनाथ त्यागी का चिन्तन भी लगभग इसी रूप में सामने आता है। वे कहते हैं कि एक व्यंग्यकार की हैसियत से मेरा उद्देश्य मात्र एक ही रहा कि लोगों के मन में इन विसंगतियों के प्रति आक्रोश उठे और वे उन्हें दूर करने के लिए क़दम उठायें। पीड़ितों के प्रति सच्ची सहानुभूति यदि आपके हृदय में है तो आप ज़रूर एक सक्षम व्यंग्यकार हो सकते हैं। एक व्यंग्यकार भी समाज के प्रति संवेदनशील प्राणी है और वह एक बेहतर मनुष्य तथा एक बेहतर समाज की कल्पना लेकर चलता है, तभी वह उन सभी स्थितियों तथा मनोवृत्तियों का पाखण्ड और छल-कपट को उद्‌घाटित करके पाठक में परिवर्तन की चेतना उत्पन्न करता है, परन्तु त्यागीजी ने इस प्रश्न को भी उठाया है कि क्या व्यंग्य अपने इस लक्ष्य में सफल हुआ है या नहीं! त्यागीजी का अनुभव और निष्कर्ष है कि हास्य-व्यंग्य लिखने की कोई उपयोगिता नहीं है। व्यंग्य का कोई असर नहीं होता है। व्यंग्य परिवर्तन में पूर्णतः असमर्थ है। मैं चालीस वर्षों से व्यंग्य लिख रहा हूँ पर कितना बदला समाज? लिखने से प्रशंसा और यश ज़रूर मिला है, बदलाव नहीं होता। परसाई से ज्ञान चतुर्वेदी तक हज़ारों व्यंग्य लिखे जा चुके हैं, पर नौकरशाही, ग्राम-प्रधान, पुलिस, मिनिस्टर या किसी चपरासी तक का कैरेक्टर ठीक हुआ? परसाई फ़ेल हो गये, हम सब फ़ेल हो गये, तो फिर व्यंग्य को मनोरंजन के लिए क्यों न लिखा जाये? त्यागीजी इस निष्कर्ष तक पहुँच गये थे कि व्यंग्य वर्तमान विसंगतियों, विद्रूपताओं, विडम्बनाओं आदि का सही चित्रण तो कर सकता है, परिवर्तन के लिए जागृति भी पैदा कर सकता है, परन्तु समाज के जीवन में कोई क्रान्तिकारी परिवर्तन नहीं कर सकता है। उन्होंने जीवन में देखा था कि परसाई संसार से चले गये किन्तु समाज वहीं का वहीं रहा। त्यागीजी परिवर्तन, सुधार तथा उद्देश्यपरकता की बात तो करते हैं, पर वे व्यंग्य की सीमाओं से भी पूर्णतः अवगत हैं। इसीलिए वे यदा-कदा कहते भी हैं कि मेरे व्यंग्य का उद्देश्य मनोरंजन है।

'रवीन्द्रनाथ त्यागी रचनावली' त्यागीजी के प्रकाशित-अप्रकाशित समग्र साहित्य का संकलन है जो आठ खण्डों में विभाजित है। त्यागीजी का समग्र साहित्य, गद्य-पद्य में लिखा सम्पूर्ण साहित्य, पुस्तकों में प्रकाशित हो चुका है। त्यागीजी के देहान्त के बाद जो कुछ रचनाएँ अप्रकाशित रह गयी थीं, उनकी पत्नी श्रीमती शारदा त्यागी ने उन्हें एकत्र करके 'शेष-अवशेष' शीर्षक से प्रकाशित करा दीं। त्यागीजी के लिखे पत्रों (साथ में उन्हें लिखे गये भी) का संकलन भी 'मेघदूत-उवाच' से वर्ष 2008 में

छप चुका है। 'रवीन्द्रनाथ त्यागी रचनावली' के आठ खण्डों में आरम्भिक छह खण्ड व्यंग्य-साहित्य को तथा शेष दो खण्ड कविता, उपन्यास, कहानी, पत्रादि को समर्पित है। त्यागीजी स्वयं को मूलतः कवि मानते थे, किन्तु व्यंग्य-रचनाओं की विपुलता एवं खण्डों की समानुपातिक व्यवस्था की दृष्टि से उनकी काव्य-सृष्टि को अन्तिम खण्ड में देना ही उचित प्रतीत हुआ। इसके साथ ही त्यागीजी की ख्याति तथा व्यंग्य-धारा में आजीवन उपस्थिति के कारण भी उनके व्यंग्य-साहित्य को आरम्भ में ही देना तर्कसंगत था। उसका यह अर्थ नहीं है कि त्यागीजी के व्यंग्यकार को उनके कवि-रूप से अधिक महत्त्व दिया गया है। त्यागीजी का कवि और व्यंग्यकार दोनों ही अपने-अपने स्थान पर महत्त्वपूर्ण हैं और दोनों में ही ईमानदार तथा निश्छल अभिव्यक्ति के कारण वे हिन्दी साहित्य की मूल्यवान निधि हैं।

'रवीन्द्रनाथ त्यागी रचनावली' के आरम्भिक छह खण्डों में उनका व्यंग्य-साहित्य कालक्रमानुसार संकलित है। त्यागीजी के जीवन-काल में व्यंग्य-रचनाओं के 24 संग्रह प्रकाशित हुए तथा एक संग्रह 'शेष-अवशेष' उनके देहान्त के बाद उनकी पत्नी श्रीमती शारदा त्यागी ने प्रकाशित कराया जिसमें उनकी अप्रकाशित-असंकलित रचनाएँ थीं। इस प्रकार उनके 25 व्यंग्य-संग्रहों की सूची निम्नलिखित है—

रचना का नाम	प्रकाशन-वर्ष	व्यंग्य-निबन्धों की संख्या
1. खुली धूप में नाव पर	1963	12
2. भित्ति-चित्र	1966	20
3. मल्लिनाथ की परम्परा	1968	28
4. कृष्णवाहन की कथा	1971	20
5. देवदार के पेड़	1973	25
6. शोक-सभा	1974	25
7. अतिथि-कक्ष	1977	20
8. सुन्दरकली	1978	22
9. फूलों वाले कैक्टस	1978	20
10. ऋतु-वर्णन	1979	20
11. भद्र पुरुष	1980	25
12. इस देश के लोग	1982	21
13. पद-यात्रा	1985	21
14. आत्मलेख	1988	23
15. पराजित पीढ़ी के नाम	1988	25
16. प्रसंगवश	1988	13
17. विषकन्या	1990	27
18. गणतन्त्र दिवस की शोभायात्रा	1991	24

19. चम्पाकली	1992	32
20. इतिहास का शव	1993	26
21. देश-विदेश की कथा	1994	24
22. भाद्र पद की साँझ	1996	27
23. लाल-पीले फूल	1997	34
24. बादलों का गाँव	1999	49
25. शेष-अवशेष	2011	46
25	-	629

'रवीन्द्रनाथ त्यागी रचनावली' के पहले खण्ड में आरम्भिक छः व्यंग्य-संग्रहों की रचनाएँ दी गयी हैं। ये व्यंग्य-संग्रह हैं—'खुली धूप में नाव पर' (1963), 'भित्ति-चित्र' (1966), 'मल्लिनाथ की परम्परा' (1968), 'कृष्णवाहन की कथा' (1971), 'देवदार के पेड़' (1973) तथा 'शोक-सभा' (1974)। इस प्रकार इस खण्ड में 130 व्यंग्य-रचनाएँ हैं जो लेखक की आरम्भिक व्यंग्य-चेतना, विषय-वस्तु, व्यंग्य-पद्धति और सरोकारों का एक व्यवस्थित बिम्ब निर्मित करती हैं। त्यागीजी की पहली व्यंग्य-पुस्तक में 12 व्यंग्य-लेख हैं जिनमें साहित्य, राजा-महाराजा, साँप-हाथी, वकील, पर्यटन, टेलीफ़ोन तथा जीवन आदि पर लिखे गये हैं जो एक प्रकार से उनकी संवेदना की व्यापक परिधि के संसार से हमारा परिचय कराते हैं। इसमें उनकी साहित्य के प्रति विशेष रुचि भी स्पष्ट होती है, क्योंकि इसमें 'कहानी का प्लाट', 'डॉक्टर पद्मधर की कविता का विकास', 'एक (अ) साहित्यिक प्रयोग', 'साहित्य कोश : नये अर्थ', 'आज तो कुछ लिखा जाये' जैसे व्यंग्य-लेख संकलित हैं। लेखक अपनी लेखन-पद्धति में अपने अनुभवों को केन्द्र में रखता है, एक कहानी-सी तथा घटना की सृष्टि करता है और स्थान-स्थान पर चुटकी लेता हुआ व्यंग्य के छींटे मारता चलता है। पहले ही लेख 'पुस्तक का समर्पण' में विनोद-वक्रोक्ति से पूर्ण लालित्य व्यंग्य की छटा देखी जा सकती है। यह साहित्यिक विसंगति का एक उदाहरण है। 'कहानी का प्लाट' में एक अक्षम लेखक पर प्लाट ढूँढ़ने पर व्यंग्य, 'साहित्य कोश : नये अर्थ' में साहित्यिक विधाओं, लेखक-प्रकाशक-आलोचक आदि की व्यंग्यपूर्ण व्याख्याएँ, 'एक और साहित्यिक प्रयोग' में प्रयोग पर व्यंग्य-चित्र, 'डॉक्टर पद्मधर की कविता का विकास' में लय-छन्द से मुक्त कविता पर व्यंग्य, 'जीवन : एक परीक्षा' में विभिन्न पद्धतियों पर चुटकीपूर्ण व्यंग्य, 'राजे-महाराजे, साँप और हाथी' में राजे-महाराजों पर व्यंग्य आदि में जन्म लेते हुए व्यंग्य-सौन्दर्य की अनुभूति की जा सकती है। लेखक आगे चलकर अपनी इन व्यंग्य प्रवृत्तियों का निरन्तर विकास करता है और व्यंग्य की आभा तथा प्रहार में तेजस्विता आती जाती है।

प्रथम खण्ड में 'भित्ति-चित्र' (1966) में 20 व्यंग्य-लेख हैं। लेखक ने स्वयं ही इन्हें साहित्य, धर्म, कला, समाज, शिकार, संस्मरण, वाणिज्य, प्रेम और विवाह तथा

आख्यायिका जैसे शीर्षकों में विभक्त करके प्रस्तुत किये हैं जिससे लेखक का विषयगत वैविध्य सामने आता है और लेखक की संवेदना का विस्तृत संसार भी पाठक के सामने आता है। साहित्य तो त्यागीजी का प्रिय विषय है, लेकिन वे धर्म, कला, वाणिज्य, शिकार जैसे विषयों में भी हास्य और व्यंग्य के अवसर निकाल लेते हैं। तीसरा व्यंग्य-संग्रह 'मल्लिनाथ की परम्परा' (1968) है। इसमें 28 व्यंग्य-लेख हैं और लेख़क ने इन्हें साहित्य और संस्कृति, व्यक्ति और समाज, रहस्य और रोमांच तथा व्यक्तिगत शीर्षकों के साथ संगृहीत किये हैं। इस प्रकार लेखक की व्यंग्य-संवेदना का और विस्तार होता है और वह संस्कृति, व्यक्ति, रहस्य और रोमांच के साथ अपने निजी जीवन के परिदृश्यों में हास्य-व्यंग्य की धारा को खोजता है। अपने पहले व्यंग्य-लेख 'कर्मों का बन्धन और गीत गोविन्द' में कर्म-सिद्धान्त पर तीखा व्यंग्य करते हुए अपने समाज का चित्र ऐसे प्रस्तुत करते हैं, "बुनियादी सवाल यह है कि काम किया ही क्यों जाये? भाग्य-देवता क्या रसातल को चले गये? मलूकदास क्या झूठे सिद्ध हो गये? पंछी और अजगर ने क्या कहीं चाकरी करनी शुरू कर दी? मेरे ख़याल में जितना नियमित राशन इन्हें पहिले मिलता था, उतना अब भी मिलता है। हमें देखिए, फ़ाइल पढ़ें या न पढ़ें, तनख़ाह फिर भी मिलेगी। इंक्रीमेंट भी मिलेगा और प्रोमोशन भी होगा। इन चीज़ों को हम कैसे रोक सकते हैं? मनुष्य का अधिकार तो सिर्फ़ कर्मों पर है—उन्हें वह चाहे करे, चाहे न करे। फलों पर उसका अधिकार नहीं है। जो होना बदा है वह तो होकर ही रहेगा।" त्यागीजी कई व्यंग्य लेखों में अपने परिवार, माता-पिता, पत्नी तथा स्वयं पर भी व्यंग्य करते हैं और निर्भय होकर करते हैं। हिन्दी व्यंग्यकारों में ऐसे आत्म-व्यंग्य प्रायः कम मिलेंगे, जैसा कि 'मेरा बचपन' में उन्होंने अपने पिता पर किया है, "नौटंकी के आने के बाद कभी-कभी हमारे घर में भी एक छोटी-सी नौटंकी होती थी जिसमें मसखरे का पार्ट पिताजी अदा करते थे। बात यह थी कि पिताजी उन ख़ूबसूरत लड़कियों को आँखें फाड़-फाड़कर देखा करते थे और उनकी इस हरकत को हमारी माँ आँख फाड़-फाड़कर देखती थीं। घर आकर इसी बात पर छोटा-मोटा सीन होता था जिसके कारण कभी-कभी स्थिति यह होती थी कि अच्छी-ख़ासी सुखान्त नौटंकी घर आकर दुखान्त हो जाती थी।" व्यंग्य में आत्म-व्यंग्य सबसे कठिन कर्म है, परन्तु त्यागीजी इसे बड़ी तटस्थता से निभाते हैं। चौथा व्यंग्य-संग्रह 'कृष्णवाहन की कथा' (1971) है। इसमें 20 व्यंग्य-लेख हैं जिसमें वसन्त, कीड़े, चन्द्रमा, बारिश, शरद ऋतु, कवि-सम्मेलन, जूते, सारथि, सिनेमा, आत्महत्या, परिवार, मृत्युबोध जैसे विभिन्न विषयों की विसंगतियों, विरोधाभासों आदि का व्यंग्यपूर्ण चित्रण है। व्यंग्यकार अब प्रकृति की ओर आकर्षित होता है और कालिदास के वसन्त-वर्णन के मर्म को उद्‌घाटित करता है। 'सखि, वसन्त आया!' व्यंग्य-लेख त्यागीजी के संस्कृत-वाङ्मय के गहन अध्ययन और साहित्यिक संस्कारों से साक्षात्कार कराता है। पाँचवाँ व्यंग्य-संग्रह 'देवदार के पेड़' (1973) में 25

व्यंग्य-निबन्ध हैं, जिनमें 22 निबन्ध और 3 कहानियाँ हैं। विषय की दृष्टि से इसमें बहुलता और विभिन्नता है। लेखक साहित्य, दफ़्तर, अफ़सरशाही, संगीत, अध्यापक, बांग्लादेश, भूतप्रेत, शतरंज, देवदार आदि पर व्यंग्य-रचनाएँ हैं। लेखक का साहित्य प्रियविषय है, लेकिन इस बार दफ़्तरशाही पर भी कई निबन्ध हैं जो उनके निजी अनुभवों के प्रतिबिम्ब हैं। 'अफ़सरशाही और उसके बाद' निबन्ध में त्यागीजी अफ़सर का व्यंग्यपूर्ण बिम्ब निर्मित करते हैं, "अफ़सर नाम का यह जीव बड़ा अजीब होता था, यह देर से दफ़्तर आता था और लंच के बाद यह अक्सर घर पर ही रहता था। उससे मिलने के लिए चपरासी को रिश्वत देनी पड़ती थी और जहाँ तक अफ़सर का प्रश्न है, उसके लिए डाली ले जानी पड़ती थी। बातचीत के दौरान अफ़सर को हुज़ूर, ग़रीब परवर, माई-बाप और अन्नदाता कहकर पुकारा जाता था।" यह अँग्रेज़ी ज़माने के अफ़सर का चित्र है, और स्वतन्त्र भारत के अफ़सर एवं दफ़्तर का यह चित्र इससे कितना भिन्न है, "दफ़्तर पहुँचने के बाद कुछ आराम फ़रमाया जाता है, कुरता निकाला जाता है, मेज़ पर टाँगें पसारी जाती हैं, चरचे और चरचे होते हैं और तम्बाकू पिया जाता है। इसके बाद लतीफ़े होते हैं, मज़ाक़ सुनाई जाती है और छोटे-छोटे दो-चार शेर हाज़िर किये जाते हैं।" इस व्यंग्य-संग्रह में हिन्दी अध्यापक, कमलेश्वर जैसे हिन्दी लेखक तथा डॉ. नामवर सिंह जैसे आलोचक भी व्यंग्य के प्रहार से नहीं बच पाये हैं। छठा व्यंग्य-संग्रह 'शोक-सभा' (1974) में 25 व्यंग्य-लेख हैं। इनमें परिवार-नियोजन, पानी, साहित्यकार, आयकर, प्रजातन्त्र, नशेबाज़ नेता, राष्ट्रीयकरण, जूतेबाज़ी, शिक्षा, बाबू, राष्ट्रीय अवनति, फ़ाइल, कालाधन, नकली नोट, चमचावाद, डाकख़ाना, सम्पादक, लेखक, सरकार आदि पर तीखे व्यंग्य किये गये हैं। इनमें कुछ व्यंग्य-लेख आत्मपरक हैं। 'तीन ऐतिहासिक पत्र', 'गर्दिश के दिन' आदि में उनका आत्म-व्यंग्य दर्शनीय है। त्यागीजी अपने गर्दिश के दिनों की वेदना और अश्रुपात को कैसे हास्य-व्यंग्य की हृदयस्पर्शी मनोदशा में उसकी खिल्ली उड़ाते हैं, यह 'गर्दिश के दिन' के अन्तिम अंश में द्रष्टव्य है, "मैं इसलिए नहीं हँसता हूँ कि मैं रो नहीं सकता। मैं बखूबी रो सकता हूँ और इतनी मात्रा में रो सकता हूँ कि शायद पूर्वी उत्तर प्रदेश का सूखा भी किसी हद तक समाप्त हो जाये। मगर बात सिर्फ़ इतनी है कि मैं आपके सामने रोना चाहता नहीं। शोक मेरी निजी सम्पत्ति है और वह यदि अचल सम्पत्ति ही रहे तो उचित है। ठीक है न? अगर एतराज़ न हो तो इस लेख के पढ़ने के बाद आप लोग भी सिगरेट सुलगाइये और मेरे साथ ठहाके लगाइये।

हा...हा...हा!"

रवीन्द्रनाथ त्यागी के हिन्दी हास्य-व्यंग्य में उनके आगमन तथा इन व्यंग्य-संग्रहों का स्वागत हुआ और उनकी व्यंग्य-संवेदना तथा अभिव्यक्ति-कौशल की नवीनता को रेखांकित किया गया। डॉ. धनंजय वर्मा ने उनकी उन्मुक्तता, लालित्य, ज़िन्दादिली, मस्ती, दुर्भावना एवं ग्रन्थिहीनता, पौरुषपूर्ण व्यंग्य-सृष्टि तथा विविध एवं व्यापक

व्यंग्य-संसार की प्रशंसा की। अमृतराय ने लिखा कि उनकी व्यंग्य-सृष्टि में एक गुदगुदी, एक चुटकी, एक पुरलुत्फ़ कैफ़ियत है जो बातों की रंग-बिरंगी तितलियों के पीछे भागने से मिलती है। कन्हैयालाल नन्दन ने उनकी कलम की 'बाली उमरिया' के कमाल की प्रशंसा करते हुए रचनात्मक ताज़गी, व्यंग्य की अपनी शैली तथा अपना रंग और 'स्मितपूर्ण अन्दाज़े बयाँ' की विशेषताओं को रेखांकित किया। डॉ. प्रेम जनमेजय ने 'शोक-सभा' की रचनाओं पर लिखा कि वे एक ऐसी तृप्ति देती हैं, जिसमें भावुकता नहीं, तर्क की यथार्थता है। वे त्यागीजी के उद्धरण- कौशल से इतने प्रमुदित हैं कि उन्हें 'उद्धरण नाथ त्यागी' प्रतीत होते हैं। इस प्रकार त्यागीजी के ये आरम्भिक छह व्यंग्य-संग्रह उन्हें हास्य-व्यंग्यकार के रूप में स्थापित ही नहीं करते हैं, बल्कि उनकी हास्य-व्यंग्य चेतना और अभिव्यक्ति की मौलिकता एवं विशिष्टता उनकी अलग पहचान बनाने में भी सफल होती है।

'रवीन्द्रनाथ त्यागी रचनावली' के दूसरे खण्ड में सात व्यंग्य-संगृहों में संगृहीत 149 व्यंग्य-निबन्धों को संकलित किया गया है। ये सात व्यंग्य-संग्रह हैं— 'अतिथि-कक्ष' (1977), 20 निबन्ध, 'फूलों वाले कैक्टस' (1978), 20 निबन्ध, 'सुन्दर कली' (1978), 22 निबन्ध, 'ऋतु-वर्णन' (1979), 20 निबन्ध, 'भद्र-पुरुष' (1980), 25 निबन्ध 'इस देश के लोग' (1982), 21 निबन्ध, 'पद-यात्रा' (1985), 21 निबन्ध। इस प्रकार इस खण्ड में कुल 149 व्यंग्य-निबन्ध संकलित हैं, जो उनके लगभग आठ वर्ष की रचनात्मकता एवं व्यंग्य-सरोकारों का चित्र प्रस्तुत करते हैं। 'अतिथि-कक्ष' में नेता, ठेकेदार, बाबू, सज्जन, टाइपिस्ट लड़की, समाज सेवक, आलोचक, प्रकाशक, सम्पादक आदि पर आक्रोशपूर्ण प्रहार हैं। व्यंग्यकार अपने परिवेश और समाज के प्रति सजग हैं तथा व्यवस्था में आयी विसंगतियों पर चोट करता है। साहित्य के प्रति लेखक की विशेष रुचि बनी हुई है और वह लेखक, प्रकाशक, सम्पादक सभी की खिंचाई करता है। 'फूलों वाले कैक्टस' (1978) के 20 व्यंग्य-निबन्धों में अफ़सर, अतिथि, डॉक्टर, संगीत, कबीर, पत्नी, धर्म, यात्रा, कला, सौन्दर्य-स्वयंवर, मध्यस्थ, शौक़, छुट्टी, पत्नी-पीड़ा, दोस्त, मृत्यु-बोध, कैक्टस आदि पर हास्यपूर्ण व्यंग्यात्मक विवेचन है। लेखक अपने कुछ समकालीन लेखकों पर भी टिप्पणी करता है। 'सुन्दरकली' (1978) में 22 व्यंग्य-रचनाएँ हैं, जिनमें कुत्ता, वज़ीर, लोकनृत्य, उदासी, शिक्षा-संस्थान, लक्ष्मीनारायण लाल, पत्नी, जिन्न, मूँछ, स्मृति, कुर्सी, सिनेमा, काव्य, विद्यापति, रचना, विषकन्या, ग़रीब आदमी, हथिनी, सुन्दरकली आदि को केन्द्र में रखकर जीवन की कुछ स्थितियों, समस्याओं और विसंगतियों पर हास्य-व्यंग्य से परिपूर्ण टिप्पणियाँ की गयी हैं। 'ऋतु-वर्णन' (1979) में 20 व्यंग्य-निबन्ध हैं। इनमें प्रमुखतः साहित्य, संस्कृति और समाज की विसंगतियों और विद्रूपताओं पर व्यंग्य है जिसमें हास्य का पुट है। लेखक पुराने विषयों के साथ नये-नये विषय खोजता है, जहाँ विसंगतियाँ हैं, विडम्बनाएँ हैं तथा जिनके द्वारा पाठक को जाग्रत किया जा सकता है। शव-यात्रा,

क्रीड़ा-संसार, अनाथ यात्री, संस्कृति, शोक-मुद्रा, मरने का अधिकार कुछ ऐसे ही विषय हैं जिनमें हँसाने तथा प्रहार करने का अवसर मिलता है। 'भद्र-पुरुष' (1980) में 25 निबन्ध हैं और इनमें भी नये विषयों की उद्‌भावना है। शहीद दिवस, विषाद-योग, शगुन पक्षी, गीता में त्यागी-तत्त्व, पिकनिक, बुद्धिजीवी, मुनि-मूषक कथा, भिक्षावृत्ति, वसीयतनामा आदि में भी मौलिकता है और लेखक अपनी प्रस्तुतीकरण में हास्य और व्यंग्य की बौछार करता चलता है। 'इस देश के लोग' (1982) में 21 व्यंग्य-रचनाएँ हैं। पहले ही लेखक में किसान, बाबू, अफ़सर, नेता, सेठ, दुकानदार, ठेकेदार, डॉक्टर, नर्स आदि भारतीय लोगों के चित्र प्रस्तुत किये हैं, किन्तु लेखक का निष्कर्ष कितना तीखा, मर्मभेदी और व्यंग्यपूर्ण है, "बात यह है कि भारतीय तो हममें से कोई है ही नहीं। हम या तो मराठी हैं या बंगाली। हम या तो मद्रासी हैं या पंजाबी। हम या तो पतित पावन ब्राह्मण हैं या हरिजन। बहरहाल स्थिति यह है कि हम कुछ भी हैं, पर भारतीय नहीं हैं। यह मोटी-सी बात दिमाग़ में पहले से आ जाती तो मैं इस प्रबन्ध को कभी नहीं लिखता।" इस पुस्तक में अस्पताल, घड़ी, क्लर्क, करुण रस, दीवार, अपहरण, भरती, नारी, बड़े साहब, मुंशी प्रेमचन्द की जन्म-शताब्दी, गुलमुहर, अख़बार, हिजड़े आदि पर जो निबन्ध हैं, उनमें तथ्यों के वर्णन के साथ हास्य-व्यंग्य के सन्दर्भ भी आते रहते हैं। 'मुंशी प्रेमचन्द की जन्म-शताब्दी' निबन्ध में त्यागीजी ने देहरादून में आयोजित जिस प्रेमचन्द-सम्बधी कार्यक्रम की चर्चा की है, उसमें ही मेरा परिचय त्यागीजी से हुआ था। इसकी संयोजिका तथा प्रसिद्ध कथा-लेखिका शशिप्रभा शास्त्री ने मुझे भी इसमें आमन्त्रित किया था। 'पद-यात्रा' (1985) व्यंग्य-संग्रह के 21 व्यंग्य-लेख इस खण्ड के अन्त में दिये गये हैं। इन व्यंग्य-लेखों की दुनिया बड़ी व्यापक है। लेखक की व्यंग्य-दृष्टि में लेखक, साहित्यिक-चोरी से लेकर बैंकों में लूट, रिश्वत, गाँव का विकास, श्रृंगार, नेता, गाँधी, कुत्ता, कवि-सम्मेलन, सुन्दर लड़कियाँ, आलोचक, विश्वविद्यालय, पुलिस, पद-यात्रा आदि जीवन के अनेक प्रसंग आते हैं और वह अपने अनुभव के व्यापक संसार, विनोदी-व्यंग्यपूर्ण शैली तथा भाषा एवं अभिव्यक्ति की सशक्त क्षमता से अपने लेखों को रोचक तथा साहित्यपूर्ण बना देता है। इस प्रकार यह पहला खण्ड त्यागीजी की आरम्भिक हास्य-व्यंग्यपूर्ण रचनात्मकता का एक जीवन्त संसार हमारे सामने प्रस्तुत करता है, जिसमें व्यक्ति, समाज और देश के साथ साहित्य-संसार की अनेक विसंगतियों का यथार्थपूर्ण चित्रण हुआ है। त्यागीजी की अध्ययनशीलता, विभिन्न साहित्य परम्पराओं का तथा इतिहास का ज्ञान, उद्धरण-प्रियता, हास्य और व्यंग्य का संयुक्त प्रयोग, उदात्त एवं रोचक भाषा तथा प्रहार का माधुर्य एवं लालित्यपूर्ण शैली आदि सम्मिलित रूप में उनका अपना एक हास्य-व्यंग्य संसार निर्मित करते हैं और इससे वे हिन्दी-व्यंग्य में अपनी विशिष्ट पहचान के साथ सदैव के लिए स्थापित हो जाते हैं।

रचनावली के तीसरे खण्ड में तीन व्यंग्य-संग्रहों के 61 व्यंग्य-निबन्ध

हैं–'आत्मलेख' (1988), 23 निबन्ध, 'पराजित पीढ़ी के नाम' (1988), 25 निबन्ध, 'प्रसंगवश' (1988), 13 निबन्ध। इन व्यंग्य-निबन्धों में सरकार, प्रशासन, समाज और साहित्य आदि सभी की विसंगतियों पर चोट है। इसमें लोकतन्त्र, निर्वाचन, सरकार, देशभक्ति, नयी सरकार, आज़ादी आदि के समकालीन प्रसंगों को उठाते हुए उनके मानव-विरोधी स्वरूप का उद्घाटन किया गया है। देश में आज़ादी के स्वरूप में यह गहरा व्यंग्य द्रष्टव्य है, "आज मैं आज़ाद हूँ। चाहूँ तो दफ़्तर जाऊँ और चाहूँ तो दफ़्तर न जाऊँ। तनख़्वाह हर हालत में मिलेगी। अगर अफ़सर नाराज़ हो गया तो ट्रेड यूनियन है। अगर मैं घी में चर्बी मिलाता हूँ, काली मिर्चों में पपीते के बीज और पेट्रोल में मिट्टी का तेल। मिल में झूठी आग लगाकर बीमे का पैसा लेना मेरा पैदायशी हक़ है।" अर्थ है कि आज़ादी के नाम पर सर्वत्र अराजकता है, और ग़ैरक़ानूनी काम करने की पूरी आज़ादी है। यह स्वतन्त्र भारत की सरकार और सुराज का चित्र है। 'आत्मलेख' में लेखक 'गधा', 'पुलिस', 'मीटिंग', 'छुट्टी' आदि कुछ नये विषयों पर भी व्यंग्य लिखता है। लेखक निरन्तर विकासशील है। 'पराजित पीढ़ी के नाम' (1988) के 25 व्यंग्य-निबन्धों में अधिकांश वे हैं जो 'सारिका' पत्रिका में इसी शीर्षक से लिखे गये स्तम्भ में छपे थे। लेखक लूट, मन्त्रियों के भ्रष्टाचार, हरिजन, जनसंख्या, घूस, महँगाई, पुरस्कार, पुत्र, राजनीति, धर्म, सिनेमा, अख़बार, महानगर, सरकारी अनुदान, राजभाषा-समिति, नकल, वेश्यावृत्ति, वर्ण-व्यवस्था आदि अनेक नये-पुराने विषयों के माध्यम से सामाजिक, राजनीतिक, धार्मिक, राष्ट्रीय, साहित्यिक विसंगतियों, तथाकथित जीवन-मूल्यों, रूढ़ियों आदि पर हास्यपूर्ण प्रहार करता है। अब व्यंग्य में आक्रोश का भाव भी प्रकट होता है। 'प्रसंगवश' (1988) में 13 व्यंग्य-लेख हैं। इनमें साहित्यिक व्यंग्य की अधिकता है, लेकिन व्यंग्यकार ग़रीब मज़दूर, कुली और विधवा के जीवन के प्रति भी चिन्तित है। 'कौना रे मासे...' में लेखक लिखता है, "सरकारी कर्मचारी का भत्ता फिर बढ़ेगा मगर गाँव, क़स्बों और शहरों में रहने वाले ग़रीब मज़दूर, विधवाएँ और कुली और भी ग़रीब हो जायेंगे। मेरे विचार में अगर बढ़ती हुई महँगाई, जनसंख्या और भ्रष्टाचार को समय रहते न रोका गया तो इस धरती पर वसन्त फिर नहीं आयेगा।" यह वसन्त प्रकृति के वसन्त के साथ आम आदमी की खुशहाली का भी वसन्त है और व्यंग्यकार इसके लिए चिन्तित है।

'रवीन्द्रनाथ त्यागी रचनावली' के चौथे खण्ड में तीन व्यंग्य-संग्रहों के 83 व्यंग्य-निबन्ध हैं–'विष-कन्या' (1990), 27 निबन्ध, 'गणतन्त्र दिवस की शोभा-यात्रा' (1991), 24 निबन्ध तथा 'चम्पाकली' (1992), 32 निबन्ध। 'विष-कन्या' (1990) में 27 निबन्ध हैं, जिनमें पाँच व्यंग्य-निबन्ध ऐसे हैं जिनमें एक साथ तीन-तीन जुड़े हुए हैं– 'बिहार, जनसंख्या और प्रेमगीत', 'संगीत, कुबेर और प्रकाशक', 'स्थितियाँ, ख़बरें और अफ़वाहें', 'जूते, वसीयतनामे और दिल्ली' तथा 'नोबिल प्राइज़, पद्माकर और प्रेम-विवाह'। एक शीर्षक में तीन भिन्न विषय हैं और उनमें कोई साम्य नहीं

है। इससे स्पष्ट है कि त्यागीजी के पास व्यंग्य-विषयों का अपरिमित भण्डार है और वे उसी दबाव में तीन विषयों को एक साथ ले लेते हैं। पाठक एक व्यंग्य-लेख में तीन विभिन्न विसंगतियों का आस्वादन करता है। त्यागीजी को समाचार-पत्रों, पत्रिकाओं तथा पुस्तकों से कई ऐसे विषय मिलते हैं जहाँ विसंगतियों, विद्रूपताओं, दोहरी मनोवृत्तियों का प्राबल्य है। 'गणतन्त्र दिवस की शोभा-यात्रा' (1991) में 24 व्यंग्य-निबन्ध हैं। इनमें सामाजिक, सांस्कृतिक, ऐतिहासिक, साहित्यिक एवं शैक्षणिक व्यंग्य के साथ आत्म-व्यंग्य एवं रोचक संस्मरणों की छटा भी देखी जा सकती है। 'अपना उत्सव' में वे समाज के दुःखद जीवन के साथ ठाठ-बाट के जीवन के दोहरे रंगों की पीड़ा के साथ उद्घाटन करते हैं। लेखक पुराने विषयों को नये सन्दर्भों में तथा नये-नये विषयों की विद्रूपताओं को चित्रित करता चलता है। 'चम्पाकली' (1992) में 32 व्यंग्य-रचनाएँ हैं तथा पुराने-नये विषय इसमें भी हैं। 'कुछ और सरकारी संस्मरण' में उन्होंने रक्षा-मन्त्रालय में अपनी नौकरी के कुछ संस्मरण दिये हैं, कुछ कह दिये हैं, कुछ छोड़ दिये हैं, परन्तु जो भी हैं उनसे रक्षा-मन्त्रालय तथा सेना के अन्दर के कुछ चित्र तो सामने आते ही हैं। इन रचनाओं में भी व्यंग्यकार की सामाजिक, सांस्कृतिक, साहित्यिक, राजनीतिक आदि जीवन की विसंगतियों पर गहरी नज़र है और मूल्यों के संकट पर चिन्ता है। 'सत्यम्, शिवम्, सुन्दरम्' व्यंग्य-लेख में जीवन के प्रत्येक क्षेत्र में मूल्यों के पतन पर गहरी चिन्ता है। व्यंग्यकार के रूप में त्यागीजी चाहे सुन्दर युवतियों की चर्चा बार-बार करते हों, परन्तु वे अपने सामाजिक और राष्ट्रीय व सांस्कृतिक सरोकारों के प्रति पूर्णतः सचेत हैं तथा यही उनके व्यंग्य की कसौटी है।

'रवीन्द्रनाथ त्यागी रचनावली' के पाँचवें खण्ड में चार व्यंग्य-संग्रहों की 108 रचनाएँ संकलित हैं। ये चार व्यंग्य-संग्रह हैं—'इतिहास का शव' (1993), 26 निबन्ध, 'देश-विदेश की कथा' (1994), 24 निबन्ध, 'भाद्रपद की साँझ' (1996), 24 निबन्ध तथा 'लाल-पीले फूल' (1997), 34 निबन्ध। 'इतिहास का शव' के 26 व्यंग्य-निबन्धों में सरकार, प्रशासन, राजनीतिक, साहित्यिक, सामाजिक व्यंग्यों के साथ कुछ संस्मरण भी हैं। सरकारी नौकरी के सत्य का उद्घाटन वे ऐसे तीखे व्यंग्य से करते हैं, "सरकारी नौकरी तो केवल इसलिए की जाती है कि रोब-दाब रहे, घूस का पैसा मिले, सुन्दर युवतियों के साथ समय व्यतीत हो और देश-विदेश की यात्रा करने का अवसर प्राप्त हो।" त्यागीजी व्यंग्य-विधा में एक व्यापक भारतीय समाज की त्रासदी और पतनोन्मुख प्रवृत्तियों को निरावृत्त करते हैं। 'देश-विदेश की कथा' में 24 व्यंग्य-लेख हैं। इनमें भी पहले जैसा ही हास्य-व्यंग्य का तेज़ है, बल्कि कहीं-कहीं और अधिक गहनता एवं तीव्रता आयी है। विषय की दृष्टि से लेखक के पास अपरिमित विषय हैं, पुराने विषय भी नये सन्दर्भ और नये व्यंग्य के साथ आते हैं। 'राष्ट्र के एक नेता को श्रद्धांजलि' में लेखक ने जिस नेता के जीवन-चरित्र का

स्वरूप खींचा है, वह इतना सत्य और व्यंग्यपूर्ण है कि लेखक की कलम को दाद देनी पड़ती है। साहित्य, साहित्यकार, आलोचक आदि के प्रति उनकी व्यंग्य-दृष्टि कुछ नयी विसंगतियों को उद्‌घाटित करती है। 'अंजामे-गुलिस्ताँ क्या होगा?' में वे अज्ञेय, श्रीलाल शुक्ल, जगदीश चन्द्र माथुर, नामवर सिंह आदि की कटु आलोचना के बाद आलोचक के चरित्र की पर्तें उखाड़ते हुए लिखते हैं, "फ़िलहाल आलोचक के नाम पर जो लोग काम कर रहे हैं, वे कला को परखना नहीं जानते, वे गुटबाज़ हैं, राजनीतिक पार्टियों से प्रतिबद्ध हैं और ख़ुशामद-पसन्द हैं।" इस खण्ड के तीसरे व्यंग्य-संग्रह 'भाद्रपद की साँझ' के 24 व्यंग्य-लेख तथा एक परिशिष्ट यहाँ संकलित हैं। अपनी प्रवृत्ति के अनुरूप लेखक ने इसमें कुछ हास्य-प्रधान रचनाएँ, कुछ विशुद्ध व्यंग्य, कुछ संस्मरण, कुछ ऐतिहासिक कथा-प्रसंग तथा कुछ रोचक प्रसंग संकलित किये गये हैं। लेखक का बहुश्रुत ज्ञान तथा विभिन्न साहित्यों से उद्धरणों की बहुलता पूर्ववत विद्यमान है। इसमें भी विषय का वैविध्य है और राजनीति, प्रशासन, शिक्षा, समाज, पुलिस, साहित्य, इतिहास आदि उनके प्रिय विषय हैं। उनके विचार में इतिहास सबसे बड़ा व्यंग्यकार है। साहित्य में उनके व्यंग्य और संस्मरण सदैव ही रोचक और लालित्यपूर्ण होते हैं। नामवर सिंह की 'दूसरी परम्परा की खोज' के उत्तर में 'तीसरी परम्परा की खोज' व्यंग्य लिखा और लतीफ़ घोंघी की ख़ूब तारीफ़ की और अपनी भी अच्छी तारीफ़ कराई। वे लिखते हैं, "मैं कहता हूँ कि लतीफ़ 'अक्षरों के कारीगर' हैं और वे कहते हैं कि मैं, 'शब्दों का जादूगर' हूँ। वे मुझे मूर्धन्य कहते हैं तो मैं उन्हें 'शीर्षस्थ' कहता हूँ। एक मित्र-आलोचक हैं जो मुझे 'युग-द्रष्टा' कहते हैं और तलीफ़ साहिब को 'युग-स्रष्टा' कहते हैं। अगर यह पैंतरेबाज़ी ठीक चली तो कोई कारण नहीं कि हम लोग साहित्य में सचमुच ही अमर न हो जायें। चूँकि 'दूसरी परम्परा की खोज' डॉ. नामवर सिंह पहले ही कर चुके हैं, मैं अपनी ऊपर बताई शरारतपूर्ण प्रक्रिया को 'तीसरी परम्परा की खोज' कहकर ही पुकारूँगा।" इस प्रशंसा में आलोचकों पर जो व्यंग्य किया गया है, उसमें लेखक स्वयं भी शामिल होकर उसे और भी घनीभूत बना देता है। 'लाल-पीले फूल' व्यंग्य-संग्रह के 24 व्यंग्य-निबन्ध अन्त में संकलित हैं। इन व्यंग्य रचनाओं में वसन्त, वर्षा, नदी और लाल-पीले फूल हैं, होली-दीवाली जैसे त्योहार हैं, कबूतर, कौए, तोते, चूहे, बकरी आदि पशु-पक्षी हैं, शरद जोशी और उग्रजी पर संस्मरण हैं, इतिहास का अन्धा युग है, प्रेम गली और नख-शिख वर्णन है, मानव शरीर पर तीन-चार लेख हैं तथा संसद समाचार से लेकर लेखन-प्रक्रिया तक का उद्‌घाटन है। विषय का वैविध्य तथा विषय को रोचक, ज्ञानवर्धक तथा विचारपूर्ण बनाना उनकी स्थायी विशेषता है। इनमें हास्य-विनोद और व्यंग्य का ऐसा अनुपम मिलन है कि पाठक गुदगुदी के साथ मर्म पर एक गहरी चोट का अनुभव करता है और व्यंग्यकार के कौशल की प्रशंसा करता है।

'रवीन्द्रनाथ त्यागी रचनावली' का छठा खण्ड व्यंग्य-रचनाओं का अन्तिम खण्ड

है। इसमें दो व्यंग्य-संग्रहों की 95 व्यंग्य-रचनाएँ हैं—'बादलों का गाँव' (1999), 49 निबन्ध तथा 'शेष-अवशेष' (2011) में 46 निबन्ध। इनमें 'शेष-अवशेष' (2011) व्यंग्य-संग्रह श्रीमती शारदा त्यागी ने उनके अप्रकाशित व्यंग्य-लेखों का संग्रह करके भारतीय ज्ञानपीठ, नयी दिल्ली से प्रकाशित कराया था। 'बादलों का गाँव' में भी लेखक ने अपने प्रिय विषयों—इतिहास, राजनीति, समाज, दर्शन, संस्कृत साहित्य, हिन्दी काव्य, पुलिस तथा मानवीय मनोवृत्तियों आदि को ही केन्द्र में रखा है। व्यंग्यकार अपने सामाजिक सरोकारों पर अटल है और वह स्त्री-शोषण, अन्धविश्वास, राजनेता और समाज-सेवकों के कदाचार, पुलिस के भ्रष्टाचार आदि की विसंगतियों और समाज-विरोधी प्रवृत्तियों को निरावृत्त करता है। 'शेष-अवशेष' (2011) में 46 अप्रकाशित व्यंग्य-रचनाएँ हैं, जो फ़ाइलों तथा पत्रिकाओं में दबी पड़ी थीं। इन व्यंग्य-रचनाओं में लेखक का पूर्व-रूप ही झलकता है और वह जीवन के विभिन्न प्रसंगों, समस्याओं, व्यक्तियों, शहरों, यात्राओं, मौसमों, स्त्रियों, प्रथाओं, पुरस्कारों, गाथाओं आदि के सम्बन्ध में रोचक वर्णन के साथ विसंगतियों को भी रेखांकित करता चलता है। लेखक अपनी सुहागरात, पेंशन, पुरस्कार आदि के बारे में भी कुछ नये तथ्यों का उद्घाटन करता है और चुटकी लेता है। अपने पहले ही निबन्ध में त्यागीजी ने नेता के चित्रण में व्यंग्य का भरपूर प्रयोग किया है, "वह कुर्सी पर चिपककर बैठता है, ताकि और सब कुछ छूट जाये पर कुर्सी न छूटे। तस्वीर में भी जब वह भागेगा तब कुर्सी से चिपका होगा। उसकी एक जेब में झूठे वादे होंगे और दूसरी जेब में जाली वोट। वह चुनाव जीतेगा और वज़ीर बनेगा। अगर वह वज़ीर नहीं बना तो वह दल बदलेगा और प्रशासन का पर्दाफ़ाश करेगा।" हरिशंकर परसाई के पिटने पर त्यागीजी का व्यंग्य 'मैं पिटने के लिए पीड़ित हूँ' पूर्णतः व्यंग्य-बाणों से भरपूर है। लेखक को हीनता-बोध होता है कि वे भी व्यंग्यकार हैं, पर उन्हें क्यों नहीं पीटा गया। इससे उनके कमज़ोर व्यंग्यकार होने का रहस्य खुल गया है। यह भेदभाव है, परसाईजी पिटें और शेष व्यंग्यकार न पिटें। यदि वे पिटते हैं तो उन्हें परसाईजी के समकक्ष बैठने का हक मिल सकता है।

इस प्रकार रवीन्द्रनाथ त्यागी के 25 व्यंग्य-संग्रहों की 629 व्यंग्य-रचनाओं में व्यक्ति, समाज, देश तथा विदेश का एक व्यापक एवं बहुरूपी मानवीय समाज तथा पशु-पक्षियों का भी संसार हमारे सामने प्रकट होता है। यह समाज इतना विशाल तथा विभिन्न रूपात्मक है कि इसकी तुलना केवल प्रेमचन्द के समाज से ही की जा सकती है। हिन्दी के व्यंग्यकारों में कोई दूसरा ऐसा व्यंग्यकार नहीं है जिसके पास इतिहास, पुराण, समाज, साहित्य तथा देश-विदेश के समाजों से इतने विपुल पात्रों एवं विसंगतियों का संसार हो। यह लेखक की अध्ययनशीलता तथा व्यापक संवेदना का प्रमाण है। हरिशंकर परसाई, शरद जोशी, श्रीलाल शुक्ल आदि व्यंग्यकार अपने समय की समस्याओं में उलझे हैं और उनके पास इतिहास, पुराण, धर्म, दर्शन, संस्कृति

आदि में गहराई तक पैठने की तत्परता एवं प्रेरणा नहीं है। इतिहास, प्राचीन साहित्य उनके प्रिय विषय हैं और इतिहास से जो वे ऐसी सामग्री खोज-खोजकर लाते हैं कि पाठक को हास्य-व्यंग्य की अनुभूति के साथ इतिहास-रस का भी आनन्द मिलता है। देश का लोकतन्त्र और विशाल बहुरूपी समाज, राजनीति और राजनेता, समाज में भेदभाव, जाति और विवाह, धर्म और साम्प्रदायिकता, नारी-शोषण, पशु-पक्षी, भाषा, साहित्य, संस्कृति आदि जीवन के अधिकांश अंग-उपांगों में व्याप्त अराजकता, अव्यवस्था, अनैतिकता, अमानवीयता तथा पतनोन्मुखता को घेरे विसंगतियों, विद्रूपताओं, विडम्बनाओं एवं परस्पर विरोधी प्रवृत्तियों का एक जीवन्त संसार उनके व्यंग्य-साहित्य में स्थान पाता है। त्यागीजी का व्यंग्य-साहित्य देश के राष्ट्रीय पतन, अराजकता, अव्यवस्था और घोर अमानवीयता का राष्ट्रीय बिम्ब है, जिसे वे विभिन्न विषयों, प्रसंगों, घटनाओं तथा व्यक्तियों के माध्यम से व्यक्त करते हैं। उनकी दृष्टि सर्वत्र यही है कि राष्ट्रीय जीवन में, हमारे लोकतान्त्रिक समाज में तथा व्यक्ति के जीवन में जहाँ भी विसंगति और विद्रूपता है उसे उसकी समग्रता में हास्य-व्यंग्य के साथ चित्रित किया जाये, जिससे पाठक उस पर सोचे और एक बेहतर व्यवस्था की कल्पना जाग्रत हो। त्यागीजी अपने व्यंग्य-धर्मानुसार हास्य-व्यंग्य की स्थितियों का उद्घाटन तो करते हैं, परन्तु उसका कोई विकल्प नहीं देते। कोई भी व्यंग्य-रचना अपनी ध्वनि में, अपनी व्यंजना में तथा रचना के पड़ने वाले प्रभाव में ही विकल्प का संकेत देती है।

रवीन्द्रनाथ त्यागी की व्यंग्य-सृष्टि में कई ऐसी विशिष्टताएँ हैं, जिन्हें रेखांकित करना आवश्यक है। उनके पास एक विराट व्यंग्य संसार है, बहुसंख्या में विसंगतियों से ग्रसित पात्रों की दुनिया है तथा इसे हास्य-व्यंग्य के सन्तुलित सम्मिश्रण के साथ निबन्ध, कहानी, उपन्यास, संस्मरण, डायरी, यात्रा-वृत्तान्त, पत्र, समीक्षा, लघुकथा, मिनी कथा, भूमिका आदि विभिन्न साहित्य-विधाओं के द्वारा वास्तविकता से अभिव्यक्त करने की अनुपम क्षमता है। जीवन तथा विधा की यह अनेकोन्मुखता उनके हास्य-व्यंग्य साहित्य की विशेषता है। त्यागीजी प्रायः अपनी रचना में कथा का ताना-बाना बुनते हैं, घटनाओं का उल्लेख करते हैं और व्यंग्य-चरित्र तथा व्यंग्य-बिम्ब को निरन्तर घनीभूत करते चलते हैं। वे जिस विषय को उठाते हैं, उसके अन्तर्बाह्य सूत्र उभरते आते हैं और विसंगति-विद्रूपता का एक समग्र चित्र निर्मित होता है। वे जब राजनीति और लोकतन्त्र पर लिखते हैं तो नेता, चुनाव, विधानसभा, प्रशासन, पुलिस, भ्रष्टाचार, समाजवाद, दलबदल आदि विभिन्न विषयों का कच्चा चिट्ठा खोलते हैं। वे जब साहित्य और भाषा की विकृत स्थितियों का चित्रण करते हैं तो साहित्यकार, प्रकाशक, आलोचक, रॉयल्टी, पत्र-पत्रिकाओं आदि सभी को अपनी परिधि में रखते हैं तथा जब वे नौकरशाही की विसंगतियों का दरवाज़ा खोलते हैं तो अफ़सर, दफ़्तर, क्लर्क, चपरासी, फ़ाइल, रिश्वत आदि का यथार्थ चित्र अंकित करते

हैं। त्यागीजी के पास विषयानुकूल प्रसंगों, उद्धरणों एवं सूक्तियों की इतनी प्रचुरता है तथा कवियों, शायरों के काव्यांशों तथा लोकगीतों का इतना यथावसर उपयोग है कि प्रेम जनमेजय उन्हें 'उद्धरण नाथ त्यागी' कहने में संकोच नहीं करते। वास्तव में, यह उनकी एक ऐसी विशेषता है जो हिन्दी के किसी व्यंग्यकार में नहीं है। यही कारण है कि उनके पास एक लालित्यपूर्ण बौद्धिक संसार है जिसमें इतिहास-रस और साहित्य का माधुर्य मिलकर उसे और भी लालित्य एवं आनन्दमय बनाता है। इसमें हास्य और व्यंग्य की समरसता भी अपना योगदान करती है। त्यागी का हास्य न तो शुद्ध हास्य है और न शुद्ध व्यंग्य, मैं उसे 'हास्यात्मक व्यंग्य' कहता हूँ। त्यागीजी को यह नामकरण पसन्द था। इस कारण भी उनमें प्रचार, फ़ार्मूला एवं प्रतिबद्ध व्यंग्य का अभाव है, जैसा कि कहीं-कहीं हरिशंकर परसाई में दिखाई देता है। उनका व्यंग्य साहित्य मार्क्सवादी प्रगतिशीलता से शून्य है, परन्तु वे मानवीय मूल्यों, नैतिकता, पवित्रता, सहिष्णुता, समरसता आदि के प्रति व्यंग्यकार के रूप में पूर्णतः प्रतिबद्ध हैं। विसंगति, विद्रूपता, अन्तर्विरोध, विडम्बनापूर्ण समाज में डूबकर व्यंग्य लिखने वाले लेखक की सबसे बड़ी चिन्ता मानवीय समाज की स्वस्थता और व्यवस्था ही है। वे इसी कारण कभी-कभी अपनी व्यंग्य-रचना में स्वयं को भी केन्द्र में रखते हैं और आत्म-व्यंग्य के अनोखे उदाहरण प्रस्तुत करते हैं। हिन्दी के व्यंग्यकारों में त्यागीजी एकमात्र ऐसे व्यंग्य-लेखक हैं जो स्वयं की विसंगतियों को उद्घाटित करने के साथ अपने पर प्रहार करते हैं। उन्होंने अपने पिता, परिवार तथा स्वयं पर जो व्यंग्य-लेख लिखे हैं, वे उन्हें विशिष्ट व्यंग्यकार बनाते हैं। उनकी व्यंग्य-भाषा में भी ऐसी ही निजता है, नवीनता, सहजता और सार्थकता है, नये-नये शब्दों का चयन है, शब्द-संयोजन तथा शब्द को अर्थ के अनुरूप तोड़ने-मरोड़ने आदि में वे सिद्धहस्त हैं। शब्दों के साथ खेलने में वे माहिर हैं, वे भाषा के जादूगर हैं। इस प्रकार त्यागीजी का व्यंग्य-संसार उन्हें व्यंग्य का एक मुहावरा देता है, जो परसाई एवं जोशी से भिन्न व्यंग्य का एक त्यागी-संसार निर्मित करता है। ज्ञान चतुर्वेदी ने अपने मूल्यांकन में लिखा है, "यदि हिन्दी भाषा के महानतम संगीत का अनुभव करना हो, तो आप रवीन्द्रनाथ त्यागी की हास्य-व्यंग्य रचनाओं में से गुज़र जायें। विट्, निर्मल हास्य, शिष्टतापूर्ण अशिष्टता, अद्भुत व्यंजनाएँ, बेजोड़ फैंटेसी, सत्य कहने का अदम्य साहस, भाषा का अद्भुत खेल, ना कुछ से जाने क्या-क्या कुछ नया पैदा करने की बाज़ीगरी, विषय-वैविध्य का अटूट सिलसिला, हास्य-व्यंग्य में काव्य का अलौकिक सौन्दर्य और इन सबके ऊपर एक निष्पक्ष व निर्मम विश्लेषण की क्षमता रखने वाली खाँटी, ईमानदार मानवीय जीवन-दृष्टि, शायद यह सब कुछ तथा और भी अनेक शास्त्रीय किस्म की लेखन की बारीकी, रवीन्द्रनाथ त्यागी को हिन्दी भाषा का ही नहीं, समस्त भारतीय भाषाओं का इस सदी का सर्वाधिक समर्थ हास्य-व्यंग्य लेखक बनाती है।" रवीन्द्रनाथ त्यागी अपनी इन्हीं विशेषताओं के कारण व्यंग्य-त्रयी के

एक महत्त्वपूर्ण स्तम्भ बनते हैं और अपनी विशिष्ट पहचान के साथ हिन्दी साहित्य में एक श्रेष्ठ तथा शीर्षस्थ व्यंग्यकार के रूप में हमेशा के लिए स्थापित हो जाते हैं।

'रवीन्द्रनाथ त्यागी रचनावली' के सातवें खण्ड में उनकी काव्य-सृष्टि दी गयी है। व्यंग्य-साहित्य के बाद उनका काव्य-संसार ही सबसे अधिक सर्जनात्मक तथा महत्त्वपूर्ण है। यद्यपि त्यागीजी स्वयं को मूलतः कवि मानते थे और कहते थे कि जिसने मेरे कवि को नहीं देखा, उसने मेरी सच्ची छवि नहीं देखी, अर्थात् वे प्रथमतः स्वयं को कवि ही मानते थे और उन्हें इसका बड़ा क्लेश था कि हिन्दी साहित्य में उनकी काव्य-सृष्टि को समुचित महत्त्व नहीं दिया गया। उनका काव्य-रचना-काल वर्ष 1962 से 1996 तक फैला हुआ है और इन 34 वर्षों में उनके सात कविता-संग्रह प्रकाशित हुए। इनका विवरण निम्नलिखित है—

(1) 'सूखे और हरे पत्ते' (1962), 38 कविताएँ, (2) 'कल्प-वृक्ष' (1965), 50 कविताएँ, (3) 'आदिम राग' (1967), 58 कविताएँ, (4) 'आख़िरकार' (1978), 97 कविताएँ, (5) 'सलीब से नाव तक' (1983), 67 कविताएँ, (6) 'अन्तिम वसन्त' (1988), 79 कविताएँ, (7) कृष्ण पक्ष की पूर्णिमा (1996), 66 कविताएँ। इन कविताओं का संवेदना-संसार बड़ा व्यापक है, जिसे डॉ. पुष्पपाल सिंह ने छह भागों में विभक्त किया है—'प्रेम-सौन्दर्य : सिन्दूरी शाम के रेशमी वन्दनवार, प्रकृति : रति की ऋतु में चाँद, वसन्त, नदी, ताल, पहाड़, तीव्र जिजीविषा : दुःखों को धरती में बोने और गाँवों की फ़सल उगाने का संकल्प, युद्ध-दंगे : 'जोत की कलाएँ फ़ौलाद का पेड़ 'उगाने को', अदालत में पेश 'स्व': पीले पालों वाली बूढ़ी नाव तथा विचारों की ऊहापोह : लम्बी कविता का वितान। यहाँ कुछ कतिताएँ उद्धृत हैं, जिनसे कवि की मनोरचना और संवेदना को समझा जा सके। अपने पहले कविता-संग्रह में कवि निरर्थकता-बोध से गुज़रता है, अकेलापन और उदासी है, सुख-दुःख का संगम है, दुःख यत्न के लिए आते हैं, लेकिन जीवन सबसे ऊपर है। कवि कहता है कि अँधेरा, श्मशान, सूखे पत्तों को मत देखो, यदि देखना है तो उगते चाँद की पतली रेखा और नयी निकलती कोंपलों को देखो—'देखो उधर/नदी के पार—/ नये उगते चाँद की पतली रेखा/ कि जिसे आगे बढ़ना है/ कि जिसे लड़ना है/ कि जिसका भविष्य है/... देखो उनको/ नयी निकलती कोंपलों को—/ ये प्रेम की तरह उगी हैं/ इनका भविष्य है, कवि जीवन में निराशा और अकेलेपन से हारा नहीं है। 'कल्प-वृक्ष' में त्यागीजी ने 'अपने कवि के प्रति' कविता में फिर इसी भाव को उठाया है। कवि जंगल में अकेला है तथा उसका भय, आँसू और आवाज़ कोई देखने-सुनने वाला नहीं है, फिर भी वह स्वयं को उठने के लिए प्रेरित करता है—'तू उठ/कमर कस/ इन पंखों को खुद ही सहला/ इन स्वरों को खुद ही सँवार/ याद रख/ तू अकेला नहीं है। निराशा तेरी संगिनी है। पीड़ा तेरी मित्र/ भय तेरा विश्वास/ तू उठ/ आगे बढ़।' यह 'चरैवेति-चरैवेति' के भारतीय दर्शन और 'गीता' के कर्मवाद की साक्षात्

अनुभूति है तथा इससे कवि की निराशा, भय, उदासीनता से मुक्त होने की प्रबल आकांक्षा भी स्पष्ट होती है। इन कविताओं में कवि की कई प्रकार की मनःस्थितियाँ हैं, प्रकृति के कई सुन्दर उपमान हैं, परन्तु मनोदशा प्रतिकूल है, चाँद को ही कई भिन्न मनोदशा में देखा गया है, वसन्त के प्रति तो विशेष राग है और युद्धों, स्टेनगनों, जेलों के बीच भी कवि कभी-कभी जीवन को, फूल को, बच्चों को हँसते देखता है और उसका स्त्री-बोध तो इतना दृढ़ है कि अपनी 'इतिहास' कविता ('कल्पवृक्ष') में कवि अन्धड़ में मनु, व्यास, कृष्ण, ईसा, बुद्ध, टैगोर, टाल्स्टाय और गाँधी की तस्वीरें उड़ा देता है, किन्तु एक फटे आँचल, यौवन ढके, झुकी आँखें, डरा चेहरा एवं कुण्ठित मन की औरत की तस्वीर टँगी रहती है और वह मनु और व्यास के चित्रों को आँख फाड़-फाड़कर देखती है और हँसती है, क्योंकि वही अकेली सच्ची है। मैं नहीं जानता कि स्त्री की शक्ति का ऐसा उद्घोष किसी अन्य कवि ने इस रूप में किया होगा। असल में रवीन्द्रनाथ त्यागी की कविताओं को ऐसे सभी तत्त्वों तथा संवेदनाओं के सौन्दर्य को रेखांकित करना आवश्यक है जिनकी चर्चा नहीं हुई और उदासी एवं अकेलेपन को ही उनकी प्रमुख प्रवृत्ति मान ली गयी। कवि की संवेदना का एक और चित्र यहाँ प्रस्तुत है। कवि आत्म-केन्द्रित प्रतीत होता है, पर वह है नहीं, क्योंकि वह अक्सर बाहरी दुनिया की त्रासदी देखता है और वह अपने से पूछता है कि वह अपनी कविता में कब तक रंगों के गीत गाता रहेगा? कवि 'उत्तर' कविता ('अन्तिम वसन्त') में लिखता है—'जब तक लड़ते हैं लाम पर जवान/ अग्नि में निखरते जिनके स्वर्ण-प्राण/जब तक धरती पर एक भी गुलाम/ कौन रोक सकता कवि का बाण?/ जब तक होता अपमान में मरण/ कैसे कवि छोड़ेगा छन्द-चरण?/ जब तक मरता नहीं युद्ध का गिद्ध/ कोई कवि कैसे हो सकता वृद्ध?/ जब तक होता कहीं अत्याचार/ कैसे मर सकता कवि मुक्तभार।' यह वह कवि-चेतना है जो त्यागीजी को बड़ा कवि बनाती है और मूलतः कवि बनाती है।

रचनावली के आठवें खण्ड में रवीन्द्रनाथ त्यागी के उपन्यास, कहानी, पत्र तथा बाल-साहित्य संकलित है। ये वे गद्य-विधाएँ हैं जिनमें त्यागीजी ने बहुत नहीं लिखा है, किन्तु इनमें भी उनका रचनात्मक व्यक्तित्व मज़बूती से उभरता है। त्यागीजी के प्रकाशित उपन्यास 'अपूर्ण कथा' में 'अपूर्ण कथा' (1980) नामक उपन्यास के साथ हास्य-व्यंग्य की पाँच कहानियाँ भी दी गयी हैं। 'अपूर्ण कथा' एक आत्मकथात्मक उपन्यास है, जिसमें घर, बाहर, विवाह, नौकरी तथा रोग शीर्षक पाँच खण्ड हैं। इससे स्पष्ट है कि यह अपूर्ण आत्म-कथा है और लेखक ने इसे इसीलिए 'अपूर्ण कथा' शीर्षक से प्रकाशित कराया। 'अपूर्ण कथा' उपन्यास का नायक यतीन है। वह आज अफ़सर है, साथ-साथ लेखक भी है, साहित्यिक जगत् में प्रतिष्ठा भी है, पर एक समय ऐसा था कि उसके पास स्कूल की फ़ीस देने के लिए भी एक कौड़ी भी नहीं था, और यहीं से यतीन के बाल-जीवन के दर्द-भरे जीवन की कथा शुरू होती है और

घर, बाहर, विवाह, नौकरी तथा रोग तक के जीवन की कहानी सामने आती है। इस अपूर्ण कहानी के बावजूद यतीन के माध्यम से लेखक के जीवन के उतार-चढ़ाव, तनाव, अन्तर्विरोध और विरोधी स्थितियों से साक्षात्कार होता है और ऐसी दुःख-भरी परिस्थितियों में साहित्य-प्रेम उसकी मदद करता है। इस कृति का कोई वैशिष्ट्य नहीं है, परन्तु ईमानदार एवं निश्छल अभिव्यक्ति इसे विशिष्ट बनाती है। लेखक ने इसी कृति के अन्त में पाँच हास्य-व्यंग्य कहानियाँ भी दी हैं। ये कहानियाँ हैं—'अब्दुल्ला दीवाना', 'पत्नी-प्रसंग', 'बीसवीं सदी का जिन्न', 'चर्चित होने का सुख' तथा 'मूँछों को लेकर' ये पाँचों कहानियाँ 'सुन्दरकली' (1978) व्यंग्य-संग्रह में हैं और लेखक ने ये वहीं से ली हैं। अतः पूर्व-प्रकाशित कहानियों को पुनः नये संकलन में देने के कारण 'अपूर्ण कथा' कृति का न तो महत्त्व बनता है और न ये नयी कहानियाँ मानी जा सकती हैं। इस रचनावली में त्यागीजी के पत्र भी दिये गये हैं। हमें 26 लेखकों को लिखे पत्र ही उपलब्ध हो सके हैं। हिन्दी व्यंग्यकार दिवंगत डॉ. मनोहर लाल से उनका पत्र-व्यवहार था, परन्तु वे नष्ट हो गये। डॉ. गिरिराज शरण अग्रवाल तथा हरिजोशी ने मेरे आग्रह पर पत्र भेजे। इन पत्रों में त्यागीजी का व्यक्तित्व और रचनाशीलता स्पष्ट दृष्टिगोचर होती है और उनकी निश्छलता, वाग्विदग्धता और व्यंग्य-विनोद का सौन्दर्य भी प्रकट होता है। त्यागीजी ने बाल-साहित्य भी लिखा है। उनकी चार बाल-पुस्तकें प्रकाशित हुई हैं। ये पुस्तकें हैं—'मास्टर भोलाराम' (1979), 'हमारे मास्टर साहब' (1987), 'खेल गाँव' (1991) तथा 'सुन्दरवन' (1995), 'खेल गाँव' की भूमिका में त्यागीजी ने बाल-साहित्य के महत्त्व को रेखांकित करते हुए लिखा है कि एक लेखक के नाते मेरी सबसे बड़ी इच्छा मात्र यही है कि मैं बच्चों के लिए कोई ऐसी दिलचस्प पुस्तक लिखूँ जो सचमुच उन्हें प्रिय रहे और जिससे उनमें मानवीय गुणों का विकास हो। त्यागीजी ने मास्टर भोलाराम का एक हास्यपूर्ण पात्र बनाया जिसे वे शिकार, अदालत, सरकस, मेला, सिनेमा, बारात, तीर्थ-यात्रा आदि में घुमाकर उसकी दिलचस्प कहानियाँ कहते हैं। 'सुन्दर वन' में कुछ बाल कविताएँ भी हैं, कुछ त्यागीजी की, कुछ अन्य लेखकों की। इस प्रकार टैगोर, राबर्ट लुई स्टीवेंसन, मार्क ट्वेन, निरंकारदेव सेवक, मनहर चौहान, हरिकृष्ण देवसरे आदि के समान बच्चों के लिए लिखकर अपने लेखकीय-धर्म का पालन किया। यदि वे इन लेखकों के समान निरन्तर बाल-साहित्य लिखते तो उन्हें भी इन जैसी ही ख्याति प्राप्त होती।

'रवीन्द्रनाथ त्यागी रचनावली' के माध्यम से यहाँ त्यागीजी के व्यक्तित्व एवं कृतित्व की एक झाँकी देने का प्रयत्न किया है, लेकिन गम्भीर अध्ययन के लिए पाठकों तथा अध्येताओं को उनकी इस रचनावली के समग्र अध्ययन से ही गुज़रना होगा। रवीन्द्रनाथ त्यागी हिन्दी व्यंग्य के इतिहास में एक महत्त्वपूर्ण तथा अपूर्व हस्ताक्षर हैं तथा हिन्दी कविता के अकविता-काल तथा उसके बाद के काव्य-संसार में उनकी उपस्थिति और योगदान विशेष रूप से उल्लेखनीय है। हिन्दी की व्यंग्य-त्रयी—हरिशंकर परसाई,

शरद जोशी एवं रवीन्द्रनाथ त्यागी में तथा चौथे स्तम्भ के रूप में श्रीलाल शुक्ल को शामिल करने के बाद भी, रवीन्द्रनाथ त्यागी का अपना वैशिष्ट्य है, अपना विशेष स्थान है और व्यंग्य की एक त्यागी-धारा को प्रवाहित करने का गौरव है। त्यागीजी के अनुसार इस व्यंग्य-त्रयी ने अपनी-अपनी धारा की सृष्टि की और भिन्न-भिन्न रास्तों पर चले। त्यागीजी ने लिखा है, "परसाईजी ने राजनीति को अपना क्षेत्र बनाया, शरद जोशी ने शिल्प के नितान्त नये प्रयोग किये और अपने विषयों में विविधता रखी, रवीन्द्रनाथ त्यागी ने साहित्य और लालित्य पर विशेष ध्यान रखा।" इस प्रकार उनका व्यंग्य साहित्य लालित्यपूर्ण है तथा वे मानते हैं कि व्यंग्य में हास्य की सत्ता है, अतः उनका व्यंग्य हास्यपूर्ण है, जिसे मैंने 'हास्यात्मक व्यंग्य' कहा है और पुष्पपाल सिंह इसे 'हास्य-व्यंग्य' कहते हैं। अभिप्राय यह है कि त्यागीजी के व्यंग्य-संसार का अपना रंग है, दूसरों से पृथक् व्यंग्य है और वैशिष्ट्यपूर्ण है। डॉ. धनंजय वर्मा का मत है कि त्यागीजी एक ओर हरिशंकर परसाई के तीक्ष्ण एवं प्रखर व्यंग्य से अलग हैं, तो दूसरी ओर शरद जोशी आदि अन्य व्यंग्यकारों से अधिक गहन और भास्वर हैं। उनमें एक सहज और स्वछन्द लेखन की गरिमा हर जगह है और इसीलिए वह एक ओर जहाँ निष्कलुष हास्य की सृष्टि करते हैं वहीं दूसरी ओर किसी भी ग्रन्थि से मुक्त व्यंग्य की रचना भी। जहाँ तक काम एवं सुन्दर स्त्री-ग्रन्थि का प्रश्न है, पुष्पपाल सिंह ने अपनी पुस्तक 'रवीन्द्रनाथ त्यागी' में उसका समुचित उत्तर दे दिया है। रवीन्द्रनाथ त्यागी हिन्दी में स्वस्थ, साहित्यिक, लालित्यपूर्ण शुद्ध व्यंग्य के प्रतीक व्यंग्यकार हैं। उन्होंने अपना एक व्यंग्य-मुहावरा विकसित किया है और एक प्रकार से त्यागी-व्यंग्य की धारा प्रवाहित की है। उनका व्यंग्य-साहित्य साहित्यिक आस्वाद से पूर्ण है, और भद्दे, भड़ैती व्यंग्य से मुक्त है। अमृतराय ने इसे ऐसी गुदगुदी कहा है जो चुटकी लेता है। राधाकृष्ण के अनुसार त्यागीजी लाठी से बाँसुरी बजाते हैं और पुष्पपाल सिंह का मत है कि वे अपने चाबुक की सटकार से फुलगेंदवा मारते हैं और चोट नहीं होती। त्यागीजी की यही वह विशिष्ट कला है जिसमें व्यंग्य, विनोद और हास्य मिलकर व्यंग्य का एक अनुपम, जीवन्त और मर्मस्पर्शी देशीय बिम्ब बनता है और वे अपने भयानक जीवन-संघर्ष, अपमान, उदासी, अकेलापन और निराशा के बीच एक उत्फुल्ल करने वाली आनन्दानुभूति के एक श्रेष्ठ एवं मौलिक व्यंग्यकार के रूप में अपनी स्वतन्त्र सत्ता बनाने में सफल होते हैं। उनके इतिहास, पुराण, साहित्य, समाज और व्यक्ति के बहुमुखी ज्ञान तथा जादू से भरी भाषा एवं अभिव्यक्ति के सौन्दर्य ने उन्हें हिन्दी के एक विशिष्ट एवं श्रेष्ठ व्यंग्यकार के रूप में हमेशा के लिए स्थापित कर दिया। रवीन्द्रनाथ त्यागी अपने इस वैशिष्ट्य के कारण हिन्दी के व्यंग्य-सिंहासन पर विराजमान रहकर आने वाली पीढ़ियों के प्रेरणा-स्रोत बने रहेंगे। आज की व्यंग्य-पीढ़ी के प्रेम जनमेजय, हरीश नवल, ज्ञान चतुर्वेदी, गोपाल चतुर्वेदी, नरेन्द्र कोहली, सूर्यबाला, शेरजंग गर्ग, विनोद शंकर शुक्ल, आलोक पौराणि

ाक, हरि जोशी, प्रदीप पन्त आदि व्यंग्यकार रवीन्द्रनाथ त्यागी को सम्मान देते हैं और उनके योगदान को स्वीकार करते हैं और मुझे विश्वास है कि यह परम्परा तब तक चलती रहेगी, जब तक हिन्दी में व्यंग्य का अस्तित्व रहेगा। 30 अप्रैल, 2013 को 'आधुनिक साहित्य' के व्यंग्य-विशेषांक के लोकार्पण कार्यक्रम में, जो सुन्दरलाल जैन अस्पताल, अशोक विहार, दिल्ली के सभागार में हुआ तथा जिसमें नरेन्द्र कोहली, बाल स्वरूप राही, कमल किशोर गोयनका, हरीश नवल, प्रेम जनमेजय, लक्ष्मी शंकर वाजपेयी, पत्रिका सम्पादक आशीष कुमार, आलोक पौराणिक, मनोहर पुरी, राकेश पाण्डेय आदि उपस्थित थे, हिन्दी व्यंग्य की प्रकृति और स्वरूप पर गम्भीरतापूर्वक विचार हुआ तथा प्रेम जनमेजय ने 'रवीन्द्रनाथ त्यागी रचनावली' के शीघ्र प्रकाशित होने तथा उसके महत्त्व की चर्चा की। अभिप्राय यही है कि हिन्दी व्यंग्य निरन्तर विकासशील है, पत्रिकाएँ व्यंग्य-विशेषांक निकाल रही हैं और प्रत्येक व्यंग्य की नयी पीढ़ी के साथ रवीन्द्रनाथ त्यागी का व्यंग्यकार भी समादृत होता है। त्यागीजी की यह व्यंग्य-ऊर्जा तथा व्यंग्य-वैशिष्ट्य उन्हें एक व्यंग्यकार के रूप में सदैव जीवित रखेगा।

मैं श्रीमती शारदा त्यागी के प्रति आभारी हूँ कि वे समय-समय पर अपना सहयोग देती रहीं और इस अनुष्ठान को पूर्णता तक ले जाने में सक्रिय भूमिका निभाती रहीं। मुझे इसका सन्तोष है कि मैं रवीन्द्रनाथ त्यागीजी की इच्छा पूरी कर सका परन्तु नहीं जानता कि यह कार्य उनकी गरिमा और प्रतिष्ठा के अनुरूप हो पाया है या नहीं। मैं डॉ. प्रेम जनमेजय का आभारी हूँ जिनकी व्यंग्य पर लिखी आलोचनात्मक पुस्तकों तथा 'व्यंग्य-यात्रा' पत्रिका से भूमिका लिखने में मदद मिली है। मैं डॉ. पुष्पपाल सिंह, डॉ. आशा रावत का भी आभारी हूँ जिनकी कृतियों ने मेरी मदद की है। मैं इस रचनावली के प्रकाशक अरुण माहेश्वरी, वाणी प्रकाशन, नयी दिल्ली का भी आभारी हूँ जिन्होंने इस बृहद् योजना को प्रकाशित करके ऐतिहासिक महत्त्व का कार्य किया। और अन्त में, सुधी पाठक और अध्येता इसका मूल्यांकन करेंगे और अपनी प्रतिक्रियाओं से अवगत करायेंगे।

कमल किशोर गोयनका
(सम्पादक)

ए/98, अशोक विहार
फेज़ प्रथम
दिल्ली-110052
मो. : 09811052469

अनुक्रम

व्यंग्य-संसार

खुली धूप में नाव पर (1963)

भित्ति-चित्र (1966)

मल्लीनाथ की परम्परा (1968)

कृष्णवाहन की कथा (1971)

देवदार के पेड़ (1973)

शोक-सभा (1974)

परिशिष्ट

खुली धूप में नाव पर
(1963)

वाचस्पति पाठक को

नोट

इस पुस्तक के प्रकाशन में श्री दिनेशजी ने मेरी काफ़ी मदद की है जिसके लिए मैं उन्हें धन्यवाद देता हूँ। सुरेन्द्रपालजी ने सारे निबन्धों को पढ़ा है और स्थान-स्थान पर अनेक सुझाव दिये हैं, जिसके लिए मैं उनके प्रति कृतज्ञ हूँ। नरवीरजी, राजवेदीजी व शारदा त्यागी ने पुस्तक छपने के सम्बन्ध में मेरी अनेक प्रकार से सहायता की है और उसके लिए मैं उनके प्रति आभारी हूँ।

पाठकों की सुविधा के लिए यह बताना मैं ज़रूरी समझता हूँ कि इन निबन्धों के सारे पात्र काल्पनिक हैं और उनका किसी जीवित या अजीवित व्यक्ति से कोई सम्बन्ध नहीं है।

–रवीन्द्रनाथ त्यागी

समर्पण के लिए आवेदन

नोटीफ़िकेशन

नीचे लिखे व्यक्ति को एक ऐसे सज्जन की तलाश है जिसे वे अपनी आगामी पुस्तकें समर्पित कर सकें। सही व्यक्ति का चुनाव करने के लिए सभी उम्मीदवारों से यह प्रार्थना की जाती है कि वे नीचे लगे आवेदन-पत्र को भरकर नीचे लिखे पते पर भेजने की कृपा करें।

ह०

....

....

आवेदन-पत्र भरने के लिए सूचनाएँ

1. फ़ार्म के साथ पाँच रुपये आने आवश्यक हैं। रुपये चेक, मनी-ऑर्डर, पोस्टल ऑर्डर, ट्रेजरी चालान व प्राइज़-बाण्ड के रूप में भेजे जा सकते हैं। इस धनराशि का हस्तान्तरण ऊपर लिखे व्यक्ति को प्रत्यक्ष रूप से भी किया जा सकता है।

2. आवेदन-पत्र सभी प्रकार के लोग भेज सकते है। यह ज़रूरी नहीं है कि साहित्यिक कृतियाँ किसी साहित्यप्रेमी या साहित्यकार को ही समर्पित की जायँ।

3. यदि आप साहित्यिक हैं तो फ़ोटो भेजना आवश्यक नहीं है। सारे साहित्यिक देखने में प्रायः एक-से ही लगते हैं।

4. उम्मीदवार के चुनाव में ऊपर लिखे व्यक्ति का निर्णय ही अन्तिम माना जायेगा। क़ानूनी कार्रवाई सिर्फ़ प्रयाग की अदालतों से होगी।

5. क्योंकि पुस्तकें केवल समर्पण की ही वजह से छपने से रुकी हैं, फ़ार्म जल्दी-से-जल्दी भेजने की कृपा करें।.......अक्टूबर..... के बाद भेजे फ़ार्म स्वीकार न किये जायेंगे।

आवेदन-पत्र

आवेदक लोग नीचे लिखी सूचनाएँ अपने ही हाथ से लिखें। लिखावट साफ़ और रोशनाई में होनी चाहिए। यदि किसी कॉलम में सूचना नहीं दी जा सकती तो वह काट देनी चाहिए। अस्पष्ट रूप से भरे गये फ़ार्मों पर विचार न किया जायेगा

और न फ़ीस ही लौटाई जायेगी।

1. नाम

कुछ लोग लड़कियों के नाम से रचनाएँ छपाते हैं, वे अपने असली नाम ही यहाँ लिखें।

2. उपनाम

3. स्त्री या पुरुष

(अ) क्योंकि आजकल नाम व फ़ोटो से सेक्स का पता ठीक-ठीक नहीं लगता, इसलिए यह सूचना अलग से पूछी जा रही है।

(ब) कुछ लोग स्त्री होने पर पुरुष की भाँति और पुरुष होने पर स्त्री की भाँति आचरण करते हैं। इन लोगों से निवेदन है कि अपना सही विवरण ही यहाँ दें।

4. आयु

(अ) हाईस्कूल सर्टिफ़िकेट साथ आना ज़रूरी है।

(ब) कुछ लोग बड़ी आयु होने पर भी बच्चों की तरह मनोवृत्ति रखते हैं, ऐसे सज्जनों को उचित है कि सही आयु ही लिखें।

5. पेशा

6. योग्यता

(अ) हिन्दी के अतिरिक्त कौन-कौन-सी भाषाएँ जानते हैं?

(ब) अपर मिडिल व हायर सेकेण्ड्री के अतिरिक्त कौन-कौन-सी परीक्षाएँ पास की हैं?

(स) रामचरित मानस व गोदान के अतिरिक्त कौन-कौन-सी पुस्तकें पढ़ी हैं?

7. क्षमता

(अ) क्या मुझे किसी रेडियो-स्टेशन पर नियमित रूप से प्रोग्राम दिला सकते हैं?

(ब) क्या किसी प्रमुख पत्रिका में मेरी रचनाएँ छपवाने का प्रबन्ध कर सकते हैं?

(स) क्या मेरी पुस्तकें पाठ्य-पुस्तकों के रूप में स्वीकृत करा सकते हैं?

(द) क्या उन पर कोई सरकारी, ग़ैर सरकारी इनाम दिलवा सकते हैं?

(क) क्या किसी सांस्कृतिक या साहित्यिक डेलीगेशन में मुझे शामिल कर विदेश भिजवा सकते हैं?

(ख) दूसरों के सामने कितनी देर गम्भीर मुद्रा में रह सकते हैं?

(ग) नये लेखकों के प्रति कितनी उपेक्षा रखते हैं?

8. विचारधारा

निम्नलिखित विषयों पर आपके निजी विचार क्या हैं?

(अ) क्या साहित्यिक को स्वतन्त्र विचार रखना ज़रूरी है?

(ब) क्या साहित्यकार के लिए नशा करना ज़रूरी है?

(स) साहित्य में चोरी का स्थान कितना ऊँचा होना चाहिए?

(द) साहित्यकार को स्वच्छन्द प्रेम कितनी प्रेरणा देता है?

क्या साहित्यकार को सफल कलाकार होने के लिए एक से अधिक शादियाँ करना ज़रूरी नहीं है?

(क) क्या साहित्य राजनीति का ही एक दूसरा नाम नहीं है?

9. उपलब्धियाँ

(अ) लिखित, सम्पादित व अनूदित पुस्तकों के नाम दीजिए। दूसरों से अपने नाम पर कितनी पुस्तकें लिखाई हैं? इस तरह के काम में मेरी कितनी सहायता कर सकते हैं?

(ब) क्या अब तक कोई पुस्तक आपको समर्पित हुई है? क्या उस पुस्तक का दूसरा संस्करण भी आपको ही समर्पित किया गया था?

(स) पिछले पाँच वर्षों में साहित्यिकों से कितनी बार आपकी गाली-गलौज हुई है? मार-पीट की नौबत आई या नहीं, यदि आई तो क्या इसके सबूत में कोई डॉक्टरी या पुलिस की रिपोर्ट पेश कर सकते हैं?

(द) कॉपीराइट के सिलसिले में आप पर कितने मुक़दमे चल चुके हैं?

(क) कवि-सम्मेलनों से कितनी बार निकाले गये हैं?

(ख) अब तक कोई साहित्यिक गुट स्थापित किया है या नहीं? कितने मेम्बर हैं उस गुट के? क्या कोई उसकी अलग पत्रिका है?

(ग) कभी किसी बीमार कवि या लेखक की सहायता के लिए चन्दा इकट्ठा किया है या नहीं? चन्दे की रक़म का असली उपयोग यहाँ लिखने की ज़रूरत नहीं है।

घोषणा

मैं यह घोषणा करता हूँ कि ऊपर लिखा विवरण एकदम ठीक है।

हस्ताक्षर.......................

गवाह के हस्ताक्षर............ तिथि..........................

स्थान..........................

काउण्टर लाइन

यहाँ किसी संसद सदस्य, विधान सभा के सदस्य, राजपत्रित अधिकारी, तहसीलदार, या सरकारी स्कूल के हेडमास्टर के दस्तख़त होने ज़रूरी हैं।

कहानी का प्लाट

मेरे मित्र सुन्दरलाल गुप्त एक निहायत सरल हृदय के व्यक्ति हैं और इसी कारण वे अपनी किसी भावना या विचार को अपने तक ही सीमित नहीं रख सकते। जो कुछ उनके मन में आता है, उसका जल्दी ही साधारणीकरण कर दिया जाता है यानी कि उनके सारे प्रोग्राम उनके सारे दोस्तों को फ़ौरन ही पता लग जाते हैं। जब भी उन्हें धुन सवार होती है तो सारे मित्रों की मुसीबत आ जाती है और तारीफ़ की बात यह है कि उन्हें कोई-न-कोई धुन सवार होती ही रहती है। ख़ैर, बड़ी मुसीबत तो उस दिन आयी जिस दिन उनके किसी स्नेही मित्र ने उन्हें यह सलाह दी कि गुप्तजी आप अपना जीवन और कामों में क्यों बर्बाद करते हैं? आप तो कहानियाँ लिखा कीजिए। भगवान ने आपको इसीलिए उत्पन्न किया है।

बस इतना होना था कि गुप्तजी ने अपने मित्र को धन्यवाद दिया और उसकी बात गाँठ में बाँध ली। शाम को हम सब लोगों को ख़ूब डाँटा। कहा कि हममें से उनका सच्चा मित्र कोई भी नहीं। यदि किसी शुभाकांक्षी मित्र ने पहले ही उन्हें यह बता दिया होता कि वे कथा-साहित्य की सृष्टि के लिए ही मनुष्य रूप में उत्पन्न हुए हैं तो भारती का मन्दिर इतने दिनों खाली क्यों रहता? इसके बाद उन्होंने कुछ विषय बदला और बोले कि समाज में सर्वश्रेष्ठ व्यक्ति साहित्यिक ही होता है और यदि नहीं होता तो होना चाहिए। जयन्ति ते सुकृतिनो रससिद्धाः कवीश्वराः.......और साहित्य में यदि कोई ऐसा अंग है जो समाज का पूरी तरह विश्लेषण कर सकता है तो वह है कहानी। बाक़ी सब तो कचरा है। कविता? अरे साहब क्या दक़ियानूसी आदमी हैं आप भी। देश को डुबोया किसने? पद्माकर व बिहारी ने। देश का पतन किसने किया? सूर और जयदेव ने। देश का उत्थान तभी हुआ जब कि प्रेमचन्द या शरत् ने इस धरती पर जन्म लिया। फिर उन्होंने गीता के किसी श्लोक का हवाला दिया जहाँ भगवान कृष्ण कहते हैं कि जब-जब इस पृथ्वी पर धर्म की ग्लानि और अधर्म का उदय होता है, तभी-तभी मैं (कहानीकार के रूप में) अवतरित होता हूँ।

गुप्तजी की बात का काट हमारे पास न था। वे तगड़े आदमी थे और उनके साथ बौद्धिक चर्चा भी कभी-कभी शारीरिक सम्बन्धों का रूप धारण कर लिया

करती थी। उनकी बात की काट का मतलब था स्पिरिट, टिंचर आयोडीन और फ़र्स्ट एड की और चीज़ों से अवलम्ब-सम्बन्ध स्थापित करना। शरीर को धर्म का प्रथम साधन मानते हुए, हम लोगों ने हाँ-में-हाँ भरी। जैसे ही उन्होंने कहा कि वे कल से कहनियाँ लिखने जा रहे हैं तो हम सभी ने हिन्दी-साहित्य के भविष्य का विचार कर ठण्डी आह भरी और फिर एक स्वर में कहा—गुप्तजी ज़िन्दाबाद।

इसके उपरान्त गुप्तजी ने हम लोगों से इस तरह बातें शुरू कीं जैसे वे किसी प्रेस-कान्फ्रेंस के सामने बोल रहे हों। उन्होंने अपनी कुछ आने वाली कहानियों के शीर्षक भी बताये और यह भी घोषित किया कि उनका एक संग्रह तो इसी वर्ष आयेगा।

2

मेरा ख़याल है कि गुप्तजी ने उस रात कथा-साहित्य पर ख़ूब अध्ययन किया। रात को वे लाइब्रेरी से अज्ञेय, प्रेमचन्द, खलील जिब्रान और खुदा जाने क्या-क्या निकालकर लाए। 'चाय की कहानी' नामक एक पुस्तक जो 'टी एक्सपेंशन बोर्ड' की ओर से मुफ़्त आयी थी और जिसमें चाय के विषय में कुछ ज्ञातव्य तथ्य दिये गये थे, वह भी उन्होंने मनोयोग से पढ़ी। सुबह-ही-सुबह वे मेरे पास आये और बोले, "यार कुछ पता भी है?"

"क्या हुआ? क्या स्टालिन फिर से मर गया?" हमने उत्सुकतावश पूछा।

"अरे मित्र, स्टालिन के मरने से क्या होता है? एक क्या दर्जनों डिक्टेटर भी मर जायें तो क्या? आज एक साहित्यिक का जन्म हुआ है! जानते हो, एक साहित्यिक कितने स्टालिनों के बराबर है?"

हमें पता लगते देर न लगी कि गुप्तजी इस वक़्त उड़ान में हैं। चुप रहना ही ज़्यादा अच्छा होगा। वैसे भी हमें साहित्यिकों व स्टालिनों की 'कनवर्शन टेबुल' याद न थी जो बता सकते कि एक साहित्यिक कितने स्टालिनों के बराबर उतरता है। इतने में गुप्तजी आगे बढ़े।

"मित्र, कुछ सुनते भी हो, आज से कहानी का इतिहास ही बदल जायगा। हम तो तीन कहानी रोज़ लिखेंगे, सफलता बिना परिश्रम के नहीं। बस, लगे रहने की बात है। कहानी लिखने के लिए सिर्फ़ तीन चीज़ें चाहिए—शैली, चरित्र-चित्रण और प्लाट।"

हमने सन्तोष की साँस ली। अच्छा ही हुआ कि कहानी लिखने के लिए हमारे कमरे और कलम की उन्हें ज़रूरत नहीं महसूस हुई। गुप्तजी कहते गये, "चरित्र-चित्रण में हमें कोई परेशानी नहीं। शैली? वह धीरे-धीरे आती है। मगर यार यह प्लाट क्या बला है?"

अब हम अपनी हँसी न रोक सके। गुप्तजी थे भूगोल के विद्यार्थी; प्लाट से उन्हें कदाचित् लम्बी-चौड़ी धरती के खण्ड का ज्ञान होता था जिस पर कि पात्रों को लाकर खड़ा करना था। हमने बात बदलकर कहा, "आप भी क्या बातें करते हैं।

प्लाट का अर्थ है कथा-वस्तु से। पुरानी कहानियाँ कथाप्रधान होती थीं। आजकल की कहानियाँ तो एकदम चरित्रप्रधान व शैलीप्रधान होती हैं। जिस कहानी में कथा-वस्तु नहीं के बराबर होती है वही श्रेष्ठ मानी जाती है। आप प्लाट की चिन्ता छोड़िए और चरित्र-चित्रण व शैली पर ध्यान दीजिए।"

गुप्तजी को सलाह कुछ जमी नहीं। बोले, "नहीं भाई, अपन ठहरे दकियानूसी। प्रगतिशील हम नहीं बनेंगे। कहानी तो कथाप्रधान ही होनी चाहिए। देखा है वह नया सिनेमा? बिना कहानी के कैसा फीका-फीका लगता है। हम तो कहानी में प्लाट ज़रूर रखेंगे। मगर यार यह प्लाट मिलेगा कैसे?" हमने तपाक से उत्तर दिया कि इसमें क्या। अरे किसी भी बड़े लेखक से मिल लो और पूछ-ताछ कर लो। जहाँ से वे प्लाट लेते हों वहीं से तुम भी लेना। और इसके बाद हमने उन्हें जोशीजी, अश्क़जी व भारतीजी वग़ैरह का पता बताया और इन सज्जनों के प्रति शुभकामनाएँ रखते हुए हमने गुप्तजी से विदा ली।

3

गुप्तजी ने हमसे तीन दिन बाद फिर भेंट की। बातचीत के दौरान बताया कि वे कई कहानीकारों से मिले मगर ये लोग तो कहानी के शास्त्रीय पक्ष के विषय में बहुत कुछ नहीं जानते। कुछ तो हददर्जे के दम्भी भी हैं और ठीक तरह बातें भी नहीं करते। एक सज्जन ने बातें तो कीं पर बजाय कहानी लिखने के आलू की खेती करने के फ़ायदे समझाए। फिर गुप्तजी बोले कि फलाँ साहब ने अलबत्ता ज़रूर बताया कि प्लाट के बारे में क्या पूछना? आपके हृदय में भावना चाहिए, प्लाट तो खुद-ब-खुद निकल आता है। किसी सड़क के चौरास्ते पर आपको एक पूरे उपन्यास की सामग्री प्राप्त हो सकती है।... इतना कहकर गुप्तजी सहसा कुछ रुक गये और फिर अपने स्वर को धीमा करके बोले कि यह सड़क के चौराहे वाली बात उन्हें बहुत पसन्द आई। मगर यह कथन सत्य है तो कहानीकार को इसके अलावा कुछ नहीं चाहिए कि वह किसी ऐसे मकान में रहे जिसके पास ख़ूब चौराहे हों। सफलता के रहस्य कभी-कभी ऐसी ही छोटी-छोटी बातों में छिपे रहते हैं...।

होस्टल के इर्द-गिर्द भी तीन-चार चौराहे थे और उनकी सप्लाई कम होने की निकट भविष्य में कोई आशा भी नहीं थी। उसी दिन शाम को कोई छः बजे गुप्तजी कर्नलगंज से निकले और चौरस्ते की ओर लपके। चौरस्ता खाली था। जाड़ों के दिन थे और लोग घरों में सूरज के डूबते ही घुसने लगे थे। चौरस्ता खाली था लेकिन उपन्यास तो क्या किसी छोटी-मोटी कहानी का प्लाट भी कहीं नज़र नहीं आता था। शायद प्लाटों पर भी जाड़े का खौफ़ रहता हो। गुप्तजी ने कुछ देर तो प्रतीक्षा की और फिर उनके सिक्स्थ सेंस (Sixth Sense) ने ज़ोर मारा। उन्होंने कमला नेहरू

मार्ग व थॉर्नहिल रोड के क्रॉसिंग की ओर क़दम बढ़ाए।

इस चौराहे पर कोई ख़ास चहल-पहल न थी। हाँ, अलबत्ता एक सिपाही ज़रूर वहाँ खड़ा था। सड़कों के दोनों ओर लम्बे-लम्बे पेड़ थे। मखमली घास बिछी थी और दूर-दूर पर लगे बिजली के बल्ब बड़े प्यारे लगते थे। कहीं-कहीं कोई रिक्शा गुज़र जाता था और कभी-कभी एकाध मोटर भी।

गुप्तजी अनमने भाव से इन सब चीज़ों को देखते रहे। ये चीज़ें कहानी के विकास में सहायता दे सकती हैं पर उसका आधार नहीं बन सकतीं। गुप्तजी धीरे-धीरे हताश होने लगे। धीरे-धीरे उन्होंने साहस बटोरा, पुलिस के सिपाही से ही क्यों न कुछ पूछा जाय! कौन जाने, क्या सोचता है बेचारा खड़ा-खड़ा। न जाने कितने मुजरिम और जुर्म देखे हैं बेचारे ने। पता नहीं, किन परिस्थितियों में अपने बीवी-बच्चों को दिहात में छोड़कर दूर यहाँ चौराहे पर खड़ा है बेचारा। गुप्ताजी के ज्ञान-चक्षु खुल गये। उन्होंने एक सिगरेट निकाली और सिपाही की ओर बढ़ाई।

पता नहीं क्यों, इस सिपाही को हिन्दी-साहित्य के भविष्य से कोई विशेष प्रेम न था। वह वैसे ही काफ़ी देर से गुप्तजी की हरकत देख रहा था। अजीब शरीफ़ आदमी है; छः से ऊपर बज गये और ये हज़रत सड़क पर मूर्ति की भाँति खड़े, हर आने-जाने वाले रिक्शे के भीतर झाँकने की कोशिश कर रहे हैं। कौन जाने किसी कॉलेज की लड़की की टोह में हों जो कहीं सिनेमा देखने गयी हो। कौन जाने, कोई कम्यूनिस्ट ही हों, वग़ैरह-वग़ैरह। उसने सिगरेट लेने से इनकार कर दिया और उन्हें ग़ौर से देखने लगा।

"आपका नाम?" गुप्तजी ने पूछा—कहानी में चरित्रों का नाम बताना ज़रूरी होता है।

"हूँ...."

"आप कौन ज़िला के रहनेवाले हैं?"

"हूँ..."

"कै बजे तक है आपकी ड्यूटी?"

इस पर सिपाही को कुछ शक हो गया। हो सकता है पुलिस के गुप्तचर विभाग का कोई अफ़सर हो जो उसके काम का निरीक्षण कर रहा हो। उन दिनों सिविल पोशाक में काफ़ी गुप्तचर ट्रैफिक पुलिस का मुआयना कर भी रहे थे। मुमकिन है मुझसे कोई ग़लती ही हो गयी हो और शायद इसी कारण मेरा नाम पूछा जा रहा हो। वह घिघियाकर बोला, "सरकार...आज माफ़ी दो...हमें पता न था कि हजूर हमारा ही इन्सपेक्सन कर रहे हैं...हमारी तबीयत आज दिन कुछ ख़राब..."

गुप्तजी का सन्देह दूर हो गया। बड़ी दुखी आत्मा छू ली थी उन्होंने। एकदम मर्म पर हाथ पड़ा था। सम्भव है उपन्यास कुछ बड़ा हो जाय। कोई परवाह नहीं—कई खण्डों में छपायेंगे। 'शेखर : एक जीवनी' की तरह। सम्भव है, उनके सिद्धान्तों के

विपरीत उपन्यास दुखान्त ही हो जाये। ठीक है चलो, एक ट्रेजेडी ही सही। उन्होंने अपनी नोटबुक निकाली और बोले, "बन्धु, डरो मत। डरने की कोई बात नहीं। हम तुम्हारे इन्स्पेक्टर नहीं हैं। हम हैं इस महान् देश के भावी कलाकार। हमें कहानी के प्लाट की ज़रूरत है। तुम अपनी जीवन-गाथा यदि हमें सुना दो तो हम तुम्हें हमेशा के लिए अमर कर दें..."

सिपाही पर इसका जो असर हुआ वह गुप्तजी की आशा के विपरीत था। वह अपनी चबूतरे पर फिर चढ़ गया और मूँछ मरोड़कर हवालाती ढंग से बोला, "आप यह सब क्या कहते हैं?"

गुप्तजी ने अपनी इच्छा अधिक विशद रूप से व्यक्त की। सिपाही बोला, "नहीं साहब। हम हैं कामदार आदमी; देखिए, हटिए, वह मोटर आ रही है... शायद एस.पी. साहब की है...हटिए साहब...हमें नहीं करना है वंश अमर...आप ही को मुबारक हो..."

गुप्तजी बोले, "सोच लीजिए। मैं आपका असली नाम ही रहने दूँगा। बड़ी-बड़ी लाइब्रेरियों में किताब जायेगी। एक कॉपी आपको भी दूँगा...चमड़े की जिल्द वाली..."

सिपाही को गुप्तजी के दिमाग़ पर कुछ सन्देह हुआ। वह सख़्त आवाज़ में बोला, "हटते हैं आप या..."

"अच्छा मैं तुम्हें दो कॉपियाँ दूँगा उपन्यास की। दोनों चमड़े की जिल्द की..." गुप्तजी ने अन्तिम अस्त्र छोड़ा। इस तीर के छोड़ने के बाद वे रणक्षेत्र से हट गये।

4

चौराहे से हटने के उपरान्त गुप्तजी मालवीय होस्टल के सामने से होते हुए कटरे की ओर बढ़ने लगे। कुछ दूरी तय करने पर उन्होंने देखा कि एक लड़का कोठी की दीवार के पास खड़ा है—साइकिल दबाये। बँगले की हैज में से कुछ फुसफुस हुई और एक अदद लड़की निकलकर बाहर आयी। तमाशा देखिए कि वह उस लड़के के साथ हो ली। गुप्तजी उन दोनों के पीछे-पीछे काफ़ी देर तक चलते रहे। अगले चौराहे तक उन दोनों ने बातें कीं। इसके बाद वे खड़े होकर बातें करने लगे। फिर लड़का साइकिल पर सवार होकर चला गया और लड़की लौटने लगी। मुस्कुराते हुए गुप्तजी ने—जो कि इस समय एक रोमांटिक उपन्यास के दूसरे खण्ड में प्रथम अध्याय का प्रारम्भ सोच रहे थे—कहा, "क्षमा कीजिए...सेवक को गुप्त कहते हैं..."

"जी ई ई ई ई ...?"

"जी गुप्त—सुन्दरलाल। अँग्रेज़ी में एस.एल. गुप्त...एम.ए. में पढ़ता हूँ...उपन्यास भी लिखता हूँ ...आज्ञा हो तो..."

"तो क्या?"

रवीन्द्रनाथ त्यागी
संस्कृत की प्रथमा परीक्षा के लिए खींची गयी फ़ोटो

"जी आप मेरे उपन्यास की नायिका हो जायें...जी मैंने सब देख लिया है। कुछ-कुछ सुन भी लिया है..."

यहाँ लड़की से एक भूल हो गयी। गुप्तजी ने कहा था उससे उपन्यास की नायिका बनने के लिए और वह समझी कि वे उसे जीवन की नायिका बनाना चाहते हैं। तमतमाकर बोली, "शर्म नहीं आती? रात को अकेला देखकर लड़कियों को छेड़ते हैं? माँ- बहन नहीं हैं आपकी? ऐ पुलिसमैन इधर आओ... यह बदमाश हमें तंग कर रहा है.."

पुलिसमैन ने गुप्तजी की ओर, और गुप्तजी ने पुलिसमैन की ओर देखा। दोनों को ख़याल आया कि एक-दूसरे को कहीं देखा है। बात यह थी कि यह वही चौराहे वाला सिपाही था जो ड्यूटी ख़त्म करके पुलिस लाइन जा रहा था। उसने गुप्ताजी को देखा और कहा, "अरे, आप यहाँ आ गये..." फिर उसने लड़की की ओर मुखातिब होकर कहा कि इनका दिमाग़ कुछ ख़राब है। अभी कुछ देर पहले हमसे बक-झक कर रहे थे... आप जाते हैं यहाँ से या नहीं?"

गुप्तजी उपन्यासकार बनना थोड़ी देर के लिए भूल चुके थे। एक साधारण पुलिसमैन के द्वारा पागल करार दिये जाने से उनके स्वाभिमान पर चोट पहुँची थी। वे और पागल! यह अपमान और वह भी एक स्त्री-रत्न के सामने! उन्होंने कलम जेब में रखी और बोले, "जबान सँभालकर बात कीजिए... वरना अभी दरोग़ा बना दूँगा... बड़े चले घर से कहने कि ये पागल हैं..."

सिपाही ने जब इतने क्विक प्रोमोशन की चर्चा सुनी तो वह सहम गया। उसे इस बात का तो पूरा विश्वास था कि इन सज्जन का दिमाग़ ज़रूर पटरी से कुछ इधर-उधर है, पर वह युद्ध के लिए तैयार नहीं था। उसने कुछ शान्ति की चर्चा की जिसे गुप्तजी ने उसकी कायरता समझा। नतीजा यह हुआ कि जब तक इधर-उधर के लोग इकट्ठा हों, तब तक ये दोनों परस्पर काफ़ी घनिष्ठ शारीरिक सम्बन्ध स्थापित कर चुके थे। एक-दूसरे को पृथक् करने में काफ़ी वक़्त लगा। किसी तरह बात रफ़ा-दफ़ा हुई। गुप्तजी की सवारी आगे बढ़ी। पुलिस वाला उन्हें घूर-घूरकर देखता रहा।

5

कुछ दूर चलने पर गुप्तजी को ध्यान आया कि उनकी देह कहीं-कहीं से दुख देती है। भूख भी उन्हें लगी थी। सामने फ्रंटियर रेस्तराँ का साइन बोर्ड लगा था। गुप्ताजी उसके भीतर चले गये।

होटल साधारण था। कोई छः मेज़ और कुर्सियाँ। मामूली पर्दे पड़े हुए थे। एक ओर छोटा-सा काउण्टर, जहाँ एक बूढ़े सज्जन फर्रेदार पगड़ी बाँधे सिगरेट पी रहे थे। वे शायद होटल के मालिक थे। वे ही ग्राहकों से पैसे लेते और सौंफ की

तश्तरी उनकी ओर बढ़ाते थे। गुप्ताजी की कलापूर्ण दृष्टि इन सज्जन पर जाकर स्थिर हो गयी। सोचने लगे, हो न हो, वह पेशावर का निवासी है.. दर्रा खैबर... जहाँ के पठान मशहूर हैं। सब कुछ खो कर ग़रीब ने शायद यहाँ कटरे में होटल खोला है... गुप्तजी चाय पीते गये और सोचते गये। गर्म-गर्म प्याले से कभी-कभी माथे की चोटें भी सेंकते। सोचा, अगर यह होटल वाला ही कोई कहानी सुना दे तो आज का दिन सफल हो जाय। इसी खुशी में गुप्तजी ने डिनर का ऑर्डर दे दिया। ख़ूब खाया। फिर कॉफ़ी पी। फिर एक सिगरेट सुलगा कर काउण्टर के पास गये। बैरे से बिल बनवाया और मैनेजर से दोस्ती शुरू की:

"आप तो पेशावर के हैं न?"

"नहीं हुज़ूर। हम डेरा इस्माइल ख़ाँ के हैं। वहाँ बर्तनों का बिजनेस करते थे। छोटा-मोटा धन्धा था।"

"पार्टीशन से यहाँ आना पड़ा?"

"नहीं जनाब, हम तो इधर ही रहते थे। पहले मिर्ज़ापुर में ट्रक चलाते थे, फिर ठेका लिया और अब—तीन रुपये सात आने हुए आपके बन्दा परवर..."

गुप्तजी का हौसला उसकी बातें सुनकर ठण्डा पड़ गया था। उन्होंने जेब में हाथ डाला, पर वहाँ पर्स नहीं था। बात यह थी कि पुलिसमैन के साथ हुए संघर्ष की बेला में वह वहीं सड़क पर रह गया था। गुप्ताजी ने घिघियाकर कहा, "...देखिए, मालूम पड़ता है कि हमारा पर्स..."

"जी ई ई ई?"

"मालूम होता है कि हमारा पर्स कहीं रह गया है। अगर आप नाराज़ न हों तो ये पेन..."

"बाबूजी, आपको शरम तो न आती होगी... इसीलिए इतनी मीठी-मीटी बातें कर रहे थे!"

"इससे तो ये फ़ैशन वाले छोकरे माँगकर खाने लगे"—नेपथ्य से आवाज़ आयी। एक दूसरे देहाती ने कहा, "खाएँ कहाँ से बेचारे; इत्र-फुलैल से ही पैसे नहीं बचते।"

गुप्तजी ने पीछे घूमकर देखा। एक सज्जन खाना खा रहे थे और उन्हें देखकर मुस्कुरा रहे थे। इससे पहले कि कोई मध्यस्थता करे, होटल में रचनात्मक कार्यवाही शुरू हो गयी। कुछ और स्वयं-सेवक भी आ गये। एक साहब जिन्होंने 'आवारा' छाप बुशर्ट और 'मुड़-मुड़कर न देख' छाप पैंट पहन रखी थी, सारे कार्यक्रम में बढ़-बढ़ कर हिस्सा ले रहे थे। इतने में मैनेजर ने बढ़कर सड़क पर से गुज़रते हुए पुलिसवाले को बुलवा लिया। दुर्भाग्यवश, यह पुलिसवाला फिर वही था।

इसके बाद का विवरण हमने गुप्तजी से नहीं पूछा। वह हमें मालूम ही था। मेस बन्द होने के कारण कुछ लड़के फ्रंटियर होटल में खाना खाने गये थे। उन्होंने गुप्तजी को मेज़-कुर्सियों के नीचे से बटोरा।

गुप्तजी ने बाद में बताया कि उन्हें चोट का इतना अफ़सोस नहीं था जितना कि इस बात का कि प्लाट कई बार हाथ में आते-आते निकल गया। सान्त्वना बँधाते हुए उनके किसी स्नेही मित्र ने कहा, "आप तो कथानक के लिए इतना कष्ट व्यर्थ ही उठा रहे हैं। वैसे जो कुछ आप पर आज शाम गुज़रा है वह भी एक दिलचस्प कहानी बन सकता है। पर यदि आपको यह पसन्द नहीं हो तो किसी भी विदेशी कहानी को उठा लीजिए और छपाइए अनुवाद अपने नाम से। कितने ही बड़े लोग ऐसा कर रहे हैं..."

इस सलाह का जो असर गुप्तजी पर पड़ा, वह मेरी अगली कहानी का प्लाट होगा।

डॉक्टर पद्मधर की कविता का विकास

डॉक्टर पद्मधरजी जन्मजात् प्रतिभावान् पुरुष थे। पुनर्जन्मवादियों ने इस सत्य को बीसवीं शती के प्रारम्भ में ही स्वीकार कर लिया था कि उनके शरीर में किसी महान् आत्मा ने अपने को साकार किया है। हाँ, यह बात अलबत्ता और है कि वैज्ञानिक यन्त्रों के अभाव के कारण अभी इस तथ्य पर एकमत नहीं हो पाया है कि वह महान् आत्मा है किसकी?– यानी कि प्लेटो की या होमर की या अश्वघोष की? ख़ैर यह तो विषयान्तर हुआ, कहने का मूल अभिप्राय यह है कि पद्मधरजी जन्म से ही प्रतिभावान् पुरुष थे। प्रतिभा का यही अंकुर धीरे-धीरे बढ़कर एक दिन विशाल वट-वृक्ष के रूप में परिणत हो गया।

पद्मधरजी की प्रतिभा का प्राथमिक परिचय इतिहासकारों को उनके हस्तलेखों से मिलता है। तख़्ती लिखने की स्थिति से ही उनमें चित्रकला की भावना स्पष्ट रूप से प्रकट होने लगी थी। बुद्धि उनकी बचपन से ही तीव्र थी। जब मिडिल स्कूल में मास्टर चीख़कर डिप्टी साहब के सालाना दौरे पर पूछते कि "महाराना प्रताप ने अकबर की नाक में क्या कर दिया था?" तो वे सबसे पहले कहते कि 'दम!' और जब डिप्टी साहब पूछते कि "अकबर के बाद जहाँगीर हिन्दुस्तान के किस पर बैठा?" तो पद्मधरजी निःसंकोच कहते कि 'तख़्त पर!' आगे चलकर क़स्बे में जब मास्टर मुंशीराम की नौटंकी आने लगी तो वे उसके पर्दे टँगने लगे। पर्दे टँगने के साथ-साथ अभिनय-कला के प्रति भी उनका प्रेम उत्पन्न हुआ। एक से दूसरी का जन्म होता है और इसी कारण कला को शाश्वत माना गया है। हाँ, तो वे फिर नियमित रूप से नौटंकी में भाग लेने लगे। आगे चलकर उनकी प्रतिभा इस दिशा में इतनी विकसित हो उठी कि 'सुलताना डाकू' उर्फ़ 'शेरे बिजनौर' से उन्होंने एकसाथ तीन पात्रों की भूमिकाएँ निभायीं। ये उनकी प्रतिभा के प्राथमिक चरण थे।

प्रारम्भिक शिक्षा समाप्त होने के उपरान्त पद्मधरजी शहर गये। कॉलेज में बुरी संगति व पुनर्जन्म के कुछ बुरे संस्कारों के कारण उनकी रुचि साहित्य की ओर प्रवृत्त हो गयी। उन्होंने पहले कुछ कहानियाँ लिखीं। चन्द्रकान्ता की शैली पर 'विचित्र कान्ता' उर्फ़ 'रंगीन शैतान' नामक उपन्यास का एक भाग भी लेखनी-बद्ध किया।

इस उपन्यास के कथा-सूत्र का आधार एक फ़िल्मी गाना था। जिसकी प्रथम पंक्ति थी 'कोई राजा फँस गया था इक परी के जाल में।' उनके हिन्दी-अध्यापक उनकी इस कृति से इतने प्रभावित हुए कि उन्होंने एक दिन भरे क्लास में यह कह दिया कि पद्मधरजी के भीतर कोई बड़ा कथाकार छिपा बैठा है।

इस उक्ति से पद्मधरजी को विस्मय भी हुआ और सन्तोष भी। सन्तोष तो हुआ इस बात पर कि चलो एक अदद कथाकार भीतर बैठा है, ठीक ही है, कुछ लेता थोड़े ही है, वक़्त पर कहीं काम आयेगा। विस्मय इस बात पर हुआ कि आख़िर यह भीतर घुसा किस वक़्त? वे तो रात को सोते भी मुँह ढक कर थे। चलो ख़ैर, जो हुआ सो हुआ, अब भला इसी में है कि किसी तरह निकलने न पाए। पद्मधरजी ने उस दिन से हँसना-बोलना कम कर दिया। इसी कारण कुछ ईर्ष्यालु लोग उन्हें भ्रमवश दम्भी भी कहने लगे।

'विचित्र कान्ता' के द्वितीय भाग की समाप्ति के उपरान्त पद्मधरजी के कथाकार ने छुट्टी की अर्ज़ी दे दी। ऐसा लगा कि कथाकार कवि होना चाहता था। उन्होंने कहा—'एवमस्तु।' कथाकार उस दिन से कविता करने लगा। समस्या-पूर्ति से यह अभ्यास प्रारम्भ हुआ। बाद में नये छन्द और नये रसों की सृष्टि होने लगी। यहाँ से आगे का सारा इतिहास उनके कवि-जीवन के विकास की रूप-रेखा है।

2

कवि-धर्म स्वीकार करने के उपरान्त सबसे पहला काम जो उन्होंने किया, वह था गणों पर अधिकार स्थापित करना। कहते हैं गणों के कारण ही शिव संसार के संहार की शक्ति रखते हैं और उनके बड़े लड़के (रेज़ीडेंशियल एड्रेस—Vill & Po. कैलाश, दि हिमालयाज़) मिस्टर गणेश कहलाते हैं। पद्मधरजी ने काफ़ी गणों को शीघ्र ही काबू में कर लिया। दगण, रगण, यगण इत्यादि गण तो हर समय उनकी हाज़िरी बजाने लगे। कवित्त, सवैया इत्यादि की पूर्ति माँग से अधिक होने लगी और इसी से उनकी क़ीमत कुछ गिरने लगी। पद्मधरजी को यह समझते देर न लगी कि ज़माना छायावाद का आ गया है।

नयी चेतना ने उन्हें नयी प्रेरणा दी। समकालीन लोकप्रिय कवियों की शैली पर उन्होंने कुछ काव्य-ग्रन्थों की भी रचना की जिनमें 'निशाचर निमन्त्रण' ने कुछ ख्याति भी पायी उनके कुछ फुटकर गीत (जैसे 'जल गयी आज फिर लालटेन', 'दबाकर निज मुख में दो पान, मुस्कुरा दी थीं क्या तुम प्राण?') आगे चलकर काफ़ी ख्याति को प्राप्त हुए। कहते हैं कि छायावाद काल में पद्मधरजी को गीतों का कभी अभाव नहीं रहा। इसका प्रमुख कारण यह था कि उन्हें उन खेतों और पेड़ों का किसी तरह पता लग गया था जिनके विषय में एक दूसरे प्रख्यात कवि ने भूल से उन्हें कुछ ख़बर दे दी थी:

दूर उन खेतों के उस पार
जहाँ तक गयी नील झंकार
वहीं, उन पेड़ों में अज्ञात
चाँद का है चाँदी का वास
उन्हीं में छिपा कहीं अनजान
मिल गया अपना गान!

छायावाद व हालावाद भी उनकी प्रतिभा को पूरी तरह कुण्ठित न कर सके। प्रगतिवाद का ज़माना आ गया और पद्मधरजी की प्रतिभा पहली बार पूरी तरह मुखर हुई। वे वास्तव में प्रगतिवादी ही थे; भ्रम व ईर्ष्या से उन्हें लोग अवसरवादी कहते थे। मज़दूरों और किसानों के जलूसों के लिए उन्होंने काफ़ी कोरस लिखे। उनका एक गीत जिसमें उन्होंने जन-जीवन की क्रान्ति का सन्देश दिया था अभी तक बच्चों को याद हैं। प्रगतिवाद पर आधारित एक विशालकाय खण्डकाव्य की रचना पद्मधरजी कर ही रहे थे कि उन्हें नयी कविता की धुन सवार हो गयी। युग परिवर्तन का पता उन्हें उस समय लगा जब कि टाउनहाल में किसी ने यह कविता पढ़ी—

एक लड़का था,
वह खड़ा था,
उसके सिर पर
घड़ा था,
लड़का गिर गया
घड़ा—
फिर भी खड़ा था!

पहले तो इस कविता का उन पर कोई ख़ास प्रभाव नहीं पड़ा। वैसे भी लड़का और घड़ा कोई ख़ास साहित्यिक शब्द नहीं। कहाँ अनुसार, प्रसार, संसार, संचार, अभिसार; चंचल, कलमल, दलदल, शाद्वल और श्यामल; और कहाँ लड़का और घड़ा! और फिर इसमें काव्यत्व भी क्या? अरे लड़का बेवकूफ़ था जो सिर पर घड़ा रखकर घूमता था। कभी कोई समझदार व्यक्ति सिर पर घड़ा लिये घूमता देखा है? ख़ैर, चलो कोई बात नहीं। अगर घड़ा फूट भी गया तो क्या? घड़ों का स्वभाव ही फूटने का होता है। यदि घड़े फूटना ही बन्द कर दें तो सृष्टि कैसे चले? और अगर लड़के के चोट या मोच आ गयी तो बरनौल लगा दो, बड़ी अच्छी दवा है। छोटे-बड़े हर तरह के साइज़ में आती है। रेडियो सीलोन के अनुसार यह सौ मर्ज़ों की एक दवा है। उषा काल होते ही सिंहल द्वीप का कवि गाता है—

खुजली हो या खारिश हो
चोट हो या मोच हो
ज़ख़्म हो या घाव हो—
ले लो जी बरनौल

सौ मर्ज़ों की एक दवा है
ब–र–नौ–ल

मगर जब उन्हें इस कविता का मर्म विस्तार में अवगत कराया गया तो उन्हें पता लगा कि उनका पहला दृष्टिकोण पूँजीवाद से प्रभावित था। काव्य का वास्तविक अभिप्राय इस प्रकार बताया गया–

(अ) नयी कविता प्रतीकों पर चलती है। इस कविता में 'लड़का' जिसे संस्कृत में बालक और अँग्रेज़ी में लैड कहते हैं, मनुष्य जाति का प्रतीक है। अल्पवयस्क लड़के को प्रतीक इस कारण बनाया गया क्योंकि यह सर्वमान्य मत है कि सभ्यता व संस्कृति के इतने विकास के हो जाने पर भी इस विराट सृष्टि के सम्मुख मानव एक शिशु मात्र ही है। नियति के गूढ़ रहस्यों का अनुसंधान करने की उसकी क्रिया अभी शाश्वत रूप से जारी है और आशा की जाती है कि निकट भविष्य में भी वह उसी तारतम्यता के साथ प्रगति के बहुकण्टकपूर्ण पथ पर अग्रसर होती रहेगी। घड़ा उन मान्यताओं, उन सामाजिक व वैयक्तिक आदर्शों का प्रतीक है जो कि मानव जाति के दुर्बल कन्धों पर न जाने सृष्टि की किन आवश्यकताओं और इतिहास के किन अन्धगामी चरणों ने रख दिये हैं। इन्हीं झूठी मान्यताओं, असम्भावित आस्थाओं के कारण मनुष्य जाति पतन की ओर अग्रसर हो रही है पर आश्चर्य यह है कि कि मनुष्य पतित हो जाता है पर ये बन्धन–वे मान्यताएँ फिर भी उसी तरह रह जाती हैं। 'घड़ा फिर भी खड़ा था!!' इसी सत्य की ओर संकेत करता है।

(ब) उपरोक्त कविता में भारत की वर्तमान आर्थिक व सामाजिक स्थिति का बहुत मार्मिक चित्रण किया गया है। दोनों महायुद्धों ने हमारे आर्थिक ढाँचे को कितना जर्जर कर दिया है। इसका वास्तविक चित्रण लड़का और घड़ा ही कर सकते हैं। अगर कहा जाता कि–

एक सेठ था–

उसके सिर पर होल डोल था...

तो न केवल हम लोगों को हँसी ही आती वरन् उससे वर्तमान आर्थिक स्थिति का भी पूरा पता किसी को न लगता। कवि यह भी कहना चाहता है कि देश में इतनी बेकारी है कि लड़का लोग या 'बटु समुदाई' सारे दिन अपने शीर्ष स्थान पर घड़ा रखकर ही घूमते रहते हैं। यहाँ यह भी बता देना आवश्यक है कि आज-कल हमारी नयी कविता विदेशों को काफ़ी अधिक मात्रा में सप्लाई की जा रही है। और इसी कारण उसका ऐसा होना कि वे हमारी स्थिति से भलीभाँति परिचित हो सकें, परमावश्यक है। इन्हीं ज्ञेय व अज्ञेय कारणों से हमारे कुछ नये कवि तो विदेश ही में रहने लगे हैं। यहाँ यह भी बता देना प्रसंग के बाहर न होगा कि हिन्दी-काव्य पर दोनों महायुद्धों का प्रभाव निश्चित करने के लिए साहित्यिक गोष्ठियों में छोटे-मोटे गृह-युद्ध यदा-कदा चलते रहते हैं।

(स) प्रस्तुत कविता एकदम 'लेबर क्लास' का प्रतिनिधित्व करती है। वह 'नतमस्तक तरुतलनिवासिनी' पिकनिक करती हुई किसी पूँजीवादी लड़की का चित्रण नहीं, वरन् एक

मज़दूर के लड़के की जीती-जागती तस्वीर है। इसी कारण इसकी भाषा साफ़, सरल व मर्मस्पर्शी रक्खी गयी है। इसके अलावा नयी कविता में शब्द व ध्वनि पर इतना ध्यान नहीं दिया जाता जितना कि अर्थ पर; क्योंकि नयी कविता में 'अर्थ की लय' होती है।

इस आलोचना को समय-समय पर निकलने वाली एक पत्रिका में पढ़कर पद्मधरजी एकदम नयी कविता के प्रेमी हो गये। गणों को डिस्चार्ज कर दिया गया। छन्द और रस पेंशन पर चले गये। कुछ दिनों बाद डॉक्टर साहब ने बताया कि नयी कविता का लिखना अपेक्षाकृत बहुत सरल है क्योंकि उसमें छन्द नहीं है, लय नहीं है और दूसरे यह ज़रूरी नहीं कि उसके चरणों की लम्बाई इतनी या उतनी हो। एक शब्द या अक्षर की भी पंक्ति हो सकती है, जैसे—

मछली
प्रपात
मैं?

या—

ये शाम की रंगीनी
आइस्क्रीम
लिपस्टिक...
और वह—
अख़बार बेचने वाला लड़का...?
.................?
वह फिसला
... यह फिसला....

तब से अब तक पद्मधरजी नयी कविता के आचार्य हो गये हैं। कभी-कभी नयी कविताओं के संग्रह भी निकालते हैं और कभी-कभी नयी कविता की समालोचना भी करते हैं। पुरानी शैली पर लिखने वालों की वे धज्जियाँ उड़ा देते हैं। वैसे कुछ अन्तरंग मित्रों का कहना है कि अकेले में वे कभी-कभी अब भी गीत लिखते हैं। अभी उस दिन कवि सम्मेलन में उन्होंने 'क्या आज तुम्हारे गृह में भी गर्दभ बोला?' वाला मर्मस्पर्शी विरह-गीत सुनाया था। पर ऐसी वारदातें अब कम होती हैं। अधिकतर समय बिम्बों व प्रतीकों की संगति में ही व्यतीत होता है। अभी एक प्रख्यात आदर्शवादी कवि की रचना के जवाब में लिखे गये उनके नये संग्रह 'गला और बूढ़ा दाँत' में कुछ बड़ी यथार्थवादी कविताएँ संगृहीत की गयी हैं जैसे—

उत्तर दिशा को
अकेले न जाना, बावरी—
वहाँ कुत्ते रहते हैं
बहुत भूँकते हैं
उन्हें देखकर

देह से वस्त्र छूट जाते हैं
उधर न जाना...
उत्तर दिशा को
भूल कर न जाना लाडली,
वहाँ लड़के रहते हैं—
कॉलेज के,
वे सीटियाँ बजाते हैं
उसे सुनकर,
घर आने इच्छा छूट जाती है...
उधर न जाना...
उत्तर दिशा को
अकेले न जाना मानिनी
वहाँ मोची रहता है
वो उधार माँगता है
....

उधर न जाना प्रेयसि!
उधर न जाना मानिनी!
उधर न जाना साँवरी!

अब तो उनका खाना-पीना, उठना-बैठना भी कविता में होता है। धोबी से कहते हैं—

अब नहीं है शेष कोई वस्त्र
जो दे दूँ तुम्हें मैं!

सारा जीवन ही काव्यमय हो गया है। मैं तो जब भी मिलता हूँ इस तरह बोलता हूँ—

"कहिए डॉक्टर साहब, ठीक हैं?"

"कृपा"

"बिम्ब तो कुशलपूर्वक हैं?"

"दया"

"प्रतीक तो ठीक तरह नाम कर रहे हैं या वे भी छुट्टी कर गये छन्द और रसों की तरह। ज़्यादा मुँह न लगाइए इन्हें..."

"अनुग्रह"

और इसके बाद हम उस कविता की बातें करने लगते हैं जो दिन-प्रति-दिन नयी से 'नयी तर' होती जा रही है।

राजे-महराजे, साँप और हाथी

यक़ीन मानिए कि विदेशी लोग—ख़ास तौर से अमेरिकन टूरिस्ट जब भी हिन्दुस्तान आते हैं तो उनकी तीन चीज़ें देखने की बड़ी इच्छा होती है और ये तीन चीज़ें हैं—राजे-महराजे, साँप व हाथी। बम्बई में जहाज़ के लगते ही गाइड लोग उन्हें पकड़ लेते हैं और कहना शुरू कर देते हैं कि कितने बड़े-बड़े राजाओं, साँपों व हाथियों से उनकी जान-पहचान है और कितनी आसानी से वे उनकी (हाथियों की) सवारी करा सकते हैं। और पता नहीं क्यों ये टूरिस्ट भी इन्हीं तीन चीज़ों को देखना पसन्द करते हैं। यह एकदम सच है कि बम्बई की भूमि पर क़दम रखते ही पहला प्रश्न जो गाइड से किया जाता है वह यही है कि हाथी की सवारी और स्नेक डान्स कहाँ मिलेगा? ताजमहल, लालकिला और बनारस के घाट—अजी साहब छोड़िए इन्हें, बाद में वक़्त मिला तो एक चक्कर लगा लेंगे। कोई जल्दी नहीं। इनसे कहीं ऊँची-ऊँची इमारतें तो अमेरिका में ही हैं। और वहाँ की इमारतों में तो अनगिनत खिड़कियाँ हैं और लिफ़्ट लगी हैं। ताजमहल वग़ैरह हैं पुराने ज़माने की दक़ियानूसी इमारतें; जहाँ न लिफ़्ट है, न फ़ायर-प्लेस। इसी से तो जैस्टींग पायलेट के लेखक आल्डस हक्सले को वह पसन्द नहीं आया।

इन तीन चीज़ों के अलावा जिन और चीज़ों में विदेशी लोगों की रुचि है वे हैं बुरका पहने स्त्रियाँ, ध्यान लगाये साधु—कीलों के तख़्तों पर बैठे हुए; और नृत्य करते हुए—हर बात नृत्य करते हुए— आदिवासी। इन सब चीज़ों में इतनी दिलचस्पी के कारण भी कई हैं। राजे-महराजे, साँप व हाथी ख़ुद भी कोई कम आकर्षक वस्तुएँ नहीं हैं। दूसरे विज्ञान, समाजवाद व प्रजातन्त्र की प्रगति के साथ-साथ ये वस्तुएँ बड़ी शीघ्रता से ख़त्म हो रही हैं। अमेरिका की जलवायु कभी राजा-महाराजाओं की पैदावार के लिए वैसे भी उपयुक्त नहीं रही—भले ही वैज्ञानिक, फ़िल्मी कलाकर व गवर्नर वहाँ ज़रूरत से ज़्यादा होते हों। यही नहीं, इधर तो पूर्वी देशों में भी राजे-महाराजों का नया स्टॉक आना एकदम बन्द ही हो गया है। जिस वस्तु की पूर्ति कम हो जाती है, उसकी माँग स्वतः ही बढ़ जाती है। तीसरा कारण यह है कि पिछली शताब्दी में जान-बूझ कर अँग्रेज़ शासकों ने विदेशों में हमारी सही स्थिति का पता नहीं लगने

दिया। आम विदेशी जनता यही समझती रही कि भारतीय बड़े ख़ुश-मिज़ाज लोग हैं : सारे दिन साँप नचाते हैं और रात भर हाथी की सवारी करते हैं। ऐसे भलेमानुस लोगों को स्वाधीन कर उन्हें स्वशासन के भार से पीड़ित करना ईसाई मत के विरुद्ध होगा क्योंकि वह हिंसा होगी। ख़ैर, कारण कुछ भी हो, क्योंकि इन वस्तुओं के विषय में विदेशियों को दिलचस्पी है, उनकी कुछ ख़ास-ख़ास बातें लिखी जाती हैं। आशा है विदेशी यात्री इनसे लाभ उठावेंगे।

राजे-महराजे

राजा और महाराजा में उतना अन्तर है जितना ब्राह्मण व महाब्राह्मण में। राजाओं की अनेक क़िस्में हैं। कुछ राजा वंशानुसार एक-दूसरे से भिन्न होते हैं, जैसे चन्द्रवंशी व सूर्यवंशी। कुछ राजा इस कारण राजा होते हैं कि उनके पिता राजा होते थे। शेक्सपियर की वर्णन-शैली में कुछ राजा जन्म से राजा होते हैं, कुछ कर्म से और कुछ ऐसे कि न जिन पर 'राजापन' लाद दिया जाता है। ब्रिटिश सरकार ने लड़ाई में चन्दा देने वाले कितने ही अक्षत्रियों को राजा की पदवी दी। 'राजा' शब्द का प्रयोग राजा व महाराजा के अतिरिक्त और लोगों के लिए भी किया जाता है; वास्तव में राजा-महाराजा तो और ही नामों से पुकारे जाते हैं जैसे 'अन्नदाता' इत्यादि। गाँवों में ज़मींदार को राजा कहा जाता है और हर नयी दुलहिन भी अपने पति को 'राजा' कहकर पुकारती है। इन सभी कारणों से विदेशी यात्रियों को चाहिए कि वे सच्चे और नकली राजाओं का अन्तर भलीभाँति जान लें।

विदेशी लोगों को भारत के बारे में सही ज्ञान न होने के कारण इन राजा लोगों के दैनिक जीवन के विषय में अनेक भ्रान्तिपूर्ण धारणाएँ हैं। वे सोचते हैं कि ये लोग महलों में रहते हैं, हाथियों पर चढ़ते हैं, शिकार करते हैं, युद्ध करते हैं और कलाकारों का आदर करते हैं, इत्यादि-इत्यादि। यह सब राजाओं के विपरीत जान-बूझ कर किया गया भ्रामक प्रचार है। राजा लोग होटलों में रहते हैं, मोटरों पर चढ़ते हैं, पोलो खेलते हैं, मुक़दमेबाज़ी करते हैं और सिनेमे की एक्ट्राज़ के साथ या सरकस के मैनेजरों के साथ गप्प मारते हैं। कुछ राजा लोग तो विलायत में ही रहते हैं क्योंकि हमारे देश में जलवायु ठीक नहीं, मोटरों के लिए सड़कें अच्छी नहीं और पोलो के लिए ठीक भूमि नहीं। राजा लोग पहले ज़माने में बड़े दक़ियानूसी तरीके से रहते थे। दरवाज़ों पर नौबतें बजती थीं और घरों में रोशनी मशाल से की जाती थी। वे लोग भारी-भारी लोहे के जिरह-बख्तर पहनते थे और ढाल-तलवार तक लगाते थे। वे इतने कृपण होते थे कि उनके कोष रत्नों से भरे रहते थे। वे बड़े स्वार्थी होते थे; सारे कवि और गायकों को अपने ही दरबार में रखते थे और उन्हें जागीर और इनाम का लालच देकर उनकी प्रतिभा के स्वाभाविक विकास में बाधा डालते थे।

कुछ तो उनमें से इतने अन्धविश्वासी होते थे कि मन्दिर में मूर्तियाँ लगवाते थे और केवल सन्तान के लिए ही विवाह करते थे। इस प्रकार का जीवन ज़्यादा दिनों तक बिताना कठिन होता था और इसी कारण वे वृद्धावस्था की बड़ी उत्सुकता से प्रतीक्षा करते थे और वृद्ध होते ही वन को चले जाते थे। राग-रंग का किसी को शौक़ न था। दुर्योधन ज़रूर कुछ हिम्मत रखता था और खुलकर जुआ खेलता था। चरित्र की निर्बलता के कारण पुराने राजा लोग जनता की भावनाओं का बड़ा ध्यान रखते थे और एकाध ने तो किसी शूद्र के कहने से अपनी पत्नी को ही त्याग दिया था। व्यावहारिक सभ्यता व एटीकेट भी उन्हें कम ही आता था; बहादुरशाह के दरबार में काफ़ी दिनों तक गवर्नर-जनरल नंगे पैर ही जाता था।

आजकल राजा लोगों का जीवन एकदम सभ्य व सुसंस्कृत हो गया है। नौबतों की जगह रेडियोग्राम बजते हैं और मशालों की जगह बिजली के रॉड। जिरह-बख़्तर की जगह विलायती सूट ने ले ली, घोड़े और हाथियों की अपेक्षा कुत्तों को तरजीह दी जाती है। बैंकों से उधार भी लेते हैं और जीवन की चिरन्तनता में अपना विश्वास प्रकट करने के लिए वृद्धावस्था में विवाह भी करते हैं। अन्तर्राष्ट्रीय भाईचारा बढ़ाने के लिए वे अक्सर विदेश ही में रहते हैं। लखनऊ के कुछ नवाब तो एकदम प्रजातन्त्र की प्रणाली में रँग गये हैं; कुछ तो श्रमदान में भी विश्वास रखते हैं। अपने पूर्वजों के प्रति इन लोगों की बड़ी श्रद्धा है। हर पहली तारीख़ को तहसील से पाँच रुपये पेन्शन लेकर आते हैं। राजवंश का राज न रहा हो, पर वंश तो सही-सलामत है।

राजा और महाराजाओं ने बहुत समय ले लिया। अब कुछ बात हाथी व साँप की की जाये।

साँप

भारत में अनेक प्रकार के साँप पाये जाते हैं। कुछ साँपों को आस्तीन का साँप कहते हैं। कुछ ऐसे लोग भी हैं जो साँप को भी मार देते हैं और लाठी भी नहीं तोड़ते।

पुराने ज़माने में साँपों में बड़ी शराफ़त होती थी। वे बड़े-बड़े काम करते थे। शेषनाग पृथ्वी का भार धारण करता था। हालाँकि उन दिनों पृथ्वी पर इतनी भारी-भारी इमारतें नहीं थीं और न इतने सारे महाद्वीपों का ही पता लगा था, पर फिर भी वज़न काफ़ी रहा होगा। विष्णुजी साँप पर सोते थे और शिवजी उन्हें गले में पहनते थे। इस तरह के साँप आजकल नहीं होते।

हाथी

चार पैर, एक पूँछ, एक सूँड़ और पेट को मिलाकर हाथी बनता है। इसके दाँत खाने के और होते हैं और दिखाने के और। इसकी सूँड़ आजकल तो ज़रूर

भद्दी लगती है, पर पुराने दिनों में इसका बड़ा चलन था। सभ्य व सुसंस्कृत लोग भी इसकी सूँड़ को नाक के स्थान पर लगाने के लिए लालायित रहते थे। गणेशजी का चित्र तो आपने देखा होगा; वे बड़े पण्डित व ज्ञानी पुरुष थे। राजओं के समय में हाथी बड़े काम आता था। उस पर वे शिकार खेलते थे, राजा की सवारी भी उसी पर निकलती थी और उसी से अपराधियों को मृत्यु-दण्ड भी दिया जाता था।

पुराने ज़माने में हाथी बड़े जिद्दी होते थे। एक बार एक हाथी की मगर से मुठभेड़ हो गयी। मगर ने उसे पकड़ लिया। हाथी की ज़िद देखिए कि उसने अपने आपको उस मगरमच्छ के हवाले नहीं किया। बात यहाँ तक पहुँची कि विष्णु नाम के एक भगवान को बीच-बचाव करने के लिए आना पड़ा।

हाथी देखने में कोई ख़ास सुन्दर नहीं होता। कालिदास ने उसकी उपमा बादल से या पहाड़ से दी है। भर्तृहरि को मदक्षीण हाथी पसन्द थे। उसकी उपमा उन्होंने खराद पर चढ़ी मणि और शरदकालीन नदी से दी है। हाथी और साँप के बन्धन को देखकर ही एक दिन उन्हें भाग्य की महानता पर आस्था हुई थी। मगर हाथी का जो मज़ाक विष्णु शर्मा ने किया है वह कहीं और नहीं मिलता। न जाने कितने हाथियों क़ो चिड़ियों ने, मेंढकों ने मिल-मिलकर मार दिया। हाथी का साहित्य में ऊँचा स्थान इस कारण भी है कि इसके कारण कितने ही कवियों का स्थान निश्चित किया गया है। मि. कीथ एक कवि के विषय में कहते हैं कि वे शायद काश्मीर निवासी थे क्योंकि उनकी कविता में हाथी का वर्णन नहीं है।

हाथी दो तरह के होते हैं—एक काला और दूसरा सफ़ेद। पहले सफ़ेद हाथी जापान में ही होते थे। आज़ादी के बाद, इनकी कमी पर योजना कमीशन ने ध्यान दिया। इन दिनों सफ़ेद हाथी हिन्दुस्तान में बहुतायत से पाया जाता है।

इतवार का दिन

इतवार के बारे में कुछ कहने से पूर्व यह बताना ज़रूरी है कि वह सात दिन में एक बार आता है और एक बार में एक ही अदद आता है। मतलब यह कि उसके लिए आपको इन्तज़ार करना पड़ता है और फिर यदि वह किसी तरह ख़राब हो जाये तो अफ़सोस होना ज़रूरी है।

मैं इतवार को बहुत पसन्द करता हूँ; कभी-कभी तो ऐसा मालूम होता है कि जैसे मैं इतवार गुज़ारने के लिए ही बनाया गया हूँ। यों इतवार में कोई ख़ास बात नहीं। जैसी और दिन सूरज और हवा वैसी ही उस दिन भी। बल्कि कभी-कभी तो इतवार के दिन सूरज और हवा और दिनों की अपेक्षा और ज़्यादा ख़राब होते हैं। ऐसे इतवार कम नहीं जिनमें एक हफ़्ता आसमान साफ़ और मौसम ख़ुशनुमा रहने के बाद, ख़ूब सर्दी या ख़ूब गर्मी या लगातार बारिश होती है। मगर फिर भी इतवार के दिन में कुछ ऐसा जादू है कि कहा नहीं जा सकता।

मैं एक सरकारी कर्मचारी हूँ। रोज़ दफ़्तर जाता हूँ। दफ़्तर के दिनों का कार्यक्रम तो निश्चित-सा रहता है : डाक देखिए, मिलने वालों से मिलिए, तार पढ़िए, फ़ाइलें देखिए और फिर क़ानून की पोथियाँ खोलिए जिनमें न जाने कितने शुद्धिपत्र रामायण के क्षेपकों की तरह चिपके रहते हैं। फिर टेलीफ़ोन या चपरासी—गरज़ यह कि सारा दिन इसी तरह गुज़र जाता है। पुराणों में माया के प्रपंचों का विवरण जिस विद्वत्ता से किया गया है उससे यह साफ़ सिद्ध होता है कि उनका लेखक किसी सरकारी दफ़्तर का कर्मचारी था। आर्य सभ्यता व संस्कृति के प्रेमी मेरी बात का बुरा न मानें —मेरी बात का यह अर्थ भी है कि अँग्रेज़ों के आने से हज़ारों वर्ष पूर्व भी हमारे यहाँ बड़े-बड़े दफ़्तर थे—एक सुव्यवस्थित शासन-प्रणाली थी। हाँ, तो मैं दफ़्तर वाले दिनों की चर्चा कर रहा था। जिस प्रकार इतिहास में तीन काल होते हैं—युद्ध से पहला काल, युद्ध का काल व युद्धोत्तर काल; ठीक उसी प्रकार दफ़्तरी व्यक्ति के दिन के भी तीन भाग होते हैं। एक तो दफ़्तर जाने से पहला काल जिसमें वह दफ़्तर जाने की तैयारी करता है—शेव, पालिश, टूथ-ब्रश, कपड़ों के बटन, प्रेस और बाक़ी मेक-अप। इसके बाद दूसरा काल है दफ़्तर का—दस से पाँच तक। इसका संक्षिप्त विवरण मैं ऊपर दे ही चुका हूँ। तीसरा समय है दफ़्तरोत्तर काल। इस काल

में जूते खोले जाते हैं, मेक-अप उतारा जाता है, देर से आने के बहाने दिये जाते हैं और फिर चाय के ताज़े प्याले पर दफ़्तर की कार्रवाइयों पर विचार किया जाता है। इन्हीं सब कारणों से मेरे जैसी स्थिति का व्यक्ति इतवार की बड़ी उत्सुकता से प्रतीक्षा करता है। इतवार को कोई दफ़्तर नहीं, कोई फ़ाइल व फ़ोन नहीं और ख़ास बात यह कि कोई चपरासी नहीं। चपरासियों के बारे में ज़्यादा बात करना शायद ठीक न हो पर मैं इतना फिर भी बताना चाहूँगा कि सारी शासकीय प्रणाली में उनसे ज़्यादा दिलचस्प व ख़तरनाक चीज़ और कोई नहीं।

चपरासियों की बड़ी क़िस्में हैं। बूढ़े चपरासी, जवान चपरासी, पढ़े-लिखे या जाहिल चपरासी, गोरे या काले चपरासी वग़ैरह-वग़ैरह। मगर चपरासियों को भले और बुरे की श्रेणी में बाँटना मुश्किल पड़ता है। भला चपरासी जैसी चीज़ बड़ी दिक्कत से मिलती है। कहते हैं कभी किसी ने एक चिट्ठी किसी भले चपरासी के नाम लिखी थी और डाक-विभाग को भला चपरासी ढूँढ़ने में कई साल लग गये थे। ये लोग सारे दिन खाली रहते हैं और इसी कारण इनके सिर में शैतान की कम्पनी की लोकल ब्रांच हमेशा खुली रहती है। जब आप किसी गहन मामले या मुक़दमे में उलझे हों तो वे आराम से बाहर बेंच पर बैठकर शेरछाप बीड़ी पीते हैं; सुरती खाते हैं और तम्बाकू सूँघते हैं। जब आप पर डाँट पड़ती है तो वे लोग दाँत निपोरकर हँसते हैं। इनकी ख़ुशमिज़ाजी ख़ास तौर पर देखने लायक़ तब होती है जब आपकी स्टेनोग्राफ़र कोई लड़की हो। तब तो ये लोग ऐनक उतारकर, पगड़ी ढीली कर इस तरह टीका-टिप्पणी करेंगे जिसकी हद नहीं। इस बात का तो छिपाना ही क्या कि कुछ चपरासी अफ़सरों की ग़ैरहाज़िरी में उनकी कुर्सी पर बैठ, कूलर या पंखे के मज़े लेते हैं, साहब के गिलास पीते हैं और शहर के हर सिनेमा को टेलीफ़ोन करते हैं।

हाँ, तो मैं कह रहा था कि इन्ही कारणों से मैं इतवार के दिन का बड़ा इन्तज़ार करता हूँ। यह समझिए कि बाक़ी छः दिन उसी के इन्तज़ार में गुज़र जाते हैं। इतवार के लिए प्रोग्राम मंगल से ही बनने लगते हैं। पिक्चर, पिकनिक और जाने क्या-क्या! वैसे मैंने अक्सर देखा है कि ये प्रोग्राम पूरे कभी नहीं होते। अक्सर ऐसा होता है कि जिस इतवार को मैं चाहता हूँ कि ख़ूब क्रियाशील रहूँ, उस इतवार को दिन भर हाथ-पर-हाथ रखे बैठना पड़ता है। और ज़िस दिन मैं आराम से बरामदे में बैठकर सिगरेट पीने का प्रोग्राम बनाता हूँ उस दिन की न पूछिए। ऐसा लगता है कि आज की सभ्यता व संस्कृति की एक बड़ी समस्या यह है कि लोग अपने इतवार बिताने का प्रोग्राम एक-दूसरे से पहले सलाह करके नहीं बनाते। जब एक व्यक्ति अपना इतवार शान्ति व आराम से गुज़ारना चाहता है, तभी दूसरे लोग मिलने-जुलने का प्रोग्राम रखते हैं। यक़ीन न हो तो पिछले इतवार का ज़िक्र मैं आपको सुनाता हूँ।

2

इस इतवार के दिन मेरा कोई विशेष प्रोग्राम न था। मामूली-सी बातें एजेण्डा पर थीं और समझता था कि उनसे किसी को ईर्ष्या होना असम्भव था। सोचा था पहले घूमने जाऊँगा, फिर मालिश करूँगा, फिर ख़ूब नहाऊँगा... शावर खोलकर —और फिर खाना खाकर सोऊँगा। तीसरे पहर कुछ लिखूँगा, फिर स्टेशन पर घूमने जाऊँगा और प्लेटफ़ार्म पर भुनी मूँगफलियाँ खाऊँगा और रात को आइसक्रीम जमेगी। मौक़ा लगा तो सिनेमा भी चलेंगे। अगर सिनेमा न गये तो रेडियो सीलोन के रिकॉर्ड सुनेंगे। मगर तक़दीर में जो प्रोग्राम लिखा था वह काफ़ी भिन्न था। पहले तो दफ़्तर में ही देर हो गयी। दफ़्तर के ज़रूरी काम शनिश्चर को ही अक्सर निपटाए जाते हैं और वे भी अगर ज़्यादा ज़रूरी हों तो चार बजे के बाद। कोई सात बजे घर पहुँचा। खाना खाने के बाद कल के बारे में अपना प्रोग्राम श्रीमतीजी को सुनाया। उन्हें कोई विशेष मतभेद नहीं था सिवाय इसके कि रात को आइक्रीम खाना गले के लिए ठीक नहीं है और सुबह का घूमना एकदम बेकार की चीज़ है। स्टेशन पर बिना मतलब जाना और प्लेटफ़ार्म पर चहलकदमी करना शोहदों का काम है और हम लोग शोहदे नहीं हैं। बातचीत के दौरान जो एक ख़ास बात उन्होंने बताई वह यह थी कि हम लोग हफ़्ता भर काम करने की आदत होने के कारण छुट्टी बिताना ही नहीं जानते। खाली वक़्त का प्रयोग करने के लिए औरतों से परामर्श करना ज़रूरी है क्योंकि खाली वक़्त बिताने की कला में वे स्पेशलिस्ट होती हैं। गरज यह कि हमारा पूरा प्रोग्राम पूरी तरह बदला गया। घूमने की जगह तय हुआ कि हम लोग अपने साले साहब के यहाँ जायेंगे जो कि एक दफ़्तर के बाबू हैं। दोपहर का खाना वहीं खाएँगे। रही शाम को लिखने की बात—वैसे भी हमारा लिखा कम ही छपता है अतः यदि हम अपनी सरस्वती को एक दिन और कुण्ठित रक्खें तो शायद साहित्य को कोई स्थायी क्षति न पहुँचे। रहा सिनेमा—वह कल पर छोड़ दिया गया।

सुबह हमें और दिनों से भी जल्दी उठाया गया। तैयार होना था और बस के जरिए अपने साले साहब के यहाँ पहुँचना था क्योंकि उनका घर शहर के दूसरे सिरे पर है। ख़ैर, मैंने शेव किया और एक अदद पैंट व बुश्शर्ट में घुसने जा ही रहा था कि श्रीमतीजी ने रिमार्क किया कि बाल बढ़े हैं।

"क्या बढ़े हैं?" मैंने बात पक्की करने के लिए पूछा।

"बाल बढ़े हैं?"

"कहाँ?" मैंने उत्सुकतावश कहा।

"सिर पर।"

"किसके सिर पर?" मैंने कहा क्योंकि बाल उनके सिर पर भी कम नहीं थे।

"आपके सिर पर", उन्होंने गम्भीरता से कहा।

अब तो पूरी स्थिति असंदिग्ध रूप से सामने रख दी गयी थी और इसके सिवा और कोई चारा न था कि स्वीकार कर लिया जाए कि मेरे सिर पर बाल बढ़े हैं। यह निष्कर्ष भी आसानी से निकल आया कि जब तक वे कट नहीं जायेंगे तब तक बढ़े ही रहेंगे। ख़ैर नाई के नाम समन जारी किया गया और हम सारे काम छोड़ हज्जाम के इन्तज़ार में बैठ गये।

कवियों का कहना है कि इन्तज़ार में बड़ा मज़ा है। मेरे विचार से यह बात उन्होंने नाई लोगों के इन्तज़ार के लिए न कही होगी। सच मानिए नाई का इन्तज़ार करना कठिन काम है। बात यह है कि जिस इंतज़ार का ज़िक्र कवियों ने किया है, वह आप नहा-धोकर कपड़े पहन, आराम से कर सकते हैं पर नाई का इन्तज़ार गन्दे कपड़ों में या नंगे रहकर ही करना पड़ता है। फिर यह ऐसा इन्तज़ार नहीं कि आप किसी पार्क में देवदार के पेड़ के पीछे छिपकर करें जहाँ चाँदनी की किरणें आपका मन बहलाती रहें। यह तो आपको अपने छोटे फ़्लैट के बरामदे में ही घूम-घूमकर करना पड़ता है। बार-बार सोचते हैं कि अब नहाएँ —अब शावर के नीचे खड़े हों—अब रेशमी बुशर्ट में गला डालें और इधर वह नापित महाराज हैं कि सारी ठकुराई दिखाने के लिए आज ही सन्नद्ध हैं। विष्णु शर्मा ने ठीक ही कहा था कि मनुष्यों में नाई धूर्त होता है। थोड़ी देर और होने पर आपको नाई के माँ-बाप वग़ैरह में दिलचस्पी होने लगती है और उनकी शान के ख़िलाफ़ कुछ अलफ़ाज निकलने लगते हैं।

ख़ैर; मैं ये सारी स्थितियाँ कई बार पार कर चुका था जब ठाकुर साहब की सवारी आयी। वहीं से मोतियों की लड़ी बिखेरते हुए बोले—"सरकार माफ़ करना; आज है इतवार का दिन। कई यजमान चले आये—क्या करता। ख़ैर अब सारी कसर निकाल दूँगा।" इतना कहने के बाद उन्होंने अपनी क्रिया सम्पन्न करनी प्रारम्भ कर दी। पता नहीं बाल काटना चौंसठ कलाओं में है या नहीं। यदि नहीं है तो होना चाहिए। और यह कला एक ऊँचे स्तर पर तब प्रतिष्ठित होती है जब कि नाई को आप थोड़ा-बहुत जानते हों। फिर तो बाल काटने के साथ-साथ अन्य ललित कलाओं का भी रसास्वादन होता है। बात यह है कि अभी तक ऐसा कोई नाई नहीं पैदा हुआ जो बाल काटते समय चुप रह सके। कहते हैं उसकी वाणी की गति उसकी कैंची को प्रेरणा देती है। यदि नाई से आप अपरिचित हों तो आप सुनी-अनसुनी कर सकते हैं और सम्भव है कि वह भी आपको बहरा समझकर छोड़ दे पर यदि आप उससे परिचित हैं तब बचने का कोई रास्ता नहीं। और फिर ये ठाकुर! इनके दो बीवियाँ हैं, दो किता मकान है, चार किता ज़मीन है, दलाली ये करते हैं; इनकी बातों का कोई अन्त नहीं। अपनी दोनों बीवियों की चर्चा करते-करते उन्हें शाम हो सकती है। पहली बीवी? सरकार एकदम गऊ है पर ज़रा उमर की जास्ती है। बचपन ही में सरकार फेरे फिर गये। दूसरी बीवी? हज़ूर बड़ी सीधी है और बड़ी होशियार, मगर सरकार उमर की कुछ कम है। और जब दलाली की बातें शुरू

होती हैं तब तो हँसी रोकना मुश्किल हो जाता है। बीच में ही कैंची-कंघा रोककर कहेंगे—"सरकार एक ठो मोटर बिक रही है—जस्टिम भार्गव की है। चार हज़ार माँग रहे हैं पर हजूर मैं कुछ और छुड़वा दूँगा।" मैं कहूँगा कि भाई इतने रुपये कहाँ? इस पर वे एक लम्बी आह भरेंगे—"ठीक है सरकार। महँगाई ही इतनी हो गयी है। अच्छा तो सरकार एक गाय ख़रीद लीजिए—एक तार घर के बाबू बेच रहे हैं। दस-पाँच रुपये छुड़वाना मेरे हाथ की बात है...।" इसी तरह का लल्लू लालजी का प्रेमसागर उस दिन भी चला और किसी तरह एक घण्टे के बाद सिटिंग पूरी हुई। मैं 'खुद माइनस थोड़े-से बाल' बाथरूम में भरती हुआ, कपड़े पहने और बस पकड़ने के लिए हम लोग अड्डे पर पहुँचे।

3

बस के अड्डे के बारे में ख़ास बात यह है कि वहाँ सिवाय बस के और सारी चीज़ें मिलती हैं जैसे मूँगफली, सोडा, अख़बार, पालिश वाला, गिरहकट, पुलिसमैन और कभी-कभी एकाध ट्रैफिक-मज़िस्ट्रेट भी। ये सारी चीज़ें काफ़ी आसानी से मिलती हैं; हाँ अलबत्ता बस ज़रूर मुश्किल से मिलती है। इस बात का पता रिक्शे वालों और इक्के वालों को भी होता है और इस वजह से जहाँ बस-स्टैण्ड होता है, वहाँ इन चीज़ों का भी स्टैण्ड होता है। हम लोग भी कई घण्टे बस का इन्तज़ार करते रहे और उसके बाद बज़रिए इक्के के जनाबे आला साले साहब बहादुर के बँगले की ओर रवाना हुए।

हमारे साले साहब निहायत ही भले व्यक्ति हैं। यदि कोई कमी है तो सिर्फ़ एक और वह यह कि कभी घर पर नहीं मिलते। घर वालों को शिकायत है कि दफ़्तर में रहते हैं और दफ़्तर वालों को यह कि वे घर से नहीं निकलते। असलियत यह है कि वे इन दोनों में से किसी जगह नहीं रहते। वे रहते हैं घर और दफ़्तर के बीच में—मेरा मतलब पुरानी किताबों की उस दुकान से है जो दफ़्तर के रास्ते में घण्टाघर के पास है। जहाँ हज़रत को वक़्त मिला कि लगे चश्मा लगाकर झाँकने किसी पुरानी जिल्द में। दोस्तों का ख़याल है कि यदि वे दीमक वग़ैरह कोई वैसी चीज़ होते तो जीवन में ज़्यादा सुखी और सफल रहते क्योंकि उस स्थिति में पुस्तकों से उनका सम्पर्क बिना बाधा के घनिष्ठ व निरन्तर रह सकता था। पर दुर्भाग्य यह है कि वे हैं आदमी जिनके परिवार होता है, बहिनें होती हैं, जो कि इतवार को घर आती हैं।

हम लोगों ने कुछ देर तो इन्तज़ार किया पर जब साले साहब के उस भूमि पर प्रकट होने की कोई आशा न रही तो हमने चन्द बच्चों के छोटे-से दस्ते के साथ उस किताबों की दुकान पर घेरा डालने का निश्चय किया। अभियान में आशातीत

सफलता मिली; हज़रत ने बचने की बहुत कोशिश की मगर पकड़े गये। युद्ध का बन्दी बनाकर हम लोग उन्हें घर की ओर ले चले। रास्ते में बातचीत भी उनसे वैसी ही हुई जैसी कि उम्मीद थी। बात दरअसल यह है कि वे दिल के बहुत साफ़ हैं—उन लोगों में से नहीं जो मन में तो सोचते रहें कि आपके कीड़े पड़ें, और बाहर से कहें 'ख़ुदा आपको सेहत दे। बाल-बच्चों को सही-सलामत रक्खे।' ये साहब तो मन, वाणी व कर्म में अन्तर नहीं रखते। कुछ देर चुप रहने के बाद बोले, "आ गये आज भी वक़्त ख़राब करने! यार, इतवार को तो छोड़ दिया करो।" इसी तरह की एक-दो और सन्धि वार्ता हुई। तब तक हमारा रिसाला जीत की ख़ुशी मनाता घर के किले तक पहुँच चुका था।

खाना हमने वहीं खाया। कुछ तो हमारी कम खाने की आदत ही है और कुछ खाना भी कम पड़ गया। हम लोगों के पहुँचने की उन्हें कोई पहले से ख़बर न थी और खाना हमारे जाने तक बन चुका था। खाना खाने के बाद बीवी और उनकी भाभी तो ताश खेलने में जुट गयीं, बच्चों ने अपना कोई और प्रोग्राम बनाया और साले साहब मूढ़े पर बैठकर हमें किसी हाल ही में पढ़ी पुरानी किताब के आधार पर अकबर की हिन्दू-नीति पर विस्तृत लेक्चर देने लगे। खाना उन्होंने काफ़ी खाया था और आँखें उनकी मुँदी जा रही थीं। पहले काफ़ी देर तक तो वे कहते रहे कि अकबर हिन्दुस्तान का बादशाह था और मानसिंह उसके सेनापति थे और हिन्दुओं के प्रति उसकी नीति उदार थी। कोई पाँच मिनट बाद उन्होंने इतिहास का क्रम कुछ बदला और कहना शुरू किया कि हिन्दुस्तान अकबर का बादशाह था और हिन्दू उसकी नीति के प्रति उदार थे और सेना मानसिंह की सेनापति थी। फिर कुछ देर बाद इतिहास में और भारी परिवर्तन किये गये। राजा मानसिंह हिन्दुस्तान के बादशाह हो गये और अकबर उसके सेनापति बनाये गये। और इसके बाद वे अपने उन खर्राटों को भरने लगे जिन्हें वे एक सेकेण्ड में तीन की गति पर घण्टों लगातार भर सकते हैं। इधर हमारी जो दशा हो रही थी, उसका अनुमान आप लगा ही सकते हैं। रह-रह कर कल का बनाया अपना प्रोग्राम याद आता रहा। किसी तरह मन को धीरज बँधाया और सोचा कि अगर अब भी जान बच जाये तो आधे दिन का प्रयोग अपनी तबीयत के अनुसार हो सकता है। बुद्धिमान लोग सर्वनाश की स्थिति में आधे को छोड़ देते हैं। बीवी को आवाज़ दी और जूते पहनने शुरू किये। उधर मालूम हुआ कि एक अरसे के बाद वे बाज़ी जीती हैं और इस कारण निकट भविष्य में इस घर से उनके विदा लेने की कोई सम्भावना नहीं है। किसी तरह थोड़ा वक़्त और काटा। इसके बाद जब हाथ मिला कर, बच्चों की पीठ थपथपाकर, नमस्ते कर, टाटा और बाइ-बाइ के साथ चलने के लिए बाहर निकले तो देखा कि बारिश हो रही है।

4

बारिश काफ़ी ज़ोर-शोर से पड़ रही थी। घुमड़-घुमड़ कर बादल आ रहे थे और हवा ठण्डी थी। किसी और समय यही वर्षा हमें बड़ी अच्छी लगती। उस समय हमें मेघदूत या जयदेव की कोई पंक्ति भी याद आ जाती। पर आज?—आज कुछ नहीं, सिर्फ़ यही ख़याल आता रहा कि वर्षा के दिन को दुर्दिन क्यों कहते हैं। ख़ैर कोई चार घण्टे तक यही कार्यक्रम चलता रहा। बारिश चलती रही और चलती रही। पहले एक घटा आयी, बरसी और चली गयी। फिर दूसरी घटा आयी, बरसी और चली गयी। तीसरी घटा ने भी वही किया और एक बार परम्परा निश्चित हो जाने पर, उसका अनुसरण और बाक़ी घटाओं ने भी किया। मेरे ख़याल से घटाएँ काफ़ी थीं और हालाँकि ज़्यादातर घटाओं को एक ही बार अवसर दिया गया पर फिर भी कोई छः बजे तक कार्यक्रम चलता रहा। जैसा कि कवि-सम्मेलनों में होता है, यहाँ भी अच्छी-अच्छी घटाएँ बाद के लिए ही रक्खी गयी थीं। ख़ूब बारिश हुई। कुछ घटाओं को एक से अधिक भी अवसर मिला और कोई सात बजे हम लोग अपने हेड क्वार्टर्स पर पहुँचे।

घर पहुँचने पर पता लगा कि कुछ लोग घर में हैं और वे हमारे अलावा दूसरे हैं। कुछ बच्चों के रोने की आवाज़ भी आयी। हमारी बीवी की बड़ी बहिन शायद बाराबंकी से आयी थीं।

गरज यह कि मैं आपको अपना दुख-दर्द सुनाकर ज़्यादा तंग नहीं करना चाहता। वैसे भी मेरी आदत अपनी परेशानियाँ अपने तक ही रखने की है। उस रात को मैं नौकर की खाट पर सोया क्योंकि सारे पलँग और चारपाइयाँ मेहमानों को उनके आने की खुशी में बिस्तर बिछा-बिछा कर पेश कर दी गयी थीं। मुझे ओढ़ने के लिए मिला एक पुराना कम्बल और बिछाने को एक पुरानी दरी। रात भर मैं काफ़ी आराम के साथ लेटा रहा और मीर तकी 'मीर' का वह शेर याद करता रहा—

गरचे मैंने बहुतों को मसल मारा
पर खटमलों ने मुझे मिल मारा...

रवीन्द्रनाथ त्यागी : एम.ए., 1954 के समय का फ़ोटो

एक (अ) साहित्यिक प्रयोग

अभी पिछले दिनों एक प्रसिद्ध हिन्दी सचित्र साप्ताहिक में छपा था..."अगले अंक के आकर्षण...श्री...की कहानियाँ और श्री...के कविता में नये प्रयोग...

आजकल प्रयोग वैज्ञानिक अनुसंधानशाला में ही नहीं होते, वे कहीं ज़्यादा नम्बर में हिन्दी कवियों के अध्ययन-कक्ष में होते हैं। ज़माना ही प्रयोगों का है। जैसे पहले आम जनता तीन भागों में विभाजित होती थी—रोगी, भोगी और योगी अब वहाँ एक और जाति बढ़ गयी है—प्रयोगी।

प्रयोगों की यह परम्परा केवल काव्य तक ही सीमित रही हो, यह नहीं। अभी-अभी मैं एक प्रसिद्ध कवि का काव्य पढ़ रहा था जो हाल ही में छपा है। पहले पृष्ठ पर लिखा है—"...श्रद्धेय श्री...को।" ठीक उससे अगले पृष्ठ पर लिखा है—"प्रिय मित्र कविवर...को सप्रेम भेंट।" एक किताब और दो प्रसिद्ध व्यक्तियों को भेंट। क्या प्रयोग है समर्पण की दिशा में! यदि समर्पण के दोनों पृष्ठों को एकसाथ पढ़ा जाये तो ऐसा लगता है जैसे कि "श्रद्धेय श्री..." को ही "प्रिय मित्र कविवर..." को सप्रेम भेंट किया जा रहा है। ठीक इसी तरह दूसरे एक मित्र ने हिन्दी का एक काफ़ी लोकप्रिय उपन्यास दिखाया जो सामरसैट मॉम की एक प्रसिद्ध पुस्तक पर एकदम आधारित था। पात्रों के व स्थानों के नाम बदलकर पुस्तक का वातावरण कितना बदला जा सकता है—इस दृष्टिकोण से यह पुस्तक सुन्दर और सफल प्रयोग है। एक तीसरे लोकप्रिय लेखक ने अपनी एक पुस्तक का दूसरा संस्करण दूसरे नाम से छपाया है। यह भी प्रयोग है। लिखी और छपी पुस्तकों में एक नाम और बढ़ गया हालाँकि किताब एक ही लिखी। आप दोनों किताबें पढ़कर ये ईमानदारी से कह सकते हैं कि दोनों उपन्यासों में एक-सा ही आनन्द आया। मेरे एक और मित्र हैं जो किसी और के नाम से अपनी रचनाएँ भेजते हैं जैसा कि संस्कृत के कवि करते थे। रवीन्द्रनाथ ठाकुर का प्रयोग तो प्रसिद्ध ही है कि उन्होंने अपनी कुछ कविताएँ भानुसिंह कवि के नाम से 'प्रवासी' में छपने को दीं। एक टिप्पणी में बताया गया कि भानुसिंह एक प्राचीन कवि थे—चंडिदास के समकालीन या उससे भी पुरातन। और कमाल देखिए कि भानुसिंह पर एक साहब ने थीसिस लिखा और डॉक्टरेट ले

ली जब कि भानुसिंह नाम का कोई कवि था ही नहीं और सारी कविताएँ रवीन्द्रनाथ ठाकुर की ख़ुद की लिखी हुई थीं। उस थीसिस में भानुसिंह के जन्म, मरण, स्थान इत्यादि सभी बातों पर 'नानापुराणनिगमागमसम्मत' मत प्रकट किया गया था। टैगोर ने इस घटना का वर्णन बड़े मज़े से किया है।

मगर ये सारे प्रयोग उस प्रयोग के सामने फीके पड़ जाते हैं जो मेरे मित्र उल्फ़तराय ने किया। आप जानते हैं वह दास्तान?

अरे, माफ़ कीजिए, आप तो यह भी नहीं जानते कि उल्फ़तराय कौन हैं। मैं सारी बात शुरू से ही शुरू करता हूँ।

2

यदि आप देहरादून में राजपुरा रोड पर दून गेस्ट-हाउस से आगे चलें तो आपको एक बोर्ड एक कोठी पर लगा दिखाई देगा जिस पर लिखा है 'श्री उल्फ़तराय खन्ना, एम. ए., एल.-एल.बी.'। जो सज्जन इस मकान के अन्दर रहते हैं उनका नाम उल्फ़तराय है। मेरे साथ बी.ए. में पढ़ते थे या यूँ कहिए कि उनके साथ बी.ए. में मैं पढ़ता था। मैं उन सौभाग्यशाली छः पीढ़ियों में से था जो उनके साथ बी.ए. में पढ़ चुकी थीं। उन्होंने सातवीं दफ़ा में बी.ए. पास किया और चार साल में लॉ किया। क़ानून उन्होंने नोट्स पढ़कर पास किया और नोट्स भी वे सेकेण्डहैण्ड ही ख़रीदते थे क्योंकि उनमें ज़रूरी-ज़रूरी स्थलों पर निशान लगे होते थे। उल्फ़तराय सिवाय पढ़ने के और सारे काम करते थे। यूनियन के इलेक्शन लड़ना और लड़वाना, पार्टियाँ और मीटिंग अरेंज, करवाना, मैच तय करना—हर तरह के मैच—क्रिक्रेट का, हाकी का, ब्रिज का, लड़के और लड़कियों का, और मस्ती से ज़िन्दगी काटना। हम और वह एक ही होस्टल में रहते थे। सारे कमरे में सिर्फ़ दस-बीस पुस्तकें थीं; कुछ बालज़क की—कुछ 'यौन विज्ञान', 'रंगीन रातें' या इसी तरह की। माया, मनोहर कहनियाँ और जेबी जासूस के नियमित पाठक; एक बड़ी तस्वीर राजकपूर और नर्गिस की उनके कमरे की सामने की दीवार को सजाती। अगर कमरा खुला होता और आप दस बजे के बाद दिन में जाते तो आप खन्ना साहब को तख़्त पर नींद से आँख मलते देख सकते थे। लम्बा कद, सोने जैसा उजला जिस्म, हलकी-हलकी मूँछें जिन पर हर हफ़्ते नये प्रयोग किये जाते थे और लाइनदार पाजामा और सफ़ेद रेशमी कुरता। गले में काला तागा पड़ा हुआ। इसके बाद एक हाथ में लोटा लेते और दूसरे में एक ताज़ा गुलाब का फूल और फिर बाथरूम जाते। होस्टल के फ़र्स्टइयर के लड़के उन्हें हौवा समझते थे। किसी बेचारे की बीवी की चिट्ठी आयी तो उसे खोलकर नोटिस-बोर्ड पर लगवा दिया। किसी पूरब के ज़िले के ग़रीब लड़के से उसी की माँ को चिट्ठी लिखवा दी..."माई डियरेस्ट डॉर्लिंग" और बाद में "आई एम योर विलवेड।" सारे

दिन यही तमाशा रहता था। मेस में एक ज़्यादा खाने वाले लड़के को पकड़ लिया और खिला रहे हैं जबरदस्ती उसे चपाती पर चपाती और चिल्ला रहे हैं सारे डाइनिंग हाल में..."ट्वन्टी थ्री नाट आउट, ट्वन्टी एट नाट आउट...।" एक दिन तो उन्होंने उस बेवकूफ़ को इतना खिलाया कि डॉक्टर को बुलाना पड़ा।

हाँ, तो मैं कह रहा था कि अगर इनका कमरा खुला होता तो आप क्या देखते। अगर कमरा बन्द होता तो एक दरवाज़े पर बोर्ड नज़र आता। हालाँकि खन्ना साहब थे एक छात्र ही, पर बोर्ड पर लिखा था—"उल्फ़तराय खन्ना—लेक्चरर इलाहाबाद यूनिवर्सिटी" और दूसरे दरवाज़े पर एक खोपड़ी और दो हड्डियों की आकृति के नीचे लिखा होता :

DANGER

Visiting hours 5 p.m. to 7 p.m.

Bore at other hours at your own risk.

और शाम को उनके कमरे में वह कहकहे लगते, वह हँसी होती कि रात के नौ बजे तक पढ़ना हराम हो जाता।

ख़ैर, एक दिन ऐसा हुआ कि जैसा कि दस्तूर था, खन्ना साहब ने एक फ़र्स्टइयर के लड़के का कमरा खोला—उसकी ग़ैरहाज़िरी में। उसका लोटा ग़ायब किया। सिर के तेल की शीशी में फाउण्टेनपेन की इंक मिला दी। एक जोड़ी चप्पल दराज में रख दी, किताबें फाड़ दीं वग़ैरह-वग़ैरह। जब वह लड़का आया—उसका नाम अवस्थी था—तो वह रोने लगा। बेचारा गाजीपुर का था और उसके बाप बचपन ही में मर गये थे। माँ ने पीसना पीसकर उसे इण्टर कराया था। जाने किस तरह लड़के ने गर्मियों की छुट्टी में ट्यूशन कर दाखिले के लायक़ पैसे जमा किये थे और विश्वविद्यालय में आने का स्वप्न पूरा किया था। ख़ैर जब उसने अपनी किताबें फटी देखीं तो वह बस...रो ही पड़ा...

रोने की आवाज़ खन्ना साहब के कानों तक पहुँची। पहले तो वे हँसे, फिर ख़ूब हँसे—फिर उसे बुलवाया और उसके सामने हँसे। पर जब लड़के का रोना फिर भी बन्द न हुआ तो वे कुछ थोड़ा-सा परेशान हुए। पता नहीं उन्हें क्या सूझा, उन्होंने उसे रिक्शे पर बिठाया और बाज़ार किताब लेने चले गये। उस दिन से वे दोनों मित्र हो गये।

3

खन्ना और अवस्थी दोनों थे बी.ए. के छात्र इसलिए उनकी ख़ूब निभी। खन्ना को रुपये-पैसे की चिन्ता थी ही नहीं और अवस्थी पर वे आसानी से थोड़ा-बहुत ख़र्च कर सकते थे। कभी सिनेमा ले गये...कभी कॉफ़ी-हाउस...कभी टांडाफाल की

पिकनिक। हाँ, टांडाफाल की पिकनिक मैं भी गया था। लड़कों ने पूरी बस की। सारे रास्ते खन्ना साहब एक ज़नानी साड़ी पहनकर पीछे बैठे रहे और लड़कों को हँसाते रहे। और मज़ा जब आया जब कि हम लोग वापसी में कहीं बस ख़राब होने की वजह से रुक गये और खन्ना साहब की सलाह या हुकुम के अनुसार सड़क के बीचोंबीच सोये। रात को कोई सज्जन मुँह में बड़ा-सा सिगार लिये बड़ी लम्बी कार से उतरे और पूछने लगे कि ये क्या बदतमीज़ी है? तो खन्ना साहब झट से पूरब की भाषा में—जो मेस के नौकर दिन-रात बोलते थे—उनसे बतियाने लगे कि उन्हें इन गुण्डों ने यानी और लड़कों ने पकड़ लिया है और छेड़खानी कर रहे हैं...और दुहाई है आपकी...बचाइए मुझ अबला को...और लगे चिपटने उन साहब से। बड़ी मुश्किल से बात बनी उस वक़्त।

ख़ैर, खन्ना साहब और अवस्थी का साथ ख़ूब चला। विषम स्वभाव वालों में दोस्ती ख़ूब निभती है। इधर अवस्थी को कुछ लिखने का शौक़ था। हिन्दी का छात्र था और लिखना स्वाभाविक था। प्रयाग विश्वविद्यालय में जितने छात्र बी.ए. में हिन्दी लेते हैं वे सब हिन्दी के लेखक या कवि या आलोचक या नाट्यशास्त्री—यानी कि कुछ-न-कुछ होते ज़रूर हैं। अवस्थी भी लिखता था पर उसमें खासियत यह थी कि वह अच्छा लिखता था। कहते थे कि उसका एक उपन्यास तो पूरा हो चुका था पर उसे छापने के लिए कोई प्रकाशक तैयार नहीं था और ख़ुद उसके पास पैसे नहीं थे।

दिन बीतते चले गये क्योंकि इसके अलावा वे बेचारे कर ही क्या सकते हैं। मैं एम.ए. में आ गया। क्लास में लड़कियाँ आ गयीं और खन्ना साहब ने होस्टल छोड़ दिया। वे सिविल लाइन्स चले गये। मैं उन्हें ज़रूर भूल जाता अगर वे उस दिन मुझे न पकड़ लेते। एक रसीद-बुक हाथ में थी और एक पोस्टर दूसरे हाथ में:

"कर्तार सिंह की स्थिति गम्भीरः टी.बी. से पीड़ित
एक ग़रीब छात्र ग़रीबी के कारण दम तोड़ रहा है..."

और इसके बाद पोस्टर में बताया गया था कि कर्तार सिंह किस तरह रिक्शा खींच-खींचकर पढ़ता रहा और उसे टी.बी. हो गयी। कैसे बिना इलाज के उसकी हालत ख़राब होती चली गयी वग़ैरह-वग़ैरह। मैंने भी एक रुपया चन्दा दिया और फिर हम लोग लाइब्रेरी के बाहर पोर्टिको में गप मारने लगे। खन्ना ने बताया कि दो हज़ार रुपया तो कर्तार सिंह के लिए जमा हो गया है और तीन हज़ार उसका लक्ष्य है। हाईकोर्ट के जजों, सरकारी अफ़सरों और व्यापारी वर्ग ने भी काफ़ी सहायता की है।

4

अरसा गुज़र गया। पिछले महीने जब मैं मसूरी गया तो देहरादून में खन्ना के पास भी गया। अब उन्होंने मूँछें साफ़ करा दी हैं। सोना-खाना भी वक़्त पर होता है।

थोड़ी-बहुत प्रैक्टिस भी चलती है। कुछ कोठियाँ हैं मसूरी में, उनका किराया आता है।

बातचीत के सिलसिले में अवस्थी का ज़िक्र आया। पता चला कि वह हालैण्ड स्कॉलरशिप पर गया है। शायद कुछ मदद खन्ना ने भी की हो। हम अवस्थी की चर्चा शुरू कर ही रहे थे कि बाहर बैण्ड बजा और अनाथालय के कुछ लोग चन्दा माँगने अन्दर आये।

"देखिए महाराज! मैं आपको ज़्यादा वक़्त नहीं दे सकता", खन्ना ने कहा–"अपनी स्पीच जेब में रखिए, सर्दी में काम आयेगी और चन्दा लेकर आगे बढ़िए। मुंशीजी–ओ मुंशीजी, इन्हें दे देना पाँच रुपये"–फिर मुझसे मुखातिब होकर कहा– "यार धन्धा बना रक्खा है कुछ ने इसी तरह पेट पालने का...अभी कल पता चला कि मिसेज शान्ता को धोखा दिया किसी धार्मिक संस्था वालों ने..."

मैं बीच में बोला–"यार सुनो क्या हुआ उस सिख लड़के का... क्या नाम था उसका...हाँ, जिसके लिए तुम चन्दा माँगते थे?"

"अरे वह! लीव दैट माई बॉय। अरे वह तो कुछ और ही धन्धा था। तुम्हें पता नहीं। यार क्या दिन थे वे भी। बात यह थी वत्स, कि पापा ने जो रुपया भेजा था वो तो हम पहले ही उड़ा चुके थे। हम थे भाईजान नंगे। उधर अवस्थी का उपन्यास छपना था। कर्तार सिंह था नाम उस लड़के का। वह उस उपन्यास का हीरो था। वह बीमार रहता था; शायद पाँचवें अध्याय में उसकी मृत्यु भी हो गयी थी। हाँ यार, वह स्कीम बुरी नहीं रही, कोई तीन हज़ार हो गये थे और किताब छपी। सजिल्द तीन रुपये की थी और अजिल्द दो रुपये की। कुछ कॉपियाँ मेरे पास हैं; देखना किसी वक़्त..."

और मैं खिलखिलाकर हँस पड़ा।

वकील साहब के ख़त

मेरे मित्रों में अनेक वकील हैं। कुछ छोटी अदालतों में प्रैक्टिस करते हैं और कुछ हाईकोर्ट में। इनमें से कुछ को मैं इसलिए जानता हूँ कि वे मेरे साथ पढ़ते थे और पवनकुमार इसी श्रेणी में आते हैं। पहले उन्होंने बी.ए. किया तीसरे दर्जे में; एम.ए. किया, एल.टी. की, फिर कोई डिप्लोमा किसी विदेशी भाषा में लिया और फिर लॉ ज्वाइन किया। क़ानून में जाकर उन्हें ऐसा प्रतीत हुआ जैसे मेले में खोये बच्चे को सेवा समिति का कैम्प मिल गया हो। वह दिलचस्पी हुई जो बचपन में हम लोगों को सरकस से थी। कहाँ तो वे क्लास में आते ही न थे—प्राक्सी से ही काम चलता था—और कहाँ अब वे दस मिनट पहले ही कक्षा में जा विराजते। जहाँ और विषयों के प्रोफ़ेसर 'पुच्छ विशाणहीन मृग' की श्रेणी में आते थे, क़ानून के अध्यापक ज्ञान व अध्यवसाय के अवतार हो गये।

मैं उनके साथ पढ़ता तो न था पर क्योंकि उनका कमरा छात्रावास में मेरे कमरे के पास था, अक्सर मैं उनके यहाँ चला जाता था। छात्रावास में सबसे अधिक सीनियर होने के नाते, उत्सवों वग़ैरह का इन्तज़ाम भी वही करते थे और इस कारण भी हम लोगों का उनके कमरे में आना-जाना प्रायः होता रहता था। हम लोगों ने देखा कि पवनकुमार जी अब दिन-प्रतिदिन बार-एट् लॉ होते जा रहे हैं। कमरे में देश के बड़े-बड़े क़ानून-वेत्ताओं के फ़ोटो टँगने लगे, मेज पर मुल्ला व अन्य जूरिस्टों की किताबें सजने लगीं और देखते-देखते वे कितनी ही क़ानून सम्बन्धी सोसायटियों के सदस्य भी हो गये। छात्रावास में भी उन्होंने एक वक्तृता दी जिसका विषय था 'जीवन में क़ानून का महत्त्व।'

लॉ के द्वितीय वर्ष में पदार्पण करते-करते पवनकुमार जी का हुलिया ही बदल गया। अब तो वे बराबर वकीलों की ही बात करते...वल...वल...क्या पेशा है!...दी मोस्ट लर्नेड प्रोफेशन!...चाहो तो किसी को फाँसी के तख़्ते पर चढ़वा दो, चाहो तो किसी को उतरवा दो...! हम लोग अगर कभी किसी प्रसिद्ध विचारक या नेता की चर्चा छेड़ते तो वे तुरन्त कहते..."वह ज़रूर पहले वकील रहा होगा। वही तो एक पेशा है जिसमें मानवता की महानता के दर्शन होते हैं।" बातचीत ही नहीं वरन्

रवीन्द्रनाथ त्यागी– 1963

अपने माता-पिता के साथ

रवीन्द्रनाथ त्यागी की बहन सुशीला तथा
जीजाजी बनवारीलाल त्यागी

उनके रहन-सहन में भी वकालत का असर आ गया। बात-बात पर क़ानून की दलील दी जाती। अगर मेस में नौकरों का कोई झगड़ा होता तो फ़ौरन अदालत जमती, फ़ौरन समन जारी किये जाते, गवाही ली जाती, बैनिफ़िट ऑव् डाउट् दिया जाता और उचित ढंग से सज़ा सुनाई जाती। धीरे-धीरे यार लोग इस कार्यवाही में आनन्द लेने लगे। यदि कभी हम लोग उनसे कहते कि यार पवनकुमार, कभी हम जीवन में कहीं फँस जायें तो बचा देना; तो वे बड़ी गम्भीरता से काली टाई ठीक करते हुए कहते—"वल, यह सब मामले पर निर्भर है। न्याय से सामने दोस्ती, दुश्मनी और रिश्तेदारी कोई मायने नहीं रखती। मुझे अफ़सोस के साथ कहना पड़ता है कि अगर आपको वाट्सन वर्सेज किंग वाला केस मालूम होता तो आप कभी ऐसा लचर सवाल मुझसे नहीं करते। उस केस में वाटसन का प्रतिरोधी वकील स्वयं उसका लड़का था। अरे आप अशर्फीलाल एण्ड संस वर्सेज बनारस म्युनिसपैलिटी वाला केस ही उठा लीजिए जो कि कल आनरेबुल हाईकोर्ट ऑव् जूडीकेचर इलाहाबाद से तय हुआ है। खन्ना साहब ने वकालत की...

और तब तक हम लोग खिसकने लगते। दूर पहुँचने पर भी उनकी बातें कानों में पड़ती रहतीं और वे सेक्शन के बाद सेक्शन, जजमेंट के बाद जजमेंट उद्धृत करते जाते।

2

मैंने इम्तहानों के बाद होस्टल छोड़ दिया। एक समाचार-पत्र में सहायक सम्पादकी मिल गयी और रोज़ी चलने लगी। एक दिन एक कार्ड आया; छात्रावास में सालाना जलसा था—उसका निमन्त्रण था। कार्ड पर लिखी बातों से पता चलता था कि सारा कार्य श्री पवनकुमार जी की दूरदर्शिता के तत्त्वावधान ही में सम्पन्न हुआ है। कार्ड पर सारा प्रोग्राम लिखने के बाद कुछ क़ानूनी शर्तें दी गयी थीं—

(1) उत्सव का समय व स्थान बिना किसी नोटिस के बदला जा सकता है। इन परिवर्तनों के कारण किसी भी आमन्त्रित व्यक्ति को हरजाना माँगने का हक़ न होगा।

(2) यदि अतिथि लोग अपनी छड़ी, कुत्ता या बच्चे लावेंगे तो उनकी सुरक्षा की ज़िम्मेदारी उनकी स्वयं की होगी। किसी चोट या हानि के लिए छात्रावास उत्तरदायी न होगा।

मुझे बड़ी हँसी आयी। जलसे में शरीक हुआ। पवनकुमार जी ने पहचाना, चश्मा उतारकर बड़ी संजीदगी से हाथ मिलाया। मैंने यूँ ही बताया कि इधर कुछ आर्थिक कठिनाइयों में पड़ा रहा और इसी कारण न आ सका। मेरे सम्पादकजी व उनकी धर्मपत्नी में झगड़ा रहता है और तनख़्वाह मेरी रुकती है। इस बात का होंठों से निकलना ही था कि उन्होंने हाथ नचाकर फ़रमाया, "वेल मि. त्यागी, इट् इज़ नन ऑव् माई बिज़नेस। वैसे मैं एक वकील के नाते आपसे कह सकता हूँ कि यदि

आपकी तनख़्वाह नहीं मिली तो उसके पाने का इज़्ज़तदार रास्ता एक ही है और वह है क़ानून का रास्ता। आसानी से आप उन पर दावा कर सकते हैं। जज खफ़ीफा आपकी मदद करेगा। और सम्पादकजी से कहिए भी कि रोज़ के झगड़े से क्या फ़ायदा; अब तो नया क़ानून आ गया है, वे तलाक़ की कोशिश क्यों नहीं करते? मैं तो आप दोनों के केस हाथ में ले लेता पर मजबूर हूँ, प्रैक्टिस की इजाज़त अभी नहीं मिली।" और इसके बाद वे तेज़ी से अन्य मेज़ों की ओर चले गये। ऐसा लगा कि कोई सेक्शन या टार्ट खो गया है और उसे ढूँढ रहे हैं।

3

वक़्त गुज़रता गया। सिनेमे में अगर दस साल का अरसा गुज़ारना हो तो निर्देशक को काफ़ी कठिनाई पड़ती है। खेत पकाये जाते हैं—नयी फ़सलें दिखाई जाती हैं—कैलेंडर के पन्ने व घड़ी की सुइयाँ घुमाई जाती हैं। मगर कहानी में ऐसा नहीं होता। मैंने कहा कि दस साल गुज़र गये और आपने मान लिया; न गवाह की ज़रूरत पड़ी और न सबूत की। मैं अपनी ज़िन्दगी में खो गया और पवनकुमार जी का कोई ख़ास ख़याल नहीं रहा। इस बीच में कभी-कभी दोस्तों से उनकी बातें सुनता रहता। कोई कहता कि वे अब बड़े सलीके के सुलझे हुए आदमी हो गये हैं और अब बहकी-बहकी बातें नहीं करते। कुछ कहते कि अब वे पहले से भी ज़्यादा सनकी हो गये हैं। उनकी बीवी-बच्चे, नातेदार सब उनके क़ानून से तंग हैं। सिवाय क़ानून के और कोई शौक़ और दिल्लगी ही नहीं रही! यह समझिए कि नाश्ते में थोड़ा-सा एविडेंस ऐक्ट लेते हैं, दोपहर के खाने के साथ कुछ कॉन्ट्रेक्ट ऐक्ट और डिनर के साथ दो-चार सेक्शन आई.पी.सी. यानी कि ताजीराते हिन्द के। मेहमानों की खातिर में इलायची के साथ विधान के आर्टिकिल पेश किये जाते हैं वग़ैरह-वग़ैरह। अदालत में भी कोई ख़ास इज़्ज़त नहीं है। प्रतिपक्षी वकील उन्हें देखकर हाकिम के सामने ही हँसते रहते हैं। ख़ैर, मुझ पर इन बातों का कोई विशेष प्रभाव नहीं पड़ा। हाँ, अलबत्ता यह ज़रूर तय किया कि उन्हें एक पत्र लिखा जाए। और एक इतवार को एक दस पैसे वाला लिफ़ाफ़ा मैंने उन्हें डाल ही जो दिया। पत्र साधारण था; कोई ख़ास बात उसमें लिखी ही नहीं गयी थी। शायद कुछ-कुछ इस तरह थाः

प्रिय पवनकुमार जी,

बहुत अरसा गुज़रा आपसे मिले। कोई दस वर्ष हो गये जब हम लोग प्रयाग राज में साथ-साथ थे। वैसे आपके बारे में समाचार मुझे मित्रों द्वारा मिलते रहते थे। आशा है आप सपरिवार कुशलपूर्वक होंगे। प्रैक्टिस ठीक चल रही होगी। परिवार भी ख़ूब बढ़ गया होगा। बच्चों के बारे में लिखिएगा।

मैं 21 ता. को शायद इटावा से गुजरूँ। हो सके तो कालका मेल पर आइएगा। दिन में गुज़रती है। मिलकर खुशी होगी।

आपका............
....
....

मैं तो पत्र लिखकर भूल ही गया। कोई एक महीने बाद एक दिन एक रजिस्ट्री एकनालेजमेंट ड्यू पैकेट मेरे पास आया। डाकिए को रसीद दी और खोला। देखा तो पवनकुमार जी का पत्र था। सुविधा के लिए उसकी नक़ल मैं यहाँ छाप रहा हूँ। पत्र इस प्रकार था :

पवनकुमार गौड़ — 32/151, सिविल लाइन
एम.ए., एल.टी., एल.एस.जी.डी. — इटावा
एल.-एल.बी., प्लीडर (सिविल व फ़ौजदारी) — दिनांक 5-11-58
इन्कम टैक्स के विशेषज्ञ
सेल्स टैक्स के विशेषज्ञ
गनेश चूड़ी कारखारे के क़ानूनी सलाहकार
पारिवारिक झगड़ों में परामर्शदाता
चेयरमैन, संस्कृत स्टडीज़ ट्रस्ट
भूतपूर्व चेयरमैन डिट्रिक्ट बोर्ड

पत्र-संख्या आपसी 13/57
विषय—कुशल इत्यादि—परिवार व स्वयं के बारे में
सन्दर्भ—आपका संख्याहीन पत्र दिनांक 5-9-58

प्रिय त्यागीजी,

1. आपका कृपा पत्र प्राप्त हुआ। पढ़कर खुशी हुई। हाथों में लेते ही आपका चेहरा आँखों में उतर आया। आशा है आप भी कुशलपूर्वक होंगे।

2. आपने लिखा है कि हम लोगों को प्रयाग छोड़े दस वर्ष हो गये। क्षमा कीजिए, यह ठीक नहीं मालूम होता। मेरे विचार से साढ़े नौ वर्ष से अधिक नहीं हुआ। मेरी सेहत तो ठीक रहती ही नहीं। इस माह के स्वास्थ्य का विवरण इस पत्र के साथ लगे एक्ज़ीहिबिट 'ए' पर दिया है। प्रैक्टिस ख़ासी चल रही है। विशेष विवरण फिर कभी दूँगा।

3. बच्चे कई हैं। सुविधा के लिए विवरण एक्ज़ीहिबिट 'बी' में दे रहा हूँ।

4. 21 ता. को स्टेशन आने की कोशिश ज़रूर करूँगा। वैसे न आया तो कॉन्ट्रैक्ट की ब्रीच न समझिए। मैं जानता हूँ कि आप इस औपचारिकता को ग़ैरज़रूरी समझते हैं पर फिर भी एक वकील के नाते मैं पोज़ीशन साफ़ कर देना ही ठीक समझता हूँ।

अच्छा तो विदा,

लिखते रहिए
सदैव आपका

पवनकुमार

पुनश्च

1. आगामी पत्रों में इस पत्र का नम्बर व तिथि देने की कृपा करें।

2. क्षमा कीजिए, आप वही त्यागीजी हैं न जिन्होंने बी.ए. में संस्कृत ऑफर की थी? काफ़ी समय गुज़र जाने से कुछ स्मृति भ्रम सा हो रहा है। मेरे साथ एक त्यागीजी थे जो बड़े दिलचस्प आदमी थे। आप वही हैं न?

परिशिष्ट 'अ'
विवरण—स्वास्थ्य का
माह अक्टूबर 1958 ए डी

ता. 1 से 11 तक ज्वर	डॉ. उदयनारायण
11 से 12 की दुपहर खाँसी	" "
12 की दुपहर से 28 की शाम तक ठीक	कोई डॉक्टर नहीं
21 की रात से 31 तक ज़्यादा ठीक	" "

परिशिष्ट 'ब'
विवरण—बच्चों का

एक लड़का

नाम	रम्मू
पूरा नाम	रमेशचन्द्र गौड़
कद	3 फुट 11 इंच
आयु	11 वर्ष 3 माह
रंग	साँवला

लड़की नं. 1

नाम	रमा
पूरा नाम	रमा गौड़
कद	दो फ़िट
आयु	ठीक याद नहीं, अगले पत्र में लिखी जायेगी
रंग	साँवला

लड़की नं. 2

नाम	उमा
पूरा नाम	उमा गौड़
कद	नापने नहीं देती

आयु	तीन माह
रंग	अभी तय नहीं; कुछ कहते हैं गोरा है, कुछ कहते हैं साँवला

इसके बाद एक पत्र आया। लड़की नं. 1 की आयु लिखी थी और साथ में डॉक्टरी सार्टीफ़िकेट भी था। फिर एक पत्र आया जिसमें लिखा था कि लड़की नं. 2 का रंग आखीर में साँवला ही तय रहा।

मैंने तो फिर कभी चिट्ठी लिखने की हिम्मत की नहीं।

साहित्यकोश : नये अर्थ

इधर हिन्दी-साहित्य में अनेक पारिभाषिक शब्दों का प्रयोग होने लगा है। इन शब्दों का शास्त्रीय अर्थ तो एक ही है पर क्योंकि आम बोलचाल में इनका प्रयोग एक से अधिक अर्थों में किया जाता है, सही अर्थ का ज्ञान न होने से कभी-कभी पूरा सन्दर्भ ही बिगड़ जाता है। साहित्य के गम्भीर विद्यार्थियों की सुविधा के लिए कुछ कठिन शब्दों के शास्त्रसम्मत अर्थ लिखे जाते हैं :

छायावादी कविता

छायावादी कविता उस कविता को कहते हैं जो धूप में बैठकर न लिखी गयी हो।

नयी कविता

नयी कविता प्रायः उस कविता को कहते हैं जो नयी अधिक व कविता कम होती है। इसका अर्थ समझ में कम ही आता है। यह नहीं कि अर्थ पाठक की समझ में नहीं आता—क्योंकि वह तो साधारणतया कवि व कविता दोनों के विषय में कुछ-न-कुछ निष्कर्ष निकाल ही लेता है— पर इसका अर्थ स्वयं कवि की समझ में भी कम ही आता है। इस कविता की एक विशेषता यह है कि यदि वह स्वयं आपकी लिखी हुई है तो वह हिन्दी-साहित्य की उपलब्धि है— कला का एक उत्कृष्ट नमूना है, और यदि किसी दूसरे की लिखी हुई है तो अस्पष्ट, संदिग्ध, विदेशी कविता से प्रभावित व लादी हुई मनःस्थिति की द्योतक है।

नयी कविता प्रयाग में ताज़ी मिलती है। और शहरों तक पहुँचते-पहुँचते उसकी ताज़गी कुछ कम हो जाती है।

खण्ड काव्य

खण्ड काव्य उस काव्य को कहते हैं जिसके अध्ययन से हृदय खण्ड-खण्ड हो जाये। कहते हैं इधर के कुछ खण्ड काव्य इस कसौटी पर पूरे उतरते हैं।

महाकाव्य

जो कवि सामान्य काव्य का सृजन करने में असमर्थ हैं, वे महाकाव्य लिखते हैं। कहते हैं अपेक्षाकृत इसका लिखना सरल है और उसके लिए कवि होना तो एकदम अनावश्यक है।

वीर रस

वीर रस वह रस है जो हाल ही में छपी किसी करुण रस प्रधान पुस्तक को पढ़कर उसके लेखक के प्रति आपके हृदय में उत्पन्न होता है।

साहित्य

साहित्य उस छपे हुए मैटर को कहते हैं जो साप्ताहिक, दैनिक व मासिक पत्रों में निरन्तर छपता व निरन्तर पढ़ा जाता है। इसकी निरन्तरता के कारण कभी-कभी इसे शाश्वत साहित्य के नाम से भी पुकारा जाता है।

सामयिक साहित्य

इस श्रेणी में वह साहित्य आता है जो कभी-कभी विशिष्ट अवसरों पर ही पढ़ा जाता है। रामायण, गुंजन व कामायनी इत्यादि ग्रन्थ इसी प्रकार के साहित्य में गिने जाते हैं।

लोक साहित्य

लोक साहित्य उस साहित्य को कहते हैं जिसे जनता आम तौर पर पढ़ती हो। दैनिक पत्र, रेलवे टाइम टेबुल, विज्ञापन वग़ैरह इसी शीर्षक के अन्तर्गत आते हैं।

संस्मरण

संस्मरण उन छोटी-छोटी असम्बद्ध घटनाओं को कहते हैं जो किसी महान् व्यक्ति के मरने के बाद छोटे-छोटे आदमियों को याद आती हैं। इनके यथार्थवादी व प्रभावोत्पादक होने के लिए यह आवश्यक है कि उस व्यक्ति की कमज़ोरियाँ ही याद की जायें और इस तरह की जायें कि जिससे आपकी सहृदयता पर प्रकाश पड़े।

लेखक

लेखक उस व्यक्ति को कहते हैं जिसका नाम इन अक्षरों के नीचे पुस्तक के मुखपृष्ठ पर छपा हो। लेखक होने के लिए उस पुस्तक का लिखना ज़रूरी नहीं है।

सफल लेखक

सफल लेखक उस लेखक को कहते हैं जो फक्कड़ हालत में सड़कों पर घूमता हो, गालियाँ देता हो, नशा करता हो और अव्यवस्थित रूप से जीवन व्यतीत करता हो।

महान लेखक

जब कोई लेखक सफल लेखक की तरह जीवनयापन करने के बाद बिना दवा के मर जाता है तो उसे महान लेखक की संज्ञा दी जाती है। यहाँ यह बात याद रखने की है कि प्रायः लेखक मरने के बाद ही महान माने जाते हैं।

आलोचक

उस साहित्यिक को कहते हैं जो—

(अ) स्वयं कोई मौलिक वस्तु लिखने में असमर्थ हो पर इस सत्य को स्वीकार करने के लिए तैयार न हो।

(ब) यह बर्दाश्त न कर सके कि दूसरे लोग मौलिक चीज़ें लिखते रहें।

सत्समालोचक

लेखकों को नीचा दिखाने में जो आलोचक सफल रहते हैं उन्हें सत्समालोचक की संज्ञा दी जाती है। आलोचना की क्रिया सम्पादन करने में जब गाली-गलौज, मार-पीट की नौबत आ जाये तब भी उसे सत्समालोचना कहा जाता है।

महान आलोचक

उस आलोचक को कहा जाता है जो अपनी आलोचनाओं से दस-पाँच प्रतिभावान् लेखकों और कवियों का लिखना-पढ़ना बन्द करा सके।

प्रकाशक

प्रकाशक वह व्यक्ति है जो साहित्य में करुण रस को जीवित रखता है। लेखक को सदैव इस स्थिति में रखना कि वे करुण रस की सृष्टि करते रहें—उस बेचारे की ज़िम्मेदारी है। प्रायः प्रकाशक कर्तव्यपरायण होते हैं।

लोकमत

लोकमत उस प्रशंसात्मक सम्मति को कहते हैं जो आपके अन्तरंग मित्रों ने आपकी नवीनतम कृति के बारे में प्रकट की है।

विज्ञापन

पन्तजी के काव्य-ग्रन्थों की भूमिकाओं को विज्ञापन कहते हैं।

कवि-सम्मेलन

आदमी और औरतों की उस भीड़ का नाम है जो बड़े शहरों या मेलों में रात को किसी पण्डाल के नीचे, किसी लाउड-स्पीकर के पास लगी होती है। पण्डाल में रोशनी प्रायः गुल रखी जाती है ताकि कवि सम्मेलन पूर्ण रूप से सफल हो सके। इनकी एक विशेषता यह है कि ये प्रायः बिना किसी कवि के ही जम जाते हैं। यदि कभी कोई कवि इन सम्मेलनों को असफल करने के लिए वहाँ पहुँच भी जाता है तो उसे श्रद्धापूर्वक निकाल दिया जाता है।

मौलिकता

मौलिकता उस नक़ल की गयी चीज़ का नाम है जिसका पता आसानी से न लग सके।

लेखकों की सुविधा के लिए मैं यहाँ बता दूँ कि यदि कभी इस प्रकार की चोरी (चोरी तो कृष्ण कन्हैया भी करते थे : प्रमाण—भागवत, सूरसागर और गीत गोविन्द इत्यादि) पकड़ी जाये तो ये तर्क दिये जा सकते हैं :

(अ) जिस लेखक को आप इस कृति का श्रेय दे रहे हैं, उसने स्वयं एक और लेखक की चोरी की है। इस तर्क से आपकी अध्ययनशीलता का पता लगेगा।

(ब) यह भी सम्भव है कि दो व्यक्ति एक तरह ही बात सोच गये हों। इस तर्क से मनुष्य जाति की सम्भावनाओं के प्रति आपकी आस्था का पता लगता है।

(स) यह एकदम मौलिक वस्तु है और आप चोरी का झूठा इलज़ाम मुझ पर लगा रहे हैं। आज छोड़े देता हूँ—आइन्दा ऐसा न कीजिए। इससे आपके चरित्र की दृढ़ता प्रकट होती है।

(द) हाँ जी हम तो चोरी ही करते हैं। क्या करें विधाता ने बुद्धि ही नहीं दी। इस तर्क से आपकी विनयशीलता प्रकट होती है।

(क) प्रिय बन्धु, हमने तो यह प्लाट फलाँ साहब से सुना था। हमें क्या पता था कि किसी और का है! ... बड़ी भूल हुई ... वत्स, इतने प्लाट हैं कि कैसे याद रहे कि इस पर कुछ लिखा जा चुका है या नहीं।

इस तर्क से आपकी स्पष्टवादिता व मित्र प्रेम पर प्रकाश पड़ता है।

नोट—ऊपर लिखे शब्दों के अतिरिक्त यदि किसी और विशिष्ट शब्द के अर्थ के सम्बन्ध में कोई भ्रम किसी पाठक को हो तो वह लेखक के साथ पत्र-व्यवहार कर सकता है।

खुली धूप में नाव पर

सान्याल साहब का कहना था कि अगर नाव पर सैर करनी हो तो दो बातें ज़रूर याद रखनी चाहिए। एक बात तो यह कि कभी दो साथी और एक कुत्ता लेकर नाव पर न चढ़ो। अगर कभी नाव पर तीन आदमी और एक कुत्ता होते हैं (कुत्ते का ज़िक्र करो या न करो) तो नाव पर ज़रूर मुसीबत आती है। यक़ीन न हो तो जरोम के जरोम की इसी नाम की पुस्तक पढ़ लीजिए। दूसरी बात जो वे बताते थे वह यह थी कि अगर नाव पर सफ़र करना हो तो वह धूप में करना चाहिए। रात को नाव चलाना ख़तरनाक है। ज़रा-सी ग़लती से 'नदी नाव संयोग' इस प्रकार हो सकता है कि हम सब के नाम पूरे विवरण के साथ अगले दिन दैनिक पत्रों में छपें। तेज़ हवा या बारिश में भी नाव चलाने में कोई ख़ास मज़ा नहीं। बारिश में सबसे बड़ी इल्लत वे यह बताते थे कि इसमें कपड़े भीगने का ख़तरा रहता है।

इन्हीं कारणों को ध्यान में रखते हुए हम लोगों ने तय किया कि नाव की सैर दशहरे की छुट्टियों में की जाये। सान्याल साहब, वर्माजी, ठाकुर जंगवीर सिंह और मैं—चारों को यह बात जम गयी और पन्द्रह दिन पहले से ही प्रोग्राम बनने लगे और तैयारियाँ होने लगीं। सब्ज़ियों और अचारों को लेकर काफ़ी बहस चली। इसके बाद नमक पर कुछ आन्दोलन शुरू हुआ। सान्याल साहब नमक कम खाते हैं और ठाकुर साहब ज़्यादा। सान्याल साहब कहने लगे कि ज़्यादा नमक तो जानवर खाते हैं और इस पर ठाकुर साहब बोले कि उन्होंने सुना ही नहीं कि क्या कहा जा रहा है। हाँ, अलबत्ता बात अगर उनके नमक खाने से कोई सम्बन्ध रखती है तो वे सिर्फ़ इतना अर्ज़ करना चाहते हैं कि वे नमक अपना खाते हैं, किसी दूसरे का नहीं। वर्माजी ने कहा था सही बात है—अपने पैसे पर कोई ऐश करे तो क्या हर्ज? बस ज़रा इससे नमक का भाव बाज़ार में नहीं बढ़ना चाहिए। नमक आन्दोलन ख़त्म हुआ तो फिर कुछ और बात उलझ गयी। कुत्ता साथ ले चलें या नहीं—हमने पूछा। हमारे दोस्तों ने हमसे कहा कि क्योंकि हम ख़ुद ही जा रहे हैं, किसी और जानवर की कोई ख़ास ज़रूरत नहीं मालूम होती। हाँ, अलबत्ता अगर हमें उसके बिना अकेलापन महसूस होता हो, तो हम उसे ज़रूर ले जा सकते हैं और इस पर किसी को आपत्ति नहीं

है। मैंने कहा कि ठीक है; मैं कुत्ते से पूछ लूँ कि वह आप लोगों के साथ चलने को राज़ी है या नहीं और अगर उसे एतराज़ नहीं हुआ तो हम उसे ज़रूर ले चलेंगे।

2

दशहरे के अगले दिन हम चारों लोग सुबह-ही-सुबह घर से निकल पड़े। कुत्ता साथ नहीं गया। हम लोगों ने रिक्शे किये। खाने का सामान एक थैले में रक्खा और नहाने के कपड़े एक कण्डों में डाले। इसके बाद एक-एक रिक्शे में दो-दो के हिसाब से हम लोग बैठ गये।

रास्ते में कोई ख़ास बात नहीं हुई। हमने कहा कि देखो हम लोग वक़्त के कितने पाबन्द हैं जो एकदम ठीक वक़्त पर एक जगह इकट्ठे हो गये। इस पर सान्याल साहब ने कहा कि हम लोगों को और काम ही क्या है? ठाकुर साहब ने कहा कि ठीक वक़्त पर काम करना नौकरों की आदत होती है। वे ख़ुद तो ठीक वक़्त पर सिर्फ़ यह देखने आये थे कि बाक़ी लोग वक़्त पर आते हैं या नहीं। कुछ दूर जाने पर एक रिक्शे की चेन उत्तर गयी। थोड़ी दूर जाने पर दूसरे रिक्शे में हवा भरवानी पड़ी। इतने समय रिक्शा रुका रहा, वर्माजी उसकी घण्टी बजाते रहे। पास के चौराहे का पुलिसमैन घूर-घूरकर हम लोगों को देखता रहा और ठाकुर साहब बराबर कहते रहे कि आज उनकी तबीयत किसी पुलिसमैन को पीटने को कर रही है।

नदी से कोई एक मील दूरी पर ही नाव वालों ने हमें पकड़ लिया। एक को मना किया, दो को मना किया पर वहाँ तो कितने ही नाव वाले थे। नाव तो हमें लेनी थी मगर सान्याल साहब कहते थे कि नाव किनारे पर लेंगे। यहाँ नाव करने से पैसे ज़्यादा लगेंगे। हम लोगों ने हाँ-में-हाँ भरी। वैसे पैसे अगर सिर्फ़ सान्याल को ही देने होते तो हम नाव ज़रूर यहीं करते।

ख़ैर, दो-चार नाव वालों को मना कर दिया और वे मान भी गये। मगर शायद नाव वालों का एक ऐसा तबका भी होता है जो किसी की बात नहीं मानता। ऐसे लोगों को पहले सान्याल साहब ने समझाया। इसके बाद वर्माजी बोले कि वे लोग अगर सान्याल साहब पर यक़ीन नहीं करते तो उन पर करें। वे भी यही बात कहते हैं कि हमें नाव नहीं लेनी। ठाकुर साहब बोले कि रिक्शे आगे बढ़ें और इन लोगों से किसी तरह की बात करना ज़रूरी नहीं है। बस इतना कहना था कि रिक्शे चलने लगे। मगर ऐसा लगा कि एक-दो मल्लाह रिक्शे के ही पीछे भाग रहे हैं। ठाकुर साहब को बुरा लगा। उन्होंने रिक्शा रुकवाया और बोले कि भागने से कोई फ़ायदा नहीं, हमें दरअसल नाव लेनी ही नहीं। इसके बाद हम लोग आगे बढ़े। मल्लाह लोग फिर भी भागते रहे। इस बार ठाकुर साहब रिक्शा रुकवाकर उतरे और उन्हें समझाने लगे कि ज़्यादा भागने से फेफड़ों पर बुरा असर पड़ता है। खरगोश को

देखो, दिन-रात भागता रहता है और इसी वजह से इतनी जल्दी मर जाता है। कोई खरगोश देखा है कभी सौ साल का? हाथी को देखो, कितने दिन ज़िन्दा रहता है; क्योंकि वह धीरे-धीरे चलता है। वर्माजी ने कहा कि उन्होंने एक ऐसा हाथी भी देखा है जो सोते हुए कतई नहीं चलता था। सान्याल साहब ने मल्लाहों से कहा कि अगर खरगोश देखने हों तो चिड़ियाघर में हैं।

हमने बात निबटाते हुए कहा कि इन्हें समझाने से कोई फ़ायदा नहीं। इन्हें पीछे दौड़ने दीजिए, इससे हमारा कुछ नहीं बिगड़ता। सान्याल ने भी कहा, "हाँ ठीक है। इनके पीछे भागने से भला हमारा बिगड़ता ही क्या है। ये लोग भागें और ख़ूब भागें।" और इसके बाद वे बड़े अन्दाज़ से उन लोगों को देखने लगे गोया कि रेस में हिस्सा लेने वालों के नाम नोट करने वाले हों। ठाकुर साहब ने कहा, "वाह, हम कोई चोर या उचक्के हैं जो हमारे पीछे लोग भागें?" वर्माजी ने भी यही कहा कि हम लोग चोर-उचक्के नहीं हैं और हमारे पीछे भागने का किसी को हक़ नहीं है। उन्होंने मल्लाहों को यह भी सलाह दी कि अगर भागने का उन्हें इतना शौक़ है तो वे किसी चोर या उचक्के का पता लगा लें और फिर उसके पीछे भागना शुरू कर दें।

जैसे ही बात ख़त्म हुई, रिक्शे चलने के लिए आगे पढ़े। थोड़ी दूर चलकर देखा कि कुछ मल्लाह अभी भी हमारे पीछे दौड़ रहे हैं। ठाकुर साहब का चेहरा लाल हो गया। रिक्शा रुकवाया और एक छोटे साइज़ के मल्लाह को उठाया और फेंक दिया। दूसरे मल्लाह लोग पास नहीं आये। इसके बाद हम सबको गालियाँ देते हुए ठाकुर साहब बोले कि मैं देखता हूँ, तुम लोग कैसे नाव में बैठते हो। इनकी नाव में बैठने से तो डूब मरना अच्छा। हम लोग चुप हो गये। थोड़ी देर बाद वर्माजी ने कहा कि डूबने का इरादा अगर सच्चा हो तो नाव में बैठने से अच्छा और कोई रास्ता नहीं। इस पर ठाकुर साहब ने हम लोगों को ख़ूब डाँट पिलाई और हम लोग इतना ज़्यादा डर गये कि हँसने लगे।

3

रिक्शा हमने चौराहे पर छोड़ दिया। यहाँ से आगे ढाल के नीचे नदी थी। नाव वाले अभी भी पीछे-पीछे चल रहे थे। ठाकुर साहब के प्रण के अनुसार हमने नदी तक पैदल जाने का निश्चय कर ही लिया था। हम लोग धीरे-धीरे उस स्थान पर पहुँचे जहाँ कि आम जनता के विश्वास के अनुसार कभी नदी बहती थी। ऐसा लगता था कि बहने का काम तो काफ़ी दिनों पहले ही बन्द हो चुका था क्योंकि वहाँ कुछ रेत, कुछ कछार के खेत और कुछ कटान के अतिक्ति और कुछ न था। मल्लाहों ने बताया कि नदीका बहाव इस वर्ष कुछ बदल गया है और वह यहाँ से कोई दो मील पीछे हट गयी है। यह दूरी हर एक इंसान को पैदल पार करनी होती है। आगे

दलदल भी है। मगर इस निराशाजनक स्थिति का एक और पहलू भी है और वह यह कि अगर हम लोग कुछ दूर हटकर घाट पर चलें तो वहाँ नाव मिल सकती है। वैसे घाट पर पानी उथला और गन्दा है।

वर्माजी ने कहा नाव वाले ऐसी ही झूठी बातों से भोली जनता को बहकाते हैं। तुलसीदास की रामायण में भी कुछ ऐसा ही प्रसंग है जहाँ कि एक केवट की प्यारी बातें सुनकर रामचन्द्रजी नाव पर बैठ जाते हैं। वर्माजी की बात लोगों को पसन्द आयी और हम लोग अपना सामान उठाकर धीरे-धीरे चलने लगे। धूप तेज़ थी और थोड़ी दूर चलने पर पसीना आ गया। कपड़े उतारे जाने लगे और सान्याल ने हवा और सूरज के झगड़े वाली कहानी एक बार फिर सुनानी शुरू की।

राम-राम करके हम लोग कोई डेढ़ मील चले ही होंगे कि एक आदमी मिला और उसने कहा कि आगे दलदल है और फँसने का अन्देशा है। उसने बग़ैर हमारे माँगे पिछले एक हफ़्ते की रिपोर्ट भी हमें दी जिससे कि साफ़ ज़ाहिर होता था कि दलदल में फँसने के लिए अक्सर दिहात से आदमी और औरत वहीं आते हैं। हम लोगों ने उसकी बात पर विश्वास करना प्रारम्भ किया ही था कि वह बोला कि अगर नहाने के लिए हम लोग आये हों तो उसकी नाव घाट पर तैयार मिलेगी। सहायता की इस बात को सुनकर ठाकुर साहब ने मल्लाह के माँ-बाप में काफ़ी दिलचस्पी लेनी शुरू की। गालियाँ सुनकर मल्लाह हम लोगों से हट गया।

अब हम लोगों ने दृढ़ निश्चय होकर बढ़ना शुरू किया। यह भी तय कर लिया कि अब किसी से कुछ नहीं पूछेंगे। कुछ ही दूर चले होंगे कि एक सज्जन मिले जो ऊपर से तो कोई ग्रामीण नेता या देहाती स्कूल के अध्यापक लगते थे (क्योंकि उन्होंने खद्दर का कुर्ता पहन रक्खा था, सिर पर गाँधी कैप लगा रक्खी थी और हाथ में गाँधी-आश्रम का झोला ले रक्खा था) और नीचे से जो किसी सरकस के जोकर लगते थे (क्योंकि उनकी धोती, जूते और कुर्ते का पिछला हिस्सा मिट्टी में सने थे)। ठाकुर साहब ने पूछा कि क्या आगे दलदल है? इतना कहना था कि ये सज्जन निहायत अफ़सोस के साथ बतलाने लगे कि अगर हमें दलदल की तलाश है तो नदी के उस पार जाना पड़ेगा क्योंकि इधर तो रेत और पानी के अलावा और कुछ नहीं है। हम लोगों ने प्रसन्नतापूर्वक उन्हें धन्यवाद दिया और पूछा कि उनके कपड़े कैसे मिट्टी में सने? इस पर उन्होंने बड़े सन्तोष से बताया कि वे फिसल गये थे—किनारे पर—और इसके अलावा और कोई बात नहीं है। वर्माजी ने उनसे हाथ मिलाया। कीचड़ लग जाने से हाथ गन्दा हो गया और वह उन्होंने मेरी पैंट से पोंछ दिया। सान्याल साहब ने झोला खोला और उन्हें कुछ बिस्कुट खाने को दिये। ठाकुर साहब ने कहा कि आइन्दा वह ऐसी जगह फिसला करें जहाँ कीचड़ न हो। हमारी इन सब बातों से वे सज्जन बहुत प्रसन्न हुए। उन्होंने कई बार हमें धन्यवाद दिया और चलते-चलते यह भी कहा कि उन्हें हमसे मिलकर इतनी खुशी हुई कि अगर वे

इस वक़्त एक ज़रूरी काम में न फँसे होते तो हमारे साथ नदी तक ज़रूर चलते।

कोई दो फर्लांग और चलने पर हमें कुछ लोग दिखाई दिये जो ज़मीन में से कुछ निकाल रहे थे। सान्याल साहब बताने लगे कि देश के इस भाग में खनिज पदार्थ बहुतायत से मिलते हैं और सम्भव है कि ये लोग चाँदी या मैंगनीज़ निकाल रहे हों। कुछ दूर और चलने पर पता लगा कि वे लोग धरती में फँसे एक बैल को निकाल रहे थे। वहाँ जाकर हम लोग रुक गये।

उस स्थान पर एक बैल धरती में फँसा था और पाँच-छः आदमी उसे कीचड़ में घुसकर निकाल रहे थे। हमने पूछा कि यह क्या चीज़ है जिसमें बैल फँसा है क्योंकि वे झोले वाले सज्जन बता ही चुके थे कि दलदल तो इधर है ही नहीं। दिहातियों ने काम छोड़कर बताया कि देशी भाषा में इसे दलदल कहते हैं। ठाकुर साहब ने कहा कि अभी कुछ देर पहले उन्हें एक धोती-कुर्ते वाले सज्जन मिले थे। जो कहते थे कि इधर दलदल का नाम तक नहीं। इस पर वे दिहाती लोग बोले कि यह बैल उन्हीं धोती-कुर्ते वाले सज्जन का है। वे मदद के लिए कुछ आदमी लेने जा रहे थे—आप चार तन्दुरुस्त लोगों को इधर आते देखा तो मना नहीं किया ताकि आप यहाँ तक आयें और बैल के निकालने में हाथ बँटाएँ। वैसे वे सज्जन ख़ुद भी मुश्किल से बचे हैं फँसते-फँसते।

इतना सुनना था कि ठाकुर जंगवीर सिंह को 'जंग' का मूड आ गया। वे ऊँचे स्वर में बोलने लगे जैसे कि पुराने ज़माने में ऋषि लोग हिमालय पर ऋचाएँ पढ़ते थे। कहने लगे कि अगर किसी ने इस बैल को बचाने की कोशिश की तो वे उसे जान से मार देंगे। वर्माजी ने कहा कि अब तो इस बैल के बचने का एक ही उपाय है और वह यह कि यहाँ से इसे छोड़कर पास के किसी डाकख़ाने से अमेरिका को तार कर दो। वे लोग इसे उधर से निकाल लेंगे। ज़मीन गोल है और जहाँ हम खड़े हैं इसके दूसरी तरफ़ ज़रूर अमेरिका का कोई देश होगा। सान्याल साहब ने कहा कि बात ठीक है। इसी रास्ते के ज़रिये और मुल्कों में गाय वग़ैरह जानवर हिन्दुस्तान से पहुँचे हैं। ठाकुर साहब ने वर्मा व सान्याल को ख़ुद भी उसी रास्ते अमेरिका जाने की सलाह दी पर हमने कहा कि अभी सारे जहाँ से अच्छे हमारे हिन्दुस्तान में बहुत कुछ देखना बाक़ी है और विदेश जाने में जल्दी करने की कोई ज़रूरत नहीं है। दोनों दोस्तों ने काफ़ी समझाने के बाद हमारी बात मान ली।

4

इसके बाद हम लोग वापस लौटे। रास्ते भर ठाकुर साहब उस धोती-कुर्ते वाले सज्जन की तलाश करते रहे जिन्होंने हमें ग़लत सलाह दी थी। उन्होंने कई बार कहा कि जब उन्होंने सुबह बतलाया था कि उनकी तबीयत किसी पुलिसमैन को पीटने को

कर रही है तो वह ग़लत था। दरअसल उनकी तबीयत किसी धोती-कुर्ते वाले को पीटने को कर रही है। वर्माजी ने कहा कि पीटना बेकार है, सिर्फ़ बिस्कुटों के पैसे वापस ले लेने चाहिए। मगर वे सज्जन थे कि कहीं दिखाई ही न दे रहे थे। हम लोग रिक्शे-ताँगों के अड्डे पर गये मगर वहाँ भी वे न मिले। एक साहब ने अलबत्ता यह सलाह दी ज़रूर कि शायद वे नाव से कहीं चले गये हों। फिर वह धीमे स्वर में बोला कि अगर नाव की तलाश हो तो उसकी अपनी नाव हाज़िर है।

हम लोग अपने क्रोध को बिखेरना नहीं चाहते थे। काफ़ी सोच-विचार कर नावों के घाट पर गये मगर वहाँ भी वे सज्जन नहीं थे। मल्लाहों ने हमें घेर लिया और वही मल्लाह जिसे ठाकुर साहब ने उठाकर फेंका था, बड़ी प्यार की बातें करने लगा। ठाकुर साहब ने कहा कि वे तैरकर ही नदी को पार कर लेंगे और उधर जाकर झोले वाले महाशय को ज़रूर पकड़ेंगे। उन्होंने यह भी कहा कि अगर वे अपनी कोशिशों में असफल रहे तो हमें हक़ है कि हम उनका नाम बदल दें। हम लोगों ने शर्त मान ली और इस पर सान्याल ने दो-तीन नाम सुझाए भी। चूँकि वे नाम ठाकुर साहब को ठीक नहीं लगे, हम लोगों को नाव करनी पड़ी।

खुली धूप में नौका-विहार शुरू होने ही वाला था कि सान्याल ने पूछा कि धारा के बीच द्वीप तक जाने के कितने दाम लगेंगे। मल्लाह ने कहा कि फ़ी सवारी एक रुपया लगेगा—आने-जाने का। इस पर सन्याल ने कहा यह रेट तो ज़रा कुछ ज़्यादा है और दो आने फ़ी सवारी ठीक रहेगा। इस पर मल्लाह ने कहा कि सरकार, अड्डे पर रेट लिखे हैं आप मालूम कर लीजिए। हम लोगों ने मना किया पर सान्याल साहब न माने और चल ही दिये रेट देखने। जब वे जाने लगे तो ठाकुर साहब ने कहा कि ज़रा उन झोले वाले सज्जन का ख़याल रखना।

कोई एक घण्टे तक हम लोग सान्याल साहब की प्रतीक्षा करते रहे। तब तक वर्माजी हमको सिनेमा के कोई बीस गाने सुना चुके थे। जैसे ही उन्होंने, "बड़ी देर की मेहरबाँ आते-आते" वाली ग़ज़ल सुनानी शुरू की, सान्याल साहब आते दिखाई पड़े। वे बोले कि अड्डे पर नाव के रेट नहीं लिखे हैं, सिर्फ़ मुर्दा जलाने के रेट लिखे हैं।

उनकी बात सुनकर मल्लाह लोग हँसने लगे। आठ-आठ आने पर सवारियाँ तय हो गयीं। हम लोग बैठ गये और नाव चलने लगी। बैठते-बैठते सान्याल ने कहा कि अगर रेट इतने ज़्यादा हैं तो पढ़े-लिखे नवयुवक नाव क्यों नहीं चलाते?

रास्ते में कोई विशेष बात नहीं हुई। कुछ नावें मिलीं पर वे झोले वाले सज्जन कहीं दिखाई नही पड़े। कोई बीस मिनट बाद हम लोग द्वीप पर पहुँच गये। कुछ देर किनारे पर घूमने के बाद नहाने की तैयारियाँ शुरू हो गयी। ठाकुर साहब ने तैरने का प्रोग्राम बनाया। मैं और वर्माजी रेत में घरौंदे बनाते रहे और पाल वाली नावों को देखते रहे जो पंख खोले तैरती हुई परियों-सी लगती थीं। कुछ देर बाद हम सब लोगों ने नहाने के लिए कपड़े उतारने शुरू किये कि तभी सान्याल ने बताया कि

नाव पर सामान नहीं है। इस पर ठाकुर साहब को बड़ी झल्लाहट छूटी। मल्लाह भी तब तक मछलियाँ पकड़ने कहीं चला गया था।

हम लोगों ने एक-दूसरे की बातें सुनीं और चुप हो गये। सान्याल बोले कि वे तो रेट देखने गये थे, उनको सामान का क्या पता? वर्माजी ने कहा कि वे तो गाने सुना रहे थे, भला गाने और सामान में क्या रिश्ता? ठाकुर साहब कह रहे थे कि अगर हम लोग गाना न सुनते रहते तो सामान कभी भी न खोया जाता। फ़िल्मी गाने इसी कारण तो सेंसर बोर्ड मुश्किल से पास करता है—सान्याल साहब ने हम लोगों को बताया।

इस वक़्त तक कोई एक बज गया था। नहाने और खाने की इच्छा तीव्र होती जा रही थी और इसी वजह से ठाकुर साहब का गुस्सा बढ़ता जा रहा था। धीरे-धीरे और लोगों को भी गुस्सा आना शुरू हो गया। वर्माजी ने कहा कि आप लोग नदी का साफ़ पानी पियें और भूख और क्रोध दोनों को शान्त करें। इतना कहने के उपरान्त उन्होंने डटकर पानी पिया और बोले कि उन्हें तो खाना खाने की ज़रूरत है नहीं। ठाकुर साहब बोले कि फ़िक्र मत करो, खाना है भी नहीं। इसके बाद उन्होंने भी कोई दो गैलन पानी पिया और बोले कि पानी से तो सिर्फ़ उनकी प्यास बुझी है, भूख बदस्तूर ज्यों-की-त्यों जारी है। काफ़ी देर खाँसने के बाद वर्माजी ने बताया कि उनकी भूख बुझने का कारण यह था कि वे पानी के साथ कुछ शंख, घोंघे और मछलियाँ निगल गये थे। इस बात को सुनकर सान्याल को जो पानी पी रहा था, इतनी हँसी आयी कि उसके नाक कान सब में पानी भर गया।

काफ़ी देर वहाँ बैठने के बाद हम लोग वापस हुए। रास्ते भर नाव में हम लोग खोये सामान के बारे में चर्चा करते रहे जिसे मल्लाह इस तरह सुनता रहा जैसे कि हमारी हानि पर उसे कोई मलाल ही न हो। हम लोग थोड़ी ही दूर गये होंगे कि एक नाव पर वे धोती-कुर्ते वाले सज्जन आते दिखाई पड़े। झोला समेत हाथों को उठा कर उन्होंने हमारा विधिवत् अभिवादन किया और फिर मन्द-मन्द मुस्काने लगे। हम सभी को ख़ूब गुस्सा आ रहा था। वर्माजी ने कहा कि पकड़ो बदमाश को। नाव तेज़ी पर थी और विपरीत दिशा को जा रही थी। ठाकुर साहब ने कसकर एक जूता फेंककर मारा। वर्माजी ने ख़ुशी में हथेलियाँ बजायीं। यह जूता पानी में गिर गया और फिर ठाकुर ने दूसरा जूता फेंका। वह उन सज्जन की नाक पर लगा। वर्माजी ने फिर से हथेलियाँ बजायीं। हम सब लोग भी दिल खोलकर हँसे। थोड़ी देर बाद वर्माजी ने शोर मचाना शुरू किया कि ठाकुर साहब को उनके जूते फेंकने का कोई हक़ नहीं था। इस पर सान्याल ने धीरज बँधाते हुए कहा कि छोड़ो यार, जूतों की तुम्हें क्या कमी? हम चौराहे पर पहुँचते ही जितने चाहोगे दिलवा देंगे।

धीरे-धीरे नाव किनारे पर लगी। नाव के अन्दर से मल्लाह ने सामान निकाल कर बाहर रख दिया। सामान के मिलने पर हम लोगों को और भी गुस्सा आया।

मल्लाह को ख़ूब डाँट पड़ी। ठाकुर साहब बोले कि चूँकि हम लोग अँग्रेज़ी में ही बातें करते रहे, इसकी समझ में ही न आया होगा कि हम लोग सामान ढूँढ़ रहे हैं। इस पर सान्याल ने कहा कि देख लिया अँग्रेज़ी न जानने का नतीजा। और इस पर भी लोग कहते हैं कि अँग्रेज़ी हटा दी जाये। हम लोगों ने उनकी सूझ पर दाद दी। नाव वाले का भुगतान किया और फिर एक घने छायादार वृक्ष के नीचे बैठकर खाना खाया। पानी हम लोग पहले ही पी चुके थे और इसलिए उसकी ज़रूरत नहीं महसूस हुई। इसके अलावा, नदी पीछे छूट गयी थी और आस-पास पानी था भी नहीं।

खाना खाने के बाद दो बातें तय हुईं। एक तो ये कि आज के अनुभव के आधार पर सान्याल अँग्रेज़ी के पक्ष में सम्पादक के नाम पत्र लिखें और दूसरी बात यह कि कुल मिलाकर आज का ट्रिप बुरा नहीं रहा। हम लोगों ने यह भी तय किया कि दीवाली की छुट्टी में शिकार पर चलेंगे। ठाकुर साहब ने कहा कि इस बार कुत्ते को भी ले चलेंगे। अगर आज हमारे साथ कुत्ता होता तो वे झोले वाले सज्जन ज़रूर पकड़े जाते।

जीवन : एक परीक्षा

हमारे प्राचीन शास्त्रों के अनुसार जीवन एक परीक्षा है जिसमें सफल होना कोई सरल काम नहीं। मेरे विचार में, इस परीक्षा को पास करने के अनेक ढंग विभिन्न युगों में प्रचलित रहे हैं। उदाहरण के लिए उपनिषद्काल में उन्हीं लोगों को जीवन में सफल माना जाता था जो नंगी तलवार की धार पर चल सकते थे। इस प्रणाली का वर्णन स्थान-स्थान पर 'असिधारा व्रत मिदम्' कह कर किया गया है। सभ्यता को विकास के साथ-साथ इन प्रणालियों का भी विकास होता गया। द्वापर युग में, इस परीक्षा के पास करने के लिए यह आवश्यक माना जाता था कि परीक्षार्थी का शरीर शस्त्रों से छेदा जाये और आग से जलाया जाये। यदि वह इन प्रैक्टिकल परीक्षाओं के बाद जीवित रह जाता था तो वह जीवन में सफल माना जाता था। तत्कालीन राजकीय नियमों के अनुसार उसके प्रमाण-पत्र में राजपुरुष लिखते थे—नैनं छिदंति शस्त्राणि, नैन दहति पावकः ... इस तरह की बातों की उस समय की पुस्तकों में काफ़ी चर्चा की गयी है।

बीसवीं शती में जीवन की परीक्षा पास करने का ढंग काफ़ी बदल गया है। पन्द्रह वर्ष की आयु तक जीवन की परीक्षा को मिडिल स्कूल की परीक्षा के रूप में पास किया जाता है। बीस वर्ष की आयु तक हाई स्कूल की परीक्षा और पचीस वर्ष की आयु तक उच्च शिक्षा, जीवन की परीक्षा का स्थान लेती है। यह आम मत है कि जो व्यक्ति जितना भी स्कूल व कॉलेजों की परीक्षाओं में सफल होता है, उतना ही वह जीवन में सफल माना जाता है। इन परीक्षाओं के बाद आई.ए.एस., पी.सी.एस., नायब तहसीलदार इत्यादि परीक्षाओं का नम्बर आता है। जो विद्यार्थी इन परीक्षाओं के अंगूरों को खट्टा समझते हैं वे एल.टी., एल.एल.बी. या पी-एच.डी. इत्यादि परीक्षाएँ पास करते हैं। इनके पास करते-करते मनुष्य की आयु प्रायः तीस या पैंतीस वर्ष की हो जाती है। इसके बाद महकमों की परीक्षाओं का नम्बर आता है जो हमेशा चलती रहती हैं। इस तरह की परीक्षाओं के बाद भी जीवन का पाठ्यक्रम कुछ शेष रह जाता है और कुछ परीक्षाएँ तो जीवन भर चलती रहती हैं जैसे क़ानूनी परीक्षा, डॉक्टरी परीक्षा और किसी-किसी स्थिति में शव-परीक्षा।

यूँ तो सारी परीक्षाएँ अपनी-अपनी जगह पर महत्त्वपूर्ण हैं पर फिर भी स्कूल व कॉलेज में होने वाली परीक्षाएँ ज़्यादा अहमियत रखती हैं। क़ानूनी, डॉक्टरी या शव-परीक्षा में शायद ही कोई असफल रहता हो, नहीं तो सभी को क्रमशः अपराधी, बीमार व मुर्दा घोषित कर ही दिया जाता है। हाँ अलबत्ता, स्कूल व कॉलेज की परीक्षाओं में लोग प्रायः फ़ेल होते रहते हैं। इस असफलता का प्रमुख कारण यह है कि छात्र लोग परीक्षाओं में दिये गये प्रश्नों का उत्तर ठीक तरह देने की विधि नहीं जानते। विद्यार्थियों की इस कठिनाई को दूर करने के लिए इस दिशा में देश में प्रचलित सारी पद्धतियों का संक्षिप्त वैज्ञानिक विवरण नीचे दिया जाता है।

सूत्र-पद्धति

यह पद्धति आर्य सभ्यता व संस्कृति के अनुकूल है। इस पद्धति का अभिप्राय है प्रश्न का कम-से-कम शब्दों में उत्तर देना। यह एक आम बात है कि कुछ लोग जितना ज़्यादा लिखते हैं, उतनी ही ज़्यादा ग़लतियाँ करते हैं। इस पद्धति के उदाहरण नीचे दिये जाते हैं।

प्रश्न—नेपोलियन कहाँ मरा?

उत्तर—पृष्ठ 104 पर।

या—

प्रश्न—अकबर का शासनकाल देश के इतिहास में स्वर्ण-युग समझा जाता है। इस विषय में अपने विचार प्रकट कीजिए।

उत्तर—हम इस उक्ति से सहमत हैं।

तर्क-पद्धति

इस पद्धति के अनुसार, बजाय एकदम उत्तर देने की धृष्टता करने के, परीक्षक से बात साफ़ कराई जाती है, तर्क किया जाता है और फिर उत्तर दिया जाता है। प्रायः परीक्षक विद्यार्थियों के तर्क का उत्तर कभी नहीं देते और इस प्रकार वह भी उनके प्रश्नों के उत्तर देने की ज़िम्मेदारी से बच जाता है। उदाहरणः

प्रश्न—हमारे देशवासियों के सामने मूल समस्या क्या है?

उत्तर—हमारे देशवासियों का मूल क्या है, यह बताइए। समस्या क्या है, यह हम बाद में बताएँगे।

सरल पद्धति

इस पद्धति के अनुसार प्रश्न का उत्तर ऐसी शैली में दिया जाता है कि परीक्षक को समझने में किसी प्रकार की कठिनाई न पड़े। ऐसे परीक्षकों की भी कमी नहीं

है जो अपनी कॉपियाँ कुछ छात्रों द्वारा जँचवाते हैं और ऐसी स्थिति में सरल पद्धति का अनुसरण विशेष रूप से उपयोगी सिद्ध होता है। उदाहरण:

प्रश्न—हवा में वज़न होता है या नहीं? प्रयोग करके बतलाओ।

उत्तर—राम ने श्याम से पूछा, "हवा में वज़न होता है या नहीं?"

नोट—इस उत्तर से प्रकट होगा कि प्रश्न का कितनी आसानी से वाक्य में 'प्रयोग' हो गया। यही परीक्षक चाहता भी था। यदि कोई किताबी छात्र होता तो लिखता कि एक फुटबाल लीजिए, उसे तौलिये, फिर उसे हवा भरकर तौलिये। वज़न में जो अन्तर है वह हवा के कारण है और इस प्रकार यह साबित हो गया कि हवा में वज़न होता है। इस प्रकार के उत्तरों पर विश्वास करने से पहले यह ज़रूरी है कि परीक्षक महोदय एक फुटबाल और तराजू मँगाएँ। इस प्रकार की कठिनाई से परीक्षक को क्रोध आ जाता है। अगर पचास कॉपियों के लिए वे इस तरह फुटकर सामग्री इकट्ठी करने लगें तो उन्हें भारत सरकार के सप्लाई विभाग की शरण लेनी पड़े। सरल पद्धति का अनुसरण करने से इस प्रकार की बाधाओं का प्रश्न ही नहीं उठता।

प्रत्यक्ष पद्धति

इस पद्धति के अनुसार प्रश्न का उत्तर प्रश्न की ही भाषा से निकाला जाता है और बाहरी ज्ञान की उसमें कोई ज़रूरत नहीं होती। उदाहरण:

प्रश्न—पानीपत की दूसरी लड़ाई के बारे में आप क्या जानते हैं? संक्षेप में लिखो।

उत्तर—पानीपत की दूसरी लड़ाई पानीपत नामक एक स्थान पर लड़ी गयी थी। कुछ लोगों का यह मत कि यह आगरा, बक्सर या प्लासी में लड़ी गयी थी, ग़लत है। यह लड़ाई, जैसा कि नाम से ज़ाहिर है, पानीपत में लड़ी गयी थी।

इस लड़ाई को दूसरी लड़ाई यूँ कहा जाता है क्योंकि इससे पहले पानीपत में एक लड़ाई और लड़ी जा चुकी थी। उस लड़ाई को इतिहास में पानीपत की पहली लड़ाई कहा जाता है।

या—

प्रश्न—मेंढक का शीतकाल से क्या सम्बन्ध है? जाड़ों में वह क्या खाकर जीवित रहता है?

उत्तर—मेंढक का शीतकाल से घनिष्ठ सम्बन्ध है। जाड़ों की ऋतु में जब उसे कुछ भी खाने को नहीं मिलता, तो वह बेचारा शीतकाल को ही खाकर ज़िन्दा रहता है।

सार्वभौम पद्धति

इस पद्धति के अनुसार एक ऐसा सार्वभौमिक (Omnibus) उत्तर तैयार किया

जाता है जो उस प्रकार के किसी भी प्रश्न के लिए दिया जा सके। उदाहरण के लिए, साहित्य के छात्रों से हर क़िस्म के कवि, लेखक या नाटककार के बारे में छोटी-छोटी टिप्पणी लिखने के लिए अक्सर कहा जाता है। अब आप ही सोचिए कि हर लेखक के गुण-दोष अलग हैं, भाषा अलग है और कहीं-कहीं तो किताबों के नाम तक अलग हैं। यदि ये सारी बातें विद्यार्थी याद करता रहे तो और विषय क्या खाक पढ़ेगा? इस प्रकार के समस्त प्रश्नों का उत्तर एक टिम्पणी से भी दिया जा सकता है :

श्री/श्रीमती हिन्दी के प्रमुख कलाकारों में से हैं। आप उन व्यक्तियों में से हैं जिन्होंने अपने निरन्तर परिश्रम व प्रतिभा से भारती का मन्दिर समृद्ध किया है। यदि आप न होते तो हमारा साहित्य उस सीमा तक दरिद्र ही रहता।

आप जैसे प्रसिद्ध साहित्यिक की किताबों के नाम गिनाना अनावश्यक है क्योंकि उनसे सभी परिचित हैं। आपके गुणों की चर्चा करना सूर्य को दीपक दिखाना है—आपकी लोकप्रियता का कारण है आपकी कला। आपको भाषा पर पूरा अधिकार है, आपकी शैली चित्ताकर्षक है। संक्षेप में, आपकी कृतियों में वे सारे गुण विद्यमान हैं जो किसी लेखक को लोकप्रिय बनाते हैं।

जब तक हमारा साहित्य है, आपका नाम अमर है।

देखिए, इस टिप्पणी में लेखक का पूरा वर्णन भी हो गया और यह बताने की भी ज़रूरत नहीं पड़ी कि—

1. वह लेखक है या कवि या नाटककार।
2. जीवित है या मृत।
3. ब्रजभाषा लिखता है या अवधी या खड़ी बोली। तथा—
4. उसकी रचनाएँ कितनी और क्या हैं।

निःस्वार्थ पद्धति

यह पद्धति वह है जिसका अनुसरण संस्कृत के प्राचीन साहित्य में खुले रूप से किया गया है। अनेक कवियों ने अपनी कृति का श्रेय दूसरे को दिया और अपना नाम भी कहीं नहीं बताया। इस पद्धति के अनुसार, छात्र जो कुछ भी लिखता है, उसका श्रेय किसी कवि या लेखक को दिया जाता है। मुझे एक परीक्षार्थी की याद है जो हर प्रश्न के उत्तर में कहता था—कवि कहता है ... । उसने अर्थशास्त्र के पत्र में बाज़ार की परिभाषा देते हुए कहा था—

कवि कहता है कि बाज़ार वह स्थान है जहाँ क्रेता व विक्रेता किसी वस्तु का क्रय़ व विक्रय करने एकत्रित होते हैं। आगे चलकर कवि फिर कहता है कि इसके लिए वस्तु की उपस्थिति आवश्यक नहीं। संक्षेप में कवि के कहने का यह अर्थ है कि वस्तु के बिना भी बाज़ार हो सकता है।...

मनोवैज्ञानिक पद्धति

इस पद्धति के अनुसार प्रश्न के उत्तर पर इतना ध्यान नहीं दिया जाता जितना कि परीक्षक के मनोविज्ञान पर। कॉपी में दो हाशिए छोड़ना, मोटे-मोटे अक्षर-चित्र बनाना, ज़्यादा पर्चे भरना, रंगीन इंक का खुलकर प्रयोग करना इसी प्रणाली के अन्तर्गत आता है। मेरे मित्र उल्फतराय ने एफ.ए. की परीक्षा में एक प्रश्न तीन बार और दूसरा दो बार किया था। बात यह थी कि कुल मिलाकर पाँच प्रश्नों का उत्तर देना था जिसमें से दो इन्हें याद थे। इन्होंने उसी सीमित सामग्री से समस्या को हल किया। बारी-बारी से उन्हीं दो प्रश्नों को लिखा—एक को तीन बार और दूसरे को दो बार। कुल मिलाकर पाँच प्रश्नों का उत्तर दिया गया। ऐसे परीक्षक भी होते हैं जो पर्चे गिनकर ही नम्बर दे देते हैं। अगर पाँच से ज़्यादा सवाल करने पर नम्बर काटने की धमकी प्रश्न-पत्र में न दी गयी होती, तो मेरे स्नेही मित्र ज़्यादा सवालों का जवाब भी लिख सकते थे।

ऐतिहासिक पद्धति

यह पद्धति सृष्टि के प्रथम दिन से चली आ रही है और सभ्यता व संस्कृति का सारा विकास इसी पद्धति के कारण हो पाया है। इस पद्धति का अर्थ है, दूसरों से सीखना, एक-दूसरे पर निर्भर होना, वक़्त पर मदद लेना और मदद देना। यदि प्रत्येक व्यक्ति सारे काम स्वयं ही करने लगे तो जीवन व समाज का विकास हमेशा के लिए बन्द हो जाए। दुर्भाग्यवश, इस शाश्वत ऐतिहासिक सत्य को परीक्षा-भवन में नक़ल करना कहा जाता है। कहते हैं कि पहले ज़माने में नक़ल करना बहुत आसान था। नारायण पण्डित ने पंचतन्त्र की नक़ल करके हितोपदेश लिखा था। अठारहवीं शती में किसी ने कह दिया कि नक़ल को भी अकल चाहिए। बस, उसी दिन से नक़ल करना कठिन काम हो गया। क्योंकि परीक्षा में अकल का प्रयोग वर्जित है, नक़ल पर भी क़ानूनी पाबन्दी लगा दी गयी है।

क्षमा कीजिए, यहाँ मुझे अपने एक और मित्र की याद आ रही है। इनका नाम था अलताफ़। ये हज़रत मैट्रिक की परीक्षा में नक़ल करने के लिए तवारीख की किताब ले गये थे। प्रश्न पढ़ा, किताब खोली और "तीसरा अध्याय-अकबर का शासन काल" से शुरू करके "पिछले वर्षों के प्रश्न व लेख का सारांश" तक पूरी नक़ल की। बीच में कुछ भी नहीं छोड़ा—यहाँ तक कि एक पृष्ठ पर लिखा था—अगले पृष्ठ पर अबकर का चित्र देखिए; इन्होंने वह भी हू-ब-हू लिख दिया। तस्वीर बेचारे नहीं बना पाये और इसका उन्हें कई दिन तक अफ़सोस रहा।

मौलिक पद्धति

जहाँ सारी पद्धतियाँ धोखा दे जाती हैं वहाँ यही पद्धति काम आती है। इस

पद्धति का मूल अभिप्राय है कि कॉपी खाली छोड़ने से कुछ-न-कुछ लिखना अच्छा है। बहुत-से परीक्षक पर्चे गिनने की परम्परा में विश्वास रखते हैं।

मेरे एक और दोस्त थे—हॉकी के फ़र्स्ट क्लास खिलाड़ी। इतिहास के पर्चे में पूछा गया कि अशोक के चरित्र पर एक नोट लिखो। ये सज्जन रात को ही हॉकी का सेमिफ़ाइनल खेल कर प्रतापगढ़ से आये थे। इतना तो उन्हें पता था कि अशोक का नाम कहीं सुना है पर कहाँ और किस सन्दर्भ में—यह ठीक तरह याद नहीं आ रहा था। ख़ैर, कुछ सोचा, कुछ 'वीणावादिनी वर दे' का पाठ किया और फिर इस तरह अपनी लेखनी को वाणी दीः

अशोक एक सफल व्यक्ति था। उसका चरित्र बड़ा उज्ज्वल था। होस्टल में वह हमेशा खेल-कूद में हिस्सा लेता था और कक्षा में वह सदा प्रथम आता था। इसके अलावा वह डिबेटों में भी हिस्सा लेता था....

हाँ, वह बड़ा अहिंसक था। सिर्फ़ शेर का शिकार करता था, गिलहरी वग़ैरह छोटे-छोटे जानवरों को कतई नहीं मारता था...

हाल ही में उसका एक चित्र ए. वी. एम. ने बनाया है। इस चित्र में वह पद्मिनी के साथ काम कर रहा है। संगीत शंकर और जयकिशन का है, अन्य कलाकारों के नाम इस प्रकार हैं...

ग़लत नम्बर

टेलीफ़ोन के जहाँ इतने फ़ायदे हैं, कुछ नुक़सान भी हैं। जब आप किसी अन्तरंग मित्र के फ़ोन की प्रतीक्षा में हों और कोई टाम डिक् या हैरी आपको तंग करने लगे तो बड़ा गुस्सा आता है। ठीक इसी तरह जब आपको किसी ख़ास नम्बर की सख़्त ज़रूरत हो और एक्सचेंज आपको ग़लत नम्बर दे दे—जो कि अक्सर ऐसे वक़्त पर होता है—तब जो झल्लाहट होती है, उससे ख़ुदा बचाये।

अभी परसों की बात है, मेरे पास एक टेलीफ़ोन कहीं से आया। मेरा नम्बर है 2617। मैंने टेलीफ़ोन उठाया ही था कि इन साहब ने बोलना शुरू कर दिया। क्या धाराप्रवाह भाषा थी—कुछ शब्द अँग्रेज़ी के...कुछ गुजराती के। बीच-बीच में गेहूँ, तिलहन व गुड़ का प्रयोग बार-बार किया जा रहा था—ठीक उसी प्रकार जैसे पन्तजी की कविता में क्ष, र, ण, ल, अक्षरों का होता है। मैंने कई बार इन्हें बीच में रोकने की कोशिश भी की मगर कहाँ! ये हज़रत तो बोलते ही चले जा रहे थे। बात कुछ शेयरों पर आ गयी थी। टाटा एयर लाइन्स से लेकर मार्टिन बर्न तक की चर्चा की गयी। ज़ाहिर था कि ये कोई दलाल थे और किसी दूसरे व्यापारी से बातें करना चाहते थे। अन्त में जब उनकी चाभी ख़त्म हुई तो मैंने कुछ साहस किया और नम्रतावश पूछा कि क्या मैं जान सकता हूँ कि आप किस टेलीफ़ोन से बात करना चाहते हैं? वे बोले—क्या लचर बातें करते हो जी! क्या यह 2618 नहीं है? मैंने धैर्य बँधाते हुए कहा कि कोई परवाह नहीं। सिर्फ़ एक गिनती का फ़र्क़ है। यह 2617 है। फिर कीशिश कीजिए—मेरी शुभ कामनाएँ आपके साथ हैं। बस फिर क्या था लगे जनाब आतिशबाज़ी की तरह बिखरने..."कितने बदतमीज़ हैं आप। पहले नहीं बताया। दूसरों के व्यापार की बात सुनते शर्म नहीं आती..." इस घटना से मन को काफ़ी क्षोभ हुआ। ठीक इसी तरह एक और दफ़ा टेलीफ़ोन उठाते ही कुछ ताज़ी-ताज़ी गलियाँ सुनने को मिलीं। बाद में पता चला कि उन साहब को नम्बर ग़लत मिला था और उन गालियों पर क़ानूनी तौर से मेरा कोई हक़ नहीं था।

मेरठ में तो रोज़ ही की मुसीबत थी। मेरा जो नम्बर था वह टेलीफ़ोन एक्सचेंज के नम्बर से बहुत मिलता था। गर्ज़ यह कि दिन में लोग चार बार पूछते कि टाइम क्या

है? आप अन्दाज़ा लगाइए कि रात को तीन बजे घर पर फ़ोन आये और आप नींद में बिस्तर से उठकर कम्बल लपेटे रिसीवर हाथ में लें और वह भी यह सोचते हुए कि पता नहीं कहाँ से ट्रंक-काल आ गया– दिल्ली में तो सब ठीक है या नहीं–शायद प्रेम का रिजल्ट आ गया... और उधर से बड़ी कोमल ध्वनि में कोई प्रश्न करे...टाइम प्लीज...

ऐसे वक़्त जी में तो आता है कि कह दूँ कि दिन के ग्यारह बजे हैं। या यह वह वक़्त है जब कि नारी-जाति को दिमाग़ का दौरा पड़ता है पर एक महिला के साथ ऐसा व्यवहार मेरे जैसा कुलीन, सुशिक्षित, सुसंस्कृत व्यक्ति नहीं कर सकता। गर्ज़ यह कि टाइम बतलाना ही पड़ता है।

एक दफ़ा बड़ा मज़ा आया। क्रिक्रेट का टेस्ट मैच चल रहा था मदरास में। छुट्टी का दिन था। घर पर-काल-काल आये... स्कोर प्लीज...। कुछ दफ़ा तो समझाने की कोशिश की, कुछ को स्कोर भी बताया पर जब स्थिति काबू से बाहर हो गयी तो फिर न पूछिए क्या हुआ। एक साहब ने रिंग किया... निहायत साहबी ढंग से पूछा..."वेल, ह्वाट इज़ दी स्कोर...?"

"आल आउट्", मैंने कहा।

"आल आउट्?"

"आल आउट्!"

"यू मीन आल आउट्?"

"यस, आई मीन आल आउट्!"

"ओह! आल आउट्।"

"यस, आल आउट्।"

"वेरी बैड। पूअर शो..."

"यस वेरी पूअर शो।"

"ओ के मैन!"

"थैंक यू ब्वाय!"

तब तक वे रिसीवर रख चुके थे। आप अन्दाज़ा लगा सकते हैं कि ये खेल की ख़बर किस तरह दोस्तों को सुना रहे होंगे।

मुझे खुद कई बार ऐसा साबका पड़ा है कि ग़लत नम्बर मिला। आमतौर पर लोग नम्रतापूर्वक कह देते हैं कि यह नम्बर वह नहीं है जो आप चाहते हैं। इंसान को ज़िन्दगी में सारी चीज़ें नहीं मिलतीं। मनुष्य का कर्त्तव्य कर्म करना है....फल पर उसका अधिकार नहीं, इत्यादि-दत्यादि। कभी-कभी कुछ लोग ज़रूरत से ज़्यादा सहानुभूति दिखाने लगते हैं। एक बार मैंने कोई नम्बर लिया। मैं जल्दी में था। बोला– "क्या डॉ. बद्री प्रसाद बोल रहे हैं?"

"जी कौन?"

"डॉ. बद्री प्रसाद।"

"कौन डॉक्टर?"

"बद्री प्रसाद।"

"अच्छा मास्टर वंशी प्रसाद!"

"मास्टर नहीं, डॉक्टर।"

"अच्छा, मास्टर नहीं डॉक्टर..."

"वंशी नहीं, बद्री!"

"अच्छा, वंशी नहीं, बद्री।"

"उनके कम्पाउण्डर का नाम अख़्तर है!"

"क्या कहा? अफ़सर हैं?"

"अफ़सर नहीं अख़्तर!"

"ठीक, अलवर! तो आप अलवर के डॉक्टर बद्री प्रसाद बोल रहे हैं। जै राम जी की। यह गनेश फ्लोर मिल्स की अमीनाबाद ब्रांच है। कहिए क्या सेवा है?"

मैंने धैर्यहीन होकर टेलीफ़ोन रख दिया।

इसी तरह एक बार ज़रूरी काम से मिस्टर दास को फ़ोन करना था। वे शायद घर पर नहीं थे और शायद उनके घर की कोई मिस साहबा अपनी हीरो के फ़ोन का इन्तज़ार कर रही थीं। फ़ोन मिलते ही कोकिलकण्ठविनिन्दित स्वर में बोलीं:

"ओह यू नाटी व्याय!"

"...जी मैं त्यागी बोल रहा हूँ..."

"हलो डार्लिंग! ज़रा ज़ोर से बोलो...क्या तीन महीने ही में हालत बदल गयी. ..अरे मैं हूँ बिमला..."

"देखिए, मैं एक सरकारी अफ़सर बोल रहा हूँ..."

"अरे तुम और अफ़सर! ये मुँह और मसूर की दाल!"...

"यक़ीन कीजिए मैं अफ़सर हूँ..."

"क्या कहिए! ज़रा एक बार फिर कहो ना! हाय राम, ऐसी भी क्या संगदिली! हमसे तो सीधे मुँह बातें ही न करोगे। अरे हमको दुआएँ दो कि तुम्हें क़ातिल बना दिया..."

इसके बाद कुछ और शेर और शायरी चलती रही। मैं मुस्कराता रहा और सुनता रहा। जी में तो आया चन्द एक अशार अर्ज़ कर दूँ उनकी खिदमत में...और ख़ास तौर से वह शेर जिसकी वजह से हज़रत नोमान को लखनऊ का अस्पताल रातोंरात छोड़ना पड़ा था :

तुम तो वो फूल हो
जिसमें ख़ुशबू नहीं,
तुम मेरी जां
गोभी का फूल हो

...मगर बराबर के कमरे में कम्बख़्त स्टेनोग्राफ़र बैठा था। चुप ही रहा।

आज तो कुछ लिखा जाये

आज तो मित्रवर, कुछ लिखा जाये!

ऐसा जी करता है कि सारी दुनिया की बातें आज ही लिख दूँ। ये चाँदी की रातें, ये सोने के दिन, वह हँसती हुई सुबह और ये शर्मीली शाम, ये सब-के-सब हमेशा के लिए अपने शब्दों में बाँध दूँ! आज कुछ ऐसा लिखा जाए कि बस...सारी व्यथा, वेदना बरबस होकर मेरी लिखी लाइनों की तीलियों में बँधकर बैठ जाये जिससे फिर काफ़ी दिनों तक कुछ लिखने की भावना मेरे और कामों में दख़ल न दे।

लिखने की इच्छा एक अजब बला है। पता नहीं और कला के प्रेमियों को कैसा अनुभव होता है पर लेखक को तो ऐसा लगता है कि जो भी नया अनुभव हो, जो भी नयी पीड़ा हो, उसे दूसरों को दे। बाहर की सुन्दरता और आन्तरिक थकान...दोनों को काग़ज़ पर चित्रित कर आपके लिए जिल्दों में टाँग दें। वो चमकीली सुबह...वे रेल की पटरियाँ...वे मिल के भोंपू, चौराहे की भीड़ और रोज़ सुबह कॉलेज जाने वाली मुहल्ले की वह फ़ैशन-परस्त लड़की...इन सबके बारे में (कुछ परिस्थितियों में आख़िरी आइटम छोड़कर) आपको सब कुछ बता दे। एक ऐसा आवेश होता है जो रोके नहीं रुकता और ऐसा लगता है कि यदि कला का माध्यम न हो तो संवेदनशील व्यक्ति तो पागल हो जाये।

आत्माभिव्यक्ति के इस आवेश में न जाने कितनी रुकावटें हैं। आर्थिक कठिनाइयाँ, बीमारी, मेहमान, बीवी-बच्चे, बिजली वाला (जो सुबह से पाँच बार मीटर चेक करने आ चुका है) और ख़ुदा जाने क्या-क्या! अक्सर ऐसा होता है कि कलम उठाई और सोचा कि कुछ शाश्वत साहित्य का सृजन किया जाये पर कम्बख़्त काग़ज़ ही नदारद। मैं कोई रामानुजम् तो हूँ नहीं जो बहियों के हाशिए पर लिखूँ। और फिर मेरे घर में बहियाँ भी नहीं हैं। धोबियों के कपड़ों की किताब अलबत्ता ज़रूर प्रयोग की जा सकती है पर यह डाकूमेंट आता है कनकरण्ट लिस्ट में यानी के जिस पर केन्द्र व राज्यों की तरह मैं व पत्नी दोनों का अधिकार है और नतीजा यह होता है कि जिस किसी को उसकी ज़रूरत होती है, वह न मिलने पर दूसरे को दोष देता है। एक साल में क़रीब बीस कॉपियाँ बनायी जाती हैं और वक़्त पर एक भी नहीं

मिलती। जब इन आवारा किताबों की कोई ज़रूरत नहीं होती तो सब-की-सब किसी दराज में पिकनिक मनाती नज़र आती हैं और हाँ, अगर काग़ज़ मिल जाये तो कलम नदारद और अगर लक्ष्मी व सरस्वती की भाँति दोनों का संयोग हो गया तो स्याही साफ़! या वो नहीं तो कोई मिलने वाले। गर्ज़ कहने का अभिप्राय यह है कि कला के मार्ग में जितने काँटे हैं उतने शायद प्रेम के मार्ग में भी नहीं। जिगर मुरादाबादी के शब्दों में इश्क़ एक आग का दरिया है और उसमें डूबकर जाना होता है। यदि यह सच है तो कला का मार्ग तो दावानल है—आग का समुद्र है—जिसमें स्पिरिट और पेट्रोल से जहाज़ चलाना पड़ता है।

इन घरेलू रुकावटों के अतिरिक्त कुछ और भी रुकावटें हैं जो कला के मार्ग में बाधा डालती हैं। इनमें से कुछ तो व्यक्तिगत हैं जैसे ए. जी. गार्डिनर की परेशानी कि लेख शुरू कैसे किया जाये और कालरिज की चिन्ता कि लेख समाप्त कैसे किया जाए। मेरे एक दोस्त हैं, जिन्हें एक और परेशानी का सामना होता है। वे प्रारम्भ और अन्त तो बड़ी संजीदग़ी और तपाक से करते हैं पर बीच की बॉडी बनाने में लाचार हैं। ख़ैर मुझे इस प्रकार की कोई परेशानी नहीं होती। जब तक लेख ख़त्म नहीं हो जाता, मैं तो उसे शुरू ही किये जाता हूँ।

इन टेकनिकल परेशानियों के अलावा कुछ प्रशासनिक परेशानियाँ भी हैं। सम्पादकों का सम्मिलित असहयोग... प्रकाशकों का विश्वास कि आपकी आर्थिक कठिनाइयाँ ही आपके साहित्यिक विकास का मूल स्रोत हैं...अन्तरंग मित्रों की यह धारणा कि जो कुछ भी विदेशी साहित्य हम चोरी से पढ़ते हैं उसका हमारी शैली पर प्रभाव रह जाता है...इत्यादि-इत्यादि। फिर भी यह बात सच है कि परेशानियाँ इधर कुछ कम हो गयी हैं। वुडहाउस के अनुसार जो वातावरण शेक्सपियर के समय में था उसका तो अनुमान लगाना भी कठिन है। बेचारा ग़रीब आदमी किसी नौटंकी में काम करता था...उसके लिए ड्रामा लिखता था। मान लो, इतवार की रात को उसने मैकबेथ लिखा तो समझिए कि शुक्रवार तक की छुट्टी। शनिश्चर की सुबह ही थियेटर का मैनेजर भागा-भागा आयेगा और बिस्तर पर से विलियम को उठाकर कहेगा—"...शेक्सपियर! अरे ओ शेक्सपियर...उठ भाई...देख अब सात बज रहे हैं...कुछ काम का भी ख़याल है या..."

"क्यों क्या बात है?" शेक्सपियर आँखें मलते हुए कहेगा।

"अरे भाई, वह ड्रामा तो जितना चलना था चल चुका। कल तक दूसरा चाहिए।"

"कल तक?"

"हाँ भाई। कल न हो सके तो आज शाम तक..."

"हत्तेरे की...!" और शेक्सपियर अपने कपड़े पहनते और फिर मर्चेण्ट ऑफ़ वेनिस या जूलियस सीज़र लिखकर देते। बेचारे को दाढ़ी बनाने तक का समय नहीं मिलता था और इसी से अब तक उसके चित्रों में बच्चों को दाढ़ी दिखाई जाती है।

गरज़ यह कि उन दिनों साहित्य की सृष्टि दबाव में होती थी और आजकल? एकदम फ्री लांसिंग। आप चाय पीते हैं, नाश्ता करते हैं, किसी मिलने वाले को आटोग्राफ़ देते हैं और फिर लिखने बैठ जाते हैं। बिना किसी बाधा के यह क्रम जारी रहता है। यह अलग बात है कि कोई छोटी-मोटी चीज़ ख़लल डाल जाये जैसे कुत्ता नम्बर 1 अन्दर आना चाहे और आप को किवाड़ खोलने पड़ें। फिर कुत्ता नम्बर 2 अन्दर आना चाहे और आपको फिर उठना पड़े। फिर बिल्ली नम्बर 1, फिर बिल्ली नम्बर 2 और फिर आपका कुत्ता नम्बर 1 बाहर जाना चाहे। इसके कुछ मिनट बाद कुत्ता नम्बर 2 भी बाहर जाना पसन्द करे और आप फिर उठें। बस, इन सब परेशानियों के अलावा, वैसे वातावरण शान्तिमय रहता है।

ख़ैर, मैं कहाँ वुडहाउस का मज़ाक आपको सुनाने लगा। आज वक़्त कम है और लिखना काफ़ी है। आज मैं वक़्त बर्बाद नहीं कर सकता। वैसे भी बेकार की बातें करने की आदत मुझे कम ही है। मैं नहीं हूँ लाला जेठमल की तरह जो हर एक चलते जाते से भरपेट बातें करते थे। मुझे याद है एक दिन मैं उनकी दुकान पर बैठा था। एक सज्जन आये और पूछने लगे कि "क्या आप बाबू ईश्वरदयाल को जानते हैं?"

"कौन ईश्वरदयाल?" लाला जेठमल ने प्रश्न किया।

"बाबू ईश्वरदयाल।"

"क्या करते हैं?"

"मुंसिफ हैं।"

"ईश्वरदयाल या ईश्वरकुमार?"

"जी, दयाल।"

"हूँ! क्या उमर होगी?"

"कोई चालीस।"

"चालीस या साठ?"

"जी चालीस..."

"हूँ...! रंग कैसा है?"

"जी काला..."

"काला यानी कि साँवला जैसा कि उस मुन्नू का है?....

"जी।"

"कब आये यहाँ?"

"जी दो साल हुए।"

"अरे राम, दो साल से वे यहाँ हैं और हम नहीं जानते! क्या नाम बताया आपने?"

"ईश्वरदयाल।"

"अच्छा—परमेश्वरदयाल। उनके बाप किताबों की दुकान करते थे?"

"जी नहीं! इनके पिता तो वकील हैं।"

"अच्छा-अच्छा, वकील ही सही। हमें कुछ पता नहीं जनाब, हम तो कारोबार में ही लगे रहते हैं। आप किसी और से पूछने का कष्ट करें।"

ख़ैर, जैसा कि मैंने बताया, मेरे पास आज वक़्त कम है। आज तो कुछ लिखना है—बातें फिर करूँगा। आज तो लिखना है और कुछ ऐसा लिखना जो जमे और धर्मयुग के सम्पादक के अभिवादन सहित वापस न आये।

❑

भित्ति-चित्र
(1966)

आधुनिक हिन्दी साहित्य की नयी प्रवृत्तियाँ

इधर की छपी पुस्तकों और पत्र-पत्रिकाओं को पढ़ने के बाद किसी भी प्रबुद्ध पाठक को यह पता आसानी से लग जाता है कि हिन्दी भाषा और साहित्य अब वे नहीं रहे जिन्हें हम लोग अब तक पढ़ा करते थे। यहाँ मैं आज के साहित्य की तुलना द्विवेदी-कालीन साहित्य से नहीं वरन् सिर्फ़ आठ-दस वर्ष पूर्व छपे साहित्य से ही कर रहा हूँ। साहित्य और भाषा का यह विकास किस हद तक सामाजिक परिवर्तन और दोनों महायुद्धों के कारण है– यह बताकर मैं उन लोगों के विशेषाधिकार में हस्तक्षेप नहीं करना चाहता जो न जाने कितने दिनों में 'साहित्य समाज का दर्पण है' विषय पर कविता, कहानी और नाटक लिखते चले आ रहे हैं। हाँ, अलबत्ता मैं उन विशिष्ट प्रवृत्तियों की चर्चा ज़रूर करूँगा जो समकालीन साहित्य में दिन-प्रतिदिन उभरती चली आ रही हैं।

आज के हिन्दी साहित्य की सबसे प्रमुख विशेषता है उसकी नितान्त और विशुद्ध मौलिकता। आज का लेखक इतना कल्पनाशील है कि इतिहास और भूगोल जैसे स्थूल विषयों से सम्बन्धित प्रश्नों पर भी वह ज़रूरी ज्ञान की अपेक्षा नहीं करता। वरन् केवल अपनी कल्पना के सहारे किसी समय या किसी प्रदेश के सम्पूर्ण चित्र को आपके सामने उतारना चाहता है। पुराने ज़माने के जो एकाध दक़ियानूसी लेखक बचे हैं, वे अभी तक उसी पुराने दक़ियानूसी ढंग से काम करते चले आ रहे हैं। प्रसादजी की तरह हजारी प्रसाद द्विवेदी और वृन्दावनलाल वर्मा भी 'चारुचन्द्र लेख' या 'गढ़ कुण्डार' लिखने के लिए हज़ारों पुस्तकों, शोध-प्रबन्धों, शिलालेखों, टिप्पणियों वग़ैरह का पढ़ना ज़रूरी समझते हैं। इस प्रकार की प्रवृत्ति आज के युग की आत्मा का प्रतिनिधित्व नहीं करती। आज की उदीयमान प्रतिभाएँ इस प्रकार की परम्परा को निरर्थक और लेखक की जन्मजात प्रतिभा के स्वाभाविक विकास में बाधक मानती हैं। मैं ऐसे कितने ही नवयुवक लेखकों को जानता हूँ जो बग़ैर कभी ज़िला मेरठ, तहसील बागपत के बाहर गये 'रात की बाँहों में सैन फ्रांसिस्को' और बग़ैर ईश्वरी प्रसाद का 'प्रारम्भिक इतिहास' पढ़े 'शेर अफ़गान के अन्तिम दिन' पर एकांकी नाटक लिख सकते हैं। अगर कोई विज्ञ पाठक कहीं किसी प्रकार की कमी या ग़लती की तरफ़ दबी ज़बान से इशारा करता है तो वे बड़े आत्मविश्वास से कहते हैं कि 'वत्स हम लोग इतिहास या भूगोल

नहीं वरन् साहित्य लिख रहे हैं। साहित्य में सिर्फ़ इम्प्रेशन देना है, 'इमेज' उतारनी है, एक 'फैन्टेसी' की सृष्टि करनी है और बस। समझे, आइन्दा, इस तरह की बात बोलकर हंसों के मध्य बक बनने की चेष्टा न करना', वग़ैरह-वग़ैरह। इन्हीं कारणों से नयी प्रतिभाओं का विकास इतनी शीघ्रता से हो रहा है जितना उनके साहित्य का भी नहीं। जिन लेखकों की प्रथम रचनाएँ, तीन-चार वर्ष पूर्व छपी थीं और जो पिछले वर्ष उदीयमान लेखकों में गिने जाते थे, वे इस सीज़न में प्रौढ़ लेखक के नाम से अपने को पुकारते हैं। मेरा ख़याल है कि इनमें से काफ़ी लोग अगली बरसात तक अपनी आत्मकथा लिखने की सामग्री जुटाने में लगे होंगे। साहित्य में इन्हें जो कुछ करना था, वे कर चुके। अब तो सिर्फ़ इतिहास में अपना स्थान 'निश्चित' करना-भर रह गया है, वह भी स्वयं ही क्यों न कर लें।

मौलिकता के अतिरिक्त दूसरी विशेष प्रवृत्ति है साहित्य में दर्शन का इतनी ज़्यादा मात्रा में प्रवेश। कविता, कहानी, नाटक...... ये सभी धीरे-धीरे दर्शन ग्रन्थों का स्वरूप धारण करते चले आ रहे हैं। हिन्दी का प्रत्येक लेखक आजकल एक अदद दर्शन रखता है। जैनेन्द्रजी की तरह जो पायेदार लेखक हैं, वे काफ़ी बड़े साइज़ का दर्शन इस्तेमाल करते हैं। जैसा कि मैंने ऊपर बताया, ये सारे दर्शन मौलिक होते हैं। और व्यक्तिगत चिन्तन पर ही आधारित होते हैं। इस सन्दर्भ में मुझे हिन्दी के एक नये कवि का नाम अनायास ही याद आ जाता है, जिनका मित्र होने का सौभाग्य मुझे प्राप्त है। ये सज्जन एक ही दिन में कई दर्शनों का प्रयोग करते हैं। ब्राह्ममुहूर्त की बेला में वे जीवन के शाश्वत मूल्यों, मानव-जाति की सतत आस्थाओं और अवचेतन मस्तिष्क की रहस्यमय प्रवृत्तियों पर नितान्त निरपेक्ष दृष्टिकोण रख अपनी दर्शन क्रमसंख्या एक को उन सारे लोगों के सामने प्रतिपादित करते हैं, जो कि सुबह दस बजे तक उनसे मिलते हैं। धीरे-धीरे यह दर्शन हल्का होता जाता है। शाम होते-होते वे अपनी दर्शन क्रमसंख्या दो पर पूरी तरह उतर आते हैं, जिसका प्रत्यक्ष सम्बन्ध आत्मा से न होकर शरीर से है। रात-भर शरीर के निम्नतर स्तर पर जीने के बाद प्रातःकाल उनकी अजर और अमर आत्मा फिर उसी चिरन्तन मुक्तवेश में दिखायी देती है। उनकी इस मुक्तवेशी आत्मा को देखकर मुझे आत्मा की पवित्रता में गहरा विश्वास होता जा रहा है।

सभ्यता के विकास के साथ-साथ यह ज़रूरी नहीं रहा कि कबीर, सूर, मीरा की भाँति आज का लेखक वही लिखे जिनका कि वह आचरण भी करता हो। वे ज़माने थे स्वावलम्बी आर्थिक स्थिति के। अब आप किसी रेल के बाबू से कहें कि वह जितनी भी गाड़ियों के टिकट बाँटता है, उनमें सफ़र भी करके दिखाये, तो वह ग़रीब सारी उम्र सफ़र ही करता रहेगा और खिड़की पर टिकट बाँटना एक इतिहास की बात हो जायेगी। लोग खिड़की देखा करेंगे और कहा करेंगे, 'देखो मुन्नू, यहाँ पहले रेल के टिकट बाँटते थे।' इसी प्रकार जैसे आज का केमिस्ट सारी दवाइयाँ खुद नहीं खाता, वैसे ही आज का जागरूक लेखक अपना दर्शन अपने लिए नहीं वरन् पाठकों के लिए

ही प्रतिपादित करता है। जहाँ तक व्यक्तिगत जीवन का प्रश्न है, इस महँगाई के युग में कितने ही बेचारे लेखक बिना ही किसी दर्शन के किसी-न-किसी तरह काम चला रहे हैं। मगर कितना महान् है हिन्दी के लेखकों का यह त्याग कि अपने-आप बिना दर्शन के जीवनयापन कर रहे हैं, परन्तु पाठकों के लिए निरन्तर दर्शन का उत्पादन जारी है। दयानन्द सरस्वती ने ठीक ही कहा था कि यह आर्यावर्त देश ऋषि-मुनियों की क्रीड़ास्थली रहा है। ठीक है, अगर गंगा-युमना के इस दोआबे में आर्यों ने सुबह-शाम खेल-कूद न की होती तो यह त्याग की भावना लेखकों में कहाँ से आती?

दर्शन में भी उसके और अंगों की अपेक्षा मनोविज्ञान पर ही ज़्यादा ध्यान दिया जाता है। फ्राइड ने तो मनुष्य की क्रिया-शक्ति के मूल में काम-भावना को स्थापित कर विश्व के चिन्तन में एक विशिष्ट सिद्धान्त की स्थापना मात्र ही की थी जिसके कि कुछ विशिष्ट अर्थ थे। इधर यार लोगों ने 'काम-भावना ही सारे कर्मों की जड़ है', के महामन्त्र को 'अधिक अन्न उपजाओ' की तरह जिस तरह घर-घर पहुँचाने का अभियान शुरू किया है,वह उनकी लगन और अध्यवसाय का प्रतीक है। जिस नयी किताब को देखिए, यही साबित करने की चेष्टा कर रही है कि संसार की सारी क्रिया-शक्ति के पीछे काम की भावना ही काम कर रही है।। कुछ लेखक तो इस दिशा में इतने ईमानदार हैं कि यदि कहीं वे बेचारे चौराहे वग़ैरह पर पिट भी रहे हों तो आप समझ लीजिए कि इसके पीछे भी काम-भावना ही काम कर रही है।

दर्शन और मौलिकता के अतिरिक्त जो तीसरी प्रमुख प्रवृत्ति है, वह है यथार्थवादिता के प्रति नितान्त स्वाभाविक मोह। यों कहने को तो प्रेमचन्द भी यथार्थवादी लेखक थे पर उनका इन लेखकों से कोई मुक़ाबला नहीं। जब से आंचलिकता ने ज़ोर पकड़ा है तब से यथार्थवादिता का स्थान अतियथार्थवादिता ने ले लिया है। पहले ज़माने में यथार्थवादिता का अर्थ होता था इस प्रकार के साहित्य से, जिसका वास्तविक जीवन से सीधा सम्बन्ध हो। इस प्रकार की संकीर्ण यथार्थवादिता ज़्यादा दिनों नहीं चली। फ़िर यथार्थवादिता और प्रगतिवादी साहित्य– इन दोनों को एक माना गया। इस प्रकार की कहानियों में नायक होता था या तो गाँव का किसान या शहर की लड़की। किसान आम तौर पर ग़रीब, बदसूरत और बूढ़ा होता था और लड़की जवान और अच्छे नाक-नक्श वाली होती थी और वह किसी फ़ैक्टरी में या उसके आस-पास काम करती या रहती होती थी। कम-से-कम कहानी शुरू होने तक तो ऐसा ही रहता था। उसके बाद किसान जेल जाता था और युवती सेठों के चंगुल में फँस जाती थी। किसान का परिवार लम्बा-चौड़ा होता था और उसके बहुत से बच्चे होते थे, जो कहानी के विकास के साथ-साथ भूख-प्यास या ज़मींदार की यातनाओं से मरते जाते थे और इधर शहर की युवती बेचारी अकेली होती थी और उसके बिना शादी के धीरे-धीरे बच्चे होते जाते थे। एक का परिवार घटता था—दूसरे का बढ़ता। जैसा कि ज़ाहिर है, इस प्रकार की कहानियों में पाठकों के रोने-धोने की सुविधा

का विशेष ध्यान रखा जाता था। कुछ दिनों बाद मुल्कराज आनन्द ने अँग्रेज़ी की कहानियों में आंचलिकता का पुट दिया। उन्होंने अपने सभी उपन्यासों में हिन्दी-उर्दू की चुनी-चुनी गालियाँ रोमन अँग्रेज़ी में लिखीं। जितने प्रकार की गालियाँ देश के विभिन्न भागों में बोली जाती हैं, उनका संग्रह करने में उन्हें काफ़ी समय लगा होगा। हिन्दी का अतियथार्थवादी लेखक भी यही करता है। किसी भी शहर के मुहल्ले या गाँव के टोले का सजीव वर्णन करने के लिए इधर यह आवश्यक हो गया है कि एक तो वहाँ के लोगों की काम-प्रवृत्ति का पूरा-पूरा दर्शनप्रधान चित्रण किया जाये और दूसरे, गन्दी गालियों की हू-ब-हू नक़ल आपको दी जाये। देहात की गालियाँ सुनने का कुछ नवयुवक लेखकों को इतना मोह है कि वे शहर आयी ग्राम-बालाओं को सिर्फ़ इसी मौलिक दृष्टिकोण से छेड़ते हैं कि कुछ लोक-साहित्य सुनने को मिले। ऐसे लेखकों की कृतियों में आंचलिकता का प्रखर रूप में उभरना स्वाभाविक ही है।

इस यथार्थवादिता ने हिन्दी के रंगमंच को एक नया ही रूप दिया है। रंगमंच से मेरा अर्थ नाटक से नहीं, वरन् उस तख़्त, परदे और जाज़म से है जिनसे कि स्टेज बनती है। आज का नाटककार रंगमंच को यथार्थवादी बनाने के लिए कुछ भी उठाकर नहीं छोड़ता। वह यहाँ तक लिखता है कि ड्राइंग रूम में चार परदे हैं। एक नीला है, दूसरा भी नीला है पर वह ज़्यादा धोने से हल्का पड़ गया है। तीसरा परदा नीला है मगर हल्के नीले परदे के साथ वह गहरा नीला लगता है। चौथा परदा अलबत्ता नीला है और इसी से तीसरे और चौथे में कोई फ़र्क़ नहीं लगता। इसके बाद मान लीजिए कि नाटक में कोई ऐसा दृश्य है कि स्टेज पर कुत्ता आता है। नाटककार आपकी सुविधा के लिए लिखेंगे कि स्टेज पर कुत्ता धीरे-धीरे आता है। कुत्ते का रंग स्टेज की तरफ़ काला है। दूसरी तरफ़ का रंग दर्शकों को नहीं दिखायी देता। कुत्ता टाँगों से चलता है। कुत्ता स्टेज पर लगे बल्बों को देखकर अपनी दुम को बड़े प्यारे ढंग से तीन बार दायें और दो बार बायें को हिलाता है। इसके बाद कुत्ता वापस चला जाता है। उसकी दूसरी तरफ़ का रंग दर्शकों को अब दिखायी देता है, कुत्ता उधर से भी काला ही है।

ऊपर लिखी प्रमुख प्रवृत्तियों के अतिरिक्त और भी कई प्रवृत्तियाँ समकालीन साहित्य में प्रकट हो रही हैं। बालोपयोगी व हास्य और व्यंग्य का साहित्य ख़ूब लिखा जा रहा है। बड़े-बड़े लेखक आजकल ऐसी रचनाएँ लिख रहे हैं जो या तो बच्चों के लायक़ हैं या जिन्हें पढ़कर बड़े मुक्त ढंग से हँसी आती है। अभी-अभी मैं एक नितान्त प्रतिष्ठित वृद्ध कवि की कविता पढ़ रहा था, जिसकी प्रथम पंक्ति थी 'चिड़िया ठिनक-ठिनक गाती है।' ऐसी पंक्तियाँ बच्चों को काफ़ी पसन्द आती हैं। हास्य-साहित्य भी इसी प्रकार गम्भीर लेखकों द्वारा लिखा जा रहा है और उन बेचारों को पता भी नहीं कि उनकी रचनाओं से मित्र लोगों का कितना विनोद हो रहा है। एमर्सन ने ठीक ही कहा है कि "विशुद्ध साहित्य की सृष्टि तो अनायास ही

रवीन्द्रनाथ त्यागी– 1955

रवीन्द्रनाथ त्यागी– 1956

होती है। स्वयं लेखक को भी कभी-कभी उसका पता नहीं लगता।"

यात्रा-साहित्य भी इधर ज़ोर पकड़ रहा हे। अगर किसी सज्जन को रूमानिया, रूस वग़ैरह जाने का अवसर मिल जाये तो पूछना ही क्या! यात्रा से पूर्व चार लेख, फिर यूरोप की डायरी, परदेशी के पत्र और फिर वापसी पर प्रवास के संस्मरण। जो लोग बाहर नहीं जा सकते, वे अपने देश की महिमा गाते हैं और 'सारे जहाँ से अच्छा हिन्दोस्तां हमारा' ध्यान में रखकर उदयपुर, जौनपुर और माँडू इत्यादि स्थलों पर सचित्र लेख लिखते हैं। जहाँ तक सचित्र होने का प्रश्न है, यह प्रवृत्ति तो ख़ूब ज़ोर मार रही है। शायद ही कोई पुस्तक, पत्र-पत्रिका का लेखक ऐसा हो जो सचित्र न छपता हो।

इस निबन्ध को समाप्त करने से पूर्व मैं एक प्रवृत्ति का वर्णन और करूँगा। यह प्रवृत्ति कदाचित् सबसे स्वस्थ परम्परा का निर्माण करती है। यह प्रवृत्ति है लेखकों का स्वयम् और एक-दूसरे के प्रति इतना अधिक जागरूक होना। यदि आप किसी भी नये लेखक के बारे में कोई बात जानना चाहें तो 'मेरा हमदम—मेरा दोस्त', 'अमुकजी... अमुक की दृष्टि में', 'कथादशक : आत्मपरिचय' वग़ैरह किसी भी शीर्षक के नीचे छपी-छपायी सामग्री आपको मिल सकती है। हमारे प्राचीन काल के लेखक इस दिशा में बड़े अहम्मन्य, ईर्ष्यालु और संकुचित दृष्टिकोण वाले होते थे। अश्वघोष ने कहीं भी कालिदास के बारे में कुछ नहीं लिखा। न कहीं भास ने दण्डी की ही प्रशंसा की। कालिदास ने ज़रूर रघुवंश के प्रथम सर्ग में वाल्मीकि की चर्चा की है, पर वह भी शायद अपने को उससे ऊँचा साबित करने के लिए। इन्हीं कारणों से संस्कृत भाषा का पतन हुआ। अँग्रेज़ी में भी डॉ. जॉनसन ने अपनी 'लाइफ़ ऑफ़ इंगलिश पोइट्स' में मथ्यू ऑर्नल्ड का ज़िक्र तक नहीं किया, हालाँकि ऑर्नल्ड एक अच्छा कवि था। कुछ लोगों का मत है कि जॉनसन ने उसकी चर्चा शायद इसलिए नहीं की कि ऑर्नल्ड जॉनसन की मृत्यु के बाद पैदा हुआ था, पर निष्पक्ष आलोचक जानते हैं कि एकमात्र कारण यही नहीं रहा होगा। इस तरह की चुप्पी लगाने से सिर्फ़ एक ही लाभ हुआ। वह यह कि शोध क्षेत्र में काफ़ी स्कोप रह गया। आप आराम से इस बात पर शोध कर सकते हैं कि सूरदास जन्मान्ध थे या यह शौक़ उन्हें बाद में चर्राया था, दण्डी स्त्री थी या पुरुष, अश्वघोष मनुष्य था या घोड़ा, बाणभट्ट सिर्फ़ लिखते ही थे या तीर भी चलाते थे, वग़ैरह-वग़ैरह। आज के उदीयमान लेखक एक-दूसरे की प्रतिभा के कितने क़ायल हैं और वे कितनी ईमानदारी से अपना परिचय प्रकाशक के नाम से फ़्लैप पर छपवाते हैं, यह देखकर हिन्दी-साहित्य और उसके लेखकों के तीव्र विकास के विषय में किसी भी सहृदय हिन्दी-प्रेमी को आश्चर्य नहीं होना चाहिए।

हिन्दी काव्य में प्रकृति-वर्णन

प्रकृति-वर्णन की परम्परा हमारे देश के साहित्य में बहुत पुरानी है। वेदों के समय से लेकर आज तक हमारे लेखक और कवि इस देश के पेड़-पौधों, पशु-पक्षियों और ऋतुओं का निरन्तर वर्णन करते आ रहे हैं, फिर भी ऐसे कितने ही पशु-पक्षी और फल-फूल रह गये हैं जिनका अभी तक कहीं ज़िक्र ही नहीं हुआ। प्रकृति-वर्णन के विकास में बाधा कई कारणों से पड़ी। एक तो यह कि कवि लोगों ने उन्हीं फल-फूल इत्यादि वस्तुओं का वर्णन किया, जो उनके देश में पाये जाते थे, जिसका परिणाम यह हुआ कि जिस इलाक़े में कवि और लेखकों की पैदावार कम रही उस प्रान्त की प्रकृति को साहित्य में उपयुक्त स्थान नहीं मिला। दूसरी बात यह कि पुराने उस्तादों ने कुछ विशिष्ट वस्तुओं की उपमाएँ किसी विशेष वस्तु से देकर कुछ ऐसी प्रणालियाँ निश्चित कर दीं कि बाद के लोगों ने अपनी कल्पना को काम पर भेजना ही बन्द कर दिया। जैसे कि भर्तृहरि ने कहीं कह दिया कि खरगोश के सींग नहीं होते। बाद के सभी कवियों ने बिना कभी खरगोश देखे हर असम्भव बात की तुलना खरगोश के सींगों से देनी शुरू कर दी। इसी प्रकार हंस और नीर-क्षीर विवेक वाली कथा है। हंसों का वर्णन पुरानी पुस्तकों में दो ही प्रसंगों में है, या तो नल-दमयन्ती के प्रसंग में पत्र ले जाने का या दूध और पानी अलग-अलग करने का। ऐसा लगता है कि जो भी समय पत्रवाहन की क्रिया से अवशेष रहता था उसमें ये बेचारे पक्षी असली-नकली दूध की पहचान किया करते थे। इसी प्रकार रीतिकालीन युग के प्रारम्भ में किसी ने 'शुक'-जैसी 'नासा' और 'पके पलाश'- जैसे 'अधर' मान लिये तो बाद के सभी कवियों ने इसी रीति का अनुसरण किया। रीतिकाल कहने का अर्थ ही यह था कि कुछ कवियों द्वारा निश्चित पद्धतियों का अनुसरण बाक़ी कवि करते थे और कुछ नायिकाओं द्वारा निश्चित हाव-भाव और भंगिमाओं का अनुकरण बाक़ी नायिकाएँ करती थीं। यह सोचना असंगत और अस्वाभाविक लगता है कि नायिकाओं के अतिरिक्त किसी और क़िस्म की औरत भी उन दिनों गंगा-यमुना के दुआबे में पायी जाती थी। क्योंकि सभी नायिकाएँ शुक-जैसी नासा, पलाश-जैसे ओष्ठ और अधर, चन्द्रमा-जैसा मुख, कमल-जैसे नयन और कदली-जैसी जंघाओंवाली होती

थीं, उनको एक-दूसरे से अलग पहचानना मुश्किल था। नायिकाभेद की परम्परा का सूत्रपात्र यहीं से हुआ।

मैं बता रहा था कि किन कारणों से हमारे साहित्य में प्रकृति-वर्णन सर्वांगीण नहीं हो पाया। यहाँ तक कि छायावादी कवियों ने भी इस दिशा में घिसी-पिटी परम्पराओं का ही अनुसरण किया और इस प्रकार प्रकृति के कितने ही अंग अनदेखे ही रह गये। उदाहरण के लिए अजगर को ले लीजिए। सिवाय मलूकदास के, जिसने एक ऐसे अजगर का ज़िक्र किया है जो बिना कुछ किये नियमित राशन पाता था, किसी ने भी इस जीव पर ध्यान नहीं दिया। यह कितना अस्वाभाविक है! मेरे विचार से देश में इतने तरह के साँप हैं जितनी तरह की नायिकाएँ भी नहीं हैं। बड़े साँपों का उपयोग महाकाव्यों और छोटे-मोटे का खण्डकाव्यों के लिए बड़े मज़े में हो सकता था। चूहे को ही ले लीजिए। गणेशजी ने जब से बेचारे पर सवारी की, किसी को दिखायी ही जो नहीं दिया। चमगादड़ और उल्लू भी इस श्रेणी में आते हैं। कवि लोग तो अक्सर रात को जागते हैं और स्वाभाविक है कि कभी-कभी उन्होंने उल्लू को देखा हो या उसकी वाणी सुनी हो। यह जानवर एक विशिष्ट प्रकार का है और ख़ास बात यह है कि इसका बच्चा उल्लू का बच्चा न कहलाकर उल्लू का पट्ठा कहलाता है। और जानवरों में गधों और घोड़ों का वर्णन भी कम ही आया है। मेंढकों पर भी भक्तिकाल और रीतिकाल के बाद ध्यान कम ही दिया गया।

इसी प्रकार ऐसे बहुत-से फल-फूल और वनस्पति हैं जिनका काव्य में वर्णन नहीं मिलता। गीता ने 'मा फलेषु कदाचन' कहकर फलों के प्रयोग पर कुछ धार्मिक आपत्ति की थी, मगर इसका यह अर्थ नहीं था कि इनका ज़िक्र ही न हो। कालिदास-जैसे कवि ने भी अमरूद, लीची, पिण्डखजूर, चीकू, अनन्नास इत्यादि फलों का कहीं वर्णन नहीं किया। फूलों में भी पलाश, हरसिंगार, कमल इत्यादि पूँजीवादी फूलों का ही विवरण दिया गया और छोटे-मोटे फूलों की चर्चा ही नहीं की गयी। लोक-साहित्य में ज़रूर इन बातों पर ध्यान दिया गया है, जैसे 'हमारा सजन कद्दू का फूल' या 'सैंया तोरी खातिर फुलि गेंदा बन जाऊँगी' वग़ैरह-वग़ैरह। केले-जैसे उपयोगी फल पर भी बहुत कम ध्यान दिया गया जो दुखद घटना है। यातायात के सस्ते साधनों में केले के छिलके का जो स्थान है वह किसी सहृदय पाठक से छिपा नहीं है।

हिन्दी के नये कवियों और लेखकों को चाहिए कि प्रकृति के इन उपेक्षित अंगों पर ज़रूर ध्यान दें। साहित्य में इस प्रकार के वर्णन से बड़े लाभ हैं। जो कवि जितने ज़्यादा फूल और पेड़ों वग़ैरह के नाम जानता है वह उतना ही पण्डित माना जाता है। दूसरे, हमारे देश के जानवरों की इतनी तीव्रता से हत्या की जा रही है कि यदि उनके नाम हम अपने नाटकों और काव्यों में न देंगे तो कल यह भी सिद्ध करना कठिन हो जायेगा कि मोर भारतीय पक्षी है या अभारतीय। इस लेख के लेखक को यह लिखते हुए हार्दिक हर्ष होता है कि नयी पीढ़ी के कुछ प्रबुद्ध लेखक इस ओर

रुचि ले रहे हैं। प्रयाग के एक नवयुवक कवि ने एक पुराने फल का उद्धार करते हुए हाल ही में कहा है : 'जीवन एक सिंघाड़ा है।' इसी प्रकार एक दूसरे कवि ने कहा है : 'तुम्हारा सन्तरी यौवन।' एक गद्य-लेखक ने अपने आंचलिक उपन्यास में कुमायूँ के सूदखोर महाजन की तुलना करते हुए कनखजूरे पर जो ध्यान दिया है (इस अदना-से जानवर पर उन्होंने डिमाई साइज़ के दो पेज भरे हैं), इसके लिए इस विशाल देश की जनता उनके प्रति आभारी है।

लघुमानव : एक अध्ययन

इधर हिन्दी की नयी कविता के सन्दर्भ में लघुमानव की चर्चा काफ़ी ज़ोर-शोर से की जा रही है। हाल में छपा शायद ही ऐसा कोई आलोचनात्मक निबन्ध हो जिसमें लघुमानव के सहारे काव्य की नयी प्रवृत्तियों को समझाने की कोशिश न की गयी हो। क्योंकि लघुमानव हिन्दी कविता के पुनर्जागरण, पुनरुत्थान और कायाकल्प के सन्दर्भ में इतना महत्त्वपूर्ण स्थान रखता है इसलिए उसके बारे में उत्सुकता होना स्वाभाविक है। देश और काल की इसी आवश्यकता को ध्यान में रखते हुए, उसका संक्षिप्त परिचय यहाँ प्रस्तुत किया जाता है।

संक्षेप में यह कहा जा सकता है कि लघुमानव नयी कविता का प्रतीक है। हिन्दी कविता पर जो भी नये प्रयोग किये जाते हैं वे पहले लघुमानव पर ही किये जाते हैं। नयी कविता का प्रतीक होने के नाते लघुमानव भी लघुकाय, नीरस, निर्वसन या अर्धनग्न, टेढ़ा-मेढ़ा और अलंकार-शून्य होता है। नये काव्य के प्रति अपनी आस्था प्रकट करने के लिए वह स्वयं भी किसी टिप-टाप में विश्वास नहीं रखता। देखने-भालने में वह आदमी की ही सूरत का होता है। अक्सर वह गन्दी कमीज़ और गन्दा पायजामा पहने होता है। उसकी ऊँचाई चार-साढ़े-चार फ़ीट से ज़्यादा नहीं होती और वह आसानी से संसार का सबसे लम्बा बौना कहा जा सकता है। वह बातें काफ़ी करता है, पर उससे बातें करने का सौभाग्य सभी को प्राप्त नहीं होता। बातचीत में जिन शब्दों का प्रयोग बहुधा किया जाता है उनमें 'निष्ठा', 'आस्था', 'बिम्ब', 'कुण्ठा', 'प्रतीक', 'चेतना', 'मूल्य' प्रमुख हैं। यों तो विभिन्न अवसरों पर वह नगर के प्रत्येक गली-कोने में पाया जाता है, पर फिर भी उसके प्रिय स्थान है कॉफ़ी हाउस, किसी समाचार-पत्र का कार्यालय या कोई पुस्तकों की दुकान। कॉफ़ी हाउस में वह आम तौर पर सबसे पहले आता है और उसके जाने का समय तभी होता है जबकि काउण्टर का मुंशी अपनी सन्दूकची और दवात-कलम समेटकर उठ जाता है, मेज़-कुर्सियाँ बटोर ली जाती हैं और जब बाहर रात्रि की निस्तब्ध वीथियों पर पुलिस की 'होशियार रहो' वाली चिरन्तन वाणी सुनायी देने लगती है।

लघुमानव का नये साहित्य में कितना महत्त्वपूर्ण स्थान है, इसका पता इस सत्य से लग सकता है कि हिन्दी-साहित्य की राजधानी प्रयाग में कोई भी ऐसा कवि,

नाटककार या गल्प-लेखक नहीं है, जो अपने पास कम-से-कम एक प्रति लघुमानव न रखता हो। जो लोग ज़्यादा बड़े साहित्यकार हैं या जो लम्बी-लम्बी लटों के कारण चोटी के कलाकार कहलाते हैं, वे एक समय में एक से अधिक भी लघुमानव पाले रहते हैं।

लघुमानव का जीवन काफ़ी संघर्षमय और व्यस्त होता है। संघर्षमय इसलिए कि लघुमानव का हमेशा किसी-न-किसी लेखक या कवि से या उसके लघुमानव से संघर्ष होता ही रहता है। इस संघर्ष का प्रारम्भ किसी गम्भीर साहित्यिक विवाद से होता है। भावनाओं की गहनता के कारण इसका विकास गाली-गलौज में हो जाता है। और हाँ, इसका अन्त हमेशा हल्की-फुल्की मार-पीट से होता है। वैसे लघुमानव इस प्रकार के संघर्षों में काफ़ी निःस्वार्थ रहता है। जितनी भी गालियाँ या अपशब्द कहे जाते हैं वे आपस में एक-दूसरे को न देकर उस लेखक या कवि के प्रति कहे जाते हैं, जिसके साथ वे संलग्न रहते हैं। मारपीट हो जाने से क्रिया व्यक्तिगत रूप धारण कर लेती है और व्याकरण के प्रथम व मध्यम पुरुष को आघात लगने का ख़तरा रहता है और इसी कारण लघुमानव की आस्था गाली-गलौज में ज़्यादा रहती है। मारपीट को इस प्रकार की व्यक्तिगत गोष्ठियों में तभी स्थान दिया जाता है जबकि जीवन, समाज और साहित्य के शाश्वत मूल्यों को अवचेतन मस्तिष्क तक पहुँचाने के लिए वह अनिवार्य हो जाये। इसके अलावा यद्यपि साहित्यिक वार्ताओं में लघुमानव विदेशी शैलियों पर अपनी आस्था ज़्यादा प्रकट करता है, पर फिर भी मारपीट व गाली-गलौज में वह यथार्थवादिता लाने के लिए देसी प्रणालियों का ही अनुसरण करता है।

गाली-गलौज से जो समय बचता है, वह लघुमानव नये काव्य के पुनर्जागरण में लगाता है। कविजी जो भी नयी कविताएँ लिखते हैं वे पहले लघुमानव को सुनायी जाती हैं। लघुमानव उनमें काट-छाँट करता है। वह साहित्यिक गोष्ठियाँ अरेंज करता है। उसके लिए दरी और तकिये का प्रबन्ध करता है। जब कविजी की कोई कृति प्रेस में होती है, लघुमानव उसके प्रूफ़ पढ़ता है। कविजी की निन्दा या प्रशंसा अगर कहीं छपती है, उसकी सूचना लघुमानव द्वारा ही कविजी को प्राप्त होती है। संक्षेप में, लघुमानव की वही स्थिति होती है जो मदारी के साथ जमूरे की।

इतने काम करने के बाद भी, लघुमानव अपने सामाजिक दायित्व निभाने के लिए कुछ-न-कुछ समय निकाल ही लेता है, पर व्यक्तिगत जीवन के बारे में वह ज़्यादा परवाह नहीं करता। इसी कारण वह प्रायः गन्दे दाँत, गन्दे बाल और गन्दे कपड़ों में घूमता रहता है। व्यक्तिगत सम्पत्ति में वह विश्वास नहीं रखता और इसी कारण वह पुस्तकें माँगकर पढ़ता है, सोने का इन्तज़ाम स्टेशन पर रखता है और शादी-विवाह के बारे में भी किसी इस्तमरारी बन्दोबस्त की ज़रूरत महसूस नहीं करता। अपनी इन्हीं पुनर्जागरणवादी प्रवृत्तियों के कारण फुटकर समय में वह इधर-उधर पिटता भी रहता है।

लघुमानव हमेशा लघु नहीं रहता। धीरे-धीरे उसकी रिसर्च की अवधि पूरी हो जाती है और तब उसका स्थान कोई दूसरा लघुमानव ले लेता है।

युगल मालती उर्फ़ द्यूत-परिणाम

पिछले दिनों उपेन्द्रनाथ 'अश्क़' की नयी कृति 'हिन्दी कहानी और फ़ैशन' देखने को मिली जिसमें उन्होंने पिछले दशक की हिन्दी कहानी की शोभा-यात्रा का आँखों-देखा वर्णन किया है और साथ-ही-साथ उन बदलते हुए फ़ैशनों की ओर भी इशारा किया है जो पिछले कुछ वर्षों में हिन्दी के कहानी-क्षेत्र में आये हैं। इस पुस्तक को पढ़ने के बाद साहित्य के अन्य क्षेत्रों में फ़ैशनों और उनके परिवर्तनों के बारे में जिज्ञासा होना भी स्वाभाविक ही था और मैं इसे अपना सौभाग्य ही कहूँगा कि कुछ ही दिनों बाद मुझे अपने पैतृक पुस्तकालय में एक ऐसी पुस्तक मिल गयी, जिसमें कि पुराने और नये का भेद समझने में मौलिक सहायता मिली। मेरे जैसे अन्य जिज्ञासु साहित्यप्रेमियों की जिज्ञासा किसी हद तक सन्तुष्ट करने के लिए अश्क़जी की तरह मेरा भी यह सामाजिक दायित्व हो जाता है कि इस पुस्तक की ख़ास-ख़ास बातों का वर्णन करूँ।

सबसे पहले मैं पुस्तक के मुखपृष्ठ का वर्णन करूँगा। मुखपृष्ठ की नक़ल इस प्रकार है:

श्री जी:
युगल मालती उपन्यास
अर्थात्
द्यूतपरिणाम यानी कि जुए खेलने का नतीजा
जिसको
संकेततार, श्री विष्णुभक्ति विजय, सच्चा उपन्यास, वारिष्टर,
वर्तमान तथा श्री सरस्वती चन्द्र आदि
उपन्यासों के लेखक, मुलतान निवासी
बाबू आत्मारामात्मज वल्लभदास वर्मा से रचाकर—
मथुरा निवासी लाला श्यामलाल अग्रवाल ने अपने श्यामकाशी
यन्त्रालय में सर्वसाधारण के लिए प्रकाशित किया।
रजिस्ट्री इत्यादि का हक़ प्रकाशन के स्वाधीन है

द्वितीयवार 1000

मूल्य बारह आने आने
डाक व्यय

सम्वत् 1972 वि॰

आगे बढ़ने के पूर्व यह उचित होगा कि मुखपृष्ठ की तकनीक के बारे में कुछ विचार-विमर्श हो जाये। जहाँ तक पुस्तक का नाम और उपनाम देने का प्रश्न है, यह उस समय का आम रिवाज़ था और इसका अभिप्राय होता था पाठकों को मूल-कथा का पूरा पता मुखपृष्ठ से ही दे देना। उस समय की सारी पुस्तकें इसी तरह छपती थीं, जैसे सुलताना डाकू उर्फ़ शेरे बिजनौर, गुलबदन उर्फ़ मुहब्बत का फूल, वीरेन्द्रवीर उर्फ़ कटोरा भरा ख़ून वग़ैरह-वग़ैरह। इस रिवाज़ का अनुसरण किसी हद तक अब भी किया जाता है। पुरानी दिल्ली के सारे सिनेमाघर जब भी कोई अँग्रेज़ी फ़िल्म चलाते हैं, तो जगह-जगह इस तरह के पोस्टर लगाते हैं : 'दि क्वीन आव् शैबा' उर्फ़ 'क़ातिल हसीना' या 'दि वर्ल्ड बाई नाइट' उर्फ़ 'रंगीन रातें'। साहित्य में तो इस रिवाज़ का चलना कतई नहीं छूटा है, हाँ अलबत्ता उसकी शक्ल ज़रूर बदल गयी है। इस काम को आजकल मुखपृष्ठ और कलापक्ष की सहायता से किया जाता है। अभी हाल ही में एक अमरीकन पुस्तक छपी है 'दि न्यू रिलीजन'। इस डर से कि कहीं इसके नाम से इसे लोग मात्र धार्मिक पुस्तक ही न समझ बैठें, जिसकी चर्चा सिर्फ़ चर्चों और मिशनरियों में ही हो, उन्होंने पुस्तक के मुखपृष्ठ पर एक मार्मिक चित्र बनाया है जिसमें एक अदद अधनंगी लड़की, एक अदद अधनंगे लड़के से इस तरह कसकर चिपटी हुई है कि पुस्तक के अगले संस्करण तक उन दोनों के अलग-अलग होने की कोई आशा नहीं दिखायी पड़ती। पुस्तक के पिछले कवर पर लिखा है 'प्यास और वासना की दर्दनाक कहानी'। इस प्रकार पुस्तक का संक्षिप्त वर्णन कर देने से पुस्तक का नाम धार्मिक होते हुए भी उसकी बिक्री में फ़र्क़ नहीं पड़ेगा। मेरे ख़याल से अब उसकी बिक्री चर्च और मिशनरी में भी ज़्यादा ही होगी। सामरसेट माम की 'दि पेन्टेड वील' नामक पुस्तक के मुखपृष्ठ पर एक आधी नंगी युवती बिस्तर पर से उठ रही है और सामने एक सूत्रात्मक टिप्पणी है : "वह घबरा गयी, किसी ने दरवाज़ा खटखटा दिया था।" अभी-अभी राजकमल प्रकाशन में छपे दो उपन्यासों का परिचय उनके विज्ञापन में इस प्रकार दिया गया है : "जीवन की भूख और मजबूरी ने रेखा के सारे जीवन को विषाक्त बनाकर रख दिया।" तथा "एक ऐसी आधुनिक नारी की कहानी जो जीवन का अर्थ खोजती हुई कई पुरुषों के सम्पर्क में आती है।" कभी-कभी तो ऐसे छापने लायक़ मार्मिक स्थल पुस्तक में ढूँढ़ने के लिए प्रकाशक को काफ़ी कठिनाई पड़ती है जैसा कि मुझे हाल ही में अनुभव हुआ। एक हाल ही में छपी पुस्तक के फ़्लैप पर लिखा था : "और इसके बाद आशा ने पुलक को हाथ से पकड़कर छाती से लगा लिया..... उसे इस बात का ध्यान ही न रहा कि स्टेशन पर खड़े लोग उन दोनों को देखने लग गये हैं। आशा को लगता था कि वह अब जीवन-भर पुलक को अपने वक्ष से नहीं उठने देगी।" मैंने भी जब यह सनसनीख़ेज़ वारदात पढ़ी तो लंच के पैसे बचाकर यह ज्ञानवर्धक पोथी ख़रीदी। शाम को सन्ध्यावन्दन के बाद जब पुस्तक का मनन शुरू किया तो पता लगा कि आशा माँ थी, पुलक था उसका इकलौता बेटा, जो मेले में खो जाने के बाद 'सेवा

समिति' वालों की कृपा से मिला था। इस वात्सल्यता को देखकर जो कोफ़्त हुई उसका आप अन्दाज़ा लगा सकते हैं।

जहाँ तक लेखक के साथ रचनाओं के नाम देने का प्रश्न है, यह परम्परा अब ज़रूर कुछ बदल गयी है। यों वृन्दावनलाल वर्मा अब भी अपनी सारी कृतियों के नाम अपने नाम के साथ मुखपृष्ठ पर देते हैं, पर वह बड़ा अजीब लगता है। बाक़ी लेखक अपनी अन्य पुस्तकों के नाम फ़्लैप पर छपाते हैं और इस सिलसिले में छपी-न-छपी पुस्तकों के नाम बराबर ईमानदारी से दिये जाते हैं। मैं अभी-अभी एक हिन्दी के डॉक्टर का उपन्यास पढ़ रहा था, जिसमें उन्होंने 'पनीली औरतों' और 'बिछलते नितम्बों' की 'आँसू तराशी तसवीर' दी है। इस क़िस्म की और भी मुख़्तलिफ़ चीज़ें इस किताब में बहुतायत से पायी जाती हैं। सम्भवतः यह इस महान् लेखक की पहली कृति है और भगवान ने इन्हें तनिक भी सद्बुद्धि दी है तो यह अन्तिम कृति भी होगी। ख़ैर, यह तो विषयान्तर हुआ, कहने का अभिप्राय यह है कि पुस्तक के फ़्लैप पर लेखक की ग्यारह अन्य कृतियों के नाम छपे हैं, जिनमें से दस यन्त्रस्थ हैं। इस प्रकार की सूची से अपनी भाषा और साहित्य के भविष्य (और साथ-ही-साथ लेखक के भविष्य का भी) का पता दस वर्ष पहले ही लग जाता है।

लेखक के बाप का नाम देने की परम्परा भी अलबत्ता अब छूटती जा रही है। काफ़ी लेखक अपने को स्वयंभू स्वीकार करते हैं और सार्वजनिक तौर पर यह स्वीकार करना कि 'कभी इनका भी बाप था', बड़ा दक़ियानूसी मालूम होता है। शहर का नाम देना भी अब ग़ैर ज़रूरी हो गया है। उर्दू के शायर ज़रूर अभी तक शहर, गाँव, तहसील और डाकख़ाने का पूरा पता नाम के साथ देते हैं, हालाँकि आज के बदलते सन्दर्भों में इसकी क्या उपयोगिता है, यह समझ नहीं आता। साहिर लुधियानवी और शकील बदायूँनी रहते हैं बराबर बम्बई में– और जोश मलीहाबादी पाकिस्तान में– पर नाम के साथ शहर का ज़िक्र बतौर दस्तूर के अब तक जुड़ा हुआ है। मेरे ख़याल से यह परम्परा अकबर इलाहाबादी और जिगर मुरादाबादी के साथ उर्दू में भी ख़त्म हो जानी चाहिए थी।

इसी प्रकार लेखक के अपने नाम देने की बात है। पहले ज़माने में लोग अपना सही नाम लिखने में शरमाते नहीं थे। अगर वल्लभदासजी नाम से वल्लभदास थे, तो जीवन-भर वल्लभदास ही रहते थे। संस्कृत में एक कवि का नाम राक्षस था। शृंगार की ललित परम्पराओं को ध्यान में रखते हुए कालिदास भी कोई नामों में नाम था! मगर इनमें से किसी ने भी नाम नहीं बदला। कल्हण कल्हण ही रहे और बल्लाल बल्लाल। इधर हिन्दी में कुछ और ही चलन है : धनपतराय बाद में प्रेमचन्द कहलाते हैं और गुसाईंदत्त पन्त नौवीं कक्षा तक पहुँचते-पहुँचते सुमित्रानन्दन पन्त हो जाते हैं, वग़ैरह-वग़ैरह।

मुखपृष्ठ पलटने के बाद आता है समर्पण का पेज। इस पर किसी का नाम नहीं है, सिर्फ़ लिखा है–प्रेमोपहार। कोई सज्जन यह पुस्तक किसी को भी दे सकता

है। क्योंकि यह पुस्तक लगभग पचास वर्ष पहले छपी हुई है, इस प्रकार की उदारता दिखाना उन दिनों सम्भव था। इन दिनों जबकि हर तीसरा व्यक्ति शिक्षामन्त्री, नेता, सम्पादक, उपकुलपति या काग़ज़ का कोटा देनेवाला अधिकारी है, तो समर्पण के पृष्ठ को खाली छोड़ना नैतिक जुर्म ही कहा जायेगा। यों कुछ निःस्वार्थ व्यक्ति अभी भी हैं जैसे कि अश्क़जी, जिन्होंने अपनी नयी कृति किसी एक व्यक्ति-विशेष को न देकर, शुभाकांक्षाओं के साथ हिन्दी की सारी नयी प्रतिभाओं को सामूहिक तौर पर समर्पित की है। हिन्दी का हरएक लेखक इस पुस्तक को अपने प्रति समर्पित किया हुआ मान सकता है, बशर्ते वह प्रतिभावान् हो और ज़रा नये क़िस्म का हो।

समर्पण के बाद भूमिका की चर्चा करूँगा जो कि एक ज़बर्दस्त चीज़ है। स्थान की कमी के कारण पूरी-की-पूरी भूमिका तो यहाँ उतारना असम्भव है, पर फिर भी मोटी-मोटी बातों की चर्चा करना ज़रूरी है। पहले संस्करण की भूमिका अलग है और दूसरे संस्करण की अलग। पहले संस्करण के लिए परमपिता परमात्मा को धन्यवाद दिया गया है। जिसकी अपरम्पार कृपा से पुस्तक प्रकाश में आयी और दूसरे संस्करण के लिए पाठकों को, जिनके प्रेम के कारण पुस्तक का पहला संस्करण बिका। भूमिका में कुल मिलाकर चार संस्कृत के श्लोक हैं, तीन उर्दू के बबरशेर हैं और चार अदद तुलसीदास की चौपाई हैं। संस्कृत का एक श्लोक इस प्रकार है :

"अधरस्य मधूरिमाणां कुच काठिन्यं दृगौस्त्रैक्ष्यं च
कवितायाः परिपाकं ह्यनुमवरसिको विजानाति"

उर्दू के शेर इस प्रकार हैं:

"कभी चैन मिलता नहीं आशिकों को
मुहब्बत में बस इक यही मुश्किल है"

या

"जान ले लेता है आख़िर को लगाना दिल का"

या

"हम तो मरते हैं इन चार पर
नाज़ पर, अन्दाज़ों पर, रफ़्तार पर, गुफ्तार पर"

पूरी भूमिका में (जो कि जुए के परिणामों से सम्बन्धित एक उपन्यास के प्रथम संस्करण पर लिखी जा रही है) इस शेर और शायरी का क्या सम्बन्ध है, यह मुझे पता नहीं लगा। मगर अश्क़जी की किताब में भी जो शुरू के अध्याय हैं, उनका मूल पुस्तक से क्या सम्बन्ध है?

भूमिका के बाद लेखक का गुलाबी रंग का चित्र है, जिसमें छापे के कारण आँख सिर्फ़ एक ही आयी है। दूसरी आँख का ज़िक्र शुद्धि-पत्र में भी नहीं है। हिन्दी में चित्र छापने की परम्परा समाप्त करने का श्रेय उन अनेक सज्जनों को है जो बारी-बारी से दाढ़ी बढ़ाते या मुँड़ाते रहे हैं। अज्ञेयजी भी इसी कोटि में आते हैं।

इन सबके बाद पुस्तक का नम्बर आता है। कथानक या शिल्प आदि में तो अन्तर होना स्वाभाविक ही है, मगर कुछ और बातें भी ऐसी हैं जिनकी चर्चा करना ज़रूरी है। टामस हार्डी अपने उपन्यासों में अध्यायों के शीर्षक दिया करते थे, जैसे कि 'नायक उदास है मगर गाता है' और बंकिमचन्द्र ने 'राजसिंह' उपन्यास के हर अध्याय के पूर्व संस्कृत के किसी कवि या गद्य-लेखक का एक चुना हुआ उद्धरण दिया है। इसी तरह 'खूनी वसीयतनामा' वग़ैरह किताबों में जगह-जगह फुटनोट दिये रहते हैं, जैसे 'रायबहादुर की हत्या किस तरह हुई, यह जानने के लिए 'लाल पंजा' भाग चार पढ़िए' या 'खूँख्वार नक़ाबपोश के नामी कारनामे 'काजल की कोठरी' में पढ़िए : मूल्य दोनों भागों का सिर्फ़ दस आने। दोनों भाग साथ मँगाने पर हिन्दी की जन्त्री मुफ़्त।' युगल मालती उपन्यास में इस प्रकार का कोई फुटनोट नहीं है। इसमें तो बस जगह-जगह पर लेखक ने ब्रैकेट के द्वारा विभिन्न स्थितियों पर अपने निजी विचार कहीं-कहीं प्रकट किये हैं, जिससे कि रसानुभूति में पर्याप्त सहायता मिलती है। उदाहरण के लिए एक स्थल पर युगलकुमार मालती देवी को पीटता है तो लेखक ब्रैकेट में कहता है (हाय रे युगल! तूने यह भी नहीं सोचा कि मालती गर्भवती है।) या जब युगल मालती को अपने मैके जाने को कहता है तो फुटनोट दिया गया है : "मालती ऐसे में जाये तो कैसे जाये! बेचारी के पास फूटी कौड़ी भी तो नहीं है। देखते हैं अब आगे बेचारी क्या करती है।" इस प्रकार की परम्परा कभी-कभी गाँव की नौटंकी की याद दिलाती है जहाँ राणा प्रताप हल्दीघाटी के घमासान युद्ध में क्षण-भर को तलवार रोककर हरमुनियम बजानेवाले से कहते हैं : "आज तो कमाल कर दिया उस्ताद" और फिर से उन मुग़ल-योद्धाओं को वीर-गति प्राप्त कराने में लग जाते हैं, जो पिछले आधे घण्टे में कई बार मर चुके हैं, पर जो राणा प्रताप की निगाह बचते ही फिर तख़्त पर से उठकर लड़ने लगते हैं।

पुस्तक के अन्त में एक शुद्धि-पत्र है, जिसमें सिर्फ़ चार ग़लतियाँ हैं।

पुस्तक के पिछले कवर पर एक हिदायत है। यह हिदायत अश्क़जी की उस हिदायत से मिलती-जुलती है जिसमें वे बिना अनुमति के अपना ड्रामा स्टेज करने को मना किया करते हैं। हिदायत सर्वसाधारण के हित के लिए यहाँ उद्धृत की जा रही है:

इत्तला

ज़रूरी बाबत ख़रीदारी

हर ख़ास और आम को वाजे हो कि हमारी नयी रोशनी के उपन्यासों और उनके मशहूर नामों को देखकर चन्द हासिदों ने नकली किताब बना कर बेचना शुरू कर दिया है। ख़रीदारों को इत्तला दी जाती है कि नकली किताबों के धोखे में न आयें और पूरा पता, मुहर और अँग्रेज़ी में दस्तख़त देखकर किताब ख़रीदें। जिस किताब पर हमारा नाम और पता, ख़ाकसार श्यामलाल बाज़ार शाहघासा, शहर मथुरा छपा हो, वह असली और बाक़ी नकली समझनी चाहिए।

मेरा साहित्य-प्रेम

और क़िस्म के प्रेम की तरह साहित्य का प्रेम भी जिसे होना होता है, उसे बचपन में ही हो जाता है और अवस्था के साथ-साथ यह भी धीरे-धीरे जड़ें पकड़ता जाता है। मुझे अपने बचपन में जिन दो व्यक्तियों से इस दिशा में पुनीत प्रेरणा मिली, उनके शुभ नाम मुझे अभी तक याद हैं। इनमें से एक का नाम तो था लाला तुलाराम और दूसरे का था मास्टर ख़ैराती लाल। लाला तुलारामजी दुकान लगाते थे और उनकी दुकान का दुनिया भर की और चीज़ों के साथ-साथ किताबें भी किराये पर पढ़ने को मिलती थीं। हमारे क़स्बे में घर-घर साक्षरता का प्रचार करने में जितना श्रेय इस व्यक्ति को प्राप्त है, उतना किसी दूसरे को नहीं। हाँ, अलबत्ता साहित्य के प्रति इनका दृष्टिकोण ज़रूर कुछ सीमित क़िस्म का था और वे साहित्य को मनोरंजन का ही साधन मानते थे। इसका परिणाम यह होता था कि लालाजी की दुकान पर चन्द्रकान्ता (4 भाग), चन्द्रकान्ता सन्तति (25 भाग), भूतनाथ (31 भाग) के अतिरिक्त और जो ग्रन्थ पढ़ने को मिलते थे, वे होते थे : लाल पंजा, भुतही सुन्दरी, ख़ूनी वसीयतनामा, जासूसी कुत्ता, दो नक़ाबपोश, काजल की कोठरी, लन्दन रहस्य वग़ैरह-वग़ैरह। जहाँ तक मुझे याद है, मैंने लालाजी का सारा पुस्तकालय मिडिल स्कूल आते-आते ख़त्म कर दिया था।

दूसरे सज्जन, जिनका नाम मास्टर ख़ैरातीलाल था, मिडिल स्कूल में हिन्दी के अध्यापक थे। ये जाति के शूद्र थे और इसी कारण हिन्दी अध्यापक होने के बावजूद उन्हें 'पण्डितजी' नहीं कहा जाता था। ख़ैरातीलालजी बड़े स्नेही, अध्ययनशील और काव्यप्रेमी प्रकृति के पुरुष थे। संसार का शायद ही ऐसा कोई विषय था जिस पर वे तुरन्त एक दोहा या सवैया न सुना दें। फलों, सब्ज़ियों और जानवरों पर भी उन्हें सूक्तियाँ याद थीं। वे स्वयं भी कवि थे और स्कूल के सालाना जलसे पर उनकी कविता ज़रूर हुआ करती थी। अन्त्याक्षरी-प्रतियोगिता में उनके छात्र सदा प्रथम आते थे। उनके इस काव्य-प्रेम से कभी-कभी कठिनाई भी हो जाती थी, जैसे कि एक बार जब डिप्टी साहब मुआयने पर आये तो कोई कुत्ता उनके पीछे लग गया और लगा ज़ोर से दौड़ने और भौंकने। डिप्टी साहब दुबले-पतले, नाज़ुकमिज़ाज

व्यक्ति थे, भागकर किसी तरह ख़ैरातीलालजी की क्लास में जा छिपे। अब हालत यह कि हाँफते हुए डिप्टी साहब कक्षा में खड़े हैं और कुत्ते महाशय ने बाहर खपरैल के बरामदे में मोर्चा ले रखा है और इधर मास्टर ख़ैरातीलाल कुत्ते के पीछा करने पर किसी कवि का कवित्त सुना रहे हैं। ख़ैर ख़ैरातीलालजी के ज्ञान और काव्य-प्रेम से मेरे साहित्य-प्रेम को बहुत बल मिला। हिन्दी की सबसे पहली पत्रिका 'सरस्वती' पढ़ने का अवसर भी हमें ख़ैरातीलालजी के पास ही मिला। काव्य के अतिरिक्त वह धार्मिक साहित्य भी पढ़ा करते थे और पण्डित कालूराम शास्त्रीजी की दो पुस्तकें उन्हें काफ़ी प्रिय थीं। इनमें से एक का नाम 'आर्यसमाज की अन्त्येष्टि' और दूसरी का नाम था 'आर्यसमाज की शव-परीक्षा'। सिद्धान्त की बातों पर हम कभी ग़ौर नहीं करते थे, जो हास्यपूर्ण तर्क व दृष्टान्त इन पुस्तकों में दिये गये थे, वे ख़ैरातीलाल क्लास के बाहर हमें बड़े शौक़ से सुनाया करते थे।

मिडिल स्कूल के बाद हम लोग हाई स्कूल में आये। वहाँ एक सज्जन से साबका पड़ा जिनका नाम था इकबाल नारायण सिंह। साहित्य-सेवा के लिए सेहत का अच्छा होना कितना ज़रूरी होता है, यह मैंने उन्हीं से सीखा। ये हज़रत कॉलेज की मैगज़ीन के हिन्दी सेक्शन के सहायक सम्पादक होते थे और सारे दिन जिल्द बँधवाने, कवर छपवाने, ब्लॉक बनवाने वग़ैरह बेकार के धन्धों में दौड़-धूप करते रहते थे। अपना महत्त्व दिखाने के लिए ये सज्जन क्लास के और छात्रों से बातचीत बहुत कम करते थे और जैसा कि लड़कों का कहना था, वे मैगज़ीन की छपाई वग़ैरह से काफ़ी पैसा भी बचा लेते थे। उन्होंने प्रेस से अपना लेटरपैड भी छपाया था। उनके बड़प्पन और समृद्धि को देखकर मेरा साहित्य-प्रेम और भी दृढ़ हो गया।

उस दिशा में कदाचित् सबसे अधिक प्रेरणा मुझे श्याममोहन 'भ्रमर' को देखकर मिली। ये सज्जन इण्टर कॉलेज में सेकेण्ड ईयर में पढ़ते थे। पतली सुनहरी कमानी का चश्मा, चिपके गाल, झुकी-सी कमर; कुर्ता-धोती पहनते थे और सिर पर लम्बे तेलयुक्त बात और पैरों में सदा गमबूट— इन दो चीज़ों का शौक़ रखते थे। नगर के प्रत्येक कवि-सम्मेलन में कवि श्री 'भ्रमर' की कविता होती थी और गाहे-बगाहे कॉलेज के बरामदे या लॉन में भी मित्र लोग उनसे काव्य-पाठ कराया करते थे। उनको काव्य-पाठ करते देखने में मुझे बड़ा आंनन्द आता था। कविता वे सरस्वर पढ़ते थे और उसमें इतने विभोर हो उठते थे कि उनकी आँखें मिच जाती थीं। गले की नसें चमकने लगती थीं और प्रत्येक गीत की समाप्ति होते-हो उनका कण्ठ सूख जाता था। उनकी कविताओं के शीर्षक होते थे जैसे 'कलिके, तू क्यों इतनी म्लान?', 'मुझमें ऐसा क्या आकर्षण', 'स्तब्ध दग्ध मेरे मन का तरु, क्या करुणाकर खिल न सकेगा?' वैसे नाम तो 'भ्रमर' कविजी का था, पर थे वे फूल की तरह; भौंरे का पार्ट तो कॉलेज की वे हिन्दी-प्रेमी लड़कियाँ अदा करती थीं, जो उन्हें यदा-कदा घेरे रहती थीं। उस दृश्य को देखकर मुझे सदा शमा और परवाना वाला उदाहरण

याद आया करता था। बस, अन्तर इतना था कि उर्दू कवियों के अनुसार परवाने जल जाते हैं और शमा उसी तरह रोशन रहती है, जबकि हमारे कवि 'भ्रमर' जी के केस में परवाने तो दस-पाँच गीत सुनने के बाद ख़ुशी-ख़ुशी घर लौट जाते थे पर भ्रमर-रूपी 'शमा' थकावट के कारण कुछ-कुछ बुझने-सी लगती थी। हिन्दी और उर्दू कविता में अन्तर ही जो होना ठहरा।

भ्रमरजी के केस को देखकर मैं समझ गया कि यदि युवतियों को आकृष्ट करना हो तो साहित्यिक होने से अच्छा कोई और मार्ग नहीं। हालाँकि जिस प्रकार की लड़कियों से भ्रमरजी घिरे रहते थे उन्हें देखकर तो उम्रभर बाल ब्रह्मचारी ही रहने की इच्छा होती थी, पर कभी-कभी यह भी आशा बँधती थी कि शायद कभी किसी सही क़िस्म की लड़की के हृदय में भी साहित्य-प्रेम का एक या दो अंकुर फूटें। समय के साथ-साथ कितने ही लोगों को मैं अब तक जान गया हूँ, जिनके साहित्य द्वारा स्त्री-पुरुष की समानता के दृष्टिकोण को बहुत बल मिला है। ये लोग स्त्री-पुरुष में कोई अन्तर नहीं मानते। जहाँ उन्हें कोई नयी पाठिका या साहित्य-प्रेमी युवती या छात्रा मिली, ये उसके और अपने बीच के अन्तर को समाप्त करने की कोशिश में बड़े मनोयोग से जुट जाते हैं। इनमें से कुछ कलाकारों का दृष्टिकोण तो इतना स्वस्थ है कि वे वही उदारता घर की नौकरानियों, आया तथा अन्य अशिक्षित नारियों के प्रति भी बरतते हैं। आख़िर अगर कलाकार भी आदमी-आदमी या औरत-औरत में फ़र्क़ मानने लगे तो उसमें और साधारण व्यक्तियों में फ़र्क़ ही क्या रहा?

ऊपर लिखे विवरण से स्पष्ट हो गया कि विश्वविद्यालय पहुँचते-पहुँचते मेरे साहित्य-प्रेम का पौधा काफ़ी गहरी जड़ें पकड़ चुका था। यूनिवर्सिटी ने मेरी रही-सही कसर भी पूरी कर दी। वहाँ साहित्य-प्रेमियों के बड़े ठाठ थे। वे लोग नित्यप्रति गोष्ठियाँ कराते थे, पत्रिकाएँ निकालते थे; पन्तजी, महादेवीजी, अश्क़जी के यहाँ चाय पीते थे या फ़िराक़ साहब से सिगरेट मारते थे। कॉफ़ी हाउस में इन लोगों का बिल अक्सर कोई और ही अदा करता था क्योंकि उस स्थिति से पूर्व ही 'शरत के ज़नाने पात्र', 'दो महायुद्धों के बीच हिन्दी रंगमंच' या 'कजरी बारह-मासे और हिन्दी आलोचना' यानी किसी भी गम्भीर विषय को लेकर शुरू की गयी सैद्धान्तिक चर्चा, मारपीट या गाली-गलौज का स्थान अनायास ही ग्रहण कर लिया करती थी। युवतीजन के प्रति स्नेह की भावना यहाँ और भी बलवती हो गयी थी। मेरे एक प्रिय मित्र जो अब हिन्दी के सुपरिचित कवि हैं, अपने प्रथम संग्रह की प्रेरणा देने के लिए एक युवती को अवसर देते थे, कहानियों के संग्रह की प्रेरणा उन्हें दूसरी युवती देती थी और गीतों की सृष्टि के लिए वे किसी और की ही चाँदनी बाँहों का सहारा ढूँढ़ा करते थे। हिन्दी-साहित्य के प्रति इन युवतियों ने जो त्याग और बलिदान किया है उसे कौन भूल सकता है? यदि मैंने कभी भी 'आधुनिक हिन्दी साहित्य में स्त्री जाति का योगदान' विषय पर थीसिस लिखा तो ऐसी सभी लड़कियों के नाम लेकर चर्चा

करूँगा, ताकि हमारी जनता उनके महत्त्व को पूरी-पूरी तरह आँक सके।

युनिवर्सिटी छोड़ने के बाद मैं एक सरकारी नौकरी में आ गया, पर कविताएँ मैं फिर भी लिखता रहा। बाद में मुझे यह भी एहसास हुआ कि यदि मैं कवि के रूप में बदनाम न होता तो मेरी शादी एक बहुत अमीर और सुन्दर लड़की से होती। साथ-ही-साथ डिपार्टमेंट में भी मैं कहीं अधिक सफल अधिकारी माना जाता, यदि मैं लेखक के रूप में बदनाम न होता। धन की भी कोई विशेष प्राप्ति मुझे साहित्य-सेवा से नहीं हुई। जहाँ तक स्त्री-जाति को आकृष्ट करने का प्रश्न है, उसमें भी मुझे कोई विशेष सफलता नहीं मिली। पता नहीं मेरी लेखनी में ऐसा क्या जादू था कि उससे जो एक-दो युवतियाँ आकृष्ट भी हुईं वे या तो विवाहित या विधवा थीं या मेरे किसी विभागीय कर्मचारी की पुत्री या पत्नी। इन लोगों के साहित्य-प्रेम को इस सूचना से बड़ा धक्का लगा कि मैं विवाहित हूँ। पर इन तमाम वास्तविकताओं का पता मुझे तब लगा जबकि मैं लेखक बन चुका था।

पिछली बार जब मैं अपने क़स्बे में गया तो ख़ैरातीलालजी से भी मिला। डिस्ट्रिक्ट बोर्ड की नौकरी से वे रिटायर हो गये हैं और अब वे मिडिल स्कूल के पास ही स्टेशनरी वग़ैरह की दुकान करते हैं। साहित्य व छात्रों के प्रति अभी भी उतना ही स्नेह है। जब मैंने उन्हें आज के साहित्यिकों के साहित्य-प्रेम के कारण बताये, तो वे काफ़ी निराश हुए। कहने लगे कि 'वह ज़माना गया जबकि बिना कोर्स में किताब लगने की आशा किये बाबा तुलसीदास और सन्त सूर या कबीर हज़ारों-हज़ारों पृष्ठों की पुस्तकें लिखा करते थे, अब तो लोग सिर्फ़ प्रादेशिक पुरस्कार पाने और आस-पास की लड़कियों को फँसाने के लिए साहित्य लिखते हैं। फ़लाँ साहब शिक्षा-मन्त्री हो गये तो जनाब, रातों-रात उनके साले साहब ने प्रकाशन खोल दिया और एक हफ़्ता बीतते-बीतते उनके भाई हिन्दी के ख्यातिप्राप्त गद्यकार हो गये। और क्या गद्य लिखते हैं जनाब! अभी कल कहानी एक साप्ताहिक में छपी है जिसे मन्त्रीजी ग्राण्ट और विज्ञापन देते हैं। उस कहानी का हीरो और उसके पिता एक ही लड़की से प्रेम करते हैं।' इतना कहने के बाद ख़ैरातीलालजी मुझसे कहने लगे कि 'जनाब, यदि वह कहानी में दो हीरोइन रख लेता—एक नायक के लिए और एक उसके पिता के लिए तो क्या बिगड़ता? कहानी भी लम्बी रहती और अश्लीलता भी न आने पाती।' मगर इसे कोई क्या कहे कि लेखक महोदय यह जताना ही चाहते हैं कि वे महँगाई के युग में कम-से-कम लड़कियों से काम चला सकते हैं?

मैं अपने पुराने हिन्दी-अध्यापक की बातें ध्यान से सुनता रहा। इसके बाद उन्होंने कुछ साखियाँ और कुण्डलियाँ सुनायीं। बाद में अपना मन्तव्य प्रकट करने के लिए उन्होंने उन छन्दों का प्रयोग भी किया, जिन्हें दोहा और चौपाई के नाम से पुकारा जाता है।

एक साहित्यिक गोष्ठी का विवरण

पिछले इतवार को डॉ. अमोलकरामजी के दवाख़ाने में हमारे क़स्बे की सुप्रसिद्ध एकमात्र साहित्यिक संस्था 'सुलोचना' की काफ़ी महत्त्वपूर्ण गोष्ठी हुई। इस गोष्ठी में कविवर 'विकल' जी के महाकाव्य 'क्षता-विक्षता' से कुछ मार्मिक स्थल पढ़कर सुनाये गये और बाद में उन पर विचार-विमर्श भी हुआ।

इस विशिष्ट गोष्ठी का विवरण देने से पूर्व यह शायद उचित ही होगा कि मैं 'सुलोचना' संस्था के बारे में भी कुछ कह दूँ। यह संस्था इस क़स्बे की बड़ी पुरानी संस्था है और इसे इस बात का गर्व है कि शहर के सभी नामी-गिरामी साहित्यकार या साहित्य-प्रेमी किसी-न-किसी रूप में इस संस्था से ज़रूर सम्बन्धित रहे हैं। आजकल इसके प्रमुख सदस्यों में डॉ. अमोलकराम, कवि विकल, डॉ. निर्णय सागर, श्री नन्दन व श्री अवस्थीजी की चर्चा मैं विशेष रूप से करूँगा। डॉ. अमोलकराम फ़ौज में जानवरों के डॉक्टर थे, वहाँ से रिलीज़ मिलने के बाद यह आदमियों का इलाज करने लगे। जिन दवाओं का प्रयोग कभी गधों और घोड़ों पर किया जाता था, उन्हें अब शहर की सम्भ्रान्त और कुलीन महिलाओं की चिकित्सा में काफ़ी कामयाबी के साथ इस्तेमाल किया जाता है। दवाखाना चलाने के लिए पहले यह आर्यसमाजी थे और फिर कट्टर सनातनी। रामलीला कमेटी से लेकर राजकीय यक्ष्मा-केन्द्र तक जितनी भी सरकारी या ग़ैर-सरकारी संस्थाएँ इस नगर में हैं, ये सबके सदस्य, सेक्रेटरी, चेयरमैन हैं। यों तो हरएक मर्ज़ का पूरा और मुकम्मिल इलाज़ ये चौबीस घण्टे के भीतर कर देते हैं पर बच्चे ने होने या बच्चे ज़्यादा होने का इलाज करने में इन्हें विशेष महारत हासिल है। साहित्य के प्रति इनकी रुचि सच्चे क़िस्म की है और साहित्यिकों की मारपीट तक का इलाज ये मुफ़्त ही करते रहते हैं। नगर के जितने भी दूरदर्शी साहित्यकार हैं वे देव या पद्माकर या सचेतन व नयी कहानी पर विवाद करते हुए हाथापाई तभी शुरू करते हैं जबकि इनके अस्पताल का अहाता चमकने लगे।

कविवर विकलजी हिन्दी के बड़े पुराने कवि हैं और हिन्दी के कई कालों का प्रतिनिधित्व एक ही साथ करते हैं। यदि जैनेन्द्रकुमारजी अपने को हिन्दी का टॉलस्ताय मानते हैं तो ये अपने को हिन्दी कविता का जैनेन्द्रकुमार मानते हैं। पिछले चालीस

वर्षों के अथक परिश्रम के बाद इन्होंने 'क्षता-विक्षता' नाम का विशाल महाकाव्य लिखा है जिसमें कुमारी शूर्पणखा के नासिका-छेदन की घटना को लेकर इस देश के जन-मानस का मनोवैज्ञानिक व आध्यात्मिक चित्रण किया गया है। डॉ. निर्णयसागरजी हिन्दी के उदीयमान आलोचक हैं और इनकी विशेषता है इनकी निजी मौलिकता। 'देवकीनन्दन खत्री और हिन्दी में रहस्यवाद', 'प्रकाशकों का दुर्व्यवहार व हिन्दी में करुण रस', 'मिट्टी के तेल की कमी का हिन्दी आलोचना पर प्रभाव', 'मथुरा व दिल्ली के बीच यातायात का विकास व कृष्ण-काव्य में परिवर्तन' इत्यादि शीर्षकों के अन्तर्गत कितने ही नितान्त मौलिक प्रबन्ध आपने हिन्दी-साहित्य को दिये हैं। श्री नन्दनजी एक स्थानीय दैनिक के प्रादेशिक संवाददाता हैं। ये भी काफ़ी कर्मठ व परिश्रमी क़िस्म के इंसान हैं। इनके बारे में विशेष बात यह है कि जो भी काम इन्हें करने के लिए दिया जाता है, ये उससे कुछ ज़्यादा ही करने की कोशिश करते हैं। उदाहरण के लिए पहले ये एक रईस की इकलौती लड़की को हारमोनियम सिखाते थे, पर बाद में पता लगा कि ये साथ-ही-साथ उसे कुछ ऐसे हुनर भी सिखाते थे जो कुछ दिनों बाद वह ख़ुद ही सीख़ सकती थी। इसी तरह जब ये राशनिंग की तरफ़ से चीनी बेचने के लिए नियुक्त किये गये तो दिन में चीनी और रात को दुकान का फ़र्नीचर बेचते थे।

आजकल ये एक दैनिक पेपर के प्रादेशिक संवाददाता हैं। ज़्यादातर समाचार ये अपने घर के बरामदे में ही बैठकर लिखते रहते हैं। पत्रकारिता और कल्पना का ऐसा सम्मिश्रण इनके व्यक्तित्व में हुआ है कि एक को दूसरे से अलग करना कठिन ही है। मिसाल के तौर पर मान लीजिए कि वर्षा के दिन हैं, बादल छाये हैं वग़ैरह-वग़ैरह। ऐसे वक़्त ये महोदय अपने समाचार-पत्र के 'छपते-छपते' वाले कॉलम के लिए टिप्पणी देंगे:

"विश्वस्त सूत्रों से इस पत्र के विशेष संवाददाता को पता लगा है कि तहसील धमोरा के कुछ देहाती क्षेत्रों में भारी वर्षा हुई है। बारिश होने के तुरन्त पूर्व आकाश में बादलों के जमा होने और गड़गड़ाने की सूचना मिली है। कुछ लोगों ने बिजली का चमकना भी देखा। भारी वर्षा के कारण जहाँ-जहाँ फ़सल खड़ी थी वहाँ-वहाँ भारी क्षति पहुँची है और जहाँ-जहाँ फ़सल नहीं खड़ी थी, वहाँ-वहाँ क्षति नहीं पहुँची है। वर्षा के कारण इक्के-दुक्के लोगों के फिसलने के भी समाचार प्राप्त हुए हैं। अभी इस वर्षा का विवरण सरकारी तौर पर नहीं प्राप्त हो सका है, पर विशेषज्ञों का अनुमान है कि बारिश मानसून की वजह से हुई है।"

जहाँ तक श्री अवस्थीजी का प्रश्न है, वे स्थानीय कॉलेज में हिन्दी-विभाग के अध्यापक हैं। स्वर्गीय गुलेरीजी की भाँति इन्होंने एक ही नाटक लिखा है, जिसके कारण इस क़स्बे में इनकी प्रतिष्ठा सदा के लिए स्थापित हो गयी है। इनके इस चिरन्तन नाटक को एकांकी ही कहना उपयुक्त होगा, क्योंकि यद्यपि इसमें लेखक

ने तीन अंक रखे थे, पर रामलीला कमेटी के तत्त्वावधान में जब उसे रंगमंच पर अभिनीत किया गया तो एक ही अंक की समाप्ति तक लोगों के अवचेतन मन में वीर-रस की भावना कुछ ऐसी उभरी कि पर्दे जला दिये गये, फ़र्नीचर तोड़ दिया गया और बत्ती गुल कर दी गयी। अवस्थीजी एकसाथ कई अदद पत्नियाँ रखते हैं, शराब वग़ैरह भी पीते हैं और हिन्दू संस्कृति, वैदिक धर्म, हिन्दी भाषा—इनके लिए हमेशा प्राण न्योछावर करने के लिए तैयार रहते हैं। मेरे विचार में ऐसी शायद ही कोई बैठक होती हो जिसमें अवस्थीजी हाथापाई या गाली-गलौज पर न उतर आयें। इनके अतिरिक्त और भी कुछ सदस्य हैं जो किसी विशेष गोष्ठी ही में आते हैं, जैसे कि पिछले इतवार की गोष्ठी में अपने मित्र ठाकुर को ही लेता गया। इन दिनों कामरेड सिंघल भी कभी-कभी साहित्य-चर्चा करने चले आते हैं—ख़ास तौर पर तब जबकि गोष्ठी डॉ. अमोलकरामजी के यहाँ हो। डॉ. साहब की तीसरी लड़की को देखकर उनके हृदय में काफ़ी मात्रा में कुछ-कुछ ऐसा उत्पन्न होता है जिसे पूँजीवादी साहित्य में 'प्रेम' कहा जाता है।

जैसा कि मैंने ऊपर बताया, इस गोष्ठी में कविवर विकलजी की चिरप्रतीक्षित कृति 'क्षता-विक्षता' के कुछ मार्मिक स्थलों का पाठ किया गया। कविवर विकलजी के काव्य में यह विशिष्टता सदा से रही है कि जहाँ काव्यपाठ के पूर्व केवल वे ही 'विकल' रहते हैं, काव्यपाठ के बाद श्रोता लोग भी काफ़ी विकल दिखायी देने लगते हैं। गोष्ठी में काव्यपाठ के साथ-साथ चाय और समोसों का भी समुचित प्रबन्ध किया गया था और कविवर विकल प्रत्येक मार्मिक छन्द पढ़ने के तुरन्त बाद समोसों पर भी ध्यान देते थे। स्थिति यह थी कि जब तक शूर्पणखा की नाक थोड़ी-बहुत अपने स्थान से कुछ हटी, कवि विकल के हाथों कोई पचीस समोसे हमारे देखते-देखते वीरगति को प्राप्त हो गये। जैसा कि हिन्दी के पाठकों को पता होगा, विकलजी ने अपनी इस काव्य-कृति का प्रारम्भ तब किया था जब हिन्दी में 'प्रिय-प्रवास' आया ही आया था। हिन्दी-काव्य के विकास के साथ-साथ इनकी शैली भी विकसित हो गयी और इसी कारण इनकी एक ही कृति हिन्दी के कई कालों का एकसाथ प्रतिनिधित्व करती थी। यदि शूर्पणखा के शैशव का वर्णन कवि ने "किंचित्कुंचित केश राशि मध्ये कुछ भाल था सोहता" कहकर किया था तो उसके स्कूल जाने का वर्णन 'जयद्रथ-वध' की शैली में। शूर्पणखा को यौवन की स्थिति प्राप्त होते-होते हिन्दी में छायावाद आ गया और कवि विकल ने उस कुमारी के यौवन का वर्णन करते हुए कहा:

"चाँदी जैसा मुख फैलाकर
विहगावलियों को कम करती
स्वर्ण शस्य धरती पर पग रख
धरती की सुषमा को हरती।"

पुस्तक में नाक काटनेवाला स्थल वाक़ई काफ़ी मार्मिक था। उस प्रसंग में कवि ने प्रगतिवादी स्वर में कहा था :

रक्त रक्त रक्त
रक्त रक्त

दायें रक्त
बायें रक्त
इधर रक्त
उधर रक्त
ऊपर रक्त
नीचे रक्त
कहीं पतला
कहीं सख़्त

रक्त रक्त रक्त
रक्त रक्त

आजकल के रिवाज़ को ध्यान में रखते हुए पुस्तक के अन्तिम अंश लोकधुनों पर आधारित थे। पुस्तक का उपसंहार नयी कविता के स्टाइल में था। कुल मिलाकर यह पुस्तक यह बात पूरी तरह साबित करती थी कि जो लोग यह समझते हैं कि शूर्पणखा की नाक श्रीयुत लखनपालजी ने यों ही चुटकी बजाकर काट ली होगी, वे सरासर अँधेरे में हैं। इस प्रतिभावान् कवि के अनुसार लक्ष्मणजी को इस क्रिया के सम्पन्न करने में काफ़ी वक़्त लगा था। यह काम कम-से-कम उन्होंने दो शिफ़्ट में किया होगा। पूरा एक सर्ग तो इस बात का वर्णन करता था कि लक्ष्मणजी ने चाकू कैसे तेज़ किया। तब तक मिस शूर्पणखाजी क्या करती रहीं, इसका वर्णन एक और सर्ग में है। इस क्रिया में जो रक्त-संचार हुआ, उसका संक्षिप्त वर्णन ऊपर किया ही जा चुका है।

काव्यपाठ के उपरान्त कुछ लोगों ने जम्भाइयाँ लीं, कुछ नींद के बाद मुख धोने को उठे, वीर-रस का परिपाक ज़्यादा हो जाने के कारण कुछ को लघुशंका की भी इच्छा हुई। पाँच मिनट बाद जब गोष्ठी जमी, तो कवि विकलजी के काव्यशिल्प पर चर्चा शुरू हुई। डॉ. निर्णयसागरजी ने कहा कि 'विकलजी को सदा से उन लोगों से सख़्त हमदर्दी रही है जो अपंग होते हैं। सारे भारत के इतिहास में दो ही व्यक्ति ऐसे हैं जिन्हें अंगभंग की स्थिति झेलनी पड़ी। रामायण में शूर्पणखा और महाभारत में एकलव्य। एकलव्य एक ऐसा तालिबे-इल्म था जिसका कि एक हादसे में अँगूठा कट गया था। इस मार्मिक घटना पर हिन्दी में 'एकलव्य' नाम का एक महाकाव्य

लिखा जा चुका है। दूसरी थी मुसम्मात शूर्पणखा—जिसकी नाक पर मिस्टर लखनपाल और जिसके जीवन पर कवि विकल ने पूरा-पूरा ध्यान दिया है। एक प्रकार से यह काव्य हिन्दी की एक ऐतिहासिक आवश्यकता को पूरा करता है और इसपर प्रत्येक साहित्य-प्रेमी को गर्व होना स्वाभाविक ही है। विकलजी के शिल्प पर विचार प्रकट करते हुए, निर्णयसागरजी बोले कि यदि इसकी प्रारम्भिक कविताएँ चन्दबरदाई, तुलसी, सूर, केशव और भूषण के स्टाइल में होतीं तो यह एक ही कृति समूचे हिन्दी-काव्य का प्रतिनिधित्व कर सकती थी। फिर भी यह सन्तोष की बात है कि कम-से-कम बीसवीं शती की सारी काव्य-प्रवृत्तियाँ इसमें दृष्टिगोचर होती हैं।'

कामरेड सिंघल ने बहस में बड़ा ज़ोरदार हिस्सा लिया। उन्होंने कहा कि 'शूर्पणखा की कहानी यह बात ज़ाहिर करती है कि यदि पिछड़ी जाति की एक स्त्री किसी कुलीन व्यक्ति से प्रेम करने लगे तो उसकी क्या हालत होती है। यह पुस्तक यह भी साबित करती है कि उत्तर व दक्षिण भारत के लोगों में मतभेद सतयुग से ही होता आया है। उन्होंने यह भी कहा कि इस काव्य से लक्ष्मणजी के दुर्बल चरित्र पर काफ़ी प्रकाश पड़ता है। झूठे आदर्शों के चक्कर में उन्होंने शरीर की आवश्यकताओं पर ध्यान नहीं दिया। यदि उर्मिलाजी की ग़ैरहाज़िरी में वे कुमारी शूर्पा से थोड़ा-बहुत प्रेम कर ही लेते तो क्या बिगड़ जाता? नाक कटने पर तो बाबा तुलसीदास और सन्त वाल्मीकि-जैसे निठल्ले व्यक्तियों को पता लग भी गया पर यदि वे उस छोकरी से प्यार कर लेते तो किसी को कानों-कान ख़बर भी न होती।' अन्त में उन्होंने काफ़ी भावावेश में कहा कि 'शूर्पणखा की नाक के रक्त से दक्षिण की मिट्टी लाल हो गयी। पिछड़ी जाति का ख़ून जहाँ बहेगा, वहाँ और कुछ नहीं तो कम-से-कम कपास और तिलहन ज़रूर पैदा होंगे जैसा कि भारत में होता है।'

डॉ. अमोलकराम ने रचना पर अपने विचार प्रकट करते हुए एक विशेषज्ञ की हैसियत से कहा कि 'नाक कटनेवाले स्थल कुछ अतिरंजित-से दीखते हैं, पर वास्तव में ऐसा है नहीं। नाक कटने पर कभी-कभी काफ़ी ख़ून निकलता देखा गया है।' इस सन्दर्भ में अवस्थीजी ने हाँ-में-हाँ भरते हुए कहा कि 'एक बार में गाल पर भी हजामत करते हुए ब्लेड लग गया था और उस सन्दर्भ में काफ़ी रक्तपात हुआ था।' डॉ. अमोलकराम ने बात काटकर कहा कि 'शूर्पणखा के दिनों में एंटीसेप्टिक तो थे नहीं, शूर्पणखा की जान बची होगी तो कैसे?' अवस्थीजी ने इस बात का प्रत्युत्तर देते हुए डॉ. साहब का मज़ाक़ उड़ाई और कहा कि 'यदि रावण पुष्पक-जैसा विमान रख सकता था तो क्या उसके यहाँ सेप्टिक रोकने के इंजेक्शन न रहे होंगे!' अमोलकरामजी पर इस तर्क का प्रभाव नहीं पड़ा और वे बराबर कहते रहे कि 'डिटोल वग़ैरह के अभाव में शूर्पणखा को इस घाव ने काफ़ी परेशान किया होगा और यदि एक सर्ग इस पहलू पर और लिख दिया जाये तो वह एकदम अनुपयुक्त न होगा।' कामरेड सिंघल की ओर देखते हुए डॉ. साहब ने कहा कि 'मैं आजकल

के नौजवानों को यह भी सलाह दूँगा कि वे यदि किसी अनजान व्यक्ति की लड़की की तरफ़ मुहब्बत की दुनिया में क़दम बढ़ाना चाहते हों, तो थोड़ा-बहुत फ़र्स्ट-एड का सामान ज़रूर साथ रखें।'

इसके बाद कुछ और चर्चा हुई। कुछ ने 'कामायनी' के उपरान्त इसे दूसरे नम्बर की रचना स्वीकार किया और कुछ ने अन्य भाषाओं में इसका अनुवाद कराने का सुझाव भी दिया। इस तमाम चर्चा के दौरान मेरा दोस्त ठाकुर बार-बार अपनी जेब में पड़े चाकू पर हाथ डालता रहा। इन ज्ञानगुरु-गम्भीर वार्तालाप से उसे इतना जोश आ रहा था कि यदि यह चर्चा कोई आधा घण्टा और चल जाती तो हालत यह होती कि वहाँ बैठे किसी साहित्यिक की भी नाक लगे हाथों ज़रूर कट जाती और कवि विकलजी को एक महाकाव्य लिखने का एक स्वर्णिम अवसर और मिल जाता।

अन्तिम समोसे को अन्तर्धान करते हुए विकलजी ने सबको धन्यवाद दिया। नन्दनजी ने प्रेस-टिप्पणी का ड्राफ़्ट सुनाया। इसके बाद गोष्ठी समाप्त हुई।

यदा-यदा हि धर्मस्य...

गीता में भगवान कृष्ण अपने स्वभाव का वर्णन करते हुए कहते हैं कि "हे पार्थ, इस संसार में जब-जब धर्म की ग्लानि और अधर्म का अभ्युत्थान होता है, मैं तभी-तभी अपने को प्रकट करता हूँ।" यदि इस सीधे-सादे श्लोक पर ध्यान से विचार किया जाये तो पता लगेगा कि इसके पीछे कम-से-कम चार पते की बातें छिपी हैं। बात नम्बर एक तो यह कि पुराने ज़माने में भी आर्यों के इस देश में धर्म की ग्लानि काफ़ी मात्रा में रहती थी क्योंकि भगवान के कम-से-कम चौबीस बार तो पृथ्वी पर अवतरित होने के पुराणों में पूरी तरह प्रमाण मिलते हैं। रामायण और महाभारत का काल तो घोर अनर्थ का काल था ही, नहीं तो राम और कृष्ण क्यों प्रकट होते? बात नम्बर दो यह है कि यदि पृथ्वी पर भगवान के कभी दर्शन करने हों तो अधर्म बढ़ाने का पूरा-पूरा प्रयास करना चाहिए। धर्म की ग्लानि जितनी अधिक होगी, भगवान के दर्शन होना उतना ही अधिक निश्चित होगा। बात नम्बर तीन यह कि यद्यपि इस देश में इस समय काफ़ी भ्रष्टाचार है; पक्षपात, अन्याय, प्रान्तीयता इत्यादि पूरे ज़ोरों पर है और यद्यपि काफ़ी लोगों की आत्मा भुखमरी, बीमारी इत्यादि के कारण उनके शरीर से विदा माँगती रहती है, पर फिर भी धर्म की ग्लानि अभी उतनी नहीं हुई, जितनी भगवान के दर्शन के लिए आवश्यक होती है। संक्षेप में यह काल पिछले कालों से इस दिशा में अभी पिछड़ा हुआ है और यदि भक्त लोगों ने इस दिशा में कुछ सक्रिय सहयोग नहीं दिया, तो सम्भव है कि भगवान को अगला अवतार लेने के निश्चय पर फिर से विमर्श करना पड़े। बात नम्बर चार ज़रा गुप्त और अन्तरंग क़िस्म की है और वह यह है कि भगवान भी वहीं जाना पसन्द करते हैं जहाँ अधर्म और अनाचार ज़रा ज़ोर पकड़े होते हैं।

गीता के इस श्लोक से हमारी भक्ति-भावना पर कुछ चोट-सी पहुँचती है और हमें कभी-कभी इस विषय में कुछ शंका भी होती है। पर शंका का समाधान भी हो जाता है : भगवान की आदत ही ऐसी है तो कोई क्या कर सकता है? आदत बुरी चीज़ है, एक बार लग जाये तो छूटना कठिन है। हमारे तहसीली स्कूल के मास्टर श्री छेदाराम चौहान को भंग पीने की आदत थी और डिप्टी साहब के दौरेवाले दिन भी वे उतनी ही छानते थे। एक दफ़ा भंग के नशे में उन्होंने डिप्टी साहब को स्कूल के

अहाते से बाहर भी कर दिया था। अँग्रेज़ी के कवि वड्र्सवर्थ का भी यही हाल था। कभी बचपन में बुरी संगति के कारण उसे इन्द्रधनुष देखकर दिल उछालने की आदत पड़ गयी थी और यह लत एक बार जो लगी, आख़िर तक छुटाये न छूटी। अब आप ही सोचिए कि क्या शौक़ था! इन्द्रधनुष निकला है, टेम्स नदी पर या लेक एरिया की झीलों में उसका रंगीन प्रतिबिम्ब पड़ रहा है, इधर-उधर पोखरों में मेंढक बोल रहे हैं, पास में कोई बड़ा बच्चा किसी छोटे बच्चे के चपत कस रहा है और कविवर वड्र्सवर्थ का दिल उछल रहा है! वड्र्सवर्थ ने स्वयं ही लिखा है कि "जब मैं बच्चा था, तब भी यह इसी तरह उछलता था, अब मैं प्रौढ़ हो गया हूँ पर फिर भी हालत वही है और अगर मैं मर भी जाऊँ तो इसके उछलने में कोई अन्तर नहीं पड़ेगा।" हमारे रीतिकालीन साहित्य में भी नायिकाओं की तोते-जैसी नासिका को बिम्ब फल के समान पके अधरों में चोंच मारने की लत पड़ गयी थी। यह लत एक बार जो पड़ी तो कोई चार सौ साल तक चलती रही। जब तक इस इलाक़े की नायिकाओं ने अपने होंठों का रंग ही न बदल लिया, यह स्थिति सँभली नहीं। पिछले कुछ दिनों से इधर होंठों का रंग़ फ़ीरोज़ी हो गया है जिससे यह परम्परा कुछ कमज़ोर हुई है।

भगवान और अन्य देवी-देवताओं के स्वरूप और प्रकृति के बारे में पुराण इत्यादि ग्रन्थों में काफ़ी विवरण दिया गया है। सनातन धर्म के अनुसार तैंतीस करोड़ देवी-देवता इस देश में होते थे। पशु-पक्षी, नदी-नाले और पत्थर भी देवताओं में गिने जाते थे। देवी-देवताओं की अनेक जातियाँ और उपजातियाँ थीं। कुछ देवता विवाहित थे और कुछ बग़ैर शादी-शुदा। इनमें से कुछ दूसरे लोगों की सहायता करने थे और कुछ और लोगों के काम में ख़लल डालते थे। कुछ समुद्र में रहते थे और कुछ हिमालय में। इन सब प्रकार की विभिन्नताओं के बावजूद कुछ ऐसी मूल प्रवृत्तियाँ थीं जो हर प्रकार के देवताओं में पायी जाती थीं।

एक विशेष प्रवृत्ति इस देश के देवी-देवताओं में यह थी कि वे सवारी रखते थे। हरएक देवता—चाहे वह किसी क़िस्म का हो—कम-से-कम एक अदद सवारी ज़रूर रखता था। विष्णुजी समुद्र में रहने के कारण गरुड़ का प्रयोग करते थे और शिवजी पहाड़ों के कारण बैल का। लक्ष्मीजी का वाहन उल्लू था और उस स्थिति में अभी तक कोई मौलिक अन्तर नहीं आया है। सरस्वतीजी हंस पर यायायात करती थीं। इन्हें गाने-बजाने का भी शौक़ था और वीणा भी ये हंस पर ही रखती थीं। गणेशजी इस मामले में कुछ मज़ाक़पसन्द थे और चूहे की सवारी करते थे। इन्द्र ऐरावत पर चलते थे और यमराज भैंसे पर। सवारी रखने के अतिरिक्त ये लोग देखने-भालने में सुन्दर, शरीर से बलिष्ठ और दैनिक जीवन में खाने-पहनने के शौक़ीन होते थे। इनमें से कुछ तो हथियारबन्द भी रहते थे। अपनी-अपनी जाति के अनुसार ये लोग पुश्तैनी धन्धा भी सँभालते थे। राजा रामचन्द्र अयोध्या का राजपाट देखते थे और कृष्ण गोचारण करते थे। मक्खन खाने का शौक़ उन्हें बचपन से था और शायद

आख़िर तक रहा हालाँकि बिना डबल रोटी के इतना मक्खन कैसे खा जाते थे, यह ताज्जुब की बात है। हिन्दी के आलोचकों की तरह ये देवता लोग भी वग़ैर कुछ किये सबकुछ जानते थे और सर्वज्ञाता होने पर भी कभी-कभी अज्ञानी की तरह बातें करते थे। सीताजी के वियोग में त्रिकालदर्शी राम ने इतना विलाप किया था कि वन के पेड़-पौधे तक रोने लगे थे। गीता के अनुसार तो भगवान कार्य भी है और कारण भी। अर्जुन को उपदेश देते हुए एक स्थान पर वे कहते हैं, "हे पार्थ, ये तेरे सारे शत्रु तो मेरे द्वारा पहले से ही मरे हुए हैं : तू तो केवल निमित्ति है। उठ और धनुष कस।" गाँव के ठाकुर की तरह वे फ़ौजदारी भी करवाते थे और फिर गवाही भी देते थे।

हालाँकि उस काल का पूरा साहित्य अब प्राप्त नहीं है, पर फिर भी यह निश्चयपूर्वक कहा जा सकता है कि देवताओं को वेश बदलने का शौक़ काफ़ी होता था। इसी कारण तुलसीदास ने कहा है, "ना जाने केहि भेष में नारायण मिल जायँ... ।" इन्द्र के वेश बदलने के काफ़ी प्रसंग मिलते हैं। उसने वेश बदलकर गौतम की पत्नी अहिल्या को छला था। स्वयं विष्णु ने वामन का रूप धारणकर सारी पृथ्वी का दान माँगा था। बंगाल के वैष्णव कवियों के अनुसार तो कृष्ण गोपियों का वेश भी धारण किया करते थे। कबीर ने अनुसार तो भगवान किसी भी रूप में बदल सकते थे। इस दिशा में वह उनकी शक्ति का वर्णन करता हुआ कहता है कि "वह सूत भी है, वह करघा भी है और जुलाहा भी है। वही बुननेवाला है, वही पहननेवाला है। और वही कपड़ा भी है।" भगवान ने कभी-कभी पशु-पक्षियों के रूप भी धारण किये हैं; पुराणों में मत्स्यावतार और वराहावतार के प्रसंग मिलते हैं। जातक कथाओं में भगवान बुद्ध के विभिन्न योनियों में प्रकट होने की विशद चर्चा की गयी है।

देवी-देवताओं और भगवान का स्वरूप समय के अनुरूप सदा से बदलता रहा है। कृषियुग में वेदों के देवता चावल रोपते थे, बाद में वे गोचारण में लगे। युगधर्म के अनुसार अपने इष्ट देवता का स्वरूप बदलने की दिशा में भक्त लोग भी कम क्रियाशील नहीं रहे। दिल्ली के कई मन्दिरों में भगवान नायलोन और टेरिलीन के वस्त्र धारण करते हैं जो बाक़ायदा ड्राइक्लीन किये जाते हैं। एक मन्दिर में तो मुझे बहुत सन्तोष हुआ कि सन्ध्या-समय भगवान को रेडियो सीलोन सुनाने का पूर्ण प्रबन्ध है। एक मन्दिर में ठाकुरजी की मूर्ति के पास ही टेलीफ़ोन भी लगा है। पिछले वर्ष मेरे क़स्बे में जो रामलीला हुई, उसमें राजा जनक ने सीताजी को दहेज में एक रेडियो, टी-सेट और सिलाई की मशीन भी दी। 'हमारा हिन्दुस्तान' नामक सिनेमा में गीता के कृष्ण चुस्त पाजामा पहनकर नाचते हैं। इसी तरह एक गाँव में मैं नौटंकी देखने रुक गया, जो कि रामलीला के अवसर पर आयोजित की गयी थी। राम और सीता का पार्ट अदा करनेवालों ने बुरी तरह देसी शराब पी रखी थी। उधर पण्डितजी बेचारे हारमोनियम पर चौपाई निकालें, इधर ये भोंड़ी मज़ाक से देहातियों को खुश करें।

विशेषकर वह स्थल तो देहातियों को बहुत ही पसन्द आया जबकि राम द्वारा सीता के प्रथम दर्शन का प्रसंग है। तुलसीदास तो केवल यही कहकर चुप हो जाते हैं कि सीताजी के रूप का वर्णन नहीं किया जा सकता क्योंकि वाणी के नयन नहीं हैं और नयन बिन-वाणी हैं। मगर इन संगीतवालों ने तो कमाल ही कर दिया। हाथरस के इन रामचन्द्रजी ने सीताजी को देखकर गाया, "चौदहवीं का चाँद हो या आफ़ताब हो..." और सीताजी ने कुलसुलभ शील और नारी-सुलभ लज्जा से सिर झुकाकर कहा, "मुड़-मुड़के न देख मुड़-मुड़के...ओ मुड़-मुड़के..."

मेरे विचार में जब इसमें धर्म की ग्लानि और अधर्म का अभ्युत्थान पर्याप्त मात्रा में हो जायेगा, तो वह अलौकिक शक्ति फिर प्रकट होगी। युगधर्म के अनुसार वह किसी खादीधारी जननायक के यहाँ भी जन्म ले सकती है और स्मगलिंग करनेवाली किसी फ़र्म के परिवार में भी। यह भी हो सकता है कि नये वातावरण के अनुसार वह शार्कस्किन का सूट पहने, टाई लगाये, क्रिकेट खेले और ट्रांज़िस्टर रेडियो हाथ में लकर भक्तों को दर्शन दे। पिछली परम्पराएँ ध्यान में रखते हुए यह असम्भव नहीं कहा जा सकता।

भित्ति-चित्रों की परम्परा

उर्दू के प्रसिद्ध लेखक पतरस बुख़ारी ने अपने एक लेख में लाहौर का जुगराफ़िया समझाते हुए दीवारों पर लगनेवाले इश्तिहारों का भी हल्का-सा ज़िक्र किया है। उनके अनुसार लाहौर में इश्तिहारों का प्रयोग मकानों की मज़बूती के लिए किया जाता है। वहाँ पहले तो मकान कली, चूना और सीमेण्ट वग़ैरह से बनाये जाते हैं और उसके बाद मज़बूती के लिए उनकी दीवारों पर इश्तिहारों का प्लास्तर लगाया जाता है। इश्तिहारों का दूसरा फ़ायदा उन्होंने यह बताया है कि इनकी मदद से बड़े शहर में रास्ता ढूँढ़ने में काफ़ी मदद मिलती है। धीरे-धीरे सभी लोग जान जाते हैं कि जहाँ खालसा होटल का इश्तिहार लगा है वहीं 'नयी रोशनी' पर्चे का दफ़्तर भी है और उस्ताद शकूर साहब की तीसरी बीवी वहाँ रहती है जहाँ कि मिस नगमा के नाच का बड़ा-सा नोटिस चिपका है। इश्तिहार चिपकाने का तीसरा फ़ायदा यह भी बताया जाता है कि इससे आपको घर बैठे ही यह पता लग जाता है कि फ़लाँ चीज़ कहाँ मिलती है। बाहर निकलकर चन्द दीवारों पर निगाह डालते ही यह मालूम हो जाता है कि बूट पॉलिश बिल्ली का बढ़िया होता है जो गिरधारीदास एण्ड सन्स के यहाँ बहुतायत से मिलता है और अगर मक्खन की टिकिया लेनी हो तो गोपाल डेरी से उम्दा जगह सारे इलाक़े में और कोई नहीं है, वग़ैरह-वग़ैरह।

इश्तिहारों के इन फ़ायदों का पता तो मुझे पतरस के मज़ामीन पढ़ने पर ही लगा, पर उनमें दिलचस्पी मेरी बचपन से ही थी। इस दिलचस्पी का एक मनोवैज्ञानिक कारण भी रहा और वह यह कि मुझे उस साहित्य के प्रति सदा से प्रेम रहा है, जोकि दीवारों पर लिखा जाता है। चूँकि इश्तिहार दीवारों पर लगाये जाते हैं, उनके प्रति मेरा आकृष्ट होना बहुत स्वाभाविक है।

जैसा कि मैंने ऊपर बताया, दीवार पर लिखे साहित्य के प्रति मेरी बचपन से श्रद्धा है। प्राइमरी स्कूल से लेकर–जिसकी दीवार पर मुंशी रघुवीरसरन और उनकी पूज्या माता के प्रति छात्र लोग अपने अन्तरंग विचार निःसंकोच प्रकट किया करते थे–विश्वविद्यालय, ट्रेन के फ़र्स्ट क्लास के डिब्बे, कोर्ट, सेक्रेटेरिएट, पार्क, पोर्ट–यानी कि ऐसी कोई सार्वजनिक जगह शायद ही हो, जिसकी दीवारों ने मेरे ज्ञान में वृद्धि न की हो। रेलवे के बाथरूमों का तो कहना ही क्या! वे तो इस दिशा में एक विशेष

ज़िम्मेदारी से काम करते हैं। जैसा कि मुझे याद आ रहा है, एक बार मुझे वर्षा के कारण अपने किसी मित्र की बहन के साथ एक पार्क में बनी सीमेण्ट की छतरी के नीचे रुकना पड़ा। वहाँ एक और सज्जन भी अपनी पुत्रियों के साथ बैठे थे। थोड़ी देर बाद आकाश की स्थिति देखने को जो मैंने अपना सिर ऊपर को उठाया, तो पता लगा कि छतरी की भीतरी छत पर भारतीय संस्कृति के किसी भक्त ने वात्स्यायन का सारा कामसूत्र संक्षेप में समझाने का प्रयास किया था। ज़्यादा आश्चर्य तो मुझे इस बात से हुआ कि उसने मार्मिक और सूक्ष्म बातों को ठीक तरह समझाने के लिए चित्रों और रंगों का भी प्रयोग किया था। ये चित्र पेन्टिंग के किस स्कूल के भीतर आते थे, यह तो कोई विशेषज्ञ ही बता सकता था, पर इतना साफ़ ज़ाहिर था कि यह कलाकार एब्सट्रैक्ट या इम्प्रेशनिस्ट टाइप का नहीं था। जो कुछ उसे कहना था, उसने साफ़-साफ़ चन्द लकीरों के ज़रिये खुलकर कहा था। मुझे यह कहते हुए कोई संकोच नहीं हो रहा है कि जनता तक अपना सन्देश पहुँचाने में उस कलाकार को पूरी-पूरी सफलता मिली थी। उस महान् कलाकार की कला को परखकर मुझे अजन्ता और एलोरा के भित्ति-चित्रों की याद अनायास ही आने लगी। कला को सार्वजनिक जीवन तक लाना स्वयं में एक बड़ी उपलब्धि है और ऐसा करने में जब पुलिस, पार्क के माली और जनता की आँखों से बचकर काम करना पड़े तो उसका स्तर और भी ऊँचा उठ जाता है। हाँ, यह कहना तो मैं भूल ही गया कि धीरे-धीरे उन चित्रों की ओर अन्य साथियों का कलाबोध भी जाग्रत हो गया और निगाह बचाकर सब धीरे-धीरे उधर देखने लगे।

दीवार पर चिपके या बनाये इश्तिहारों के बारे में एक-दो मोटी-मोटी बातें यहाँ बता देना अनुचित नहीं होगा। यों तो इश्तिहार सभी प्रकार की दीवारों पर चिपकाये जाते हैं (जैसे कि दिल्ली में पं. गोविन्दवल्लभ पन्त स्मारक हॉल पर भवन के नाम के ठीक नीचे मोटे-मोटे हरुफ़ का बोर्ड लगा है–'मेरा नाम अलादीन'), मगर फिर भी ज़्यादातर इश्तिहार उन दीवारों पर लगाये जाते हैं जहाँ 'स्टिक नो बिल्स' की तख़्ती लगी रहती है। इश्तिहार आम तौर पर दो-तीन चीज़ों के ज़्यादा होते हैं। सिनेमा का नम्बर सबसे पहले आता है। सिनेमा के इश्तिहारों के बारे में बताने योग्य बात यह है कि पिक्चर चाहे कोई भी हो (जैसे वीर भीमसेन, चैतन्य महाप्रभु, सम्पूर्ण महाभारत, इत्यादि-इत्यादि), पर विज्ञापन एक ही तरह का होता है, जिसमें स्त्री-पुरुष अपनी आदिम भूख एक-दूसरे प्रति दिखाते हुए बने रहते हैं। सिनेमा के इश्तिहारों के अलावा ज़्यादातर विज्ञापन ताक़त की दवाओं के लगे रहते हैं। 'गुप्त रोगों के विशेषज्ञ', 'ख़ानदानी शफ़ाख़ाना', 'क्या आप विवाह के उपयुक्त हैं?', 'कमज़ोरी का बिजली से इलाज' वग़ैरह विज्ञापन हर स्थान पर काफ़ी दूर से दिखायी देते हैं, जो विवाहित और अविवाहित, दोनों प्रकार के स्त्री-पुरुषों की पूरी-पूरी सहायता करते हैं। इस प्रकार के विज्ञापन लड़कियों के कॉलेज और होस्टलों के पास बख़ूबी लगाये जाते हैं।

यह मेरा निश्चित मत है कि दीवारों से ज़्यादा प्रभावशाली माध्यम विज्ञापन के लिए और कोई हो ही नहीं सकता। मेरे विचार में वह समय भी शीघ्र ही आनेवाला है जबकि वैवाहिक विज्ञापन भी दीवारों पर दिखायी देने लगेंगे। कितना अच्छा लगेगा यदि जादुई अँगूठी, वशीकरण मन्त्र, गुप्त रोगों का इलाज, फ्रेंच हेयर रिमूवर के साथ-साथ इस प्रकार के पारिवारिक विज्ञापन भी दीवारों पर दिखायी देने लगें—"एक स्वस्थ और सुन्दर लड़की के लिए एक अदद तन्दुरुस्त और बारोज़गार नौजवान की ज़रूरत है...जाति-धर्म का कोई बन्धन नहीं....दिलचस्पी रखनेवाले नवयुवक इतवार को तीसरे पहर इसी दीवार के पास मिलें..."

एक और परिवार

लगभग दस वर्ष पूर्व जब मैं एक सरकारी विभाग में अधिकारी नियुक्त किया गया तब मैं एकदम कॉलेज से निकला-ही-निकला था। ट्रेनिंग के दिनों में एक वरिष्ठ अधिकारी इस बात पर बहुत ज़ोर दिया करते थे कि हम विभाग को परिवार की तरह ही स्वीकर करें। यह उनका दृढ़ विश्वास था कि हमें अपने मातहतों को बराबरी का दर्जा देना चाहिए। यह तो इत्तफ़ाक है कि कोई अफ़सर है और कोई मातहत। इन सब आदर्शवादी युक्तियों का हमारे मन पर बहुत प्रभाव पड़ा था। कुछ दिनों बाद मुझे इन वरिष्ठ अधिकारी महोदय के साथ प्रत्यक्ष काम करने का भी सौभाग्य मिला और तब मुझे पता लगा कि वे कितने सच्चे इंसान थे। ये सज्जन सारा दफ़्तर परिवार की तरह ही चलाते थे, किसी सीट पर भानजा काम कर रहा है तो किसी सेक्शन में भाई का लड़का। इस परम्परा में इनका विश्वास यहाँ तक था कि स्टाफ़-कार का ड्राइवर तक इनका दूर का रिश्तेदार ही था।

ख़ैर, दफ़्तरी जीवन में अपने सीनियर्स के बारे में जो अनुभव मुझे हुए हैं, उन्हें तो मैं रिटायर होने के बाद ही लिखूँगा। हाँ, अलबत्ता अपने मातहतों के बारे में मैं अभी भी लिख सकता हूँ। सरकारी नौकरी के जीवन में मुझे हज़ारों लोगों के साथ काम करने का अवसर मिला है जो कि विभिन्न जाति, सम्प्रदाय और प्रान्तों के थे। इनमें से शरीफ़, काम करनेवाले, देर तक दफ़्तर में बैठनेवाले चरित्रवान् लोगों के बारे में मुझे कुछ नहीं कहना, सिवाय इसके कि सरकारी दफ़्तरों का आकाश इन्हीं व्यक्तियों के खम्भों पर टिका है। मगर ये लोग चाहे कुछ भी हों, दिलचस्प नहीं हैं। जो आदमी काम करता है, वह दिलचस्प हो ही कैसे सकता है?

काम करनेवालों में दिलचस्प हज़रत मुझे एक ही मिले हैं—जिनका नाम था रामास्वामी। रामास्वामी अँग्रेज़ी के स्नातक थे; छात्र-जीवन में कॉलेज की मैगज़ीन में शैक्सपीयर पर टिप्पणियाँ लिखते थे। कॉलेज और साहित्य छोड़ने के बाद भी उनकी भाषा, मुहावरे वग़ैरह नहीं बदले थे और वह अब भी किसी-किसी बिल के भुगतान पर हेमलेट के संवाद का ही प्रयोग करते थे, जैसे 'टु पे आर नाट टु पे—दैट इज़ दि क्विश्चन।' इनके कई लम्बे नोट इतने पुरजोश होते थे कि यदि मैं कहीं-कहीं 'ठेकेदार का प्रवेश' या 'पर्दा गिरता है' इत्यादि नोट हाशिये पर दे देता,

तो वह एकदम एक अंकवाला एकांकी नाटक ही लगता। ख़ैर यह तो विषयान्तर हुआ, कहने का अर्थ यह है कि ये सज्जन उस तबके के सच्चे प्रतिनिधि थे, जो समझते हैं कि सारे ख़ज़ाने की ज़िम्मेदारी उनके कन्धों पर ही है और अगर वे न हों तो मेरे-जैसे नौजवान अफ़सर सारी-की-सारी राशि ईद के मौक़े पर ख़ैरात में ही बाँट दें। ये हज़रत कभी छुट्टी नहीं लेते थे और जितनी फ़ाइलें दफ़्तर में करते थे, उससे कहीं ज़्यादा साइकिल पर लादकर घर ले जाते थे। सारे वित्त-विभाग में यह बात मशहूर थी कि जिस केस को रामास्वामी ने पकड़ लिया, उसे फिर कोई नहीं बचा सकता था। मामला छोटा हो या बड़ा, उस पर बराबर ग़ौर किया जाता था। मिसाल के तौर पर, एक बार पुलिस के दो सिपाही शायद डाकुओं के मुठभेड़ में मारे गये। डाकू शायद कुछ मज़ाक़पसन्द लोग थे। वे पुलिसवालों की यूनिफ़ार्म, बूट और सिर का कन्टोप भी उतारकर ले गये। जान तो जो गयी वह गयी, रामास्वामी को इस सामान के खोने का बड़ा अफ़सोस रहा। उनका कहना था कि जान तो सिपाहियों की अपनी है, वे चाहे उसी हिफ़ाजत करें या न करें, पर जूता और वर्दी तो सरकारी है, इसकी हिफ़ाजत करना उनका प्रथम कर्त्तव्य है। उनके ख़याल में कुछ ऐसा नियम पुलिस कोड में होना ज़रूरी था कि पुलिसवालों को जब किसी ऐसी भिड़न्त में जाने का अवसर मिले, जहाँ मरने की पूरी आशा हो, तो वे अपनी वर्दी, जूते और टोप पासवाले थाने में जमा करके जायें।

ख़ैर यह तो हुई छोटे-छोटे मसलों की बात। इनके बूते पर आप रामास्वामी की प्रतिभा नहीं आँक सकते। उनकी प्रतिभा का वास्तविक विकास गम्भीर मसलों के सन्दर्भ में होता था। इस सिलसिले में मुझे एक केस हू-ब-हू अभी तक याद है। मामला यह था कि उत्तर प्रदेश की एक छोटी-सी नदी पर गाँववाले एक छोटा-सा पुल बनाना चाहते थे। कुल ख़र्च का अनुमान एक लाख से कुछ ऊपर लगाया गया था। सार्वजनिक विभाग की फ़ाइल में साफ़ तौर पर कहा गया था कि पूरे ख़र्चे में से आधा गाँववाले देने को तैयार हैं और सिर्फ़ आधा ख़र्चा ही सरकार को देना पड़ेगा। प्रस्ताव में बताया गया था कि यह बरसाती नदी वर्ष में लगभग चार माह बुरी तरह उतराकर चलती है और उन दिनों इसमें काफ़ी जानवर और प्राणी प्रतिवर्ष डूबकर मर जाते हैं। अन्त में यह भी कहा गया था कि इस पुल के बन जाने पर सरकार उस पर दो-तीन साल तक टोल टैक्स लगायेगी, जिससे कि पुल की सारी लागत वसूल हो जायेगी और सरकार का हिस्सा सरकार को वापस कर दिया जायेगा। मैंने फ़ाइल डाक में पढ़ी, पेंसिल से कुछ नोट किया और रामास्वामी को मार्क कर दी। रामास्वामी ने उस फ़ाइल को लगभग तीन महीने अपने पास रखा। इस बीच उसने उस नदी के कुछ नक्शे मँगवाये और कुछ अन्य प्रकार के आँकड़े भी एकत्रित किये। तीन महीने बाद उसने जो नोट लिखा वह कुछ-कुछ इस प्रकार था—

"इस फ़ाइल में नोट 121 में दिये गये प्रस्ताव पर हम लोगों ने बहुत ध्यानपूर्वक

विचार किया है। हमें यह कहते हुए अत्यन्त खेद होता है कि हम अभी इस स्थिति में नहीं हैं कि इस प्रस्ताव को स्वीकृति दे सकें। हमारे बुनियादी सन्देह इस प्रकार हैं:

(अ) नोट 15 व 16 में पुल बनने की आवश्यकता पर कुछ ऐतिहासिक दृष्टिकोण से भी प्रकाश डाला गया है। हमें यह देखकर आश्चर्य होता है कि इस सन्दर्भ में केवल तीन या चार वर्षों की घटनाओं पर ही क्यों ग़ौर किया जाये, जबकि इस इलाक़े का लगभग दो सौ वर्षों का पूरा-का-पूरा विस्तृत इतिहास हमारे पास उपलब्ध है। नक्शे से यह निश्चित हो जाता है कि यह वही क्षेत्र है जो ईस्ट इण्डिया कम्पनी के अधिकार में 1857 के पूर्व ही आ गया था। लॉर्ड कार्नवालिस इधर दौरे पर अक्सर आता था और यहाँ सिपाही क्रान्ति (1857) के सन्दर्भ में कुछ लड़ाइयाँ भी लड़ी गयीं। उपलब्ध इतिहास से कहीं भी इस बात पर रोशनी नहीं पड़ती कि इस नदी पर पुल न होने से कभी भी किसी प्रकार की कठिनाई अनुभव की गयी हो। जैसा कि सार्वजनिक निर्माण विभाग को पता है, बिना इस पुल के ही यह प्रदेश कम्पनी ने नवाब से जीता था और बिना पुल के ही यह फिर कांग्रेस ने स्वराज्य-प्राप्ति में वापस भी ले लिया। ऐसी स्थिति में हमें इस प्रस्ताव की 'अनिवार्यता' पर सन्देह होता है।

(आ) जैसा कि फ़ाइल से ज़ाहिर होता है, अरसे से लोग बिना पुल के काम कर ही रहे हैं। ऐसी स्थिति में पुल की मंज़ूरी देना उनकी आदत बिगाड़ना ही कहा जायेगा, क्योंकि फिर और स्थानों की जनता भी अपनी नदियों पर पुलों की माँग करने लगेगी। अभी देश की स्थिति ऐसी है कि सिंचाई के लिए नदियाँ ही काफ़ी नहीं हैं। हमारे विचार में पहले नदियों और नहरों की योजना पूरी होने देनी चाहिए—पुल तो बाद में भी निर्माण किये जा सकते हैं।

(इ) फ़ाइल में बताया गया है कि पुल की आवश्यकता वर्षाऋतु में होती है, क्योंकि शेष आठ महीने तो नदी सूखी रहती है। ऐसी स्थिति में इन शेष आठ महीनों में पुल का उपयोग किस प्रकार किया जायेगा—यह बताया जाना चाहिए।

(ई) फ़ाइल में बताया गया है कि पिछले कुछ वर्षों में कई लोग इधर डूबकर मर गये हैं। इस सिलसिले में हम पिछले दस वर्षों में डूबे हुए पशुओं और लोगों का विवरण चाहेंगे। आत्महत्या की वारदातों को इन आँकड़ों में शामिल करना ठीक न होगा, क्योंकि ऐसी वारदातें तो पुल बनने के बाद भी हो सकती हैं। इस कारण उन व्यक्तियों और पशुओं का विवरण न दिया जाये जिन्होंने आत्महत्या की हो।

(उ) अगर थोड़ी देर के लिए यह मान भी लिया जाये कि यहाँ पुल की ज़रूरत है ही, तो क्या यह भी ज़रूरी है कि पुल नया ही बनाया जाये? क्या कोई पुराना पुल कहीं और से उठाकर साल में चार महीने के लिए यहाँ नहीं लाया जा सकता? इसी तरह क्या यह सम्भव नहीं है कि बजाय पुल बनवाने के आस-पास के लोगों को तैरने की शिक्षा दी जाये?

मुझे यह कहते हुए क़तई लज्जा का अनुभव नहीं होता कि ऊपर के नोट से

रामास्वामी की प्रतिभा का मैं भी क़ायल हो गया। मेरे ख़याल से फ़ाइल उनके पास थोड़े दिन और रह जाती तो वे यह भी पूछते कि जो पुल पहले से ही बने हुए हैं, उन्हें क्यों नहीं उखड़वाया जाता?

x x x

ऊपर जो मैंने चर्चा की, वह कर्मठ, कर्त्तव्यपरायण और चरित्रवान् कर्मचारी के विषय में थी। जैसा कि मैं कह चुका हूँ, ऐसे लोगों में मेरी दिलचस्पी कभी नहीं रही। मेरी सच्ची दिलचस्पी हमेशा उन लोगों में रही है जो दूसरी क़िस्म के होते हैं यानी कि ख़ुशमिज़ाज, सेहतमन्द, हँसने और हँसाने के शौक़ीन। सन्तोष का विषय है कि ऐसे जीव हर दफ़्तर में थोड़ी-बहुत मिक़दार में जाये ही जाते हैं और इनकी ख़ुशमिज़ाजी पर दफ़्तर का स्टेशन, दफ़्तर की प्रकृति, अफ़सरों का स्वभाव, मार्च में काम का रश–यानी कि किसी भी बाहरी वातावरण का कोई प्रभाव कभी पड़ता नहीं देखा गया। मि. तनेजा इसी क़िस्म के बाबू थे। ये हज़रत कोई पैंतालीस वर्ष की आयु के शालीन व्यक्ति थे और बाहर से तो बहुत ही गम्भीर दृष्टिगोचर होते थे। वैसे भी पढ़े-लिखे और साहित्यिक क़िस्म के व्यक्ति थे– लाइब्रेरी से किताबें वग़ैरह अक्सर घर ले जाया करते थे। 'वग़ैरह' शब्द का प्रयोग मैंने यहाँ जान-बूझकर किया है। एक बार किताबों के अलावा ये लाइब्रेरी से चन्द कुर्सियाँ भी उठाकर ले गये थे। रिक्रिएशन क्लब के सालाना जलसे पर एक-दो ग़ज़लें भी इनकी हमेशा हुआ करती थीं और इसके अलावा ये चन्द जानवरों की बोलियाँ भी बखूबी बोलते थे। गरज़ यह कि इन्हें दुनिया का हर शौक़ था–अगर नफ़रत किसी चीज़ से थी तो वह था दफ़्तर। मेरे ख़याल से बड़ी ज़द्दोजहद के बाद वे रोज़ यह तय करते थे कि चलो बारह बज गये, दफ़्तर हो ही आयें। दफ़्तर में सवारी आते ही इनके अहबाब लोग इन्हें घेर लेते थे और यह क्रम तीन बजे तक चलता था। तीन बजे इनकी सवारी उसी शान से घर की ओर मुख़ातिब होती थी। तीन बजे के बाद इन्हें दफ़्तर में एक ही दफ़ा पाया गया था और वह भी तब जबकि दफ़्तर में आग लग गयी थी और इन्होंने फ़ायर ब्रिगेड की फ़ोर्स के किसी मेम्बर का रजिस्टर वग़ैरह सरकारी काग़ज़ समझकर आग में फेंक दिया था। और तारीफ़ यह कि इस मामले में ये काफ़ी स्पष्टवक्ता थे! एक बार एक केस के सन्दर्भ में मुझे भी बता गये थे कि यदि मैं इस फ़ाइल में कोई परेशानी महसूस करूँ तो बारह से तीन बजे के बीच उन्हें हमेशा याद फ़रमा सकता हूँ। मेरे कहने का यह अर्थ न लगायें कि तनेजा साहब रोज़ देर से आते थे; किसी-किसी दिन वे कतई नहीं आते थे। कभी-कभी पन्द्रह दिन इस तरह गुज़र जाते थे और मैं कभी उन्हें याद दिलाता कि उन्हें बिना छुट्टी ग़ैरहाज़िर हुए लगभग पन्द्रह दिन हो गये, तो वे बड़े आश्चर्य से मेरी ओर देखते और सिर खुजाकर संजीदगी से कहते–"अच्छा पन्द्रह दिन हो गये दफ़्तर आये? देखिए साहब, वक़्त भी कितनी जल्दी गुज़रता है। सुबह होती है, शाम होती है...."

इन सज्जन की ख़ुशमिज़ाजी का फ़ायदा मैंने ख़ुद भी कई बार उठाया। एक बार कुछ ऐसी पेचीदा फ़ाइलें आ गयीं, जिसमें कि बड़ा वक़्त लगना था। मुझे थी दौरे की जल्दी और मैं किसी भी तरह इन फ़ाइलों से काफ़ी दिनों के लिए छुट्टी पाना चाहता था। मैंने चपरासी से कहा कि ये फ़ाइलें तनेजा बाबू को दे दो। मैं तो दफ़्तर में इस हादसे के बाद लगभग कोई एक साल तक रहा, पर मैंने फिर उन फ़ाइलों के बारे में कुछ सुना नहीं। एक बार शायद किसी फ़ाइल की किसी अदालत में ज़रूरत पड़ी और बड़े साहब पर रिमाइण्डर आया। बड़े साहब ने फ़ाइल की जाँच-पड़ताल की और तनेजा साहब को बुलाया। डायलॉग कुछ-कुछ इस तरह चला:

"मिस्टर तनेजा, क्या यह फ़ाइल तुम्हारे पास है?"

"नहीं हुज़ूर! हम तो कभी कोई फ़ाइल अपने पास एक दिन से ज़्यादा रखते ही नहीं।"

"क्या करते हैं आप फ़ाइलों का?"

"हुज़ूर, हर फ़ाइल पर अलग-अलग एक्शन लेना होता है। कुछ को सबमिट करते हैं, कुछ वापस चली जाती हैं और जो पुरानी होती हैं उन्हें ओल्ड रिकाड्र्स में भिजवा देते हैं।"

"इस फ़ाइल पर क्या एक्शन लिया?"

"यह तो सर, हम फ़ाइल देखकर ही बता सकते हैं।"

"यह फ़ाइल तुम्हारे पास क्यों आयी? जंगलात के मामले तो तुम डील नहीं करते?"

"सरकार, हमें क्या पता, हम क्या सब्जेक्ट डील करते हैं। बड़े बाबू ने जो फ़ाइल हमें मार्क कर दी, हमने ले ली। हम कामचोर थोड़े ही हैं जो यह कहते फिरें कि यह सब्जेक्ट हमारा नहीं है—उनका है।"

इसके बाद वे एक फर्शी सलाम झुकाकर रुख़सत हो गये, क्योंकि तीन बजनेवाले थे और उनके घर जाने का वक़्त हो रहा था। चलते-चलते बड़े साहब से यह भी अर्ज़ कर गये कि अगर उस लापता फ़ाइल का कहीं पता लग जाये तो इत्तला उन्हें भी दी जाये।

तनेजा साहब के अलावा एक गोपाल बाबू थे जो हर नवागन्तुक से दो-दो घण्टे गप्पें मारकर उससे सहानुभूतिपूर्वक कहा करते थे कि यह सब्जेक्ट वे नहीं डील करते; इसके लिए तो बराबर के दफ़्तर में आना पड़ेगा। चौधरी बाबू का तो मैं ज़िक्र ही नहीं करूँगा, वे कुत्ते के पिल्ले लेकर दफ़्तर आया करते थे।

ऊपर जितनी भी क़िस्म के बाबुओं की मैंने चर्चा की है, उनसे मुझे कभी किसी तरह का डर नहीं लगा। मैं तो यही कहूँगा कि इस प्रकार के लोगों से दफ़्तर का वातावरण कुछ तरोताज़ा ही रहता था। धीरे-धीरे जब भटनागर बाबू मेरे पास इन्सपेक्शन क्लर्क होकर आये तो मुझे पता लगा कि भयानक क़िस्म के मातहत कैसे होते हैं। ये सज्जन कोई पचास वर्ष के अधेड़ व्यक्ति थे, दाँत नक़ली थे और

काफ़ी मोटा चश्मा लगाते थे। हर बात पर हाथ जोड़ते थे और हर अमावस्या को गंगा-स्नान के लिए छुट्टी लेते थे। मेरी हर चीज़ की तारीफ़ करना इनका पेशा था। बस मुझे इनकी तीन चीज़ों पर गुस्सा आता था, हालाँकि उम्र की वजह से मैं उनसे ज़्यादा रूखा बर्ताव नहीं करता था। एक तो दौरे पर वे मुझे झूठा बिल बनाने की सलाह दिया करते थे, दूसरे मार्च के महीने में मुझसे कई बार कहते थे कि "सरकार आप तो अन्नदाता बड़े सीधे हैं, आप तो कुछ भी नहीं जानते। सिर्फ़ तनख़्वाह से किसी का गुज़ारा कभी हुआ है सरकार? जिस कुर्सी पर भगवान ने आज आपको बिठाया है, उस पर से लोग लखपति होकर गये हैं।" और तीसरी बात यह थी कि जब मैं दौरे पर जाता था या जब कभी मेरी धर्मपत्नी मैके जाती थी तो ये बिना नागा शाम को मेरे पास मिज़ाजपुर्सी के लिए आते थे और बड़े स्नेह से पूछते थे—"क्या सरकार, किसी चीज़ की ज़रूरत है?"

जो आदमी अपने महल्लेदार से प्यार नहीं करता...

पवित्र पुस्तक बाइबिल में महल्लेदारों से प्यार करने पर काफ़ी ज़ोर दिया गया है और इस प्रकार के व्यवहार को भगवान की प्राप्ति के मार्ग में एक सीढ़ी के रूप में स्वीकार किया गया है। मेरे विचार में जिन दिनों बाइबिल लिखी गयी होगी, उन दिनों दो बातें ज़रूर रही होंगी। एक बात तो यह कि बाइबिल लिखनेवाले के क्षेत्र में महल्लेदार अच्छे क़िस्म के रहे होंगे और दूसरी बात यह कि इस ग्रन्थ के लिखने के दौरान लेखक ने अपना बिस्तर-बोरिया एक महल्ले से दूसरे महल्ले को न उठाया होगा। वरना जिस तरह मैंने अपनी नौकरी की वजह से शहर और महल्लेदारों की वजह से महल्ले बदले हैं, उस तरह अगर बाइबिल के युग में हुआ होता तो पुस्तक के दूसरे संस्करण में भूलसुधार की कतरन ज़रूर चिपकी होती।

मैं यह ईमानदारी से कह सकता हूँ कि मेरी समझ में आज तक यह नहीं आया कि मनुष्य के जीवन में महल्लों की क्या ज़रूरत है। क्या बिना महल्लों के सारे शहर नहीं बसाये जा सकते? और अगर महल्ले भी हों तो क्या ज़रूरी है कि महल्लेदार भी हों? मैं तीन साल बम्बई रहा और इस दौरान दो-तीन दफ़ा मकान भी बदलने पड़े, मगर कभी भी मुझे बाइबिल के लेखकों पर गुस्सा नहीं आया। एक मकान के पास तो कोई महल्ला था ही नहीं—वह एक स्क्वायर था, जिसमें सब लोग अपने-अपने फ़्लैट के नम्बर से पुकारे जाते थे, जैसे कि नं. 21 बाबू सब्ज़ी ख़रीदने गये हैं, नं. 11 की हजामत बन रही है, रात नं. 23 के यहाँ आग लग गयी, वग़ैरह-वग़ैरह। एक साल मैं इस स्क्वायर में रहा और इस दौरान पासवाले फ़्लैट के निवासियों से मेरी भेंट केवल एक बार हुई और वह भी तब जबकि उनके यहाँ चोरी हो गयी थी। परिचय न होने के कारण उन्होंने शुरू-शुरू में मुझे चोर समझा, मगर जब उनके बच्चों ने बताया कि "नही, ये तो वे अंकिल हैं जिन्होंने उस दिन हमसे टॉफ़ी छीनकर खायी थी", तब कहीं जाकर बात रफ़ा-दफ़ा हुई। दूसरे महान में महल्लेदारी तो थी, पर महल्लेदार नहीं थे। पास के फ़्लैट के निवासी रेलवे के अफ़सर थे और या तो सारे दिन ड्यूटी पर रहते थे और रात को देर गये लौटते थे या दौरे पर रहते थे। पत्नी उनकी कहीं सर्विस करती थीं और शाम को शायद क्लब जाती थीं। बच्चे कभी आया पर रहते

थे और कभी-कभी आया बच्चों पर रहती थी। दो साल के लम्बे दौरान मेरी उन लोगों से दो-तीन बार मुलाक़ात लिफ़्ट पर ही हुई होगी। वैसे वे आदमी दिलचस्प थे—काफ़ी ख़ुशमिज़ाज और मिलनसार क़िस्म के, अलबत्ता याददाश्त उनकी कुछ ज़रूर कमज़ोर थी। जब भी मुझसे मिलते, मुझे किसी नये ही नाम से पुकारते थे। मेरा सही नाम तो नेम-प्लेट देखकर भी उन्हें कभी याद नहीं आया। एक बार तो वे शायद पूछ ही बैठे कि "मि. विरागी, वे त्यागी कौन हैं, जिनका बोर्ड बाहर लगा है?" जब मैंने बताया कि सेवक का नाम त्यागी ही है और अभी तक इसे विरागी करने का कोई विशेष प्रोग्राम नहीं है तो वे कुछ झेंपे और माफ़ी माँगकर चले गये। अगले दिन एक पका टमाटर नीचे किसी पर फेंकते हुए उन्होंने मुझे नमस्कार किया और कहा, "हैलो मि. बागची। हाउ डू यू डू?"

अपनी सर्विस के दौरान मेरी नियुक्ति प्रयाग, मेरठ, पटना, रुड़की इत्यादि अपेक्षाकृत छोटे नगरों में भी हुई है और वहाँ मेरा साबक़ा महल्लेदारों से कसकर पड़ा है। इनकी जातियाँ, उपजाजियाँ क़िस्में और प्रकार, प्रकृति और पुरुष—इन सबके बारे में मुझे डटकर अनुभव है। चन्द महल्लेदारों ने तो मुझे इतना तंग किया है कि उन्हें मैं कभी भूल ही नहीं सकता।

जैसा कि मैंने एक और लेख में विस्तार में बताया है, एक बार मैं एक ऐसे मेजर के साथ रहता था, जिसे कि शिकार का हद्दर्जा शौक़ था। ये हज़रत दिनभर शिकार की किताबें पढ़ते थे और सारी रात नींद में तरह-तरह के जानवरों से नंगे हाथों मुठभेड़ करते थे। इतनी मुख़्तलिफ़ तरह की आवाज़ें इनके मुख से रात को निकलती थीं कि कभी-कभी ऐसा लगता कि पास में कोई टार्जन की स्टंट फ़िल्म चल रही है। सुबह उठते ही मेरे लॉन पर आ बैठते और कहते कि रात उन्होंने फिर एक शेर को चकमा दिया। और जनाब यह वही शेर था जो पिछले साल उन्होंने जोशीमठ के जंगल में जीप पर देखा था, यानी कि मेजर साहब जीप पर थे और शेर जंगल में। इसी प्रकार हर इतवार को वे बाक़ायदा शिकार पर जाते भी थे और मेरा पूरा शनिश्चर और सोमवार बेकार जाता था। इतवार के दिन ज़रूर कुछ अमन रहता था। हफ़्ते के बाक़ी दिन वे मुझे शिकार के विभिन्न प्रकार के पोज़, ढंग, मौसम वग़ैरह समझाते रहते थे और एक बार तो चीतल के शिकार के लिए खींचकर ले भी गये थे। हालाँकि मेरठ छोड़े मुझे काफ़ी साल हो गये, पर अब भी जब रात को मेरी आँख खुलती है तो मैं अक्सर यही सोचता हूँ कि इस वक़्त मेजर साहब किसी गैण्डे या हाथी का शिकार कर रहे होंगे। इसी तरह चिड़ियाघर वग़ैरह में भी जब मैं किसी जानवर को देखता हूँ तो मुझे मेजर साहब की याद तुरन्त आ जाती है।

इसी प्रकार एक नगर में एक वयोवृद्ध आर्यसमाजी के महल्ले में रहने का अवसर पड़ा। मेरे विचार से ये सज्जन यदि केवल आर्यसमाजी ही होते तो भी उनका जीवन ज़रूरत से ज़्यादा सफल माना जा सकता था, पर ये साथ-ही-साथ शास्त्रीय संगीत

UNIVERSITY OF ALLAHABAD

Bachelor of Arts

This is to certify that *Rabindra Nath Tiagi*

obtained the degree of Bachelor of Arts in this University

in the Examination of 1952 ; and that he was placed

in the *First* class.

The subjects in which he was examined were

compulsory English, *Sanskrit, Hindi and Economics*

University of Allahabad:

The 13th December 1952

A. C. Banerji

Vice-Chancellor.

UNIVERSITY OF ALLAHABAD

UNIVERSITY OF ALLAHABAD
QUOT RAMI TOT ARBORES

Master of Arts

This is to Certify that Rabindranath Tyagi obtained the degree of Master of Arts in this University in the Examination of 1954 in Economics, and that he was placed in the First class.

University of Allahabad:
3rd March, 1955.
The ~~27th November, 1954~~.

A. C. Banerji
Vice-Chancellor.

के ज्ञाता भी थे। सुबह, शाम, यानी कि हर फुटकर वक़्त में वे महाशय टपकते रहते और कभी वैदिक धर्म और आर्य सभ्यता पर धुआँधार भाषण दे जाते और जोश में आकर मेरा कोई चाय का बर्तन तोड़ जाते या मुझे विस्तार में यज्ञ करने की विधियाँ समझाते। अगर और कुछ नहीं तो यही कह जाते कि "जनाब, यह वक़्त सिगरेट पीने का नहीं राग आसावरी गाने का है।" अब आप ही सोचिए कि बैरे ने खाना मेज़ पर लगा दिया है—आप हाथ धो रहे हैं और खाना खाकर विविध भारती में फ़िल्मी गाने सुनने को सोच रहे हैं और इधर ये सज्जन खिड़की में से दर्शन देते हुए कह रहे हैं—"ठीक है, ठीक है, खाना खा रहे हो? ख़ैर, वैसे यह वक़्त राग देस गाने का है।" या शाम को आइसक्रीम जमी है और खा वह महोदय भी रहे हैं, पर साथ-ही-साथ कहते जाते हैं कि उन्हें कोई विशेष आनन्द की प्राप्ति नहीं हो रही, क्योंकि यह वक़्त आइसक्रीम खाने का कम और श्यामकल्याण गाने का ज़्यादा है। इतवार को आप जब मैगज़ीन सेक्शन में ब्लांडी का कार्टून पढ़ रहे हैं तो ये सज्जन चन्द आम की सूखी टहनियाँ सँभाले आपको यज्ञ के लिए ले जाना चाहते हैं। और इस सबके ऊपर तुर्रा यह कि यह सब किया मेरी ही भलाई के लिए जा रहा है। इस जन्म से आगे भी जन्म होना है और आत्मा इस चोले को तो जनाब, इस तरह छोड़कर दूसरे में चली जायेगी कि जैसे पेड़ पत्ते बदलते हैं और हमें पता भी न लगेगा। मैंने इन्हें कई बार समझाया कि मेरी नन्ही-सी आत्मा तो इसी चोले में काफ़ी ख़ुश नज़र आती है और आप उस बेचारी की इतनी चिन्ता न करें और मृत्यु के बाद के जीवन की अपेक्षा हमें मृत्यु के पूर्व के जीवन की ज़्यादा चिन्ता है—मगर जनाब इन पर असर कहाँ? अन्त में हमें एक और अस्त्र हाथ आया। हमने कुछ सिनेमा के गाने याद किये और उसमें कोई कठिनाई हमें नहीं हुई। कभी-कभी वही गाना रेडियो पर आता, वही गाना श्रीमतीजी और महल्ले के बच्चे गाते होते और वही हम बस के कण्डक्टर और दफ़्तर के चपरासी से सुनते। बस, दो-तीन दफ़ा सुना और याद हो गया। वैसे भी हमारे परिवार में स्मरण-शक्ति तीव्र होती आयी है। हमारे एक भक्त चाचा थे जिन्हें चालीस बरस की उम्र पार करने से पूर्व ही आधी से ज़्यादा हनुमानचालीसा ज़बानी याद हो गयी थी। बस कहीं-कहीं थोड़ा-सा कभी-कभी भूल जाते थे—पर वैसे उन्हें याद थी। हाँ, तो मैं कह रहा था कि हमने कुछ हल्के-फुल्के गाने याद किये और बस। अब हालत यह कि जहाँ इन्होंने सत्यार्थप्रकाश के बारहवें समुल्लास की चर्चा छेड़ी, हमने कहना शुरू किया—आना मेरी जान संडे के संडे...। उधर इन्होंने गायत्री पर व्यक्तिगत विचार प्रकट करने शुरू किये और इधर हमने अपनी चाबी खोली—तूने जादू किया...मेरा छोटा-सा जिया...परदेसिया। यह वार कभी खाली नहीं गया। एक तो वे आर्यसमाजी और दूसरे शास्त्रीय संगीत के ज्ञाता। तुरन्त मेरे भविष्य को विचार कर उदास हो जाते और कभी-कभी तो वापस भी चले जाते।

अपने महल्लेदारों में मुझे एक और सज्जन की याद है जो कवि भक्त थे। ये

पुश्तैनी वैष्णव थे और भक्ति का धन्धा भी इनके घराने में पुराना था। घर के खाते-पीते थे, स्वभाव सरल और स्नेही था। ब्रजभाषा के अनन्य भक्त थे और रत्नाकर और सत्यनारायण 'कविरत्न' को हिन्दी का अन्तिम कवि मानते थे। इन लोगों के बाद भी हिन्दी कविता लिखी जाती है, इस पर इन्हें विस्मय होता था। स्वयं भी ब्रज में तुकबन्दी करते थे और भक्ति-काव्य में भारतेन्दु की तरह रीतिकालीन मज़ा लाने की चेष्टा किया करते थे। ख़ैर, इनकी कविता ने मुझे कभी तंग नहीं किया और किया भी तो ज़्यादा नहीं। सुबह को आये, एक पद सुना गये। दोपहर को आये और कह गये कि दूसरी पंक्ति में 'सलोने' की जगह 'सयाने' ठीक रहेगा। तीसरे पहर आये और कह गये कि ग़लती से अन्तिम पद इन्द्रवज्रा में न होकर उपेन्द्रवज्रा में हो गया है। बस इससे ज़्यादा कभी कुछ नहीं। इसके बाद छुट्टी। ज़्यादा दिलचस्पी तो उनकी उन बातों में होती थी जो कि पद्य में न होकर गद्य में होती थीं। भक्त होने के कारण ये हर बात में भगवान का कोई लम्बा-सा नाम या विशेषण शुद्ध तत्सम भाषा में कह डालते और यह विष्णु सहस्रनाम कभी-कभी बड़ा अजीब-सा लगता। जैसे कि मान लीजिए कि इतवार के दिन बाहर खटिया बिछाये रुद्राक्ष की माला लिये बैठे हैं और मुझे देखकर कहते हैं—"आज की प्रातः तो बड़ी उज्ज्वल है। ऐसा लगता है कि नारायण का तेज़ दिक्मण्डलों में फूटा पड़ रहा है। आकाश निर्मल है, बस एक वह मेघखण्ड ऐरावत के पौत्र-सा नभमण्डल में स्थिर है। यदि आज सच्चिदानन्द आनन्दकन्द की कृपा रही तो इस नश्वर देह पर हम भी कड़वे तेल की मालिश करेंगे।" कभी कहते—"आज तो वृन्दावन-विहारी रसिकशिरोमणि यशोदानन्दन की कृपा से मण्डी में सफ़ेद कद्दू का भाव कुछ गिर गया है," वग़ैरह-वग़ैरह।

इसके अलावा तरह-तरह के महल्लेदार मुझे मिलते रहे हैं। एक बीमा एजेण्ट भी एक बार पड़ोस में मिले थे, जो रोज़ मुझसे कहते थे कि मेरी सेहत दिन-ब-दिन गिरती जा रही है। इन हज़रत को मेरे बीवी-बच्चों के साथ मुझसे भी ज़्यादा सहानुभूति रहती थी। कभी-कभी ये मेरी अकाल मृत्यु का ऐसा विशद चित्रण किया करते थे कि मेरे रोंगटे खड़े हो जाते थे और उनके जाने के बाद मुझे ऐसा लगता था जैसे कि मेरा पुनर्जन्म हुआ हो। इन हज़रत ने मेरा पीछा कभी न छोड़ा होता अगर मेरे कुत्ते ने मेरी मदद न की होती। इसी तरह ऐसे भी महल्लेदार मुझे मिले हैं, जिन्हें चीज़ें उधार माँगने की खुलकर आदत थी। रुपया-पैसा, आटा-दाल, चीनी, सिलाई की मशीन, किताबें, टाइमपीस—शायद ही कोई चीज़ हो जिसका उधार न चलता हो। इस सिलसिले में मुझे दो सज्जनों की याद आती है। इनमें से एक साहब जो शायद मुंसिफ़ थे, मेरे टेलीफ़ोन का दिन-रात प्रयोग किया करते थे। उन्होंने मेरा टेलीफ़ोन नम्बर अपने लेटरपैड पर भी शायद छपा रखा था। दूसरे सज्जन थे कौशिक साहब। ये साहब अच्छे-ख़ासे अफ़सर थे, पर इनकी बीवी घर का प्रबन्ध इस तरह करती थीं जैसे जनरल फ्रैंको स्पेन का शासन चलाते हैं। गरज़ यह कि जब भी कोई मेहमान

आता तो हालत यह होती थी कि बाहर कौशिक साहब मुझसे टी-सेट माँगकर ले जा रहे हैं, भीतर मिसेज़ कौशिक मेरी पत्नी से दूध, चीनी और चाय माँग रही हैं और उधर रसोई में उनका नौकर मेरे नौकर से बिस्कुट और जैली माँग रहा है। थोड़ी देर में उनका लड़का मेरे लड़के से मक्खन माँगने आयेगा और इसके बाद इसी क्रम से सारा सामान (सिवाय खाने-पीने की चीज़ों के जो एक बार प्रयोग करने के बाद दोबारा प्रयोग नहीं की जा सकतीं) वापस किया जाता था। इनकी पत्नी वास्तव में इतनी गृहलक्ष्मी टाइप की थीं कि बग़ैर कोई चीज़ घर में हुए, मजाल है कि कोई मेहमान बिना चाय पिये वापस चला जाये। यह मज़ाक़ यहाँ तक चलता था कि एक बार बारिश की वजह से हम लोग उनके बरामदे में खड़े हो गये और लीजिए, दस मिनट में चाय की सारी चीज़ें मेज़ पर लग गयीं। उस दिन इन्होंने हमें गाजर का ऐसा नफ़ीस हलवा खिलाया कि घर का-सा मज़ा आ गया। हमने भी डटकर खाया। धन्यवाद देकर घर आये तो पता लगा कि हलवे का आयात हमारे घर से ही किया गया था और प्लेट अभी वापस आनी बाक़ी थी।

अब आप ही बताइए, ऐसे महल्लेदारों से बाइबिल के बावजूद आप प्यार कर सकते हैं?

ऊपर लिखे विवरण से आप यह न समझें कि प्यार के क़ाबिल महल्लेदार कभी मिलते ही नहीं। यह किसी हद तक अपनी खसलत पर भी निर्भर होता है। मेरे मित्र वर्माजी को हर महल्ले में कोई-न-कोई ऐसा मिल ही जाता है जो प्यार करने के क़ाबिल हो। अभी-अभी उन्हें अपने महल्ले की तीन किशोरियाँ और दूसरी तरफ़ के महल्लेदार की कमउम्र बीवी ऐसी ही लगी थीं, जिन्हें देखकर उन्हें रोज़ बाइबिल याद आती थी। वह तो उनका तबादला हो गया, नहीं तो इस बार उनकी प्रेम-कथा सेशन की अदालत तक पहुँचती।

महामानव समुद्र यह देश!

रवीन्द्रनाथ ठाकुर ने एक स्थान पर इस देश को मानव-समुद्र कहा है। यह बात उन्होंने लगभग पचास वर्ष पूर्व कही होगी, यदि वे आज जीवित होते तो निःसन्देह समुद्र के स्थान पर महासागर शब्द का सार्थक प्रयोग करते। पिछले वर्षों में जितनी मात्रा में हमारी जनसंख्या में वृद्धि हुई है उतनी किसी और वस्तु के उत्पादन में नहीं। विशेषज्ञों का कहना है कि यदि जनसंख्या में वृद्धि इसी दर पर चलती रही तो देश का भविष्य अन्धकारपूर्ण है। इन दिनों तो सरकारी स्तर पर भी यह स्वीकार किया जाने लगा है कि हमारी बड़ी समस्याओं में जनसंख्या का स्थान सबसे अधिक महत्त्वपूर्ण है।

जनसंख्या की समस्या का क्रमबद्ध अध्ययन करने के लिए यह आवश्यक है कि इसकी ऐतिहासिक पृष्ठभूमि और इसके मूल कारणों पर मौलिक ढंग से विचार किया जाये। इस सन्दर्भ में देश और विदेश दोनों में सरकारी और ग़ैर-सरकारी ढंग पर काफ़ी विचार हो चुका है और कुछ ऐसे मत निश्चित हो गये हैं जो सर्वमान्य हैं। पहला मत तो यह है कि कम-से-कम जहाँ तक इस देश का प्रश्न है, जनसंख्या बढ़ने का प्रमुख कारण बच्चों का अधिक मात्रा में उत्पन्न होना है। हमारे यहाँ यह धन्धा घरेलू उद्योग-धन्धों की तरह संगठित है और अभी तक इसके राष्ट्रीयकरण की माँग किसी भी राजनीतिक पार्टी द्वारा नहीं उठायी गयी है। इसके अतिरिक्त यह भी निश्चित है कि जहाँ मृत्यु की प्रणालियाँ अनेक और विभिन्न प्रकार की हैं, बच्चों को पैदा करने के सिलसिले में केवल एक ही प्रणाली का प्रयोग किया जाता है जो कि काफ़ी परम्परागत और दक़ियानूसी है। यह प्रणाली हमारे देश में कब से चली आ रही है, इस पर तो अभी शायद पर्याप्त खोज नहीं की गयी है, पर विशेषज्ञों का कहना है कि ईसा के जन्म से पूर्व ही यह प्रणाली हमारे यहाँ विकसित हो गयी थी। कुछ विद्वानों का तो मत यहाँ तक है कि अन्य देशों में भी यह प्रणाली हमारे यहाँ से ही पहुँची।

हमारे देश में बच्चे सभी मौसमों में होते हैं। आँधी, पानी, स्थानीय जलवायु इत्यादि भौगोलिक कारणों से इनकी फ़सल पर कोई विशेष प्रभाव नहीं पड़ता दीखता।

बच्चे आमतौर पर शादी के बाद होने शुरू होते हैं। पति या पत्नी में से किसी एक की मृत्यु हो जाने पर किसी-किसी स्थिति में बच्चे पैदा होने पर काफ़ी प्रभाव पड़ता देखा गया है। अमेरिका जैसे तरक्की-पसन्द और प्रगतिशील देशों में शादी के उपरान्त बच्चा पैदा होने तक की अवधि में भारी कमी की गयी है, पर हम अभी तक इस दिशा में भी और चीज़ों की तरह पिछड़े हुए ही हैं। हाँ, अलबत्ता बिना माता-पिता के सन्तान होने की परम्परा हमारे यहाँ अभी भी पायी जाती है। ऐसे बच्चे रेलवे के डिब्बों और कारपोरेशन के शौचगृहों में अक्सर पाये जाते हैं। समाज-शास्त्रियों का एक मत यह भी है कि बच्चे ग़रीब लोगों के यहाँ ज़्यादा पाये जाते हैं, क्योंकि उनके पास मनोरंजन का और कोई साधन नहीं है। ख़ैर, चाहे अमीर हो या ग़रीब, बच्चे होते हर जगह बिना अपनी मर्ज़ी के हैं और इस कारण उनके जन्म की वर्तमान व्यवस्था सामन्तवादी और प्रजातन्त्र के सिद्धान्तों के नितान्त विपरीत है।

जैसा कि मैंने ऊपर बताया, जनसंख्या पर प्रभाव डालनेवाली दूसरी महत्त्वपूर्ण वस्तु है मृत्यु की दर। जन्म की प्रणाली के विपरीत, मृत्यु की प्रणालियाँ एक न होकर अनेक और विभिन्न प्रकार की होती हैं। मोटे तौर पर यह भी कहा जा सकता है कि इस दिशा में प्रत्येक देश एक नयी प्रणाली का अनुसरण करता है जो उसकी सभ्यता व संस्कृति के अनुकूल होती है। अमेरिका इत्यादि सभ्य व पाश्चात्य देशों में प्रायः जनता तेज़ चलती मोटरों के नीचे आकर मरना पसन्द करती है। हज़ारों-लाखों लोग कभी-कभी बन्दूकों और बमों इत्यादि द्वारा सामूहिक निर्वाण की प्राप्ति कर पारस्परिक प्रेम और सौहार्द का अन्तिम परिचय देते हैं। इस प्रकार वैज्ञानिक ढंग से मरने से जनता को कष्ट नहीं होता है और इसी कारण इस प्रकार के युद्धों का प्रबन्ध जनता स्वयं टैक्स देकर सरकार से कराती है। हमारे जैसे पिछड़े हुए देशों में अभी तक लोग भूख और बीमारियों की दक़ियानूसी प्रणालियों द्वारा काफ़ी दिनों तक तिल-तिल कष्ट उठाकर मरते हैं। इन्हीं कारणों से हमारे जैसे देशों को पिछड़ा हुआ भी कहा जाता है।

उपर्युक्त बातों से यह प्रकट हो जाता है कि जनसंख्या कम करने के दो ही प्रमुख साधन हैं। एक तो है परिवार-नियोजन और दूसरा है मृत्यु की दर में वृद्धि करना और उस दिशा में वैज्ञानिक साधनों का प्रयोग करना। जहाँ तक परिवार-नियोजन का प्रश्न है, इस पर मतभेद है। अभी तक भी ऐसी निश्चित प्रणाली का आविष्कार नहीं हो पाया है जो कभी भी फ़ेल न हो। यहाँ तक कि कभी-कभी पति-पत्नी के सालों एक-दूसरे से अलग रहने से भी सन्तान के उत्पादन पर कोई प्रभाव नहीं पड़ता है, क्योंकि जैसा कि गीता में लिखा है, मनुष्य का अधिकार तो कर्मों पर है, न कि फल पर। हालाँकि पशु, पक्षी और जानवर इस विषय में कुछ प्राकृतिक नियमों का पालन करते हैं और उनके बच्चे किसी विशेष मौसम में साल में एक या दो बार ही निश्चित संख्या में होते हैं, पर क्योंकि मनुष्य जानवर से आगे है, वह अपने को इस

प्रकार बाँध नहीं सकता। स्टुअर्ट मिल और लास्की के अनुसार सामाजिक व राष्ट्रीय स्वतन्त्रता का प्रारम्भ और अन्त व्यक्तिगत स्वतन्त्रता में ही निहित है। वैसे भी सन्तान के लिए विवाह करने की परम्परा हमारे यहाँ बहुत पुरानी है। कालिदास के अनुसार इक्ष्वाकुवंश के राजा लोग केवल सन्तान के लिए ही विवाह करते थे। दशरथ ने इसी सिलसिले में तीन शादियाँ की थीं। महाभारत-काल में तो अधिक सन्तान होना शायद गौरवपूर्ण माना जाता था। अकेले धृतराष्ट्र के ही सौ पुत्र थे। पाण्डवों की लगातार हार का एक कारण यह भी रहा होगा कि वे संख्या में कम थे। यह भी निश्चित है कि यदि महाभारत में इतने लड़नेवाले न होते तो शायद इतना भयंकर संग्राम न होता और उस स्थिति में महाभारत जैसे विशाल महाकाव्य के स्थान पर वेदव्यास भी मैथ्यू आर्नोल्ड के 'सोहराब और रुस्तम' जैसा खण्डकाव्य ही लिख पाते!

ऊपर कहने का यह अर्थ नहीं कि आज की आर्थिक स्थितियों में परिवार-नियोजन ग़ैर-ज़रूरी या एकदम अव्यावहारिक है। हाँ, अलबत्ता इस दिशा में प्रयत्न हमें बदलने होंगे। माल्थस के मूल सिद्धान्तों से भी मुझे क़तई मतभेद नहीं, पर इस दिशा में क़दम हमें काफ़ी दूरदर्शिता के साथ उठाना चाहिए। यह भी ध्यान में रखना होगा कि परिवार-नियोजन केवल पढ़े-लिखे या ऊँचे दर्जे के लोग ही न करें, क्योंकि उसका परिणाम यह होगा कि देश में पढ़े-लिखे, शालीन और सम्भ्रान्त व्यक्ति और भी कम हो जायेंगे और मूर्खों का सम्प्रदाय और तरक्की करेगा। मेरी राय में सरकार को इस दिशा में दुतरफ़ा प्रयत्न करने होंगे। एक ओर तो वह अमीर लोगों पर बच्चा होने पर टैक्स लगाये और दूसरी तरफ़ ग़रीब लोगों को बच्चा न होने पर इनाम या तक़ाबी दे। अमीर लोगों के बच्चे टैक्स लगने पर भी बराबर होते रहेंगे, क्योंकि एक तो वे लोग टैक्स देने में समर्थ हैं और दूसरे वे टैक्स देने से हमेशा बच भी सकते हैं। उनके लिए एक तालिका निर्धारित की जा सकती है जिसमें बताया जाय कि विभिन्न आयु, व्यवसाय व आय के लोगों को प्रति बच्चा कितना कर देना पड़ेगा। ग़रीब लोगों के लिए एक और तालिका निश्चित करनी पड़ेगी, जिसमें यह स्वीकार किया जायेगा कि कितने वर्षों में साधारण आयु और स्वास्थ्य के लोग कितने बच्चे पैदा कर सकते थे और वैसा न करने पर वे कितने इनाम के हक़दार हैं। इसके अतिरिक्त ग़रीब लोगों के मनोरंजन के साधनों में भी विकास करना पड़ेगा। यह एकदम निश्चित है कि ग़रीब आदमी अपने ही बीवी-बच्चों से मनोरंजन करता है जबकि अमीर व्यक्ति अक्सर दूसरे के बीवी-बच्चों से। यदि अमीर लोग न हों तो विधवाश्रम, नारी निकेतन, कन्या पाठशाला, संगीत-शाला और अनाथालय कैसे चलें और उनमें कौन दिलचस्पी ले?

परिवार-नियोजन के साथ-साथ मृत्यु की दर बढ़ाने पर भी हमको पूरा ध्यान देना पड़ेगा। सरकार की यह नीति ग़लत है कि एक ओर तो वह जनसंख्या की बात करती है और दूसरी ओर बीमारियाँ कम करने की भी कोशिश करती है। मृत्यु

की दर किसी हद तक बढ़ाने में रेलवे का महकमा सरकार को थोड़ा-बहुत सहयोग देना चाहता था, पर वहाँ भी दुर्घटना जाँच समिति के कारण उसके ईमानदार प्रयत्नों का समुचित स्वागत नहीं किया गया। गाँवों में पंचायत राज आने से थोड़ी-बहुत मदद इस दिशा में मिली है, पर राष्ट्र की वर्तमान स्थिति में वह नाक़ाफी है, क्योंकि सरपंच वग़ैरह के चुनाव में चार-पाँच आदमियों से ज़्यादा की जान कभी नहीं जाती। दण्डविधान से मृत्युदण्ड का हटाना शायद सही क़दम साबित हो और फिर शायद ग्रामीण जनता इस पवित्र आन्दोलन में और भी सक्रिय सहयोग दे। पर फिर भी इस विषय में और ज़िम्मेदार क़दमों की अपेक्षा है। यह खेद की बात है कि इस बीसवीं शती में जहाँ और देश कहीं-के-कहीं पहुँच गये और जहाँ उन्होंने आणविक शक्ति का भी इस पुनीत कार्य में प्रयोग कर लिया, वहाँ हम पुराने घिसे-पिटे ढंग ही इस्तेमाल करते चले आ रहे हैं। देश की स्थिति इस समय ऐसी नहीं रह गयी है कि हम उसे गाँव के डॉक्टरों, बूढ़ी दाइयों और इक्की-दुक्की वारदातों पर ही छोड़ दें। इस दिशा में हम सभी को और अधिक स्वस्थ क़दम उठाने होंगे। देश के निवासियों का भी यह कर्तव्य हो जाता है कि जीवन के मोह में देश की स्थिति को न भूलें। यदि देश इस समय त्याग और बलिदान माँगता है तो उन्हें देना चाहिए। ऊपर बतायी स्थिति को ध्यान में रखते हुए, सड़क पर आती बस के सामने से हटना कायरता ही कही जायेगी।

यद्यपि मैं व्यक्तिगत रूप से परिवार-नियोजन व मृत्यु-दर में वृद्धि करने के पूरे पक्ष में हूँ, पर फिर भी इस दिशा में अब तक जो उदासीनता बरती गयी है, उससे मैं असन्तुष्ट नहीं हूँ। यदि कहीं सरकार इन क़दमों को तीस साल पहले ही उठाने लगती तो लेखक (और पाठकों में से भी कुछ) इस दुनिया में न होते।

शिकार की कहानियाँ

शिकार की कहानियाँ लिखना साहित्य की और विधाओं से कहीं अधिक कठिन काम है। इसका प्रमुख कारण यह है कि जिस तरह आजकल युद्धों का इतिहास सुनहरे फ्रेम का चश्मा लगानेवाले उन प्रोफ़ेसरों द्वारा लिखा जाता है, जिन्होंने अजायबघर के बाहर कभी नंगी तलवार तक नहीं देखी, उसी तरह शिकार की कहानियाँ भी आमतौर पर वे लोग लिखते हैं, जिन्होंने कभी शिकार नहीं किया। क़रीब आधा दर्जन जिमकार्बटों को छोड़कर सारे संसार के शेष शिकारी प्रायः बेपढ़े होते हैं और वे स्वयं कुछ नहीं लिख सकते। ऐसी स्थिति में यदि शाकाहारी लेखक कल्पना के सहारे शिकार-साहित्य की सृष्टि की ज़िम्मेदारी से बचना चाहें तो शायद शिकार-साहित्य समाप्त ही हो जाये। यहाँ यह भी बताना ज़रूरी है कि जैसे आजकल शिकार और इतिहास जैसे यथार्थमूलक विषय कल्पना के आधार पर लिखे जाते हैं, वैसे ही पिछली शताब्दी तक कविता और उपन्यास इत्यादि कल्पना के सहारे लिखे जाया करते थे। इन दिनों यह चलन छूट गया है और कविता, कहानी इत्यादि अब यथार्थवादी होने के कारण केवल यथार्थ के आधार पर ही लिखे जाते हैं; कल्पना का प्रयोग केवल शिकार और इतिहास के सन्दर्भ में ही किया जाता है।

यद्यपि इतिहास और शिकार दोनों में कल्पना को ही आधार मानकर चलना पड़ता है, पर फिर भी इतिहास का लिखना शिकार की अपेक्षा सरल है। इसका कारण यह है कि 'कैनवास' के बड़ा होने के कारण इतिहास में कल्पना की उड़ान के लिए स्कोप ज़्यादा रहता है। अगर कोई विद्वान यह लिखता है कि पानीपत की पहली लड़ाई में 20,000 सिपाही खेत रहे थे जबकि दूसरी में 80,000 तो हमें किंचित्मात्र भी सन्देह नहीं होता, क्योंकि यह तर्क किया जा सकता है कि दोनों युद्धों के बीच के पानीपत के इलाक़े की जनसंख्या ज़रूर इतनी बढ़ गयी होगी और जंगलों वग़ैरह के कट जाने से खेतों का विस्तार होना भी स्वाभाविक है। परन्तु यदि कोई लेखक इसी तरह यह कह दे कि रुद्र प्रयाग के नरभक्षी की पाँच टाँग या दो पूँछ थीं, तो सम्भव है कि बुद्धिमान पाठकों में से कुछ को थोड़ी देर के लिए संशय-सा हो। इन सभी कारणों से शिकार की कहानियाँ लिखना काफ़ी कठिन काम माना जाता है। सच बात तो यह है कि बिना शेर के शिकार की कहानी पढ़े शेर का शिकार

किसी-किसी स्थिति में ज़्यादा सरल काम है, बनिस्बत इसके कि बिना शेर का शिकार किये आपसे उसके शिकार की कहानी लिखने का आग्रह किया जाये।

शिकार की कहानियों के सन्दर्भ में कुछ आवश्यक बातें ध्यान में रखना लेखकों के लिए आवश्यक है। पहली बात तो यह है कि जिस इलाक़े में शिकार किया जा रहा हो, उसका भौगोलिक ज्ञान होना किसी हद तक ज़रूरी है। गढ़वाल के जंगलों में दरियाई घोड़ों का शिकार नहीं किया जा सकता और न ही बंगाल की खाड़ी में हिरनों के पीछे भागा जाता है। क्योंकि शेर वग़ैरह का शिकार आमतौर पर जंगलों में ही किया जाता है, थोड़ा-बहुत ज्ञान उस इलाक़े की ऋतुओं, वनस्पतियों और वहाँ के निवासियों का होना ज़रूरी है। वैसे भी इस प्रकार का ज्ञान कहानी को यथार्थवादिता का पुट दे देता है। इस प्रकार की स्थिति से बचा भी जा सकता है, जैसा कि एक भारतीय लेखक की कहानी में हाल ही में किया गया है। ये सज्जन रात को जीप पर नदी तक जाते हैं और फिर एक पेड़ पर बन्दूक लेकर रातभर के लिए जम जाते हैं। रात होने के कारण न तो उन्हें यह पता है कि किस प्रकार के जंगल, जानवर और रास्ते इस इलाक़े में हैं और न इस बात का ही अन्दाज़ है कि किस जानवर का इन्हें शिकार करना है। इन बातों का पता आपको सुबह होने पर अलबत्ता ज़रूर लग सकता है, पर इनकी कहानी पाँच बजे ख़त्म हो जाती है जबकि ये थककर पेड़ पर सो जाते हैं और बन्दूक खिसककर नीचे गिर जाती है। अब आप इन्तज़ार करते रहिए कि कब सुबह हो, कब लेखक महोदय सोकर उठें और कब अगला क़िस्सा शुरू हो।

शिकार की कहानियों में शिकारी का प्रयत्नशील व अध्यवसायी होना ज़रूरी होता है। शिकार हाथ से निकल जाने पर भी वह उसका पीछा करता है, एक जंगल से दूसरे जंगल में जाता है, एक पेड़ से दूसरे पेड़ पर चढ़ता है, नदियाँ पार करता है, मचान बाँधता है, मादा शेर की बोली बोलता है, कुत्ते को लेकर भयंकर गहराइयों में उतरता है (और यदि कुत्ता ऐसे अवसरों पर नहीं उतरता तो वह फिर वापस जाकर कुत्ते को लेकर नीचे उतरता है) वग़ैरह-वग़ैरह। अन्य प्रकार के गल्प साहित्य में हीरो अगर अपने शिकार यानी कि हीरोइन का इतना पीछा करता रहे तो वह बेशर्म और चरित्रहीन कहलायेगा, पर शिकार के सन्दर्भ में ठीक उल्टा ही कॉम्पलेक्स काम करता है। शिकारी के अध्यवसाय के इस वर्णन से दो लाभ होते हैं—एक तो आपके नायक का चरित्र-चित्रण होता है और दूसरे कहानी का कलेवर भी बढ़ता जाता है। नायक का चरित्र विस्तार में बताना इसलिए भी आवश्यक होता है कि आमतौर पर शिकार की कहानियों में तीन ही पात्र होते हैं—शिकारी, एक बकरी और शेर, और इनमें केवल शिकारी ही एक ऐसा होता है जिसका चरित्र-चित्रण विस्तार में किया जा सके। जहाँ तक बकरी और शेर का प्रश्न है, उन सबके चरित्र प्रायः दूसरी बकरियों और शेरों जैसे ही होते हैं और उनमें विश्लेषण की ज़्यादा सम्भावना

नहीं रहती। आमतौर से बकरी के मारे जाने से पूर्वकालीन स्थिति में बकरी और शेर दोनों थोड़ा-बहुत शोर मचाते हैं, दोनों की नसों में तनाव रहता है, दोनों के अवचेतन मस्तिष्क किसी घनीभूत पीड़ा के कारण व्याकुल रहते हैं और बकरी के खाये जाने पर प्रायः दोनों जानवर शान्त हो जाते हैं। जहाँ तक कलेवर बढ़ाने का प्रश्न है, मुझे हिन्दी के एक नये लेखक की याद आती है जिन्होंने आधा तीतर के शिकार पर पन्द्रह पृष्ठ दबाकर लिखे हैं। इधर सुना है यह सज्जन शेरेबबर के शिकार पर कोई विशालकाय ग्रन्थ की सृष्टि कर रहे हैं। मेरे विचार में पुस्तक कई खण्डों में विभक्त होगी, खण्ड एक–शिकार पूँछ का, खण्ड दो–शिकार बायें कान का, खण्ड तीन-शिकार तीन पसलियों का, वग़ैरह-वग़ैरह। शेर कहीं आख़िरी खण्ड में जाकर दम तोड़ेगा और तब तक पाठकों में से भी कुछ उसी स्थिति को पहुँच चुके होंगे।

कभी-कभी शिकार की कहानियों में एक ऐसा भी व्यक्ति स्थान पाता है जो 'गाइड' कहलाता है या जो शिकार के बारे में अपने अनुभवों से हमारे हीरो की यथासम्भव सहायता करता है। ऐसा व्यक्ति प्रायः पुराना, सधा हुआ, घाघ शिकारी होता है। इस सन्दर्भ में मुझे अपने मित्र ठाकुर जंगवीर के चाचाजी की याद आना स्वाभाविक है। इन सज्जन की तीन-चौथाई उम्र शिकार में ही व्यतीत हुई है। सारा दिन पूरे ताम-झाम के साथ यह जंगल-दर-जंगल घूमते और शाम का झुटपुटा होते-होते बिना एक गोली ख़र्च किये घर लौटते। इधर इनकी सेहत काफ़ी गिर गयी है, पर शिकार की दिलचस्पी उतनी ही है। अगर कोई साहब गन्दी पतलून पहने, बन्दूक उठाये कालागढ़ के पहाड़ या मतवाली के जंगलों की ओर जाता दीख जायें तो यह उसे रोककर बड़े रोब से पूछते हैं–

"अख्वाह! शिकार पर निकले हैं बरख़ुदार!"

"जी, इरादा तो कुछ ऐसा ही है।"

"हूँ, शेर का शिकार करोगे?"

"जी हिम्मत बढ़ायेंगे, तो कोशिश ज़रूर करेंगे। वैसे शेर का शिकार तो बड़े दिलेर और तक़दीरवाले को मिलता है।"

इतना कहने के बाद वह नौसिखिया शिकारी चाचा साहब के मुँह की ओर देखने लगता है कि शायद यह भी साथ चल रहे हों या कोई गुर की बात बतानेवाले हों। इतने में सीना फुलाकर बुश्शर्ट के बटन बन्द करते हुए चाचा साहब बुलन्द आवाज़ में एक जन्मजात शिकारी के स्वाभाविक रोब के साथ पूछते हैं–

"हाँ, तो शेर का शिकार करोगे?"

"जी, कर लेंगे।"

चाचाजी (थोड़ा रुककर)–"अच्छा, तो जाओ करो।"

और इतना कहकर वे दूसरी ओर देखने लगते हैं।

शिकार की कहानियों के सन्दर्भ में एक विशेष और अन्तिम बात यह है कि

उनमें शिकार की तैयारियों का वर्णन बड़े ज़ोर-शोर से किया जाता है। शिकार का नब्बे फ़ीसदी मज़ा तैयारी ही में होता है। गाय मदलून ने बीस-बीस पृष्ठों में अटैचियाँ बाँधने, जीप में पेट्रोल भरने, टायर बदलने और फ़ारेस्ट रेंजर से मिलने का वर्णन किया है। इस विशद वर्णन का वास्तविक शिकार से क्या सम्बन्ध है, यह जानने के लिए आप उसकी दूसरी कहानी पढ़ते हैं और कभी-कभी लेखक से मिलना भी चाहते हैं। इस प्रकार इससे लेखक की लोकप्रियता भी बढ़ती है। वास्तव में तैयारी के अतिरिक्त और शिकार में है ही क्या? यदि शिकार पर कोई एकांकी नाटक लिखा जाये तो पहले दो दृश्य तो तैयारी से सम्बन्धित होंगे। अन्तिम दृश्य कुछ-कुछ इस प्रकार होगाः

पर्दा उठता है।

(वन का दृश्य : रात का समय : वर्षा ऋतु : लगभग एक बजकर 41 मिनट : अँधेरे के कारण सही समय घड़ी से बता सकना कठिन)

इसके बाद रात और अँधेरे का वर्णन किया जायेगा ताकि अन्तिम दृश्य और दृश्यों की अपेक्षा छोटा न हो जाय।

(शेर का प्रवेश)

शिकारी (जो दिखायी नहीं देता, क्योंकि मचान स्टेन के पीछे लगी है) गोली चलाता है।

शेर गुर्राता है
शेर एक गोली और माँगता है
दोनों गोलियाँ मिलने के बाद शेर काफ़ी
ख़ुश नज़र आता है
इसके बाद—
शेर मर जाता है
या
शेर दोनों गोलियाँ लेकर भाग जाता है
या
पर्दे से बाहर आकर स्टेज पर शिकारी
की मृत्यु।

(पटाक्षेप)

इसके बाद हॉल में रोशनी जल उठती है और तालियाँ बजती हैं। बारी-बारी से लोग उस कलाकार से हाथ मिलाते हैं जिसने शेर का पार्ट अदा किया था।

मेजर राजपूत और शिकार का शौक़

बाइबिल में लिखा है कि जो व्यक्ति अपने पड़ोसी से प्रेम नहीं करता, जिसे कि वह रोज़ देखता है, भला भगवान से कैसे प्रेम कर सकता है जिसे कि उसने कभी नहीं देखा? शायद किसी पुराने ज़माने में यह बात ठीक रही हो। आजकल तो ऐसा देखा जाता है कि पड़ोसी या महल्लेदार की अपेक्षा भगवान से प्रेम करना कहीं आसान है और कारण भी वही है जोकि बाइबिल में बताया गया है—भगवान से आप प्रेम यों कर सकते हैं क्योंकि आपने उसे कभी देखा नहीं। अगर आप उसे भी रोज़ उसी तरह देखते जैसे कि मैं मेजर राजपूत को देखता था तो शायद जन्म-जन्मान्तर के लिए भगवान पर से विश्वास उठ जाता।

मेजर राजपूत और मैं मेरठ में साथ-ही-साथ रहते थे। छावनी में एक बड़ी कोठी थी, जिसमें मैं और वे साथ-साथ रहते थे। बाहर बहुत बड़ा-सा लॉन था, जिसमें आमों के पेड़ थे। शाम के वक़्त बाहर बैठकर मैं धीरे-धीरे बढ़ते अँधेरे को देखता रहता था और पता भी न लगता था कि रात कब हो गयी। जैसे ही मेजर साहब की मोटसाइकिल बँगले के अहाते में प्रवेश करती, पता लग जाता कि आठ बज गये हैं और वे ह्वीलर क्लब से बीयर पीकर और ब्रिज खेलकर लौटे हैं।

राजपूत साहब डोगरा रेजिमेंट के मेजर थे। अच्छा-ख़ासा क़द, मोटा जिस्म और भौंडा चेहरा। उनके मुखारविन्द को देखकर यह आसानी से कहा जा सकता था कि विधाता ने सर्वप्रथम उन्हें गैंडा बनाने का विचार किया। थोड़ी-सी निर्माण-क्रिया सम्पादित होने पर उसका इरादा उन्हें रीछ बनाने का हुआ। इसी बीच बनैले सुअर की सृष्टि की मधुर कल्पना भी उसके हृदय में कहीं आकर अटक गयी और इतना सब-कुछ होते हुए भी राजपूत साहब का भाग्य देखिए कि देह उन्हें मनुष्य की ही मिली।

राजपूत साहब के बातचीत के प्रिय विषय तीन थे—एक था शिकार, दूसरा उनका चेहरा और मूँछें और तीसरा उनका पेट। गाहे-बगाहे—और ख़ास तौर से इतवार को—मेरी-उनकी बातें होती रहती थीं और बातें अक्सर इन्हीं तीन टॉपिक पर होती थीं। सृष्टि और जीवन, साहित्य और कला यानी कि सारी संस्कृति इन्हीं तीन

अध्यायों में बँटी हुई थी। बात कहीं से शुरू हो—भरतवाक्य हमेशा शिकार पर ही होता था। जैसे कि मान लीजिए ज़िक्र उनके पेट का हो रहा है तो बात कुछ-कुछ इस तरह होती थी—

"वेल् माई फ्रेंड यानी कि मेरे अज़ीज़ दोस्त, यह पेट भी क्या अजब चीज़ है!"

"जी।"

"मैंने कहा कि पेट भी क्या ज़बर्दस्त चीज़ है।"

"जी, और फिर आपका तो ख़ास तरह के मेक का है। मेरे ख़याल से यह तो आपसे कुछ मिनट पहले ही दफ़्तर पहुँचता होगा।"

"छोड़ो यार, वही पुराना मज़ाक़। नयी बात करो तो जानें भी। हमें पुराना मज़ाक़ क़तई पसन्द नहीं। हाँ, तो मैं कह रहा था कि पेट भी क्या चीज़ है!"

"क्या चीज़ है? पेट है, और क्या है?"

"नहीं यार। तुम सिविलियन लोग क्या खाकर मिलिट्री की बात समझोगे? वेल् मैं कहता हूँ कि पेट भी क्या चीज़ है!"

"जी।"

"नहीं समझे—कोई बात नहीं, कोशिश करो। फ़ील्डमार्शल मांटेगुमरी हमेशा यही कहता था कि कोशिश करने से बड़ी-बड़ी मुश्किलें आसान हो जाती हैं। मेरे कहने का मतलब है कि पेट में क्या उम्दा मशीनरी लगी है जो खाना पकाती है, ख़ून बनाती है और..."

"और क्या?"

"और हाँ, यार, हमारा भी क्या पेट है! लक्कड़ खा लें तो लक्कड़ हजम और पत्थर खा लें तो...जानते हो क्या होता है, अगर हम पत्थर खा लें तो?"

"क्या?"

"अरे तो पत्थर हजम! क्या सीधे आदमी हो यार! बात समझने की कोशिश ही नहीं करते। मेरे प्यारे दोस्त, कोशिश पेट से भी बड़ी चीज़ है। कोशिश करते-करते क्या नहीं हो सकता? राबर्ट ब्रूस और मकड़ी की कहानी सुनी है?"

"सुनी तो थी पर याद नहीं रही।"

"अरे तो शरमाने की क्या बात है? हम अभी सुनाये देते हैं। हमें खुद कोई पचास बार सुनने पर याद रही है। राबर्ट ब्रूस एक बार शेर के शिकार पर गये। बैठ गये किसी पेड़ के नीचे मचान लगाकर। जैसे ही शेर अपने शिकार पर आया, ब्रूस ने राइफ़ल सँभाल ली। मगर जानते हो कि तभी क्या हुआ?"

"क्या?"

"अरे तुम्हें तो वाक़ई कुछ पता नहीं। हुआ क्या कि उसी वक़्त एक मकड़ी कहीं से आकर ब्रूस के पैर पर चलने लगी। ब्रूस था बादशाह और वह मकड़ियों को अपने पैरों पर चलने की इजाज़त ज़्यादा देर के लिए नहीं देता था। उसने पैर

झटका, निशाना लगाने की कोशिश की। मगर वह मकड़ी फिर पैर पर चढ़ गयी। गरज़ यह कि मकड़ी चढ़ती गयी और ब्रूस उसे फेंकते रहे। जी में तो आया कि पहले एक-दो गोलियाँ मकड़ी के ही फेफड़ों में से निकाल दें, पर शोर होने से शेर के भाग जाने का डर था। इसीलिए ब्रूस ने मकड़ी चढ़े-ही-चढ़े शेर के मारने का इरादा किया और इस काम में उसे कामयाबी भी मिली। बस, उसी दिन से मकड़ी और राबर्ट ब्रूस की कहानी दुनिया जहान में मशहूर हो गयी, यहाँ तक कि स्टेशन मैस का बैरा शामलाल भी उसे जानता है। यार सुनो, पहले ज़माने में ज़रा-ज़रा-सी बात भी सब लोग जान जाते थे, जबकि अब ख़ास-ख़ास बात भी लोग नहीं जानते। मैंने अभी उस दिन एक हिरन का शिकार किया और सच कहता हूँ कि मेरे पाँव पर एक गाय का पैर पाँच मिनट तक पड़ा रहा। पता नहीं कहाँ से खेत में आ गयी थी और जब मैंने इसी बात का ज़िक्र कर्नल साहब से किया तो कहने लगे कि तुम झूठ बोलते हो। साहब, मैं कहता हूँ कि अगर राबर्ट ब्रूस के पैर पर शेर का शिकार करते हुए मकड़ी चढ़ सकती है तो क्या मेजर राजपूत के क़दमों पर हिरन का शिकार करते हुए गाय का पैर नहीं पड़ सकता?"

पेट के अलावा जिस दूसरी चीज़ का ज़िक्र वे करते थे, वे थीं उनकी मूँछें। जैसा मैंने बताया कि उनका चेहरा तरबूज-जैसा था, जिस पर बीचोबीच उन्होंने काफ़ी बड़ी-बड़ी मूँछें सँभाल रखी थीं। दूर से ऐसा लगता था जैसे तरबूज पर दो चूहे चढ़े हों। और जब वे उन्हें ऐंठकर उनका मुख नीले-नीले आकाश की ओर कर लेते थे तो ऐसा लगता था कि जैसे किसी राजनीतिक नेता के ख़िलाफ़ काले झण्डे दिखाये जा रहे हों। मगर ज़ाहिर था कि ऐसी मूँछें उन्होंने हमेशा रखी थीं। इस स्थिति पर आने से पूर्व उनकी मूँछें अनेक परिस्थितियों और संघर्षों को पार कर चुकी थीं। वे कहा करते थे–

"मित्रवर, पहले मैं क्लीन शेव रहता था– मैं लॉर्ड इरविन लगता था।"

"जी।"

"फिर शादी के मौक़े पर मैंने आधी मूँछें रख लीं। मेरे दोस्तों का कहना था कि बीवी को या किसी भी अपरिचित व्यक्ति को सारा चेहरा एकदम दिखाना ठीक नहीं। हाँ तो, उन मूँछों को रखने के बाद मैं हिटलर का छोटा भाई लगता था।"

"बहुत ख़ूब!"

"फिर मैंने मूँछें बढ़ा लीं तो मेरा चेहरा रोबीला लगने लगा। मेरे दोस्त कहते थे कि मेरी सूरत उन दिनों चन्द्रशेखर आज़ाद से मिलती थी।"

"वल्लाह!"

"और फिर मैंने मूँछें और बढ़ा लीं। अब मैं नाना फड़नवीस लगता हूँ, जैसाकि कर्नल शिंदे कहते हैं। जानते हो नाना फड़नवीस कौन था?"

"कौन था?"

"वह फड़नवीस नामक एक मराठा सोल्जर का नाना होता था। उसकी बहादुरी और मूँछों की वजह से उस वक़्त की पब्लिक काफ़ी रोब खाती थी— यार सुनो त्यागी, तुम भी मूँछें बढ़ा लो—तुम एकदम हेलसिलेसी के शहंशाह लगोगे।"

"धन्यवाद।"

"और हाँ, मूँछें बढ़ाने का नुस्ख़ा बड़ा आसान है। इधर कान करो तो लगे हाथों अभी बताये देता हूँ। अमाँ, जब हजामत बनाते हो तो इतनी जगह ब्लेड मत चलाया करो। बस, वल्लाह छः महीने में देखना कि ख़ुदा का नूर क्या शक्ल अख़्तियार करता है! मेरा ख़याल है, आपका चेहरा दिन में भी टॉर्च लेकर ढूँढ़ना पड़ेगा। यार, एक दफ़ा हम भी टॉर्च लेकर शिकार पर गये थे। एक चीतल तो मार लिया पर इतने में टॉर्च खो गयी। जब तक टॉर्च ढूँढ़ी, गीदड़ लोग चीतल को ले गये। बड़ा अफ़सोस हुआ उस दिन।"

यहाँ तक तो राजपूत साहब का शिकार हमारे रहन-सहन में कोई विशेष बाधा नहीं डालता था, पर एक दिन क्या हुआ कि वे क्लब की लाइब्रेरी से कुछ किताबें शिकार की ले आये। ये किताबें जिम कार्बेट की 'मैन ईटर्स' की तरह अहिंसक नहीं थीं। ये थीं गाय मदलून की सनसनीख़ेज़ किताबें, जिनमें उसने अफ्रीका के बियाबान जंगलों में हाथियों और मगरमच्छों के साथ हुई अपनी घनिष्ठ मुलाक़ातों का वर्णन किया है। इन किताबों को राजपूत साहब रात-रातभर पढ़ते। कोई तीन बजे उनकी आँख लगती और उसके कुछ ही देर बाद वे शेर या हाथी वग़ैरह के शिकार पर निकल जाते और सारे महल्ले में इस तरह के बुलन्द नारे गूँजने लगते-

"वह मारा...वह मारा..."

"बन्दूक उठाओ...बदमाश इधर ही चला आ रहा है।"

"हाथी है हाथी...क्या ग़ज़ब के दाँत हैं!"

इन विषयों के अतिरिक्त न जाने वे क्या-क्या कहते रहते! यहाँ तक भी ठीक था। कुछ देर बाद शिकार का रुख और बदल जाता। शेर वग़ैरह उनके ज़्यादा क़रीब आ जाते और मेजर साहब इतने ज़ोर-ज़ोर से चिल्लाने लगते कि घर की बेवकूफ़ औरत यानी उनकी बीवी, चन्द नालायक़ बच्चे, उनका सच्चा दोस्त यानी कि मैं और कोठी का ग्वाला उनकी चारपाई के पास पहुँच जाते। वे आँखें बन्द किये हम लोगों से ही हाथापाई करने लगते और कहते जाते—"वह मारा...वह मारा...डेविड, ज़रा रिवॉल्वर तो दो...पंजा पेट पर पड़नेवाला है...।" जब कोई दो गैलन पानी हम लोग उनके सिर पर डाल चुके होते तब उनकी नींद टूटती! इसके बाद वे मुस्कराते जैसे तरबूज में टाँकी लगा दी गयी हो। पसीना उन्हें आया होता और इसी हालत में वे बरामदे में शंटिंग शुरू कर देते। यह क्रम काफ़ी देर तक ज़ारी रहता। इस बीच वे बिल्कुल चुप रहते। बस, कभी-कभी मेरे पास आते और चुपके-से कन्धा हिलाकर कहते, "यार, मैं कहता हूँ, यह शिकार भी क्या चीज़ है!"

शिकार

दीवाली की छुट्टियों में आख़िरकार हम लोग शिकार के लिए निकल ही पड़े। वर्माजी ने पहले कुछ ढीलढाल दिखायी, पर सान्याल व ठाकुर ने ठोक-पीटकर उन्हें ठीक कर लिया। इसके बाद बन्दूकों को देखकर सान्याल ने कुछ हिचकिचाहट ज़ाहिर की मगर वर्मा व ठाकुर ने उन्हें समझा-बुझाकर राज़ी कर लिया। चलते वक़्त मामूली-सी बातों को लेकर ठाकुर ने भी असहयोग आन्दोलन की परम्परा निभाने की कोशिश की मगर सान्याल और वर्मा के सम्मिलित प्रयत्नों से स्थिति सँभल गयी। रही हमारी बात, हमसे न तो किसी ने पूछा ही और न हमने मना ही किया। हमें पता था कि हमारे-जैसे शाकाहारी व्यक्ति का शिकार की पार्टियों में क्या स्थान होता है और उससे हमें कोई संकोच नहीं था। ऐसे अवसरों पर हमारी सेवाएँ स्थानीय अधिकारियों से सम्पर्क स्थापित करने, गाँववालों से झगड़ा हो जाने पर बीच-बचाव करने तथा खाने-पीने वग़ैरह के इन्तज़ाम करने तक ही सीमित होती हैं और दोस्तों के लिए इस प्रकार की सेवाएँ जुटाने में हमें हमेशा आनन्द आता है। वास्तव में बात यह है कि मित्रों की सेवा करने से आनन्दप्राप्ति की परम्परा हमारे परिवार में बड़ी पुरानी है; हमारे पिताजी भी अपने अन्तरंग मित्रों की सेवा किया करते थे और उससे उन्हें काफ़ी आनन्दलाभ होता था।

नवम्बर के महीने में एक दिन शाम को ये सारे दोस्त मेरे मकान पर इकट्ठे हो गये। सुबह ही हम लोगों को शिकार के लिए चल देना था और इस वजह से हम लोग काफ़ी रात गये तक अपना सामान वग़ैरह सँभालते रहे। बन्दूकें दिन में ही साफ़ की जा चुकी थीं और कारतूसों की ज़िम्मेदारी ठाकुर पर थी। बन्दूक व कारतूसों का प्रबन्ध हमेशा वही किया करता था। इन चीज़ों के अलावा भालों और लाठियों की ज़रूरत भी शिकार में कभी-कभी पड़ सकती थी, मगर उसके लिए हमें उस इलाक़े के देहात के लोगों पर ही निर्भर होना था। सान्याल का, जिसका कि शिकार के बारे में काफ़ी गहरा व विस्तृत अध्ययन था—कहना था कि किसी भी शिकार की किताब में उसने यह नहीं पढ़ा कि भाले और लाठी कभी अटैची वग़ैरह में ऱखकर साथ ले जाये गये हों; इस तरह की चीज़ों का प्रबन्ध गाँववाले ही किया

रवीन्द्रनाथ त्यागी–1957

रवीन्द्रनाथ त्यागी–1957 में अपने कार्यालय में

करते हैं। उसके इस प्रकार के ज्ञान से हम लोगों का काफ़ी हौसला बढ़ता था। उस रात हम लगभग दो बजे तक सामान लगाते रहे। वर्माजी टूथपेस्ट और ख़ुशबूदार तेल रखना तक नहीं भूले। ठाकुर का कहना था कि वर्मा तरक़्क़ीपसन्द आदमी है : शिकार मारने से पहले वह उसके दाँत साफ़ करेगा, उसकी तेल लगाकर कंघी करेगा और फिर उस पर गोली चलायेगा। सान्याल ने हमारी धर्मपत्नी की लिपस्टिक भी ले ली—शायद कोई मादा शेरनी वग़ैरह मिल जाये और सौन्दर्य के इन प्रसाधनों से सम्भवतः उसे जल्दी आकृष्ट किया जा सके। ठाकुर ने वर्मा और सान्याल को यह भी सलाह दी कि वे अपने बीमे के काग़ज़ातों का पूरा-पूरा पता घरवालों को दे दें ताकि शिकारोत्तर-काल में उस दिशा में कोई असुविधा न हो। वर्मा को इस पर काफ़ी अफ़सोस भी रहा। उसका कहना था कि अगर उसे निश्चय होता कि शिकार में जान का ख़तरा भी होता है तो वह थोड़ा-सा बीमा और कराकर आता।

सुबह आठ बजे की गाड़ी से हम लोग शिकार को चले। इस बार कुत्ता भी साथ गया। सामान हमारे पास काफ़ी था—कोई चार अटैचियाँ थीं, एक गठरी में नाश्ते वग़ैरह का सामान था, एक बोरी में बरतन थे और एक सन्दूक में मुख़्तलिफ़ चीज़ें थीं—जैसे चाकू, मोमबत्ती, शिकार के जूते, कुतुबनुमा, नक्शे, स्टोव, टॉर्च, रस्सियाँ और दूरबीन वग़ैरह। ये सारी सामग्री सान्याल की सलाह के अनुसार जुटायी गयी थी। जैसा कि हमने ऊपर बताया, सान्याल का शिकार के बारे में शास्त्रीय ज्ञान काफ़ी था। उसने विभिन्न प्रकार के जानवरों के शिकारों की विभिन्न विधाओं के बारे में सालों तक पढ़ा था और अपने इस ज्ञान को रास्ते-भर वह हमें बताता रहा। उसने शिकार के इलाक़े का एक नक्शा भी कहीं से उठा लिया था और ज़िले के भूगोल की एक किताब भी। इन चीज़ों से उसे रास्ता ढूँढ़ने में आसानी की उम्मीद थी। सान्याल के अतिरिक्त ठाकुर को शिकार का व्यावहारिक ज्ञान था। उनके परिवार में गोली-बारूद रखने की परम्परा काफ़ी पुरातन थी। उनके एक चाचा थे जिन्हें हम लोग मज़ाक़ में देसी जिम कार्बेट ही कहा करते थे। यह हज़रत अलस्सुबह राइफ़ल लेकर उठते और जंगलों की तरफ़ निकल जाते और फिर शाम के झुटपुटे से पहले कभी वापस गाँव नहीं लौटते। उनके मेहँदी से रँगे बाल, खाक़ी वर्दी, सुनहरे फ्रेम का चश्मा, बग़ल में झूलता हेवरसेक और कमर पर टँगी बन्दूक—यह सब वहाँ के लोगों के लिए एक सामान्य दृश्य था। गर्मियों में वे हैट लगाकर हिरनों के साथ दौड़ते और बरसात में मोमज़ामा लगाकर मुर्ग़ाबियों के साथ तैरते। एक बार उन्होंने एक जंगली साँड़ की सवारी भी की थी। इस मनोरंजन के अतिरिक्त उनका शिकार के प्रति कभी कोई विशेष उद्देश्य नहीं रहा। भगवान साक्षी है कि बीस साल के इस प्रकार के नियमित शिकारी जीवन में कभी उनके हाथ से किसी जीव-जन्तु को किसी तरह की चोट तक नहीं पहुँची। सो, ठाकुर के लिए शिकार एक पुश्तैनी धन्धा था और राइफ़लों को देखकर उनकी वही स्थिति होती थी जो चन्दबरदायी की कविता

सुनकर पृथ्वीराज की होती होगी। जहाँ तक वर्माजी का प्रश्न है, उन्हें शिकार का कोई विशेष अनुभव नहीं था। बचपन में तहसीली स्कूल में पण्डितजी पर गुलेल का निशाना लगाने में जो महारत उन्हें हासिल थी, वह भी सरकारी नौकरी के चक्कर में छूट-सी ही गयी थी। फिर भी इसमें कोई शक नहीं कि शिकार के प्रति—ख़ास तौर से मछली के शिकार के प्रति—उन्हें वास्तविक रुचि थी। राइफ़ल के साथ-साथ मछली पकड़ने का काँटा रखने का प्रबन्ध उन्हीं के कारण किया गया था। जैसा कि मैंने ऊपर बताया, हमें शिकार के प्रति कोई विशेष रुचि नहीं थी। मगर चूँकि इस बहाने हमें भी दिलचस्प दोस्तों का साथ, जंगल की खुली हवा और कभी-कभी ताज़े गन्ने खाने को मिलते थे, हम ऐसे अवसरों पर साथ जाने से पीछे नहीं रहते थे। और फिर वैसे भी, अपने कुत्ते के साथ जंगलों में घूमना हमें बेहद पसन्द था।

x x x

गाड़ी का सफ़र चार घण्टे का था। इस सफ़र में कोई विशेष बात नहीं हुई। हाँ, अलबत्ता हमारे कुत्ते टामी ने एक साहब की पैंट और अटैची ज़रूर दाँतों से चबा ली, जिसकी वजह से हमें शर्मिन्दगी-सी भी उठानी पड़ी। वर्माजी ने इस प्रसंग में उन सज्जन को यह भी समझाया कि वे कितने भाग्यवान हैं कि उनकी पैंट-अटैची पुरानी हैं। अगर ये चीज़ें नयी और क़ीमती होतीं तो उनका नुक़सान कहीं ज़्यादा होता। हाँ तो, इस रेल के सफ़र के बाद दो घण्टे का सफ़र एक बस से करना पड़ता था। ये बसें प्राइवेट होती थीं और अक्सर बड़ी पुरानी होती थीं। पहाड़ी रास्ता और ऐसी छकड़ा बसें...नतीजा यह होता था कि हॉर्न को छोड़कर बाक़ी सारे पुर्जे तरह-तरह की बोलियाँ बोलते थे। बस से उतरने के बाद कोई छः मील रास्ता पैदल चलने का था। उसके बाद ठाकुर की ज़मींदारी का गाँव बाँसोपुर पड़ता था।

बाँसोपुर तक हम लोग आसानी से शाम होते-होते पहुँच गये। रास्ते में कोई असुविधा नहीं हुई। हाल में ही हुई हल्की वर्षा के कारण पहाड़ धुले हुए थे और रास्ते में कहीं-कहीं फिसलन भी थी। इस फिसलन का पता सान्याल को तब लगा जबकि वर्माजी फिसले और वर्मा को तब जब सान्याल इतने इत्मीनान से एक गड्ढे में इस तरह समाये जैसे कि ऐसा करना उनका पुराना शौक़ है। सान्याल उस भूगोल की पोथी के लेखक को भली-बुरी कहता रहा जिसने सारी किताब में रास्ते की फिसलन का ज़िक्र तक नहीं किया था, ठाकुर अलबत्ता यही समझाते रहे कि अगर हम लोगों को फिसलने का इतना शौक़ है तो आगे चलकर ढाल पर फिसलें। वैसी स्थिति में हम गाँव कोई आधा घण्टा पहले पहुँच सकेंगे।

रात को हम लोगों ने ख़ूब खाना खाया। गठरी खोलकर अचारों के ज़ायके लिये गये। गाँव से आयी चपातियाँ मोठ की दाल से खायी गयीं। इसके बाद चाय का प्रोग्राम रहा। सोने से पहले गाँव के लोगों से शिकार के बारे में कुछ विचार-विमर्श हुआ और फिर शिकार के क़िस्से सुने।

गाँव में एक पुराना शिकारी रहता था; नाम था वचनसिंह। उसकी उम्र कोई तीस-पैंतीस के क़रीब रही होगी और था वह बड़ा चुस्त और चालाक। उसकी आँखें और कान एकदम खरगोश-जैसे थे और बक़ौल सान्याल के, अगर उसके दो छोटे-छोटे सींग भी होते तो वह हू-ब-हू खरगोश ही लगता। वचनसिंह को आसपास के इलाक़े के चप्पे-चप्पे का ज्ञान था। उसने सबसे पहले हम लोगों से एक मोटी-सी चीज़ दरियाफ़्त की, यानी कि यह पूछा कि हम लोग किस चीज़ का शिकार करेंगे। उसने बताया कि शिकार का इन्तज़ाम शिकार के माफ़िक ही किया जाता है, जैसे कि मछली के शिकार के लिए काँटा, केंचुआ और एक अदद नदी या झील के किनारे की ज़रूरत होती है, जबकि शेर वग़ैरह जानवरों के लिए कभी-कभी जंगलों में भी जाना पड़ता है। उसकी बात को हम लोगों ने क़ाबिले-ग़ौर समझा। सच तो यह है कि शिकार के उत्साह में हमने समस्या के इस सामान्य पहलू पर ध्यान ही नहीं दिया था। खैर, जब वर्माजी ने यह बात सुनने के बाद मछली के शिकार का सुझाव दिया तो ठाकुर ने उसे डाँट दिया। सान्याल ने किताब खोलकर बताया कि इस इलाक़े में गाय, भैंस, बकरी और इंसानों के अलावा शेर और चीता भी दिवाली के मौसम पर पाये जाते हैं और भेड़िये तो इस क़दर हैं कि पूछिए नहीं। कहते हैं कि जाड़ों में भेड़िये मैदान से तराई की पहाड़ियों में आ जाते हैं और फिर जाड़े-भर यहीं रहते हैं। हमारी सलाह भी ली गयी और हमने साफ़ कह दिया कि अगर हम भी शिकार पर जा रहे हैं तो मछली के शिकार से बेहतर चीज़ सेहत के लिए और कोई नहीं। हाँ, अलबत्ता अगर हम गाँव में ही रहेंगे तो बाक़ी लोग शेर का शिकार बख़ूबी कर सकते हैं और हमें इसमें कोई एतराज़ नहीं है।

सान्याल ने कहा कि शिकार तो शेर का ही होता है, अगर हमने इसी दफ़ा शेर मार लिया तो भविष्य में शिकार का मज़ा ही जाता रहेगा। इस बार शुरुआत भेड़िये से की जाये तो ठीक रहेगा। शेर पर हाथ अगली बार साफ़ किया जायेगा। ठाकुर ने यह भी बताया कि हम-जैसे नौसिखिए शिकारियों के हाथ से शेर का शिकार शेरों की आत्मसम्मान-परम्परा के ख़िलाफ होगा, जबकि अच्छे और कुलीन शिकारी कभी अपने शिकार के आत्मसम्मान पर हाथ नहीं उठाते। भेड़िये के बारे में कुछ ज्ञातव्य तथ्य बताते हुए सान्याल ने कहा कि भेड़िया एक खूँखार जानवर होता है, इसमें नौ कुत्तों के बराबर ताक़त होती है, यह हमेशा मादा के साथ रहता है, वग़ैरह-वग़ैरह। इसके बाद हमारा हौसला बढ़ाते हुए उसने यह भी कहा कि भेड़ियों का मारना यों भी आसान है क्योंकि इस इलाक़े में उनकी मृत्यु की दर शत-प्रतिशत है। दूसरे शब्दों में, जितने भेड़िये पैदा होते हैं, वे एक-न-एक दिन मरते ज़रूर हैं। इन बातों से हमारे आत्मविश्वास को काफ़ी मदद मिली।

काफ़ी बहस-मुबाहसे के बाद यह तय किया गया कि पहले भेड़िये का ही शिकार किया जाये। भेड़िये पर हाथ साफ़ करने के बाद शेर को भी देख लेंगे।

x x x

अगले दिन के लिए भेड़िये के शिकार का प्रोग्राम बनाकर हम लोग सो गये। रात को कोई विशेष बात नहीं हुई, सिवाय इसके कि वर्माजी ने रात को स्वप्न में चन्द भेड़ियों को खाली हाथों ही मार दिया और इसकी वजह से सान्याल की कमर में ख़ासी चोट आयी। वर्माजी को जगाकर हमने दूसरी जगह सुला दिया। इस बार उन्होंने ख़्वाब में शेरेबबर देखा—ठीक वैसा ही जैसा कि ताक़त की दवाओं के नोटिस में दवा खाने के बाद मरीज़ से लड़ता दिखाया जाता है और बाक़ी रात वे चीख़ते-चिल्लाते रहे। सुबह उठने पर उन्होंने बताया कि वह चीख़-पुकार, जो उन्होंने रात-भर की थी, उनकी अपनी नहीं थी। वह उस शेर की तरफ़ से थी जिसका पीछा वे ख़्वाब में कर रहे थे। डर तो शेर रहा था, वे नहीं।

x x x

अगले दिन हमने भी अपने एक जोड़ी हाथ-पैर हिलाये। एक अदद बकरी का प्रबन्ध किया गया, शिकार के लिए जगह तय की गयी, शाम होते-होते बकरी वहाँ बाँधी गयी, मचान दुरुस्त की गयी और फिर हम लोग गाँव लौट आये। खाना खाया, इसके बाद भेड़िये के शिकार के कुछ क़िस्से हुए और रात होते-होते हम लोग खेतों में से होकर मचान की तरफ़ निकल पड़े। रात अँधेरी थी बाँसों के जंगल में चलना बड़ा भयानक लगता था।

हम लोग धीरे-धीरे मचान पर चढ़े और भेड़िये का इन्तज़ार करने लगे। कई बार टॉर्च लगाकर भी देखा—बकरी उसी तरह पेड़ से ज़रा बचकर सोयी हुई थी और भेड़िये का दूर-दूर तक भी पता न था। रात-भर हम लोग जागते रहे और सान्याल की बातें सुनते रहे। सान्याल कहता रहा कि भेड़िया बड़ा कमीना जानवर होता है—वह चलते घोड़े से सवार को गिरा लेता है, रेत उड़ाकर मुसाफ़िर को अन्धा कर देता है, वग़ैरह-वग़ैरह। इसी वजह से, जैसा कि उसने बताया, भेड़िये का शिकार घोड़े पर चढ़कर नहीं किया जाता। भोर होते-होते हमने देखा कि हमारी बकरी सोकर उठी, उसने आधा दर्जन अँगड़ाइयाँ लीं, पूँछ को पहले उत्तर से दक्खिण को और फिर दक्षिण से उत्तर को हिलाया और फिर वह खेतों की ओर भाग गयी। हमारे विचार में एक बँधी बकरी के लिए ऐसा व्यवहार निहायत ग़ैर-बकरियाना क़िस्म का था। ख़ैर, बाद में गाँववालों ने बताया कि दरअसल वह बकरी नहीं, भेड़िया रहा होगा। जब जब हम लोग मचान बाँधकर गाँव आये थे, तभी वह आकर बकरी खा गया होगा और पेट ज़्यादा भरने के कारण वहीं सो भी गया होगा। यह सुनकर वर्मा को भेड़िये के बर्ताव पर बड़ा अचम्भा हुआ। सान्याल ने उन्हें बड़ी गम्भीरता से बताया कि भेड़िये अक्सर ऐसा ही करते हैं। अगर हम लोगों का यह ख़याल है कि भेड़िये बकरी खाने से पूर्व शिकारियों से जाकर हाथ मिलाते हैं या उन्हें ऑटोग्राफ़ देते हैं, तो वह काफ़ी हद तक ग़लत है। वर्माजी की इस बात का भी अफ़सोस रहा कि बकरी का बीमा नहीं किया गया था।

x x x

सुबह होते ही हमने वचनसिंह को बुलाया और उससे सलाह-मशविरा किया। उसने कहा कि शिकार में अक्सर ऐसा ही होता है कि शिकारी को खाली हाथ लौटना पड़े। किताबों में अक्सर ऐसे शिकारों का ज़िक्र नहीं होता जिनमें कि जानवर न मारा गया हो। उसने हमें एक बकरी और लाने को कहा और यह भी बताया कि भेड़ियों की वजह से बकरियों की सप्लाई आजकल काफ़ी कम हो गयी है।

ठाकुर ने बकरी मँगवायी और वह पिछवाड़े के बाड़े में बाँधी गयी। इसके बाद सारे दिन हम लोग शरीर पर कड़वे तेल की मालिश करते रहे ताकि मचान पर मच्छर न लगें। वर्माजी ने एक आल्हा की किताब भी कहीं से माँग ली और कहा कि शिकार के बाद जो रात बचेगी, उसमें हिम्मत बढ़ाने के लिए ज़ोर-ज़ोर से आल्हा पढ़ा जायेगा। शाम होते-होते जैसे ही हम लोग जंगल जाने को तैयार हुए, पता लगा कि बाड़े में बकरी नहीं है। काफ़ी तलाशी के बाद पता चला कि वर्माजी दोपहर को एक बकरी बाड़े से खोलकर बराबर के छप्परों में बाँध आये थे। बकरी की चोरी उन्होंने इसलिए की थी कि कहीं बकरी की ज़रूरत अगले दिन भी न पड़े। यह पता उन्हें नहीं था कि बकरी अपनी ही है। कोई दस बजे तक यही क़िस्सा चलता रहा। ठाकुर ने बड़ी ख़री-खोटी सुनायी। कोई ग्यारह बजे हम लोग मचान पर जाकर बैठ गये।

इस रात भी कुछ नहीं हुआ। हाँ, अलबत्ता बकरी ज़रूर सही-सलामत बच गयी। वर्माजी ने उसका दूध निकाला जिसकी चाय बनायी गयी। सारे दिन हम लोग सोते रहे, दोपहर बाद ज़रूर थोड़ी देर के लिए जंगलों में निकले। टामी को भी हम लोगों ने आज साथ रखा। कुछ ही दूर चले होंगे कि वचनसिंह को शेर के पंजों के निशान मिले। सान्याल ने वचन से पूछा कि उसे यह कैसे पता चला कि वे निशान शेर के हैं और अगर शेर के भी हैं तो पंजों के ही किस तरह? वचनसिंह जवाब देने ही वाला था कि सामने के पहाड़ पर से एक काफ़ी बड़ा चीता निकला और हमारे सामने से होता हुआ, हमें देखे बग़ैर नीचे खड्ड की तरफ़ चला गया।

चीते को देखते ही ठाकुर की भवें तन गयीं। वह बोला कि लानत है हम लोगों पर, इस इलाक़े में चीतों की मात्रा इतनी अधिक होते हुए भी अपना क़ीमती वक़्त भेड़ियों पर ख़राब कर रहे हैं। सान्याल ने उसकी हाँ-में-हाँ भरी और कहा कि उसे भी एक बार किसी साईं ने बताया था कि मनुष्य का समय बड़ा क़ीमती होता है और एक-एक पल-छिन का हिसाब किसी को देना पड़ता है। यह हिसाब किसको देना पड़ता है, यह बात वह साईं से पूछना भूल गया था और इस बार की मुलाक़ात में यह बात पूरी तरह साफ़ करनी बाक़ी थी। इधर वर्माजी की साँस बुरी तरह फूल रही थी, मगर हम लोगों ने बताया कि यह शेर नहीं, सिर्फ़ चीता था, तो उन्हें एकदम काफ़ी ढाढ़स हुआ गोया कि चीता और मछली में कोई मौलिक अन्तर नहीं होता हो। जब वचनसिंह ने कहना शुरू किया कि चीता शेर से भी ज़्यादा कमीना, चुस्त

और ख़तरनाक होता है, तो वर्माजी की साँस फिर फूलने लगी।

बड़ी गर्म बहस के बाद यह तय हुआ कि वर्मा, सान्याल और मैं भेड़िये के शिकार पर बैठें और ठाकुर और वचनसिंह चीते का पीछा करें। हम लोगों की मचानों में काफ़ी अन्तर रखा गया ताकि हमारी गोलियाँ एक-दूसरे के न लग सकें। उस रात को खाना भी हम लोगों ने कम ही खाया तथा और दिनों से पहले ही मचानों पर जम गये। ठाकुर ने शेर के लिए एक गाय का इन्तज़ाम किया।

रात को एक बजे तक कुछ नहीं हुआ। वर्माजी को बराबर नींद आती रही और हम लोग उन्हें कुहनी मार-मारकर जगाते रहे। आख़िरकार वर्मा ने तंग आकर कहा कि मैं नीचे जाता हूँ, भेड़िया आये इतने में मछली का ही शिकार करूँगा। अगर अँधेरे में मछली ने काँटा नहीं देखा तो बकरी का दूध पीकर फिर वापस आ जाऊँगा। हम लोगों के समझाने-बुझाने पर वह एक रायफ़ल भी साथ लेता गया।

कोई तीन बजे तक वर्माजी ने मछली का शिकार किया। शायद दो-तीन मछलियाँ उन्हें मिलीं भी, मगर वे अँधेरे में घास पर से फिर पानी में खिसक गयीं। इसके बाद यह घोषणा करते हुए कि मछली का शिकार वे अगले दिन बन्दूक से ही करेंगे, उन्होंने बकरी का दूध पीना शुरू किया। बकरी का दूध वे पी ही रहे थे कि चिड़ियों ने बोलना शुरू कर दिया और टामी भी भौंकने लगा। सान्याल ने टॉर्च जलायी और कोई चीज़ वर्माजी और बकरी के ऊपर से होती हुई उछली। वर्माजी ने गोली दाग़ी और एक गोली सान्याल ने भी चलायी। इसके बाद जब वह अपरिचित जानवर चित होकर लेट गया तो एक गोली हिम्मत करके हमने भी अपने कमल-रूपी करों से छोड़ी। इस गोली ने संजीवनी का काम किया। तीनों गोलियाँ बटोरकर वह जानवर फिर उछला और पास के खेतों में चला गया। सान्याल कहते ही रह गये कि अगर वह भेड़िया था तो काफ़ी बड़े क़िस्म का था और अगर शेर था तो ज़रा छोटे क़िस्म का था। हम लोगों ने एक-दूसरे की नाड़ी देखकर निश्चित किया कि सब-के-सब जीवित हैं और इसके लिए ईश्वर को लाख-लाख धन्यवाद दिया। अपने प्राणों के लिए धन्यवाद देने के बाद वर्माजी ने बकरी की ओर देखा और फिर परमपिता परमात्मा को उसके प्राणों के लिए भी धन्यवाद दिया।

रात-भर हम लोग मचान पर बैठे रहे। सुबह होते ही वचनसिंह और ठाकुर भागते-भागते हमारे पास आये और हमारा क़िस्सा सुना। उन्होंने हमारी गोलियों की आवाज़ तो सुन ही रखी थी। वचनसिंह ने कहा कि तीन गोलियाँ खाने के बाद जानवर का ज़िन्दा रहना मुश्किल है। सान्याल ने हाँ-में-हाँ भरते हुए कहा कि ठीक है। जनाब, ये कोई विटामिन बी की गोलियाँ थोड़े ही हैं जो सेहत को नफ़ा करें।

थोड़ी ही दूर चले होंगे कि हम लोगों ने देखा कि कोई डेढ़ गज़ लम्बा बघेरा मरा हुआ खेत में पड़ा है। वचनसिंह ने उसके दाँत गिने, पूरा जवान था। वर्माजी को यह जानने में बड़ी दिलचस्पी थी कि यह नर है या मादा। सान्याल ने बताया कि

शायद यह पहला शिकार है जिसमें कि निशाना भेड़िये पर किया और मरा बघेरा। वर्माजी ने कहा कि सबसे बड़ी बात तो यह है कि बकरी भी सही-सलामत बच गयी। हम लोगों ने समझाना शुरू किया कि यह सब बकरी के दूध का ही प्रताप है कि वर्मा-जैसे मछलीमार के हाथ से भी एक शेर खेत हो गया। वर्माजी ने बात पर ग़ौर किया और बोले कि इस बकरी को तो वे अपने घर ले जायेंगे और जब कभी भी शेर के शिकार को तबीयत होगी, तभी थोड़ा-सा दूध पिया करेंगे। उन्होंने यह भी कहा कि वह तो आज उन्होंने थोड़ा-सा ही दूध पिया था, वरना पहली ही गोली में यह बघेरा वहीं ढेर हो जाता और इसकी इस शेरगति की चर्चा जंगल में इस मिक़दार में फैलती कि रोज़ कोई-न-कोई शेर या चीता या बघेरा या तेन्दुआ या गुलदार उनकी गोली का नाश्ता करने वहाँ आया करता। रास्ते-भर वे टामी को गोद में लिये रहे और कहते रहे कि 'अमाँ, मछली का शिकार भी कोई शिकार है? बैठ गये पानी पर काँटा लेकर कॉफ़ी-हाउस में कलाकार की तरह! अरे, शिकार हो तो शेर का हो या चीते का हो या बघेरे...'

ठाकुर बेचारे बकरी की रस्सी पकड़े चुपचाप चलते रहे।

ठाकुर साहब : एक संस्मरण

मेरे मित्रों में ठाकुर साहब का वही स्थान है जो भारत के साहित्य में वाल्मीकि रामायण का, यानी कि वे मेरे उन दोस्तों में से हैं जो बहुत पुराने हैं, पर जिनका महत्त्व फिर भी कम नहीं हुआ है।

ठाकुर साहब और मैं एक ही स्कूल में पढ़ते थे। एक ही स्कूल में पढ़ने की जहाँ और वजह भी रही होगी, वहाँ एक यह भी थी कि उन दिनों क़स्बे में सिर्फ़ एक ही स्कूल था। मुझे अभी तक वे दिन याद हैं जबकि मैं दर्जा आठ में था और ठाकुर साहब दर्जा दस में। क्योंकि स्कूल उन दिनों दर्जा दस तक ही था, जो लोग दसवें दर्जे में होते थे, उनकी बड़ी प्रतिष्ठा होती थी। वे लोग प्रार्थना करवाते थे, स्कूल की टूर्नामेंट का सारा बन्दोबस्त करते थे और सालाना जलसे में फ़र्श पर सबसे आगे तख़्त से लगकर बैठते थे। इन ज़रूरी कामों से जब उन्हें छुट्टी मिलती थी तो वे काफ़ी वक़्त बाक़ी क्लासों के लड़कों को डाँटने और उनकी मारपीट करने में गुज़ारते थे। हेडमास्टर साहब दसवें दर्जे के लड़कों के नाम ज़बानी याद रखते थे जबकि और दर्जों के लड़कों को वे उनके माँ-बाप या और नातेदारों की मदद से बिना पहचान ही नहीं सकते थे।

ठाकुर साहब चूँकि दर्जा दस में थे और मैं सिर्फ़ आठ में, मुझ बड़ी प्यारी हिक़ारत की निगाहों से देखते थे। उनके विचारों में वे राजा थे और मैं प्रजा। वे कभी-कभी मुझे पास के बाग़ों में जामुन तोड़ने भेजते, कभी नीम की दातुन मँगाते और कभी-कभी मैं घर से स्कूल तक उनका बस्ता लाता। मुझे याद है कि मेरे-उनके सम्बन्ध वैसे काफ़ी घनिष्ठ हो गये थे और उसी तरह रहते भी यदि एक दिन मैं उन्हें नाराज़ न कर देता। बात उस दिन की है जब उन्होंने फ़ारसी के मौलवी साहब के पीछे कुत्ते लगाने के लिए मुझसे कहा था। कुछ मेरे उत्साह के कारण और कुछ शायद इसलिए कि कुत्तों को फ़ारसी की अपेक्षा अँग्रेज़ी से ज़्यादा लगाव था। वे कुत्ते बजाय मौलवी साहब के हेडमास्टर साहब के पीछे लग गये। उनका छाता फाड़ दिया और कोट गन्दा कर दिया। हालाँकि रंगमंच पर से हम लोग काफ़ी तेज़ी से नेपथ्य की ओर भागे, फिर भी हेडमास्टर साहब ने ठाकुर साहब को उनकी पृष्ठभूमि यानी कि कमर से ही पहचान लिया। इसके बाद उन दोनों आत्माओं के बीच क्या गुज़री,

इसका तो किसी को पता नहीं, पर इतना ज़रूर लगा कि उसी दिन से हेडमास्टर साहब और ठाकुर दोनों एक-दूसरे से खिंचने लगे।

जब मैं ठाकुर साहब को याद करता हूँ तो उन दिनों की अनेक और घटनाएँ भी मुझे अनायास ही याद आ जाती हैं, जैसे कि हम लोग फ़ीस जमा होने के दिन बस के अड्डे पर चाट खाया करते थे या कभी-कभी चोरी से स्कूल के माली की बकरी दुह लिया करते थे। कभी-कभी हम लोग इस बात को बड़ी संजीदगी से सोचा करते थे कि मैट्रिक के बाद का जीवन किस प्रकार का होगा। जब कक्षा में हम 'जीवन का संघर्ष' वाला पाठ पण्डितजी से विस्तारपूर्वक पढ़ते थे तो मन-ही-मन डरा करते थे। जो लोग आगे पढ़ने शहर चले जाते थे, उनका तो हमें पता नहीं था, पर जो लोग अपने घरों या दुकानों को सँभालने के लिए क़स्बे में ही रह जाते थे, उनके जीवन में हमें कोई संघर्ष आता कभी दिखायी नहीं पड़ा। ख़ैर, ठाकुर साहब इन बातों पर ज़्यादा ग़ौर नहीं करते थे। उन्हें स्कूल के बराबर कोई जगह दुनिया में पसन्द नहीं थी। घर और परदेस दोनों से बचने के लिए वे चुपचाप फ़ेल हो गये।

मेरा ख़याल है कि उन दिनों फ़ेल होना काफ़ी आसान होता था, क्योंकि ठाकुर साहब उसके अगले साल भी फ़ेल हो गये और मुझे उनका क्लासफ़ेलो होने का सौभाग्य मिला। मैं उनके साथ क्लास में सारे दिन बैठने की ख़ुशी को भीतर-ही-भीतर तब तक छिपाता रहा जब तक कि एक दिन उन्होंने स्वयं ही नहीं बताया कि वे तो केवल मेरे साथ पढ़ने के लिए ही दो साल से जान-बूझकर फ़ेल होते रहे हैं। इतना स्नेह देखकर मेरा मस्तक उनके प्रति अनायास ही झुक गया। बाद में मुझे यह भी एहसास हुआ कि उतना ही स्नेह वे निचली जमातों के कुछ और विद्यार्थियों से भी करते थे, क्योंकि मेरे बाद भी वे फ़ेल होते रहे। जब मैंने शायद एफ़. ए. किया तब उन्होंने मैट्रिक पास किया।

जैसा कि मैंने बताया, उनके साथ पढ़ने की अनेक घटनाएँ मुझे अभी तक याद हैं। मुझे अभी तक याद है कि उनको कितने जानवरों की बोलियाँ आती थीं और कौन-सी क्लास में कौन-सी बोली बोली जाती थी। उर्दू के घण्टे में जो हँसी-ठट्ठा चलता था, वह तो कभी भूला ही नहीं जा सकता। एक दिन तो उनका और मौलवी साहब का खुलेआम ख़ूब झगड़ा हुआ। बात यह थी कि ठाकुर साहब कहीं से कुत्ते के दो पिल्ले उठा लाये थे, जो उन्होंने ब्लैक बोर्ड के पीछे बाँध दिये थे। इधर मौलवी साहब गोपाल और बुलबुलवाली कहानी पढ़ायें और उधर पिल्ले बोलना शुरू कर दें। उर्दू हम लोगों की दूसरी ज़बान थी, उसमें पास होना लाज़िमी नहीं था इस वजह से हम लोग मौलवी साहब की शायद कुछ कम इज़्ज़त करते थे। ख़ैर, मौलवी साहब ने कुछ देर तक तो बर्दाश्त से काम लिया और फिर आव देखा न ताव, पिल्लों को पीटना शुरू किया। अपराधी का पता तो लग नहीं सकता था और गुस्सा किसी-न-किसी पर उतरना ज़रूरी था। पिल्लों को लेकर ठाकुर साहब उनसे

उलझ पड़े। इसी तरह एक बार ठाकुर साहब ने मैट्रिक का रिज़ल्ट निकलने पर एक लड़के से काफ़ी मिठाई यह बताकर खायी थी कि वह पास हो गया है, जबकि वह नालायक़ सरासर फ़ेल था। ड्राइंग के घण्टे में एक मरतैल-से टीचर हमें वाक़ई में बड़ा तंग करते थे और ठाकुर साहब नियम से उनकी साइकिल की हवा रोज़ निकालते थे। ख़ास मज़ा शायद प्रार्थना के समय आता था। जब और लड़के 'हे दयामय हम सभी को शुद्धताई दीजिए' या इसी क़िस्म की कोई और फटीचर प्रार्थना मिलकर दोहराते थे, तब ठाकुर साहब पीछे से किशनचन्दर पहलवान की नौटंकी की कोई फड़कती हुई बहरे तक़ील हम लोगों को सुनाया करते थे।

सबसे ज़्यादा आनन्द अँग्रेज़ी के घण्टे में आता था। अँग्रेज़ी के टीचर तपेदिक के मरीज़ थे और गुस्सा उन्हें बहुत जल्दी आता था। वैसे वे काफ़ी ख़ूबसूरत थे पर ज़्यादा फ़ैशनेबुल होने के कारण कुछ-कुछ ज़नाने-से लगते थे। खुद तो उन्होंने पाँच बार में बी. ए. थर्ड डिवीजन में पास किया था, पर हम लोगों को वे सारा शेक्सपियर मैट्रिक में ही पढ़ा देना चाहते थे। ख़ैर, कुछ भी हो, एक बात ज़रूर है कि वे हम लोगों के साथ मेहनत जी तोड़कर करते थे और क्लास के बाहर काफ़ी प्यार से बातें करते थे। ठाकुर साहब का कहना था कि इसकी इन्हीं आदतों से इसे तपेदिक हुई है। क्लास उन दिनों जो किताब पढ़ायी जाती थी उसका नाम था 'पैटर्न्स ऑफ़् इंग्लिश प्रोज़' और उसका प्रथम पाठ था रवीन्द्रनाथ ठाकुर का लिखा हुआ, जिसमें उन्होंने अपने शैशव का वर्णन किया है। ठाकुर साहब क्लास में सबसे आगे बिठाये जाते थे ताकि वे शरारत न करें। वे मूर्ति की भाँति निश्चल बैठे रहते और मास्टर साहब धीरे-धीरे बड़े भावपूर्ण ढंग से पुस्तक पढ़ते। बीच-बीच में रुकते—किसी विशेष शब्द का उच्चारण समझाते—खाँसते और फिर पढ़ने लगते। पढ़ते-पढ़ते वे जब थक जाते थे तो पढ़ने का काम किसी होशियार लड़के को सौंप दिया जाता था। वातावरण किसी शान्त झील की तरह बड़ा गम्भीर रहता था, बस बीच में कभी-कभी ठाकुर साहब यह कहकर उस शान्त झील में पत्थर मार देते थे— आ गया...आ गया। हम लोग, जिन्हें असलियत का पता था, हँसते रहते थे पर ग़रीब अँग्रेज़ी का मास्टर रोज़मर्रा की इस घटना पर बहुत बौखलाता था। बात दरअसल यह थी कि ठाकुर साहब की अँग्रेज़ी ज़रूरत से ज़्यादा कमज़ोर थी और लम्बे-लम्बे वाक्यों से उन्हें ख़ास तौर पर चिढ़ थी। वे बड़ी उतावली से पूर्णविराम या फ़ुलस्टॉप की प्रतीक्षा करते थे और ऐसे अवसरों पर हज़ार कोशिश करने पर भी 'आ गया...आ गया' की सदा क्लास के अँधेरे में उनके मुँह से निकल ही जाती थी।

ठाकुर साहब की आवाज़ वैसे भी काफ़ी बुलन्द थी। हमें याद है कि एक बार हम पास के एक और क़स्बे में मेला देखने गये। मेले में एक उठाईगीर सिनेमा आया हुआ था। इस सिनेमा का मैनेजर भी एक ही दुर्दान्त व्यक्ति था। ऐसा लगता था कि अद्वैतवाद की परम्परा में अटूट विश्वास रखता था और सारे काम खुद ही

करता था। सारे दिन वह मेले में चन्द लड़कों के साथ घण्टा बजा-बजाकर भोंपू पर बताता कि आज रात को मोहन टॉकीज़ के सुनहरे पर्दे पर 'अंगूर बाला' उर्फ़ 'क़ातिल हसीना' का मशहूर और मारूफ़ खेल होनेवाला है, जिसमें जुबैदा, चार्ली, अख़्तर वग़ैरह मुल्क़ के बड़े-बड़े अदाकारों ने काम किया है। दिलकश गाने...सच्ची लड़ाई के सनसनीख़ेज़ सीन, जादू और जंगली जानवरों से हैरतअंगेज़ मुठभेड़...और दाम सिर्फ़ छः पैसे...छः पैसे...छः पैसे... औरतों और बच्चों का ख़ास इन्तज़ाम। देखिए 'अंगूर बाला'...। इसके बाद लौटकर वह थियेटर साफ़ करता। फिर टिकट बेचता और फिर गेट-कीपरी करता। इसके बाद वह जाकर सिनेमा की मशीन चलाना शुरू करता। ठाकुर साहब कहते थे कि यह शख़्स पिक्चर में भी ज़रूर काम करता होगा और इस पर हम लोग ख़ूब हँसते थे। हाँ तो, एक दिन हम लोग भी सिनेमा देखने गये। बड़ा खुला थियेटर था और साफ़ हवा का उसमें काफ़ी माकूल इन्तज़ाम रखा गया था। छत की जगह तारों-भरा आसमान था और बिछाने को धरतीमाता। कनात भी जगह-जगह पर फटी हुई थी। ख़ैर जैसे-तैसे, आधा घण्टा लेट होकर खेल चला। लोग बीच-बीच में उठते रहे और बैठते रहे और बीच-बीच में रील टूटती रही। इसके अलावा कभी-कभी ऐसा भी होता कि आवाज़ आ रही है गुस्से में भरपूर डायलॉग की और पर्दे पर दो लोग गले मिल रहे हैं और कभी वहाँ एक औरत गला फाड़-फाड़कर चिल्ला रही है और गाने की जगह पर पीछे ईख के खेतों से गीदड़ की आवाज़ आ रही है। बड़े परेशान हुए। ठाकुर साहब ऐसी स्थिति ज़्यादा देर तक बर्दाश्त नहीं कर सकते थे। कुछ ही देर बाद फ़िल्म में कोई गाना आया जो ठाकुर साहब को याद था। बस फिर क्या था—हम लोगों ने हथेली पीट-पीटकर वह कोरस शुरू किया—वह चिल्ल-पों मची—वह वह हंगामा उठा कि सिनेमा की कनात तक उखड़ गयी। इसके पहले कि कोई रचनात्मक कार्रवाई हो, हम लोग वहाँ से भाग निकले। ठाकुर साहब को कहीं से सिनेमावाले का दस्ती भोंपू भी हाथ लग गया और वह उसे इसलिए उठा लाये ताकि अगले दिन सिनेमा का एडवर्टाइज़मेंट न हो सके।

जैसा कि मैंने ऊपर बताया, ठाकुर साहब ने मैट्रिक कई साल बाद पास किया और वह भी थर्ड डिवीज़न में, जिसे वे बड़ी शान से 'रॉयल डिवीज़न' बताया करते थे। हम लोग तो इस बात को हँसी में ही टाल दिया करते थे, पर ठाकुर साहब ने अपने घरवालों पर इसका काफ़ी रोब डाल रखा था। उसके घर के लोग थे बेपढ़े किसान और ठाकुर साहब ही वंश के पहले व्यक्ति थे जिन्होंने आनेवाली पीढ़ियों के हित में काले अक्षर और भैंस का अन्तर स्पष्ट किया था। कहने का अभिप्राय यह है कि जहाँ ठाकुर साहब के परिवार के लोग गाँव के चमार-जुलाहे और तेली-नाई वग़ैरह निचले तबके पर यह कहकर रोब डाला करते थे कि छोटा ठाकुर अब शीघ्र ही डिप्टी कलक्टर या तहसीलदार होनेवाला है, वहाँ ठाकुर साहब ऐसी ही बातें बनाकर अपने घरवालें से रुपया ऐंठा करते थे। एक बार उन्होंने दस रुपये ब्लाटिंग

पेपर ख़रीदने के लिए लिये थे और एक बार कार्बन पेपर शायद बीस रुपये में ख़रीदा था। पता नहीं यह क्रम कब तक चलता रहता अगर एक दिन उनके पिताजी से हेडमास्टर साहब ने सारी बातों का पर्दाफ़ाश न कर दिया होता। यह घटना उन दिनों की है जबकि ठाकुर ने घर से दो सौ रुपये यह कहकर मँगवाये थे कि उन्हें एक अदद अन्ध महासागर ख़रीदना है। इस घटना के बाद उनके विचार हेडमास्टर के प्रति और भी ख़राब हो गये।

x x x

मैट्रिक के बाद ठाकुर साहब एफ. ए. की पढ़ाई के लिए बाहर नहीं गये, क्योंकि उन दिनों तक हमारा पुराना स्कूल इण्टर कॉलेज हो गया था। इस बात का ठाकुर साहब को जितना अफ़सोस हुआ वह कहा नहीं जा सकता। उनके विचारों में शिक्षा-प्राप्ति के लिए प्रवास ज़रूरी था। वे कहा करते थे कि पुराने काल में लोग केवल इस कारण पण्डित होते थे कि वे अध्ययन के लिए काशी तक जाते थे, कपिल, कणाद, चाणक्य, गौतम या मनु में से क्या कोई मुरादाबाद, चन्दौसी या नगीना पढ़ा था? बिना विदेशगमन के मनुष्य का चरित्र कभी उज्ज्वल नहीं होता। और तो क्या, यदि राम बनवास न जाते तो उनका नाम भी कोई न जानता। घर में बँधी-बँधी तो मुर्ग़ी भी उड़द या अरहर की दाल हो जाती है और बाहर जाकर तुलसीदास-जैसे लापरवाह भी गुसाईंजी कहलाने लगते हैं, वग़ैरह-वग़ैरह। स्कूल से निकलने के लिए उन्होंने कोशिशें भी काफ़ी कीं। हेडमास्टर साहब की भैंस को कई बार काँजी-हाउस में बन्द करवाया, इंग्लिश टीचर के कुत्ते को एक बरसाती नाले में डुबाने की कोशिश की और कॉलेज की दीवारों पर 'हिदायतनामा ख़ाविन्द' के पेज-के-पेज नक़ल कर डाले, पर फिर भी कुछ नहीं हुआ। बात यह थी कि कॉलेज था नया-नया और हेडमास्टर साहब—जो अब बिना वेतन या ज्ञान में वृद्धि हुए सबसे अपने को प्रिंसिपल कहने के लिए सुबह-शाम ज़िद करते थे—हाथ में आये मुटठी-भर लड़कों को निकलने नहीं देना चाहते थे। उन्होंने ठाकुर को कई बार समझाया और एक-दो दफ़ा फ़ाइन भी किया। इससे ज़्यादा कभी कुछ नहीं हुआ। और हाँ, उन्हें चिढ़ाने की ग़रज से ठाकुर उन्हें सबके सामने अक्सर सिर्फ़ 'माट् साब', 'माट् साब' ही कहते कि शायद प्रिंसिपल साहब न कहने पर ही तबादले का हुक्म मिल जाये, मगर यह वार भी खाली ही जाता। हेडमास्टर साहब हमेशा यह कहकर टाल देते कि मेरे पुराने विद्यार्थी तो मुझे किसी भी नाम से पुकार सकते हैं।

इण्टरमीडिएट की शिक्षा के समय में भी ठाकुर साहब में कोई विशेष परिवर्तन नहीं आये। वे अब भी उतने ही उद्दण्ड और शरारती रहे। कभी-कभी वे मुझे कोई ऐसी नौकरी दिलवाने के लिए लिखते, जिसमें ऊपर की आमदनी काफ़ी हो। एक बार उन्होंने मुझसे इस बात की भी दरख़ास्त की थी कि प्रिंसिपल साहब दिवाली की छुट्टियों में कॉलेज का फ़र्नीचर ख़रीदने जब शहर आयें तो मैं उनकी कसकर

पिटाई करवा दूँ। कुछ-कुछ इसी तरह की ख़तो-किताबत उनकी-मेरी होती रहती थी।

इण्टर-फ़ाइनल की परीक्षा देने वे शहर आये और मेरे पास ठहरे, क्योंकि हमारे क़स्बे के कॉलेज का परीक्षा-केन्द्र पिछले वर्ष ज़्यादा पैमाने पर नक़ल करने के कारण तोड़ दिया गया था। जब वे आये तो एक झोले में मेरे लिए काफ़ी सामान लाये। मेरे ख़याल से उन्होंने सफ़र फ़र्स्ट क्लास में किया था और तीन वल्ब, बाथरूम का शीशा, ईस्ट इण्डियन रेलवे का एक शीशे के फ्रेमवाला कैलेण्डर, सीट पर की दो गज़ रैक्सीन और एक ऐश ट्रे—जिसके निकालने में बतौर उनके उन्हें सबसे ज़्यादा जोखिम झेलनी पड़ी थी—वे बतौर सौगात के मेरे लिए लेते आये थे, क्योंकि जैसा कि उन्होंने बताया, खाली हाथ पुराने दोस्तों से मिलना उन्हें क़तई पसन्द नहीं था। उनकी इस हरक़त पर जब मैंने गुस्सा होना शुरू किया तो वे बड़े इत्मीनान से मुझे समझाने लगे कि धीरज रखो। धीरज का फल मीठा होता है। अबकी बार आयेंगे तो पूरा एक स्प्रिंगदार सोफ़ा डिब्बे में से तुम्हारे लिए लायेंगे।

इण्टर में भी उनका थर्ड ही डिवीज़न आया। हम लोगों को यही अचम्भा रहा कि वे पास कैसे हो गये, क्योंकि पर्चों का हल उन्होंने किस ढंग से किया था, यह हमें मालूम था। सिविक्स के पर्चे में वे जो कुछ लिखकर आये थे वह तो सुनाने के क़ाबिल है। नागरिक के अधिकारों का विशद वर्णन करते हुए उन्होंने वोट देने, मर्ज़ी का पेशा अख़्तियार करने के अतिरिक्त हर इतवार की कड़वे तेल की मालिश करने, नीम का दातुन करने और हेडमास्टर के पीछे कुत्ते लगाने का भी ख़ूब ज़िक्र किया था। मेरे ख़याल से और मज़मूनों के पर्चों का हल भी उन्होंने इसी निहायत मौलिक ढंग से किया था।

x x x

इसके बाद ठाकुर साहब का पता काफ़ी दिनों तक मुझे नहीं लगा और बाद में एक मुलाक़ात भी हुई तो इस तरह कि मैं उन्हें पहचान भी न सका। मैं इलाहाबाद में अपने फ़्लैट के बरामदे में घूम रहा था कि एक सज्जन बड़ी-बड़ी मूँछों का पीछा करते रिक्शे से उतरे। पहले तो मैं उन्हें पहचान ही नहीं सका, मगर जब वे रिक्शेवाले को पैसे देकर उसे तन्दुरुस्ती का राज़ समझाने लगे तो मैं समझ गया कि ठाकुर हैं। अगर मैं उन्हें न रोकता तो वे वहीं थार्नहिल रोड पर दो-चार आसन लगाकर रिक्शेवाले को दिखाते। ख़ैर, मैंने बीच-बचाव किया और श्रीमानूजी भीतर आये। न पुरानी गाढ़े की धोती, न गाँव के दर्ज़ी का सिला कलियोंदार कुरता। अब तो हुलिया ही बदल गया था। उन्होंने ख़ाकी पैंट और एक ख़ाकी बुश्शर्ट पहन रखी थी और माथे पर तिलक लगा था। आँखों पर धूप का एक सस्ता-सा चश्मा था और हाथ में बैग। बातचीत से पता चला कि हज़रत यहाँ सब-इन्सपेक्टरी के इण्टरव्यू में आये हैं। स्टेशन पर से उतरकर संगम गये, स्नान-ध्यान किया, गंगामाता को दस नये पैसे चढ़ाये, दो पण्डों से गाली-गलौज हुई और इसके बाद वे सीधे मेरे दौलतख़ाने पर

तशरीफ़ ला रहे हैं। आने में देर हुई, क्योंकि मकान मिलने में काफ़ी तकलीफ़ रही।

मुझे यह जानते देर न लगी कि ठाकुर साहब के जीवन का ध्येय थानेदार होना ही है। यह भी मुझे एहसास हुआ कि इस दिशा में वे काफ़ी सीरियस हैं और शायद किसी से थोड़ी-बहुत ट्रेनिंग भी ले चुके हैं। कपड़े उन्होंने पुलिस के पहनने शुरू कर ही दिये थे और स्टेशन पर सामान भी शायद कुली को बिना पैसे दिये ही उतरवाया था। गाली-गलौज में उन्होंने इधर काफ़ी महारत हासिल कर ली थी और मेरे नौकर के साथ उनकी जितनी बातचीत हुई उसमें से पचास प्रतिशत गाली-गुफ़्तार ही थी। मुझसे बात करते हुए गालियों की मात्रा कुछ कम रहती थी, पर इसके लिए उन्हें काफ़ी कष्ट पड़ता था। खड़े होने, घूमने और चलने में अटैंशन, राइट एबाउट टर्न और लेफ़्ट राइट-लेफ़्ट राइट का अन्दाज़ साफ़ झलकता था। अब तो वे हँसते भी हुक्कामों की ही तरह थे। क्योंकि इण्टरव्यू में अभी दो दिन थे, मुझे उनके सत्संग का काफ़ी अवसर मिला। बीच-बीच में वे मुझसे अक्सर बतलाते रहे कि पुलिस अफ़सर को सिर्फ़ दो चीज़ें चाहिए—एक मुँह की गाली-गलौज और दूसरी दिल की ईमानदारी। एक दफ़ा उन्होंने मुझे यह भी धीरे से बताया कि यार, एक दफ़ा बस हो जाने दो थानेदार, अगर इसके बाद उस बुढ़ऊ हेडमास्टर पर दिनदहाड़े कुत्ते न लगवा दूँ तो ठाकुर से नाम बदलकर त्यागी रख देना। ये दो दिन वाक़ई काफ़ी मज़े के गुज़रे। बस, ज़रा बाहर निकलने पर मुझे कुछ झेंप रहती थी। ठाकुर साहब चौराहे के हर सिपाही से इस तरह बातें करते थे जैसे कि वे थानेदार हो ही गये हों और वे सिपाही उन्हीं के चार्ज में हों।

सब-इन्सपेक्टरी का इण्टरव्यू उनका ठीक रहा। शाम को जब वे आये तो बहुत खुश थे। हनुमान मन्दिर पर प्रसाद चढ़ाया और मुझे और मेरे परिवार को सिनेमा दिखाया गया। काफ़ी देर तक रात को मुझसे बातें करते रहे कि शुरू में नियुक्ति के लिए कौन-सा ज़िला ठीक रहेगा और आई. पी. एस. तक तरक्की होने में कितने साल लगेंगे। मैंने एक-दो बार हल्की ज़बान में उनका ध्यान इस छोटी-सी बात की ओर आकृष्ट करने का यत्न किया कि इन मामलों पर ज़्यादा ग़ौर, नतीज़ा छपने पर ही करना ठीक रहेगा, क्योंकि इण्टरव्यू का कुछ पता नहीं होता। पहले तो ठाकुर साहब इस नाचीज़ बात की तरफ़ मुखातिब ही नहीं हुए और फिर हुए भी तो झल्लाहट के साथ। कहने लगे कि मैं उनसे ईर्ष्या करता हूँ, उन्हें थानेदार देखना नहीं चाहता, वरना जिस ईमानदारी, संजीदगी और बेतकल्लुफ़ी से उन्होंने बोर्ड के सामने गाली-गुफ़्तार की है, उसके बाद भी अगर वे थानेदारी में न लिये जायें तो दुर्भाग्य देश का होगा न कि उनका।

x x x

मैं इसे देश का दुर्भाग्य ही कहूँगा कि ठाकुर साहब सब-इन्सपेक्टरी के चुनाव में नहीं लिये गये। मगर इस सबका उन्हें कोई ख़ास अफ़सोस नहीं हुआ, वे तो नतीजा

निकलने से पहले ही ठेकेदारी का धन्धा सँभाल चुके थे। चूँकि ठेकेदारी का धन्धा बेईमानी का होता है, उन्होंने उसे छोड़ दिया और मुर्ग़ियाँ पालनी शुरू कीं। इसके बाद उन्होंने एक बकरी, भैंस और पाउडर के दूध के दो डिब्बों की मदद से एक डेरी फ़ार्म खोलने की योजना बनायी जिससे कि क़स्बे और आसपास की बस्तियों को ताज़ा दूध और मक्खन मिल सके। यह स्कीम तब तक चलती रही जब तक कि उन्हें सब्ज़ी और फलों की खेतीबाड़ी का शौक़ पैदा नहीं हो गया। अपनी इन सब योजनाओं को ठाकुर साहब पत्रों द्वारा मुझे कभी-कभी बता दिया करते थे और मैंने उन्हें कभी किसी काम में हाथ डालने से नहीं रोका। जहाँ तक मुझे याद है, मैंने उनके साथ सख़्ती का बरताव सिर्फ़ एक वक़्त किया था और वह भी तब जबकि वे अपने हिस्से की ज़मीन बेचकर फ़िल्मों का धन्धा शुरू करने के लिए बम्बई जा रहे थे।

इसके बाद उन्होंने और भी कई धन्धे किये, पर किसी में भी सफलता न मिलने पर उन्होंने देश-भक्ति का धन्धा सँभाला। आजकल ठाकुर साहब राजनीतिक जीवन व्यतीत कर रहे हैं। वेशभूषा में फिर खद्दर को स्थान मिलने लगा है, हालाँकि अब उसे खादी कहा जाता है। दालान की अलमारी में 'क़िस्सा साढ़े तीन परी' और 'रतन के गानों' के साथ अब 'हिन्दुस्तान की कहानी', पाँचसाला योजना', 'आत्मकथा', 'गाँव की ओर' इत्यादि पुस्तकें भी दिखायी देती हैं। जब भी शहर जाते हैं तो 'फ़िल्मी दुनिया' के साथ-साथ एक पर्चा 'जागरण' का भी ले आते हैं, जिसे पंचायतघर पर गाँववालों को सुनाया जाता है। खाने-पीने की कोई कमी है नहीं इस कारण काफ़ी समय समाज-सेवा और जन-सम्पर्क में व्यतीत हो जाता है। इस जन-सम्पर्क में शादी-विवाह में शामिल होना, मुक़दमेबाज़ी करना, गवाहियाँ देना, और गाँव में हुक्कामों से मिलना भी शामिल है। इधर उनका ध्यान स्त्री-शिक्षा पर विशेष रूप से केन्द्रित है और जब से नयी ग्राम-सेविका आयी हैं, उन्होंने कन्या पाठशाला के लिए अपनी पूरी बैठक ही दे दी है।

पिछले साल से ठाकुर साहब के नये बाग़ में आम लगने शुरू हो गये हैं। यह वही बाग़ है जहाँ हम बचपन में पिकनिक करने जाया करते थे। रास्ते में एक छोटी-सी नदी पड़ती है जिसे हम धन्नई पर पार किया करते थे। वे दिन हमें याद हैं जबकि हेडमास्टर साहब को भी घन्नई पर बिठाकर नदी के पार ले जाने की योजना को अन्तिम रूप दिया गया था। अन्तरंग रूप से यह निश्चित किया गया था कि घन्नई की रस्सी कमज़ोर रखी जायेगी ताकि बीच धारा में वह टूट जाये, जिससे कि हेडमास्टर साहब रामगंगा नदी से सरलता से मिल सकें जैसे उसमें घाघरा और गण्डक वग़ैरह नदियाँ मिलती है। नैतिक चरित्र और आत्मबल के न होने के कारण हमारी यह योजना कार्यान्वित नहीं की जा सकी थी और इस कमज़ोरी को याद करके ठाकुर साहब का छात्र-मस्तक अभी तक लज्जा से नत हो जाता है। और हाँ, वे हेडमास्टर साहब अभी हैं। अब तो वे पक्के प्रिंसिपल हो गये हैं। बूढ़े होने

पर भी उनकी तेज़-तर्रारी में कोई अन्तर नहीं आया। वे अभी भी उतने ही काइयाँ, खुशामदी और अन्दर से काले हैं जितने कि हम लोगों के ज़माने में थे। यह भी नहीं है कि ठाकुर साहब पुरानी रंजिश को भूल गये हैं। अभी पिछले दिनों उनका एक दस्ती ख़त व आमों के पिटारे के साथ आया था। उन्होंने लिखा था कि यह अच्छा ही हुआ कि वे थानेदारी में नहीं आये, नहीं तो इस महान् देश की सेवा कैसे करते? अब वे शीघ्र ही किसी विरोधी दल की ओर से एसेम्बली का इलेक्शन लड़ने जा रहे हैं और उस दल की सरकार बनने के 'चांसेज़' एकदम 'डार्क' नहीं हैं। उन्होंने यह भी लिखा है यदि कभी जनता ने उनके गुणों को पहचान लिया और उन्हें मन्त्री बनने के लिए विवश किया तो वे शासन के सुधार के लिए दो काम सबसे पहले करेंगे। एक तो होगा यह कि वे मुझे अपना सेक्रेटरी नियुक्त करेंगे और दूसरा यह कि उस स्कूल की ग्राण्ट बन्द की जायेगी, जहाँ वह बुढ़ऊ हेडमास्टर अभी तक देश के लड़कों की ज़िन्दगी ख़राब कर रहा है।

चोरी का अर्थशास्त्र

समाचारपत्रों में चोरी होने और चोरों के पकड़े जाने की ख़बरें रोज़ ही छपती रहती हैं और जहाँ चोरी होने की ख़बर से आम जनता को कुछ दुःख होता है, वहाँ चोरों के पकड़े जाने पर उन्हें सन्तोष ही होता है। इस प्रकार की मनोवृत्ति से कुछ समझदार व्यक्तियों को, जोकि समाज के प्रति, अपने कर्त्तव्यों के प्रति उदासीन नहीं हैं, दुःख व क्षोभ होना स्वाभाविक है। बहुत कम लोग यह जानते हैं कि अगर समाज में चोर न हों तो समाज की स्थिति क्या-से-क्या हो जाये। आम पब्लिक की इस अदूरदर्शिता को दूर करने के लिए चोरी के मसले का गम्भीर अध्ययन इसी कारण आज के युग में आवश्यक हो जाता है।

चोर-उचक्कों के बारे में कुछ भी कहने से पूर्व यह समझना ज़रूरी है कि प्रत्येक देश में और इतिहास के प्रत्येक काल में इस प्रकार के वर्ग का समाज में एक विशिष्ट स्थान है। पुराणों में तो देवताओं के भी यदा-कदा चोरी करने का प्रसंग मिलता है। त्रेतायुग में तो लंका की तरफ़ के समृद्ध लोग स्त्रियों की भी चोरी करते थे और द्वापर काल में खाने-पीने की वस्तुओं की चोरी खुलेआम होती थी। मथुरा-वृन्दावन के इलाक़े में गिरधर गोपाल और उनकी पार्टी के लोग मक्खन की चोरी काफ़ी बड़े पैमाने पर किया करते थे और हिन्दी कवियों के अनुसार यह धन्धा काफ़ी संगठित रूप में किया जाता था। मक्खन की चोरी से मक्खन की माँग काफ़ी बढ़ गयी थी और इसी कारण पशु-पालन पर विशेष ध्यान दिया जाता था। मक्खन की चोरी का धन्धा ढीला पड़ जाने पर गाय-भैंस खेती के काम में लाये जाने लगे और तभी से समस्त देश खेतिहर कहा जाने लगा। इस प्रकार यह सिद्ध हो जाता है कि आर्य लोग भी समाज में चोरों का होना आवश्यक समझते थे। यह निष्कर्ष भी आसानी से निकल आता है कि चोरी की परम्परा काफ़ी पुरातन है और इसी कारण यह हमारी सभ्यता व संस्कृति की प्रतीक है।

हालाँकि चोरी विभिन्न प्रकार की वस्तुओं की की जाती है—कभी-कभी तो आँखें और दिल चुराने की फुटकर वारदातों की ख़बर भी कुछ महल्लों से मिलती रहती है—पर फिर भी इस क्रिया का सम्बन्ध प्रायः भौतिक पदार्थों से ही रहता है और इस छोटे-से शोध-प्रबन्ध में भी इस समस्या का उसी पहलू से अध्ययन किया गया है।

चोरी का देश के राजनीतिक, सांस्कृतिक व सामाजिक जीवन में कितना महत्त्वपूर्ण स्थान है, इसका पता आसानी से लग सकता है, यदि संवेदनशील व्यक्ति ऐसे समाज की कल्पना करें जिसमें कि चोर न हों। चोर से मेरा अभिप्राय यहाँ चोर, उचक्के, उठाईगीर, गिरहकट, डाकू, स्मग्लर इत्यादि उस सम्प्रदाय के विभिन्न नामधारी सारे मतानुयायियों से है। अगर ये लोग न हों तो वर्तमान समाज का ढाँचा किस सीमा तक बदल सकता है, इसका पता कम ही लोगों को है।

बहस के लिए, मान लीजिए कि ऐसा समय आ गया है कि समाज में चोर नहीं रहे हैं (भगवान न करे कि ऐसा समय कभी आये)। अगर चोर नहीं हैं तो सबसे पहला प्रभाव मकान बनाने की पद्धति पर पड़ेगा। शिल्प व वास्तुकला में भारी परिवर्तन होंगे। तहख़ाने, भारी-भरकम दरवाज़े और छिपी कोठरियों की कोई ज़रूरत नहीं रहेगी। सेंध लगाने की परम्परा नष्ट हो जाने पर दीवारें पतली और बाँस की बनेंगी। अलमारियों पर किवाड़ नहीं होंगे और ताला लगाने की कोई ज़रूरत नहीं रहेगी। दूसरे शब्दों में, अलीगढ़ का शहर रातों-रात बरबाद हो जायेगा। गोदरेज़ के मास्टरलॉक अजायबघर में रखे जायेंगे और सैकड़ों साल बाद पुरातत्त्व के विद्यार्थी उन्हें किसी जानवर की पसलियाँ साबित कर उन पर डॉक्टरेट लेंगे।

तालों के व्यवसाय के अतिक्ति बैंकों के लॉकर्स का धन्धा भी ख़त्म हो जायेगा। चोरी के ख़िलाफ़ बीमा कराने की कोई ज़रूरत नहीं रहेगी और उस व्यवसाय में बेरोज़गारी बढ़ेगी। चोरी की दवाइयाँ न मिलने पर बीमारियाँ कम होंगी और इसका प्रभाव डॉक्टरों, कैमिस्टों और अस्पताल के कर्मचारियों पर पड़ेगा। इसके अलावा कैंची, चाकू वग़ैरह गिरहकटी की सामग्री की खपत कम हो जायेगी और अगर इसका निर्यात न बढ़ाया गया तो इस्पात का धन्धा चौपट हो जायेगा। हथकड़ियों वग़ैरह की ख़पत कम होने से भी इस धन्धे पर प्रभाव पड़ेगा।

वकीलों, जजों और मजिस्ट्रेट वग़ैरह अदालत के अनेक कर्मचारियों पर इस धन्धे के ख़त्म होने का जो घातक प्रभाव पड़ेगा, उससे ये लोग भी भलीभाँति परिचित हैं। रातों-रात हज़ारों पढ़े-लिखे नागरिक बेरोज़गार हो जायेंगे और उनके बीवी-बच्चों, नौकर-चाकरों, ड्राइवर और बैरा लोगों पर जो कुफ़्र इससे टूटेगा, उसकी तो याद से भी दमदार इंसान की छाती टूटने लगती है और हाँ, पुलिस के महकमे के ख़त्म होने से जो मज़े ख़त्म हो जायेंगे, उनका तो कहना ही क्या! स्कॉटलैण्ड यार्ड और फेडरल ब्यूरो ऑव इनवेस्टिगेशन के अफ़सरान अपनी डायरी और आत्मकथा लिखने के अतिरिक्त और क्या कर सकेंगे, इस पर एक शोध-प्रबन्ध अलग से लिखा जा सकता है। चोर न रहे तो गिरफ़्त किस की होगी और सिफ़ारिश और पैरवी तथा झूठी गवाही के मौके कैसे हाथ आयेंगे? जेल के कर्मचारी होटल खोलेंगे और फ़न्दा डालनेवाला वार्डर आत्महत्या करने के अलावा और किस तरह जीवित रहेगा?

इन विभागों के न होने पर सरकार के वार्षिक व्यय और टैक्स-प्रणाली में भारी

परिवर्तन किये जायेंगे। सरकार के यहाँ बेरोज़गारी होने से अन्य धन्धों के द्वारा उत्पन्न की गयी सामग्री की माँग भी कम होगी और इस प्रकार अन्य धन्धों में भी बेकारी का प्रसार होगा। दूसरे शब्दों में, मुद्रा-संकोच की स्थिति आ जायेगी और उसके भयंकर परिणाम हमारे देश को भोगने होंगे। देश की पंचवर्षीय योजनाओं पर इस स्थिति का क्या असर होगा, इसका अध्ययन करने के लिए योजना आयोग के वरिष्ठ सदस्यों की संख्या में वृद्धि करनी पड़ेगी। क़ानून बनाने के धन्धे को भी हानि पहुँचेगी और विधान सभा के सदस्यों का समय अन्य ग़ैरज़रूरी कामों में लगा करेगा।

चोरी के न होने से समाजवाद की प्रगति को बहुत धक्का लगेगा। धन का जितना समान वितरण, जितनी शीघ्रता, कम व्यय व प्रत्यक्ष रूप से चोरी की क्रिया से सम्भव है, उतना किसी क़ानून या क्रान्ति से नहीं। भारत-जैसा देश, जिसने प्रजातन्त्रात्मक प्रणाली से समाजवादी समाज की स्थापना का निश्चय किया है—चोरों के सहयोग की अपेक्षा नहीं कर सकता।

इन प्रत्यक्ष भौतिक प्रभावों के अतिरिक्त लोगों के चरित्र व मनोवृत्ति पर जो घातक प्रभाव पड़ेगा, उसके तो विचार से भी कल्पनाशील व्यक्ति का हृदय काँपता है। चोरी का भय और आशंका समाप्त हो जाने पर लोगों को व्यक्तिगत सम्पत्ति से विरक्ति हो जायेगी जिसका प्रत्यक्ष प्रभाव व्यक्तिगत उपार्जन-क्षमता और सामाजिक प्रगति पर पड़ेगा। संक्षेप में, कुछ ही दिनों में हम लोग प्रागैतिहासिक काल की सभ्यता के समीप पहुँच रहे होंगे। वीरता, पराक्रम व साहस दिखाने के अवसर छिन जाने से जो भयंकर प्रभाव समाज के शारीरिक स्वास्थ्य और उसके वीरोचित गुणों पर पड़ेगा, उसका अनुमान भी आप लगा सकते हैं।

चोरी की परम्परा नष्ट होने का प्रभाव साहित्य या पत्रकारिता पर न पड़े, ऐसा नहीं है। मेरे विचार में साहित्य पर जो प्रभाव पड़ेगा, वह सबसे अधिक भयंकर होगा। एक तो चोरी की परम्परा नष्ट हो जाने से वैसे ही काफ़ी लोग लिखना बन्द कर देंगे, क्योंकि बिना चोरी के मौलिक साहित्य के सृजन की परम्परा हमारे यहाँ अभी बलवती नहीं है। दूसरे, चोरी के अभाव में जासूसी और रोमांचकारी साहित्य की सृष्टि बन्द हो जायेगी। स्टेशनों पर जेबी जासूस, छोटा जासूस, बड़ा जासूस, ज़्यादा बड़ा जासूस, मँझला जासूस, खौफ़नाक जासूस, सिंगल बहराम, डबल बहराम, ख़ूनी वसीयतनामा वग़ैरह अमर व शिक्षाप्रद साहित्य के स्थान पर गीता प्रेस की तत्त्वचिन्तामणि- जैसी नीरस पुस्तकें बिका करेंगी। समाचारपत्रों में भी चोरी-डकैती वग़ैरह के न्यूज़ आइटम न होने से उनकी बिक्री पर प्रभाव पड़ेगा।

चोरी के इतने व्यापक प्रभावों को समझने के बाद शायद ही कोई ज़िम्मेदार नागरिक हो जो चोरों के प्रति सहानुभूति रखे बिना रह सके। ये बेचारे लोग रात-रात भर जागकर, आँधी-पानी की परवाह न करते हुए, न जाने कितने हज़ार लोगों की रोज़ी चलाते हैं, इसे कौन भूल सकता है? इनके त्याग और बलिदान का पूरा-पूरा

मूल्य आँका जाना चाहिए और प्रत्येक व्यक्ति को चाहिए कि इस कला व विज्ञान को जीवित रखने के लिए व्यक्तिगत रूप से जो कुछ भी कर सके, करे।

विनोबाजी से मेरा नम्र निवेदन है कि वे अपना शेष जीवन किसी और भले काम में लगायें। भारतीय संस्कृति के नाम पर चोरी की परम्परा नष्ट करने का काम उन-जैसे सन्त व्यक्ति को शोभा नहीं देता।

---

*इसे विनोबा-जयन्ती के अवसर पर लिखा गया।

विज्ञापन विवाह का

वैवाहिक विज्ञापनों के बारे में सम्भवतः आप भी उतनी ही दिलचस्पी रखते हों जितनी कि मैं रखता हूँ। इन दिनों इस प्रकार के विज्ञापन प्रत्येक पत्र-पत्रिका में बहुतायत से पाये जाते हैं। ध्यानपूर्वक पढ़ने पर विज्ञ पाठक अनुभव करेंगे कि इन विज्ञापनों तथा अन्य सामानों की बिक्री बढ़ानेवाले विज्ञापनों में कोई विशेष अन्तर नहीं होता। हाँ, अलबत्ता दो-एक बातों का अभाव इस दिशा में बुरी तरह खटकता है, जैसे कि अभी तक इन विज्ञापनों में वी.पी. द्वारा माल भेजने की सुविधा नहीं दी जाती है और पसन्द न आने पर सामान वापस करने या अदल-बदल करने का समुचित प्रबन्ध भी अभी तक नहीं किया जाता है। उपर्युक्त सुविधाओं के अलावा—जिनके बारे में व्यापार के विकास के साथ-साथ सुधार होना निश्चित है—शेष सभी बातों में ये विज्ञापन डीज़ल इंजन, पुरानी मोटरकार या फ़र्नीचर की नीलामी के विज्ञापनों से एकदम मिलते-जुलते होते हैं। नमूने के तौर पर इन विज्ञापनों को देखिए—

(अ) परदेश में बसनेवाले बत्तीस वर्षीय एक हृष्ट-पुष्ट भारतीय नवयुवक के लिए एक कन्या की तुरन्त आवश्यकता है। ग़रीब लड़कियों के लिए तो यह अचूक अवसर है जो एक बार हाथ से निकल जाने पर काफ़ी दिनों बाद वापस आयेगा। फ़ोटो और परिचय के साथ हिन्दुस्तान टाइम्स की मार्फ़त पत्र-व्यवहार करें।

(ब) तैंतीस वर्षीय स्वस्थ, सुन्दर, गौरवर्ण एवं शिक्षित एक खत्री अध्यापिका के लिए सुन्दर व स्वस्थ नवयुवक की सख़्त ज़रूरत है। जाति इत्यादि का कोई बन्धन नहीं। दहेज के इच्छुक क्षमा करेंगे।

लड़की एक भरे-पूरे परिवार में पली है और इस कारण छोटे परिवार में अकेलापन अनुभव करेगी। शादी के बाद सन्तान-नियोजन की सोचनेवाले इस सम्बन्ध के लिए कृपा करके कोशिश न करें।

(स) एक पचीस वर्षीय लेखक बौद्धिक रुचियों और परिष्कृत व उदार विचारों की सुशिक्षित व सुन्दर लड़की से सीधा पत्र-व्यवहार करना चाहते हैं। पत्र-व्यवहार का उद्देश्य केवल मैत्री ही होगा। यदि किन्हीं विशिष्ट परिस्थितियों में विवाह का बन्धन ज़रूरी ही हो जायेगा तो उस पर भी ग़ौर किया जा सकता है।

(द) भारतीय दर्शनशास्त्र के प्रकाण्ड पण्डित प्रौढ़ अवस्था में गृहस्थ-आश्रम के बन्धन में बँधना चाहते हैं। कन्या का ऊँचे वर्ण का होना अनिवार्य है। कन्या को न्याय, तर्क, पिंगल और व्याकरण का प्रारम्भिक ज्ञान होना आवश्यक है। इसके अतिरिक्त उसे अपने स्वामी के साथ वानप्रस्थ के लिए भी तत्पर रहना पड़ेगा। पत्र-व्यवहार करते समय कन्या की राशि बतायें और जन्मकुण्डली भी भेजें।

(क) क्षेत्रीय भाषाओं के एक प्रसिद्ध लेखक की चालीस वर्षीय सुन्दर सन्तानरहित विधवा देश के साहित्य के पुनरुत्थान के लिए विवाह-सूत्र में फिर से बँधना चाहेगी। इनके पिछले पति नाटककार थे और इस बार ये कहानी-लेखक से विवाह कराना चाहती हैं। इनका जीवन तो स्वयं एक कहानी ही रहा है। इनकी भावनाओं को शब्दों में पूरी तरह न उतार सकने के कारण ही तो इनके पिछले पति की आत्मा उनके शरीर से विलग हुई।

दुःखान्त कहानियाँ लिखने की इच्छा करनेवाले लेखक विशेष ध्यान दें।

(ख) एक विधवा के लिए एक जीवन-साथी की तलाश है। विधवा का रंग गोरा है और सेहत अच्छी है। क़द पाँच फुट तीन इंच और वज़न एक सौ तीस पौण्ड। आयु लगभग पैंतीस वर्ष। आजन्म ब्रह्मचारी को विशेष तरजीह दी जायेगी। पिछले पति से एकमात्र सन्तान एक सोलह वर्षीय लड़की है। यदि कोई सज्जन विधवा के विषय में दिलचस्पी न रखते हों, तो वे कन्या के साथ विवाह के लिए पत्र-व्यवहार कर सकते हैं।

(ग) एक रिटायर्ड इंजीनियर की एकमात्र सन्तान एवं अतीव सुन्दर सुपुत्री के लिए एक धनी व सुयोग्य वर की तलाश। लड़की बालडान्स और वेस्टर्न ढंग के खाने की बेहद शौक़ीन। लड़की के प्रशंसक आजकल इतने हैं कि विवाह के उपरान्त युगल के तुरन्त विदेश जाने की सलाह दी जाती है।

(घ) गुप्त रोगों के मशहूर चिकित्सक हकीम साहब की पोती के लिए एक अदद लड़के की तलाश। लड़का बारोज़गार हो और यूनानी इलाज में यक़ीन रखता हो। सेहत कैसी भी हो—अगर एक साल के भीतर रुस्तमे-हिन्द न बना दिया तो फ़र्म का नाम बदल किया जायेगा। इसके अलावा तीन साल तक लड़के के माँ-बाप और नज़दीकी रिश्तेदारों के गुप्त रोगों का इलाज मुफ़्त किया जायेगा।

(च) एक रिटायर्ड सरकारी अधिकारी की सुपुत्री के लिए धनी व उच्च शिक्षा-प्राप्त वर की तलाश। दहेज की चिन्ता न करें। शादी तुरन्त। लड़की निहायत सुन्दर और सलीकेवाली है। उम्र साढ़े उन्नीस वर्ष, क़द पाँच फ़ुट चार इंच, वज़न एक सौ छः पौण्ड, कमर पचीस इंच, आँखें नीली, होंठ लाल, नाक सीधी और सुन्दर गर्दन सुराहीदार।

लड़की काफ़ी शर्मीली है और इस कारण फ़ोटो भेजना मुश्किल है। प्रार्थी चाहें तो स्वयं या मित्रों के साथ आकर किसी भी समय देख सकते हैं।

(छ) रायबहादुर की इकलौती साहबज़ादी के लिए एक होनहार पढ़े-लिखे तजुर्बेकार नौजवान की तलाश है। रोज़गार होना ज़रूरी नहीं। मुक़दमेबाज़ी, बाग़ों और मकानों के इन्तज़ाम और नौकरों की देख-रेख का अनुभव होना ज़रूरी है। मिस साहिबा रायबहादुर की एकमात्र सन्तान हैं। इसके अलावा पिछले कुछ दिनों से रायबहादुर की सेहत भी ठीक नहीं चल रही है। जो लोग इस सिलसिले में दिलचस्पी रखते हों, वे मैनेजर से मिलें।

(ज) जौनपुर के मशहूर और मारूफ़ पहलवान नवयुवक के लिए एक लम्बी, दुहरे और गठे बदनवाली लड़की की फ़ौरन ज़रूरत है। लड़की की उम्र बीस-पचीस के लगभग होनी चाहिए। ताज़े दूध की लस्सी पीने और बादाम और भंग ठण्डाई घोटने का अभ्यास होना ज़रूरी है। पहलवान साहब का बड़ा फ़ोटो एक रुपया और छोटा फ़ोटो आठ आने भेजकर मँगाया जा सकता है। ऑर्डर शीघ्र ही दें क्योंकि फ़ोटो की कॉपियाँ सीमित ही हैं। फ़ोटो न पसन्द आने पर दाम वापस। वग़ैरह-वग़ैरह।

x x x

वैवाहिक विज्ञापनों के प्रसंग में मुझे अपने परम मित्र मिश्राजी की भी याद अक्सर आती है। उनको इस प्रकार के सामयिक साहित्य में मुझसे भी ज़्यादा रुचि थी। मिश्राजी का पूरा नाम था रामभरोसे मिश्र। मिश्राजी स्थानीय डिग्री कॉलेज में भूगोल के लेक्चरर थे। घर पर खेती-बाड़ी का काम अच्छा था और जेब-ख़र्च की चिन्ता नहीं थी। मिश्राजी बड़े मस्त जीव थे और वैवाहिक विज्ञापनों के सन्दर्भ में उनकी मस्ती एक विचित्र रूप धारण किया करती थी।

रामभरोसेजी का विवाह अपनी ही जाति की एक सुशिक्षित, सुशील और सलीक़ेदार लड़की से हुआ था और उनका पारिवारिक जीवन काफ़ी सुखी था। मगर क्योंकि यह विवाह मिश्राजी के माता-पिता और नज़दीकी रिश्तेदारों द्वारा कन्वेन्शनल ढंग से किया गया था, उनके अवचेतन मस्तिष्क में कहीं एक वहम यह छिपा रह गया था कि वैवाहिक विज्ञापनों द्वारा की गयी शादी का मज़ा कुछ और ही होता है और दक़ियानूसी ढंग की शादी कभी उसके सामने ठहर ही नहीं सकती। गर्मियों की छुट्टियों में जैसे ही उनकी बीवी और बच्चे देहात जाते, मिश्राजी अपनी इस अपूर्ण इच्छा को सन्तुष्ट करने के लिए मौलिक प्रयत्न करने शुरू कर देते। मई के शुरू में ही वे अपनी तरफ़ से एक-दो प्रमुख हिन्दी-अँग्रेज़ी के पत्रों में एक अच्छी हसीन और कम-उम्र लड़की की माँग निकलवा देते। दहेज, जाति इत्यादि का कोई बन्धन नहीं रखा जाता। यह भी लिखा जाता कि शादी की रस्म आर्यसमाजी रीति से पूरी होगी। इस प्रणाली में हर वर्ष परिवर्तन किये जाते। कभी पत्र-व्यवहार अख़बार की मार्फ़त किया जाता और कभी-कभी सीधे ही। कभी अपने को एक बड़े सरकारी अधिकारी की एकमात्र सन्तान घोषित किया जाता और कभी इंजीनियर, डॉक्टर या बैरिस्टर। विज्ञापनों में लड़की के फ़ोटो की माँग ज़रूर रखी जाती थी और इस कारण वे प्रत्येक

वर्ष विभिन्न जाति और आयु की लगभग सौ युवतियों के दुर्लभ चित्र इकट्ठे कर लेते। कभी-कभी कोई युवती या उसके अभिभावक रंगीन फ़ोटो भी भेजते थे और कभी-कभी फ़ोटो के साथ-साथ युवतियाँ प्रेम-पत्र भी भेजती थीं। मुझे ठीक याद है कि जब उन्होंने अपने को एक बार काव्य-प्रेमी घोषित किया था तो कई युवतियों ने अपने चित्रों के पीछे गद्यगीत या कुछ प्रसिद्ध कवियों की कविताओं के छन्द लिखे थे। सारी मई और जून मिश्राजी दोपहर को भंग छानते और अपने घुटे हुए सिर पर हाथ फेर-फेरकर ये सचित्र साहित्य हम लोगों को दिखाया करते। इन दिनों उनकी सेहत इतनी अच्छी हो जाती कि उनके चेहरे पर चेचक के दाग़ छिपने-से लगते और उनकी उम्र भी बजाय पैंतीस के पचीस के लगभग लगने लगती। जुलाई के प्रथम सप्ताह तक यह क्रम चलता, नहीं तो आषाढ़ के पहले या दूसरे दिन के मेघों के साथ-ही-साथ उनकी पत्नी देहात से चली आतीं और यह मज़ेदार सिलसिला यहीं ख़त्म हो जाता। जुलाई के बाद उनका पारिवारिक जीवन फिर उसी शान्ति और सात्विकता से चलने लगता। उन दिनों तो वे वास्तव में उन रघुवंशी आर्यों की याद दिलाते थे, जो निरन्तर क्षमाशील होते थे और जो केवल सन्तान के लिए ही विवाह करते थे, वग़ैरह-वग़ैरह।

एक वर्ष बड़ा मज़ा आया। मिश्राजी ने अपंग और बदसूरत लड़कियों की माँग निकलवायी, इसके उत्तर में उनके पास जो पत्र आये उन्हें मैंने भी पढ़ा था। कुछ तो इतने हृदयद्रावक थे कि कहा ही नहीं जा सकता। अपंग लड़कियों के आँकड़े इकट्ठा करने के बाद उन्होंने हरिजन युवतियों के भविष्य पर भी ध्यान दिया था। एक बार उन्होंने अपना वेतन दो हज़ार रुपये और आयु पैंतालीस वर्ष बताकर सोलह से बाईस वर्ष की लगभग पाँच सौ युवतियों के प्रेम-पत्र इकट्ठे किये थे। इनमें से कुछ तो प्रणय की भावनाओं से इतने सराबोर थे कि पढ़ना मुश्किल था। कुछ सहृदय देवियों ने स्पष्ट लिखा था कि उन्हें उनके वेतन और बैंक-बैलेंस से कोई प्रेम नहीं है, वे तो केवल उनकी अवस्था में उनका सहारा बनना चाहती हैं। एक लड़की का ज़िक्र रामभरोसेजी ख़ास तौर से किया करते थे जो उनके विज्ञापन का हर वर्ष उत्तर दिया करती थी। पिछले आठ वर्षों से उसने बराबर अपनी अर्जी मिश्राजी के दफ़्तर में भेजी थी और पिछले आठ वर्षों में उसकी आयु और फ़ोटो में कोई अन्तर नहीं आया था। एक और लड़की थी जिसके कई पोज़ में तरह-तरह के चित्र आते थे, कभी आर्य संस्कृति की प्रतिमा-स्वरूप वह सादी-सी साड़ी में लज्जा के भार से दबी दिखायी देती थी और कभी-कभी स्कर्ट या सलवार में एकदम शोख़ और मदमाती।

रामभरोसेजी का यह शौक़ पिछले दो वर्षों से ख़त्म हो गया है और अब तो वे इसके ज़िक्र से भी चिढ़ते हैं। कोई कहता है कि किन्हीं साहब ने मज़ाक़ पकड़ लिया और असलियत तब खुली जबकि वे अपनी दो अदद नौजवान लड़कियों को

लेकर मिश्राजी से मिलने उनके घर आये। कहते हैं, उस बार मिश्राजी पुलिस में जाते-जाते बचे। एक और मत यह है कि यह मज़ाक़ उस दिन ख़त्म हुआ जिस दिन कि मिश्राजी एक प्रेम-पत्र को पढ़कर इतने भावविभोर हो उठे कि लेखिका से मिलने पीलीभीत चले ही गये। वहाँ उन्हें अपने से चार वर्ष बड़ी एक ऐसी शान्त, सौम्य और सात्विक मूर्ति का साक्षात्कार हुआ जिसकी अवस्था के कारण ठोड़ी हिलती थी। उसका स्नेह और सौन्दर्य देखकर रामभरोसेजी का नशा हमेशा के लिए हिरन हो गया।

हिदायतनामा ख़ाविन्द

जैसा कि सभी जानते हैं, संसार में कुछ लोग सुखी होते हैं और कुछ विवाहित। विवाहित जीवन को सुखी बनाने के लिए अनेक ज्ञानवर्धक पुस्तकें सस्ते दामों पर आजकल बाज़ार में मिलती हैं। इस प्रकार के विशुद्ध साहित्य के प्रति मुझे हमेशा से रुचि रही है और विवाह होने से भी उस पर कोई प्रभाव नहीं पड़ा है। सच्ची बात तो यह है कि इस प्रकार का साहित्य अविवाहितों की भी बराबर ही मदद करता है। मेरे विचार में इस प्रकार की पुस्तकों में एक बहुत बड़ी कमी है और वह यह कि जीवन के एक टेकनिकल पहलू के अलावा विवाहित जीवन की और ज़रूरी समस्याओं का कोई विश्लेषण या समाधान इन पुस्तकों में हमें नहीं मिलता।

किसी को भी सफल पति साबित होने के लिए कितनी ही छोटी-छोटी बातों का इन्तज़ाम करना ज़रूरी होता है। उदाहरण के लिए जैसा कि सभी भुक्तभोगी पति जानते होंगे, विवाहित जीवन को सुखी रखने के लिए यह भी नितान्त आवश्यक है कि कभी-कभी थोड़ा-बहुत झूठ बोला जाये। सुबह के 'आज तो तुम बहुत ही सुन्दर लग रही हो' से लेकर शाम के 'आज दफ़्तर में साहब का हार्ट फ़ेल हो गया, इसलिए देर हो गयी', तक प्रत्येक स्थिति को सँभालने के लिए थोड़ा-बहुत झूठ बोलना ही पड़ता है। जो ऐसा नहीं करते उनका हाल हमें मालूम ही है। ऐसे सत्यवादी पति या तो दोस्तों के घरों में रात गुज़ारते पाये जाते हैं या म्युनिसिपैलिटी के काज़ी हाउस में। मनु महाराज ने जो ज़ोर देकर कहा है कि कभी भी अप्रिय सत्य नहीं बोला चाहिए, उससे उनके विवाहित जीवन पर काफ़ी प्रकाश पड़ता है। बस, इस सिलसिले में इतना ध्यान रखना चाहिए कि झूठ ऐसा न हो जो कि पकड़ा जाये। उदाहरण के लिए पत्नी को यह पता कभी नहीं लगना चाहिए कि दफ़्तर में कितने साहब हैं, क्योंकि पता नहीं कब किसको स्वर्गवासी घोषित करना पड़े।

जैसा कि हम सभी जानते हैं, शादी के बाद आम तौर पर स्त्रियाँ अपने मैके को प्यार करने लगती हैं। किसी-किसी स्थिति में भक्ति और साहित्य के प्रति भी विवाह के बाद काफ़ी रुचि बढ़ती देखी जाती है। सफल पति का कर्त्तव्य है कि पत्नी की भावनाओं का इन मामलों में ख़याल रखे। इस प्रकार की संवेदनशीलता की आवश्यकता शादी के तीन महीने बाद तक आवश्यक होती है, इस अवधि के बाद

पत्नियाँ सफल पतियों से ख़ुद ही बताने लगती हैं कि वे मैके नहीं जाना चाहतीं। उनकी तबीयत अब इधर ही ज़्यादा लगती है। मैके की कमियों की चर्चा भी धीरे-धीरे वे स्वयं ही छेड़ने लगती हैं। साहित्य-प्रेम भी 'कामायनी' से धीरे-धीरे उतरकर 'मनोहर कहानियाँ' और 'जासूसी कुत्ते' पर आ जाता है। जहाँ तक भक्ति-भावना का प्रश्न है, विशेषज्ञों का मत यह है कि शादी के छः महीने के भीतर-भीतर रामायण की पोथी और ठाकुरजी की मूर्ति कबाड़ी के यहाँ चली जाती है और आरती की जगह शाम को फ़िल्मी गाने गाये जाने लगते हैं।

विवाहित जीवन को सफल बनाये रखने के लिए यह बहुत ज़रूरी है कि आप उनकी छोटी बहनों की कतई तारीफ़ न करें, चाहे वे कितनी भी सुन्दर व स्मार्ट क्यों न हों। यदि प्रशंसा करनी ही है तो श्रीमतीजी की माता, दादी, नानी व बड़ी बहन की की जाये, जोकि पिछले दिनों तीर्थयात्रा पर गयी थीं। इसी तरह जहाँ तक हो सके, घर में लगी जवान नौकरानी को इनाम भी श्रीमतीजी की आँख बचाकर ही देना चाहिए। इसी तरह यह भी जानना ज़रूरी है कि श्रीमतीजी किस-किस चीज़ से प्यार करती हैं और किससे नहीं। डेल कार्नेगी ने तो इस विषय पर ज़ोर देते हुए यहाँ तक कहा है कि यदि श्रीमतीजी बकरी का बच्चा पालती हैं तो पारिवारिक जीवन में आपको उसे भी वही दर्जा देना होगा जोकि आप श्रीमतीजी को देते हैं। मेरे विचार में बकरी को तो आप कुछ ऊँचा दर्जा भी दे दें तो कोई हर्ज़ नहीं, वह चाय के लिए दूध जो देती है!

विवाहित जीवन के सिलसिले में वर्षगाँठ मनाना बहुत ज़रूरी होता है। यहाँ ज़रूरी नहीं कि वर्षगाँठ हो किसकी। बस, किसी-न-किसी की होनी चाहिए। संसार में सारे सफल पति सुबह-ही-सुबह आँखें मलते-मलते पत्नी से पूछते हैं, "प्रिये! आज क्या तुम्हारी वर्षगाँठ है?" उत्तर 'नहीं' में मिलने पर वे फिर पूछते हैं, "ओह, आज शायद हमारी शादी की वर्षगाँठ है या फिर बड़े लड़के की वर्षगाँठ है?" उत्तर फिर 'नहीं' में मिलता है और पति महोदय बड़ी आत्मीयता से अँगड़ाई लेकर कहते हैं, "ओफ़, मैं भूल ही गया, आज तो हमारे कुत्ते (या बकरी के बच्चे) की वर्षगाँठ है, शाम को क्लब में पार्टी है।" कहते हैं, इस प्रकार की प्रेमभरी छोटी-छोटी बातों से पत्नियों को बड़ा सुख प्राप्त होता है।

ऊपर लिखी मोटी-मोटी बातों के अतिरिक्त कितनी ही और छोटी-छोटी बातों का ध्यान रखना भी ज़रूरी है। हरेक समझदार शौहर जानता है कि घर से बाहर निकलने के लिए कम-से-कम दो दरवाज़े होने चाहिए। रबर के जूते और खाकी टोप...विवाहित जीवन की वर्दी में इन दोनों का महत्त्व भी स्वीकार करना ही पड़ेगा। किसी-किसी विशेष स्थिति में नकली दाढ़ी-मूँछों का प्रयोग भी किया जा सकता है और इनका घर में रहना किसी हद तक ज़रूरी है। सब्ज़ी में ज़्यादा और कम नमक खाने की आदत तो शादी से कुछ महीने पहले ही शुरू कर देनी चाहिए।

इसके अतिरिक्त आजकल की युवतियाँ तो शादी से पहले यह भी जानना चाहती हैं कि भावी पति महोदय गृह-विज्ञान जानते हैं या नहीं। गृह-विज्ञान के सिलसिले में आपको खाना पकाना, क्रॉकरी धोना, बच्चे खिलाना (सिर्फ़ खिलाना), कपड़े धोना, इस्तरी करना, फ़्यूज लगाना, बटन लगाना, कमरे साफ़ करना वग़ैरह-वग़ैरह सभी की सक्रिय जानकारी होना ज़रूरी है।

यों तो मैंने जीवन में कितने ही सफल पति देखे हैं (और मैं खुद को भी काफ़ी कामयाब क़िस्म का पति मानता हूँ), पर जिन दो सज्जनों के नाम मुझे विशेष रूप से याद आते हैं वे हैं श्यामकृष्ण और पीटर। श्याम बाबू की पत्नी एक स्कूल में अध्यापिका थीं और भगवान जाने उनके कितने मित्र थे। मित्रों में वे विशेष तरजीह अविवाहितों और विधुरों को देती थीं। श्याम बाबू रोज़ रात को ग्यारह बजे तक सारे परिचित स्थानों पर पूछताछ करने जाते थे और फिर मेरे पास आकर कहते थे कि हो-न-हो वह आज मेजर साहब के यहाँ गयी हैं। अगले दिन सुबह-ही-सुबह आते और खुशी-खुशी कहते कि दोस्त, हम शर्त जीत गये, वह रात मेजर साहब के यहाँ ही थीं। इस तरह की शर्त वे हमसे अक्सर जीतते रहते थे। दूसरे सज्जन थे पीटर। बड़े ही धार्मिक व्यक्ति थे। इन्होंने पैंतालीस वर्ष की आयु में एक कुमारी से शादी की जो काफ़ी अमीर थी, अनुभव भी उसका कम नहीं था, क्योंकि उसकी आयु पीटर साहब से कोई पाँच वर्ष ज़्यादा थी। शादी जाड़ों में हुई और हम सभी के हज़ार मना करने पर भी पीटर साहब उन्हें हनीमून के लिए चकरौता ले गये। पहाड़ पर जाकर वह सम्भ्रान्त और सुशील महिला स्वर्ग को प्राप्त हो गयी और पीटर साहब फिर सारी दौलत और दस्तावेज़ों के साथ धरती पर लौट आये। तब से आज तक वे बराबर दुखी रहते हैं। हर फ़्राइडे को चर्च जाते हैं, उस दिन वे मीट भी नहीं खाते। बाक़ी छः दिन वे कैंटोनमेंट की एक जवान मैडम के साथ गुज़ारते हैं। ग़म जो ग़लत करना ठहरा!

विवाहित जीवन के सन्दर्भ में हिन्दी के लेखकों की चर्चा करना भी असंगत न होगा। जैसा कि साहित्य का प्रत्येक गम्भीर पाठक जानता ही है, हिन्दी के लेखकों की क़लम को तब तक मँझा हुआ नहीं माना जाता जब तक कि वे कम-से-कम तीन-चार शादियाँ न कर लें। प्रतिभा के इस विकास के लिए यदि पहली पत्नियों का परित्याग भी करना पड़े तो भी हिन्दी का लेखक अपने कर्त्तव्य से मुख नहीं मोड़ता। यदि साहित्य पहली और दूसरी पत्नी का बलिदान माँगता है तो समाज और कला के विस्तृत सन्दर्भ को ध्यान में रखते हुए यह करना ही पड़ेगा। वैसे भावुक होने के कारण लेखक पत्नियों से काफ़ी प्रेम करते पाये जाते हैं और किसी-किसी हालत में ये पत्नियाँ उनकी अपनी ही होती हैं। प्रेम और विवाह के सिलसिले में कुछ लेखक तो इतने समर्थ व दूरदर्शी क़िस्म के हैं कि प्यार माँ से करना शुरू करते हैं और शादी करते हैं उसकी लड़की से। इस प्रकार ये प्रतिभावन कलाकार दो पीढ़ियों को

साथ-साथ जीते हैं।

साहित्यिकों के विवाहित जीवन की चर्चा करते-करते मुझे अपने एक विशिष्ट मित्र की याद आ गयी। शरीर के ये जितने कृश थे, मन के उतने ही रसिक थे। वैसे ये आदर्शवादी क़िस्म के कलाकार थे और बिना ध्येय, लक्ष्य और आदर्श के जीवन को व्यर्थ मानते थे। हाँ, अलबत्ता यह ज़रूर था कि आदर्श, ध्येय या लक्ष्य—इन शब्दों से अभिप्राय इनका हमेशा किसी कुमारी, विधवा या विवाहित स्त्री से ही होता था। जहाँ कोई अच्छी-ख़ासी शक्ल की मुसम्मात इन्हें दिखायी पड़ी, इन्होंने क़लम मेज़ पर रखी और सिन्दबाद की अगली यात्रा शुरू की। इस प्रकार की यात्राओं में सिन्दबाद जहाज़ी को कभी-कभी काफ़ी चोट वग़ैरह भी लगती रहती थी। सुख की बात यह थी कि इनकी धर्मपत्नी बड़ी पतिव्रता क़िस्म की थीं और वे यह कभी बर्दाश्त नहीं कर सकती थीं कि पतिजी के कुछ अंग तो सुख में रहें और कुछ दुख में। परिणाम यह होता था कि गली-महल्लों में पिटने के बाद जब कविजी घर लौटते तो श्रीमतीजी उन अंगों पर पूरा-पूरा ध्यान देतीं, जो अब तक की मार-पीट में अछूते रह गये थे। इस प्रकार की प्राकृतिक चिकित्सा के बाद जब कविजी घर से 'क्षितिज के उस पार' जानेवाली 'साँवरी डगर' पर निकलते तो हालत यह होती कि कविजी कम दिखायी देते और हाथ-पैरों पर बँधी पट्टियाँ ज़्यादा। ऐसी स्थिति में वे हमेशा यही कहते कि 'कुछ नहीं, ज़रा रात में कवि-सम्मेलन में प्रशंसकों ने हुड़दंग मचा दिया; कइयों के चोट आ गयी' या 'ज़रा केले के छिलके पर पैर पड़ गया था' वग़ैरह-वग़ैरह। उनकी यह वाणी सुन अनुभवसिद्ध मित्रों को यह समझते देर न लगती कि जिस केले का ज़िक्र कविजी कर रहे हैं, वह ज़रूर ज़नाने क़िस्म का रहा होगा।

पश्चिमी उत्तर प्रदेश में शादी और विवाह

जैसा कि हम सभी लोग जानते हैं, भारत एक खेतिहर देश है। यह बात भी सबको ज्ञात ही है कि खेतिहर होने के साथ-साथ हमारा देश पिछड़ा हुआ भी है। पिछड़ा हुआ होने के कारण यहाँ खेती का धन्धा भी पिछड़े ढंग से किया जाता है। इस ढंग से खेती करने में कम-से-कम दो अदद बैल, एक अदद हल और एक अदद किसान की ज़रूरत पड़ती है। किसानों की मात्रा में कमी न आने पाये, इसी उद्देश्य से जितना भी समय गेहूँ, चना, तिलहन वग़ैरह की फ़सल उगाने के बाद बचता है वह सन्तान बढ़ाने की ओर लगाया जाता है। पिछड़ा हुआ देश होने के कारण हमारे यहाँ बच्चे आम तौर पर शादी के बाद ही होते हैं और इसी कारण देहात के क्षेत्र में शादी और विवाह की प्रथा ख़ूब ज़ोर-शोर से पायी जाती है।

जैसा कि मैंने ऊपर बताया, शादी करने का प्रमुख कारण देहात के लोगों का खेती-बाड़ी में दिलचस्पी लेना ही है। कुछ लोग कभी कुछ और व्यक्तिगत कारणों से भी विवाह कराते देखे जाते हैं। कुछ लोग शादी इसलिए करते हैं कि उनके परिवार में यह सदा से होता आया है और पिता व पितामहों द्वारा निश्चित की गयी पुश्तैनी प्रथा को एकदम तोड़ना सम्भव नहीं है। कभी-कभी कुछ लोग मिलकर किसी व्यक्ति की शादी यों ही करा देते हैं। देहात के क्षेत्र में जब लड़के लगातार इम्तहान में फ़ेल होने लगते हैं या वे रात को भाग-भागकर पास के गाँव में नौटंकी देखने जाने लगते हैं तो बड़े-बूढ़े मिल-जुलकर उस लड़के की शादी करा डालते हैं। किसी-किसी स्थिति में शादी इसलिए भी की जाती है कि लड़का या लड़की वैसा करने के लिए ज़िद करने लगते हैं, पर ऐसी वारदातें हमारे यहाँ बहुत कम होती हैं। ज़्यादातर शादियाँ लड़का या लड़की और इन दोनों के अतिरिक्त और लोगों की ख़ुशी के लिए ही की जाती हैं, जैसे माँ-बाप, दादी, नाना वग़ैरह-वग़ैरह।

बाक़ी सम्पत्ति की तरह शादी के मामले में भी वितरण की समस्या का हल अभी तक नहीं हो पाया है। देहात में ऐसे लोग काफ़ी होते हैं जिनकी शादी कभी नहीं होती। हालाँकि काफ़ी लड़के रात-रातभर कड़वा तेल जलाकर सिर्फ़ इसलिए पढ़ते हैं कि शायद मिडिल पास होने पर शादी आसानी से हो जाये और कुछ झूठी

नौकरी की शान ज़माने के लिए, इसी कारण घर से ख़र्चा मँगाकर शहर में भी रहते हैं, पर फिर भी सबके हाथ तो पीले नहीं होते। जहाँ एक ओर इस प्रकार के अविवाहित लोग होते हैं, वहाँ दूसरी तरफ़ ऐसे भी कितने ही लोग होते हैं, जो हर दूसरे या तीसरे साल शादी-ब्याह रचाते रहते हैं। औरत को पैर की जूती समझा जाता है और फ़सल अच्छी होने पर एक से ज़्यादा जूतियाँ भी रखी जा सकती हैं। दोबारा या तिबारा विवाह होने की स्थिति में पहली पत्नियाँ या तो मैके चली जाती हैं या आत्महत्या कर लेती हैं। पिछड़ा देश होने के कारण आत्महत्या करने में काफ़ी दक़ियानूसी ढंगों का ही प्रयोग किया जाता है। स्त्रियाँ या तो कुएँ में डूब जाती हैं या अपने को जला लेती हैं। कभी-कभी कोई पढ़ी-लिखी औरत ज़हर भी खा लेती है। तेज़ चलती मोटर के नीचे दबने या तिमंज़िली इमारत के नीचे गिरने की सुविधाएँ देहाती क्षेत्र में अभी कहाँ? उसके लिए अभी हमें कई पंचवर्षीय योजनाओं की प्रतीक्षा करनी पड़ेगी। हाँ, जो लोग अविवाहित रह जाते हैं, उनका जीवन काफ़ी शान्तिमय हो जाता है। इनमें से कुठ तो गाहे-बगाहे नौटंकी कराते रहते हैं और कुछ गण्डा-तावीज़ वग़ैरह बाँटने लगते हैं। सन्तान होने की अचूक दवा भी देहाती क्षेत्र में इन्हीं लोगों के पास मिलती है।

शादी की प्रथाएँ हमारे देश में अनेक हैं और ये प्रथाएँ समय-समय पर बदलती भी रही हैं। पुराने ज़माने में स्वयम्वर की प्रथा थी। इन्दुमती, सीता, द्रौपदी और यहाँ तक कि संयोगिता का भी विवाह स्वयम्वर द्वारा ही हुआ था। आजकल यह प्रथा केवल शहरों में पायी जाती है। दहेज को बुरा माननेवाले माता-पिता अपनी लड़कियों को अपने-आप किसी लड़के से शादी करने के लिए काफ़ी उकसाते हैं। इस प्रकार का स्वयम्वर कॉलेज की चहारदीवारी के अन्दर और गर्ल्स होस्टल के आस-पास होता रहता है और कभी-कभी अध्यापक-वर्ग भी इनमें भाग लेता देखा जाता है। गन्धर्व-विवाह और राक्षस-विवाह की पुरातन और सनातन प्रथाएँ भी शहरों में बदस्तूर पायी जाती हैं। हाँ, अलबत्ता देहाती क्षेत्र में इन प्रथाओं का ज़्यादा विकास अभी नहीं हो पाया। उदाहरण के लिए मेरी जन्मभूमि पश्चिमी उत्तर प्रदेश में इस समय तीन प्रथाएँ हैं, जिनके द्वारा शादियाँ सम्पन्न होती हैं, पर ये तीनों ही प्रथाएँ नगर की प्रथाओं से कुछ भिन्न हैं।

सबसे पहली प्रथा तो मेरी तरफ़ यह है कि शादी-विवाह नाई या ब्राह्मण लोग कराते हैं। इस प्रकार की शादियाँ पिछले जन्म के कर्मों के आधार पर देवताओं द्वारा निश्चित की जाती हैं, जिसका अर्थ यह है कि लड़के या लड़की में यदि कोई कमी भी पायी जाये तो भी नाई और ब्राह्मण दोनों के जीवन और सम्पत्ति को कोई ख़तरा नहीं होता। शादियों में नाई और ब्राह्मणों का प्रयोग दिन-ब-दिन घटता जा रहा है और अब तो काफ़ी ऐसे नाई, ब्राह्मण नज़र आने लगे हैं जिनकी ख़ुद की भी कभी शादी नहीं हुई। इस प्रकार की शादियाँ वैसे भी शालीन व सभ्य घरानों

में ही होती हैं, बाक़ी लोग या तो अदल-बदल करते हैं या बाक़ी सामान की तरह लड़कियों को भी ख़रीदते हैं। अदल-बदल का अर्थ होता है अपनी लड़की की शादी के बदले में अपने लड़के की शादी कहीं तय करना। इस प्रथा में तीन पार्टियाँ होनी ज़रूरी हैं। अदल-बदल का ढंग बहुत पुराना है और उन दिनों की याद दिलाता है जबकि मुद्रा का आविष्कार नहीं हुआ था। समझदार लोग इन दिनों मुद्रा का प्रयोग ख़ूब खुलकर करते हैं। औरतों के बाज़ार कई जगह हैं और वहाँ हर तरह का माल मिलता है। देहात की तरफ़ ऐसे परोपकारी पुरुष अब भी पाये जाते हैं जो अपनी कन्याओं को ख़ुशी से बेचते हैं और उस रुपये से अपना पुराना क़र्ज़ अदा करते हैं या नयी भैंस ख़रीदते हैं। उसके बाद ये लोग नया क़र्ज़ा ले लेते हैं और भगवान से प्रार्थना करते हैं कि इस बार फिर लड़की हो। यदि पुरानी बीवी की उम्र ज़्यादा होती है तो वे लड़की पैदा करने के लिए नयी शादी कर लेते हैं। आख़िर क़र्ज़ तो उतारना ही ठहरा! इन्हीं कारणों से भारत का किसान ईमानदार और मेहनती कहा जाता है। यह क्रम उम्र-भर चलता रहता है। भारतीय किसान क़र्ज़ ही में पैदा होता है और क़र्ज़ ही में मर जाता है।

इसके अतिरिक्त पहाड़ी इलाक़े में लड़कियों की काफ़ी फ़रोख़्त होती है। ये लड़कियाँ अक्सर गर्मियाँ आते ही किसी शाम को फिर अपने मैके खिसक जाती हैं जहाँ उनकी शादी किसी और से कर दी जाती है। अनाथालय, विधवाश्रम, नारी निकेतन इत्यादि अन्य भी ऐसी अनेक सामाजिक संस्थाएँ हैं, जहाँ हर उम्र की औरतें उचित दाम पर मिल जाती हैं। कुछ संस्थाएँ तो ऐसी दिशा में इतनी निःस्वार्थ होती हैं कि उनके यहाँ सामान के नापसन्द आने पर अदल-बदल करने की भी समुचित व्यवस्था होती है।

शादी के लिए जो यात्रा वर की तरफ़ से की जाती है, वह वरयात्रा या बरात कही जाती है। देहाती क्षेत्र में शादियाँ काफ़ी रंगीन होती हैं। बच्चे और औरतें काफ़ी रंगीन कपड़े पहनती हैं। घर-बार पर रंगीन मिट्टी पोती जाती है और बैलों के सींग व पूँछ व बरातियों की मूँछ के बाल मेहँदी से रंगे जाते हैं। बरात आम तौर पर काफ़ी बड़ी होती है और सफ़र बैल-ताँगों पर किया जाता है। रास्ते में ताँगों की दौड़ का पूरा-पूरा इन्तज़ाम किया जाता है और आस-पास के गाँववाले भी इस दौड़ को देखने रास्तों पर जमा हो जाते हैं। जिस दिन बरात चढ़ती है, उस दिन काफ़ी धूम-धड़ाका होता है। सारे बराती नये कपड़ों में लड़कीवाले के घर तक जाते हैं। किसी कारणवश यदि वस्त्र न भी बदले जा सकें तो भी सिर की टोपियाँ सबकी एकदम नयी सिली हुई होती हैं। आतिशबाज़ी का समुचित प्रबन्ध रखा जाता है और कभी-कभी इसी वजह से गाँव के छप्परों में आग भी लग जाती है, जो जाड़ों के मौसम में सर्वसाधारण को काफ़ी आराम पहुँचाती है। कभी-कभी बरात में हाथी भी जाते हैं। अगर बरात में हाथी नहीं भी होता, तो उसमें कम-से-कम एक अदद

कोई मोटा आदमी ज़रूर होता है जो हाथी का बच्चा लगे और जिससे गाँव के बच्चों का मन बहल सके। बरात के शुरू के दिन काफ़ी लोग खाना खाते हैं और कुछ तो शराब पीकर धुत् भी हो जाते हैं।

रात को कहीं-कहीं नौटंकी भी चलती है जो रात के पिछले पहर जाकर ख़त्म होती है। इस बीच में गाँव में चोरी होने का प्रोग्राम रहता है। फेरे भी रात को ही फिरते हैं।

प्रातःकाल के नाश्ते के लिए वर को वधू के घर जाना पड़ता है जिसे बसौड़ कहते हैं। वधू-पक्ष की स्त्रियों से वर की मुलाक़ात का यह प्रथम अवसर होता है। आम तौर पर महल्ले की लड़कियाँ इस अवसर पर वर के जूते चुरा लेती हैं और उसके साथ हँसी-मज़ाक़ भी करती हैं। यह मज़ाक़ जितना भी फूहड़, भोंडा और फ़ाश होता है, उतना ही वह अच्छा समझा जाता है। गाँव की बड़ी-बूढ़ियाँ तक इसमें खुलकर हिस्सा लेती हैं और वर की माता वग़ैरह के लिए अपमानजनक शब्द कहती हैं। कहा जाता है, यह प्रथा हमारे यहाँ बहुत पुरानी है और इसी कारण हमारी सभ्यता की प्रतीक है। आल्हा-ऊदल के ज़माने में तो डोला देने से पहले वर व बरात के अन्य लोगों को अन्धे कुएँ में रखा जाता था और उन पर ख़ूनी हाथी तक छुड़वाया जाता था। 'आल्हाखण्ड' व मेरठ के मटरूमल अत्तार की 'बावन लड़ाइयों' में इस प्रथा की विशद चर्चा की गयी है।

दोपहर का खाना आम तौर पर कच्चा होता है। काफ़ी बड़ी बरात के लिए गाँव की स्त्रियाँ अपने हाथ से फुलके या रोटियाँ बनाती हैं, जो थोड़ी-बहुत कच्ची रह जाती हैं। इसी कारण इस खाने को कच्चा खाना कहा जाता है। तीसरे पहर के लगभग विदा का कार्यक्रम शुरू होता है। बरात के काफ़ी आदमी लड़कीवाले के घर आते हैं और दहेज देखते हैं। बाक़ी बरातियों का पेट ज़्यादा खाने से अब तक ख़राब हो चुका होता है और वे जंगल में जलाशयों के आस-पास दृष्टिगोचर होने लगते हैं। दहेज के वक़्त काफ़ी मज़ा आता है। वे सारे लोग, जो अपनी लड़कियों के विवाह में आर्यसमाजी थे और जो रोज़ रात को भारत में 'वेदों का डंका बजवा दिया ऋषि दयानन्द ने' वाली आरती गाया करते थे, इस समय यानी कि लड़के के विवाह में कट्टर सनातनी हो जाते हैं और माँग-माँगकर लेते हैं। लड़के के जन्म (प्रसव), पालन-पोषण और शिक्षा का पूरा ख़र्चा वसूल करने की कोशिश की जाती है। कभी-कभी दहेज पर मनमुटाव भी हो जाता है और बरात बिना बहू के लौट जाती है। उस समय यह प्रकट हो जाता है कि वर-पक्ष के लोग दहेज लेने आये थे न कि बहू।

कम दहेजवाली लड़कियाँ यदि ससुराल चली भी जाती हैं तो सास, ननदें, जिठानियाँ वग़ैरह उनका समुचित स्वागत करती हैं। किसी-किसी स्थिति में इतने सुख के कारण बहू अपनी आत्मा को शरीर से अलग करने की भी कोशिश करती है।

दहेज देने के बाद विदा की रस्म होती है। इस अवसर पर बरातियों को मुद्रा देकर उनसे विदा माँगी जाती है। गाँव के स्कूल के बच्चे इस अवसर पर अन्त्याक्षरी सुनाते हैं और कभी-कभी ग्रामीण नेता या उपदेशक छोटा-मोटा भाषण भी दे डालते हैं। कभी-कभी गाली-गलौज और फ़ौजदारी से भी मनोरंजन किया जाता है।

बरात सुबह जाती है। सुबह लोग काफ़ी व्यस्त रहते हैं। कोई किसी की खाट की रस्सी निकालता है, तो कोई किसी के पलँग की निवाड़। बिस्तरों की भी चोरियाँ होती हैं। एक बार तो बराती लोग नौटंकी की एक लड़की ही ले गये थे और उसे बरामद करने के लिए पुलिस से मदद लेनी पड़ी थी।

कम-से-कम मुझे इस प्रकार की शादियों में बड़ी दिलचस्पी रहती है। कारण यह कि ऐसे अवसरों पर कभी-कभी बड़े अच्छे-अच्छे ग्रामगीत सुनने को मिलते हैं। यद्यपि खड़ी बोली के ग्रामगीत भोजपुरी गीतों की तरह कर्णप्रिय नहीं होते, पर फिर भी उनकी मार्मिकता में सन्देह नहीं किया जा सकता। इधर यह मज़ा भी ख़त्म हो गया है और अब देहात में भी फ़िल्मी गाने और लाउडस्पीकर चलने लगे हैं। वैसे अभी हाल ही में मैं एक शादी में गया और वहाँ विदा के अवसर पर मैंने एक ऐसा मार्मिक गीत सुना कि आँखों में आँसू आ गये। यह गीत पहले भी मैंने कई बार सुना था, पर पहले इतना मार्मिक कभी नहीं लगा था। वास्तव में गीत करुण नहीं था, पर वह गाया इस तरह जा रहा था कि सुनकर किसी भी सहृदय व्यक्ति को रोना आ सकता था।

ग्यारहवें राजकुमार का चरित

(महाकवि दण्डी के प्रति क्षमायाचना के साथ)

उपस्थित कुमारों का चरित सुनने के उपरान्त राजकुमार राजवाहन कुछ थक-से गये। उन्होंने बैरे को बुलाकर बीयर लाने का ऑर्डर दिया। इसके बाद जैसे ही उन्होंने सिगरेट जलाने के लिए लाइटर निकाला, उनके मिलिटरी सेक्रेटरी ने एक कार्ड लाकर उन्हें दिया और यह भी बताया कि एक और कुमार उनसे मिलने की प्रतीक्षा में वेटिंग चेम्बर में बैठे हैं।

राजकुमार ने सुनहरे फ्रेम का चश्मा लगाकर कार्ड पर एक नज़र डाली और इसके बाद उनके माथे पर परेशानी की कुछ सलवटें पड़ गयीं। ऐसा लगा कि उन्हें कोई बात पूरी तरह याद नहीं आ रही है और वे उसे याद करने की कोशिश कर रहे हैं। उन्होंने गिलास में बीयर उँडेलते हुए कार्ड भेजनेवाले व्यक्ति को भीतर लाने का आदेश दिया।

इस आदेश के अनुसार जो व्यक्ति ड्राइंगरूम के भीतर प्रविष्ट हुआ, उसकी स्थिति विचित्र थी। उसके कपड़े अस्त-व्यस्त थे। दाढ़ी बढ़ी थी और सबसे अधिक दुःख की बात तो यह थी कि उसकी एक टाँग कटी हुई थी और वह बैसाखी के सहारे चल रहा था। उसके शरीर से काफ़ी गन्दे क़िस्म के पसीने की बू आ रही थी और उसके दाँत भी साफ़ नहीं थे। सारे शरीर पर केवल एक ही चीज़ ऐसी थी जो किस सही स्थिति में थी और वह थी उसके बाल। इतनी शोचनीय अवस्था में होते हुए भी उसके बाल ठीक तरह सँवारे हुए थे और उनमें से किसी सुगन्धिपूर्ण तेल की गन्ध आ रही थी। उसके एक हाथ में एक लड़की थी और दूसरे में ट्रांज़िस्टर ।

अपना परिचय देते हुए नवागन्तुक ने कहा, "महाराज शायद मुझे पहचान नहीं रहे हैं। मैं महाराज के मित्रों में से ही एक हूँ। यह मेरा दुर्भाग्य है कि मिस्टर दण्डी ने रिश्वत न मिलने के कारण मेरे और आपके सम्बन्धों पर पूरा प्रकाश नहीं डाला, पर मैं जानता हूँ कि इसमें आपका कोई अपराध नहीं है। मेरा नाम..." नवागन्तुक अपनी बात पूरी भी नहीं करने पाया था कि राजकुमार अपने सोफ़े पर से उठ खड़े हुए और आगे बढ़कर उसे सँभालने लगे। उन्होंने अपना बायाँ हाथ उससे मिलाया और उसकी पीठ थपथपाते हुए उससे बैठने का आग्रह किया। बैरे ने एक बीयर

की बोतल और खोली तथा राजकुमार ने अपना सिगरेट-केस उसकी ओर बढ़ाया।

थोड़ी देर बाद डिनर की घण्टी बजी। डाइनिंग हॉल में और भी सारे मित्र इकट्ठे थे। सभी ग्यारहवें राजकुमार को देखकर अत्यन्त प्रसन्न हुए। खाना खाने के बाद कॉफ़ी के प्याले पर ग्यारहवें राजकुमार ने अपनी कहानी सुनानी प्रारम्भ की। सर्वसाधारण के हित के लिए वह कहानी सरल और सुबोध भाषा में इस प्रकार कही जाती है–

"हे संसार के सबसे सुन्दर राजकुमार, आपसे बिछुड़ने के बाद मैं उत्तर दिशा की ओर अग्रसर हुआ। अनेक नदी-नाले, गिरि, कन्दर, पर्वतमालाएँ पार करता हुआ मैं उत्तर दिशा की ओर बढ़ता गया। धीरे-धीरे मेरी राजसी पोशाक फटने लगी और पूर्व दिशा की पवन के तुल्य वेगवाला मेरा अश्व भी थकने लगा, पर फिर भी मैं चलता गया। धीरे-धीरे मेरे वस्त्र और भी फटने लगे, घोड़ा और भी थकने लगा, पर फिर भी मैं बढ़ता ही गया। संक्षेप में यह कहा जा सकता है कि कपड़े के फटने और घोड़े के थकने से मेरी प्रगति में कोई बाधा नहीं पड़ी। यह तो कहना कठिन है कि मैं ज़्यादा चला या कम, पर यह निश्चित है कि चला मैं उत्तर दिशा में ही। मार्ग में मैंने पवित्र पुण्य-सलिला भगवती भागीरथी के भी दर्शन किये। कुछ दिन मैं गंगामाता के तट पर ठहरा भी। आपके प्रताप से प्राप्त की गयी स्वर्णमुद्राओं के प्रभाव से मुझे किसी प्रकार का कष्ट नहीं हुआ। काफ़ी दूर चलने पर मैं ऐसे स्थान पर पहुँच गया जहाँ से रेल लगती थी। वहाँ से आगे का सफ़र मैंने रेल में किया। घोड़ा मैंने नीलाम कर दिया। वैसे मैं उसे मुफ़्त ही किसी को देना चाहता था, पर क्योंकि इससे मेरा प्यारा घोड़ा शायद यह समझता कि मेरी निगाह में उसकी कोई क़ीमत नहीं है इसीलिए मैंने उसे बीस रुपये साठ नये पैसों में एक ग़रीब मोची के हाथ बेच दिया।

"संसार में सबसे अधिक प्रतापी राजवंश के सूर्य ओ राजकुमार! रेल की यात्रा मैंने दिल्ली तक की। वहाँ जाकर अन्यत्र कहीं जाने की मेरी इच्छा ही नहीं रही। जैसे सारे नक्षत्रों में सूर्य सर्वश्रेष्ठ है और सारे देशों में आर्यावर्त्त, उसी प्रकार सारे नगरों में दिल्ली नगरी सर्वश्रेष्ठ है। सरकारी भाषा में इसे 'ए' क्लास नगर कहा जाता है। यदि सारे पेड़-पौधों की लेखनी बने, सारे पर्वतों की स्याही और सारे समुद्रों की दवात और स्वयं आंटी सरस्वतीजी लिखने बैठें, तो भी दिल्ली की महिमा का पूरा गुणगान नहीं किया जा सकता। सचाई यह है कि दिल्ली जिन बातों और जिन कामों के लिए वास्तव में बड़ी मानी जाती है, वे कहने-सुनने या लिखने के क़ाबिल ही नहीं हैं।

"राजारूपी वृक्षों में ताड़ के तुल्य ओ राजकुमार! दिल्ली नगर की महिमा अपरम्पार है। यह एक ऐसा नगर है जिसे न जाने कितने राजों-महाराजों, सुलतानों और सिपहसालारों ने उखाड़ने की कोशिश की, पर यह शहर हर बार उजड़ने के बाद और बढ़ता ही गया। मर्ज़ बढ़ता गया, ज्यों-ज्यों दवा की। और अब हालत यह है कि दिल्ली एक सूबे का नाम है जिसके भीतर न जाने कितने नगर-उपनगर बसे

हैं। दिल्लीवाले नगरों-उपनगरों का नाम किसी बड़े व्यक्ति के पीछे ही रखते हैं, इसी प्रकार यहाँ की सड़कें भी राजवंश से सम्बन्धित हैं और छोटी-बड़ी हरएक सड़क की जड़ें इतिहास में छिपी हैं। जिस सड़क पर नत्थू नाई फ़र्श पर बैठकर दाढ़ी मूँड़ता है, वह अकबर रोड है और जहाँ फुन्नन मियाँ साइकिल में पंचर फ़िट करते हैं, वह औरंगज़ेब रोड है। मुझे यह कहते हुए काफ़ी फ़ख्र होता है कि जिस सड़क पर काफ़ी दिनों लैम्पपोस्ट के नीचे सोया था, उसका नाम क़र्ज़न रोड था। यों कुछ और ऐसी सड़कें भी थीं जहाँ मुझे कुछ रूखा-सूखा खाने को मिल सकता था और शायद सोने को सहारा भी, पर उन सड़कों के नाम इतने ओछे थे कि वहाँ रहते मुझे शर्म आती थी। मैंने इस मामले में अपना रहन-सहन का दर्जा कभी कम नहीं होने दिया और मैं तो दिशा-कर्म तक के लिए भी मिंटो रोड से कम कभी नहीं गया।

"सड़कों और उनके इतिहास के अतिरिक्त, वहाँ जो सबसे अधिक मनोरंजक और विचित्र वस्तु है वह है वहाँ के निवासी। वहाँ के निवासी तो वास्तव में विचित्र हैं। उनकी विचित्रता का पता तो इसी से लग सकता है कि यद्यपि उनके घर धन-धान्य और वस्त्रों से भरे हैं, पर फिर भी उनकी स्त्रियाँ सड़कों पर खुलेआम अर्धनग्न वेश में घूमती-फिरती हैं। मोटे तौर पर यह कहा जा सकता है कि घर का स्वामी जितना भी अधिक सम्पन्न, और धनाढ्य होगा, गृहलक्ष्मी उतने ही अधिक नंगे रूप में बाहर विचरण करती मिलेगी। इस प्रकार के अनासक्तिपूर्ण दृष्टिकोण का आधार दिल्लीवासियों का भारतीय संस्कृति के प्रति अटूट प्रेम है। बाहरी तौर पर दिल्ली जाकर ज़रूर भ्रम होता है कि दिल्ली में तामसिक प्रवृत्तियाँ उग्रतर होती जा रही हैं, पर वास्तविकता यह है कि वहाँ भारतीय संस्कृति के पुनर्जागरण और पुनरुत्थान के लिए जितना कुछ किया जा रहा है, उतना शायद ही किसी और स्थान पर किया जा रहा हो। दिल्ली में बड़े-बड़े विशाल भवनों में रहनेवाले, बड़ी-बड़ी मोटरों में घूमनेवाले शक्तिशाली पुरुष भी खादी धारण करते हैं। वहाँ बड़े-बड़े शराबख़ानों, जुआघरों और नाइट क्लबों में भी महात्मा गाँधी के चित्र टाँगे जाते हैं और होटलों से कबाब खाकर निकलते हुए फ़ैशनेबुल दम्पती भी फ़ुटपाथ पर बिकती हुई प्लास्टर ऑफ़ पैरिस की बुद्ध या नटराज की प्रतिमा ख़रीदकर घर ले जाते हैं। दिल्ली में नियमित रूप से भारतीय संस्कृति से सम्बन्धित किसी नाट्यरूपक की व्यवस्था की जाती रहती है ताकि विदेशों के यात्री हमारे स्वर्णिम इतिहास की एक-दो झाँकी देखे बग़ैर ही कहीं अपनी मातृभूमि को न लौट जायें। इस प्रकार के सारे सांस्कृतिक कार्यक्रम हिन्दी में किये जाते हैं, क्योंकि दर्शक लोग उस भाषा को ठीक-ठीक समझ नहीं पाते। इन्हीं कारणों से हिन्दी को राष्ट्र-भाषा भी स्वीकार किया जाता है।

"दिल्ली का प्रशासन भी नागरिक के चरित्र को उन्नत करने में बड़ी दिलचस्पी लेता है और व्यक्तित्व के स्वाभाविक विकास में कोई अस्वाभाविक बाधा न आ जाये, इस उद्देश्य से व्यक्ति की आत्मरक्षा के अधिकार में कभी हस्तक्षेप नहीं करता।

नतीजा यह होता है कि दिल्ली शहर में चोर, गिरहकट वग़ैरह के ख़िलाफ़ व्यक्ति को स्वयं अपनी सामर्थ्य पर निर्भर रहना होता है, जिससे उसका निरन्तर विकास होता रहता है। कभी-कभी ज़्यादा मार-पीट या चाकू वग़ैरह चल जाने पर व्यक्तित्व किन्हीं ख़ास-ख़ास जगहों पर ज़्यादा भी विकसित होता देखा गया है। और हाँ, दिल्ली का प्रशासन उन आदर्शवादी शासनों में से नहीं है जो दर्शन और कल्पना के सपनों में खोकर यथार्थ को भूल जाये; वह मानव की आत्मा के साथ-साथ उसके तन की भी देखभाल करता है। इस सिलसिले में दिल्ली कॉरपोरेशन ने कमाल के प्रयोग किये हैं। उनकी पहली योजना तो यह है कि दिल्ली के लोगों को किस तरह अनिवार्य रूप से कसरत करने की आदत डाली जाये। दिल्ली प्रशासन ने कसरत की परिभाषा थोड़ी बदली है, बाहर धूप में या वर्षा में या सरदी में खड़ा रहना और बेमतलब पैदल चलना, वक़्तन-फ़वक़्तन दौड़ना भी कसरत माना जाता है। परिभाषा के इस प्रकार अर्वाचीन हो जाने पर काम आसान हो गया है और जो बचा है वह दिल्ली परिवहन योजना पर छोड़ दिया गया है। जितनी ईमानदारी, निःस्वार्थता और समाजसेवा की भावना से यह उद्योग दिल्ली में काम कर रहा है, उसे देखकर हमारा मस्तक गर्व से ऊँचा उठ जाता है। (यदि आप बस के अन्दर हों तो मस्तक ज़्यादा ऊँचा न उठाइए; बसों की छतें ज़्यादा ऊँची नहीं हैं।) शायद ही ऐसी कोई ग़द्दार बस हो जो एक घण्टे के ठोस इन्तज़ार के पहले आपको दिखायी दे। घण्टेभर बाद दिखायी देने का मतलब होता है कि वह आयी और बग़ैर रुके चली गयी। रुकनेवाली बसें दिल्ली में कम ही हैं—ज़्यादातर बसें चलनेवाली हैं। बात भी ठीक है, अगर बसें यों ही हर जगह रुकने लगें तो चल गया धन्धा। अगर रुकना ही मक़सद होता तो बिजली का खम्भा या फ़व्वारा न बनवाते! ख़ैर, अगर कोई रुकनेवाली बस आ भी गयी तो वह रुकने के साथ-ही-साथ चल भी पड़ती है। कुछ पलों के भीतर ही देश की विशाल जनता को एक संकीर्ण मार्ग से बस के हृदय तक पहुँचना होता है। ये क्षण जीवन में संघर्ष के क्षण कहे जा सकते हैं। जब इस हँसी-मज़ाक में बूढ़े-बच्चे, अपाहिज और गर्भवती औरतें भी शामिल हो जाती हैं तो और भी अच्छा लगता है। बसों के कण्डक्टरों का तो कहना ही क्या! वे बिना कोई अलग से लागत वसूल किये आपको कुश्तियों के नये-नये ढंग सिखाते हैं, चलती बसों से उतरने की पूरी ट्रेनिंग देते हैं और हरियाणा प्रान्त की चुनी-चुनी ताज़ी गालियों द्वारा भारत के लोक-साहित्य के प्रति आपकी रुचि जाग्रत करते हैं। बस की कसरत के अलावा शरीर को मज़बूत बनाने और सेहत को ठीक रखने के और भी उपाय किये गये हैं। मसलन यह कि सारी बीमारियों के कीड़ों को धीरे-धीरे प्राकृतिक रूप से नागरिकों के शरीर में पहुँचाया जाता है। यह काम गन्दी हवा और गन्दे पानी के ज़रिये बख़ूबी किया जाता है। पुरानी दिल्ली के नागरिकों को इस बात पर गर्व है कि उनके शरीर में सारी बीमारियों के कीड़े हैं। नयी दिल्ली के निवासियों की ईर्ष्या दूर करने के लिए, इन सुविधाओं का विकास

धीरे-धीरे उधर के क्षेत्रों में भी किया जा रहा है।

"हाँ, तो संसार के राजाओं में कुतुबमीनार के समान ओ राजकुमार! मैं उस दिल्ली में पहुँचा, जिसका वर्णन मैंने ऊपर किया है। आपकी दी गयी स्वर्ण-मुद्राएँ मेरे भीतरी वस्त्रों में सिली थीं और उनके कारण मुझे किसी प्रकार का भय या चिन्ता नहीं थी। मुझे इतना निर्भय और निश्चिन्त देखकर लोगों को काफ़ी आश्चर्य हुआ और कुछ पत्रकारों ने मेरे चित्र भी लिये जो कालान्तर में समाचारपत्रों में शक्तिवर्धक दवाइयों के विज्ञापन के साथ छपे। पुलिस की रिपोर्ट के अनुसार दिल्ली के इलाके में इतना निश्चिन्त और प्रसन्नवदन व्यक्ति अरसे के बाद दिखायी दिया था।

"स्टेशन से चलकर मैं कुछ दिन तो इधर-उधर घूमा। रेस्तराँ और होटलों में खाना खाया और कभी-कभी मैंने कुलचे और भटूरों का मज़ा लिया। एक-दो दफ़ा पराँठा गली में पराँठों पर भी हाथ साफ़ किया और कभी-कभी चांदनी चौक के गन्दे सिनेमाघरों में सिनेमा भी देखा। वैसे मैं चाहता तो अशोका होटल और ओडियन भी मनोरंजन के लिए जा सकता था, पर अभी मैंने पुराने वस्त्रों को छोड़ा नहीं था और गन्दे वस्त्रों में मैं उन स्थानों पर जाने में शर्माता था। हाँ तो महाराज, मैंने सिनेमा देखा और पहले ही चित्र में मुझे उस बात का पूरा पता लग गया जिसका कि आभास भी पिछले बीस वर्षों में मुझे नहीं हुआ था और वह यह कि मैं जवान हो गया हूँ। सिनेमा के इस उपयोग को महाराज, कम ही लोग जानते हैं! सिनेमा के कारण ही देश के लड़के-लड़कियाँ आजकल दस वर्ष की ही अवस्था में यौवन का अनुभव करने लगते हैं और मृत्युपर्यन्त करते रहते हैं। देश के यौवन की वृद्धि में सिनेमा ने जो सहयोग दिया है, उसका अनुमान ही नहीं लगाया जा सकता। यौवन के विकास के साथ-साथ सिनेमा से मनुष्य के सात्विक गुणों का विकास भी होता है। उदाहरण के लिए सिनेमाहॉल में चित्र के समाप्त होते-होते मेरा मन पास की सीट पर बैठी एक फ़ैशनेबुल लड़की के प्रति बुरी तरह आकृष्ट हो गया और मैं उसे पूरी तरह देखे बिना वहीं अँधेरे में उसके प्रति प्रेम करने लगा। शायद आत्मा का आत्मा के प्रति आकर्षण होता है और भगवान के प्रति आसक्ति होने के लिए अपने पड़ोसी से भी कभी-कभी प्रेम करना पड़ता है। मेरे व्यक्तित्व के इस विकास के ये प्रथम चरण सिनेमा से ही प्रारम्भ हुए।

"चित्र-समाप्ति के उपरान्त मैंने उस युवती से बातें करने की कोशिश की और मुझे यह बताते हुए गर्व का अनुभव होता है कि वह बालिका भी सोने के हृदयवाली निकली। पहले तो वह स्त्री-सुलभ लज्जा और संकोच से ही बातें करती रही, पर जैसे ही मैंने उससे अपनी स्वर्ण-मुद्राओं की चर्चा की, उसका सोने का दिल तुरन्त पिघल गया और वह फ़र्श पर बिखरने लगा। मैंने उससे कहा कि दिल को इस तरह चौराहों पर बिखेरने से कोई लाभ नहीं, आओ हम लोग भी सिनेमा के नायक-नायिका की तरह समाज के विरोधों की परवाह न करते हुए प्रणय-सूत्र में बँध जायें। प्रणय-सूत्र

का ज़िक्र मैंने सिनेमा में ही सुना था, क्योंकि इस विषय में मेरी कोई विशेष जानकारी नहीं थी। मैंने उस किशोरी से यह भी पूछा कि यह सूत्र कहाँ मिलता है ताकि हम लोग इसे काफ़ी लम्बे साइज़ में ख़रीद सकें और ख़ूब मज़बूती से बँध सकें। मेरी इस बात को सुनकर वह अल्हड़ युवती हँसने लगी और मेरा हाथ पकड़ टैक्सी में मुझे बिठा कहीं ले चली।

"देश के राजकुमारों में डाकगाड़ी का स्थान रखनेवाले ओ राजकुमार! वह अज्ञातयौवना बालिका मुझे राजधानी के एक वैभवशाली होटल में ले गयी। उसने एक कक्ष किराये पर लिया, मेरे जीर्ण वस्त्रों को हटाकर नये वस्त्रों का जोड़ा मुझे पहनाया, सौन्दर्य-प्रसाधन की सामग्री ख़रीदी और न जाने कितनी योनियों के उपरान्त प्राप्त इस मनुष्य-रूपी देह को एक नया ही रूप देने का यत्न किया। और कुछ ही घड़ियों के उपरान्त नाना प्रकार के व्यंजनों से अपना मन और तन भर लेने के बाद, मदिरा पीकर और पिलाकर, कुछ मदिरा अपनी आँखों में भरकर और शेष मदिरा फ्रिजिडेयर में प्रातःकाल की बेला के लिए सँजोकर, वह चाँदी के वर्णवाली बाला, चाँदी के समान शुभ्र शय्या पर बैठकर हल्के-हल्के हाथों से मुझ पर मोर के पंखों से बना एक छोटा-सा पंखा डुलाने लगी।

"महाराज, मैं उन सुखों का वर्णन नहीं कर सकता, जो उस युवती ने मुझे दिये। हम लोग उस होटल में तीन माह रहे। इस अवधि में उस बालिका ने मुझे नाना प्रकार की नयी मदिराओं, का, नयी प्रेमभंगिमाओं का और नित-नयी रंगीनियों का घनिष्ठ परिचय कराया। हे नरपुंगव! मैं उस युवती के यौवन और सौन्दर्य से इतना अभिभूत हो गया कि मैं उसके बिना एक क़दम भी कहीं नहीं चल सकता था। तीन माह के बाद मेरा-उसका औपचारिक रूप से विवाह भी हो गया।

"मैंने एक सहस्र स्वर्णमुद्राएँ उसके आभूषणों के निर्माण पर ख़र्च कीं और एक सहस्र स्वर्णमुद्राएँ अपने और उसके मित्रों के प्रीतिभोज, आमोद-प्रमोद, सुहागरात इत्यादि पर व्यय की गयीं। आनन्द के इन्हीं दिनों में एक अवसर पर किसी क्रीड़ास्थल पर सन्ध्या-समय मुँदे कमल के तुल्य मेरे इन लोचनों को एकाएक ऐसा भ्रम हुआ कि मेरी सहधर्मिणी किसी और मित्र से हँस-हँसकर बातें कर रही है। उसकी यह भावभंगिमा मुझे इतनी प्रीतिकर लगी कि मैंने चश्मा लगाकर आँखों को तृप्त करने की चेष्टा की। चश्मा लगाते ही कुछ-कुछ ऐसा प्रतीत हुआ कि मेरे उस मित्र ने मेरी पत्नी का कमल-रूपी हाथ अपने हाथों में ले रखा है और शायद एक हाथ उसके कटि भाग को परिवेष्टित किये हुए है। उनके इस प्रकार प्रणयनिवेदन करने का ढंग मुझे अत्यन्त रोचक लगा और मैं उनके इन क्रियाकलापों को और भी ध्यान से देखने लगा। कुछ समय के उपरान्त ऐसा प्रतीत हुआ कि मेरी पत्नी मेरे मित्र की गोद में बैठी है और उन दोनों के होंठों में अन्तर आधा इंच से कम नहीं है। यह अन्तर मैं अनुमान के आधार पर ही बता रहा हूँ, क्योंकि रात के अँधेरे में यह

अन्तर कुछ कम या ज़्यादा भी दीख सकता था। ख़ैर, धीरे-धीरे यह अन्तर कम होता गया और अन्त में चलकर समाप्ति को प्राप्त हुआ। उस क्षण मुझे ऐसा लगा कि दोनों प्राणी सदा के लिए एक-दूसरे से मसाला लगाकर जोड़ दिये गये हैं। जब वे काफ़ी देर तक इसी मुद्रा में रहे तो मुझे चिन्ता होने लगी कि यदि मैं अपनी प्राणों से भी अधिक प्यारी पत्नी को इस महामानव से पृथक् न कर सका तो क्योंकर जीवनयापन करने में समर्थ हो सकूँगा। मैंने अपनी सहधर्मिणी को उसके हाथों द्वारा पकड़कर उत्तर दिशा की ओर खींचना आरम्भ किया, पर रानी द्रौपदी के चीर की तरह जितना मैं उसे अपनी ओर खींचता था, वह उतनी ही उस अपने मित्र से परिवेष्टित होती जाती थी। विष्णुशर्मा ने कहा भी है कि स्त्रियाँ और लताएँ समीप में स्थित वस्तुओं पर बड़ी प्रसन्नता से चिपटती हैं। इन दोनों प्राणियों की प्रेमलीला का अवलोकन कर मुझे विद्यापति, जयदेव और सूरदास की पदावली भी याद आयी और जैसे ही मैं भाव-विभोर होकर उन्हें गुनगुनाने जा रहा था मुझे सहसा आभास हुआ कि शायद मेरी पत्नी को इस पर-पुरुष के साथ प्रेम हो गया है जो कि आर्य धर्म और भारतीय संस्कृति के सर्वथा विपरीत है। बस, इस बात को समझते ही मैं क्रोधित हो उठा और तदनन्तर मैंने तलवार निकालकर उसके बाल काट लिये।

"और राजपुत्रों में हावड़ा के पुल के समान शक्तिशाली ओ राजकुमार! केश कटते ही वह महिला उस युवक को छोड़कर मुझसे चिपट गयी। मैंने जैसे ही विरही यक्ष की भाँति उसे अपनी बाँहों में भरने की कोशिश की, उसने अपने पैर से शान्तिनिकेतन की बनी ख़ूबसूरत चमड़े की चप्पल निकाली और मेरे सिर पर उसे इस तारतम्यता के साथ बजाना प्रारम्भ किया कि अन्य उपस्थित अतिथि लोग उसकी ध्वनि पर बाल-डान्स करने लगे। थोड़ी देर बाद उसने सिर पीटना छोड़कर शेष अंगों पर भी बराबर ही ध्यान दिया और इसके बाद मेरी स्तुति में गालियाँ देनी शुरू कीं। इससे पूर्व कि मैं कोई सफ़ाई दूँ, होटल का मैनेजर पुलिस लेकर घटनास्थल पर आ पहुँचा और मैं बदस्तूर गिरफ़्तार कर लिया गया। मेरे कमरे की तलाशी ली गयी और मेरी शेष स्वर्ण-मुद्राएँ थाने में जमा कर ली गयीं।

"सूर्यवंश के ओ राजकुमार! मैं रात-भर हवालात में सोचता रहा कि दिल्ली कैसा नगर है, जहाँ अपनी पत्नी को भी पर-पुरुष के पंजों से बचाना अपराध माना जाता है। रात भर मैं अपनी पत्नी के प्रति किये गये अपने दुर्व्यवहारों पर प्रायश्चित्त करता रहा और मैंने यह भी निश्चय किया कि प्रातःकाल होते ही न्यायाधीश के सामने अपना अपराध स्वीकार कर लूँगा और अपनी हृदयेश्वरी से क्षमा मागूँगा। इसके बाद हम लोग फिर आनन्द से रहने लगेंगे। मगर महाराज, जो मुक़दमा मुझ पर अगले दिन चलाया गया, उसका मेरी भूतपूर्व पत्नी से कोई सम्बन्ध नहीं था। मुझ पर जो मुक़दमा चलाया गया वह था स्वर्ण अधिनियम का जानबूझकर उल्लंघन करना। सरकारी वकील ने अदालत को बताया कि मुजरिम के यानी कि मेरे पास जो

स्वर्णमुद्राएँ प्राप्त हुई हैं वे चौदह कैरट स्वर्ण की न होकर चौबीस कैरट स्वर्ण की हैं और इस कारण मैं दण्ड पाने का पूरा अधिकारी हूँ। मुझे इस मुक़दमे का एक अक्षर भी समझ में नहीं आया, मगर मेरे होटल के एक वकील मित्र ने मेरी बड़ी सहायता की और सेशन कोर्ट में इस बात का सबूत पेश किया कि जो स्वर्णमुद्राएँ मेरे पास से बरामद हुई हैं वे चौबीस क़ैरट की न होकर 23.9 क़ैरट की हैं और पुलिस का सारा केस आधरतः ग़लत है। सेशन की अदालत भी मेरी तरह मेरे वकील की प्रतिभा का लोहा मान गयी और केस ख़ारिज कर दिया गया। पुलिस ने फिर से मुक़दमा शुरू किया और इस बार सही सत्यों की ही चर्चा की गयी। मेरे होनहार मित्र ने फिर मुक़दमा हाथ में लिया और यह साबित करने की कोशिश की कि सरकारी स्वर्ण अधिनियम केवल स्वर्ण के आभूषणों पर ही लागू होता है, न कि स्वर्णमुद्राओं पर। मुक़दमा हाईकोर्ट तक गया, पर मैं फिर जीत गया। पुलिस ने एक बार फिर केस दायर किया और मेरे विद्वान् मित्र ने फिर पैरवी की। उसने अदालत को बताया कि मैं बेकसूर हूँ, क्योंकि मुझे अपनी स्वेच्छा से अपना स्वर्ण रिज़र्व बैंक में सरकारी रेट पर जमा करने का अवसर ही नहीं दिया गया। यह मुक़दमा सुप्रीम कोर्ट तक गया और इस बार भी मेरा वकील जीत गया। अदालत ने मुझे आदेश दिया कि मैं अपनी स्वर्णमुद्राएँ सरकारी कोष में जमा करा दूँ। क्योंकि मेरी सारी स्वर्णमुद्राएँ पुलिस और मेरे वकील साहब मुक़दमे के दौरान बिकवा चुके थे, मैं अदालत के आदेश का पालन न कर सका और इसी कारण अदालत की मान-हानि के जुर्म में मुझे जेल हो गयी।

"जेल में मुझे पुनः स्वास्थ्य-लाभ हुआ। दिल्ली का कारागार अन्य राज्यों के कारागारों से सर्वथा भिन्न है और वहाँ व्यक्ति की दैनिक सुविधाओं का पूरा-पूरा ध्यान रखा जाता है। मैंने जेल में ऐसे भी व्यक्ति देखे जो अपनी अवधि पूरी होने के कारण चिन्तित थे। ख़ैर, मुझे चूँकि आपसे मिलने की आशा थी, मैं तो जेल से छूटने के लिए उत्सुक ही रहा। कारागार से छूटते ही, अपनी प्रियतमा और स्वर्णमुद्राओं से नितान्त विहीन, दुखी मन और पीड़ित तन होकर मैं जीविका की खोज में इधर-उधर घूमने के पश्चात् रोज़गार के दफ़्तर में पहुँचा। मुझे यह देखकर अत्यन्त दुःख हुआ कि पार्ट-सी स्टेट के कुछ आपके अन्तरंग मित्र होनेवाले राजकुमार भी रोज़गार के दफ़्तर का चक्कर काट रहे थे। नौकरी पाकर मैं एक दफ़्तर में गया। वहाँ मुझे रिकॉर्ड क्लर्क़ की जगह काम करना था। महाराज, मैं इस कार्यालय में बड़े सुख से रहा। दिन में मैं ख़ूब सोता था और रात को ओवरटाइम लेता था। मेरा दफ़्तर आयात और निर्यात से सम्बन्धित था और बड़े-बड़े महत्त्वपूर्ण व्यक्ति वहाँ आते रहते थे। मैं सोचता रहता था कि भाग्यवश शायद आपका भी साक्षात्कार वहाँ हो जाये, जैसा कि महामति चाणक्य ने कहा है, 'भाग्य की रेखा को कौन मिटा सकता है? अर्थात् कोई भी नहीं।'

"राजवंश के अन्य टिमटिमाते दीपकों के मध्य एक हज़ार वाट के समान प्रकाश

रखनेवाले ओ राजकुमार! अब मैं अपनी कहानी के अन्त में आ गया हूँ। उस दफ़्तर में काम करते हुए जब मेरे तीन वसन्त और तीन पतझड़ समाप्त होने को आये तो मुझ पर एक दिन भगवान कामदेव ने फिर प्रहार किया। इस बार प्रहार की प्रेरणा उन्हें सिनेमा से नहीं वरन् हमारे ही दफ़्तर में आयोजित एक सांस्कृतिक कार्यक्रम से मिली, जिसे मेरे ही कार्यालय की कुछ महिला कर्मचारियों ने आयोजित किया था। इस कार्यक्रम के उपरान्त अपनी पत्नी को स्मरण करता हुआ जब मैं अपने चरणों के प्रभाव से घर की ओर वापस जा रहा था तो मैंने अपनी उसी भूतपूर्व पत्नी को अपने ही कार्यालय के सर्वोच्च अधिकारी के साथ जाते देखा। बस महाराज, उसे देखते ही मैं अपने सारे कष्ट भूल गया, मैंने मोटरों और स्कूटरों की परवाह न करते हुए सड़क पार की और उसकी बाँह जा पकड़ी। मैंने सोचा था कि वह मेरी ओर प्रेम से देखेगी और पुराने दिनों की स्मृति में 'बहियाँ न पकड़ो मेरी श्याम' या कुछ-कुछ इसी तर्ज़ में कुछ और स्नेहपूर्ण वाक्य कहेगी। पर खेद की बात है कि यद्यपि यह थी तो वही सुन्दरी, पर वह मुझे पहचान न सकी। उसने मेरे सर्वोच्च अधिकारी की ओर देखा जो मुझे पहचानते थे। उन्होंने मुझे धक्का देकर सड़क पर फेंक दिया। पता नहीं कितनी देर वहाँ दुःख के सागर में डूबता-उतराता पड़ा रहता, यदि स्वयं परमपिता परमात्मा मुझ पर कृपा न करते। उन्होंने मेरी दीन और कातर वाणी सुनी और वे तुरन्त डी.टी.सी. की बस नम्बर 21-ए का रूप धारण कर मेरी टाँग के ऊपर उतर गये। इस घटना से मेरी चिन्ताएँ कई दिन के लिए ख़त्म हो गयीं। चौथे दिन मुझे होश आया। अस्पताल में मेरी काफ़ी देखभाल हुई। अस्पताल के बड़े डॉक्टर का ख़याल था कि मेरी टाँग बग़ैर कटे भी आराम हो सकता है, पर अस्पताल की एक ख़ूबसूरत जवान डॉक्टरनी ने—जो कि शायद कटी टाँगों पर रिसर्च कर रही थी—कहा कि इस टाँग को तो हम काटकर ही आराम करेंगे। मुझसे या मेरी टाँग से बिना सलाह किये ही उस डॉक्टरनी को ख़ुश रखने के लिए मेरी टाँग काट दी गयी। मेरी कटी टाँग को विलायत भेज दिया गया ताकि उस पर रिसर्च हो सके।

"तब से महाराज, मैं क़र्ज़न रोड पर बैठता हूँ। धूप का चश्मा लगाकर अन्धा बनने से काफ़ी पैसे इकट्ठे हो जाते हैं। एक दिन मेरी भूतपूर्व पत्नी ने भी मुझे दस नये पैसे दिये, मगर वह मुझे पहचान न सकी। मेरे उस पुराने वकील दोस्त ने यह धूप का चश्मा बतौर मदद के दिया। अब मैं ख़ासे आराम से हूँ। रोज़ सिनेमा देखता हूँ। दिन-रात में सौ से ऊपर बीड़ी पीता हूँ, कभी-कभी कुछ और सैर-तफ़रीह भी हो जाती है। मेरे पास फिर से लगभग दो सहस्र मुद्राएँ हो गयी हैं, जिन्हें मैंने सरकार के कुछ बाबू लोगों को सूद पर उधार दे रखा है। कभी-कभी ताड़ी भी चलती है। मगर राजकुमार, अपनी पत्नी की याद मुझे अब भी बहुत सताती है। मैंने सुना है कि वह स्त्रियों के उत्थान से सम्बन्धित किसी बड़े सामाजिक आन्दोलन की नेत्री बनकर शीघ्र ही सरकारी ख़र्चे पर विदेश जानेवाली है। मैंने उसके दर्शन अभी पिछले

माह उसके उपलक्ष्य में किये गये एक स्वागत-समारोह में किये थे। उसे देखते ही मैं अपने सारे दुःख और पूरे विचार भूल गया था। उसके मुखारविन्द पर अब भी वही सौम्यता, सात्विकता और सतीत्व झलकता है, जैसा कि तब था। इधर तो वह हैंडलूम के ही वस्त्र धारण करने लगी है।

"आपका पता मुझे कभी-कभी समाचारपत्रों से लगता रहता था। आपके डिस्ट्रिक्ट बोर्ड के इलेक्शन में हारने की ख़बर से मुझे काफ़ी अफ़सोस हुआ था। कल मैंने जैसे ही पढ़ा कि एक राजकुमार एक सरकस का शो दिखाने दिल्ली में आ रहे हैं और उनके सरकस में नौ और राजकुमार भी काम कर रहे हैं, तो मैं तुरन्त समझ गया कि आपके दर्शन करने की वेला आ गयी। अब आप भी थक गये होंगे और मेरी प्रार्थना है कि अब आप विश्राम करें। राजकुमारी के दर्शन कल ही होंगे। मैं तब तक बरामदे में आराम करूँगा और दूसरे कुमारों की कथा सुनूँगा।"

❑

मल्लिनाथ की परम्परा

(1968)

(इस पुस्तक के पात्र काल्पनिक हैं और उनका
किसी जीवित या अजीवित व्यक्ति से कोई
सम्बन्ध नहीं है।)

डॉ. धर्मवीर भारती को

कर्मों का बन्धन और गीतगोविन्द

आज का दिन सुख से बीता। पन्तजी ने एक जगह 'सोने के तार सा खिंच गया है दिन' वाली जो बात कही है वह हमारे साथ आज सार्थक हो गयी। हमारा दिन तो सोने के एक तार क्या दो तार-सा खिंच गया। हुआ यह कि आज सुबह-ही-सुबह अख़बार में पढ़ने को मिला कि एक प्रदेश के मन्त्री ने किसी फ़ाइल पर विचार करने को इस कारण मना कर दिया कि वह हिन्दी में न होकर अँग्रेज़ी में थी। इस क्रिया से हमें बड़ा बल मिला। महाजनो येन गतः स पन्थाः। जैसे बड़े लोग करें, वैसा ही छोटे लोगों को करना चाहिए। उत्तर के राज्यों में यदि सारे कर्मचारी अँग्रेज़ी की फ़ाइल पढ़ना बन्द कर दें और दक्षिण के कर्मचारी हिन्दी वाली फ़ाइल तो फिर देखिए दफ़्तरों में कैसा सुखद वातावरण बनता है। न घेराव रहेंगे न महँगाई-भत्ते का आन्दोलन। लोग ग्यारह बजे दफ़्तर आयेंगे, गप्पें मारेंगे, कहकहे लगायेंगे और चर्चे और चरखे करेंगे। कोई-कोई सज्जन फाउन्टेनपेन की जगह एक अदद गुलेल लेकर आयेंगे ताकि तीसरे पहर कुछ नाश्ते का प्रबन्ध हो सके। लॉन पर बैठकर शेर कहे जायेंगे, मालिश होगी और शतरंज जमेगी। दूसरे शब्दों में ज़िन्दगी का लुत्फ़ आ जायेगा। सारे पापों की जड़ तो कर्म है; कर्मों का बन्धन काट दीजिए, बस सुख-ही-सुख है।

फ़ाइल निबटाने की चिन्ता से मुक्त होकर जैसे ही मैंने खिड़की से बाहर लॉन पर खड़े अशोक के लम्बे वृक्षों पर निगाह डाली, मुझे जयदेव की कुछ पंक्तियाँ याद आ गयीं :

सा ससाध्वससानन्दं गोविन्दे लोल लोचना
सिज्जाना मंजुमंजीरं प्रविवेश निवेशनम्

चंचलनयनी वह राधा, लज्जा और आनन्द के साथ अपने पायजेब की मनोहर ध्वनि करती हुई उस लताकुंज में चली गयी। राधा कौन से लताकुंज में गयी, क्यों गयी, अब कब वापस आयेगी, लज्जा और आनन्द के साथ क्यों गयी, पायजेब बजाती हुई क्यों गयी— इन प्रश्नों का उत्तर देना बेकार है। गौतम बुद्ध इस प्रकार के प्रश्नों को अतिप्रश्न कहा करते थे। जिन लोगों की जिज्ञासा इसी प्रकार के प्रश्नों का उत्तर जानने की दिशा में तीव्र है वे गीतगोविन्द पढ़ें। उसमें इन प्रश्नों के अतिरिक्त और भी कुछ प्रश्नों के उत्तर काफ़ी खुलासा तौर पर दिये गये हैं। यहाँ

तो सिर्फ़ इतना ही ध्यान देने योग्य है कि राधाजी लताकुंज में गयीं। लताकुंजों से राधाजी का बड़ा घनिष्ठ सम्बन्ध है और इस सम्बन्ध का निर्वाह जयदेव, चंडिदास और गोविन्ददास से लेकर रत्नाकर और धर्मवीर भारती तक सभी कवियों ने किया है। राधा और लताकुंजों के सम्बन्ध का शुरू-शुरू में तो कुछ-ऐसा असर मेरे मन पर पड़ा था कि पूछिए नहीं। बीस साल की उम्र में जब गीतगोविन्द पहली बार पढ़ने को मिला तो स्थिति यह हो गयी कि जहाँ कहीं लताकुंज दिखाई पड़े वहीं राधाजी को ढूँढ़ने की तबीयत हो। वैष्णव कवियों ने राधा का अर्थ सीमित सन्दर्भ में नहीं किया है, वह प्रेम में डूबी सारी सुन्दर लड़कियों की प्रतीक है। हाँ, तो मेरे साथ यह सिलसिला काफ़ी दिनों तक चलता रहा। कई बार यह भी अख़बार में पढ़ा कि कुछ लता गुल्मों और बकुलमण्डपों से पुलिस को लाश बरामद हुई है। इसी तरह एक बार एक माधवीमण्डप से एक कटखना कुत्ता भी मुझे प्राप्त हुआ था जो कि कुछ व्यक्तिगत कारणों से मुझसे भेंट करने को काफ़ी व्याकुल दिखाई पड़ता था। पर इन हादसों के बावजूद लताकुंजों का जादू मुझ पर अभी तक बरकरार है। आज काम नहीं है (क्योंकि कोई फ़ाइल हिन्दी में नहीं है) और मुझे गीतगोविन्द याद आ रहा है। काम न करने और जयदेव के याद आने में बड़ा घनिष्ठ सम्बन्ध है। मनुष्य का मन भी क्या जादूघर है : बुरे विचार निकाल दीजिए, भले विचार अपने आप चुपचाप चले आते हैं– ठीक उसी तरह जैसे लताकुंजों में राधा आया करती थी।

कर्म का बन्धन बड़ा विचित्र है। गीता में भगवान ने स्वयं कहा है कि मनुष्य को चाहिए कि समत्व बुद्धियोग के द्वारा अपने को कर्मों के कथन से मुक्त करने की चेष्टा करे। बिना इस बन्धन से मुक्त हुए न गीतगोविन्द पढ़ने को फुर्सत है और न लताकुंजों में प्रवेश करने की। इस सन्दर्भ में कुछ लोग जो भ्रमवश ऐसा समझते हैं कि काम न करेंगे तो अकर्मण्य कहलाएँगे– वह भी ग़लत है। गीता में भगवान स्वयं कहते हैं कि 'हे पार्थ! कर्मों का स्वरूप से सर्वथात्याग तो कभी हो ही नहीं सकता। प्रकृति का शाश्वत नियम है कि बिना कुछ किये तो प्राणी रह ही नहीं सकता। अरे, और कुछ नहों तो प्राणी जँभाई ही लेगा। वह भी कर्म ही है।' भगवान आगे चलकर फिर कहते हैं कि 'जितने भी कर्म हैं वे तो प्रकृति के गुणों द्वारा स्वतः ही किये जाते हैं; यह तो मनुष्य का अहंकार मात्र है कि वह स्वयं को कर्ता मानता है। इन बातों से प्रकट हो जाता है कि करने और न करने की स्थिति में कोई मौलिक अन्तर नहीं है। और यह तो बहुत ही ग़लत है कि आप सिर्फ़ अच्छे काम ही करें और बुरे काम दूसरों के लिए छोड़ दें।' भगवान स्वयं कहते हैं कि कर्म, अकर्म, दुष्कर्म– सभी का स्वरूप जानना ज़रूरी है क्योंकि कर्म की गति गहन है–

कर्मणो ह्यपि बोद्धव्यं बोद्धव्यं च विकर्मणः
अकर्मणश्च बोद्धव्यं गहना कर्मणो गतिः

बुनियादी सवाल यह है कि काम किया ही क्यों जाये? भाग्य-देवता क्या रसातल

को चले गये? मलूकदास क्या झूठे सिद्ध हो गये? पंछी और अजगर ने क्या कहीं चाकरी करनी शुरू कर दी? मेरे ख़याल में जितना नियमित राशन इन्हें पहले मिलता था, उतना ही अब भी मिलता है। हमें देखिए, फ़ाइल पढ़ें या न पढ़ें, तनख़ाह फिर भी मिलेगी। इन्क्रीमेंट भी मिलेगा और प्रोमोशन भी होगा। इन चीज़ों को हम कैसे रोक सकते हैं? मनुष्य का अधिकार तो सिर्फ़ कर्मों पर है– उन्हें वह चाहे करे चाहे न करे। फलों पर उसका अधिकार नहीं है। जो होना बदा है वह तो होकर ही रहेगा। हम क्या, देश के हज़ारों सरकारी अफ़सरों के साथ यही स्थिति है। भर्तृहरि कहते हैं कि कितने ही हाथ पैर मार लो, होता वही है जो ललाटपट्ट नाम के स्थान पर लिखा है। यह बात उन्होंने यूँ ही नहीं कह दी– काफ़ी अनुभव और प्रयोगों के आधार पर कही है। इस दिशा में भर्तृहरि ने तीन विशिष्ट प्रयोग किये थे। एक तो यह कि कवि ने कहीं से एक अदद बाल्टी ली और पहले उसे कुएँ में डुबोया और फिर समुद्र में। कवि ने देखा कि बाल्टी को कहीं भी डुबोइए– पानी उसमें उतना ही आता है। इस प्रयोग से सिद्ध हो गया कि यदि आपके भाग्य में चपरासी ही होना बदा है तो चाहे आप तहसील में काम करें चाहे केन्द्रीय सचिवालय में– आप चपरासी ही रहेंगे। दूसरे, भर्तृहरि ने एक ऐसे आदमी को लिया जो गंजा था। पहले तो ये हज़रत धूप में चले जिससे इनके सिर को काफ़ी कष्ट पहुँचा। छाया लेने के लिए जब ये एक पेड़ के नीचे खड़े हुए तो ऊपर से एक बड़ा फल गिरा जिससे इन गंजे महोदय का सिर और वह फल दोनों एक साथ फट गये। सिद्ध हो गया कि भाग्यहीन व्यक्ति जहाँ कहीं भी जाता है, विपत्ति भी साथ ही साथ जाती है। तीसरा प्रयोग भर्तृहरि ने एक साँप के साथ किया। उन्होंने एक साँप को लिया और उसे पिटारे में बन्द कर दिया। कई दिनों तक वह वहाँ भूखा क़ैदख़ाने में पड़ा रहा। भर्तृहरि बाहर बरामदे में मूढ़े पर बैठे देखते रहे। साँप का भाग्य देखिए कि एक चूहा (जो गणेशजी की सेवा से मुक्त होकर शायद छुट्टी पर घर आया था) उस पिटारे के पास आया और उसे सूँघने लगा। उसने उस पिटारे में छेद किया और भीतर चला गया। साँप ने उस चूहे का भोजन किया और फिर उसी छेद के सहारे बाहर की राह भी पकड़ी। इन तीन प्रयोगों के बाद कवि भर्तृहरि को भाग्य पर इतनी आस्था हो गयी कि उन्होंने लिखा कि मनुष्य की न तो शक्लसूरत फलती है, न कुल, शील, न विद्या और न सेवा। सिर्फ़ पूर्वजन्म के कर्म फलते हैं और बस। कर्म भी फलते हैं तो पिछले जन्म के न कि इस जन्म के। यही बात स्त्रियों के साथ भी है : हाँ अलबत्ता उनकी शक्ल-सूरत भी कभी-कभी फल जाती है। और यदि पिछले जन्म के कर्म न भी फले तो क्या हो गया? कवि कहता है कि यदि कथरी जीर्ण भी हो गयी, शाम का भोजन न भी मिला, वस्त्र सादे ही रहे और स्त्री एक ही रही (इस कष्ट पर वैराग्यशतक में विशेष ज़ोर दिया गया है) तो क्या? यदि हृदय में ब्रह्मतेज नहीं है तो यह सब व्यर्थ है। इस सन्दर्भ में आगे चलकर कवि यह भी

कहता है कि हालाँकि कमलनयनी से बढ़कर काम की चीज़ और कोई है नहीं पर यह भी सत्य है कि सारे दुःखों का मूल भी सुन्दर स्त्री ही है। यदि ये सुन्दर स्त्रियाँ न होतीं तो भवसागर को पार करना बड़ा सरल हो जाता। भर्तृहरि काफ़ी विवशता के साथ स्वीकार करते हैं कि मनुष्य तभी तक अपने को सन्मार्ग में लगा सकता है, तभी तक इन्द्रियाँ वश में रहती हैं, तभी तक नम्रता और विवेक साथ देते हैं, जब तक कि धैर्य हरने वाली कामिनियाँ अपने बाण उस पर नहीं छोड़तीं। इसी कारण मनुष्य या तो वन में जाकर रहे या सुन्दर स्त्रियों के पास :

अभिनवमदलीला लालसं सुन्दरीणां
स्तनभरपरिखिन्नं यौवनं वा वनं वा

आज दफ़्तर का काम नहीं करना है, आज तो मुझे गीतगोविन्द की पंक्तियाँ याद आ रही हैं। दोनों स्थितियाँ भगवान के ही दो रूप हैं। कर्मों का बन्धन काटने को भी कृष्ण ही कहते हैं और गीतगोविन्द में भी कृष्ण की ही कथा है। फिर संकोच कैसा?

एक पुराने ज़माने की नायिका

पुराने ज़माने में भी हमारे देश में नायिकाएँ बहुतायत से पाई जाती थीं। हमारे इतिहास में एक समय तो ऐसा भी आ गया था कि नायिका के अतिरिक्त और किसी क़िस्म की मुसम्मात इस मुल्क में मिलती ही नहीं थी। ये नायिकाएँ नाना प्रकार की होती थीं और देश के सारे कविगण इनके वर्गीकरण तथा नख-शिख वर्णन में कई सौ वर्ष तक लगे रहे। हालाँकि कोई नायिका ख़ुदाई वग़ैरह में तो अभी तक नहीं निकल सकी है पर प्राप्त तथ्यों के आधार पर यह निश्चित रूप से कहा जा सकता है कि नायिका क़िस्म की स्त्री होती काफ़ी दिलचस्प थी।

इन नायिकाओं के बारे में सबसे पहली बात तो यह होती थी कि ये सबकी सब बेतहाशा ख़ूबसूरत होती थीं। कवि लोगों का इनमें दिलचस्पी लेने का एक कारण यह भी था। चाँद और कमल तभी तक सुन्दर लगते थे जब तक नायिका सीन पर मौजूद नहीं होती थी। इनका माखन-सा मन और दूध-सा जोबन होता था। जिस कवि ने यह पंक्ति लिखी है उसे नायिकाओं के अतिरिक्त दूध-दही और मट्ठे का भी शौक़ काफ़ी रहा होगा। यूँ तो इनके सारे शरीर से ही कान्ति फूटती रहती थी पर फिर भी जो हिस्सा ज़्यादा ज़िम्मेदारी से काम करता था वह इनका मुखारविन्द होता था। जिन घरों में नायिका रहती थी वहाँ रात-दिन इतना प्रकाश रहता था कि बिना पत्रे के तिथि का ज्ञान नहीं होता था। इनका मुख कमल जैसा, नेत्र खंजन जैसे, ओंठ पलाश जैसे, दाँत अनार जैसे, नासिका तोते की जैसी, कुच गेंद जैसे और जंघाएँ केले के पेड़ के जैसी होती थीं। दूसरे शब्दों में नायिका शाकाहारी क़िस्म का भोजन होती थी; उसके प्रत्येक अंग से किसी फल-फूल या साग-सब्ज़ी का आनन्द मिलता था। रात को ये जब कहीं जाती थीं तो अँधेरी रात में भयंकर वनों में भी गुज़रने में उन्हें कोई कष्ट नहीं होता था क्योंकि इनके मुखचन्द्र के प्रकाश से डगर साफ़-साफ़ चमकती थी। उन दिनों जो लोग रात को जंगल जाते थे वे टॉर्च या लालटेन की जगह एक अदद नायिका को ही अपने साथ ले जाया करते थे। वैसा करने में कई प्रकार की सुविधा रहती थी। कुछ सखियाँ वग़ैरह तो नायिकाओं के शरीर की सुगन्ध की डोर से बँधी-बँधी इनके पीछे इस तरह घिसटी चली जाती

थीं जैसे इंजन के पीछे डिब्बे जाते हैं। इन नायिकाओं की चाल बड़ी मनोरम होती थी। दुबली, पतली नायिका जो कि अपने वज़न पर ध्यान रखती थीं हंस की तरह चलती थीं और सेहतमन्द नायिकाएँ हाथी की तरह चलती थीं। हाथी उन दिनों कैसे चलता था इस पर खोज की जा सकती है पर मेरे ख़याल से जैसे आजकल चलता है कुछ-कुछ वैसे ही उन दिनों भी चलता होगा। नायिकाएँ अपने यौवन के भार से पैदल चलने में काफ़ी कष्ट का अनुभव करती थीं– लचिलचि जाति कुच भारन के हलकै। ये आभूषण कम पहनती थीं क्योंकि इनके क़दम शोभा के ही भार से सीधे नहीं पड़ते थे। किसी-किसी नायिका के नेत्र इतने तोखे होते थे कि सुरमा लगाते समय उँगली कट जाने का ख़तरा रहता था। नायिकाओं की आयु प्रायः सोलह वर्ष की ही होती थी। सोलह की गिनती से इनका वैसे भी बड़ा सम्बन्ध था :

सोरह कला को चन्द पूरन मुखार विन्द
सोरह सिंगार किये सोरह बरस की

इन नायिकाओं के साथ ऐसा भी हादसा होता था कि बचपन पूरी तरह छूटा नहीं कि यौवन आ गया। ऐसी स्थिति में इनकी देह धूपछाँह जैसी छटा देती थी। कवि कहता है कि नायिका की छाती इन दिनों कुछ उभर आई है और मोती की माला देखने के बहाने नायिका इन दिनों उसे ही देखती रहती है। इस रूप को देखकर कोई दलदल में फँसता था, कोई डूबता था और हज़ारों बह जाते थे। नायिका रूपी नदी को पार करने के लिए पुल की ईजादगी नहीं हुई थी। कवि आगे चलकर फिर कहता है कि यौवन नाम के राजा ने शरीर के क्षेत्र में अपने कुछ सहायकों को विशेष प्रमोशन दिये जिनके नाम थे कुच, नयन और नितम्ब। शरीर रूपी नये देश को जीतकर यौवन का राजा किसी अंग को घटाता था, किसी को बढ़ाता था। नायिकाओं के बाल इतने प्यारे होते थे कि उन्हें देखकर मनुष्य सुमार्ग और कुमार्ग का अन्तर भूल जाता था। जुल्फे बंगाल हेयर ऑयल का भी ऐसा ही प्रभाव होता है। जो बिन्दी गिनती में अंकों के आगे लगकर सैकड़े से हज़ार का फ़र्क़ कर डालती है वही बिन्दी नायिका के मस्तक पर लग कर उसकी कान्ति में करोड़ों गुना का फ़र्क़ कर डालती थी। कोई-कोई नायिका के दाँतों पर मिस्सी भी मिलती थी। ये दाँत ऐसे लगते थे जैसे 'फूलन की फुलवारिन में मनौ खेलत हैं लरिका हब्सी के'। इन नायिकाओं के कटाक्ष तिरछे होते थे, भवें टेढ़ी होती थीं और इन दोनों की निरन्तर संगति से इनकी चाल भी टेढ़ी हो जाती थी। इनके दोनों नेत्र रूपी सिपाही पलक रूपी ढाल और कटाक्ष रूपी तलवार लेकर पैंतरे बदलते थे और हज़ारों वार करते थे; रूप की रक्षा नेत्रों द्वारा ही होती थी। इस प्रकार की नायिकाओं से चकोर नाम की चिड़िया को ख़ासी परेशानी का सामना करना पड़ता था क्योंकि दिन निकलने पर भी वह नायिका के मुख को चाँद समझती हुई अपनी उछल-कूद जारी रखती थी। नायिका के हँसने पर उसके दाँत इतनी चमक छोड़ते थे कि दृष्टि चकाचौंध हो जाती थी। यहाँ कवि

ने यह नहीं बताया कि नायिका टूथ-पेस्ट कौन-सा इस्तेमाल करती थी। नवयुवती नायिका के स्तन कभी-कभी इतने ऊँचे हो जाते थे कि छोटे-मोटे हिल स्टेशन का काम करते थे। वह ललाट पर बिन्दी लगाती थी, मुख में पान रखती थी, सिर पर बाल सजाती थी और आँखों में काजल छोड़ती थी। एक साहब थे जिन्हें गोरी-गोरी नायिका के गले में जाता हुआ पान का पीक बड़ा प्यारा लगता था– खरी लखति गोरी गरे धसति पान की पीक। एक नायिका को पान चबाकर अटारी से पीक नीचे थूकने की आदत थी जिससे प्रेमियों का कल्याण होता रहता था– ऊँचे अटा पर चन्द्रमुखी कवि सम्भु कहैं झुकि पीक चलावै। इन नायिकाओं के पैर इतने नाज़ुक होते थे कि गुलाब की पंखुड़ियों तक से खरोंच पड़ने का डर रहता था।

इतना विशाल रूप होने के कारण उस ज़माने की जनता इन नायिकाओं से ख़ासी तंग रहती थी। एक कवि कहता है कि एक हज़रत जो शायद पिकनिक के शौक़ीन थे, स्तन रूपी पर्वत पर चढ़कर मुख देखने की चाह में आगे चले। ठुड्डी के गढ़हे में हज़रत इस तरह गिरे कि सारा पिकनिक भूल गये। दूसरे शब्दों में नायिका के स्तन जितने ऊँचे थे, ठुड्डी में गड्ढा भी उतना ही गहरा था। इसी तरह जब एक समझदार सास ने छोटी हथेली वाली पुत्रवधू को भिक्षा देने की ड्यूटी पर लगा दिया तो उसके रूप की लालच में सारा संसार भिक्षा माँगने आने लगा। कवीन्द्र नामक कवि ने नायिका की तुलना ग्वालियर के क़िले से की थी क्योंकि इनके लिए दोनों का जीतना बराबर ही कठिन था।

रूपवती होने के साथ-साथ इन नायिकाओं में एक विशेष बात यह होती थी कि 'सोरह बरस' की आयु ही में इनकी आँखें किसी से लड़ जाती थीं। आँखें लड़ने के हज़ार ढंग होते थे। शुरुवात कहीं नायिका की तरफ़ से होती थी कहीं नायक की तरफ़ से। एक नायिका थी जो नीली साड़ी की आड़ में से नयनों के बाण छोड़ा करती थी। एक और नायिका थी जो सारे अंग-प्रत्यंग दिखाकर, नायक को अनदेखा करती हुई उसके चित्त में समाकर, लजाकर संकोच के साथ एक ओर बैठ जाती थी। एक और नायिका थी जो नायक को भोले भाव से देखती थी, गोरे मुख से मुस्कुराती थी और फिर लटककर सखी के गले से लिपट जाती थी। इसके बाद नायक अपना दिल मलता था और सखी अपना गला। उधर एक हज़रत थे जो बच्चा गोद में लेने के बहाने नायिका के पास आते थे और बच्चा लेते हुए उसकी छाती में (नायिका की छाती में– बच्चे को नहीं) उँगली छुआ जाते थे। इन शुरुवातों के होने के बाद फिर वह आग दोनों तरफ़ जलती थी कि सारा रीतिकाल उसी में जल गया। नायिका नायक के दिल में बरमे की तरह छेद करती थी। प्रेम हो जाने पर नायिका न माँ-बाप की परवाह करती थी, न महल्लेदारों की। उसे नींद नहीं आती थी। कभी-कभी उसकी हालत बड़ी नाज़ुक हो जाती थी। बिहारी कहते हैं कि प्रेमनगर में पुलिस का इन्तज़ाम काफ़ी ढीला था : मरे हुए को बार-बार मारा जाता था और ख़ून करने वाला ख़ुशहाल घूमता था। कोई-कोई

नायक तो इतने जल्दबाज़ होते थे कि तंग गली में अगर कहीं नायिका मिल गयी तो कंकर फेंक-फेंककर उससे डेट लिया करते थे। ऐसी स्थिति में नायिका अगर समझदार होती थी तो धीरज से काम लेती थी :

ताक री कुचन बीच काँकरी गोपाल मारि
साँकरी गली में प्यारी हाँ करी न ना करी

पता नहीं क्यों उन दिनों की नायिकाओं को प्रेम होते ही एक और भयंकर रोग आ घेरता था जिसे 'विरह' के नाम से पुकारते थे। प्रेम तो आजकल की लड़कियाँ भी करती हैं पर यह मर्ज़ इन दिनों नहीं होता। पुराने ज़माने की नायिका तो दक़ियानूसी होती थी और इसी कारण बेचारी विरह में बड़ा कष्ट झेलती थी। बिहारी के शब्दों में वह विरह में जलती भी थी, डूबती भी थी और उड़ती भी थी। दूसरे शब्दों में जयशंकर प्रसाद की तरह यह विरह भी सर्वतोमुखी प्रतिभा की चीज़ होती थी। विरह में नायिका को ज्वर आ जाता था। वह दुबलेपन की सीमा को पार कर जाती थी और कोई-कोई तो बेचारी इसी बीमारी में मर भी जाती थी। विरह में क्या-क्या नहीं होता था। अँगुली की अँगूठी दुबलेपन के कारण कंगन की तरह पहनी जाती थी और आँखें 'मधु की मक्खियाँ' हो जाती थीं जो शहद का छत्ता लगाती थीं। एक नायिका के बारे में रिपोर्ट मिली थी कि उसके दोनों नयन सावन-भादों हो गये थे। इस नायिका को राज्य सरकार ने उत्तर प्रदेश के पूर्वी ज़िलों में भिजवा दिया था जहाँ कि सूखा पड़ गया था। कोई-कोई अबला स्त्री तो इतना रोती थी कि महल्ले में पानी भर जाता था और उसके घर तक पहुँचने के लिए नाव की सहायता लेनी पड़ती थी। ये स्त्रियाँ कवि के शब्दों में पावस ऋतु हो जाती थीं और दो-चार मल्लाह नाव लेकर इनके महल्ले में आ बसते थे। विरहिणियों में से किसी को रात द्रौपदी के चीर की तरह लगती थी और किसी को वामन देवता के डग जैसी— वामन के डग-सी भईं सावन की रतियाँ। एक नायिका कहती है कि जब किसी निर्मोही से मन लग जाता है तो न रात अच्छी लगती है न प्रभात अच्छा लगता है। दुपहर का ज़िक्र नहीं किया— शायद वह अच्छा लगता हो। एक नायिका कहती है कि वसन्त नहीं आया, पलाश नहीं फूले वरन् 'काढ़ि के करेजो डार डारन पै डारिगौ।' ऐसी स्थिति में नायिका की छाती की आग कभी-कभी इतनी ज़्यादा जल उठती थी कि एक सखी ने कह ही जो दिया था, 'छाती सों छुवाई दिया बाती क्यों न बारि ले?' एक और नायिका का तापमान इतना ज़्यादा हो गया कि वह कच्चे चावल लेकर आँगन तक आयी नहीं कि भात तैयार हो गया। देखते-देखते चावल उबल गये। परेशानी यूँ भी पड़ती थी कि नायिका का अंग सोने का होता था और विरह की अग्नि में वह बुरी तरह पिघल जाता था : 'यह सोनो सो अंग सोहाग भरे, कहो कैसे के आग की आँच सहै?' वन के रास्ते में अगर कभी विरहिणी गुज़रती थी तो कोयल रूपी डाकू आँखें लाल-लाल कर 'कुहों'-'कुहों' की ध्वनि से सारी दिशाएँ गुज़ार देते थे।

विरहिणी नायिका को सताने में बादल, चाँद, फूल वग़ैरह बाक़ी उपादान भी अपना यथाशक्ति सहयोग बराबर देते रहते थे : मारि डारैं मदन, मरोरि डारैं दादुर ये, दाबे आबे बादर, दबाबे आवै दामिनी।

विरह में क्या-क्या नहीं किया जाता था? बिहारी की नायिका नायक को गुलाब भेजती थी और उत्तर में नायक उसके पास पान भेजता था। इन चीज़ों के सांकेतिक अर्थ होते थे। बिहारी ने यह नहीं बताया कि यदि नायक पान भेज सकता था तो ख़ुद ही क्यों नहीं आ सकता था? घण्टे, आध घण्टे को भी चला आता तो भी बेचारी का कष्ट दूर हो जाता। कवि स्वयं कहता है कि जब तक नायक स्वयं भीगे चीर की भाँति नायिका के शरीर से न लिपटे, शरीर की ज्वाला नहीं मिटती थी। नायक की तो चिट्ठी भी विरह के काटने में तलवार जैसा काम करती थी। नायिका चिट्ठी को चूमती थी, छाती से लगाती थी और उसे समेटकर रखती थी। सुरक्षा को ध्यान में रखते हुए कोई-कोई विवेकशील नायक चिट्ठी की जगह सिर्फ़ सादा काग़ज़ ही भेजा करते थे मगर इस बेलिखी चिट्ठी से भी नायिका को उतना ही सुख मिलता था। विरह में वैद्य काम नहीं करते थे, गुलाब जल सूख जाता था, चन्दन आग उग़लता था। नारि छूवत वैद के परे फफोले हाथ। रेफ्रिजरेटर उन दिनों थे नहीं जो नायिका को उसी में रक्खा जाता। दूतियाँ भेजी जाती थीं; वे जाकर नायक से नायिका के घर के ऊपर पतंग उड़वाती थीं। जहाँ-जहाँ पतंग की छाया पड़ती थी, नायिका हर्ष में उसे पकड़ने के लिए वहीं वहीं भागती थी। विरह का अन्तिम लक्षण यह था कि यदि बिना प्रियतम के मिले कोई नायिका मर जाती थी तो उसकी आँखें खुली रह जाती थीं :

बिना प्रान प्यारे भये दरस तुम्हारे हाय
मरेहू पै आँखें ये खुली ही रह जायेंगी

हालाँकि ज़्यादातर नायिकाएँ तो विरह में ही जलती रहती थीं, मगर कुछ ऐसी भी थीं जिन्हें यह स्थिति हमेशा नहीं झेलनी पड़ती थी। जिन नायिकाओं का विरह मिट जाता था वे हँसमुख, हाज़िरजवाब तथा व्यवहारकुशल हो जाती थीं। बिहारी की एक नायिका थी जिसे देवर छेड़ा करता था मगर कुलवधू होने के कारण वह चुप रहती थी और देवर की शरारतों की शिकायत किसी से नहीं करती थी। कैसा उदात्त चरित्र था! कुछ कुलवधुएँ तो अब भी ऐसा ही करती हैं। एक नायिका थी जिसे अपने नायक को चकमा देने में बड़ा मज़ा आता था : 'सीढ़ी के डगर जौ लौं लाल गये ऊँचे पर, जीना के डगर तौं लौं नीचे को उतर आयी।' एक और होशियार क़िस्म की नायिका थी जो अपने प्रेमी को बड़ी प्यारी-प्यारी सलाह दिया करती थी : जौं लौं घर जागती हैं ननद जिठानी मेरी, तौं लौं कहा मानो चुप्पचाप ही परे रहौ। एक नायिका ने नायक से धूम्रपान करने का कारण पूछते हुए कहा था : 'मो मनु कहा न पी लियो, पियत तमाकू लाल?' और इसी तरह एक और नायिका ने अपने प्रियतम से काफ़ी पते की बात पूछी थी : 'कारण छोड़ि सबै घर के पिय काहे कबूतर पालन लागे?'

एक और छत्रपति

मैं उन व्यक्तियों में से हूँ जो छाते को प्रकृति के विशिष्ट चमत्कारों में से एक मानते हैं। क्या ग़ज़ब की चीज़ है छतरी भी! यूँ देखने-भालने में छाता कुछ भी नहीं– इससे कहीं ज़्यादा बड़ी-बड़ी चीज़ें क़ुदरत ने बनायी हैं, उदाहरण के लिए रेल के इंजन को ही ले लीजिए, पर गुणों और उपयोगों की दृष्टि से छाता बाक़ी चीज़ों से इतना ज़्यादा आगे है कि दाँतों तले अँगुलियाँ दबाने को तबीयत करती है। वास्तविकता यह है कि मैं तो कभी-कभी अपनी अँगुलियाँ दाँतों के तले दबा भी लेता हूँ। छाता जैसी चीज़ आपको और कोई शायद ही मिले– बशर्ते कि आप किसी दूसरे छाते का ही ज़िक्र न कर रहे हों।

जैसा कि हममें से कुछ बुद्धिजीवी जानते भी होंगे, छाता आगे से मुड़ी हुई लकड़ी या लोहे की डण्डी पर तारों के सहारे कपड़ा चिपकाने से बनता है। इसकी अनेक विशेषताओं में से एक यह भी है कि इसे आप जब चाहें बन्द कर सकते हैं और जब चाहें तब खोल सकते हैं। खुला रहने की स्थिति में यह आपको धूप होने पर धूप से और वर्षा होने पर वर्षा से खुलेआम बचाता है। मौसम का पूरा-पूरा पता देने के सन्दर्भ में यह इतनी ईमानदारी व तत्परता से काम करता है कि इसका उपयोग अनुभवसिद्ध ऋतुविशेषज्ञ भी करते हैं। हवा किधर की है, तेज़ है या हल्की है वग़ैरह जानने के लिए इससे अच्छा और कोई साधन नहीं। अगर कभी मैदान में चन्द बूढ़े आदमी अपने छाते के पीछे घुड़दौड़ के घोड़ों की तरह भागते दृष्टिगोचर हों तो समझ लीजिए कि हवा तेज़ चल रही है। इसी प्रकार अगर कभी आपके ऊपर लगा छाता भीगने लगे, या उसमें से टप-टप की ध्वनि निकलने लगे तो बिना संकोच आप यह निष्कर्ष निकाल सकते हैं कि जहाँ आप खड़े हैं, उस क्षेत्र में वर्षा हो रही है। टप्-टप् की निरन्तर ध्वनि जितनी भी तेज़ होती जायेगी, वर्षा की गति को उतना ही तेज़ मानना पड़ेगा।

खुले छाते से कहीं ज़्यादा उपयोग बन्द छाते के हैं। ब्रिटेन के प्रधानमन्त्री नेवाइल चेम्बरलेन छाते को हमेशा साथ रखते थे। मैंने इन हज़रत के हज़ारों फ़ोटो देखे हैं और एक को छोड़कर बाक़ी सब में ये हज़रत अपने दायें हाथ में छाता पकड़े

हैं। बस एक फ़ोटो ऐसा था जिसमें कि छाता दायें हाथ में न होकर बायें हाथ में था। उनके काफ़ी विपक्षी उनकी अपेक्षा उनके छाते से ज़्यादा डर खाते थे। वैसे अगर छाता लोहे की डण्डी वाला हो तो उससे थोड़ा-बहुत मैं भी डरता हूँ। हाँ, तो मैं मिस्टर चेम्बरलेन की चर्चा कर रहा था। इतिहास का कहना है कि जितनी भी सन्धियाँ इन्होंने की थीं वे सब छाते के सहारे खड़े होकर की थीं। हिटलर से इन्होंने काफ़ी अपमानजनक शर्तों पर सन्धि की थी, क्योंकि नहीं तो युद्ध हो जाता और उस स्थिति में छाता टूट जाने का ख़तरा था।

प्रधानमन्त्रियों के अतिरिक्त शेष लोग भी बन्द छाते का विभिन्न प्रकार से प्रयोग करते हैं। इस सन्दर्भ में मैं अपने आदरणीय चाचा जी (क्रम संख्या पाँच) का ज़िक्र करूँगा, जिन्हें निरन्तर छाता धारण करने के कारण हम लोग छत्रपति ही कहा करते हैं। अगर छाता और मूँछें ये दो चीज़ें न हों, तो बाक़ी सात चाचाओं में से इन्हें पहचानना इनके स्वयं के लिए कठिन हो जाये। उम्र और बीवियाँ इन दो चीज़ों में जो थोड़ा-बहुत अन्तर है– उसे छोड़कर मेरे सारे चाचा एक से हैं। मूँछोंवाले चाचा यूँ ही मूँछोंवाले नहीं कहलाते– वर्षों के निष्काम कर्म से इनकी मूँछें वर्तमान स्थिति को प्राप्त हुई हैं। ख़ैर अब तो वे घरेलू धन्धे के स्तर पर संगठित हैं, मगर हमें वे दिन भी याद हैं जब कि ये हरिऔध के चोखे चौपदों की तरह छोटी, साफ़, और तीखी हुआ करती थीं। इन दिनों तो वे कविवर पन्त के सांस्कृतिक काव्य की तरह हैं, अगर इधर से घुस जाइए, तो बिना माली की मदद के उधर से निकलना मुश्किल। चाचा जी अपना समय या तो मूँछों की सेवा में गुज़ारते हैं, या छाते की। कभी-कभी दोनों वस्तुओं पर एकसाथ भी कुछ वक़्त लगता है, ख़ास तौर पर तब जब कि छाता खोलने या बन्द करने में मूँछें उसके किसी तार वग़ैरह में उलझ जायें। मूँछें इनकी वाक़ई इतनी बड़ी हैं कि इन्हें मुँह खोलने में भी कठिनाई ज़रूर होती होगी और इसका सबूत यह है कि इधर ये बहुत कम बोलते हैं। बस, कभी गाहे-बगाहे कहीं बारिश में फिसलते हुए मिल गये तो बतौर आशीर्वाद के कहेंगे, "हें हें– देखा छाते को? छाता बड़े काम की चीज" और बस।

छाता इन सज्जन के कितने काम की चीज़ है, इसका अनुमान आप बिना मेरी सहायता के लगा ही नहीं सकते। ख़ासतौर पर बन्द छाते के उपयोग करने में तो इन्हें विशेष प्रकार की कुशलता प्राप्त है। सच तो यह है कि हममें से अस्सी प्रतिशत लोग बन्द छाते का इस्तेमाल करना जानते ही नहीं। बस, छाता बन्द किया और कोने में खड़ा कर दिया। अब जब तक उसकी दुबारा सख़्त ज़रूरत न पड़े वह बेचारा वहीं खड़ा है गोया कि छाता न हो बल्कि माँ या बाप के क़िस्म की कोई चीज़ हो। मेरे चाचा जी अपना दिन छाते से ही शुरू करते थे और छाते से ही ख़त्म। सुबह-सुबह छाते से बच्चों को पहाड़े याद कराये जाते थे और भैंस का दूध निकाला जाता था। इस दिशा में सारे छाते के बजाय उसकी नोक का प्रयोग ज़्यादा मात्रा

में किया जाता था। वैसे यह नोक देखने में तो बिहारी के दोहे की तरह छोटी ही होती, पर कभी-कभी घाव गम्भीर करती थी। इसके बाद आँगन के कुत्तों को छाते के द्वारा ही देशनिकाला दिया जाता था। स्कूल में जहाँ वे हेडमास्टर थे, छाते से वे सारी चीज़ें अपने पास बैठे-बैठे खींच लिया करते थे, चाहे वह उनका जूता हो या कोई विद्यार्थी। छाते के सहारे विद्यार्थियों को सारा का सारा चक्रवर्ती गणित उन्होंने याद करा दिया था और तभी से प्रारम्भिक शिक्षा के क्षेत्र में छाते की उपयोगिता को मेरे ज़िले की ग्रामीण जनता हृदय से स्वीकार करती चली आ रही है। शाम को सब्ज़ी वग़ैरह भी छाते में ही रख कर घर आती थी। रास्ते में साँप, कीचड़ या कोई महाजन मिल गया, तो उससे भी छाते के सहारे से बच लिया करते थे। रात को छाते की मरम्मत होती थी। मरम्मत करने का इन्हें वैसे भी शौक़ था। अगर छाता ठीक होता था तो बीवी-बच्चों की मरम्मत किया करते थे। छुट्टी के दिन छाते के सहारे खेत पर से चिड़ियाँ उड़ायी जाती थीं।

ऐसा नहीं कि छाते खोये नहीं जाते; छाते खोये जाते हैं और ख़ूब खोये जाते हैं। मैंने खुद बाराबंकी के स्टेशन पर एक साहब को देखा था जो चिल्ला-चिल्लाकर कह रहे थे कि उनका छाता खो गया। बुज़ुर्गवार आदमी थे, ठीक ही कह रहे होंगे। मगर चाचाजी ने अपना छाता कभी नहीं खोया। हाँ, अलबत्ता वे जहाँ कहीं भी उठते-बैठते थे, वहाँ किसी न किसी का छाता ज़रूर खो जाता था। गीता के अनुसार जैसे पेड़ पत्ते बदलते हैं और आत्मा अपने वस्त्र बदलती है (हालाँकि इन दिनों अगर आत्मा भी तंग चूड़ीदार सलवार और कॉलेज की लड़कियों जैसी कमीज़ पहनने लगी होगी तो वह बेचारी अपने कपड़े क्यों बदलेगी) उसी प्रकार पूज्य चाचाजी (क्रम संख्या पाँच) अपने छाते बदलते रहते थे। मेला, शादी-विवाह, कीर्तन यानी कि कुछ भी अवसर हो, वे नया छाता लेकर ज़रूर लौटते थे। एक बार अदालत में गवाही देने गये थे तो हाकिम की छतरी उठाकर लाये थे।

पुनर्जन्म : एक सम्भावना

एक समय की बात है दो सज्जन रेल पकड़ने चले। दोनों को एक ही गाड़ी से जाना था जो तीन बजकर पन्द्रह मिनट पर छूटती थी। स्टेशन के पास जाकर इन दोनों मित्रों ने अपनी घड़ियाँ मिलायीं। एक की घड़ी में तीन बजकर दस मिनट हुए थे जब कि दूसरे सज्जन की घड़ी तीन बजकर बीस मिनट बता रही थी। दोनों समझदार क़िस्म के दोस्त थे। स्थिति की अनिवार्यता स्वीकार करते हुए एक सज्जन जिनकी घड़ी के अनुसार गाड़ी छूट चुकी थी, घर लौट गये और दूसरे सज्जन जिनकी घड़ी के मुताबिक गाड़ी छूटने में अभी वक़्त था, प्लेटफ़ार्म पर चले गये। संक्षेप में हुआ वही जिसकी उन्हें आशंका थी : एक मित्र को गाड़ी मिली, दूसरे को नहीं।

ठीक यही स्थिति पुनर्जन्म के साथ भी है। पुनर्जन्म की प्रथा एक ऐसी चीज़ है कि कुछ धर्मों में तो मानी जाती है और कुछ में नहीं। ज़ाहिर है कि कुछ धर्म के लोगों का पुनर्जन्म होता है और कुछ का नहीं होता। मैं ठहरा जन्म से हिन्दू; मानूँ या न मानूँ मेरा पुनर्जन्म होना निश्चित है। प्रश्न केवल यही रहता है कि अगले जन्म में योनि कौन-सी मिलेगी। योनि से मेरा अर्थ यहाँ चोले से है। भुक्तभोगियों का मत है कि प्राणी अन्त समय में जो योनि माँगता है उसे वही मिलती है। 'जेल मैनुअल' की भाँति प्रातः स्मरणीय परमपिता परमात्मा के कार्यालय में भी प्राणी की अन्तिम इच्छा पूरी करने का प्रत्येक प्रयत्न किया जाता है और यदि किन्हीं प्रशासनिक कठिनाइयों से यह सम्भव नहीं होता तो कोशिश यही रहती है कि इच्छित चोले से मिलती-जुलती कोई और योनि दे दी जाये। उदाहरण के तौर पर कोई व्यक्ति किसी महानगर में रहता था और इच्छा करते हुए भी वह कभी गाँव और जंगलों की खुली हवा न खा सका। मरते वक़्त उसने प्रार्थना की कि अगले जन्म में वह कुछ और नहीं तो गधा या घोड़ा ही बने ताकि कम-से-कम देहात में तो रहे। जाँच-पड़ताल पर अतिरिक्त पुनर्जन्म अधिकारी (सीनियर) ने टिप्पणी लिखी कि पृथ्वी पर गधों और घोड़ों की अपेक्षा गधी और घोड़ियों की संख्या कम हो रही है, जिससे गधियों और घोड़ियों के स्वास्थ्य पर बुरा प्रभाव पड़ रहा है। ऐसी स्थिति में गधे या घोड़े का चोला सम्भव नहीं। फ़ाइल खेद सहित वापस। उत्तर पाकर कार्य संवाहक देवता

ने मरनेवाले की इच्छा पर फिर ध्यान दिया और उसे पटवारी या नायब तहसीलदार बना दिया, जो गाँव-गाँव और खेत-खेत घूमता रहे। दूसरा दृष्टान्त लीजिए। बम्बई की किसी गृहिणी को दूध की कमी से मरते वक़्त चाय भी न मिली। उसने कहा कि हे सत्यनारायण स्वामी! अगले जन्म में कुछ भी बनाना कम-से-कम दूध की कमी न रखना। बस फिर क्या था जैसे ही सत्यनारायण स्वामी को रत्नसेन नाम के राजा और कलावती नाम की कन्या से छुट्टी मिली उन्होंने इस औरत को कामधेनु बनाने की सिफ़ारिश भेजी। इस बार ऑफिशियेटिंग रिबर्थ कमिश्नर– नार्दन ज़ोन ने नोट लिखा– "सॉरी, कामधेनु का प्रोडक्शन ईसा से पाँच सौ वर्ष पूर्व बन्द कर दिया गया। फिर कोई माँग नहीं आयी। सिर्फ़ एक कामधेनु बनाना असम्भव। हस्ताक्षर : श्री इल्लेजिबिल"। नतीजा यह हुआ कि बम्बई की वह गृहिणी बकरी बना दी गयी।

पहले मैं सोचा करता था कि अन्तिम समय आने दो, हम भी कुछ माँग लेंगे। इधर स्थिति यह है कि मैं अख़बार पढ़ने लगा हूँ। बीमा कम्पनी वाले रोज़ छापते हैं– हर क्षण आपका अन्तिम है, सोचिए और पालिसी लीजिए। गीता में भी यही लिखा है, बस वहाँ ज़रा पालिसी लेने की बात का ज़िक्र नहीं है। मगर बात सच्ची है : विषाक्त भोजन, रेल की दुर्घटनाएँ, सरकारी अस्पताल– यानी कि इतनी चीज़ें आ गयी हैं जो आत्मा और शरीर का अन्तर दिन-प्रतिदिन स्पष्ट कर रही हैं। स्थिति यही है कि युवावस्था में ही पुनर्जन्म पर पूरा-पूरा ध्यान दिया जाये।

अगले जन्म में मैं बनूँ तो क्या बनूँ? इतने प्रकार के पशु-पक्षी और मनुष्य इस संसार में हैं कि मैं कुछ भी माँग सकता हूँ। कभी-कभी सोचता हूँ, लड़का काफ़ी दिनों रह लिया, इस बार लड़की ही बन लूँ। ज़रा समस्या का दूसरा पहलू भी देखा जाये। लड़की बनने में काफ़ी आराम है : विवाह आसानी से होगा, नौकरी सरलता से मिलेगी। यह भी सम्भव है कि भारत की प्रधानमन्त्री, उत्तर प्रदेश की मुख्यमन्त्री, केन्द्र की स्वास्थ्य मन्त्री, बंगाल की गवर्नर वग़ैरह कुछ बन जाऊँ। स्त्रियाँ चाहें तो घर को स्वर्ग और घरवालों को स्वर्गवासी बना सकती हैं। इसके अलावा लड़की होने पर अख़बारों में रचनाएँ ज़्यादा छपा करेंगी। रचना भी न छपी तो चित्र तो छपा ही करेगा। ज़्यादा सुन्दर रूप मिल गया तो विज्ञापन वाले फ़ोटो खींचेंगे और छापेंगे–"लक्स के प्रयोग से मेरी त्वचा मुलायम रहती है" "नीम छाप वनस्पति प्रयोग कीजिए– ऐसा करने से मेहमान दुबारा नहीं आते" "हमारा प्लास्टिक का स्टील टूथब्रश प्रयोग करें– निहायत मज़बूत, दाँत टूटने के तीन समाचार मिले हैं ब्रश टूटने का एक भी नहीं" वग़ैरह-वग़ैरह। यानी कि लड़की बनने में फ़ायदे ही फ़ायदे हैं। बस इल्लत एक ही बचती है और वह है मातृत्व की। मातृत्व में (चाहे वह शादी के बाद ही क्यों न हो) काफ़ी कष्ट रहता है और मेरे जैसे अनुभवहीन व्यक्ति के बूते का यह रोग नहीं।

कुछ महानगरों में घरेलू नौकरों के बहुत ठाठ हैं। खाना, कपड़ा, सिनेमा छुट्टी,

फ़्रिज़ का पानी और आइस्क्रीम—सब मुफ़्त। जेब ख़र्च काफ़ी। जब मन भर जाये या जब कभी ज़्यादा पैसे की ज़रूरत हो तो मालिक के नाम एक गुमनाम पत्र—आपकी बिटिया नम्बर सात नौकर नम्बर तीन के साथ भागना चाहती है। और लीजिए अगले दिन दो माह का वेतन और घर जाने का किराया। कुछ दिन जुलूस में शामिल होइये— "पूँजीपति का नाश हो—घरेलू नौकरों की माँगें स्वीकार हों" वग़ैरह-वग़ैरह और फिर आराम से बराबर के फ़्लैट में नौकरी शुरू कर दीजिए। सारे आराम पुराने जैसे। इस सन्दर्भ में मुझे एक ऐसे सुखी परिवार की भी याद आती है जहाँ कि घर की मालकिन, नौकरानी, आया, दोनों लड़कियाँ और रिश्तेदारी से आयी एक आण्टी जी—सबकी सब एक स्वामिभक्त और नितान्त कर्त्तव्य-परायण नौकर के साथ घर छोड़ना चाहती थीं। सन्तोष के सुख से उस बेचारे को आत्महत्या करनी पड़ी।

क्या ख़याल है अगर जानवर या चिड़िया वग़ैरह बना जाये? बुद्धजी भी तो जातक कथाओं में ऐसे ही काम किया करते थे। मगर इन दिनों उसमें भी इल्लत है। हाथी को ही ले लीजिए, काफ़ी रोबदार जानवर है मगर नाक का साइज़ ज़रूरत से कुछ ज़्यादा ही बड़ा है। इधर हमें रूमाल रखने की ऐसी आदत पड़ी है कि छूटनी मुश्किल है। सिनेमा जायें तो सारी बालकनी तो श्रीमानजी को ही चाहिए। इससे तो खरगोश अच्छा मगर यह जानवर पाजी बहुत होता है। विष्णुशर्मा के ज़माने में खरगोश ने एक शेर को बहकाकर कुएँ में गिरा दिया था। मेरे ख़याल से वह खरगोश कुछ सुस्त क़िस्म का रहा होगा नहीं तो यह इतना पाजी जानवर है कि शेर को कुएँ में क्या, चाहे तो नल में गिरा दे। शेर बनना कैसा रहेगा? यह कुछ हुई बात। मगर इसमें बाधा यह है कि लड़कियाँ डरा करेंगी। हम कोई ऐसा काम नहीं करना चाहते जिससे देश की युवतियों के मुक्त विचरण में कोई बाधा पड़े।

हाँ, याद आया, उल्लू बना जाये तो मज़ा आ जाये। बिजली का ख़र्चा एकदम बन्द। जिस घर पर बैठ गये, उसका सत्यानाश। जिस-जिस सम्पादक ने रचना वापस की है, जिस-जिस अध्यापक ने कभी नम्बर कम दिये हैं या जिस-जिस बहिनजी ने हमें अपने भाइयों या पतियों से पिटवाया है उन सबके घर का दौरा। और उस पर गाहे-बगाहे लक्ष्मीजी की सवारी में इस्तेमाल होंगे। मगर इसमें भी दो कठिनाइयाँ हैं; एक तो यह कि देश में इन दिनों उल्लू इतने अधिक हैं कि एक और बढ़ने से कोई फ़र्क़ नहीं पड़ता और दूसरी यह कि हम यह नहीं बर्दाश्त कर सकते कि हमारी सन्तान को कोई उल्लू का पट्ठा कहे। वैसे हम बचपन में स्वयं इसी नाम से प्रसिद्ध थे पर जब से हमें बताया गया कि हमारी नसों में तो भीम और अर्जुन का रक्त बह रहा है तब से हमें यह कतई बर्दाश्त नहीं। अब तो हजामत करते भी अगर ज़रा-सा ख़ून निकल आता है तो हम धर्मपत्नी को बड़े गर्व से बताते हैं कि इधर देखो, भीम और अर्जुन का रक्त किस रंग का होता है।

बहुत सोच-विचार कर एक दिन मैंने सोचा कि चूहे की योनि सर्वश्रेष्ठ है। प्रिय

क्रॉपाटकिन ने चूहे के बारे में बहुत अच्छी-अच्छी बातें लिखी हैं : यह सामाजिक प्राणी होता है, काम कम करता है बातें ज़्यादा, एक से अधिक पत्नी रखता है, बच्चों को खुद नहीं पालता, नाचने-गाने का शौक़ीन होता है, खाने के मामले में जो मिल जाये उसी से पेट भर लेता है वग़ैरह-वग़ैरह। मगर इस देश में चूहे की भी बड़ी मुसीबत है। पता नहीं किस गली और नुक्कड़ में गणेशजी लड्डू खाते हुए मिल जायें और कहने लगें "कहो, बन्धुवर, कहाँ रहे इतने दिन? दिखायी ही नहीं पड़े। अच्छा, अब ज़रा सवारी तो दो, ज़रा दादर जाना है।" और लीजिए अपनी तो हो गयी छुट्टी। मैं फिर एयर होस्टेस, कालगर्ल, मॉडल गर्ल, अभिनेत्री, सेक्स गर्ल या नर्स बनने को सोचने लगता हूँ। उस दिशा में मैं लड़की भी रहूँगा और परिवार नियोजित भी।

हमारी वेशभूषा

मानव जाति का जो भी इतिहास उपलब्ध है उसके आधार पर यह कहा जा सकता है कि प्रारम्भिक काल खाने-पीने का युग था, मध्य काल रहने-सहने यानी कि इमारतें बनवाने (और गिराने) का युग था और आधुनिक काल पहनने-ओढ़ने यानी कि वेशभूषा और इसी तरह के और प्रसाधनों का युग है। खाना, कपड़ा और मकान—इन तीन बुनियादी ज़रूरतों के पूरा होने के बाद मानव जाति अपनी अन्तिम ज़रूरत पूरी करने की कोशिश करेगी। यह अन्तिम इच्छा स्त्रियों के केस में प्रेम करने की होती है और पुरुषों के केस में युद्ध करने की। युद्ध और प्रेम की क्रियाएँ सम्पादित करने में जो भी हो जाये वह ठीक ही माना जाता है। स्त्री और पुरुष के इसी बुनियादी अन्तर के कारण मिल मालिक मज़दूरों से झगड़ा करता है, पुलिस बुलवाता है और मिल मालिक की लड़की या जवान बहन छिपे-छिपे मज़दूरों से प्रेम करती है (इसके आगे की कहानी फ़िल्म 'पैगाम' में देखिए, दिलक़श गाने, फड़कते हुए डायलॉग और हसीन चेहरे)।

जैसा कि मैंने ऊपर बताया आदिकाल खाने-पीने का युग था। जो शुरू-शुरू का आदिकाल था उसमें एक आदमी दूसरे आदमी को खाता था मगर बाद में चलकर मनुष्य का चरित्र कुछ गिर गया और वह पशु, पक्षी, फल और वनस्पति वग़ैरह पर उतर आया। महाभारत के काल में मक्खन खाने का रिवाज़ बड़े ज़ोरों से चला; यहाँ तक कि कृष्ण भगवान पहले मक्खन खाते थे और बाद में बाक़ी काम करते थे (बाक़ी कामों का पूरा विवरण जानने के लिए जयदेव का गीतगोविन्द पढ़िए; हज़ारों गोपियाँ, करीर के कुंज, चन्दन और पराग—यानी कि सिवाय कपड़ों के बाकी सब कुछ)। पुराने ज़माने के सभी चित्रों में देवी-देवता नंगे नज़र आते हैं, सिर्फ़ नीचे के भाग में लुंगी वग़ैरह पहन ली और बस छुट्टी। कोई मज़ाक़ पसन्द देवता हुआ तो उसने गले में साँप पहन लिया। जाड़ा लगा या हिल्स पर गये तो थोड़ा-सा संखिया खा लिया और लगे महादेव उर्फ़ नीलकण्ठ कहलाने। ऐसा नहीं कि ये लोग कपड़े सिलवा नहीं सकते थे— बस कपड़ों का रिवाज़ ही नहीं था। वैसे यमराज सवारी के लिए भैंसा रखते थे (और घर पर दूध-दही वग़ैरह के लिए भैंस भी ज़रूर रखते

होंगे,) मगर रहते थे नंगे। वनवास के दिनों में राम-लक्ष्मण क्लीन शेव तो रहते थे यानी कि हजामत तो रोज़ बनाते थे मगर कपड़ों के नाम पर फिर वही ताज़ी हवा। पंचवटी के निवास के दिनों में लक्ष्मण जी जेब में चाकू तक रखते थे। जैसे ही कुमारी शूर्पणखा जी आयीं, झट से नाक साफ़! पलक मारते ही नाक इस तरफ़ और शूर्पणखा जी उस तरफ। इतनी क्विक सर्विस थी जितनी कि साहिब सिंह एण्ड सन्स की भी नहीं है। वैसे कुछ लोग यह भी कह सकते हैं कि चाकू शूर्पणखा ही का था और सेवा करने के बाद लक्ष्मण जी ने सधन्यवाद उन्हें वापस कर दिया होगा मगर यह दलील थोथी है। यह रेडियो सीलोन का प्रचार है कि सारी चीज़ें लंका ही में थीं, हमारे यहाँ कुछ था ही नहीं। हाँ, अलबत्ता कपड़ों के मामले में हम ज़रूर पिछड़े हुए थे। लोग सिर्फ़ खाते-पीते थे, देश में घी दूध की नदियाँ बहती थीं। जाड़ों में घी की नदियाँ तो कहीं-कहीं जम भी जाती थीं मगर दूध की फिर भी बहती रहती थीं। दूध की जगह जब पानी की नदियाँ बहने लगीं तब भी कपड़ों का शौक़ नहीं बढ़ा। यमुना के किनारे गोपियाँ नहाने आती थीं तो तब तक नहाती ही रहती थीं जब तक कोई उनके कपड़े उठाकर न ले जाए। ऐसा करने से उन बेचारियों को ज़ुकाम तक हो जाता था।

आदिकाल से हम लोग मध्यकाल पर आते हैं। यह इमारतों का युग था। मुर्दों की इमारतें अलग थीं, ज़िन्दों की अलग। कोई बादशाह उन्हें बनवाता था तो कोई उन्हें तुड़वाता था। शाहजहाँ इमारतें बनवाने के लिए मशहूर है और तैमूर तथा गज़नवी उन्हें तुड़वाने के लिए। कवियों ने भी यही कहा कि दुनिया एक सराय है जिसे ख़ुदा ने बनवाया है। उन दिनों की इमारतों की तुलना सार्वजनिक निर्माण विभाग की इमारतों से करना ठीक नहीं। उन दिनों स्थापत्य कला काफ़ी पिछड़ी हुई थी। उन दिनों अगर शाहंशाह एक ताजमहल बनाने का हुक्म देते थे तो सिर्फ़ एक ही ताजमहल बनता था। इन दिनों अगर सरकार एक ताजमहल बनवाए तो चार बनेंगे। एक ताजमहल सरकार का होगा, एक ठेकेदार बनवाएगा अपनी बीवी के लिए और दो ताजमहल चीफ़ इंजीनियर और एक्जीक्यूटिव इंजीनियर अपने गाँव में बनवाएँगे। इसके अलावा पहले इमारतों की मरम्मत नहीं की जाती थी। आजकल की इमारतें बनने से पहले मरम्मत होना शुरू हो जाती हैं। मगर इन बातों में जाना इस लेख का उद्देश्य नहीं। कहने का उद्देश्य यह है कि पोशाक के मामले में यह युग भी पिछड़ा हुआ ही था। औरंगज़ेब अपनी टोपियाँ ख़ुद ही सिल लेता था। शाहआलम तब तक अपना अंगरखा नहीं बदलता था जब तक कि मराठे दूसरा न बनवा दें। जेम्स प्रथम के पास उचित कपड़े न होने के कारण राज्याभिषेक शायद तीन दिन के लिए रुका था। रेडीमेड कपड़े उन दिनों थे कहाँ?

कितना अच्छा हुआ कि मध्यकाल समाप्त हो गया और इसके लिए मानवजाति इतिहास के प्रति सदा कृतज्ञ रहेगी। यह ज़माना पहनने का है आजकल आदमी पैदा

चाहे नंगा हो मगर मरता वह कपड़े पहनकर ही है। लाखों आदमी कपास बोते हैं, काटते हैं, ओटते हैं, सूत बनाते हैं कपड़ा बुनते हैं और फिर करोड़ों आदमी दिन और रात उन्हें पहनते हैं। कपड़ा पहनने और उतारने से जो वक़्त बचता है उसमें बाक़ी काम किये जाते हैं। कपड़ों के स्टाइल हर मौसम के साथ बदलते हैं। भले लोग और औरतें दिन और रात में दस दफ़ा तक पोशाक बदलती हैं। हर पेशे के कपड़े अलग हैं; वकील के कपड़े अलग हैं और जज के अलग, हाँ अलबत्ता मुवक्किल कभी-कभी ज़रूर नंगा दिखाई पड़ता है। रेल के मुलाज़िमों के कपड़े काले होते हैं क्योंकि रेल का इंजन काला होता है और पुलिस की पगड़ी लाल होती है क्योंकि वे ख़ून वग़ैरह का पता लगाते हैं। दूसरे शब्दों में प्रत्येक पेशे उपपेशे की पोशाक अलग है। अगर कोई सज्जन तंग मुहरी की पतलून पहने है, हाथ में ट्रांजिस्टर है और बदन पर चौड़े चौक की बुश्शर्ट तो समझ लीजिए कि ये चतुर्थ श्रेणी के अधिकारी यानी कि चपरासी हैं। अगर गन्दी धोती और फटे कुर्ते में कोई सज्जन हाथ में खादी का झोला लिये गतिशील होते दिखाई पड़ें तो निश्चित है कि या तो किसी हिन्दी दैनिक के सम्पादक हैं या छायावादी युग के कोई साहित्यकार। यह अन्तर कभी-कभी इतना सूक्ष्म हो जाता है कि कवि की पोशाक अलग होती है और कहानीकार की अलग। और इसके बाद दिल्ली का कहानीकार अलग तरह ड्रेस करता है और प्रयाग का अलग। उदाहरण के लिए दिल्ली का कहानीकार कमीज़ के नीचे बनियान नहीं पहनता क्योंकि ऐसा करने से बनियान गन्दा हो जाता है। इसके बख़िलाफ़ प्रयाग का कहानीकार बनियान के ऊपर कमीज़ नहीं पहनता क्योंकि उससे बनियान और कमीज़ दोनों के गन्दे होने का डर है। गन्दगी से साहित्य को बचाना बहुत ज़रूरी है और इस कारण कुछ प्रकाशक तो लेखकों को नंगा ही रखते हैं। शासकवर्ग खादी पहनता है। यह कपड़ा जादू का कपड़ा है जिसे पहन कर पाप छिप जाते हैं। पाप की जो चीज़ें हैं वे मिल के महीन कपड़े में ज़्यादा साफ़ नज़र आती हैं।

आज के युग में कपड़े न हों तो आदमी का पहचानना कठिन हो जाए। वर्दी उतारकर पुलिस और अपराधी में अन्तर यदि आप बता दें तो मैं अपना नाम तक बदलने को तैयार हूँ हालाँकि वैसे मुझे अपना नाम काफ़ी पसन्द है। वर्दी न हो तो दिल्ली में यह पता न लगे कि बस कौन सी है और कण्डक्टर कौन-सा क्योंकि धुआं और शोर दोनों से बराबर ही निकलता है। बस एक वर्दी ही ऐसी चीज़ है जो आदमी आदमी के अन्तर को स्पष्ट करती है। मैं एक ऐसे उच्च पुलिस अधिकारी को जानता हूँ जो अपने चेहरे के प्रताप से जब भी बिना वर्दी के कहीं गये, पुलिस द्वारा पकड़े गये।

आजकल के युग में स्त्री और पुरुष की पोशाक का अन्तर कम होता जा रहा है। मगर जब स्त्री और पुरुष का मौलिक अन्तर ही कम होता जा रहा है तो पोशाक को ही दोष क्यों दें? स्त्रियों की पोशाक ने देश में कई प्रकार की समस्याओं को

जन्म दिया है। स्त्रियों के सामने तो यह समस्या है कि वे अपना ज़िस्म और कपड़े इन दोनों को एकसाथ ज़्यादा से ज़्यादा कैसे दिखाएँ। पुरुष की समस्या यह है कि इस प्रकार वस्तु-विहीन परकीयाओं को देखकर पराई स्त्री को माता कैसे स्वीकार किया जाए। वास्तविकता तो यह है कि इस प्रकार की स्मार्ट युवतियों के बीच अपनी धर्मपत्नी को ही माता के तुल्य समझने की तबीयत करती है। मुझे अफ़सोस है कि कुछ विशिष्ट कारणों से इस टॉपिक पर मैं यहाँ ज़्यादा नहीं कह पाऊँगा।

कपड़े का धन्धा हमारे यहाँ वैसे काफ़ी पुराना है। कबीर कविता भी लिखते थे और कपड़ा भी बुनते थे। उन्होंने एक बार काफ़ी मेहनत से एक ऐसी चदरिया भी बुनी थी जिसे पहनने के बाद वे ज्यों की त्यों रख दिया करते थे। जैसा कि भारतीय फ़िल्में बताती हैं, रामायण के काल में भी मखमल और टैरेलीन आ गयी थीं मगर रिवाज़ इनका ज़रा कम था। ढाके में ऐसी मलमल बनती थी कि पूरा थान अँगूठी में से निकल जाता था। मलमल के बारे में मैं कुछ नहीं कह सकता पर इतना ज़रूर है कि यदि खाने-पीने की चीज़ों के दाम इसी तरह बढ़ते रहे तो वह दिन दूर नहीं जब मलमल बुनने वाला ख़ुद अँगूठी में से निकल जाया करेगा।

पुरानी परम्परा का विकास

आज का दिन बड़े सुख से बीता। अख़बार में छपे राशिफल के अनुसार उत्तरफाल्गुनी नक्षत्र वालों के लिए आज का दिन जो मंगलमय होना था वह एक़दम सच निकला। पहले तो यह जानकर चित्त को अत्यन्त सात्विक क़िस्म का हर्ष हुआ कि एडिनबरा विश्वविद्यालय के छात्र इस बात को लेकर आन्दोलन कर रहे हैं कि उन्हें गर्भ निरोधक गोलियाँ क्यों नहीं दी जातीं। दूसरे आज माघ मेले में एक ऐसे पहुँचे हुए महात्मा के दर्शन हो गये जिनकी कि चार सुन्दर पत्नियाँ थीं। ये महात्माजी सिद्धान्तों के व्यक्ति प्रतीत होते थे क्योंकि यदि इनकी अपनी आयु लगभग चौंसठ वर्ष रही होगी तो चारों स्त्रियों की आयु का सम्मिलित योग भी लगभग उतना ही बैठता था। इनके प्रवचन में बड़ा आनन्द आया। सबसे छोटी पत्नी ने जब चरणामृत और प्रसाद दिया तो हृदय भक्तिभाव से विभोर हो उठा। इसके बाद रेडियो पर शायद सुना कि कलकत्ता के मेयर के ऊपर एक मीटिंग के दौरान किसी ने एक भारी-भरकम पोथी फेंककर मारी जिससे उन्हें काफ़ी चोट आयी। इस समाचार से हमारी शेष आत्मा भी तृप्त हो गयी।

दूर से कुछ फेंककर मारने की परम्परा हमारे देश में बड़ी प्राचीन है। पुराने ज़माने में मदनोत्सव होता था तो रूपवती युवतियाँ सुन्दर नवयुवकों पर फूल फेंककर मारती थीं। मालविकाग्निमित्र व रत्नावली नाटकों के अनुसार रानियाँ अशोक के वृक्षों पर पदाघात करतीं थीं जिससे उनकी टाँगों का स्वास्थ्य ठीक रहता था। कृष्ण सांकरी गली में मिली गोपियों की तरफ़ काँकरी फेंककर मारा करते थे। वैष्णव कवियों के अनुसार तो कृष्ण गोपियों की छाती पर वंशी तक फेंकते थे और स्थिति यह होती थी कि यदि उनका निशाना किसी कारण चूक जाता था तो गोपियाँ उनसे दुबारा वंशी फेंकने का लज्जा सहित आग्रह करती थीं। इन वस्तुओं के स्थान पर यदि आज जूते और किताबें फेंकी जाती हैं तो मैं तो इसे पुरानी परम्परा का विकास ही कहूँगा।

यह युग भौतिकवाद का युग है; आजकल सब चीज़ें ठोस हो गयी हैं। चीज़ें फेंकने की परम्परा भी अब ठोस होती जा रही है जो स्वाभाविक है। फूल और वंशी के कोमल दिन अब लद गये, यह संघर्ष का युग है— इसमें जूता, पत्थर और लालटेन

फेंककर मारी जाती हैं। एक पड़ोसी देश की विधान सभा में एक होनहार सदस्य ने कुर्सी की टाँग निकालकर मारी थी जिसके प्रभाव से दूसरे सदस्य को शारीरिक और मानसिक—दोनों रूपों में काफ़ी दुख पहुँचा था। कुर्सी में यह बड़ी सुखदायक बात है कि इसमें चार टाँगें होती हैं और इस कारण आप चार व्यक्तियों का अभिनन्दन सरलता से कर सकते हैं। अभी-अभी एक राज्य के मुख्य मन्त्री पर टेबुल लैम्प फेंककर मारा गया। सुनते हैं कि मन्त्रीजी को काफ़ी चोट आयी; टेबुल लैम्प की क्या स्थिति है यह अभी समाचार पत्रों में नहीं छपा। एक और प्रान्त में एक सार्वजनिक सभा में जूतों का मुक्त रूप से आदान-प्रदान हुआ। इस क्रिया से भी जब पूरा रागात्मक परितोष न हुआ तो भावनाओं के साधारणीकरण के लिए हाथापाई की गयी। हमारा प्रजातन्त्र कितना पूर्ण और सच्चा है कि हम तो देश की जनता को ही नहीं वरन् जूता, पत्थर, लालटेन और कुर्सी की टाँग जैसी मृत वस्तुओं को भी सरकार चलाने में पूरा-पूरा स्थान देते हैं। हमारे पूर्वज भी पर्वतों और वृक्षों को देवता मानते थे। कितना अच्छा हो यदि हम ऐसी सारी कुर्सियों, टेबुल लैम्पों, पत्थरों और जूतों का अलग से एक संग्रहालय स्थापित करें जिन्होंने कि देश के कर्णधारों की विभिन्न रूप से सेवा की है ताकि आने वाली पीढ़ियाँ इनसे प्रेरणा ग्रहण कर सकें।

यूँ तो सभी वस्तुओं ने देश की सार्वजनिक सेवा में सक्रिय भाग लिया है पर फिर भी जो सेवा जूते ने की है वह इतिहास में अमर रहेगी। इस छोटी-सी चीज़ ने इतनी जल्दी हम लोगों के हृदय में स्थान बना लिया है कि कुछ कहते नहीं बनता। शायद इसकी लोकप्रियता का एक कारण यह भी है कि इसका प्रयोग काफ़ी सरल है और यह अपने निशाने पर प्रायः पहुँच ही जाता है। निशाना चूक भी गया तो क्या, दूसरा जूता आपकी सेवा के लिए हाज़िर है। शाकाहारी व्यक्ति पर प्रहार करना हो तो रबर या कपड़े के जूते का प्रयोग किया जा सकता है हालाँकि उसका प्रभाव शायद सांकेतिक ही हो। दाँत जो टूटता है वह चमड़े के बूट से ही, टूटता है। बन्द कमरों में जब जूता चलता है तो काफ़ी गति से काम करता है। लोग कितना ही बचें मगर जिस तरह जहाज़ का पंछी जहाज़ को छोड़कर अन्यत्र कहीं नहीं जा सकता, कवि कहता है कि उसी प्रकार जूता भी विरोधी दल के सदस्यों की देह के अतिरिक्त और कहीं सुख नहीं पाता। वे दिन अब गये जब सिर्फ़ जूता पहनने वाला ही जानता था कि जूता कहाँ चुभता है— अब तो यह बात सामने की सीट पर बैठे प्रतिपक्षी को ज़्यादा जल्दी और ज़्यादा सच्चाई से मालूम होती है। एक बार तो एक म्युनिसिपल कमेटी की मीटिंग में जूते का इतनी सफलता से प्रयोग किया गया कि एक ही बार में दो व्यक्तियों के चश्मे, दाँत, आधा से लेकर दो तिहाई तक मूँछ और कई टोपियाँ एकसाथ हलाल हो गयी। मेरे विचार में जिस नरपुंगव ने यह शब्दवेधी प्रहार किया होगा उसके परिवार में इसकी पुरानी परम्परा रही होगी। शास्त्रीय संगीत की भाँति इस कला में भी इतनी दक्षता प्राप्त होना एक पीढ़ी के बस की बात नहीं।

कभी-कभी मैं सोचता हूँ कि जूता फेंकने का शायद कोई सांकेतिक अर्थ हो। एक बार किसी राजा का एक दूत वीर विक्रमाजीत के दरबार में आया और उसके सिंहासन के चारों ओर एक निशान खींचकर खड़ा हो गया। राजा के मन्त्री ने तुरन्त उस दूत की तरफ़ एक हड्डी फेंककर मारी। दूत ने फिर एक मुट्ठी बाजरा बिखेरा जिस पर वज़ीर ने मुर्गियाँ मँगवायी और बाजरे पर छोड़ दीं। दूत ने झुककर सलाम किया और अपने राज्य का रास्ता पकड़ा। उसके चले जाने के पश्चात् मन्त्री ने राजा को बताया कि सिंहासन के चारों ओर रेखा खींचने का अर्थ था कि उस दूत का राजा हमारे राज्य पर घेरा डालना चाहता था। मैंने हड्डी फेंककर बताया कि हम बदले में चोट करेंगे। दूत ने बाजरा फेंककर यह बताने की चेष्टा की कि उनकी सेना अनन्त है पर मैंने मुर्गियाँ छोड़कर बताया कि हम उसे खा जावेंगे। इसी तरह बिहारी की नायिका भी नायक को कभी-कभी फूल भेजती थी और वह बदले में उसे पान भेजता था। पान सादा भेजता था या मीठा—यह पद्मसिंह शर्मा ने भी नहीं बताया। तो शायद इसी तरह जूता फेंकने का यह अर्थ हो कि तुम हमारे लिए जूते के तुल्य हो यानी कि तुम्हारे बिना हम चल नहीं सकते यानी कि हम आपको अपना नेता स्वीकार करते हैं। मगर यदि यही अभिप्राय है तो जूते को चाँदी के थाल में मिठाइयों के साथ रखकर प्रतिपक्षी के घर रात को क्यों नहीं भिजवाते? चार आदमियों के सामने नाक पर क्यों मारते हैं?

फिर मैं सोचने लगता हूँ कि राजनीति व सार्वजनिक सेवा के क्षेत्र में हाथापाई और जूता विनिमय का यह प्रयोग शायद देश में वीररस के पुनरुत्थान के लिए ही किया जा रहा है। पुराने ज़माने में तो राजनीति को दण्डनीति ही कहते थे। हमारे यहाँ तो विवाह भी युद्धों के बाद ही होता था। आल्हा-खण्ड की लड़ाइयों में तो यहाँ तक बताया गया है कि स्वयम् दामाद को अन्धे-कुएँ में बन्द किया जाता था और उस पर ख़ूनी हाथी छुड़वाए जाते थे। इन तमाम जोखिमों के बाद यदि सिन्दबाद बचता था तो उसे कन्या का हाथ पकड़ने का सुख प्राप्त होता था। ग्वाल कवि के अनुसार थोड़ा-बहुत युद्ध तो विवाह के बाद भी चलता था। दाम्पत्य जीवन में वीर रस का चित्रण करते हुए इस कवि ने बड़ी मार्मिक बातें कही हैं जो लिखने लायक़ कम और पढ़ने लायक़ ज़्यादा हैं। राजनीति में तो रक्तपात हमेशा से होता आया है; वारेन हेस्टिंग्ज और क्लाइव तो अपने सहयोगियों से द्वन्द्व युद्ध तक करते थे जैसी कि उन दिनों यूरोप में प्रथा थी।

मेरा विश्वास है कि जूता और लालटेन फेंकने की ये छुटपुट वारदातें आने वाले भविष्य की स्वर्णिम झाँकियाँ हैं। जब देश वास्तविक रूप से हिप्पी और बीटनिक हो जायेगा तो सुबह-सुबह लाड़ले कुल दीपक अपने पापा के मुख पर नमस्कार की जगह सड़ा हुआ सन्तरा फेंककर मारा करेंगे। नवविवाहित युवक हनीमून के दिनों में चूड़ियों की जगह एक-दूसरे के दाँत तोड़ेंगे और स्कूलों और कॉलेजों के लड़के अपने

अध्यापकों को काँजी हाउस में बन्द किया करेंगे। सुविधा के लिए हर कॉलेज में यूनियन हाल के पास एक अदद काँजी हाउस होगा। कुलपति की नियुक्ति कुश्ती के आधार पर हुआ करेगी। चुनाव के दिनों में हर मतदाता को मतपत्र के साथ एक तेज़ चाकू मिला करेगा और विधान-सभाओं के सदस्य सदन में लौह कवच पहन कर बैठा करेंगे जैसा कि पुराने ज़माने में युद्ध के समय किया जाता था। अदालतों और दफ़्तरों के सामने टमाटरों और अण्डों के स्टाल होंगे ताकि शाकाहारी और सामिषाहारी दोनों प्रकार के व्यक्तियों को अपनी भावनाएँ अभिव्यक्त करने की सुविधा रहे। कन्यादान के समय लड़की पिता से गर्भनिरोधक गोलियाँ माँगेगी और नववर्ष के अवसर पर लोग एक-दूसरे को पुराने जूतों और पटाखों के पार्सल भेजेंगे। हमारे देश का भविष्य वास्तव में उज्ज्वल है।

हिन्दी में एक नये आन्दोलन की गन्ध

अँग्रेज़ी लेखक सीवेल स्टोक्स का एक चरित्र है मिस्टर ब्रूस। ये हज़रत एक बड़ी लाइब्रेरी में नौकरी करते हैं और इतिहास की पुस्तकों के प्रति एक विशेष प्रकार की रुचि रखते हैं। तवारीख की किताबें पढ़ते-पढ़ते ये उसके माहौल में इतना डूब जाते हैं कि इतिहास के किसी न किसी पात्र से इनका तादात्म्य हो जाता है। इस प्रकार की स्थिति कभी-कभी बड़ी दिलचस्प होती है। उदाहरण के लिए मान लीजिए कि आज सुबह ये किंग जॉन की भूमिका अदा कर रहे हैं तो शाम को उस कन्जूस सौदागर की करेंगे जिसके कि दाँत रुपया ऐठने के लिए किंग जॉन उखड़वाया करता था। किसी दिन दोपहर को ये आठवें हेनरी बने हैं और बात-बात पर आपको लन्दन के टॉवर में बन्द करने की धमकी देते हैं और किसी दिन ये टामस क्रामवेल बने हैं जो बार-बार अपने प्राणों की भीख माँगता है। पिछले सप्ताह तक मेरे मित्र डॉक्टर पद्मधर की भी वही स्थिति थी जो मिस्टर ब्रूस की थी। हाँ, अलबत्ता इस सप्ताह उन्हें सहसा यह पता ज़रूर लग गया कि जिस आन्दोलन को उन्हें अपना जीवन समर्पित करना था, वह हिन्दी में आ गया है। इस ऐतिहासिक आवश्यकता के प्रति विवेक का उदय उनके मन में एक विशेष प्रकार का साहित्य पढ़ने से हुआ जिसमें में कुछ उद्धरण नीचे प्रस्तुत हैं:

(अ) मुक्तिबोध के मरने पर जो सभा हुई उसमें तो मैं जानबूझ कर नहीं गया क्योंकि जाते-जाते रास्ते में एक अजीब ख़याल आया– मान लो जहाँ उनका शव रक्खा है, वहाँ मैं कुत्ते की तरह टाँग उठाकर पेशाब कर दूँ तो?

(मुद्राराक्षस)

(ब) हमने देखा है कुट्टी काटती, धान कूटती, उपले थापती..... सोना लगे घृणाक्षरित संडासों में घुस कर पंजे से पाखाने को आधा तीहा उठा कर पयस्विनियों में प्रवाहित करती....

(केशिनी प्रसाद चौरसिया)

(स) वह नालियों के गन्दे कोड़े निकाल
उन्हें देता है पनाह अपने सिर पर....
वह तमाम काम करने वाली औरतों के

गर्भ काट देता है
वह खोए हुए बच्चों को ढूँढ़कर खाता है–
उनका मांस।
श्मशान भूमि में जाकर कच्ची शराब से नहाता है
चाटता है मुर्दों का ख़ून
खाता है अपनी टट्टी
पीता है पेशाब

(अज्ञात)

(द) स्टैण्ड पर खड़ी
सैंब्रो साइकिल को
एक कुत्ते ने सूँघा
टाँग उठाकर उस पर मूता
नहीं यह काफ़ी नहीं है
मैं उस दिन के इन्तज़ार में हूँ
जब कुत्ता मेरी साइकिल पर नहीं
मुझ पर मूते

(प्रवासी)

(क) मगर तेरी दुनिया अब कुछ ऐसी है
कि पानी क्या, परम्परा, इतिहास और
लड़ाइयाँ तक सब पेशाब हो जाते हैं...

(श्रीराम वर्मा)

ऊपर लिखे उद्धरणों का विघटित पाठ करने के बाद नये आन्दोलन का जो मैनिफैस्टो डॉक्टर पद्मधर ने मुझे सुनाया, वह मैं सुधी समालोचकों व प्रबुद्ध शोध छात्रों की सुविधा के लिए नीचे देता हूँ :

(अ) हिन्दी के इस नये आन्दोलन का ध्येय होगा जीवन की पिछड़ी चीज़ों पर ध्यान देना। पिछड़े देश और पिछड़ी जातियों के उत्थान के लिए सर्वप्रथम हमें अपने ही शरीर के पिछड़े अंगों पर समुचित ध्यान देना होगा। इन पिछड़े भागों को कला में प्रतिष्ठित करने के लिए अपना सौन्दर्य-बोध बदलना आवश्यक है। गन्दगी का सामना उसे छिपाकर नहीं किया जा सकता– वैसा करने के लिए हमें गन्दगी को सार्वजनिक तौर पर भोगना होगा। हमारी अभिशप्त पीढ़ी के लिए इसके सिवा और चारा ही क्या है?

(ब) आन्दोलन को सच्चा विद्रोही रूप देने के लिए हमें उन सारी बातों को अभी से पुनर्जीवित करना होगा जो पूँजीवाद के प्रभाव से अब तक नकारी गयी हैं। बलात्कार, अप्राकृतिक प्रेम क्रीड़ाएँ और आत्महत्या इन्हें जीवन में फिर से समुचित स्थान दिया जायेगा। साहित्य में सत्य की स्थापना एक बार फिर से करनी होगी।

सत्य की हमेशा जीत होती है।

(स) कला के नये आन्दोलन के लिए नये शब्द, नया वाक्य-विन्यास और नयी भाषा खोजनी होगी। बात बोलेगी—बात ही। भविष्य की आवश्यकता को ध्यान में रखते हुए पाठ्य-क्रम में अभी से परिवर्तन करने होंगे। आने वाली पीढ़ी को अभी से पढ़ाना होगा—भ से भगन्दर, न से नपुंसक, श से शराब और ल से लाश।

(द) आन्दोलन के लिए एक नाम ढूँढ़ना होगा। लिंग्वादलमोतवाद ठीक है पर इसमें 'मो' के स्थान पर 'मू' पाठ रखा जाये तो वह ज़्यादा मार्मिक रहेगा और हमारे सन्देश को ज़्यादा ज़िम्मेदारी से वहन कर सकेगा। अपने आन्दोलन की जड़ें हमें अपनी पुरानी संस्कृति में खोजनी होंगी। शेष वस्तुओं की तरह बीटनिक और हिप्पी भी पहले हमारे ही पूर्वज हुए थे। सिद्ध, पिशाच, अवधूत, अघोरी और बाममार्गियों के जीवन का विस्तृत अध्ययन फिर से करना पड़ेगा।

(च) इस प्रकार के साहित्य में दो विशेषताएँ होंगी। एक तो यह कि इसमें व्यक्ति मात्र उसी जीवन का चित्रण करेगा जो कि वह सुबह-शाम जीता है। ओढ़ी हुई मनःस्थितियों के लिए इसमें कोई स्थान नहीं है। दूसरी बात यह कि इस प्रकार के साहित्य में मल-मूत्र का प्रयोग विशेष रूप से किया जायेगा। भारत सरकार के जो विशेषज्ञ यह समझते हैं कि इन वस्तुओं का उपयोग केवल खेती के क्षेत्र में किया जाता है— वे ग़लत हैं। खेती से ज़्यादा मल-मूत्र की आवश्यकता इस समय हिन्दी साहित्य के क्षेत्र में है। काव्य में निष्ठा का स्थान अब विष्ठा लेगी।

रचनाओं की ताज़गी और एक बिशेष प्रकार के स्वाद और गन्ध से मैं काफ़ी प्रभावित हुआ। आन्दोलन का घोषणा-पत्र सुनने के बाद मैंने डॉक्टर साहब से कहा कि अच्छा हो यदि कला व बीभत्सता में कुछ अन्तर रक्खा जाय नहीं तो नतीजा यह होगा कि अश्लीलता में जो थोड़ा-बहुत मज़ा बचा है, वह भी चला जायेगा। मैंने उन्हें उस विदूषक की कहानी भी सुनाई जिसने मज़ाक़ चुक जाने पर राजा के सामने कपड़े उतार दिये थे। डॉक्टर साहब मेरा व्यंग्य समझ गये पर स्थिति साफ़ करते हुए बोले: बन्धु, यह वक़्त संकोच या तर्क का नहीं है— कुछ कर जाने का है। बमपुलिस की ताक़त पुलिस से ज़्यादा होती है। हिन्दी समीक्षकों और कवियों की बड़ी लम्बी पाँति है: अगर दो महीने की भी देर हो गयी तो यह अवसर भी न मिलेगा। जेबी संस्करण के लिए 'हिन्दी का सर्वश्रेष्ठ मल-मूत्र' सम्पादित किया करना और बस। जानते हो, यार लोग इसी के बल पर आने वाले युग का मसीहा बनेंगे? देखा नहीं, नयी कहानी और नयी कविता के नाम पर क्या-क्या हुआ? और इसके बाद डॉक्टर साहब ने मुझे इस तरह देखना शुरू किया जैसे कोई घाघ बिल्ली किसी नौसिखिये चूहे को जान बचाने का रास्ता बता रही हो।

घर आकर मुझे याद आया कि जिस मिस्टर ब्रूस का ज़िक्र मैंने ऊपर किया है, वे आगे चलकर एक दिन लॉर्ड क्लाइव बन जाते हैं और आत्महत्या कर लेते हैं।

यातायात से नायिका तक

यातायात के साधनों में पैदल चलने की प्रथा शायद सबसे पुरानी है। हुएनसांग और इब्नबतूता अक्सर पैदल चला करते थे। रामचन्द्रजी भी अयोध्या से दक्षिण तक पैदल ही गये थे। स्त्री के लिए लोग अब भी कितनी ही दूर चल लेते हैं। रामचन्द्रजी तो ख़ैर अपनी पत्नी के कारण ही इतनी दूर गये थे, आजकल के लोग तो दूसरों की पत्नियों के कारण भी इतना चल-फिर लेते हैं। पैदल चलने का रिवाज़ ज़्यादा होने का एक कारण यह भी है कि यह क्रिया काफ़ी सरल क़िस्म की होती है। पहले आप किसी ऐसे स्थान पर खड़े हो जायें जहाँ कोई दूसरा न खड़ा हो। इसके बाद आप अपना एक क़दम बढ़ाइए और उसे धरती पर रखिए। ठीक इसके साथ अपना दूसरा क़दम बढ़ाइए और उसे धरती पर रखिए। यदि आप इस क्रिया को लगातार कुछ समय तक सुचारु रूप से सम्पन्न करते रहें तो लोग सचाई के साथ कह सकेंगे कि आप पैदल चल रहे हैं। यदि आप इस क्रिया को जल्दी-जल्दी सम्पादित करने लगेंगे तो लोग कहेंगे कि आप भाग रहे हैं। आदमी अकेला भागता है तो हमेशा इसी तरह भागता है। हाँ अलबत्ता अगर वह किसी लड़की के साथ भागता है तो ज़रूर रेल, ताँगा या मोटर का प्रयोग करता है। सत्यता तो यह है कि सच्चे प्रेम के विकास में रेल और मोटर ने जितनी मदद की है उसका अनुमान लगाना कठिन है।

जैसा कि हम सभी को मालूम है, पैदल चलने की प्रथा ज़्यादा दिनों नहीं चली और मनुष्य जाति को सवारी का आविष्कार करने के लिए विवश होना पड़ा। हिन्दी के एक कवि ने लिखा है कि संसार का सबसे पहला कवि वियोगी क़िस्म का कोई आदमी था। उसकी आहों से गान उपजता था और उसकी आँखों से कविता आँसुओं का रूप धारण करके बहा करती थी। मेरे विचार में यातायात का आविष्कार भी सबसे पहले इसी प्रेमी ने किया था। बहुत पुराने ज़माने में किसी दिन एक चतुर प्रेमी ने यह अनुभव किया होगा कि यदि पास के टोले की लड़की भगाकर ले जानी है तो किसी ऐसी चीज़ का सहारा ज़रूर लेना चाहिए जो कि लड़की के बाप से तेज़ दौड़ती हो। बस, उसने पहिये का आविष्कार किया। धीरे-धीरे और साधनों का विकास हुआ। हमारे पूर्वज इस दिशा में बहुत आगे निकल गये थे। अभी उस दिन

एक धार्मिक संस्था के वार्षिक उत्सव में एक सज्जन भाषण में कह रहे थे कि हमारे पूर्वजों को रेल और मोटर बनाने का भी ज्ञान था। इन चीज़ों का प्रयोग उन्होंने केवल इस कारण नहीं किया कि देश में तेल और कोयले की कमी थी। इन वस्तुओं के अभाव में हमारे पूर्वज या तो जानवरों का प्रयोग करते थे या एक-दूसरे की सवारी गाँठते थे। यमराज भैंसे पर चढ़ता था। इसका भैंसा कुछ सुस्त और कमज़ोर था और इसी कारण सावित्री ने इसका पीछा कर यम को पकड़ लिया था। मगर साहब, क्या ज़माने थे! पत्नी ने यम का पीछा किया और उसने पति की जान छोड़ दी। अगर वैसी स्थिति आज हुई होती तो बजाय सत्यवान् को छोड़ने के यमराज सावित्री को अपने साथ और ले जाते। शिव जी महाराज साँड़ की सवारी करते थे। इनकी ससुराल ज़िला हरिद्वार में कनखल नामक स्थान पर थी जहाँ से इनका अपना घर पास ही पड़ता था। साँड़ से पर्वती मार्ग पर आने-जाने की सुविधा रहती थी। जहाँ इच्छा हुई, उतरे और गंगास्नान कर लिया। कोई नये क़िस्म का साँप दिखाई दिया तो पकड़ कर गले में पहन लिया। शिव जी के गण उनके पीछे-पीछे चलते थे और इनमें से कुछ साँड़ के गोबर के कारण फिसलते भी रहते थे। फिसलने के शौक़ में जो बहुत पीछे छूट गये वे ऋषीकेश व लक्ष्मण झूले में रहने लगे।

धीरे-धीरे शिव का परिवार बढ़ गया और सवारी के लिए साँड़ कम पड़ने लगा। साँड़ के कारण लोग डरने भी लगे थे क्योंकि उसी के प्रताप से शिव कामदेव को इम प्रकार भस्म किया करते थे जैसे कि आज-कल के देवी-देवताओं को कामदेव करता है। परिवार बढ़ने पर नयी सवारियाँ आयी। उनके पुत्र गणेश सवारी में चूहे का प्रयोग करने लगे। मेरे विचार से गणेशजी क़द में छोटे रहे होंगे और चूहा उन दिनों शायद बड़ा रहा होगा नहीं तो स्थिति सँभलनी मुश्किल ही थी। और अगर स्थिति किसी तरह बच भी जाती तो चूहा नहीं बचता। मगर आश्चर्य की बात यह है कि जो चीज़ अन्तर्धान हुई वह गणेशजी हैं न कि चूहा। चूहा अभी भी है और काफ़ी सुख से है। कल मैंने एक चूहा ख़ुद ही देखा था जो काफ़ी ख़ुश नज़र आता था। अभी एक सरकारी रिपोर्ट में छपा था कि देश का लाखों मन अनाज चूहेराम खा जाते हैं। मनुष्य की सेहत गिर रही है, चूहे की बढ़ रही है। तबादले का इसे डर नहीं, आयकर इसे नहीं देना, एक पत्नीवाला क़ानून इस पर लागू नहीं तो फिर चिन्ता कैसी? बिना कुछ किये, अच्छे से अच्छा पहनता है अच्छे से अच्छा खाता है। लेखक लोगों के यहाँ चूहे साहित्य का रसास्वादन भी करते रहते हैं। मेरे यहाँ एक चूहा पन्तजी का लोकायतन काफ़ी खा गया। उसे शायद किताब मुझसे ज़्यादा अच्छी लगी। तारीफ़ की बात यह है कि इसे भी सांस्कृतिक आन्दोलन वाले स्थल ही ज़्यादा रुचिकर लगे।

ख़ैर, जैसा कि मैंने ऊपर बताया, धीरे-धीरे प्रेमी लोगों ने पहिये का आविष्कार कर लिया। बैलगाड़ी, भैंसागाड़ी वग़ैरह चलने लगी। हिन्दी कवियों के अनुसार भैंसा

गाड़ी 'चूँ चूँ चरर-मरर' करती हुई चलती है। वैसे मैंने ख़ुद देखा है कि आवाज़ इस तरह की नहीं होती परन्तु जब कविजी कहते हैं तो मैं क्या कर सकता हूँ? तोते जैसी नाक वाली लड़कियाँ ठीक तोते जैसी लगती हैं और केले जैसी जाँघ वाली स्त्री से तो मैं इतना डरता हूँ जितना कि केले के छिलके से भी नहीं। मगर जब कवि कहता है कि ऐसी ही स्त्रियाँ सुन्दर होती हैं तो मानना ही पड़ता है। एक बार तो ऐसी स्त्री भी देखने को मिली जिसकी जंघा एक केले के पेड़ क्या—कोई पचीस केले के पेड़ों के बराबर थी। यही ध्यान रहता था कि देवीजी कहीं गिर न जायें और गिरें भी तो उधर की ही दिशा पर कृपा करें। भगवान साक्षी है कि यदि वह हमारी ओर कृपा कर देतीं तो इस लेख को हिन्दी का कोई और लेखक ही लिखता। मगर कवि केशवदास को ऐसी ही स्त्रियाँ प्रीतिकर थीं। पता नहीं उन्हें केले का इतना शौक़ क्यों था और था भी तो आँगन में एक केले का थाला लगा लेते और बस छुट्टी। यह क्या कि जहाँ कोई ज़रा काम की युवती मिली, ये लोग लगे फल और फूल का व्यापार करने। केले जैसी जंघा, अनार जैसे दाँत, फ्लाश जैसे होठ, कमल जैसी आँख, लता जैसी बाँहें, लीची जैसे कान, पपीते जैसे गाल और न जाने क्या-क्या। लड़की क्या हुई, साग-सब्ज़ी की दुकान हो गयी।

हाँ, तो मैं सवारियों की चर्चा कर रहा था और नायिकाओं तक पहुँच गया। नायिकाओं से बढ़कर तेज़ी से कहीं ले जाने वाली चीज़ अभी बनी ही नहीं। रावण इसी कारण भारत आया, जूलियस सीज़र मिस्र गया और एक बार तीन मील पैदल मैं भी चला। ठाकुर घमण्डी सिंह के साथ तो इस सन्दर्भ में बड़ा अन्याय हुआ था। एक बार घोड़े पर बैठे एक परकीया से मिलने जा रहे थे। घोड़े को रास्ते में एक घोड़ी मिल गयी। ठाकुर साहब अपने प्रेम की याद में आहे भरते थे और घोड़ा अपनी। नतीजा यह हुआ कि घोड़ा वहाँ पहुँचा जहाँ से ठाकुर साहब की नायिका कोई तीस मील दूर पड़ती थी।

अब तो रेल, मोटर और जहाज़ का ज़माना है। अब तो प्रेम भी अन्तर्राष्ट्रीय स्तर पर होने लगा है। स्तालिन की लड़की एक भारतीय नरेश से विवाह करती है और भारतीय विश्व सुन्दरी रीता फ़ारिया पश्चिम के धनपतियों को प्यार के देसी ढंग सिखला रही है। और रेल का तो कहना ही क्या—प्रेम करने का शायद ही कोई ऐसा क्षेत्र हो जहाँ रेल न जाती हो। परकीया के साथ दूरदेश जाना है तो डाकगाड़ी पकड़िए, धर्मपत्नी को कहीं भेजना है तो मालगाड़ी का उपयोग कीजिए। चाहें तो एकसाथ कई नायिकाओं का यातायात भी किया जा सकता है। आज के दिन अगर पृथ्वीराज कन्नौज आते तो आठ-दस संयोगिता ले जाते। वे दिन तो घोड़े के दिन थे; घोड़े पर एक से ज़्यादा संयोगिता बैठ ही कहाँ सकती थी? और हाँ अगर प्रेम में निराशा भी मिल जाये तो भी घबराने की ज़रूरत नहीं। रेल के इंजन को सेवा का मौक़ा दीजिए। बकौल अकबर के अब तो ख़ुदा के रास्ते में भी रेल है, मरना

हो तो एक दिन इंजन से कट मरो।

रेल से मुझे बहुत लगाव है। हर तरह की रेल में मैं बैठा हूँ। लोग तो यूँ ही झूठमूठ कहते हैं कि रेलों का आविष्कार जार्ज स्टिफेंसन ने किया था। सारे जहाँ से अच्छे इस हिन्दुस्तान में मैंने ऐसी रेलों में सफ़र किया है जिनके इंजन और डिब्बे लगता था हज़ारों साल पुराने हैं और कहीं से खुदाई में निकले हैं। अकबर इलाहाबादी इंजन की गलेबाज़ी के भी बड़े क़ायल थे। मैं भी मुग़लसराय पैसेंजर के अलापों को सुनता हूँ तो शास्त्रीय संगीत की याद आ जाती है। वही आरोहअवरोह, वही मेहनत और लगभग वही प्रभाव। और हाँ, इस रेल का इंजन वक़्त का बड़ा पाबन्द है; सुबह को भैरवी, दुपहर को देस और रात को मालकोश। कोई छोटा-मोटा स्टेशन हुआ तो कोई दादरा या ठुमरी सुनाई और आगे बढ़े।

रेल का ज़िक्र करते-करते मैं कहाँ से कहाँ आ गया। अगर पैदल चलने की ही चर्चा रखता तो हर्गिज इतना आगे न बढ़ता।

हमारे चलचित्र

चलचित्र से यूँ तो अर्थ उन तस्वीरों से भी हो सकता है जो हज़रतगंज या कनाट प्लेस में शाम को चलती-फिरती नज़र आती हैं पर मेरा अभिप्राय इस शब्द से सिनेमे से है। सिनेमे से मुझे जन्मजात शौक़ है यानी कि अगर मेरा जन्म न हुआ होता तो मुझे सिनेमे का शौक़ हर्गिज़ नहीं होता। वैसे सच्चाई की बात तो यह है कि यदि मेरा जन्म न हुआ होता तो सिनेमे के अतिरिक्त जो दो-चार शौक़ मुझे और हैं वे भी न हुए होते। ख़ैर, बात सिनेमे की है, सिनेमे तक ही रक्खूँगा।

मेरा जन्म एक मुफ़स्सिल क़स्बे में हुआ था। जैसा कि सभी जानते हैं कुछ शहर और क़स्बे मुफ़स्सिल होते हैं– उदाहरण के लिए वह जगह जहाँ कि मेरा उत्पादन हुआ था। मुफ़स्सिल का ठीक अर्थ तो मैं नहीं जानता पर इतना ज़रूर पता है कि यह कोई विशेष प्रतिष्ठासूचक विशेषण नहीं है। सन्तोष इसी बात का है कि यह क़स्बा मेरे पैदा होने से पहले भी मुफ़स्सिल ही था। और इसका चरित्र देखिए–तीन-तीन पंचवर्षीय योजनाएँ ग्राम-सेविकाओं तथा गृहलक्ष्मियों का रूप धारण करके आयीं मगर अन्त में सबकी सब सरकारी अहलकारों की जीप पर बैठकर जंगल की तरफ़ ही चली गयीं। क़स्बा वहीं का वहीं रहा। पहले भी मुफ़स्सिल था– अब भी मुफ़स्सिल है। जब इस क़स्बे में हमने पदार्पण किया था तो रामलीला, भागवत की कथा तथा होली के अतिरिक्त शायद ही ऐसा कोई और अवसर होता था जब कि काफ़ी लोग इकट्ठे होते हों। उन दिनों खेल-तमाशों की जगह या तो तहसीली स्कूल होते थे या लाला तुल्लीराम की दुकान। कभी मुंशीराम की नौटंकी आ गयी तो रंग आ गया। एक बार हाथरस की एक कम्पनी आयी मगर उसकी तीन अदद जवान मुसम्मातों को कुछ लोग तम्बू में से निकालकर ले गये। तम्बू शिनाख़्त के लिए पुलिस ने रख लिया। रह गये साज़िन्दे और मैनेजर–वे बेचारे बरबाद हो गये। सारी उम्र नाचने-गाने में गुज़ारी, अब क्या करते? मेरा ख़याल बाद में उन्होंने कोई स्कूल या कॉलेज खोल दिया।

ऊपर बताये गये वातावरण में यदि कोई सिनेमा आ जाये तो उसका वही आकर्षण होगा जो कि फ्रान्स में राज्यक्रान्ति का हुआ था। ठीक यही हुआ भी।

पहली बार जब एक उठाईगीर सिनेमा आया तो शायद सारा शहर उसे देखने गया। खेल का नाम था– 'अंगूर वाला'। इसमें एक अदद लड़की थी जो एकदम अंगूर की तरह प्यारी छोटी और रसभरी थी और जब भी वह हँसती थी तो उसे मुँह में रखने की इच्छा होती थी। यह सिनेमा समाजवादी क़िस्म का था, सारे हॉल में एक ही क्लास था और सब लोग फ़र्श पर ही बैठते थे। सिनेमे का मैनेजर काफ़ी मिलनसार था और अगर हम लोग नीचे बिछाने के लिए पुरानी दरी या टाट का टुकड़ा अपने साथ ले जाते थे तो उसे वह मना नहीं करता था। हाल ऊपर से खुला होता था और दीवारें कनात की होती थीं। पिक्चर में प्रतिदिन कोई बीस दफ़ा इण्टरवेल होता था और तीन-चार दफ़ा फ़ौजदारी : हॉल छोटा था और टिकट ज़्यादा बेचे जाते थे। मशीनरी बड़ी पुरानी थी। अक्सर ऐसा होता था कि रेल के इंजन की आवाज़ रेल के गुज़रने के कोई बीस मिनट बाद आती थी। कभी-कभी ऐसा होता था कि पर्दे पर दो लोग एक-दूसरे को जान से मारने की कोशिश कर रहे हैं और आवाज़ आ रही है किसी लड़के-लड़की के प्यारभरे डायलाग की। इस सिनेमे को 'अंगूर वाला' के नाम से पन्द्रह दिन चलाने के बाद एक महीना 'लंगूर वाला' के नाम से चलाया गया। जो लोग पहली पिक्चर देख आये थे वे भी कहते थे कि यह खेल उससे ज़्यादा अच्छा है हालाँकि स्टोरी क़रीब-क़रीब वही है। वह दिन है और आज का दिन है– सिनेमे की बारीकियों के बारे में हमेशा सोचता ही रहा हूँ।

इस सिनेमे के बाद मैंने सैकड़ों सिनेमे देखे। कुछ और भाषाओं के चित्र देखने का अवसर भी मिला मगर जो आनन्द बम्बईमार्का देसी फ़िल्म में है उसका वाक़ई कोई जवाब नहीं। मुझे तो विदेशी फ़िल्मों का मज़ा भी इन देसी फ़िल्मों में ही मिल गया–किसी में संवाद का, किसी में संगीत का और किसी में प्लाट और निर्देशन का। हमारे कलाकार संकुचित दृष्टिकोण नहीं रखते–वे तो सारी वसुधा को ही कुटुम्ब मानते हैं। इस दिशा में कुछ ने वे कमाल दिखाये हैं कि वह देखने की ही चीज़ है।

कला के नये सिद्धान्तों के अनुसार कहानी में कथातत्त्व का कोई विशेष महत्त्व नहीं माना जाता। यदि कहानी की हीरोइन ख़ूबसूरत है तो बिना प्लाट और चरित्रचित्रण के भी कहानी चल सकती है। ठीक यही बात सिनेमे वालों को भी मालूम हो गयी। नतीजा यह है कि सैकड़ों चित्र ऐसे हैं जिनमें या तो वही कहानी है या कहानी ऊटपटाँग है या कहानी है ही नहीं। आख़िर जीवन की जो शाश्वत समस्याएँ हैं जैसे प्रेम, गर्भपात, हत्या, लड़कियों का अपने शरीर को नंगा करने की इच्छा– वे तो हमेशा एक ही रही हैं। जो थोड़ा-बहुत अन्तर है वह तो केवल पेश करने की बात है। कहने का अर्थ यह है कि चित्र पारिवारिक हो या सामाजिक, आदर्शवादी हो या यथार्थवादी–कहानी वही काम कर जाती है जो आगा हश्र काश्मीरी ने पचासों साल पहले अपने ड्रामे के लिए लिखी थी। बस इतना अन्तर है कि यूँ तो रोने की इच्छा सभी देसी चित्रों को देखकर करती है पर पारिवारिक चित्रों में इस सुविधा

की ओर विशेष ध्यान रक्खा जाता है। सामाजिक चित्रों में शादी के पहले बच्चे होते हैं जो काफ़ी सेहतमन्द और गोलमटोल क़िस्म के होते हैं। आदर्शवादी चित्र में नायक विलेन के हाथों यूँ ही मर जाता है और अगर शूटिंग के दिन विलेन बीमार हुआ तो हीरो बेचारा आत्महत्या भी कर लेता है। हीरो हीरोइन को लेकर इस तरह उछलता है जैसे कि सालाना मुआयने के अवसर पर सरकारी पोल्ट्री फ़ार्म का मुर्गा। मुर्गा मैंने यूँ कहा कि यदि हीरो कहीं घोड़े की तरह उछलने लगे तो शीश-महल का सेट, हीरोइन की प्लास्टिक की नाक और हीरो की नकली मूँछें हीरो से भी ज़्यादा कमाल दिखाने लगें।

पुराने कवियों की तरह हमारे सिने-निर्माताओं ने क्या-क्या नहीं किया? कवि बल्लाल ने राजा भोज के दरबार में भवभूति, माघ, बाण, कालिदास और दण्डि को एकसाथ इकट्ठा किया था। ठीक इसी तरह एक फ़िल्म ऐसी है जिसमें अलीबाबा, सिन्दबाद और अलादीन तीनों एकसाथ काम करते हैं। एक तस्वीर मैंने देखी जो पहले आधे घण्टे तक ऐतिहासिक थी, फिर पारिवारिक हो गयी। इसके बाद राष्ट्रीयता का पुट दिया गया और फिर धार्मिक दृश्य दिखाये गये। इसके बाद जब स्थिति काबू से बाहर हो गयी तो अन्त में उसे जासूसी बना दिया गया। भगवान की भाँति कला के भी अनन्त रूप हैं, जिसकी जैसी भावना होती है उसे वैसा ही रूप दिखाई देता है।

मौलिकता की अगर कोई सीमा हमारे चित्रों में है तो वह है रील की लम्बाई। इस सीमा के भीतर जितना किया जा सकता था, हमेशा किया गया। भगवान कृष्ण चुस्त पाजामा पहनकर डान्स दिखा गये, सीताजी सलवार-कमीज़ में अयोध्या आईं, और जहाँ तक मेरा ख़याल है एक फ़िल्म में बादशाह बहादुरशाह ज़फ़र ने सिगरेट भी पी। सिगरेट पीने के बाद बादशाह सलामत ने एक ग़ज़ल कही जिसे तलत महमूद ने गाकर सुनाया। समाँ बँध गया। 'महल' पिक्चर में हीरो ट्रेन से इलाहाबाद से कानपुर जाता है तो रास्ते में नैनी का स्टेशन पड़ता है जो ठीक दूसरी तरफ़ है। कला का मार्ग जनता के मार्ग से भिन्न होता है। शायर, शेर और सपूत बिना लीक के चलते है। इधर एक नयी फ़िल्म देखी तो शायर, शेर और सपूत—से तीनों चीज़ें एकसाथ देखने को मिलीं।

कुत्ते को अगर कोई और काम न हो तो आप जानते हैं वह क्या करता है? मैं बताता हूँ आपको वह रहस्य; वह पूँछ हिलाता रहता है। ठीक वैसे ही देसी फ़िल्मों में जब हीरो के पुट्ठे काम देने लगें, डाइरेक्टर को बाथरूम जाना हो, और हीरोइन को घर पर बच्चों को दूध पिलाने की याद आ रही हो तो फ़ौरन गाना शुरू कर दिया जाता है। और हाँ, मरने से पहले गाना गाने और सुनने का हमारे देश में बड़ा ज़बर्दस्त रिवाज़ है। भूख या बीमारी से तिल-तिल मरती हुई बूढ़ी माँ बिना पक्का गाना सुने कभी मरना नहीं पसन्द करती। मृत्यु से कुछ मिनट पूर्व वह सारे महल्लेदारों, राहगीरों और डॉक्टरों वग़ैरह के सामने कहेगी—और हाँ बेटा ज़रा तू वह गाना तो

सुना जो तू गाया करता है। और बेटा पूरे आर्केस्ट्रा के साथ एक फड़कती हुई ग़ज़ल सुनायेगा और उनका तात्कालिक प्रभाव यह होगा कि वह बूढ़ी माँ जो शायद वैसे एक बरसात और खींच जाती, तुरन्त मर जायेगी। गाने और मरने के पारस्परिक सम्बन्धों को देखकर मैं तो कभी-कभी इतना आतंकित हो जाता हूँ कि जैसे ही पर्दे पर गाना शुरू हुआ, मैं सोचने लगा कि कोई न कोई मरने वाला ज़रूर है। भर्तृहरि ने कहा था कि साहित्य, संगीत और कला से विहीन होकर मनुष्य उस मृग की तरह हो जाता है जिसके सींग नहीं होते। सिनेमे में जो कला, साहित्य और संगीत है उससे संयुक्त होकर मनुष्य मृग भी नहीं रहता– वह सिर्फ़ सींग हो जाता है, सींग।

गाना गाने के बाद अदालत जमती है। फ़िल्मी लोग किसी न किसी सिलसिले में अक्सर अदालत जाते रहते हैं और इस कारण उस स्थान से उन्हें सच्चा प्रेम होना स्वाभाविक भी है। होता यह है कि पिक्चर चाहे धार्मिक ही क्यों न हो–सेशन जज की अदालत ज़रूर दिखाई जायेगी। और अदालत के सीन जिस सच्चाई और गम्भीरता से दिखाये जाते हैं उसका तो कहना ही क्या! जज साहब सिगरेट पी रहे हैं, वकील साहब पान चबा रहे हैं, गवाह मज़ाक कर रहा है, और जोकर मियाँ वकील साहब की पतलून पीछे से खींच रहे हैं। दूसरे शब्दों में एकदम घरेलू वातावरण। एक पिक्चर में माननीय जज महोदय अभियुक्त को बरी करते हुए उसे मिस इण्डिया का खिताब भी देते हैं। कितना अच्छा हो यदि सचमुच की अदालतें भी इसी तरह काम करने लगें : जज साहब मिलनसार क़िस्म के इंसान हों कि जब कुछ और कुछ काम न हो तो चलो ज़रा उन्हीं से दो बातें कर आयें। भले इंसान हैं बेचारे। अदालत का वातावरण इस तरह हो कि गवाह की मालिश की जा रही है, जज साहब चाय पी रहे हैं और बीच-बीच में एक-दो शेर भी पढ़ते जाते हैं, वकील साहब अपराधी से माँगकर बीड़ी सुलगा रहे हैं, पेशकार पपीता खा रहा है और बीज निकाल निकालकर जज साहब की मेज़ पर रखता जाता है। सरकारी काम जो चल रहा है सो अलग।

एक साहब कहते थे कि हमारे सिने-कलाकार व्यक्तिगत जीवन के प्रति बड़े सच्चे हैं। अगर कोई कलाकार पर्दे पर आत्महत्या करता है तो वह घर जाकर भी वैसा ही करता है। जो हीरोइन फ़िल्मों में हर लड़के के साथ भागती रहती है वह अपने घर जाकर भी वैसा ही करती है। जो नायक अपनी पत्नी को पर्दे पर पिस्तौल से मारता हैं वह सिनेमे के बाहर भी वैसा ही करता है। यह ठीक भी है क्योंकि बिना कला को पूरी तरह आत्मसात् किये कोई कलाकार कभी महान् नहीं बन सकता। और जो ज़रूरी चीज़ है वह है महान् बनना–न कि कलाकार। इस सन्दर्भ में एक बार गोप से मिल कर मैं बड़ा प्रभावित हुआ था। वह बड़ा सच्चा कलाकार था– जितना मोटा पर्दे पर था, ठीक वैसा ही दैनिक जीवन में भी था। ऐसी ही सच्चाइयों के कारण हमारी फ़िल्में आदर्शवादी होती हैं। नाइट क्लब, स्विमिंग सूट, पिस्टल शूटिंग, हॉर्स रेस, नंगे नाच, शराबघर, जुए के अड्डे, चोरी, डकैती, बलात्कार–इन

सबको काफ़ी सच्चाई के साथ पेश करने के बाद पिक्चर का अन्त हमेशा किसी न किसी बड़ी बात से होता है। सादा जीवन, उच्च विचार। हमारी सभ्यता महान् है, हमारी नारियाँ देवी हैं, हमारा भविष्य उज्ज्वल है और हम सब या तो उस देश के वासी हैं जिसमें कि गंगा बहती है या हम सब एक डाल के पंछी हैं। अब आप लोग घर जाइए और परिवार-नियोजन कीजिए।

बम्बई के एक प्रतिष्ठित हॉल में एक बार मैं ऐसी स्थिति में फँस गया कि एक ही टिकट से लगभग एक सप्ताह सारे शो देखता रहा। हुआ यह कि सीटों पर नया-नया पेंट हुआ था और तीन घण्टे बैठा-बैठा मैं उससे इस तरह चिपक गया था जैसे कि कालिदास के शब्दों में शब्द से अर्थ चिपकता है। काफ़ी लोगों के सम्मिलित सहयोग से कुर्सी और मैं अलग-अलग किये गये। पर कुछ भी हो वे मज़े फिर कभी नहीं मिले जो अपने उस मुफ़स्सिल क़स्बे में मिलते थे। सारा का सारा महल्ला साथ जाता था और वह हंगामा मचाता था कि पूछिए नहीं। हीरोइन ने कहीं अँगड़ाई ली तो इधर बुद्धू पानवाले ने हाय छम्मो कहकर छाती पर हाथ मारा। अगर कहीं बिजली भाग गयी तो राजाराम खोंचेवाले ने कहा कि देखो, देखो, यह रात का सीन चल रहा है। कहीं हीरोइन ने हीरो से रातभर रुकने को कहा (अँधेरिया है रात सजन अइहो कि जइहो) और हीरो ने नखरे किये तो पण्डित द्वारिकानाथ जूतेवाले कहेंगे कि अबे क्यों वक़्त ख़राब कर रहा है? जा जू के अलग कर ताकि खेल शुरू हो। फिर क्या तब आवेगा जब यह बुढ़िया हो जावेगी? हमसे कोई एक दफ़ा कहता तो बीस दफ़ा जाते। पण्डित द्वारिकानाथ बड़े रसिक व्यक्ति थे—जितने जूते बेचते थे उससे ज़्यादा उन्हें मिलते थे। टेकनिकल भाषा में निर्यात से आयात अधिक था। इसी तरह एक दफ़ा किसी स्टंट फ़िल्म में दो-चार शेर खुले हुए पर्दे पर आ गये तो आधे दर्शक कनात के बाहर निकल गये। वह क़िस्सा तो आपने सुना नहीं होगा कि एक साहब एक पिक्चर का हर एक शो एक महीने तक लगातार देखते रहे थे। बात यह थी कि उस फ़िल्म में एक अदद लड़की नंगी होकर नदी में नहाना चाहती थी। लड़की ज़रा चरित्रवती थी और जो कुछ चाहती थी करके दिखाती थी। गर्ज़ यह कि उसने कपड़े उतारने शुरू किये। शायद एक कपड़ा रह गया कि इतने में रेल आ गयी जिससे वह छिप गयी। ये हज़रत एक महीना पिक्चर बराबर इस उम्मीद में देखते रहे कि शायद किसी दिन ट्रेन लेट हो जाए और लड़की के शरीर की पूरी-पूरी छटा देखने को मिले। मगर उनकी आशा कभी पूरी नहीं हुई। वे दिन थे ईस्ट इण्डियन रेलवे के, उन दिनों भला गाड़ियाँ कभी लेट होती थीं?

मल्लिनाथ की परम्परा

जैसा कि आप लोगों में से कुछ जानते होंगे, संस्कृत के एक कवि थे कालिदास। शादी से पहले इनका शौक़ यह था कि पेड़ की जिस डाल पर बैठते थे, उसे ही काटा करते थे। इनकी इस प्रतिभा से चमत्कृत होकर कुछ पण्डितों ने इनकी शादी एक सुन्दर और विदुषी राजकुमारी से करा दी। मूर्खों की पत्नियाँ हमेशा से अच्छी होती आयी हैं। शादी के बाद कालिदास कविता करने लगे और महाकवि के पद को प्राप्त हुए। जो लोग शादी के बाद कविता करना शुरू करते हैं उनकी हमेशा यही स्थिति होती है। हाँ, अलबत्ता जो लोग शादी के पहले कविता लिखते हैं उनका काव्य प्रेम शादी के बाद सूख जाता है। शादी के बाद वे लोग नाटक खेलने लगते हैं जिसे महल्लेदार देखते हैं। जैसे एक कालिदास हुए वैसे ही एक मल्लिनाथ भी हुए। माल्थस के शब्दों में जहाँ खाना होता है वहाँ मुँह भी प्रकट हो जाता है। मल्लिनाथ को कालिदास की कविता के बारे में भ्रम था कि वह दुर्व्याख्याओं के विष से मूर्च्छित है और इसी कारण इन्होंने उनके सारे काव्य ग्रन्थों की एक और ललित व्याख्या की जिसका कि नाम था संजीवनी। मल्लिनाथ के बारे में ज़्यादा तो मुझे पता नहीं है पर इतना ज़रूर मालूम है कि ये अपनी सेहत का बड़ा ख़याल करते थे। कुमार सम्भव के आठवें सर्ग में कालिदास ने शिव पार्वती की सुहागरात का ज़रा ज़्यादा सूक्ष्म वर्णन कर दिया तो उन्हें कुष्ठ रोग हो गया। मल्लिनाथ ने अपने स्वास्थ्य को ध्यान में रखते हुए सातवें सर्ग के बाद टीका ही नहीं की।

कालिदास तो दुबारा उत्पन्न नहीं हुए पर मल्लिनाथ की परम्परा चलती रही। ऐसे लोग समाज में हमेशा होते रहे। उन्होंने व्याख्या और टीका-टिप्पणी की प्रथा को कला की चरम सीमा तक पहुँचाया। सच्चाई तो यह है कि मेरा स्वयं इन दिनों एक छोटे साइज़ के मल्लिनाथ से पाला पड़ा हुआ है और बचने की दो ही सूरतें नज़र आती हैं– एक तो यह कि मेरा प्रयाग से स्थानान्तरण हो जाये या फिर इन्हें ही कालिदास की तरह कुष्ठ रोग हो। मेरा निश्चित मत है कि ये हज़रत जिनकी कि मैं चर्चा कर रहा हूँ, पिछले जन्म में ज़रूर मल्लिनाथ रहे होंगे; एकदम वही आदतें और वही विचार। हाँ, इतना फ़र्क़ ज़रूर है कि मल्लिनाथ की व्याख्या से कालिदास

की वाणी जीवित होती थी और इनकी व्याख्या सुनकर मेरी आत्महत्या करने की तबीयत होती है।

जैसे पुराने मल्लिनाथ को लिखने का शौक़ था, इन मल्लिनाथ को बोलने का शौक़ है। हर वक़्त बोलते रहते हैं, नहाते हुए गाना गाते हैं, सोते हुए गालियाँ बकते हैं और हजामत बनाते हुए भाषण देते हैं। कोई व्यक्ति इनके सामने कितनी ही सरल बातें करे, ये उसका उल्टा ज़रूर करेंगे। और कुछ नहीं तो हिन्दी से हिन्दी में ही अनुवाद करेंगे। जब तक बात का और बात करने वाले का कचूमर नहीं निकल जायेगा तब तक इनकी सरस्वती विश्राम नहीं लेंगी। इनकी उपस्थिति में कोई कुछ कहे, इन्हें उसमें व्याख्याकार की प्रतिभा दिखाने का पूरा-पूरा अवसर मिल जायेगा। जहाँ बिल्कुल भी कोई रहस्य न हो वहाँ भी आधा घण्टा धाराप्रवाह बोल जायेंगे और बीच में रुकने या संक्षेप में बात करने के लिए आप इन्हें कभी विवश नहीं कर सकेंगे।

कई दिन से कुछ ऐसा हुआ कि मुझे ज्वर था। मल्लिनाथ आये, मूढ़े पर बैठ गये। पूछने लगे कि क्या हाल है? मैंने कहा कि बुख़ार है।

"हाँ, नौकर कहता तो था कि साहब को बुख़ार है। इसे ज्वर भी कहते हैं।"

(इत्यमरः)

"जी ठीक कहता था। सर्दी लग गयी कुछ गला ख़राब हो गया शायद उसी हालत में सिगरेट पी ली और बुख़ार आ गया।"

"ठीक-ठीक। मैं बताता हूँ। आपको सर्दी लग गयी होगी, फिर गला ख़राब हो गया होगा, ऊपर से आपने सिगरेट पी ली होगी। ऐसा करने से बुख़ार आ जाता है। इसे ज्वर भी कहते हैं। मेरे साथ भी एक बार ऐसा हुआ। उन दिनों मैं फ़ील्ड पर था। मुझे पहले सर्दी लगी, फिर गला ख़राब हो गया, फिर मैंने सिगरेट पी ली। जानते हैं क्या हुआ? मुझे बुख़ार—यानी कि ज्वर आ गया...."

"मैं सोचता था कि ऐसा करने से लॉटरी आयेगी।"

"ओह, आप सोचते थे कि वैसा करने से लॉटरी आयेगी।"

मैं चुप हो गया। इतने में एक और मित्र मिलने आ गये। जो कुछ हम लोग आपस में बोलते रहे, उसे मल्लिनाथ एक-दूसरे तक दुबारा पहुँचाते रहे।

"क्यों दोस्त बुख़ार आ गया क्या?"

मल्लिनाथ (मुझसे) : ये पूछ रहे हैं कि क्या बुख़ार आ गया?

मैंने कहा कि कुछ यूँ ही हरारत हो गयी। शायद थोड़ी सर्दी लग गयी, फिर गला ख़राब हो गया फिर मैंने सिगरेट पी ली। कुछ टेंप्रेचर हो गया। कोई ख़ास बात नहीं।

मल्लिनाथ ने पूरा का पूरा डायलाग फिर दोहराया हालाँकि जिस दोस्त से मैं बात कर रहा था वह मेरे ज़्यादा क़रीब बैठा था।

इसी तरह एक दिन मेरे यहाँ आये और तुर्गनेव का 'पिता और पुत्र' पढ़ने को ले गये। पढ़कर जब किताब वापस देने आये तो मैंने ग़लती से पूछ लिया—कैसी लगी?

"अच्छी है। यह दरअसल नाविल है। इसे हिन्दी में उपन्यास भी कहते हैं।" (इति मेदिनी)

"वह तो मुझे पता है मगर किताब लगी कैसी?"

"ठीक है। इसमें दो पिता और दो पुत्रों की कथा है। घोड़ा गाड़ी है जो कभी इधर जाती है, कभी उधर जाती है। एक चचाजान हैं जो पिस्तौल लेकर ड्यूएल लड़ने जाते हैं...."

"हाँ, हाँ एक-दो विधवा रूपसियाँ भी हैं शायद..."

"जी हाँ वे अभी भी हैं। कुछ नौकर-चाकर भी हैं। एक-दो कुत्ते भी पार्ट अदा करते हैं। एक घोड़ागाड़ी है जो कभी इधर जाती है, कभी उधर जाती है। एक चचाजान हैं जो पिस्तौल लेकर ड्यूएल लड़ने जाते हैं...."

और इसके बाद एक घण्टे तक ये मुझे इस घोड़ागाड़ी और चचाजान के बारे में बताते रहे।

एक बार मेरे एक कर्मचारी को दिल का दौरा पड़ गया। आधी रात के क़रीब मैं उसे अस्पताल में भरती कराकर आया। सुबह मैंने मल्लिनाथ को वहाँ भेजा और कहा कि आकर सारा हाल विस्तार में बताना। ये दोपहर को आये और सबके सामने इस तरह रिपोर्ट देने लगे :

"मैं मेडिकल कॉलेज गया। कोई आठ बजे घर से चला। आठ भी हो सकते हैं साढ़े आठ भी हो सकते हैं। मेरी घड़ी ज़रा दुरुस्त होने गयी है। छोटे बच्चे ने तोड़ दी—मेरा मतलब उस बच्चे से है जो छोटा है। आपके यहाँ एक दिन फूल तोड़ने भी आया था..."

"हाँ, तो आप आठ बजे चले।"

"हाँ, तो मैं आठ बजे चला। थोड़ी देर चौराहे पर लग गयी। बत्ती लाल थी। पहले उस साइड का ट्रैफिक खुला जिधर की बत्ती हरी थी। इसके बाद जानते हैं क्या हुआ?"

"क्या हुआ?"

"इसके बाद हमारी तरफ़ की बत्ती हरी हो गयी। हैं जी....फिर मैं आगे चला। कॉलेज के बाहर मुझे एक डॉक्टर मिल गये। वे भी अन्दर जा रहे थे। मैंने जूते के फ़ीते बाँधे। चश्मा साफ़ किया। स्कूटर खड़ा किया। इतने में क्या देखता हूँ कि वह साथ वाला डॉक्टर पता नहीं कहाँ चला गया। मेरे ख़याल में कहीं चला ही गया होगा वरना ज़रूर नज़र आता। हैं जी... फिर मैंने एक आदमी से पूछा कि क्या तुम चपरासी हो? उसने कहा कि मैं (यानी कि वह आदमी) चपरासी हूँ। फिर मैंने पूछा, क्या तुम मेडिकल कॉलेज के चपरासी हो? उसने कहा कि जी मैं मेडिकल कॉलेज का चपरासी हूँ। फिर मैंने पूछा कि क्या तुम जानते हो वार्ड नम्बर पन्द्रह किधर है? उसने कहा कि मैं नहीं जानता। मैंने पूछा कि क्या कहा—आप नहीं जानते? उसने कहा कि

मैंने कहा कि मैं नहीं जानता। इसके बाद मैं आगे बढ़ा। हैं जी....आगे बढ़कर क्या देखता हूँ कि एक आदमी एक पीली-सी कोठरी का ताला बन्द कर रहा है। एकदम पीली कोठरी—थाना या कचेहरी जैसी। मैं वहीं खड़ा हो गया। बैठा नहीं हालाँकि बेंच पड़ी थी। बेंच पर पेंट नया-नया हुआ था। अब आप पूछेंगे कि हमें इसका पता कैसे लगा? बात यह थी कि बेंच पर एक तख़्ती लगी थी कि इस पर बैठिए नहीं क्योंकि पेंट नया-नया हुआ है। हैं जी....तो मैंने सोचा कि यह आदमी ज़रा ताला बन्द कर ले तो पूछें कि वार्ड नम्बर पन्द्रह किधर है। अनजान जगह तो पूछने से ही काम चलता है। एक बार हरिद्वार में हम खो गये थे तो पूछ-पूछकर ही गंगा जी तक पहुँचे थे। हैं जी... तो इतने में क्या हम देखते हैं कि वह तालेवाला आदमी भी ग़ायब हो गया। अजब हस्पताल है— जिसे देखिए वही ग़ायब हो रहा है। बात दरअसल यह थी कि वह ताला बन्द नहीं कर रहा था वरन् खोल रहा था। ताला खोलकर वह कोठरी के भीतर चला गया। कोठरी का दरवाज़ा अन्दर से बन्द होता था। हैं जी...."

दुर्भाग्यवश मैं मल्लिनाथजी के साथ एक दिन फ़िल्म देखने चला गया। अच्छी-ख़ासी फ़िल्म थी। एक अमीर और ख़ूबसूरत लड़की का एक ग़रीब लेखक से प्रेम हो जाता है। ऐसी फ़िल्में मुझे बहुत पसन्द हैं। ज़िन्दगी के शुरू के पचीस साल मैंने इसी इन्तज़ार में निकाल दिये कि कोई ऐसी लड़की कभी मुझ पर भी ध्यान देगी। सुन्दर न भी हो—सिर्फ़ धनी हो तब भी काम चल जायेगा। मगर ऐसा कभी नहीं हुआ। ज़माना कुछ ऐसा बदला कि सारी अमीर लड़कियों ने कुत्तों और घोड़ों से प्यार करना शुरू कर दिया। अब मैं पिछले दस वर्ष से सोच रहा हूँ कि कोई अमीर विधवा ही मेरा उद्धार करे। मगर ऐसा भी भाग्य कहाँ? या यह भी हो सकता है कि मेरे योग्य लड़कियाँ अभी विधवा ही नहीं हुईं। चलो, कोई बात नहीं, प्रतीक्षा कर लेंगे। देर मंज़ूर है अन्धेर नहीं। हाँ तो इस फ़िल्म में मल्लिनाथजी मेरे पास वाली सीट पर बैठे थे। जो कोई डायलाग पर्दे पर बोला जाए उसे ये बराबर दोहराएँ। एक जगह नायक ने कुछ मज़ाक़ की बात की तो यह मुझसे कहने लगे कि देखो यह शायद मज़ाक़ कर रहा है; चलो, हम भी हँस लें। आख़िर दुनिया बिना बात थोड़े ही हँस रही है। इसी तरह हीरो ने थोड़ी देर बाद हीरोइन को जगह-जगह से दबाना शुरू किया। हम देख ही रहे थे कि मल्लिनाथ ने बग़ल में कुहनी मार कर कहा :

"जानते हो वह क्या कर रहा है? यह इसे प्यार कर रहा है....हैं जी....अच्छी-भली चंगी सूरत की छोकरी है। अच्छा बच्चू अब उसे गले लगा रहे हैं। देखो-देखो, आगे क्या करता है...."

इसके बाद मैंने आँखें बन्द कर लीं। लड़की घोड़े पर से गिर गयी। मल्लिनाथ दुखी हुए। कहने लगे कि देखा, घोड़ा तेज़ न दौड़ता तो इतनी प्यारी लड़की कैसे गिरती? इशारा करते हुए मुझसे कहने लगे कि देखो वह लड़की घोड़े से गिरी है। घोड़ा वह है जो खड़ा है और लड़की वह है जो सलवार में से जूता निकाल रही है।

गिरने से पहले यह लड़की घोड़े की पीठ पर थी...

फिर कोई गाना आ गया। मल्लिनाथ चुप हो गये। मैंने पूछा कि आप साथ-साथ गाना नहीं गाते? ये संजीदगी के साथ कहने लगे कि इससे हाल में डिस्टर्बेन्स होता है। आख़िर और लोगों ने भी तो पैसे दिये हैं। और दूसरे मुझे बेकार बात करने से बड़ी चिढ़ है यानी कि वे लोग जो बेकार बक-बक किये जाते हैं उनसे मुझे बड़ी नफ़रत है। हैं जी....कुछ लोग होते हैं न जो बिना बात हवा के माफ़िक बोलते रहते हैं....एक हमारे मामा स्टेशन मास्टर थे; उनके यहाँ गाड़ी लड़ गयी मगर गप्पें मारनी नहीं छोड़ी। बात यह हुई कि....

और मैं अँधेरे ही में आँखें फाड़-फाड़ उन्हें देखता रहा।

ये सब निरपराध हैं...

पिछले दिनों हमारे देश में विद्यार्थियों ने काफ़ी बड़ा आन्दोलन किया। जगह-जगह पुलिस से मुठभेड़ हुई। बसें जला दीं, पेट्रोल पम्प में आग लगा दी और रेल गाड़ियाँ रोक दीं। हमारी आत्मा को इन समाचारों से बड़ी शान्ति प्राप्त हुई। वह देश ही क्या जिसमें आन्दोलन न होते हों और वह आन्दोलन ही क्या, जिसमें पुलिस से हाथापाई न की जाये? रह गया सामान तोड़ना और बसें वग़ैरह जलाना, सो वह तो किसी देश की समृद्धि के लिए वैसे भी शायद आवश्यक है। पुराना सामान जलाने पर नया सामान आता है जिससे देश का कारोबार बढ़ता है। पिछले आन्दोलनों के कारण कितने ही कॉलेजों में नया फ़र्नीचर आ गया जो वैसे बीस साल तक नहीं आता। जहाँ-जहाँ पुराने अध्यापकों की हानि हुई, वहाँ नये अध्यापक आयेंगे। यह सब आन्दोलन के कारण ही तो हुआ?

कुछ लोग इस देश में ऐसे भी हैं जो आन्दोलनों से घृणा करते हैं। उनके विचार में देश को मुर्दे की तरह पड़ा रहना चाहिए और पुरानी बसों और पुराने डाकखानों से ही काम चलाते रहना चाहिए। इस प्रकार के अल्पमति लोग इस प्रकार के उपद्रवों के लिए कभी अध्यापकों को दोषी ठहराते हैं और कभी छात्रों को। यदि छात्र और अध्यापक दोनों पास ही खड़े हों तो दोष सरकार को दिया जाता है। मेरा तो यह दृढ़ विश्वास है कि इन महान आन्दोलनों के लिए किसी भी पार्टी को दोषी ठहराना इस देश के इतिहास के भी ख़िलाफ़ है और भूगोल के भी। यदि गाँधी जी डण्डीमार्च कर सकते थे तो लड़का लोग डण्डामार्च क्यों नहीं कर सकते?

कहा जाता है, पुराने ज़माने के छात्रों में बड़ा अनुशासन होता था। एकलव्य ने गुरुजी के कहने पर अपना अँगूठा इस तरह काटकर दे दिया था जैसे आज के छात्र अपने अध्यापकों को सिगरेट पेश करते हैं। इस घटना की सच्चाई का हमें पता नहीं क्योंकि जिस समय एकलव्य ने यह क्रिया सम्पादित की थी, हम वहाँ नहीं थे। हमारे किसी अध्यापक ने हमसे हमारा अँगूठा नहीं माँगा; अलबत्ता एक बार एक अध्यापक ने हमारी अँगूठी ज़रूर माँगी थी। ख़ैर, अपने ज़माने की तो हम बात ही क्या करें। उन दिनों तो अनुशासन ज़रूरत से ज़्यादा होता था और नतीजा यह हुआ कि हमारे चरित्र का विकास कभी नहीं हुआ। मुझे अपने चरित्र का ख़ूब पता

है, जितना वह मिडिल स्कूल में था, उतना ही अब है : मजाल है, जो एक इंच भी किसी तरफ़ को बढ़ा हो। जब हम लोअर मिडिल में थे, तो अपने अध्यापकों की बड़ी इज़्ज़त करते थे। एक दफ़ा हमने हेडमास्टर की पुरानी छतरी कुएँ में ज़रूर डाल दी थी और एक बार स्कूल का काला तख़्ता भी होली के शुभ अवसर पर जला दिया था, मगर इसके अतिरिक्त कभी कुछ नहीं किया। सच्चाई की बात यह भी है कि छतरी के सिवाय हमारे मास्टर के पास और काले तख़्ते के अलावा हमारे स्कूल में कोई और चीज़ ऐसी थी ही नहीं जिसे चल या अचल सम्पति के नाम से पुकारा जा सके। मिडिल स्कूल में हमारे हेडमास्टर शराब पीते थे। उनके सामने हम लोगों की कभी ज़ुबान नहीं खुली। हाँ अलबत्ता उनके पीछे हम उनके परिवार के साथ इतने घनिष्ठ सम्बन्ध स्थापित करने की प्रतिज्ञा किया करते थे जितने कि शायद मास्टर साहब के स्वयं भी नहीं थे। क्या खूँख्वार आदमी था! मेरे ख़याल में अगर चंगेज़ खाँ भी उनसे कहीं मिलता तो एक या दो सबक लेकर ही जाना पसन्द करता।

आजकल बदला हुआ ज़माना है। लड़के-लड़कियाँ अध्यापकों की इज़्ज़त नहीं करते। यह ग़लत है। जिस देश में अध्यापकों की प्रतिष्ठा नहीं होती, उसका पतन हो जाता है। इस असार संसार में कुछ ऐसे भी नीच प्राणी हैं जिन्हें कि अगर कोई अध्यापक बिना अंगभंग के इधर-उधर घूमता दिखायी पड़ जाये तो ठीक वैसा ही हार्दिक दुख होता है जैसा कि साबुत नाकवाली शूर्पणखा को देखकर लक्ष्मणजी को होता था। ख़ैर, हमारे विचार दूसरी क़िस्म के हैं। हमारे विचार में तो अध्यापक चाहे कितना भी पतित क्यों न हो, चाहे वह कितना भी कम पढ़ाये, चाहे छात्रावास का कितना ही धन खाये, चाहे आपसे लिखवाकर पुस्तकें अपने नाम से छपवाये और चाहे उसी लड़की पर निगाह रखता हो जिस पर आप रखते हैं, हम तो उसका आदर ही करेंगे। हमारे यहाँ का रिवाज़ ही ऐसा है। औरतों को ही ले लीजिए। तुलसीदास एक जगह उन्हें ढोलक की तरह दोनों तरफ़ से पीटने को कहते हैं और दूसरी जगह उनकी तुलना देवियों से करते हैं। यह हमारी परम्परा है कि हम किसी चीज़ को पतित भी रक्खें, और उसकी प्रतिष्ठा भी करते रहें।

जैसा कि मैंने ऊपर बताया, मैंने स्वयं किसी अध्यापक का अनादर नहीं किया। एक बार एक वरिष्ठ प्रोफ़ेसर ने मदिरा की बोतल माँगी थी, हमने वह भी दी थी। इसी प्रकार एक अवसर पर एक अध्यापक के आग्रह पर हमें एक दूसरे अध्यापक की पिटाई के लिए विवश होना पड़ा था, मगर उस क्रिया के सम्पादन में भी हमें हर्ष ही हुआ था। अपनी आत्मा की पवित्रता बरकरार रखने के लिए इन अध्यापक को पीटने के बाद हमने उनके उन साथी का नाम भी उन्हें बता दिया था जिनके आग्रह पर हमने उन्हें पीटा था। क्योंकि हम लोग अपने गुरुजनों का आदर करते थे, हमने कभी कोई आन्दोलन नहीं किया। हमारा चरित्र हमेशा पिछड़ा हुआ रहा और नेतृत्व के गुण उसमें कभी भी विकसित नहीं हुए। पुलिस से हमारी हाथापाई कभी

नहीं हुई। हाँ, अलबत्ता एक बार चन्द लड़कों ने होली के अवसर पर दरोग़ाजी की दाढ़ी-मूँछ ज़रूर साफ़ कर दी थी मगर इसके अलावा और कुछ नहीं।

ज़ाहिर है कि बदलते ज़माने में लड़के हम लोगों की तरह नहीं रह सकते। वैसे भी हमारे ज़माने में नेता लोगों की ख़पत ज़्यादा नहीं थी। देश में दो-चार नेता होते थे और छुट्टी। ये दो-चार नेता भी शालीन और वयोवृद्ध क़िस्म के होते थे और हाथापाई या एक-दूसरे पर जूता वग़ैरह फेंकने का शौक़ इन्हें नहीं होता था। ये लोग तो बन्द कमरों में बैठ कर बहस करते थे। इन दिनों जब हर तहसील और परगने में तीस-चालीस ठोस और क्रियाशील क़िस्म के नेता चाहिए तो विद्यार्थियों को भी जूता फेंकने के सारे हुनर अभी से सीखने होंगे। अगर ऐसा नहीं होगा तो प्रजातन्त्र कैसे चलेगा?

अध्यापकों के बारे में मैं क्या कहूँगा? मैं तो उनका आदर ही करता आया हूँ। जिस ज़िम्मेदारी से देश के शिक्षा संस्थान चल रहे हैं उसे देखकर हमारा मस्तक गौरव से झुक जाता है। कितने कमाल की बात है कि सिर्फ़ बीस साल के अरसे में कॉलेज और यूनिवर्सिटी उस स्तर पर आ गये जो कभी काँजीहाउस का होता था। भारत के इतिहास और भूगोल में अध्यापकों का यह त्याग हमेशा अमर रहेगा। कुछ गुरुजनों का चरित्र तो इतना उज्ज्वल है कि ग़रीब लड़के उसकी रोशनी से बिजली का काम ले सकते हैं। जहाँ तक छात्रों की अनुशासनहीनता की बात है, इसकी ज़िम्मेदारी अध्यापकों पर डालना असंगत है। अनुशासनहीनता की ज़िम्मेदारी या तो उन अमीर या ग़रीब माँ-बाप पर है जो सारे दिन धन कमाने में लगे हैं और जिनके पास बच्चों को देने के लिए कोई वक़्त नहीं है या यह ज़िम्मेदारी विदेशी गेहूँ पर है जोकि छात्रावासों में लड़कों को खिलाया जाता है। अध्यापक इस दिशा में कुछ नहीं कर सकते।

जहाँ तक राजनीतिक नेताओं का प्रश्न है, मेरे विचार में वर्तमान स्थिति के लिए सबसे कम ज़िम्मेदार वही हैं। नेताओं ने शिक्षा के लिए क्या-क्या नहीं किया? क्या किसी और देश में ऐसे स्कूल खुल सकते थे जिसमें मास्टर न हों और सामान न हो, केवल विद्यार्थी हों? हमारे देश को गर्व है कि हमारे यहाँ ऐसे स्कूल भी हैं। स्थिति यह है कि मेरे ज़िले में एक नेता विशेष की कृपा विशेष के कारण एक ऐसा कॉलेज खुला है जिसमें शायद दस छात्र हैं। पाँचवीं योजना की समाप्ति तक हर पाँच मील पर एक यूनिवर्सिटी होगी। इससे ज़्यादा तो हम चाहते तो भी नहीं कर सकते थे क्योंकि प्रत्येक यूनिवर्सिटी को कम-से-कम पाँच मील का क्षेत्रफल चाहिए। इससे कम दूरी पर तो दूसरी यूनिवर्सिटी बन ही नहीं सकती।

छात्र आन्दोलन के लिए किसी एक पार्टी को दोषी ठहराना ठीक नहीं। जब देश के निर्माण का युग था, छात्र उसमें पीछे नहीं रहे। आज देश एक बिखराव के मूड में है। छात्र ही इसमें पीछे क्यों रहें? आख़िर उनकी भी तो अपनी ज़िम्मेदारियाँ हैं?

पत्राचार

जब उनकी चिट्ठी आती है तो ख़ुशी भी होती है और अफ़सोस भी। सारी स्थिति इस बात पर निर्भर होती है कि 'उनकी' से आपका मतलब किससे है। उदाहरण के लिए चिट्ठी यदि ठाकुर की है तो ख़ुश होने का प्रश्न ही नहीं उठता। इनकी चिट्ठी का एक ही मंगलाचरण होता है और एक ही भरत वाक्य और वह यह कि जब आओ तो फ़लाँ चीज़ लेते आना। अगर मैं बरेली में हूँ तो झुमका भेजने को कहेंगे; बनारस में हूँ तो साड़ी और झब्बेदार नाड़ा मँगवाएँगे। एक बार मैं दार्जिलिंग चला गया तो वहाँ भी इनकी चिट्ठी शब्दभेदी बाण की तरह साथ-साथ पहुँची। लिखा था कि दार्जिलिंग की कंचनजंघा बहुत प्रसिद्ध है, थोड़ी-सी लेते आना।

चिट्ठी यदि मेरी पत्नी की है तो सुख ही सुख है। पहला सुख तो यह है कि क्योंकि चिट्ठी भेजी है, वे ख़ुद अभी नहीं आ रहीं। दूसरा सुख यह है कि पत्र को कितना ही पढ़ लीजिए, हर बार नया अर्थ निकलेगा। अशोक के शिलालेखों की भाँति इनका हस्तलेख भी विशेषज्ञों के ही काम की चीज़ है। हिन्दी लिखती हैं तो ब्राह्मी लिपि का प्रयोग करती हैं और अँग्रेज़ी लिखती हैं तो शायद हिब्रू का। वैसे चिट्ठी में मैटर इस कदर लिखा होता है कि सिवाय डाक टिकट के कहीं खाली जगह ढूँढ़े नहीं मिलती पर मेरे पल्ले बहुत थोड़ा पड़ता है। मेरी पत्नी मुझसे स्नेह ज़रा ज़्यादा ही करती हैं। इतना स्नेह दूसरों की पत्नियों से मुझे कभी नहीं मिला। हर पत्र में लिखती हैं कि मेवा और फल नहीं छोड़ना, सेहत का ध्यान रखना। शरीर ही 'माद्यं' और 'खलु' नामक धर्मों का साधन है। अब इन्हें कौन बताए कि हमें मोटा नहीं वरन् दुबला होना चाहिए। वैसे ही देखने में हम मनु की सन्तान कम और गैण्डे की औलाद ज़्यादा लगते हैं। मगर वाह रे भारत की नारी, अगर हाथी से भी पाणिग्रहण हुआ होता तो यही कहतीं कि स्वामी, बड़े दुबले हो रहे हो, लो ये लो दो रुपये, शाम को मेवा खाना। इस तरह के पत्रों से जो सुख हमें होता है वह हमीं जानते हैं :

जो गुज़रते हैं दाग़ पर सदमे
आप बन्दानवाज़ क्या जानें

पत्नियों की चर्चा करते-करते मुझे दोस्तों की पत्नियों का भी ख़याल आ गया।

वाक़ई, मेरी पत्नी तो बहुत गनीमत है। मेरे एक और दोस्त की बीवी तो एकदम डॉक्टर है। चिट्ठी क्या आती है, एकदम आयुर्वेद का थीसिस होता है। अगर जनवरी में पत्र आयेगा तो उसमें पहले तो ऋतु-वर्णन होगा। संसार भर में सर्दी में क्या-क्या रोग होते हैं, इसकी विशद चर्चा की जायेगी और बाद में कुछ ख़ास-ख़ास नुस्खे होंगे। लिखेंगी कि ज़ुकाम से बचे रहना, यह बड़ा मूजी मर्ज़ है; मेरे फूफा को हो गया था तो पचास साल तक रहा था और अन्त में चलकर पचासी वर्ष की आयु में वे इसी से मर भी गये थे। वग़ैरह-वग़ैरह। नुस्खों के बाद अनुपान और परहेज़ बताया जायेगा। संक्षेप में पत्र ऐसा होता है कि यदि उसके अन्त में लिखा 'आपके चरणों की दासी' निकाल कर इसे आयुर्वेद के किसी रिसाले में भेज दें तो वे इसे रचना समझकर छाप दें।

मेरे एक दोस्त हैं जिनकी पत्नी कभी पूरी बात किसी चिट्ठी में नहीं लिखती। ये हमेशा अगले पत्र की प्रतीक्षा यही सोच-सोचकर करते रहते हैं कि 'आगमिष्यति यत्पत्रं तदस्मान् तारयिष्यति'। अगली चिट्ठी पढ़कर भी वही हालत जो पहले थी वापस आ जाती है—

यूँ तो दिल को कभी करार न था
अब बहुत बेक़रार रहता है

इनकी पत्नी टुकड़ों में बात लिख-लिखकर मेरे दोस्त के दिल के साथ वही बर्ताव करती है जो एक हज़रत ने कभी रसगुल्ले के साथ किया था। कथा इस प्रकार है—

उसने पहले 'रस' कहा, फिर 'गुल' कहा फिर 'ले' कहा
इस तरह ज़ालिम ने रसगुल्ले के टुकड़े कर दिये

कुछ लोग इस संसार में ऐसे भी हैं जिन्हें पत्नी का पत्र पाकर ख़ुशी नहीं होती। सान्याल अपनी पत्नी के पत्रों से बहुत घबराया है। शायद ही उसे ऐसी कोई चिट्ठी पत्नी से मिली हो जिसमें पुत्ररत्न की प्राप्ति का समाचार न दिया गया हो। और सान्याल ने इस दिशा में क्या नया नहीं किया? सिवाय आत्महत्या और पत्नी की हत्या के परिवार-नियोजन के जितने भी अन्य उपाय हैं वे सभी प्रयुक्त कर लिये गये मगर सन्तान है कि बच्चनजी के साहित्य की तरह हर साल बढ़ती चली जा रही है। स्थिति इतनी नाज़ुक है कि अगर हम अख़बार पढ़ते हुए भी कह दें कि दिल्ली में एकसाथ तीन बच्चे हुए तो सान्याल घबरा कर पूछता है कि किसके हुए? हम हँसते-हँसते बताते हैं कि चिड़ियाघर में शेरनी ने तीन बच्चे दिये हैं और तब कहीं इसकी साँस में साँस आती है।

अपनी माताजी को छोड़कर कभी किसी दूसरे की पत्नी ने हमें कोई पत्र नहीं लिखा। मगर जिन लोगों को इस क़िस्म के पत्र मिलते हैं वे कहते हैं कि ऐसे पत्र काफ़ी आनन्ददायक होते हैं। इस सन्दर्भ में मुझे एक पारसी सज्जन की याद आती है। मित्र लोग उनकी सुन्दर पत्नी को ख़ूब पत्र लिखा करते थे और तारीफ़ यह कि

वे पत्र इन्हीं के हाथों वहाँ भिजवाए भी जाते थे। बड़ा धार्मिक क़िस्म का पति था और दूसरों की मदद करने से कभी मुँह नहीं मोड़ता था।

सम्पादकों के पत्रों का तो कहना ही क्या। जैसे सम्पादक वैसे ख़त। लिखेंगे, 'बन्धु, तुरन्त कुछ भेज दो। विशिष्ट भेजना, तुम्हारी और मेरी प्रतिष्ठा का प्रश्न है।' अगले पत्र में रचना वापस आयेगी। लिखेंगे, 'कविताएँ वापस भेजता हूँ, व्यंग्य लेख रख लिया है; वह 'अचकन विशेषांक' में छपेगा। इधर अख़बार घाटे में जा रहा है। ख़ैर, आपके पौने चार रुपये खाते में दर्ज़ कर लिए गये है; जब भी पर्चे की हालत सुधरेगी, आपकी रक़म मनी-ऑर्डर, कमीशन काट कर आपकी खिदमत में भेज दी जायगी। फ़िलहाल 'जूता विशेषांक' के लिए कुछ फ़ौरन भेजिए। कुछ ऐसी चीज़ कि मज़ा आ आए; मुल्क में मज़मूँ न फैला और जूता चल गया। और हाँ, ताकि आपके पौने चार रुपये मौक़ा पड़ने पर फ़ौरन भेजे जा सकें एक दस्ती रसीद भी साथ ही अभी भिजवा देना।' ऐसे ख़त जब भी मिलते हैं मैं कसम खाता हूँ कि इस पत्र में कभी कुछ नहीं भेजूँगा मगर :

ख़ुदा की कसम उसने खायी जो आज
कसम है ख़ुदा की मज़ा आ गया

उर्दू के कवि लिफ़ाफ़ा देखकर ख़त का मज़मून भाँप लिया करते थे। एक साहब थे जो चिट्ठी का जवाब आने से पहले अगला ख़त भी तैयार कर लेते थे :

कासिद के आते-आते ख़त यक और लिख रखूँ
मैं जानता हूँ वो जो लिखेंगे जवाब में

ऐसा लगता है कि यह ख़तोकिताबत इन्कम-टैक्स वालों से चल रही थी। एक साहब ने एक दफ़ा एक ख़त अपनी महबूबा को लिखा मगर वह उनकी अम्मा तक पहुँच गया। ख़ूब आतिशबाज़ी छूटी। दमयन्ती और नल हंस के द्वारा पत्र भेजा करते थे। मध्यकाल में यह काम कबूतर करता था। कबूतर का डाक विभाग से बड़ा गहरा सम्बन्ध है। अक्सर अभी भी कबूतर लेटर बक्स या डाकख़ाने की छत पर बैठे रहते हैं। मुझे एक बार एक पोस्टमैन मिला था जो एकदम कबूतर की तरह बोलता था। प्रेम के सिलसिले में पत्र की महिमा तुलसीदास भी जानते थे। उन्होंने दिखाया है कि यदि शूर्पणखा अपना प्रेम पत्रों द्वारा प्रकट करती तो लक्ष्मणजी कृपा करते या न करते, नाक तो सही-सलामत रहती। कुमारी शूर्पणखा को मगर इतनी जल्दी थी कि खुद ही साक्षात्कार देने चली आयी। शकुन्तला पत्र नाख़ूनों से लिखती थी। तिष्यरक्षिता ने पत्र भेजकर ही कुणाल को अन्धा करवाया था और मेरी क्वीन ऑव स्काट्स को पुराने पत्रों के आधार पर ही फाँसी हुई थी। इस सन्दर्भ में मुझे हिन्दी के एक कवि की याद आती है जिन्होंने अपनी प्रेयसी को बड़ा तेज़ क़िस्म का प्रेम पत्र लिखा था। इत्तफ़ाक की बात यह पत्र एक कुतिया खा गयी। कहते हैं उसे इतना तीव्र ज्वर चढ़ा कि बेचारी का स्वर्गवास हो गया। कविजी को बड़ा

अफ़सोस रहा कि यह पत्र उनकी प्रेयसी तक नहीं पहुँचा नहीं तो उसका भी उद्धार हो जाता। ख़त भेजने के सन्दर्भ में मैं उस सिपाही का ज़िक्र भी ज़रूर करूँगा जो कि मोर्चे से रोज़ एक पत्र अपनी प्रेयसी को लिखा करता था। तीन साल तक वह रोज़ ऐसा ही करता रहा और नतीजा यह हुआ कि लड़की का प्रेम उस डाकिये से हो गया जो रोज़ पत्र देने जाया करता था।

हिन्दी के कुछ लेखकों के पास युवती प्रशंसकों के पत्र आते रहते हैं। एक कहानी लेखक हैं जिनकी पाठिका हमेशा किसी तपेदिक के सेनोटोरियम से उन्हें ख़त लिखती रहती है कि बिना तुमसे मिले मैं सुखपूर्वक नहीं मर सकती। एक बार इन लेखक से मैं भी मिला था और मुझे भी ऐसा एहसास हुआ था कि इनके चेहरे में कुछ ऐसा ज़रूर है जिसे देखकर बीमार लड़की को जल्दी मरने में काफ़ी सुविधा रहती होगी। ख़ैर मुझे किसी पाठिका ने ऐसा निमन्त्रण कभी नहीं दिया। एक बार एक लड़की को एक किताब अच्छी लगी थी मगर उसी दिन उसे पचास रुपये और एक कम्बल की ज़रूरत आ पड़ी। वह भी दिया। वह दिन है और आज का दिन है– न वह लड़की आयी, न ख़त आया, न रुपये आये न कम्बल आया। कम्बल की मुझे ख़ास ज़रूरत है क्योंकि वह मेरे एक मेहमान का था–

फिर न आये वो जो वादा कर गये
आज का दिन और वो दिन है
तुझसे तो कलाम नहीं, लेकिन ऐ नदीम
मेरा सलाम कहियो अगर नामावर मिले

भुखमरी की ख़बरें

जब से समाचार-पत्रों में भुखमरी की ख़बरें छपने लगीं हैं, मेरा तो अख़बार पढ़ने का मज़ा ही चला गया। ऐसा लगता है जैसे अख़बार नवीसों के पास और कोई ख़बर ही नहीं रह गयी। अख़बार का मतलब है कि सुबह की चाय के प्याले पर कुछ रचनात्मक घटनाओं की सूचना मिले जैसे हत्या, कालापानी, दंगे या बलात्कार। इस प्रकार की घटनाओं के पढ़ने से मनुष्य की आदिम पशुवृत्ति को ख़ुराक मिलती है और नतीजा यह होता है कि आप दिन भर तरोताज़ा रहते हैं। इधर हालत यह है कि जिस अख़बार को पढ़ो, ऐसा लगता है जैसे सिवाय भूख से मरने के पब्लिक को और कोई शौक़ ही नहीं रहा।

क्या देश में खाने-पीने की स्थिति वाक़ई इतनी नाज़ुक हो गयी है जितनी कि समचारपत्रों में छपती है? अभी-अभी कोई साहब बता रहे थे कि अन्न की इतनी कमी नहीं है जितनी कि क्रयशक्ति की कमी है। ज़्यादा पैसा देने पर चाहे जितना अन्न मिल सकता है। यदि ऐसा है तो अन्न का संकट कहाँ हुआ? यह तो क्रयशक्ति का संकट हुआ। मेरा विचार है कि समाचारपत्र हमेशा की तरह यहाँ भी अतिशयोक्ति से काम ले रहे हैं। जो लोग समाचारपत्रों के संवाददाता रह चुके हैं वे जानते हैं कि ख़बरें किस तरह छपती हैं। देश में संवाददाता से अधिक पीड़ित व्यक्ति और कोई नहीं होता– अकाल से पीड़ित भी नहीं। ऐसी स्थिति में कितने लोग भूख से मर रहे हैं, कहना कठिन है। जनता का कर्तव्य है कि मरने से पूर्व अख़बार के दफ़्तर में ख़बर कर दे जिससे चाहे दुर्भिक्ष की स्थिति वही रहे पर आँकड़े तो ख़राब न हों। सबसे ज़रूरी चीज़ तो आँकड़े हैं; आदमी तो आता-जाता रहता है।

अच्छा मान लीजिए कि कुछ लोग मर ही गये तो क्या यह निश्चित रूप से कहा जा सकता है कि वे भूख से ही मरे? हज़ार तरह की बीमारियाँ हैं जिनसे आदमी मरता है। अभी एक साहब जो विलायत घूमकर आये हैं बताते थे कि अमेरिका व फ्रान्स में भी आदमी मरते हैं। लड़ाई के दिनों में फ़ौज को कितना अच्छा खाना मिलता है पर फिर भी लाखों की तादाद में सिपाही मरते हैं। दूसरे शब्दों में मरने का भूखे रहने से कोई सीधा ताल्लुक़ नज़र नहीं आता। जैसे कि एक विद्वान् ने कहा

है ज़्यादा लोग अधिक खाने से मरते हैं न कि कम खाने से। भूखा रहने से आदमी भूख से कभी नहीं मरता– हाँ अलबत्ता भूखे रहने से शरीर में कुछ ऐसी बातें ज़रूर हो जाती हैं जिनसे कभी-कभी मृत्यु हो जाती है। दूसरे शब्दों में मृत्यु को भूख से सीधी तरह जोड़ना शुद्ध वैज्ञानिक दृष्टि से निराधार और निर्मूल है।

अगर मान भी लिया जाये कि लोग भूख से ही मरे तो क्या कोई नयी बात हो गयी? पुराने ज़माने में भी अकाल पड़ते थे। संस्कृत की एक स्मृति में लिखा है कि यदि सफ़ेद बिजली चमके तो दुर्भिक्ष आता है : वाताय कपिला विद्युत, आतपायतिलोहिनी; पीता वर्षाय विज्ञेया, दुर्भिक्षाय सिता भवेत्। आर्य लोग अपने देश में अकाल पड़ने पर ही इधर-उधर फैले थे। यदि अकाल न पड़ता तो आर्यावर्त न बसता। अकाल तो हमारी प्राचीन संस्कृति के प्रतीक हैं। दुर्भिक्ष के समय राजा लोग यज्ञ कराते थे, दान देते थे। भूख के कारण ही खेती का आविष्कार हुआ। सारे काम जमूरे ने पेट के लिए ही तो किये। यदि इस पुनीत क्रिया में कुछ जानें चली ही गयीं तो क्या हो गया?

जैसा कि मैं कह रहा था, पुराने ज़माने में ख़ूब अकाल पड़ते थे। मुहम्मद तुग़लक के शासनकाल में कई भयंकर अकाल पड़े थे। वह ग़रीब इनके कारण अपनी राजधानी दिल्ली से फरुख़ाबाद ने आया था। उन दिनों दिल्ली में अनाज 16 जीतल का एक सेर बिकने लगा था। बादशाह ने लाखों रुपये खेती के लिये ख़र्च किये पर अफ़सर लोग खा गये। हज़ारों लोग भूख से मर गये। इसी तरह 1631-32 में गुजरात और खानदेश में भयंकर दुर्भिक्ष पड़ा था। सत्तर लाख का लगान माफ़ हुआ। हज़ारों आदमी मर गये। इन अकालों में आदमी एक-दूसरे को खा जाता था। एक अकाल का वर्णन एक पुराने कवि ने किया है तो लिखा है कि भूख के कारण बिल्ली चूहे जैसी हो गयी, कुतिया बिल्ली जैसी हो गयी और कवि की निजी स्त्री कुतिया के तुल्य हो गयी। प्राण छोड़ते हुए बच्चों को देखकर मकड़ी के जालों से ढके हुए मुँह वाली चूल्ही झींगुर के स्वर में रोने लगी। शेख़सादी के अनुसार फ़ारस में एक बार अकाल पड़ा था तो लोग इश्क़ करना भूल गये थे–

चुनाँ कहत शाले शुदन दर दमिश्क
कि याराँ फ़रामोश कदँद इश्क़

इन अकालों को देखते हुए हमारे यहाँ का दुर्भिक्ष तो कुछ भी नहीं। अभी न तो कुत्ते का साइज़ घटा, न इश्क़बाज़ी कम हुई। लोग तीन-तीन बार पेट भर खा रहे हैं, जितना खाते हैं, उससे दुगुना बेकार करते हैं और अख़बार कहता है कि अकाल पड़ गया। शादियाँ बराबर हो रही हैं, बच्चों का यह हाल है कि शादी से पहले भी हो रहे हैं और बाद में भी हो रहे हैं और अख़बार का विशेष संवाददाता कहता है कि मिर्ज़ापुर में अकाल पड़ गया। कल ही मिर्जापुर के दो सज्जन मिले, देखने में हाथी का बच्चा लगते थे। और बच्चा भी फ़ौरन का पैदा हुआ नहीं वरन् कोई चार

साल की उम्र का। अब बताइए कि वह विशेष संवाददाता झूठ बोलता है कि सच? देश में जो ऐश इस वक़्त हो रही है उसे देखकर क्या सचमुच लगता है कि हमारे अपने भाइयों पर कहीं संकट भी आया हुआ है?

कभी-कभी मैं माल्थस के सिद्धान्त के बारे मैं सोचता हूँ। एक विदेशी ने एक सिद्धान्त बनाकर हमारे देश को संकट में डाल दिया। विदेशियों ने हमारे साथ हमेशा यही किया। और तुर्रा यह कि यह सिद्धान्त दुनिया में और कहीं अब लागू नहीं है पर क्योंकि हम धर्मप्रधान देश के हैं और क्योंकि माल्थस पादरी था, उसका महान् सिद्धान्त हमारे यहाँ बदस्तूर जारी है।

कुछ लोग कहते हैं कि भूख में बड़ा कष्ट होता है। ज़रूर होता होगा। हालाँकि भूख से मरने का हमें अनुभब नहीं है पर भूख का कष्ट कभी-कभी हमें भी हुआ है। पर दुख कहाँ नहीं है? हमारी चालीस रुपये की चप्पल हमें परसों से काट रही है, क्या हम दुखी नहीं हैं? सेठ खुन्नूमल ह्विस्की की जगह ढर्रा पीने लगे और सात में से सिर्फ़ तीन रखैल रह गयीं, क्या उन्हें दुख नहीं है? बुद्धजी कहते थे कि मनुष्य के आँसू समुद्रों के पानी से ज़्यादा बहे हैं। कष्ट न हो तो मनुष्य की परीक्षा कैसे हो? कष्टों की आँच में तपकर ही तो मनुष्य सोना बनता है। दरअसल सोना बनाने का शास्त्रीय क़ायदा यही है; किसी मनुष्य को दुखों की आग में डाल दो वह सोना बन जायेगा। और अगर इस क्रिया के सम्पादन में कोई मर भी गया तो क्या हो गया? क्या आत्मा अजर और अमर नहीं है? आत्मा तो शरीर को पुराने कपड़े की तरह उतारकर फेंक देती है और नये रेडीमेड कपड़े पहन लेती है। क्या आप चाहते हैं कि आपकी आत्मा फटी हुई बुश्शर्ट में ही घूमती रहे? कम-से-कम शरीर के लिए आत्मा का तो अपमान न कीजिए।

मान लीजिए कि आप शरीर को ही धर्म का प्रथम साधन मानते हैं तो क्या यह भी ज़रूरी है कि आप अन्न ही खायें? चूहे क्यों नहीं खा सकते? और मुल्कों में साँप और मेंढक भी चलता है। मेरा मतलब खाने में चलने से है क्योंकि वैसे तो मेंढक इस देश में भी चलता है। चलता क्या, कूदता तक है। हमें अपने खाने की आदतें बदलनी होंगी। बीकानेर के अस्पताल में एक व्यक्ति कई महीने से दो सौ पचास ग्राम पत्थर रोज़ खा रहा है। फ्रान्स के लोग अगर रोटी की जगह केक खाने लगते तो राज्यक्रान्ति कभी भी न होती।

जानवर भी भूखा रहता है पर वह इस बात को कभी अख़बार में नहीं छपवाता। क्या हम लोग उससे भी ज़्यादा गिर गये है? आइए शरीर से ऊपर उठें और कोई और बात करें। हुसैन का नया वृत्तचित्र देखा आपने जिसमें उसने जूता और लालटेन का प्रयोग किया है? हा हा हा—क्या ख़ूब आदमी है यह हुसैन भी। ओह, आप शायद पेन्टिंग में दिलचस्पी नहीं रखते। कोई बात नहीं, आप यह बताइए कि विश्वसुन्दरी रीता फ़ेरिया के बारे में आपका क्या ख़याल है?

एक सफल व्यक्ति की कथा

इसके बाद करटक ने दमनक से कहा कि आज मैं तुम्हें एक सफल व्यक्ति की कथा सुनाता हूँ। दमनक बोला, कहो।

भारत में सफल लोग हमेशा से होते आये हैं। रामायण के समय में भरत, सुग्रीव और विभीषण—ये सब निहायत सफल क़िस्म के व्यक्ति थे। इन सबने कुछ नहीं किया और दूसरों की सहायता या उनकी मूर्खता से इन्होंने राज्य भोगे। विभीषण का स्थान इन सबमें ऊँचा है। इधर की खोज से तो यह भी साबित होने लगा है कि रावण को सीता चुराने की सलाह भी शायद उसी ने दी थी। महाभारत के काल में भी सफल क़िस्म के व्यक्ति पर्याप्त मात्रा में पाये जाते थे। द्रौपदी पतिव्रता रहकर पाँच पतियों के साथ रहती रही। बाद के इतिहास में भी सफल व्यक्ति कम नहीं रहे : राजा मानसिंह, मिर्जा जयसिंह, मीर जाफ़र, ये सभी नितान्त सफल व्यक्ति थे।

सफल व्यक्तियों की पैदावार में वृद्धि अँग्रेज़ी शासन काल में हुई। उनके राज में हर शहर, क़स्बे और गाँव में एक न एक सफल व्यक्ति ज़रूर होता था। इस व्यक्ति को सफल कहने का कारण यह था कि यह फल लेकर हाकिम से मिलता था। इस प्रथा को डाली देने की प्रथा कहते थे। अँग्रेज़ सरकार फलों का शौक़ रखती थी; बड़े-बड़े अफ़सर बाथरूम बन्द करके अमरूद और खरबूज़े खाया करते थे। केला अलबत्ता ड्राइंग रूम में खाया जाता था और उसके छिलके बाहर बरामदे की सीढ़ियों पर डाले जाते थे ताकि हिन्दुस्तानी मुलाकातियों को आने-जाने की सुविधा रहे और साथ-ही-साथ फ़र्शी सलाम करने में भी कोई विशेष कष्ट न हो। कहते हैं कि एक साहब ने लाट साहब को एक बार ऐसा अमरूद दिया था जिसमें एक भी बीज नहीं था। लाट साहब ने उन्हें रायबहादुर बना दिया। जब तक उनके अमरूदों में बीज आना शुरू नहीं हो गया, वे बराबर रायबहादुर बने रहे। इसी प्रकार एक बार देशी नरेश ने बड़े लाट साहब को बताया कि उनके 131 बच्चे हैं। बड़े लाट की बीवी इस बात से इतनी प्रभावित हुई कि उसने तुरन्त दो काम किये। एक तो उसने इस देशी नरेश का तबका ग्यारह तोपों की सलामी से बढ़ाकर साढ़े ग्यारह तोपों की सलामी का कराया और दूसरे उसने अपने पति को तलाक़ दिया। कुछ भी कहिये,

अँग्रेज़ी सरकार सच्चे कलाकारों का बड़ा आदर करती थी। अँग्रेज़ी सरकार के बारे में जदुनाथ सरकार का भी यही मत है।

ख़ैर, कुछ भी हो, सफल व्यक्तियों की संख्या में सच्ची वृद्धि स्वतन्त्रता प्राप्ति के बाद ही हुई। ऐसा होना स्वाभाविक भी था। विदेशी शासन में मनुष्य की स्वतन्त्रता पर बड़े बन्धन थे, आज़ादी के बाद वे ख़त्म हो गये। प्रत्येक पंचवर्षीय योजना में सफल व्यक्तियों की फ़सल इतनी अच्छी रही जितनी कि गेहूँ, तिलहन और चावल की भी नहीं हुई। सच्चाई तो यह है कि गेहूँ वग़ैरह की पैदावार जितनी कम हुई, सफल आदमी तादाद में उतने ही ज़्यादा बढ़ते गये। जैसा कि हम सभी जानते हैं, देश व्यक्तियों का एक समूह है। जिस देश में जितने ज़्यादा व्यक्ति सफल होंगे, वह देश उतना ही ज़्यादा सफल कहा जायेगा। इसी मूल सिद्धान्त को ध्यान में रखकर हमारे देश की चरित्रवान् जनता ने सफलता आन्दोलन को कामयाब बनाने की पूरी-पूरी कोशिश की। नतीजा यह है कि यदि शाहजहाँ का काल वास्तुकला का काल था और वीर विक्रमाजीत का बैताल पचीसी का, तो आज का युग इतिहास में सफलता का काल कहलायेगा।

स्वतन्त्र भारत में सफल व्यक्ति हर गली-कूचे में पाया जाता था। ऐसा आदमी सभी पेशों में होता था, वह सरकारी दफ़्तरों में भी काम करता था, प्राइवेट इण्टर कॉलेज का मैनेजर भी होता था और गल्ले की मण्डी में भी काम करता था। कुछ लोग ऐसे भी होते थे जो सफलता-प्राप्ति के अतिरिक्त और कोई धन्धा नहीं करते थे। इन सफल व्यक्तियों में जन्म से कुछ ग़रीब थे, कुछ अमीर। ग़रीब और अमीर का साथ हमेशा से होता आया है और सच्ची बात तो यह है कि बिना ग़रीब के अमीर की शोभा ही क्या? इन सफल व्यक्तियों में से कुछ अँग्रेज़ी सरकार में जेल गये थे और कुछ अगली सरकार के अन्दर जेल जायेंगे। मगर जेल तो बीसवीं शती का तीर्थ है। वानप्रस्थ और संन्यास व्यतीत करने के लिए यदि वन नहीं गये तो जेल चले गये। आख़िर आजकल जेल वहीं तो बनी है जहाँ शास्त्रों के लिखने के समय वन होते थे। पचास वर्ष की आयु व्यतीत करने के बाद मनुष्य कहाँ रहता है, इससे क्या फ़र्क़ पड़ता है? परेशानी तो युवावस्था में रहती है, वह अलबत्ता ज़रूर उपयुक्त स्थान पर गुज़रनी चाहिए।

सफल आदमी के विषय में विशेष बात यह थी कि वह किसी भी पेशे में सफल हो सकता था। अपने कुछ विशिष्ट गुणों के कारण वह किसी भी क्षेत्र में कमाल दिखा सकता था। वे लोग बहुत बड़े कारीगर होते थे : वे पत्थर का मोम बना सकते थे, बालू में से तेल निकाल सकते थे और तिल को ताड़ बना सकते थे। आमतौर पर सफल व्यक्ति शुरू-शुरू में या तो दुकानदार होता था या किसान। दुकानदार दिन में दुकान करता था और सुबह-शाम रामलीला या गौशाला का प्रबन्ध। इन दोनों धन्धों से उसे बचत तो होती थी मगर मुनीमजी की निगाह कम होने से गौशाला वग़ैरह

का नफ़ा भी हमेशा दुकान के खाते में ही चढ़ जाता था। धीरे-धीरे वह भगवान की कृपा से धनाढ्‌य होने की स्थिति को प्राप्त हुआ। इसी प्रकार बेचारा ग़रीब किसान कभी-कभी दूसरे की धरती में हल चलाकर उसे अपने खेत में मिलाने की कोशिश करता और कभी-कभी अँधेरे में धोखे से दूसरों की फ़सल अपनी समझकर काट लाता था। उसकी इस कर्मठता को देखकर वन में जाते शंकर और पार्वती बड़े प्रसन्न हुए। धीरे-धीरे वह किसान अमीर हो गया। अमीर होने पर आदमी थोड़ा-बहुत जवान भी हो जाता है। धीरे-धीरे दुकानदार और किसान इतने अमीर और जवान हो गये कि सबको हाथ जोड़कर नमस्ते करने लगे और हर परायी स्त्री को माता कहने लगे। अमीर व्यक्ति तुरन्त सामाजिक हो जाता है और सामाजिक सेवाओं के साथ एक बड़ी इल्लत यह है कि एक के बाद दूसरी सेवा हमेशा हाथ में लेनी पड़ती है। नतीजा यह हुआ कि दुकानदार और किसान व्यस्त रहने लगे। कुछ सामाजिक कार्य ऐसे हैं– जैसे कि नारी निकेतन, विधवाश्रम, कन्या पाठशाला वग़ैरह–जिनकी उपयुक्त सेवा के लिए मनुष्य का स्वस्थ होना बहुत ज़रूरी है, क्योंकि इन कार्यों में सेवा का इतना अवसर मिलता है कि व्यक्ति थक जाता है। स्वास्थ्य ठीक रखने के लिए हमारा दुकानदार और किसान माँस खाने लगा और मदिरा पीने लगा। ये काम वह छिपाकर करता था क्योंकि वैसा करना धर्म में वर्जित था। बड़ी चीज़ के लिए छोटी का त्याग करना पड़ता है। शास्त्रों में तो यहाँ तक लिखा है कि यदि वैसा करने से बड़े ब्राह्मण को सुख पहुँचे तो छोटे ब्राह्मण की कसकर ठुकाई करनी चाहिए। धीरे-धीरे दुकानदार और किसान ने अपने क्षेत्र में पंचायत घर, कन्या पाठशाला वग़ैरह बनवानी शुरू कीं। ये काम उन्होंने सारे दिन वहीं खड़े होकर कराये। इन इमारतों के बनने के बाद जो ईंट, सीमेण्ट वग़ैरह बचा, उससे उन्होंने अपना निजी मकान बनवा लिया। श्रेष्ठ पुरुष अपने-पराये में भेद नहीं जानते।

धीरे-धीरे सफल आदमी और सफल होता गया। वह सरकारी अफ़सरों और स्थानीय नेताओं को दावत देने लगा। इन सब क्रियाओं से उसका कारोबार बढ़ता गया जिससे उसके बाक़ी गुण भी विकसित होने लगे। खरबूजों की तरह गुणों में भी यह आदत होती है कि एक को देखकर दूसरा विकसित होता है। जैसा कि हम सभी जानते हैं, मनुष्य के गुणों के विकास का सच्चा क्षेत्र आजकल चुनाव-क्षेत्र होता है और इसी कारण सेठजी या चौधरी साहब चुनाव में खड़े होने लगे। चुनाव जीतने पर उन्होंने शराब का ठेका लिया या ट्रकों का लाइसेंस। इन सब कामों में बड़ा धन प्राप्त होता था और देश का पैसा देश में ही रहता था। विशाल सम्पत्ति के शीघ्र ही स्वामी होने के बाद सेठजी व चौधरी साहब इतने लोकप्रिय हो गये कि लोग उन्हें 'भय्या साब' कहने लगे। यह स्थिति सफलता की चरम द्योतक होती थी।

शास्त्रों में लिखा है कि 'भय्या साब' की स्थिति सुदृढ़ होने के लिए कुछ समय चाहिए। पण्डितों और विशेषज्ञों का मत है कि यदि कोई व्यक्ति पाँच वर्ष तक

लगातार भय्या साब रहता था, तो फिर वह हमेशा उस स्थिति को बनाये रखता था। सफल स्त्रियों के केस में परीक्षा की यह अवधि दो वर्ष होती थो। दूसरे शब्दों में यदि कोई महिला समाज की सेवा में अपना तन-मन-धन केवल दो वर्ष के ही लिए लगा देती थी तो उसकी सेवाएँ हमेशा याद रखी जाती थीं। पाँच वर्ष भय्या साब रहने के बाद सफल व्यक्ति गम्भीर हो जाता था और वह परिवार तथा देश के प्रति अपनी ज़िम्मेदारियों को ज़्यादा समझने लगता था। वह अपने बच्चों को कॉन्वेण्ट भेजता था, पत्नी व लड़की को कला व संगीत सिखाता था, तराई में फ़ार्म खुलवाता था, छोटी-मोटी फ़ैक्टरी चालू करता था और देश की संस्कृति व समस्याओं का सुचारु रूप से अध्ययन करने के लिए विदेश तक जाता था। कोई-कोई सफल व्यक्ति विलायत से एक अदद छोकरी लेकर लौटता था जिसे वह सुविधा के लिए बम्बई में छोड़ देता था। कभी-कभी वह अपने विदेश भ्रमण के संस्मरण लिखता था जिसे कोई प्रसिद्ध प्रकाशक छापता था। इन संस्मरणों की चर्चा कभी-कभी ऐसे शुद्ध साहित्यिक पत्रों में भी होती थी जो अच्छे-अच्छे लेखकों की रचनाएँ वापस करते रहते थे। विदेश से लौटने के उपरान्त सफल व्यक्ति अपनी मृत्यु की ओर ध्यान देता था। गीता में लिखा है कि संसार के प्रपंचों में पड़कर मनुष्य को अपना अन्त समय नहीं भूलना चाहिए। मृत्यु के समय के कष्ट को ध्यान में रखकर सफल आदमी अपने धन को अपने परिवार में बाँटता था, बेनामी जायदाद में लगाता था और कभी-कभी उससे 'ट्रस्ट' भी खोलता था। ऐसा करने से मृत्यु के समय सुख रहता है, क्योंकि मरने के बाद जैसे आत्मा शरीर से मुक्त रहती है वैसे ही सम्पत्ति भी मृत्यु कर से मुक्त रहती है। अब तक स्थिति यह हो जाती थी कि नगरपालिका सब्ज़ी-मण्डी के चौराहे पर भय्या साब की मूर्ति लगवाती थी और भय्या साब भी कुछ पैसा कलाकृतियों के और कलाकारों के ख़रीदने में लगाते थे। नामी-गिरामी लेखक उन्हें किताब समर्पित करते थे और कभी-कभी उन्हें आनरेरी डॉक्टरेट भी मिल जाती थी। कभी-कभी सरकार के कुछ घिसे-पिटे महकमे ऐसे लोगों से ईर्ष्या के कारण उनके ख़िलाफ़ जाँच-पड़ताल भी करना शुरू करते थे पर भय्या साब के चरित्र के प्रताप से उनका कभी बाल भी बाँका नहीं होता था।

भय्या साब के साथ-साथ उनके परिवार का जीवन भी जनसेवा में ही बीतता था। उनकी पत्नी व पुत्री 'परिवार-नियोजन-आन्दोलन' में हिस्सा लेती थीं, छोटे भाई 'अधिक अन्न उपजाओ' अभियान को सफल बनाते थे और ममेरे भाई 'मच्छर तो रहेगा पर मलेरिया नहीं रहेगा' वाले आन्दोलन से सम्बन्ध रखते थे। भय्या साब के लड़के भी काफ़ी क्रियाशील होते थे। पिता के मरने के उपरान्त उनमें कसकर मुक़दमेबाज़ी होती थी और अन्त में एक लड़का बम्बई होता हुआ विलायत चला जाता था। बम्बई से वह उसी लड़की को अपने साथ ले जाता था जो भय्या साब के साथ विलायत से आयी थी।

जेम्स बांड इलाहाबाद में

इलाहाबाद साहित्यिकों का नगर है। जैसे बनारस की साड़ियाँ मशहूर हैं और मुरादाबाद के बर्तन वैसे ही प्रयाग का साहित्य मशहूर है। पहले यहाँ अकबर और अमरूद का बाज़ार था। अकबर तो कुछ कारणों से अब नहीं रहे, हाँ अलबत्ता अमरूद अभी भी चले जा रहे हैं। मेरा ख़याल है कि साहित्य के सामने अमरूद भी ज़्यादा दिनों टिकेगा नहीं क्योंकि अमरूद के बाग़ान दिन ब दिन कम होते जा रहे हैं और दूसरी तरफ़ लेखकों की पैदावार बढ़ती जा रही है। और फिर वैसे भी अमरूद का साहित्य से क्या मुक़ाबला! हालाँकि प्रयाग में इधर काफ़ी छोटे-छोटे क़द के साहित्यिक होने लगे हैं पर फिर भी अमरूद से तो अब भी कई गुना बड़े हैं।

हाँ तो मैं कह रहा था कि प्रयाग साहित्यिकों का नगर है। हर साइज़, क़िस्म, जाति, सेक्स, आयु और क़ीमत का साहित्यिक यहाँ मिलता है– चाहे होलसेल में लीजिए चाहे रिटेल में। कुछ लोगों के यहाँ साहित्य का धन्धा पैतृक रूप में चलता है, कुछ इसे और धन्धों के साथ निभाते हैं और कुछ लोग इस कारण साहित्य में रुचि रखते हैं क्योंकि वे कोई दूसरा काम कर ही नहीं सकते। कुछ कलाकर चोटी के हैं और कुछ ऐसे हैं कि एक से ज़्यादा भी चोटियाँ रखते हैं। कुछ कलाकार ऐसे हैं जिनकी कभी शादी नहीं हुई और न होने की आशा है और कुछ लेखक ऐसे हैं जिनकी कई शादियाँ हो चुकी हैं और फिर भी आशा है। इन तमाम मतान्तरों के बावजूद इन सब साहित्यिकों में एक विशेष प्रकार का भाईचारा है। भाईचारे का अर्थ है कि हर लेखक दूसरे लेखक को सबके सामने भाई कहकर पुकारता है और इसके बाद अवसर के अनुसार उसे चारे के रूप में प्रयोग करता है।

ऊपर लिखी सुखद स्थिति प्रयाग में काफ़ी अरसे से चली आ रही थी और किसी को कोई एतराज़ नहीं था। लोग पीठ पीछे बुराई करते थे और सबके सामने अभिनन्दन जुटाते थे। मगर एक दिन ऐसा भी आया कि सारा क्रम सहसा टूट गया। दुनिया बदल गयी। यह सब उस दिन हुआ जिस दिन जेम्स बांड प्रयाग में आया।

जेम्स बांड से मेरा परिचय किताबों के सहारे था। मुझे उसकी किताबें और आदतें बहुत पसन्द थीं। वह चोरों का पता लगाता था, क़त्लों का पता लगाता था, बेगुनाहों को छुड़वाता था और इस सबके अलावा सुन्दर लड़कियों का पूरा-पूरा उपयोग

करता था। सच्ची बात तो यह है कि उसके चरित्र का यह अन्तिम गुण मुझे बहुत प्रभावित करता था। अमेरिका में बांड ने फ़िल्मों में भी काम किया है। ऐसे व्यस्त व्यक्ति को हिन्दी साहित्य में रुचि लेते देख मुझे विस्मय भी हुआ और दुख भी।

मैं उस दिन नगर की एक नितान्त पुरानी और प्रतिष्ठित संस्था की गोष्ठी में शामिल हुआ था। हिन्दी के काफ़ी प्रख्यात कलाकार अपनी-अपनी कला दिखाने के लिए वहाँ आये थे—नये कलाकार भी, पुराने भी। कुछ लोगों ने कविता पढ़ी, कुछ ने सुनी। सारा काम बदस्तूर हुआ। कवियों ने कहा कि इधर कुछ लिखा नहीं है और जो लिखा है वह छप चुका है (किसी-किसी स्थिति में तो कविजी के लिखने से पहले ही वह किसी और भाषा में छप चुका था) पर फिर भी कुछ पंक्तियाँ सुनाता हूँ। इसके बाद प्रत्येक कवि ने पचीस-पचीस कविताएँ सुनायीं। श्रोताओं ने पहले समोसों पर ध्यान दिया और बाद में हलवे पर। हलवा था तो पुरानी शैली का ही पर नयी शैली की कविताओं से कहीं अधिक मार्मिक था। हलवे के बाद पान की गिलौरियों को दातों की सेवा का अवसर दिया गया, सिगरेट सुलगी, बाथरूम गये और फिर गप्पें मारी जाने लगीं। एक कलाकार जो समकालीन लेखन के प्रति बड़े सजग रहते हैं, निद्रालाभ करने लगे। सोते समय मुझसे कहने लगे कि काव्यपाठ जैसे ही ख़त्म हो, उन्हें उठा दिया जाए। धीरे-धीरे काव्यपाठ भी समाप्ति को प्राप्त हुआ। चर्चा शुरू हुई। एक नवयुवक आलोचक ने बिम्बों की कमी पर ग़ौर डाला और कहा कि यह बड़े दुख का विषय है कि कवि लोग बिम्बों से खिलवाड़ करने लगे हैं। उन्होंने स्थिति स्पष्ट करते हुए बताया कि बिम्ब तो काव्य में प्रयोग किये जाने के लिए हैं न कि खिलवाड़ के लिए। खिलवाड़ ही करना है तो मुझसे करो। बिम्ब आजकल इतने कम हैं कि हम लोगों को उनका प्रयोग बड़ी सावधानी से करना चाहिए। बड़ी कविता के लिए एक और छोटी कविता के लिए आधे बिम्ब की मात्रा ठीक रहेगी। इसके बाद जैसे ही एक लब्धप्रतिष्ठ कवि ने अपने विचार प्रकट करने शुरू किए, जेम्स बांड अपनी जगह खड़ा हो गया और तीर की तरह तीखे स्वर में बोला—

"आप एक थर्ड रेट साहित्यकार हैं। आपसे बड़ा पोंगा लेखक इस समय प्रयाग में नहीं है। आप एकदम खोखले हैं।''

बांड की यह वाणी ऐसे गूँजती रही जैसे जंगल के कुएँ में किसी ने हूक मार दी हो। इस प्रकार की प्रकट नारेबाज़ी की आदत प्रयाग के शालीन कलाकारों को नहीं थी। इनका सिद्धान्त अब तक दूसरा था। काम करो मगर शालीनता के साथ। किसी नये लेखक का अन्त करना है, तो करो मगर सभ्यता के साथ। नये लेखक का अन्त अगर पुराना लेखक नहीं करेगा तो और कौन करेगा? यह तो एक ऐसी कड़वी ज़िम्मेदारी है जिससे हम चाहते हुए भी नहीं बच सकते। पर उसका भी तहज़ीबयाफ़्ता ढंग हो सकता है : कुछ लोग इस काम को इतने सलीके के साथ करते हैं कि समाप्त होने वाला लेखक मारने वाले के प्रति सदा के लिए कृतज्ञ हो

जाता है। जेम्स बांड की आवाज़ सुनकर लोग चौंक उठे। एक साहब तो शायद मूर्च्छित ही हो गये। इसके बाद एक लघुमानव बोला–

"आप क्या कह रहे हैं? किसे कह रहे हैं? संस्था का कुछ ख़याल है? आप कम-से-कम संस्था का ही ख़याल कीजिए...."

"यह संस्था थर्ड रेट है। मैं आकर शर्मिन्दा हुआ। इससे अच्छा तो यह होता कि 'मस्त कलन्दर' पिक्चर देखने चला जाता तो कहीं सुख से रहता। आप सब थर्ड रेट हैं।"

इतना कहकर बांड ने मूँछें मरोड़ीं, दायें हाथ की पेशियाँ चेक कीं, जूते के फ़ीते बाँधे और बाहर निकल गया। गोष्ठी वहीं समाप्त हो गयी। लोग आपस में कानाफूसी करने लगे कि बांड कब आया है, क्या करता है, कब तक रहेगा वग़ैरह वग़ैरह। एक साहब ने नीचे जाकर मुस्कुराते हुए चोरी-चोरी बांड के कन्धे पर हाथ रखा और बधाई देने की कोशिश की। हाथ झटकते हुए बांड ने कहा, "आप जाइए, आप तीन कौड़ी के लेखक हैं, अमरीका में होते तो मोचीगिरी करते।"

जेम्म बांड का भक्त तो मैं बचपन से था पर इसका पता नहीं था कि वह इतना, चरित्रवान है कि प्रयाग के लेखकों को प्रयाग ही में आकर उनके मुँह पर उन्हें गाली दे जाये। उपर्युक्त क्रिया-कलाप को देखकर स्थिति यह हो गयी कि वाणी के नयन नहीं रहे और नयनों के वाणी नहीं रही। भागा-भागा एक प्रख्यात कहानीकार के घर पहुँचा। ये कहानीकार उस क़िस्म के लोगों में से हैं जो हमेशा 'न्यूज़' में रहना चाहते हैं। मैंने कहा कि जेम्स बांड आदमी काम का है, इसका आप उपयोग कीजिए। सूची बनाइए, किसे-किसे गालियाँ दिलवानी हैं और किस-किस से हाथापाई करवानी है। लेखक महोदय पहले तो अनमने भाव से सुनते रहे फिर मरे दिल से बोले कि यार, वह यहाँ भी आया था। चाय पी गया, समोसे खा गया, फूल तोड़े और फिर बोला– "आप थर्ड रेट हैं, आपकी पुस्तकें कूड़ा हैं। इससे अच्छा होता आप मालिशगिरी करते या चौराहे पर मजमा लगाते।"

मैं बांड की गति देखकर चकित रह गया। यहाँ सालों से मित्र लोग एक-दूसरे की जड़ें खोद रहे हैं और किसी ने ध्यान नहीं दिया और इधर यह व्यक्ति है कि एक महीने के भीतर नगर के सारे साहित्यिकों को जुलाब दे दिया। यह व्यक्ति तो क्या साहित्य और क्या आयुर्वेद– दोनों की ही दृष्टि से पद्मश्री के उपयुक्त है। किसी प्रतिष्ठित व्यक्ति को सबके सामने थर्ड रेट कहना बड़े चरित्रबल का प्रमाण है। पहले मैंने सोचा कि यह शायद इसकी मूँछों का प्रताप है; सेमसन की तरह शायद इसकी शक्ति भी बालों में निहित हो। फिर सोचा कि शायद जेम्स बांड बड़ा पण्डित है, कभी-कभी ज्ञान से भी आत्मविश्वास की उत्पत्ति होती देखी गयी है। ख़ैर कारण कुछ भी हो, मेरा मस्तक उसके प्रति श्रद्धा से झुक गया। मैं उसके साथ सम्पर्क बढ़ाने की सोचने लगा मगर दिल ही दिल में उससे डरता भी था।

सौभाग्य से मेरी-उसकी मुलाक़ात अगले हफ़्ते ही फिर हो गयी। एक विदेशी भाषा के भारतीय लेखक प्रयाग आये हुए थे और उनके सम्मान में एक गोष्ठी थी। ये हज़रत काफ़ी मूड में थे और हम लोगों से काफ़ी ऊँचे आसन पर बैठकर बातें करना चाहते थे। कहने लगे कि जब इस बार राष्ट्रपति से मिले तो उनके गुर्दे में दर्द था और जब प्रधान मन्त्री से मिले तो उनकी बायीं हथेली में खरोंच आयी हुई थी। गर्ज़ यह कि इन्होंने आते ही समां बाँध लिया। मेरे जैसे मौसमी लेखक इनके आगे-पीछे घूम रहे थे। ख़ैर जैसे ही इन सज्जन ने बताया कि उनकी एक पुस्तक का संसार की अड़तालीस भाषाओं में अनुवाद हुआ है, जेम्स बांड ने बन्दूक की तरह अपनी वाणी दाग़ी–

"आप थर्ड रेट हैं। आप कूड़ा हैं और आपका साहित्य कर्कट है।"

हम चुप। मेहमान चुप। मेज़बान चुप। आसपास खड़े नौकर-चाकर चुप। जेम्स बांड ने मूँछें मरोड़ीं और बात साफ़ की :

"आप हिन्दोस्तान में जन्म लेकर विदेशी भाषा में लिखते हैं, आप थर्ड रेट हैं। बाक़ी लोग हिन्दुस्तान में जन्म लेकर हिन्दी में लिखते हैं, वे भी थर्ड रेट हैं। यहाँ बैठना वक़्त बेकार करना है। आप लोग अगर यूरुप में होते तो दरी बुनते।"

और इसके बाद वह बाहर चला गया।

इससे ज़्यादा मैं बर्दाश्त नहीं कर सकता था। मैं बाहर गया और मैंने बांड के चरण पकड़ लिये। वह कुछ प्रसन्न हुआ। बोला, "वत्स क्या चाहते हो?"

मैंने कहा, "तात, मुझ पर ध्यान न दीजिए, मैं तो पाँचवें दर्जे का लेखक हूँ। मगर आप जिस तरह हिन्दी के प्रथम श्रेणी के कलाकारों पर कुल्हाड़ा चला रहे हैं उसे देखकर लगता है कि प्रलय आ गयी है। भगवन् अब हमारे साहित्य का क्या होगा?"

"होगा क्या, इसके बाद अगली पीढ़ी आयेगी। जैसा कि एक कवि ने कहा है, आँगन के पार दीवार हमेशा खड़ी मिलेगी।"

मैं उछला। मुझे पहली बार कुछ संशय हुआ। अज्ञेय का 'आँगन के पार द्वार' तो पढ़ा था पर यह 'दीवार' वाला तो पाठ कुछ दूसरा ही था। मैंने उसके ज्ञान की थाह लगाते हुए पूछा कि "क्या आप आँगन के पार द्वार वाली कविता का हवाला दे रहे हैं और मैंने जो दीवार सुना है वह क्या ठीक है?"

जेम्स बांड को गुस्सा आ गया। बोला– "तुम निहायत घटिया क़िस्म के इंसान हो। फ्रान्स में होते तो पुताई का काम करते। आँगन के पार द्वार हो या दीवार–इससे कोई फ़र्क़ नहीं पड़ता। हमने हिन्दी में कुछ नहीं पढ़ा–न पढ़ना चाहते हैं और हमें सब कोई जानता है। तुमने सब कुछ पढ़ा है, सबके सामने हाथ जोड़ते हो, सबके जन्मदिन पर मालाएँ ले जाते हो, तुम्हें कोई नहीं जानता। कबीर सिर्फ़ गालियाँ देता है और उसे सारा जग जानता है..."

मैं चुप हो गया। जेम्स बांड भी सहसा चुप हो गया। सामने एक नौजवान औरत सड़क पार कर रही थी।

एक बीटनिक नगर

जब भी मैं रेल के स्टेशन पर जाता हूँ तो 'हिन्दुस्तान देखिए' के लम्बे पोस्टरों को बड़े ध्यान से देखता हूँ। इन पोस्टरों में गया, नैनीताल, मथुरा, बनारस, आगरा और काश्मीर इत्यादि सभी स्थानों के दृश्य दिखाये जाते है। मैं अक्सर सोचता हूँ कि प्रयाग पर कभी कोई पोस्टर क्यों नहीं बनता? यहाँ विश्वविद्यालय है, हाई कोर्ट है, घाट हैं, नदियाँ हैं, पण्डे हैं, अमरूद हैं, लेखक हैं, लघुमानव हैं, आचार्य हैं, हनुमान मन्दिर हैं– क्या इनमें से कोई भी चीज़ ऐसी नहीं है जो इन पोस्टरों में दिखाई जा सके?

मैं प्रयाग में वर्षों तक रहा हूँ। इस बात के कहने से आप मुझे हिक़ारत की निगाह से नहीं देखिए, मुझसे कहीं बड़े-बड़े लेखक, नेता और विद्वान् इस नगर में मुझसे कहीं ज़्यादा अवधि तक रहे हैं। अपने अनुभव के आधार पर मैं कह सकता हूँ कि जिस प्रकार काव्यों में नाटक और नाटकों में शकुन्तला और उसमें भी चार विशिष्ट श्लोक सर्वश्रेष्ठ हैं उसी प्रकार उत्तर प्रदेश के पाँच प्रमुख नगरों में से प्रयाग के मज़े अपने कुछ अलग ही हैं। सच बात तो यह है कि अमरूद का मज़ा तो सिर्फ़ मौसमी और सतही क़िस्म का होता है; जो यहाँ के सच्चे मज़े हैं वे कुछ दूसरे ही हैं। ख़ुसरो बाग़ हो या कि कॉफ़ी हाउस–प्रयाग की विशुद्ध मौलिकता के दर्शन हर जगह बराबर ही होते हैं।

आइए, सबसे पहले ख़ुसरो बाग़ की ही ओर चलें। ख़ुसरो बाग़ के मकबरे मशहूर है। उमर ख़ैयाम ने एक रुबाई में कहा है कि जहाँ सीज़र के सिर का रक्त बहा था वहाँ बड़ा लाल गुलाब खिला। शायद इसी सिद्धान्त के कारण इस बाग़ में भी अमरूद बड़े अच्छे हुए। ख़ुसरो बाग़ में कई मकबरे हैं और यहाँ की सफ़ाई और प्रबन्ध देखकर अपनी भी इच्छा मरने की ही होती है। शहज़ादा ख़ुसरो अपने जीवन काल ही में अन्धा कर दिया गया था और मरहूम की उस याद को बरकरार रखने के लिए बाग़ में रोशनी अभी तक गुल रक्खी जाती है। बरसात में यहाँ काफ़ी शालीन क़िस्म की फिसलन रहती है जिससे एक मकबरे से दूसरे मकबरे तक जाने में दर्शकों को काफ़ी सुविधा रहती है। मकबरों पर तरह-तरह की हिदायतें कई भाषाओं में लिखी हैं, हाँ अलबत्ता जिन लोगों के मकबरे हैं उनके बारे में कुछ नहीं बताया गया। काफ़ी दिनों तक तो मैं यही समझता रहा कि यह उस ख़ुसरो का

मकबरा है जो कि पहेलियाँ बुझाया करते थे मगर जब बाग़ से बाहर निकलकर पढ़ा कि सड़क का नाम 'ख़ुशरू बाग़ रोड' है तो सत्यता का पता लगा। ख़ुसरो बाग़ के पास वाला इलाका सचमुच ऐसा है कि वहाँ जाकर देवकी नन्दन खत्री की याद अपने आप सताने लगती है।

अतिरिक्त धन से मुक्ति पाने और मारपीट में फँसने की सुविधाओं का विकास नगर के और क्षेत्रों में भी धीरे-धीरे किया जा रहा है। पिछले दिनों तो कई क़त्ल भी हो गये जिससे थोड़ा-बहुत वातावरण बदला। बाढ़ आयी तो भी सड़कों पर भीड़ जुड़ी। एक ख़ास सड़क पर लड़कियों से छेड़खानी करने की काफ़ी घटनाएँ प्रेस में आईं। मौक़ा देख एक दिन हम भी उधर गये। हमें तो कोई ऐसी लड़की मिली नहीं जिसे देखकर किसी क़िस्म की सीटी बजाने की तबीयत होती। हाँ अलबत्ता एक रिक्शे पर एक भद्र और बलिष्ठ क़िस्म की महिला ज़रूर मिलीं जिनके कि पति और चार बच्चे उनकी गोद में सुखपूर्वक बैठे थे और जो फिर भी निगाह बचाकर एक लड़के को देख-देखकर मुस्करा रही थीं।

प्रयाग में कई पार्क हैं। इन पार्कों में जाकर न जाने क्यों छोटा-बड़ा गुनाह करने की तबीयत होती है। वैसे भी शायद ही कोई ऐसी क़िस्म का गड्ढा संसार में होगा जो इन पार्कों में न मिलता हो। इन गड्ढों को यहाँ बड़ी हिफ़ाज़त से रक्खा जाता है। कुछ गड्ढे तो वर्षों के निरन्तर परिश्रम से बने हैं। इन गड्ढों में गिरने से जो कष्ट होता है वह नैतिक पतन से भी ज़्यादा है। गड्ढों के अतिरिक्त और भी कई तरह से आपको ख़ुश करने की कोशिश की जाती है। बेंच पर बैठेंगे तो पता लगेगा कि पेंट नया-नया हुआ है। दूसरी बेंच पर बैठेंगे तो अनुभव होगा कि अन्तरिक्ष यात्रा पर निकले हैं। उठने पर यह छोटा-सा रहस्य आपके लिए खुलेगा कि बात और कुछ नहीं सिर्फ़ बेंच की पिछली दो टाँगें ग़ायब हैं। फूल देखने निकलेंगे तो देखेंगे कि क्यारियों में प्राकृतिक खाद जमा करने में इलाक़े के कुत्तों ने कितना हार्दिक सहयोग दिया है। कुछ पार्कों में गाहे-बगाहे लाश बरामद होती रहती है जिससे जलवायु साफ़ रहती है। पार्क में जाने वाली सड़कें मोटरों के लिए बन्द कर दी गयी हैं ताकि उनके पहिये और आपकी सेहत—दोनों ठीक हालत में रहें। पार्क में अजायब घर एक बड़ी दिलचस्प जगह है; जब तक वह आपसे बोले नहीं, आप पहचान नहीं सकते कि यह लौहकाल की कोई मूर्ति है या दरबान है जो कि सीढ़ियों पर एक ओर खड़ा है।

संगम तीर्थों का राजा है। त्रिवेणी के गाय के खुर बराबर जल में भी यदि कोई स्नान कर लेता है तो वह सीधा स्वर्ग जाता है। पिछले कुम्भ में गाय के खुर द्वारा तो नहीं परन्तु आदमियों के खुरों से कुचलकर काफ़ी लोग स्वर्ग पहुँचे थे। संगम का प्रताप कई मील पहले से शुरू हो जाता है क्योंकि नाव वाले काफ़ी दूर से यात्रियों को इस तरह घेरने लगते हैं जैसे कि जीव को माया घेरती है। नाव वाले कभी-कभी आपको सौ-पचास दफ़ा चिल्लाने के बाद छोड़ भी देते हैं और उस स्थिति में एक

और सम्मानित व्यक्ति आपसे आगे बढ़कर कहता है कि जिजमान यदि स्नान नहीं करना तो एकाध मुर्दा ही फुँकवा लो; आज साइत बड़ी अच्छी है।

गंगा तट पर प्रसिद्ध हनुमान मन्दिर है। जो मुक़दमेबाज़ मोटे हैं और इतनी दूर नहीं चल सकते उनकी सुविधा के लिए हाईकोर्ट के पास ही एक छोटी-सी शाखा खुली है। इस छोटे-से मन्दिर में मैंने एक बार एक ऐसे विशालकाय व्यक्ति को प्रसाद चढ़ाते देखा है कि यदि हनुमानजी उन्हें देखते तो खुद ही प्रसाद चढ़ाने को सोचते। मगर हनुमानजी ने उन्हें नहीं देखा; जैसा कि पुजारी ने बताया वह उनके सोने का वक़्त था।

कटरे का तो कहना ही क्या। सुविधा के लिए यहाँ दो कटरे हैं, एक नया, एक पुराना। पुराना कटरा तो एकदम पुरातत्त्व की चीज़ है। यहाँ के बाज़ार में ठीक वह वातावरण रहता है जो शायद पानीपत की पहली लड़ाई के काल में दिल्ली के बाज़ारों में रहता होगा। छुट्टी के दिन बिना अंग-भंग के आप इस तरफ़ से उस तरफ़ निकल नहीं सकते। सामान्य स्थिति यह होती है कि रिक्शे, हाथठेले, गाय, भैंस, कार, साइकिल, आदमी—हर तरह की जड़ और चेतन वस्तुएँ आपको अपने गन्तव्य स्थान तक पहुँचने से इस प्रकार रोकती हैं जैसे गौतम को ज्ञानप्राप्ति से प्रेत और डाकिनियाँ रोका करती थीं। जब तक आप अपना पाजामा किसी साइकिल की चेन से निकालते हैं तब तक आपकी कमीज़ किसी गधे के सींग में उलझ जाती है। आप कहेंगे कि गधे के सींग तो होते ही नहीं तो चलिए ठीक है बकरी ही रही होगी। यह तो स्थिति है दायें बायें की—जहाँ तक ऊपर और नीचे का प्रश्न है वहाँ तो आनन्द ही आनन्द है। एक दफ़ा एक वयोवृद्ध सज्जन की दाढ़ी में किसी ने पका टमाटर इस सफ़ाई से फेंककर मारा था कि दाढ़ी के बाल के तत्त्व कम रह गये थे और टमाटर के ज़्यादा। कुल मिला कर दाढ़ी इतनी रससिक्त हो गयी थी कि हफ़्तों तक टमाटर की जगह प्रयोग की जा सकती थी। केले के छिलके का तो कहना ही क्या, कटरे के क्षेत्र में सामाजिक सेवा का यही सर्वश्रेष्ठ साधन स्वीकार किया जाता है। ऊपर की मंज़िल वाले इस फल को अकेला नहीं खाते, वे केला अपने पास रखते हैं और छिलका इतनी दक्षता से आपकी नाक पर मारते हैं जितनी कि वर्षों के अभ्यास से आती है। जब तक आप ऊपर की दिशा में देखें तब तक साथ चल रही महिला इसी छोटे-से छिलके पर दो दफ़ा फिसल चुकी होती है और तीसरी दफ़ा की तैयारी करती होती है।

यहाँ की युनिवर्सिटी भी कमाल की चीज़ है। दुनिया में शायद यह पहली युनिवर्सिटी है जो साल में सबसे ज़्यादा बन्द रहती है। जहाँ और विश्वविद्यालयों में केवल छात्र या अध्यापक आन्दोलन करते हैं वहाँ इस विशिष्ट संस्थान में माली और चौकीदार भी अपने अधिकारों के प्रति इतने जागरूक हैं कि उनके कारण भी कभी-कभी युनिवर्सिटी को बन्द रहना पड़ता है। लड़के या तो बेचारे सिनेमा देखते

हैं या कहानी लिखते हैं। अध्यापक लोग खाली वक़्त में कसरत करते हैं क्योंकि पता नहीं कार्यकारिणी की बैठक में कब किस दल को शक्ति दिखाने की ज़रूरत पड़े। शहर की लड़कियाँ बड़ी उदास रहती हैं; कहती हैं यहाँ के लड़के बड़े भोले हैं।

प्रयाग का कॉफ़ी हाउस एक ऐसी संस्था है जिसकी तुलना जिमख़ाना क्लब भी नहीं कर सकता। जो सिद्ध लोग हैं वे कॉफ़ी का पैसा स्वयं नहीं देते। ऐसे कितने ही वरिष्ठ लोग हैं जो बाहर आपको पहचानेंगे भी नहीं पर इस मकान का जादू देखिए कि अन्दर आते ही वे आपके आत्मीय हो जाते हैं। जब तक कॉफ़ी चलती रहती है तब तक आत्मीयता भी चलती रहती है। बड़े-बड़े मूर्ख लोग कॉफ़ी का घूँट भरते ही ज्ञान के ख़ज़ाने उगलने लगते हैं। हाथी के दाँत बाहर दिखाने के अलग होते हैं और दोसा खाने के अलग। इधर कॉफ़ी हाउस में कुछ नवयुवक दाढ़ी लगा कर आने लगे हैं जिनसे मेज़ें साफ़ रखने में काफ़ी मदद मिली है। एक साहब जिस रंग का सूट पहनते हैं उसी रंग की दाढ़ी रखते हैं। सूट के साथ-साथ दाढ़ी पर भी बाक़ायदा इस्त्री होती है। सालभर में एक बार जब सूट धुलता है तभी दाढ़ी भी धुलती है। बरसात में दाढ़ी में फिनायल की गोलियाँ रखते हैं ताकि कीड़ा न लगे। कॉफ़ी हाउस में एक बोर्ड लगा है 'थूकिए नहीं'; एक और सज्जन हैं जो हमेशा इसी बोर्ड के नीचे बैठते हैं।

इलाहाबाद के सिनेमाघर बड़े मशहूर हैं। जो सिनेमा घर 1935 में अमेरिका में रेड इण्डियन्स के लिए बना था वह यहाँ 1965 में पूरे दाम पर दिखाया जाता है। गेटकीपर कुश्ती का शौक़ रखते हैं और दर्शक गण इतने मिलनसार हैं कि जेब काटते हैं। कुल मिलाकर हॉल में बड़ा घरेलू वातावरण रहता है; कोई खाना खा रहा है, कोई चम्पी करवा रहा है और कोई आपको अगली कहानी सुना रहा है। नगर के बाथरूमों का तो कहना ही क्या! एक जगह 'मूत्रालय' के स्थान पर 'मन्त्रालय' लिखा था। अन्दर ऐसी हालत थी कि आप सुनना तो चाहेंगे पर मैं कहना नहीं चाहूँगा।

बाथरूमों के बाद यहाँ के साहित्यिकों की याद आना स्वाभाविक ही होगा। प्रयाग के साहित्यिकों का मोटे तौर पर तीन श्रेणियों में वर्गीकरण किया जा सकता है; एक चन्द्रकान्ता टाइप के लेखक हैं, दूसरे मन्द्राकान्ता टाइप के लेखक हैं और तीसरे लक्ष्मीकान्ता टाइप के लेखक हैं। चन्द्रकान्ता वर्ग के लेखक रहस्यवादी हैं; ये एकाध भूतनाथ ज़रूर पाले रहते हैं जो प्रायः रिसर्च करता हुआ होता है। ये लोग अपनी 'सन्तति' का बड़ा ख़याल रखते हैं। इनके ऐयार बड़े चतुर होते हैं। ऐसे कुछ लेखकों के हाथ में जादू होता है– वे चाहें तो रातोंरात आपका नाम साहित्य के इतिहास में दर्ज़ करवा दें और चाहें तो रातोंरात आलीशान मकान खड़े कर लें। इसमें से कुछ तो अब भी तिलिस्मों में ही रहते हैं। मन्द्राकान्ता वर्ग के लेखक सारा काम धीरे-धीरे करते हैं। गजगामिनी नायिका वाली चाल, मधुर-मधुर वाणी और अर्धनिमीलित आँखें। जिस प्रकार जीवन बीमा आयोग का मोटो है 'योग क्षेमं

वहाम्यहम्' उसी प्रकार मन्द्राकान्तावादी कलाकारों का मोटो है 'को विहातुं समर्थः?' जो लोग ऊपर लिखी दो श्रेणियों में नहीं आते वे लक्ष्मीकान्ता टाइप कहलाते है। इनका साहित्य कभी-कभी इतना क्लिष्ट होता है कि दीमक भी उसे खाने से घबराती है।

और मैं आपसे ईमानदारी से पूछता हूँ कि क्या सचमुच इनमें से कोई भी चीज़ ऐसी नहीं है जिस पर 'हिन्दुस्तान देखिए' का पोस्टर बनाया जा सके?

सच्चा इन्द्रजाल

आज मैं जादू का ज़िक्र करूँगा। जादू शब्द शायद 'तन्त्र' का अपभ्रंश है। तन्त्र से जन्त्र हुआ और जन्त्र से जन्तर-मन्तर। वक़्त के साथ जैसे दिल्ली का जन्तर-मन्तर वेधशाला से इश्क़गाह हो गया उसी तरह कालान्तर में जन्तर शब्द भी जादू की स्थिति को प्राप्त हुआ। एक बार 'जादू' शब्द बन जाने से बाक़ी काम आसान हो गया और जादुई अँगूठी, जादू भरे नैना, जादूगर सैंया के क़िस्म का मुख़्तलिफ़ सामान इसके बाद आसानी से बनने लगा।

जैसा कि शायद सभी के साथ होता है बचपन में मुझे भी जादू से विशेष आकर्षण था। वैसे कुछ क़िस्म के जादू मुझ पर अब भी असर करते हैं पर उन दिनों विशुद्ध जादू से भी मैं नितान्त प्रभावित था। उन दिनों इस विषय पर साहित्य भी काफ़ी मिलता था। सच्चा जादूगर, बंगाले का जादू, जादू की डिबिया, जादू का सन्दूक वग़ैरह ग्रन्थ बहुतायत से मिलते थे। इस प्रकार के साहित्य में जिस पुस्तक का स्थान सबसे ऊँचा माना जाता था वह थी सच्चा इन्द्रजाल (चारों भाग)। इस पुस्तक का जादू पहले पृष्ठ से ही शुरू होता था; पहले पेज पर दाम छपा था चार रुपये और पुस्तक मिलती थी एक रुपये में। इस पुस्तक में नाना प्रकार के नुस्खे लिखे हुए थे जैसे कि आग में कपड़ा न जलने देना, बैगनों का अपने आप इधर-उधर उछलना, तत्काल बिच्छू बनाना वग़ैरह-वग़ैरह। ख़ैर, हमने कभी इन छोटी-मोटी वस्तुओं पर ध्यान नहीं दिया। हमारा ध्यान तो एक ही सिद्धि पर केन्द्रित था और यह थी अपने हेडमास्टर का मेंढा बनाना। इसके लिए हमने क्या-क्या नहीं किया! श्मशान गये, रात-रातभर यज्ञ किया, सूअर की पूँछ के बाल ततैयों के साथ तम्बाकू की पत्तियों में जलाए मगर हेडमास्टर पर इसका कोई असर नहीं हुआ। हम रोज़ प्रार्थना के वक़्त उन्हें ध्यान से देखते कि शायद आज कुछ फ़र्क़ पड़ा हो मगर कहाँ? वही दिशाओं को भेदने वाली वाणी, वही हनुमान मार्का चाल, वही सुरसाछाप मुख और वही घटोत्कच वाली हँसी। हमारे हेडमास्टर काफ़ी बलिष्ठ क़िस्म के व्यक्ति थे और उन्हें देखकर रामायण और महाभारत के कुछ पात्रों की याद साथ-साथ आती थी। मेरे ख़याल से अगर वे मेंढा बनते भी तो काफ़ी बड़े क़िस्म का मेंढा बनते। मगर

जैसा मैंने ऊपर बताया, हम लोग उनकी शक्ल कभी बदल नहीं सके; हाँ अलबत्ता, वह हमें रोज़ मुर्गा बनाते थे। हम लोग इतनी सच्चाई से मुर्गे का पार्ट अदा करते थे कि अगर वह हमें कहीं मुर्गी बना देते तो शायद हम लोग अण्डे भी देने लगते। मनुष्य की योनि पुनः प्राप्त होने के बाद हम लोग अपना बस्ता उठाते, दबात को पट्टे पर उल्टा करते, पण्डित जी की दराज में चन्द मेंढक बन्द करते और 'पण्डित जी पण्डाख्ता' वाला राष्ट्रीय गान गाते हुए नदी-नाले पार करते अपने गाँव लौटते।

उम्र के साथ-साथ जादू पर से मेरा विश्वास उठता गया। मगर एक वक़्त ऐसा फिर आया जब जादू के प्रति मेरी श्रद्धा फिर से जगने लगी। अब तो मेरा दृढ़ विश्वास है कि जादू जैसी चीज़ है और ज़रूर है। ये जो चौराहों पर कीलें निगलने वाले और पत्थर आसमान में फेंकने वाले जादूगर हैं, ये सब नकली और ग़रीब हैं। इनकी सिर्फ़ यही उपयोगिता है कि इनकी वजह से हमारा ध्यान सच्चे जादू पर नहीं जाता। वरना जनाब ऐसे-ऐसे ऊँचे कलाकार हम लोगों के बीच पड़े हैं जो सरकारी अफ़सरों के सामने रेत का सीमेंट बनाते हैं, पपीते के बीजों की काली मिर्च और मिट्टी से आटा। जादू की गति वास्तव में अनन्त है।

वास्तविक जादू का पहला पता मुझे ठाकुर की रियासत पर लगा। ठाकुर के पिता ख़ानदानी रईस थे। नियमित आदतों के व्यक्ति थे; सुबह गाँज़ा पीते थे, तीसरे पहर भंग और रात को शराब। इतवार को कोकीन खाते थे। बीच-बीच में इस व्यस्त दिनचर्या से जो वक़्त मिलता था उसमें रिआया को गन्दी गालियाँ दी जाती थीं। गाहे-बगाहे महफ़िल भी लगती थी जिसमें रामपुर और बरेली के बाज़ार से छोकरियाँ आती थीं। ठाकुर के बाप का सारा काम नौकर-चाकर ही करते थे, यहाँ तक कि पाजामे का इज़ारबन्द भी नौकर ही बन्द करते थे। नौकर को इस काम के लिए बुलाने को एक अलग नौकर था। कहने का अर्थ यह कि दिशाकर्म इत्यादि कुछ विशिष्ट क्रियाओं को छोड़कर जो कि प्रकृति की अदूरदर्शिता के कारण नौकरों पर नहीं छोड़ी जा सकती थी, शेष सारे काम नौकर ही करते थे। सुमवारी, मंगल, बुद्धू, जुमराती, जुम्मन, सनीचरी, इतवारू— यानी कि मुख़्तलिफ़ क़िस्म के नौकर मुख़्तलिफ़ वक़्तों पर मुख़्तलिफ़ काम करते रहते थे। ये लोग खेत या बाड़े में काम करते थे, इनकी बीवियाँ हवेली में क़ाम करती थीं और इनके बच्चे ठाकुर के ख़ानदानी बच्चों को सवारी देते थे या उनके हाथ पिटते रहते थे। कमाल की बात यह थी कि काम ये लोग करते थे और अमीरी ठाकुर की बढ़ती थी। जिस साल इलाक़े में बहुत अन्न उपजा, उसी वर्ष रिआया भूख से मरी। यह जादू नहीं था तो और क्या था?

ठाकुर का जादू काफ़ी बड़ा था। इलाक़े में चोरी, डकैती वग़ैरह की वारदात कहीं हो, पुलिस हमेशा उसी को पकड़ती थी जिसे ठाकुर चाहते थे। मगर ठाकुर से बड़ा जादूगर भी इस धरती पर था और वह थी मुसम्मात पारो। यह नाचने वाली पेशेवर छोकरी काशीपुर के इलाक़े की थी और बला की ख़ूबसूरत थी। वह ठाकुर को इस

तरह क़ब्ज़े में रखती थी, जैसे कोई तोते को रखता है। जैसा वह कहती थी, तोता वैसा ही करता था। पारो का जादू आँखों का जादू था। उसकी एक ही आँख किसी को पागल बना देने के लिए काफ़ी थी मगर यह कम्बख़्त एक ही फ़िजूलख़र्च थी जो दोनों आँखों का इस्तेमाल साथ-साथ करती थी। आँखें उसकी विशिष्ट शक्ति थीं– इनके अतिरिक्त बाँहें, कटि, होंठ, टाँगें, कमर, ये हिस्से भी अपना पुश्तैनी काम काफ़ी ज़िम्मेदारी से अदा करते थे। नतीजा यह था कि ठाकुर उस पर जान देता था। पारो का जादू ज़बर्दस्त था।

जैसा कि उर्दू के एक शायर ने कहा है, सितारों से आगे भी एक-दो अदद जहाँ आबाद है। कहने का मतलब यह है कि पारो के अलावा भी कुछ जादूगर सीन पर मौजूद थे। इनमें एक था ठाकुर का भतीजा रामरिख। उसके पास जवानी का जादू था जो पारो की आँखों के जादू को खलास करता था। नतीजा यह हुआ कि पारो ठाकुर से पैसा ऐंठती थी और ख़र्च करती थी रामरिख पर। रामरिख बीस साल का अल्हड़ जवान था, इस सैलाब में ऐसा बहा कि कुछ भी न बचा– नदी भी बही, किनारे भी बहे, पुल भी बहा, और पानी बहा सो अलग।

ठाकुर को इस बात का पता लगा। उन्होंने हथेली बजाकर चार देव बुलाए। ये देव बाक़ी वक़्त में शहर में इक्का चलाते थे। ये लोग आँखों में सुरमा लगाते थे और दाँतों पर मिस्सी। इनका सरदार गले में काला धागा पहनता था। आज इन्होंने ठाकुर से 'जो हुकुम' कहा और कल रामरिख के भौतिक शरीर के पैंतालीस छोटे-बड़े टुकड़े खादर के इलाक़े में इधर-उधर बिखरे हुए दृष्टिगोचर हुए। क़त्ल का इलज़ाम लगा असामी मैकू पर जिसकी बीवी पर कभी रामरिख निगाह रखता था।

मगर पारो असली क़ातिल को जानती थी। उसने ख़ुद जाकर थाने में रिपोर्ट लिखवाई, वकील किया। अब यहाँ कई जादुओं की टक्कर हुई। ठाकुर ने पैसा पानी की तरह ख़र्च किया। उधर पारो के वकील ने चन्द गवाहों को जादू की शक्ति से ऐसी दिव्यदृष्टि दी कि संजय की तरह उन्हें सारी घटना एकदम दीखने लगी। पारो ने आँख और कमर के जादू से ठाकुर के चार देवों में से एक को अपनी तरफ़ फोड़ लिया और वह सरकारी मुख़बिर हो गया। अदालत में वही हुआ जो डेरी फ़ार्म में दूसरी तरफ़ से किया जाता है; डेरी फ़ार्म में दूध और पानी मिलाए जाते हैं और अदालतों में दूध का दूध और पानी का पानी अलग-अलग किया जाता है। नतीजा यह हुआ कि ठाकुर को बड़ी सज़ा हो गयी।

जिस दिन ठाकुर जेल गये, मैं गाँव में था। पारो भी रोती थी और ठाकुर भी। सुमवारी, मंगल, बुद्धू, जुमराती, जुम्मन, सनीचरी और इतवारू भी रोते थे। इधर ठाकुर जेल गये, उधर ज़मींदारी ख़त्म हो गयी। ठकुराइन गाँव में मरी और ठाकुर जेल में। दालान में पाठशाला खुल गयी और बाड़े में खादी का दफ़्तर। पारो सरकारी तौर पर ग्रामसेविका बन गयी, वैसे गाँव की सेवा उसने जीवन भर की ही थी।

वक़्त के जादूगर ने सब कुछ बदल दिया। पिछली बार पारो मिली तो बीस साल पहले की घटनाएँ याद आ आकर रह गयीं। जो आँखें जादू फेंकती थीं उनमें वक़्त से पहले मोतियाबिन्द उतरकर कमाल दिखा गया। जहाँ कभी एक पतली-सी कमर होती थी (जिसे देखकर उर्दू के शायर तो यही पूछते रहते—कैसी है, किस तरफ़ को है, किधर है?) वहाँ अब इतना कच्चा माल है कि चाहें तो छोटे-बड़े साइज़ की दस कमर निकाल सकते हैं। सभी कुछ बदल गया। अगर कोई चीज़ नहीं बदली तो वह है गुरु व शिष्य का सम्बन्ध। वह अब भी उतना ही पवित्र है जितना रघुवंश या महाभारत के समय में था। दिन भर सारे विद्यार्थी गुरुजी को बकरा बनाने की सोचते हैं और खुद मुर्गा बनते हैं। शाम को बाजरे के खेतों में स्कूल से लौटते बच्चे अभी भी वही कोरस गाते हैं :

पण्डित जी पण्डाख्ता
गोली मारो ताख़्ता;
गोली गयी रेत में
पण्डित जी गये जेल में;
जेल गयी टूट
पण्डित जी गये छूट...

सरकस

यूँ तो सरकस सभी मज़ेदार होते हैं पर जो सरकस मैंने पिछले हफ़्ते देखा वह ज़रा ज़्यादा ही मज़ेदार था।

सरकस हमारे शहर में कोई एक पखवारे से लगा हुआ था और स्थिति यह थी कि सिवाय हमारे परिवार के, महल्ले के सभी लोग इससे निबट चुके थे। हाँ अलबत्ता हमारे घर में किसी ने यह सरकस अभी नहीं देखा था और इस सन्दर्भ में बच्चे और स्त्रियाँ तो विशेष रूप से इतने व्याकुल थे कि उनकी स्थिति ठीक वैसी ही हो रही थी जैसी कि चर्बी के कारतूस मिलने के बाद बैरकपुर पलटन की हुई थी। पहले तो हमने बहुत समझाया कि यह कितना असंगत है कि चन्द जानवरों को देखने के लिए चन्द आदमी अपना पैसा ख़र्च करें पर अन्त में चलकर हम उसी तरह राज़ी हो गये जैसे नायक के समझाने-बुझाने पर बिहारी की नायिका हो जाती थी।

सरकस जाने के पूर्व हमने सोचा कि उन लोगों से भी बातचीत कर ली जाए जो कि इसे देखकर आये हैं। हम कई के पास गये। एक साहब तो चुप रहे। एक और सज्जन मिले पर उनके कान की सेहत इन दिनों इतनी ख़राब थी कि जब तक आप कान के भीतर ही घुसकर न बोलें, उन्हें दूसरे की वाणी सुनाई नहीं पड़ती थी। कान में घुसने को हम तैयार नहीं थे क्योंकि हमारे पास वक़्त कम था। कुछ और लोग मिले जिन्होंने तारीफ़ के वे पुल बाँधे कि पूछिए नहीं। एक साहब ने काफ़ी सच्चाई के साथ कहा कि यह सरकस कुछ इस क़िस्म का है जैसे कि आमतौर से सरकस होते नहीं हैं।

सरकस जाने का दिन निश्चित हो गया। घर भर के लोगों में ऐसा उत्साह आ गया कि जैसे सरकस न जा रहे हों बल्कि हमारी दूसरी शादी की जा रही हो। कपड़े धुलवाए गये, जूतों की मरम्मत हुई, हमारे मित्र ठाकुर ने काफ़ी दिनों बाद स्नान किया। रविवार के दिन छः से नौ बजे तक का शो देखने के लिए हम लोग घर से कोई तीन ही बजे निकल पड़े।

सरकस हमारे यहाँ से कोई डेढ़ मील दूरी पर था। एक बड़े अहाते में तम्बू लगा था जिसके बाहर कई गेट बने थे। एक मुख्य द्वार था जिस पर जेबकतरों से

बचने की ख़ास सिफ़ारिश की गयी थी। पास ही टिकट घर थे। छुट्टी का दिन था और वह भी महीने के पहले हफ़्ते का—इसलिए भीड़ काफ़ी थी। सरकस के गेट पर तरह-तरह के चित्र बने हुए थे; कहीं एक मसखरा दूसरे मसखरे की सवारी काट रहा था तो कहीं एक भालू किसी हाथी की कमर पर आसन लगाये चाय पी रहा था। सरकस के विशिष्ट स्तर का पता इन चित्रों से लगता था। एक तस्वीर में एक निहायत रूपवती लड़की साइकिल चला रही थी जिसमें कि सिर्फ़ एक ही पहिया था। दूसरा पहिया उस लड़की ने गले में पहन रखा था। सरकस में घुसने का रास्ता अलग था और बाहर निकलने का अलग। नतीजा यह था कि सरकस देखकर आने वाले लोग सरकस देखने जाने वाले लोगों से नहीं मिल सकते थे। इस पद्धति की उपयोगिता का पता हमें बाद में लगा।

टिकट लेकर जब तक हम लोग अन्दर पहुँचे तो हॉल काफ़ी भर चुका था। हम लोग कुर्सियों पर थे— हमसे आगे दो दर्जे और थे—एक बढ़िया हत्थेदार कुर्सियों का और एक सोफ़ा सेट का। तम्बू के बीचोबीच एक गोल घेरा था जहाँ करतब दिखाये जाते थे। कलाकारों को ताज़ी हवा देने के लिए तम्बू छत पर से काफ़ी फटा हुआ था।

अन्दर जाकर हम लोग बैठ गये। सिगरेट पी, पान खाये; बच्चे घर से नाश्ता लाये थे, वह भी ख़त्म किया गया। दो-चार छोटे बड़े साइज़ की गप्पें भी मारीं मगर सरकस शुरू होने की कोई आशा नहीं दिखाई पड़ी। पहले तो हम सोचते रहे कि ये लोग शायद हॉल के पूरा भरने की प्रतीक्षा कर रहे हैं। हॉल पूरा भरने से कलाकार का उत्साह बढ़ता है। सरकस का जो कलाबाज़ पाँच हज़ार आदमियों के सामने दो सौ फुट ऊपर से कूद सकता है वह अकेले आदमी के सामने पाँच फुट नहीं कूद सकता। वह कोई हिन्दी का कलाकार थोड़े ही है जो कि एक अदद सुनने वाला मिल जाने पर भी दो सौ पेज का खण्डकाव्य उसी स्वर में सुनाकर छोड़ेगा जो कि पूरे पण्डाल के लिए पर्याप्त है। हाँ तो सरकस शुरू नहीं हुआ। जब थोड़ा वक़्त और भी निकल गया तो हम लोगों ने मैनेजर से मिलने की सोची। जैसा कि ज़ाहिर था ये हज़रत उन लोगों में से नहीं थे जो कि वक़्त के पाबन्द होते हैं। पहले पता लगा कि हज़रत टिकटों का हिसाब देख रहे हैं। फिर पता चला कि एक शेर पिंजरे से निकल गया है और उसे पकड़ने के लिए जंगल की तरफ़ गये हैं। एक और साहब ने (जो कि शायद कम्पनी के ही कर्मचारी थे और जिनकी तनख़्वाह शायद वक़्त पर नहीं मिलती थी) बताया कि मैनेजर साहब की एक खासियत यह है कि वे सरकस शुरू होने के वक़्त प्रायः कहीं खिसक जाते हैं। इन साहब ने एक विशेषज्ञ की हैसियत से यह भी कहा कि हालाँकि टिकट तीन शो के बेचे जाते हैं पर कुल मिलाकर शो एक ही दिखाया जाता है। हम ये बातें कर ही रहे थे कि लाउडस्पीकर पर किसी ने बताया कि अब खेल शुरू हुआ ही चाहता है और हम लोग अपनी-अपनी जगह बैठ जाएँ। इसके बाद फिर आधे घण्टे की छुट्टी मनाई गयी और इस बीच 'बुड्ढा'

वाला रिकॉर्ड कोई दस बार बजा।

कोई सात बजे खेल शुरू हुआ। खेल की शुरुआत जोकरों से हुई। जैसा कि बाद में पता लगा, इस सरकस में जोकर काफ़ी थे। पहले एक जोकर आया, फिर दूसरा। एक जोकर के हाथ में एक फटा हुआ बाँस था जिसका प्रयोग दूसरे जोकर की कमर के नीचे भाग पर काफ़ी सफलता से किया जाता था। यूँ तो सभी जोकरों को फटे कपड़े पहनने का शौक़ होता है पर इन हज़रत ने जो कपड़े पहन रक्खे थे वे इतने ज़्यादा फटे थे कि स्थिति कहने लायक़ कम और देखने लायक़ ज़्यादा थी। इन दोनों कलाकारों की कोई निश्चित योजना नहीं दिखाई पड़ती थी। ये आये, एक निगाह दर्शकों पर काफ़ी हिक़ारत से डाली, एक या दो बार बाँस से कमर पीटने का आइटम दिखाया और फिर बीड़ी सुलगाकर फ़र्श पर बैठ गये। अब एक बार बैठ गये तो बस बैठ गये। पता नहीं उस विश्राम की मुद्रा में ये कब तक बैठे रहते यदि किसी बात पर इनमें आपस में झगड़ा न हो गया होता। झगड़ा हुआ और कसकर हुआ। उन कपड़ों में जितनी भी फटने की और गुंजाइश थी, उसका पूरा-पूरा फ़ायदा उठाया गया। जिस जोकर के पास फटा हुआ बाँस था उसने वे कमाल दिखाये कि उसे वहीं रायबहादुर बनाने की तबीयत होती थी। दूसरे हज़रत सिर्फ़ एक फटी हुई चप्पल का प्रयोग कर रहे थे मगर साहब, क्या फुर्ती थी ज़िस्म में– लगता था, दोनों वक़्त कसरत करते थे। पहले तो लोगों ने समझा कि झगड़ा नहीं हो रहा वरन् कोई आइटम दिखाया जा रहा है और नतीजा यह हुआ कि ख़ूब हथेलियाँ पिटीं। धीरे-धीरे जब ख़ून निकलने लगा और जब बाँसहीन जोकर हमारी सीट के नीचे दुबकने लगा तो स्थिति साफ़ हुई। सरकस के बाक़ी लोग इन्हें बटोरने आये। क्योंकि यह जोकर एकदम नंगा हो गया था, इसे वहाँ से ले जाने के लिए बत्ती गुल करनी पड़ी। स्थिति का फ़ायदा उठाते हुए हमारे दोस्त ठाकुर उस अँधेरे में अगले दर्जे की सीट पर पहुँच गये।

इसके बाद, जैसा कि ज़ाहिर था, खेल गम्भीरता से शुरू हुआ। दो औरतें आयीं। बाक़ी सरकसों में जहाँ नौजवान और ख़ूबसूरत लड़कियाँ रंगीन चमचमाते हुए कपड़े पहनकर उछल-कूद करती हैं वहाँ इस सरकस में दो अधेड़ पालतू क़िस्म की औरतें मामूली कपड़ों में दो साइकिलें लेकर हाज़िर हुईं। सादा जीवन, उच्च विचार। साइकिलें, जैसा कि लगता था, काफ़ी अर्से से इस्तेमाल नहीं हुई थीं। पहले उनमें हवा भरी गयी, तेल डाला गया और फिर दोनों देवियों ने उन्हें चलाना प्रारम्भ किया। कोई पन्द्रह मिनट तक यह आइटम चला। साइकिलें ठीक उसी तरह चलाई जा रही थीं जैसे कि वे अक्सर सड़क पर चलाई जाती हैं। हम लोग बराबर यही देखते रहे कि वह कौन-सा कमाल है जिसके लिए हमने टिकट ख़रीदा। हमें तो पता नहीं चला; हाँ, अलबत्ता ठाकुर ने बताया कि इतनी टूटी हुई साइकिलों का चलाना स्वयं में कोई आसान काम नहीं है। हम ये बातें कर ही रहे थे कि एक अदाकार

महिला की सलवार साइकिल की चेन में आ गयी और उन्होंने वे करतब दिखाये कि पूछिए नहीं। कुछ लोगों ने इस सम्मानित महिला को साइकिल से पृथक् करने की भरसक कोशिश की मगर साइकिल से उसके सम्बन्ध इतने घनिष्ठ स्थापित हो चुके थे कि निकट भविष्य में उनके पृथक् होने की कोई आशा नहीं दिखाई पड़ती थी। अन्त में चलकर उन्हें मय साइकिल के अन्दर पहुँचाया गया। इसके बाद कुछ इसी तरह के दो-चार आइटम और हुए और उसके बाद बत्ती फिर गुल हो गयी। ठाकुर इस बार जो आगे बढ़ा तो सोफ़े तक पहुँच गया।

रोशनी आने पर यह एनाउंस किया गया कि अब शेर और बकरी वाला आइटम दिखाया जायेगा। बाक़ी सरकसों में शेर और बकरी साथ-साथ दिखाये जाते हैं, दोनों साथ-साथ पानी पीते हैं और कभी-कभी बकरा शेर की कमर पर भी चढ़ता है। इस तरह के खेलों में काफ़ी ख़तरा रहता है और जैसा कि ज़ाहिर था, इस सरकस का मैनेजर ऐसा कोई ख़तरा हर्गिज़ मोल नहीं लेना चाहता था। परिणाम यह हुआ कि पहले एक आदमी बकरे को लेकर दिखा गया। बकरे का प्रदर्शन पर्याप्त मात्रा में किया गया। जिन लोगों ने जीवन में बकरा पहले भी देखा था उन्हें भी पन्द्रह मिनट तक इस महान् आत्मा को देखने की सुविधा मिली। एक जोकर ने बकरे के सींग पकड़े, दूसरे ने उसकी पूँछ। बकरे ने दोनों को एकसाथ गिरा दिया। लोगों ने तालियाँ पीटीं। बकरा भी थोड़ा-सा हँसा। बकरे के विदा लेने के पश्चात् शेर आया। शेर के साथ हाथ में कोड़ा लिये एक औरत आयी जो कि पहले आने वाली औरतों से अलग थी। इसकी चुस्ती और सेहत देखकर ठाकुर ने कहा कि ये देवी पहले वाली स्त्रियों की माता है। शेर का यह हाल कि काफ़ी ग़ौर से देखने के बाद यह पता चलता था कि यह जानवर भी कभी किसी क़िस्म का शेर रहा होगा। कम ख़ुराक और उम्र की वजह से वह एक बीमार कुत्ते जैसा लगता था। यह औरत जैसा कि ज़ाहिर है, शेर से काफ़ी डरती थी। शेर इतना कमज़ोर था कि बिना बाहरी मदद के कठघरे के बाहर तक नहीं आ सकता था। किसी तरह वयोवृद्ध हिन्दी के लेखक की तरह बाहर आया, कोड़ा देखकर थोड़ी-बहुत पूँछ हिलाई, एक निहत्थे आदमी की तरफ़ गुर्राया, पास खड़ी औरत की ओर लालचभरी निगाहों से देखा और इसके बाद फिर कठघरे के भीतर चला गया। इसके बाद लाउड-स्पीकर पर बताया गया कि जो साहब शेर को पास से देखना चाहें वे कठघरे के अन्दर जाकर देख सकते हैं।

इसके बाद हाथी आए। कुल मिलाकर पाँच हाथी थे। इनमें से तीन के दाँत ग़ायब थे और एक की पूँछ। इनकी अनुशासनहीनता देखने क़ाबिल थी। कोई आधा घण्टा तक तो इनके मुँह एकसाथ एक दिशा को नहीं हुए। बाक़ी सरकसों के ख़िलाफ़ सलामी भी कुछ ने सूँड़ से दी, कुछ ने पूँछ से। एक हाथी जो काफ़ी बूढ़ा था, आराम करने वहीं बैठ गया और काफ़ी देर तक सरकस के बाक़ी आइटमों को रोके रहा। हाथियों के बाद घोड़ा आया। वह अगर किसी और वक़्त लाया जाता

तो अच्छा रहता।

नौ बजे के क़रीब कुछ और करतब शुरू किये गये। कुछ लोग ऊपर तम्बू की छत से लटकने लगे और कुछ ने लटकने वालों के पैर पकड़कर लटकना शुरू किया। इनमें से एक हज़रत शायद नौसिखिए थे या लटकते हुए उन्हें कुछ नींद आ गयी। हुआ यह कि इन्होंने जो ऊपर वाले की टाँगें एक बार पकड़ीं, फिर दस मिनट तक छोड़ी ही नहीं। दस मिनट बाद दोनों एकसाथ जाल पर गिरे। सुस्ती मिटाने के लिए वह रिकॉर्ड बराबर बजता रहा—चरनदास को पीने की जो आदत न होती....

सबसे अन्त में मौत के कुएँ वाला आइटम हुआ। एक हज़रत ने काला चश्मा पहन कर लोहे के घेरे में मोटर साइकिल चलायी। बड़ा अफ़सोस रहा कि कोई दुर्घटना नहीं हुई।

थोड़ी देर बाद खेल ख़त्म हो गया। एक जमादर ने अगले शो के लिए कुर्सियाँ झाड़नी शुरू कर दीं। ठाकुर ने कहा कि आओ ज़रा मैनेजर से भी मिल लें। कहने लगा कि देखो, कितना प्रतिभावान् आदमी है, एक बकरा, एक फटीचर शेर, चन्द घरेलू मुसम्मात, दो-चार और जानवर और एक फटे बाँस के सहारे इतना बड़ा सरकस चलाता है। हज़ारों लोग पिछले पन्द्रह दिन से बराबर पैसा और वक़्त बरबाद कर रहे हैं। हँसते-हँसते मैं ठाकुर से साथ हो गया। हाथियों के अस्तबल के पास ही एक तम्बू में मैनेजर साहब फ़र्श पर बैठे चाय पी रहे थे। वह शेरवाली महिला भी पास ही विराजमान थी। मैनेजर साहब सिन्धी या पंजाबी क़िस्म के इंसान थे और इतने मोटे थे कि मुँह पर कपड़ा डालकर गैण्डे का पार्ट आसानी से अदा कर सकते थे। बालों पर खिजाब लगा था, पतलून में गेलिस लगे थे और एक सामने के दाँत पर सोना मढ़ा हुआ था। थे निहायत नम्र और ख़ुशमिज़ाज। हम लोगों की तारीफ़ सुनकर कहने लगे कि बन्दा परवर, अब तो सरकसों में बड़ी फ़िजूलख़र्ची होने लगी वरना वालिद तो सिर्फ़ चार तोते, तीन मुर्गियाँ, एक बकरी और अपनी तीन बीवियों और चौदह बच्चों की मदद से वह शो देते थे कि पूछिए नहीं। एक बार बतख का नाच नवाब बहावलपुर को इतना पसन्द आया था कि उन्होंने बतख को बीच मजलिस में सोने का तमगा पहनाया था और वालिद को बन्दूक से शूट करने की धमकी दी थी कि इतनी बड़ी कला को यूरोप क्यों नहीं ले गये। इसके बाद इलायची पेश करते हुए और दोनों आँख एक साथ मारते हुए इन्होंने ठाकुर से कहा कि शो न भी पसन्द आया हो तो भी दोस्तों को ज़रूर भेजें। चकमा देने का मज़ा भी कोई चीज़ है। मैं ठाकुर को हाथ पकड़कर तम्बू के बाहर ले आया। थोड़ी देर वह अन्दर और रह जाता तो ऐसी कोई संक्षिप्त घटना ज़रूर हो जाती जिसका कि ज़िक्र ताजिराते हिन्द में विस्तार से दिया होता।

दो लाल मिर्च, एक भूत और तीन दोस्त

आप लोगों की कृपा से मुझे भगवान पर विश्वास है। भगवान की कृपा से मेरे बहुत दोस्त हैं। दोस्तों की कृपा से मुझे कभी शान्ति नहीं मिलती।

मेरे ज़्यादातर दोस्त ऐसे हैं जो क्रियाशील क़िस्म के हैं। ये लोग बेकार नहीं बैठ सकते और नतीजा यह होता है कि जहाँ कहीं ये लोग उठते-बैठते हैं वहाँ कोई दूसरा व्यक्ति कोई काम नहीं कर सकता। मिसाल के तौर पर मेरा दोस्त ठाकुर शिकार का शौक़ीन है। जैसा वक़्त होता है वह वैसा ही शिकार करता है। दीवाली या बड़े दिन की छुट्टियों में हमें अपने इलाक़े में शेर के शिकार के लिए घसीटकर ले जाता है और इतवार की छुट्टियों में वह मछली पर काँटा लगाकर बैठता है। अगर वक़्त और भी कम होता है तो वह शिकार पर नहीं जाता, उस स्थिति में वह अपने सामाजिक दायित्व निभाने की चेष्टा करता है और आसपास के लोगों की मारपीट करता है। इस सिलसिले में वह काफ़ी दूरदर्शी है और अक्सर कुछ लोगों को वह बिना मतलब भी मारता-पीटता रहता है। उसका कहना है कि हो सकता है कि भविष्य में इन लोगों के प्रति उसके मन में कभी क्रोध जैसी कोई चीज़ पैदा हो जाये और पता नहीं तब ये लोग मारपीट के लिए प्राप्त हों या न हों। इस स्थिति को ध्यान में रखते हुए कुछ लोगों को पेशगी के तौर पर ही पीटते रहना स्वास्थ्य के लिए श्रेयस्कर है। जानवरों से ठाकुर को वास्तव में सच्चा प्रेम है; गाहे-ब-गाहे वह उनकी बोलियाँ अब भी बोलता है और कभी-कभी तो उनकी तरह चलकर भी दिखाता है।

मेरे मेहरबानों में सान्याल ज़रूर कुछ शान्त क़िस्म का इंसान है। अगर ठाकुर खरगोश है तो सान्याल कछुआ है। यहाँ मैं उस खरगोश और कछुए का ज़िक्र कर रहा हूँ जिनकी जान-पहचान हितोपदेश के लेखक से थी। सान्याल चुपके से मकान में आता है और मुझे बग़ैर पता लगे मेरे यहाँ रहने लगता है। मेरी बिना इजाज़त के मेरे कपड़े पहनता है, किताबें पढ़ता है, पर्स से रेज़गारी निकालता है; सिगरेट पीता है, शेविंग सेट का पूरा-पूरा प्रयोग करता है और तारीफ़ यह है कि किसी को उसके रहने का पता भी नहीं लगता। एक-दो दिन बाद जब बिस्तरे की चादर या मेज़ का मेज़पोश कहीं-कहीं जला हुआ दिखाई पड़े या पॉलिश की डिब्बी मक्खनदानी में पड़ी

मिले तो आपको सन्देह होगा कि आसपास कहीं सान्याल ज़रूर है। धीरे-धीरे हम लोगों को उसकी गन्ध आने लगेगी और किसी सोफ़े के नीचे से सान्याल धीरे-धीरे प्रकट होता दिखाई देगा जहाँ कि अब तक वह चाय के बर्तनों को ओढ़े हुए खुर्राटे भर रहा था। वह ग़रीब वाक़ई इतना शान्त व्यक्ति है कि उसकी पत्नी ने उसे कभी अपने घर से निकलते ही नहीं देखा। हालाँकि भगवान साक्षी है कि सान्याल का रिश्ता उसके मकान से वही है जो तीर का कमान से होता है। पल भर को रुके और छूट गये।

मेरे अन्य मित्रों में वर्मा प्रमुख हैं। उनके बारे में कुछ नहीं कहूँगा; अलबत्ता उन्हें जब भी मैं देखता हूँ यह ज़रूर सोचता हूँ कि इनके माता-पिता ने परिवार-नियोजन क्यों नहीं किया?

स्थायी मित्रों के अतिरिक्त ऐसे कितने ही फुटकर क़िस्म के मेहरबान हैं जो हम सभी को इधर-उधर मिलते रहते हैं। जिस मकान में मैं आजकल रहता हूँ उसके आधे हिस्से में एक ऐसे सज्जन रहते हैं जो लेखक बनना चाहते हैं। पिछले महीने मेरी एक सिफ़ारिशी चिट्ठी एक सम्पादक के पास ले गये और एक रचना छपा डाली। पढ़ने पर पता लगा कि वह रचना भी मेरी ही थी। अनायास मुझे इतना गौरव देने का कारण पूछने पर ये हज़रत कहने लगे कि कोई नाम बदलने से रचना उनकी थोड़े ही हो गयी। राजा लक्ष्मणसिंह ने अपने नाम से मेघदूत छपाया पर पब्लिक फिर भी जानती है कि लिखा इसे कालिदास ने था। उनकी इस तर्कयुक्त युक्ति को सुनकर मैं चुप हो गया। इन दिनों मैं एक ऐसी रचना लिखने में संलग्न हूँ कि अगर वह छप गयी तो ये जेल जावेंगे। तब इन्हें पता लगेगा कि राजा लक्ष्मणसिंह की स्थिति कैसे प्राप्त होती है।

इस सन्दर्भ में एक और महाशय की याद भी मुझे आ रही है जो पिछले साल मेरे पीछे लग गये थे। मेरे ख़याल से इन सज्जन को सारा दिन करने के लिए दो ही काम रहते थे—एक तो केले के छिलके पर फिसलना और दूसरा किसी न किसी संस्था के लिए चन्दा माँगते रहना। चन्दा माँगने में इन्हें कमाल हासिल था। अगर गोशाला के लिए चन्दा माँगते थे तो गाय या बछड़े की तरह पूँछ हिलाते थे और अगर अनाथालय के लिए माँगते थे तो अनाथ बच्चों की तरह रोते थे। मेरे ख़याल से जब कहीं विधवाश्रम के सिलसिले में जाते होंगे तो साड़ी पहनकर जाते होंगे। जैसा कि मैंने पहले बताया, जो भी बाक़ी वक़्त इनके पास बचता था उसमें ये केले के छिलके पर फिसलते थे। इस क्रिया के सम्पादन करने मैं इन्हें ऐसी दक्षता प्राप्त थी जो वर्षों के निरन्तर अभ्यास से ही आ सकता है। स्थिति यह थी कि केले का छिलका सड़क, बरामदे या प्लेटफ़ार्म वग़ैरह पर कहीं भी पड़ा हो, ये बग़ैर किसी से इजाज़त लिये उसका पूरा-पूरा उपयोग करते थे।

जैसा कि ज़ाहिर है, मैं इनसे बड़ा तंग था। एक दिन शाम के धुँधलके में लॉन पर

बैठा हुआ मैं सिगरेट पी रहा था। देखा कि ये हज़रत हाँफते-हाँफते चले जा रहे हैं : लगता था जैसे केले के कई छिलकों का एकसाथ उद्घाटन सम्पन्न करके कहीं से आ रहे हैं। बैठने पर पता लगा कि कारण एक और भी था और वह यह कि शाम हो गयी थी और क़ब्रिस्तान के पास से गुज़रते उन्हें डर लगता था। मैंने पहले तो उन्हें ढाढ़स बँधाया और फिर वक़्त का फ़ायदा उठाते हुए धीरे-धीरे बताना शुरू किया कि सच्चाई तो यह है कि मैं स्वयं एक भूत हूँ। मैंने आँख फैलाकर मुँह से धुआँ छोड़ते हुए उनसे कहा : हे मूर्ख, मुझे देख और पहचान। मैं मुर्दा हूँ, पिछले जन्म में मैं मथुरा नगरी के लक्ष्मणसेन नामक श्रेष्ठि का पुत्र था। नदी में स्नान करते हुए मुझे एक ग्राह निगल गया। ग्राह के मरने के बाद मेरी मुक्ति हुई और तब से मैं इस स्थिति को प्राप्त हूँ जो तुझे दृष्टिगोचर हो रही है...। मेरा इतना कहना था कि ये सज्जन एकदम चलते-फिरते नज़र आने लगे। दो मिनट में कोठी से बाहर। कोठी के गेट के पास ज़रूर कुछ देर रुके क्योंकि वहाँ शायद इन्हे कोई केले का छिलका मिल गया था। वह दिन है और आज का दिन है जहाँ कहीं भी मिलते हैं मुझे हाथ जोड़कर प्रणाम करते हैं, मन्त्र पढ़ते हैं और जेब में से दो लाल मिर्च और एक अदद गण्डा निकालकर दिखाते हैं।

इस सन्दर्भ में मुझे एक शास्त्रीजी की याद भी आती है जिनके विचार में यदि कोई लड़का अष्टाध्यायी न पढ़े, नीम की दातून और कड़वे तेल की मालिश न करे, हर इतवार को जुलाब और हर सोमवार को उपवास का पालन न करे उस लड़के से लड़की श्रेष्ठ होती है। इसी प्रकार जो लड़की शाम को गायत्री का पाठ न करे, खट्टे दही की कढ़ी न बनाना जानती हो और जो विवाहित होने के उपरान्त पति की और उससे पूर्व शास्त्रीजी की सेवा न कर सके उस लड़की से लड़का श्रेष्ठ होता है।

जैसा कि ज़ाहिर हो गया होगा अपने दोस्तों और शुभचिन्तकों की वजह से मुझे कभी शान्ति नहीं मिली। मगर इस स्थिति का एक अपवाद है। एक बार दोस्तों की वजह से मुझे शान्ति मिली थी और यह उन दिनों की बात है जिन दिनों वह सीनियर कैम्ब्रिज में पढ़ती थी। मेरे एक दोस्त बग़ैर टिकट रेल का उपयोग करते पकड़े गये थे और तब रेल के एक अफ़सर उन्हें अपने घर ले गये थे। शान्ति उन्हीं की लड़की थी। एक बार परिचय होने के बाद हम उनके यहाँ अक्सर जाने लगे थे। जिन घरों में सुन्दर लड़कियाँ होती हैं, पता नहीं क्यों हमें वहाँ जाना बड़ा भला लगता है। उनके द्वार पर बग़ैर स्वागतम् टँगे बार-बार जाने को मन होता है, उनके भाई-बहन अच्छे लगते हैं, उनका बगीचा प्यारा लगता है और ख़ास तौर से ऐसी चहारदीवारी तो बड़ी ही प्यारी लगती है जिसे सरलता से कूदा जा सके। हाँ, तो इस केस में भी वही हुआ जिसकी हमें आशा थी। शान्ति जी ने मेरे मित्र से शादी कर ली और मेरे दोस्त की बग़ैर टिकट चलने की आदत हमेशा के लिए छूट गयी। इन दिनों वह जहाँ जाता है, छः टिकट ख़रीदता है। दो मियाँ'बीवी के, दो बड़े बच्चों के और दो टिकट चार छोटे बच्चों के। भगवान ने जैसा उसका अन्त सुधारा, वैसा सबके साथ हो।

आग का दरिया

प्रेम के मार्ग में प्रेमियों को कितने दुःख झेलने पड़ते हैं इसका पता हम सभी को है। मीर तकी मीर ने तो तंग आकर यहाँ तक कहा है कि प्रेम का धर्म जिस किसी ने शुरू-शुरू में ग्रहण किया होगा वह सख़्त काफ़िर रहा होगा। एक और उर्दू कवि के अनुसार इश्क़ एक आग का दरिया है जिसमें मनुष्य को डूबकर जाना पड़ता है क्योंकि इस नदी पर यातायात के अन्य साधनों का विकास अभी तक नहीं हो पाया है। इस सन्दर्भ में जैसे अनुभव उर्दू कवियों के हैं वैसे ही हिन्दी और संस्कृत के कवियों के भी हैं; भाषा के अन्तर से प्रेम की कठिनाइयों में कोई अन्तर नहीं आया। इसी सन्दर्भ में कबीर ने एक ऐसी गली का ज़िक्र किया है जो बहुत तंग थी और जिसमें दो नहीं समाते थे। इस सँकरी गली में या तो प्रेमी चलता था या प्रेमिका ही चलती थी। प्रेमिका भी यदि ज़्यादा सेहतमन्द क़िस्म की होती थी तो उसे भी इस प्रकार गतिशील होने में काफ़ी परेशानी पड़ती थी।

प्रेम की जिस कठिनाई का वर्णन साहित्य में विशेष रूप से किया गया है वह है प्रेमिका का निर्दय होना। जिस रचना में प्रेमिका प्रेमी पर दयाभाव दिखाती है उस रचना को आलोचक लोग अश्लील कहकर पढ़ते हैं। प्रेमिकाएँ प्रायः कठोर हृदय होती हैं, जो उनके हित में भी है और साहित्य के हित में भी। निर्दय होने से नायिका बच्चों से बची रहती है और साहित्य अश्लीलता से। ग़ौर से देखा जाय तो पता लगेगा कि नायिका की निर्दयता के अतिरिक्त कुछ और भी फुटकर क़िस्म की परेशानियाँ हैं जो प्रेमियों को सताती रहती हैं। मुझे इस सन्दर्भ में एक ऐसे सज्जन की ख़ूब याद है जिन्हें प्रेमिका से मिलने वाले दिन जूड़ी का बुख़ार आया करता था। जब तक इन्हें मलेरिया से छुट्टी मिली तब तक प्रेमिका भी छुट्टी कर चुकी थी। समझदार क़िस्म की लड़कियाँ छूत की बीमारियों से बहुत बचती हैं। सच्ची बात तो यह है कि प्रेम की इन फुटकर कठिनाइयों में जो विविधता, ताज़गी और मौलिकता है उसके सामने नायिका की निर्दयता वाली मूल कठिनाई काफ़ी फीकी पड़ जाती है। और वह निर्दयता वाला विरहगीत भी तो केवल इसी तथ्य पर आधारित है कि प्रेमी गण अद्वैतवादी होते हैं; जहाँ एक से अधिक मूर्ति की उपासना शुरू की

वहीं स्वर्ग की सीढ़ियाँ दिखाई देनी शुरू हुईं। हिन्दू लोग इसी कारण तैंतीस करोड़ देवो-देवताओं की उपासना किया करते थे ताकि अगर कोई एक देवता व्यस्त हो तो वक़्त ज़रूरत दूसरा काम आवे।

प्रेम के मार्ग में द्वैतवाद के समर्थक यूँ तो बहुत हैं पर कुछ लोगों ने इस दिशा में वह प्रतिभा दिखाई है कि दाँतों तले अँगुलियाँ क्या, अँगूठा दबाने की तबीयत होती है। ब्रिटेन के राजा चार्ल्स द्वितीय को ही ले लीजिए : उसकी प्रेमिकाओं की कुल संख्या का पता उस समय के बड़े-बड़े गणितज्ञों तक को नहीं था। हमारे देश की शस्य श्यामला धरती भी इस दिशा में कम उर्वर नहीं रही—अकेले नवाब वाजिदअली शाह ही न जाने कितनों से मोर्चा ले सकते हैं। निष्पक्ष इतिहासज्ञाताओं का कहना है कि नवाब साहब एकसाथ लगभग दो सौ रूपवती युवतियों से प्रेम करते थे। इनमें से कुछ परियाँ कहलाती थीं और कुछ बेग़म। यह पुराना दस्तूर है कि जब तक शादी नहीं होती तब तक लड़की परी लगती है। परियाँ बाक़ायदा तनख़्वाह पाती थीं जो फ़ी परी पाँच सौ रुपये प्रति माह से पन्द्रह सौ रुपये प्रतिमाह तक होती थी। बख़्शीश व इनाम अलग मिलते थे; दूसरे शब्दों में मूल वेतन अलग था और भत्ता अलग। जो परीलोग अपनी ड्यूटी अंजाम देने में ढीलढाल करती थीं उनको बाक़ायदा रजिस्टर में ग़ैरहाज़िर दिखाया जाता था और उनकी तनख़्वाह कटती थी। प्रेम के मामले में नवाब साहब इतने उदार थे कि उन्होंने निचली जाति की युवतियों को भी बराबर शरण दी थी। यह क्रिया उन्होंने विशेष रूप से तब सम्पन्न की थी जब वे कलकत्ता में रहते थे। ऐसी एक लड़की को नवाब अली रसन बेग़म का खिताब मिला और दूसरी को नवाब मुसफ़्फ़ा बेग़म का। जो लोग समझते हैं कि छुआछूत के विरुद्ध आन्दोलन महात्मा गाँधी ने चलाया वे सरासर ग़लत हैं क्योंकि इस अभियान का प्रारम्भ वाजिदअली शाह के हाथों काफ़ी पहले हो चुका था। हरम के कुल ख़र्च पर टिप्पणी करते हुए ब्रिटिश रेज़ीडेण्ट ने कम्पनी को लिखा था कि उतनी रक़म में एक काफ़ी बड़ी बटैलियन खड़ी की जा सकतो है। इन आँकड़ों को नवाब साहब भी जानते थे पर उनकी शक्ति प्रेम की थी—तलवार की नहीं। इस प्रकार अहिंसा का आन्दोलन भी एक तरह उन्हीं से शुरू हुआ।

वाजिद अली शाह के अतिरिक्त और भी इस तरह की अनेक आत्माएँ हैं जिन्हें एक रूपवती स्त्री के साथ वही सुख मिलता है जो दूसरी के साथ। किसी-किसी स्थिति में तो रूपवती होना भी ज़रूरी नहीं समझा जाता। डॉक्टर जानसन ने यह बात एक बार बास्वेल को भी बताई थी जब कि उसने डॉक्टर जानसन से एक ऐसी महिला के बारे में बातें की थीं जिससे कभी प्रेम करते थे पर जिसे वे पा नहीं सके थे। इस सन्दर्भ में उर्दू के एक कवि ने एक कविता में अपने पूर्वजों की प्रतिभा का बड़ा मार्मिक वर्णन किया है। वे कहते हैं कि उनके खालू एकसाथ ग्यारह औरतों से इश्क़ फ़रमाते थे और जो लकड़नाना थे, वल्लाह उनका तो कहना ही क्या! खाली

वक़्त में वे नकली सोना बनाया करते थे और सुबह-शाम जेबें कतरते थे। इन सज्जन को हसीन बेवाओं से बड़ी हमदर्दी थी और जहाँ भी सम्भव होता था वहीं ये उन्हें रो-रो कर सीने से लगाया करते थे।

महाकवि इकबाल ने एक स्थान पर एक ऐसे प्रेमी की चर्चा की है जो प्रेम में निराश होकर मरने की सोचने लगा। ये हज़रत काफ़ी घरेलू क़िस्म के इंसान थे और आत्महत्या की हिम्मत इनमें नहीं थी। जैसा कि हम सभी जानते हैं आत्महत्या में कभी-कभी जान तक जाने का ख़तरा रहता है। नतीजा यह हुआ कि ये हज़रत अपनी प्रेयसी के पास कुछ रुपया उधार लेने गये ताकि कोई सरहदी क़ातिल किराये पर प्राप्त किया जा सके। कितना साफ़ और नेक इंसान था! प्रेमिका भी बड़ी हमदर्द क़िस्म की औरत थी—उसने एक नहीं बल्कि दो क़ातिलों का किराया दिया और फिर रोते-रोते अपने प्रेमी से विदा ली। अपने प्रेमी की स्थिति पर उसे इतना दुख हुआ कि उसने तीन दिन तक काजल नहीं लगाया।

इसी तरह कभी-कभी प्रेमिका के घर पर कुत्ता या दरबान लगा होता है जिससे निबटना प्रेमिका की अपेक्षा कहीं अधिक कठिन होता है—ठन गयी आज यही दिल में कि पहुँचू उन तक, या मेरी ख़ैर नहीं या नहीं दरबान की ख़ैर। दरबान से बचे तो प्रेयसी के पूज्य पिताजी, प्रातः स्मरणीया माताजी, चिरंजीव भाई-बहन, वफ़ादार नौकर-चाकर और स्नेही व चरित्रवान् मोहल्लेदार। किसी-किसी स्थिति में तो लड़की के पति तक से मोर्चा लेना पड़ता है। इस सन्दर्भ में इन्द्र का स्थान बहुत ऊँचा है जिसने अहिल्या की प्राप्ति के लिए गौतम के सामने मुर्गे तक का पार्ट अदा किया था। कवि ने ठीक ही कहा है कि वह एक शीशा है जो कि हर पत्थर से टकराता है। ऐसी स्थिति में प्रेमी पहले सौ दफ़ा इधर-उधर देखता है और फिर एक नज़र डरकर उस पिंजरे पर भी डालता है जिसमें उसका दिल बन्द है। कुछ पिंजरे तो इतने बड़े और मज़बूत होते हैं कि उसमें दर्जनों प्रेमियों के दिल हिफ़ाज़त से रक्खे रहते हैं। प्रेमिका क्या हुई—क्लाक रूम हो गया, सामान जमा किया और निकल पड़े।

प्रेम में शायद सबसे बड़ी कठिनाई प्रतिद्वन्द्वियों के कारण होती है। कभी-कभी तो स्थिति इतनी बिगड़ जाती है कि सँभालनी कठिन हो जाती है। इस सन्दर्भ में मैं एक ऐसे कवि की चर्चा करूँगा जिनकी कि प्रेमिका के चाहनेवाले ज़रूरत से काफ़ी ज़्यादा थे। एक दिन कवि को विवश होकर पूछना पड़ा था कि प्रेमियों की इस आल इण्डिया टीम का आख़िर होगा क्या? ये लोग नाज़ उठाने आये हैं या कि छप्पर?

अकबर इलाहाबादी के साथ एक इल्लत यह भी थी कि इनकी प्रेमिका का बँगला सवा दो कोस की दूरी पर था जहाँ तक जाना कवि को हर्गिज़ गवारा नहीं था। इसी तरह एक जगह उन्होंने लिखा है कि विरह हो या मिलन—सारी रात मैं किसी हालत में नहीं जाग सकता। चिरकीन साहब को इस प्रसंग में जो कठिनाइयाँ पड़ती थीं वे सर्वथा उनकी रुचि व मौलिकता के अनुरूप होती थीं। हुआ यह कि

एक दिन ये किसी तरह मनाकर प्रेमिका को पटरी पर लाये पर भाग्य की करामात देखिए कि ठीक उसी समय इन्हें बाथरूम की हाज़त हो गयी। किसी-किसी स्थिति में जाति-पाँति के बन्धनों ने भी प्रेम के विशुद्ध मार्ग में रोड़े अटकाये हैं पर प्रायः प्रेम का इंजन इतनी ज़्यादा हार्सपॉवर का होता है कि छोटे-मोटे पत्थर उसे रोक नहीं पाते। पण्डित जगन्नाथ व भारतेन्दु हरिश्चन्द्र ने अन्य धर्म की कन्याओं से भी प्रेम किया था। कवि आलम एक रंगरेजिन से प्यार करते थे और कवि चण्डीदास एक धोबिन से; चण्डीदास साथे धोबिन सहिते मिश्रित एकई प्राणे।

ऊपर बताई स्थिति को देखकर कभी-कभी दिल में आता है कि प्रेम करने के बजाय तो बिसातख़ाने की दुकान खोल दें तो कहीं अच्छा है। परिवार-नियोजन आन्दोलन की वजह से स्थिति और भी भयंकर हो गयी है क्योंकि अब लड़की का रूपवती होना ही काफ़ी नहीं रह गया है; रूपवती होने के साथ-साथ उसे लूपवती भी होना चाहिए। मगर सच्चाई यह भी है कि यदि प्रेम करना बन्द कर दिया तो पहाड़ सा दिन कटेगा कैसे? वैसे भी जैसा कि टालस्टाय ने कहीं कहा है, प्रेम में भगवान रहते हैं। जैनेन्द्रकुमार कहते हैं कि टालस्टाय ने यह बात 'सुनीता' उपन्यास पढ़कर लिखी थी।

डायरी के पन्ने

1 जनवरी

आज अरसे बाद डायरी लिखने बैठा हूँ। हर साल नये दिन पर जो वादे किये जाते हैं उनमें से एक यह भी होता है कि डायरी लिखी जाये। और वायदों की तरह यह वायदा भी एक-दो महीने ठीक तरह पूरा किया जाता है और उसके बाद या तो किसी से कुछ और वादे कर लिये जाते हैं या डायरी ही खो जाती है। मैं उन लोगों में से नहीं हूँ जो डायरी की शैली में नाटक, कविता, उपन्यास वग़ैरह लिखते हैं; मैं तो डायरी की शैली में केवल डायरी ही लिखता हूँ। डायरी मैं उस वक़्त लिखता हूँ जब या तो मैं बहुत उदास होता हूँ या बहुत ख़ुश : बाक़ी वक़्त मैं अक्सर सोता रहता हूँ। उदास मैं ज़्यादातर दो सूरतों में रहता हूँ; एक तो जब किसी घटिया क़िस्म के सम्पादक से मेरी रचनाएँ वापस आ जायें या फिर जब उस सम्पादक से कहीं हाथापाई या मारपीट ही हो जाये। ऐसी हालतों में उदास होते हुए भी मैं कभी-कभी डायरी नहीं लिखता ख़ासकर तब जब कि दिल के साथ-साथ दायें हाथ की उँगलियों में भी चोट आयी हो। प्रसन्न मैं सुन्दर चीज़ों को देखकर होता हूँ। जो चीज़ जितनी ज़्यादा सुन्दर होती है उतना ही ज़्यादा मैं ख़ुश होता हूँ। कवि कीट्स ने कहा था कि सुन्दर चीज़ हमेशा के लिए आनन्द का कारण बन जाती है। हालाँकि मैं अँग्रेज़ी का कवि नहीं हूँ पर ठीक ऐसा ही मेरे साथ भी होता है। मैं तो ख़ैर ऐसी कई चीज़ों को जानता भी हूँ; कुछ तो मेरे महल्ले में ही रहती हैं।

मेरे ख़याल में डायरी में इस तरह की चीज़ें लिखना ज़्यादा मुनासिब नहीं। कभी-कभी मेरी पत्नी इसी डायरी पर हिसाब लिखती हैं। अगर ये उद्गार उनके दृष्टिपथ से गुज़र गये तो देश की स्थिति सँभलनी मुश्किल हो जायेगी। कह दूँगा ये तो नये कविता-संग्रह के पाइंट्स हैं। मगर वह बड़ी चरित्रवती महिला है; यह उसी के चरित्र का प्रताप है कि देश की बाक़ी स्त्रियाँ माता के तुल्य लगती हैं। मेरे ख़याल से वह रज़िया बेग़म वग़ैरह के क़िस्म की स्त्री है। कल एक बुज़ुर्गवार कह रहे थे कि इस तरह की औरतों की उम्र ज़्यादा नहीं होती। शायद किसी और मुल्क में ऐसा होता हो; यहाँ तो इस तरह के कोई आसार अभी नज़र नहीं आते। पिछले

हफ़्ते उनके दुश्मनों को कुछ ज़ुकाम की शिकायत थी, अब तो वह भी ठीक है।

5 मार्च

मैं अपनी पत्नी के बीमार होने की प्रार्थना कर रहा था, ख़ुद बीमार पड़ गया। क्या बीमारी है। आज एक महीना हो गया अभी कोई फ़र्क़ ही नहीं। शुरुआत आलू के पराँठों से हुई। हमने ज़रा ज़्यादा खा लिये मगर हमारी इच्छा वैसे ही बनी रही। हमने कुछ और खा लिये। स्थिति यह हो गयी कि न इच्छा शेष रही न पराँठे। इसके बाद घरवालों का कहना है कि हम 11 घण्टे लगातार सोये। इसके बाद हम उठे, कुछ और पराँठे खाये और फिर सो गये। जब फिर उठे तो डॉ. टेकचन्द खाट के पास बैठे नज़र आये। डॉ. टेकचन्द हार्ट स्पेशलिस्ट हैं। जिस किसी को देखते हैं दिल का मर्ज़ ही निकलता है। पिछले साल मुझे दाँत का दर्द हुआ तो कहते थे कि इस दाँत को निकलवा दो नहीं तो दिल पर असर हो जायेगा। आज तो मुझे घूर-घूरकर देखने लगे। आला लगाया। बोले कि दिल बढ़ गया। हमने कहा कि डॉक्टर साहब हमारे ख़ानदान में तो हमेशा से विशाल हृदय लोग पैदा होते आये हैं मगर इन पर असर कहाँ? खाना आधा, चीनी और नमक बन्द। सिगरेट बन्द। हफ़्ता भर हम दिल के मरीज़ रहे। हमारे कमरे में लोग धीरे से बोलने लगे। इसके बाद हमारे घरवालों ने डॉक्टर तोताराम को बुलाया। ये टेकचन्द के दुश्मन हैं। आते ही बोले कि हमें दिल का रोग नहीं, हमें तो नाख़ूनों का कैंसर है। बड़े घबराये। स्त्री ने सेवा दुगुनी कर दी। हमें यह स्थिति विशेष रूप से पसन्द आयी। लगभग दस दिन हम कैंसर से पीड़ित रहे। पता नहीं औरों को कैंसर में कैसा महसूस होता है, हमें तो बड़ा अच्छा महसूस हुआ। कुछ छींकें भी आयीं। दस दिन बाद हमने सोचा कि अब मज़ाक़ काफ़ी हो गया, कुछ करना चाहिए। भूख की यह हालत कि डॉक्टर तोताराम को छोड़कर संसार की बाक़ी सारी चीज़ें खाने की इच्छा। सिविल सर्जन के पास गये; उसने कहा कि हम रुपये में एक सौ दस पैसे ठीक हैं। बोले, खाना ख़ूब खाइए, ख़ूब सोइए और काम पर जाइए।

7 एप्रिल

एक सम्पादक का पत्र आया है कि कुछ मौसमी चीज़ भेजूँ, इनका विशेषांक छपने वाला है। इनका हर अंक विशेषांक ही होता है। आदमी दूरदर्शी है; हर अंक को यही कहता है कि यह इस पत्र का अन्तिम अंक है, अपनी प्रति आज ही सुरक्षित करा लीजिए। मौसमी चीज़ क्या है? खरबूज़े आ गये हैं शायद उन पर कविता चाहता है। लड़कों के इम्तहान हो रहे हैं। महल्ले में शादियाँ हो रही हैं; जिन घरों में चार-पाँच महीने पहले शादियाँ हुई थीं वहाँ बच्चे हो रहे हैं। ये सभी मौसम की

चीज़ें हैं, पूछता हूँ किस पर चाहते हैं?

3 मई

कल दौरे पर चला जाऊँगा। सफ़र में डायरी लिखने के बड़े मज़े हैं। मेरा तो ख़याल है कि रेल के सफ़र में आप टिकट ले या न लें मगर एक अदद डायरी ज़रूर साथ रक्खें। सफ़र पर मुझे एक घटना याद आ गयी। एक बार एक सज्जन बिना टिकट सफ़र करते पकड़े गये। टिकट चेकर उस क़िस्म का था जो बड़ी-बड़ी मूँछें रखते हैं, कभी नहीं हँसते, आप चाहे जहाँ से बैठे हों पेशावर से किराया वसूल करते हैं वग़ैरह वग़ैरह। उसने अपनी रसीद बुक निकाली और फिर टिकट बनाना शुरू किया। टिकटविहीन सज्जन बोले कि उनके पास पैसे नहीं हैं। पूछने पर जैसे ही पता चला कि ये सज्जन हिन्दी के कवि हैं, चेकर ने अपने लफ़्ज़ वापस लिये, रसीद बुक जेब में रक्खी और दो रुपये की चेंज अपनी जेब से निकाल कर कविजी के हाथ में थमा दी। डिब्बे वालों ने भी फिर यथा-शक्ति सहायता की। किसी ने एक आना दिया किसी ने दो आना। ग़रीब पर किसे दया नहीं आती?

15 जुलाई

मुझे इन्टेलेक्चुअल बनना चाहिए। इसके लिए दाढ़ी बढ़ानी पड़ेगी, मोटा चश्मा लेना पड़ेगा। कपड़े फटे पहनने होंगे। सिगरेट चारमीनार पीनी होगी। ड्राइंगरूम में झाड़ू नहीं लगेगी। साइकिल पर कभी-कभी पाइप भी चलेगा चाहे वैसा करने में स्टेशन का खानसामा ही क्यों न लगूँ। सौ-पचास नयी किताबों के नाम भी रटने हैं ताकि वक़्त ज़रूरत काम आयें। मेरे ख़याल में दाढ़ी तो नकली ही लगानी चाहिए। मान लो किसी आलोचक से अकविता पर हाथापाई हो जाये और वह दाढ़ी पर हाथ मारने लगे। नकली दाढ़ी में स्थिति यह होगी कि मारपीट के बाद हम अपने घर होंगे और हमारी दाढ़ी आलोचक के घर। हम इस पार होंगे और दाढ़ी उस पार।

11 अक्टूबर

आज रात मेरी धर्मपत्नी के फूफाजी फिर आ गये। यह भी एक ही आदमी हैं। फ्रान्स की राज्यक्रान्ति के अवसर पर पैदा हुए होते तो छोटे-मोटे क़िस्म के नेपोलियन होते। स्वदेशी राज्य में सिर्फ़ विधायक बने हैं। काफ़ी दिलचस्प आदमी हैं। एक बार एक औरत को लेकर भाग गये। धर्मशाला में पहुँचकर पता चला कि वह मुसम्मात इनकी अपनी ही बीवी थी। नौकरों से बड़ा प्रेम करते हैं : उनसे बीड़ी माँगकर पीते हैं। जन-सम्पर्क का एक क़ायदा शायद यह भी है।

5 नवम्बर

पिछले हफ़्ते इस साल का पचीसवाँ नौकर ड्यूटी पर आया। काफ़ी स्नेही व्यक्ति मालूम पड़ता है। बच्चों को बेटा कहता है, मुझे भैया। देखता हूँ कि मेरी पत्नी को क्या कहकर पुकारता है। मेरे ही ब्राण्ड की सिगरेट पीता है और अचार और चटनी भी ख़ूब शौक़ से खाता है। सुबह को एक घण्टा दाँत साफ़ करता है और शाम को दो घण्टे के लिए घूमने जाता है। कल रात 'मस्तकलन्दर' पिक्चर देखने गया था; हमें स्टोरी सुना गया। गाने नहीं सुनाये, शायद आज सुनाये। अगले हफ़्ते नयी पिक्चर आ रही है 'मस्त कलन्दर का लड़का', कहता था हम लोग भी साथ चलें।

10 नवम्बर

कल कवि विकलजी आये थे। नये काव्य-संग्रह का नाम नहीं सूझ रहा। पहले 'जूते के तले की आत्मा' रखा था फिर कला बोध के आग्रह पर 'दायें फेफड़े का बायें फेफड़े से वार्तालाप' रखना पड़ा। अब यह भी ठीक नहीं सूझ रहा। कह रहे थे कि जुलाब लूँगा; उससे बुद्धि तीव्र हो जायेगी और फिर कोई नया नाम सोचेंगे। कहते थे कि संग्रह की छपाई के लिए पैसा कम पड़ रहा है। जिस प्रकार भारत सरकार को विदेशी मुद्रा की परेशानी रहती है उसी प्रकार विकलजी को देशी मुद्रा का संकट रहता है। किसी भयंकर बीमारी की सूचना फिर छपानी पड़ेगी ताकि चन्दा आये और किताब छप सके।

12 दिसम्बर

साल ख़त्म हो गया। डायरी काफ़ी खाली रह गयी। अब दफ़्तरों के कर्मचारियों की सालाना रिपोर्ट लिखी जायेंगी। नयी डायरियाँ आयेंगी, मिठाइयाँ आयेंगी, तोहफ़े आयेंगे। जिन लोगों ने सालभर मिनिस्टर पर गुमनाम शिकायतें भेजी हैं वे भी सलाम करने आयेंगे। सुना है मेरा तबादला भी होना है। उधार लेना शुरू करना चाहिए। उधार लेने से एक बड़ा फ़ायदा यह है कि स्टेशन पर छोड़ने काफ़ी लोग आते हैं। हर एक बड़ी सच्चाई से कहता है 'साहब' आपके जाने से बड़ा दुख हुआ : अब कब आयेंगे?

मेरी कुछ भावी योजनाएँ

मेरे ख़याल से बिना योजना बनाये कोई बड़ा काम कभी नहीं हो सकता। कुछ देशों में तो परिस्थितियाँ ऐसी हैं कि देश को पीछे ले जाने के लिए भी योजना बनाने की ज़रूरत पड़ती है। मैंने भी अपने भविष्य के बारे में कुछ छोटी-मोटी योजनाएँ बना रखी हैं जिनकी रूपरेखा नीचे दी जाती है :

शोधकार्य

शोधकार्य की दिशा अनन्त है। इस पवित्र क्रिया की कोई सीमा नहीं। जीवन का कोई ऐसा काम नहीं जिस पर थोड़ी-बहुत छानबीन न की जा सके। मिसाल के तौर पर बैडमिंटन के छोटे-से खेल को ही ले लीजिए। आम लोगों का ख़याल है कि इसके खेलने का एकमात्र ढंग यही है कि कोर्ट में खड़े होकर आप रैकेट से चिड़िया इस तरह दूसरी तरफ़ फेंकें कि रैकेट आपके हाथ में रहे और चिड़िया दूसरी तरफ़ जाये। ख़ुदा गवाह है कि पहले मैं भी यही समझता था। मगर जब से ठाकुर साहब का खेल देखा है, मेरे विचार बदल गये हैं। ठाकुर इस खेल को निरन्तर दस वर्षों से खेल रहे हैं और उन्होंने इस क्षेत्र में कुछ मौलिक प्रयोग किये हैं। वे कभी चिड़िया दूसरी तरफ़ नहीं फेंकते। चिड़िया अक्सर उनके हाथ में रहती है और उसकी जगह जो चीज़ जाल को तोड़ती हुई दूसरी तरफ़ जाती है वह उनका प्यारा रैकेट होता है। उनका कहना है कि खेल का शास्त्रीय तरीका यही है; जिस तरह आम पब्लिक खेलती है वह देसी तरीका है जिससे कि खेल का सारा मज़ा ही ख़त्म हो गया।

हिन्दी का लेखक हूँ, इसलिए मैं हिन्दी में ही कुछ शोधकार्य चाहता हूँ। हिन्दी में जो शोधकार्य किया जा रहा है वह बहुत घिसे-पिटे ढंग का है। इस तरह के शोधकार्यों से हमारी भाषा की कोई स्थायी उन्नति नहीं हो सकती। शोध के लिए हमें ऐसे विषयों को छूना है जो अभी तक अछूते हैं। उदाहरण के लिए हम सभी जानते हैं कि केशवदास एक असफल कवि थे, मगर इस बात का किसी को पता नहीं कि कवि के रूप में वे बुरी तरह असफल रहे या अच्छी तरह असफल रहे। इस विषय पर शोध हो सकती है। इसी तरह पण्डित बिहारीलालजी ने कई जगह अपनी

नायिकाओं को नासिका की तुलना तोते की चोंच से की है। अब यह शोध का विषय होगा कि वह तोता देसी था या पहाड़ी। आर्थिक सहायता के बिना शोधकार्य को हाथ में लेना कठिन है और देश के पूँजीपतियों का कर्तव्य है कि आयकर विभाग से छिपाये हुए धन में से कुछ मुझे भी दें। पैसा हाथ में आते ही मैं यह प्रोजेक्ट शुरू कर दूँगा। तोते इकट्ठे करने के लिए मुझे यात्रा करनी होगी। पहाड़ी तोता, जैसा कि नाम से ज़ाहिर है, पहाड़ों पर होता है। इस कारण मुझे काश्मीर, दार्जिलिंग वग़ैरह भी जाना पड़ेगा। साहित्य की सेवा के लिए मैं प्रत्येक कष्ट उठाने को तैयार हूँ। तोते इकट्ठे करने के बाद में कुछ नायिकाएँ इकट्ठी करूँगा। हालाँकि जिन नायिकाओं की चर्चा बिहारीलाल ने की है वे तो शायद मर गयी हों, पर केवल उसी आधार पर शोध-क्रिया को रोका तो नहीं जा सकता। नायिकाएँ मिल जाने पर इंचटेप वग़ैरह की मदद से उनकी नासिका की तुलना तोतों के साथ की जायेगी। शोध-क्रिया सम्पन्न हो जाने के बाद तोते तो छोड़ दिये जायेंगे मगर नायिकाओं के साथ क्या होगा, यह सोचने की बात है। नायिकाओं में एक विशेष गुण हमेशा से रहा है और वह यह कि एक बार पकड़े जाने पर वे उसी स्थिति में रहना पसन्द करती हैं। कहने का अभिप्राय यह है कि खोज पूरी होने के बाद भी नायिकाएँ मेरे ही पास रहेंगी और उनका व्यय मुझे बिना बात बर्दाश्त करना होगा। इस दिशा में भी बिना आर्थिक सहायता के काम चलना कठिन है और शिक्षा-मन्त्रालय से ग्राण्ट वग़ैरह मिलना ज़रूरी है।

सस्ता साहित्य

हिन्दी में सस्ते साहित्य का अभाव बढ़ता जा रहा है। यों तो सस्ते क़िस्म का साहित्य ज़रूरत से ज़्यादा लिखा जा रहा है पर मेरा मतलब यहाँ उस साहित्य से है जिसका दाम कम हो। ऐसी पुस्तकें दिन-ब-दिन कम होती जा रही हैं। यों लिखने को क्या नये क्या पुराने सभी लेखक काफ़ी ज़ोर-शोर से बराबर लिखते जा रहे हैं। अश्क़जी का कहना है कि वे पचहत्तर पुस्तकें लिखकर साहित्य से संन्यास लेंगे। पन्तजी भी लोकायतन के बाद शायद कोई श्रेष्ठ पुस्तक लिखने की सोचते हों। बच्चन जी के लिखने का तो कोई अन्त ही नहीं नज़र आता। मगर इन सभी कवियों से मैं एक अनुरोध करूँगा कि कम-से-कम एक पुस्तक ऐसी ज़रूर लिखें जिसकी क़ीमत पचीस पैसे से ज़्यादा न हो। बड़े लेखक का अर्थ यह नहीं होता कि उसकी सारी रचनाएँ बड़ी ही हों। गोस्वामी तुलसीदास रामायण भी लिखते थे और हनुमान चालीसा तथा रामलला नहछू भी। हॉल में हर क्लास की सीट होनी चाहिए। मैथिलीशरणजी भी अपनी दुकान में हर तरह का सामान रखते थे पर उनके बाद यह परम्परा शायद समाप्त हो गयी। मैं इस परम्परा को फिर से शुरू करना चाहता हूँ।

सचित्र साहित्य

साहित्य को सचित्र करने की दिशा में मैं कुछ ठोस क़दम उठाना चाहता हूँ। सचित्र से यह अर्थ नहीं कि पुस्तक में चित्र हों। ऐसी पुस्तकें तो अभी भी ख़ूब मिलती हैं जिनमें लेखक और उसके परिवार की छटा भाँति-भाँति के चित्रों द्वारा देखने को मिलती है जैसे 'लेखक विदेश जाते हुए', 'लेखक विदेश में पुलिस से हाथापाई करते हुए', 'लेखक विदेश से लौटते हुए', 'लेखक विटामिन सी का निरन्तर सेवन करने के बाद', 'लेखक अपनी पहली पत्नी के साथ, जिसकी अब याद ही रह गयी', 'लेखक अपनी दूसरी पत्नी के साथ, जिसकी औलाद ही रह गयी', लेखक अपनी तीसरी पत्नी के साथ जिसकी न याद है और न औलाद है', 'लेखक अपनी चौथी पत्नी को घर से बाहर करते हुए—यह चित्र पाँचवीं पत्नी के सौजन्य से प्राप्त'। यद्यपि इस प्रकार के साहित्यिक चित्रों से पाठक की आँखों को बड़ा सुख मिलता है, पर मेरा मतलब सचित्र साहित्य से कुछ और ही है। मेरा मतलब है यामा, दीपशिखा, सुनहरे शैवाल जैसी पुस्तकों से। मैं इस तरह की किताबें लिखना चाहता हूँ जिनमें आधी बात छपी हो और आधी चित्रित हो। इन पुस्तकों में इस प्रकार के अंश होंगे :

"इसके बाद मोहन बेंच पर बैठ गया। वह थका था। उसने रूमाल निकाला और पसीना पोंछना शुरू किया। इस सन्दर्भ में पुस्तक के अन्त में चित्र-संख्या पन्द्रह देखिए।"

"रमा ने मोहन को देखा और वह मुसकरायी। मोहन ने रमा को देखा और वह भी मुसकराया। इसके बाद दोनों एक-दूसरे को देखकर मुसकराये। फिर रमा लजा गयी। विशेष विवरण के लिए चित्र संख्या 31, 32, 33 और 34 देखिए। पाठकों की सुविधा के लिए बताया जाता है कि मोहन वह है जो खड़ा है।"

विदेशी साहित्य

हाल ही में एक हिन्दी कहानी पढ़ी जिसे पढ़कर एकदम ओ. हेनरी की एक कहानी का मज़ा आ गया। बाद में पता लगा कि उस तरह का मज़ा आने का एक प्रमुख कारण यह भी था कि वह कहानी सचमुच ओ. हेनरी की ही थी। कितना बड़ा त्याग है हिन्दी के इस नये लेखक का! पाठकों की सुविधा के लिए अपने नाम से अपनी कहानी नहीं छपाई वरन् ओ. हेनरी की छपाई। इस प्रकार की प्रतिभाओं के द्वारा आप अपनी मातृभाषा में ही संसार की सारी भाषाओं के श्रेष्ठ साहित्य का मज़ा लूट सकते हैं और विदेशी मुद्रा जो बची सो अलग।

मैं भी इसी तरह का काम बड़े पैमाने पर करना चाहूँगा। संसार के जितने भी श्रेष्ठ लेखक हैं, मैं सभी की रचनाएँ अपने नाम से हिन्दी में छपाना चाहता हूँ। पुराने ज़माने में लोग अपनी रचनाएँ कालिदास के नाम से छपाते थे; मैं कालिदास

की रचनाएँ अपने नाम से छपाऊँगा। सन्तोष का विषय है कि इस क्षेत्र में काफ़ी काम किया भी जा चुका है।

बाल-साहित्य

हिन्दी में बाल-साहित्य की बड़ी कमी है। रामनरेश त्रिपाठी और सोहनलाल द्विवेदी के बाद किसी प्रतिष्ठित लेखक ने इस ओर ध्यान ही नहीं दिया। इस समय जितना भी साहित्य लिखा जा रहा है वह बालिगों के लिए है। मुझे याद है, जब मैं मिडिल स्कूल में पढ़ता था तब शायद सारे हिन्दी साहित्य में सेक्स पर एक या दो किताबें उपलब्ध थीं। इधर नयी कहानी आन्दोलन आने से इस विषय पर इतना साहित्य उपलब्ध होने लगा है कि और तरह का साहित्य कठिनाई से पढ़ने को मिलता है। नयी कविता और नयी कहानी—दोनों में बच्चों की दिलचस्पी की चीज़ें काफ़ी कम हैं। बच्चों के साहित्य की ओर ध्यान देना बहुत ज़रूरी है।

बाल-साहित्य की ओर मेरा ध्यान अभी-अभी आकृष्ट हुआ। बात यह है कि इन दिनों मैं जिस मकान में रहता हूँ वहाँ काफ़ी बच्चे हैं। मालिक मकान खुद नौ भाई हैं। मालिक मकान के सात बच्चे हैं, और दो पत्नियाँ हैं। एक पत्नी कुछ टूट-फूट गयी है; गृहस्थी का सारा भार दूसरी पत्नी पर है। हर बड़ा बच्चा छोटे बच्चे को पीटता है और हर छोटा बच्चा बड़े को गन्दी-गन्दी गालियाँ देता है। बड़ी पत्नी को, जो निस्सन्तान है, इस स्थिति से विशेष सन्तोष रहता है और वे उन्हें मार-पीट व गाली-गलौज के नये-नये ढंग सिखाती रहती हैं।

इन बच्चों के बाप से मैंने एक दिन परिवार-नियोजन की बात चलाई तो ये बड़ी निराशा से बोले कि इनका परिवार तो वैसे ही घट रहा है : पिता ग्यारह भाई थे, ये खुद नौ और इनके बच्चे सिर्फ़ सात ही हैं। अगर यह क्रम इसी तरह चलता रहा तो एक दिन सूर्यवंश का यह वंश-वृक्ष यों ही ख़त्म हो जायेगा। इधर तीन साल हो गये मगर नये बच्चे का मुँह देखने को नहीं मिल रहा। मैं उनकी स्थिति से बड़ा प्रभावित हुआ और उनसे माफ़ी माँगी, हार्दिक सहानुभूति प्रकट की और यह भी कहा कि इस सन्दर्भ में यदि मैं कोई सेवा कर सकूँ तो हाज़िर हूँ। इतिहास साक्षी है कि हिन्दी का लेखक इस तरह की ज़िम्मेदारियाँ निभाने में कभी पीछे नहीं रहा।

प्रेरणा-क्लब

जैसा सभी को मालूम है हमारे देश के साहित्य की प्रेरणा के लिए साधन बहुत कम प्राप्त हैं। वाल्मीकिजी को घायल क्रौंच को देखकर प्रेरणा मिली थी और कालिदास को एक ऐसी राजकुमारी से जो उनसे विवाह करना चाहती थी। तुलसीदास जी की कथा तो जगत् प्रसिद्ध ही है कि उनमें और उनकी पत्नी में परिवार-नियोजन को

लेकर मतभेद था। ये सारे प्रेरणा के स्रोत अब सूख गये। अब न तो घायल क्रौंच ही दिखाई देता है और न विवाह के लिए उत्सुक कोई राजकुमारी। प्रेमचन्दजी ज़मींदारों के अत्याचारों से प्रेरणा लिया करते थे मगर कांग्रेस ने ज़मींदारों को भी समाप्त कर दिया। इसके अतिरिक्त हमारे यहाँ समुद्र-तट और पर्वत भी इस तरह रखे गये हैं कि लेखक यदि उनके पास प्रेरणा लेने जाये तो वहाँ पहुँचते-पहुँचते उसकी ऐसी स्थिति होगी कि यह उसकी अन्तिम प्रेरणा ही कहलाएगी। ऐसी स्थिति में लेखक अपने चारों ओर के निकट परिवेश पर ही जीवित रहता है पर इस परिवेश से आख़िर कितनी प्रेरणा मिल सकती है?

अगर हिन्दी का लेखक घर के बाहर या विदेश नहीं जा सकता तो उसे अपने घर में ही प्रेरणा के स्रोत बदलने होंगे। यह अनुभवसिद्ध बात है कि जब तक कविजी या लेखक महोदय अपनी पत्नी या प्रेमिका को वर्ष में कम-से-कम एक बार न बदल दें, उनकी रचना में ताज़गी नहीं आती। दूसरों का ज़िक्र क्या करूँ, मेरी अपनी इधर की रचनाओं में वह तेज़ी नहीं रही जो पहले रहा करती थी।

देश के हित को ध्यान में रखते हुए प्रतिभा के इस ह्रास को तुरन्त रोकना होगा। मेरा ख़याल है कि अब समय आ गया है जब हम लोग मिलकर पत्नी या प्रेमिका सिण्डीकेट खोल दें। मार्क ट्वेन ने साहित्य के क्षेत्र में सिण्डीकेट की शुरुआत की थी मगर दुख की बात है कि इस प्रथा का सही रास्तों पर विकास नहीं हो पाया। पत्नी सिण्डीकेट खुल जाने पर प्रेरणा के स्रोत सरलता से अदल-बदल किये जा सकेंगे और ख़र्च भी कम बैठेगा। इस प्रकार के सिण्डीकेट की सदस्यता प्रत्येक सुन्दर युवती के लिए खुली रहेगी चाहे वह हिन्दी जानती हो या नहीं क्योंकि राष्ट्र भाषा की सेवा का अवसर सबको बराबर मिलना चाहिए। ज्ञान और साहित्य के क्षेत्र में भी यदि भेदभाव चलता रहा तो इस महान् देश का कल्याण कैसे होगा?

मेरे चरित्र-निर्माता

जिस प्रचार चीनी के बर्तन कारख़ाने में बनते हैं उसी तरह देश के नागरिकों का चरित्र स्कूलों और मदरसों में बनता है। थोड़ा-बहुत ज़ोर पड़ने पर जैसे चीनी के बर्तन टूट जाते हैं वैसे ही चरित्र भी टूटता रहता है। इसे मैं अपना सौभाग्य ही कहूँगा कि मुझे ऐसे अच्छे गुरुजन मिले कि मैं सरलता से इतना चरित्रवान् बन सका। आज मैं उनमें से कुछ की चर्चा यहाँ करूँगा।

अपने प्रारम्भिक अध्यापकों में मुझे पण्डित ख़ैरातीलालजी की याद बहुत सताती है। जाति के हरिजन होते हुए भी अपने ज्ञान और चरित्र के कारण ये पण्डित कहलाते थे। बड़े स्नेही व्यक्ति थे। अन्त्याक्षरी कराना, सवैये सुनाना, समस्यापूर्ति कराना और जंगल के जानवरों, पेड़ों और चिड़ियों से हमारा परिचय कराना उनकी आदत में शुमार था। कवित्तों के तो वे महासागर थे। उदाहरण के तौर पर एक दिन बड़ी उमस थी जिसके कारण शाम को वर्षा हुई। ख़ैरातीलालजी ने पहले कुछ कवित्त उमस पर सुनाये और फिर वर्षा पर। इसके बाद एक दूसरे अध्यापक बाहर आँगन में फिसले तो उन्होंने एक फड़कता हुआ कवित्त फिसलने पर सुनाया। किसी तरह उठने के बाद वे अध्यापक एक क़दम चले ही होंगे कि फिर साष्टाँग रूप से फिसल गये। तारीफ़ देखिए कि पण्डित जी ने इस बार एक नया कवित्त सुनाया जो पहले से भी अधिक ज़ोरदार था। उस दिन हम सब लोग कवित्त सुनाने और सुनने को इतने अधिक उत्सुक थे कि उन अध्यापक के और न फिसलने पर हम सभी को काफ़ी दुख रहा।

ख़ैरातीलालजी के पास एक छतरी थी और एक लोटा। पास ही के गाँव में रहते थे और घर पर एक अदद बूढ़ी माँ और एक अदद जवान बकरी के अतिरिक्त और कुछ नहीं था। एक दफ़ा किसी ने उनकी छतरी कुएँ में डाल दी थी जिस पर उन्होंने कुछ नहीं कहा था, हाँ अलबत्ता एक सवैया ज़रूर सुनाया था। दस रुपया वेतन मिलता था और उसमें से भी दो-चार आने लड़कों पर ख़र्च करते रहा करते थे। इस प्रथा को वे गुरुऋण कहते थे।

पण्डित छेदाराम दूसरी क़िस्म के अध्यापक थे। ख़ैरातीलालजी यदि शान्तरस

प्रधान थे तो ये वीररस प्रधान थे। किसी भी लड़के से कहीं भी किसी समय मिलते थे, उसको कसकर एक चपत जमाते थे– बाक़ी काम बाद में होता था। ये जाति के वैश्य थे और गंगापार के रहने वाले थे। स्कूल की नौकरी के कारण जब हमारे गाँव की तरफ़ आये तो एक विधवा ब्राह्मणी के यहाँ रहने लगे। धीरे-धीरे स्थिति यह हो गयी कि ये वैश्य नहीं रहे और वह विधवा नहीं रही। बड़े गुस्सेवर आदमी थे और भंग का सेवन कसकर करते थे। भंग इन्हें चढ़ती भी ख़ूब थी और एक बार उसके नशे में इन्होंने दौरे पर आये स्कूलों के डिप्टी को स्कूल के अहाते के बाहर कर दिया था। छेदारामजी के क्लास में कॉपी, पेंसल, स्याही, तख़्ती वग़ैरह उन्हीं से ख़रीदनी होती थी। ये चीज़ें वे थोक रेट पर लाकर थोड़े-बहुत नफे से बेचा करते थे। बिना इनाम लिये इन्होंने कभी किसी को पास नहीं किया। स्कूल में खेलकूद भी यही सिखाते थे और स्थिति यह थी कि यदि कोई लड़का हँसता दीख गया तो उसे इतना पीटते थे कि फिर वह सीज़न पर रोता ही नज़र आता था। स्कूल की जनसंख्या बढ़ाने में इनका विशेष योग था। उस (भूतपूर्व विधवा) ब्राह्मणी के सहयोग से इन्हें आठ पुत्र रत्नों की प्राप्ति हुई थी जो भिन्न-भिन्न कक्षाओं की शोभा भिन्न-भिन्न रूपों में बढ़ाते थे।

हमारे मिडिल स्कूल के हेडमास्टर उस वंश से थे जिसमें कभी चंगेज़ खाँ, हलाकू, गज़नवी और अब्दाली वग़ैरह पैदा हुए थे। जाति के राजपूत, विद्या के शत्रु और स्वभाव से शराबी। गालियाँ देने में वह महारत हासिल थी जो वर्षों के निरन्तर अभ्यास से आती है। स्कूल को जेल की तरह चलाते थे। एक-दो लड़कों को छोड़ कर कभी किसी से बात नहीं करते थे। हाँ, इन एक-दो लड़कों से उनके सम्बन्ध काफ़ी निकट क़िस्म के होते थे। जैसा कि मैंने बताया, गालियाँ इनके मुख से ऐसे निकलती थीं जैसे बन्दूक से गोलियाँ निकलती हैं। एक दफ़ा मुझसे कोई ग़लती हो गयी तो वे चुनी-चुनी गालियाँ मिलीं जो पहले कभी सुनी तक नहीं थीं। एक ही साँस में पता नहीं क्या-क्या कह गये—नामाकूल, मरदूद, गधे की दुम, हुक्के का पानी, पाखाने का लोटा, सूअर का बच्चा, साले की मुश्कें बँधवा दूँगा, वग़ैरह वग़ैरह।

बाद में चलकर हमें हिन्दी-संस्कृत के एक अध्यापक मिले जिन्हें हम ब्रह्मचारी जी कहते थे। ये दाढ़ी रखते थे जिसमें होली के अवसर पर कुछ लड़कों ने गोंददानी उलट दी थी। ये महानुभाव अश्लील चीज़ों से बहुत डरते थे। क्लास में जहाँ कुछ ऐसा आया जिसका कि ये अर्थ न जानते हों, ये तुरन्त कहने लगते थे कि इसे छोड़ दो, यह अश्लील है। व्याकरण तक में उन्हें अश्लील प्रसंग मिल जाते थे। हम लोग उन दिनों अश्लील का अर्थ पूरी तरह तो नहीं जानते थे पर इतना ज़रूर एहसास होने लगा था कि थी यह ज़रूर कोई उम्दा क़िस्म की चीज़ है। इन सज्जन ने काफ़ी वर्षों तक ब्रह्मचर्य का सेवन किया था। इसके बाद गर्ल्स स्कूल की एक कुमारी अध्यापिका को किसी परीक्षा के लिए मेघदूत पढ़ने की ज़रूरत पड़ी। पण्डित

जो ने अपना पुराना क्रम शुरू किया, जहाँ कुछ समझ में न आये वहाँ कह दें कि इसे छोड़ दो, यह अश्लील है और कुमारी लड़कियों के उपयोग की चीज़ नहीं है। नतीजा यह हुआ कि दोनों शीघ्र ही इस निष्कर्ष पर पहुँचे कि यदि शादी कर लें तो मेघदूत के पढ़ने में विशेष सुविधा रहेगी। दोनों ने विवाह कर लिया। अब तो दाढ़ी भी इस तरह लुप्त हो गयी है जैसे विसर्ग-सन्धि में विसर्ग हो जाते हैं। स्कूल और परिवार से जो समय बचता है उसमें मैनेजर व प्रिंसिपल के यहाँ पत्रा लेकर सायत निकालते रहते हैं। क्लास में अब भी उतने ही भावुक हैं जितने कि हमारे समय में थे। 'दादुर धुनि चहुँ ओर सुहाई' पढ़ाते समय मेंढक की बोली बोलकर दिखाते हैं और अरण्यकाण्ड के प्रसंग में रामचन्द्रजी के विरह का वर्णन करते हुए क्लास में ही काफ़ी खुलकर रो लेते हैं।

अपने प्रधानाध्यापकों में से कुछ की याद अभी काफ़ी ताज़ी है। एक साहब थे जो वैसे तो ठीक-ठाक थे पर इन्हें पिटने का शौक़ बड़ा ज़बर्दस्त था। किसी न किसी से हमेशा पिटते रहते थे। कभी पानवाले से दो हाथ हो रहे हैं तो कभी इक्केवाले से। और कोई नहीं मिला तो स्कूल के लड़कों से ही पिट लिये। वे ज़्यादा दिनों तक नहीं रुके थे क्योंकि उस इलाक़े में ऐसा कोई आदमी बचा ही नहीं था जिससे उन्होंने थोड़ी-बहुत चोट न खायी हो। एक दूसरे साहब थे जो काफ़ी चतुर और विद्वान् थे मगर इनके साथ यह इल्लत थी कि यह स्कूल के पैसे और अपने पैसे में अन्तर नहीं समझते थे। न जाने कौन-कौन से फण्ड का पैसा खा गये। हमारे यहाँ से जाने के बाद उन्होंने एक और स्कूल को उसके अतिरिक्त धन से मुक्ति दिलाई। इसके बाद उनका पता नहीं चला। तीसरे हज़रत काफ़ी गम्भीर क़िस्म के सज्जन व्यक्ति थे। ये अपने पीछे अपनी जाति के लगभग दो सौ लड़कों का ठोस ग्रुप रखते थे। जहाँ ये जाते थे, वहीं वह ग्रुप जाता था। हमारे क़स्बे में कई छोटे-छोटे कॉलेज थे और जिस कॉलेज को ये सज्जन छोड़ते थे, वह साथ ही साथ टूट जाता था। इनकी इसी कारण बड़ी क़ीमत थी।

मास्टर तोताराम हमें जनरल नॉलिज पढ़ाते थे। बताया करते थे कि गधे, घोड़े तथा शेष चौपायों में मौलिक अन्तर क्या है, चिमगादड़ चाकलेट क्यों नहीं खाती, पपीते के बीज अन्दर क्यों होते हैं बाहर क्यों नहीं होते, रेल का स्टेशन पटरी के पास क्यों बनाया जाता है, वग़ैरह वग़ैरह। ये ट्यूशन ख़ूब करते थे और अगर कोई लड़का मालिश वग़ैरह कर देता था तो मुफ़्त भी पढ़ा देते थे। ट्यूशन ये बड़ी ज़िम्मेदारी से पढ़ाते थे। खाना खाकर गये, नल और पानी का सवाल दिया और सो गये। भगवान साक्षी है यदि एक घण्टे का ट्यूशन तय करके कभी चार घण्टे से पहले ये लौटे हों। अपनी नींद के लिए ये इलाक़े भर में मशहूर थे। एक बार कहीं सफ़र पर गये तो ऐसा सोये कि जहाँ जाना था उससे कोई पचीस स्टेशन आगे निकल गये। गाड़ी अपने टर्मिनस पर पहुँची, डिब्बे साफ़ हुए, इंजन बदला और वापस चलकर

फिर वहीं आ गयी जहाँ से चली थी। तब कहीं तोतारामजी की आँखें खुलीं। बिस्तर बाँधा, घर आये, खाना खाया और फिर सो गये।

सोना उनकी वाक़ई एक बहुत बड़ी मजबूरी थी। मुझे ख़ूब याद है कि वे एक बार मेरे साथ मास्टर मुंशीराम की नौटंकी देखने गये थे। खेल था 'गुलबदन' उर्फ़ 'मुहब्बत का फूल'। प्रार्थना वग़ैरह के बाद तोतारामजी सो गये। इसके बाद जब कभी हथेलियाँ पिटतीं या कोई पटाखा छूटता तो जागते नहीं तो छुट्टी। जब कभी आँख खुलती तो मेरी बग़ल में कुहनी मारते और पूछते कि वह लाल पगड़ी वाला तख़्त पर कौन खड़ा है? इससे पहले कि मैं कोई जवाब दूँ, ये फिर खुर्राटे भरने लगते। एक बार तो हड़बड़ा कर उठे और घबराकर पूछने लगे कि हम लोग कहाँ हैं, इतनी भीड़ क्यों है और सामने वह काली चीज़ क्या है? मैंने बताया कि यह नौटंकी हो रही है, सामने स्टेज पर भालू खड़ा है, जो अभी-अभी एक जवान लड़की को उठाकर ले जायेगा। इन्होंने एक जँभाई छोड़ी और पूछा कि 'कहाँ ले जावेगा?' और फिर सो गये। मेरे ख़याल से उनकी मृत्यु का पता भी लोगों को कोई दो दिन बाद चला था; पहले तो लोग यही समझते रहे कि ये सो रहे हैं।

हमारे भूगोल के अध्यापक शहर के रहने वाले थे। शिक्षा समाप्त करने के बाद जब कलक्टर की कुर्सी कहीं खाली नहीं मिली तो हमारे क़स्बे के कॉलेज में आ गये। सारा दिन शहर के विरह में आँसू बहाया करते थे। मिस्टर जिन्ना की तरह कपड़े बढ़िया पहनते थे, सुनहरी कमानी का चश्मा लगाते थे, हर चीज़ पर नाक भौं सिकोड़ते थे और हम लोगों को 'स्वाइन' कहकर पुकारते थे। हमेशा शिकायत करते थे कि कॉलेज में सहशिक्षा क्यों नहीं है। क्लास में ताज़ी फ़िल्मों की धुन गुनगुनाते थे। एक बड़ी आदत इनमें यह थी कि कोई काम अपने आप नहीं करते थे। एक बार वर्षा में लॉन पर फिसल गये तो आधा घण्टा वहीं पड़े रहे। जब माली और स्कूल के मुंशी उठाकर लाये तो आये। भीगने से इन्हें ज़ुकाम नाम का भयंकर रोग हो गया। बीमार ये हमेशा रहते थे; प्रसव के अतिरिक्त शायद ही कोई ऐसी वेदना थी जो इन्हें नहीं हुई थी; कुछ दिनों और रह लेते तो शायद हम लोग इनकी वह वेदना भी देख लेते।

शायद आप समझें कि मुझे सही क़िस्म के अध्यापक कभी मिले ही नहीं। ऐसा नहीं है। मेरे अँग्रेज़ी के शिक्षक बड़े ज़िम्मेदार क़िस्म के आदमी थे। दिनभर मेहनत से पढ़ाते थे, सुबह-शाम ट्यूशन करते थे, निहायत ईमानदार थे, कभी मैनेजर के घर तक नहीं जाते थे। परिवार, अलबत्ता हर साल बढ़ता था। इनकी अच्छी आदतों से इन्हें तपेदिक हो गयी थी। इलाज वग़ैरह भी हुआ पर अन्त में चलकर ये उसी मर्ज़ में मर गये।

हमारा घर

महाकवि इकबाल ने कहा था कि हमारा देश सारे जहाँ से अच्छा है। कवि ने आगे चलकर कारण बताते हुए शायद यह भी कहा था कि इस देश में चमन बहुत हैं और यहाँ के निवासी बुलबुल की तरह बोलते हैं। मैंने बुलबुल का सुनना तो क्या उसे कभी देखा भी नहीं। मेरे ख़याल से यह काफ़ी बड़ी चिड़िया होती है क्योंकि लाला हक़ूमतराय अपनी नयी बीवी को 'मेरी बुलबुल' कहकर पुकारा करते थे और ख़ुदा गवाह है कि हालाँकि उनकी बीवी की सेहत अब वैसी तो नहीं रही जैसी कि रहा करती थी पर फिर भी तीन सौ पौण्ड नेट वज़न से तो अब भी क्या कम होंगी। हाँ तो जैसे इकबाल को हमारा देश पसन्द था उसी तरह हमें अपना घर बहुत पसन्द है। ताजमहल के बाद शायद यह दूसरी इमारत है जिसके अगर आप बाहर हों तो अन्दर जाने को तबीयत करती है और अन्दर हों तो बाहर आने को तबीयत करती है।

मैंने जिस घर का ज़िक्र करना शुरू किया है वह हमारा है, मेरा अपना नहीं; सचाई तो यह है कि सबसे कम क्षेत्र मेरे ही अधिकार में है। बाक़ी घर बीवी के क़ब्ज़े में है, बच्चे रहते हैं या मेरे माता-पिता के पास रहता है। वैसे ये सब लोग भी मुफ़्त ही में बदनाम हैं क्योंकि घर का ज़्यादातर इस्तेमाल उन लोगों द्वारा होता है जो मेहमान कहलाते हैं। ये लोग आते हैं और जाते हैं और आवागमन की इस प्रथा पर गल्ले की महँगाई, चीनी की क़ीमत या चावल के न मिलने से कोई फ़र्क़ नहीं पड़ता। बल्कि यूँ कहिए कि इन कारणों से मेहमानदारी किसी-किसी हालत में कुछ ज़्यादा ही हो गयी है : अगर अपने यहाँ चावल की पूर्ति कम हो तो दूसरे के यहाँ खाने से ज़्यादा अच्छा उपाय और क्या हो सकता है? जैसा कि मैंने एक और जगह भी बताया है अगर देश के सब लोग एक वक़्त का खाना अपने घर पर न खाकर कहीं और खाना शुरू कर दें तो देश में अन्न की काफ़ी बचत हो सकती है।

मेरे घर में एक बरामदा है, एक बड़ा कमरा, एक रसोईघर, एक बाथरूम और दो छोटे कमरे। बड़ा कमरा जैसा कि नाम से ज़ाहिर है बड़े क़िस्म का है और इसी तरह छोटे कमरे ज़रा छोटे-छोटे हैं। रसोईघर में खाना बनता है और बाथरूम में मेहमान लोग स्नान करते हैं। घर के लोग या तो मेरी तरह नहाते ही नहीं हैं या नहाते हैं

तो बाहर लॉन के नल पर। बड़े कमरे में एक सोफ़ा पड़ा रहता है और सोफ़े पर अक्सर कोई कुत्ता सोता रहता है। घरवाले समझते हैं कि मेहमान का कुत्ता है और मेहमान समझते हैं कि घरवालों का है। कुत्ता इस स्थिति का पूरा-पूरा फ़ायदा उठाता है। सोफ़े के पास जो टेबुल होती है उस पर किसी साहब का अण्डरवियर, हजामत का सामान, चाय के जूठे बर्तन या गन्दे मोज़े रक्खे होते हैं। इसके बाद जो जगह बची होती है उसमें मेहमान की खाट बिछी होती है और उसके ऊपर मेहमान बिछे होते हैं। इसके बाद भी जो जगह बचती है उसमें या तो किसी आते-जाते सज्जन का होल्डाल रक्खा होता है या फिर नौकर की साइकिल खड़ी रहती है। हमारे नौकर को साइकिल की चोरी का बड़ा डर रहता है; कहता है साइकिल की चोरियाँ हद से ज़्यादा बढ़ गयी हैं। मेरे यहाँ आने से पहले दो-तीन साइकिल तो ये हज़रत ख़ुद ही चुरा चुके हैं। इतने सामान के होने के कारण बड़ा कमरा इतना भरा रहता है कि तबीयत यही करती है कि छोटे वाले कमरे में ही चला जाये।

एक छोटे वाले कमरे में पिताजी के काग़ज़-पत्र रखे हैं। इन्हें पुरानी चीज़ें सँभालने का वह शौक़ है कि पूछिए नहीं। 1914 के लिखे दोस्तों के ख़तों का गट्ठर (ख़ुदा का शुक्र है कि वे दोस्त नहीं रहे नहीं तो वे भी इसी कमरे में होते), पुराने अख़बारों की रद्दी, पुराने हुक्के, कलमदान, छड़ियाँ, लकड़ी का सामान वग़ैरह इस तरह भरा है कि यह कमरा कम लगता है और कबाड़ी की दुकान ज़्यादा। मगर इन्हें इसी में मज़ा आता है। सामान ज़्यादा होने के कारण स्थिति यह होती है कि अगर कल का आया बिजली का बिल ढूँढ़ना हो तो वह बिल मिलेगा जो 1953 में अगस्त के महीने में आया था और जिसका पेमेण्ट न होने पर एक बार बिजली कटी थी। इनके कमरे में कहीं भी हाथ डालिये, दस-बीस साल से कम की चीज़ हाथ आती ही नहीं। ये ख़ुद भी उन्नीसवीं सदी के आदमी हैं: शतरंज और चौपड़ के दिनों के इंसान। उन दिनों दिन लम्बा होता था और रोटी सस्ती। आराम से डिस्ट्रिक्ट बोर्ड के इलेक्शन लड़ते थे और बीड़ी पीते थे। कुछ और काम न मिला तो कहीं फ़ौजदारी या दीवानी का मुक़दमा कर लिया जिससे सालों तक तबीयत बहलती रहती थी। थोड़ी-सी जमींदारी थी जो इन आदतों में और थोड़ी होती गयी। पिताजी बड़े गर्व से कहते हैं कि गोविन्द बल्लभ पन्त ने सबकी ज़मींदारी ख़त्म कर दी पर मेरी को हाथ नहीं लगा सके। कारण यह था कि इनकी ज़मींदारी उस वक़्त से पहले ही ख़त्म हो चुकी थी। मुर्दे को क्या कोई दुबारा मारता?

सारे घर में हमारी माताजी का कभी कोई कमरा नहीं रहा। दिन महल्ले में गुज़रा और शाम हुई तो मन्दिर चली गयीं। कहीं राधेश्याम कथावाचक का ड्रामा या कोई धार्मिक सिनेमा हो रहा हो तो हो गया रातभर का इन्तज़ाम। बाक़ी वक़्त मिला तो उसमें धार्मिक चर्चा हुई। ये पिताजी को नास्तिक कहती हैं क्योंकि वे आर्यसमाजी हैं और वे इन्हें मूर्तिपूजक कहते हैं क्योंकि ये सनातनी हैं। इनके निरन्तर होने वाले

झगड़ों में हमें बड़ा मज़ा आता है। धार्मिक वादविवाद थोड़ी ही देर बाद धार्मिक कम रहता है और वादविवाद ज़्यादा। नतीजा यह होता है कि दोनों तरफ़ से ऐसी बढ़िया-बढ़िया चीज़ें सुनने को मिलती हैं कि पक्के गाने का मज़ा आ जाता है। हम लोग यानी कि नयी पीढ़ी में किसी को भगवान में उस तरह का विश्वास नहीं है। वैसे मूर्तियों से हमें भी आकर्षण होता है पर वे मूर्तियाँ पत्थर की नहीं होतीं।

एक छोटा कमरा मुझे मिला है। इसमें मैं लिखता हूँ, पढ़ता हूँ, शेव करता हूँ और सोता हूँ। इस कमरे में जो कुछ ग़लत काम होता है वह मेरी वजह से होता है। अगर धोबी के यहाँ से आये कपड़े ज़मीन पर गिर पड़े तेल की शीशी बिखर जाये, बिस्तर पर जूते रक्खे रह जायें या तकिये का गिलाफ गन्दा हो जाए तो वह सब मेरी वजह से होता है। मेरी बीवी ने पिछले बारह साल में कोई ग़लत काम किया ही नहीं। बारह बरस पूर्व एक ग़लती की थी और वह यह कि मेरे जैसे दब्बू और अहमक आदमी से शादी कर ली थी. और बस। अगर मुझसे शादी न होती तो इन्हें, जैसा कि इनका ख़याल है, शादी करने के लिए राजा राम मोहन राय, लॉर्ड कार्नवालिस या खान अब्दुल गफ्फार खाँ मिलते। कुछ लोग ऐसे होते हैं जिनसे बहस करना सेहत के लिए ज़्यादा अच्छा नहीं होता और जैसा कि शायद आप जानते हों, सेहत का मैं बहुत ख़याल रखता हूँ।

जहाँ मेरी पत्नी में और इतनी अच्छी आदतें हैं वहाँ एक यह भी है कि इन्हें सामान ढूँढ़ने का बहुत शौक़ है। छुट्टी का आधा दिन इस बात को ढूँढ़ने में गुज़र जाता है कि पेस्ट कहाँ है और दूसरा आधा इस बात को जानने में कि ब्रश कहाँ है। अगर ब्रश और पेस्ट दोनों मिल जाते तो मेरा यक़ीन है कि ये ज़रूर पूछतीं कि इनके दाँत कहाँ हैं जिन्हें साफ़ करना है।

कमरों का हाल मैं आपको सुना चुका। जहाँ तक बरामदे का प्रश्न है उसका मैं इतना आदर करता हूँ जैसे कि वह मेरे घर का टुकड़ा न होकर कुरुक्षेत्र या नालन्दा की भूमि का टुकड़ा हो। बात दरअसल यह है कि हमारे परिवार के एक पुराने मित्र जो एक दफ़्तर में क्लर्क हैं, अक्सर इसी बरामदे में गुलदस्ते की तरह बैठे रहते है। वैसे इनका अपना घर है, अपनी बीवी है; अपने बच्चे हैं पर इसे क्या कहिए कि ये हमारे घर से इतना प्रेम करते हैं कि हर रोज़ दफ़्तर जाते हुए यहाँ से गुज़र कर जाते हैं और वापसी में फिर तीन-चार घण्टे की सिटिंग पूरी करके जाते हैं। छुट्टी का दिन पूरा हमारे यहाँ ही गुज़रता है। पहले 'हैरत' उपमान से शायरी भी करते थे पर जब किसी रिसाले ने इन्हें 'ग़ैरत' नाम से छाप दिया तब से शायरी छोड़ दी और कुत्ते पालने लगे। इन हज़रत के साथ बात यह है कि दुनिया का कोई ऐसा विषय नहीं जिस पर ये अपटूडेट ज्ञान न रखते हों। वैसे काफ़ी निःस्वार्थ प्रवृत्ति के व्यक्ति हैं और अपना ज्ञान दूसरों तक पहुँचाने में कभी संकोच नहीं करते। दूसरी अच्छी बात यह है– हाथापाई को हमेशा तैयार रहते हैं। निराला के काव्य की तरह इनमें

विवेक और पौरुष का ऐसा सम्मिश्रण हुआ है कि दाँतों तले उँगली दबानी पड़ती है।

घर में दो बच्चे हैं। जब कोई पूछता है कि किसके हैं तो मैं बड़े चाव से कहता हूँ कि आप ही के हैं। मगर स्थिति की गम्भीरता यह है कि हैं वे मेरे ही। इतने लड़ाकू और शोर मचाने वाले बच्चे, जैसा कि महल्लेवाले रोज़ कहते हैं, और किसी के हो ही नहीं सकते। दुनिया की जितनी शरारतें हैं वे इनकी रग-रग में भरी हैं। मैं कहता हूँ कि ये ननिहाल का प्रभाव है पर पत्नी का निश्चित मत है कि यह मेरे ही पूर्वजों का प्रताप है। बच्चों को इससे कोई सरोकार नहीं। वे सारे दिन खुराफ़ात में लगे हैं; कोई मिलने आयेगा तो वह मेरे पास बैठेगा ये उसकी साइकिल की हवा निकालेंगे। कोई खाट पर सो रहा होगा तो उसके बाल चादर या कम्बल से बाँध देंगे। कोई रास्ता पूछेगा तो ग़लत बतायेंगे और कुछ नहीं तो बाहर बरामदे में खड़े होकर यदि कोई गंजा या मोटा आदमी सड़क पर गुज़रता दिखाई देगा तो एकसाथ हथेलियाँ ही बजायेंगे।

कुल मिलाकर घर का यह हाल रहता है कि सरकस या चिड़ियाघर जाने की तबीयत ही नहीं होती। बड़ी से बड़ी स्टंट फ़िल्म का निर्देशक अगर मेरे यहाँ कुछ दिनों रह जाये तो काफ़ी सीखकर जाये।

मीर तकी मीर ने भी अपने घर का हाल लिखा था। उसकी शायरी में मेरे इस लेख से कहीं ज़्यादा कशिश थी। मगर उसका घर भी तो मेरे से ज़्यादा ख़राब था।

तराई का फ़ार्म

भगवान बुद्ध ने एक स्थान पर कहा है कि संसार दुःखों का समुद्र है। यह बात अब भी उतनी ही सच है जितनी कि गौतम बुद्ध के समय में थी। सच्ची स्थिति तो यह है कि दुःखों की संख्या इन दिनों कुछ बढ़ ही गयी है और ऐसे अनेक दुःखों का प्रादुर्भाव हो गया है जो कि भगवान बुद्ध के समय में नहीं थे। उदाहरण के लिए रेल छूटने का दुःख, नायब तहसीलदारी में न लिये जाने का दुःख या बीमे की रसीद वक़्त पर न आने का दुःख। पुराने ज़माने में गिनती के दो-चार दुःख होते थे जिनमें दूसरे की सुन्दर स्त्री और राज्य न छीन पाने का दुःख कदाचित् सबसे ऊँचा स्थान रखता था। आज के युग के जो दुःख हैं उसके सामने पराई स्त्री और दूसरे के राज्य का दुःख कुछ भी नहीं। हमसे पूछिए, लोकल ट्रेन में यदि खिड़की के पास वाली सीट मिल जाये तो रसखान के शब्दों में तीनों लोकों के सुखों को न्यौछावर कर दें।

मनुष्य के पास काम न होने का दुःख भी अपने क़िस्म की एक अलग चीज़ है। जिन लोगों को बेकारी झेलने का साबका नहीं पड़ा वे इसके मज़े कभी समझ ही नहीं सकते। बेकारी से मेरा अर्थ काम के लिए काम ढूँढ़ने से नहीं है– वैसा करना तो शास्त्र के विरुद्ध होगा क्योंकि गीता में इस बात पर ज़ोर दिया गया है कि मनुष्य सम्यक् बुद्धि की सहायता से कर्मों के बन्धन को काटे। मेरे कहने का अभिप्राय यहाँ धन के लिए काम खोजने से है। यह जो मुद्रा का राक्षस है यह बड़ा विकट है। संस्कृत साहित्य में भी मुद्राराक्षस नाटक इन्हीं कारणों से ऊँचा माना जाता है।

उन दिनों की बात मुझे हमेशा याद रहेगी जब कि मैं रात-दिन काम की खोज में मारा-मारा फिरता था। काम का विरह यक्षिणी के विरह से ज़्यादा भयंकर होता है; प्रेमिका के दुःख में भूख से मरने और क़र्ज़दारों से चौराहों पर पिटने की सुविधा ज़रा कम होती है। वैसे मैं मानता हूँ कि वह दुःख भी किसी-किसी स्थिति में काफ़ी तीव्र होता है पर फिर भी बेकारी के सामने वह कुछ नहीं। जहाँ तक मेरा विचार है मेघदूत का यक्ष भी खाने-पीने की चिन्ता से मुक्त था। मेरे ख़याल से ये हज़रत काफ़ी शौक़ीन क़िस्म के आरामतलब इंसान थे जो छोटा नागपुर की पहाड़ियों पर किसी रेस्ट हाउस में रहते थे। आरामतलबी के बारे में तो कहना ही क्या—अलकापुरी

से निकाले ही इस चार्ज पर गये थे। हाँ तो ये रेस्ट हाउस में रहते थे; सुबह उम्दा नाश्ता किया और फिर बगीचे की सैर को निकल गये। इसके बाद खानसामा के साथ कुछ गप्पें मारी और फिर एक श्लोक स्टेनोग्राफ़र को डिक्टेट कर दिया। तीसरे पहर स्थानीय सुन्दरियों के साथ चौपड़ खेलने निकल गये और बस छुट्टी। दूसरे शब्दों में ये अपनी प्रिया को ठीक उसी तरह याद करते थे जैसे कि दौरे पर आजकल साहब लोग याद करते हैं। मेरा यह निश्चित मत है कि मेघदूत का यक्ष सच्चा प्रेमी नहीं था। सच्चा प्रेमी कभी इतनी व्याकरण सम्मत और प्रांजल भाषा में इस प्रकार का छन्दोबद्ध काव्य नहीं रचता– वह तो टूटे-फूटे शब्दों में दिल की बात कहता है और उसके बाद आत्महत्या कर लेता है। आत्महत्या करने के बाद वह किसी घरेलू लड़की से विवाह करता है। परिवार-नियोजन की सारी सरकारी योजनाओं को खलास करता है और इसके बाद स्थानीय कवि-सम्मेलनों में प्रयाण-गीत नाम की पुरानी कविता को सस्वर दो बार पढ़कर सुनाता है।

हाँ तो बात उन दिनों की चल रही थी जबकि मैं बेकार था। मेरे प्रदेश के एक नेता थे जो लखनऊ में रहते थे। इलेक्शन के दिनों में एक बार मैंने उनके लिए काफ़ी काम किया था। वे मुझसे बड़ा स्नेह करते थे और प्रायः और लोगों के सामने कहा करते थे कि लड़का बड़ा होनहार है– बड़ा होकर कुछ न कुछ ज़रूर बनेगा। बाद में विचार करने पर महसूस किया कि उन्होंने कितनी सच्ची बात कही थी–कुछ न कुछ तो हमें बनना ही था। इन सज्जन से मिलने मैं किसी तरह लखनऊ तक गया। काउन्सिल हाउस के लॉन पर भेंट हुई; बड़े स्नेह से मिले। अपने चुनाव क्षेत्र के बारे में इतनी दिलचस्पी से प्रश्न पूछने शुरू किये जैसे कोई दक्षिणी ध्रुव के बारे में पूछ रहा हो। देश-विदेश, साहित्य और संस्कृति–इन सभी पर काफ़ी-विचार विमर्श हुआ। जो सज्जन चुनाव में प्रायः इनके विरुद्ध खड़े होते थे और जिन्हें पिछले दिनों दमे का दौरा पड़ा था, उनके स्वास्थ्य के बारे में आँख मार-मारकर पूछते रहे। राष्ट्रीय और अन्तर्राष्ट्रीय स्थिति की चर्चा के उपरान्त व्यक्तिगत स्थिति की चर्चा करना कुछ असंगत तो लगा पर क्या करता– मजबूरी थी। ख़ैर, मेरी परेशानी सुनकर वे कतई अप्रसन्न नहीं हुए और न उन्होंने मुझसे पीछा छुड़ाने की कोशिश की। पान खिलाया और फिर कहा कि पंचवर्षीय योजनाओं के बाद देश का हर एक नवयुवक खुशहाल होगा। इसके बाद आधे घण्टे तक कुछ आँकड़े बतलाये और उसके बाद वे मुझसे सहसा बोले कि तुम तराई में एक बड़ा-सा फ़ार्म क्यों नहीं खोल लेते?

मैंने बात सुनी और स्थिति साफ़ करते हुए बतलाया कि विचार तो उत्तम है पर यदि मैं तराई में फ़ार्म खोलने की स्थिति में होता तो इस वक़्त लखनऊ में न होकर तराई में ही होता मगर दुर्भाग्य देखिए कि मैं तराई में क्या, कहीं भी किसी तरह का फ़ार्म खोलने की स्थिति में नहीं हूँ। इस पर उनका चेहरा कुछ विरक्त-सा हो गया और वे पूछने लगे कि फिर तुम मुर्गियों का एक बाड़ा ही क्यों नहीं शुरू

कर देते? चाहो तो एक मुर्गी से भी काम शुरू कर सकते हो क्योंकि इस पक्षी में एक ख़ास बात यह है कि यह अण्डा देता है जिससे फिर एक मुर्गी निकलती है। यूँ चाहो तो अण्डे से आमलेट भी निकाल सकते हो पर वह आपकी मर्ज़ी पर है। जहाँ तक शुरू की मुर्गी का प्रश्न है, तुम चाहो तो उसकी चोरी भी कर सकते हो। इसके बाद उन्होंने विरोधी दल के एक सदस्य के घर का पता भी बताया जहाँ से मैं मुर्गी चुरा सकता था। मेरा हौसला बढ़ाते हुए उन्होंने यह भी कहा कि यदि चोरी से बचना चाहते हो तो बजाय मुर्गी के अण्डे से ही अपना कारोबार शुरू कर दो—यह तो बड़ा पुराना प्रश्न है कि पहले मुर्गी आयी कि अण्डा। और हाँ, जब धन्धा बढ़ जाये तो अण्डे विदेशों को ज़रूर भेजना—इससे विदेशी मुद्रा प्राप्त होती है। इस सन्दर्भ में यदि कोई कठिनाई पड़े तो हमसे सम्पर्क ज़रूर स्थापित करना : अपने क्षेत्र की जनता को मैं कभी नहीं भूल सकता।

उनकी सरस्वती से सचमुच मुझे बहुत प्रोत्साहन मिला। अण्डे ख़रीदने को तो पैसे अपने पास शायद थे नहीं, हाँ अलबत्ता मुर्गी की चोरी वाली सलाह अपनी आत्मा को विशेष रुचिकर लगी। वैसे भी यह अपना है और वह पराया है यह मनःस्थिति बड़ी संकीर्ण है और ज़ाहिर है कि स्वाधीन देश इस प्रकार की मनोवृत्तियों के आधार पर कभी आगे नहीं बढ़ सकता। मैं विरोधी दल के उन सदस्य की कोठी पर गया और मुर्गियों पर एक निगाह डाली। मगर वे मुर्गियाँ मुझे इतनी सतर्क और चालाक नज़र आयीं कि मैं तो उनकी चोरी क्या करता, हाँ अलबत्ता वे चाहतीं तो मुझे ज़रूर चुरा सकती थीं। देश का दुर्भाग्य देखिए कि इस छोटे-से पक्षी के असहयोग से यह देश एक विशाल पोल्ट्रीफ़ार्म से हमेशा के लिए वंचित रह गया।

रोज़गार के दफ़्तर के न जाने कितने चक्कर लगाये। इस दफ़्तर ने मुझे कई जगह जाने की सलाह दी। एक छोटी-सी फ़ैक्टरी के स्वामी के यहाँ कुछ काम खाली था मगर वहाँ इल्लत यह थी कि फ़ैक्टरी के मालिक जहाँ सुन्दर लड़की को तरजीह देते थे वहाँ उनकी पत्नी खिलाड़ी लड़कों को पसन्द करती थीं। लड़का तो मैं था पर खिलाड़ी नहीं था (और लड़की तो मैं किसी भी तरह की नहीं था) और इस कारण मैं नहीं लिया गया। वे पुराने ज़माने के दिन थे और उन दिनों यौन परिवर्तन ज़रा कम ही होता था। ज़्यादातर लोग अगर लड़का पैदा होते थे तो जीवन भर लड़का ही रहते थे। एक दूसरी जगह मैं गया तो मुझे बड़ी शालीनता के साथ ड्राइंगरूम में बिठाया गया। इसके बाद बताया गया कि काम कुछ टेकनिकल क़िस्म का है और इस कारण मुझे छः माह तक सीखना पड़ेगा। सीखने की अवधि में मुझे वेतन नहीं मिलेगा। हमारी स्थिति यह थी कि यदि तीन महीने भी और काम न मिलता तो शरीर और आत्मा हमेशा के लिए एक दूसरे से अलग-अलग हो जाते।

एक बार एक नौकरी रेल में मिली पर हम वहाँ नहीं गये। पता नहीं क्यों, रेल के इंजन को देखकर हमें हमेशा आत्महत्या करने की इच्छा होती थी। एक-दो दिन

तो हम अपनी इच्छा को दबा सकते थे पर अपने साथ इससे ज़्यादा ज़्यादती बरतना हमारे लिए असम्भव था।

पत्रकारिता का अनुभव भी मुझे इन्हीं दिनों हुआ। एक स्थानीय साप्ताहिक था, उसमें मैं काम करने लगा। सम्पादक के अतिरिक्त हम तीन व्यक्ति थे और एक दफ़्तरी था। यह पत्र इस ज़िले का सर्वप्रमुख पत्र माना जाता था पर छपते इसमें शोकप्रस्ताव और चुटकुले ही थे। सम्पादकजी काफ़ी ईमानदार व्यक्ति थे और अपने ज़माने में वे अपने ढंग से जेल भी गये थे। पत्रकारिता का उन्हें सच्चा शौक़ था और अपनी सारी पूँजी वे उसी में स्वाहा कर चुके थे। जिन दिनों मैं उनके यहाँ भरती हुआ था वे उस पत्र के अन्तिम दिन थे। सम्पादकजी जीवन से काफ़ी निराश हो गये थे और गाहे बगाहे अफ़ीम भी खाने लगे थे। जिस दिन वे ज़ोरदार अग्रलेख लिखते, हम समझ जाते कि वे नशे में हैं। हम तीन सहयोगियों में से एक अदालतों और थानों से समाचार इकट्ठा करता था, दूसरा रिक्शेवालों और दूधवालों से देहात की घटनाएँ इकट्ठी करता था और तीसरा विज्ञापन बटोरता था। हालत यह थी कि जब तक नयी ख़बरें न मिलें तब तक पुरानी ख़बरें ही कुछ रद्दोबदल के साथ छपती रहती थीं। चाहे सर्दी हो चाहे गर्मी, सम्पादकजी हमेशा एक बनियाइन और लुंगी में सारा दिन काम करते थे। लोग कहते थे कि पुराने ज़माने में वे कपड़ों के काफ़ी शौक़ीन थे, मगर इस पत्र के लिए उन्होंने सब कुछ विसर्जित कर दिया। हुआ यह कि वेतन न मिलने पर कोई शेरवानी ले गया तो कोई पायजामा। किसी के जूते फ़िट आये तो उसने जूते पहन लिये, किसी को गुलूबन्द ठीक लगा तो उसे वह ले गया। जिन दिनों हमारी तनख़्वाह के दिन आए, इन पर एक लुंगी और एक बनियाइन थी। सुबह-शाम चाय और दोपहर का खाना सम्पादकजी सबको खिलाते थे। मैं उनके साथ कोई तीन माह रहा। कुछ दिनों बाद किसी ग्रामीण नेता ने मुक़दमेबाज़ी शुरू करके उस पत्र को हमेशा के लिए बन्द करा दिया। ऐसा लगता था कि इन सज्जन की मृत्यु या गिरफ़्तारी का ग़लत समाचार उस पत्र के मुखपृष्ठ पर तीन माह तक बिना नागा छपता रहा था। इसके बाद सम्पादकजी मुझे एक बार एक स्टेशन पर मिले थे, सिर्फ़ लुंगी में थे।.

घोर ग़रीबी के दिनों में मेरे चरित्र का कोई विकास नहीं हुआ। अब्राहम लिंकन ने कहा था कि वह ग़रीबी की ही पाठशाला में पढ़कर अमेरिका का राष्ट्रपति हुआ था। हमारे साथ ऐसा कभी नहीं हुआ। हम न तो अभी तक अमेरिका के राष्ट्रपति हुए और न निकट भविष्य में होने की कोई सम्भावना ही दिखाई देती है। ग़रीबी के दिनों में मैं हर तरह टूटा।

यक्षिणी के विरह की भाँति मेरे दिनों के पहिये ने भी पलटा खाया। बेकारी ख़त्म हुई। इन दिनों तो स्थिति इतनी सुखद हो गयी है कि यदि कोई होनहार और ग़रीब नवयुवक मेरे पास आकर काम माँगता है तो मैं बड़े स्नेह से उसे तराई की तरफ़ एक बड़ा-सा फ़ार्म खोलने की सलाह देता हूँ।

अकविता : कुछ संस्मरण

दिल्ली से पिछले वर्ष जो 'अकविता' पत्रिका निकली थी उसका एक कारण यह भी था कि जगदीश चतुर्वेदी, श्याम परमार और मैं एक ही महल्ले में रहते थे। मेरे और डॉ. परमार के मकान में उतना फ़ासला था जिसे अँग्रेज़ी में पत्थर मारकर नापा जाता है। चतुर्वेदी का मकान दो पत्थर मारने की दूरी पर रहा होगा। हम लोगों का काफ़ी वक़्त एकसाथ गुज़रता था। जगदीश चतुर्वेदी में यह विशेषता है कि वह कुछ न कुछ नया काम ज़रूर करता रहता है। एक दिन सहसा हम लोगों को यह महसूस हुआ कि जीवन बड़े दक़ियानूसी ढर्रे पर चल रहा है और ऐसा लग रहा है इसमें बँधी लीक पर चलते-चलते हम भी किसी दिन कपूत ही हो जायेंगे। तबीयत में हुआ कि कुछ नया काम किया जाये। ठीक वैसा मूड बन गया जिसमें दो-चार कवियों से कहा जाता है कि वे कुछ ऐसी तान सुनाएँ कि दस-बीस लहर इधर से आयें, दस-बीस लहर उधर से आयें और जो बाद में होता है वह भी बदस्तूर हो। लहरों के साथ-साथ काम की कोई और चीज़ आ जाये, तो भी कोई आपत्ति नहीं। दूसरे शब्दों में उस दिन यह निश्चित किया गया कि एक कविता-पत्रिका निकाली जाये जिसका कि नाम अकविता हो। जगदीश बड़े कर्मठ व्यक्ति है और इनमें ख़ास बात यह है कि आन्दोलन से निचले स्तर का कोई काम करना वे कभी पसन्द ही नहीं करते। बात ठीक भी है क्योंकि साधारण व्यक्ति की तरह जीवन-यापन करते-करते आदमी साधारण ही रहता है। आपने शायद वह कथा सुनी हो कि एक समय एक वन में एक मोर रहता था। एक बार वह जंगल में नाचा तो किसी ने भी नहीं देखा। कथा समाप्त हो गयी। अब अगर यही मोर 'चौराहे पर नाचो' आन्दोलन में भाग लेने लगता तो आप जानते हैं क्या होता? ट्रैफ़िक रुक जाता, मयूरपंख पिक्चर आधे दाम पर लग जाती, दो-चार सीताएँ अपने रामचन्द्रों से कहतीं कि हे प्रियतम, तुम सोने के मृग को छोड़कर हमें यह मोर ही पकड़ दो। एकाध नवेली अपने प्रेमी के कन्धे पर हाथ रखकर चुपके से शर्माकर कहती—हाय, यह तो एकदम नंगा है। अगले दिन सारे पत्रों में उस मोर के फ़ोटो छपते, एकाध पत्रिका 'मयूर विशेषांक' निकालती और एकाध गीतकार 'मयूरी के प्रति' शीर्षक से रेडियो पर कविता भी

पढ़ते। अगले दिन चन्द होनहार क़िस्म के नौजवान मोर के पंख बाँधकर ख़ुद भी चौराहे पर नाचते। मगर ऐसा नहीं हुआ क्योंकि मोर सिर्फ़ जंगल में नाचा। कुछ मोर ऐसे हैं कि अभी भी जंगल में ही नाचते हैं।

हाँ तो अकविता निकालने का निश्चय किया गया। डॉक्टर गंगा प्रसाद विमल और सौमित्र मोहन भी शामिल हो गये। डॉक्टर विमल बड़े होनहार क़िस्म के इंसान हैं और हर एक काम में दो-चार हाथ बँटाते रहते हैं। सौमित्र मोहन—जैसा कि नाम से ज़ाहिर है— रामायण के भी गुण रखते हैं और महाभारत के भी। जैसे ही ये पाँचों सवार इकट्ठे हुए, यह टुकड़ी दरियागंज की तरफ़ को घोड़े दौड़ाती हुई बढ़ी।

हमारा दस्ता दरियागंज में वहाँ जाकर रुका जहाँ नवीन प्रेस की तख़्ती लगी है। यह तख़्ती किसी बड़े ही ईमानदार व्यक्ति ने लगायी है क्योंकि जहाँ यह तख़्ती लगी है ठीक उसके पास ही नवीन प्रेस है। यहाँ हमारे मित्र सत्यप्रकाश जो सारा कारोबार देखते हैं बड़े मिलनसार आदमी हैं। आप जायेंगे तो कहेंगे— 'आइए, आइए, कहिए क्या हाल है?' इतना कहने के बाद वे तुरन्त कहीं फ़ोन मिलाएँगे। आधा घण्टा बात करके फिर आपसे कहेंगे 'अ हा हा, आप हैं। कहिए क्या हाल है?' और इसके बाद अगला टेलीफ़ोन शुरू। लगभग तीन घण्टे इस तरह स्नेह वार्तालाप चलेगा। इसके बाद वे उठेंगे, आपका हालचाल पूछेंगे और बाहर जायेंगे। तीसरे पहर जब खाना खाकर लौटेंगे तो फिर मुलाक़ात वहीं से शुरू होगी जहाँ सुबह छोड़ी गयी थी। इसके बाद ट्रंक काल शुरू होंगे। ख़ैर, किसी तरह हमने इनसे छपाई व काग़ज़ वग़ैरह का एस्टिमेट प्राप्त किया। कुछ लोग पत्रिका सोलह पृष्ठ की रखना चाहते थे और कुछ ज़्यादा। विमल का कहना था कि पाँच सौ पृष्ठ का 'अकविता अभिनन्दन ग्रन्थ' निकाला जाए जो इस विषय पर प्रथम व अन्तिम पुस्तक हो। काफ़ी विचार-विमर्श के बाद तय हुआ कि हम लोग केवल प्रथम अंक ही निकालें—अन्तिम अंक तो डॉक्टर विमल कभी न कभी निकाल ही लेंगे; इस दिशा में उनकी प्रतिभा अनन्त है।

इसके बाद कविताएँ तय की गयीं, कवि तय किये गये। कुछ कवियों को पत्र लिखने का निश्चय किया गया। ये सारे काम ख़ुशी-ख़ुशी हो ही रहे थे कि कबाब में हड्डी की तरह मज़ा बिगाड़ते हुए परमार ने कहा कि पत्रिका के लिए पैसे कहाँ से आवेंगे?

यह प्रश्न हमें बड़ा ही सामान्य लगा। हमें श्याम परमार जैसे विद्वान् व्यक्ति से ऐसी ओछी बात की कभी आशा नहीं थी। विमल ने कहा कि जहाँ से देश के बाक़ी पैसे आते हैं वहीं से अकविता के लिए भी आवेंगे। इसके लिए कोई नयी टकसाल थोड़े ही खुलेगी। और इसके बाद हम हँसने लगे। मगर थोड़ी ही देर बाद हम सभी को एहसास होने लगा कि डॉ. परमार की बात में लोकतत्त्व भी है और शोकतत्त्व भी। मुद्रा का राक्षस सचमुच बड़ा विकट है— पता नहीं कब साथ छोड़ दे। हम लोग वहीं सड़क के बीचो-बीच बैठ गये। हाय, अब क्या होगा? कैसे होगा?

गवने की सारी मोरी मैके धूमिल भई, का लेके जइहों गवनवाँ? लक्ष्मीनारायण लाल की याद बुरी तरह सताने लगी।

डॉक्टर विमल सचमुच ऐसी ही विकट परिस्थितियों में अपनी विमलता दिखाते हैं। तुरन्त पारसी थियेट्रिकल कम्पनियों वाली शैली में आकाशवाणी हुई : अरे डरता क्यों है बन्दा, हम करेंगे चन्दा। कट जायेगा तेरे दुःखों का फन्दा; हमारा तो है यह पुराना धन्धा। क्यों करता है तबीयत गन्दा। अरे सोच तो मेरे मेहरबान, लोगों ने चन्दे से खड़े कर लिये कूचे और जहान। बादशाहों ने चन्दा उगाह कर लड़ाइयाँ तक लड़ लीं और हम एक फर्मे का पर्चा तक नहीं निकाल सकते? लानत है ऐसी ज़िन्दगानी पर, शर्म आती है ऐसे पानी पर! इस आकाशवाणी का सुनना था कि यहूदी की लड़की की हिम्मत बँध गयी। सौमित्र मोहन ने भी हौसला बढ़ाते हुए कहा कि अख़बार तो अब ज़रूर निकलेगा चाहे इसके लिए उसे अपने सगे पिताजी के घर चोरी ही क्यूँ न करनी पड़े। इन पवित्र वचनों को सुनकर हमें श्याम परमार के प्रति फिर ग्लानि उत्पन्न हुई। विमल के लिए हिप हिप हुर्रे की गयी और ख़ुशी का बैण्ड बजाता हुआ हमारा दस्ता छावनी को वापस हुआ।

जैसा कि हमें बाद में पता चला, चन्दा माँगना चन्दा देने की अपेक्षा कहीं अधिक कठिन काम है और उसका हुनर लाखों में से किसी एक को ही आता है। महामना मदन मोहन मालवीय ने चन्दा माँग-माँगकर विश्वविद्यालय खड़ा कर दिया और बाक़ी मालवीय मकान बनाना तो क्या, गिराने तक के लिए चन्दा नहीं बटोर सकते। राय परमेश्वरी प्रसाद ने वार फण्ड में सतरह लाख का चन्दा दिया था पर एक दिन जब दिलदार नगर के स्टेशन पर किसी दिलदार ने उनकी जेब साफ़ कर दी तो टिकट के पैसे इकट्ठे करने मुश्किल हो गये। हम स्वयं कई ऐसे समाज-सेवियों को जानते हैं जिन्होंने सारी उम्र केवल चन्दे के ही बल पर काफ़ी ऐश और आराम से काट दी। ऐसे एक सज्जन हमारे परिवार में भी रहे हैं, कभी बाढ़पीड़ितों की सहायता कर रहे हैं तो कभी सूखापीड़ितों की। पीड़ितों की हमारे यहाँ कभी कमी नहीं रही; हर क़िस्म का पीड़ित हर समय इच्छित मात्रा में मिलता है। और कुछ नहीं तो सब्ज़ीमण्डी के गीतकार श्री 'पीड़ित' जी तो हैं ही—उन्हीं के नाम पर सौ दो-सौ इकट्ठे कर लिये।

ऊपर लिखे दृष्टान्तों को ध्यान में रखते हुए हमने भी यही सोचा कि चन्दा बटोरना काफ़ी सरल काम होगा। जैसे गौशाला, विधवाश्रम या अनाथालय का चन्दा वैसा ही अकविता का। जो दे उसका भी भला, जो न दे उसका भी भला। ला बेटी डाल दे कुछ अकविता के नाम पर; भगवान तुझे पाँच पतियों का सुख दे। मगर परिवार-नियोजन पर ध्यान रखना—हाँ। छोटा परिवार, सुखी परिवार। मगर श्याम परमार का कहना था कि साहित्यिकों से (साहित्य के नाम पर भी) पैसा वसूल करना उतना ही कठिन है जितना कि विवाहितों के लिए बीटनिक होना। परमार क्योंकि आदिवासियों में रहा है (और कुछ विशेषताओं में उनसे प्रभावित भी है) हमें उसकी

बात मानने को मजबूर होना पड़ा।

मगर हम लोग इतनी आसानी से हिम्मत हारने वाले नहीं थे। तय किया गया कि दान घर से ही शुरू हो। श्याम परमार ने दस रुपये का एक नोट कुछ दूर से दिखाया और कहा कि एक दिन ऐसा भी आयेगा जिस दिन यह नोट वह अकविता के लिए देगा। जैसा कि उसने बताया, वह नोट का मोह धीरे-धीरे त्याग रहा था। ऐसा लगता था कि डॉक्टर परमार का सम्बन्ध उस नोट विशेष से काफ़ी वर्षों से बहुत घनिष्ठ रहा था और इसी कारण हम लोगों ने अनुमान लगाया कि परमार साहब के हज़ार प्रयत्नों के बावजूद मोहभंग की क्रिया को पूरी तरह सम्पन्न होने में लगभग दस ही बरस और लगेंगे। तब तक अकविता का प्रकाशन रोकना युग के साथ विश्वासघात करना होता क्योंकि मिस्टर युग जब भी बस या रेस्तराँ वग़ैरह में जगदीश चतुर्वेदी से मिलता था, अकविता, ठोस कविता या आँख कविता की माँग करता था। हमने हँसकर वह नोट परमार के हाथ से छीन लिया। विमल ने ख़ुशी-ख़ुशी दस रुपये और तीन कविताएँ दीं। चन्दा जेब में रख कर कविताएँ जब वापस की गयीं तो विमल ने इस शब्द की व्युत्पत्ति पर प्रकाश डालते हुए बताया कि 'विमल' शब्द 'मल' से बना है। स्थिति स्पष्ट हो गयी। कविताएँ खोलकर पढ़ी गयीं, सभी ऊँचे दर्जे की थीं। कोषाध्यक्ष जगदीश बनाये गये और यह निर्णय होते ही उन्होंने अपने दस रुपये निकालकर हाज़िर किये। हमने दो दिन की मोहलत माँगी; सोचा कहीं से बीस रुपये चन्दा करेंगे और उसी में से दस अपने नाम से दे देंगे। इन छोटी-छोटी बातों में ईमानदारी बरतना ईमानदारी का अपव्यय करना है। हम विनोदचन्द्र पाण्डे के पास गये और बोले कि बन्धु, हम दो घण्टे बैठकर जावेंगे; हाँ अलबत्ता अगर दस रुपये चन्दा दो तो सिर्फ़ एक ही घण्टा बैठेंगे। पाण्डे बड़ा समझदार प्राणी है, उसने बीस रुपये हाथ पर रक्खे और तुरन्त चले जाने को कहा। हमने रुपये लिये और चले आए। उसके लिए वक़्त क़ीमती था, हमारे लिए रुपये। इसके बाद हमारा अभियान शुरू हुआ।

सबसे पहले हम लोगों को प्रभाकर माचवे ने पथभ्रष्ट किया। उन्होंने बीस रुपये इस तरह निकालकर दिये जैसे कोई किसी को सिगरेट देता है। रुपयों के साथ हमने दो-चार कविताएँ इस तरह ले लीं जैसे सिगरेट के साथ दियासलाई ली जाती है। नित्यानन्द तिवारी ने रुपये एक ही बार के माँगने पर दे दिये। गिरिजाकुमार माथुर ने भी ज़्यादा तंग नहीं किया। कोई तीन घण्टे बैठना पड़ा। कुछ कविताएँ सुनीं जिनमें से एक उर्दू कवि की अश्लील कविताओं ने काफ़ी वक़्त लिया। बड़ी साफ़ और सरल क़िस्म की शायरी थी। जो ज़्यादा काम के शेर थे वे माथुर साहब को अच्छी तरह ज़ुबानी याद थे। इसके बाद उन्होंने कुछ कविताएँ दीं। उनकी पत्नी की भी कुछ कविताएँ मिलीं। अकविता पर एक लम्बा लेख लिखने का आश्वासन भी मिला। चाय भी मिली। इसके बाद हमने चन्दे का ज़िक्र किया तो वह भी फ़ौरन

मिला। मगर इन तीन यात्राओं के बाद सिन्दबाद जहाज़ी जहाँ भी गया उसे मुसीबत ही झेलने को मिली।

लक्ष्मीनारायण लाल ने चन्दा देने को यूँ मना कर दिया कि अकविता (जैसा कि नाम से ज़ाहिर है) शायद कविता सम्बन्धी पत्रिका है। कविता में वे कोई योगदान नहीं दे सकते। अलबत्ता अगर हम 'अकहानी' निकालें तो उनकी सारी कहानियाँ और रुपये हाज़िर हैं। और यदि कहीं 'अनाटक' निकलने लगे तो वे रुपये क्या, दाढ़ी मूँछ तक उधार दे सकते हैं। मगर कविता के लिए कुछ नहीं। सिद्धान्त सिद्धान्त की जगह—दोस्ती दोस्ती की जगह। अच्छा प्यारे, अब कल मिलेंगे। भारतभूषण अग्रवाल ने जगदीश चतुर्वेदी से काफ़ी चक्कर लगवाये और फिर शायद दस रुपये का चेक दिया। मुद्राराक्षस (अंक नम्बर दो में) कुछ अश्लील कविताएँ छपवाना चाहते थे। चतुर्वेदी ने मना कर दिया (मेरा ख़याल है कि वे कविताएँ कम अश्लील रही होंगी) और इस पर मुद्राराक्षस ने अकविता का साथ छोड़ दिया और एक साप्ताहिक में पत्र लिखकर सारी योजना को फ़िल्मी करार दिया। एक एकाँतवासी साहित्यकार ने (इनकी प्रतिभा इस दिशा में इतनी तीव्र है कि जहाँ भी ये बैठते हैं वहाँ स्वतः एकान्त हो जाता है) चन्दा माँगने को नैतिक अपराध बताया और इस प्रकार के साहित्य की तुलना वेश्यावृत्ति से की। वैसे वे ठीक ही कह रहे होंगे क्योंकि वेश्याओं का अनुभव उन्हें ज़रूरत से ज़्यादा था। इसी प्रकार एक लेखक ने कुल मिलाकर सत्ताइस चक्कर लगवाये और हर बार यही बहस की कि नयी कहानी आन्दोलन थोथा है। मैंने हर बार समझाया कि अकविता का नयी कहानी से कोई सम्बन्ध नहीं—इसका सम्बन्ध दस रुपये से है— मगर इन्होंने समझने की कोशिश ही नहीं की। अट्ठाइसवीं बार जब मैं गया तो मैंने जाते ही कहा कि नयी कहानी झूठी चीज़ है। ये बड़े ख़ुश हुए मगर चन्दा देने को फिर भी मना कर दिया। इसी तरह एक वयोवृद्ध लेखक से एक दस रुपये का नोट मिला जो वज़न में दो नोटों के बराबर था। कारण यह था कि यह नोट था तो दस रुपये का मगर था शायद सम्राट् हर्षवर्धन या कनिष्क के ज़माने का। निहायत पुराना, गलीज़ और जगह-जगह से फटा और चिपका हुआ। हम लोग जब इसे रिज़र्व बैंक के काउण्टर पर ले गये तो बाबू काफ़ी देर तक शीशा लगाकर उसे देखता रहा। इसके बाद वह भीतर गया और हम बाहर आए। मेरे ख़याल से वह नोट बूढ़ा होने के साथ-साथ जाली भी था।

एक और वरिष्ठ साहित्यकार के पास गये। कविता की चर्चा होते ही वे रोने लगे। बोले कि बन्धु, मुझे देखो, न अकादमी का पुरस्कार मिला न पद्मविभूषण का खिताब। ऐसी स्थिति में तुम मुझी से कविता के नाम पर चन्दा माँगते हो? शर्म नहीं आती? अरे हमने कविता के लिए दस रुपये क्या, जान लुटा दी। घर बरबाद कर लिया। हम चले आये, उनका दुख हमसे ज़्यादा था। इसी प्रकार एक आलोचक ने काफ़ी वक़्त लिया। इन सज्जन में और तो जो गुण हैं वे हैं ही, एक बड़ी बात

यह है कि देखने में एकदम काशीफल लगते हैं। वही सादगी, वही दृढ़ता और वही भारत की आर्ष संस्कृति से मण्डित गोलमटोल व्यक्तित्व। लगभग कई घण्टे 'गैण्डे का सींग और अकविता' पर भाषण देते रहें और शोधग्रन्धियों पर बातें करते रहे। इनके पास बैठने से काफ़ी ज्ञान प्राप्त हुआ; रुपये अलबत्ता नहीं मिले। गैण्डे की सींग वाला थीसिस जब ख़त्म हुआ और हमने चन्दे का ज़िक्र किया। इन्होंने तुरन्त 'वियतनाम का युद्ध और रीतिकाव्य' शीर्षक से नयी वार्ता शुरू कर दी। अब हम क्या करते? एक दिन फिर हिम्मत की तो 'छायावाद और मलेरिया' शीर्षक के अन्तर्गत दो घण्टे भाषण और सुनना पड़ा। रुपये फिर नदारद।

लड़कियों से चन्दा इकट्ठा करने जगदीश चतुर्वेदी हमेशा अकेला जाता था। हमने लानतें दीं तो एक दिन हमें भी साथ ले गया। एक कवयित्री थीं— पान-तम्बाकू खाने वाली। हमने कहा कि हमें चन्दा नहीं, केवल आपकी एक अकविता चाहिए। वे कहती थीं कि चन्दा भले ही दे दें— रचना देने की स्थिति में वे नहीं हैं। असलियत यह थी कि हम सिर्फ़ चन्दा लेना चाहते थे और वे सिर्फ़ रचना देना। ख़ैर, उन्होंने दस रुपये हमें इस तरह दिये जैसे आप चिड़ियाघर में तोते को मूँगफली का दाना देते हैं।

इसके बाद रेडियो के एक कवि-कलाकर के पास गये। जब हम पहुँचे तो ये कुछ सुन्दरियों से घिरे रसिया गा रहे थे। हम लोगों को बड़े प्रेम से बिठाया जैसे कोई स्नेही पति पुरानी पत्नियों को बिठाता है। बड़े संकोच के साथ पूछा : कहिए कैसे आना हुआ? हम लोगों ने अकविता का विवरण दिया। वे बड़े प्रसन्न हुए : अच्छा-अ...क....वि....ता.... बड़ा प्यारा नाम है। आ हा हा—अ....क....वि...ता... आ हा हा...। इसके बाद मेरे ख़याल से वे इन्हीं शब्दों को संगीत की किसी धुन पर फ़िट करने लगे। पहले दस मिनट भैरवी रही फिर शायद राग पीलू के स्वर उठने शुरू हुए। आँखें उनकी कभी की मिच चुकी थीं। हाथ स्वर के साथ-साथ नीचे-ऊपर हो रहे थे। मुखारविन्द इतना खुला हुआ था कि बड़े साइज़ का एक खरगोश आसानी से आ जा सकता था। मुख के किसी भीतरी भाग से स्वर्णिम स्वर फूट रहा था— अ...क......वि......ता.......। हम लोग तो बड़े विस्मय विस्फारित हुए। हमें तो पता ही नहीं था कि हमारा आन्दोलन साहित्य के साथ-साथ संगीत का भी युग-परिवर्तन करेगा। हमने इस महानू कलाकार की ओर एक बार फिर देखा। आँखों के तो खुलने की निकट भविष्य में कोई आशा थी नहीं, हाँ अलबत्ता मुँह अब इतना खुल गया था कि एक क्या, चाहें तो दो खरगोश भी एकसाथ बखूबी आ-जा सकते थे। हमने भारत माता की इस महान् सन्तान को मन ही मन प्रणाम किया और बाहर चले आये। रास्ते भर यही सोचते रहे कि भारत माता तो शरीफ़ घराने की औरत थी, उसने परिवार-नियोजन क्यों नहीं किया।

राम-राम करके अकविता छपी। इसी बीच एक और हादसा भी हो गया। जगदीश जी के हाथ में चन्दे की इतनी रक़म एकसाथ देखकर एक नवयुवक साहित्यकार

की नीयत बदल गयी। वे चतुर्वेदी के सामने रोने लगे कि उनके मालिक मकान ने गिरफ़्तारी वारण्ट जारी करवा दिया है और उन्हें हिन्दी साहित्य के नाम पर पचास रुपये की सख़्त ज़रूरत है। जगदीशजी को दया आ गयी। सार्वजनिक धन पास में हो तो दयालु बनने में विशेष सुविधा रहती है। वे रुपये बहुत दिनों बाद लौटे। ऋण लेने वाले इस साहित्यकार को मैं ज़्यादा तो नहीं जानता पर इतना मैंने ज़रूर देखा है कि ये हज़रत सिर के ऊपरी क्षेत्र में बाल उगाने और बाल कटाने के बड़े शौक़ीन मालूम पड़ते हैं। नतीजा यह होता है कि छः महीने ये दिलीपकुमार लगते हैं और छः महीने स्वामी रामतीर्थ। मेरा ख़याल है कि कभी-कभी सिर घुटवाने से इन्हें ऋण लेने में भी विशेष सुविधा रहती होगी। ज़ाहिर है, जिसने दिलीप कुमार को क़र्ज़ दिया है वह स्वामी रामतीर्थ से तो उसे वसूल कर नहीं सकता।

बावजूद हर कठिनाई के अकविता के छः अंक निकले और एक आन्दोलन जड़ें पकड़ गया। निन्दा भी मिली, प्रशंसा भी। निन्दा में सबसे अधिक मार्मिक प्रहार एक साप्ताहिक पत्र ने किया था। इस साप्ताहिक पत्र में दो कवि काम करते हैं– एक देखने में हलवाई लगते हैं और दूसरे जलेबी। इनका सिद्धान्त है कि इनके गुट के बाहर कभी मौलिक चीज़ लिखी ही नहीं जा सकती। इस सिद्धान्त के आधार पर कविवर श्री हलवाईजी व सुकवि श्री जलेबीजी ने हम लोगों पर जो प्रहार किये उनसे कोई क्षोभ नहीं हुआ। होता भी कैसे, सिद्धान्त की ही जो बात ठहरी!

मेरी दक्षिण यात्रा

जब से मेरा जन्म हुआ है मैं उत्तरी भारत में ही रहता आ रहा हूँ और इसी कारण दक्षिण यात्रा की इच्छा मेरे मन में सदा से बड़ी बलवती रही है। कोयले की खान देखी है, चीनी की मिल देखी है और केसर के खेत देखे हैं और इसी कारण उस क्षेत्र को देखने की भी इच्छा होना स्वाभाविक ही है जहाँ सरकारी अफ़सर इतनी ज़्यादा मात्रा में पैदा किये जाते हैं।

सरकारी नौकरी में एक बात की बड़ी सुविधा है, आप जहाँ कहीं जाना चाहते हैं वहाँ कोई न कोई सरकारी काम ज़रूर निकल आता है। और उन्हीं तारीख़ों में निकलता है जिनमें आप वहाँ जाना चाहते हैं। दक्षिणी भारत में सिंचाई की समस्या पर जो सेमिनार होता है वह अक्सर काश्मीर या कुल्लू में होता है और उत्तरी भारत की खाद्य समस्या पर गहरा विचार-विमर्श अगर जाड़ों में करना हो तो बम्बई से उत्तम स्थान और कोई नहीं। एक बार मुझे नौ सेना के कुछ ऐसे अफ़सर मिले थे जो कुछ समुद्री समस्याओं पर विचार करने दार्जिलिंग आये हुए थे। उन्होंने मुझे यह भी बताया था कि जहाज़ों को खड़ा करने के अलावा नौ सेना की शायद ही ऐसी कोई और समस्या हो जिसके लिए समुद्र की ज़रूरत पड़ती हो।

मैंने दफ़्तर वालों से कहा कि भाई, मुझे दक्षिण जाना है, कोई काम बताओ। इतिहास साक्षी है कि उत्तर का कोई आदमी बिना काम कभी दक्षिण नहीं गया। रामचन्द्रजी गये थे सीता के कारण और हनुमानजी गये थे रामचन्द्रजी के कारण। बाक़ी बानर लोग जो गये थे वे हनुमान के कारण गये थे। यह परम्परा एक दिन ख़त्म हो गयी। अब हिन्दी का लेखक दक्षिण जाता है तो अपना अभिनन्दन कराने जाता है या अपनी किताबें पाठ्य पुस्तकों के रूप में स्वीकृत कराने के लिए इतनी लम्बी यात्रा करता है। कुछ हिन्दी प्रेमी दक्षिण में अपनी पिटाई करवाने भी चले जाते हैं। ख़ैर, मेरे पास इस तरह के शौक़ के लिए वक़्त कहाँ था? मैं तो एक सरकारी काम से उधर गया था और जैसा कि मैंने ऊपर बताया, वह काम भी ज़रूरी क़िस्म का था।

गाड़ी में सीट रिज़र्व थी पर फिर भी एक सज्जन उस पर इतने आराम से बैठे नज़र आये गोया कि वे कोच बनने के कारख़ाने से ही सीट के साथ फ़िट होकर

आये हैं। मैंने इनसे विनती की कि नीचे की सीट मेरी है मगर उस पर इन्होंने मेरी नौजवानी की तारीफ़ की और ऊपर की सीट पर चढ़ने के सेहत पर पड़ने वाले फ़ायदे समझाए। इसके बाद चन्द रेवड़ियाँ भी खिलायीं। इधर हमारी आदत यह है कि सफ़र चाहे बग़ैर टिकट करना पड़े मगर करेंगे खिड़की वाली सीट पर ही बैठकर। खिड़की के पास बैठने के ठाठ कुछ और ही हैं : जहाँ तबीयत हो वहाँ सिगरेट पीजिए, चाहे जहाँ एक आने की चाट खाइए और चाहे जहाँ किसी के ऊपर जूठा पत्ता फेंकिए। अब तो मैं उम्र में सीनियर हो गया वरना विश्वविद्यालय छोड़ने तक स्थिति हमेशा यह थी कि गाड़ी चलने पर स्टेशन पर खड़े किसी शालीन गंजे सिर पर टिक्की लगाये बिना हम लोगों से कभी खिड़की ही बन्द नहीं होतीं थी। मैंने इन सज्जन से बड़ी विनती की मगर ये बोले कि हम दिल के मरीज़ हैं। जिगर इतना बढ़ गया है कि पेट से बाहर निकल आया है। अब मैं क्या करता, ट्रंक पर बैठा रहा। थोड़ी देर बाद जब ये बाथरूम गये तो मैंने एकदम बिस्तर खोला, रज़ाई निकाली और सीट पर फैल गया। थोड़ी-बहुत गालियाँ सुनने को मिलीं मगर मैंने फिर सीट नहीं छोड़ी।

प्रयाग से नागपुर तक उत्तरी भारत का ही वातावरण रहता है; नागपुर से अलबत्ता बैरे के ज़िस्म से साँभर और रसम की गन्ध आने लगती है। बैजवाड़ा पहुँच कर तो ऐसा लगता है कि सारी दिशाएँ रसम और साँभर से ही घिरी हुई हैं और अगर कहीं थोड़ी-सी जगह खाली भी है तो वहाँ दोसा रक्खा है। कहीं सादा रक्खा था, कहीं मसाला। मेरे ऊपर की सीट वाले सज्जन दोसा इतनी आत्मीयता से खाते थे कि दोसा उनके पास रहता था और चटनी मेरी सीट पर आती थी। देखते-देखते डिब्बा दोसों से इस तरह भर गया कि मुझे टेनीसन की 'लाइट बिग्रेड के हमले' वाली कविता याद आने लगी। केले के पत्ते का खाने में वह स्थान है जो हमारी तरफ़ केले के फल का होता है।

आन्ध्र प्रदेश के लोग जिस प्रकार लाल मिर्च का सेवन करते हैं वह संसार के आश्चर्यों में से एक है। ताजमहल से ज़्यादा आश्चर्य मुझे इन मिर्च-भक्षियों को देखकर हुआ। ये लोग हर समय मिर्च खाते रहते हैं। आँखें लाल हो जाती हैं, इन्द्रियों से पानी निकलता है मगर मिर्च है कि छूटे नहीं छूटती। मुझे इनके यहाँ के पाकविज्ञान का पूरा पता तो नहीं है पर अनुभव के आधार पर कहता हूँ कि शायद एक सेर मिर्च में ये लोग एक पाव से ज़्यादा ही दाल-सब्ज़ी बना लेते हैं। कहा जाता है कि इस प्रकार मिर्च पर निर्भर रहने से कुछ विशेष प्रकार की शक्तियाँ बढ़ती हैं : दाल-सब्ज़ी वग़ैरह के अतिरिक्त भी यहाँ मिर्च ख़ूब खाई जाती है; कुछ लोग तो प्रत्यक्ष रूप से ही मिर्चों का सेवन करते रहते हैं। प्रातःकाल ब्राह्म मुहूर्त में उठे, हाथ मुँह धोया, भगवान की स्तुति की, व्यायाम किया और लाल मिर्च खाने बैठ गये। सब्ज़ी और फल के स्थान पर प्रयुक्त होने के अतिरिक्त वहाँ मिर्च का इत्र, तेल, अचार, चटनी, हलुआ व मुरब्बा भी बनता है। पुराने ज़माने में तो मिर्च का स्थान और भी ऊँचा

था। उस समय में प्रेमी जब प्रेमिका से मिलता था तो उसे पहले एक लाल मिर्च खाने को देता था। मिर्च खाकर यदि लड़की पानी नहीं माँगती थी तो प्रेम सच्चा माना जाता था। उन दिनों स्वयंवरों में भी वर को मिर्चों की माला पहनाई जाती थी।

मद्रास मुझे बहुत अच्छा लगा। यहाँ समुद्र और समुद्रतट दोनों एक-दूसरे के पास ही पास है। समुद्र में जैसा कि अक्सर होता है, काफ़ी पानी है और तट पर जैसा कि अक्सर होता है, काफ़ी बालू है। आँधी और तूफ़ान के कारण एक जहाज़ तट के पास ही धँसा हुआ पड़ा था। उसे देखकर लोग तरह-तरह की बातें करते थे। एक साहब कहते थे कि यहाँ ईवनिंग होटल खोला जाये। दूसरे सज्जन कहते थे कि इसे म्यूज़ियम में रक्खा जाये। तीसरे हज़रत कह रहे थे कि माशा अल्लाह, ख़याल तो बुरा नहीं है मगर इसके लिए अजायबघर की मौजूदा इमारत में अलबत्ता ज़रूर कुछ छोटे-मोटे परिवर्तन करने पड़ेंगे। मिसाल के तौर पर इमारत की छत और ऊपरी मंज़िल हटानी पड़ेगी और फिर उस इमारत को समुद्र तक लाना पड़ेगा क्योंकि जहाज़ तो कहीं जा नहीं सकता। यह ज्ञानवर्धक बातचीत चल ही रही थी कि समुद्र का पानी बग़ैर बताए हम लोगों के टखनों तक आ गया और हम सब हो हो कर हँसने लगे। पानी और हँसने में कुछ ऐसा अचूक सम्बन्ध है कि कहा नहीं जा सकता। आर्किमिडीज अगर कुछ दिनों और जीता रहता तो इस सिद्धान्त का पता भी लगा लेता। जैसा कि मैंने बताया, पानी में हँसने की अचूक शक्ति है। मुझे हिन्दी के एक गम्भीर आलोचक की याद है जो हँसना-हँसाना और हास्य सम्बन्धी शेष सामग्री को इतनी हेय निगाह से देखते थे कि पूछिए नहीं। अगर कहीं कोई हँसता दीख गया तो कहेंगे कि क्या खो खो लगा रक्खी है? जितना वक़्त हँसने में बर्बाद कर रहे हो उतना अगर किसी रचनात्मक कार्य में लगाओ तो कहीं के कहीं पहुँचो। इन सज्जन के पास हमेशा वह वातावरण रहता है जो नादिरशाही हमले के दिनों में दिल्ली शहर में रहता था। मगर मैंने इस महान् आत्मा को भी हँसते हुए देखा है और वह तब जब कि ये एक बार वर्षा में बाहर जा रहे थे। एक हाथ में छाता था, दूसरे में धोती की लाँग। बाहर पानी के प्रताप से वह फिसले कि पूछिए नहीं। कुछ लोग किस्तों में फिसलते फिरते हैं– पहले दायीं टाँग से फिसले, फिर खड़े हुए, फिर बायीं टाँग से फिसले। इस तरह दस-बीस दफ़ा फिसले नहीं कि रास्ता तय हो गया। मगर हिन्दी की जिस विकृति की चर्चा मैं कर रहा हूँ वह एक ही बार में इतने साष्टाँग और पूर्ण से फिसली कि इस दिशा में अपनी प्रतिभा पर इन्हें स्वयं विस्मय हो उठा। छाता कहीं गया, धोती कहीं और ये कहीं; 'सैंया तुम कहीं और हम कहाँ' वाला समाँ बँध गया। आसपास के लोगों ने भी इस क्रिया में इतनी दिलचस्पी ली कि यदि उतनी उनके साहित्य में ली होती तो देश कहीं का कहीं पहुँचता। फिसलने कि क्रिया सम्पादित करने के उपरान्त ये सज्जनविशेष इतना हँसे कि पूछिए नहीं। बड़े ही तृप्त भाव से बोले कि काफ़ी दिनों बाद आज फिसला हूँ–कोई तीस वर्ष पहले

काशी-नागरी प्रचारिणी सभा में एक बार फिसला था तो रायबहादुर श्यामसुन्दर दास ने हाथ पकड़कर उठाया था। हम लोगों ने कहा कि रायबहादुर तो अब इस असार संसार में नहीं हैं, आज्ञा हो तो हम ही कुछ सेवा करें।

जैसा कि आप जानते होंगे; कलकत्ते में एक चीतपुर रोड है। पहले यह चीतपुर रोड कहलाती है उसके बाद अपर चीतपुर रोड कहलाती है और फिर लोअर चीतपुर रोड कहलाती है। गर्ज़ यह कि किसी न किसी रूप में चीतपुर रोड आपके साथ-साथ चलती रहती है। ठीक इसी प्रकार मद्रास की माउण्ट रोड है। मैं जहाँ कहीं भी गया, पूर्व जन्म के कर्मों की तरह माउण्ट रोड मेरे साथ वहीं-वहीं गयी।

मद्रास में जो उत्तरी खाना खाने को मिलता है उसकी अपेक्षा वहाँ का दक्षिणी खाना ही ज़्यादा अच्छा लगता है। उत्तरी भारत के खाने को दक्षिणी खाने के ढंग से बनाने के लिए बड़ी प्रतिभा की ज़रूरत है। किसी-किसी दिन तो मैंने सिर्फ़ डबल रोटी का ही सेवन किया। कॉफ़ी तो यहाँ इतनी मात्रा में पीने को मिलती है कि उसका नाम सार्थक हो जाता है।

मद्रास से मैं त्रिवेन्द्रम् गया। त्रिवेन्द्रम् तक छोटी लाइन जाती है जो रास्ते में पश्चिमी घाट पार करती है। कहीं-कहीं गाड़ी में दो इंजन भी लगते हैं। उस दिन तो पहाड़ पार होने पर भी गाड़ी में दो इंजन लगे रहे क्योंकि गाड़ी में कुछ बहुत ही मोटे क़िस्म के मुसाफ़िर बैठे हुए थे। इन मोटे यात्रियों में से दो मेरे डिब्बे में थे। ये वाक़ई इतने मोटे थे कि अगर मैं उन्हें डिब्बे में प्रवेश करते स्वयं न देखता तो मुझे सदा यही अचम्भा रहता कि ये डिब्बे में आये तो कैसे आये। मैंने तो कभी कल्पना भी नहीं की थी कि मनु की सन्तान कभी ऐसी भी हो सकती है। वे स्वयं भी बहुत विशालकाय थे, उनकी धर्मपत्नी भी हद्‌दर्जा मोटी थीं और एक सन्तान थी जो अभी से माता-पिता के मोटे-मोटे चरणचिह्नों पर चलने की यथाशक्ति कोशिश कर रही थी। मैं यही सोचता रहा कि मनु तो सिद्ध पुरुष थे, उन्होंने परिवार-नियोजन क्यों नहीं किया? इस परिवार के सामने मैं भुनगा लगता था और भुनगा भी बड़े क़िस्म का नहीं, छोटे क़िस्म का। मुझे गुलीवर की दूसरी यात्रा याद आने लगी। और हाँ, ऐसा नहीं कि इतने मुटापे से इनके खाने-पीने पर कोई प्रतिबन्ध हो। हर स्टेशन पर जो कुछ मिलता, जितना मिलता– सब गोदाम में गप्प। मुझे तो रात को बड़ा ही डर लगा; पता नहीं कहाँ इन्हें भूख लग आये और स्टेशन पर कुछ खाने को मिले या न मिले।

त्रिवेन्द्रम बहुत साफ़ नगर है। यहाँ के स्टेशन पर एक ही प्लेटफ़ार्म है पर वह इतना लम्बा है कि उस पर एकसाथ कई गाड़ियाँ ठहर सकती हैं। दक्षिण में कुलियों के रेट कुछ ज़्यादा हैं जिससे अपना सामान स्वयं ले जाने में सुविधा रहती है। त्रिवेन्द्रम के प्रसिद्ध मन्दिर में उस दिन हड़ताल चल रही थी : भगवान का घर भी मनुष्य के नियमों से नहीं बचता। त्रिवेन्द्रम् में हड़ताल, प्रदर्शन वग़ैरह वैसे भी

चलते ही रहते है। ऐसी कितनी ही संस्थाएँ हैं जहाँ के कर्मचारी धार्मिक क्रिया की तरह दिन में तीन बार मिलकर अपनी माँगों के बारे में नारे लगाते हैं और फिर शान्तिपूर्वक अपना काम करने लगते हैं। एकदम अहिंसात्मक वातावरण। कलकत्ते या उत्तर प्रदेश की तरह नहीं कि एक नारा लगाया और बस में आग लगायी और चुप हो गये। अब दूसरा नारा तब लगायेंगे जब पहली बस पूरी तरह जल जायेगी।

केरल देश बड़ा सुन्दर है। नारियल के पेड़, समुद्र, समुद्री झीलें, पहाड़ इन सबने मिलकर यात्रियों पर ऐसा ज़बर्दस्त जादू डालने का इन्तज़ाम कर रक्खा है कि पूछिए नहीं। प्रकृति का नंगापन बरकरार रखने के लिए यहाँ के निवासी भी प्रायः नंगे ही रहते हैं। हो सकता है कि जलवायु के कारण भी वे ऐसा करते हों।

त्रिवेन्द्रम से मैं कन्याकुमारी गया। इतिहास और भूगोल के आधार पर यह स्थान केरल में आता है और भाषा के आधार पर मद्रास में। कन्याकुमारी में समुद्र प्रचुर मात्रा में मिलता है। लोग सारा समुद्र एकसाथ नहीं देखते। थोड़ा-सा समुद्र सुबह देखते हैं। इसके बाद नाश्ता करते हैं और फिर थोड़ा-सा समुद्र देखते हैं। थोड़ा-सा समुद्र लंच में भी चलता है। लंच के बाद फिर समुद्र और इतने पर भी जो समुद्र बच जाता है वह डिनर के बाद के लिए रक्खा जाता है। मुझे यहाँ कॉलेज की एक लड़की मिली जो दिल्ली से समुद्र देखने आयी थी। दिल्ली में और तो सब कुछ है पर समुद्र का प्रबन्ध अभी तक नहीं हो पाया है। शायद अगली योजना या मास्टर प्लान में इस पर भी कुछ धन व्यय किया जाये। हाँ तो यह लड़की एकदम मॉडर्न थी। दूरबीन लगा कर समुद्र को देखती थी। पाँच मिनट तक समुद्र देखती थी और फिर मुझसे मुस्करा कर कहती थी 'ओह, वण्डरफुल'। इसके बाद एक अदद मूँगफली खाती थी और फिर समुद्र देखती थी। जितनी देर वह समुद्र देखती थी उतनी देर मैं उसे देखता था। दूरबीन हटने पर हम दोनों बड़ी सच्चाई से कहते थे—वण्डरफुल; सचमुच कितना सुन्दर है।

कन्याकुमारी से हमने कुछ समुद्री चीज़ें ख़रीदीं। शंखों की माला दस रुपये में मिली। थोड़ी दूर जाने पर एक दुकानदार ने बड़ी हमदर्दी से कहा कि हम ठगे गये। उसके पास ठीक वैसी ही माला आठ रुपये में मिलती थी। एक हमने वहाँ से भी ले ली। बाद में पता चला कि वह एक जगह दो रुपये में भी मिलती थी। इसके बाद हमने पूछना ही बन्द कर दिया।

कन्याकुमारी से लौटते हुए नागरकोयल नामक स्थान पर मुझे उत्तरी भारत के एक सज्जन मिले जो काजू का व्यापार करते थे। मिलते ही दोस्ती हो गयी। वैसे तो काफ़ी पतित क़िस्म के व्यक्ति लगते थे पर क्योंकि उत्तर के थे, मुझे बहुत पसन्द आये। दोनों ने बताया कि एक-दूसरे से मिलकर इतनी खुशी हुई जैसे कि दो भारतीय कहीं विदेश में मिले हों। रास्ते में बड़ी बातें हुईं। उत्तरी भारत की प्रशंसा में रामेश्वरम् से बड़े-बड़े पुल बाँधे गये। दक्षिणी भारत की जी भर निन्दा की गयी। इन हज़रत ने

बताया कि देश के विभाजन के बाद ये यहाँ आ गये थे। जब आये थे तो नंगे थे पर इधर फिर सब कुछ हो गया है। बच्चे मलयालम बोलते थे; अलबत्ता ये हज़रत अब भी गालियाँ पंजाबी में ही देते थे और उत्तर की प्रशंसा में इस तरह रो रहे थे जैसे कि यक्षिणी के विरह में यक्ष रोया करते थे। इसके बाद हमने भारतीय सुरक्षा और राष्ट्रीय एकता पर भी बात की। यह भी कहा कि प्रान्तीयता के नाम पर देश में जो फूट पड़ रही है उसके परिणाम भयंकर होंगे। बस से उतरते हुए हम दोनों ने फिर दोहराया कि वास्तव में सारा देश एक ही है और एक ही रहेगा।

मेरा बचपन

ज़्यादातर बड़े आदमियों ने अपने बचपन के बारे में लिखा है। ज़ाहिर है कि जो भी अपने बचपन के बारे में लिखता है वह ज़्यादातर बड़ा आदमी होता है।

मुझे ठीक तरह याद है कि पिताजी की लम्बी बीमारी के बाद हम लोग गाँव चले गये थे। गाँव में गिने-चुने लोग थे। एक मास्टर थे जो प्राइमरी स्कूल में चपरासी से लेकर काले तख़्ते तक की सारी सेवाएँ स्वयं करते थे। बड़ा दिलचस्प इंसान था; मेरे ख़याल से अगर वह किसी सरकस में होता तो बड़ा नाम पैदा करता। उस व्यक्ति के व्यक्तित्व में सबसे विशिष्ट बात यह थी कि उससे पशु और पक्षियों के प्रति उसके प्रेम का एक ज़बर्दस्त आभास मिलता था। उसकी बोली बकरे की थी, आँख कौए की और चलता वह कबूतर की तरह था। मनोवृत्ति अलबत्ता उसकी सूअर की थी। उसकी एक आँख बचपन में माता शीतला की भेंट चढ़ गयी थी और हम चन्द दोस्त इस बात पर अक्सर ग़ौर किया करते थे कि शीतला माता ने इसकी दूसरी आँख जो छोड़ी तो क्यों छोड़ी। जहाँ तक हमें याद है, उस आँख का कभी कोई सदुपयोग नहीं होता था। चाहे हम बस्ते में मेंढक बाँधें, चाहे उसका अपना छाता खपरैल पर फेंकने की कोशिश करें और चाहे नदी में घन्नई लगाकर उस पार की बगिया के अमरूद खाने जायें (जहाँ का माली हमेशा सोता हुआ और अमरूद हमेशा पके हुए मिलते थे)। उसका यह इकलौता नेत्र शिव के आपत्कालीन नेत्र की भाँति हमेशा हमारे पीछे आग बरसाता रहता था। उस एक आँख में इतनी तेज़ रोशनी थी कि रात के अँधेरे में भी हम उसको बखूबी देख सकते थे। मेरा ख़याल है कि वह आँख के पीछे बैटरी वग़ैरह लगाता होगा क्योंकि वैसे इंसान की आँख में इतनी चमक होना मुश्किल है। इन हज़रत को तोते का बड़ा शौक़ था। मेरे विचार से मलिक मुहम्मद जायसी के बाद यह दूसरा प्राणी था जिसे तोते में इतनी ज़बर्दस्त दिलचस्पी थी। इनके तोते का नाम भी हीरामन था और यह मानना पड़ेगा कि यह काफ़ी समझदार क़िस्म का तोता था। सारा दिन मास्टर साहब हमें गालियाँ देते रहते थे और यह तोता निहायत संजीदगी से सारे प्रवचन सुनता रहता था। सन्ध्या समय स्कूल के बाद जब मास्टर साहब तोते के सामने चने डालते थे तो यह भी

उन्हें काफ़ी बेतकल्लुफ़ी से उल्लू, सूअर और गधा कहता था। पता नहीं क्यों, उस तोते से हमें बड़ा प्रेम था। मेरा तो विचार है कि तोते से अच्छी और कोई चिड़िया हिन्दुस्तान में होती ही नहीं।

मुझे याद है कि बचपन में हमारे गाँव में एक जादूगर आया था। उसने हवा में रूमाल ग़ायब करने और मुँह से कील निकालने के करतब दिखाये थे। उसके जादू को देखकर हमारे गाँव के पहलवान को भी जादू का मूड आ गया। उसने जादूगर का घोड़ा ऐसा ग़ायब किया कि दो दिन तक पता ही नहीं चला। हुआ यह कि एक दिन खेल के बाद पहलवान ने जादूगर से एकाध खेल सिखाने के लिए कहा जिसे कि जादूगर ने, जैसा कि ज़ाहिर था, मना कर दिया। पहलवान था रौब का आदमी; जब जादूगर ने उसकी बात अनसुनी कर दी तो उसने उसका घोड़ा ग़ायब कर दिया। यह जादू ऐसा था कि सिर पर चढ़कर बोला। कहने का तात्पर्य यह कि जब आँगन में पहलवान साहब भारी भीड़ के सामने यह कह रहे थे कि उन्होंने जादूगर का घोड़ा (या किसी भी क़िस्म का कोई घोड़ा) ज़िन्दगी में कभी देखा ही नहीं तभी वह घोड़ा ऊपर की मन्जिल में से थूथनी निकालकर हिनहिनाने लगा। सत्य की जीत हुई।

हमारे गाँव में एक पण्डित जी रहते थे। ये सच्चे अर्थों में सज्जन थे। उनका विवाह बचपन में ही हो गया था पर दुर्भाग्य देखिए कि जब वे युवावस्था को प्राप्त हुए तब उनकी पत्नी किसी प्रेमी के साथ कहीं चली गयी। बीस साल तक पण्डितजी ने अखण्ड ब्रह्मचर्य का पालन किया। मुझे याद है कि वे रातभर विष्णुसहस्रनाम चिल्ला चिल्लाकर पढ़ते रहते थे। लगभग पचास वर्ष की आयु प्राप्त होने के बाद एक दिन एक स्त्री आयी और पण्डितजी के पैर पकड़कर विनती करने लगी कि वह उनकी पत्नी है और वे कृपा करके उसे ग्रहण करें। पण्डितजी ने प्रसाद बाँटा और गृहस्थाश्रम में विधिवत् प्रवेश किया। कोई हफ़्ते भर बाद एक और स्त्री आयी जो उस पहले वाली स्त्री के केश पकड़कर कुएँ तक उसे घसीटकर ले गयी। असल में सच्ची पत्नी यह बाद वाली थी जो सौत के आने की ख़बर सुनकर प्रेमी को छोड़कर आयी थी। पण्डितजी उदार पुरुष थे, उन्होंने मूल और क्षेपक दोनों को प्रामाणिक माना और दोनों स्त्रियों को शरण दी। इस प्रकार जीवनभर का वियोग सहसा दूर हो गया। सत्य की फिर जीत हुई। यह बात मैं पहले भी बोल चुका हूँ और आगे भी बोलूँगा।

अपने गाँव में नौटंकी का आना मुझे ख़ूब याद है। महीनों पहले से लोगों ने तैयारियाँ शुरू कर दी थीं। मेरे पिताजी गम्भीर प्रकृति के पुरुष थे, उन्हें इन नाचगानों में कोई विशेष रुचि नहीं थी। नौटंकी के आने से लोगों में जो उत्साह आ गया था उस पर वे हँसते रहे। एक दिन जब उन्हें पता लगा कि इस बार नौटंकी में कुछ बहुत ही ख़ूबसूरत लड़कियाँ आ रही हैं तो उन्होंने भी कपड़े धुलवाये और एक शीशी इत्र की भी ख़रीदी।

नौटंकी का स्वागत करने हम कोई पाँच मील दूर रेल के स्टेशन पर गये थे। गाड़ी दिन छिपे आयी थी। नौटंकी के मैनेजर ने सिर पर कामदार गोल टोपी पहन रक्खी थी और उसकी कमीज़ के बटन सोने के थे। कुल मिलाकर पाँच अदद लड़कियाँ थीं। इनके अतिरिक्त दो औरतें और भी थीं जो लगभग बीस वर्ष पहले लड़कियाँ रही होंगी। बहरहाल फ़िलहाल उनका लड़की होने से कोई सम्बन्ध नज़र नहीं आता था। नौटंकी में एक निहायत उदास और रोनी सूरत का अधेड़ इंसान था जिसे देखकर दया उमड़ती थी। बाद में किसी ने बताया कि वह नौटंकी का मसखरा था।

नौटंकी की रातों की हमें ख़ूब याद है। एक तो यह कि उन्हीं दिनों हमारे यहाँ चोरी हुई थी जिसमें पिताजी का धूप का चश्मा चोरी गया था। दूसरे, नौटंकी के आने के बाद कभी-कभी हमारे अपने घर में भी एक छोटी-सी नौटंकी होती थी जिसमें मसखरे का पार्ट पिताजी अदा करते थे। बात यह थी कि पिताजी उन ख़ूबसूरत लड़कियों को आँखें फाड़-फाड़कर देखा करते थे और उनकी इस हरकत को हमारी माँ आँख फाड़-फाड़कर देखा करती थीं। घर आकर इसी बात पर छोटा-मोटा सीन होता था जिसके कारण कभी-कभी स्थिति यह होती थी कि अच्छी ख़ासी सुखान्त नौटंकी घर जाकर दुःखान्त हो जाती थी। पिताजी यह भी कहा करते थे कि अगर वे नौटंकी की लाइन में होते तो कहीं बेहतर कलाकार बन सकते थे। उनकी यह आदत थी कि जो भी काम किसी दूसरे को करते देखते थे, वे हमेशा यही कहते थे कि अगर यह काम उन्होंने किया होता तो वह कहीं ज़्यादा अच्छी तरह किया गया होता। उनकी इस बात को झूठा साबित करने का मौक़ा हममें से किसी को कभी नहीं मिला क्योंकि ज़िन्दगी भर पिताजी ने कभी कोई काम किया ही नहीं।

नौटंकी का मसखरा वास्तव में बहुत विचित्र व्यक्ति था। दिनभर वह खाट पर उदास पड़ा रहता था और रात को शराब पीकर और बेढंगी पोशाक पहनकर वह कमाल दिखाता था कि दाँतों तले अँगुली दबानी पड़ती थी। वह हर रोज़ नया खेल दिखाया करता था; किसी दिन उसे सेठ जो बनना होता था तो किसी दिन सिपहसालार। उसके करतब देखकर नौटंकी के शेष कलाकार भी बराबर हँसते रहते थे। सुलताना डाकू से खेल में सुलताना को ख़ुद भी उसे देखकर हँसी आ गयी थी हालाँकि जैसा कि हम सभी जानते हैं, वह एक नितान्त खूँख्वार डाकू था।

नौटंकी की जो सबसे ख़ूबसूरत लड़की थी उसे डायलाग कहना नहीं आता था और नाचने-गाने में भी वह कमज़ोर थी। उसको हमेशा ऐसा पार्ट दिया जाता था कि जिसमें सिवाय ख़ूबसूरती के और किसी चीज़ की ज़रूरत न हो। वह अक्सर रानी बनती थी और तख़्त पर चुपचाप बैठी रहती थी। अगर उसमें भी शेष लड़कियों की तरह नाचने-गाने की प्रतिभा होती तो वे लोग उसे ज़रूर बाँदी बनाते।

हमारे परिवार व पड़ोस में ऐसे कई लोग थे जिन्हें शिकार का शौक़ था। हरपत सिंह में हमें ख़ासकर विशेष दिलचस्पी थी। दुनिया का कोई ऐसा जानवर नहीं था

जिसे उसने पहली बार में ही न मारा हो— हाँ, अलबत्ता उस जानवर का बड़ा होना बहुत ज़रूरी था। एक बार हम लोग ह्वेल मछली का ज़िक्र करने लगे जिसका कि चित्र हमारी किताब में था। हरपत ने छूटते ही कहा कि ह्वेल का शिकार तो उसने कई बार किया है। एक बार तो एक ह्वेल नीम के पेड़ पर ही मिली थी जिस पर कि वह शहद तोड़ने चढ़ा था। पास के गाँव के ठाकुर की हरपत से ख़ूब बनती थी। वे दोनों साथ-साथ शिकार पर निकला करते थे और लौटकर बड़े लम्बे-चौड़े क़िस्से सुनाया करते थे। एक बार मैं भी हरपत के साथ शिकार पर गया था। इत्तफ़ाक देखिये कि उस बार जंगल में सिवाय आदमी के कोई और चीज़ दिखाई ही नहीं दी। हाँ अलबत्ता तराई के जंगलों में और निचली पहाड़ियों पर घूमने का ख़ूब मौक़ा मिला। शिकार से वापस लौटते हुए हमें एक लावारिस टट्टू मिल गया जिसे हम पकड़ लाये। उसने सालों तक हमारे यहाँ काम किया। उसके कारण शिकार पर जाने से हमें फिर किसी ने नहीं रोका बल्कि कभी-कभी घर के लोग ख़ुद ही पूछ लिया करते थे कि हम शिकार पर कब जा रहे हैं।

गाँव का सबसे बड़ा बातूनी वहाँ का नाई था। वह कभी किसी अँग्रेज़ी पलटन में काम करता था जहाँ से उसने अँग्रेज़ी के कुछ शब्द सीख लिये थे। इन शब्दों का वह खुलकर प्रयोग करता था। उसके पास एक लम्बी कूँची थी जिससे वह हजामत के लिए साबुन लगाता था। वह कहा करता था कि जब उसने वह कूँची पहली जंग के दौरान लन्दन में ख़रीदी थी तो वह एक गज़ लम्बी थी। जहाज़ पर दस हज़ार सिपाहियों की रोज़ हजामत बनाते-बनाते वह कूँची इतनी छोटी हो गयी जितनी कि हम देखते थे। उसकी विनोदभरी बातों को सुनकर यदि हम लोग कभी अविश्वास की हँसी हँसते थे तो वह हमें मेंढक की बोली बोलकर सुनाया करता था।

गाँव के सारे लोग एक से ख़ुशदिल नहीं थे। मुझे उस सूदखोर महाजन स्त्री की अभी तक याद है जिसके पास ग़रीबी में मेरी माँ अपने ज़ेवर गिरवी रखने जाया करती थीं। धीरे-धीरे माँ के सारे ज़ेवर उसके पास चले गये थे। उन ज़ेवरों को हम कभी वापस नहीं ले सके। इसके पूर्व कि हम उन्हें छुड़ा पाते उनका सूद दर सूद इतना हो चुका था कि ज़ेवरों की क़ीमत से भी अधिक बैठता था। जहाँ तक मैं सोच सकता हूँ, मेरी माँ उस स्त्री के प्रति कृतज्ञ ही रहती थीं क्योंकि वह सूद की शेष रक़म कभी नहीं माँगती थी। ज़्यादातर क़र्ज़ भाई-बहनों की बीमारी में लिया जाता था जिनमें से लगभग सभी मर गये। हम कुल शायद बारह भाई-बहन थे जिनमें से अन्त में चलकर दो शेष रहे। यह बात जब मैंने एक बार एक मित्र को सुनायी तो वह चमककर कहने लगा कि कितना अच्छा रहा कि हम लोग शुरू में बारह थे। अगर मरने का सिलसिला कहीं छोटी संख्या से शुरू हुआ होता तो शायद हम दो भी नहीं बचते। मैंने उसकी मज़ाक़ पसन्दगी की दाद दी।

बचपन में मुझे एक अवसर ऐसा भी मिला था जिसमें सत्य बोलने के कारण मुझे

दुःख झेलना पड़ा। मैं और मेरे पिताजी पास के क़स्बे के बाज़ार में सामान ख़रीदने गये हुए थे। शाम होने वाली थी और जाड़ों की बारिश के दिन थे। बाज़ार की भीड़ में मैं पिताजी की उँगली पकड़कर चल रहा था। सहसा एक व्यक्ति ने मुझसे पूछा कि तुम्हारे साथ वाले व्यक्ति का क्या नाम है? सीधे स्वभाव से मैंने पिताजी का नाम बता दिया। इतना सुनते ही वह आदमी हमें एक तरफ़ ले गया और धीरे-धीरे बातें करने लगा। उसकी बातें सुनते ही पिताजी का लापरवाह चेहरा उदास हो गया। बात यह थी कि पिताजी पर किसी का क़र्ज़ था जिसकी कि सालों तक अदायगी न होने पर उसने उनकी गिरफ़्तारी का वारण्ट निकलवा दिया था। यह आदमी अदालत का हरकारा था जो वारण्ट लिये पिताजी को ढूँढ़ता इधर-उधर घूम रहा था। पिताजी को गिरफ़्तार करके वह अपने साथ ले गया और मैं वही बाज़ार में अकेला रह गया। शाम बढ़ रही थी और गाँव दूर था। चाहता तो मैं अपनी रात क़स्बे में ही पिताजी के दोस्त के यहाँ गुज़ार सकता था जैसी कि उन्होंने सलाह भी दी थी मगर मैं पिताजी की गिरफ़्तारी की ख़बर सुनाने जल्दी से जल्दी घर पहुँचना चाहता था। घर तो मैं ख़ैर किसी तरह पहुँच ही गया पर जिस बात का मुझे अफ़सोस रहा वह यह थी कि मैंने उस आदमी से सच क्यों बोला। अगर मैं पिताजी का सही नाम न बतलाता तो वे कभी भी न पकड़े जाते और हम दोनों साथ-साथ गप्पें मारते और रेवड़ियाँ खाते घर लौटते।

लड़कियों का साथ मुझे बचपन में भी बहुत पसन्द था। उनके प्रति अपना अनुराग प्रकट करने का जो ढंग मुझे सबसे ज़्यादा अच्छा लगता था वह था उनकी कमर पर गुलेल मारने का। चोट लगने पर वे मुझे गालियाँ देती थीं या पत्थर उठाकर मारती थीं। एक लड़की तो मुझे इतना ज़्यादा चाहती थी कि उसने मुझे कुएँ में गिराने की भी कोशिश की थी। मिडिल स्कूल जाने तक हमारे सम्बन्ध इतने ही प्रेमपूर्वक चलते रहे। इसके बाद एक दिन ऐसा संयोग हुआ कि वह लड़की मुझे खेतों में अकेली मिल गयी और जब मैंने गुलेल उठाई तो न वह भागी और न उसने गालियाँ दीं। उसने आज कुछ अजीब ही हरकत की; वह हँसी और शर्मायी। मुझे बड़ा ताज्जुब हुआ। कई दिन लगातार मैं इस विषय पर सोचता रहा। काफ़ी चिन्तन-अनुचिन्तन के बाद सहसा मुझे इस सत्य का आभास हुआ कि अब वह बच्ची नहीं रही बल्कि जवान हो गयी है। थोड़ा और ग़ौर करने के बाद मुझे यह भी महसूस हुआ कि मैं भी अब बच्चा नहीं रहा बल्कि जवान हो गया हूँ। इस ख़याल के आते ही मैं उदास हो गया और मैंने अपनी गुलेल झील में फेंक दी।

❑

कृष्णवाहन की कथा
(1971)

सबसे पहिली प्रति
शारदा, अशोक व इन्दु को

रवीन्द्रनाथ त्यागी
पूर माल रोड
1971

सुरेन्द्र पाल को

सखि, वसन्त आया!

वसन्त फिर आ गया। सखी तो नहीं आयी मगर वसन्त अलबत्ता ज़रूर आ गया। सखी बेचारी अब क्या खाकर आयेगी—उसकी एक इंजीनियर के साथ शादी जो हो गयी। वसन्त यहाँ छोड़कर वह चली गयी। वसन्त और वासन्ती बयार—ये चीज़ें मेरे लिए सहेजकर वह अपना मन अब सीमेण्ट, रेत, लोहे की छड़ों और सड़क कूटने के इंजन से बहलायेगी। कवियों ने इसीलिए तो कहा है कि वसन्त की ऋतु बड़ी दुखदायी है। एक पहुँचे हुए कवि ने तो यहाँ तक कहा है कि आज सहसा मेरे मन में दुख हो रहा है, आँखों के आगे अँधेरा छा रहा है और हृदय नामक स्थान पर पीड़ा नाम की वस्तु ज़रूरत से ज़्यादा मात्रा में उत्पन्न हो रही है। मेरे इस अनायास दुखी होने का क्या कारण है? कही वह वसन्त तो नहीं आ गया?

वसन्त की ऋतु जहाँ दुखी होने के लिए प्रसिद्ध है वहाँ काव्य-रचना के सन्दर्भ में इसने काफ़ी नाम पाया है। कुल मिलाकर इस ऋतु में या तो लोग दुखी रहते हैं या कविता करते हैं। जो लोग कविता करते हैं वे कविता करने के बाद दुखी होते हैं। जहाँ तक कविता पढ़ने वालों का सम्बन्ध है— दुखी होने की दिशा में उन्हें भी निराश नहीं किया जाता। ज़्यादातर लोग 'सखी घर-घर में आया वसन्त' वाली तर्ज़ पर काव्य-सृष्टि करते हैं जिसे पढ़कर साफ़ लगता है कि वसन्त न आकर मलेरिया विभाग के कर्मठ कर्मचारी मच्छर मारने तथा तेल छिड़कने आये हैं। जो अकवितावादी हैं उनका वसन्त तो गन्दे नाले और चुंगी की टट्टियों का ऐसा शौक़ीन हो गया है कि सड़कों, गुलमुहरों और आँगनों तक आना ही पसन्द नहीं करता। नतीजा यह होता है कि लोग-बाग पुरानी पोथियाँ निकालते हैं और पुराने कवियों की कविताएँ गा-गाकर पढ़ते हैं। पद्माकर, देव और बिहारी ने वसन्त पर काफ़ी जमकर लिखा है। बिहारी की नायिका का तो कहना ही क्या, जैसे छापामार सैनिक बरसात के बाद सक्रिय होते हैं उसी भाँति बिहारी की नायिका भी वसन्त ऋतु में विशेष रूप से सक्रिय हुआ करती थी।

मैं कालिदास को खोलता हूँ। कालिदास को वसन्त से बड़ा प्रेम था। 'कुमारसम्भव' में जब यार लोग इस फ़िराक़ में थे कि शिव किसी प्रकार पार्वती से फँस जायें

तो सदा के चतुर इन्द्र ने कामदेव, वसन्त और रति को साथ ही साथ हिमालय पर भेजा था। पहाड़ों पर जाकर इन्होंने ऐसा नहीं किया कि किसी उम्दा होटल में सामान डाला और पिकनिक पर निकल गये। इन्होंने बड़ी तत्परता से अपनी ड्यूटी को अंजाम दिया। हिमालय पर जाकर वसन्त ने जम्हाई ली। कालिदास के अनुसार जम्हाई का लेना था कि पहाड़ों पर वसन्त आ गया। मैंने भी एक ऐसे जागीरदार को देखा है जिनकी जम्हाई से वसन्त आता था। वसन्त उनके खिदमतगार का नाम था। हिमालय पर वसन्त क्या आया, लताएँ बिना बात पेड़ों से चिपटने लगीं और किन्नर दम्पति धरती पर बिखरी मदिरा में झाँक-झाँककर एक-दूसरे का मुख चूमने लगे। बाक़ी जो काम वसन्त की ऋतु में होते हैं वे भी कसरत के साथ हुए। 'रघुवंश' में भी कालिदास ने वसन्त का वर्णन बड़ी तबीयत के साथ किया। इस बार वसन्त के अवसर पर कोयलों ने सुन्दर युवतियों से कहा कि यह चंचल उम्र एक बार आकर फिर नहीं आती। इस कारण यह मान तज दो, कलह बन्द करो और अपने प्रेमियों की दिशा में चरण बढ़ाओ। युवतियाँ उन दिनों समझदार क़िस्म की होती थीं– वे मान गयीं। कितने सुन्दर दिन थे! यदि यही बात मैं लड़कियों से आज कह दूँ तो निश्चित् है कि जूता खाने को मिले। 'रघुवंश' के बाद कालिदास ने 'ऋतुसंहार' में फिर वसन्त पर ध्यान दिया। जहाज़ का पंछी जिस प्रकार उड़-उड़कर फिर जहाज़ पर आ जाता है और आज के कहानीकार जिस प्रकार हर कथावस्तु में यौन-विकृतियों का सन्दर्भ ढूँढ़ लेते हैं उसी प्रकार कालिदास भी घूम-फिरकर फिर वसन्त पर आ जाते थे। इस प्रवृत्ति के आधार पर आज के यौन-कुण्ठित कथाकार कालिदास के समकक्ष उतरते हैं।

सेक्स से कालिदास को भी बहुत प्रेम था मगर उसमें और आज के सेक्स-चित्रण में अन्तर था। आज का सेक्स-चित्रण अश्लील है, अनैतिक है, वह सेक्स के लिए सेक्स वाले सिद्धान्त पर आधारित है। खजुराहो, कोणार्क, अजन्ता इत्यादि में चित्रित व कालिदास या जयदेव से वर्णित सेक्स उदात्त है, ऐश्वरीय है, देह के ऊपर है। उसे देखकर या पढ़कर लड़कियों के विचार ख़राब नहीं–वरन् पवित्र होते हैं। प्रतिवर्ष सैकड़ों अमेरिकन युवतियाँ खजुराहो की मूर्तियाँ देखने आती हैं और अपने विचार पवित्र करके वापस चली जाती हैं। 'मेघदूत' में नायक द्वारा नायिका के वस्त्र खोलने की जो कथा प्रस्तुत की गयी है वह पुरुष द्वारा प्रकृति के बन्धन खोलने की प्रतीक है। जो लोग इसे सांसारिक अर्थों में लेते हैं वे नीच हैं। उनके विचार पहले से ही दूषित हैं और उन दूषित विचारों का आरोपण वे पवित्र वस्तुओं पर करते हैं। कालिदास कितना महान् था और हम कितने गिरे हुए इंसान हैं! मगर वसन्त की ऋतु में यह भेदभाव भरी दृष्टि शोभा नहीं देती। कवि कहता है– सर्व प्रिये चारुतरं वसन्ते। हे प्रिये, वसन्त की ऋतु में सब कुछ सुन्दर है।

'ऋतुसंहार' में कालिदास ने वसन्त का जो वर्णन किया है वह नितान्त पवित्र

व अलौकिक है। उस वर्णन को भी लौकिक अर्थों में लेना कवि के साथ अन्याय करना है। कवि कहता है कि वसन्त में पेड़ फूलों से युक्त हैं, जल कमल से युक्त है, हवा सुगन्धि से युक्त है और स्त्रियाँ कामदेव से युक्त हैं। सभी कुछ सुन्दर है। इस ऋतु में कामवती रमणियों के नितम्बों को कुसुम रंग से रंगे कपड़ों से और स्तनों को कुंकुम रंजित गोरे वस्त्रों से सजाया जाता है। इन दिनों स्त्रियाँ कानों में कनेर व अशोक के पुष्प धारण करती हैं। जो युवतियाँ मदनातुर हैं उनके स्तनों पर सफ़ेद चन्दन से सिक्त मालाएँ सुशोभित हैं। पृथ्वी फूलों के कारण लाल बहू सरीखी दीखती है। अशोक के वृक्ष फूलों से लद गये हैं और स्थिति इतनी नाज़ुक हो गयी है कि पतियों के पास रहते हुए भी युवतियाँ उत्सुक हो रही हैं। जैसा कि मैंने पहले कहा, इन बातों को लौकिक अर्थों में लेना कवि के साथ अन्याय करना है। कवि कहता है कि वसन्त का सौन्दर्य देखकर सहृदय लोग व्यथित हो रहे हैं। वसन्त का दुखी होने से जो चिरन्तन सम्बन्ध है वह कालिदास ने भी निभाया है। इस दुख के अतिरिक्त शेष जो कुछ है वह वसन्त में सब सुन्दर है।

मैं 'ऋतुसंहार' बन्द कर देता हूँ। इसे पढ़कर मेरा मन भी दुखी होने लगता है। सोचता हूँ कि हिन्दी की आज की कविता से तो लोकगीत ही ज़्यादा दमदार होते हैं। कोई-कोई होली ऐसी फड़कती हुई होती है कि एक बार सुनकर उम्र भर याद रहती है। एक होली मुझे याद है जिसमें एक युवती सबसे होली खेलने के निजी संकल्प पर प्रकाश डालती है। मैं ससुरजी से होली खेलूँगी तो घूँघट की ओट करूँगी। जेठजी से खेलूँगी तो बरोठे की ओट करूँगी, देवर से खेलूँगी तो नयनों की ओट से काम निकाला जायेगा। अन्त में चलकर जब चौथी होली बलमजी से खेल्यों तो खेल्यों जोवनवा की ओट। कितना पवित्र प्रेम है। सादा जीवन उच्च विचार। फागुन में कहीं-कहीं कबीर भी गाया जाता है। यह काफ़ी साफ़ क़िस्म की शायरी होती है और इसमें स्त्री-पुरुषों के सम्बन्धों पर कुछ इस अन्दाज़ से प्रकाश डाला जाता है कि सुनकर लज्जा आती है। काव्य की इस विधा में मुझे बचपन से ही बड़ी रुचि रही है और कुछ कबीर तो मुझे याद भी हैं। चूँकि आपके विचार दूषित हैं, मैं उन्हें यहाँ सुनाऊँगा नहीं।

वसन्त आ गया। पलाश नहीं फूले वरन् किसी ने अपना कलेजा ही काढ़-काढ़कर वृक्षों की डालों पर लटका दिया। जैसा कि ज़ाहिर है काफ़ी बड़े कलेजे का कोई प्रेमी रहा होगा वरना इतने वृक्षों की सेवा एकसाथ होनी मुश्किल थी। भौंरे गूँजने लगे। मधुमक्खियों ने परिवार-नियोजन स्थगित कर दिया। कोयल ने भी अपना पुश्तैनी धन्धा काफ़ी ज़िम्मेदारी से सँभाल लिया। जिन-जिन खेतों में सरसों बोई गयी थी वे पीले हो गये और जहाँ-जहाँ सरसों नहीं बोयी गयी थी, वे पीले नहीं हुए। कछारों में, कुंजों में, वनों में, बागों में और ब्रज की वीथियों में वसन्त आ गया। पद्माकर की वाणी के अनुसार कुंजों में भ्रमरों की गूँज कुछ और ही तरह होने लगी और कोई

छबीला छलिया अपनी छवि और छैल से गलियों को भर गया। यह सब हादसा हो गया मगर हे सखि, तू नहीं आयी। मेरी मान, अब तू आना भी नहीं। मैं शादीशुदा आदमी हूँ, बच्चे हैं, महल्लेदार हैं, नौकर-चाकर हैं। अब आओगी तो एक फसाना बन जायेगा। तुम आओगी तो पुलिस आयेगी, वारण्ट आयेगा, तुम्हारी माँ आयेगी। जैसा कि तुम्हें ज्ञात है, उस मुसम्मात से मैं बहुत भय खाता हूँ। अब तुम इस गली मत आना। वहीं रहना, इस लेख को पढ़ना, गुलमोहर देखना और दुखी होना। भली लड़कियों को यही शोभा देता है। कालिदास वाले जो प्रसंग ऊपर लिखे हैं उन पर ध्यान नहीं देना; उनसे तुम्हारे विचार गन्दे होने का ख़तरा है। लड़की के जब तक तीन बच्चे न हो जायें तब तक उसके विचार गन्दे होने का ख़तरा बराबर बना रहता है। कालिदास पर ध्यान न देना वह तो शृंगारी कवि था। उसने तो रामचन्द्रजी द्वारा ताड़का के मारे जाने का वर्णन भी शृंगार-रस ही में किया है। ऐसे बहके हुए कवि की वाणी पर ध्यान देने से क्या फ़ायदा?

राष्ट्रीय कीड़े का चुनाव

स्वाधीनता के बाद हमने कुछ काम काफ़ी बड़ी क़िस्म के किये। ये काम ऐसे हैं कि इन्हें इतिहास में हमेशा याद रखा जायेगा। इन कामों में से एक था राष्ट्रीय पक्षी का चुनाव करना। यूँ तो राष्ट्र के सारे पक्षी राष्ट्रीय कहे जा सकते हैं पर जिस प्रकार सारे कवियों को 'राष्ट्रकवि' कहकर नहीं पुकारा जाता, उसी तरह सारे पक्षी भी राष्ट्र-पक्षी नहीं स्वीकार किये जा सकते। राष्ट्र-पक्षी के चुनाव में, कहा जाता है पक्षियों के अलावा मनुष्यों ने भी भाग लिया। कई पक्षियों की तरफ़ से दावे दाखिल किये गये। कबूतर अगर शान्ति का प्रतीक है और कविवर बिहारीलाल से लेकर पण्डित नेहरू तक सबको प्रिय रहा है तो मुर्गा सारे देश के होटलों और रेस्तराँओं का चुनाव-चिह्न है। हंस यदि सरस्वती की सिफ़ारिश ला सकता है तो उल्लू भी लक्ष्मी का बहुत पुराना सेवक है। और तोता, मैना, चकोर, पपीहा, काक, बुलबुल और खंजन का तो कहना ही क्या? हिन्दी और उर्दू का आधा काव्य इन्हीं मासूम परिन्दों के पंखों पर उड़ता है। चार सौ साल पहले सारी नायिकाओं की नाक तोते जैसी हुआ करती थी। नाक का कोई और मॉडल इतने दिनों तक लोकप्रिय नहीं रहा। वही स्थिति क़िस्सा तोता मैना की रही। चकोर को लेकर भी बड़ा मार्मिक अनुप्रास रचा गया– 'चकवा ज्यों चन्द्र चितैं चौगुनों चपत है'। एक पक्षी होता था हारिल, जिसे देखकर सूरदास ने कहा था कि 'हमारे हरि हारिल की लकरी'। महाकवि दाग़ की तरह यह पक्षी भी जहाँ कहीं बैठ जाता था बस वहीं बैठा रहता था। यह पक्षी भी हमारे चरित्र का प्रतिनिधित्व कर सकता था पर इसको भी अवसर नहीं दिया गया। भौतिकवाद के इस युग में लक्ष्मी-वाहन को अपना राष्ट्रीय-पक्षी न चुनकर हमने यह गौरव मोर को दे दिया। कितना ग़लत क़दम है! सिवाय इसके कि वर्षा ऋतु के आने पर वह अपने पंख फैलाकर जंगल में नाच ले, और मोर पर आता ही क्या है? और जहाँ तक नाचने का प्रश्न है; कहने वाले ने पहले ही कह दिया है कि 'जंगल में मोर नाचा तो किसने देखा?' मोर के पंख अलबत्ता ज़रूर क़ीमती होते हैं। द्वापर में कृष्ण उन्हें मस्तक पर बाँधते थे और क़लियुग में किशोरसाहू ने उन पर 'मयूर पंख' नाम की तसवीर भी बनायी। मगर इसी आधार पर तो किसी पक्षी को राष्ट्रीय नहीं करार

दिया जा सकता। पक्षी के साथ-साथ एक राष्ट्रीय पशु का भी चुनाव किया गया। यहाँ भी भारी-भरकम और ठोस क़िस्म के दावेदारों को पूरी प्रतिष्ठा नहीं दी गयी। हाथी को ही ले लीजिए। हाथी चाहे काला हो या सफ़ेद—हमारे देश में बहुतायत से पाया जाता है। वह हमारी करोड़ों जनता का सही चित्र प्रस्तुत करता है— वही सोया हुआ पौरुष, वही आलस्य, वही मद। शाकाहारी जो है सो अलग। गणेशजी की सेवा करने का चिरन्तन प्रमाण-पत्र प्रस्तुत। और इस पर भी नम्रता देखिए कि झुक जाये तो एक चींटी के सामने झुक जाये। एकदम विशुद्ध भारतीय मैनर्स। दलदल में फँस गये तो फँस गये। अब विदेशी सहायता आये तो काम चले। उस सन्दर्भ में भी स्थिति इतनी नाज़ुक है कि कोई छोटी-मोटी हस्ती सहायता करेगी तो साथ में स्वयं भी रसातल की दिशा में प्रस्थान करेगी। कितनी सुखद स्थिति है! और जहाँ तक इस देश की युवतियों का प्रश्न है वे तो सदियों से गजगामिनी रही हैं। मगर देखो कि हाथी का दावा भी स्वीकार नहीं किया गया। साँड़ को भी यह आदर नहीं दिया गया और वह भी मेरी समझ के बाहर है। हमारा तो सारा विधान ही प्रेम और अहिंसा पर आधारित है। और जहाँ तक प्रेम का प्रश्न है, साँड़ से बड़ा प्रेमी और कौन होगा? एक बुन्देलखण्डी लोकगीत में एक प्रेमी युवक ने भगवान से यही प्रार्थना की थी कि वे उसे बस साँड़ बना दें, बाक़ी स्थिति वह स्वयं सँभाल लेगा। सौ गऊ आगे, सौ गऊ पीछे, होइयो बगर में साँड़ हो माँ। गैंडा भी शक्ति का प्रतीक है। इसकी खाल से ढाल बनती थी और इसके सींग से कामोद्दीपक दवाइयाँ बनती हैं। निराला के काव्य की तरह पौरुष और प्रेम—दोनों का ठोस प्रतीक। मगर इसे भी नज़रअन्दाज़ कर दिया गया। हालाँकि गैंडा अगर पूरे साइज़ का हो तो उसे नज़र-अन्दाज़ करना ज़रा मुश्किल ही है। और इस ठेलपेल में बेचारे गधे का जो हक़ मारा गया वह अलग। गधे को तो बड़ी ईमानदारी से राष्ट्रीय पशु घोषित किया जा सकता था। घोड़े के लिए तो यह कलंक है कि वह सामन्तवाद का चिह्न है पर गधा तो हमेशा से सर्वहारा क्लास के साथ रहा है। वह हमारे पिछड़ेपन, हमारी सहनशीलता और हमारे शोषण का चिरन्तन प्रतीक है। कुछ और मामलों में भी उसकी स्थिति काफ़ी दृढ़ और बड़ी है। और ऐसा नहीं कि वह एकदम बूदम ही हो—गधा इतना गधा कभी नहीं होता। न वेश्या सती, न गदहा जती। मगर इस शरीफ़ का हक़ इस बार भी मारा गया और वह अदालत तक नहीं गया। करटक और दमनक ने वक़्त का फ़ायदा उठाया और शेर को राष्ट्रीय पशु करार दिलवा दिया। अहिंसावादी राष्ट्र का प्रतीक एक नितान्त मांसाहारी पशु। एक नितान्त नम्र देश का इतना उद्यत प्रतीक। अभी यह तय नहीं किया गया है कि यह शेर बंगाल का रॉयल टाइगर होगा या कि गिर लॉयन या रींवा का सफ़ेद शेर। मेरे विचार से यह मामला देश की जनता ख़ुद तय करेगी। इसके लिए क्षेत्रीय सेना खड़ी की जायेगी जिसमें स्वयंसेवक भर्ती किये जायेंगे। ये लोग बाद में बसें जलायेंगे, राहगीरों को लूटेंगे और रेल की पटरियाँ

उखाड़ेंगे। देश के विभिन्न आन्दोलनों में रेल की पटरी की उपयोगिता धीरे-धीरे हम सब पर प्रकट हो रही है। मैं तो कभी-कभी यही सोचता हूँ कि अगर इस देश में इतनी लम्बी रेल की पटरी न होती तो ये बड़े-बड़े आन्दोलन कैसे बल पकड़ते!

पक्षी और पशु के बाद बस एक राष्ट्रीय कीड़े के चुनाव का प्रश्न रह जाता है और मेरा सुझाव है कि लगे हाथों हम इस महान् ज़िम्मेदारी से भी निबट लें। आनेवाली पीढ़ियों को यह कहने का मौक़ा नहीं मिलना चाहिए कि हमने किसी काम को अधूरा छोड़ दिया। अगर हमने राष्ट्रीय कीड़े का चुनाव नहीं सम्पन्न किया तो भावी इतिहासकार हज़ारों साल बाद लिखेंगे कि हिन्दुस्तान भी क्या देश था; इसका कोई अपना राष्ट्रीय कीड़ा तक नहीं था जिसे वह गाहे-बगाहे देखता और गर्व कर सकता।

जहाँ तक राष्ट्रीय कीड़े के पद का प्रश्न है, ज़ाहिर है कि कुछ कीड़ों का हक़ बाक़ी कीड़ों से ज़्यादा है। सारे कीड़े ऐसे नहीं कि उन्हें इक्कीस तोपों की सलामी दी जाये। एक कीड़ा ऐसा था कि एक बार एक किताब में दबकर मर गया तो अकबर इलाहाबादी को उस पर बाक़ायदा एक पूरे क़द की कविता लिखनी पड़ी। वह कविता इतनी मार्मिक है कि जब भी मैं किसी कीड़े को पढ़ने की मेज़ पर देखता हूँ उसे मसलने को तबीयत होती है। परवाने को ही ले लीजिए—सदियों से उर्दू प्रेमी नवयुवक व नवयुवतियाँ उन्हें देख-देखकर इश्क़ के इम्तहान की तैयारियाँ करते रहे हैं। वह भी बड़ा लाजवाब पतिंगा होता है—इसे तो बस इश्क़ में मरना है, चाहे शमा कोई-सी भी हो। जो भी शमा जलती हुई नज़र आयी बस वहीं सेवा करने चले गये। कवि कहता है कि 'उसकी तसवीर किसी तरह खिंच नहीं सकती, शमा के साथ तअल्लुक है जो परवाने का'। शम्मा शब्द बड़ा प्यारा है। इसकी उम्र जब ज़्यादा हो जाती है तो प्रेमी लोग इसकी बच्ची पर ध्यान देना प्रारम्भ कर देते हैं। बच्ची का नाम आमतौर पर शम्मी होता है।

परवाने के अतिरिक्त और भी कुछ राजकुमार हैं जो राष्ट्रीय कीड़े के स्वयंवर में भाग ले सकते हैं। टिड्डी दीमक, साँप, जोंक, चींटी, मच्छर और खटमल—ये सभी काफ़ी ख़ानदानी और प्रतिष्ठित कीड़े हैं जिनकी दिग्विजय की कथाएँ चारण लोग अनेक बार गा चुके हैं। टिड्डी काफ़ी फ़ैशनेबुल कीड़ा है और इसी कारण यह बम्बई की तरफ़ ज़्यादा पाया जाता है। टिड्डी अपनी जाति और वर्ग से बड़ा प्रेम करती है और जब लूट-मार करती है तो मिलकर करती है। सामूहिक विकास योजना के क्षेत्र में व सहकारी कृषि फ़ार्मों के बारे में इससे प्रेरणा ग्रहण की जा सकती है। अपने रंगीन परों की मदद से यह हज़ारों मील का सफ़र तय करती है। इसके पर इस रंग के होते हैं कि मौके के अनुसार वह किसी भी पेड़ के पत्तों में आसानी से छिप सकती है और दल-बदल करने की उसकी यह प्रवृत्ति उसे एक विशेष प्रकार की राजनीतिक मान्यता प्रदान करती है। उसका रंग भी पास-पड़ोस के अनुरूप बदलता

रहता है। इस कीड़े में एक बड़ा राष्ट्रीय गुण यह भी है कि अवसर के अनुसार यह बाक़ी कीड़ों को खा भी जाता है। दीमक का दर्जा टिड्डी से भी ऊँचा है। दीमक एक ऐसा कीड़ा है जो साहित्यिक होने के साथ-साथ व्यावहारिक भी है। यह ऊँचे-ऊँचे क़िले बनाता है और अपनी समाज-व्यवस्था को बड़ी चतुरता से चलाता है। दीमक के नगरों में राजा, रानी, मज़दूर और सिपाही दीमक अलग-अलग होते हैं। रानी दीमक सिर्फ़ प्रेम करती है और उसके परिणामस्वरूप अण्डे देती है। जो मज़दूर दीमक होते हैं उनके न पर होते हैं और न आँखें। बाक़ी मज़दूरों की तरह न वे देख सकते हैं और न उड़ सकते हैं। जीवन भर ये केवल घर बनाते हैं और रानी दीमक के बच्चों की देख-रेख करते हैं। सब कुछ कितना स्वाभाविक है। दीमकें ज़मीन के भीतर ही रहती हैं। फ़ारसी की एक कविता में एक ऐसे महान् प्रेमी की गाथा है जो कि प्रेमिका की संगदिली के कारण आत्महत्या करने चला। उसने एक खेत में गड्ढा खोद लिया और उसमें बैठकर 'ज़िन्दगी देने वाले सुन, तेरी दुनिया से दिल भर गया, मैं यहाँ जीते-जी मर गया' वाला गीत गाना शुरू किया। आर्केस्ट्रा शायद नहीं था। गाने का असर देखिए कि शायद पहली कड़ी के बाद ही कुछ दीमकें सीन पर हाज़िर हो गयीं। कुछ पाजामे में घुसीं और कुछ कमीज़ में। परिणाम यह हुआ कि संसार का वह महान् प्रेमी प्रेम के मार्ग में आत्महत्या तक न कर सका। मुहब्बत करने वालों को ज़माने ने हमेशा इसी तरह तंग किया।

सारी स्थिति को ध्यान में रखते हुए मेरा यह निश्चित और अन्तिम मत है कि जोंक ही एक ऐसा कीड़ा है जो राष्ट्रीय कीड़े के उच्च पद के लिए अन्य कीड़ों की अपेक्षा ज़्यादा उपयुक्त है। इस कीड़े का संस्कृत-सम्मत नाम जलौका है जिससे प्रकट होता है कि चन्द्रवंश या सूर्यवंश की भाँति इसका घराना भी काफ़ी शालीन और पुराना है। यह स्थिति के अनुकूल काम करता है और खारे पानी में उसी आराम से रह सकता है जितना कि मीठे पानी में। प्रसन्नता का विषय है कि यह कीड़ा दूसरों का रक्त चूस-चूसकर जीवित रहता है और उस दिशा में यह इतनी ज़िम्मेदारी से कार्य करता है कि इसके शरीर के दोनों ओर चूषक लगे रहते हैं। इसकी कई जोड़ी आँखें होती है। यह तैरना भी जानता है और पदयात्रा करना भी। वक़्त पड़ने पर एक जोंक दूसरे जोंक को खा भी जाता है जिससे कि उसका पारस्परिक प्रेम प्रकट होता है। अन्त में चलकर सबसे बड़ी बात यह है कि यह उभयलिंगी होता है और वक़्त पड़ने पर नर और मादा दोनों का पार्ट बखूबी सँभाल सकता है। इसकी इस प्रतिभा का व्यक्तिगत रूप से मैं बड़ा क़ायल हूँ। ऐसे होनहार जीव को राष्ट्रीय कीड़े का पद देने से हमें जो प्रेरणा और चरित्रबल मिलेगा, वह सर्वथा हमारी संस्कृति के अनुकूल होगा।

हमें चाहिए कि राष्ट्रीय कीड़े का चुनाव जल्दी ही कर लें। मुल्क के पास काम बहुत हैं और वक़्त कम है। एक और बात जो इस सन्दर्भ में ज़रूरी है वह

यह कि राष्ट्रीय पशु, पक्षी और कीड़े के साथ-साथ हमें उनके सहायक भी नियुक्त करने चाहिए। सरकार का क़ायदा है कि स्कूलों के इन्स्पेक्टर तक के साथ डिप्टी इन्स्पेक्टर, एडीशनल डिप्टी इन्स्पेक्टर, सब डिप्टी इन्स्पेक्टर व असिस्टेंट सब डिप्टी इन्स्पेक्टर होते हैं। ऐसी स्थिति में राष्ट्रीय पक्षी और राष्ट्रीय कीड़े को 'सहायक' या 'उप' या 'अतिरिक्त' या 'संयुक्त' के बिना रखना उसके साथ ज़्यादती होगी। इस प्रश्न पर विचार करने के लिए एक समिति का गठन किया जा सकता है और विभिन्न राजनीतिक दलों से परामर्श भी किया जा सकता है। जैसा कि ज़ाहिर है, ऐसे महत्त्वपूर्ण प्रश्न पर हम सार्वजनिक राय की उपेक्षा नहीं कर सकते।

प्राप्ते तु षोड़षे वर्षे

मैं कभी सोलह साल की लड़की नहीं रहा। सोलह साल क्या, सचाई तो यह है कि मैं कभी लड़की ही नहीं रहा। इस तमाम हादसे का कारण यह था कि मेरे जन्म के समय दाई के मुख से ग़लत या सही यह वाक्य जो निकला कि चलो, इस बार तो लड़का पैदा हुआ, तो सबने उस पर विश्वास कर लिया और स्थिति यह है कि तब से मैं लड़का ही माना जाता रहा हूँ। पंचतन्त्र में एक कथा है कि तीन धूर्तों ने किसी ब्राह्मण के बकरे को गधा बता दिया था और परिणाम यह रहा कि उस ब्राह्मण ने उसे गधा समझकर वहीं वन में ही छोड़ दिया। बस कुछ इसी प्रकार जब सबने लड़का-लड़का चिल्लाना शुरू किया तो हम भी चुपचाप लड़का होने पर विवश हो गये। ख़ैर, वास्तविक स्थिति कुछ भी हो, फ़िलहाल मैं इस प्रश्न पर विचार व्यक्त करना चाहता हूँ कि यदि मैं लड़का न होकर सोलह वर्ष की लड़की होता तो क्या करता।

साहित्य के प्रेमी जानते हैं कि सोलह साल की लड़की की दिनचर्या क्या रहती है। स्थिति यह होती है कि कुल मिलाकर वह बेचारी काफ़ी व्यस्त रहती है और दूसरों को भी काफ़ी व्यस्त रखती है। केशव, मतिराम, देव और बिहारी इत्यादि स्त्रीरोग विशेषज्ञ कवियों ने सोलह साल की लड़कियों के द्वारा करने लायक़ जो काम लिखे हैं वे इतने हैं कि यदि कोई लड़की उन्हें ईमानदारी के साथ कर ले तो सोलह साल की उम्र तो उसी में कभी की पार हो जाये। यह वह उम्र है जबकि लड़की बच्चे का पार्ट अदा करने की जगह जवान औरत बनने की कोशिश करती है। वह जिसे देखती है वही प्रेमी नज़र आता है। वह पहले प्रेमी से आँखें लड़ाती है, दूसरे प्रेमी से पत्र-व्यवहार करती है, तीसरे प्रेमी से उसे विरह होता है और अन्त में चलकर चौथे प्रेमी के सहयोग से वह सन्तान को प्राप्त करती है। महाभारत में पितामह ने कहा है कि सन्तान ही इस संसार में परम धर्म है; बाक़ी धर्म हेय हैं। जहाँ तक पुत्र का प्रश्न है, स्थिति यह कि पुत्रस्पर्शात् सुखतरः स्पर्शो लोके न विद्यते। इति।

जहाँ तक व्यक्तिगत प्रश्न है, यदि मैं लड़की होता तो भी बिहारीलाल का नुस्खा मुझ पर कभी काम नहीं करता। बन्दा तो प्रेम और विरह दोनों से हमेशा मुक्त रहता। ऐसी आनन्ददायी स्थिति का पहला कारण तो हमारा रूप है। विशेषज्ञों का

मत है कि जो हमारा वर्तमान रूप है, यदि हम कहीं उसी में लड़की हुए होते तो लड़के क्या, लड़कियाँ भी हमें देखना न पसन्द करतीं। ऐसा नहीं कि मैं बदसूरत हूँ, यदि एक-एक अंग का निरीक्षण किया जाये तो शायद सारी स्थिति शास्त्रविहित ही है। अलबत्ता सारे अंगों का जो सम्मिलित प्रभाव है वह कुछ ऐसा ज़रूर है कि सामान्य सेहत और चरित्र का आदमी सुनसान सड़क पर अँधेरी रात में हमसे मिलते हुए हमेशा घबराता है। रूप के अतिरिक्त दूसरी बात यह है कि अपने छः छोटे और तीन बड़े भाई-बहनों की लगातार देख-रेख भी मुझे ही करनी थी और वैसा करने के बाद न सखियों की याद आती और न बिहारी सतसई की। मेरे पिता पितृऋण उतारने में काफ़ी ईमानदारी से काम करते थे और जैसा ज़ाहिर था, काफ़ी जन्मों का ऋण उन्होंने एक ही पत्नी की सहायता से उतार लिया था। भगवान की कृपा से मेरी माता का विवाह तेरह वर्ष की आयु में हो गया था और बाबूजी की कृपा से चौदहवें वर्ष में उन्हें पहली सन्तान भी प्राप्त हो गयी थी। उन दिनों विवाह और बच्चे दोनों काफ़ी जल्दी और साथ-साथ हुआ करते थे। स्थिति यह थी कि गृहस्थी के भार के कारण या तो मैं सोलह साल तक पहुँचता ही नहीं और यदि पहुँच भी जाता तो और चीज़ों के साथ-साथ मैं आठ साल के बच्चे की माँ भी होता।

उन दिनों लड़कियों की शादियाँ काफ़ी जल्दी हो जाती थीं। आम स्थिति यह थी कि दस वर्ष की आयु तक माँ-बाप लड़की की मृत्यु की प्रतीक्षा किया करते थे और उसके बाद उसके लिए वर-प्राप्ति की। विवाह का भार माँ-बाप के ऊपर इतना ज़्यादा पड़ता था कि आस-पास जहाँ कहीं भी महामारी या प्लेग चलता था माँ-बाप मन-ही-मन लड़कियों के बीमार होने की कल्पना किया करते थे और सुखी रहते थे। घर की बड़ी-बूढ़ियों के अनुसार अठारह वर्ष की आयु के बाद कन्या घोड़ी की तरह बढ़ती थी। अगर कहीं कोई लड़की आत्महत्या कर लेती थी तो शेष लोग उस समाचार को सुना-सुनाकर अपनी लड़कियों की ओर बड़े दीनभाव से ताका करते थे कि कितना अच्छा हो यदि उनकी सन्तान भी उतनी ही योग्य निकले। पढ़े-लिखे मध्यमवर्गीय माता-पिता अपनी पुत्रियों को ऐसे उपन्यास पढ़ने को दिया करते थे जिसकी कि नायिका या तो ज़हर खा लेती थी या घर से भाग जाती थी। पुस्तक पढ़कर कुछ लड़कियाँ वैसा आचरण करती भी थीं जिसका श्रेय पुस्तक के लेखक को जाता था। इन तमाम हादसों के बावजूद काफ़ी लड़कियाँ इतनी बेशर्म होती थीं कि फिर भी जीवित रहती थीं। इन्हें घर में इस तरह रखा जाता था जैसे कि ज़िला जेल में क़ैदी रखे जाते हैं।

जिन दिनों की मैं बात कर रहा हूँ उन दिनों लड़कियाँ अकसर बेपढ़ी होती थीं। स्कूल थे नहीं और ट्यूटर रखने में बड़ा ख़तरा था। ट्यूटर प्रायः ऐसे होते थे, जो नल और पानी के सवाल कम पढ़ाते थे और ऋतुवर्णन ज़्यादा। कुछ लोग शादी-शुदा ट्यूटर रखते थे मगर उससे कोई विशेष अन्तर नहीं पड़ता था। कुछ लड़कियाँ अपनी

माता की उपस्थिति में ट्यूटर से पढ़ती थीं मगर जो होनहार क़िस्म के ट्यूटर होते थे वे एक ही साथ उसी दोहे के दो अलग-अलग अर्थ दोनों को समझाते थे और सुखी रहते थे। निरक्षर होने के कारण लड़कियों के प्रेम करने में बाधा पड़ती थी क्योंकि उस स्थिति में वे न तो पत्र ही लिख सकती थीं और न नायक के मिलने पर कवि देव के बताये ढंग से लजा ही सकती थीं। जो एकाध पढ़ी-लिखी लड़की कहीं होती थी वह सुबह रामायण पढ़ती थी और शाम को सुखसागर। दुपहर को अलबत्ता क़िस्सा गुलबकावली पढ़ा जाता था। शास्त्रों में लिखा है कि इस प्रकार की पुस्तकें जो स्त्रियाँ विवाह के पूर्व पढ़ लेती हैं, उन्हें विवाह के बाद रामायण पढ़ने में भी विशेष आनन्द आता है।

उन दिनों लड़की की शादी की चिन्ता उसके माँ और बाप को दिन-रात लगी रहती थी। उन दिनों पति मिलना बड़ा मुश्किल होता था। अच्छा पति प्राप्त करने के लिए लड़कियाँ मौन व्रत धारण करती थीं या पीपल के नीचे घी का चिराग़ जलाती थीं। एक लड़की को तो पीपल के नीचे एक दिन पति मिल भी गया था। लड़कियों की शादी में इतनी परेशानी पड़ती थी कि कभी-कभी सोलह साल की लड़की का पति काफ़ी बूढ़ा होता था जैसा कि शरतचन्द्र के 'देवदास' में पार्वती के साथ होता है। कभी-कभी सौत रहते लड़की देनी पड़ती थी। उपयुक्त वर की प्राप्ति में सुन्दर लड़कियों को भी कितनी बाधा पड़ती है इसका पता 'कुमारसम्भव' से लगता है। लोग लड़की की शादी में बुरी तरह टूट जाते थे। घर गिरवी रखे जाते थे, गाय-बैल बिक जाते थे और स्थिति कभी-कभी यह होती थी कि घर से कन्या के विदा होने के साथ-ही-साथ घर भी समाप्त हो जाता था।

शादी के पहले लोग लड़की को देखने आया करते थे। उस दिन सारा घर सुबह से ही साफ़ किया जाता था और लड़की को इतना सँवारा जाता था कि लगता था आज यह सती होने जा रही है। वर की तरफ़ से काफ़ी औरतें आती थीं जो काफ़ी रोबदाब से काम लेती थीं। लड़की को किताब पढ़नी होती थी और हारमोनियम पर 'तेरे पूजन को भगवान बना मन मन्दिर आलीशान' वाला गाना सुनाना पड़ता था। लड़की अकसर नापसन्द की जाती थी और इस बात को भरपेट नाश्ता करने के बाद सांकेतिक भाषा में बताया जाता था। लड़की नापसन्द करने के बाद लड़के वाले ख़ुशी-ख़ुशी किसी दूसरी लड़की वाले के यहाँ चले जाते थे और नापसन्द की गयी लड़की की वह हालत होती थी जो कसाई के यहाँ बकरी की होती है। महल्लेवालों का मेज़पोश और बाक़ी सामान वापस करने के बाद घर के सारे लोग लड़की को घेरकर ताने देते थे जो बिहारी के दोहों की भाँति गहरा घाव करते थे। लड़की चुपचाप रहती थी और रोती थी कि हे प्रभु, तुमने मुझे लड़की क्यों बनाया और बनाया भी तो यह सोलह वर्ष की कविप्रिया आयु क्यों दी?

कुल मिलाकर अच्छा ही रहा कि दाई ने मुझे लड़का बता दिया और बाक़ी

लोगों ने उसका विश्वास कर लिया। उन दिनों सोलह साल की लड़कियों के साथ स्थिति यह थी कि उसके फ़ायदे बाक़ी लोग उठाते थे और नुक़सान वह ख़ुद उठाती थी। उन दिनों की बात अलग है। इन दिनों लड़कियाँ गुलबकावली पढ़ती क्या, लिखती तक हैं। विरह नाम का रोग मलेरिया की तरह हमेशा के लिए मिट गया। आज की हिन्दी कविता इस बात की सबूत है। 'मच्छर तो रहेगा पर मलेरिया नहीं रहेगा' वाले राष्ट्रीय गीत के तर्ज़ पर, आजकल लड़कियाँ तो हैं मगर विरह नहीं है। परिवार-नियोजन आ गया है जिससे स्थिति और भी सुधरी है। पुराने ज़माने में तो शादी हुई नहीं कि सन्तान-प्राप्ति शुरू हो गयी और यह शौक़ ऐसा होता था कि एक बार पड़ा तो सारी उम्र चलता रहता था। इन दिनों लड़कियाँ बच्चे कम चाहती हैं और पति ज़्यादा। कुल मिलाकर बड़े मज़े हैं। परिणाम यह है कि जिस किसी देवी पर निगाह डालिए वह सचमुच सोलह साल की ही नज़र आती है। भगवान इस नज़र को बरकत दे।

चन्द्रमा की सच्ची कथा

केशवदास को किसी चन्द्रमुखी ने एक बार बाबा कह दिया तो महाकवि को उदासी का दौरा पड़ गया। कुएँ से हटकर घर जो आये तो लगे च्यवनप्राश का नुस्खा ढूँढ़ने। चाँद की विजय के बाद इधर स्थिति यह हो गयी है कि कवि केशव अब यदि किसी मृगलोचनी को चन्द्रमुखी कह दें तो जूते खाने को मिलें। चाँद पत्थर का एक बदसूरत टुकड़ा है जिसकी सतह पर काफ़ी गहरे गड्ढे हैं। कौन युवती चाहेगी कि उसे अब चाँद कहकर पुकारा जाय। 'मुख मयंक सम मंजु मनोहर' तथा 'इन्दु पर उस इन्दु मुख पर साथ ही' वाली कविता के दिन अब लद गये। कालिदास के विदूषक ने दुष्यन्त से कहा था कि चाँद एक लड्डू है जिसको कि वह खाना चाहता है। वह ग़रीब अब ज़िन्दा होता तो पता लगता कि वह नाश्ते में क्या माँग रहा था। चाँद का रोमांस ख़त्म हो गया। चकोर की चाह अब केवल पागलपन रह गयी। पाताललोक के तीन प्राणी गये और चाँद की भूमि का नमूना ले आये। चाँद पर कुछ भी नहीं मिला। सच, कुछ भी नहीं। न खरगोश खिलाती परियाँ, न चरखा कातती बुढ़िया और न सितार बजाती चीन की शहज़ादी। खटमलों की जो आशा थी, वे भी नहीं मिले। ख़ैर।

जैसा कि हममें से मेरे जैसे कुछ सयाने जानते होंगे, चन्द्रमा हमेशा इस तरह निर्जन और वीरान नहीं था। एक समय था कि वहाँ बड़ी रौनक थी। वहाँ बड़ी ख़ूबसूरत स्त्रियाँ निवास करती थीं। रेस्तराँ, बोटिंग क्लब और सालाना ब्यूटी परेड वग़ैरह भी होते थे। बस, कुछ ऐसा हुआ कि एक दिन चाँद को किसी के लिए बरबाद होना पड़ा। यह एक लम्बी कथा है मगर ख़ुशी की बात यह है कि मैं बड़ी बात को छोटा करना भी जानता हूँ।

बात यह हुई कि ब्रह्मा ने आदमी और औरत को बनाया तो साथ-साथ मगर उसी वक़्त उन्हें एक मज़ाक़ सूझ गया। उन्होंने पुरुषों को पृथ्वी पर भेज दिया और स्त्रियों को चन्द्रमा पर। इसके बाद बरामदे में सिंहासन डालकर वे उनके क्रियाकलाप देखने लगे। आदमी ने जंगल काटे, शिकार खेला, जानवरों को साधा और कुएँ खोदे। स्त्रियों ने मेहँदी लगायी, दीवारों पर तसवीरें बनायी और केशों में फूल खोंसे। इसके

बाद एक दिन आदमी ब्रह्मा के पास आया और बोला कि मैं उदास रहता हूँ। मुझे एक ख़ास क़िस्म की भूख लगती है। मैं क्या करूँ?

ब्रह्मा ने कहा 'तथास्तु' और उसे अन्न दे दिया। थोड़े दिनों बाद स्त्रियाँ भी गयीं और कहने लगीं कि उनके गले में दर्द रहता है, सीने में चुभन उठती है, टाँगों पर चींटियाँ चलती हैं और नींद बहुत आती है।

ब्रह्मा ने कहा 'तथास्तु' और उन्हें ढोलक-मँजीरे थमा दिये।

थोड़ी अवधि के बाद आदमी फिर आया और बोला कि इसे क्या करूँ कि बाज़ू किसी को पकड़ना चाहते हैं और तबीयत करती है कि किसी का कचूमर निकाला जाये।

ब्रह्मा ने कहा 'तथास्तु' और उसे गदा दे दी।

स्त्रियों का दल एक दिन फिर पहुँचा। कहने लगा कि मन नहीं लगता, कलेजे में धुकधुक होती है, रात को डर लगता है और शाम को किसी की बिना बात याद आती है।

ब्रह्मा ने कहा 'तथास्तु' और उन्हें तुलसी का बिरवा, एक घी का चिराग़ और ठाकुरजी की मूर्ति दे दी।

आदमी फिर पहुँचा कि उसका मन किसी को पाने के लिए निरन्तर अकुलाता है, रात को नींद नहीं आती और सुबह को आलस आता है।

ब्रह्मा ने कहा 'तथास्तु' और उसे ज्ञान और पहिया दे दिया।

मगर बात ख़त्म नहीं हुई। आदमी और औरत दोनों के दल हेड ऑफ़िस जाते रहे और अपनी-अपनी माँगें पेश करते रहे। ब्रह्मा ने तय किया कि वास्तविक स्थिति का अध्ययन करने के लिए दोनों लोकों का दौरा किया जाय। एक दिन वे पृथ्वी पर इस तरह गये जिसे आजकल 'सरप्राइज़ विज़िट' कहते हैं। देखा, लोग उदास हैं। खेत पके खड़े हैं मगर कोई काटता नहीं। गायें दूध से भरी खड़ी हैं पर कोई दूध दुहने वाला नहीं। अगर कहीं दूध दुह लिया गया है तो उसमें कोई पानी मिलाने वाला नहीं। उन्होंने लोगों को इकट्ठा किया और पूछा कि बताओ, अब क्या चाहते हो?

मैकू ने बुद्धू को देखा और मुसकराया।

बुद्धू ने चन्दू की तरफ़ आँख मारी और सिर झुका लिया। एक नौजवान ने पीछे से आवाज़ बदलकर कहा कि बाबा, हमें पतुरिया चाहिए। उसके बिना हमारा काम नहीं चलेगा।

ब्रह्माजी प्रसन्न हो गये। थोड़ी देर बाद आने का वचन दिया और पहुँच गये चन्द्रलोक। देखा कि स्थिति वहाँ भी नाज़ुक है। लड़कियों ने केश बढ़ा लिये हैं, रोते-रोते होंठ लाल कर लिये हैं और स्वर बारीक हो गया है। उन्होंने पूछा कि तुम्हें किस बात का कष्ट है, साफ़-साफ़ कहो। तीज, त्योहार, संगीत, ठाकुरजी और मेरे-जैसे पिता के अतिरिक्त तुम्हें और क्या चाहिए?

सब चुप रहीं।

ब्रह्मा ने प्रश्न दोहराया तो एक अल्हड़ लड़की दो अदद आँखें मटकाकर बोली कि हमने तो बहुत समझाया पर यह जो रामरती है न, यह कहती है कि बिना ख़सम के एक पल नहीं रह सकती।

सब खिलखिलाकर हँस पड़ीं।

ब्रह्मा बड़े प्रसन्न हुए। अब उनके बिना भी सृष्टि चल सकती थी। उन्होंने लँगोट कसा और एक-एक लड़की को बालों से पकड़-पकड़ पृथ्वी की ओर फेंकना प्रारम्भ किया। बाल खींचने के कारण कुछ लड़कियों की गर्दन सुराहीदार हो गयी। सारी-की-सारी लड़कियाँ पृथ्वी पर सिर के बल गिरीं और इसका परिणाम यह रहा कि उनकी बुद्धि मोटी हो गयी। फेंकने के कारण लड़कियों की ज़ुबान जो उनके मुँह से बाहर निकली वह आज तक उसी स्थिति में है। कमर पर चोट आयी और छातियाँ आगे निकल आयीं। गिरने की इस क्रिया में जो स्त्रियाँ बदसूरत हो गयीं वे बाद में चलकर पतिव्रता कहलायीं।

इसके बाद क्या हुआ, यह बताने की ज़रूरत नहीं।

एक लड़की चाँद पर ऐसी भी थी जिसने पृथ्वी पर आने से इनकार कर दिया। ब्रह्मा ने पूछा कि हे बालिके, तू क्यों नहीं जाती? क्या तुझे पुरुष की कामना नहीं है?

लड़की चुप।

ब्रह्मा बोले—अच्छा आ, तुझे दो पतियों का सुख मिलेगा।

लड़की फिर भी चुप।

ब्रह्मा ने बतौर रिश्वत के तीन पति और दे दिये। लड़की ने आँसू पोंछे और कहा कि मैं एक वरदान माँगती हूँ, मना मत करना। मैं यह बरदाश्त नहीं कर सकती कि मेरी इस झोंपड़ी में मेरे बाद कोई और लड़की रहे, इन नदियों और उपवनों में कोई और स्त्री विहार करे या मेरे झूले और गुड़ियों का कोई और उपयोग करे। मुँह नोच लूँगी उसका। इन वस्तुओं को आप हमेशा-हमेशा के लिए नष्ट कर दीजिए।

ब्रह्मा लड़की की ईर्ष्या को समझ गये। उन्होंने तथास्तु कहा और चन्द्रमा को वीरान कर दिया। वहाँ की सुगन्धित हवा को लड़की की साँसों में भर दिया, वहाँ के अमृत को उसके होंठों पर लगा दिया और चाँद का मुँह हमेशा के लिए टेढ़ा कर दिया। इस कार्यक्रम के सम्पन्न होने के बाद उन्होंने कमर पर लात मार उस छोकरी का लदान नीचे की दिशा में किया। पदाघात के कारण लड़की की कमर पतली और नितम्ब भारी हो गये और आँखें फैलकर कानों तक पहुँच गयी। पृथ्वी पर आकर वह लड़की गजगामिनी तथा मृगनयनी कहलायी।

पृथ्वी पर आते ही उसे अपने पाँचों पति प्राप्त हो गये। वह कुलवन्ती उन सबके यहाँ रहने लगी। वक़्त-बेवक़्त ऊपर को देखती और कहती कि मुझे तंग मत करना।

वह जो चाँद है वह मेरे बाप का घर है। मेरा बाप राजा है और मेरे भाई राजकुमार। मेरे यहाँ सोने के महल हैं और चाँदी के घोड़े। हाय राम, मैं यहाँ कंगालों में कहाँ आ पड़ी। अगर ज़रा भी चूँ-चपड़ की तो मैं मैके चली जाऊँगी। हाँ।

और वे पाँचों मूर्ख उसकी बात सच मानते रहे और उसकी सेवा यथाशक्ति करते रहे।

भगवान ने जैसा सुख उस लड़की को दिया, वैसा सब किसी को दे।

बारिश का एक दिन

आज सोकर जो उठा तो देखा कि बारिश हो रही है। कवि-सम्मेलनी कवियों की तरह घटाएँ मंच पर इकट्ठी हो रही हैं और उनका काव्य-पाठ सुनकर प्रियाहीन न होते हुए भी मेरा मन डर-सा रहा है। कॉलेज की लड़कियों की तरह कभी-कभी बिजली कौंधती है तो कलेजा सहम जाता है। बूँदें पड़ रही हैं, पतनाले बह रहे हैं और मेंढक वही ध्वनि कर रहे हैं जो वे तुलसीदास के समय में किया करते थे। बरामदे में पानी आ रहा है, भीतर छत टपक रही है और बाहर क्यारियाँ जलाशयों का रूप धारण किये बैठी हैं। संक्षेप में यह वक़्तव्य ईमानदारी के साथ दिया जा सकता है कि आज बारिश का दिन है।

वर्षा ऋतु मेरे लिए उदासी की ऋतु है। मैं काव्य-प्रेमी व्यक्ति हूँ और कवियों ने पावस की पवित्र ऋतु पर इतना जमकर लिखा है कि मुझे उदासी का दौरा पड़ ही जाता है। आषाढ़ के पहले दिन पर यक्ष ने अपनी प्रेयसी को याद किया था और यह कार्य उसने इतने विस्तार से सम्पन्न किया था कि उसका पता आम पब्लिक को आज तक है। मगर मैं हूँ कि वैसा हर्गिज़ नहीं कर सकता। मीर तकी मीर की तर्ज़ पर विधाता ने अगर इतना दर्द दिया था तो जूते खाने को सिर भी कई दिये होते। कालिदास ने मुझे दुखी करने के लिए और भी बहुत कुछ कहा है। मिसाल के तौर पर यह महत्त्वपूर्ण बात कि पृथ्वी की शोभा इस समय हरे रंग वाली मणियों से युक्त रूपवती वेश्या जैसी हो रही है। या यह उक्ति कि नदियाँ समुद्र की ओर इस भाँति जा रही हैं जैसे मदनातुर रमणियाँ प्रेमियों के पास आती हैं। इस स्थिति का प्रमुख कारण यह था कि उन दिनों स्त्रियों को वर्षा की ऋतु में डर लगता था; घेरि मारे बादर, दरेरि मारे दामिनी। वे बारिश शुरू होते ही प्रेमियों के पास चली आती थीं और फिर जो स्थिति होती थी वह यह थी कि गोरिन के रंग भीजिके साँवरो, साँवरे के रंग भीजिके गोरी। अगर कहीं प्रियतम दूर होता था तो उसे सन्देश भेजा जाता था। कवि ने 'ऊधो यह अधम बताय दीजो मोहन को' वाला जो अनुप्रास प्रयोग किया है उसकी छटा इसी अवसर पर प्रकट होती है।

उदासी दूर करने के लिए मैं छाता लेता हूँ और बाहर निकलता हूँ। सड़क पर बच्चे

किलकारियाँ मार-मारकर खेल रहे हैं और काग़ज़ की नावें पानी में छोड़ रहे हैं। कुछ युवतियाँ हैं जो हँसती-बतियाती चली जा रही हैं। कितना अनर्थ है कि आर्यावर्त की ललनाएँ जो कभी बादर और दामिनि से डरती थीं आज इस तरह माल रोड पर चक्कर काट रही हैं। चरित्र का हर तरफ़ ह्रास हो रहा है; महावृष्टि चली फूटि कियारी, जिमि सुतन्त्र भये बिचरहिं नारी। गोस्वामीजी ने ठीक ही कहा था। वैसे इनमें से एकाध काफ़ी ख़ूबसूरत है। एक वह जो नीली साड़ी में बिना छाते के है। वह तो ठीक वैसी ही है कि पैरे जहाई जहाँ वह बाल, तहाँतहाँ ताल में होति त्रिवेनी। मुझे इस तरह की बातें सोचने का हक़ है क्योंकि मैं पुरुष हूँ। चरित्रहीन तो केवल स्त्रियाँ ही होती हैं। मैं सोचता और भी बहुत कुछ हूँ पर क्योंकि पुश्तैनी कायर हूँ इसलिए सिवाय सिगरेट सुलगाने के और कुछ नहीं करता। सोचता हूँ कि मैं भी कोई आदमी में आदमी हूँ। एक गुजराती लोकगीत में एक सच्चे मर्द की परिभाषा करते हुए बताया गया है कि 'तारी मूँछें त्रण लीबू रे मेवाड़ा' या दूसरे शब्दों में वह इतना जवाँ मर्द है कि उसकी मूँछों पर तीन नीबू लटकते हैं। जवाँमर्दी की बड़ी-बड़ी मिसालें आपने सुनी होंगी मगर जितनी मौलिक यह है उतनी शायद ही कोई और हो। कितना प्यारा शौक़ है कि दो-तीन नीबू लिये और मूँछों में लटका लिये। दो नीबू दोनों तरफ़ सन्तुलन के लिए और एक बीच में। ऐसे जवाँमर्द के साथ दोस्ती करने का बड़ा फ़ायदा है। जब चाहो तब ताज़ी शिकंजबीन पियो।

मैं उदास हो जाता हूँ और वापस लौटने लगता हूँ। एक शालीन सज्जन हैं जो आम के छिलके के सहारे काफ़ी देर से फिसल रहे हैं। छिलके से छुट्टी मिली तो उसी आम की गुठली पर स्केटिंग शुरू कर दीया। क्या ख़ूब आदमी है कि शौक़ के सामने कपड़ों की भी परवाह नहीं करता। यदि इसी तरह रोज़ करता रहा तो किसी दिन काफ़ी नाम कमायेगा। धीरे-धीरे दर्शकगण भी इकट्ठे होने लगे हैं। बच्चे तालियाँ बजा रहे हैं। एक होनहार बच्चा उन्हें आम की कुछ और गुठलियाँ बतौर ट्राफी के पेश करता है– ताकि प्रदर्शन ज़्यादा देर चल सके। सोचता हूँ कि आम का हमारे राष्ट्रीय जीवन में कितना ऊँचा स्थान है। इसकी तो गुठली तक यातायात के काम में लायी जा सकती है।

इसके बाद घर लौटता हूँ। छाता बरामदे में रखकर खाना खाता हूँ। खाना खाने के बाद सोता हूँ। जब उठता हूँ तब देखता हूँ कि शाम हो चुकी है और बारिश जो है वह और तेज़ी के साथ हो रही है। पता नहीं वे गुठली वाले सज्जन इस समय तक कहाँ पहुँच गये होंगे। और हाँ उन लड़कियों को तो मैं भूल ही गया। जयदेव की 'मेघैर्मेदुर्मम्बरम-वनभुवः श्यामा तमाल द्रुमे' वाली पंक्ति याद आने लगती है। क्या प्यारे दिन थे कि लड़की का बाप लड़की को उसके प्रेमी के साथ स्वयं भेजता था। एक आज का दिन है कि बरामदे में बैठो और सिगरेट फूँको। मैं वही करता हूँ और हीन भावना से ग्रस्त होने लगता हूँ। घन की घमण्ड घटा जो अभी-अभी गरजकर गयी थी, वह फिर गरजने लगती है।

कृष्णवाहन की कथा

कवि हर्ष के नाटक नागानन्द के नायक का नाम जीमूतवाहन था। जीमूतवाहन शब्द का शास्त्रीय अर्थ हम सभी को ज्ञात है। मैंने इसी शब्द की तर्ज़ पर इस प्रबन्ध के नायक का नाम कृष्णवाहन रखा है क्योंकि इसमें एक काले रंग की सवारी क्रय करने की परम ऐतिहासिक कथा प्रस्तुत की गयी है।

अब से लगभग बारह वर्ष पहले जब मैं शिक्षा समाप्त कर नौकरी में प्रविष्ट हुआ तो मेरी सबसे बड़ी इच्छा यह थी कि किसी तरह एक मोटर ख़रीदूँ। मेरे घरवालों की इच्छा मेरी शादी करने की थी क्योंकि मेरे अतिरिक्त घर में ऐसा कोई प्राणी शेष नहीं रहा था जिसकी कि शादी की जा सके। सफल गृहस्थ उसे ही कहा जाता है जो दूसरों को भी शादी के लिए उकसाता रहे। सत्यार्थ प्रकाश में एक कथा है कि एक हज़रत थे जिनकी कि किसी सन्दर्भ में नाक कट गयी थी। इन्होंने हज़ारों बेगुनाह आदमियों की नाक को उसी स्थिति तक पहुँचाने के लिए एक अभियान यह कहकर शुरू किया कि नाक कटवाने से भगवान दीखते हैं। ठीक इसी तरह जितने भी शादीशुदा लोग इस घर में थे उन्होंने मुझे शादी के विभिन्न फ़ायदे बताने शुरू किये। बहनों का कहना था कि बहू के आ जाने पर घर का काम-काज कम हो जायेगा और माँ-बाप पर जो वज़न है वह बँटेगा। माँ-बाप का कहना था कि शादी से बच्चे होंगे तो घर भरेगा। दोस्तों का कहना था कि शादी हो जाने से चाय-पानी और नाश्ते का प्रबन्ध वक़्त पर होगा जिससे हमारी और दोस्तों की सेहत सुधरेगी। दूसरे शब्दों में सब लोगों की राय यही थी कि शादी की ज़रूरत मोटर से कहीं ज़्यादा है। पुराने ज़माने में लोग नेकी करके कुएँ में डाला करते थे। उन दिनों रिवाज़ ही यही था और इसी कारण महल्ले-महल्ले लोग कुएँ बनवाया करते थे। कुआँ देखकर नेक काम करने की प्रेरणा मिलती थी। मेरे इन शुभचिन्तकों ने भी मेरी शादी करवाकर मुझे कुएँ में ढकेल दिया। अगर मैं 'नाक कटाओ' आन्दोलन में शामिल न हुआ होता और अगर मैंने शादी न की होती तो मैं अविवाहित रहकर कुछ साल और मज़े से काट सकता था और सबसे बड़ी बात तो यह थी कि उस स्थिति में एक नयी या पुरानी मोटर भी शायद ख़रीदी जा सकती थी। मगर भाग्य के लिखे

को कौन मिटा सकता है? शादी हो गयी और मोटर रह गयी। घर भर 'गया और गराज खाली की खाली ही रही।

शादी के बाद मैंने मोटर के फ़ायदे सबसे बताने शुरू किये। पश्चिम में कहावत है कि चाहे आप बच्चा ले लो चाहे मोटर। इस कहावत को मैं सबके सामने सामान्य तौर से और पत्नी के सामने विशेष रूप से अकसर समझाया करता था और यह साबित करने की कोशिश करता था कि बच्चे की ज़रूरत हमें हर्गिज़ नहीं है। हमें दरअसल ज़रूरत मोटर की है जो कि बच्चे की तरह शोर मचाने के साथ-साथ और भी अनेक प्रकार की ज़रूरतें पूरा कर सकती है। मगर इन तमाम चेतावनियों के बाद भी भाग्य ने हमारा साथ नहीं दिया। बावजूद हर कोशिश के बच्चे आ गये और मोटर नहीं आयी। उसकी जगह हमने एक अदद पुरानी साइकिल ख़रीद ली।

उसके बाद सालों तक मैं और मेरी पत्नी मोटर ख़रीदने की योजना बनाते रहे। मोटर ख़रीदने के लिए हम दोनों इतने उत्सुक थे कि सिवाय रुपये के और किसी भी बाधा का सामना करने को तैयार थे। हाँ, अलबत्ता रुपये की कमी काफ़ी ज़बर्दस्त क़िस्म की थी। मेरी पत्नी ने कई बार सलाह भी दी कि मोटर को किस्तों में ख़रीदना शुरू कर दो। किसी महीने हॉर्न ख़रीद रहे हैं तो किसी महीने गद्दियाँ। इस तरह करते रहने से एक दिन शायद ऐसा भी आयेगा कि हमारे पास पूरी मोटर होगी। रोम शहर का निर्माण एक दिन में नहीं हुआ था। अल्ला ताला को भी दुनिया जैसी गन्दी चीज़ बनाने में छः पूरे दिन लगे थे। हमने पत्नी के तर्क का कोई उत्तर नहीं दिया। एक काफ़ी सच्चे-मित्र ने हमें मोटर चोरी करने की सलाह दी पर हमारी कायरता ने हमारा साथ ज़रूरत से ज़्यादा दिया। हमारे रहते-रहते शहर में से एक से एक बढ़िया मोटर ग़ायब होती रही मगर बन्दा उसी साइकिल पर रोज़ दफ़्तर से वापस आता रहा जिस पर कि वह दफ़्तर जाता था।

इसके कुछ दिनों बाद दोस्तों ने उलाहने देने शुरू किये। बिना मोटर के भी भला कोई अफ़सर बन सकता है? कुछ धन्धे तो ऐसे हैं कि सौ रुपया वेतन पाने वाले कर्मचारी तक मोटर रखते हैं। उन धन्धों में न जाने का जो शोक हमें रहता है वह हम ही जानते हैं। धीरे-धीरे स्थिति इतनी नाज़ुक हो गयी कि हम दोस्तों से ही कतराने लगे। कोशिश यही करते थे कि मोटर का ज़िक्र आने से पहले ही छुट्टी हो जाये, मगर दोस्त भी क्या बला होते हैं कि बातचीत का भरतवाक्य हमेशा मोटर पर ही करते थे। हमें ठीक ऐसा लगता था जैसे कोई एकदम कान के पास आकर हॉर्न बजा रहा हो। धीरे-धीरे हम हीन भावना से इतने ग्रस्त गये कि दोस्तों के कहने से पहले ख़ुद ही मोटर का ज़िक्र छेड़ने लगे। कहीं कोई मिला तो एक जुमला कस दिया—हाँ, ज़रा पालक लेने सदर तक गया था। यार, थोड़े दिनों की किल्लत और है, फिर तो मोटर आ जायेगी। फिर सदर से क्या, खेत से पालक लाया करेंगे। खेतों का पालक तो एकदम ताज़ा रहता है और सेहत को ख़ास फ़ायदे पहुँचाता है। मोटर आने के बाद तो दातुन भी उसी पर

चढ़कर तोड़ा करेंगे। बिना किसी सवारी के नीम पर चढ़ने में गिरने का बड़ा ख़तरा रहता है। और हाँ, मछली के शिकार को भी कार में ही बैठकर चला करेंगे। दो-चार छोटे ख़ानदान की मछलियाँ तो मोटर का रौब पड़ते ही काबू में आ जाया करेंगी। गरज यह कि यह सब चलता रहा मगर मोटर थी कि न आयी, न आयी। बहारें आयीं और गयीं; बरसात सिर पर से गुज़र गयी, सर्दी का मौसम भी दो-चार कमाल दिखा गया पर ज़ुकाम तो आया, मोटर न आयी। एक के बाद एक ख़र्चा निकलता गया और मोटर वहीं रह गयी जहाँ दस साल पहले थी। इस बीच देरी यूँ भी हुई कि जितने दिनों में मैं पैसा इकट्ठा करता था उतने दिनों में मोटरों की क़ीमतें और बढ़ जाती थीं। क़ीमतों की रफ़्तार खुद मोटर से ज़्यादा थी।

थोड़े दिनों यह हालत रही। इसके बाद हमारा दृष्टिकोण बदल गया। हम दार्शनिक हो गये। अरे, क्या हुआ अगर मोटर नहीं आयी। हिन्दुस्तान में कितने हैं जिनके पास मोटर है? कितने तो बेचारे ऐसे हैं कि उनके पास साइकिल तक नहीं है। अभी उस दिन एक बूढ़ा इंसान बाज़ार में मिला जो साइकिल का सिर्फ़ पहिया उठाये कहीं जा रहा था। सारी उम्र ग़रीब को दूसरा पहिया मयस्सर नहीं हुआ। इसके अलावा मोटर आयेगी तो मेहमानदारी बढ़ेगी—ख़र्च बढ़ेंगे। बच्चे दिन-रात सैर-सपाटा करेंगे तो पढ़ेंगे क्या खाक? स्थिति यह होगी कि हम मोटर ख़रीदेंगे और वे उसे भाड़ा-गाड़ी की तरह चलाएँगे। इन विचारों से हमें बड़ा बल मिला। जिन दिनों हमारा जीवन सादा होता है पता नहीं क्यों हमारे विचार अपने-आप उच्च हो जाते हैं।

मोटर को लेकर घर में ख़ूब झगड़े हुए। बीवी सारी बुराइयों की जड़ होती है। अगर हमारी शादी किसी और जगह हुई होती तो क्या पता, मोटर शायद दहेज ही में मिल जाती। हमारे एक मित्र को शादी में एक नयी मोटर मिली और साथ-ही-साथ एक मोटरनुमा पत्नी भी। यानी कि घर में दो-दो मोटरें आ गयी। पत्नी ने जब ये सारी बातें सुनीं तो कहने लगीं कि वह आत्महत्या कर लेगी ताकि हम दूसरी शादी कर सकें। हमने जवाब में कहा कि यदि उसने आत्महत्या कर ली तो हम भी इन सर्दी के दिनों में घर से बिना कम्बल के निकल जायेंगे ताकि बीमार पड़ जायें और उसका दिल दुखा सकें। ख़ैर, दोनों का दुर्भाग्य देखिए कि न तो उसने किसी तरह की आत्महत्या की और न हम ही घर से निकले। हम दोनों बराबर एक-दूसरे के पास रहे— जो चीज़ हम दोनों से दूर रही वह मोटर थी।

इसके बाद हम ज्योतिषी के पास हाथ दिखाने गये। उसने कहा कि मेरी हथेली पर फिएट कार की रेखा एकदम साफ़ है। फिएट कार की रेखा कुहनी के पास से शुरू होती है और आगे तक सीधी जाती है जबकि स्टैंडर्ड कार की रेखा आगे चलकर कट जाती है। इसके अतिरिक्त स्टैण्डर्ड हेराल्ड की रेखा सिर्फ़ आगे को ही झुकती है क्योंकि इस मॉडल की गाड़ी में दरवाज़े सिर्फ़ आगे को ही होते हैं। ट्रक की लाइन बग़ल से शुरू होती है और बिना कहीं रुके उँगली के पोरों तक उसी रफ़्तार से

जाती है। ज्योतिषी की सरस्वती से हमें बड़ा बल मिला। अब यदि ललाट-पट्ट पर कार के दौड़ने का योग लिखा ही है तो हम उसे कैसे मिटा सकते हैं?

ख़ैर, धीरे-धीरे वे दिन भी आने लगे जब कार की सम्भावना ज़्यादा स्पष्ट हो गयी। अब हम लोग बड़े आत्मविश्वास से कहने लगे कि हमारी कार जुलाई तक ज़रूर आ जायेगी। मेहमानों से कहा गया कि जुलाई के बाद ज़रूर आयें। दोस्तों को चिट्ठियाँ लिखी गयीं कि मैं काले रंग की गाड़ी ले रहा हूँ—तुम बताओ कौन-सा रंग ठीक रहेगा? मगर मज़ाक़ देखिए कि हमारी बात का किसी ने यक़ीन ही नहीं किया। यहाँ तक कि हमारे अपने बच्चे भी मज़ाक़ उड़ाने लगे कि जाइए, मुँह धो रखिए– आपकी मोटर क्या, आपका तो पानी का जहाज़ आयेगा। चुंगीवालों से कहकर एक-दो समुद्र बनवा रखिए।

ज्यों-ज्यों गाड़ी आने के दिन नज़दीक आने लगे, हमारी बेचैनी बढ़ने लगी। पत्नी की उन सब सखियों की लिस्ट तैयार की जिनके घर जाकर उन्हें रोब लेना था। हमने उन लोगों की सूची तैयार की जिनकी साइकिल के पिछले पहिये से हमें मोटर भिड़ानी थी। कुल मिलाकर काफ़ी बड़ी लिस्ट निकली और हमें अपनी लोकप्रियता का पता पहली बार लगा। शोफ़र तय किया गया, गराज देखी गयी। मोटर आने की ख़ुशी में हमारी साइकिल नीलाम कर दी गयी। यह काम हमारी ग़ैरहाज़िरी में किया गया। पत्नी ने कहा कि साइकिल हमारी पोज़ीशन से मेल नहीं खाती। यह बात हमें कतई नहीं जँची। सचाई यह है कि जहाँ तक हमारी शक्ल और सूरत का प्रश्न है, वह तो साइकिल के साथ ही ज़्यादा उपयुक्त बैठती है और ख़ासकर पुरानी साइकिल के साथ। मोटर में बैठकर बन्दा खानसामा लगता है। एक बार मैं किसी की कार में बैठकर किसी शालीन व्यक्ति को रिसीव करने गया तो उन्होंने बतौर बख़्शीश के मुझे दस आने पैसे दिये। उन्होंने मुझे शोफ़र या बैरा समझा था। गुस्सा तो बहुत आया मगर चूँकि स्थिति साफ़ करने पर पैसे लौटाने का ख़तरा था, मैं ख़ून के घूँट पीकर चुप रह गया। तुलसीदास ने कहा भी है कि धीरज और धर्म आपात्काल में ही परखे जाते हैं।

हाँ, तो हमारी पोज़ीशन बढ़ गयी। पत्नी ने चाय में दो चम्मच चीनी डालनी शुरू कर दी। बच्चों ने पिताजी की जगह पापाजी कहना शुरू कर दिया। मित्रों को हमारी कविताएँ ज़्यादा अच्छी लगने लगीं। मालिक-मकान ने किराये का नोटिस वापस ले लिया। एक स्थानीय सम्पादक ने वर्षों बाद एक घिसी-पिटी रचना अपने विशेषांक के लिए स्वीकृत की और सबसे बड़ी बात तो यह कि महल्ले की चन्द सुन्दर लड़कियाँ मुझे नमस्ते करने लगीं। मगर जब मोटर फिर भी आती न दिखाई दी तो स्थिति बुरी तरह डाँवाडोल होने लगी। हमारी हालत यह हो गयी कि सड़क पर दौड़ती किसी और की ही मोटर को अपनी बतलाने लगे।

ख़ैर, इस पागलपन से हम किसी तरह बच गये। एक दिन ऐसा हुआ कि मोटर आ ही गयी और पुराने सारे मज़े उस दिन ख़त्म हो गये।

एक बदलता हुआ नायक

मुंशी प्रेमचन्द की कहानियाँ आमतौर पर देहात से शुरू होती थीं। इन कथाओं का नायक होता था होरी क़िस्म का कोई इंसान और खलनायक होते थे ज़मींदार और उनके गुमाश्ते। कुल मिलाकर सारे अदाकार अपना-अपना पार्ट काफ़ी तबीयत के साथ अदा करते थे और नतीजा यह होता था कि किसान नाम का जो प्राणी होता था वह कहानी ख़त्म होने तक अकसर दम तोड़ देता था। सच्ची बात तो यह है कि जितने किसानों को प्रेमचन्द ने अपनी कहानियों में मारा उतना किसी अकेले ठाकुर ने कभी नहीं किया। इसके बाद नयी कहानियों का फ़ैशन चला। इस फ़ैशन में कैमरा क़स्बे की गलियों पर घूमने लगा। जहाँ देखिए वहीं कोई भाई अपनी बहन से विदा माँगता हुआ साइकिल पर टीन का ट्रंक रखे हुए नौकरी ढूँढने बाहर जा रहा है। सोचता जा रहा है कि लौटेगा तो बहन के लिए चूड़ियाँ लायेगा और भाभी के लिए टिकली। जो कहानियाँ ज़्यादा आंचलिक होती थीं उनमें साइकिलें बिना पैडिल के होती थीं और उनके पिछले पहिये में पंचर होता था। परिणाम यह होता था कि कहानी धीमी गति से आगे बढ़ती थी। कमलेश्वर ने कुछ कहानियाँ 'क़स्बे का आदमी' नाम से ही लिखीं। मार्कण्डेय ने इस दिशा में कुछ बड़े दिलचस्प प्रयोग किये। उसकी एक नायिका अध्यापिका बनकर क़स्बे से गाँव जो आयी तो वहाँ एक चपरासी से–जो कभी उसके घर में काफ़ी प्यारा नौकर रह चुका था– ऐसे आत्मीय सम्बन्ध स्थापित किये कि नयी कहानी में गाँव और क़स्बे का अन्तर ही मिट गया। शेष कहानीकारों ने भी कुछ ऐसे रचनात्मक कार्यकर्म प्रस्तुत किये जिनसे अपनी आत्मा को काफ़ी सुख मिला।

इन दिनों स्थिति ज़रा बदल गयी है। आज की हिन्दी कहानी का नायक देहात या क़स्बे में नहीं रहता। वह अब महानगर में रहता है। क़स्बों और गाँवों में अब कुछ ऐसा शेष नहीं रहा जिस पर कलात्मक कहानी लिखी जा सके क्योंकि सारे-के-सारे नायक जत्थे बाँध-बाँधकर दिल्ली, कलकत्ता, बम्बई या मद्रास चले आए। ये लोग इन शहरों में क्या धन्धा करते हैं, यह अभी तक पूरी तरह ज़ाहिर नहीं हो पाया है। जो बात ज़ाहिर हो पायी है वह यह कि इनमें से हरेक के पास इतना वक़्त ज़रूर

है कि वह रेस्तराँ में बैठे और एक या दो अदद प्रेमिकाएँ पाले। कहीं-कहीं स्थिति ऐसी भी है कि लड़की काम-काज करती है और हीरामन तोते की तरह दो-चार प्रेमी पालती है। पर कुल मिलाकर विपरीत रति की ऐसी वारदातें प्रकाश में कम ही आयी हैं। धीरे-धीरे वे भी रोशनी में आयेंगी। हिन्दी कहानीकार की निगाह हमेशा से पैनी रही है। उसने अकसर वह देखा है जो वैसे इस मुल्क में कभी नहीं हुआ।

नायक रेस्तराँ में बैठा है। वह कब से बैठा है, क्यों बैठा है, कब तक बैठेगा—यह सब पूछना बेकार है। बुद्धजी की भाषा में ये अतिप्रश्न हैं। बुनियादी बात यह है कि एक नायक है और एक रेस्तराँ है और नायक जो है वह रेस्तराँ में बैठा है। वह कुर्सी पर बैठा है या बेंच पर, यह बात उसकी और रेस्तराँ की स्थिति पर निर्भर करती है। बहरहाल वह किसी-न-किसी चीज़ पर बैठा ज़रूर है। कहानी की शुरुआत यहीं से होती है। नायक बैठा है। वह तम्बाकू पी रहा है। वह बीड़ी पी रहा है या सिगरेट—यह फिर एक ऐसा प्रश्न है जिस पर बहस की जा सकती है। ख़ैर, वस्तुस्थिति यह है कि नायक न सिर्फ़ बैठा है बल्कि वह तम्बाकू भी पी रहा है। इन दो चीज़ों के अलावा जो तीसरी बात उसके हुलिये से ज़ाहिर होती है वह यह कि नायक परेशान है। अगर वह परेशान नहीं है तो वह कहानी का नायक नहीं—लेखक होगा। नायक के लिए परेशान होना उतना ही ज़रूरी है जितना कि रेस्तराँ में बैठना और तम्बाकू फूँकना। वह रेस्तराँ में बैठता है, नाक से धुआं निकालता है और परेशान होता है। यह उसकी नियति है। जब तक हिन्दी के कथाकार उसकी इस स्थिति पर तरस न खायें, वह बेचारा वहीं बैठा रहेगा, तम्बाकू पीता रहेगा और परेशान होता रहेगा।

यहाँ आकर एक बुनियादी सवाल यह उठता है कि साठोत्तरी कहानी का नायक इतना परेशान क्यों है? हो सकता है कि वह कॉफ़ी पी चुका हो और फ़िलहाल इस फ़िराक़ में हो कि बैरे की निगाह बचाकर बग़ल वाले दरवाज़े का फ़ायदा कैसे उठाया जाय। मगर बैरे की निगाहें इतनी शातिर हैं कि कन्नीकाट सम्प्रदाय की इस प्रगति में बाधा उपस्थित करती हैं। यह भी सम्भव है कि जिस लड़की पर नायक अपनी अफ़सरी का रोब लिया करता था वह ख़ुद इसी खस्ता कहवाघर में सामने की मेज़ पर बैठकर सूखी डबलरोटी चबा रही हो। मगर मैं नायक की तरफ़ से, उस लड़की की तरफ़ से और उस डबलरोटी की तरफ़ से आपको यक़ीन दिलाता हूँ कि परेशानी की वजह यह नहीं है। आज की हिन्दी कहानी के नायक का चरित्र बहुत मज़बूत है। वह क़र्ज़े या दाँत के दर्द की परवाह नहीं करता। वह बड़ी चीज़ों के लिए परेशान है। उसका दर्द दर्देतनहा नहीं है, बल्कि उसका ग़म ग़मे-ज़माना है। ये बड़े ग़म क्या हैं, यह नायक को तो नहीं पर लेखक को अलबत्ता ज़रूर मालूम है। नायक रेस्तराँ में यूँ परेशान बैठा है क्योंकि उसका लेखक अपनी स्टडी में आरामकुर्सी पर लेटा हुआ काफ्क़ा, कामू और सार्त्र पढ़ रहा है। अगर उन लोगों के नायक परेशान हैं तो हिन्दी के नायक क्योंकर नहीं होंगे? यह तो भेदभाव हुआ कि विदेशों के नायक

तो परेशान और पागल रहें और देशी नायक आल्हा गाता हुआ खेतों में घूमे। अब हमारा साहित्य अन्तर्राष्ट्रीय हो रहा है। वे दिन लद गये जब साहित्य समाज का दर्पण हुआ करता था। अब साहित्य और समाज के बीच में से दर्पण हट गया और नाई की दुकान पर चला गया। साहित्य और समाज दोनों एक-दूसरे से अलग हैं और बखूबी जी रहे हैं। लेखक भी खुश है, पाठक भी खुश है और जहाँ तक मुझे पता है, वह नाई भी खुश है। एक बेचारा नायक है जो परेशान है। वह रेस्तराँ में बैठा है और तम्बाकू पी रहा है।

नायक परेशान है। मूल्यों का अवमूल्यन हो रहा है। दुकानदार अपना बिल माँगता है। समाज में संत्रास और वातावरण में तनाव है। मालिक मकान ने अदालती नोटिस जारी करवा दिया है। हम सब लोग एक संक्रमणकाल में से होकर गुज़र रहे हैं। यह एक नये क़िस्म का काल है जिसकी ईजादगी हाल ही में की गयी है। पुराने ज़माने में भूत, भविष्य और वर्तमान बस ये तीन प्रकार के ही काल हुआ करते थे जिनसे किसी तरह किफ़ायत करके काम चलाया जाता था। हिन्दी का कथाकार समय की यह तंगी हर्गिज़ नहीं बर्दाश्त कर सकता था, उसने संक्रमणकाल का आविष्कार किया। इसके अतिरिक्त चारों तरफ़ विसंगतियाँ हैं। महल्ले में लड़कियाँ ग़जब की जवान हो रही हैं और त्रासदी यह है कि कोई नमस्ते तक का जवाब नहीं देती। पुरानी पीढ़ियाँ टूटने में इतनी देरी कर रही हैं कि अगर उनके टूटने में तीन-चार वर्ष और लग गये तो फिर उनका टूटना और न टूटना बराबर है क्योंकि तब तक सामने वाले फ़्लैट की छोकरी की शादी हो जायेगी। नायक के साथ अगर उसे भागना है तो अभी भागना है। मुल्क के पास काम बहुत और वक़्त कम है। अगली गाड़ी आठ बजे खुलती है। कोट की जेबें नंगी हैं और जहाँ तक पतलून की जेबों का प्रश्न है वे काफ़ी दिनों से फटी हुई हैं। लड़की इतनी दमदार नहीं कि चलते वक़्त दो-चार ज़ेवरात ही जेब में डाल ले। चरित्र का हर तरफ़ ह्रास हो रहा है। लड़की सिर्फ़ शरीर दे सकती है मगर नायक पढ़ा-लिखा है, वह शरीर से ऊपर उठना चाहता है। शरीर के साथ चन्द ज़ेवरात भी हाथ लग जायें तो कुण्ठाएँ कम हो सकती हैं। मगर नायक जानता है कि ऐसा कभी नहीं होगा। वह सोचने लगता है कि उसकी पत्नी का पैर फिर भारी है। वह परेशान है। वह एक सिगरेट और सुलगाता है।

परेशानी के इस आलम में वह बैरे से कॉफ़ी की एक प्याली और लाने को कहता है। जब तक कॉफ़ी आती है, तब तक वह अँगुलियाँ तोड़ता है, माथे का पसीना पोंछता है, जूते के फ़ीते कसता है और अपनी पहली प्रेमिका को याद करता है जिसके कारण उसने यही जूते कभी पैरों के स्थान पर सिर पर पहने थे। लड़की ज़रा खुशमिज़ाज थी, जूतों को देखकर उसका हाथ मचल जाता था। वैसे वह दिल की एकदम साफ़ थी। नायक की ठुकाई करने के बाद अगले दिन जब वह बस के अड्डे पर मिली थी तब वह फिर उसी प्यारे अन्दाज़ में मुसकरायी थी। वह सोचने

लगा। कॉफ़ी की ट्रे आ गयी मगर उसका सोचना जारी रहा। कॉफ़ी ठण्डी होती रही मगर पता नहीं, वह कहाँ-कहाँ की बातें सोचता रहा। कॉफ़ी की रंगत कितनी चटक थी। उसकी दूसरी प्रेमिका भी कुछ-कुछ इसी तरह की थी। तेज़ गर्म और झागदार। नैस्केफे की तरह एकदम तैयार होने वाली। मुल्क की बाक़ी लड़कियाँ भी वैसी ही होने लगें तो हिन्दी कहानी कहाँ-की-कहाँ पहुँच जाए। कॉफ़ी पीते-पीते उसकी निगाह उस बैरे पर भी पड़ी जो थाली में बिल का गुलदस्ता सँभाले मेज़ के पास मेंढे की तरह अपनी पिछली टाँगों पर खड़ा था। इस बैरे की मूँछें बड़ी ही रोबीली थीं। लगता था कि वह कोई फ़ौज का अफ़सर था जो रेजिमेण्ट के सालाना जलसे पर बहरूपिया बनने के लिए बैरे की वर्दी पहने हुए खड़ा था। नायक ने सहसा महसूस किया कि इस बैरे की शक्ल उसकी प्रेमिका क्रमसंख्या दो के सगे बाप से मिलती है। बड़ा खूँखार इंसान था। लड़की को तिजोरी में रखता था– बूढ़े साँप की तरह। उसने भरे बाज़ार नायक की गर्दन पकड़ी थी और पतलून निकलवायी थी। उस दिन नायक वहाँ से घर तक कोट, टाई, फैल्ट और अण्डरवियर में आया था। वह घबरा गया। वह तम्बाकू पीने लगा।

रेस्तराँ में लोग आते रहे और जाते रहे। रेस्तराँ के बाहर भी थोड़ी-बहुत दुनिया जीती रही। शाम रात में तब्दील हो गयी। स्टेशनों पर सिगनलों की बत्तियाँ जल गयी और बसों के अन्दर भीड़ की क़िस्में बदल गयीं। गाँवों और क़स्बों के सौदागर नावों पर हुक़्क़ा रखकर लौटे और बीवियों और बच्चों से मिले। नुक्कड़ पर चुंगी की डिबरी जल गयी। साइकिल पर खादी का झोला डाले कोई जनसेवक ठर्रा पीने के लिए लाइन में खड़ा हो गया। क्लबों में हुक्कामों ने फोश मज़ाक़ कर नकली दाँतों से ठहाके लगाना शुरू कर दिया। पूरब के ग़रीब मज़दूरों ने महानगर की सड़कों पर बिस्तर खोल लिया और दादा को सलामी देनी शुरू की। जवान लोग मोर्चे पर लड़ते रहे। यह सब होता रहा। मगर हिन्दी कहानी का नामर्द नायक वहीं रेस्तराँ में बैठा रहा। वह नालायक़ लड़की उसके साथ नहीं भागी और साहित्य में गतिरोध वैसा ही बना रहा। नायक बेचारा उसी तरह बैठा रहा और तम्बाकू फूँकता रहा।

वर्षा विगत शरद ऋतु आयी

मर्यादा पुरुषोत्तम श्री रामचन्द्र के चरित्र का जो गुण मुझे सबसे ज़्यादा आकृष्ट करता है वह है उनका अनन्त प्रकृति-प्रेम। सीताहरण के बाद नितान्त शोक की अवस्था में भी वे प्रकृति को नहीं भूले। कितना प्यारा शगल था कि वन में वनवास से जहाँ वक़्त मिला वहीं लक्ष्मण को किसी शिलाखण्ड पर बिठाया और स्वयं लगे वर्षा या शेष ऋतुओं के बारे में विस्तार से बताने। इससे उनकी भी तबीयत हल्की होती थी और चिरंजीव लक्ष्मणजी की भी। शरद ऋतु का ही प्रसंग ले लीजिए। किष्किन्धाकाण्ड में वर्षा बीतने पर शरद् ऋतु जो आयी तो काँस फूल उठे। अगस्त नाम का नक्षत्र निकल आया और रास्तों का जल सूख गया। कहीं-कहीं हल्की वर्षा भी हो गयी जिसके कारण जो रास्ते सूख गये थे वे फिर गीले हो गये। चक्रवाक दुखी रहने लगा। कवि के अनुसार एक बड़ा सुख जो शरद् ऋतु में आया वह यह था कि मच्छरों का नाश हो गया और वह भी साधारण रीति से नहीं वरन् इस प्रकार जैसे कि उन लोगों का नाश होता है जो कि ब्राह्मणों से बैर रखते हैं। मसक दस बीते हिम त्रासा, जिमि द्विजद्रोह किये कुल नासा।

बातचीत रामचन्द्रजी से प्रारम्भ हुई थी और शरद् ऋतु से होती हुई मच्छर तक आ गयी। आप लोगों में से शायद कुछ यह सोचते हों कि मैं मलेरिया विभाग का कर्मचारी हूँ। यह ग़लत है। मैं तो केवल रामायण का भक्त हूँ। रामायण में लिखा है कि मच्छर के काटने से कष्ट होता है तो मैं भी कष्ट का अनुभव करता हूँ। वैसे गोस्वामीजी की कृपा से, अपनी खाल इतनी मोटी है कि काटते समय मच्छर को ही अधिक कष्ट होता होगा पर क्योंकि मानस में लिखा है इसलिए मच्छर की एवज में मैं ही दुखी हो लेता हूँ। प्रत्येक भक्त की कुछ मजबूरियाँ होती हैं। मेरी भी कुछ मजबूरियाँ हैं और जहाँ तक मैं समझ पाता हूँ कुछ मजबूरियाँ शायद मच्छर की भी हैं। विश्वविजयी सिकन्दर जो था वह मच्छर के काटने से ही मरा था। ख़ैर, स्थिति कुछ भी हो, मैं हमेशा यही कहूँगा कि मच्छर ने मुझे जब-जब काटा, मुझे तभी-तभी कष्ट हुआ। इधर मच्छर ने काटा, उधर मुझे कष्ट हुआ। यह ठीक वही स्थिति है जो निचले स्कूलों में व्याकरण की कथा में प्रकार समझाई जाती थी कि इससे पेश्तर

कि मुझे मच्छर ने काटा मेरे कष्ट होना शुरू हो गया। मच्छर और व्याकरण की क्या चर्चा चली कि मुझे उस नरपुंगव की बात याद आ गयी जो मुझे कभी व्याकरण पढ़ाते थे। वे खाली मुँह और खाली हाथ कभी नहीं रहते थे। मुँह पर मूँछें रहती थीं और हाथ में डण्डा। प्रभु की कृपा से दोनों पदार्थों का क़द बराबर ही होता था। मूँछें तो पीने के समय दूध को छानती थीं और डण्डा जो था वह ज्ञान ग्रहण करते समय हमारी देह को छानता था। हम चन्द प्रतिभावान छात्र इस डण्डे से बचने की काफ़ी कोशिश करते थे पर घूम-फिरकर वह वस्तु विशेष फिर वहीं आ जाती थी—ठीक उसी तरह जैसे तुलसीदास के राम ऋतु-वर्णन पर आ जाते थे।

आज कुछ बहक रहा हूँ। बात शरद् ऋतु से शुरू की थी और मच्छर और डण्डे पर आकर अटक गयी। यह ग़लत है। इससे पाठक का लेखक पर से विश्वास उठ जाता है। कल मैं वर्षा ऋतु की चर्चा करूँगा और आप सोचेंगे कि लेख का अन्त शायद हुक्के पर हो। यह ग़लत है। मैंने शरद् ऋतु पर ही लेख लिखने का निश्चय किया है और मैं शरद् ऋतु पर ही लेख लिखूँगा भी। मच्छर आये, एक-दो अदद सिकन्दर आ जायें, डण्डा आए, अगस्त का तारा आये पर लेख जो है न, वह शरद् ऋतु पर ही रहेगा। ईमानदार लेखन इसी का नाम है।

मुझे शरद् ऋतु से बड़ा प्रेम है। जैसे गधे को गर्मियाँ प्यारी होती हैं, उसी तरह मुझे सर्दियों से मुहब्बत है। इस बात से मुझमें और गधे में जो मौलिक अन्तर है, वह भी स्पष्ट हो जाता है। बचपन में शरद् ऋतु से मुझे यूँ स्नेह था कि इस ऋतु में घर वाले नहाने की ज़िद नहीं करते थे। बड़ा होने पर इस मौसम से यूँ इश्क़ हो गया कि जाड़ों में अपने कमरे की कभी किसी ने जाँच-पड़ताल नहीं की। बेकारी के दिनों में यह ऋतु यूँ प्रिय रही कि सर्दियों में कभी कोई टिकट चेकर रेलगाड़ी में नहीं आया और जो भीड़ होती थी वह भी बुरी नहीं लगती थी। कभी तो स्थिति इतनी सुखकर होती थी कि जितना भी भिंचकर बैठने को मिलता था उतना ही प्यारा लगता था। शादी के अवसर पर इस ऋतु ने मेरा साथ यूँ दिया कि वधू पक्ष की ओर से वधू तो एक ही मिली पर ऊनी वस्त्रों के जोड़े कई मिले। शादी के बाद यह ऋतु यूँ अच्छी लगी कि अतिथिगण जाड़ों में हमेशा कम आये और भूला-भटका कोई एकाध ग़रीब कभी आ भी गया तो बिस्तर न देने के कारण अगले ही दिन अन्तर्धान भी हो गया। जाड़ों के बराबर और कोई ऋतु नहीं। और जब शरद् ऋतु धीरे-धीरे शिशिर और हेमन्त में बदलती है, तब तो कहना ही क्या—सिर्फ़ जाड़ा ही जाड़ा रह जाता है, ऋतु वाला जो भाग है वह तो कभी का जम चुका होता है। हमारा देश भी क्या देश है, भगवान में जो भी ऋतु दी वह छप्पर फाड़कर दी। गर्मियों में छप्पर आग से टूटता है, बरसात में वह सैलाब में बहता है और जाड़ों में वह ओलों और बर्फ़ से ढहता है। छप्पर और भगवान की जो दुश्मनी है वह हमारे देश के सन्दर्भ में काफ़ी मुखर है।

शायद आप यह समझें कि मैं अकेला ही हूँ जो कि शरद् ऋतु से प्रेम करता हूँ। यह ग़लत है। हमारी तक़दीर ऐसी कहाँ कि जिस चीज़ को हम पसन्द करें उसके दस-बीस चाहने वाले पहले से ही सीन पर मौजूद न हों? इस सन्दर्भ में एक बात याद आ रही है और काफ़ी ज़ोरों से याद आ रही है। यूँ तो बात ज़रा अन्तरंग क़िस्म की है पर जब मुँह पर आ ही गयी है तो कह ही दूँ। एक बार मेरा भी एक लड़की से प्रेम हो गया था। काफ़ी सच्चे क़िस्म का प्रेम था जो लड़की की कृपा से अन्त तक पवित्र भी बना रहा। हम लोग एक-दूसरे को देखे बिना ज़िन्दा नहीं रह सकते थे। हिम्मत बटोरकर जब लड़की के बाप से शादी का ज़िक्र किया तो पता चला कि वे भी मेरे क़रीब थे। अपनी लड़की के प्रति जो उनका प्रेम था वह कहीं ज़्यादा हॉर्सपावर का था। यूँ देखने-भालने में वह उन लड़कियों में से थीं जो पैदा ही जवान होती हैं मगर इन बुज़ुर्गवार का ख़याल था कि वह नादान बच्ची थी और अभी कम-से-कम दस साल उसे वह अपने घर से जुदा नहीं करना चाहते थे। हमने उनके पितृ-प्रेम की दाद दी, सूरदास का एक पद पढ़ा और चले आये। चूँकि हमारी मुहब्बत सच्ची थी, इससे पेश्तर कि हमारे प्रेम की आग ठण्डी पड़ती, हमने एक और लड़की से शादी कर ली।

लड़की की बात क्या चली कि मैं शरद् ऋतु वाली पटरी से फिर उतर गया। अब फिर वहीं से शुरू करता हूँ। सर्दी की ऋतु में मुझे जाड़ा काफ़ी लगता है जो कि शायद मौसम के प्रभाव के कारण होता है। जाड़ा लगने पर मैं अकसर कवितापाठ करता हूँ। ऋतु-वर्णन के सन्दर्भ में कुछ कवि मुझे बड़े प्रिय हैं जैसे पद्माकर और कालिदास। इनकी भावनाएँ मेरी भावनाओं से मेल खाती हैं। कोई भी मौसम हो, ये कवि मुझे कभी निराश नहीं करते। कालिदास ने शेष वस्तुओं की भाँति शरद् ऋतु पर भी बड़ी तबीयत से ध्यान दिया है। वे कहते हैं कि शरद् ऋतु आ गयी। इस ऋतु में बन्द खिड़कियों के मकान, आग, सूरज की किरणें, मोटे वस्त्र और पतली युवतियाँ विशेष रूप से सेवनीय हैं। कितना सस्ता नुस्खा है; सादा जीवन, उच्च विचार। न ज़ुकाम का डर और न निमोनिये का। जाड़ों की यही दो-चार बीमारियाँ हैं इनसे बच गये तो आप अगली सर्दी ज़रूर पकड़ लेंगे। प्राकृतिक चिकित्सा के सिद्धान्तों का पालन कीजिए, ख़ुद भी निरोग रदिये और युवतियों को भी सर्दी से बचाइये। स्वयं गौतम बुद्ध ने कहा है कि आरोग्य से बड़ा कोई और लाभ नहीं। एक बरसाती मच्छर था तो वह गोस्वामीजी ने पहले ही ख़त्म कर दिया। अब आप और आपके सुख के बीच कोई नहीं रह गया। किसी और कवि के पास जाने की भी कोई ज़रूरत नहीं। और जायेंगे भी तो मिलेगा क्या? पद्माकर को ही पकड़ लीजिए—पचीस आइटमों की सूची और आपको थमा देंगे जैसे 'गुलगुली गिलमैं गलीचा है, गुनीजन हैं, चाँदनी है, चिक है, चिरागन की माला है।' इस सूचीपत्र में अनुप्रास की छटा ज़्यादा है और सर्दी हटाने की दवा कम। ऐसे पूँजीवादी दरबारी कवियों की वाणी से क्या लाभ

जो केवल सिंडिकेट का ही ध्यान रखें? पब्लिक सेक्टर का कवि तो कालिदास है, कालिदास। कालिदास है जो सच्ची बात कहता है, सफ़ाई से कहता है और कहने में ज़्यादा देर नहीं लगाता। नुस्खे की सारी दवाइयाँ ऐसी हैं जो घर या पड़ोस ही में बहुतायत से मिलती हैं। जाड़ों की ऋतु मुझे यूँ भी पसन्द है कि इसमें मैं अँगीठी के पास बैठता हूँ और कालिदास पढ़ता हूँ। सच कहता हूँ कि बड़ा मज़ा आता है। कोई-कोई उक्ति तो इतनी मार्मिक होती है कि तबीयत करती है कि आप लोगों की आँख बचाकर दफ़्तर की इन फ़ाइलों को अँगीठी में फेंक दूँ।

दुर्घटना जो कभी नहीं हुई

लड़के-लड़की की शादी के पश्चात् जो प्रतीक्षा पहला बच्चा पैदा होने की की जाती है, ठीक वैसी ही प्रतीक्षा कार ख़रीदने के बाद पहली दुर्घटना की होती है। ससुराल से कन्या लौटती है तो महल्ले की सारी सखियाँ उसे छेड़ती हैं, उसे देखकर एक ख़ास अन्दाज़ में मुसकराती हैं और हिर-फिरकर वही एक बात पूछती हैं। घर की बड़ी-बूढ़ियाँ भी कभी-कभी इस दिलचस्प दौड़ में उनका इतना साथ देती हैं कि उसे देखकर युवतियों का भी साहस छूट जाता है। उसी तरह घर में लड़के की बहू आती है तो ज़िम्मेदार सास का तो यह नियमित क्रम हो जाता है कि शाम को लड़की के मैकेवालों को चुनी-चुनी गालियाँ दे और सुबह-सुबह बहू से बड़े प्यार से फिर उसी बारे में जाँच-पड़ताल शुरू कर दे। ठीक उसी तरह जैसे कोई समयसिद्ध पुलिस का घाघ थानेदार नौसिखिये जेबकतरे से बात उगलवाता है। भले घरों में तो कहीं-कहीं यह स्थिति विवाह के कोई एक सप्ताह बाद ही शुरू हो जाती है। जब तक बहू सास को उत्तर में हाँ नहीं कहती तब तक उसका दर्जा बहूरानी का कम और नौकरानी का ज़्यादा रहता है। बस यही हालत मोटर ख़रीदने वाले की होती है। रोज़ सुबह गाड़ी लेकर निकलिए और सन्ध्या समय उसी तरह साबुत एक पीस लौटकर आइए तो न आपकी कोई क़ीमत है और ना ही आपकी मोटर की। घरवाले जत्था बाँधकर गराज तक जाते हैं, गाड़ी पर एक या दो अदद निगाहें डालते हैं और आहें भरकर लौट आते हैं। इसके बाद आपके पुट्ठों को बड़े तरस के साथ देखा जाता है और शर्म से मस्तक नीचा किया जाता है। कैसा कुलकलंक है कि नयी मोटर ख़रीद ली और फिर भी हड्डी नहीं तोड़ता? अगर इसी सादगी से रहना था तो फिर हज़ारों रुपया पानी में डालने की क्या ज़रूरत थी।

घरवालों को दोष देने से पहले यह बता देना ज़रूरी होगा कि मैंने स्वयं अपनी गाड़ी इसीलिए ख़रीदी थी कि अपनी साइकिल से किसी की पृष्ठभूमि की कोई सेवा मैं कभी सम्पन्न नहीं कर सका था। यूँ साइकिल की मदद से भी हादसे होते हैं और ख़ूब होते हैं पर दुर्भाग्य देखिए कि मेरे साथ ऐसा कभी नहीं हुआ। मेरी साइकिल ही कुछ इस तरह की थी कि बस वह स्वयं ही में ही एक दुर्घटना थी और उससे

बाक़ी दुर्घटनाओं की अपेक्षा करना कुछ असंगत था। यह साइकिल बड़ी पुरानी थी। इतनी गन्दी और ज़लील साइकिल मैंने अपने जीवन में दुबारा नहीं देखी। मुझे यह कहते हुए लज्जा और सन्तोष होता है कि यह अजीबोग़रीब चीज़ मुझे ससुराल की तरफ़ से बतौर तोहफ़े के दी गयी थी और वह भी शादी के पहले। इसे देख-देखकर ससुराल से आने वाली शेष चीज़ों के बारे में भी मैं अन्दाज़ लगाया करता। शायद यह वही साइकिल थी जिसका ज़िक्र पतरस ने अपने मज़ामीन में किया है। जैसा कि ज़ाहिर है वह साइकिल पतरस के ही ज़माने में काफ़ी पुरानी थी और जब तक यह हमारे चरणकमलों तक पहुँची तब तक इसकी क्या स्थिति हो गई थी, इसका अनुमान लगाया जा सकता है। राणा साँगा की तरह इसके प्रत्येक अंग पर घाव था जो न जाने कितने जंगों की याद दिलाता था। कभी समय मिला तो इस शूरवीर साइकिल के उज्ज्वल चरित्र को लेकर एक महाकाव्य लिखूँगा। वह दिन मुझे हमेशा याद रहेगा जब मैंने इस योद्धा के प्रथम दर्शन किये थे और जिस दिन साफ़ कपड़े पहनकर इस तोहफ़े को छुड़ाने मैं मालगोदाम गया था। मालगोदाम में उस दिन जो उदासी छायी थी, वह बतायी नहीं जा सकती। दो लोग घुटने पर पट्टी बाँधे बैठे थे और तीन की कुहनी में फ्रैक्चर था। माल बाबू की शायद एक पसली अपनी जगह से हिल गयी थी। इतना हादसा तो सिर्फ़ इस कारण हुआ था कि इन सम्भ्रान्त कर्मचारियों ने हमारे उस ऐतिहासिक वाहन को मालगाड़ी से उतारकर गोदाम तक पहुँचाया था। ख़ैर, मैंने पर्ची दी और सामान तलब किया। जब यह साइकिल लादी गयी थी तो शायद एक पीस थी और जब मुझे दी गयी तो छोटे-बड़े कोई अठारह टुकड़ों में थी। मैंने एक रिक्शा किया। रिम और हैण्डिल आगे रखे। टायर शिव के साँप की तरह गले में पहने और घण्टी हाथ में ली। रह गयी चेन तो वह हाथों में लपेट ली। कोई सौ गज़ चलने पर एक खलासी दौड़कर आया और साइकिल का एक पुर्जा मुझे और थमा गया। इसके बाद कई महीने तक यही स्थिति रही कि मैं जब भी किसी काम से रेल की तरफ़ घूमने गया, वहाँ के लोगों ने मुझे मेरी साइकिल का एकाध पुर्जा और पकड़ा दिया।

इस साइकिल को मैंने एक मिस्त्री की मदद से जोड़ा। इसे जोड़ने की प्रक्रिया में वह ग़रीब हमेशा के लिए बिखर गया। किसी तरह यह साइकिल इस क़ाबिल हुई कि इसे हाथ में सँभालकर आप सरकारी सड़क पर चल सकें। काफ़ी होनहार क़िस्म की साइकिल थी और एकसाथ ही कई बाँकी सवारियों का मज़ा भी दे जाती थी। चलती थी तो लगता था कि अड्डे पर हवाई जहाज़ उतर रहा है। पैडिल मारते थे तो लगता था कि आप साइकिल क्या, कोई पानी का ऐसा जहाज़ खींच रहे हैं जिसका कि लंगर सिन्दबाद जहाज़ी ने अभी नहीं उठाया है। दुलत्ती यह घोड़े की तरह मारती थी। थोड़ी दूर चलने के बाद इसकी चेन कुछ इस तरह उतर जाती थी कि उसे ठीक करने के लिए हमें अपना पाजामा उतारना पड़ता था। मेरे इस वाहन

को देखकर देश की जनता सड़कों पर से इस तरह हट जाती थी जैसे साइकिल न आकर यमराज का भैंसा आ रहा हो। तंग आकर मैंने कई बार इसे इधर-उधर छोड़ने की कोशिश की मगर पुलिस ने इसे हमेशा मेरे घर तक वापस पहुँचा दिया। उस इलाक़े में शायद ही कोई ऐसा सरकारी कर्मचारी था जो उस साइकिल के और मेरे निकट सम्बन्धों को भली-भाँति न जानता हो।

साइकिल से कोई दुर्घटना न होने के कारण हमें मोटर ख़रीदने को बाध्य होना पड़ा। दुर्घटना करने की जो घनीभूत पीड़ा मस्तक में स्मृति की तरह छायी हुई थी वह सुयोग पाकर मोटर का रूप धारण कर हमारे नेत्रों के सामने प्रकट हुई। अरे, हम भी तो किसी से टकराकर देखें। हमें भी तो वह अवसर मिले कि कोई अपनी प्यारी-प्यारी अँगुलियों से हमारे केश सहलाए। केश सहलाते-सहलाते, केश सहलाने लगते हैं हाथ। फ़िल्मों में तो अकसर यही होता है कि इधर लड़के की टाँग टूटी उधर लड़की को प्यार आया। जब तक हीरो की टाँग जुड़ती है, तब तक लड़की का दिल टूट जाता है। मोटर से जब दुर्घटना होती है तो यही मज़े रहते हैं। आज आप उन्हें मोटर से टकराकर अस्पताल डालकर आये तो कल उनके लिए फूल ले गये। तीन दिन के बाद लड़की इस हालत में आ जाती है कि आधे कपड़ों में आपके साथ गाना गाती हुई चौराहे पर नाच सके। इसके बाद उसके माता-पिता आपको अपने घर चाय पर बुलाते हैं। अगर फ़िल्म दक्षिण की होती है तो मध्यान्तर तक लड़की की शादी और पहला बच्चा भी हो जाता है। मोटर से किसी को टक्कर देने से यही सब कुछ परिणाम होता है जबकि अगर आप किसी को साइकिल से धक्का दें तो सिवाय इसके कि आपकी देह के ऊपरी क्षेत्र में कुछ जूते पड़ जायें, और कुछ नहीं होता। फ़िल्मों में इसी कारण हमेशा ऐसा होता है कि अगर मोटर टकराती है तो हमेशा किसी ख़ूबसूरत और कम उम्र की लड़की से टकराती है और अगर साइकिल टकराती है तो हमेशा किसी मुच्छड़ पुलिसवाले से। पता नहीं क्यों, देसी फ़िल्मों का यह प्रबन्ध हमें बहुत पसन्द है।

इत्तफ़ाक देखिए कि हमने गाड़ी चलाना भी सीख लिया और फिर भी कोई दुर्घटना नहीं हुई। हम भारी भीड़वाली सड़कों पर गाड़ी दौड़ाने लगे पर स्थिति वही रही कि दिवस का अवसान समीप होने पर फिर वही एक पीस वापस। हम कितनी ही हिम्मत बटोरते, कितना ही निशाना साधते पर बात वहीं की वहीं। सामने की सीट पर बैठे हुए आत्मीय मित्र भी पुराने चारणों की तरह हमारा उत्साह बढ़ाते पर फिर भी वीरगाथाकाल कभी हम तक न आया। पता नहीं वह क्या चीज़ थी जो ठीक ऐन वक़्त पर हमारा हाथ रोक लेती थी। मेरा ख़याल है, वह शायद हमारी आत्मा रही होगी। अगर वह वास्तव में आत्मा ही थी तो ज़ाहिर है कि काफ़ी पतित क़िस्म की आत्मा थी। एक आत्मा वे होती थीं जिन्हें न शस्त्र छेद सकता था, न आग जला सकती थी और न पानी गला सकता था। एक यह हमारी साठोत्तरी आत्मा है

जो सुनसान सड़क पर कुँआरी लड़की से टकराते हुए शरमाती है। इस जीवन को वास्तव में धिक्कार है। और फिर स्थिति देखिए कि हम कोई उस कन्या के प्राण थोड़े ही लेना चाहते हैं? हम तो सिर्फ़ यह चाहते हैं कि वह ज़रा सहमे, ज़रा सड़क पर मुँह के बल गिरे, घोड़े की ताज़ी लीद का ज़ायका हासिल करे और दो-चार जगह मामूली मोच खाये। इसके बाद हम अपनी टाई ठीक करेंगे, रूमाल की तह बनाकर उसे ऊपर की जेब में क़ायदे से रखेंगे और फिर लजाते हुए उनसे माफ़ी माँगेंगे। इसके बाद मोटर में बैठकर लड़की अस्पताल जायेगी। बाक़ी कार्यक्रम ऊपर बताया ही जा चुका है और उसे दुहराने की कोई ख़ास ज़रूरत नहीं है। संक्षेप में स्थिति यह है कि जो कुछ भी होगा वह लड़की के हित में ही होगा। जितने भी धनी देश हैं वे पिछड़े देशों को युद्ध में फँसाते हैं, उनकी पूरी बर्बादी करते हैं मगर उनका उद्‌देश्य यही रहता है कि युद्ध के बाद त्राहि-त्राहि करती उस देश की, मानवता की सेवा की जा सके। महान् उद्‌देश्यों की पूर्ति के लिए कभी-कभी बड़े-बड़े तुच्छ काम करने पड़ते हैं। महानता की अपनी अलग विवशताएँ हैं और उनसे बचा नहीं जा सकता। बचने की इस क्रिया को साहित्य में छायावाद और इतिहास में कायरता के नाम से पुकारा जाता है।

इसके बाद क्या हुआ वह ज़ाहिर है। दो साल के ऊपर हो रहे हैं और दुर्घटना का अभी तक इन्तज़ार है। शायद कभी हमारे भी दिन फिरें। भगवान के यहाँ कहते हैं, देर है मगर अन्धेर नहीं। पिछले दिनों एक हादसा हुआ भी मगर वह क्या हादसा था कि हादसा बनते-बनते रह गया। टकराना चाहते थे एक दूधवाली से मगर जिस वस्तु से निकट सम्पर्क स्थापित हुआ वह स्वयं ग्वालिन न होकर उसकी भैंस थी। काफ़ी बड़े साइज़ की भैंस थी। जब वह सुनहरे पर्दे पर प्रकट हुई तो सारा जग भैंसों से ही भरा हुआ लगने लगा। मगर बात वही रही, सिवाय पूँछ के कुछ बालों के उसकी भी किसी सम्पत्ति को कोई क्षति नहीं पहुँची। हम सिर पर हाथ रखे आहें भरते ही रहे और दूधवाली और बाक़ी औरतें सड़क पर खड़ी हँसती रहीं। क्या मोटरवाला है, खाली वक़्त में भैंस की पूँछ के बालों को उखाड़ता फिरता है। इस छोटे-से हादसे के अतिरिक्त हमारी आत्मा ने हमारा साथ कभी नहीं दिया। लड़की क्या, हम तो कुत्ते की टाँग भी अब तक नहीं तोड़ सके। लड़कियाँ सड़क पर उसी लापरवाही से घूमती रहीं और हम अपनी गाड़ी लिये खलनायक की तरह यूँ ही दौड़ते रहे। सारे हिन्दुस्तान में मोटरें टकराती रहीं और हमारा भाग्य वहीं का वहीं अटका रहा। अगर कभी किसी ने ग़लती से या जान-बूझकर हमारी गाड़ी के निचले हिस्से से निकट सम्पर्क स्थापित करना भी चाहा तो भी हमारी कायरता ने हमारा साथ ज़रूरत से ज़्यादा दिया। हम ज़रूरतमन्द लोगों की सहायता भी वक़्त पर न कर सके। यह इतनी लज्जा की बात है कि कहते नहीं बनता। हे भारत माता, तू इस कपूत को बस माफ़ ही करना।

एक ज़रूरी बयान

इन पृष्ठों के द्वारा मैं आपका ध्यान खेती की [illegible]ता की समस्या के उस पहलू की ओर आकर्षित करना चाहता हूँ जो कि अभी तक पूरी तरह नहीं पकड़ा गया है। मुझे आपको यह बताते हुए हर्ष होता है कि समस्या के इस पहलू का सम्बन्ध चूहे से है।

चूहा जैसा कि शायद हम सभी जानते हैं, एक छोटा-सा जानवर होता है जो कि पैरों के सहारे चलता है। इस जानवर का वर्गीकरण कई प्रकार से किया जा सकता है जैसे स्त्री चूहा, पुरुष चूहा, जंगली चूहा या घरेलू चूहा, छोटा चूहा या बड़ा चूहा। और जानवरों की तरह चूहा भी अपने बचपन में छोटा होता है और धीरे-धीरे अपने पूरे क़द को प्राप्त होता है।

चूहे के सही क़द के बारे में काफ़ी कहा जा सकता है। आजकल जो चूहा हम देखते हैं वह प्रायः ज़्यादा बड़ा नहीं होता। दूसरे शब्दों में आजकल जो चूहा पाया जाता है उसका क़द छोटा होता है। मगर इतिहास साक्षी है कि स्थिति हमेशा ऐसी नहीं थी। 1857 के ग़दर में जो अँग्रेज़ स्त्रियाँ लखनऊ की रेज़ीडेंसी में बन्द थीं उन्होंने सूअर के साइज़ के चूहे देखे थे। दूसरे शब्दों में सौ साल पहले चूहे का क़द कुछ और ही था। हज़ारों साल पहले तो चूहा काफ़ी बड़ा रहा होगा और ज़ाहिर है कि इसी कारण गणेशजी ने इसे अपनी सवारी में रखा।

इस समय हमारे देश में खाने की जो समस्या है, उसका चूहे से प्रत्यक्ष सम्बन्ध है। सयानों का मत है कि देश में कुल मिलाकर दस मिलियन टन अन्न की कमी है और स्थिति यह है कि इस राशि से कुछ ज़्यादा अन्न चूहा खा जाता है। चूहे से हमारा अर्थ यहाँ देश के सारे चूहों से है क्योंकि जैसा कि ज़ाहिर है, एक चूहे के लिए इतना अन्न खाना कठिन है। दूसरे शब्दों में यदि हम किसी तरह चूहे का अन्न खाना बन्द कर सकें तो हमारा देश खाने के मामले में आत्मनिर्भर हो सकता है।

जैसा कि हम जानते हैं, खाने के संकट के कारण हमें दूसरे देशों से अन्न लेना पड़ता है। अन्न की सहायता के साथ-साथ विदेशी सरकारें हमें और दिशाओं में प्रभावित करती हैं। संक्षेप में स्थिति यह है कि चूहे का क्षेत्र खाने तक ही सीमित नहीं है; वह रक्षा, साहित्य व तकनीकी शिक्षा की ओर भी जाता है। दूसरे शब्दों में

चूहे की गति अनन्त है।

अब तक खेती के सन्दर्भ में जो कुछ किया गया है वह ज़मींदारी उन्मूलन, सिंचाई, बीज, खाद इत्यादि दक़ियानूसी क्षेत्रों में ही किया गया है। यदि उतना श्रम चूहे के ऊपर किया जाता तो खाने की समस्या कभी की हल हो गयी होती। ख़ैर, स्थिति यह नहीं है कि अब तक जो कुछ नहीं किया गया, उस पर शोक-प्रस्ताव पास किया जाये बल्कि यह कि भविष्य में इस जन्तुविशेष से देश की रक्षा कैसे की जाये। इस बारे में हमें आँकड़े इकट्ठे करने होंगे और फिर क्रमबद्ध योजना बनानी होगी।

हमारे देश में चूहों की जितनी अधिकता है, आँकड़ों की उतनी ही कमी है। चूहों की वास्तविक जनसंख्या कितनी है इस बारे में निश्चित रूप से कुछ भी नहीं कहा जा सकता। हाँ, अलबत्ता इतना ज़रूर निश्चित है कि स्वाधीनता-प्राप्ति के बाद चूहों की जनसंख्या में काफ़ी वृद्धि हुई है। चूहों की समस्या हल करने के लिए ज़रूरी है कि उनकी बढ़ती हुई जनसंख्या को रोका जाये।

चूहे की जनसंख्या की वृद्धि रोकने के लिए अनेक प्रकार के क़दम उठाये जा सकते हैं। उन्हें परिवार-नियोजन की शिक्षा दी जा सकती है, उनका निर्यात किया जा सकता है, उनकी मृत्यु-दर को बढ़ाया जा सकता है और उन्हें खाया भी जा सकता है। कुछ देश ऐसे हैं जो चूहे को कसरत के साथ खाते हैं।

जहाँ तक परिवार-नियोजन का प्रश्न है, मेरे विचार में इस दिशा में कोई ठोस क़दम नहीं उठाया जा सकता। जब तक चूहा शिक्षित न हो जाये तब तक उसके बीच लूप-विधि को लोकप्रिय बनाना काफ़ी कठिन होगा। चूहे को शिक्षित बनाना तो और भी भयंकर समस्या है क्योंकि वह पढ़ने की अपेक्षा साहित्य को खाना अधिक पसन्द करता है।

चूहे को मारना अपेक्षाकृत काफ़ी सरल काम है। चूहे को हम प्रत्यक्ष रूप से भी मार सकते हैं और अप्रत्यक्ष रूप से भी। प्रत्यक्ष रूप से हमारा अर्थ है चूहे को पूँछ से पकड़कर पटक देने से या उसे पत्थर फेंककर मारने से। अप्रत्यक्ष रूप से मारने के लिए गोलियाँ ख़रीदनी पड़ेंगी या बिल्ली पालनी होंगी।

यूँ हम लोग फुटकर तौर पर एकाध चूहा मार सकते हैं पर उससे समस्या का हल होना कठिन है। ज़ाहिर है कि इस दिशा में ठोस क़दम सरकार को ही उठाने होंगे। चूहों की समाप्ति के लिए एक नया महकमा खोलना होगा। शायद एक 'भारतीय चूहा मार सेवा' भी स्थापित करनी पड़े। इस सेवा का मन्त्र होगा—मूषकः मुक्तिरेव मेवृत्तिः'। इस सेवा के दो प्रभाग होंगे— एक प्रशासनिक, दूसरा टेकनिकल। टेकनिकल लोग चूहे को मारने के उपाय निकालेंगे और उन्हें मारेंगे भी। प्रशासनिक लोग आँकड़े इकट्ठे करेंगे और टेकनिकल लोगों की तरक्की व तबादले करेंगे।

चूहों के मारने में एक ही उपाय काम में नहीं लाया जा सकता। पहाड़ी प्रान्तों के चूहे मैदानी चूहों की अपेक्षा ज़्यादा फुर्तीले होते हैं और उन्हें मारने के लिए तकिये

के स्थान पर पत्थर की मदद लेनी पड़ती है। इन तमाम परेशानियों के कारण, ज़ाहिर है कि चूहा-मार महकमा केन्द्रीय सरकार के नीचे ही खोला जायेगा। इसकी यूनिटें ज़िला और तहसील के स्तर तक होंगी।

नागरिक विभाग के अतिरिक्त सेना व पुलिस को भी इस दिशा में हाथ बँटाना होगा। चूहों को मारने के लिए बन्दूक और तोप का प्रयोग भी किया जा सकता है। वायुसेना इस दिशा में क्या सहयोग दे सकती है, इस पर अलग से विचार करना होगा। चूहा मारने के लिए नये क़िस्म का गोला-बारूद बनाना पड़ेगा। फ़ायर ब्रिगेड, लोक-सहायक सेना और बालचर विभाग भी इस दिशा में सरकार की भरसक सहायता करेंगे।

चूहों की संख्या घटाने के लिए हमें नैतिक क़दमों पर भी ज़ोर देना होगा। जो लोग अपने आयकर अधिकारी को दो चूहा मारकर रिटर्न के साथ भेजेंगे, उन्हें कर में विशेष छूट दी जायेगी। इसी प्रकार चूहों को मारते हुए यदि कोई सम्भ्रान्त व्यक्ति मृत्यु को प्राप्त होता है तो उसकी सम्पत्ति पर मृत्यु-कर नहीं लगेगा। कुछ लोगों को चूहा पकड़ने की शिक्षा भी दी जायेगी। हर घर में चूहेदान रखना लाज़िमी होगा और चूहेदान का कारख़ाना खोलने के लिए सरकार विशेष अनुदान देगी। चूहों को मारने के लिए रेल की यात्रा का प्रबन्ध किया जायेगा। इस काम के लिए बन्दूक रखने के लिए लाइसेन्स भी नहीं लेना पड़ेगा। जो लोग चूहों को मारने के पहले उन्हें शराब पिलाना चाहेंगे वे नशाबन्दी क़ानून की गिरफ़्त से बाहर माने जायेंगे। जो लोग आवारा चूहों को आश्रय देंगे, उन्हें दण्ड देना पड़ेगा।

जो लोग चूहा मारने से घबराते हैं वे उन्हें पकड़कर सरकारी क्षेत्रों तक पहुँचा सकते हैं। इस उद्देश्य से स्थान-स्थान पर चूहाघर खोले जा सकते हैं। चूहाघरों में यह भी कोशिश की जायेगी कि चूहा अपनी खाने की आदत बदल दे। मिसाल के तौर पर अगर कोई शरीफ़ चूहा बजाय गेहूँ के घास खानी शुरू कर दे तो उसे इस शर्त पर रिहा किया जा सकता है कि वह साल में एक बार आकर अपनी डॉक्टरी करा ले। डॉक्टरी मुआयना इस बात पर रिपोर्ट देगा कि चूहा घास ही खा रहा है या कुछ और। जो चूहे अनाज खाने को ही मजबूर हैं उन्हें विदेश भेजा जा सकता है। चूहा छोड़ने के लिए हमारे अफ़सरों को भी विदेश जाना होगा। इस काम के लिए हमें हर तरह की ज़िम्मेदारी उठानी पड़ेगी।

जो लोग चूहामार-आन्दोलन में होनहार साबित होंगे उन्हें 'चूहा बहादुर' वग़ैरह का खिताब दिया जा सकता है। मुर्दा चूहे की खाल या हड्डी से अगर कोई चीज़ बन सकती है तो उस पर ग़ौर किया जा सकता है। यह उद्योग निजी क्षेत्र में होगा या कि सार्वजनिक क्षेत्र में—इस पर विचार करने के लिए एक कमेटी बिठाई जा सकती है।

चूहा हमारा दुश्मन है। हमें उससे हर हालत में लड़ना है।

अगर हम चूहा नहीं खायेंगे तो वह हमें खा जायेगा।

कवि-सम्मेलनों की याद में

सबसे पहला कवि-सम्मेलन जिसकी कि मुझे याद है, एक कन्या पाठशाला के वार्षिकोत्सव पर हुआ था। एक ऑनरेरी मजिस्ट्रेट इस सम्मेलन के अध्यक्ष थे। मेज़ पर फूलों के गुलदस्ते लगे थे। अध्यक्ष महोदय इलाक़े के एक पुराने जागीरदार थे जो कविता के अतिरिक्त इत्र और खिजाब के भी हददर्जा शौक़ीन थे। काफ़ी शालीन क़िस्म के कला-पारखी थे और कविता-पाठ के उपरान्त प्रत्येक कवयित्री को पास बुलाकर शाबाशी देते थे जिसमें कुल मिलाकर कविता की अपेक्षा कवयित्री के शरीर पर ज़्यादा ध्यान दिया जाता था। वे कवयित्री की कमर को अपने हाथ में लपेटते थे और दूसरे हाथ से उसकी ठुड्डी या कपोल का स्पर्श करते थे। परिणाम यह होता था कि वीररस की कविता भी शृंगाररस का आनन्द देती थी। दर्शक लोग साहित्य को इस प्रकार प्रोत्साहन देने के काफ़ी ख़िलाफ़ थे मगर चूँकि पाठशाला जागीरदार साहब की ही थी और दरवाज़े पर खड़े लाठीदार भी उन्हीं के थे, सब लोग चुप रहे।

दूसरा कवि-सम्मेलन मैंने गंगा-स्नान के अवसर पर देखा था। कोई नेता इस सम्मेलन के अध्यक्ष थे। अध्यक्ष के बारे में इतनी बात मुझे अभी तक याद है कि उन्होंने देसी शराब ख़ूब पी रखी थी और उसकी गन्ध काफ़ी दूर तक आ रही थी। नेताजी के दोनों तरफ़ दो गुर्गे बैठे हुए थे जिनमें से एक देखने में मुर्गा लगता था। मेले में लाखों देहाती आये थे। जैसा कि ज़ाहिर होगा, कवि-सम्मेलन वाले पण्डाल में भी भीड़ काफ़ी थी। वैसा होने का कारण यह भी था कि पास वाले तम्बू में सरकस लगा था और कुछ सरकस देखने वाले ग़लती के कारण कवि-सम्मेलन वाले पण्डाल में घुस आये थे।

नियत समय से कोई दो घण्टे बाद यह सम्मेलन प्रारम्भ हुआ। विज्ञापन के अनुसार इसमें काफ़ी नामी-गिरामी कवि आने वाले थे पर असलियत यह थी कि सिवाय ज़िलाबोर्ड के अध्यापकों के इसमें और कोई शायद ही था। सम्मेलन के संचालक काफ़ी रोब के आदमी थे और ख़ास बात यह थी कि ये बजाय मुँह के नाक से बोलते थे। कवि-सम्मेलन धीरे-धीरे चला और समाँ नाम की चीज़ बँधनी शुरू हुई। अध्यक्षजी मेज़ पर सिर रखकर खर्राटे भरने लगे और दूसरा गुर्गा भी

धीरे-धीरे मुर्गे की स्थिति को प्राप्त हो गया। ठीक इसी समय एक ग्रामीण कवि ने कुछ ऐसा काव्य पढ़कर सुनाया जिसमें इलाक़े की दो प्रमुख जातियों का तुलनात्मक विवरण दिया गया था। पद्मसिंह शर्मा की आलोचना की तरह इनकी कविता भी हास्यरस से प्रारम्भ हुई और धीरे-धीरे और रसों की ओर अग्रसर हुई। दोनों जातियों को लेकर कुछ लतीफ़े छोड़े गये जिनको सुनकर लोग हो-हो कर हँसने लगे। जो लोग सरकस के धोखे में इस पण्डाल में घुस आये थे, वे भी काफ़ी खुश नज़र आये। अध्यक्ष महोदय ने भी एक आँख खोलकर जनता को कृतार्थ किया। धीरे-धीरे हास्यरस ने वीररस को स्थान दिया और वीररस के स्थान ग्रहण करने पर लोगों के दाँतों के स्थान पर उनकी लाठियाँ चमकने लगीं। अध्यक्ष महोदय ने दोनों आँखें खोलीं और टोपी सिर पर स्थापित की। जैसे ही उन्होंने मुँह खोला, इत्तफ़ाक देखिए कि कोई ग़लत बात उसमें से निकल गयी। यह बात कुछ ऐसी थी कि एक जाति की स्त्रियों से घनिष्ठ सम्बन्ध रखती थी। इस बात का निकलना था कि रौद्ररस की स्थापना हुई और जूता चल गया। एक गुर्गे ने फूलदान फेंककर मारा जो कविजी की नाक पर लगा। काफ़ी चोट लगी। लगता था कि इस गुर्गे को कवियों की नाक पर फूलदान फेंकने का काफ़ी अभ्यास था। कविजी अब बजाय नाक के मुँह से कविता पढ़ने लगे। वातावरण में अद्‌भुत-रस का समावेश करते हुए ठीक इसी समय किसी होनहार श्रोता ने पण्डाल का एक बाँस खींच लिया और नतीजा यह हुआ कि देखते-देखते सैकड़ों आदमी तम्बू के नीचे दब गये। काफ़ी देर की खुदाई के बाद जब वे नेताजी फिर प्रकाश में आये तो उन्होंने फिर कोई ऐसी बात कह दी कि झगड़ा फिर शुरू हो गया। इस बार जूते की जगह लाठी चली। स्थिति यह हो गयी कि सरकस के अदाकार तक इस तमाशे को देखने लाइन लगाकर खड़े हो गये। जहाँ तक सरकस का प्रश्न है, वह बेचारा तो कभी का बन्द हो चुका था।

एक कवि-सम्मेलन मेरे अपने क़स्बे में भी हुआ था। एक कवि थे जिनकी साइकिल से कभी किसी क़िस्म की कोई लड़की टकरा गयी थी और इस साधारण-सी घटना को लेकर इन्होंने एक ऐसे मार्मिक काव्य की सृष्टि की थी जिसमें कि हास्य से लेकर बीभत्स तक सारे रसों को एकसाथ सम्पन्न किया गया था। साइकिल का धक्का लगाने की क्रिया को कविजी विशेष भाव-भंगिमा व शरीर के झुकाव से समझाते थे जिसका कि दर्शकों पर एक ख़ास क़िस्म का प्रभाव पड़ता था। इनकी उस लचर और वहशी कविता के सामने जो एकाध अच्छे कवि आये थे वे भी उखड़ गये। शेष समस्त कवियों ने मिलकर जितना समय लिया उतना इस कवि को केवल इस आधार पर दिया गया कि इन्होंने कभी अपनी साइकिल से जान-बूझकर एक निरीह लड़की को धक्का दे दिया था। धक्के की प्रक्रिया, उसका उद्‌भव और विकास, उसका भूत और भविष्य, उसका सांस्कृतिक और कलात्मक पहलू—इन सभी बातों को लेकर कवि ने काफ़ी बातें कहीं। लड़कियाँ भी इस धक्कावादी कवि को काफ़ी स्नेह से देखती रहीं। अन्त में चलकर स्थिति यह हो गयी कि पब्लिक अध्यक्ष

महोदय से कहने लगी कि कविजी को एक साइकिल बतौर इनाम के दी जाये ताकि वे मुल्क की बाक़ी लड़कियों की भी सेवा कर सकें। एक काव्यप्रेमी ने सुझाव दिया कि यदि धक्के की क्रिया यहीं स्टेज पर सम्पन्न की जा सके तो वे अपनी साइकिल अभी देने को तैयार हैं। लड़की का इन्तज़ाम अलबत्ता कवि को ख़ुद करना पड़ेगा। स्थिति को काव्य से साइकिल की ओर जाते देखकर संयोजक ने एक ऐसा कवि मंच पर पेश किया जो देखने में फ़िल्मी गीतकार, मुजरे का संगीत निर्देशक तथा नौटंकी का विदूषक—ये तीनों चीज़ें एकसाथ लगता था। हिन्दी के कवि के बारे में आम पब्लिक की जो कल्पना होती है वह मूर्त होकर प्रकट हुई। परिणाम यह हुआ कि यह कवि आते ही जम गया।

एक बार एक स्त्री-कवि-सम्मेलन में जाने का सुयोग प्राप्त हुआ। काफ़ी बड़ा आयोजन था। श्रोता लोग ज़्यादातर स्कूली छात्र थे जो गले में रूमाल और हाथ में जूता—यानी कि सभ्य देश के भावी कर्णधारों की सरकारी पोशाक से सुसज्जित थे। एक के बाद एक कवयित्री आयी और चली गयी। कुछ कवयित्री बूढ़ी थीं, कुछ जवान और कुछ कमसिन। संयोजक समझदार था, उसने शुरुआत वृद्धाओं से की। शुक्लजी का इतिहास भी वीरगाथा काल से शुरू होता है— नया युग जो आता है वह तो बाद में आता है। पहली वृद्धा ने बड़ा मार्मिक विरह गीत सुनाया। वही क्षितिज के पार जाने की इच्छा, वही निर्मोही के द्वारा और सताये जाने का संकल्प और प्रेम के नये आयाम को ढूँढ़ने के लिए वही उत्सुक चरण। उनके विरह की तीव्रता को देखकर स्थिति यह हो गयी कि लड़के हँसने लगे और संयोजक रोने लगे। उन्होंने तुरन्त एक दूसरी कवयित्री को पेश किया। इन देवीजी की एक आँख कुछ कमज़ोर थी और जहाँ तक दूसरी आँख का प्रश्न था, स्थिति यह थी कि उससे बिलकुल नहीं दीखता था। बल्ब के पास जाकर जो कुछ इन्होंने गा-गाकर पढ़ा वह—जैसा कि हम सभी को काफ़ी पहले और कवयित्री को काफ़ी बाद में पता लगा— कविता न होकर परचून की दुकान का पुराना बिल था। वे तालियाँ पिटीं कि पूछिए नहीं। जिस दुकानदार का बिल था वह भी उपस्थित था और उसकी तालियाँ सबसे ज़्यादा ज़ोरदार रहीं। इसके बाद कुछ और कवयित्रियाँ आयीं जिन्होंने वही कजरा और बदरा, कँगना और अँगना, पायल और घायल वग़ैरह पुराने वफ़ादार शब्दों की सहायता से किसी प्रकार वक़्त पूरा किया। अन्त में चलकर एक कवयित्री मंच पर ऐसी भी प्रकट हुई जो सुन्दरता के किसी तट तक पहुँचती थी। ये अपनी सुन्दरता से इतनी अभिभूत थीं कि इन्होंने स्टेज पर खड़ा होने से ही मना कर दिया। वे आश्रम की शकुन्तला की तरह एक ओर सिकुड़कर बैठ गयीं और माइक के दुष्यन्त को वहीं उनकी सेवा में पहुँचाया गया। लड़का लोग यह तो बर्दाश्त कर सकते थे कि कवयित्री की वाणी न सुनाई दे पर यह हर्गिज़ नहीं कि उसकी शक्ल भी न दिखाई दे। कवि-सम्मेलन तो दृश्यकाव्य होता है और लड़कों के रहते उसे श्रव्यकाव्य के स्तर पर कभी नहीं

उतारा जा सकता था। उन्होंने गुनगुनाना शुरू किया। कुछ लड़कों को छींकें आने लगीं। कुछ को जूता घिसने का दौरा पड़ने लगा। अध्यक्षजी ने खड़े होकर कहा कि जिस कवयित्री को आपके सम्मुख प्रस्तुत किया गया है वह ऐसी हैं कि बैठकर क्या, यदि वे लेटकर भी काव्य-पाठ करें तो भी आपको सुनना चाहिए। काव्य की इस नयी दिशा पर प्रकाश पड़ते ही लड़कों ने चिल्लाना शुरू किया कि अब तो हम लेटकर, ही सुनेंगे, खड़े होकर नहीं। स्थिति विचित्र हो गयी। संयोजकजी कहीं से मंच पर काफ़ी मात्रा में एक ही साथ प्रकट हुए और कहने लगे कि ऐसा करना मेरा अपमान है, कवयित्री का अपमान है, नगर का अपमान है, देश का अपमान है और अन्त में चलकर आपका अपना अपमान है। कुल मिलाकर ऐसा लगने लगा कि संयोजकजी कोई कविता पढ़ रहे हैं जिसका कि शीर्षक 'अपमान' है। इस बीच आगे बैठे किसी काव्यप्रेमी की संयोजक से कुछ कहा-सुनी हो गयी जिसका परिणाम यह हुआ कि काव्य पीछे रह गया और जूता सामने आया। काफ़ी बड़े साइज़ का जूता था। इसने संयोजक जी के शरीर के ऊपरी प्रान्त की काफ़ी तत्परता से सेवा की और वहाँ से मुक्ति पाकर वह कर्तव्यपरायण जूता आगे बढ़ा। जब तक लोग उस जूते को पकड़ने आगे बढ़े, तब तक दूसरा जूता रणक्षेत्र में पहुँच चुका था। जूते को देखकर जूता रंग बदलने लगा। स्थिति यह हो गयी कि रंगमंच पर मंच कम रह गया और रंग ज़्यादा। मेरे पीछे एक सम्भ्रान्त नागरिक खड़े होकर बाक़ी लोगों की बधाइयाँ अलिखित रूप में ग्रहण कर रहे थे। ये वे नरपुंगव थे जिन्होंने कि युद्ध का प्रारम्भ किया था। अपने जूतों को विभिन्न हाथों से चलते देखकर उन्हें वैसा ही सात्विक हर्ष हो रहा था जो कि किसी कर्त्तव्यपरायण माँ-बाप को अपनी सन्तान को यश कमाते देखकर होता है। इस कवि-सम्मेलन में जो कुछ हुआ उसकी मुझे आज तक इतनी शर्म है कि जब भी मुझे कहीं लजाने की ज़रूरत पड़ती है मैं इस घटना को याद कर लेता हूँ और लजा लेता हूँ।

मैं कभी किसी कवि-सम्मेलन का अध्यक्ष नहीं बना। कारण यह रहा कि मुझसे ज़्यादा अहमक़ आदमी सीट पर हमेशा मौजूद मिला। एक बार क़स्बे के एक नेता चुंगी का एक इक्लेशन जीत गये और उस ख़ुशी में जो मुशायरा करना तय किया गया उसके सभापतित्व के लिए मुझे मनोनीत किया गया। सन्ध्या समय जब हम लोग घटनास्थल पर पहुँचे तो पता लगा कि नगर के इस पितामह को एक साधारण से उस नासमझ जानवर ने काट खाया था जिसे कि आम बोलचाल में कुत्ता कहते हैं। स्थिति यह थी कि नेताजी अस्पताल में थे और पूँछ की ध्वजा उठाये वह कुत्ता चौराहे पर खड़ा नगर के बाक़ी नेताओं की प्रतीक्षा कर रहा था। हम लोग वापस हो गये। मेरे साथ उर्दू के एक बुज़ुर्गवार शायर थे। उन्होंने चलते-चलते उस कुत्ते की तारीफ़ में एक ग़ज़ल 'कही जो कि बाद में क़ब्रिस्तान के पासवाले चायघर में बैठकर पढ़ी गयी।

ज़िद से लेकर जूते तक

एक कहावत है कि मनुष्य जाति का इतिहास मात्र राजा-रानियों का इतिहास है। मेरे विचार में वह राजा-रानियों का इतिहास क्या—सिर्फ़ उनकी ज़िद का इतिहास है। जैसा कि हम सभी जानते हैं यदि सीताजी वन जाने की ज़िद न करतीं—और यदि वन भी गयीं तो वहाँ जाकर सोने का हिरन पाने की ज़िद न करतीं—तो अयोध्याकाण्ड के बाद सिवाय शुद्धि-पत्र के और कुछ लिखने को न बचता। मगर वे एक ही ज़िद्दी क़िस्म की स्त्री थीं; वन भी गयीं और वहाँ जाकर एक अदद सोने के मृग का ऑर्डर भी बुक किया। सारे शरीफ़ पतियों की भाँति रामचन्द्रजी ने उन्हें काफ़ी समझाया और बताया कि सोने का मृग न किसी ने देखा और न सुना मगर सीताजी थीं कि बस एक बार जो ज़िद पकड़ी तो बस फिर शिव के धनुष की तरह टस से मस ही न हुईं। और सीता क्या—शुरुआत तो रानी कैकेयी की ज़िद से ही हुई, नहीं तो अयोध्याकाण्ड भी न लिखा जाता। वह ज़िद पकड़कर कोपभवन में ऐसी स्थायी हुईं कि जब तक राम और लक्ष्मण वन-यात्रा को नहीं निकले, उन्होंने नाश्ता स्वीकार नहीं किया। परिणाम यह हुआ कि इधर राम वन को गये, उधर राजा दशरथ की आत्मा और शरीर एक-दूसरे से हमेशा के लिए अलग-अलग हो गये। इसके बाद रावण का दृष्टान्त लीजिए। रानी मन्दोदरी ने उसे काफ़ी समझाया कि दूसरे की स्त्री पर एक या दो अदद निगाह डालना बुरा होता है और इसमें कभी-कभी ज़िस्म पर चोट लगने का भी ख़तरा रहता है मगर रावण था कि न माना उसने अपना शौक़ पूरा किया। लिखने वाले ने वक़्त का फ़ायदा उठाया और चार-पाँच काण्ड रामायण के और लिख लिये।

इतिहास हमेशा अपने को दुहराता आया है। जो बात रामायण में थी वही महाभारत के साथ हुई। इसके पात्र भी काफ़ी ज़िद्दी थे। दुर्योधन को ही ले लीजिए। बावजूद सबके समझाने के उसने सुई की नोक बराबर भूमि देने को मना कर दिया जिसका परिणाम यह हुआ कि कुरुक्षेत्र की भूमि पर घमासान युद्ध हुआ। इस युद्ध में इतने आदमी खेत हुए कि आज भी वहाँ चारों तरफ़ खेत ही खेत नज़र आते हैं। इस युद्ध के बाद वहाँ लड़ाई की ऐसी परम्परा पड़ी कि पानीपत की तीनों लड़ाइयाँ

उसी क्षेत्र में लड़ी गयीं और स्थिति यह है कि आज भी वहाँ कोई न कोई संघर्ष चलता ही रहता है। यूनान की प्रसिद्ध सुन्दरी साइकी का विवाह स्वयं क्यूपिड के साथ हुआ था और शर्त सिर्फ़ यह थी कि वह अपने पति को कभी देखेगी नहीं। काफ़ी साधारण शर्त थी। यदि पति और पत्नी एक-दूसरे का मुँह देखना बन्द कर दें तो ज़ाहिर है कि पारिवारिक जीवन बड़ी शान्ति और सुख से बिताया जा सकता है। किसी-किसी स्थिति में इससे परिवार-नियोजन को भी बल मिलेगा। मगर और सुन्दर स्त्रियों की भाँति साइकी भी बड़ी चंचल थी। उसने जो ज़िद पकड़ी तो एक रात लालटेन जलाकर ही साँस ली। उसका क्यूपिड का देखना था– उन दोनों का बिछोह हो गया। साइकी और क्यूपिड की तरह कुछ विवाहित जोड़े आजकल भी ऐसे हैं जिनका दाम्पत्य जीवन एक-दूसरे को देखे बिना कहीं ज़्यादा सुखी रहता है। ऐसी स्थिति में पत्नी पति के लिए पुरानी ऊन के मोज़े बुनती है और पति पत्नी के लिए कबाड़ी बाज़ार से छतरी ख़रीदता है। पत्र-व्यवहार भी चलता है। मगर मिथुन लग्न का प्रभाव देखिए कि जैसे ही ये दोनों प्राणी एक-दूसरे का साक्षात्कार करते हैं वैसे ही जूता नाम की छोटी-सी वस्तु चलनी शुरू हो जाती है। गृहयुद्ध की यह स्थिति वियतनाम से कम दिलचस्प नहीं होती।

बात ज़िद की हो रही थी और जूते तक जा पहुँची। ज़िद की अन्तिम परिणति अकसर जूते तक होती है। कल शाम मेरी निजी पत्नी ने ज़िद पकड़ी तो अन्त में चलकर उसे जूते ही प्राप्त हुए। बात यह थी कि वह जूता ख़रीदने की ही ज़िद भी कर रही थी। ऐसी ज़िद में स्थिति यह होती है कि ज़िद मान लो तो भी जूते और न मानो तो भी जूते। जहाँ तक जूते का प्रश्न है उसका तो दाम्पत्य जीवन में वैसे भी स्वतन्त्र स्थान है। पत्नी को हमेशा पैर की जूती समझा जाता है, एक टूटी तो दूसरी आ गयी। पुरानी जूती न भी टूटी हो मगर यदि फ़ैशन बदल गया हो तो भी दूसरी जूती लेनी पड़ेगी। इसे हम मजबूरी कहेंगे। और चीज़ों की तरह जूते की भी कुछ मजबूरियाँ होती हैं। ग्रामीण क्षेत्र में जहाँ कवि पद्माकर की सूचना के अनुसार वसन्त और चाँदनी ज़रूरत से ज़्यादा पायी जाती हैं वहाँ ऐसी मजबूरियाँ काफ़ी मात्रा में पायी जाती हैं। जहाँ फ़सल अच्छी हुई, एक बार हाथ और पीले कर लिए। शहरों में जब से एक शादीवाला क़ानून आया है, यह प्रथा ज़ाहिरी तौर पर ख़त्म हो रही है और नतीजा यह है कि महल्लों में जो रौनक पहले रहा करती थी, वह धीरे-धीरे कम होती जा रही है। एक से ज़्यादा पत्नियाँ होने पर और सुखों के साथ-साथ एक विशेष बात यह होती है कि गृहस्थ जीवन में जूते का महत्त्व बहुत बढ़ जाता है। दोनों पत्नियों के बीच युद्धविराम स्थापित करने में जूते का वही रोल होता है जो दो देशों के मध्य संयुक्त राष्ट्रसंघ का। जितनी अवधि के लिए जूता अपना पुश्तैनी काम करता रहता है उतनी देर सारे क्षेत्र में शान्ति रहती है और स्थिति यह रहती है कि नहाने की बाल्टी को बाथरूम के स्थान पर पत्नी नम्बर एक

की सन्तान ने प्रयोग किया या पत्नी नम्बर दो की सन्तान ने—इस महत्त्वपूर्ण प्रश्न पर बिना रक्तपात के मत-संग्रह किया जा सकता है। जहाँ जूता स्टेज से हटा नहीं कि तनाव की स्थिति फिर शुरू।

कुछ लोग होते हैं जिनको कि ज़िद करना अच्छा लगता है। हमारी शादी से पूर्व एक लड़की थी जो हमसे शादी करने के लिए ज़िद किया करती थी। हमें यह बड़ा अच्छा लगता था। हम उस बात को बार-बार सुनना चाहते थे। लड़की वैसे तो साधारण ही थी पर इस ज़िद के कारण बड़ी अच्छी लगती थी। उसकी आवाज़ उस तबले-जैसी थी कि जिसका सिर्फ़ चमड़ा फट गया हो मगर जब वह शादी की बात करती थी तो ऐसा लगता था जैसे कानों में कोई रसगुल्ला रख रहा है। हालाँकि उसका क़द मेरे बराबर ही था मगर जब वह शादी की बात करती थी तो एकदम बच्ची लगती थी। हम दोनों अकसर मूँगफलियाँ खाते हुए आनेवाले दिनों की बात किया करते थे। मूँगफलियाँ खाते हुए प्रेम और विवाह की चर्चा करना बहुत अच्छा लगता है। अमरूदों की ऋतु में ऐसी बातें अमरूदों के साथ की जा सकती हैं। कुछ फल अलबत्ता ऐसे भी हैं जिनकी प्रेम और विवाह से बड़ी दुश्मनी है जैसे आम, केला या खरबूजा। इन फलों में यह विशेषता है कि इन्हें आप प्रेमिका के सामने नहीं खा सकते। आप गूदा खाते हैं और छिलका नीचे फेंकते हैं। स्थिति यह होती है कि जब तक आप प्रणय-निवेदन की स्थिति तक पहुँचते हैं तब तक छिलके पर फिसल-फिसलकर लड़की अगले चौराहे तक पहुँच चुकी होती है। इन्हीं कारणों से प्रेम के सन्दर्भ में इन फलों का कोई स्थान नहीं। हाँ तो वह लड़की मुझसे शादी की ज़िद किया करती थी जिसका नतीजा यह होता था कि हम लोग मूँगफलियाँ खाया करते थे। समय का प्रभाव कुछ ऐसा हुआ कि हम दोनों की शादी एक-दूसरे से हो गयी। शादी के बाद मुझे पता लगा कि उसकी शक्ल साधारण क्या, काफ़ी साधारण है। आवाज़ उस तबले की तरह है जिसका चमड़ा क्या लकड़ी भी फटी है और जब वह बोलती है तो लगता है कि किसी ने मेरे कान में पुराने रसगुल्ले के स्थान पर वह तबला ही स्थापित कर दिया है। जहाँ तक क़द का प्रश्न है, वह तो बढ़ता ही जा रहा है। फेरे फिरते ही वह मुझसे कोई एक हाथ-ऊँची निकल गयी। इसके बाद जब-जब मेरी तरक्की हुई, उसका क़द बढ़ा। स्थिति यह है कि अब मैं उसके सामने मूँगफली लगता हूँ। ठीक वही मूँगफली जो शादी के पहले हम साथ-साथ खाया करते थे।

शादी के पहले जहाँ एक ही ज़िद रहती है, शादी के बाद वहाँ लगता है कि क़िले का फाटक टूट गया है और ज़िद के हज़ारों सिपाही भाला और तमंचा लिये चारों दिशाओं से बढ़े चले आ रहे हैं। कभी कपड़ों की ज़िद, कभी फ़र्नीचर की ज़िद, कभी पिकनिक की ज़िद और कभी दोस्तों को खाना खिलाने की ज़िद और कभी अपने माँ-बाप के पास जाने की ज़िद। लड़की के माँ और बाप की प्रेम और

विवाह के क्षेत्र में दो ही तो उपयोगिताएँ हैं। एक तो छोटी-सी बात यह है कि अगर लड़की के माँ-बाप न होते तो शायद लड़की का होना भी मुश्किल था और दूसरी यह कि माँ-बाप के रहने से लड़की कभी-कभी उनके पास जा सकती है जिससे कि पति को साँस लेने की फुर्सत मिल जाती है। इस फुर्सत की अवधि में वह सेहत दुरुस्त करता है, क़र्ज़ उतारता है, पड़ोसियों से सम्बन्ध ठीक करता है और धीरे-धीरे उस स्थिति में फिर आ जाता है जिसमें चौराहे पर सीटी बजाने की तबीयत करे। शाम को चौराहे पर सीटी बजाने की इच्छा करना स्वस्थ और सुखी नागरिक की पहली और आख़िरी पहचान है। मगर ठीक इसी समय एक हादसा होता है। लड़का फिर किसी ठेलेवाले के ठेले पर मूँगफली देख लेता है और पत्नी की याद उसे फिर सताने लगती है। प्यादा जो बीच में कुछ दिनों के लिए फ़र्ज़ी हो गया था बेचारा फिर प्यादा हो जाता है।

कहते हैं राजा विक्रमाजीत एक बार कहीं जा रहे थे। जैसा कि लोककथाओं से ज़ाहिर है, राजा विक्रमाजीत अकसर कहीं जाते रहते थे। एक बार वे एक पेड़ के नीचे रातभर ठहरे। पेड़ पर एक तोता और एक मैना रहते थे। आजकल के राजा लोग तो आदमी की बोली भी नहीं पहचानते पर वीर विक्रमाजीत पशु-पक्षियों तक की भाषा समझते थे। तोते ने बताया कि राजा विक्रम यदि अपने प्रथम पुत्र को मार दें तो चक्रवर्ती राजा बन सकते हैं क्योंकि वह पुत्र नहीं है वरन् एक राक्षस है जो राजा से पुराना वैर रखता है। मैना बोली कि बात ठीक है मगर राजा ने अगर यह रहस्य किसी से खोला तो राजा फ़ौरन पत्थर का हो जायेगा। राजा ने नोटबुक निकाली और दोनों बातें दर्ज़ कर लीं।

घर आकर जैसे ही उनका पुत्र से साक्षात्कार हुआ उन्होंने तलवार से उसके दो खण्ड कर दिये। हाथ की इस सफ़ाई को देखकर रानी ने प्रश्न पूछने शुरू किये। राजा ने कहा कि भेद बताने पर मैं पत्थर का हो जाऊँगा। तू विधवा हो जायेगी और नये राजा की घुड़साल में गोबर उठायेगी। मेरा बुत राष्ट्रीय संग्रहालय में रखा जायेगा जिससे तुझे कोई फ़ायदा नहीं होगा। रानी थी कि न मानी। ज़िद्दी जो ठहरी। उसने खाना-पीना छोड़ दिया। बाल खोल लिये और कोपभवन में बिस्तर लगा लिया। राजा से उसका यह दुख कैसे देखा जाता! एक रात करवट बदलते-बदलते उन्होंने निश्चय किया कि बता ही दें। इत्तफ़ाक की बात कि उस कमरे में एक चूहा दम्पति रहता था। श्रीमती चूहा कहने लगीं कि 'देखो यह राजा अपनी पत्नी की ज़िद रखने के कारण कल सुबह पत्थर का हो जायेगा।' चूहा बोला कि 'उल्लू का पट्ठा है जो पत्नी के कारण मृत्यु को प्राप्त होता है। जूता निकालकर रानी की पृष्ठभूमि का ताड़न करे तो बिना मृत्यु के भी सिद्धि होनी निश्चित है।' राजा को यह क्रियात्मक सुझाव काफ़ी पसन्द आया। प्रातःकाल की बेला में रानी बुलाई गयी और अन्तिम बार उसे स्थिति समझाई गयी। रानी थी चरित्रवती स्त्री। बात की क़ीमत होती है–

पति तो आता-जाता रहता है। वह न मानी। राजा ने उसके कपड़े उतरवाये और राजकीय पदत्राण उर्फ़ शाही जूते से उसकी मरम्मत करनी शुरू की। मुख, कपोल, ग्रीवा, वक्ष, कटि, पैर—यानी कि उन सभी अंगों पर जो दरबार के कवियों को अच्छे लगते थे, समुचित ध्यान दिया गया। इस योगाभ्यास के सम्पन्न होते ही रानी को दिव्यदृष्टि प्राप्त हो गयी। वह राज़ी हो गयी और बिना रहस्य पूछे ही महलों को वापस चली गयी। राजा ने बतौर सौगात के वह जूता रानी के महलों में टाँग दिया। रानी को जब कभी सिर में उस तरह का दर्द उठता महसूस होता था, वह उस जूते को देखती थी और स्वास्थ्य-लाभ करती थी। इसके बाद राजा-रानी दोनों सुख से रहे।

बात ज़िद से शुरू हुई थी और देखते-देखते जूते की शक्ल में बदल गयी। जूता दरअसल चीज़ ही ऐसी है। सन्दर्भ किसी चीज़ का हो, यह अपना रास्ता ख़ुद बनाता है। अकसर ऐसा होता है कि आप दावत खाने जाते हैं जूता खाकर लौटते है। मेरे साथ ऐसा कभी नहीं होता। जूता खाना भी पुराने पुण्यों का प्रताप है वरना कुछ लोग तो इसे उम्रभर पहनते ही रहते हैं। जूता पहनने और खाने में मौलिक अन्तर है। उदाहरण के लिए जूता पहनते आप ख़ुद हैं, खाते आप दूसरे के सहयोग से हैं। इसी तरह पहनने को एक जोड़ी जूता काफ़ी होता है पर खाने में कभी पचास जूते भी आपके लिए कम हो सकते हैं। जाड़ों की ऋतु में कसकर दो-चार जूते खाने से सर्दी भी भागती है और कभी-कभी जूता खानेवाला भी भागता है। दूसरे शब्दों में इसका सेवन च्यवनप्राश की तरह आपको फुर्ती देता है और रसायन का काम करता है। कुछ लोग नियमित रूप से जूते का सेवन करते हैं और सुखी रहते हैं। हरे बाँस की बाँसुरी की भाँति यह उनकी भवबाधा हरता है। मेरे जैसे कुछ ऐसे भी कर्महीन पुरुष हैं जिन्हें इस पदार्थ के सेवन का अवसर अभी तक कभी नहीं मिल। विधाता ने ललाटपट्ट पर जो लिखा है उसे कौन मिटा सकता है? अर्थात् जूता भी नहीं।

बात में से बात में से बात

दुनिया में दो तरह के लोग पाये जाते हैं। एक तो वे जो बात को वहीं का वहीं ख़त्म कर देते हैं और दूसरे वे जो बात में से बराबर बात निकालते चले जाते हैं। प्याज़ के छिलकों की तरह यह क्रम तब तक चलता रहता है जब तक या तो प्याज़ ही ख़त्म न हो जाय या जब तक बातचीत के स्थान पर जूता नाम का पदार्थ ही न चलने लगे। जूता भी दो प्रकार का होता है– एक तो दायें पैर का जूता और एक बायें पैर का जूना। जूतों की तरह पैर भी कई तरह के होते हैं। कुछ पैर होते हैं, जिन्हें चरण कहा जाता है। जो चरण कोमल होते हैं वे चरण कमल कहलाते हैं– 'चरण कमल बन्दौं हरिराई'। कुछ चरणों को पाद कहा जाता है। 'पाद' शब्द से 'पादुका' बनती है जैसे 'जल' से 'जलौका' का निर्माण होता है। टाँग और पैर में भी अन्तर होता है। नंगे पैर और नंगी टाँग–इन दोनों का प्रभाव आप पर अलग-अलग होता है, क्योंकि पैर पुल्लिंग होता है और टाँग स्त्रीलिंग। चरण जब गति पकड़ लेते हैं, तो वे लात कहलाते हैं। पैर को पाँव भी कहा जाता है। पाँव और हाथी-पाँव में उतना ही अन्तर है जितना हममें और हाथी में। बात का और हाथी का सम्बन्ध वैसे भी काफ़ी पुराना है– 'बातन हाथी पाइए बातन हाथी पाँव'।

हाथी को ही ले लीजिए। बाक़ी चीज़ों की तरह इसकी भी दो क़िस्में होती हैं। एक हाथी काला होता है और दूसरा सफ़ेद। हाथी की भाँति हथनियाँ भी काली और सफ़ेद होती हैं। जो हाथी काला होता है, वह बचपन में भी काला होता है। हाथी के पूत के पाँव भी पालने में ही दीख जाते हैं। पूत भी दो तरह के होते हैं– एक तो कपूत और दूसरे सपूत। बिना लीक के तीन हैं शायर, शेर, सपूत। शेर भी कई तरह के होते हैं– एक तो वे जिन्हें शायर लोग मुशायरों में झूम-झूमकर पढ़ते हैं और दूसरे वे जिन्हें सरकस में दिखाया जाता है। कुछ शायर इतने होनहार होते हैं कि उनके शेर पढ़ने पर मुशायरा भी सरकस का मज़ा देने लगता है। ऐसे समय-सिद्ध शायरों को उस्ताद कहा जाता है।

हाँ तो मैं कह रहा था कि शायर भी कई तरह के होते हैं। एक तो शायर वे हैं जिनका गरेबाँ चाक रहता है और दूसरे वे जो कि शेरवानी पहनते हैं। शेरवानी

दरअसल कहते ही उस कपड़े को हैं जिसे पहनकर शेर पढ़ा जाये। आम दस्तूर यह है कि जो शायर मुशायरे में शेर अपने पढ़ता है, वह शेरवानी किसी दूसरे की पहनता है ताकि अण्डे और टमाटरों के धब्बे खुद न साफ़ करने पड़ें। चुस्त शेरवानी पहनकर मरियल शायरी भी जोशीली बन जाती है। जो ज़्यादा दूरन्दाज़ क़िस्म के शायर हैं., वे शेरवानी के नीचे लोहे का तवा लगाकर आते हैं ताकि अगर हाथापाई की स्थिति भी आ जाय तो न शेर का कुछ बिगड़े और न शायर का। जिन शायरों का गरेबाँ चाक रहता है उनका तो कहना ही क्या। इनमें से कुछ तो इतने प्रतिभावान होते हैं कि यदि साबुत कुर्ते वाला कोई इंसान भी उनके साथ सड़क पर निकल जाय तो आधे घण्टे में वह भी उसी स्थिति में पहुँच जाये।

सड़कें भी कई तरह की होती हैं। एक तो वे सड़कें जो कि पक्की होती हैं और दूसरी वे जो कि कच्ची कहलाती हैं। कुछ सड़कें इन दोनों के बीच भी होती हैं और उन पर जीप चलती है। आज़ादी के बाद इस तरह की सड़कों की लम्बाई काफ़ी बढ़ी है। अगर सारी सड़कें पक्की हो गयीं तो देहात का मज़ा जाता रहेगा। भारतमाता ग्रामवासिनी है, अगर वह शहर चली गयी तो मकान अलॉट करा लेगी और वहीं रहने लगेगी। नतीजा यह होगा कि सरकार के कितने ही महकमे और अमले दिन-दहाड़े बन्द हो जायेंगे। भारतमाता को गाँव में ही रहना होगा। उसके दुख-दर्द दूर करने के लिए विकास अधिकारी वहीं गाँव में जायेगा। वह इसी अधपक्की सड़क से जीप में बैठकर जायेगा। वह वहाँ दिनछिपे पहुँचेगा और नहर के या जलकूप के डाकबँगले में ठहरेगा। उसका खान-पान, तम्बाकू और बाक़ी चीज़ें वहीं मुहय्या की जायेंगी। ये बाक़ी चीज़ें काफ़ी ख़ूबसूरत होंगी। वह मुर्गा खायेगा और नतीजा यह होगा कि उसके जाने के बाद गाँव में फिर कभी सुबह नहीं होगी।

ये मुर्गे भी कई तरह के होते हैं। एक तो वह मुर्गा जो पक्षी होता है। दूसरा मुर्गा वह जो दफ़्तरों में पाया जाता है। हर अफ़सर का एक मुर्गा होता है। वह अफ़सर की तरफ़ से बांग देता है। अफ़सर को अण्डे और मुर्गी लाकर देता है और वक़्त ज़रूरत अफ़सर की तरफ़ से बाक़ी लोगों को चोंचें लगाता है। अफ़सर अन्दर बैठा रहता है और मुसकराता रहता है। अगर अफ़सर कभी सेण्टीमेन्टल हो जाता है तो वह मुर्गे को दौरे पर साथ ले जाता है। जिस अफ़सर के जितने ज़्यादा मुर्गे होते हैं, वह उतना ही ज़्यादा धाकड़ और दबंग माना जाता है। होशियार अफ़सर एक मुर्गे को दूसरे मुर्गे से लड़ाते भी रहते हैं ताकि दोनों अपनी-अपनी रक्षा के लिए उसकी कुर्सी के आसपास मँडराते रहें। अफ़सर बनना उतना सरल नहीं, जितना कि ग़ैर अफ़सर लोग समझते हैं। मुर्गा बनना तो और भी कठिन है।

अफ़सर भी कई तरह के होते हैं जैसे कि फ़ौजी अफ़सर और ग़ैर-फ़ौजी अफ़सर। कुछ अफ़सर हैं कि जो जन्म से ही अफ़सर पैदा होते हैं। बाप कलक्टर था, नाना जज थे, बाबा तहसीलदार थे तो इन्हें मजबूरन मुंसिफ बनना पड़ा। दूसरे अफ़सर वे

हैं जो नीचे से शुरू करते हैं और रिटायर होने से कुछ वर्ष पूर्व अफ़सर बनते हैं। प्यादा जब फ़र्ज़ी बन जाता है तब टेढ़ा-टेढ़ा चलता है। तीसरे अफ़सर वे हैं जिन्हें ज़बर्दस्ती अफ़सर बनाया जाता है। बाप ने वार फण्ड में चन्दा दिया या नाना सन् बयालीस के आन्दोलन में जेल गये तो लड़के को डिप्टी कलक्टर बनना ही पड़ेगा। उसकी यही नियति है। उस बेचारे की अपनी तबीयत है साज़िन्दा बनने की और बनना पड़ता है हाकिम। सरकारी क्षेत्र में जो कलाकार हैं वे इसी तबके के हैं।

सरकारी क्षेत्र में कला का विकास इधर बड़ी तेज़ी से हो रहा है। बड़े-बड़े दफ़्तरों में हाकिमों के आने पर गाने-बजाने का कार्यक्रम प्रस्तुत किया जाता है। रजिस्टर देखने पर एक घण्टा ख़र्च किया जाता है और नाच देखने पर पाँच घण्टे। नतीजा यह होता है कि इन दिनों हर महकमा ऐसे कर्मचारियों की तलाश में है जो कि तबला बजाना जानते हों। टाइप सीखने के साथ-साथ लोग कव्वाली गाना सीख रहे हैं। साक्षात्कार के समय बताया जाता है कि वे ड्राफ़्ट लिखना तो नहीं जानते पर ठुमरी गाना बखूबी जानते हैं। ऐसे लोगों की बाद में भी बड़ी क़द्र होती है। वे सालभर रियाज करते हैं, जुल्फें बढ़ाते हैं और सालाना दौरे के मौके पर एकाध आइटम पेश करते हैं। बड़ा अफ़सर हथेलियाँ बजाता है, उसकी पत्नी इनाम बाँटती है और मुर्गा फ़ोटो का बन्दोबस्त करता है। शायर शेर पढ़ता है और सपूत जो होता है, वह हाथी की तरह खड़ा रहता है और सफ़ेद होता जाता है। बात में से बात निकलती जाती है और जो असली बात होती है, वह कभी की ख़त्म हो चुकी होती है।

सारथि की खोज

'कृष्णवाहन की कथा' में विस्तार से बता चुका हूँ कि मैंने एक अदद काले रंग की मोटर कैसे ख़रीदी। गाड़ी ख़रीदने के उपरान्त यह रहस्य समझते मुझे देर न लगी कि तेल के अतिरिक्त गाड़ी को गतिशील करने के लिए जिस अन्य पदार्थ की आवश्यकता पड़ती है वह है शोफ़र। शोफ़र शब्द सारथि का अपभ्रंश मालूम होता है। सारथि की यह कठिनाई महाभारत में अर्जुन को भी महसूस हुई थी और पढ़ा-लिखा सारथि रखने से जो हानि या लाभ उन्हें हुए थे, वे हम सभी को भली-भाँति ज्ञात हैं। उनकी परवर्ती जो शेष विभूतियाँ थीं वे तो इस दिशा में इतनी विरक्त थीं कि सारथि रखती ही नहीं थीं। इन्द्र अपना ऐरावत स्वयं हाँकते थे और लक्ष्मीजी भी अपने उल्लू का गीयर स्वयं ही बदलती थीं। रह गया महादेवजी का हरियाणा छाप साँड़ और सरस्वतीजी का हंस, सो वे भी बिना सारथि के ही परिचालित होते थे। मोदकप्रियमुदमंगलदाता गणेशजी के साथ स्थिति यह थी कि यदि वे शोफ़र रखते भी तो वह बेचारा उस मूषकराज पर बैठता किधर? यह एक ऐसी टेक्नीकल समस्या थी कि जिसका समाधान गणेशजी जैसे ज्ञानी प्राणी को भी शायद नहीं मिला। यमराज अपने भैंसे पर अकेले ही विराजते थे और उनके चित्रगुप्त वग़ैरह जो दूत थे वे भी अपने वाहन स्वयं ही परिचालित करते थे। सारथि की दिक्कत सदा से रही और ज़्यादातर बुद्धिमान पुरुषों ने सारथि न रखना ही तय किया। यह सारथि मिलने की दिक्कत ही रही होगी जिसके कारण मध्यकाल के अनेक राजा और सुल्तान तक अपना घोड़ा ख़ुद ही हाँकते रहे।

खोज का भी अपना एक इतिहास है। प्राचीन काल से मनुष्य जाति किसी न किसी चीज़ की खोज करती चली आ रही है। जो बहुत प्राचीन काल था उसमें लोग वल्कल वस्त्र पहनकर ब्रह्म की खोज किया करते थे, आसन लगाते थे और कापालिक बनते थे। इसके बाद लोग सोना, चाँदी और हीरे-जवाहरातों की खोज करने लगे। उसके बाद लोग और भी समझदार हो गये और सुन्दर स्त्रियों की खोज में निकलने लगे। लोककथाओं में जो साहित्य छिपा है, वह इसी युग का दर्पण है। स्थिति इतनी नाज़ुक हो गयी थी कि जहाँ किसी राजकुमार ने सोने के बाल नदी में बहते देखे,

उसने डबलरोटी और मक्खन बाँधा और घोड़ा फेंक दिया। इसके बाद फिर कुछ बेवकूफ़ी का दौर आया और लोग द्वीपों और महाद्वीपों की खोज में निकलने लगे। और इस सबके बाद जब घोर कलियुग आ गया तो लोग आरामकुर्सियों पर बैठकर 'हिन्दी काव्य में नारी की देन' जैसे विषयों पर खोज करने लगे। यह युग खोज के इतिहास का अन्धा युग है।

अपनी गाड़ी के लिए शोफ़र की जो खोज होती है वह 'हिन्दी काव्य में नारी की देन' वाली खोज से काफ़ी भिन्न होती है। हिन्दी काव्य में नारी की जो देन है उसे जानने के लिए जो कुछ करना होता है वह काफ़ी खुले तौर पर निश्चित है। जो परम मेधावी खोजक होते हैं वे इस प्रकार की साधारण सिद्धियों के लिए अपने विभाग के आचार्य को साधते हैं। राक्षस के जो प्राण हैं वे अभी भी तोते में ही रहते हैं। जो मध्यम श्रेणी के खोजी हैं वे एक ओर हिन्दी साहित्य से सम्पर्क स्थापित करते हैं और दूसरी तरफ़ नारी से। तीसरे दर्जे के अन्वेषक कोई पुरानी थीसिस निकालते हैं और उसकी प्रतिलिपि तैयार करते हैं। तीनों योगियों का मार्ग भिन्न-भिन्न होने पर भी गन्तव्य एक ही होता है और भगवान सहस्राक्ष की कृपा से सिद्धि भी सबको समान ही प्राप्त होती है। डिग्री प्राप्त होने के बाद हिन्दी काव्य अपने स्थान पर रह जाता है और नारी अपने स्थान पर।

गाड़ी घर पर आने के दूसरे ही दिन मैंने सारथि की खोज प्रारम्भ कर दी। यूँ तो यह खोज काफ़ी दिनों से चल रही थी मगर अब उस दिशा में जो प्रयत्न थे वे दुगुने कर दिये गये। अख़बारों में भी माँग निकाली गयी और दो-चार गराजों में भी ख़बर भिजवाई गयी। इसके बाद जो हुआ वह हादसा था और वह भी इतने बड़े साइज़ का कि यदि मुझमें मटरूमल अत्तार वाली प्रतिभा होती तो मैं भी आल्हा की तर्ज़ पर इस पर बावन लड़ाइयाँ लिख डालता। आल्हाखण्ड की भाँति मेरी कविता भी वीर-रस-प्रधान ही होती क्योंकि जितने ड्राइवर मुझे मिले उन्हें देखकर मेरे मन में भी वीर-रस की ही उत्पत्ति होती थी। हुआ यह कि एक के बाद एक ड्राइवर आया और चला गया और कुछ ने तो मेरी गाड़ी या उसके कुछ हिस्सों पर अपनी प्रतिभा का निश्चित प्रभाव भी छोड़ा मगर कबीर के सच्चे गुरु की भाँति कोई ऐसा प्राणी न मिला जो सन्तोष दे सके। जहाँ तक गाड़ी पर प्रभाव छोड़ने का प्रश्न है, कुछ का प्रभाव तो इतना गहरा पड़ा कि काफ़ी मरम्मत के बाद भी नहीं निकला।

पहले दिन एक वयोवृद्ध सज्जन आये जिन्होंने सबसे पहले घी, चन्दन और अक्षत लेकर गाड़ी की पूजा की। इसके बाद काफ़ी गम्भीरता और स्नेह से मुझे समझाने लगे कि जब तक गाड़ी चलाना न आता हो तब तक उसे ख़रीदना एक ऐसी ग़लती है जिसे कि वे आजीवन माफ़ नहीं कर सकते। इसके बाद उन्होंने मेरी पत्नी और बच्चों की आयु पूछी और फिर मौसम पर कुछ बात की। दक्षिण दिशा में कहीं कोई गाय बिक रही थी, उसके बारे में मुझे कुछ ज्ञातव्य आँकड़े दिये। इतना

सब-कुछ सम्पन्न करने के उपरान्त इन्होंने एक दृष्टिपात मेरे वाहन पर भी किया और फ़रमाया कि इस प्रकार की छोटी गाड़ी चलाने का उन्हें कतई कोई अनुभव नहीं है; उन्होंने अब तक या तो कोयले से लदे ठेले हाँके हैं या फ़ौज की भारी-भरकम थ्री-टनर गाड़ियाँ। मगर इससे निराश होने की कोई ज़रूरत नहीं—छोटी गाड़ी चलाना वे आधा घण्टे में सीख सकते हैं। ठेला चलाना उन्होंने पन्द्रह मिनट में सीख लिया था। इसके बाद उन्होंने अपने तमगे दिखाने शुरू किये जिन्हें सुविधा के लिए वे घावों की शक्ल में अपनी देह पर रखते थे। हर घाव का अपना एक अलग इतिहास था जो किसी-किसी स्थिति में काफ़ी मार्मिक था। 'यह जो पैर पर घाव देख रहे हैं हजूर; यह भूटान सीमा पर लगा था। एक दूध-गाड़ी से जो टकराया तो सबके सब वहीं ढेर हो गये। सेवक किसी तरह बच गया। और यह जो चोट कोहनी पर है, यह बन्दापरवर बाँदा में प्राप्त हुई थी। दिन का वक़्त था और बाज़ार का बीच। एक साइकिल-सवार सामने तशरीफ़ ले आये। देखने में तो बड़े पहलवान नज़र आते थे मगर मडगार्ड का कमाल देखिए कि पहले ही धक्के में इस जहान से कूच कर गये। और श्रीमानजी, यह निशान जो आप मेरे गाल पर देख रहे हैं यह एक मेले में लगा था। हुआ यह कि चन्द देहाती मुसम्मात सड़क के बीचोबीच गीत गाती चली जा रही थीं। पहले तो गाने की आवाज़ में भोंपू शायद सुनाई ही नहीं दिया और जब सुनाई दिया तो हालत यह कि लगीं बन्दर की तरह इधर-उधर को कूदने। अब हम क्या करते? नतीजा यह रहा कि चार-पाँच तो वहीं दम तोड़ गयीं और बाक़ी चुंगी के अस्पताल में। हम तो अन्नदाता घबराहट में ऐसा भागे कि कुछ न पूछिए। कोई चार लकड़ी के गट्ठरवालों को धराशायी किया और किसी तरह झाँसी पहुँचे। मैंने इनकी बातें सुनीं और मन ही मन राणा साँगा को प्रणाम किया। इशारे से बताया कि कोठी से निकलने का रास्ता दायीं तरफ़ को है। आदमी समझदार थे, इशारा समझ गये। चलते-चलते एक और हादसा बता गये जिसमें एक बैलगाड़ी की पाँच सवारियाँ इनकी सहायता से अस्पताल पहुँची थीं। अब बताइये, ऐसे ड्राइवर से क्या फ़ायदा जो हर हादसे में सिर्फ़ ख़ुद ही सही-सलामत रहे।

इसके उपरान्त एक और महान् आत्मा से साक्षात्कार हुआ। ये नरपुंगव गाड़ी को इस तरह दबाकर देखते थे गोया कि इमारती लकड़ी ख़रीद रहे हों। इंजन खोलने का इन्हें ज़बर्दस्त शौक़ था और जहाँ तक पेट्रोल की तस्करी का प्रश्न था, उसके लिए ये सारे क्षेत्र में प्रख्यात थे। इनकी एक बड़ी विशेषता यह थी कि किसी भी स्थान को जाने का सबसे लम्बा रास्ता इन्हें हमेशा ज्ञात रहता था और स्थिति यह थी कि प्रयाग से अगर इन्हें हैदराबाद जाना होता तो ये भटिण्डा होकर जाते। यह सब भी मुझे स्वीकार था मगर इनके जिस गुण विशेष से मैं विशेष रूप से चिन्तित था वह थी इनकी कुलीनता। बोलचाल में इस तरह व्यवहार करते थे जैसे कि या तो सूर्यवंशी हों या तैमूर के ख़ानदान से सम्बन्ध रखते हों। जब भी इनकी गाड़ी

किसी राह चलते व्यक्ति से निकट सम्पर्क स्थापित करती थी, ये हमेशा नीचे उतरकर उसकी जाति पूछते थे। चोट खाने वाला यदि उच्च वर्ण का होता था तो ये उससे क्षमा-याचना करते थे और यदि वह ग़रीब किसी छोटी जाति का होता था तो बजाय खेद प्रकट करने के कसकर उसे एक चाँटा रसीद करते थे। एक दिन मैंने उन्हें इस बारे में कुछ समझाने की कोशिश की तो परिणाम यह रहा कि उन्हें मेरी अपनी कुलीनता पर कुछ गहरा सन्देह हो गया और अगले दिन उन्होंने नौकरी छोड़ दी।

इसके उपरान्त इस सन्दर्भ में और भी कुछ हस्तियों से भेंट का सौभाग्य प्राप्त हुआ। एक सारथि इतने स्थूलकाय थे कि उनके बैठने के बाद गाड़ी में बैठने की बजाय उसमें से निकलने की तीव्र इच्छा होती थी। एक और सज्जन थे जो हॉर्न के स्थान पर अपने कण्ठ का प्रयोग करते थे। यह प्रयोग काफ़ी खुलकर किया जाता था। भगवान की कृपा से उनकी आवाज़ फतेहपुर सीकरी के दरवाज़े की तरह इतनी बुलन्द थी कि अगले चौराहे तक की भीड़ अपने आप छँट जाती थी। एक और प्रेमी मिले जो गालियाँ बड़ी लाजवाब देते थे। जहाँ कोई साइकिलवाला मिला, एक सुना दी। आगे कोई राहगीर दिखाई दिया तो कण्ठ से एक और सुभाषित निकल गया। इस सन्दर्भ में उनके पास इतना कच्चा माल था कि डॉक्टर ग्रियर्सन और मुल्कराज आनन्द तक उनसे लाभ उठा सकते थे। कई माह वे मेरे सम्पर्क में रहे और मैंने उन्हें कभी एक गाली का दो बार प्रयोग करते नहीं देखा। प्रत्येक मौलिक व्यक्ति की तरह वे अपनी निजी गालियाँ भी बनाते थे और पुरानी गालियों में कुछ परिवर्तन कर उन्हें ज़्यादा चमत्कृत और मार्मिक बनाने की कोशिश भी वे करते थे। मुझे कहते हुए सन्तोष होता है कि अपने प्रयत्नों में उन्हें आशातीत सफलता मिलती थी। एक और रसिक व्यक्ति ऐसे मिले जो रास्ता चलती हर लड़की को पूरी गर्दन बाहर निकालकर देखते थे और कभी-कभी बिना जान-पहचान के उन्हें सलाम भी करते थे। एक हज़रत ऐसे मिले जो शायद कभी सरकस में काम कर चुके थे। इनकी आदत यह थी कि ये पहले तो हॉर्न कतई नहीं देते थे मगर जब सड़क के बीच जाते आदमी या औरत के बिलकुल पास पहुँच जाते थे तो पूरी स्पीड पर यकायक हॉर्न बजाने लगते थे। परिणाम यह होता था कि वह ग़रीब राहगीर एकदम उछल-कूद करने लगता था। उसकी इस स्थिति से इन्हें हार्दिक सन्तोष होता था और ये प्रायः ऐसे अवसरों पर खिलखिलाकर हँसते थे। आदमी वैसे भी ख़ुशमिज़ाज थे; गाहे-बगाहे मेरी गाड़ी को भाड़े पर भी चला लेते थे।

अन्त में चलकर एक सारथि ऐसे भी मिले जिसके साथ कुछ निभाव हुआ। इज़्ज़तदार क़िस्म के अधेड़ इंसान थे जो ज़मींदारी ख़त्म होने से पहले शायद कभी ख़ुद भी मोटर रखते थे। इन्हें सफ़ाई का बड़ा शौक़ था। जितना वक़्त मिलता वह गाड़ी की सफ़ाई में व्यतीत होता। काम करने के मामले में चचा छक्कन की तरह थे; ख़ुद खड़े रहते थे और बताते रहते थे और बाक़ी काम हम सब करते थे। गाड़ी

चलाते हुए अफ़ीम के नशे की वजह से अकसर सो भी जाते थे। मुझे गाड़ी चलाना इन्होंने ही सिखाया। कहा करते थे कि मोटर का तो खड़ा करना सीखना चाहिए, जहाँ तक चलने का प्रश्न है, चलती तो यह अपने आप है। मैंने उनकी बात की दाद दी तो इस पर उन्होंने पानदान से एक पान पेश किया और एक शेर भी पढ़ा। पुराने पढ़े-लिखे शरीफ़ों की तरह इन्हें भी शायरी रुचि थी और अवसर के अनुकूल कोई मार्मिक पंक्ति पढ़ने की इन्हें बड़ी आदत थी। जब भी मैं उनके पास सामने की सीट पर बैठा, हमेशा कुछ नये शेर याद करके उतरा।

सिन्दबाद की अन्तिम यात्रा

अगले दिन सिन्दबाद ने हिन्दबाद से कहा कि हालाँकि मुझे अपनी पहली सात यात्राओं में काफ़ी परेशानियाँ और मुसीबतें झेलनी पड़ीं पर फिर भी उनसे मेरी हिम्मत कभी नहीं टूटी। कभी न कभी मैं फिर भी यात्राओं पर निकलता रहा। इन यात्राओं में मुझे असीम सम्पत्ति और ऐश्वर्य का लाभ हुआ पर चूँकि तब तक फारस देश में विदेशी मुद्रा पर प्रतिबन्ध और सम्पत्ति पर कर लागू हो चुका था, मैंने इन यात्राओं का विवरण अपने तक ही रखा। पर एक बार ऐसी यात्रा भी करने को मिली कि उसके बाद फिर कभी घर से निकलने की हिम्मत ही नहीं हुई।

मैं एक दिन हीरे-जवाहरात, मखमल, कालीन, मसाले और क़ीमती बर्तनों से जहाज़ भरकर फिर सफ़र को निकल गया। इस बार जहाज़ अदन की खाड़ी होता हुआ हिन्दोस्तान को चला जिसे 'सोने की चिड़िया' भी कहा जाता था। हिन्दोस्तान पहुँचकर हमारे जहाज़ ने खम्भात की खाड़ी में लंगर डाला और वहाँ से नदियों के रास्ते हम उस मुल्क के भीतर घुसे। धीरे-धीरे हम उस इलाक़े में पहुँच गये जो दरिया गंगा और जमुना के बीच में आबाद है और दोआबे के नाम से पुकारा जाता है। यहाँ पहुँचकर हमने एक ऐसे शहर में डेरा डाला जो कि एक दरिया के किनारे अल्लाह ने आबाद किया था। इस नगर तक नदी इतनी चौड़ी थी कि छोटे-मोटे जहाज़ बिना किसी तकलीफ़ के वहाँ तक पहुँच सकते थे।

यह शहर बड़ा अजीब था। और भी कुछ अजीब मुकाम मैंने पहले देखे थे पर वे इसके सामने कुछ नहीं थे। यहाँ के लोग लिखने-पढ़ने का धन्धा करते थे जिसमें पढ़ना कम और लिखना ज़्यादा होता था। शहर का हरेक आदमी कुछ न कुछ लिखता था– कोई कविता करता था तो कोई नाटक लिखता था। लिखने के अलावा जो वक़्त इनके पास बचता था उसमें ये लिखीं हुई चीज़ें एक-दूसरे को सुनाते थे। शहर का हरेक आदमी एक-दूसरे को कुछ न कुछ सुनाता रहता था। इस काम को लोग अकेले भी करते थे और मिल-जुलकर भी। किसी-किसी परिवार में सारे लोग यही काम करते थे। शहर के बाक़ी लोग गूँगे और बहरे थे और इस वजह से लिखने-पढ़ने में ज़्यादा तेज़ नहीं थे। ये बाक़ी लोग या तो काग़ज़ बनाते थे या जिल्दें बाँधते थे।

नगर में पहुँचकर हमने एक सराय में डेरा डाला। इसके बाद मैंने एक नौकर रसोई का सामान लेने बाज़ार भेजा। जब उसके आने में काफ़ी देर हो गयी तो मैंने फिर दूसरा हरकारा भेजा। उसका भी यही हाल हुआ। जब तीसरा और आख़िरी हरकारा भी वापस न हुआ तो मैंने तलवार उठाई और मैं ख़ुद उस तरफ़ बढ़ा जिधर तीनों प्यादे ग़ायब हुए थे।

कोई एक मील चलने पर मैंने देखा कि मेरे तीनों प्यादों को सैकड़ों आदमियों ने घेर रखा है। कोई उन्हें कविता सुना रहा है तो कोई कहानी। एक साहब नौटंकी के स्टाइल में ड्रामा पढ़ रहे थे। बड़ी मुश्किल से मैंने एक दाढ़ीवाले बुज़ुर्ग को अपनी तरफ़ मुखातिब किया तो उसने बताया कि अरसे बाद ये तीनों आदमी ऐसे आये हैं जिन्होंने यहाँ के निवासियों की लिखी हुई रचनाएँ नहीं सुनीं। इसलिए जब तक शहर के सारे लेखक इन्हें अपनी सारी रचनाएँ नहीं सुना लेंगे तब तक आगे नहीं जाने देंगे। इससे पूर्व कि मैं कुछ कहूँ इन दाढ़ीदार बुज़ुर्ग ने पता नहीं कहाँ से काग़ज़ों का एक पुलिन्दा निकाला और मुझे अपने ड्रामे का एक सीन सुनाना शुरू किया। जैसाकि मुझे बाद में पता चला ये इस मुल्क के बड़े मशहूर नाटककार थे और इन्होंने अपने ड्रामों में समाज की अनेक समस्याओं पर कुठाराघात किया था। इनके इस ड्रामे के प्रमुख पात्र दो थे—एक राजा और दूसरा विदूषक। नाटक के अन्त में जब देश में अवाम की हुकूमत आ जाती थी तो विदूषक राजा बन जाता था और राजा विदूषक का पार्ट सँभालता था। इसका ख़याल था कि मुल्क कोई हो, हुकूमत किसी क़िस्म की हो—राजा और विदूषक हमेशा उसी तरह बने रहते हैं और रक्त क्रान्ति तक से उनकी स्थिति पर कोई असर कभी नहीं पड़ता। जो सीन इन्होंने मुझे वहाँ सड़क पर सुनाया वह कुछ-कुछ इस तरह का था—

राजा : अबे ओ विदूषक के बच्चे!

विदूषक : जी, सरकार!

राजा : अबे, वह बाँकी छोकरी कहाँ गयी?

विदूषक : बाँस की टोकरी, सरकार?

राजा : अबे, सरकार के बच्चे, बाँस की टोकरी नहीं, बाँकी छोकरी!

विदूषक : जी सरकार, मैं भी वही कह रहा हूँ। बाँके की छोकरी कहाँ गयी? मेरे ख़याल से सरकार वह छोकरी बाँके के साथ वहीं चली गयी।

राजा : छोकरी के बच्चे, यह बाँके कौन है?

विदूषक : अन्नदाता, यह वही व्यक्ति है, जिसके साथ, जैसा कि सरकार अभी-अभी कह रहे थे, वह छोकरी कहीं गयी है।

राजा : अच्छा, तो यह उसका कोई आशिक है।

विदूषक : ज़रूर, सरकार। बाँके उस लड़की का आशिक है और अगर आशिक नहीं है तो उसका बाप तो ज़रूर ही है। वरना, सरकार, सवाल यह

उठता है कि वह उसके साथ गयी क्यों?

राजा : आशिक के बच्चे, हम जानना यह चाहते हैं कि वह छोकरी अब मिलेगी कहाँ?

विदूषक : सरकार गुस्ताख़ी माफ़ हो तो कुछ अर्ज़ करूँ। मुझ नाचीज़ का ख़याल कि हुज़ूर उस बदमाश बाँके की तलाश कराएँ। जहाँ बाँके होगा, वहीं वह छोकरी होगी।

राजा : और अगर वहाँ न हुई तो?

विदूषक : तो सरकार साबित हो जायेगा कि छोकरी बाँके के साथ नहीं बल्कि किसी दूसरे के साथ कहीं गयी है।

ड्रामा जैसा कि ज़ाहिर था काफ़ी लम्बा था और इन सज्जन के सुनाने का ढंग और भी पुरलुत्फ़ था। दाढ़ी उनकी नकली थी और जब वे राजा का पार्ट करते थे तो दाढ़ी हटा लेते थे और जब मसखरे का डायलॉग बोलते थे तो उसे फिर लगा लेते थे। जहाँ एक सीन ख़त्म हुआ तो मैंने इनसे कहा कि अगर ये प्यादे छूट जायें तो हम लोग कुछ रसोई वग़ैरह का प्रबन्ध करें। किसी तरह उन लोगों को हमारे हाल पर तरस आया और उन प्यादों को (जिनमें से एक अब तक बेहोश हो चुका था) इस शर्त पर रिहा किया गया कि वे सारी चीज़ें जो उन्हें सुननी थीं, वे मैं सुनूँ। मैं राज़ी हो गया। रातभर शेर और शायरी का दौर चलता रहा। एक कवि थे जिनका कि कलाम बहुत लम्बा था। इस प्रकार के काव्य को वे लोग अपनी भाषा में सांस्कृतिक काव्य कहते थे। इसमें इंसान की पैदाइश से लेकर अब तक की उसकी सारी कहानी काफ़ी आसान और मुहावरेदार ज़ुबान में कही गयी थी। सारी शायरी सिर्फ़ एक ही मिसरे में थी जिसे बार-बार भिन्न-भिन्न प्रकार की लयों में दुहराया जाता था। वह मिसरा इस तरह था–

चले जा रहे हैं, चले जा रहे हैं

काव्य इस प्रकार आगे बढ़ता था–

चले जा रहे हैं चले जा रहे हैं
चले जा रहे हैं, चले जा रहे हैं
चले जा रहे हैं, चले जा रहे हैं
चले जा रहे हैं, चले जा रहे हैं
चले जा रहे हैं, चले जा रहे है
चले जा रहे हैं, चले जा रहे हैं
चले जा रहे हैं, चले जा रहे हैं
चले जा रहे हैं, चले जा रहे हैं

प्रत्येक छन्द की अन्तिम पंक्तियाँ इस प्रकार थीं–

चले जा रहे हैं, चले जा रहे हैं

चले जा रहे हैं, चले जा रहे हैं
चले जा रहे हैं, चले जा रहे हैं
चले जा रहे हैं, चले जा रहे हैं

जैसा कि इस कवि ने मुझे बताया, इस महान् काव्य को वे पिछले पचीस वर्षों से निरन्तर लिख रहे थे और अब वह लगभग समाप्त ही हो चुका था। इस काव्य की शैली के प्रभाव से कई लोग मर चुके थे और बेहोश तो हज़ारों हो चुके थे। इस काव्य की प्रत्येक पंक्ति में, मनुष्य जाति के आगे बढ़ने की कथा कही गयी थी।

इस काव्य को मैं लगभग चार घण्टे सुनता रहा। चार घण्टे बाद मुझे सहसा महसूस हुआ कि इसमें जो सन्देश मानवता के लिए छिपा है, वह शायद मुझ जैसे सौदागर के लिए उतना उपयुक्त नहीं है। मैंने कवि से विदा लेनी चाही पर उसने कहा कि बस कुछ पृष्ठ और हैं और इसके बाद दो घण्टे 'चले जा रहे हैं' वाली पंक्ति का पाठ और हुआ। स्थिति यह हुई कि मैं बेहोश हो गया।

मैं ज़्यादा देर बेहोश रहा या कम, यह मैं नहीं कह सकता। जब मेरी आँखें खुलीं तो मैंने देखा कि मैं किसी हकीम के मतब में था। हकीम जी दिन को मुरब्बा, कुश्ता और अर्क वग़ैरह बनाते थे और रात के वक़्त ग़ज़लें लिखते थे। जैसे ही मैंने आँखें, खोलीं ये मुसकराये और उसके बाद बिना किसी तकल्लुफ़ के उन्होंने अपना दीवान सुनाना शुरू कर दिया। दीवान का सुनना था, मैं फिर दीवाना हो गया। यानी कि बेहोश हो गया।

इस बार जो आँख खुलीं तो देखा कि मैं एक सड़क के किनारे नीम के दरख़्त के नीचे लेटा हुआ था। एक बुज़ुर्गवार इंसान अपनी दाढ़ी हिला-हिलाकर मेरे ऊपर हवा कर रहे थे। लगातार कई घण्टे बेहोश रहने के कारण मेरी याददाश्त कमज़ोर हो गयी थी और मुझे प्यास भी ज़ोरों से लगी थी। मैंने पानी माँगा तो ख़ुदा का यह बन्दा मुझे कमर पर लादकर अपने घर ले गया। वहाँ मैंने भरपेट खाना खाया और फिर कुछ ख़ूबसूरत हाथों द्वारा दी गयी तरह-तरह की शराब भी पी। इसके बाद जब मैं चलने लगा तो यह शरीफ़ इंसान धाड़ मार-मारकर रोने लगा।

उसे रोते देखकर मुझे बड़ी हैरत हुई। काफ़ी समझाने-बुझाने पर वह उठा, घर के दरवाज़े बन्द किये और शेरवानी में से कुछ काग़ज़ निकालकर इस तरह पढ़ने लगा—

राजा : विदूषक जी, हमारी सारी रानियाँ व्यभिचारिणी हैं। महारानी के बारे में आपका क्या विचार है?

विदूषक : विचार उत्तम है। आपकी महारानी महाव्यभिचारिणी हैं।

राजा : क्यों तात, यह महाव्यभिचारिणी क्या चीज़ होती है?

विदूषक : अन्नदाता, यदि यह रहस्य मैंने यहाँ खोल दिया तो नाटक का आनन्द यहीं समाप्त हो जायेगा। यह रहस्य तो सेवक आपको छठे अंक के तीसरे दृश्य में समझायेगा।

राजा : अच्छा तो हम फिर उसी स्थान की दिशा में प्रस्थान करते हैं।

इन पंक्तियों को सुनते ही मेरे दिमाग़ में बिजली कौंध गयी। मैं पहचान गया कि ये वही महान् आत्मा हैं जो शुरू के दिन मुझसे मिली थी। मैं घबरा गया और घर के दरवाज़े खोलकर सड़क पर बेतहाशा भागने लगा। मैं आगे-आगे और वे पीछे-पीछे। पहले मैं एक गली में घुसा और फिर दूसरी में। मैं ज़्यादा गलियों में घुसा या कम में यह तो कहना मुश्किल है पर गली-दर-गली होता हुआ आख़िरकार मैं एक ऐसे मुकाम पर पहुँचा कि जहाँ एक दरवाज़ा खुला दिखाई दिया। मैं उसमें चोर की तरह घुस गया। मैं आराम की साँस खींच ही रहा था कि मेरी निगाह उस मकान के अन्दर गयी। चारों तरफ़ लिखे हुए काग़ज़ फैले पड़े थे और ऊपर टाँड पर उल्लू की तरह बैठे हुए कविजी अपना युग-काव्य इस प्रकार पढ़ रहे थे—

चले जा रहे हैं, चले जा रहे हैं
चले जा रहे हैं, चले जा रहे हैं
चले जा रहे हैं, चले जा रहे हैं
चले जा रहे हैं, चले जा रहे हैं

मुझे देखकर उनकी आँखें चमक उठीं, आवाज़ बुलन्द हो गयी और चेहरा लाल हो उठा। जैसा कि उन्होंने बताया, वह सर्ग जिसे वे पढ़ रहे थे किसी राज्य की रक्त-क्रान्ति से सम्बन्ध रखता था और इस कारण उनका आवेश में आना स्वाभाविक था। क्रान्ति के बाद जब अमन का दौर आया तो उनकी आँखें मिच गयीं और उनके द्वार खोल मैं वहाँ से भी भागा।

मैंने निश्चय कर लिया कि अब मैं यहाँ एक पल भी नहीं रूकूँगा। मैं किसी तरह डेरे पर पहुँचा और रात को शहर छोड़ने की तदबीर सोचने लगा। चोरी-चोरी एक मज़दूर किराये पर किया जिसकी कि लाल रंग की लम्बी-लम्बी मूँछें थीं। ठीक आधी रात के वक़्त मैं और मेरे प्यादे उस मज़दूर के साथ शहर से बाहर निकले। प्यादे आगे-आगे थे और मैं कुछ पीछे। कुछ दूर जंगल में चलने के बाद जब मैं अकेला छूट गया तो उस मज़दूर ने सहसा अपना बोझा नीचे उतारा, मूँछें उतारकर जेब में रखीं और चाँद की रोशनी में अपने ड्रामे की अगली किस्त सुनानी शुरू की—

राजा : अबे, ओ विदूषक के बच्चे! चल, मालती मण्डप की तरफ़ को क़दम बढ़ा।

विदूषक : सरकार, वहाँ तो हालत काफ़ी पतली है। इलाक़े के कुत्तों ने जुलाब लेकर शायद वहीं विश्राम किया है।

राजा : जुलाब के बच्चे, बकुलों के कुंज की क्या हालत है, साफ़-साफ़ बता।

विदूषक : सरकार, वहाँ तो रंग ही कुछ और है। कल शाम गया तो देखा कि वहाँ एक साँड़ किसी कामधेनु के साथ गन्धर्व-विवाह रचा रहा था।

राजा : साँड़ के बच्चे, तो फिर किधर चला जाये?

विदूषक : जहाँ बाँके की छोकरी हो, सरकार, मेरे विचार में उसी तरफ़ को कूच किया जाये।

राजा : छोकरी के बच्चे, हमारी औकात के ख़िलाफ़ बात करता है! देख, हम ख़ानदानी राजा हैं, यानी कि हमारे बाप भी राजा थे। तू भी ख़ानदानी विदूषक है, यानी कि तेरा बाप भी विदूषक था। अब साफ़-साफ़ बता कि क्या यह छोकरी भी ख़ानदानी छोकरी है?

विदूषक : एकदम, सरकार! इस छोकरी की माँ भी कभी छोकरी होती थी। इस तरह यह छोकरी भी ख़ानदानी हुई।

राजा : छोकरी की माँ के बच्चे, तो फिर ठीक है। चल, उसी दिशा में प्रस्थान कर।

जैसा कि ज़ाहिर है, मैं इस भयानक विपत्ति में बुरी तरह फँस चुका था। ख़ैरः, क़िस्मत मेरी बुलन्द थी। इत्तफ़ाक़ की बात कि शहर का कोतवाल उस रात गश्त पर निकला था। उसने जब मुझे देखा और मेरी दास्तान सुनी तो उस नाटककार को फ़ौरन गिरफ़्तार कर लिया। उसकी मुश्कें बाँध और उसे अपने सिपाहियों को सौंप, उसने मुझे अपने घोड़े पर बिठाया। कोई पचास गज़ चलने पर मुझे पता लगा कि कोतवाल साहब पुलिस की नौकरी के साथ-साथ विरह-गीत लिखने में भी बड़े माहिर थे। इस क्षेत्र में ये 'नाक़ाबिल' उपनाम से काम करते थे। जो विरह-गीत उनके गले से बाहर निकलने के लिए इस वक़्त दर्द कर रहा था वह इस तरह था—

तो सुन लो बन्धु मेरे दुखों की वाणी
मेरे सतरह बच्चों की माता कल्याणी
कवि के ऊपर कल भारी विपति परी
पाजामे में घुस गयी रात सहसा बकरी
फिर याद आ गया अपना बचपन, जय दुर्गा,
फ़ादर की दाढ़ी में रहता था मुर्गा
मेरी पत्नी परिवार-नियोजन करती थी
प्रतिवर्ष एक बच्चा केवल वह देती थी
उसने ही मुझको बना दिया कवि 'नाक़ाबिल'
वरना जनाब मेरा तो था घुटने में दिल।

मेरे दुख और क्रोध का अन्त न रहा। मैंने आव देखा न ताव तलवार निकालकर कोतवाल की गर्दन वहीं काट ली और उसके घोड़े पर सवार होकर किसी तरह भूखा-प्यासा फ़ारस वापस पहुँचा। वह दिन है और आज का दिन है, ख़ाकसार फिर कभी किसी सफ़र पर नहीं निकला।

एक उठाईगीर सिनेमा के संस्मरण

सभी भाषाओं के कवियों ने अपने पहले प्यार के बारे में काफ़ी लिखा है। कुल मिलाकर उनका कहना यह है कि आदमी और चाहे सब-कुछ भूल जाय पर अपने जीवन के प्रथम प्रेम को कभी नहीं भूल सकता। इस स्थिति के कुछ अपवाद भी हो सकते हैं। मेरा अपना केस ही ले लीजिए, मुझे आज तक यह याद नहीं कि मेरा पहला प्यार था तो कौन-सा था। इस हादसे का एक कारण यह था कि मैंने शुरुआत कोई तीन-चार प्यारों से एकसाथ की थी ताकि अगर एक में नाकामयाबी रहे तो वक़्त-ज़रूरत दूसरा काम आये। स्थिति यह है कि हालाँकि मुझे अपने पहले प्यार की तो याद नहीं रही मगर उस तसवीर की याद ज़रूर है जो मैंने पहली बार देखी थी। जो मज़ा उस सिनेमा में मिला था वह बाद में फिर कभी नहीं मिला।

यह तवारीख़ उस ज़माने की है जब यह ख़ाकसार मिडिल में पढ़ता था। स्कूल गाँव से कोई पाँच मील दूर था और रास्ते में हर एक मील पर डेढ़ के हिसाब से बरसाती नदियाँ पड़ती थीं। परिणाम यह होता था कि बरसात में हम लोग घर से रसद ले आते थे और स्कूल के अहाते में ही रहते थे। कुल मिलाकर यह जीवन काफ़ी नियमित होता था। सुबह उठकर हम लोग दातुन के स्थान पर चक्रवर्ती गणित करते थे। इसके बाद जंगल जाते थे और वहाँ से लौटकर फिर चक्रवर्ती गणित करते थे। खाना खाने के बाद स्कूल जाते थे और वहाँ उसी चक्रवर्ती गणित को एक मरतैल अध्यापक की सहायता से दिग्विजय किया जाता था। शाम को फिर वही मोर्चा सँभालना होता था और रात को फिर वही स्थिति होती थी कि या तो हम उस बेवकूफ़ आदमी का ज़िक्र करते थे जिसका कि चौबच्चा दो नल भरते थे और तीसरा नल साथ ही साथ खाली करता था या उस अमीर सौदागर का क़िस्सा सुनते थे जो अपने सतरह हाथी अपने तीन लड़कों में इस तरह बाँटना चाहता था कि हाथी भी न कटे और बँटवारा भी बराबर-बराबर हो जाय। हम अकसर यह बहस करते थे कि इस सौदागर ने एक लड़के के बाद औलाद पैदा की तो क्यों की। उस एक सौदागर और उन सतरह हाथियों ने जो दुख हमें दिया वह कभी भुलाया नहीं जा सकता। मेरी तो हालत इतनी नाज़ुक हो गयी थी कि क्या सौदागर और क्या हाथी—मैं दोनों

से आज तक बराबर नफ़रत करता हूँ। सौदागर और हाथी, दोनों वैसे भी देखने में अकसर एक-से ही लगते हैं। नल और हाथियों के उन सवालों के बीच किसी ने एक दिन यह ख़बर दी कि पास के कस्बे में एक सिनेमा आया है जो काफ़ी हैरतअंगेज़ और सनसनीख़ेज़ खेल दिखा रहा है। यह सुनना था कि हमारी हालत वह हो गयी जो बैरकपुर की पलटन की चर्बी के कारतूसों के बारे में सुनकर हुई थी। हम लोगों ने दिलों को बहुत तरह समझाया पर आख़िरकार वही हुआ जो होना था। नल और पानी के सवालों को वहीं चौबच्चों में छोड़कर हम लोग चहारदीवारी कूद उसी रात सिनेमा देखने निकल गये। हमारी ग़ैरहाज़िरी में उन सतरह हाथियों और उस एक अमीर सौदागर के साथ क्या गुज़री, यह जानने के लिए मैं आज तक बेक़रार हूँ।

यह सिनेमा एक उठाईगीर क़िस्म का था। एक खुले अहाते में कनातें बाँधकर कुछ ज़मीन घेरी जाती थी जो हॉल का काम करती थी। सिनेमा का मैनेजर भी उठाईगीर क़िस्म का था और जैसा कि बाद में पता लगा कि ये कनातें भी वह पास के क़स्बे से चोरी करके लाया था। अहाते में एक तरफ़ एक मशीन लगायी जाती थी जो तसवीरें दिखाती थी। इस मशीन की आवाज़ सुनकर लगता था जैसे दिन में उससे आटा पीसने या चावल कूटने का काम भी लिया जाता था। हॉल के ऊपर खुला हुआ आसमान होता था और नीचे वह रेत जो गंगा नदी के किनारे अब भी उसी बहुतायत के साथ पायी जाती है। कम्पनी का मैनेजर एकदम अद्वैतवादी क़िस्म का था और सिनेमा का सारा काम ख़ुद ही करता था। वह दिन में सिनेमा का इश्तहार करता था जिसके लिए एक अदना से भोंपू की मदद ली जाती थी। भोंपू की यह सहायता सिर्फ़ तकल्लुफ़ के लिए ली जाती थी क्योंकि वैसे मैनेजर की अपनी आवाज़ भोंपू से कहीं ज़्यादा बुलन्द थी। इसके बाद वह हॉल की सफ़ाई करता था, टिकट बाँटता था, गेटकीपरी करता था और बाद में मशीन भी चलाता था। दूरन्दाज़ लोगों का ख़याल था कि बाक़ी लोगों से आँख बचाकर वह उस पिक्चर में भी काम करता था जो कि सुनहरे पर्दे पर दिखाई जाती थी। जहाँ तक पर्दे का प्रश्न है वह सिर्फ़ मुहावरे के तौर पर सुनहरा था। वास्तविक स्थिति यह थी कि वह निहायत गन्दा था और शायद पुराने पाजामों को जोड़कर बनाया गया था।

इस सिनेमा का सबसे कठिन काम था टिकट ख़रीदना और उसके बाद हॉल में प्रवेश करना। जो आदमी इन दो कामों को कर लेता था वह बिना सिनेमा देखे वापस नहीं लौट सकता था क्योंकि भीड़ इस कदर होती थी कि अगर वह चाहता भी तो भी वापस नहीं आ सकता था। आमतौर से लोग या तो टिकट ख़रीदते थे या हॉल ही में घुसते थे—दोनों कामों को एकसाथ शायद ही कोई करता था। बात यह थी कि टिकट ख़रीदने में बड़ी देर लगती थी जबकि हॉल में घुसना कहीं ज़्यादा आसान था। जिन लोगों के हाथ में लाठी होती थी उनसे टिकट नहीं माँगा जाता था। मोटी मूठदार लाठी वालों को ऊँचे दर्जे में बैठने दिया जाता था। मेले का मामला था और भीड़ काफ़ी

थी। लगता था जैसे कि सारा का सारा मेला इसी कनात में आयेगा। लोगों ने जो एक बार आना शुरू किया तो बस आते ही रहे। एक दस्तूर-सा बन गया। जब कनात में जगह नहीं रही तब भी लोग आते रहे। इसके बाद बैठे हुए लोग उखड़ने शुरू हुए और फिर कनात खुद उखड़नी शुरू हुई। जिसे जहाँ जगह मिली वह वहीं बैठ गया। दो-चार आदमी उस मशीन पर भी बैठे जिसके चलाने से सिनेमा शुरू होता था।

लोगों का मशीन पर बैठना था कि खेल शुरू हो गया। इस खेल का नाम क्या था, इस बात का हम लोगों को न उस वक़्त पता था और न इस वक़्त पता है। जहाँ तक मेरा ख़याल है, खेल के नाम का पता उस बेचारे मैनेजर को भी नहीं था। इतना अलबत्ता हमें ख़ूब याद है कि इस सिनेमा में मसखरे एक से ज़्यादा थे। एक मोटा नौकर था जिसका मालिक उसकी कमर के निचले हिस्से पर कसकर लात मारता था। खेल ख़त्म होने तक कोई डेढ़ सौ लातें उस मोटे नौकर को खानी पड़ी। अगले दिन जब मैं वही पिक्चर फिर देखने गया तो वह बेचारा हिम्मतवर इंसान फिर उसी तरह लात खा रहा था। कितना ख़ानदानी नौकर था नहीं तो चौबीस घण्टे के अन्दर वह चाहता तो तीन बार उस गन्दी नौकरी को छोड़ सकता था। इस नौकर और मालिक के अतिरिक्त इस खेल में एक बुज़ुर्गवार सज्जन थे जो एक अदद दाढ़ी रखते थे। इन हज़रत का एक पहलवान क़िस्म का आवारा लड़का था जो जब भी मिलता था, दाढ़ी पर हाथ मारता था। सन्दर्भ चाहे क्रोध का हो या प्रेम का, दाढ़ी के साथ अलबत्ता यही व्यवहार किया जाता था। जहाँ तक मुझे याद है, खेल ख़त्म होते-होते उस ग़रीब की दाढ़ी लगभग आधी रह गयी थी। अगर वह खेल दो-तीन दिन और चल जाता तो दाढ़ी का नामोनिशान भी न रहता। कहानी में एक अदद लड़की भी थी जो आँखें ख़ूब मटकाती थी। थोड़ी देर बाद हम लोगों ने महसूस किया था कि आँखों के साथ-साथ जो बाक़ी हिस्से थे वे भी काफ़ी मात्रा में मटकाये जाते थे। जब यह लड़की स्टेज पर आती थी तो हॉल में सन्नाटा छा जाता था। उसके जाने के बाद लोग सीने पर हाथ मारते थे और आहें भरते थे। एक साहब ने हाथ अपने सीने पर रखने के बजाय किसी दूसरे के सीने पर रख दिया था जिससे कि काफ़ी हंगामा खड़ा हो गया था। तसवीर में एक नौजवान था जो देखने-भालने में तो शरीफ़ लगता था पर वह इस बात को मनवाने पर उतारू था कि हम लोग उसे बदमाश और लफ़ंगा समझें। वह तहमद पहनता था और हाथ में चाकू रखता था। जब कभी उसे वक़्त मिलता था, वह उस चाकू को तेज़ करता था। चाकू तेज़ करने के बाद वह भागता था। पूरे खेल में या तो उसने चाकू तेज़ किया या वह भागता रहा। एक बार हीरोइन के बाप के साथ हाथापाई में उसकी लुंगी खुलने की-सी स्थिति में हो गयी मगर इत्तफ़ाक देखिए कि हॉल की बिजली उसी वक़्त फ़ेल हो गयी। लोगों ने मैनेजर को गन्दी गालियाँ देनी शुरू कीं।

सिनेमा वालों को लोग गालियाँ एकदम नहीं देते थे। बिजली भागने पर काफ़ी देर तक लोग चुप रहते थे। कुछ लोग इस बीच सिनेमा के नाम के बारे में चर्चा करते थे कि यह श्रवणकुमार का चित्र है या कि सोहराब और रुस्तम का। मेरे

ख़याल में उसमें इन दो तसवीरों के अलावा कुछ और खेलों की भी रीलें थीं। बिजली भागने पर कुछ लोग यह समझकर धीरज रखते थे कि यह रात का सीन चल रहा है जिसमें अँधेरा होना ज़रूरी होता है। कोई दूसरा कहता था कि लगातार तीन शो देते-देते अदाकार थक गये हैं और जब तक वे ठण्डाई पीकर तरोताज़ा न हो जायँ तब तक खेल शुरू नहीं हो सकता। एक साहब अकसर यह तर्क देते थे कि सिनेमा की हीरोइन मेले के एक पानवाले के साथ भाग गयी है और मैनेजर पुलिस में इत्तला करने गया है। कुछ देर बाद लोग बेचैन हो जाते थे और इसी बेचैनी की हालत में कभी-कभी कोई छोटी-मोटी वारदात भी हो जाती थी। कोई किसी की जेब पर हाथ साफ़ करता था और कोई किसी की औरत को छेड़ देता था। हाथापाई की इस स्थिति में हॉल की भीड़ दो भागों में बँट जाती थी। एक भाग इस हाथापाई को देखता था और दूसरा सिनेमा को। हाथापाई में एक बार ऐसी भगदड़ मची कि कोई दिलवाला सिनेमा वाले का भोंपू ही उठाकर ले गया।

इस सिनेमा में गाने और पुलिस का इन्तज़ाम भी बराबर था। एक लड़का था जो अकसर एक ग़ज़ल गाया करता था। उसे एक सिपाही ने पकड़ लिया। मेरे ख़याल से उस सिपाही को भी गाने का शौक़ था। लड़का गाना गाता-गाता थाने की तरफ़ चला। रास्ते में जहाँ भी चार आदमी खड़े दिखाई पड़ते थे वहीं वह लड़का खड़ा होकर गाने की कड़ी पूरी करता था। सिपाही जी जो थे वे पीछे खड़े होकर बीड़ी पीते रहते थे। रास्ते में वह लड़की भी मिली जो उस लड़के से प्यार करती थी। उसका गाना सुनकर वह लड़की रोने लगी। फिर लड़का भी रोने लगा, सिपाही जी भी रोने लगे। इसके बाद वे लोग थाना पहुँचे। इसके बाद बिजली फ़ेल हो गयी।

जैसा कि ज़ाहिर है, इस सिनेमा को मैं कभी नहीं भूल सका। जब भी मैं कोई तसवीर देखता हूँ, मुझे इस खेल की हमेशा याद आती है। इस खेल के इस तरह याद रहने के शायद कई कारण हैं। एक कारण तो यह था कि इस सिनेमा के एक मसखरे की शक्ल हमारे हेडमास्टर से बहुत मिलती थी। दूसरी बात यह कि इसी सिनेमा को देखते हुए मेरा जूता खोया गया था। जूता खोने का क़िस्सा भी काफ़ी मज़े का है। पहले एक जूता खोया गया। उसकी बड़ी तलाश की गयी। अन्त में चलकर जब वह नहीं मिला तो हम सब लड़कों ने उसके उपलक्ष्य में एक छोटा-सा शोक-प्रस्ताव पास किया और बाद में बचे हुए जूते को नदी में फेंक दिया। इसके बाद वह खोया हुआ जूता भी मिल गया और बाद में चलकर उसे भी फेंकना पड़ा। वह दिन है और आज का दिन है, मैं जब भी सिनेमा देखने जाता हूँ, मुझे अक्सर यही महसूस होता है कि या तो मैं किसी के सीने पर ग़लती से हाथ फेर रहा हूँ या किसी ने मेरा जूता चुरा लिया है या फिर वह जो मसखरा था उसकी शक्ल मुझसे एकदम मिलती-जुलती है और खेल ख़त्म होने के बाद सारे लोग मेरी ही तरफ़ घूर घूरकर देख रहे हैं। सोचता हूँ, मुँह पर हाथ रखकर गली के रास्ते निकल लूँ।

एक पुरानी तसवीर

आज मैं उन दिनों की बात करूँगा जिन्हें गुज़रे पचास वर्ष से ज़्यादा हो गये। तीस वर्ष पहले हमारे गाँवों, क़स्बों और मुफ़स्सिल शहरों में जो जीवन जिया जाता था वह काफ़ी दिलचस्प और बेजोड़ क़िस्म का होता था।

जिन दिनों की मैं बातें कर रहा हूँ उन दिनों हमारे देश में सबसे ज़्यादा रौनकदार चीज़ जो होती थी वह अँग्रेज़ी हकूमत थी। उसका रोब हर जगह ग़ालिब रहता था। चमचमाती वर्दियाँ पहने पुलिस के रिसाले बैण्ड बजाते हुए बिना बात सड़कों पर घूमते रहते थे। इस हुकूमत के अलावा जो बाक़ी चीज़ें थीं वे घिसी-पिटी और साधारण थीं। उन दिनों न टेलीविज़न था और न डीजल का इंजन। न ड्राई-क्लीनिंग की दुकानें थीं और न हेयर कटिंग सैलून। न तलाक़ था और न मृत्यु-कर। उन दिनों रोशनी आमतौर पर रेंड़ी के तेल से की जाती थी और स्थिति यह है कि अब तो यह भी बताते वाला कोई नहीं रहा कि रेंड़ी कहते किस चीज़ को थे। खेती हल से होती थी जिसमें दो अदद बैल जुड़ते थे और सिंचाई के सन्दर्भ में रेहट और चरस का प्रयोग किया जाता था। बड़े-बड़े क़स्बों में सप्ताह में एक या दो दिन बाज़ार लगता था जिसमें कसकर भीड़ होती थी। नाश्ते में लोग रात के बासी पराँठे खाते थे और दोपहर के खाने के बाद भले घरों में ताश और चौपड़ जमती थी। कोई-कोई भावुक व्यक्ति ऐसे अवसर पर ग़ालिब का शेर या पद्माकर का कवित्व भी पड़ता था। वर्षा-ऋतु में लोग आल्हा गाते थे और जो लोग ज़्यादा होनहार होते थे वे नौटंकी खेलते थे। कई ऐसे स्टेशन थे जहाँ कि टिकट नहीं मिलता था और लोगों को टिकट चलती रेलगाड़ी में ही ख़रीदना पड़ता था। कपड़े धोबी धोता था और बाल नाई काटता था। शादी माँ और बाप की पसन्द से की जाती थी और बच्चे शादी के बाद होते थे। माँ और बाप बच्चे को पीटते थे और बच्चे को हक़ होता था कि बड़े होने पर वह माँ और बाप को पीट सके। लड़कियाँ बेपढ़ी होती थीं और इस कारण अनजान पुरुषों से प्रेम वे भले ही करती हों मगर उन्हें ख़त कभी नहीं लिखती थीं। जाति और वर्णव्यवस्था काफ़ी कठोर थी और किसे अत्याचार करना है और किस पर अत्याचार करना है– यह काफ़ी साफ़ था। परिणाम यह होता था

कि हर एक आदमी हर दूसरे आदमी पर ज़ुल्म नहीं ढाता था। क़र्ज़ लेने और देने का रिवाज़ ज़ोरों पर था और पट्टा लिखनेवालों के मज़े थे। जो लोग ज़मींदार होते थे वे ठाठ से रहते थे। बूढ़े ज़मींदार दाढ़ी रखते थे और जवान ज़मींदार मूँछें बढ़ाते थे। ये लोग रियाया से फल लेकर हाकिम तक पहुँचाते थे और तहसीलदार तक को हुज़ूर कहकर पुकारते थे। कला और सुन्दरता की क़द्र होती थी। कुछ ज़मींदार तो इस दिशा में इतने ज़िम्मेदार होते थे कि ख़ूबसूरत चीज़ जहाँ भी होती थी वहीं से मँगाकर उसे सीने से लगाते थे। ये लोग बालों में मेहँदी लगाते थे और पाजामे पर इत्र। इनमें जो ज़्यादा पहुँचे हुए बेवकूफ़ होते थे उन्हें सरकार ऑनरेरी मैजिस्ट्रेट बनाया करती थी।

जिन दिनों की मैं बात कर रहा हूँ उन दिनों सवारियों की कमी थी। स्थिति यह थी कि सवारी में आदमी या तो ख़ुद चलता था या घोड़े या टट्टू की मदद लेता था। लोग कसरत के साथ पैदल चलते थे और इसमें कोई शर्म नहीं समझी जाती थी। अकसर सुबह के वक़्त लोग दो-चार की टोली में पैदल चलते नज़र आते थे। इनके एक हाथ में लोटा होता था और दूसरे में दातून। जिन लोगों को दूर जाना होता था वे ताँगे, इक्के या बहली पर बैठते थे। गाँव की तरफ़ रथ और पालकी का रिवाज़ भी था। उन दिनों बम्बई में विक्टोरिया चलती थी। घोड़ा और घोड़ेवाला— दोनों पहलवान क़िस्म के होते थे। गाड़ी हाँकते वक़्त कोचवान अकसर फ़ोश गालियाँ बकता था जिन्हें सुन-सुनकर सवारियाँ हँसा करती थीं। रास्ते में अगर घोड़ा कहीं लीद करता था तो लोग नाक पर रूमाल रखा करते थे। उन दिनों यही रिवाज़ था। मेले-ठेले को जाती औरतें गाना गाया करती थीं और अगर कभी कोई मर जाता था तो सारा महल्ला कई दिन तक मरनेवाले की तारीफ़ करता रहता था। पुलिसवालों को देखकर लोगों को दस्त छूटते थे और अदालत पहुँचकर यही हाल पुलिसवालों का होता था। इन दिनों दोनों की सेहत ठीक रहती है। लोग मुक़दमेबाज़ी करते थे, रण्डियाँ रखते थे, सुरमा लगाते थे, इत्र सूँघते थे और घर के बाहर बैठकर पेशाब करते थे। लड़कियाँ जब पति के घर जाती थीं तो परिवार के लोगों से गले मिल-मिलकर रोया करती थीं। ससुराल जाकर अगर लड़की के बच्चा नहीं होता था तो पति दूसरी शादी कर लेता था जिसका परिणाम यह होता था कि पहली पत्नी के बच्चे पैदा होने शुरू हो जाते थे। जिन औरतों के दस से ज़्यादा बच्चे होते थे वे विशेष रूप से सौभाग्यवती स्वीकार की जाती थीं। स्त्री को पैर की जूती समझा जाता था और वक़्त-बेवक़्त उसकी मरम्मत भी की जाती थी।

उन दिनों लोगों के शौक़ बड़े अजीब क़िस्म के होते थे। काफ़ी लोग तीतर या बटेर पालते थे और कुछ लोग कबूतर तक उड़ाते थे। काफ़ी गृहस्थ ऐसे होते थे जहाँ गाय, भैंस या बकरियाँ पाली जाती थीं। शतरंज और चौपड़ का ज़ोर था। दीवाली पर जुआ खेला जाता था। साल के बाक़ी दिनों लोग ग़ज़लें कहते थे या

मुकद्दमेबाज़ी करते थे। हाकिम लोग गाने-बजाने का शौक़ रखते थे और मुजरों तक का बन्दोबस्त किया करते थे। गाँवों में फ़ौजदारियाँ होती थीं और पटवारी तथा चौकीदार बादशाह की तरफ़ से फ़रमान जारी कर सकते थे। ग़रीब आदमी सड़क पर पिटता था और अमीर आदमी कोठे पर। रिश्वत को दस्तूर के नाम से पुकारा जाता था। हाथ में छतरी पकड़ने का बहुत रिवाज़ था। टोपियाँ गोल होती थीं और कुछ लोग कन्धे पर अंगोछा रखकर घूमा करते थे। पानदान और चूहेदान हर शरीफ़ घर में पाये जाते थे और अमीर घरों में उगालदान भी रखा जाता था। कुर्सियाँ बहुत लम्बे-चौड़े साइज़ की होती थीं और एक बार बैठकर उन पर से उठना काफ़ी कठिन काम होता था। भले घरों की बहुएँ घूँघट निकालकर चला करती थीं और उनके पीछे-पीछे कुत्ते और कुतिया टाँग से टाँग चिपकाकर चला करते थे। दंगे और फ़िसाद भी होते थे मगर तहसील से गारद आ जाने पर उनका ज़ोर कम हो जाता था। कलक्टर और कप्तान अँग्रेज़ होते थे और उनके सफ़ेद चमड़े को देखकर लोग दहशत खाते थे। लड़ाई में चन्दा खुले हाथ दिया जाता था और विलायत जाने के सपने देखने का आम रिवाज़ था। अफ़ीम और कोकीन कसरत से खायी जाती थीं और पेचवान हुक़्क़ा एक ऐसी चीज़ होती थी जो देखते ही बनती थी। महल्लों में बन्दर और भालू के तमाशे होते थे बच्चे और बूढ़े सब बराबर देखते थे। कभी-कभी नट लोग भी आते थे जो और बाक़ी मदारियों की तरह अपने कमाल दिखाते थे। कभी-कभी चौराहों पर जादूगर लोग अपना मजमा लगाते थे जिनमें दो-चार जादुओं के बाद ताक़त की दवाइयाँ बेची जाती थीं।

उन दिनों हर पेशे का आदमी काफ़ी आसानी से अलग-अलग पहचाना जा सकता था। मुनीम लोग कान पर पेंसिल रखकर चला करते थे और कारिन्दे बग़ल में बस्ता दबाते थे। नाई का सिर हमेशा घुटा हुआ रहता था और हलवाई देखने में अकसर रसगुल्ले जैसा लगता था। धोबी के साथ-साथ उसका गधा भी चुनाव-चिह्न की तरह सड़क पर चलता था। जमादारनी को देखकर लोग मुस्कुराते थे और सड़क छोड़कर एक तरफ़ खड़े होते थे। ज़मींदार लोग हाथी या घोड़ों पर चलते थे। सरकारी बाबू तितली जैसी मूँछें रखते थे। सेठजी हर मौसम में कोट पहनते थे और रसोई का महाराज हर मौसम में नंगा रहता था। जाड़ों में सर्दी से बचने के लिए वह अपनी मूँछें बढ़ाता था। कुमारी लड़कियाँ दूर से ही कुमारी लगती थीं। विवाहिता स्त्रियाँ मस्तक पर बिन्दी लगाती थीं और विधवा स्त्रियाँ हाथों में चूड़ी नहीं पहनती थीं। दूसरे शब्दों में कुमारी, विवाहिता और विधवा में स्पष्ट अन्तर होता था। आजकल जैसी स्थिति नहीं थी कि कुमारी लड़की विवाहिता की तरह रहती है, विवाहिता स्त्री विधवा जैसी प्रतीत होती हैं और विधवाएँ कुमारियों की तरह रहती हैं। कवि लोग लम्बे-लम्बे बाल रखते थे। वेश्याएँ चमकीले वस्त्र पहनती थीं और बाज़ार के बीच में खड़े होकर पान खाती थीं। मसखरा दिन में भी मज़ाक़ करता था और थानेदार की

हर एक चीज़ से चिराग़ जलता था। किसी के घर दावत होती थी तो आदमी चार दफ़ा बुलाने आता था। कुलटा स्त्रियाँ काफ़ी मात्रा में पायी जाती थीं और उनका पहचानना काफ़ी सरल था क्योंकि उनका दिल काफ़ी साफ़ होता था। जादूकरण यन्त्र और वशीकरण अँगूठियों की बिक्री बहुतायत से होती थी।

तहसीली स्कूल और हकीमजी का दवाख़ाना, क़स्बे की दिलचस्प और प्रसिद्ध जगहें होती थीं। स्कूल और काँजीहाउस में कोई विशेष अन्तर नहीं होता था और आमतौर से दोनों की इमारतें पास-ही-पास बनवायी जाती थीं। जब स्कूल से मन ऊब जाता था तो लड़के दिल बहलाने काँजीहाउस की तरफ़ चले जाते थे। स्कूल के अन्दर अध्यापक साँड़ की तरह लोटते थे, छात्रगण मुर्गा बनते थे और स्कूल के अहाते में हेडमास्टर की भैंस बँधी रहा करती थी जिसको चौकीदार सुबह-शाम दुहता था। स्कूल की दिनचर्या प्रार्थना से आरम्भ होती थी और कुछ ऐसा संयोग रहता था कि हाथापाई की घटनाएँ भी प्रार्थना के वक़्त से ही आरम्भ हो जाती थीं। प्रार्थना के उपरान्त हैडमास्टर कभी-कभी एक छोटा-सा भाषण देते थे। कक्षा में पण्डितजी कवित्त सुनाते थे। चक्रवर्ती गणित का साम्राज्य चक्रवर्ती सम्राट् से अधिक होता था और परिणाम यह होता था कि बचपन का ज़्यादा हिस्सा नल और पानी के प्रश्न हल करते-करते ही व्यतीत हो जाता था। अध्यापकों और विद्यार्थियों के पारस्परिक न्ध कभी-कभी ज़रूरत से ज़्यादा घनिष्ठ होते थे। विद्यार्थी लोग फ़र्श पर बैठते थे जो काफ़ी कटा हुआ होता था। दीवारों के प्लास्तर उखड़े हुए होते थे और फ़र्नीचर टूटा होता था। कमरे में एक सुराही रखी रहती थी जिसके अन्दर पानी कम और मच्छर ज़्यादा होते थे। उस सुराही का पानी नियमित रूप से सेवन करने से मनुष्य उम्र भर जूड़ी के बुख़ार से मुक्त रहता था।

हकीम साहब का दवाखाना एक ऐसी सार्वजनिक संस्था होती थी जहाँ लोग जुलाब की दवा लेने से लेकर अख़बार पढ़ने तक का सारा कामकाज निबटाने आया करते थे। अख़बार उन दिनों कम छपते थे और परिणाम यह होता था कि एक अख़बार कई दिनों तक उसी ताज़गी के साथ पढ़ा जाता था। हकीम बड़ा प्रतिभावान व्यक्ति होता था और आदमी तथा जानवर दोनों का इलाज उसी दवाई से करता था। ये लोग नब्ज़ देखने में बड़े चतुर होते थे और औरतों के केस में नब्ज़ के साथ-साथ चन्द और चीज़ें भी देख लेते थे। कुश्ता और मुरब्बा बनाने से जो वक़्त बचता था उसमें ये ग़ज़लें कहा करते थे जो बड़ी मार्मिक होती थीं। ज़मींदार लोग हकीमों से बड़ी दोस्ती रखते थे क्योंकि उनके पास कूबत की दवा मिलती थी। इस सब के बावजूद शरीफ़ घरानों की स्त्रियाँ कभी-कभी नौकरों के साथ भागती रहती थीं। नौकर आमतौर पर बेवकूफ़ होता था और पुलिस की गिरफ़्त में आ जाता था। पकड़े जाने पर नौकर को इनाम दिया जाता था। घर में बच्चा होने पर बैण्ड-बाजा बजता था, आतिशबाज़ी होती थी और बन्दूकें छोड़ी जाती थीं। घरों में सत्यनारायण

की कथा कही जाती थी जिसमें कलावती नाम की कन्या की कहानी बड़े चाव से सुनी जाती थी। क़स्बे में कभी-कभी मुशायरा भी होता था जिसकी अध्यक्षता वहाँ के डाकबाबू करने थे। अगर कोई शरीफ़ आदमी ग़ालिब की ग़ज़ल को अपनी बनाकर भी पढ़ देता था तो बाक़ी लोग उसे बर्दाश्त कर लेते थे और कुछ नहीं कहते थे। ब्याह के अवसरों पर आतिशबाजियों की बहार देखने लायक़ होती थी। होली के अवसर पर लोगों के दरवाज़े तक उतार लिये जाते थे और सबके सामने जला दिये जाते थे। उन दिनों मोटर से दबकर बहुत कम लोग मरते थे हालाँकि सड़कें बहुत तंग होती थीं। कारण शायद यह था कि उन दिनों मोटरें बहुत कम थीं और जो थी वे ऐसी थीं कि उनके चलने की आवाज़ कोई तीन मील दूर से आने लगती थी। उन दिनों लोग या तो चेचक से मरते थे या फिर दमे से। कुछ लोग ऐसे भी होते थे जो रत्ती-भर काम नहीं करते थे और फिर भी खुश रहते थे। ग़रीब-से-ग़रीब आदमी भी ज़िन्दा रहने की कोशिश करता था क्योंकि ज़हर की क़ीमत गेहूँ से ज़्यादा थी।

कुल मिलाकर वे दिन अपनी अलग गन्ध रखते थे। इन दिनों जो डीजल ऑयल की दुर्गन्ध वाला वातावरण है उसमें आप उन दिनों की ताज़गी और लम्बेपन का अनुमान नहीं लगा सकते। उन दिनों जाड़ों में जाड़ा पड़ता था, वसन्त में फूल खिलते थे और वर्षाऋतु में वर्षा होती थी। हर एक पेशे और हर एक व्यक्ति का एक अलग व्यक्तित्व था। इन दिनों तो स्थिति यह है कि सारे साल एक ही मौसम रहता है, एक पोशाक है, एक-से शौक़ हैं, एक-से ड्राइंग-रूम हैं और सबके एक-से दुख हैं। स्थिति इतनी भयंकर हो गयी है कि कहीं-कहीं तो लड़के और लड़की तक में अन्तर नज़र नहीं आता।

आत्महत्या–उसके पहले और बाद

जीवन में मैंने आहार किया, भय किया, निद्रा की और शेष काम भी काफ़ी मात्रा में किये पर आत्महत्या से मैं किसी तरह बचता रहा। यूँ चाहता तो मैं आत्महत्या भी कर सकता था पर न जाने क्यों, यह कार्यक्रम बस बराबर टलता ही रहा। ऐसा नहीं कि हिम्मत की कमी रही–आख़िर मैंने शादी की, परिवार-नियोजन किया, सरकारी नौकरी की और इन सबके साथ मैं लेखक भी बना। इन चीज़ों के सामने आत्महत्या करने के लिए तो बहुत ही कम साधन और साहस की अपेक्षा है। ऐसा लगता है कि कुछ योग ही ऐसा रहा कि मैं शेष कामों में फँसा रहा और आत्महत्या करने का मुझे अवसर ही नहीं मिला।

आत्महत्या करने की बात मैंने कई बार सोची। कई बार जब अख़बारों में पढ़ा कि फ़लाँ ने आत्महत्या कर ली तो हृदय नामक स्थान में ईर्ष्या नाम की वस्तु काफ़ी मात्रा में जाग्रत हुई। मैं ख़ूब जानता हूँ कि पुरानी महान् आत्माओं की भाँति मैं भी उन्हीं लोगों में से हूँ जिनकी कि क़द्र मरने के बाद ही होती है। इतिहास साक्षी है कि जितने भी यशस्वी व्यक्ति अब तक हुए हैं वे सबके सब किसी-न-किसी तरह मृत्यु को अवश्य प्राप्त हो चुके हैं। मृत्यु का यश-प्राप्ति से बड़ा घनिष्ठ सम्बन्ध है। हिन्दी के लेखकों की भी यही स्थिति है। जिस प्रकार सच्चरित्र स्त्री, चाहे वह कितनी ही सुन्दर क्यों न हो, तब तक कीर्ति को नहीं प्राप्त होती, जब तक वह दुश्चरित्र न हो जाये, उसी प्रकार हिन्दी लेखक भी अमरता को तभी प्राप्त होता है जब वह अपना पार्थिव शरीर दोस्तों के कन्धों पर छोड़ देता है। मुक्तिबोध और राजकमल चौधरी भी इसके अपवाद नहीं। मेरे कहने का यह अर्थ कदापि नहीं है कि हिन्दी का लेखक दुश्चरित्र स्त्री का मुक़ाबला कर सकता है। दुश्चरित्र स्त्रियाँ बड़ी दिलचस्प चीज़ होती हैं और उनका उपयोग साहित्य की अपेक्षा कहीं अधिक होता है। साहित्य की भाँति वे भी समाज का दर्पण होती हैं। नायिका और दर्पण का साथ तो वैसे भी काफ़ी पुराना है।

आत्महत्या करने का कोई-न-कोई कारण ज़रूर होता है। क्लियोपेट्रा से लेकर लाला दरबारीलाल तक जितने भी लोग आत्महत्या करते हैं वे शौकिया नहीं करते।

प्रेमी लोग यदि उस स्थिति तक नहीं पहुँच पाते जहाँ कि वे आपस में मिलकर सन्तान पैदा कर सकें तो वे भी आत्महत्या करते हैं। कुछ लोग यूँ आत्महत्या करते हैं कि उनके बैंक फ़ेल हो जाते हैं या सट्टे में उनका रुपया मारा जाता है जैसा कि जीन क्रिस्टूफ के पिता के साथ हुआ था। कुछ चरित्रवान लोग कभी-कभी इस कारण भी आत्महत्या करते हैं कि किसी दूसरे व्यक्ति का बैंक फ़ेल नहीं होता और न वह घुड़दौड़ में पैसा ही हारता है। या वह बेचारा उस स्थिति को प्राप्त हो चुका है जहाँ वह अपनी भूतपूर्व प्रेयसी के सहयोग से सन्तान पैदा कर सके। ख़ैर, कुछ लोग केवल आत्महत्या के लिए ही आत्महत्या करना चाहते हैं। ये लोग सच्चे और विशुद्ध कलाकार हैं। मैं इन्हीं में से एक हूँ।

मुझे आत्महत्या से एक कलाकार का प्रेम है। स्वार्थ से तो इतने लोग आत्महत्या करते हैं, कोई माई का लाल ऐसा भी तो हो जो इस क्रिया को हातिमताई की भावना से कर सके। मेरी ज़िन्दगी काफ़ी ख़ुश है। अफ़सर इस कारण ख़ुश हैं कि ख़ुशामद करता हूँ और नीचे वाले इसलिए कि मैं ख़ुशामद पसन्द नहीं करता। पत्नी इसलिए ख़ुश है कि मैं औसत आदमी से कम अक्लमन्द हूँ और महल्लेदार इस कारण ख़ुश हैं कि मैं उनकी बीवी पर कम-से-कम बाहरी तौर पर कोई बुरी निगाह नहीं रखता। अच्छा खाता हूँ, अच्छा पहनता हूँ। मगर स्थिति यह है कि भीतर-ही-भीतर कोई अंकुर है जो लगातार कुरेदता रहता है कि हे नीच, उठ, कुछ कर। भगवान ने यह शरीर तुझे कोई इसलिए थोड़े ही दिया है कि तू इसे खिला-पिलाकर आराम से सोफ़े पर रखे। उठ और आत्महत्या के मार्ग के द्वारा संसार का सुख लूट। अपने मन की इस वाणी को सुनते ही हमारी वह स्थिति हो जाती है जो कभी गौतम बुद्ध, चैतन्य महाप्रभु और शंकराचार्य के साथ हुई थी। हमारे ज्ञान-चक्षु काम करने लगते हैं। आदमी का क्या पता? इस चोले के भीतर कितनी महान् आत्मा छिपी है इसे कौन जानता है? अर्थात् कोई भी नहीं।

आत्महत्या करने के अनेक साधन हैं। पहले लोग भूखे रहकर आत्महत्या करते थे जो कि एक दक़ियानूसी क़ायदा था। इस प्रथा में दो दोष विशेष थे। पहली बात तो यह कि अनशन या उपवास के माध्यम से शरीर का बन्धन काटने में कभी-कभी बड़ा समय लगता था। आज के युग में जबकि नाटक का स्थान एकांकी और स्वयम्वर का स्थान दूरभाष पर होने वाला विवाह ले रहा है तो ज़ाहिर है कि आत्महत्या के लिए ऐसी पुरानी प्रणाली से काम नहीं चल सकता। दूसरी इल्लत यह है कि ज़्यादा अवधि लगने के कारण इसमें नाना प्रकार की बाधाएँ उपस्थित हो जाती हैं जो कि आत्महत्या के प्रशस्त मार्ग पर गतिरोध उपस्थित करती हैं। अनशन करने वालों के साथ देखिए क्या-क्या होता है। कभी पुलिस आ रही है तो कभी जयप्रकाश नारायण। और कुछ नहीं तो कोई ज़बर्दस्ती एक सन्तरा ही आपको खिला गया। कितना बड़ा विश्वासघात है! कहने का अभिप्राय यह है कि ईमानदार आदमी

को लोग आजकल मरने भी नहीं देते। एक प्रणाली थी बिजली के तार छूकर मरने की। इधर स्थिति यह है कि जबसे बिजली की कम्पनियाँ सरकार ने अपने हाथों में ले ली हैं तब से आप क्या उनसे छिपकली भी नहीं मर सकती। जहाँ तक ज़हर खाने का प्रश्न है वह भी काफ़ी विवादास्पद है क्योंकि ज़हर भी नकली मिलने लगा है। रेल से आत्महत्या करने में तो निराशा ही निराशा है। गाड़ी या तो इतनी लेट आती है कि तब तक आपके पवित्र विचार ही बदल जाते हैं या स्थिति यह होती है कि गाड़ी कभी आती ही नहीं—वह पिछले जंक्शन पर ही किसी मालगाड़ी से टकरा चुकी होती है। ज़ाहिर है कि इस दिशा में हमें और खोज करनी होगी। एक साहब कह रहे थे कि परिवार-निरोधक गोलियाँ यदि ज़्यादा मात्रा में ले ली जायें तो काम सिद्ध हो सकता है। स्त्री यदि वैसा काम करे तो आत्महत्या के साथ-साथ उसका परिवार-नियोजन भी हो जाता है। दूसरे शब्दों में उसका जीवन भी सार्थक हो जाता है और गोली का भी।

आत्महत्या करने के बाद क्या होता है, यह बात भी ऐसी है जो कि सोचने से सम्बन्ध रखती है। पहली बात तो यह है कि आत्महत्या के बाद आत्महत्या करने वाला मर जाता है। दूसरी बात यह होती है कि लोग चिट्ठी ढूँढ़ने लगते हैं। आत्महत्या का चिट्ठी लिखने से बड़ा घनिष्ठ सम्बन्ध है और इसी कारण बेपढ़े लोग कभी आत्महत्या नहीं करते। यह चिट्ठी कभी-कभी बड़ी मज़ेदार चीज़ होती है। यह चिट्ठी प्रायः ऐसे स्थान पर रखी जाती है जो कि आत्महत्या के ठीक दो घण्टे और बीस मिनट बाद हाथ लगे। इस अवधि से पूर्व यदि पत्र मिल जाये तो आत्महत्या का प्रभाव भी कम हो जाता है और इस पत्र का भी। इन चिट्ठियों में कभी-कभी बड़ा मार्मिक और हृदयस्पर्शी साहित्य पढ़ने को प्राप्त होता है। मेरे पड़ोस के एक दुकानदार के लड़के ने कोई सतरह वर्ष की आयु में अपनी पहली आत्महत्या की थी और इस विशिष्ट अवसर पर वह एक लम्बा ख़त लिखकर छोड़ गया था। यह ख़त यूँ तो देश की सारी जनता को प्रेम से पहुँचने वाले फ़ायदों का सन्देश पहुँचाता था पर इसका सीमित उद्देश्य सामने वाली पंजाबी लड़की को प्रेम के कुछ छिपे हुए पहलू समझाना था। जयशंकर प्रसाद ने 'कामायनी' में कहा है कि प्रेम के बिना सारा जग सूना है। बुद्धि से मनुष्य को आनन्द और सुख नहीं मिलता। बस, यही बात इस लड़के ने उस लड़की को महल्ले की गली में समझाने की कोशिश की थी। दूसरे शब्दों में, इस लड़के के विचार जयशंकर प्रसाद के विचारों से बराबर मेल खाते थे। बस अन्तर इतना रह गया कि जहाँ प्रसादजी की वाणी पेशेवर अध्यापकों के बताने पर भी कम ही समझ में आती है वहाँ इस लड़के ने अपनी पीड़ा इतनी सरल भाषा में व्यक्त की थी कि लड़की क्या, उसका बाप तक उसे समझ गया। शब्द में बड़ा प्रभाव होता है। ख़ैर, जैसा कि मैंने ऊपर बताया, लड़के ने आत्महत्या कर ली। लड़का नौसिखिया था वह चिट्ठी लिखने और छिपाने की शास्त्र-विहित

विधि नहीं जानता था। नतीजा यह हुआ कि उसकी चिट्ठी उसकी आत्महत्या से कोई चार घण्टे पहले पकड़ी गयी और आत्महत्या से दो घण्टे पहले वह ख़ुद पकड़ा गया। इन दिनों स्थिति यह है कि लड़की अपने पति के यहाँ सुखपूर्वक है। ये हज़रत कभी-कभी आँख बचाकर उसके घर जाते हैं और दरवाज़े पर परिवार-नियोजन का पोस्टर चिपकाकर वापस चले आते हैं।

आज का दिन बड़ा शानदार है। एक चिड़िया दायें बोल रही है, एक बायें बोल रही है। यह तो पता नहीं कि शाम है या सुबह है पर जो कुछ भी है वह काफ़ी सुहाना है। पत्नी ने नयी साड़ी पहनी है, घर में उम्दा खाना बना है, बच्चे पिकनिक की तैयारी में लगे हैं और मेरी नयी किताब छपकर आज ही आयी है। रेडियो पर कोई साज बज रहा है। लगता तो तबला जैसा है मगर चूँकि बिसमिल्ला खाँ के नाम से बज रहा है तो ज़रूर शहनाई होगी। ज़िन्दगी में और क्या बचा है जिसके लिए ज़िन्दा रहूँ? सोचता हूँ आज आत्महत्या ही कर लूँ।

छोटा परिवार : सुखी परिवार

इन दिनों परिवार-नियोजन का बड़ा फ़ैशन चला है। जिसे देखिए वही परिवार-नियोजन में लगा है। जो लोग पहले सुबह-सुबह घूमने जाते थे, कसरत करते थे—वे आजकल घर पर बैठकर परिवार-नियोजन करते हैं। इस फ़ैशन के सामने लोग तंग मुहरी की पतलून को भूल गये। साहित्य, कला और राजनीति के क्षेत्र में तो परिवार-नियोजन कितनी ही नयी-नयी प्रतिभाओं को प्रकाश में ला रहा है। वैसे भी पिछले दो-तीन वर्ष हिन्दी कविता के लिए अच्छे रहे। अवमूल्यन आया तो उस पर कुछ सरकारी कवियों ने गीत कहे, फिर भुखमरी आयी तो उस पर भी काफ़ी मार्मिक काव्य रचा गया। अब यह आन्दोलन आ गया। इसके बाद बरसात आयेगी और 'मच्छर तो रहेगा पर मलेरिया नहीं रहेगा' वाला प्रणय-अभियान फिर शुरू। दूसरे शब्दों में कवियों की आजकल चाँदी-ही-चाँदी है।

एक समाजशास्त्री हैं। कहते हैं कि देश की जनसंख्या इस तीव्रता से बढ़ रही है कि यदि ठीक समय पर कुछ नहीं किया गया तो स्थिति यह हो जायेगी कि आदमी आदमी को खा जायेगा। हमें इस चेतावनी से कोई डर नहीं लगा। हमारे देश में आदमी खाने की परम्परा बड़ी पुरानी है; कभी हम धर्म के नाम पर एक-दूसरे को खाते हैं तो कभी जाति के नाम पर। सचाई की बात यह है कि हम स्वयं दो-चार आलोचकों को खाना चाहते हैं जिन्होंने हमारे देखते-देखते कई लेखकों की प्रतिभाओं को पूरी तरह हजम किया है। साहित्य के नाम पर हम गन्दे-से-गन्दा काम करने को हमेशा तैयार रहे हैं और रहेंगे।

एक पण्डित हैं। बड़े ज्ञानी पुरुष हैं। इनमें एक विशेषता यह है कि एक तरफ़ तो ये देखने में एकदम अलीबाबा लगते हैं और दूसरी तरफ़ गुणों में चालीस चोरों का मुक़ाबला करते हैं। संक्षेप में स्थिति यह है कि पूरी कहानी का मज़ा अकेले ही दे जाते हैं। एक दिन कहने लगे कि परिवार-नियोजन भारतीय परम्परा के विपरीत है और जगद्गुरु शंकराचार्य को उचित है कि इसका विरोध करें। हमारे पुराने इतिहास में इक्ष्वाकु वंश के लोग तो केवल सन्तान के लिए ही विवाह करते थे। बिना पुत्र के पितृॠण नहीं उतरता था। निपूती स्त्री का समाज में कोई स्थान नहीं था। एक बार

कौशल्या रानी दुखी होकर वनों में गयीं। वहाँ उन्हें एक बाघिन मिली जो स्वयं भी रानी की तरह प्राकृत में बातचीत करती थी। बाघिन ने पूछा कि रानी, क्यों उदास हो? रानी ने कहा कि मैं निःसन्तान हूँ। मेरा जीवन व्यर्थ है। कितना अच्छा हो कि तुम मुझे खा लो। बाघिन ने माफ़ी माँगते हुए कहा कि ना बहन, ना, तुम्हें खाकर मैं भी बाँझ हो जाऊँगी। तुम्हें मैं हर्गिज़ नहीं खा सकती। इसके बाद कौशल्या अपने महलों को चली गयी और शेरनी अपने हेडक्वार्टर्स को वापस चली गयी। कितनी मार्मिक कथा है! पहले तो विवाह के पूर्व भी बच्चे होते थे। आर्य लोग यदि असुरों की युवतियों का उद्धार करते थे तो बच्चे बड़े प्रतापी होते थे। महाबली भीम ने हिडिम्बा से निकट सम्पर्क स्थापित किया तो घटोत्कच प्रकाश में आये। घटोत्कच ने मुर दानव की कन्या काम कण्टकटा से विवाह किया तो सर्बरीक नामक पुत्र की प्राप्ति हुई जो और भी प्रतापी था। यह परम्परा काफ़ी दिनों तक चलती रही पर एक दिन ऐसा भी आया कि घटोत्कच परिवार के लोग परिवार-नियोजन करने लगे। परिणाम यह हुआ कि यह होनहार वंश हमेशा के लिए समाप्त हो गया।

एक नेता हैं। जब से हाई कमाण्ड ने कहा है कि परिवार-नियोजन एक अच्छी चीज़ है तब से ये बराबर लाल तिकोन का चिह्न कपड़ों पर लगाते हैं। इन्हें देखकर मेरी भी इच्छा परिवार-नियोजन की होती है। इधर इन्होंने इस विषय पर बड़ा अध्ययन किया है। जब भी मिलते हैं तो चमककर कहते हैं कि परिवार-नियोजन बड़ी अच्छी चीज़ है। सबसे बड़ी बात तो यह है कि यह सेहत को बड़ा फ़ायदा पहुँचाती है। क्योंकि यह एक उम्दा चीज़ है, ज़ाहिर है कि इसका सूत्रपात हमारे देश में ही हुआ था और यहीं से यह फारस होती हुई यूरोप पहुँची थी। पुराने ज़माने में सारी अच्छी चीज़ें इसी रास्ते से सफ़र किया करती थीं। हाई कमाण्ड भी यही कहती है। हमारे ग्रन्थों में परिवार-नियोजन की बड़ी चर्चा है। परिवार और नियोजन ये दोनों शब्द संस्कृत के हैं जिनसे ज़ाहिर होता है कि आन्दोलन कितना पुराना है। हमारे कितने ही देवी-देवता हाथ में खड्ग रखते थे। ऐसी स्थिति में प्रेम और वात्सल्य का प्रश्न ही नहीं उठता। यह परिवार-नियोजन नहीं तो और क्या है? राजस्थान में तो पहले कन्या को जन्म लेते ही मृत्यु के घाट उतार दिया जाता था। सब दुखों का मूल स्त्री है। जनसंख्या में वृद्धि का प्रमुख कारण स्त्री ही है। तुलसीदास ने इसी कारण उसे ढोलक की भाँति दोनों तरफ़ से पीटने के लिए कहा है। तुलसीदासजी बड़े अनुभवी और सिद्ध पुरुष थे; वे जानते थे कि यदि पत्नी की नियमित रूप से पिटाई होती रहेगी तो परिवार-नियोजन तो स्वतः ही हो जायेगा। जब लड़की रोज़ मरहम-पट्टी के लिए अस्पताल में रहेगी तो बच्चे कहाँ से होंगे? लक्ष्मणजी ने जो शूर्पणखा का नासिकाछेदन संस्कार सम्पन्न किया था वह भी इसी कारण कि वे खुद भी परिवार-नियोजन करना चाहते थे और कुमारी शूर्पणखा को भी इस विषय में सावधान करना चाहते थे। परिवार-नियोजन की पद्धति अलबत्ता उनकी अपनी थी।

लड़कियों की नाक काटने की इस शास्त्रविहित प्रणाली को यदि अभी भी अपनाया जाये तो इस आन्दोलन में काफ़ी मदद मिल सकती है। नल ने दमयन्ती को और दुष्यन्त ने शकुन्तला को जो छोड़ा था वह भी परिवार-नियोजन को ही ध्यान में रखकर किया था। शिव ने कामदेव को भस्म किया ताकि वे ख़ुद बच्चों से बचें और रति भी बचे। ययाति ने तो इस सन्दर्भ में अपने सारे पुत्रों का यौवन ही माँग लिया था। राम और सीता चौदह वर्ष वन में साथ-साथ रहे पर सन्तान से बचे रहे। इसी तरह महाभारत में अर्जुन के जन्म के पश्चात् जब राजा पाण्डु ने चौथे पुत्र की कामना की तो रानी कुन्ती ने कहा कि चौथी सन्तान होनी उचित नहीं समझी जाती 'नातश्चतुर्थ प्रसवमापत्स्वपि वदन्त्युत।' कुन्ती का रुख देखकर पाण्डु को इस दिशा में रानी माद्री का सहयोग लेना पड़ा। यक्ष जो अलका नगरी छोड़कर छोटा नागपुर की पहाड़ियों पर आकर रहा था वह भी परिवार-नियोजन के ही कारण रहा था। पत्नी से लगातार दूर रहने पर कभी-कभी सन्तान होनी बन्द भी हो जाती है। हमारे नाट्यशास्त्र में रंगमंच पर बच्चे का जन्म दिखाना मना है। चार आश्रमों में से एक ब्रह्मचर्य का आश्रम है जिसे भले घरों के लड़के-लड़कियाँ दस वर्ष की आयु तक अब भी पालन करते हैं। द्रौपदी के पाँच पति थे मगर बच्चा एक भी नहीं। सती की प्रथा को ही देख लीजिए—न रहेगा बाँस, न बजेगी बाँसुरी। परिवार-नियोजन तो हमारी संस्कृति में ठोक-ठोककर भरा है। गीता में भगवान स्वयं कहते हैं कि मनुष्य का अधिकार तो सिर्फ़ कर्मों पर है; फल जो मिलता है वह स्त्री को मिलता है। इसी कारण विवेकशील पुरुष को उचित है कि वह कर्मों का बन्धन काटकर स्वर्ग का भोग करे।

सैद्धान्तिक पक्ष की चर्चा समाप्त कर नेताजी एकदम व्यावहारिक हो गये। धीमे स्वर में कहने लगे कि परिवार-नियोजन कार्यक्रम को हम सभी को सफल बनाना होगा। बोले कि मैं अपनी पूरी बैठक इस पुनीत कार्य के हेतु देने को तैयार हूँ। देश पर जब-जब संकट पड़ा, मैं सदा खेत हुआ। डॉक्टरनी और नर्सें भी आनी चाहिए। कम-उम्र हों तो मेरे घर पर ही रह सकती हैं बाहर की हवा ख़राब है। हम सब मिलकर परिवार-नियोजन करेंगे। अगर चन्दा बटोरना हो तो मैं हिसाब रखने को हाज़िर हूँ। आप तो जानते ही हैं कि देश के लिए मैंने अपना सर्वस्व दे दिया। सार्वजनिक जीवन में न पड़ा होता तो आज कहीं का कहीं होता।

इस वाणी को सुनकर हमारी छाती गद्गद हो गयी। हमारी छाती दो स्थितियों में विशेष रूप से गद्गद होती है। एक तो तब जब हमारी संस्कृति की प्रशंसा की जाती है और दूसरे तब जबकि मिस लूसी की कुतिया हमारे पीछे दौड़ती है। बड़ी खूँख्वार कुतिया है। मिस लूसी की भाँति इसका भी परिवार-नियोजन में अटूट विश्वास है।

एक भाषाशास्त्री और लोकगीतों के ज्ञाता हैं। कहते हैं कि 'लूप' शब्द कोई रेलवे की 'लूप लाइन' से थोड़े ही आया है— यह तो शुद्ध संस्कृत शब्द 'लुप्त' का अपभ्रन्श

है। इसे लोप भी कहते हैं। इसके प्रयोग के कारण हमारे यहाँ एक स्त्री लोपामुद्रा ही कहलाती थी। यूरोप में जाकर 'लोप' का 'लूप' हो गया। आर्यन् भाषाओं के शब्दों के उच्चारण के साथ हमेशा ऐसा ही हुआ। इसके बाद उन्होंने कहा कि हमारे पुराने नीति-ग्रन्थों में क्या विवाह के पूर्व और क्या बाद, दोनों स्थितियों में परिवार-नियोजन पर बल दिया है। एक ग्रामगीत भी सुनाया। एक युवती है जो प्रार्थना करती है कि हे भगवान! मुझे वसन्त में बच्चा न देना, मैं वन का सौन्दर्य कैसे देखूँगी? गर्मियों में भी छुट्टी रखना—मैं दिन में सोती हूँ। वर्षा में तो में व्यस्त-ही-व्यस्त हूँ—सखियों के संग सोहर गाना है। साथ-साथ भीगेंगे। शरत् की रातों में बच्चा होगा तो चाँदनी में कैसे विचरण करूँगी? कितना मार्मिक लोकगीत है! ऋतुवर्णन का ऋतुवर्णन और परिवार-नियोजन जो है सो अलग।

एक कलाकार हैं। इन्होंने इन दिनों सारा जीवन इसी आन्दोलन को समर्पित कर दिया है। 'कला के लिए कला' इनका मोटो है। पहले ये मलेरिया विभाग में काम करते थे। मलेरिया पर इन्होंने एक ऐसा कार्टून बनाया कि जिस किसी मच्छर ने उसे देखा उसी ने आत्महत्या कर ली। हालाँकि मैं मच्छर नहीं हूँ पर तबीयत मेरी भी यही होती है। इधर इन्होंने लाल तिकोन को लेकर कई पेण्टिंग की हैं। कुछ ऑयल में हैं, कुछ पेंसिल में। एक चित्र में कन्या की विदा के समय पिता उसके माथे पर लाल तिकोन का चिह्न अंकित कर रहा है। मैं इनके चित्रों से बड़ा प्रभावित हुआ। आवेश में आकर कहने लगे कि जानते हो यदि आन्दोलन सफल नहीं हुआ तो इंसान क्या खायेगा? मैं चुप रहा। इस पर इन्होंने मुझे अन्तिम चित्र दिखाया जिसमें भूख से बिलबिलाता हुआ एक व्यक्ति खड़ा हुआ परिवार-नियोजन का पोस्टर चबा रहा था।

मृत्युबोध के कुछ क्षण

पिछले दिनों मैं भयंकर रूप से बीमार हो गया। बीमारी कुछ इस क़िस्म की निकली कि कुल मिलाकर इसने शरीर के शेष अंगों की अपेक्षा मेरे मुखारविन्द पर अधिक ध्यान दिया। साधारण बोलचाल की भाषा में चेहरे नामक स्थान पर सूजन नाम की वस्तु इतनी अधिक मात्रा में प्रकट हो गयी कि बाक़ी अंग पतले लगने लगे। सूजन के कारण मुखमण्डल इतना दिव्य और ज्योतिर्मय हो गया जैसा कि एक धार्मिक पत्रिका में देवी-देवताओं का दिखाया जाता है। डॉक्टर ने बताया कि इस रोग में और तो जो है सब ठीक ही है मगर एक ख़तरा ज़रूर ऐसा बचता है जो काफ़ी ख़तरनाक है। ज़्यादा पूछने पर युधिष्ठिर ने यक्ष को उत्तर दिया कि यह ख़तरा प्राणों का है। हमने ये वचन सुने तो गद्‌गद् हो गये। वाणी के नयन नहीं रहे और नयनों के वाणी नहीं रही। उधर डॉक्टर ने अपनी फ़ीस ली और मोटर हाँकी और इधर शय्यालाभ करते हुए हमने मृत्यु के बारे में विचार करना प्रारम्भ किया।

मृत्यु के विषय में सोचते हुए पहले तो हमने मन-ही-मन उस महान् विचारक के प्रति कृतज्ञता-ज्ञापन किया जिसने काफ़ी मनन और चिन्तन के उपरान्त यह निश्चित निष्कर्ष निकाला था कि भगवान की कितनी कृपा है जो मृत्यु जैसी भयंकर वस्तु जीवन के अन्त ही में आती है। यदि कहीं यही वस्तु जीवन के मध्य या आदि में आ जाती तो हमें कितना कष्ट होता। इस विचारक के प्रति धन्यवाद-प्रस्ताव पारित करने के उपरान्त हमारे चिन्तन की गति आगे बढ़ी। माता-पिता, पत्नी और पुत्र-पुत्री का क्या होगा, यह चिन्ता धीरे-धीरे क्षितिज पर बदली की तरह प्रकट होनी शुरू हो गयी। मगर इस समय वही हुआ जो होना था। हमें कबीर की साखियाँ याद आने लगीं। हमारा यह पुराना और सुनिश्चित कार्यक्रम है कि जब हम स्वस्थ रहते हैं तो हमें बिहारी की साखियाँ याद आती हैं और जब हम बीमार होते हैं तो कबीर की साखियाँ याद करते हैं। दूसरे शब्दों में शरीर की स्थिति कुछ भी हो, हिन्दी साहित्य से उसका सम्बन्ध हमेशा काफ़ी घनिष्ठ रहता है। कबीर ने बड़े मौके की बात कही है। वह कहता है कि हे मूर्ख, कौन किसी की माता है और कौन किसी का पिता? सब मतलब के साथी हैं। पत्नी और पुत्र भी नदी तक ही साथ जाते हैं, बस। अन्त

में चलकर साधो नामक व्यक्ति को सुनाते हुए कबीर कहते हैं कि यह जो प्राणों का पखेरू है, यह अकेला ही उड़ता है। सोचता हूँ कि कितना अजीब परिन्दा है, किसी के साथ उड़ना ही पसन्द नहीं करता। पक्षी उड़ जाता है और बाक़ी सब कुछ यहीं पर रह जाता है। वह जो 'साधो' नामक सज्जन थे, वे भी यहीं रह जाते हैं। इस साखी का पढ़ना था कि चिन्ता की बदली छँट गयी। परिवारवाले तो बन्धन हैं– इनकी क्या चिन्ता? मगर ये बन्धन न होते तो हमारी आत्मा पता नहीं आज कहाँ होती!

सोचने लगा कि परिवार के लोग चाहे कितने भी स्वार्थी हों, फिर भी अपने हैं। वे अपवर्ग हैं। इनके लिए कुछ-न-कुछ कर छोड़ना ही मेरा कर्तव्य है। हे पार्थ, कितना ही संकट क्यों न हो, तू कर्तव्य से मुख न मोड़ना। गीता में बड़ी शक्ति है। इस पंक्ति के याद आते ही मैं पार्थ हो गया। बुद्धि का गाण्डीव तन गया और विचारों के बाण सिर-रूपी तरकस से निकलने लगे। सोचा कि जिस किसी का मुझ पर ऋण अभी तक बकाया है उसकी अदायगी इस अन्त समय में करना सरासर बेवकूफ़ी है। यह तेरा है, यह मेरा है, यह तो संकीर्ण विचार-पद्धति है। मरते समय मनुष्य के विचार पवित्र और उच्च होने चाहिए। जहाँ तक लिखा-पढ़ी का प्रश्न है, न हमने कभी की और न कभी करने की आशा। आपसी मामलों में क़ानून का इस्तेमाल करना क़ानून की बेइज़्ज़ती करना है। अगर लोग घर ही में क़ानून का इस्तेमाल करने लगेंगे तो अदालतों के लिए क़ानून कहाँ से आयेगा? देश में क़ानून की वैसे भी बहुत कमी हो गयी है। विधान सभाएँ और लोकसभा रात-दिन काम करती हैं और देश के नेता क़ानून के ऊपर क़ानून बनाये जा रहे हैं। ऐसी स्थिति में मैं क़ानून का घरेलू आवश्यकताओं के लिए प्रयोग नहीं कर सकता। जो कुछ करूँगा, ग़ैरक़ानूनी करूँगा।

इस निगेटिव थिकिंग के बाद हमारे विचारों की रथ-यात्रा पौज़ीटिव होकर आगे बढ़ी। सोचा कि शायद केवल लिया हुआ ऋण वापस न करना ही पर्याप्त न हो; कुछ अतिरिक्त मुद्रा-संग्रह भी हो जाये तो कोई हानि नहीं। मतिमान पुरुष वही हैं जो हर घटना का पूरा-पूरा फ़ायदा उठाना जानते हैं। बचपन में एक नौटंकी देखी थी जिसका कि मसखरा बड़ा होनहार था। एक सीन था जिसमें वह पेड़ों का थाल लेकर स्टेज पर प्रकट होता था। उसका मालिक जब भी उसके सिर पर चपत जमाता था, वह तभी सिर झुकाकर एक पेड़ा ग़ायब कर देता था। हम सबके देखते-देखते कोई आधा दर्जन पेड़े इसी प्रकार वीरगति को प्राप्त हो गये थे। अब मैं मर ही रहा हूँ तो फिर क्या संकोच? जितने भी आत्मीय हैं, अधीन कर्मचारी है, निकट जन हैं अगर सबसे सौ-सौ रुपया भी ग्रहण किया जाय तो भी दसों हज़ार रुपया इकट्ठा किया जा सकता है। प्राण-पखेरू के उड़ जाने के उपरान्त कौन किसी का लेने वाला और कौन किसी का देने वाला! लिखा-पढ़ी का इस स्थिति में कोई प्रश्न ही नहीं उठता। यह ऋण हथिया ऋण कहलाता है क्योंकि इसके माँगने पर प्रायः हाथापाई

की स्थिति प्राप्त होती है। बीमारी का विवरण देकर चन्दे की विज्ञप्ति भी छपायी जा सकती है और काफ़ी रक़म हासिल होने के बाद इस विज्ञप्ति का खण्डन भी किया जा सकता है। मेरी पीढ़ी के एक भूखे कवि ने ऐसा ही किया था। वे एक ऐसी बीमारी से पीड़ित थे जो काफ़ी प्रकट होते हुए भी गुप्त-रोग ही कहलाती है। काफ़ी धन संगृहीत हुआ और उसके बाद उन्होंने इस बात का खण्डन किया कि विज्ञाप्ति उन्होंने स्वयं छपायी थी। खण्डन और मण्डन तो हमेशा से होता आया है जैसाकि इन शब्दों की तुक से ही ज़ाहिर है।

इसी समय मुझे अपनी प्रेमिकाओं की याद आने लगी। मृत्यु के समय मनुष्य की स्मृति साफ़ हो जाती है और वह उन चीज़ों को याद करने लगता है जिनसे अब तक बचता आया था। ये चीज़ें या तो ऋणदाता होते हैं या प्रेमिकाएँ। भगवान ने चाहा तो मरने के बाद दोनों रोएँगे। प्रेमिका भी क्या कमाल का माल है! इसका मुक़ाबला पत्नी तो कभी कर ही नहीं सकती। कहाँ गृहस्थी का भार और कहाँ कॉलेज में गुलमुहर के वृक्षों के नीचे का अभिसार।

'तुम मुझे भूलोगे तो नहीं न?' उसने कहा था।

'हर्गिज़ नहीं', मैंने हवलदार लहनासिंह के स्टाइल में जवाब दिया। अगले दिन मैंने उसी पेड़ के नीचे वही उत्तर एक और लड़की को दिया था जो और भी ज़्यादा सुन्दर और ख़ुशदिल थी। सोचता हूँ, वह जो आम का वृक्ष मैंने प्रेम के रूप में उसके हृदय के आँगन में रोपा था वह तो अब तक घना हो गया होगा। पति के प्रताप से उसमें सन्तान-रूपी फल भी लटक रहे होंगे। ओ भाई वज़ीरा, आमों को पानी देना न भूलना। भगवान ने चाहा तो अबकी गर्मी में ख़ूब आम लगेंगे।

जनपथ पर मोटरों की क़तार की तरह प्रेमिकाओं की स्मृतियाँ सामने से गुज़रने लगीं। कोई छोटी थी तो कोई मोटी। कोई नयी तो कोई सेकण्ड-हैंड। धन्धे में सब चलता है। प्रेम भी अगर बड़े पैमाने पर करना हो तो धन्धे की शक्ल अख़्तियार कर लेता है। यूँ कुछ लोग गाँधीवादियों की तरह घरेलू प्रेम के ही पुजारी होते हैं। कुछ इसे कुटीर व्यवसाय की भाँति पनपने देते हैं और कुछ लोग इसे बड़े उद्योगों की शक्ल देते हैं। आज़ादी के बाद यह धन्धा क्या निजी क्षेत्र और क्या सार्वजनिक क्षेत्र– दोनों में काफ़ी बढ़ा है। मैंने सोचा कि मेरा कर्तव्य है कि प्रत्येक प्रेमिका के लिए कोई उपहार छोड़ूँ। यहाँ एक कवि की वाणी ने मुझे बड़ा सहारा दिया। 'हे मेरी प्रथम प्रेमिका, यह साँझ की उदासी और ऊषा का वैभव मैं तेरे लिए छोड़ता हूँ। सँभालकर रखना। हे मेरी द्वितीया, यह जो चाँद है, यह आज से तेरी सम्पत्ति है। साथ में तारे जो दे रहा हूँ वे अलग। जा, अब ख़ुश रह। ओ मेरी तृतीया, यह ताजमहल और लालकिला मैंने तुझे दिया। चाहे तो फतहपुर सीकरी का बुलन्द दरवाज़ा भी रख। देना मेरा काम है, सहेजना तेरा। अयि मेरी चतुर्थी...'

मज़ाक़ ख़त्म हो गया। अब मैं वाक़ई मर रहा हूँ। लगता है अब ज़्यादा देर नहीं

लगेगी। यह भी लगता है कि मरने की प्रक्रिया एक ही किस्त में सम्पन्न हो जायगी। डॉक्टर और नर्स दोनों इस दिशा में काफ़ी आशावान हैं। अब मृत्यु की बेला है। अब आत्मा परमात्मा से मिलेगी। मेरी आत्मा से मिलकर परमात्मा की क्या गति होगी यह विचारने की बात है। समय कम है। अब कम-से-कम इस शोख़ नर्स को एक बार तो और देख लूँ। क्या चटक रंग की साड़ी पहनी है! भारतीयता और नारीत्व दोनों उभरकर सामने आ गये हैं। मगर कहाँ, वह तो मेरे मुख में तापमापक यन्त्र स्थापित कर किसी दूसरे मृत्युकामी को अन्तिम दर्शन देने चली गयी। अस्पतालों में मरनेवाले रोगियों को ख़ूबसूरत नर्स मिलनी चाहिए ताकि वे ख़ुशी-ख़ुशी मर सकें। सोचता हूँ, मेरे मरने के बाद कुछ पाठक दुखी होंगे और कुछ लेखक ख़ुश होंगे। इस सन्दर्भ में हमेशा विपरीत रति का सिद्धान्त काम करता है। मगर ये मूर्ख लेखक यह नहीं समझते कि मृत्यु से शायद मुझे और भी अधिक ख्याति मिल जाय। सूर, तुलसी, जायसी और यहाँ तक कि रत्नाकर और हरिऔध तक जितने भी क्लासिकल कवि हैं वे सब मर चुके हैं। इसी कारण वे ख्यातिवान हैं। मुक्तिबोध को ही ले लीजिए। इधर सरकार की छत्रछाया में उनका अस्पताल में भरती होना और मरना और उधर सबको मुक्तिबोध का अचानक बोध हो जाना। क्या बीमार होने से पहले वह आदमी सिर्फ़ कचरा ही लिखता था? क्यों पार्टनर, यह भी कोई बात हुई?

भाइयो और बहनो, अब मैं वाक़ई मर रहा हूँ। मैं फिर कहता हूँ कि मैं न कोई वैद्य था, न कोई हकीम। मैं एक साधारण इंसान था जो अख़बारों के लिए हास्य लेख इस कारण लिखता था कि वे मेरी कविता नहीं छापते थे। अब इस कॉलम को कोई और लिखेगा। आदमी चला ज़ाता है मगर अख़बार चलता रहता है। अख़बार 'एस्टेब्लिशमेंट' का एक भाग है और इस कारण वह अजर और अमर है। ख़ैर। अगर आप मेरे क़र्ज़दार हैं तो हिम्मत से काम लेना। अगर आप मेरे जिगरी दोस्त हैं तो कम-से-कम तीन दिन तक ग़म ग़लत करने के लिए, ख़ूब शराब पीना। अगर आप मेरे महल्लेदार हैं तो कम-से-कम हफ़्ता भर मेरी बीवी पर बुरी निगाह न डालना। अगर आप मेरे पाठक हैं तो मुझे क्षमा करना और हो सके तो बाक़ी हास्य लेखकों को भी पढ़ना बन्द कर देना। अच्छा, अब मैं चला। डॉक्टर का रूप धारण कर चित्रगुप्त चला आ रहा है। मैंने उसकी पगध्वनि पहचान ली। नर्स के रूप में उसका एक पुराना सहयोगी है। यह अस्पताल यमराज का विशिष्ट प्रिय क्षेत्र है क्योंकि यहाँ उसे हमेशा ज़रूरत से ज़्यादा कच्चा माल प्राप्त हो जाता है। बन्दा जीता रहा तो कभी फिर इस बारे में कुछ लिखेगा। फ़िलहाल तो मैं चलता हूँ। भगवान आप सबको अच्छी बुद्धि दे। इस मुल्क का ख़याल रखना; मेरे बाद इसका भविष्य तुम्हारे ही हाथों में है। अच्छा तो मैं चला। भगवान मृतात्मा को शान्ति दे। आमीन!

❑

देवदार के पेड़
(1973)

राजेश्वर प्रसादनारायण सिंह को

वीररस का एक कवि-सम्मेलन

मैं कवि-सम्मेलनों से प्रायः बचता हूँ। इस स्थिति के कई कारण हैं। एक कारण तो यह है कि मेरा कण्ठ सुरीला नहीं है। आवाज़ जो निकलती है वह सच्चे अर्थों में गले से न होकर अन्तरात्मा से ही निकलती है। दूसरी बात यह है कि मैं कविता तो सीरियस लिखता हूँ और गद्य नॉन-सीरियस। नतीजा यह होता है कि जब मैं कविता-पाठ करता हूँ तो श्रोतागण उसे भी 'बैठे-ठाले' या 'ताल-बेताल' समझने लगते हैं और करुणरस की कविता भी मज़ाक़ का मज़ा दे जाती है। ख़ैर!

पाकिस्तान की पराजय के बाद एक वीररस का कवि-सम्मेलन आयोजित किया गया। मुझसे भी कहा गया कि उसमें भाग लूँ। जब मैंने बताया कि भाग लेने की अपेक्षा मेरा भाग जाना कहीं अधिक उपयुक्त होगा तो संयोजक-प्रवर बोले कि ऐसे अवसर पर जनता की भावनाओं की क़द्र न करना देश के साथ गद्दारी होगी। नतीजा यह हुआ कि मैंने हाँ भर ली। दो-चार वीररस की कविताएँ बटोरीं और रिक्शे पर निकल पड़ा। अगर पाकिस्तान संकट के समय में विदेशी टैंक और विमान इस्तेमाल कर सकता है तो ऐसी स्थिति में दूसरे कवियों की कविताएँ बटोरना चोरी करना नहीं कहा जा सकता। इसके अलावा ऐसा करने में एक सन्तोष यह भी रहता है कि अगर हूट कर दिया गया तो कह दूँगा कि कविता मेरी नहीं थी– दिनकरजी की थी। जैसा कि मैं हमेशा से कहता आया हूँ, मैं काफ़ी ईमानदार क़िस्म का इंसान हूँ और इस सुखद स्थिति का एक-मात्र रहस्य यह है कि मैं अपनी ईमानदारी के सीमित कोष को छोटी-छोटी बातों पर कभी ख़र्च नहीं करता।

कवि-सम्मेलन शुरू हो गया। मैंने अपना पार्ट ठीक अदा किया और उसके बाद शेष कवियों की रचनाएँ सुनने लगा। एक बुज़ुर्गवार शायर थे, जो काफ़ी जोश में थे; और उसका कारण यह था कि उनका छाता खो गया था जिसके पाने के लिए वे ज़रूरत से ज़्यादा बेताब थे। माइक पर पहुँचकर उन्होंने कहा कि याहिया खाँ को बँगलादेश खोने का उतना दुःख नहीं होगा जितना कि मुझे छाता खोने का है। ख़ैर छाता उनका कितना भी छोटा रहा हो, कलाम उनका काफ़ी ऊँचा था। उनके बाद एक के बाद एक कवि लोग आते गये और काव्य-पाठ करते रहे; एक विशिष्ट

कवि—जो व्यक्तिगत जीवन में अपनी पत्नी से इतना डरते हैं कि उसे माता कहकर पुकारते हैं— आज इतने जोश में थे कि उन्होंने सारा हाल सिर पर उठा लिया। पन्द्रह मिनट के अन्दर उन्होंने याहिया ख़ाँ की चटनी बना दी, भुट्टो साहब का मुरब्बा डाल दिया और जनरल मानिक शा की तुलना तुर्की के कमाल पाशा और जादूगर गोगिया पाशा से कर डाली। आदमी प्रतिभावान् थे, हमारे नौसेना अध्यक्ष का नाम उन्होंने एडमिरल गुलजारीलाल नन्दा बनाया। श्रोता लोग धन्य हो गये। 'वन्स मोर वन्स मोर' की नारेबाज़ी शुरू हो गयी। कवि का प्रोत्साहन दो-चार क़दम और आगे बढ़ा और उन्होंने अपनी वह कविता पढ़ी जो अमेरिका के सातवें बेड़े को लेकर लिखी गयी थी। सातवें बेड़े, पर आने से पूर्व उन्होंने सात नम्बर की सारी चीज़ों का ज़िक्र किया। सात समुन्दर पार की परियाँ, सप्ताह के सात दिन, आकाश के सप्तऋषि, संसार के सात आश्चर्य, संगीत के सात सुर और न जाने क्या-क्या। इसके बाद जैसे ही वे अमेरिकी सातवें बेड़े पर जोश से आँखें लालकर और मुट्ठियाँ तानकर कुछ कहना ही चाहते थे कि उनकी दिव्यदृष्टि एक कोने में बैठी हुई अपनी पत्नी पर पड़ गयी, जो उन्हें घूर-घूरकर देख रही थी। इसके बाद स्थिति वह हुई जो टायर में पंचर होने के बाद होती है। वीररस की कविता जो रौद्ररस का रूप धारण करने जा रही थी, हुस्न बानू के सातवें सवाल की तरह उनके गले में ऐसी अटकी कि माइक-रूपी हातिमताई भी उनकी कोई मदद नहीं कर सका।

कविता पाठ के उपरान्त अध्यक्ष का भाषण होना था। इसी बीच माइक छीनकर उन वृद्ध कविवर ने 'छाता ढूँढ़ो आन्दोलन' पर फिर जनता का ध्यान दिलाया और स्वयंसेवकों से प्रार्थना की कि वे छाता ढूँढ़ने में उनकी मदद करें। इसके बाद सभापति का भाषण प्रारम्भ हुआ। ये हज़रत इस इलाक़े के एक प्रतिष्ठित नेता थे और नारी-जाति की सेवा के लिए विशेष रूप से प्रख्यात थे। कहने लगे, "भाइयो और बहनो, आज बड़े गर्व का दिन है कि हम युद्ध जीतने की खुशी में वीररस का कवि-सम्मेलन जुटा रहे हैं। साहित्य को युद्ध से बड़ा बल मिलता है। वे दिन लद गये जब चन्द लोग कविता लिखा करते थे और चन्द लोग उसे सुना करते थे। स्थिति इतनी ख़राब थी कि एक कवि का तो नाम ही शायद चन्दवरदाई था। अब यह नहीं चलेगा। अब प्रजातन्त्र है। अब हर-एक कविता लिखेगा और हर-एक उसे सुनेगा। इसके अलावा वे दिन भी लद गये कि कवि लोग ग़रीब हुआ करते थे और बाक़ी लोग अमीर। अब समाजवाद का युग है, अब कवि और लेखक ही नहीं बल्कि हम सब ग़रीब होंगे। ऊँच-नीच का भेद मिटाना होगा। मुझे ख़ुशी है कि हमारे जवान बहादुरी से लड़े और हमारे कवियों ने उनकी प्रशंसा की। आपने इस सम्मेलन की अध्यक्षता के लिए मुझे आमन्त्रित किया, यह मेरी नम्रता और आपका गौरव है। मैं ऐसे कामों के लिए हमेशा हाज़िर हूँ। मेरे ख़ून की एक-एक बूँद देश की रक्षा के लिए बनी है। और मुझे इस पर फ़क्र है।"

इतना कहने के बाद वे कार में बैठ गये। उनका ख़ून क़ीमती था और इस कारण उसकी देखभाल ज़रूरी थी। अमेरिका के सातवें बेड़ेवाले कवि पत्नी की निगाह बचाकर एक तख़्ते के नीचे बंगाल की खाड़ी में मेंढक की तरह बैठे थे। कवि-सम्मेलन समाप्त हो गया था। मैं बाहर आ गया। बाहर आकर सुना कि वे बुज़ुर्गवार शायर माइक पर रोते हुए अपने छाते का हुलिया बयान कर रहे थे ताकि कोई होनहार इंसान कालीन समझकर उसे बाहर न ले जाये।

ब्लैक-आउट के समाप्त होने पर

भारत और पाकिस्तान का ताज़ा युद्ध समाप्त हो गया। मुक्तिवाहिनी मुक्त हो गयी। युद्ध की समाप्ति के साथ-ही-साथ एक हद तक पाकिस्तान भी समाप्त हो गया। जिस प्रकार लड़कियों के साथ हाथ मिलाने की क्रिया की परिणति कभी-कभी पाणिग्रहण-संस्कार में होती है, ठीक उसी प्रकार पाकिस्तान का कुछ हिस्सा याहिया खाँ के हमवतनों के लिए क़ब्रिस्तान में बदल गया। राष्ट्रपति याहिया खाँ की सरकार की जड़ें हिल गयीं। जुल्फिकार अली भुट्टो ने ताक़त हथियाने के लिए जुल्फें सँवारनी शुरू कर दीं। 'जुल्फें बंगाल हेयर ऑयल' के दाम बढ़ गये। आशा है, अपने अभूतपूर्व राष्ट्रपति से सत्ताग्रहण करने के बाद उनके केश भी काले हो जायेंगे क्योंकि जहाँ तक हाथों का प्रश्न है वे तो पहले से ही काफ़ी काले हैं। पाकिस्तान के प्रेस रिपोर्टर ने पराजय के शोक में आत्महत्या कर ली। प्रेस की स्वतन्त्रता इसे ही कहते हैं। मेरे ख़याल में यह मौक़ा हाथ से नहीं खोना चाहिए—पाकिस्तान में जो कोई भी भाई-बहन किसी भी कारण से आत्मघात करने की सोच रहे हों, वह इस पुनीत अवसर को हाथ से न जाने दें। इस वक़्त आत्महत्या करने से राष्ट्र-प्रेम भी प्रमाणित हो जायेगा और जो बाक़ी लक्ष्य होंगे वे भी पूरे हो जायेंगे। मेरी यह नितान्त पाक सलाह है कि फ़ौजी हुकूमत के ऐ हमवतनो, आत्महत्या करनी है तो अभी कर लो; बाक़ी काम बाद में कर लेना।

मुझे युद्ध समाप्त होने की जितनी ख़ुशी है, ब्लैक-आउट बन्द होने का उतना ही दुःख है। ब्लैक-आउट भी क्या लाजवाब चीज़ है। शाम के छह बजे से बत्ती बन्द, रात के सात बजे से मेहमानों का आना बन्द, बिजली का ख़र्चा बन्द और मोटरों का चलना बन्द। इतनी चीज़ें बन्द होने की कमी पूरी करने के लिए ख़तरे का सायरन बजना प्रारम्भ। ख़तरे के सायरन बजने से ज़्यादा दिलचस्प है उसकी प्रतीक्षा करना, जिसे करते-करते अक्सर सारी रात बीत जाती है। आप आँखें फाड़-फाड़कर अँधेरे में सायरन की प्रतीक्षा करते रहें और सायरन है कि बिहारी की नायिका की तरह पकड़ ही में नहीं आती और जब वह बजती है, तब फिर कहना ही क्या! शास्त्रीय संगीत का आरोहावरोह, कानों में रुई और दाँतों के बीच रुमाल दबाये कोने में आपका

खड़ा होना— दृश्य-काव्य और श्रव्य-काव्य दोनों साथ-साथ। सब-कुछ कितना सुन्दर! कहीं कुछ गिरने की आवाज़ आयी तो हौसला और बुलन्द हो गया। बाद में जब पता लगा कि जो कुछ गिरा था वह बम न होकर सिर्फ़ लालटेन थी, तो जो आशा थी वह निराशा में परिवर्तित हो गयी। उत्साह जो था वह मज़ाक़ में बदल गया। एक दिन सायरन जो बजा तो फिर पन्तजी के काव्य की तरह बजता ही रहा। पानी तक नहीं पी सके। उस दिन हमारे मन ने आत्मा का रूप फिर धारण कर लिया। भय और हर्ष के अतिरेक में हमारे मन का यह परिवर्तन सदा से होता आया। बाद में पता चला कि भोंपू में एक बिल्ली घुस गयी थी, जिसके निकालने की प्रक्रिया में उसकी आवाज़ निकल गयी। एकदम क़ानून के अनुकूल। उस रात सायरन के प्रति मुझे बच्चन की वह पंक्ति बार-बार याद आती रही— "अर्पित तुमको मेरी आशा और निराशा और पिपासा।"

ब्लैक-आउट के युग में बाहर घूमना बड़ा प्यारा लगता था। ब्लैक-आउट का शास्त्रीय अर्थ यही है कि घर में अँधेरा रखो और खुद बाहर निकल जाओ। जिधर देखो उधर कदम्ब के वृक्षों की छाया की भाँति काला अँधेरा ही अँधेरा। कहीं किसी गोपी की तरह कोई रोशनी की किरण दीख गयी तो लगता था कि सूरसागर में किसी ने क्षेपक डाल दिया। रास्ते में बराबर यह इन्तज़ार कि किसी विरहिणी से टकरा जायें। एक बार एक ठोस पदार्थ से टकराये भी पर वह इंसान न होकर एक आवारा भैंस निकली। ठीक वही स्थिति, जो एक मॉडर्न पेण्टिंग को देखकर एक कवि के साथ हुई थी—'जिसको समझा था अनन्नास वह औरत निकली'! बड़ा क्षोभ रहा। निराशा भैंस को भी हुई होगी क्योंकि उसने शायद मुझे भैंसा समझा था। ख़ैर मेरे साथ यह गुज़रता रहा, और उधर माल रोड पर सीटीबाज़ सीटियाँ बजाते रहे। ब्लैक-आउट में ऐसी सीटियाँ आवारा नहीं मानी जातीं—बे नागरिक-सुरक्षा का एक अंग हो जाती हैं। भले और बुरे में कोई ख़ास अन्तर नहीं है, सिर्फ़ परिस्थितियों का प्रभाव है।

नागरिक सुरक्षा के नाम पर भी बहुत से लोगों ने अपनी हीन-भावना को दूर किया। चन्द भिखमंगों ने कुछ मोटरवालियों की बत्तियाँ तोड़ दीं क्योंकि उन पर स्याही नहीं पोती गयी थी। मुहल्ले के चन्द क़र्ज़खोरों ने सेठजी की खिड़की पर पत्थर मारे क्योंकि वहाँ से उनकी लड़की के स्थान पर बिजली की हल्की रोशनी झाँक रही थी। कुछ लोगों ने चन्दा दिया और खुले दिल से दिया। इनमें से कुछ को मैं जानता हूँ। अगर ये सिर्फ़ अपना आयकर ही ईमानदारी से दे देते तो युद्ध का सारा ख़र्चा निकल सकता था। लोगों ने सिपाहियों की बहादुरी के क़िस्से सुने और बीवियों को पीटना शुरू किया। यह भी नागरिक-सुरक्षा के अन्तर्गत आता है। बड़े-बड़े शृंगारी कवियों ने ज़ोरदार वीर-रस की कविताएँ लिखीं और बड़े-बड़े दब्बू सम्पादकों ने उन्हें छापा। युद्ध ने वाक़ई हमें एक नयी दृष्टि और दिशा दी।

ब्लैक-आउट समाप्त होने पर युद्ध के बारे में अब विस्तार से लिखा खायेगा।

मैं तो एक छोटा-सा लेख ही लिख रहा हूँ, पर सयाने लोग इस पर पोथियाँ लिखेंगे। भारत-चीन के युद्ध के बाद जो 'अनकही कहानी' लिखी गयी वह उस युद्ध से ज़्यादा सनसनीख़ेज़ थी। उसके जवाबी हमले में जो किताबें निकलीं वे और भी ज़्यादा बिकीं। साहित्य के लिए युद्ध बड़ा आवश्यक है। आप चाहें तो इस विषय पर एक थीसिस लिख सकते हैं। मेरे हमवतनो, मैं आपको यक़ीन दिलाता हूँ कि पाकिस्तान के प्रेसीडेण्ट जनाब भुट्टो और अमेरिका का सातवाँ बेड़ा भी इसमें कोई ख़लल नहीं डाल सकेगा।

जय बांग्ला देश

बांग्ला देश में जो उथल-पुथल मची, उसकी वजह से हमारे देश में काफ़ी प्रतिक्रिया हुई। हमारी पत्र-पत्रिकाओं ने विशेषांक निकाले, कवियों ने ताज़ी-ताज़ी कविताएँ लिखीं और कितनी ही फ़ैशनेबल देवियों ने घर-घर जाकर बांग्ला देश के लिए चन्दा इकट्ठा किया जिसका कि विवरण पूरे नाम-सहित अख़बारों में दिया गया। किसी-किसी स्थिति में ऐसी देवियों के चित्र भी प्रकाश में आये। एकाध सज्जन ऐसे भी निकले जिन्हें सार्वजनिक धन के ग़बन करने का एक सुनहरा अवसर और मिला जिसका कि उन्होंने पूरा-पूरा लाभ उठाया। दानवीरों ने दान दिये, कर्मवीरों ने भाषण दिये और अन्त में चलकर जयप्रकाश नारायण ने विदेशों का दौरा किया। दूसरे शब्दों में जीवन के सारे क्षेत्रों में अनायास ही एक गति आ गयी। बांग्ला देश में यदि इतनी सारी मारकाट न होती तो हमारा जीवन उसी ढर्रे पर चलता रहता जिस पर कि वह चल रहा था। याहिया खाँ की महानता देखिए कि उसने इस मुल्क को जगने का एक और मौक़ा दिया, वरना पता नहीं हम कब तक उसी तरह सोते रहते जिस तरह अब तक सोते आ रहे थे।

मैं चूँकि बांग्ला देश में नहीं हूँ, इस कारण सारी वस्तुस्थिति को काफ़ी निरपेक्ष दृष्टि से देख सकता हूँ। मैं बरामदे में आराम-कुरसी पर बैठता हूँ, क़ीमती सिगरेट सुलगाता हूँ और एक निहायत ख़ूबसूरत लड़की से बातें करता हूँ। यह लड़की चन्दा इकट्ठा करने आयी है। सोचता हूँ, यदि बांग्ला देश पर विपत्ति न आयी होती तो यह रूपसी मेरे यहाँ क्योंकर आती? वह चाय पीती है, बिस्किट खाती है और बांग्ला देश की विपत्तियों का आँखों-देखा हाल वर्णित करती है। इस ग़रीब को क्या पता कि ख़ाकसार के दिल पर इस वक़्त क्या गुज़र रही है। वह मुझे अख़बारों में से कुछ चित्र दिखलाती है जो अगर बांग्ला देश के सन्दर्भ में न देखे जाते तो काफ़ी अश्लील माने जाते। मगर मैं नीच हूँ जो ऐसी बातें सोचता हूँ। लड़की लिपस्टिक ठीक करती है, चन्दे की रसीद देती है और मुस्कराकर चली जाती है। एक उर्दू कवि के शब्दों में 'क़ातिल जो था, वह फिर कबूतर बन जाता है'। बांग्ला देश की मुसीबत अगर ऐसा वातावरण रोज़ पैदा करती रहे तो कम-से-कम मुझे वहाँ की स्थिति से

कोई एतराज़ नहीं है।

बंगाल में लोग मर रहे हैं। लोग कहाँ नहीं मरते? बंगाल में क्या कुछ नया हो रहा है? संसार के सारे सयाने चुप बैठे हैं, वे पाकिस्तान के घरेलू मामलों में दख़ल नहीं देना चाहते। ठीक भी यही है। अगर आप अपनी पत्नी को पीटते हैं तो मुझे दख़ल देने का क्या हक़ है? इसी तरह अगर मैं अपनी बीवी को माता कहकर पुकारता हूँ तो आपको इससे क्या वास्ता? बीवी आपकी है या मेरी?

बांग्ला देश की विपत्ति से कुछ बड़े-बड़े तथ्य प्रकाश में आये हैं। लोगों को पता लगा है कि बांग्ला देश के लोग बांग्ला भाषा बोलते हैं। यह भी समाचार मिला है कि रवीन्द्रनाथ ठाकुर और सचिनदेव बर्मन दरअसल पूर्वी पाकिस्तान के निवासी हैं। उनकी कला के विकास में पूर्वी पाकिस्तान का बड़ा हाथ है। अन्तर्राष्ट्रीय क़ानून के अनुसार इन कलाकारों की कला पर पाकिस्तान को रॉयल्टी मिलनी चाहिए, जिसका कभी-न-कभी वह ज़रूर दावा करेगा। यह भी पता लगा है कि बांग्ला देश में सुन्दर वन नामक स्थान है जो वन होने के साथ-साथ सुन्दर भी है। इस गृहयुद्ध से यह भी स्पष्ट हो गया कि संयुक्त राष्ट्रसंघ कितना सिद्धान्तवादी है। देश भले ही टूट जाये मगर सिद्धान्त कभी नहीं टूट सकता। दो देशों में संयुक्त राष्ट्रसंघ युद्ध तो करा सकता है पर मियाँ बीवी के झगड़े में दख़लन्दाज़ी नहीं कर सकता। चीन है कि मियाँ और बीवी दोनों की मदद कर रहा है और इस ताक में है कि इनके बच्चा कब पैदा हो जिसकी वह देखरेख कर सके। जहाँ तक हमारा प्रश्न है, जो कुछ किया जा रहा है वह ठीक ही किया जा रहा है। प्रस्ताव पास हो रहे हैं, पुराने कपड़े दिये जा रहे हैं, कुछ बेरोज़गारों को रोजी मिल रही है और जुलूस निकाले जा रहे हैं। कवि लोग कविताएँ कह रहे हैं, बाबू लोग दफ़्तर का काम छोड़ बंगाल की स्थिति पर बहस कर रहे हैं और फ़ोटोग्राफ़र मुरदा लोगों के नये-नये पहलुओं से कलात्मक चित्र लेने में लगे हैं। चित्रकार रंग ख़रीद रहे हैं और कार्टून बनाने वाले कार्टून बना रहे हैं। जिसकी जितनी प्रतिभा है, वह उसका उतना फ़ायदा उठा रहा है। पाकिस्तान अपनी सेना में वृद्धि कर रहा है जिसके कारण शायद हमारी सेना भी बढ़े। नतीजा यह होगा कि एशिया के दोनों राष्ट्र मज़बूत होंगे। पश्चिमी पाकिस्तान के सिपाही पूर्वी पाकिस्तान के लोगों की आत्माओं को शरीर से मुक्त कर रहे हैं जो शास्त्रों के अनुकूल हैं। यह भी ज़ाहिर हो रहा है कि प्रेम और हिंसा के समय जाति और धर्म के बन्धन अपने-आप ही कट जाते हैं। नेता लोग भाषण दे रहे हैं और जो ख़ूबसूरत लड़कियाँ हैं वे चन्दा इकट्ठा कर रही हैं।

आप कहेंगे कि मैं अपने को दुहरा रहा हूँ। जो बात पहले कह चुका हूँ, वही फिर कह रहा हूँ। आप ठीक सोचते हैं। मैं भी ठीक सोचता हूँ। मैं क्या, हर-एक इस सन्दर्भ में अपने को दुहरा ही रहा है। सरकार वही बात रोज़ कहती है, पाकिस्तान वही बात रोज़ कहता है और रूस और अमेरिका हैं कि वही बात

रोज़ नहीं कहते। ऐसे में ग़रीब व्यंग्यकार करे तो क्या करे? मेरी तो यह प्रार्थना है कि बांग्ला देश की यह स्थिति कुछ दिनों और चलती रहे ताकि हम लोग कुछ और कविताएँ लिख सकें और दो-चार तस्वीरें और बना सकें। जहाँ तक मेरा प्रश्न है, मैं तो उस ख़ूबसूरत लड़की से कई बार और मिलना चाहता हूँ। यह भी चाहता हूँ कि लगे हाथों दो-चार व्यंग्य-लेख इस टॉपिक पर और लिख डालूँ। गया वक़्त फिर कब हाथ आता है?

पाँच लड़कियों की कथा

पुराने ज़माने की बात है। गंगा-जमुना के दोआबे में एक क़स्बा था। उस क़स्बे में एक डाकख़ाना था, काँजी हाउस था और इनके साथ-साथ मिडिल स्कूल और पुलिस नाका भी थे। सन्तोष की बात यह थी कि इन चीज़ों के साथ-साथ उस क़स्बे में कुछ लड़कियाँ भी थीं। लड़कियों का होना वैसे भी ज़रूरी था। अगर लड़कियाँ न हों तो, न तो डाकख़ाने की ज़रूरत रहती है और न थाने की। रह गया काँजी हाउस, तो शायद उस स्थिति में वह भी सीन पर से हटाया जा सकता है। मगर ज़रूरी नहीं कि इस मुद्दे पर आप मुझसे सहमत ही हों। बाक़ी बातों की तरह इसके भी दो पहलू हो सकते हैं। दो पहलू होने के बड़े फ़ायदे हैं, एक पहलू सरकार पकड़ती है और दूसरा विरोधी दल। नतीजा यह होता है कि सारी की सारी चीज़ आसानी से उठ आती हैं। चीज़ों के दो पहलू होना इस दृष्टि से बहुत उपयोगी होता है।

इन लड़कियों में से पाँच लड़कियाँ उस क़िस्म की थीं जिन्हें रीतिकालीन कवियों ने 'सखियाँ' कहकर पुकारा है। दूसरे शब्दों में वे सुन्दर थीं, वे जवान थीं और वे निठल्ली थीं। उन्हें घर पर कोई कामकाज नहीं था। नतीजा यह होता था कि वे पाँचों सखियाँ सारे वक़्त साथ ही रहती थीं। एक सखी के घर पर एक आमों की बगिया थी। सारी सखियाँ सवेरे-सवेरे वहीं जुट जाती थीं। वहीं ताश होता था, शतरंज होती थी और चौपड़ होती थी। कभी-कभी सारी सखियाँ दुपहरी में वहीं सोती भी रहती थीं।

दिन आराम से गुज़र रहे थे कि एक दिन एक चतुर सखी ने सलाह दी कि और तो सब सुख है, चलो लगे हाथों एक-एक पति भी प्राप्त कर लें। शेष सखियों को भी कोई ऐसी बात नज़र नहीं आयी जिससे कोई विशेष एतराज़ किया जा सकता। जो ज़्यादा बुद्धिमती सखी थी और जो चश्मा लगाती थी, कहने लगी कि अगर एक-एक अदद पति वक़्त पर ही हासिल करना है तो चलो घर छोड़ चलें। धन की तरह पति भी विदेश में ही प्राप्त होता है। और फिर माँ-बाप का क्या भरोसा? पता नहीं कैसा पति मिले और कितनी देर बाद मिले। इस चश्मावती सखी की सलाह सबको जँच गयी। एक दिन अमावस्या की रात्रि को वे सबकी सब सखियाँ पहाड़ों

की दिशा में निकल गयीं।

यहाँ पर कोई जिज्ञासु भाई यह शंका उठा सकते हैं कि वे सुन्दर लड़कियाँ पहाड़ों की ही दिशा में क्यों गयीं? इस शंका का समाधान इस प्रकार है कि पहाड़ों पर पति हमेशा से बहुतायत से मिलते आये हैं। लोककथाओं में परियों को जितने भी राजकुमार मिलते थे या तो काले पहाड़ के ऊपर मिलते थे या फिर सात समुन्दर पार। पार्वती को महादेवजी भी पहाड़ों पर ही मिले थे। अमीर घरानों की लड़कियाँ अपने लिए लड़के और कुत्ते छाँटने अभी भी नैनीताल या दार्जिलिंग ही जाती हैं। ऊँचाई से दूर तक का नज़र आता है जिससे सामान छाँटने में मदद मिलती है। यूँ मैं चाहता तो इन लड़कियों को सात समुद्रों की दिशा में भी भेज सकता था पर उसमें दिक्कत यह थी कि समुद्र होते सात और लड़कियाँ थीं सिर्फ़ पाँच। कहानी का निभाव कुछ मुश्किल हो जाता।

तराई के पार उन लड़कियों को एक मन्दिर में रात गुज़ारनी पड़ी। मन्दिर में एक महात्मा रहते थे। भक्त लोगों का कहना था कि महात्माजी की आयु लगभग तीन सौ पचास वर्ष की थी और यह काया-कल्प का प्रभाव था कि देखने में वे सदाबहार लगते थे। जो लोग बात का दूसरा पहलू पकड़ने के आदी थे उनका कहना था कि छोकरे की असली उम्र पच्चीस-छब्बीस साल से एक दिन ज़्यादा नहीं थी और यह जो गेरुए वस्त्र धारण करने का समयसिद्ध ढोंग रचाया जा रहा था यह किसी ख़ास वजह से था। दूसरे शब्दों में दाल हो या न हो मगर उसमें काला ज़रूर था। ख़ैर, वास्तविक स्थिति कुछ भी रही हो, यह सच था कि महात्माजी थे ज़रूरत से ज़्यादा स्वस्थ और ख़ूबसूरत। जब वे प्रवचन देते थे तो लगता था जैसे मुख से फूल झड़ रहे हैं और फूल भी; मामूली क़िस्म के नहीं वरन् रंगीन क़िस्म के। शाम की आरती के बाद जब पाँचों सखियाँ उनके ग़ौर वर्ण चरण छूने गयीं तो उस महान् आत्मा ने पूछा कि हे पुत्रियो, तुम कौन हो, कहाँ से आ रही हो और कहाँ जा रही हो? इस युवावस्था में हिमालय की गोद में आने का क्या प्रयोजन है? साफ़-साफ़ कहो। हम त्रिकालदर्शी हैं और चाहें तो तुम्हारे दो क्या तीन पहलू तक देख सकते हैं, परन्तु प्रभु की इच्छा यही है कि– हम तुम्हारा कष्ट तुम्हारे ही मुखों से श्रवण करें। तो हे बच्चा, आसन ग्रहण करो और अपनी पीड़ा को वाणी दो।

सखियों ने अपनी माँगे दुहरायीं।

महात्माजी मौन हो गये। वे उठे। मृगचर्म के नीचे से उन्होंने कपास निकाली और उसकी पाँच बत्तियाँ बनायीं। एक-एक बत्ती एक-एक सखी को बड़े प्यार से पकड़ायी और कहा कि जाओ, इन बत्तियों को हाथ में दबाकर कैलाश की दिशा में प्रस्थान करो। मार्ग में जहाँ-जहाँ जिसकी बत्ती गिरेगी, वहीं-वहीं उसे अपना पति मिलेगा। भगवान तुम्हारा कल्याण करे।

सुबह होते ही सखियों ने अपनी यात्रा शुरू की।

निचली पहाड़ियाँ पार होते-होते पहली लड़की के हाथ से बत्ती गिर गयी। इधर-उधर नज़र दौड़ायी तो पास की घाटी में एक गाँव नज़र आया। इस गाँव में किसान का एक लड़का रहता था। इस लड़के में कुछ खासियतें थीं। खासियत नम्बर एक यह थी कि वह जवान होने के साथ-साथ कुँवारा भी था। खासियत नम्बर दो यह थी कि कोई ऋतु हो और कोई नक्षत्र जब भी कोई लड़की गाँव में घुसती होती थी, यह लड़का हमेशा या तो खेत को जाता हुआ या खेत से वापस आता हुआ उसे ज़रूर मिलता था। दूसरे शब्दों में लड़का होनहार क़िस्म का था और खेती के अतिरिक्त ज़िन्दगी की बाक़ी बुनियादी चीज़ों की भी उसे जानकारी थी। जिस वक़्त लड़की की बत्ती गिरी उस वक़्त भी वह हल-बैल लेकर खेत से वापस आ रहा था। जैसा कि दस्तूर है, आगे-आगे बैल थे, उनके पीछे-पीछे हल और उसके पीछे तलत महमूद की आवाज़ में ग़ज़ल गाता हुआ वह लड़का। चौराहे पर उसकी मुलाक़ात उस लड़की से हुई। उसने लड़की को देखा और निगाह नीची कर ली। इसके बाद लड़की ने उसे देखा और निगाह नीची कर ली। इसके बाद दोनों के एकसाथ एक-दूसरे को देखा और निगाहें भी एक-साथ ही नीची कीं। संक्षेप में कहने का अभिप्राय यह है कि वे दोनों या तो एक-दूसरे को देखते रहे या फिर निगाहें नीची करते रहे। विशुद्ध गणित के आधार पर उनकी आँखें एक-दूसरे से कहीं ज़्यादा टकरायीं, पर कहावत में वही हुआ जिसे आँखों का चार होना कहा जाता है। मन्त्र के प्रभाव से उन दोनों में प्रेम हो गया। माता-पिता के प्रभाव से उनका विवाह हो गया पति के प्रभाव से लड़की को सन्तान प्राप्त हुई। वह दूधों नहायी और पूतों फली।

शेष कन्याएँ आगे बढ़ीं। कुछ दूर चलकर एक क़स्बे में दूसरी सखी की बत्ती गिर गयी। उस क़स्बे में सड़कों का एक ठेकेदार रहता था। ठेकेदार साहब के कई अदद लड़के थे जिसमें एक बहुत पहुँचा हुआ नालायक़ था। आसपास के क्षेत्र में शायद ही ऐसा कोई बाप, पति या भाई था जिसने क्रमशः अपनी लड़की, पत्नी या बहन के छेड़ने के उपलक्ष में इस लड़के को दो-चार जूते न मारे हों। मगर यह लड़का था कि प्रत्येक मूर्ति में परमपिता परमात्मा की झाँकी देखने की कोशिश करता था। मानवीय प्रेम को जो सार्वजनिकता उसने प्रदान की थी वह उस क्षेत्र में अभूतपूर्व थी। यह लड़की जैसे ही बत्ती गिराकर आगे बढ़ी, ये हज़रत घोड़े पर चढ़कर तीतर का शिकार खेलने जा रहे थे। सखी को देखा तो वापस लौट पड़े। सड़क पर लड़की देखकर उन्हें हमेशा अपशकुन होता था। मुंशीजी को भेजकर छोकरी तलब की गयी। मन्त्र के प्रभाव से उनकी शादी हो गयी। इस सखी का प्रेम पाकर वह नालायक़ लड़का सुधरने लगा। अपना-अपना चरित्र सुधारने की इच्छा से ठेकेदार साहब, बाक़ी लड़के और उनके मुंशीजी भी चौराहों पर खड़े होकर उस क़िस्म की लड़कियों की प्रतीक्षा करने लगे।

तीसरी लड़की की बत्ती ज़रा आगे चलकर वहीं गिरी जहाँ जंगलात के महकमे

के अफ़सरों की कोठियाँ थीं। एक अफ़सर थे जो कम उम्र में ही विधुर हो गये थे। कहते हैं कि उनकी पत्नी को एक बघेरा उठाकर ले गया था। उस दिन से इन हज़रत की सेहत सुधरती गयी और बघेरा बेचारा बीमार होता गया। इस अफ़सर के घर पर एक बूढ़ी माँ और एक ख़ानदानी नौकर के अतिरिक्त और कोई नहीं था। साहब का ज़्यादातर वक़्त दौरे पर गुज़रता था। वे और उनकी स्टैनोग्राफ़र साथ-साथ जीप पर जाते थे। दोनों अक्सर चीड़ के वृक्षों को निहारा करते थे और वैसा करते-करते जब थक जाते थे तो एक-दूसरे को निहारने लगते थे। बत्ती गिराकर लड़की जैसे ही बँगले में प्रविष्ट हुई, वैसे ही वह बूढ़ी माँ को पसन्द आ गयी। साहब दौरे से वापस आये तो काफ़ी ख़ुश थे। लगता था, इस बार चीड़ के काफ़ी पेड़ निहारकर आये थे। उन्होंने हाँ कर दी। शादी हो गयी। आय काफ़ी थी और कई क़िस्म की थी। नौकरों-चाकरों की भी कमी न थी। खाली वक़्त काटने के लिए कुत्ते पाल लिये। कहने का अभिप्राय यह कि लड़की यह भी सुख से ही रही।

आगे चलकर ज़िले का सदर मुकाम आ गया। चौथी लड़की की बत्ती वहाँ गिरी। बत्ती गिरने की जगह से कोई सौ गज़ के फ़ासले पर एक स्थानीय नेता भाषण कर रहे थे। बड़े प्रेमी पुरुष थे। इस लड़की को देखा तो इससे भी प्रेम हो गया। चरित्रवान् व्यक्ति थे, विधिवत् शादी करके उसे घर ले गये। यह उनकी सातवीं धर्मपत्नी थी। बाक़ी छह पत्नियाँ अलग-अलग हवेलियों में रहती थीं और उनमें से प्रत्येक अलग-अलग राजनीतिक दल से सम्बन्धित थी। स्थिति यह थी कि जैसे ही कोई नया राजनीतिक दल उस क्षेत्र में जन्म लेता था, वैसे ही नेताजी एक विवाह और रचा लेते थे। वे सच्चे जनसेवक थे, पद से उन्हें कोई मोह नहीं था। चुनाव में वे हमेशा खड़े होते थे और वह भी सरकारी उम्मीदवार के ख़िलाफ़; पर उनकी आत्म-त्याग की भावना इतनी स्वस्थ थी कि चुनाव के एक-दो दिन पहले वे हमेशा अपना नाम वापस ले लेते थे। वैसा करने के लिए उन्हें या तो शराब का ठेका दिया जाता था या जंगल काटने की इजाज़त। इसके बाद वे फिर उसी उत्साह से जनसेवा में जुट जाते थे। लड़की यह भी सुख से रही। धीरे-धीरे उसने भी अपना जीवन देश की सेवा में समर्पित कर दिया।

पाँचवीं लड़की चलती रही और चलती रही। अपनी सखियों के पतियों को देखकर उसका मन उदास हो गया। कोई बेपढ़ा था तो कोई चरित्रहीन; कोई अधेड़ था तो कोई विधुर। ऐसे सुख से ज़्यादा फ़ायदा। उदासी के कारण उसके ज्ञानचक्षु काम करने लगे। वह सोचने लगी। क्या लड़की इसीलिए बनायी गयी है कि एक पति की वासना की दासी बने? क्या एक अदद पति रखना ज़रूरी है? क्या वह स्वयं पुरुष की भाँति स्वतन्त्र और कर्मठ जीवनयापन नहीं कर सकती? कुल मिलाकर अगर ग़ौर से देखा जाय तो दो-चार मामूली चीज़ों को छोड़कर लड़की और लड़के में अन्तर ही क्या है? इन तमाम तर्कों के आधार पर उस लड़की ने तय कर लिया कि

वह शादी ही नहीं क़रेगी। वह वे सारे काम करेगी जो एक पुरुष करता है। पति के स्थान पर वह राष्ट्र की सेवा करेगी और बच्चा पैदा करने के बजाय वह नाम पैदा करेगी। जोश में आकर उसने हाथ की बत्ती को पहाड़ी नाले में फेंकना चाहा मगर कुछ तो मन्त्र का प्रभाव और कुछ ठण्ड का—वह बत्ती उसके हाथ में जम चुकी थी और चाहते हुए भी उसे वह फेंक नहीं सकती थी। लड़की पहली बार कुछ घबरायी।

आगे चलकर उसे पुलिस का एक पड़ाव मिला। वे लोग सीमान्त पुलिस के लिए आदमी और औरतों की भर्ती करते थे। लड़की बड़ी ख़ुश हुई और फ्रण्टियर पुलिस में भरती हो गयी। जीवन को एक नया अर्थ मिल गया, जो पति से बेहतर था। जर्सी और पतलून में उसका सुडौल शरीर और भी चमक गया। घोड़े की सवारी और बन्दूक के अभ्यास से उसकी उदासी मिट गयी। वह फुटबाल खेलने लगी और उसने तैरना भी शुरू कर दिया। उसकी आवाज़ इतनी बुलन्द हो गयी कि बैठक के नामी लोग भी उससे काँपने लगे। इन चीज़ों के साथ-साथ उसकी ग्रन्थियों में भी परिवर्तन होने लगे। उसकी दाढ़ी और मूँछ के बाल प्रकट होने लगे और उसकी पिण्डलियाँ लड़कों जैसी गठीली होने लगीं। वह बड़ी खुश हुई। जो काम विधाता से न हुआ— वह उसने कर दिया। वह ठर्रा और सिगरेट भी पीने लगी।

एक दिन कुछ ऐसा सुयोग हुआ कि किसी समयसिद्ध डाकू को पकड़ने के लिए इस लड़की को घाटी में उतरना पड़ा। मौसम खुशनुमा था। जगह-जगह फूल खिले थे और आसमान में सफेद बादलों के टुकड़े ठीक उसी तरह तैर रहे थे जैसा कि बादलों के टुकड़े ऐसे मौसम में अक्सर करते हैं। लड़की पता नहीं क्यों, उदास हो गयी। जिस हाथ में बत्ती जमी थी उसमें कुछ खुजली-सी भी उठी। उसे अपनी सखियों की याद आने लगी। हाथ खुजाने के लिए वह दस्ताना उतार ही पायी थी कि सामने के पर्वतों पर से एक अदद घुड़सवार आता दिखाई दिया। कितना शानदार और खूबसूरत था। घोड़े पर बैठकर ठीक ऐसा लगता था जैसे घोड़े के ऊपर एक घोड़ा और बैठा हो। वह घुड़सवार लड़की की दिशा में हवा की गति से बढ़ा। हवा क्योंकि धीमे-धीमे चल रही थी, घुड़सवार की गति भी धीमी ही रही। अन्त में चलकर वह उस सुखदायक स्थिति को प्राप्त हो गया कि लड़की को घेरकर खड़ा हो सके। लड़की पहचान गयी, वह डाकुओं का सरदार था। कितना अच्छा होता यदि वह व्यक्ति या तो सिर्फ डाकू होता या फिर खूबसूरत ही। मगर स्थिति यह थी कि वक़्त बचाने के लिए वह दोनों चीजें एक-साथ ही थीं। लड़की पसीना-पसीना हो गयी। उसके हाथ की बत्ती पिघलने लगी। वह काँप गयी।

लड़की ने मरदाना अन्दाज़ में रिवाल्वर निकाला और अपना कार्यक्रम बजाय गोलियों के गालियों से प्रारम्भ किया। डाकू पर इस सबका कोई प्रभाव नहीं पड़ा। वह और आगे बढ़ता गया और अन्त में चलकर उस हालत में आ गया जिसमें लड़के एक हाथ लड़की की कमर में डालते हैं। लड़की ने रिवालवर फेंककर उसे अपने दाँतों

से काटना चाहा तो डाकू ने उसे पकड़कर चूम लिया। लड़की ने रिवाल्वर उठाकर निशाना साधा तो वह डाकू लड़की की छाती पर सिर रखकर सुबकियाँ भरने लगा।

लड़की घबरा गयी। उसका कलेजा धुक्-धुक् करने लगा। उसकी दाढ़ी-मूँछ छिपने लगी। उसकी बत्ती गिर गयी और वह फिर से लड़की बन गयी। इससे पूर्व कि वह कुछ कहे, डाकू ने उसे घोड़े पर बिठा लिया और घोड़े की बाग अपने पड़ाव की तरफ़ को मोड़ दी। डेरे पर पहुँच कर लड़की को साड़ी पहनने को मिली। रात को डाकुओं की बस्ती में काफ़ी नाच हुआ। डाकुओं के सरदार और उस लड़की ने एक दो गाना भी गाया। सुबह होने पर लड़की ने डाकू से पूछा कि "हे आर्यपुत्र, लगता है कि मैंने पहले भी तुम्हें कहीं देखा है। शायद हम दोनों जनम-जनम के साथी हैं।"

"हा-हा-हा–" डाकू ने कहा, "ऐ पागल लड़की, तू मुझे इतनी जल्दी भूल गयी। ध्यान से देख, मैं वही महात्मा हूँ जिसने तुझे पति प्राप्त करने की बत्ती दी थी। तुझे देखने के बाद मेरा हृदय चंचल हो उठा और उसके बाद जो कुछ हुआ वह तुझे ज्ञात ही है। इसमें तेरा या मेरा कोई दोष नहीं, प्रभु की इच्छा ही ऐसी थी।

लड़की मुस्करायी। इसके बाद वह गम्भीर हो गयी। थोड़ी देर बाद वह फिर मुस्करायी।

"महात्माजी, आपकी सच्ची आयु क्या है?" उसने अपने पति से पूछा

"आदमी की उम्र क्या पूछना?" डाकू ने जवाब दिया। "तेरे बिना मैं अपनी उम्र तीन सौ पचास वर्ष महसूस करता था, पर तेरी प्राप्ति के बाद मेरी उम्र फिर छब्बीस वर्ष और चार महीने हो गयी है। एक दिन ज्यादा नहीं। क्यों तुझे कुछ सन्देह है क्या?"

इसके बाद वे दोनों हँसने लगे।

पन्त के दो सौ पत्र बच्चन के नाम

दोपहर का खाना खाने के बाद मेरे साथ दो स्थितियाँ होती हैं। या तो मैं सोता हूँ और काफ़ी पतित क़िस्म के स्वप्न देखता हूँ और या फिर जागता हूँ और काफ़ी ऊँचे क़िस्म के विचारों में रहता हूँ। आज भी यही हुआ। खाना खाकर नींद आने को ही थी, तभी अख़बार में पढ़ा कि पन्तजी ने बच्चनजी के ख़िलाफ़ जो मुक़दमा दायर किया था वह उन्होंने अदालत से वापस ले लिया। कितना भाग्यवान् सेशन जज था जिसने इतने महान् कलाकारों के मुक़दमे को हाथ में लिया। मुझे अफ़सोस है कि मैं उस वक़्त अदालत में नहीं था। जिस जगह क़ातिल, जालसाज और डाकू लोग अपने किये का फल पाते हैं, वहाँ हिन्दी की ये दो महान् विभूतियाँ कैसी लगी होंगी। अच्छा होता कि माननीय न्यायाधीश महोदय इस मुक़दमे का निर्णय कविता में ही देते।

इस मुक़दमे से मेरी कुछ धारणाएँ पक्की हो गयीं। एक तो यह कि पन्त और बच्चन की दोस्ती वाक़ई सच्ची है। सच्ची दोस्ती की एक बड़ी पहचान यह है कि वह सेशन की अदालत तक ज़रूर पहुँचे। नानावती और प्रेम अहूजा का केस भी यही साबित करता है और शमीम रहमानी और डॉक्टर गौतम का भी। उर्दू के एक कवि ने कहा है कि– वह इश्क़ ही क्या जिसमें जान न जाये। दूसरी बात यह है कि कहीं यह मुक़दमा जानबूझकर इसलिए तो नहीं किया गया कि पुस्तक का विज्ञापन हो जाये और अगर वह पहले पाँच हज़ार बिकती तो अब दस हज़ार बिके। वैसे किताब पाँच लाख भी छप सकती है पर फिर उसका नाम कुछ और रखना पड़ेगा–गुलशननन्दा के दो सौ पत्र बच्चन के नाम।

ख़ैर मुक़दमा जो था वह ख़त्म हो गया। अब किताब छपेगी और फिर प्रतिक्रियाएँ छपेंगी। मुक़दमा कुछ और दिनों चलता तो उस पर भी एक किताब लिखी जा सकती थी। एक बड़े प्रतिभावान् प्रकाशक हैं जिनकी किताब कभी फ़ेल नहीं होती। पहली किताब डाकू मानसिंह पर थी, लाखों में बिकी। इसके बाद क्रिश्चन कीलर की यौन-क्रीड़ाओं को लेकर एक किताब छपी जो मिस कीलर से भी ज़्यादा कामयाब रही। इसके बाद शायद नानावती का मुक़दमा आ गया और उस पर भी साहित्य

रचा गया। उसके बाद कुछ और उसी तरह का कार्यक्रम। दुनिया की सारी किताबें फ़ेल हो जायें मगर ये किताबें कभी फ़ेल नहीं होतीं। नानावती का निशाना चूक सकता है पर इन प्रकाशक का नहीं। मेरा ख़याल है कि वे इस मुक़दमे पर भी पोथी निकालने। इन्शा अल्लाह, 'मधुशाला' से ज़्यादा ही बिकेगी।

पन्तजी के दो सौ पत्रों का यह संग्रह कभी ज़रूर पढ़ूँगा। ख़रीदकर इसे क्या, किसी भी किताब को पढ़ना एक लेखक के लिए नैतिक जुर्म है। कहीं से किताब हाथ लगेगी तो दृष्टिपथ से गुज़रेगी। किताब पढ़ने तक मैं बराबर सोचता रहूँगा कि आख़िर इसमें ऐसा क्या था जो कि गोपनीय समझा गया। पन्तजी तो काफ़ी शाकाहारी क़िस्म के कवि हैं और उनकी तीन चौथाई कविता तो घास-पेड़-पत्ते और झाड़ी जैसी चीज़ों से भरी है। उन्होंने ऐसा क्या लिख दिया कि बाद में संकोच नाम की वस्तु का जन्म हुआ। क्या उन्होंने ग़लती से उस तुलसा नाम की लड़की के बारे में विस्तार से लिख दिया जो कि ग्राम्या में बन्दर हाँका करती थी? या उन युवतियों के नाम लिख दिये जो अरहर में लुका-छिपी करती थीं और प्रेमियों के चुम्बन पाकर अपना श्लथ जीवन बहलाती थीं? या कहीं उन्होंने उस लड़की का पूरा परिचय दे दिया जिससे वे युगान्त में मंजरित आम्रबौरों की छाया में प्रथम बार मिले थे? उस लड़की के उरोज अँबियों जैसे थे जो सिर्फ़ शाकाहारी भोजन में आता है। क्या उन्होंने अपनी आत्मा के उस चिरधन के बारे में लिख दिया जिसके कारण वे उन्मन-उन्मन रहते थे? या कुछ और हादसा हो गया और सारे विचार, मूल्य और आदर्श लय हो गये? फिर बच्चन के बारे में सोचता हूँ। मित्र होते हुए उन्होंने ऐसा क्यों किया? क्या बिरवों में सहसा पात लग गये और विरही की आग सहसा जग गयी? या जिसको समझा था सोना वह मिट्टी निकली? या उन्होंने रॉयल्टी का पूरा शेयर नहीं दिया? अगर ऐसा है तो ग़लत है– *बे दिये क़ीमत यहाँ वरदान कोई मुफ़्त में पाता कहाँ है?* झगड़ा निपटा कैसे? बच्चन ने वही कह दिया जो 'प्रणय-पत्रिका' में कहा था– *'बिसार दो, माना थी मेरी नादानीय मुझको थी अपने कवि की लाज निभानी'।* तरह-तरह की अटकलबाजियाँ लगा रहा हूँ, मगर समझ में कुछ नहीं आता। सोचता हूँ कि किताब पढ़ने से यह स्थिति ज़्यादा सस्पेन्स की है। मैं पान खाता हूँ, आँखें बन्द करता हूँ और सोचता हूँ : *'इस पार प्रिये तुम हो, मधु है, उस पार न जाने क्या होगा'!*

साहित्य के इतिहास में पत्रों की विद्या नयी नहीं है। जॉनसन ने जो पत्र चेस्टरफ़ील्ड को लिखा था वह अभी भी साहित्य की अमूल्य निधि है। कीट्स ने फैनी को बड़े मार्मिक पत्र लिखे थे। महाकवि अकबर और पण्डित पद्मसिंह शर्मा के खतूत इतने दिलचस्प हैं कि कुछ कहते नहीं वनता। मगर इनमें से एक भी पत्र नहीं जो अदालत तक गया हो। इस दृष्टि से पन्तजी के पत्र अद्वितीय हैं। मेरा नम्र सुझाव है कि पन्तजी इस क्रम को जारी रखें और इस बार सुप्रीम कोर्ट तक जायें;

इससे उनकी कीर्ति भी बढ़ेगी और अदालत की भी।

इधर मैं भी एक किताब छपवा रहा हूँ; 'निराला के सवा दो सौ पत्र रवीन्द्रनाथ त्यागी के नाम'। निरालाजी अब नहीं हैं, इस कारण अदालत जाने का प्रश्न ही नहीं उठता। निरालाजी ने ये पत्र नहीं लिखे, इससे भी मौलिकता पर कोई आँच नहीं आती। पुस्तक छपेगी और बिकेगी। झूठी साबित हो गयी तो दूसरा संस्करण भी छपेगा। अगर बिना पति के बच्चा हो सकता है और अगर ग़ालिब साहब अपनी कविता में परसाईजी की चर्चा कर सकते हैं तो मैं इस अमूल्य पत्र-संग्रह को छपाने में क्यों संकोच करूँ?

हिन्दी-साहित्य में शोध : कुछ सुझाव

पिछले सप्ताह एक शिक्षा-संस्थान के हिन्दी विभागाध्यक्ष से भेंट हो गयी। काफ़ी मज़ेदार क़िस्म के इंसान निकले। आमतौर से हिन्दी प्राध्यापकों के बीच बैठकर मुझे हमेशा ऐसा लगता है कि दिल्ली या बम्बई छोड़कर फिर अपने पुराने गाँव में आ गया हूँ जहाँ न फणीश्वरनाथ रेणु हैं और न हरिशंकर परसाई, न अमरकान्त हैं और न कमलेश्वर, सिर्फ़ रामचन्द्रिका है, चौरासी वैष्णवन की वार्ता है और रानी केतकी की कहानी है। छेकानुप्रास की छटा है, छन्दों की घटा है और सारे का सारा माहौल रामचन्द्र शुक्ल, श्यामसुन्दरदास और मिश्रबन्धुओं से अटा है। मगर हिन्दी के ये विभागाध्यक्ष नये और पुराने दोनों का शौक़ रखते थे। अकबर इलाहाबादी ने जो एक हज़रत के बारे में लिखा है कि वे ऊँट पर बैठकर थियेटर देखने निकले थे, वह इन पर एकदम ठीक बैठता था। जब मैं इनके पास पहुँचा तो चन्द शोध-छात्र शोध के लिए अपने-अपने विषय निश्चित कर रहे थे। एक विद्यार्थी तो इतना दूरन्दाज़ था कि शोध को 'शोथ' कहकर पुकारता था। एक छात्र को कहा गया कि तुम 'हिन्दी-साहित्य पर रेडियो का प्रभाव' विषय पर शोध करो। स्थिति स्पष्ट करते हुए आचार्यजी ने कहा कि रेडियो में ट्रांजिस्टर भी शामिल है। दूसरे छात्र से कहा गया कि वत्स, तुम जाओ और हिन्दी-साहित्य पर फ़िल्मों के प्रभाव पर खोज करो। फ़िल्म अगर रंगीन हो तो थीसिस भी कई रंगों में लिखना। तीसरे छात्र से कहा गया कि जाओ और तुम नयी कविता पर खोज करो। बताओ कि नयी कविता नयी भी है और कविता भी। या यह साबित करो कि वह केवल नयी है और कविता नहीं है या वह मात्र कविता ही है और नयी नहीं है। अन्त में चलकर हो सके तो यही साबित करने की कोशिश करो कि नयी कविता न नयी है और न कविता। छात्र मेधावी था, कहने लगा कि आचार्यजी, आप ही बताइए कि क्या साबित करूँ क्योंकि जहाँ तक मेरा प्रश्न है मैं तो चारों में से कोई भी चीज़ साबित कर सकता हूँ। इस उक्ति को सुनकर आचार्यजी गद्गद् हो गये। बोले कि जाओ पहले कच्चा माल इकट्ठा करो, बाक़ी बात बाद में होगी। छात्र ने चरण छुए और अन्तर्धान हो गया। इसके बाद आचार्यजी मेरी ओर मुखातिब होकर बोले कि बन्धु, शोध के

विषय दिन-ब-दिन कम होते जा रहे हैं। कुछ सहायता करो। उस दिन से मैं इसी बारे में लगातार सोच रहा हूँ।

मेरे विचार में हिन्दी में शोधकार्य के लिए अभी इतनी दिशाएँ शेष हैं कि दिग्विजय करने में काफ़ी समय लगेगा। उदाहरण के लिए 'साहित्य और चरित्र का अभाव' जैसे घिसे-पिटे शीर्षक को ही ले लीजिए। आज़ादी के पहले अगर ज़मींदारों के कारिन्दे ईमानदार होते तो मुंशी प्रेमचन्द का होना मुश्किल था और इसी तरह अगर आज़ादी के बाद सब-कुछ ठीक हुआ होता तो हरिशंकर परसाई व्यंग्यकार होने के बजाय शायद मलेरिया विभाग में होते। सफ़ाई तो उन्हें करनी ही थी– चाहे नेताओं की हो या चाहे मच्छरों की। यही बात व्यक्तिगत जीवन की भी है; बिना चरित्रहीन हुए महान् साहित्य लिखना कठिन है। गीता में कहा गया है कि जब-जब धर्म की ग्लानि होती है तब-तब भगवान का अवतार होता है। बॉयरन ने लिखा है कि आवारगी जीवन का चरम विकास है और बकौल ऑस्कर वाइल्ड के जहाँ एक सन्त का केवल इतिहास ही होता है वहाँ हर पापी के लिए हमेशा एक अदद भविष्य सुरक्षित रहता है। हिन्दी-साहित्य में गतिरोध का एक कारण लेखकों का चरित्रहीन न होना भी है। मैं स्वीकार करता हूँ कि कुछ लेखक काफ़ी चरित्रहीन हैं, पर साहित्य की दृष्टि से वह शायद अभी अपर्याप्त है। हमें अभी और पतित होना है। क्यों न इसी विषय पर खोज की जाये?

'हिन्दी साहित्य में जूते का स्थान'–इस विषय को लेकर भी काफ़ी मज़बूत तले का थीसिस लिखा जा सकता है। जूतों में दाल बँटना हमारा बड़ा पुराना मुहावरा है। जूतों की भाषा व्याकरण क़े नियमों के बावजूद काफ़ी सरल, प्रत्यक्ष और प्रभावकारी होती है। यही एक ऐसी भाषा है जो मन के साथ-साथ तन पर भी अपने चिह्न छोड़ती है। जूते से मेरा अर्थ हर प्रकार के बल प्रयोग से है। निरालाजी ने एक बार पन्तजी को कुश्ती के लिए ललकारा था जिसके कारण दोनों महाकवियों के काव्य में निखार आया। और भी दो-चार लेखक ऐसे हैं जो जब तक पिट नहीं लेते तब तक कोई मौलिक रचना लिख ही नहीं पाते। जूता साहित्य की एक महान् और ऐतिहासिक विवशता है जिसे नकारा नहीं जा सकता। इसी प्रकार साहित्य पर पेशे का क्या प्रभाव पड़ता है, इस पर भी खोज की जा सकती है। उदाहरण के लिए अच्छे-से-अच्छा लेखक जब सम्पादक या प्रकाशक हो जाता है तो वह लिखना बन्द कर देता है। सम्पादक होने पर काट-छाँट की जो आदत पड़ जाती है वह ऐसी होती है कि सम्पादक की अपनी रचना में से भी कुछ नहीं बचता। सरकारी कर्मचारी होने के कारण मैं बहुत-सी बातों पर नहीं लिख सकता जो मेरा दुर्भाग्य और हिन्दी-साहित्य का सौभाग्य है। प्रेमचन्द यदि सरकारी नौकर नहीं होते तो शायद कभी भी महोबा या उसके आसपास नियुक्त न हुए होते और परिणाम यह होता कि रानी सारन्धा और राजा हरदौल जैसी कहानियाँ हमें कभी भी पढ़ने को न मिलतीं। देवकीनन्दन

खत्री जंगलात के महकमे में ठेकेदार थे और तिलिस्म की कल्पना उनमें मिरजापुर ज़िले के बीहड़ जंगलों और उनमें टूटे-फूटे खण्डहरों को देखकर ही उभरी थी। कबीर ने जो 'ज्यों की त्यों रख दीनी चदरिया, वाली पंक्ति लिखी है उसका मूल कारण यह था कि वे पेशे से जुलाहे थे। 'साहित्य और ज़िला जेल'– इस टॉपिक को लेकर भी काफ़ी खोज की जा सकती है। वाल्तेयर और दास्तोवस्की दोनों के कृतित्व पर जेल के जीवन की अमर छाप थी। नेहरूजी ने भारत की खोज जेल में ही लिखी और महामति बेकन ने भी कुछ निबन्ध लन्दन के टॉवर के भीतर ही लिखे। ऑस्कर वाइल्ड की महान् कविता 'रीडिंग जेल का बैलड' जैसा कि नाम से ही ज़ाहिर है, रीडिंग जेल में ही लिखी गयी थी। अगर हिन्दी के दो-चार पुराने लेखक थोड़े दिनों के लिए जेल चले जायें तो नयी पीढ़ी भी प्रकाश में आये और पुराने लेखकों का लेखन भी ज़्यादा संवेदनशील हो जाये। जेल जाने से हिन्दी लेखन को जो बल मिलेगा, उसका अनुमान लगाना कठिन है। व्यक्तिगत अनुभव से बढ़कर कोई चीज़ नहीं। कृश्नचन्दर की सफलता का एक बड़ा कारण यह है कि झेलम की कहानियाँ से लेकर गधे की आत्मकथा तक जो कुछ भी उन्होंने लिखा है उसके नायक वे स्वयं ही रहे हैं। जेल जाने की प्रक्रिया में यदि कुछ और जानकारी या सहयोग की अपेक्षा हो तो लेखक लोग मुझसे अलग से पत्र-व्यवहार कर सकते हैं।

एक और विषय भी याद आ रहा है और वह है साहित्य में तम्बाकू का स्थान। परसाईजी तम्बाकू खाते हैं, प्रसादजी तम्बाकू बेचते थे और पद्मसिंह शर्मा तम्बाकू पीते थे। चर्चिल व जेम्स जॉयस से लेकर बर्ट्रेण्ड रसेल तक संसार के सारे महान् लेखक तम्बाकू पीते रहे हैं। औरों की क्या बात करूँ, मैं खुद सिगरेट पीता हूँ।

'साहित्य में कीड़े-मकोड़ों का योगदान' इस विषय को लेकर भी महान् शोध-कार्य सम्पन्न किया जा सकता है। मच्छर को ही ले लें। यह न हो तो रात का जागना और 'निशानिमन्त्रण' लिखा ना गया! परवानों का तो कहना ही क्या–आधी उर्दू कविता उन्हीं के सहारे उड़ती है। महाकवि अकबर ने तो खटमल को भी साहित्य में उचित स्थान दिया है जिससे उनकी न्यायप्रियता का पता लगता है। कहते हैं कि 'इस कदर था खटमलों का चारपाई में हजूम, वस्ल का अरमान मेरे दिल से रुखसत हो गया'। आगे चलकर विरह के सन्दर्भ में भी खटमल मंच पर प्रवेश करता है : 'फुरकत ने कहा कि जागिए आप; खटमल ने कहा कि भागिए आप'।

पुराने और घिसे-पिटे जो शीर्षक हैं, उन पर भी काफ़ी काम होना बाक़ी है। केशवचन्द्र वर्मा ने मीरा को काफ़ी खोज के बाद साम्यवादी ठहराया और मेरे ख़याल में कबीर जो थे वे नक्सलाइट थे। इन बातों पर चर्चा की जा सकती है। ब्रिटेन में विशेषज्ञों को सन्देह है कि एलिज़ाबेथ (प्रथम) स्त्री थी या पुरुष और शेक्सपियर के नाटक उसी ने लिखे थे या मार्लो ने? ऐसे सन्देह हम लोग क्यों नहीं करते? शंका से ही ज्ञान शुरू होता है। हमें गम्भीरतापूर्वक सोचना चाहिए कि तुलसी स्त्री थे या

कि पुरुष। और पुरुष थे तो उनके दाढ़ी-मूँछ थी या नहीं! हीरामन तोते का नाम था या कि रानी का। सूरदास जन्म के बाद अन्धे हुए थे या कि जन्म से पहले। अयोध्यासिंह उपाध्याय थे तो आज़मगढ़ के पर अपना नाम उन्होंने ज़िला फ़ैज़ाबाद के एक क़स्बे पर रखा तो क्यों रखा? शिवराज-भूषण भूषण ने लिखा था या कि शिवाजी ने? इस तरह के कितने ही प्रश्न उठाये जा सकते हैं और ज़ाहिर है कि न जाने कितने माताप्रसाद गुप्त अभी होने हैं। इस सन्दर्भ में मुझे एक आचार्य की याद आ रही है जो तुलसी-जयन्ती के एक उत्सव का सभापतित्व कर रहे थे। देखने में थानेदार लगते थे और आदतों में गेटकीपर। भाषण देते हुए कहने लगे कि यह कहना कठिन है कि राम या सीता हुए थे या नहीं, पर इस सबके बावजूद रामचरितमानस एक महान् कृति है। मैंने बाद में बाहर पूछा कि क्या उन्हें राम और सीता की ऐतिहासिकता में वाक़ई शक है तो वे मन्द ध्वनि में आँख मारकर कहने लगे कि बन्धु, राम और सीता क्या, मुझे तो तुलसीदास के होने में भी सन्देह है। उनकी दूरदर्शिता देखकर नयनों के वाणी और वाणी के नयन नहीं रहे।

उचित होगा यदि ऊपर बताये विषयों पर शोध-कार्य हो। 'साहित्य और मौसम' या 'साहित्य में नारी का स्थान' जैसे घिसे-पिटे विषयों पर वक़्त वर्बाद करना साहित्य के साथ अन्याय करना है। हर एक जानता है कि यदि ऋतुएँ न होतीं, तो कालिदास, पद्माकर और पन्त भी न होते। इसी प्रकार नारी-जाति पर (शोध-कार्य के लिए) वक़्त ख़र्च करना फ़िज़ूल है। तर्क पर तर्क दिये जा रहे हैं कि जायसी ने पद्मावत नारी को ही लेकर लिखी, तुलसी ने काव्य की प्रेरणा अपनी स्त्री से ली, चण्डीदास धोबिन से प्रेम करते थे और बाक़ी बड़े लेखकों ने भी नारी-पात्रों को रचनाओं में स्थान दिया। ये सारे तर्क बेकार हैं। नारी का साहित्य में स्थान वैसे ही इतना निश्चित और सुरक्षित है कि बहस की गुंजाइश नहीं रहती। मैं पूछता हूँ, यदि नारी न होती तो लेखक लोग आते कहाँ से?

लेखक आयोग की नियुक्ति : एक ऑफ़िस नोट

1. आज़ादी के बाद हमारे देश में एक से अधिक कमीशन नियुक्त किये गये। क़ानून कमीशन ने ताजीराते हिन्द के संशोधन के लिए कुछ सुझाव दिये, वेतन आयोग ने वेतनों की दरें दुरुस्त कीं और एडमिनिस्ट्रेटिव रिफ़ॉर्म कमीशन ने शासनतन्त्र की कमज़ोरियों पर ध्यान दिया। यह कमीशन अभी जारी है और लगता है कि लगभग पचीस वर्ष और इसी तरह जारी रहेगा। यह भी हो सकता है कि योजना कमीशन की भाँति यह भी अजर और अमर हो जाये। जहाँ तक मुझे याद पड़ता है, के. सन्तानम् की अध्यक्षता में भ्रष्टाचार को रोकने के लिए और डॉ. कुँजरू की सदारत में रेल-दुर्घटनाओं को रोकने के लिए कुछ संस्थाएँ बनायी गयी थीं। वे कमीशन थीं या कमेटी—यह याद नहीं रहा। इधर सरकार एक पुलिस कमीशन की नियुक्ति कर रही है। पिछड़ी जातियों पर भी एक कमीशन बिठाया गया था। इस तमाम पृष्ठभूमि को ध्यान में रखकर मेरा यह नम्र सुझाव है कि सरकार लेखकों की समस्याओं पर ध्यान के लिए भी एक आयोग नियुक्त करे। लेखक लोग क्या पिछड़ी जातियों से भी पीछे पड़ते हैं?

2. कमीशन से अर्थ यहाँ उस कटौती से नहीं है जो प्रकाशक लेखक की आय में से काटता है। कमीशन से मेरा अभिप्राय सयानों की उस बैठक से है जो कि दिये गये प्रश्न का इतिहास और भूगोल, भूत और भविष्य, भूमिका और उपसंहार—इन सब पर रिपोर्ट तैयार करती है और फिर उसकी जिल्द बँधवाकर सरकार को पेश करती है।

3. मेरी राय में लेखकों को लेकर इस प्रकार का कमीशन तुरन्त संगठित किया जाना चाहिए। मेरे विचार से तीन व्यक्तियों का आयोग पर्याप्त होगा। आयोग का एक सदस्य उत्तरी भारत का होगा और वह मेजर जनरल होगा। दूसरा सदस्य मध्य भारत का होगा और इण्डियन सिविल सर्विस का सदस्य होगा। आयोग का तीसरा सदस्य दक्षिणी भारत से होगा और वह कोई अवकाश-प्राप्त न्यायाधीश होगा। आयोग की सदारत उसी के हाथ में होगी। सदस्यों की नियुक्ति करते समय इस बात का पूरा-पूरा ध्यान रखना पड़ेगा कि आयोग के किसी भी सदस्य को रेलवे की समय-सारिणी के अतिरिक्त और किसी भी प्रकार के साहित्य का कोई पता नहीं है।

आयोग की रिपोर्ट निष्पक्ष और पूर्वाग्रहरहित होने के लिए यह नितान्त आवश्यक है।

4. आयोग साहित्य की सारी समस्याओं का पूरा अध्ययन करेगा, लेखकों और कवियों के बयान लेगा, प्रश्नावली तैयार करेगा और ज़रूरी हुआ तो विदेश-यात्रा भी करेगा। मोटे तौर पर आयोग इन प्रश्नों को लेकर काम शुरू कर सकता है :

(क) कमीशन को उचित होगा कि वह उन सारी सुविधाओं को लेखक के लिए सुलभ बनाये जिनकी सहायता से साहित्य में रस की सृष्टि होती है। सन्तरे के रस के लिए जैसे एक अदद सन्तरा चाहिए उसी प्रकार श्रृंगार रस के लिए एक या दो अदद लड़कियाँ चाहिए। कमीशन को सिफ़ारिश करनी पड़ेगी कि साहित्य के हेतु यदि कोई लेखक, कवि, नाटककार, कहानीकार, उपन्यासकार या साहित्य की किसी भी अन्य विधा से सम्बन्धित कोई व्यक्ति किसी भी विवाहिता या भूतपूर्व विवाहिता, कुमारी या भूतपूर्व कुमारी, विधवा या भूतपूर्व विधवा से कितने ही निकट सम्पर्क स्थापित करना चाहता है या उस दिशा में किसी तरह का कोई प्रयास करता है तो वह दण्ड-संहिता के दायरे में नहीं आयेगा। इसी प्रकार वीररस की उत्पत्ति के लिए यदि लेखक किसी को पीटता या उससे पिटता है तो भी पुलिस हस्तक्षेप नहीं करेगी। हाथापाई अगर प्रकाशक, सम्पादक या आलोचक से हो रही है तो पुलिसमैन लेखक को सक्रिय सहयोग भी देगा। रौद्र रस की स्थापना के लिए लेखक लोग किसी भी नशे को, किसी भी वक़्त और किसी भी हद तक ग्रहण कर सकेंगे। इससे वीभत्स रस की कमी भी दूर हो जायेगी। बाक़ी रसों में करुण रस का दरजा सबसे ऊँचा है। उसकी उत्पत्ति के हेतु यह उचित होगा कि सरकार समय-समय पर किसी भी लेखक को अकारण जेल भेजती रहा करे। ऐसा करने से कवि के हृदय पर उदासीनता की जो काई जम गयी होगी वह फट जायेगी।

(ख) रसों की उत्पत्ति के अतिरिक्त लेखकों को और सुविधाएँ भी देनी होंगी। सरकार को एक गोदाम खोलना होगा जहाँ से बिम्ब, प्रतीक, छन्द, कथा-वस्तु, उपमा और शैली की सप्लाई की जा सके। काग़ज़ और स्याही लेखक को हर हालत में ख़ुद ही ख़रीदनी होगी। लेखकों को यह अधिकार होगा कि वे दूसरों की रचनाएँ अपने नाम से छपवा सकें, प्रकाशकों को धोखा दें, एक-दूसरे का अन्त करें और बग़ैर टिकट देश-विदेश की यात्रा करें। वे जब चाहें तब दाढ़ी घटा-बढ़ा सकते हैं पत्नी और प्रेमिका की अदल-बदल कर सकते हैं और वक़्त-ज़रूरत अपने से तीस साल छोटी लड़की से भी शादी कर सकते हैं। ऐसा करने से साहित्य में ताज़गी रहेगी। जिन नये लेखकों की रचनाएँ कोई प्रकाशक छापने को तैयार नहीं होता, उसका अन्तिम संस्करण सरकार खुद छपायेगी। अन्तिम संस्करण से यहाँ वही अर्थ है जो संस्कार-विधि में अन्तिम संस्कार का है। हमें जो कुछ करना है, शास्त्रीय ढंग से करना है। लेखक को अपने परिवार को भूखा रखने और आत्महत्या करने की भी पूरी स्वतन्त्रता मिलेगी।

(ग) जहाँ एक ओर लेखकों को सुविधाएँ दी जायेंगी, वहाँ दूसरी ओर उन पर कुछ पाबन्दियाँ भी लगानी होंगी। मिसाल के तौर पर कोई भी भूतपूर्व लेखक बाद में सम्पादक या प्रकाशक नहीं बनेगा। वैसा बनने पर बाक़ी लेखकों के साथ वही अत्याचार करेगा जो उसके साथ किये गये थे। कोई लेखक अपनी पुस्तक पर फ़िल्म नहीं बनने देगा क्योंकि इससे पुस्तक की भी क़ीमत घटती है और फ़िल्म की भी। वैसे भी साहित्यिक कृतियों पर बनी फ़िल्में अशुभ ही रहीं। 'तीसरी कसम' के बनने से शैलेन्द्र चले गये, 'साहब, बीबी और गुलाम' बनाने से गुरुदत्त का देहान्त हो गया और 'देवदास' बनाने के कारण विमलराय नहीं रहे। राजेन्द्रसिंह बेदी की सेहत का मुझे पता नहीं है। 'देवदास' तो इतनी दर्दनाक फ़िल्म है कि विमलराय तो बाद में मरे, कहानी का नायक तो फ़िल्म में ही मर गया। अगर यही फ़िल्म शरत् के उपन्यास पर आधारित न होती तो इन्शाअल्ला, इण्टरवेल तक देवदास की शादी और दो बच्चे होते। इसी तरह क़ानून बनाना पड़ेगा कि कोई प्रतिभावान् कवि कवि-सम्मेलन में भाग नहीं लेगा। अच्छा गला कभी-कभी कला को खा जाता है। इसी प्रकार लेखक लोग राजनीति से दूर रहेंगे। जो सरकार सत्ता में होगी उसका पक्ष करना राजनीति में भाग लेना नहीं माना जायेगा। लेखकों पर पाबन्दी होगी कि तीन साल से पहले वे नयी किताब नहीं छपायेंगे। किताबें आमतौर पर सौ पृष्ठ की होंगी ताकि विमल मित्र 'मिथुन लग्न' जैसी सशक्त कृतियाँ ही लिखें, न कि 'बेग़म मेरी बिस्वास' जैसी तीन औरतों के वज़न का महाग्रन्थ। किताबों के नाम ईमानदारी से रखे जायेंगे। यह नहीं कि नाम तो है 'एक नन्हीं किन्दील' और साइज़ है बड़ेवाले झाड़फानूस का। लेखकों को यह सख़्त आदेश होगा कि क्या प्राचीन और क्या समकालीन—किसी भी और लेखक की कृतियों को वे कभी नहीं पढ़ेंगे। ऐसा करने से उनकी कला स्वाभाविक रहेगी और वे हीन भावनाओं से ग्रस्त नहीं होंगे। इसके अतिरिक्त लेखक लोग वास्तविक स्थिति का चित्रण करना बन्द कर देंगे क्योंकि वह तो हम सबको मालूम ही है। वे उस स्वर्णिम संसार की सृष्टि करेंगे जो देश में शीघ्र ही आनेवाला है। विश्वस्त सूत्रों से पता चला है कि वह स्वर्णिम संसार पिछले स्टेशन से कभी का चल चुका है और शायद यहीं आउटर सिगनल पर खड़ा है।

(घ) आयोग को उचित होगा कि वह हास्य-व्यंग्य के लेखन और प्रकाशन पर पाबन्दी की सिफ़ारिश करे। जिस देश में लाखों लोग भूखे, नंगे और बेकार पड़े हैं, वहाँ किसी को हँसने-हँसाने का कोई हक़ नहीं है। इस विषय पर आयोग चाहे तो विधि मन्त्रालय से भी परामर्श कर सकता है।

(ङ) लड़कियाँ साहित्य नहीं लिखेंगी। वे केवल भारतीय प्रशासन-सेवा और भारतीय पुलिस-सेवा की परीक्षाओं में बैठेंगी।

(च) इसके अतिरिक्त आयोग और भी विभिन्न प्रश्नों पर विचार करेगा। वह शायद यह सिफ़ारिश भी करे कि शेष पेशों की तरह लेखक लोगों की अपनी अलग

एक युनीफॉर्म होनी चाहिए ताकि वे सरलता से पहचाने जा सकें। लेखकों को विभिन्न श्रेणियों में बाँटना होगा और इसका निर्णय ज़िला मैजिस्ट्रेट करेगा। श्रेणी के अनुसार वर्दी पर सितारे लगाये जायेंगे। अकादमी पुरस्कार पाने वाले लेखकों को पगड़ी पहननी होगी। वर्दी और उसकी धुलाई का ख़र्चा सरकार देगी। क्षति को पूरा करने के लिए लोकप्रिय लेखकों की रचनाओं पर मनोरंजन-कर लगाया जा सकता है। आयोग यह भी ध्यान रखेगा कि लेखक लोग और किसी तरह का कोई क़ानून न तोड़ें। स्वर्ण-धूलि और स्वर्णकिरण के अगले संस्करणों में केवल चौदह कैरेट के सोने का ही प्रयोग किया जायेगा। आयोग यह भी सिफ़ारिश करेगा कि प्रत्येक लेखक लिखने से पहले लाइसेन्स प्राप्त करे। लाइसेन्स शुरू में लर्नर होगा और बाद में परमानेण्ट। आयोग यह सिफ़ारिश भी करेगा कि किसी लेखक की तब तक कोई चिकित्सा नहीं की जायेगी जब तक उसके बचने की कोई आशा हो। आयोग पण्डित वाचस्पति पाठक पर यह क़ानूनी दबाव भी डालेगा कि वे अपनी आत्मकथा लिखें। ये हज़रत भारतेन्दु से लेकर कुँवर अजय सिंह तक सारे लेखकों का भीतर-बाहर जानते हैं पर फिर भी मुँह में पान दबाकर चुप हैं। यह सरासर अन्याय है और देश की जनता इस अन्याय को ज़्यादा दिनों बर्दाश्त नहीं कर सकती।

(छ) अन्त में चलकर आयोग यह भी विचार करेगा कि लेखन-व्यवसाय का राष्ट्रीयकरण किया जाये या नहीं। राष्ट्रीयकरण के बाद साहित्य का सृजन ठीक उसी तरह होगा जैसे कि अब पुलों और सड़कों का होता है। टेण्डर छपेंगे, कोटेशन आयेंगे, ज़मानतें ली जायेंगी, बिल बनेंगे और मरम्मत का ठेका भी दिया जायेगा। फ़िलहाल आलोचना को तो तुरन्त ही सरकारी क्षेत्र में आ जाना चाहिए। ऐसा करने से आलोचना निष्पक्ष भी होगी और असाहित्यिक भी। सरकारी आलोचक निर्भीक होकर काम करेंगे और पुस्तक का मूल्य आँकते समय लेखक या लेखिका की आयु, जाति, सेक्स, प्रदेश और ज़िले पर पूरा-पूरा ध्यान देंगे। वे दिन गये कि हज़ार वर्ष बाद भी रेलवे के बाबू पण्डित महावीरप्रसाद द्विवेदी 'कालिदास की निरंकुशता' लिखते थे और अपना भी वक़्त बरबाद करते थे और कालिदास का भी।

(ज) आयोग तुरन्त बैठना चाहिए। इसकी अन्तरिम रिपोर्ट दो वर्ष में और अन्तिम रिपोर्ट पाँच वर्ष में आनी ज़रूरी है। इसकी सिफ़ारिशों पर ग़ौर करने के लिए अगला कमीशन भी बिठाना है और इस कारण इस ज़िम्मेदारी को ज़्यादा दिनों टालना ठीक नहीं।

हमारे साहित्य में पक्षियों का योगदान

पक्षियों का हमारे साहित्य में बहुत ऊँचा स्थान है, जो कि स्वाभाविक है। कारण यह है कि पक्षी बहुत ऊँचा उड़ते हैं। आदि कवि वाल्मीकि को काव्य लिखने की प्रेरणा एक घायल पक्षी को ही देखकर मिली थी। न वह ग़रीब क्रौंच एक बहेलिये के हाथों मारा जाता, न हमें शिवराज भूषण और रामचन्द्रिका पढ़नी पड़ती। नल और दमयन्ती की कथा में हंस ने जो पार्ट अदा किया था वह हमें ज्ञात ही है। रामायण में जटायु नाम के पक्षी ने काफ़ी तत्परता से काम किया। जटायु का अर्थ उस पक्षी से है जिसकी जटाएँ देखकर उसकी आयु का अनुमान लगाया जा सके। भर्तृहरि ने चातक को सेवा का अवसर दिया और 'रे रे चातक सावधान मनसा' वाले श्लोकों की रचना की। कालिदास के यक्ष की नायिका मोर पालती थी। उस पूँजीपति स्त्री के यहाँ कालिदास की सूचना के अनुसार सोने का एक खम्भा था जिस पर बिल्लौर की चौकी थी। खम्भे की जड़ में पन्ने लगे थे जिनके कारण खम्भा हरे-हरे बाँस की द्युति देता था। साँझ के समय वह मयूर-विशेष इसी खम्भे पर बैठता था और यक्षिणी तालियाँ बजा-बजाकर उसका मनोरंजन करती थी। मेरा निजी विचार है कि यक्ष का अपनी पत्नी के प्रति इतना प्रगाढ़ प्रेम होने का प्रमुख कारण यही था कि उसकी पत्नी बेतहाशा धनी थी? मेघदूत को यदि इस दृष्टिकोण से पढ़ा जाये तो उसमें एक और ही विशिष्ट प्रकार का आनन्द आयेगा। संस्कृत के अतिरिक्त उर्दू कविता भी परवानों के सहारे सैकड़ों वर्ष उड़ती रही, पर अन्त में चलकर स्थिति यह आ गयी कि– आलम को लुभाती हैं पियानों की सदाएँ, बुलबुल के तरानों में अब लय नहीं आती।

संस्कृत से अवकाश-प्राप्त पक्षी हिन्दी साहित्य में प्रवेश कर गये। जैसे ही मलूकदास ने कहा कि 'पंछी करे न काम' वैसे ही हिन्दी के कवियों ने उनसे भरपूर काम लेना प्रारम्भ कर दिया। सूरदास का मन जहाज़ का पंछी हो गया और उसके प्रभु हारिल हो गये। हारिल ऐसा पक्षी होता था जो जहाँ एक बार बैठ जाता था वहाँ से नगर निगम का नोटिस मिलने तक उठता नहीं था। कितने खेद की बात है कि सूरदास के इन दो-चार नीरस पदों के कारण उसके असली माल पर बहुत कम लोगों

की निगाह गयी। सूरदास का असली काव्य तो एकदम अलग है– नवल किशोर, नवल नागरिया। अपनी भुजा श्याम भुज ऊपर, श्याम भुजा अपने उर धरिया। एकदम वही पोज जो अब हिन्दी फ़िल्मों में आना शुरू हुआ है। हिन्दी फ़िल्में सूरदास और जयदेव से कितनी पीछे हैं, इसका अन्दाज़ा नहीं लगाया जा सकता।

सूर के बाद जायसी ने हीरामन तोते को सेवा पर लगाया, जो पद्मावती और उसके प्रेमी के बीच टेलीफ़ोन का काम करता था। पुस्तक के अन्त में जब जायसी ने प्रेम-काव्य को आध्यात्मिक रूप दे दिया तो तोतेराम गुरु हो गये। 'गुरु सुआ जेहि पन्थ दिखावा'। जायसी मुझे बड़ा प्रिय है। जायसी क्या, मुझे तो ऐसे सारे कवि प्रिय हैं जो तीन-चौथाई पुस्तक को रोमांटिक व सेक्सी रखते हैं और बाद में उसे आध्यात्मिक रूप दे देते हैं। ऐसी पुस्तकें पढ़ने से यह लोक भी सुधरता है और परलोक भी। अध्यात्म की ओर मुँह मोड़ने का यही ढंग उचित है। साफ़-साफ़ खरी-खोटी सुनाने से काम नहीं बनता। इस सन्दर्भ में मुझे प्राचीन कवि बनारसीदास की एक पंक्ति याद आ रही है जिसे पढ़कर भगवान की तरफ़ जो भी थोड़ा-बहुत लगाव था, वह भी ख़त्म हो गया। पंक्ति है– 'भौंदू तू हिरदै की आँखें'।

पक्षियों के उपयोग का सिलसिला एक बार जो चला तो नरेश मेहता के 'वन पाखी सुनो' तक चलता ही रहा। हालत इतनी नाज़ुक हो गयी कि स्वर्ण कण्ठ गायक सहगल को भी 'पंछी तू क्यों होत उदास' वाला पद गाना पड़ा। न जाने कितने पक्षियों को साहित्य में भरती किया गया। कबूतर को ही ले लीजिए। इस पक्षी को लेकर न जाने कितनी पंक्तियाँ याद आ रही हैं। एक उर्दू कवि ने कहा था– 'हाय लाया भी तो क्या लाया मेरे ख़त का जवाब, बाले पर नुचवा के आ बैठा कबूतर सामने।' ज़ाहिर है कि जिस हसीना से शायर ने दिल लगाया था वह काफ़ी क़ातिल क़िस्म की थी। इसी प्रकार एक रीतिकालीन नायिका ने नायक को अपनी ओर मुखातिब करते हुए पूछा था– 'कारण छोड़ि सबै घर के प्रिय काहे कबूतर पालन लागे?' और तोते का तो कहना ही क्या! न जाने कितनी विरहिणियों ने इसकी चोंच सोने में मढ़वाने की प्रतिज्ञा की। ऐसे वायदे करने में क्या हर्ज़ जिनके पूरा करने की कोई सम्भावना ही न हो। मेरी समझ में आज तक यह नहीं आया कि तोते की चोंच पर सोना कैसे चढ़ाया जा सकता है। एक स्वर्णकार मित्र से बात की। उसने कहा कि मुरदा तोते के साथ यह शृंगार भले ही किया जा सके वरना वैसे यह शर्त शायद पूरी नहीं हो सकती। नायिकाओं की नासिका सैकड़ों वर्षों तक तोते की नाक-जैसी चलती रही। जिन कवियों ने ऐसा नहीं किया उनके हाथों के तोते उड़ गये। श्रेष्ठ नायिका वही होती थी जिसकी नाक तोते-जैसी हो और चाल हाथी-जैसी। आप हाथी के ऊपर बैठे तोते के चित्र की कल्पना कीजिए और रीतिकाल की नायिकाओं का आनन्द लीजिए।

काग नामक पक्षी को लीजिए जिसे कुँवर सुरेशसिंह के अनुसार कहीं-कहीं कौआ

भी कहा जाता है। इसके बोलने से किसी के आने की सूचना मिलती है। हिन्दी काव्य में 'किसी' शब्द का अभिप्राय प्रियतम से होता है। पर कोई-कोई कौआ ऐसा भी होता है जो पंचतन्त्र के कौए से भी ज़्यादा चतुर होता है। एक बार एक ऐसे कौए ने एक युवती को बताया था कि उसके काँव-काँव करने का अर्थ यह है कि उसके (यानी कि लड़की के) नौ माह बाद पुत्र होगा। 'नहीं हम नैहर से आवा, ना हरिजी पठावा; आजु से नवमें महीना होरिल तेरे होईहैं'। पपीहा ने भी अपना पार्ट लाजवाब ढंग से अदा किया है। रत्नाकर के अनुसार—'पातकी पपीहा जलपान को न प्यासो, काहू बीथित बियोगिनी के प्रानन को प्यासो है'। इस पंक्ति से पपीहे के खाने-पीने की आदतों पर काफ़ी प्रकाश पड़ता है। एक उर्दू कवि ने पपीहे को पकड़कर शेख़ साहिब की काफ़ी खिंचाई की है। वे कहते हैं— अब क्यों न शेख़जी से पी-पी कहे पपीहा, बरसा रही हैं सागर बरसात की घटाएँ। एक और उर्दू कवि हैं जो पपीहे के पुकारने की सारी ज़िम्मेदारी अपनी प्रेमिका पर डालते हैं और कहते हैं कि अगर वह इतनी हसीन न होती—तो न रट लगाती कोयल न पपीहा शोर करता, न वह मारी-मारी फिरती और न वह बेक़रार होता। कितनी दूर की कौड़ी है। सुन्दर लड़कियों से वतन के पक्षी तक परेशान होते हैं। मैं न पशु हूँ और न पक्षी, पर फिर भी कुछ सूरतें नज़र आ ही जाती हैं कि दिल बेकाबू हो जाता है। इल्लत यह है कि ऐसा अक्सर दिन में दो-तीन बार होता है। खुदाया कैसी-कैसी सूरतें तूने बनायी हैं कि हर सूरत कलेजे से लगा लेने के क़ाबिल है। आप कहेंगे कि मैं उल्लू हूँ। मैं इस सम्मान को स्वीकार करता हूँ और एक उर्दू कवि का यह शेर आपकी खिदमत में और अर्ज़ करता हूँ:

क़द्रदानों की तबीयत का अजब रंग है आज।
बुलबुलों को हसरत है कि वो उल्लू न हुए।

अफ़सरशाही और उसके बाद

आज़ादी के पहले हमारे देश में अफ़सर नाम का एक विशेष जीव पाया जाता था। वह या तो प्रतियोगिता में सफल होकर अफ़सर बनता था या गवर्नर और वायसराय द्वारा मनोनीत किये जाने के फलस्वरूप अफ़सर की शक्ल अख़्तियार करता था। एक लॉर्ड थे जिन पर एक प्राइवेट व्यक्ति का काफ़ी क़र्ज़ था। कर्ज़ा तो वे कभी नहीं चुका पाये, पर मरते वक़्त उन्होंने महाजन के लड़के को वायसराय से कहकर देश की सबसे बड़ी प्रशासनिक सेवा का सदस्य बनवा दिया। अफ़सर नाम का यह जीव बड़ा अजीब होता था; वह देर से दफ़्तर जाता था और लंच के बाद अक्सर घर पर ही रहता था। उससे मिलने के लिए चपरासी को रिश्वत देनी पड़ती थी और जहाँ तक अफ़सर का प्रश्न है, उसके लिए डाली ले जानी पड़ती थी। बातचीत के दौरान अफ़सर को हुज़ूर, ग़रीब परवर, माई-बाप और अन्नदाता कहकर पुकारा जाता था। अफ़सर की सबसे बड़ी चीज़ उसका रोबदाब होती थी। जैसा वह करता था, वैसा ही मातहत भी करते थे; इक ज़रा अफ़सर ने मूँछें मोड़ लीं, महकमा सारा मुछन्दर हो गया। वह कम बोलता था और उसके खुलने में काफ़ी देर लगती थी। कवि के शब्दों में पहले पिन खुलती थी, टाई खुलती थी, कॉलर खुलता था और फिर बकलस खुलता था और इस तरह चलकर कहीं डेढ़ घण्टे में अफ़सर खुलता था। उसकी बीवी नौकरों से मुहब्बत करती थी और बदले में अफ़सर को नौकरानियों से इश्क़ करने की आज़ादी थी। वे लोग शायद ही कोई काम करते थे—वे या तो दौरा करते थे या मुआयना। जहाँ तक फ़ाइलों का प्रश्न है, वे केवल दस्तख़त करते थे और वह भी कभी-कभी ग़लत जगह पर होते थे जिसकी वजह से बड़ा बाबू फ़ाइल लेकर फिर अन्दर जाता था। एक वायसराय थे जिनके पास से प्रायः एक ही साथ दो फ़ाइलें ऐसी वापस होती थीं जिनमें ऐसे निर्णय होते थे जो एक-दूसरे के ख़िलाफ़ होते थे। दोनों फ़ाइलों पर वायसराय के प्रायवेट सेक्रेटरी की मुहर लगी होती थी 'हिज ऐक्सीलेन्सी एप्रूव्स'। विभाग का सचिव फ़ाइल पढ़ता था और सिर पकड़कर बैठ जाता था। एस्प्रो और एनासीन का आविष्कार उन्हीं दिनों हुआ। कुछ वायसराय ऐसे भी होते थे जो फ़ाइलें पूरी तरह पढ़ते थे। एक कर्मचारी था जिसे चौवन वर्ष

की आयु में नौकरी से इस कारण निकाला गया था कि वह निकम्मा था। अन्त में चलकर वह कर्मचारी वायसराय से मिला। वायसराय ने लिखा कि मैं नहीं जानता कि कौन निकम्मा है– यह कर्मचारी या वे सारे अधिकारी जिन्हें इसके निकम्मे होने का रहस्य तभी ज्ञात हुआ जब कि वह चौवन वर्ष का हो गया। वह कर्मचारी बाक़ायदा बहाल कर दिया गया।

इन अफ़सरों के सच्चे दुश्मन दो होते थे : एक तो वित्त मन्त्रालय और दूसरा लेखा-विभाग। एक कलक्टर था जिसका दौरे का बिल हमेशा वापस आता था क्योंकि एकाउण्टेण्ट जनरल की सूचना के अनुसार दोनों स्थानों की दूरी बीस मील से कम थी। कई साल ख़तो-किताबत चलती रही। अन्त में चलकर स्थिति यह हो गयी कि एक दिन एकाउण्टेण्ट जनरल के दफ़्तर में कई मन का एक रजिस्टर्ड पार्सल डिलीवर किया गया। खोलने पर देखा तो वह मील का पत्थर था जिस पर दोनों स्थानों की दूरी इक्कीस मील लिखी थी। सारे बिल पास कर दिये गये और मील के पत्थर को बतौर सबूत के फ़ाइल में नत्थी कर दिया गया। एक कहानी कर्नल जॉन मास्टर्स ने अपनी आत्मकथा में लिखी है जो 'भवानी जंक्शन' से कहीं ज़्यादा दिलचस्प है। मिलिट्री का एक अँग्रेज़ कप्तान अमृतसर से एक अदद लड़की और कुछ सरकारी ख़ज़ाना लेकर बज़रिये रेल के भाग गया। एक सतर्क अँग्रेज़ मेजर ने अगली गाड़ी से उसका पीछा किया और लाहौर में उस कप्तान को ख़ज़ाने के साथ गिरफ़्तार कर लिया। लड़की के ऊपर क्या गुज़री, यह मुझे याद नहीं आ रहा। वापस आने पर मेजर ने अपना यात्रा-बिल पेश किया। लेखा-विभाग ने कहा कि आप अँग्रेज़ मेजर हैं जिन्हें घोड़ा और घोड़ा रखने का भत्ता सरकार की तरफ़ से दिया जाता है तो फिर आप उस अपराधी कप्तान को पकड़ने के लिए रेल से क्यों गये? मेजर ने नम्रतापूर्वक उत्तर दिया कि चूँकि अपराधी अफ़सर बज़रिये रेल से भागा था, उसके पकड़ने के लिए घोड़े का प्रयोग करना कठिन था। अगर सरकार की इच्छा यह है कि ऐसी स्थिति में घोड़ा रेल में क्यों नहीं रखा गया तो मैं कहना चाहूँगा कि वह भी मुश्किल था क्योंकि रेल में जगह कम थी। इसके प्रत्युत्तर में लेखा-विभाग ने विद्वत्तापूर्ण टिप्पणी भेजी कि जो अफ़सर ख़ज़ाना और छोकरी लेकर भागा था वह भी अँग्रेज़ अफ़सर था और उसे भी घोड़ा और घोड़े के पालने का भत्ता बदस्तूर दिया जाता था। फिर वह छोकरी और ख़ज़ाने को लेकर रेल से क्यों भागा? घोड़े से क्यों नहीं गया?

अफ़सरों की परेशानी बस वित्त-विभाग और लेखा-विभाग से ही पड़ती थी। एक ख़ज़ाने के अफ़सर ने एक पेन्शनर के बारे में कहा था कि वह जून में तो जीवित हैं क्योंकि उस माह का जीवन प्रमाण-पत्र मौजूद है मगर वह मई में ज़िन्दा थे या नहीं इसका सबूत आना बाक़ी है। तब तक जून के महीने की पेन्शन मिलेगी, मई के महीने की बात बाद में होगी। इसी तरह शायद पतरस बुख़ारी ने दफ़्तर में चूहे

मारने के लिए एक बिल्ली रख ली थी। उसके राशन का बिल वापस करते हुए लेखा-विभाग ने टिप्पणी की थी कि बिल्ली का प्रमुख राशन चूहा है जिसका प्रबन्ध वह स्वयं करती है। अगर यह बिल्ली चूहे खा रही है तो बाक़ी राशन देने का प्रश्न ही नहीं उठता और अगर यह चूहे नहीं खा रही है तो फिर इसे रखने से फ़ायदा ही क्या? तीन महीने का नोटिस दीजिए और बर्खास्त कीजिए।

इसी तरह एक और बड़ी उम्दा कहानी है जो पता नहीं कहाँ तक सच है। अँग्रेज़ी हुकूमत के दिनों में एक प्रान्त के गवर्नर ने राजभवन में एक नया ब्लॉक बनवा लिया। एकाउण्टेण्ट जनरल ने बिल पास नहीं किया क्योंकि राजभवन पर कोई भी अतिरिक्त व्यय वायसराय की अनुमति के बिना नहीं किया जा सकता था। गवर्नर और वायसराय के सम्बन्ध ठीक नहीं थे और इस कारण गवर्नर ने कहा-'चलो ठीक है, इसके निर्माण का व्यय मैं अपने पास से ही दिये देता हूँ'। लेखा-विभाग का उत्तर आया कि केवल इतना ही पर्याप्त नहीं होगा—बनायी गयी इमारत का जीवन लगभग तीन सौ वर्ष है और इस कारण उस अवधि की मरम्मत, सफ़ाई-पुताई वग़ैरह का व्यय भी साथ में देना होगा। गवर्नर ने झल्लाकर कहा कि ठीक है, मैं इन इमारतों को तुड़वा रहा हूँ। एकाउण्टेण्ट जनरल ने तुरन्त उत्तर दिया कि सरकार की भूमि पर बनी किसी भी इमारत को तुड़वाने के लिए सरकार की (इस केस में वायसराय की) अनुमति आवश्यक है और इसके बिना यह इमारत तुड़वायी भी नहीं जा सकती। मेरा ख़याल है कि इस चिट्ठी के आने के बाद वह गवर्नर छुट्टी लेकर शायद अफ्रीका चला गया और फिर कभी वापस नहीं आया। इसी तरह वित्त-विभाग का महत्त्व राष्ट्र को तब पता लगा जबकि अन्तरिम सरकार में लियाकत अली खाँ वित्तमन्त्री बने। स्थिति यह हो गयी कि शेष मन्त्री बिना उनकी अनुमति के एक चपरासी तक नियुक्त नहीं कर सकते थे। अन्तरिम सरकार के न चलने का एक प्रमुख कारण यही था।

आज़ादी के बाद तख़्ता पलट गया। अफ़सरों की तादाद बेतहाशा बढ़ गयी जिससे उनकी क़ीमत कम हो गयी। जहाँ पहले ज़िले का मालिक कलक्टर और गाँव का पटवारी होता था वहाँ अब स्थानीय नेता और ग्राम सरपंच ने शासन अपने हाथ में ले लिया। आस-पास के सजायाफ़्ता लोगों ने भी शासन में मदद दी और परिणाम यह रहा कि स्थानीय नेता और बदमाशों में जो थोड़ा-बहुत अन्तर था वह भी मिट गया। अफ़सरों पर निगाह रखने के लिए स्पेशल पुलिस व केन्द्रीय जाँच ब्यूरो की स्थापना की गयी जिससे अफ़सरों की नींद कम होने लगी? गाँवों में स्कूल खुल गये, सड़कें बन गयीं, जीपों ने चलना शुरू किया, नये डाकख़ाने खुले, चकबन्दी हुई, परिवार-नियोजन केन्द्र खुले और अगर कहीं कुछ गड़बड़ भी हुई तो देश का पैसा देश में ही रहा। ग्रामसेविकाओं के आने से देहाती समाज में नया जीवन आया। परिवार-नियोजन को सफल बनाने के लिए कहीं-कहीं जबरदस्ती भी नसबन्दी कर दी

गयी। जहाँ नसबन्दी का आन्दोलन सफल नहीं रहा वहाँ नशाबन्दी लागू की गयी। कर्मचारी बढ़ते गये। पर्किन्सन का क़ानून अपना काम करता रहा और धीरे-धीरे स्थिति यह आ गयी कि अफ़सरशाही सचमुच नौकरशाही में बदल गयी। जहाँ पहले अफ़सर की चलती थी वहाँ अब ट्रेड यूनियन की चलने लगी। कहीं-कहीं तो जूता भी चलने लगा। अफ़सर लोग काम लेने के लिए कर्मचारियों के आगे हाथ जोड़ने लगे और पता लगाने लगे कि फलाँ राक्षस की जान किस तोते में है। सरकारी उद्योग घाटे में जाने लगे, मगर कर्मचारी का पद वही रहा जो पहले ब्रह्मचारी का होता था। ब्रह्मचारी का हम हमेशा आदर करते थे चाहे वैसे वह दस रखैल रखता था। देश में न्याय और शासक एक-दूसरे से अलग कर दिये गये और कहीं-कहीं अधिकारियों की आत्मा भी उनके शरीर से अलग कर दी गयी। भूख-हड़ताल होने लगी, काले झण्डे उठने लगे और जयप्रकाश नारायण ने दौरा करना शुरू किया। मेरा कितना दुर्भाग्य है कि मैं कर्मचारी न बनकर अफ़सर बना।

जहाँ तक वित्त और लेखा-विभाग का प्रश्न है, वे बेचारे उसी तत्परता से काम करते चले आ रहे हैं। अगर काँजी हाउस का कोई मुंशी पुराने ताले की जगह नया ताला माँगता है तो पूछा जाता है कि पुराने खो गये ताले की चाबी का क्या किया गया? अगर एक लाख मन आलू सड़ जाता है तो बाबू पूछता है कि सड़े आलू फेंकने से पूर्व उनके बीज और छिलके क्यों नहीं निकालकर रखे गये? अगर एक लाख टन लोहा दीमक खा जाती है तो बाबू यही पूछता है कि दीमक काली थी या सफ़ेद। दीमक लोहा खा भी सकती है या नहीं—इस तरफ़ वह कभी ध्यान नहीं देता। देश के पास काम ज़्यादा है और वक़्त कम है। बेकार के प्रश्नों पर ध्यान देना उस बेशक़ीमती समय का अपव्यय करना है।

ऐसा नहीं है कि स्थिति एकदम निराशाजनक है। कुछ महकमों में एकदम नया जीवन आ गया है। पुलिस में अब भ्रष्टाचार कतई नहीं रहा और झूठे गवाह अब अदालत नहीं जाते। कर्मचारी लोग वक़्त के एकदम पाबन्द हो गये हैं। वे ठीक समय पर आते हैं और शेरवानी टाँगकर सिर्फ़ पाँच बजे तक के लिए ग़ायब हो जाते हैं। ग़लत आदमी को नियुक्त करना आसान है और बर्खास्त करना कठिन। कुछ होनहार मातहत अफ़सरों के बच्चों को पढ़ाते हैं, उनकी पत्नियों को सिनेमा दिखाते हैं और कभी-कभी उनकी मोटर भी चलाते हैं। मैं ख़ुद इस लेख को दफ़्तर के समय में सरकारी काग़ज़ पर लिख रहा हूँ। मेरे लिए यह भारतीय समाजवाद का पहला चरण है।

एक अफ़सर के रिटायर होने पर

भाइयो और बहनो,

आप लोगों को पता है कि आज हम लोग यहाँ क्यों एकत्रित हुए हैं। आज हमारे महकमे के बड़े साहब सेवा-निवृत्त हो रहे हैं। इस दिन का इन्तज़ार सालों तक करना पड़ता है। जैसा कि आपको मालूम है कि अपने—इन अफ़सर के केस में यह इन्तज़ार उनके साथ-साथ हम लोग भी कर रहे थे। एक-एक दिन गिना जा रहा था। आख़िरकार वह दिन आ ही गया जब वे इस गन्दे सरकारी महकमे से आज़ाद हो सकें और अपना बेशक़ीमती वक़्त देश की बाक़ी सेवा में लगा सकें। आप लोगों की तरफ़ से उन्हें और अपनी तरफ़ से आपको मैं बधाइयाँ देता हूँ। आप चाहें तो इसे सामूहिक बधाई समारोह भी कह सकते हैं। आप जा रहे हैं। हर एक आदमी जो आता है वह कभी-न-कभी जाता है। दूसरे शब्दों में आना-जाना तो लगा ही रहता है। यह जीवन का क्रम है। गीता में भी ऐसा ही लिखा है।

हमारे साहब बड़े गुणी व्यक्ति थे। उनके गुणों का वर्णन करना सूरज को लालटेन दिखाना है। चिराग़ दिखानेवाला मुहावरा आपकी प्रतिष्ठा और स्टेटस के सामने उपयुक्त नहीं ठहरता इसलिए मैं लालटेन का प्रयोग कर रहा हूँ। मैं एक अदद लालटेन अपने साथ लाया भी हूँ ताकि मुहावरा सिर्फ़ मुहावरा ही न रहे बल्कि आप उसे अपनी आँखों से देख भी सकें। आपके गुणों को देखते हुए मैं निश्चयपूर्वक कह सकता हूँ कि आप अगर चार सौ वर्ष पहले पैदा हुए होते तो एकदम सुल्तान होते। इसके अलावा फारस या ईराक वग़ैरह में आप अगर अब भी हुए होते तो फिर भी शायद बादशाह होते। इस सन्दर्भ में आपके माँ-बाप से दो ग़लतियाँ हो गयीं। एक तो यह कि आपको चार सौ वर्ष बाद पैदा किया और दूसरे यह कि उन्होंने यह शुभ काम हिन्दुस्तान की भूमि पर सम्पन्न किया। यूँ हिन्दुस्तान सारे जहाँ से अच्छा है क्योंकि यहाँ चमन में बुलबुलें बोलती हैं; पर फिर भी बड़े साहब की बुलबुल यहाँ ठीक तरह नहीं बोली। ख़ैर साहब के माता-पिता इस समय इस संसार में नहीं हैं और आज उन्हें दोष देना ठीक नहीं है। भगवान उनकी आत्मा को शान्ति दे।

जैसा कि हम सभी जानते हैं, इतना मुस्तैद अफ़सर हमारे महकमे में पहले कभी

नहीं आया। क्या दौरा, क्या फ़ाइल और क्या डाँट-डपट इन सबमें उनके व्यक्तित्व की अलग छाप थी। दौरे को ही ले लीजिए। कोई मौसम हो और कोई वक़्त, वे हमेशा दौरे पर जाने को तैयार रहते थे। शर्त बस इतनी-सी थी कि टिकट कोई दूसरा ख़रीद दे। होशियार मातहत इस छोटे-से गुर के कारण उन्हें हफ़्तों शहर से बाहर रख सकते थे। वे गरमियों में कश्मीर जाते थे और जाड़ों में मद्रास। बरसात में वे उत्तर प्रदेश व बिहार का दौरा करते थे। बँगले में सब तरह का आराम मिलता था और उसका ख़र्चा वहाँ के कर्मचारी उठाते थे क्योंकि उन्हें वैसा न करने देना उनका आतिथ्य अस्वीकार करना होता जिससे उनके दिल को चोट पहुँचती। हमारे साहब बड़े दयालु हैं और ऐसा वे कभी बर्दाश्त नहीं कर सकते कि उनके कारण किसी दूसरे को किसी क़िस्म का कोई दुःख पहुँचे। बाक़ी दिनों में वे दत्तचित्त होकर दौरे का बिल तैयार करते थे, अपने मकान की दुरुस्ती कराते थे और बाक़ी सरकारी कामों की ओर ध्यान देते थे। वक़्त की पाबन्दी का तो कहना ही क्या। उन्हें देखकर लोग घड़ियाँ ठीक करते थे। क्या मजाल जो कभी बारह के बाद दफ़्तर आयें और तीन से पहले चले जायें। आख़िर बड़े लोग अनुशासन का पालन नहीं करेंगे तो छोटे लोग कैसे करेंगे? छोटों को सही रास्ते पर रखने के लिए बड़े लोग कितना कष्ट उठाते हैं, यह वही जानते हैं। वे जानते हैं और चुप रहते हैं। उन्हें यही शोभा देता है।

फ़ाइलों के निबटाने के मामलों में आपसे कोई भी कुछ-न-कुछ सीख सकता है। फ़ाइलें तय करने के उनके अनेक ढँग थे। पहला तो यह था कि फ़ाइल पर कुछ ऐसे सवाल लिखकर उसे वापस किया जाता था कि जिनका उत्तर हेड क्लर्क तक कोई नहीं दे सकता था। जब तक वह हातमताई उस प्रश्न का उत्तर न लायें तब तक फ़ाइल भी हुस्नबानो क्वाँरी रहती थी। कुछ फ़ाइलों को वे इतने दिनों अपने पास रखते थे कि जो मामला होता था वह कभी का खुद-ही-खुद तय हो जाता था। कुछ फ़ाइलों पर वे साफ़ और निश्चित निर्णय देते थे जैसे 'इसे क़ानून के मुताबिक तय किया जाये' या 'इस केस में पूरे ध्यान के साथ कार्यवाही की जाये' या 'इस प्रश्न को सरकार को रैफर किया जाये।' कुछ फ़ाइलें होती थीं जो उनके कमरे से खो भी जाती थीं। यह एक आम रिवाज़ था कि जिस फ़ाइल को खोना हो उस पर तुरन्त ही स्लिप लगाकर आप इनके कमरे में भेज दीजिए। इसके बाद आपकी अपनी जगह और फ़ाइल अपनी जगह। साहब को तीसरे पहर अँगीठी के सामने बैठने का वैसे भी बड़ा शौक़ था। पतरस बुख़ारी भी फ़ाइलें जलाया करते थे। पुराना रिकॉर्ड जलाने का तो क़ानून भी है। प्रश्न यह है कि नया भी जलाया जाय या नहीं। अब यह इस बात पर निर्भर है कि क्या नया है और क्या पुराना। आप जिसे आज नया समझते हैं वह कल पुराना हो सकता है। हमारे साहब ज़माने तक हमेशा आगे रहे हैं। और अगर कोई फ़ाइल ऐसी हुई कि किसी तरह भी काबू में नहीं आयी तो साहब ने या तो दौरे का बिल बनाया और निकल गये पन्द्रह दिन के लिए या फिर

उसे किसी दूसरे दफ़्तर में राय के लिए भेज दिया। प्रजातन्त्र में हर मामला स्वयं तय करना वैसे भी मिद्धान्त के ख़िलाफ़ है। गीता में लिखा है कि कर्म मैं करता हूँ, यह तो मात्र भ्रम है। कर्म तो प्रकृति के अनुसार स्वयं होते हैं। यह जो कर्मों का चक्र है यह बड़ा विचित्र है।

काम और दौरों के अतिरिक्त कुछ और भी शौक़ थे जो गीता पर आपकी आस्था प्रकट करते थे। लॉन की घास कटती नहीं थी, वह जाड़ों में खुद ही सूखती थी। माली घर पर गेंदा बोता था और बैंगन उगाता था। शास्त्रीजी ने कहा था कि हम लोग घर-घर सब्ज़ी उगायें तो अन्न की बचत हो सकती है। बड़े साहब ऐसा ही करते थे। बागबानी का उन्हें खुद भी ख़ूब शौक़ था। कुछ लोगों का तो ख़याल है कि वे बागबान की ही औलाद हैं पर इस बारे में निश्चित रूप से कुछ नहीं कहा जा सकता। इसी तरह पुराना रिकॉर्ड दीमक साफ़ करती थी क्योंकि दफ़्तरी जो था वह आपके घर पर बाज़ार का काम करता था। ये सारी चीज़ें इस बात को साबित करती हैं कि प्रकृति की सहायता के बिना पुरुष एक पल भी ज़िन्दा नहीं रह सकता। यह जो पश्चिम में प्रकृति को जीतने की होड़ लगी है वह कितनी फूहड़ है।

कुशल और मुस्तैद अधिकारी होने के साथ-साथ वे कलाप्रेमी भी थे। उनका ड्राइंगरूम किसी अजायबघर के कक्ष को मात करता था। वे जहाँ कहीं भी जाते थे वहाँ से कुछ-न-कुछ संग्रहणीय पदार्थ ज़रूर लेकर लौटते थे। ये चीज़ें वहाँ के कर्मचारी उन्हें भेंट करते थे। ऐसा करने से स्थानीय कला को प्रोत्साहन मिलता है और देश का माल देश में ही रहता है। इसके अलावा उन्हें साहित्य से बड़ा प्रेम था। वे दफ़्तर तक में नाविल पढ़ते थे। हमारी लाइब्रेरी में जो क़िस्सा तोता-मैना, क़िस्सा साढ़े तीन यार और क़िस्सा चहार दरवेश हैं, वह 'आपकी ही बदौलत हैं। आपके आने से पहले हमारे यहाँ सिर्फ़ प्रेमचन्द और शरत् थे। थके दिमाग़ को प्रेमचन्द नहीं भाता, उसे चन्द्रकान्ता और उसकी सन्तति चाहिए। खेलों का तो कहना ही क्या! आपने कबड्डी और पतंगबाज़ी को फिर से शुरू किया। कितने गर्व की बात है कि इनाम इस बार भी उनके भतीजे को ही मिला। साहित्यिक होने के साथ-साथ वे एक बड़े भाषाकार भी थे। उन्होंने एक ऐसी सांकेतिक भाषा का आविष्कार किया था जिस पर भारत सरकार और भी खोज कर सकती है। वे जब बड़े बाबू से फनाइल ख़रीदने को कहते थे तो इसका अर्थ होता था कि बच्चों की फ़ीस जानी है और उसका बन्दोबस्त आज ही होना है। खजांची से बल्ब ख़रीदने को कहने का अर्थ था कि घर पर बासमती ख़त्म हो गयी है और कल तक पहुँचनी है। शुरू के अक्षर से बाक़ी बात तय होती थी। सारी महान् भाषाओं का विकास इसी तरह हुआ है। इस दृष्टि से आपका दर्जा राहुल सांकृत्यायन के बराबर ठहरता है।

साहित्य और कला के अतिरिक्त आपको गाने का भी शौक़ था। बचपन में वे कव्वालों के साथ रहते थे, जवानी में उन्होंने ठुमरियाँ सुनीं और सही जगह पर सुनीं

और आजकल वे कबीर के भजन सुनते थे। कबीर का वह भजन तो आपको बड़ा पसन्द था जिसमें उसने कहा है कि "स्त्री बिन पति के सूनी है, पेड़ बिना फल के सूना है, देश राजा के बिना सूना है।" उनके बिना हमारा दफ़्तर सूना हो जायेगा। दूसरे शब्दों में उनका दर्जा कबीर के भजन के बराबर है।

जैसा कि हम सभी जानते हैं, भाषण देने का भी उन्हें काफ़ी शौक़ था। उनके हाथ में गया हुआ माइक वापस मिलना मुश्किल होता था। वे उसी बात को बीस दफ़ा कहते थे और तारीफ़ यह कि उसी तरह कहते थे। फिर भी उनका रोब देखिए कि कितनी तालियाँ बजती थीं। इसके बाद माइक मरम्मत के लिए जाता था और आप आराम के लिए। श्रोताओं में से कोई-कोई अस्पताल भी जाता था। आपकी बुलन्द आवाज़ के कारण एक बार सालाना जलसे पर एक गर्भवती स्त्री के वहीं पण्डाल में ही बच्चा हो गया था। यूँ तो आप किसी भी विषय पर कितनी ही देर बोल सकते थे फिर भी परिवार-नियोजन आपका सर्वप्रिय विषय था। महिला कर्मचारियों से आप इस विषय पर अकेले में भी बातचीत करते थे। वे खुद भी देखने में लाल तिकोन ही लगते थे।

अनुशासन के मामले में वे बड़े सख़्त थे। ऑपरेशन और डिलीवरी तक के लिए छुट्टी को इनकार करना उन्हें ही शोभा देता था। चरित्रबल के कारण आपने महकमे के लिए कभी स्टाफ नहीं माँगा ताकि वह पैसा देश की बाक़ी योजनाओं में लग सके। आपके समय में महकमा पीछे गया पर मुल्क आगे बढ़ा। मुल्क महकमे से बड़ी चीज़ है। वे पराई स्त्री को तो क्या, अपनी स्त्री तक को माता समझते थे। दूसरे का द्रव्य उन्होंने हमेशा मिट्टी समझा; सामान अलबत्ता एक अलग चीज़ है और मनु ने उसके स्वीकार करने को कहीं मना नहीं किया। अब जब मनु ने ही कुछ नहीं कहा तो हम और आप रोकने वाले कौन होते हैं? अर्थात् कोई भी नहीं। यहाँ मैं यह साफ़ कर दूँ कि अनुशासन का अर्थ यह कदापि नहीं कि वे हृदयहीन थे। अपनी तरफ़ से लोगों की जो हमदर्दी उन्हें थी वह हमें मालूम ही है। चपरासियों और चौकीदारों की पत्नियों से उनकी जान-पहचान थी। किसी-किसी स्थिति में ये सम्बन्ध इतने निकट होते थे कि छोटे और बड़े के बीच कोई अन्तर ही नहीं रहता था। पिछड़ी जातियों और स्त्रियों के प्रति आपका यह रुख विधान के एकदम अनुकूल था।

आज हम लोग आपको विदा दे रहे हैं। आज आप हमसे बिछुड़ रहे हैं। आप चाहते तो तीन साल और भी रह सकते थे मगर नहीं, आपने ऐसा नहीं किया। आपने कहा कि देश को नया रक्त मिलना चाहिए। नयी पीढ़ी के हित में आपने जल्दी जाना स्वीकार किया। जो लोग कह रहे हैं कि आप पुलिस केस की वजह से जा रहे हैं वे आपको ठीक तरह में जानते ही नहीं। पुलिस आपकी बराबरी कभी नहीं कर सकती। आपका खेल ऊँचे क़िस्म का है। आप खुद ही जा रहे हैं। आना-जाना प्रकृति का नियम है। आपके जाने से यह दफ़्तर विधवा हो जायेगा जबकि आपके रहते-रहते

यह सती हो रहा था। आपकी कुर्सी भरनी मुश्किल है। वैसे भी वह कुर्सी आपके घर जा चुकी है और वापस आनी मुश्किल ही है। पर फिर भी मुहावरों का इस्तेमाल तो करना ही पड़ता है। यह भाषा की मजबूरी है। आपकी भी कुछ मजबूरियाँ थीं। मजबूरी का नाम चरित्र है। हम भगवान से प्रार्थना करते हैं कि आपको लम्बी आयु दे और सरकार से अनुरोध करते हैं कि आपको पत्रश्री या पत्रविभूषण दे। गाँधीजी के नाम पर अगर इतना भी न हुआ तो और क्या होगा?

हम हैं विनीत
आपके भूतपूर्व कर्मचारी

फ़ाइलें और फ़ाइलें

पिछले कुछ दिन काफ़ी ख़बरदार रहे। युद्ध के बाद दिलचस्प ख़बरें कम ही सुनने को मिलती हैं, पर पिछला पखवाड़ा इस नियम का अपवाद रहा। समाचारों के इस शुक्लपक्ष में काफ़ी समाचार ऐसे थे जो प्रेम या विवाह से सम्बन्ध रखते थे। मिसाल के तौर पर पेरिस के मौरिस शिवेलर ने अपनी अन्तिम प्रेमिका को दो करोड़ डॉलर की सम्पत्ति वसीयत में दे दी। इस भाग्यवती महिला के दो बच्चे भी हैं जिन्हें उसने अपने अन्तिम प्रेमी के सक्रिय सहयोग से प्राप्त किया था। दिल्ली कॉरपोरेपन के एक सम्मानित सदस्य को कुछ लोगों ने छुरे के दर्शन कराये क्योंकि वे तीन लड़कों द्वारा एक लड़की के साथ छेड़खानी करने पर क्रोध की स्थिति को प्राप्त हुए थे। क्रोध लड़कों को भी आ रहा था क्योंकि वे तीन अदद थे और लड़की की मात्रा थी सिर्फ़ एक। लड़की की भावनाएँ इस पवित्र अवसर पर क्या थीं, इनका ज़िक्र अख़बार ने नहीं किया था। जहाँ तक मेरा दिमाग़ काम करता है, वह भी दुःखी ही रही होगी। इसरायल के रक्षामन्त्री ने छत्तीस वर्षों के सुखी और विवाहित जीवन के बाद अपनी पत्नी को तलाक़ दे दिया और एक नयी युवती से शादी की सूचना दी! परित्यक्ता पत्नी के कई पुत्र और पौत्र हैं। मगर इससे क्या; अगर निक्सन चाँग काई शेक-जैसी पुरानी प्रेमिका को तलाक़ दे सकते हैं तो फिर इस छोटी-सी ख़बर से दिल को कोई धक्का नहीं लगना चाहिए। और फिर ये हज़रत तो वैसे भी जनरल होने के साथ-साथ कवि थे। बच्चन ने जो 'मैं कलम और बन्दूक चलाता हूँ दोनों' वाली बात कहीं है, वह इन पर रुपये में सौ पैसे ठीक बैठती थी। ऐसे व्यक्ति के लिए दूसरी शादी करना साहित्य के हित में है। पत्नी या प्रेमिका एक ही रहने पर कवि की वाणी कुण्ठित हो जाती है जैसा कि हिंन्दी काव्य में आजकल हो रहा है। इस ख़बर के बाद पढ़ा कि जैकी कैनेडी का ओनासिस से गृहयुद्ध हो गया और ब्रिटेन के प्रधानमन्त्री के चेहरे पर एक लड़की ने स्याही पोत दी। अन्तिम समाचार से दुःख हुआ। यूँ तो आदमी का मुँह औरत को लेकर हमेशा से काला होता आया है, मगर दुःख इस बात का है कि वर्तमान आर्थिक स्थिति में ब्रिटेन की युवतियाँ अपने देश की स्टेशनरी इस प्रकार क्यों गँवा रही हैं। अन्त में चलकर जब यह पढ़ा कि

एक ओर चार्ली चौपलिन अभी और बच्चे चाहते हैं और दूसरी ओर भारत में पन्द्रह लाख लोगों की नसबन्दी हो गयी तो मैंने घबराकर अख़बार पढ़ना बन्द कर दिया।

अख़बार पढ़ना बन्द करने के बाद मैंने फिर फ़ाइलों पर ध्यान देना शुरू किया जो कि दौरे पर चले जाने के कारण काफ़ी मात्रा में इकट्ठी हो गयी थीं। जो आला दरजे के अधिकारी होते हैं वे दौरे पर इस प्रकार जाते हैं कि उनके पीछे कोई फ़ाइल इकट्ठी न हो। वे लम्बे दौरे पर जाते हैं और वापस लौटने की तारीख़ सिर्फ़ अपने तक ही रखते हैं। मेरे-जैसे मध्यमवर्गीय अधिकारी जब दौरे पर जाते हैं तो वापस आने पर इतनी फ़ाइलें मिलती हैं दौरा पड़ जाता है। ये सरकार की फ़ाइल भी एक अजब चीज़ है। सरकार रूपी जो प्रेत है, उसके प्राण फ़ाइल रूपी तोते में ही रहते हैं। इसी कारण फ़ाइलों को बड़ी हिफ़ाज़त से रखा जाता है और आमतौर पर उन पर कोई कार्रवाई नहीं की जाती। सरकार के स्थायित्व के हित में यह दृष्टिकोण नितान्त आवश्यक है क्योंकि अगर आप रोज़-रोज़ तोते को नये-नये सुझावों का दाना डालना शुरू कर दें तो सरकार की तो आदत ही बदल जायेगी। यहाँ यह बताना भी ज़रूरी हो जाता है कि कुछ फ़ाइलें गोपनीय क़िस्म की होती हैं। अमेरिका में गुप्त फ़ाइलों की परिभाषा यह है कि उनका मसाला ह्वाइट हाउस से पहले वहाँ के अख़बार-नवीसों के हाथ लग जाये। सच्चे प्रजातन्त्र में प्रजा से भला कुछ छिपाया जाता है?

फ़ाइलों के सन्दर्भ में मुझे कई अफ़सरों की याद सता रही है। एक अफ़सर थे जो इतनी फ़ाइलें कमरे में रखते थे कि उनका ख़ुद का दीखना मुश्किल था। एक दिन तो शायद चपरासी ने साहब को नदारद समझकर पुलिस को टेलीफ़ोन भी कर दिया जब कि साहब जो थे फ़ाइलों के फ़र्श पर, फ़ाइलों को ओढ़े हुए आराम से सो रहे थे। फ़ाइलों से उनके सम्बन्ध इतने निकट और घनिष्ठ क़िस्म के थे कि वैसे सम्बन्ध उनके अपनी पत्नी तक के साथ नहीं थे। परिणाम यह रहा कि वे एक ओर तो सन्तान से बचे रहे और दूसरी तरफ़ उनकी पतिव्रता पत्नी को एक प्रेमी के साथ अन्तर्धान होना पड़ा। इसके ठीक बरख़िलाफ़ एक और अधिकारी थे जिनकी मेज़ पर टेलीफ़ोन और पेपरवेट के अतिरिक्त और कुछ टिकता ही नहीं था। एक दिन मैं यूँ ही उनके कमरे में चला गया और ग़लती से अपनी फ़ाइल वहाँ छोड़ आया। जब तक मैं भागा-भागा उसे वापस लेने पहुँचा, तब तक उसे वे दस्तख़त करके गृह-मन्त्रालय भिजवा चुके थे जब कि मेरे हमवतनों, ख़ुदा गवाह है कि गृह-मन्त्रालय से उस फ़ाइल का नैतिक या अनैतिक किसी प्रकार का न कोई सम्बन्ध था, न है और न रहेगा।

फ़ाइल निबटाने के अनेक ढंग हैं। दाकियानूसी क़ायदा तो यह है कि उन्हें ध्यान से पढ़ा जाये और उन पर ऑर्डर दिये जायें। वैज्ञानिक तरीका यह है कि फ़ाइल को किसी दूसरे अफ़सर के पास भेजा जाये जो उसे ज़्यादा पेचीदा बना सके। अगर यह तीर भी खाली गया तो अगला हथियार यह है कि फ़ाइल को किसी और विभाग को

मार्क कर दिया जाये। कुछ फ़ाइलें ऐसी हैं जो सारी उम्र अपने लिए उपयुक्त वर की प्रतीक्षा में अविवाहित ही रहती हैं। इसके अतिरिक्त और भी कितनी ही प्रणालियाँ हैं जो काफ़ी कारगर साबित हुई हैं। उदाहरण के तौर पर एक देशी नरेश थे जो हफ़्ते भर की सारी फ़ाइलें खाने की मेज़ पर इकट्ठी कर लिया करते थे और हफ़्ते भर के बाद जब ढेर काफ़ी बड़ा हो जाता था तो अपनी किसी प्रिय महारानी द्वारा उस ढेर को दो भागों में विभक्त करा दिया करते थे। एक ढेर की फ़ाइलें स्वीकृत कर ली जाती थीं और दूसरे ढेर की अस्वीकृत। नतीजा यह होता था कि एक तरफ़ सैकड़ों गुनहगार साफ़ बच जाते थे और दूसरी तरफ़ कितने ही ईमानदार आदमी सज़ा पा जाते थे। 'लेडी और दी टाइगर' वाली रोमन परम्परा। रोम का न्याय वैसे भी प्रसिद्ध है और इस कारण उस देशी नरेश की इस विदेशी प्रणाली पर कोई आपत्ति नहीं की जा सकती। यह सारा काम हँसी-मज़ाक़, चुहल और शराब के दौर के साथ चलता था जब कि व्यक्ति का मस्तिष्क वैसे भी साफ़ और निष्पक्ष रहता है। एक और नरेश थे जो फ़ाइलें निबटाने से पूर्व चन्द पागलों से परामर्श किया करते थे। मामला दीवानी का हो या फ़ौजदारी का, सलाहकार हमेशा चन्द पागल ही होते थे जो इस काम के लिए सरकारी पागलख़ाने से तलब किये जाते थे। राजा का विचार था कि सिर्फ़ पागल व्यक्ति ही निष्पक्ष राय दे सकता है। हमारा सौभाग्य है कि ऐसे सलाहकार हमारे पास अब भी हैं। एक ओर राजा थे जो फ़ाइलों का निबटारा क्या, कैबिनेट की मीटिंग तक अपने शौचगृह में किया करते थे। कितना धीर और उदात्त चरित्र था। एक तरफ़ से मल-मूत्र निःसृत होता था और दूसरे छोर से उनके शुद्ध व सन्तुलित विचार। आज़ादी के बाद भी हमारे यहाँ कुछ ऐसे प्रशासक रहे जो फ़ाइलों से बाथरूम में ही निवृत्त हुआ करते थे। ऐसे शासकों के निर्णय की सुगन्ध बिसमिल्ला रँग की शहनाई की तरह काफ़ी दूर तक पहुँचती थी।

फ़ाइलों के प्रति विभिन्न लोगों की विभिन्न दिनचर्या रही। अकबर हमेशा ज़ुबानी हुक्म देता था और टोडरमल उसे पढ़कर सुनाते थे और शाही मुहर लगवाते थे। स्तालिन अपना काम रात को छः बजे शुरू करता था और सुबह चार बजे सोता था और फिर बारह बजे तक सोता ही रहता था। लॉर्ड क़र्ज़न नाश्ते के बाद फ़ाइलों से जूझते थे और यह गुहयुद्ध कभी-कभी सारी रात उसी तरह चलता रहता था। सर स्टेफ़ोर्ड क्रिप्स अपना काम प्रातः चार बजे प्रारम्भ करते थे और दस बजे तक ख़त्म करते थे। कहते हैं कि कृष्णामेनन भी आधी रात के लगभग काफ़ी सक्रिय होते थे जब कि प्रातःकाल की वेला में उन्हें गुस्सा आता था। कितना ईमानदार इंसान—गुस्सा होने और प्रश्न होने का समय भी दौरे के प्रोग्राम की भाँति पहले से ही निश्चित रहता था! फ़ाइलों के बारे में मैं आपको इतनी दास्तान सुना सकता हूँ कि आप और भी थक जायेंगे। कुछ दास्तान काफ़ी दर्दनाक हैं। उदाहरण के तौर पर नार्थ ब्लॉक से साउथ ब्लॉक पहुँचने तक किसी फ़ाइल को कभी-कभी सालों लग

जाते हैं। वैसे भी, जैसा कि श्री प्रकाशचन्द्र गुप्त ने एक बार मुझे लिखा था, फ़ाइलें भी तो आख़िरकार आदमी का ही दर्द कहती हैं।

पुरानी फ़ाइलों को नष्ट करना पड़ता है। चित्रगुप्त की तरह से उसकी अवधि नियत है। यह अन्तिम संस्कार बड़ा दुःखदायी होता है और इसी कारण काफ़ी रेकॉर्ड वर्षों तक यूँ ही जगह घेरे पड़े रहते हैं। पतरस बुख़ारी फ़ाइलों से अपनी अँगीठी को उत्तेजित किया करते थे। एक बार शायद मण्टों ने एतराज़ किया तो कहने लगे कि फ़ाइलें भी सरकारी हैं और अँगीठी भी सरकारी। ऐसी स्थिति में यदि कोई सरकारी अधिकारी, सरकारी समय में अपनी सरकारी ठण्ड दूर करता है तो उसमें ग़लत बात क्या हो गयी! एक और आला अफ़सर थे जिन्होंने फ़ाइलें नष्ट करने के बारे में बड़ा साफ़ और निश्चित मत प्रकट किया था। उन्होंने लिखा था कि इन तमाम फ़ाइलों की नकलें रख ली जायें और फ़ाइलें नष्ट कर दी जायें। यह हर्ष का विषय है कि ऐसे दूरदर्शी अधिकारी अभी भी हमारे बीच मौजूद हैं। ये इतने सफ़ेद हाथी हैं कि इनके मरने के बाद आपको इनकी लाश में से हाथी-दाँत तक नसीब नहीं होता।

घर से चलकर दफ़्तर तक

जैसा कि हममें से कुछ लोग कभी-कभी महसूस करते होंगे, घर और दफ़्तर—दो अलग-अलग चीज़ें होती हैं। बड़े अफ़सरों को छोड़कर, जिनके कि घर और दफ़्तर—दोनों आमतौर पर एक इमारत का एक ही हिस्सा होते हैं, बाक़ी लोगों के साथ स्थिति यह होती है कि घर अलग होता है और दफ़्तर अलग। घर और दफ़्तर को जो चीज़ एक-दूसरे से जोड़ती है वह बोलचाल की भाषा में सड़क कही जाती है। घर प्रायः उस स्थान को पुकारा जाता है जहाँ पुराने अख़बारों के पुलिन्दे, बेकार चिट्ठियाँ, बच्चों की कॉपियाँ और किताबें, गन्दे कपड़े और फटे हुए जूते बहुतायत से मिलते हैं। इसके विपरीत दफ़्तर उस जगह को कहते हैं जहाँ लोग कपड़े साफ़ पहनते हैं, काम गन्दे करते हैं, ख़ुशामद करते हैं, एक-दूसरे की जड़ें काटते हैं और बजाय तकिये के फ़ाइल के सहारे नींद निकालते हैं। इसी उद्‌देश्य को ध्यान में रखते हुए कुछ फ़ाइलों को ख़ास तौर पर मोटा रखा जाता है। नींद आने को तो यूँ घर पर भी आती है पर जो मज़े दफ़्तर की नींद में होते हैं वे घरेलू नींद में कहाँ? कुम्भकर्ण जो बराबर छह महीने सोता था, ज़ाहिर है ज़रूर किसी चुंगी के दफ़्तर में काम करता था।

घर और दफ़्तर वास्तव में एक ही वस्तु हैं या दो—इस पर काफ़ी विचार किया जा चुका है और अभी किया जा रहा है। एक द्वैतवादी स्कूल है जिसका कि यह निश्चित मत है कि ये दोनों अलग-अलग वस्तुएँ हैं। दफ़्तर दिन गुज़ारने की जगह है और घर रात। घर वह जगह है जहाँ खाना खाया जाता है और दफ़्तर वह जगह है जहाँ वह हजम किया जाता है। दफ़्तर वह क्षेत्र है जहाँ धन आपकी जेब के द्वार से आपकी दिशा में प्रवेश करता है और घर वह तीर्थ है जहाँ उसी द्वार से उसकी मुक्ति होती है। घर पर आदमी औरत की डाँट खाता है, पर दफ़्तर में स्थिति इतनी नाज़ुक होती है कि आदमी आदमी की डाँट खाता है। दूसरा स्कूल अद्वैतवादी है जिसका कहना है कि घर और दफ़्तर—दोनों एक ही वस्तु के दो रूप हैं और जिसकी जैसी भावना होती है, प्रभु की मूर्ति उसे वैसी ही दिखाई पड़ती है। इस स्कूल के लोग प्रकृति और पुरुष में अन्तर नहीं स्वीकार करते और परिणाम यह होता है कि

ये लोग घर के सारे कामकाज दफ़्तर में भी उसी ख़ूबसूरती के साथ सम्पन्न कर लेते हैं। वे दफ़्तर में खाना खाते हैं, गाना गाते हैं, तबला बजाते हैं, बागबानी करते हैं, कुश्ती लड़ते हैं, बटेर लड़ाते हैं, नॉवेल पढ़ते हैं और कभी-कभी पढ़ना क्या, नॉवेल लिखते तक हैं। शरच्चन्द्र, चार्ल्स लैम्ब, वुडहाउस—ये सब इस अद्वैतवादी स्कूल के अन्तर्गत ही आते हैं।

सच्ची बात तो यह है कि दफ़्तरों का सारा मज़ा इन अद्वैतवादियों पर ही निर्भर है। जैसा कि दस्तूर है– यह जो कर्त्तव्यपरायण, कार्यतत्पर और चरित्रवान् व्यक्ति होता है वह प्रायः सूखा, नीरस और चिड़चिड़ा होता है। वह आता है तो आते ही कुरसी से इस तरह चिपक जाता है जैसे कि कमर के नीचे अपनी पतलून पर काफ़ी मात्रा में गोंद लगवाकर आया हो। कुरसी पर एक दफ़ा जो बैठ जाता है तो बस वहाँ बैठा ही रहता है। 'हज़रते दाग़ जहाँ बैठ गये, बैठ गये'! मेज़ पर पड़े काग़ज़ पर इस तरह निगाह मुड़ाता है जैसे कि कोई मैस्मरिज्म कर रहा हो। साहब के कमरे में जाता है तो इस तरह जैसे किसी जनाजे में शामिल होने जा रहा हो और वहाँ से निकलता है तो शक्ल ऐसी होती है कि जैसे कोई क़ब्र में से निकलकर सीधा चला आ रहा हो। इन लोगों की दोपहर ओल्ड रेकॉर्ड में गुज़रती है और शाम अफसर के घर पर। छुट्टी के दिन वह साहब की बीवी की फैहरिस्त के साथ नक्खास जाता है और नीलाम का सामान ख़रीदता है। इन लोगों की न कोई सुबह होती है, और न कोई शाम। ज़िन्दगी अलबत्ता ज़रूर तमाम हो जाती है। वह धर्म का वह खम्भा है जिस पर दफ़्तर का आकाश स्थिर है। वह सरकारी फ़ीते को लाल रखता है और कभी-कभी उसे इतना उलझाता है कि वह फ़ीता न रहकर फन्दा हो जाता है। वह अफ़सर की कम उम्र की पत्नी को माता कहता है, उनके बच्चों को अपनी कमर पर सवारी देता है– और उनके कुत्ते को ताज़ी-ताज़ी जलेबियाँ खिलाता है। कुत्ते की निगाह बचाकर एक-दो जलेबियाँ गाहे-बगाहे वह खुद भी खाता है। कोई ऋतु हो और कोई नक्षत्र, वह दफ़्तर के अतिरिक्त और कोई बात नहीं करता। गाँधीजी के बारे में उसे मात्र इतना ज्ञात है कि वे एक महात्मा थे जो फ़ोटो खिंचवाने के वक़्त हाथ में लाठी ले लिया करते थे, पर साहब की पेचिश के बारे में उसे इतने आँकड़े मालूम हैं जितने कि डॉक्टर को भी नहीं। चाँद पर इंसान के जाने की अपेक्षा सामने की सीट पर बैठने वाले सहयोगी के तरक्की पर जाने से सम्बन्धित प्रश्न में उसकी दिलचस्पी कहीं ज़्यादा है। प्रशान्त महासागर में किया गया अणु-विस्फोट उसके लिए कोई मानी नहीं रखता, हाँ अलबत्ता अफ़सर की साधारण छींक उसकी जड़ें बुरी तरह हिला डालती है। वह दफ़्तर को चलाता है, और दफ़्तर उसे। वह सारी उम्र सारे मामलों का क़त्ल करता है और आख़िर में उसी हथियार से खुद भी मर जाता है। इस तरह के इंसान मीर कासिम को पसन्द थे, हमें नहीं।

ये जो दूसरी क़िस्म के खुशमिज़ाज बाबू और अफ़सर हैं, ये ही वे देवदूत हैं जो

दफ़्तरों को क़ब्रिस्तान बनने से बचाते हैं। यदि पहली क़िस्म के लोग दफ़्तरी आकाश के खम्भे हैं तो दूसरी क़िस्म के लोग वे चिड़ियाँ हैं जो उस आकाश को ताज़ा और खुशनुमा बनाते हैं। कुछ ऐसी चिड़ियों को मैं भी जानता हूँ जो दफ़्तर में कव्वाली गाया करती थीं। एक चिड़िया कव्वाली गाती थी और बाक़ी चिड़ियाँ साथ देती थीं और तालियाँ बजाती थीं। वह समाँ बँधता था कि पहली क़िस्म के लोग भी चश्मा पोंछ और कान की पेन्सिल उतार अपने घोंसलों से निकल आते थे। वे लोग इन तमाम रचनात्मक कार्यों को इस तरह देखते थे जैसे कोई अदालत के बीच हत्या कर रहा हो।

समान दृष्टि रखने वाले ये पुरुष जब दफ़्तर आते हैं तो लगता है जैसे कोई घटना घट रही है। घर से चलते वक़्त पत्नी और बच्चे इन्हें बाक़ायदा विदा करते हैं। रास्ते में कोई जान-पहचान का मिलता है तो उससे इस तरह बातें की जाती हैं कि जैसे दफ़्तर न जाकर मोरचे पर जा रहे हों। दफ़्तर में आते हैं तो लगता है जैसे कोई भूचाल आ गया है। रंगमंच पर जब इनका प्रवेश होता है तो गोया वहाँ एक नया मौसम आ जाता है। रंगमंच पर इनका यह प्रवेश आमतौर पर घरेलू कपड़ों में होता है। मुँह में पान, बग़ल में अख़बार और हाथ में छाता। पान अक्सर इतनी मात्रा में लिया गया होता है कि जहाँ इनका मुँह खुला वहीं सारे वातावरण में लाली फ़ेल जाती है। पान ये ख़ुद खाते हैं और उसका रस पचीस व्यक्तियों तक पहुँचता है। कवि ने कहा भी है कि जो श्रेष्ठ पुरुष होते हैं उनकी सम्पत्ति हमेशा दूसरों के लिए ही होती है। दफ़्तर पहुँचने के बाद कुछ आराम फ़रमाया जाता है, कुरता निकाला जाता है, मेज़ पर टाँगें पसारी जाती हैं, चरचे और चरखे होते हैं और तम्बाकू पिया जाता है। इसके बाद लतीफ़े होते हैं, मज़ाक़ सुनायी जाती है और छोटे-बड़े क़द के दो-चार शेर हाज़िर किये जाते हैं। तबीयत जब ज़्यादा उदास हो जाती है तो बज़रिये फ़ाइल के बहलायी जाती है यानी कि उसे सिर के नीचे रखकर झपकियाँ लगायी जाती हैं। जो पहली क़िस्म के वरिष्ठ योद्धा होते हैं वे इन स्थितियों को देखते हैं और अपनी युवावस्था की शेष स्मृतियों में दो-चार अदद आहे भरते हैं। उन लोगों को कभी-कभी इतनी कोफ़्त पहुँचती है कि फ़ाइल के जिस प्रस्ताव को वर्षों की जद्दो-जहद के बाद उन्होंने आज स्वीकार किया था उसे इस उदासी की यादगार में फिर से रद कर दिया जाता है।

दफ़्तरों को घरेलू वातावरण देने वाले जो जनसेवक हैं उनका सार्वजनिक जीवन में बहुत ऊँचा स्थान है। पहली बात तो यह कि घर और दफ़्तर के बीच का अन्तर मिट जाने से व्यक्ति ज़्यादा-से-ज़्यादा समय दफ़्तर में गुज़ारना चाहता है, न कि घर पर। वह रोज़ दफ़्तर आता है और इतनी निष्ठा से आता है कि ताश खेलते-खेलते उसे इस बात का भी पता नहीं चलता कि दफ़्तर कब छूट गया। दूसरे, इन उदारमना-व्यक्तियों के कारण देश का व्यय कम होता है। अब यदि कोई बाबू अपने बच्चों के लिए पेन्सिल और रोशनाई दफ़्तर से ले जाता है तो ठीक ही तो करता है, नहीं तो स्थिति यह होती कि दफ़्तर अलग रोशनाई ख़रीद रहा है, और घर अलग! देश की वर्तमान

आर्थिक स्थिति ऐसी नहीं है कि इस प्रकार के अपव्यय को सहन कर सके। तीसरी बात यह है कि घर और दफ़्तर का अन्तर मिट जाने के कारण दफ़्तर का काम घर पर भी किया जा सकता है जिसके कारण सम्बन्धित फ़ाइल खोने की सुविधा पूरी तरह प्राप्त होती है। फ़ाइल खोने की दिशा में कुछ लोग कितने तत्पर होते हैं– यह हम जानते ही हैं। अच्छी बात तो यह है कि देश में इस समय फ़ाइलों की संख्या कुछ ज़्यादा ही हो रही है और उनका परिवार-नियोजन करना ज़रूरी ही हो गया है। फ़ाइल खोना उतना सरल नहीं है, जितना कि हम समझते हैं। कुछ चरित्रहीन लोग ऐसे भी हैं कि हज़ार प्रयत्नों के बावजूद एक छोटी-सी फ़ाइल नहीं खो सकते। वे लोग फ़ाइल को कहीं छोड़ते हैं, मगर जहाज़ के पंछी की तरह वह घूम-घूमकर फिर उन्हीं के पास आ जाती है। ऐसे नरपुँगव बिरले ही होते हैं जिनका कि हाथ लगा नहीं कि फ़ाइल खो गयी। भूचाल जापान में आयेगा और फ़ाइल इनकी खोयेगी। बाढ़ आसाम में आयेगी और फ़ाइल इनकी खो जायेगी। ये सिद्ध पुरुष अपने-पराये में भी भेद नहीं करते। वे अपनी फ़ाइलें भी खोते हैं और दूसरों की भी। इनमें से कुछ तो इतने यशस्वी होते हैं कि उनका लाभ दूर-दूर तक उठाया जाता है। जिस किसी को कोई फ़ाइल खोनी हुई, उसने उसे उठाया और इनके पास भेज दिया। इसके बाद आप ऐसी स्थिति में होंगे कि चाहे जितना ढूँढ़ें, फ़ाइल न मिलेगी। चार्जशीट मिलेगी, तबादला मिलेगा पर फ़ाइल नहीं। बरसों बाद शायद कभी मिले भी तो स्थिति यह होगी कि तब आप न मिलेंगे। कबीर ने इसी स्थिति को ध्यान में रखते हुए लिखा था कि– 'जब मैं था तब हरि नहीं, अब हरि है मैं नाहिं।'

वुडहाउस ने बैंक के लेजर पर मज़ाक़ लिखी थी। परिणाम यह हुआ था कि उसकी नौकरी छूट गयी और वह लेखक बन गया। चार्ल्स लैम्ब दफ़्तर दोपहर के बाद आता था और आकर अपने निबन्धों के मसौदे को ठीक करता था। कितने ही और लोगों ने दफ़्तर में काफ़ी ऊँचे दरजे की शायरी लिखी है। साहित्य के क्षेत्र में दफ़्तरों का जो योगदान है उसे नकारा नहीं जा सकता। कभी-कभी अफ़सरों की वजह से इस स्थिति पर कुछ फ़र्क़ पड़ता है, पर कुल मिलाकर वह कम ही रहता है। इधर तो अफ़सर भी काफ़ी खुशमिज़ाज आने लगे हैं। पहले अफ़सर होता था– वह अफ़सर पहले होता था और बाक़ी चीज़ बाद में होता था। उसकी एक डाँट को लोग दस साल तक याद करते थे कि फ़लाँ साहब ने फ़लाँ को डाँटा तो बेचारे को दमा हो गया। इन दिनों बाबू लोग अफ़सरों को डाँटते हैं और कोई याद नहीं रखता। पहले अफ़सर होता था तो वह शान्त व गम्भीर होता था। वह आसानी से नहीं खुलता था। इन दिनों स्थिति यह है कि दफ़्तर भले ही बन्द हो, अफ़सर घर से ही खुला हुआ आता है। इस देश के दफ़्तरों को घरेलू वातावरण देने में हमारे अफ़सरों ने विभिन्न प्रकार से जो सहयोग दिया है वह इतिहास में हमेशा याद रखा जायेगा।

एक दिलचस्प गवाह का क़िस्सा

पण्डित जगराम चौबे हमारे गाँव के पुरोहित थे। सुबह-शाम मन्दिर की सफ़ाई करते, मूर्ति को स्नान कराते और पूजा-पाठ, आरती वग़ैरह का प्रबन्ध करते। रात को मन्दिर में ही वे सो भी जाते थे। सारे जीवन में दो ही शौक़ थे—एक तो भगवान शिव की उपासना करने तथा उनकी आरती गाने का और दूसरा भंग छानने का। भंग एक ऐसी चीज़ थी जो जाड़ों में उन्हें सर्दी से बचाती थी और गरमी में लू से। रह गयी बरसात; सो वह बरसात ही क्या जिसमें बूटी न छनी। भंग और भक्ति के अतिरिक्त जो थोड़ा-बहुत समय इस क्षणभंगुर जीवन में बचता था उसे पण्डितजी खेती में लगाते थे। मन्दिर के बाहर थोड़ी-सी धरती थी जिसमें भंग तथा तम्बाकू बोया जाता था। तीर्थ-यात्रा वग़ैरह के अवसर पर इन दोनों वस्तुओं को एक-साथ चिलम में पीने से उनकी आत्मा की थकावट दूर होती थी। मेरे विचार में पण्डितजी भंग को एक ऐसी औषधि मानते थे, जिसका प्रयोग ज़ुकाम से लेकर परिवार-नियोजन तक सफलतापूर्वक किया जा सकता था और इसका परिणाम यह था कि पण्डितजी निस्सन्तान थे। वैसा होने का एक और कारण शायद यह भी था कि पण्डितजी का विवाह नहीं हुआ था।

पण्डितजी का ख़ुशमिज़ाज जीवन अच्छा-ख़ासा चल रहा था कि एक व्यतिक्रम आ गया। बात यह हुई कि गाँव के पटवारी मुंशी हरभजनलाल ने थाने में यह रिपोर्ट लिखवा दी कि चौधरी रामरिछपाल ने उसकी पत्नी पार्वती को छेड़ा है। रिपोर्ट के अनुसार यह पवित्र क्रिया मन्दिर के अहाते में ही सम्पन्न की गयी थी और इसी कारण पण्डितजी की गवाही का सारे मामले में काफ़ी बड़ा मूल्य था। पटवारीजी ने पण्डितजी के चरणों में सिर रखा और मुक़दमा जीत जाने पर भंग की खेती के लिए एक बीघा अतिरिक्त धरती देने और रहट का कुआँ बनवाने का वायदा किया। पण्डितजी को और क्या चाहिए था? तैयार हो गये। वे तो यही सोच रहे थे कि हर एक गवाही पर इतना इनाम मिलता है तो गाँव के और नौजवान पार्वती को क्यों नहीं छेड़ते? वारदात की उन्हें कोई जानकारी नहीं थी, यद्यपि रामरिछपालसिंह के बारे में कुछ ज्ञातव्य आँकड़े उन्हें ज़रूर मालूम थे। बचपन से लेकर अब तक रामरिछ

ने पण्डितजी को दुःख ही दिया था। अगर कभी भंग घोंटने का सोंटा ग़ायब है तो कभी उसे छानने का अँगोछा। और कुछ नहीं तो थोड़ा-सा धतूरा ही भंग में मिला दिया, जिसका प्रभाव पण्डितजी के स्नायुमण्डल पर विचित्र प्रकार का होता था। धतूरा खाते ही वे एकदम बहक जाते थे और एकदम उस व्यक्ति की तरह व्यवहार करने लगते थे जिसने धतूरा खाया हो। हाँ, तो पण्डितजी गवाही को तैयार हो गये। मुक़दमे की तारीख़ लग गयी और पण्डितजी के नाम 'समन' भी आ गया। रामरिछ को सारी कहानी का पता अब कहीं लगा, पर उसने हिम्मत न हारी।

मामला डिप्टीसाहब की अदालत में पेश होना था। हाकिम का नाम था सैयद चिराग़ अली। भले घर के बुज़ुर्गवार क़िस्म के इंसान थे जो तहसीलदार से तरक्की पाकर हाकिम परगना हुए थे। अवकाश प्राप्त करने में कुछ ही महीने बाक़ी थे, जिन्हें उन्होंने सिर्फ़ तारीख़ें लगा-लगाकर काटने का फ़ैसला कर रखा था। ग्यारह बजे के क़रीब कचहरी तशरीफ़ लाते थे और दोपहर को आराम फ़रमाते थे। दफ़्तर में हुक़्क़ा रखा जाता था और इजलास के बाद उसे गर्म किया जाता था। एकोद-अर्दली आग वग़ैरह के इन्तज़ाम में जुटे रहते थे। धर्म के मामले में डिप्टीसाहब उदार वृत्ति के व्यक्ति थे और गाने-बजाने का शौक़ रखते थे। गाहे-बगाहे उनके यहाँ मुजरा वग़ैरह भी होता रहता था।

पटवारीजी पण्डित जगराम को लेकर सुबह-ही-सुबह अपने वकील के यहाँ गये। वकील ने पण्डितजी को काफ़ी सुलझा हुआ व्यक्ति पाया। फिर भी उसने उन्हें थोड़ी-बहुत सलाह दी और चलते वक़्त यह भी कहा कि अदालत में हाकिम से डरना हर्गिज़ नहीं चाहिए। साँच को आँच कहाँ।

बाकी मुक़दमों की तारीख़ें लगाते-लगाते जनाबे-आला सैयद चिराग़ अली डिप्टीसाहब बहादुर को एक बज गया। इसके बाद जैसे ही पण्डितजी अपनी गवाही के मूल सूत्र शायद पचासवीं बार मन में दोहराकर हनुमान चालीसा से उसका समापन कर रहे थे—अदालत में लंच हो गया। वकील साहब ने घर की राह ली और पटवारी हरभजनलाल ने कचौरियों के पैसे पण्डितजी के हाथ पर रखे। पण्डितजी ने पैसे अँगोछे में बाँधे और इधर-उधर निगाह दौड़ायी जहाँ बैठकर थोड़ा-बहुत भंग का सेवन किया जा सकता। सुबह से आत्मा प्यासी थी। तहसील की तरफ़ निकले तो देखते हैं कि ख़ज़ाने के बाहर बरगद के नीचे रामरिछ के नौकर भंग घोट रहे हैं। ननकू बोला, "पण्डितजी पाँय लागूँ। किस चक्कर में पड़ गये महाराज? आज तो बूटी भी नहीं छनी? उठ रे, पण्डितजी को आसन दे, झगड़ा तो मालिक से है न कि हमसे।" गर्ज़ यह कि 'लंच' की सारी अवधि भंग की सेवा में बिना किसी बाधा के व्यतीत हुई। पहले भंग की गोलियाँ खायी गयीं फिर ठण्डाई का पान हुआ और फिर, भंग पड़ी कचौरियों का सेवन किया गया। तृप्त होने के बाद पण्डितजी विश्राम के लिए डिप्टीसाहब की अदालत के बरामदे में एक बोरे पर लेट गये। भंग में मिले धतूरे

ने अपना पुश्तैनी काम दिखाना शुरू किया ही था कि इलजास के अर्दली ने उनके लिए हाँक लगा दी—'पण्डित जगराम चौबे हाज़िर हैं....ऽ...ऽ...ऽ...?।

"अबे पागल है क्या? इतना क्यों चिंघाड़ता है? हम कहीं ज़िला छोड़कर भाग गये क्या? यहीं तो लेटे हैं और कुछ काम-धन्धा नहीं तो लगा बिना बात गला फाड़ने···" कहते-कहते पण्डितजी ने अपना बलिष्ठ हाथ नम्बर एक उस दुबले-पतले अर्दली के कन्धे पर रखा। हाथ के वज़न से अर्दली तो धराशायी होते-होते बचा और पण्डितजी नशे में धुत्त इजलास में दाखिल हुए। अन्दर क़दम रखते ही स्थिति की गम्भीरता का उन्हें पूरा-पूरा एहसास हो गया, मगर इल्लत यह थी कि एक तो उनका ज़िस्म बुरी तरह टूट रहा था और दूसरे उन्हें यह कतई याद नहीं रहा था कि अदालत आये हैं तो क्यों आये हैं।

आख़िर पण्डितजी का नम्बर आया और वे गवाहों के कटघरे में खड़े किये गये। अदालत के एक अदना से कर्मचारी ने उनका नाम पूछने की गुस्ताख़ी की जिसे उन्होंने डाँट दिया। कसम वग़ैरह खायी ही थी कि डिप्टीसाहब ने चश्मा पोंछते हुए सवाल किया, "आप इस मामले के बारे में क्या जानते हैं?"

"कौन-सा मामला?"

"वही, पार्वती वाला।"

"कौन-सी पार्वती?"

"मुसम्मात पार्वती—पटवारी हरभजन की..."

"अच्छा, हर-भजन... हरि को भजे सो हरि का होई... हरभजन से अच्छी कोई चीज़ नहीं सरकार... उल्टा नाम जपत जग जानूँ, बाल्मीकि भे ब्रह्म समानू..."

गाड़ी पटरी से इस तरह उतरते देख पटवारीजी के वकील की अक्ल चकराने लगी। यही व्यक्ति सुबह के वक़्त कितनी संजीदगी से बातें कर रहा था और अब एकदम भक्तिकालीन समीक्षक की भाँति उद्धरण देने की धुन में है। उसने पण्डितजी की तरफ़ घूरकर देखा। यह होना था कि पण्डितजी और भी बहक गये। उन्हें ख़याल आया कि इन हज़रत को कहीं देखा है— ज़रूर देखा है— मगर कहाँ देखा है यह याददाश्त के बाहर की बात है। फ़ौरन बोले, "ओ रे बाबू, हमने तुम्हें पहले भी कहीं देखा है?"

"आज सुबह आप मेरे दफ़्तर में आये थे।"

"नहीं, आज नहीं। आज तो हम दिशा-कर्म के बाद तुरन्त अदालत ही चले आये। आज तो बाबू खड़े-खड़े जीभ सूख गयी। हाँ, तो बताओ न बाबू, तुमसे पहले कहाँ भेंट हुई?"

मामले को सही रास्ते पर डालने की कोशिश करते हुए डिप्टीसाहब ने पूछा, "पण्डित जगराम चौबे आप ही का नाम है?"

"एकदम सच्ची बात हुज़ूर! ऐसी बात सरकार हमें बहुत पसन्द है। लोग तो यूँ

ही कहते हैं कि अदालतों में भी झूठ बोला जाता है।"

"रामरिछपालसिंह को आप जानते हैं?"

"हाँ सरकार, हम इन्हें भी जानते हैं, इनके बाप को भी जानते हैं। इसकी शादी में सरकार बरात नाव पर गयी थी। शादी में तीनों वक़्त लालफूल के कद्दू का साग बना था और हाँ सरकार, रायते में मिरचें बहुत ज़्यादा थीं। इतनी ज़्यादा कि..."

"इसका चाल-चलन कैसा है?"

"किसका सरकार?"

"रामरिछपाल का।"

"बहुत बढ़िया सरकार। यह तो बिचारा औरों की औरतों को क्या अपनी बीवी को भी माता की तरह देखता है। सरकार बात यह है कि इसकी पतुरिया की उमर इससे कोई दस साल जास्ती है। शादी धोखे से की गयी थी। बरात में हम लोग गये थे। रायते में मिरच इतनी ज़्यादा डाली गयी थी कि.."

डिप्टीसाहब ने पण्डितजी को ठीक तरह बातें करते देख वकील को इशारा किया कि आगे बढ़ा जाये। वकील ने पूछा, "पार्वती के बारे में आप क्या जानते हैं?"

"पार्वती को कौन नहीं जानता हुज़ूर? वे तो देवी हैं। पहाड़ पर रहती हैं। उनके पति साँप पालते हैं।"

"क्या कहा? साँप पालते हैं?"

"जी सरकार। सुना नहीं आपने : 'साँड़ की सवारी करे, भंग और धतूरा पिये, सिर पर वो गंग धरे'—और हाँ सरकार यह कहानी सुनी है आपने कि एक दिन पार्वती अपने पति के साथ साँड़ पर बैठी हुई कहीं जा रही थी। रास्ते में कुछ लोग मिले..."

"बेकार की बातें बन्द कीजिए। मुसम्मात पार्वती के बारे में आप क्या जानते हैं"

"सरकार गुस्सा क्यों होते हैं! धीरे-धीरे ही तो सारी बातें बतलायेंगे। अच्छा तो लो, साँड़ की कहानी फिर कभी सुनायेंगे। हाँ, तो पार्वती के बारे में सुनिए। पार्वती दक्ष की लड़की है और महादेव की पत्नी। इनके दो पुत्र हैं, जिनमें से एक का नाम है गणेश। ये, सरकार, चूहे की सवारी करते हैं। हुज़ूर सारी दुनिया ने सवारी बदल दी और आप भी टमटम छोड़कर मोटर पर चलने लगे, मगर गणेशजी ने अपना चलन नहीं छोड़ा। वही चूहा सरकार... एक बात पूछ लूँ हुज़ूर?"

"क्या?" डिप्टीसाहब बोले।

"सरकार चूहे की उम्र क्या होती होगी? सवारी में कोई एक ही चूहा थोड़े ही चल रहा होगा अब तक?"

अब अदालत में यह स्थिति थी कि सिवाय पटवारी हरभजन के सारे लोग इस गवाही में दिलचस्पी ले रहे थे कि चलो एक ही गवाह शाम तक को काफ़ी है। इससे पहले कि कोई और सवाल पूछा जाये, पण्डितजी ने आँखें मींचकर मधुर स्वर

में गाना शुरू किया : "जय गणेश देवा... माता उनकी पार्वती, पिता महादेवा... फूल चढ़े, पत्ती चढ़े और चढ़े मेवा..."

"देखिए, आप यहाँ आरती न पढ़िए..."

"लड्डू का भोग लगे, सन्त करें सेवा..." और इसके बाद उन्होंने इतने भाव-विभोर होकर गणेशजी की वन्दना की कि समाँ बँध गया।

संगीत-प्रिय डिप्टीसाहब ने पण्डितजी को एक प्रशंसक की निगाह से देखा। पण्डितजी हाथ जोड़कर उन्हें देखने लगे।

"तुम गाते अच्छा हो।" डिप्टीसाहब बोले, "हालाँकि नशे की हालत में तुम्हें अदालत में आना नहीं चाहिए था! यह जुर्म है।"

"धन्य हैं सरकार, धन्य हैं। सरकार आपका नाम चिराग़ अली किसने रखा है? आपको तो सरकार लालटेन अली कहना चाहिए। आप तो, सरकार, सभी कुछ जानते हैं। अच्छा तो हम अब चलते हैं, कुछ विश्राम करेंगे। साँड़ वाली कहानी फिर कभी होगी..."

इसके बाद पण्डितजी नीचे उतरे और पटवारी जी के वकील की ओर देखते हुए बोले, "बताओ न बाबू, आख़िर तुम्हें देखा कहाँ है?"

रात फिर नींद नहीं आयी

मेरे साथ अक्सर यह होता है कि रात आ जाती है, पर नींद नहीं आती। दिन-भर दफ़्तर का काम और रात को नींद हराम—यह स्थिति काव्य की दृष्टि से तो ठीक है, पर वैसे बड़ी खलती है। स्थिति कभी-कभी इतनी खलती है कि नींद आने की जो थोड़ी-बहुत सम्भावना शेष रहती है वह भी समाप्त हो जाती है। कितना अच्छा होता कि पत्नी कहीं काम करती होती और मैं घर पर आराम करता। इस सन्दर्भ में एक बबर शेर याद आ रहा है जिसकी दूसरी पंक्ति किसी मशहूर शायर की बतायी जाती है : 'मेहतरानी से दिल लगाते हैं, वो कमाती हैं आप खाते हैं'।

शेर से मुक्ति पाने के बाद सोचता हूँ कि नींद क्यों नहीं आती। बिस्तरा ठीक है, कोई चिन्ता नहीं है; रात का वक़्त है, पर नींद है कि फिर भी नहीं आती। कवि ने ठीक ही कहा था कि वस्ल हो या फ़िराक़ हो अकबर, जागना रात-भर मुश्किल है। मेरे साथ न वस्ल है और न फ़िराक़—अब मेरी क्या हालत होगी यह आप सोच सकते हैं। इश्क़ आजकल मेरा किसी से नहीं। जिन दिनों इश्क़ था उन दिनों नींद इस कदर आती थी कि जब तक आँखें खुलीं, तब तक उस प्रेमिका-विशेष की दो शादियाँ और पाँच बच्चे हो चुके थे। अब तो सिर्फ़ याद बाक़ी है जो बरसात में गठिया के दर्द की तरह सताती है। 'ऊँट जब उठता है जंगल में जम्हाई लेकर, याद आ जाता है नक्शा उनकी अँगड़ाई का'।

रात का वक़्त है, पेड़-पौधे तक सोये हैं। और मैं हूँ और चन्द मच्छर हैं जो जाग रहे हैं। बहुत मुमकिन है कि हम दोनों पार्टियाँ किसी हद तक किसी एक-दूसरे की वजह से ही जाग रही हों। काफ़ी खस्ता हालत है। जागृति की अवस्था में जाने कितनी तरह के विचार मन में आते हैं। सोचता हूँ कि मैं अकेला थोड़े ही हूँ जो जाग रहा हूँ। न जाने कितने छापामार सैनिक, चोर, गिरहकट, रेलवे कर्मचारी, सम्पादक और प्रेमीजन इसी तरह जाग रहे होंगे। इस दृष्टिकोण से ये सारे एक-दूसरे के बराबर बैठते हैं। मगर इस बात से कोई हिम्मत नहीं बढ़ती। इन लोगों का तो पेशा ही जागने का है।

फिर सोचता हूँ कि इतिहास में कितने ही ऐसे व्यक्ति हुए हैं जिन्हें नींद कम

आती थी। बादशाह अकबर को भी नींद बहुत हल्की आती थी। स्टालिन प्रायः दिन में ही सोता था। लड़ाई के दौरान नेपोलियन भी घोड़े पर बैठा-बैठा ही सोता था—वैसे नहीं। मेरा ख़याल है कि उसके साथ-साथ कभी-कभी उसका घोड़ा भी सो लेता था वरना वह एक बार झील में जो गिरा था, वह न होता। और भी बहुत से नाम याद आ रहे हैं, पर अपने मुँह अपनी प्रशंसा करना अच्छा नहीं लगता। वैसे आप कह सकते हैं कि सिर्फ़ नींद न आने के कारण ही मैं नेपोलियन या उसके घोड़े के बराबर तो नहीं हो जाता। यह भी ठीक दलील है। सरकार के नियमों के अनुसार आई. सी. एस. अधिकारी और चपरासी इन दोनों की सेवा-निवृत्ति साठ वर्ष की आयु पर होती है, पर फिर भी इसका मतलब यह तो नहीं कि वे बराबर हैं। मैंने एक बार एक आई. सी. एस. अधिकारी के साथ काम किया है और मैं दावे के साथ कह सकता हूँ कि उसका चपरासी उससे कहीं बेहतर था।

रात आधी हो गयी है। गिरजे से घण्टे की टन-टन। 'निशा निमन्त्रण' याद आ रहा है और साथ-ही-साथ बच्चनजी भी याद आ रहे हैं। पिछली बार मिला था तो कह रहे थे कि 'गाना न आया, बजाना न आया; दिलवर को अपने रिझाना न आया।' यह बात उन्होंने राज्यसभा का सदस्य होने से पहले कही थी। इसी सन्दर्भ में उस गोष्ठी की भी याद आ रही है जो उनके जन्मदिन पर एक बार कहीं हुई थी। इस गोष्ठी में काफ़ी लेखक और कवि आये थे। एक आलोचक भी तशरीफ लाये थे जो देखने में काशीफल लगते थे और बोलते थे तो मेंढक की वाणी का मज़ा देते थे। मेंढक की वाणी कोई गन्दी चीज़ नहीं है। तुलसीदास के समय में छात्र लोग वेद इसी तरह पढ़ा करते थे। दादुर धुनि चहुँ ओर सुहाई, वेद पढ़त जिमि बटु समुदायई। इस आलोचक प्रवर ने कविता पढ़ी जो इतनी महान् थी कि श्रीधर पाठक ने शायद उसे दरजा चार में लिखा होगा। कविता पढ़ते ही हम समझ गये कि इन आचार्य को गन्ने के रस के अतिरिक्त और किसी रस का पता नहीं। मगर इससे क्या, गुरुत्वाकर्षण का सिद्धान्त समझे बिना भी तो आप बखूबी फिसल सकते हैं।

कहीं खटखट हो रही है। शायद कोई चोर हो। मगर मेरे यहाँ आयेगा तो क्या पायेगा। फारस के मुल्ला नसीरुद्दीन के यहाँ एक चोर आ गया था, मुल्ला साहब रज़ाई में मुँह ढँके उसकी हरकतें देखते रहे। चोर ने मकान का कोना-कोना छान डाला, मगर हाथ कुछ न लगा। अन्त में तरस खाकर मुल्ला खुद ही बोले कि 'ऐ मेरे नादान दोस्त, जो चीज़ तू यहाँ रात को ढूँढ़ रहा है, वह यहाँ मुझे दिन में नहीं मिलती।'

रात और नींद के बारे में बाक़ी कवियों ने भी बहुत-कुछ कहा है और अच्छा कहा है। 'सिरहाने मीर के आहिस्ता बोलो, अभी टुक रोते-रोते सो गया है।' या यह पंक्ति कि 'रात भी, नींद भी, कहानी भी; हाय क्या चीज़ है जवानी भी।' इस शेर में क़ाबिले-ग़ौर चीज़ यह है कि रात, नींद, कहानी और जवानी—इन चारों चीज़ों को एक ही साथ काफ़ी सफ़ाई से निबटा दिया गया है। एक और कवि हैं जो कहते

हैं कि 'ज़िन्दगी किस तरह कटेगी सैफ, रात कटती नज़र नहीं आती। सारी उम्मीद रही जाती है, हाय फिर सुबह हुई जाती है।' कवि को उम्मीद यहाँ किसी और चीज़ की थी, जब कि मेरी उम्मीद का ताल्लुक-मात्र नींद से ही है। सोचता हूँ कि नौकरी के साथ-साथ चोरी करना ही सीख लूँ। जिस दिन निद्रा-लाभ नहीं हुआ, उस रात कुछ और कार्यक्रम। मगर क़ानून नाम की चीज़ ऐसी है कि रात को चोरी करने की कतई इजाज़त नहीं देती। दिन में अलबत्ता जो तबीयत हो, वह कीजिए।

घड़ी बन्द हो गयी है। रात कितनी और शेष है, यह तय करना कठिन है। एक राजा थे जिनके कई रानियाँ थीं। एक रात राजा ने उन रानियों के कुल की परीक्षा लेनी चाही। उसने सबसे पूछा कि बताओ रात लम्बी है या कि सुबह होने वाली है? एक ने कहा कि रात ख़त्म हो रही है क्योंकि दीपक का प्रकाश मद्धिम पड़ता जा रहा है। दूसरी बोली कि रात कम ही बची है, क्योंकि पान में ज़ायका नहीं रहा। तीसरी बोली कि फूलों की सुगन्धि कम हो रही है, जिससे ज़ाहिर है कि सुबह दूर नहीं है। अन्त में चलकर चौथी कुलवन्ती ने कहा कि रात ख़त्म हो रही है, क्योंकि मुझे बाथरूम जाने की हाज़त हो रही है। राजा चुप हो गया। यह आख़िरी दलील ऐसी थी कि जो कभी झूठ नहीं जाती।

बुन्देलखण्ड के एक लोकगीत में यही (यानी कि सुबह होने की) बात इस तरह कही गयी है कि पढ़कर सोने की तबीयत ही नहीं करती :

उठो पिया, अब भोर भई, चकई बोली ताल
मुख बिरियाँ फीकी परी, सियरी मोतिन माल
पिया उठ जागो
कमल दल विकसन लागे।

संगीत : मेरा दुश्मन

मुझे संगीत से अनन्त प्रेम है। इस अनन्त प्रेम का एक कारण है। बचपन में पढ़ा था कि जो व्यक्ति साहित्य, संगीत और कला से प्रेम नहीं करता वह उस पशु के समान होता है जिसके सींग और पूँछ नहीं होते। हालाँकि मैंने अभी तक ऐसा जानवर नहीं देखा जिसके न सींग हों न पूँछ, पर फिर भी भर्तृहरि की इस उक्ति का प्रभाव अभी तक बरकरार है। बाद में कहीं शेक्सपियर का नाटक पढ़ा जिसमें जूलियस सीज़र मार्क एन्टॉनी से कहता है कि कैशस ख़तरनाक व्यक्ति है क्योंकि वह संगीत से प्रेम नहीं करता। इस ड्रामे का पढ़ना था कि मेरा संगीत-प्रेम अनन्त हो गया। कुछ विशिष्ट कारणों से यह प्रेम विवाह रूपी वृक्ष में नहीं बदला और न इसमें सन्तान रूपी फल ही लगे, लेकिन फिर भी इस बात को कहने में मुझे कोई शर्म नहीं लगती कि संगीत से मुझे प्रेम है और बड़े ज़बर्दस्त क़िस्म का प्रेम।

संगीत के इस प्रेम के कारण मैंने न जाने कितना समय संगीतज्ञों के साथ गुज़ारा है। न जाने कितने मुजरे देखे हैं, नौटंकियाँ देखी हैं, कव्वाल सुने हैं और न जाने कितनी ऐसी जगह भी गया हूँ जहाँ शरीफ़ आदमी अक्सर नहीं जाते। मुझे कहते हुए हर्ष होता है कि मैंने उस्ताद बिस्मिल्ला खाँ की शहनाई ख़ुद उनके मुँह से सुनी है। वैसे शहनाई वे हमेशा मुँह से ही बजाते हैं, पर मेरे कहने का अभिप्राय यह है कि मैंने उनकी शहनाई रेडियो पर नहीं बल्कि ख़ुद उन्हीं से सुनी है। मैंने ओंकारनाथ ठाकुर भी देखे हैं और दिलीपकुमार राय का गाना भी सुना है। शास्त्रों में कहीं लिखा है कि संगीत को जन्म देने वाले जो देवता हैं उनमें से एक हनुमान भी हैं। ओंकारनाथ ठाकुर को देखकर मुझे यह बात हमेशा याद आती थी। क्या बुलन्द आवाज़ थी। आगे चलकर तो सिर्फ़ बुलन्दगी ही रह जाती थी, आवाज़ वाला हिस्सा तो फतेहपुर सीकरी के बुलन्द दरवाज़े की तरह काफ़ी दूर जाने पर पल्ले पड़ता था। कहते हैं कि एक बार ओंकारनाथ ठाकुर ने रेल की सीटी को भी अपने आलाप में ग़ायब कर दिया था। अकबर इलाहबादी जो कहते थे कि मैं तो इंजन की गलेबाज़ी का क़ायल हो गया, वह उन्होंने ठाकुर साहब के गले का मज़ा लिये बग़ैर ही लिखा होगा। कहते हैं कि ओंकारनाथ ठाकुर का गाना सुनकर एक बार

मुसौलिनी को नींद आ गयी थी। मैं मुसौलिनी तो नहीं हूँ, पर यह हक़ीक़त है उनके गाने को सुनकर जँभाइयाँ मुझे भी आयी हैं।

शम्भू महाराज जैसे और भी बड़े-बड़े गानेवाले देखे। कोई-कोई गानेवाला देखने में पखावज का मज़ा देता था तो कोई तबले का। कोई बाई वंशी की तरह कनक छड़ी थी तो कोई ढोलक की तरह दोनों तरफ़ से आराम देनेवाली। कुछ गानेवाले गला इस कदर फाड़ते थे कि उनका साज उनके मुख के भीतर आसानी से रखा जा सकता था तो कोई साहब ऐसे होते थे कि उनके आलाप सुनकर कुत्ते के पिल्लों के लड़ने का सच्चा मज़ा मिलता था। एक और महान् हस्ती थे जिन्हें देखकर लगता था कि गाने का दौर नहीं चल रहा बल्कि इन्हें गाने का दौरा पड़ रहा है। ये सज्जन सच्चे कलाकार थे, गाते हुए हाथ-पैर इस तरह मार रहे थे कि लगता था कि किसी से कुशती लड़ रहे हैं। कभी-कभी हाथ फैलाकर ऐसी मुद्रा देते थे जैसे हाथ से अभी-अभी फाख़्ता उड़कर भाग गयी है और ये उसे पकड़ने के लिए बेताब हैं। एक और संगीत-प्रेमी थे जो अपने नौकर को आवाज़ तक राग मालकोस में देते थे। उनके शरीर के किसी भी अंग से जो ध्वनि निकलती थी वह किसी शास्त्रीय धुन पर आधारित होती थी। ऐसे गानों को तभी तो पक्का गाना कहा जाता था। इनके गाने के लिए फेफड़े और सुनने के लिए कलेजा काफ़ी मज़बूत रखना पड़ता था। कवि ने कहीं लिखा है कि सारंगी और बुलबुल का साथ नहीं होता पर मैंने एक ऐसी गानेवाली छोकरी भी देखी है जो सारंगी के सामने एकदम बुलबुल लगती थी। बड़ी प्यारी लड़की थी। जब वह गाती नहीं थी तब तो और भी प्यारी लगती थी। बकौल अकबर के एक हज़रत थे, जिन्हें गाने की आदत भी थी और शौक़े इबादत भी था। नतीजा यह होता था कि उनके मुँह से दुआएँ भी ठुमरियाँ बनकर निकलती थीं। लाखों के बोल सहे, सँवरिया तेरे लिए!...

पता नहीं क्यों इधर संगीत से मेरा अनुराग कुछ घटता जा रहा है। पक्के गाने अब कच्चे लगते हैं। अब यह भी कोई बात हुई कि 'हमरी मानो तो निकसि चलो जनियाँ' जैसी एक पंक्ति पर तीन घण्टे किसी का मुँह फैलाना और तबलची की खोपड़ी का हिलना देखते रहिए। उधर कोई बाँसुरी पर उँगली चलाता है, इधर मेरी लाठी चलाने की तबीयत होती है। मुशायरों और महफ़िलों का मज़ा भी कम हो गया है। वहाँ अब सभापति का भाषण और चन्दा देनेवालों की सूची दो घण्टा पढ़ी जाती है और ग़ज़ल के लिए आधा घण्टा दिया जाता है। ऐसा भी क्या चम्पू-काव्य जिसमें गद्य इतनी अधिक मात्रा में हो। वैसे भी संगीत में उबा देने की एक निहित शक्ति है जो अनन्त है। संगीत का तो जन्म ही इसी आधार पर किया गया था। कहते हैं कि एक बार सूर्य देवता की पत्नी रूठ गयी और पर्वतों में जा छिपी। सूरज महाराज पत्नी के बिना परेशान होने लगे। कारण ज़ाहिर है। अन्त में चलकर देवताओं ने कोई राग छेड़ा और परिणाम यह हुआ कि घबराकर सूर्य की पत्नी

बाहर निकल आयी और विनती-भरे स्वर में बोली कि यह राग दरबारी बन्द करो, मैं पति के पास अभी जाती हूँ।

मगर संगीत से मेरी इस नयी दुश्मनी के कारण शायद कुछ और भी हैं। संगीत की मात्रा वायुमण्डल में इधर इतनी ज़्यादा हो गयी है कि उससे जान बचाना मुश्किल है। जिसे देखिए साइकिल पर ट्रांजिस्टर लिये चला आ रहा है। एक हाथ में ट्रांजिस्टर है दूसरा हाथ बतौर एरियल के ऊपर उठा हुआ है। स्थिति यह है कि दिन-भर में विवेकानन्द का नाम एक दफ़ा भी सुनने को नहीं मिलता और किशोरकुमार तथा मुहम्मद रफी का नाम सौ बार सुनना पड़ता है। झाँसी की रानी इतिहास की किताबों में बन्द हो गयी और लता मंगेशकर ने दुनिया जीत ली। पता नहीं हमारा क्या कसूर था कि यह देवी इस देश के वासियों के पीछे इस तरह पड़ी है। अब मुझे ही ले लीजिए। ऐत्तरेय ब्राह्मण के अनुसार जब मैं काम में संलग्न होता हूँ तो सतयुग में जीता हूँ, सोते हुए कलियुग में। कलियुग मैं प्रायः रात को ही मानता हूँ, जिसके कुछ घण्टे सतयुग को भी दिये जाते हैं। मगर लता मंगेशकर है कि रात को भी सोने नहीं देती। कहीं किसी की शादी है तो वह हाज़िर है, कहीं किसी की सगाई हो रही है तो उसका रिकॉर्ड बज रहा है और अगर कहीं बच्चा हो रहा है तो भी वहाँ ड्यूटी पर तत्पर है। लता है कि थकती नहीं और मैं हूँ कि सोता नहीं। ऋग्वेद के अनुसार रात्रियाँ मधुर होनी चाहिए। मगर क्या इतनी? जब हम प्रयाग में पढ़ते थे तो रमानाथ अवस्थी एक गीत गाया करते थे कि रात-भर उन्हें नींद नहीं आयी क्योंकि उन्हें किसी की याद आती रही और साथ-ही-साथ कहीं दूर शहनाई भी बजती रही। बड़ा संगदिल कवि था जिसे जगाने के लिए दो चीज़ों की ज़रूरत पड़ती थी! मैं तो सिर्फ़ शहनाई से ही परेशान हूँ।

औरंगज़ेब आलमगीर ने जो संगीत को दफ़नाने का हुक्म दिया था वह ठीक ही किया था। उसने काफ़ी गहरा दफ़नाने की सिफ़ारिश की थी मगर सार्वजनिक निर्माण-विभाग शायद उन दिनों भी उतना ही मुस्तैद था जितना कि आज है। खुदाई कम की गयी, चूना कच्चा लगाया गया और ताबूत शायद चीड़ की लकड़ी का बनाया गया। नतीजा यह हुआ कि संगीत भला-चंगा क़ब्र में से बाहर निकल भागा और किशोरकुमार, मुहम्मद रफी, तलत महमूद और लता मंगेशकर की शक्ल में आपके और मेरे पीछे दिन-रात रहने लगा। लोग बाथरूम तक ट्रांजिस्टर लेकर जाते हैं, दफ़्तरों में रेडियो बजता है और रेल की हालत यह है कि बाहर इंजन चीख़ता है और अन्दर मन्ना डे। वही गाना गार्ड साहब गाते हैं, वही टिकट चेकर गाता है, वही कुली गाता है और बाद में चलकर वही धुन टैक्सीवाला भी गुनगुनाता है। मैं पूछता हूँ इस देश का आख़िरकार हश्र क्या होगा?

जीनियस और जीनियस

मनुष्य जाति की यह नियति है कि उसमें हमेशा से जीनियस लोग पैदा होते आये हैं। इसी तरह जीनियस लोगों की यह नियति रही है कि बेचारे बेमौत मारे जायें। 'बेमौत मरना'—इस वाक्यांश का प्रयोग करना एक मुहावरे की मजबूरी है और इसके बारे में आप लोग कुछ नहीं कर सकते। बेमौत मरने की इसी ख़ूबसूरत मजबूरी को ध्यान में रखकर सुकरात को नाश्ते में ज़हर लेना पड़ा और गैलीलियो की गरदन का दर्द तब तक दूर नहीं हुआ जब तक कि बादशाह ने फाँसी नहीं दे दी। इस ग़रीब इंसान का कहना था कि ज़मीन जो है, वह अपनी कीली पर घूमती है। बादशाह सलामत को यह नागवार था कि उसके मुल्क की ज़मीन बिना उसकी इजाज़त के कोई ग़ैरक़ानूनी हरकत करे। उसने कीली गिरफ़्तार करने के लिए गुमाश्ते भेजे। ख़ैर कीली तो पकड़ में नहीं आयी, हाँ अलबत्ता गैलीलियो की एक अदद गरदन ज़रूर पकड़ में आ गयी। इसी तरह एक सर वाल्टर रैले थे जिन्होंने ब्रिटिश साम्राज्य के विस्तार में काफ़ी योगदान किया था और उसके पुरस्कार-स्वरूप जेम्स प्रथम ने इनके शरीर के दो खण्ड करवा दिये थे। अद्वैत से द्वैत की स्थिति हो गयी। उत्तर मुग़लकाल में सबसे बड़ा जीनियस था— गुलाम कादिर रूहेला। वह प्रजातन्त्र का बड़ा ज़बर्दस्त प्रेमी था और इसी कारण उसने शाही ख़ज़ाने की सारी दौलत सिपाहियों में बाँट दी। इसके बाद अवाम की तरफ़ से शाहआलम को भरे दरबार में अन्धा करवाया और फिर तबीयत हल्की करने के लिए तख़्ते-ताउस पर बैठकर हुक़्क़ा पिया। हुक्के का नैचा बदायूँ का था, तम्बाकू जौनपुर की और पानी दरियाये जमना का। महादजी सिन्धिया भी कम मज़ाक़ पसन्द नहीं थे। उन्होंने गुलाम कादिर को इस तरह मरवाया कि एक ही बार में कोई पच्चीस वीरगतियों का मज़ा आ गया। इन लोगों के अतिरिक्त और कितने ही ऐसे चिन्तक और भक्त हुए हैं जिनका कि अन्त मध्यान्तर से पहले ही सम्पन्न हो गया। जीनियस लोगों की यह मजबूरी है कि वे एक ख़ास तरह से मरें। ऐसा हो ही नहीं सकता कि आदमी जीनियस भी हो और नाती-पोतों से घिरा हुआ नब्बे वर्ष की आयु तक दमे का मज़ा भी लेता रहे। आप लोगों में से जो जीनियस कहलाने के उम्मीदवार हों वे बेमौत मरने का इन्तज़ाम

अभी से कर लें। इस दिशा में अगर कोई सेवा मैं कर सकूँ तो हमेशा हाज़िर हूँ।

ऊपर लिखी स्थिति के अपवाद भी हो सकते हैं। जिस तरह हिन्दी हास्य-व्यंग्य की एक अफ़सोस शाखा है, उसी भाँति जीनियस लोगों का एक ऐसा भी प्रकार है जो सुखी और दीर्घ जीवनकाल में विश्वास रखता है। इस प्रकार की आत्माएँ भी कम या ज़्यादा मात्रा में हमेशा से होती आयी हैं और मुल्क की आबोहवा या मिट्टी की क़िस्म से उनकी पैदावार पर कभी कोई ख़ास फ़र्क़ नहीं पड़ा। मिसाल के तौर पर एक हज़रत थे जिन्होंने 'सदा सोहागिन' सम्प्रदाय चलाया था। इस सम्प्रदाय की एक विशिष्टता यही थी कि सारे सदस्य स्त्रियों की ही वेशभूषा में रहते थे और बाक़ायदा चूड़ियाँ तक पहनते थे। ईश्वर पुल्लिंग है और इस कारण स्वाभाविक है कि वह स्त्री-भक्तों को प्राथमिकता दे। स्त्रियों के उद्धार पर वाममार्गियों ने भी अतिरिक्त ध्यान दिया था। स्त्रियों का दुःख दूर करते समय वे अपने-पराये तक का भेद भी भूल जाते थे। इसी तरह अवध में एक कुटनी की जीनियस छोकरी थी जो भगवान की कृपा से बला की ख़ूबसूरत होने के साथ-साथ चरित्रहीन भी थी। सोने पर सुहागा। धाय बनकर एक बार जो हरम में घुसी तो फिर मलिका ज़मानी बनकर ही रुकी। बड़ी शरीफ़ औरत थी; अपने ग़रीब पति को कभी नहीं भूली। इसके बेग़म बनने के बाद जब वह बेचारा एक दिन जेबख़र्च माँगने आया तो उसने उसे क़ैदख़ाने में डलवा दिया जहाँ वह सालों चक्की पीसता रहा। मुहम्मदशाह रँगीला भी एक ही लाजवाब जीनियस था। थके-माँदे नादिरशाह ने जब पानीपत में पड़ाव डाला तो इनकी खिदमत में अपने आने की ख़बर पहुँचवायी। बतौर दस्तूर के यह भी अर्ज़ कर दिया कि वह लाखों जवाँमर्दों के साथ आया है और उनके पुट्ठे तलवार खींचने को फड़क रहे हैं। मुहम्मदशाह ने ख़त पढ़ा और साज़िन्दों की महफ़िल में हँसी का एक फव्वारा छोड़ा। थोड़ी देर बाद उसने ख़त फिर पढ़ा और हँसी का फव्वारा नम्बर दो छोड़ा। फव्वारों का कार्यक्रम समाप्त होने के बाद उसने नादिरशाह के एलची को शराब के मटके में ढकेलवा दिया ताकि वह ग़रीब अपनी थकावट दूर कर सके। क्योंकि मेरा जन्म इस घटना के काफ़ी बाद हुआ, मैं यह नहीं कह सकता कि यह कहानी कहाँ तक सच है या मटके में कितनी शराब थी और उस होनहार एलची के हिस्से में कितनी पड़ी। बहरहाल जब यह ख़बर नादिरशाह ने सुनी तो उसकी तबीयत खुश हो गयी।

शेष इतिहास में जिस तरह जीनियस लोग कभी-कभी होते आये हैं, उसी तरह कहीं-कहीं स्थिति यह है कि पूरी की पूरी जाति ही जीनियस होती है। तकनीकी भाषा में इसे बड़े पैमाने का उत्पादन कहा जाता है। नाइजीरिया की एक जाति है जहाँ औरतें औरतों के ही साथ शादी करती हैं। शादी के बाद वे क्या करती हैं, यह विचार करने की बात है। आप भी विचार कीजिए, मैं भी करूँगा। मोरक्को में परदे का इतना मुकम्मिल इन्तज़ाम है कि वधू जब पति के घर जाती है तो बाक़ायदा

पार्सल की तरह सन्दूक में रखकर भेजी जाती है। सुहागरात के अवसर पर यदि सन्दूक के ताले की कुंजी खो जाये तो वर और वधू की क्या स्थिति होती होगी, यह भी विचारने की बात है। इस पर भी कभी विचार करेंगे। अमेरिका की एक आदिम जाति ऐसी है जहाँ मच्छरदानी को विवाहित जीवन में कहीं ज़्यादा ऊँचा स्थान दिया जाता है। अगर रात को पलँग पर मच्छरदानी न लगी हो तो पति समझ लेता है कि पत्नी ने तलाक़ दे दिया। बीवी जो गयी सो गयी ही, साथ में मच्छरदानी भी गयी। कांगो की कुछ युवतियाँ अपना रूप बढ़ाने के लिए सामने का दाँत तोड़ती हैं और रूप की रानी तो उस युवती को समझा जाता है जिसके मुख में एक भी दाँत न हो। तिब्बत में जब दो मित्र एक-दूसरे से मिलते हैं तो टोपी उतारकर जीभ निकालते हैं। यह उनके अभिवादन का अपना ढंग है जो वाक़ई लाजवाब है। कुछ आदिम जातियों में विरक्ति होने पर अपनी पत्नी की हत्या करने की स्वतन्त्रता भी प्राप्त है जो उचित ही है। बड़ी चीज़ तो आत्मा है; इस अस्थिचर्ममय देह की इतनी परवाह करने से क्या लाभ? जार्जिया में सूखा पड़ने पर क्वाँरी लड़कियों को हल में जोता जाता है। कितना अच्छा है कि मैं जार्जिया में पैदा नहीं हुआ क्योंकि क्वाँरी लड़की का कोई भी कष्ट मैं कभी बर्दाश्त नहीं कर सकता।

नादिरशाह के हमले के बाद हमारे यहाँ प्रतिभा का ह्रास हो गया हो, यह मैं नहीं मानता। हमारे देश में जीनियस लोग अब भी बराबर पाये जाते हैं। मैं ऐसी कई आत्माओं को जानता हूँ जो दिन में जिस तन्मयता से तुलसीदास की चौपाइयाँ पढ़ती हैं उसी तत्परता से रात्रि को वेश्यागमन भी करती हैं। एक नेता हैं और इस क्षणभंगुर संसार में जितने भी पाप हैं उन सबको सम्पन्न करना उनके बायें हाथ का खेल है। दायाँ हाथ जो है वह सिर्फ़ अदालत में शपथ लेने के वक़्त काम में आता है।

नगरों और महानगरों में भी प्रतिभा का ह्रास नहीं हुआ। नटवरलाल को ही ले लीजिए; वह जिस क्षेत्र में भी काम करता वहीं चोटी का कलाकार बन सकता था। इत्तफ़ाक देखिए कि उसने नयी कहानी का क्षेत्र कमलेश्वर के लिए छोड़ दिया और ख़ुद जालसाजी में लग गया। इसी तरह डाकू तहसीलदारसिंह का नाम भी लिया जा सकता है जिन्होंने आलोचना का बीहड़ इलाका नामवर सिंह के लिए छोड़ दिया और अपनी ज़िन्दगी के ख़ूबसूरत क्षण चम्बल नदी की घाटियों में बिता दिये। हाँ, एक बात ज़रूर है; बीस साल पहले जहाँ जीनियस का पहचानना मुश्किल था वहाँ अब वे अपनी अलग युनिफार्म रखते हैं। बीस वर्ष पूर्व जीनियस लोग सामान्य वेशभूषा में रहते थे और स्थिति यह होती थी कि जब तक पड़ोस के मुंशीजी आपकी मुसम्मात को भगाकर नहीं ले जाते थे तब तक उनकी प्रतिभा का पता आपको नहीं लगता था। इन दिनों वह हैण्डीकैप नहीं रहा। जिस तरह आजकल के नेता अपना जूता पैर में न रखकर हाथ में रखते हैं, ठीक उसी प्रकार जीनियस लोग इन दिनों सिर की बनिस्वत दाढ़ी के बाल ज़्यादा बढ़ाते हैं और तीस साल छोटी लड़की से शादी

करते हैं। जो ज़्यादा सिद्ध लोग हैं, उनकी दाढ़ी में खटमल तक पाये जाते हैं। ये लोग अधनंगे रहते हैं काफ्का, कामू और सार्त्र पढ़ते हैं और कहवाघर में दरवाज़े के पास बैठते हैं ताकि बिल आने से पहले उसका फ़ायदा उठाया जा सके। इनके दाँत गन्दे होते हैं और कपड़े साफ़। वे मुक्त हैं। वे सबके हैं। यह सारी पीढ़ी मुर्दा है, सिर्फ़ वे ही हैं जो श्मशान की तरह सुलग रहे हैं। वे हर ख़ूबसूरत लड़की को देखकर सीने पर हाथ मारते हैं। सीना कभी अपना होता है और कभी लड़की का। वे अपने बाप को गधा कहते हैं और माता को कुतिया। वे अपनी पत्नी को सती सावित्री की तरह पवित्र रखना चाहते हैं और साथ-ही-साथ यह भी माँगते हैं कि मुल्क की बाक़ी लड़कियों का राष्ट्रीयकरण कर दिया जाये। वे चौराहों पर इन्कलाब के नारे लगाते हैं और अक्सर दूसरों की पत्नियों द्वारा छाते से पीटे जाते हैं। इससे उनकी मानवजाति के भविष्य के बारे में जो थोड़ी-बहुत आस्था होती है, वह टूट जाती है। साथ-ही-साथ कभी-कभी छाता भी टूटता देखा गया है। इन लोगों की हरकत देखकर कभी-कभी इतना विस्मय होता है कि दाँतों के नीचे अँगुली दबाने को तबीयत होती है। शर्त सिर्फ़ इतनी है कि दाँत मेरे और अँगुली किसी जीनियस की। इस मुहावरे के साथ मेरी यह मजबूरी हमेशा रही।

एक अध्यापक का अपहरण

कल अख़बार में पढ़ा कि कुछ डाकुओं ने प्रायमरी स्कूल के एक देहाती अध्यापक का अपहरण कर लिया। मैं तभी से सोच रहा हूँ कि यह घटना घटी तो क्योंकर घटी? देवकीनन्दन खत्री के शब्दों में इस घटनाघटाटोप का रहस्य क्या है?

अपहरण शब्द के अर्थ से मैं भली-भाँति परिचित हूँ। जिन वस्तुओं का अपहरण होता है और होना भी चाहिए उनसे मेरा काफ़ी निकट सम्पर्क रहा है। उदाहरण के लिए रूपवती युवतियाँ बनी ही इसलिए हैं कि उनका अपहरण किया जाये। सीताहरण, सुभद्राहरण, रुक्मिणीहरण और संयोगिताहरण—इन सबों को लेकर जो शाश्वत साहित्य रचा गया है वह कहीं-कहीं इन सुन्दरियों से भी अधिक सुन्दर है। यदि ये अपहरण सम्पन्न न किये गये होते तो वाल्मीकि रामायण, वत्सराज का रुक्मिणीहरण और कुमारदास का जानकीहरण हमें पढ़ने को कहाँ मिलते? कालिदास को ही ले लीजिए—उन्होंने रघुवंश में सीताहरण का इस मार्मिकता से चित्रण किया है कि उनके बाद जब जानकीहरण काव्य लिखा गया तो राजशेखर तक को यह कहना पड़ा कि रघुवंश के बाद जानकी के हरण की शक्ति या तो रावण को थी या कवि कुमारदास को। भवभूति के मालती-माधव नाटक में माधव और मालती दोनों एक-दूसरे के साथ भाग जाते हैं और परिणाम यह होता है कि बिना किसी और विशेष कारण के नाटक सुखान्त रहता है। दशकुमार चरित में प्रत्येक कुमार ने रूपवती कुमारियों के बटोरने में वह रेस लगायी है कि कौन आगे निकला, यह कहना कठिन है। गुणाढ्य की बृहत्कथा में रानी मदन मंजूषा मानसवेग नाम के प्रेमी के साथ भागती है जो नितान्त उचित है। मैं इन दोनों पात्रों के नामों पर ध्यान देता हूँ और घटना की हार्दिक रूप से सराहना करता हूँ। रानी मदन मंजूषा ख़ूबसूरत थी क्योंकि नाम में मदन लगा है और उसके पास मंजूषा यानी कि तिजोरी भी थी। इसी प्रकार मानस वेग के पास दिल भी था और वेग भी। ऐसी सुखद स्थिति में अगर वे दोनों भागते नहीं तो और क्या करते!

स्त्रियों के अपहरण की यह सांस्कृतिक व ऐतिहासिक परम्परा संस्कृत-साहित्य या पृथ्वीराज रासो के साथ ही समाप्त नहीं हो गयी। लड़कियाँ अब भी बदस्तूर

भगायी जाती हैं। कहीं-कहीं तो स्थिति इतनी नाज़ुक है कि पति उस व्यक्तिविशेष को नकद पुरस्कार भी देने को तैयार है जो उसकी पत्नी को भगाकर दूर ले जा सके। बड़े-बड़े घरों में माता-पिता ऐसी स्थितियाँ उत्पन्न करने में स्वयं काफ़ी सचेष्ट हैं। कितना अच्छा हो कि लड़की भाग जाये और कचहरी में शादी कर ले। न जनवासे का झंझट और न दहेज का। इसी प्रकार मणिपुर तथा कुछ अन्य प्रदेशों में ऐसी प्रथा है कि अगर लड़का लड़की को भगाकर तीन दिनों तक कहीं छिपाकर रख सके तो समाज को उन्हें पति-पत्नी मानने पर कोई आपत्ति नहीं होती। पत्नी बड़ी चीज़ है। शतपथ ब्राह्मण में लिखा है कि बिना पत्नी के जीवन अधूरा है– यावज्जायाँ न विन्दते, असार्वो हि तावद् भवति। पत्नी अपनी हो या दूसरे की—इस प्रश्न का उत्तर महाकवि वाल्मीकि ने दिया है जहाँ वे कहते हैं कि दूसरों की पत्नियों के साथ वही व्यवहार करना चाहिए जो कि अपनी निजी पत्नी के साथ। यथात्मनस्तथान्येषां दारा रक्ष्या विपश्चिताः।

अपहरण के उपरान्त लड़कियों का क्या उपयोग किया जाता है, वह ज़ाहिर है। फिर भी किसी श्रद्धालु पाठक को किसी प्रकार की कोई शंका हो तो वह लेखक से सीधा पत्र-व्यवहार कर सकता है। मैं वादा करता हूँ कि ज़रूरत से ज़्यादा जानकारी दी जायेगी और पत्र-व्यवहार एकदम गुप्त रखा जायेगा।

लड़कियों के अतिरिक्त और भी कुछ वस्तुएँ हैं जिनका अपहरण किया जाता है। चुनाव के अवसर पर कभी-कभी प्रत्याशी या मतदाताओं का अपहरण किया जाता है जो प्रजातन्त्र के सर्वथा अनुकूल है। कभी-कभी अदालतों में से गवाह उड़ा लिये जाते हैं। गुप्तचरों का अपहरण होता है, हवाई जहाज़ों का होता और जहाँ तक बच्चों के अपहरण का प्रश्न है वह तो हमारे देश में काफ़ी बड़े धन्धे के रूप में चलाया जाता है। बच्चों के माँ और बाप से रक़म माँगी जाती है और बच्चों को अपंग बनाकर उनसे भीख मँगवायी जाती है। कहते हैं इस धन्धे में काफ़ी नफ़ा है। मेलों में से भगायी गयी युवतियाँ कोठों पर पहुँचायी जाती हैं और परिणाम यह होता है कि अमृतलाल नागर 'ये कोठेवालियाँ' लिखते हैं। अँग्रेज़ों के ज़माने में फ्रण्टियर प्रदेश के एक गवर्नर ही कबायलियों द्वारा उड़ा लिये गये थे जिनकी वापसी के लिए सरकार को एक लाख नकद रुपया, सौ मन कपास, एक हज़ार मन गुड़ और दो हज़ार कारतूस देने पड़े थे। ख़ैर, ये चीज़ें तो समझ में आती हैं पर यह समझ में नहीं आता कि उस ग़रीब देहाती अध्यापक का अपहरण किया गया तो क्यों किया गया?

इस प्रश्न पर मैं लगातार सोच रहा हूँ पर बुद्धि काम नहीं करती। क्या वह अध्यापक देखने में नेता लगता था या उसकी पत्नी या कन्या सुन्दर थी? क्या डाकू लोग उसे पकड़कर अपने बच्चों के नम्बर बढ़वाना चाहते थे या फिर वही विनोबा भावे वाला 'आत्माबदल' आन्दोलन जड़ पकड़ रहा है और दस्यु लोग चाहते हैं कि वे भी शिक्षित और ज्ञानी पुरुष हो जायें ताकि देश की सेवा किसी और रूप में कर

सकें। अगर ऐसा है तो ईश्वरचन्द्र विद्यासागर का वर्ण परिचय (भाग एक और दो) ख़त्म करने के बाद वह देहाती अध्यापक सही सलामत वापस कर दिया जायेगा। शिक्षित हो जाने के बाद डाकू लोग भूदान आन्दोलन में शामिल हो जायेंगे।

स्थिति कुछ भी हो, इस सन्दर्भ में मैं सरकार को दो सुझाव देना चाहता हूँ। एक तो यह कि जनता के हित को ध्यान में रखते हुए यह उचित होगा कि हिन्दी के कुछ पुराने लेखकों का हमेशा के लिए अपहरण करवा दिया जाये। इन लोगों को बचने का और कोई रास्ता नज़र नहीं आता। एक यशस्वी लेखक हैं जिनकी प्रतिभा का परदा कभी का गिर चुका, मगर ये हैं कि बग़ैर पचहत्तर पुस्तकें लिखे सीन से हटना ही नहीं चाहते। अगर ये वादे के पक्के हों तो दो-चार पुस्तकें तो इनकी तरफ़ से मैं खुद लिखने को तैयार हूँ। सरकार को मेरा सुझाव नम्बर दो यह हुआ कि अपहरण के धन्धे का राष्ट्रीयकरण कर दे। लॉटरी और सामान्य बीमे के उपरान्त यह एक ऐसा धन्धा है जिसे हाथ में लिया जा सकता है। देश की आर्थिक स्थिति को देखते हुए यह योजना ऐसी है जिस पर गम्भीरतापूर्वक विचार करना उचित होगा। मेरे विचार में तो शायद ही ऐसी कोई वारदात हो जिसमें ओ हेनरी के 'दी रैंजम ऑफ़ द रैड चीफ़' वाली परेशानी पड़े वरना जहाँ तक मेरी पैनी निगाह काम करती है, धन्धे में लाभ ही नज़र आता है।

मेरठ की माल रोड और भूत-प्रेत

इस असार संसार के अनेक देशों में एक देश भारतवर्ष है। भारतवर्ष के अनेक प्रदेशों में एक उत्तर प्रदेश है। उत्तर प्रदेश के अनेक नगरों में एक नगर मेरठ है (मेरठ का प्राचीन नाम महीरथ था, देखिए दिल्ली म्युटिनी मेमोरियल के पास लगा अशोककालीन पत्थर) मेरठ की अनेक सड़कों में एक सड़क माल रोड है। इण्डियन गजेटियर (1910) के अनुसार यह सड़क भारतवर्ष की सर्वश्रेष्ठ सड़कों में से एक है। इस कथन से इस देश की शेष सड़कों की सन् उन्नीस सौ दस में क्या स्थिति रही होगी इस पर काफ़ी प्रकाश पड़ता है। इत्तफ़ाक की बात देखिए कि आजकल मैं इसी माल रोड पर एक बँगले में निवास करता हूँ। दूसरा इत्तफ़ाक यह है कि यह ठीक वही कोठी है जिसमें अठारह सौ सत्तावन के विद्रोह में जनरल हैविट रहते थे। कहते हैं कि मेरी तरह वह भी काफ़ी शालीन और शान्तिप्रिय व्यक्ति थे। विद्रोह के दिनों में उनके दिमाग़ ने भी साथ नहीं दिया था। असफलता के कारण गिनाते हुए इतिहासकार लिखता है कि उनकी प्रमुख कठिनाई यह थी कि उनके सभी घुड़सवारों को घोड़े की सवारी करनी नहीं आती थी और जिन्हें आती थी उनके पास घोड़े नहीं थे (अठारह सौ सत्तावन, सुरेन्द्रनाथ सेन, पृष्ठ 60)। उनके सिपाहियों को यह मालूम नहीं था कि क्या करना सर्वोत्तम होगा और परिणाम यह रहा कि कुछ भी नहीं किया जा सका (रोटन लिखित दो चैप्लैन्स नैरेटिव ऑफ़ द सीज़ ऑफ़ दिल्ली, पृष्ठ 7)। यह ठीक वही स्थिति थी जो शिवपालगंज के थाने की थी। जहाँ श्रीलाल शुक्ल की सूचना के अनुसार इतना काम था कि सारा काम ठप्प पड़ा था।

माल रोड यूँ तो बहुत-सी बातों के लिए मशहूर है (जैसे यहाँ पर क्लब है जहाँ कहते हैं कि कभी चर्चिल रहता था, कम्पनी बाग़ है जहाँ हर मौसम में घास पायी जाती है और अन्त में चलकर रुड़की रोड का क्रॉसिंग है जहाँ प्रति सप्ताह दो के औसत से दुर्घटनाएँ होती हैं)। मगर फिर भी यहाँ की जो ख़ास चीज़ है वह है यहाँ के भूत-प्रेत। भूत-प्रेतों का अस्तित्व यहाँ अठारह सौ सत्तावन की क्रान्ति के बाद ही हुआ। जितने अँग्रेज़ अफ़सर मारे गये वे सब भूत बन गये और जैसा कि ज़ाहिर है कि जितनी युवतियाँ मारी गयीं वे बाद में परियाँ बन गयीं।

यूँ तो ये भूत-प्रेत माल रोड के प्रत्येक बँगले में रहते हैं, पर फिर भी इनका विशेष अड्डा जो है वह पीपल के उस वृक्ष के तले है जो कि चर्च स्ट्रीट पर स्थित है। चर्च स्ट्रीट वह स्ट्रीट है जो कि कुछ लोगों की राय में चर्च से शुरू होती है और कुछ लोगों की राय में चर्च पर जाकर ख़त्म होती है। पीपल का वह रहस्यमय वृक्ष इसी पवित्र स्ट्रीट पर स्थित है। यह स्थान भूत-प्रेतों को हमेशा से प्रिय रहा है। हालाँकि कोई सौ गज़ पर ही लालकुरती का थाना है और उसके पास एक काँजीहाउस भी है, मगर इन भूत-प्रेतों को देखिए कि वे फिर भी इस पीपल के पेड़ को ही पसन्द करते हैं। कहते हैं कि इस वृक्ष पर कई तरह के भूत-प्रेत रहते हैं। कुछ भूत यहाँ सिर्फ़ इसलिए रहते हैं कि पासवाले सिनेमा में दूसरा शो देखा जा सके। एक भूत है जो सिर्फ़ नौजवान लड़कियों को ही छेड़ता है। एक सर्वोदयी भूत है जो जिस किसी के यहाँ चला जाता है, उसके बरतन साफ़ करता है, घर में पोंछा लगाता है और तारीफ़ यह है कि दिखाई भी नहीं पड़ता। केन्द्रीय सरकार के एक वरिष्ठ संयुक्त सचिव को इस भूत की सूचना जब दी गयी तो उन्होंने कहा कि अगर ऐसा भूत उन्हें दिल्ली में अपने बँगले के लिए मिल जाये तो उसे मेरठ से अपने ख़र्चे पर ले जाने को तैयार है। मगर भूत है कि दिल्ली नहीं जाना चाहता। वह चर्च स्ट्रीट के उसी पीपल के वृक्ष पर रहता है और आसपास के निवासियों की सहायता करता है। सादा जीवन, उच्च विचार। ऐसे भूत का कुछ पता नहीं कब सर्वोदय आन्दोलन में भाग लेने लगे।

पीपल के इस वृक्ष के नीचे कभी-कभी चिराग़ जलाया जाता है और कभी-कभी बताशे रखे जाते हैं। कोई-कोई भक्त कभी-कभी सूती धोती भी लाल धागे से बाँधकर चले जाते हैं। दिवाली के दिन अगर कोई चोर यहाँ सवा रुपये का प्रसाद चढ़ा देता है तो उसकी रात कभी बेकार नहीं जाती। इसी तरह जो प्रेमी-प्रेमिकाएँ इस वृक्ष के नीचे रात के पिछले पहर आते हैं, वे भी अपनी इच्छा पूरी करके ही लौटते हैं। इस पेड़ पर जितने भी प्रेत हैं वे सब दयालु प्रकृति के हैं और उनमें से ऐसा कोई नहीं जो किसी को निराश करे। एक बार एक वरिष्ठ अधिकारी को तेज़ बुख़ार आ गया। काफ़ी दवाइयाँ दी गयीं मगर बुख़ार था कि बढ़ता ही गया। धीरे-धीरे साहब प्रलाप की स्थिति में आ गये और हालत इतनी नाज़ुक हो गयी कि बेहोशी के दौरान वे अपनी मेहतरानी के प्रति अपने पवित्र प्रेम को निःसंकोच व्यक्त करने लगे। नौजवान और ख़ूबसूरत मेहतरानी ने बताया कि साहब पर भूत चढ़ा है और सयाने को बुलाना पड़ेगा। सयाने को बुलाने एक चपरासी गया जिसकी कि उसी मेहतरानी को लेकर साहब से काफ़ी पुरानी रंजिश थी। चपरासी ने सयाने की पहचान की और सयाने ने भूत की। परिणाम यह हुआ कि साहब के ऊपर जूते पड़ने शुरू हुए। इधर जूता पैर से उतरा, उधर बुख़ार ने शरीर से उतरना शुरू किया। कोई पच्चीस जूतों के लगातार सेवन के बाद साहब होश में आ गये। चपरासी की जो ऐतिहासिक रंजिश

थी, वह भी समाप्ति को प्राप्त हुई।

इस इलाक़े में ऐसे कितने ही भाग्यवान् और सत्यवादी लोग हैं जिन्हें भूत-प्रेतों के साक्षात् दर्शन का सौभाग्य प्राप्त हुआ है। कहते हैं, मेरी कोठी में रात को गाने की आवाज़ आती है और कभी-कभी एक अँग्रेज़ अफ़सर अपनी मेम के हाथों में हाथ डाले घूमते दिखायी पड़ते हैं। ऐसी सुन्दर घटनाएँ प्रायः चाँदनी रातों में होती हैं। यह मेरा दुर्भाग्य है कि मुझे यह युगल कभी नहीं दिखायी पड़ा। कितना अच्छा हो कि किसी समय अकेली मेम ही घूमती मिल जाये। मगर शायद मेरी तक़दीर ही ख़राब है। एक दिन रात को मैं दौरे से लौटा तो कोठी के गेट से अन्दर मकान तक जानेवाली लम्बी और सुनसान सड़क पर एक निहायत रोबदार व्यक्ति दिखाई पड़ा। उसकी चाल में शान थी और पृष्ठभूमि में आकर्षण। चेहरा उसका दूसरी तरफ़ को था। मैं समझ गया कि यह ज़रूर जनरल सर गफ या कर्नल स्मिथ का भूत है, मगर पास जाने पर पता लगा कि वह सरकारी चौकीदार मातादीन था। अपने इस दुर्भाग्य को जब मैंने दफ़्तर में एक सहयोगी को बताया तो वे गम्भीर होकर बोले कि तुम्हें भूत कभी नहीं दिखाई देगा। इस स्थिति का कारण यह है कि तुम शायद ख़ुद भूत हो। भूतों की आचार-संहिता के अनुच्छेद चार के अनुसार भूत लोग दूसरे भूतों को कभी दृष्टिगोचर नहीं होते। मैंने उनकी बात सुनी और सहम गया। अब मैं प्रायः देखता हूँ कि मेरे वे सहयोगी जब भी मुझे देखते हैं तो सड़क छोड़ देते हैं। मैं अपने व्यक्तित्व के इस नये पहलू से इतना प्रभावित हूँ कि कुछ कह नहीं सकता। मन हलका करने के लिए यह राज की बात जब मैंने अपनी निजी पत्नी को सुनायी तो वह बड़े उदासीन भाव से कहने लगी कि उसे तो मेरे भूत होने का सन्देह शादी से अगले दिन ही हो गया था।

बात ग़दर से शुरू हुई थी और यह उचित होगा कि इसे ग़दर के साथ ही समाप्त किया जाये। इस सन्दर्भ में दो बातें विशेष रूप से उल्लेखनीय हैं। एक तो यह कि नेटिव सिपाहियों ने जिस बर्बरता से अँग्रेज़ परिवारों की हत्या की थी उसके बदले में अँग्रेज़ों ने जो कुछ किया वह भी लाजवाब था। उदाहरण के तौर पर बारह हिन्दुस्तानियों को सिर्फ़ इस कारण फाँसी दी गयी थी कि जब वे माल रोड पर चल रहे थे तो उनकी गरदन ग़लत दिशा में मुड़ी हुई थी (रसेल की पुस्तक, जिल्द 2, पृष्ठ 402)। दूसरी बात यह कि इस ग़दर का खाने-पीने की क्रिया से बड़ा निकट का सम्बन्ध था। कारतूस इसलिए विद्रोह का कारण बने कि उन्हें खोलने के लिए दाँतों की सहायता लेनी पड़ती थी। इसके अतिरिक्त इस ग़दर में चपातियों ने बड़ा सक्रिय सहयोग दिया था। जनवरी 1857 में चपातियों का काफ़ी वितरण हुआ। इन चपातियों का रहस्य कभी नहीं खुला। लोगों का विश्वास था कि ये रोटियाँ किसी व्यापक रोग की रोकथाम के लिए वितरित की गयी थीं। सर सैयद अहमद ख़ाँ के अनुसार यह एक जादू-टोना थीं। एक गवाह का कहना था कि नाना साहब ने

इन चपातियों को एक साधु के कहने पर इस लिए बँटवाया था कि जहाँ-जहाँ तक चपाती पहुँचे वहाँ-वहाँ तक उसका साम्राज्य विस्तृत हो—ठीक वही तर्क जिस पर अमेरिका पिछड़े देशों को गेहूँ देता है। बहादुरशाह के मुक़दमे के समय यह ज़ाहिर हो गया कि हर व्यक्ति के लिए चपाती का एक अलग अर्थ था। अन्तिम बात यह कि मेरठ में जो आग भड़की उसका प्रमुख कारण था 9 मई, 1857 को एक भयंकर अफ़वाह का उड़ना। इस अफ़वाह का भी खाने-पीने के धन्धे से अटूट सम्बन्ध था क्योंकि जिसने यह अफ़वाह उड़ायी थी वह एक बावर्ची था (अठारह सौ सत्तावन, सुरेन्द्र नाथ सेन, पृष्ट 60)।

प्रेम-यात्रा

मैं बराबर उसी के बारे में सोच रहा हूँ। ऐसा नहीं कि इसके पहले मैं सुन्दर स्त्रियों से प्रभावित नहीं हुआ पर यह भी सच है कि जो बात उसमें मिली वह पहले कभी नहीं दिखायी दी।

उसके साथ मेरा परिचय एकदम हो गया। काठगोदाम के स्टेशन पर पहाड़ से लौटते हुए उसे देखा। वह भी शायद रानीखेत से आयी थी छुट्टियाँ बिताकर। ख़ुशी और स्वास्थ्य से तमतमाता चेहरा, भरा-पूरा ज़िस्म और रोबदाब की चालढाल। अँग्रेज़ी ढँग के कटे हुए बाल और आँखों पर धूप का चश्मा। पहले तो काफ़ी देर मैं ख़ासी बेशर्मी के साथ उसे घूर-घूरकर देखता रहा जिसका कि उसे पूरा-पूरा पता था और इसके बाद मैंने आशिकाना ढँग से कोई धुन गुनगुनायी जिस पर वह कुछ मुस्करायी। इसके बाद जैसे ही उसने टिकट बाबू से कहा कि एक टिकट लखनऊ का चाहिए, वैसे ही मैंने उसके कन्धे में अँगुली गड़ाते हुए कहा कि एक टिकट मेरा भी ख़रीद लीजिए ताकि मैं इस भीड़ और जहमत से बच सकूँ। दरअसल मैं किसी तरह उससे बातचीत शुरू करना चाहता था। जितनी देर वह लड़की टिकट ख़रीदती रही मैं बराबर यही सोचता रहा कि अगर यह ज़ालिम न खुली तो अगला क़दम क्या होगा। देसी फ़िल्मों के कुछ ख़ास सीन निगाहों के सामने घूमने लगे। मगर जो कुछ हुआ वह आशा के एकदम विपरीत था। उसने टिकट ख़रीदा और मुझे नहीं दिया। हँसकर बोली कि टिकट पास रहेगा तो मैं भी उसके पास रहूँगा। सफ़र में अकेले चलना ठीक नहीं। यह सुनना था कि मेरा चेहरा लाल हो गया और मन का राष्ट्रीय पक्षी पंख फैलाकर नाचने लगा।

मैं औरतों के बारे में तरह-तरह की बातें सोचने लगा। मेरे दिमाग़ में आया कि संज्ञा और विशेषण की तरह स्त्रियों के भी कई प्रकार होते हैं। कुछ स्त्रियाँ केवल खाना पकाने के मतलब की होती हैं और कुछ सिर्फ़ बच्चा पैदा करने के मतलब की। कुछ औरतें सिर्फ़ गालियाँ खाती हैं और फिर भी ख़ुश रहती हैं और कुछ ऐसी नाज़ुक बदन होती हैं कि रोज़ विलायती शराब पीने और मुर्गा खाने के बाद भी कभी नहीं पनपतीं। शहद की मक्खियों की भाँति कुछ स्त्रियाँ सारी उम्र काम ही करती हैं

और उनके न पंख होते हैं और न आँख। और कुछ ऐसी रानी क़िस्म की होती हैं जिन्हें उम्र-भर सिवा प्रेम करने के और कोई धन्धा ही नहीं आता। जैसाकि ज़ाहिर है स्त्री से मेरा अर्थ यहाँ सुन्दर स्त्री से है। बदसूरत स्त्री को स्त्री कहना उसका भी अपमान करना है और अपना भी। बदसूरत स्त्री का केवल एक ही उपयोग है और वह यह कि वह आपको ग़लत रास्ते पर जाने से रोकती है। बस! सुन्दर स्त्रियों के अलबत्ता कुछ और भी उपयोग हैं। मिसाल के तौर पर पुराने ज़माने में लड़ाइयाँ उन्हीं के लिए लड़ी जाती थीं जिनसे कि देश का इतिहास बनता था और जिन्हें लेकर कवि लोग कविता लिखते थे। सच्चाई की बात है कि यदि ख़ूबसूरत लड़कियाँ न होतीं तो हमारा कोई इतिहास ही नहीं होता और नतीजा यह होता कि स्कूलों में बच्चे केवल भूगोल ही पढ़ा करते।

डिब्बे में जाकर मैं एक ओर बैठ गया। छोटी लाइन की गाड़ियों में एक ख़ास बात यह होती है कि उनके डिब्बे भी छोटे ही होते हैं। वह डिब्बे के अन्दर आयी और सामान सीट के नीचे रखवाकर मेरे पास बैठ गयी। हम दोनों चुप रहे। डिब्बे में भीड़ बढ़ती गयी और नतीजा यह हुआ कि हम लोग एक-दूसरे से सटते गये। थोड़ी देर के बाद हम लोगों के बीच की दूरी समाप्त हो गयी। इसके बाद भीड़ का दबाव जो यकायक बढ़ा तो स्थिति इतनी सुखदायक हो गयी कि वह आधी तो सीट पर रह गयी और आधी मेरी कमीज़ और टाँगों पर आ गयी। मेरी टाँग जिस तरह दबी उससे ज़ाहिर हो गया कि उसका ज़िस्म ख़ूबसूरत होने के साथ-साथ कसरती भी था। गाड़ी खुलते ही उसने सिगरेट सुलगाई और मुझे देख-देखकर बड़े प्यारे ढंग से मुस्कराना शुरू किया। आउटर सिगनल पार करते न करते मेरी दबी हुई टाँग दर्द करने लगी। उनके रूप में तो ताक़त थी ही, मगर ताक़त उनकी उस टाँग में भी कम नहीं थी जो उन्होंने मेरी टाँग पर रख रखी थी। वैसे उसकी वह टाँग नंगी होने के साथ सुडौल भी बहुत थी। अगर वह इस वक़्त मेरे ज़िस्म के ऊपर न होकर किसी और जगह होती तो मैं शायद उसकी ज़्यादा तारीफ़ करता।

मैं औरतों की टाँगों के बारे में सोचने लगा। आदमी की टाँग अगर कहीं दबी हो तो उसका दिमाग़ ऊँचा उठ जाता है और वह बड़ी-बड़ी बातें सोचने लगता है। सुन्दर लड़कियों की टाँगें भी सुन्दर ही होती हैं। इन सुन्दर टाँगों के बड़े उपयोग हैं। पुराने समय में सुन्दर स्त्रियाँ यदि अशोक के वृक्षों पर पदाघात करती थीं तो उन पर फूल खिल उठते थे। अपनी सुन्दर टाँगों के प्रभाव के कारण सुन्दर स्त्रियाँ कभी अपने घरों में नहीं रहीं। प्रेमी तक पहुँचने में नायिका की टाँगों का जो स्थान है वह शेष अंगों से कहीं ऊपर है। पुराने ज़माने में ऐसी टाँगें सुलतानों और अमीरों के हरमों में रखी जाती थीं ताकि आँधी-पानी से बची रहें। किसी-किसी हरम में तो पन्द्रह हज़ार तक टाँगों की जोड़ियाँ एक-साथ गिरफ़्तार रहती थीं और नतीजा यह होता था कि यह जगह हरम कम और गोदाम ज़्यादा होती थी। बाक़ी सामान की

तरह इन टाँगों का भी सालाना स्टॉकटेकिंग होता था। कभी-कभी कुछ हसीन मर्द टाँगें भी चोरी से गोदाम में दाखिल हो जाया करती थीं जिससे बाक़ी टाँगों का रूप निखरने में मदद मिलती थी।

जिस लड़की का मैं ज़िक्र कर रहा हूँ वह काफ़ी मिलनसार क़िस्म की निकली। सिगरेट पीते-पीते कोई चार इंच कुहनी मेरी पसलियों में गड़ाकर कहने लगी कि चुप बैठकर तो बड़ा अकेलापन लगता है, आइए और कुछ नहीं तो बातें ही करें। मुझे रेवती कहते हैं। लखनऊ में पेण्टिग सीखती हूँ और हॉस्टल में रहती हूँ। मुझे हेब्बर के चित्र बड़े प्यारे लगते हैं। सच तो यह है कि हेब्बर मुझे खुद भी बड़ा प्यारा लगता है। वैसे शौक़ आपके भी मज़े के हैं। गाना तो जनाब स्टेशन पर ही गा लेते हैं, हाँ अलबत्ता ऑर्केस्ट्रा शायद घर पर रखते हों। पेण्टिग के अतिरिक्त मुझे टेनिस का भी शौक़ है और यूँ गाहे-बगाहे शिकार भी खेल लेती हूँ। इस बार मैं रानीखेत दरअसल शिकार खेलने ही गयी थी। उफ़् कितनी भीड़ है इस डिब्बे में। मेरा तो जी घबराता है। फ़र्स्ट क्लास की भी यह हालत। हे भगवान, हम लोग फालतू बच्चे पैदा करना कब बन्द करेंगे। आख़िरकार लोग यह क्यों नहीं समझते कि बच्चे के बग़ैर भी वे मियाँ-बीवी का रिश्ता उसी कसरत के साथ निभा सकते हैं। क्या ख़याल है आपका? आइए कुछ बातचीत बर्थ-कण्ट्रोल पर ही हो जाये, बीयर बाद में पियेंगे।

मैं चुप हो गया। मैं तो टाँग दबते ही समझ गया था कि लड़की शिकारी क़िस्म की है, पर इस भलीमानुस ने स्थिति साफ़ ही कर दी। क्या पता अटैची में बन्दूक भी हो। ऐसी छोकरी से छेड़छाड़ करना सेहत के लिए मुफीद नहीं। जहाँ तक टाँग का प्रश्न है, स्थिति धीरे-धीरे यह होती जा रही थी कि मैं बराबर यही सोच रहा था कि टिकट अगर खुद ही ख़रीद लेता तो कहीं ज़्यादा अच्छा रहता। प्रभु ने कुल मिलाकर दो टाँगें दी हैं और लगता है कि उनमें से एक आज इनकी सेवा में गयी और इस पर भी तुर्रा यह कि मैं इनसे परिवार-नियोजन पर वार्तालाप करूँ। इतनी सुन्दर और शरीफ़ लड़की के मुख से ऐसी बातें सुन मुझे ऐसा महसूस हुआ जैसे किसी ने डबलरोटी के बीच पटाखा रख दिया हो। सोचा, शायद किसी छोटे ख़ानदान की है। हो सकता है, चालू क़िस्म की हो। हॉस्टल की लड़कियाँ अक्सर पटरी से उतर जाती हैं। मैं यही सोचता रहा और चुप रहा। टाँग निकालने की एक अदद कोशिश और की, मगर साफ़ मालूम हो गया कि वह काफ़ी मज़बूत क़िस्म के शिकंजे में फँसी है। बालिका ब्रह्मचारिणी प्रतीत होती थी। दर्द कम करने के लिए मैं सीटी बजाने लगा।

कुछ लड़कियाँ होती हैं जिन पर सीटी बजाने का असर होता है। यह लड़की उनमें से नहीं थी। वह बड़े प्यारे ढँग से मुस्करायी और साइड बदलती हुई मेरी आँखों में आँखें डालकर कहने लगी कि फैमिली प्लानिंग में उसका काफ़ी तजुर्बा है। उसने इस धन्धे का गहरा अध्ययन किया था और शायद थोड़े दिनों उसने इस महकमे में काम भी किया था। कहने लगी कि आप तो शायद शर्माने की कोशिश कर

रहे हैं। यह उम्र और यह भोलापन। मैं कहती हूँ कि शरमाते-शरमाते ही हम लोग बावन करोड़ हो गये और हालत अगर यही रही तो वह दिन दूर नहीं जब इंसान इंसान को खायेगा। स्थिति इतनी नाज़ुक हो गयी है कि क्या विवाहित और क्या अविवाहित—हम सभी को परिवार-नियोजन करना पड़ेगा। हाँ, अलबत्ता इन्फोजिस में फ़र्क़ हो सकता है। मिसाल के तौर पर मेरा पहला मँगेतर था, वह अव्वल दरजे का एक्सट्रीमिस्ट था। कहा करता था कि हिन्दुस्तानी के एक भी बच्चा नहीं होना चाहिए। मैंने तो एक दिन खुलासा कर दिया था कि अगर तुम्हारे डैडी भी यही सोचते तो बच्चू, तुम कहाँ से निकलते? दूसरा मँगेतर था, देखकर हमेशा यही लगता था कि जुलाब लेने का ख़ानदानी शौक़ है। यह तीसरा कुछ गनीमत है। प्रेम-व्रेम की बात नहीं करता, एकदम काम की बात पर आ जाता है। इससे वक़्त बचता है। डॉक्टर होने की हैसियत से उसका भी यही ख़याल है कि शादी के बाद भी हम दोनों को परिवार-नियोजन करना ही पड़ेगा। ज़्यादा बच्चे होने से औरत बदसूरत और कभी-कभी तो बूढ़ी तक हो जाती है। कहते हैं कि हिन्दुस्तान में ऐसी करोड़ों औरतें हैं जो इसी वज़ह से बूढ़ी हो रही हैं।

"जी" मेरी दबी हुई टाँग से आवाज़ निकली। मगर वह कहती गयी। बर्थकण्ट्रोल से मुल्क को एक बड़ा ख़तरा है। इससे देश की ख़ूबसूरती कम हो जायेगी। अरे कौन करेगा बर्थकण्ट्रोल? हम जैसी पढ़ी-लिखी ख़ूबसूरत लड़कियाँ ही तो यह सब-कुछ करेंगी और नतीजा यह होगा कि ख़ूबसूरत बच्चे कम पैदा होंगे। आदिवासी लोग तो फिर भी हज़ारों की तादाद में मोटे होंठ और चपटी नाक बनाते रहेंगे। हाँ, तो यह बताइए कि इस सिलसिले में जनाब को ढँग कौन-सा पसन्द है? लूप के बारे में क्या ख़याल है आपका? इतना कहने के बाद उसने सिगरेट का आख़िरी कश खींचा और उसका धुआँ काफ़ी तबीयत के साथ मेरे मुँह पर छोड़ा।

उसकी बेतकल्लुफ़ी देखकर मैं घबरा गया। मैंने डिब्बे के लोगों की तरफ़ देखा और शर्म से गरदन नीची कर ली। जहाँ तक लड़की का प्रश्न था, वह काफ़ी जोश में दिखाई देती थी। उसने मुझे देखा और इसके बाद वह फिर उसी प्यारे ढँग से मुस्करायी। दबी हुई टाँग को छोड़कर बाक़ी ज़िस्म को पसीना आ गया। मैं बुरी तरह कट गया। उसकी सिगरेट ख़त्म हो चुकी थी, अब वह मेरे कन्धे पर सिर रखकर ऊँघने लगी।

इसके बाद कोई जंक्शन आ गया। रात भी हो गयी थी। गाड़ी से काफ़ी लोग उतर गये और हमारा डिब्बा तो एकदम खाली ही हो गया। मुझे अपनी प्यारी टाँग वापस मिली। रक्त की गति रुक जाने के कारण उसमें काफ़ी बड़े-बड़े क़िस्म की चींटियाँ चल रही थीं। डिब्बा खाली होने पर वह लड़की उठी और तौलिया वग़ैरह लेकर बाथरूम चली गयी। मैं पतलून में हाथ डालकर टाँग सहलाने लगा।

टाँग सहलाता-सहलाता मैं फिर ख़यालों में डूबने लगा। सोचने लगा कि यदि

प्रथम भेंट के अवसर पर शकुन्तला दुष्यन्त से पूछती कि आर्यपुत्र और तो सब ठीक है मगर ज़रा यह तो बताओ कि तुम्हारा लूप के बारे में क्या ख़याल है तो ज़ाहिर है कि ग़रीब आदमी तीर कमान छोड़कर वहीं से अपने क़स्बे को लौट जाता। यह भी दिमाग़ में आया कि ख़ूबसूरत लड़कियों को इस तरह के विचार त्याग देने चाहिए। चार-पाँच बच्चों की माँ बनने के बाद बड़ी-से-बड़ी चंचल और रूपवती स्त्री में एक स्थायी भाव आ जाता है जो हमारी संस्कृति के सर्वथा अनुकूल है। बिना बच्चों की औरत एक बेलगाम घोड़ी है। यह ग़लत है। इससे स्त्री का चरित्र गिरता है।

मेरी टाँग को स्वास्थ्य-लाभ हुआ ही था कि डिब्बे में प्रकाश हो गया। वह नहाकर आयी थी। रूप निखर गया था। खुले केश भीगकर बड़े प्यारे लगते थे।

"मैं आपको सुन्दर लगती हूँ या नहीं?" उसने दरवाज़ा बन्द करते एक ख़ास अन्दाज़ में गोली दाग़ी।

उसकी रोबदार आवाज़ सुनकर मुझे फिर पसीना छूटने लगा। इस बार टाँग बिना दबाव के ही दर्द करने लगी। इससे पहले कि मैं कुछ जवाब दूँ उन्होंने भीगी साड़ी मुझे पकड़ाते हुए दूसरा तीर मारा—"आपने कभी किसी से प्रेम किया है या नहीं? जवाब दीजिए।"

मेरे होश-हवास गुम हो गये। आशिक-मिज़ाजी तो कब की हवा हो चुकी थी। अब गला भी सूखने लगा। उसकी आँखें सुर्ख होने लगी थीं और लगता था कि ज़्यादा संकोच करने पर वह मुझे खिड़की के रास्ते बाहर फेंक देगी। बड़ी खुर्राट थी।

"अच्छा आँखें बन्द कीजिए, हम आपको एक तमाशा दिखायेंगे।" उसने शोख़ भरे अन्दाज़ में कहा।

मैंने आँखें बन्द कर लीं। खोलने पर देखा कि वह बाथरूम का तौलिया उतार चुकी थी और सिर्फ़ उन सूक्ष्म व पारदर्शक वस्त्रों में थी जिन्हें यूरोप में समुद्र तटों पर पहना जाता है।

मैंने हिम्मत बटोरी। लहनासिंह को पता लग गया कि वक़्त अब ज़्यादा नहीं है। वज़ीरासिंह पानी पिला दे—उसने कहा था।

"इस बार आप आँखें बन्द कीजिए, एक तमाशा आपको मैं दिखाता हूँ।" मैंने कहा।

उसने हँसते-हँसते आँखों पर हाथ रखा। मैंने अटैची उठायी, लड़खड़ाते क़दमों से डिब्बे से निकला और चलती गाड़ी से कूद पड़ा।

हिज़ हाइनेस का साहित्य में योगदान

गाँधीजी ने हमारे देश में विदेशी शासन का अन्त किया और सरदार पटेल ने नरेशों का। हाल ही में उनके प्रिवीपर्स पर भी हमला किया गया। राजा लोगों की समाप्ति पर मुझे बड़ा शोक़ है। मैं साहित्य-प्रेमी क़िस्म का व्यक्ति हूँ और इसी कारण जब सोचता हूँ कि राजा लोगों का साहित्य से कितना घनिष्ठ सम्बन्ध रहा है तो मेरा उदास हो जाना स्वाभाविक है। उदासी के इसी दौर को दूर करने के लिए इस लेख की सृष्टि की जा रही है। उदासी का साहित्य से वैसे भी पुश्तैनी सम्बन्ध है।

अपने जीवन में मैंने सबसे पहले संस्कृत पढ़ी थी और इसी कारण बात संस्कृत से ही शुरू करता हूँ। अगर राजे-महाराजे निकाल दिये जायें तो संस्कृत-साहित्य में अमरकोश, तर्कसंग्रह, कामसूत्र और चन्द्रालोक क़िस्म की दस-बीस पुस्तकों के अतिरिक्त शायद ही कुछ ऐसा पढ़ने लायक़ बचे जिसका राजा लोगों से निकट सम्बन्ध न हो। रामकथा को ही ले लीजिए; वाल्मीकि रामायण से लेकर रघुवंश तक जो कुछ भी है वह एकदम सामन्तवादी है क्योंकि रामचन्द्रजी स्वयं राजा थे। यही स्थिति महाभारत के साथ है जिस पर कुतुबमीनार की तरह कई पीढ़ियों ने काम किया। पहले इसे वेदव्यास ने रचा और उसका नाम जय रखा। इसके उपरान्त वैशम्पायन ने एक मंज़िल और चिनवायी और पूरी इमारत का नाम भारत रखा गया। आख़िरी मरम्मत सौति ने की और इसे भारत से महाभारत कर दिया। कालिदास ख़ुद बड़ा काइयाँ इंसान था; उसने रामकथा यूँ लिखी कि राजा विक्रमादित्य राम की भाँति स्वयं सूर्यवंशी थे। दण्डि ने दशकुमारचरित में और कल्हण ने राजतरंगिणी में राजाओं के ही चरित्र लिखे। पंचतन्त्र की सृष्टि इस कारण हुई कि एक राजा के सारे पुत्र एकदम गधे थे। राजा खुद समझदार था और इसी कारण उसने विष्णुशर्मा से पंचतन्त्र की रचना करवायी। सारे काव्यो के नायकों को धीर और उदात्त होना आवश्यक था और राज-परिवारों के अतिरिक्त और कोई स्थान ऐसा नहीं था जहाँ इतना कच्चा माल इफ़रायत के साथ प्राप्त हो सके। एक काव्य अलबत्ता ज़रूर ऐसा है कि उसमें एक निचली जाति के व्यक्ति को भी स्थान दिया गया और वह है भारवि का किरातार्जुनीय। पर वहाँ भी जब अन्त में पता लगता है कि किरात नाम का व्यक्ति भील न होकर स्वयं शिव थे तो हरिजनोद्धार का सारा

मज़ा किरकिरा हो जाता है।

इस सन्दर्भ में सबसे दिलचस्प इंसान थे राजा भोज। इनके नाम से दो ही वस्तुएँ प्रसिद्ध हैं– एक तो भोजपत्र और दूसरे भोज-प्रबन्ध। राजा भोज की आयु निश्चित करना कठिन है क्योंकि कवि बल्लाल की सूचना के अनुसार संस्कृत का कोई महाकवि ऐसा नहीं था जो इनका समकालीन न रहा हो। इनका इनाम देने का ढंग भी बड़ा साफ़ और निश्चित था– ये प्रत्येक अक्षर के बदले में एक लाख मुद्राएँ देते थे। प्रत्यक्षर लक्षं ददौ। रुपया देने के बाद कवि को दरबार में ही रोक लिया जाता था ताकि सरकारी कोष देश की सीमा के बाहर न जाने पाये। साहित्य में चोरी तब भी होती थी। घटकर्पर ने मेघदूत को उल्टा करके अपने नाम से छपाया था। भर्तृहरि और हर्ष की भाँति कुछ ऐसे भी नरेश थे जो स्वयं कविता लिखते थे। तुलसीदास की भाँति भर्तृहरि को भी काव्य की प्रेरणा अपनी निजी पत्नी से ही मिली थी। यह मुसम्मात किसी और से प्यार करती थी। भर्तृहरि ने इसी दुःख में राजपाट छोड़ दिया और कवि हो गये। स्त्री का चरित्रहीन होना साहित्य के लिए हमेशा से अनिवार्य रहा है और यह सन्तोष की बात है कि स्त्रियाँ इस ज़िम्मेदारी से कभी पीछे नहीं हटीं।

फारस के एक बादशाह थे शहरयार। इनके दो ही शौक़ थे; एक था हर रात को शादी करना और दूसरा था सुबह को बेग़म को फाँसी दिलवाना। ऐसी सुखद स्थिति में सन्तान तो ख़ैर क्या होती, हाँ अलबत्ता अलिफ़लैला नाम की महान् गाथा ज़रूर प्रकाश में आ गयी। आधुनिक कहानी के बावजूद यह पुस्तक अभी तक अश्लीलता में बेजोड़ है और इसी कारण मैं इसे प्रायः पढ़ता रहता हूँ। बाबर ने बाबरनामा लिखा और उसी तर्ज़ पर सिकन्दर ने सिकन्दरनामा लिखा जो बाद में सलमा सिद्दीकी ने अपने नाम से छपाया। जेम्स प्रथम ने तम्बाकू पर एक शोधग्रन्थ लिखा था और इन्हीं कारणों से वह यूरोप का सबसे अधिक बुद्धिमान मूर्ख माना जाने लगा।

उर्दू के अनेक शायर नवाबों के आश्रय में पनपे। मीर तकी मीर का तो कहना ही क्या–अपनी तुनुकमिज़ाजी के कारण ये अक्सर दौरे पर ही रहते थे। इनके बाप ने इन पर तीन सौ क़र्ज़दारों का कर्ज़ा छोड़ा था और सैयद मुकम्मलख़ान ने इसका इतना मुकम्मल इन्तज़ाम किया कि पाँच सौ रुपयों की हुण्डी से तीन सौ क़र्ज़दारों का भुगतान हो गया। इसके बाद एक नवाब ने इन्हें एक रुपया रोज़ पर दरबार में रखा। मीर तकी मीर बाद में भी हमेशा एक जगह से दूसरी जगह जाते रहे। इसी तरह एक और नवाब थे जो काव्य-प्रेमी होने के साथ-साथ काव्य भी रचते थे। राजकवि उनकी कविताओं को कूड़ा समझता था। एक दिन नवाब को गुस्सा आ गया और भरे दरबार में उस नमकहराम शायर को गालियाँ बकने लगे। कोई एक घण्टे तक यह कार्यक्रम चलता रहा। नवाब साहब की चाबी ख़त्म होने पर राजकवि ने सिर झुकाकर निवेदन किया कि ग़रीबपरवर, आज मैंने पहली बार आपका गद्य सुना है और मैं यह बात दावे के साथ कह सकता हूँ कि आपका गद्य आपके पद्य की अपेक्षा कहीं अधिक शक्तिशाली है।

हिन्दी-साहित्य का भी राजघरानों से बड़ा घनिष्ठ सम्बन्ध रहा। चन्दवरदायी ने पृथ्वीराज रासो लिखी तो मधुकर कवि ने राजा जयचन्द का गुण गाया। चन्दवरदायी का पृथ्वीराज से इतना सच्चा प्रेम था कि दोनों का जन्म भी एक ही तिथि को हुआ था और मृत्यु भी एक ही तिथि को हुई। जायसी ने रानी पद्मावती को लेकर काव्य रचा और अन्त में चलकर उसे आध्यात्मिक रूप दे दिया। सच्चे शृंगार रस की अन्तिम परिणति हमेशा से वैराग्य रस में होती आयी है। महाकवि जायसी सारे संसार को एक ही निगाह से देखते थे और इस निष्पक्ष स्थिति का एक कारण यह भी था कि वे काने थे। शेष कवियों में जितने स्वामिभक्त महाकवि देव हुए उतना और कोई नहीं। पहले ये दिल्ली में आज़मशाह के साथ रहे और उनके लिए भावविलास लिखा। इसके बाद वे दादरी के भवानीदत्त के यहाँ रहे और उसके एवज में भवानीविलास की रचना की गयी। फिर उन्होंने फफूँद के कुशलसिंह की दिशा में कूच किया और कुशलविलास लिखा। इसी प्रकार बाद में उद्योतसिंह के लिए प्रेमचन्द्रिका लिखी, भोगीलाल के लिए रसविलास लिखा और अन्त में चलकर अकबर अली ख़ान के लिए सुखसागर तरंग की रचना की। पद्मसिंह शर्मा को देखिए कि वे फिर भी उम्र-भर बिहारी को देव से बेहतर कवि मानते रहे!

साहित्य के अतिरिक्त शेष दिशाओं में भी देशी नरेश पीछे नहीं रहे। राजा रवि वर्मा एक बड़े चित्रकार थे और राजा राममोहन राय एक महान् समाज-सुधारक। इसी तरह एक नरेश थे जो अपने शेरों को मलाई खिलाया करते थे। एक राजा ने डरबी तो जीत ली मगर घोड़े के ट्रेनर को इनाम नहीं दिया और स्थिति यह हो गयी कि बात जार्ज पंचम तक पहुँची। एक और नरेश थे जिनके खाने की मेज़ पर छोटी-सी रेलगाड़ी चलती थी। एक राजा थे जिन्होंने अपना घोड़ा ज़िन्दा जलवा दिया था क्योंकि वे पोलो में हार गये थे। एक नरेश थे जो हर वक़्त दस्ताने पहनते थे ताकि उन्हें कोई स्पर्श न कर सके। एक और देशभक्त नरेश थे जो दिल्ली दरबार में कुरता पहनकर छड़ी घुमाते बादशाह के सामने से गुज़रे थे। रंजीत सिंह ने क्रिकेट में सारे संसार में अपना रेकॉर्ड क़ायम किया। अन्त में चलकर एक और देशी राजा की याद मुझे सताती है जो अपनी बन्दूक के निशाने में अचूक थे। नारियल से शुरू करके चवन्नी के सिक्के तक उनका निशाना कभी खाली नहीं गया। लॉर्ड हेस्टिंग ने अपनी आत्मकथा में लिखा कि इस नरेश की रियासत छीन भी ली जाये तो उन्हें कोई कष्ट नहीं होगा। ये किसी भी सरकस में कहीं ज़्यादा कमा लेंगे।

उदासी दूर हो रही है और लेख ख़त्म हो रहा है। सोचता हूँ कि 'नज़र लागी राजा तोरे बँगले पर' वाला राजा तो हमेशा रहेगा ही इसके अतिरिक्त एयर इण्डिया का सरकारी महाराजा है जो दिन-ब-दिन तगड़ा होता जा रहा है। लगता है अब इन्हीं को लेकर साहित्य-सृष्टि करनी होगी। और कोई चारा नज़र नहीं आता। इस बारे में आपका क्या ख़याल है?

शतरंज के खिलाड़ी

मैं शतरंज का काफ़ी पुराना मरीज़ हूँ। जब भी समय मिलता है, मैं शतरंज ही खेलता हूँ। वैसे शतरंज खेलने में मुझे शत-प्रतिशत रंज ही प्राप्त होता है क्योंकि मैं प्रायः पराजित हो जाता हूँ; पर मुँह से लगी काफ़िर की भाँति यह छूटती नहीं है। बड़ी दर्दनाक स्थिति है। कोई बीस वर्ष गुज़र गये, मैं अभी तक उसी प्रतिभावान् खिलाड़ी की खोज में हूँ जो मुझसे ख़राब खेल सके। अभी तक यह शुभ घड़ी नहीं आयी। ख़ैर इससे मैं उदास नहीं होता। भवभूति के शब्दों में पृथ्वी विपुला है और समय निरवधि। कभी-न-कभी कोई माई का लाल ऐसा अवश्य मिलेगा जो हमसे भी हारेगा। तब तक वर्तमान स्थिति ही चलती रहेगी जिसके अनुसार भवभूति की दूसरी उक्ति 'एको रसः करुणमेव' सिद्ध होती है। वैसे मैं काफ़ी चतुरता के साथ क़िलेबन्दी करता हूँ, बीस दफ़ा सोचने के उपरान्त किसी मुहरे को उठाता हूँ, दूसरे खिलाड़ी की आँख बचाकर घोड़े को इधर-उधर भी कर लेता हूँ पर फिर भी होता वही है जो हमेशा से होता आया है। थोड़ी देर हुई कि पहला मुहरा पिट गया। इसके बाद क्या होता है वह विस्तार में लिखने की ज़रूरत नहीं। मुहरे को देखकर मुहरा रंग बदलने लगता है और धीरे-धीरे सबके सब पंचत्व को प्राप्त हो जाते हैं। मुहरों के इस रंग बदलने की प्रवृत्तिं को देखकर खरबूजों की याद सताने लगती है। पानीपत के युद्ध की समाप्ति पर हम फिर उसी उदासीन मुद्रा में आ जाते हैं कि पिटे हुए मुहरों पर शोक प्रस्ताव पास करें और फिर स्वयं भी किसी पिटे हुए मुहरे की तरह उसी जागीरदार की बात सोचने लगें जिसकी कहानी मैं आपको सुनाने जा रहा हूँ। कहानी आपको पसन्द आयेगी जिसका कारण आपकी गुण-ग्राहकता है। वरना जहाँ तक कहानी का प्रश्न है, वह किस क़ाबिल है।

एक थे जागीरदार। जिनके पास—जैसा कि सम्भवतः आपमें से कुछ समझदार लोगों ने अनुमान भी लगा लिया होगा—काफ़ी जागीर थी। जागीर कई शक्लों में थी। कुछ सम्पत्ति अचल थी जैसे आम और अमरूद के बागान, कोठियाँ और दुकानें तथा एक अदद पत्नी जो पक्षाघात के कारण चल-फिर नहीं पाती थी। चल सम्पत्ति में एक घोड़ेवाली बग्घी थी, एक पुरानी रॉल्स रॉयस थी और अन्त में चलकर एक

अदद लड़की थी जो निहायत ईमानदारी के साथ शोख़ और सुन्दर थी। लड़की का नाम था जूही। छायावाद के आने से पहले की बात है : उन दिनों लोग जूही की कली के बजाय जूही के ही प्रति आसक्त हुआ करते थे। जूही बड़े समझदार क़िस्म की लड़की थी और सिवा प्रेम करने के, शेष सारे कामों में नारी सुलभ लज्जा और संकोच का प्रयोग करती थी। स्थिति यह थी कि पति के न होते हुए भी पतिव्रता थी। पण्डित सूर्यकान्त त्रिपाठी 'निराला' जिस भाँति जूही की कली के प्रति आकृष्ट हुए थे ठीक उसी प्रकार ज़माने के तन्दुरुस्त नौजवान जूही को देखकर हुआ करते थे। वे जूही को देखकर कसीदे कहते, ग़ज़ल पढ़ते थे और जूही के बाप को देखकर हनुमान चालीसा के पाठ पर उतर आते थे। इनमें से दस-बीस ने दो-चार दफ़ा आत्महत्या भी कर ली थी। आत्महत्या के बाद वे लोग चौराहे पर इकट्ठा होकर कव्वाली गाते थे जो सामुदायिक विकास योजना का अनन्त प्रतीक है। सारा वातावरण हिन्दी चलचित्रों-जैसा था। केवल एक विदूषक की कमी थी, जो आज मैं पूरी कर रहा हूँ।

उसी क्षेत्र में दो सुन्दर और समझदार नवयुवक रहते थे। ये दोनों नितान्त कुलीन थे। एक तो सम्भवतः इतना कुलीन था कि उसका सगा बाप कभी रेलवे यार्ड में कुलीगीरी करता था और बाद में किसी ठेकेदारी में लाभ कमाकर रातों-रात यशस्वी हो गया था। कुली का सुपुत्र भी कुलीन नहीं कहलाया तो अष्टाध्यायी का लाभ ही क्या? हाँ तो ये दोनों नवयुवक किसी-न-किसी नवयुवती से प्रेम करने को बिहारी की नायिका की तरह अधीर रहते थे और इस सन्दर्भ में घोड़े से लेकर जूते तक सभी जीवित व अजीवित वस्तुओं का बराबर प्रयोग करते थे। इन दोनों नौजवानों ने भी इस लड़की के भविष्य के बारे में चिन्ता व्यक्त की और उसके स्वयम्वर में भाग लेने का शुभ निश्चय किया। इनमें से जो चतुर था वह शतरंज खेलना जानता था और साथ-ही-साथ यह भी जानता था कि जागीरदार भी शतरंज खेलते हैं। दूसरा नवयुवक था तो होनहार पर वह शतरंज में कच्चा था। मेरी ही तरह उसे केवल इतना ज्ञान था कि शतरंज का गत्ता कौन-सा है और मुहरे कौन-से। इसके आगे बढ़ने के लिए वह बुरी तरह बेताब था मगर अक्ल साथ नहीं देती थी। जहाँ अक्ल साथ देती थी, वहाँ घोड़ा साथ नहीं देता था। कभी-कभी अपने ही मुहरे को खुद ही पीट लिया करता था। पन्द्रह-बीस मिनट बाद वह आत्मसमर्पण कर देता था। जो सर्वोदयी सिद्धान्तों के सर्वथा अनुकूल था। उधर जागीरदार शतरंज के इतने शौक़ीन थे जितने कि कोकीन के भी नहीं। वे ब्राह्ममहूर्त की बेला में चाय की प्याली के साथ बावर्ची के संग शतरंज खेलते थे, इसके बाद डाकबाबू के साथ दो हाथ होते थे और उसके बाद दुपहर के खाने पर दस्तरख्वान के साथ-ही-साथ बाज़ी भी बिछती थी। तीसरे पहर वे साईस के साथ खेलते थे और रात को शोफ़र के साथ। स्थिति यह थी कि यदि शोफ़र उनकी मोटर तोड़ लाता तो उन्हें कोई मलाल नहीं आता था मगर यदि वह उनके प्यादे को कोई नुक़सान पहुँचाता था तो उसे कभी नहीं भूलते

थे। ये दोनों नौजवान भी जागीरदार के साथ शतरंज खेलने लगे। एक ने साईस की जगह ले ली, दूसरे ने बावर्ची की।

जो कम होशियार खिलाड़ी था वह तो आधे घण्टे में ही ढेर हो जाता था पर जो होनहार खिलाड़ी था वह घण्टों जमा रहता था और जागीरदार साहब को मात देकर ही उठता था। यह स्थिति काफ़ी दिनों तक चलती रही और एक दिन यह नौबत आ गयी कि वह कमज़ोर खिलाड़ी लड़की के साथ नगर से अन्तर्धान हो गया और कहीं अदालत में उन दोनों ने शादी कर ली। बात यह थी कि जितनी देर दूसरा बेवकूफ़ शतरंज पर अपना दिन खलास करता था और जागीरदार को पराजित कर उनके पुश्तैनी आत्मसम्मान को हानि पहुँचाता था, उतनी देर कुली का वह कुलदीपक लड़की को पटाता था। खेल हारने की वजह से जागीरदार भी उससे ख़ुश रहते थे। उसके साथ सुपुत्री के गन्धर्व विवाह की चर्चा सुनकर जागीरदार बड़े सन्तुष्ट हुए और होनहार खिलाड़ी से कहने लगे कि साहबजादे इससे अच्छा दामाद और कहाँ मिलता? कितना चुस्त है कि शतरंज-जैसे देरतलब को बीस मिनट में ख़त्म कर देता है। वक़्त के सामने वज़ीर की भी परवाह नहीं करता। एक आप हैं कि पैदल के बचाने में सारा दिन गुज़ार देते हैं— और मेरे सफ़ेद बालों का भी लिहाज़ नहीं करते। आप जैसे इंसान तो सारा दिन शतरंज ही खेलेंगे और बीवी-बच्चों को कौन देखेगा!

उस मतिमान युवक ने ये सारी बातें सुनीं और गरदन नीची कर ली। प्यादा जो था वह फ़र्ज़ी बन चुका था और लड़की से उसकी शादी हो चुकी थी और इधर ये लकड़ी के बादशाह की डेढ़ चाल में ही फँसे थे। उन्होंने एक अदद आह भरी और दूसरी बाज़ी लगा ली।

शतरंज जैसे महान् खेल पर विश्व-साहित्य में अभी तक केवल दो ही उत्कृष्ट रचनाएँ हैं : एक तो प्रेमचन्द की 'शतरंज के खिलाड़ी' और दूसरी स्टीफेन ज्वेग की 'शाही खेल'। मेरी यह कहानी उस महान् परम्परा को एक पैदल आगे बढ़ाती है। बाज़ी किसके हाथ लगी, इसका फ़ैसला जागीरदार की सुपुत्री पहले ही कर चुकी है जिसके कि इस वर्ष ग्यारहवाँ बच्चा उत्पन्न हुआ है। उसका पति शतरंज में भले ही कच्चा रहा हो, बाक़ी काम वह ख़ूब समझता है। सारी जायदाद का प्रबन्ध करता है और ठाठ से रहता है। अकबर ने जो कहा था कि 'तुम अँग्रेज़ी दाँ हो वह अँग्रेज़ दाँ है' यह उक्ति सर सैयद के बाद इस नौजवान पर एकदम ठीक उतरती है। एक लड़का सिर्फ़ शतरंज ही जानता था जबकि दूसरा जागीरदार और उनकी लड़की की नाड़ी पकड़ता था। मेरा दुर्भाग्य है कि मैं इन लोगों में से केवल उस खिलाड़ी को जानता हूँ जिसने शतरंज के लिए छोकरी खो दी। आजकल वह कविताएँ लिखता है और प्रायः आकर मेरा वक़्त बरबाद कर जाता है। वह जब भी आता है, मैं एक तरफ़ उसे देखता हूँ और एक तरफ़ अपने मकान को। फ़िलहाल छिपने की कोई सूरत नज़र नहीं आती।

अन्धे लोगों का देश

आज विशेषज्ञों की एक रिपोर्ट में पढ़ा कि संसार के कुल अन्धे प्राणियों में से एक तिहाई इंसान भारतवर्ष के हैं। दूसरे शब्दों में संसार का हर तीसरा अन्धा व्यक्ति भारतीय है। ज़ाहिर है कि अन्धों की पैदावार के लिए इस देश की शस्य श्यामला धरती और यहाँ की जलवायु विशेष रूप से अनुकूल है। रिपोर्ट पढ़कर शुरू में तो कुछ सन्देह-सा हुआ पर बाद में महसूस हुआ कि रिपोर्ट देते हुए विशेषज्ञ ने कुछ नम्रता से ही काम लिया है नहीं तो मेरे ख़याल में हिन्दुस्तान में अन्धों की तादाद कहीं ज़्यादा है। अन्धों की यह परम्परा हमारे यहाँ वैदिक काल से ही चली आ रही है। उपनिषदों में लिखा है कि आर्यों के आगमन के दौरान अन्धे लोग अन्धे लोगों का सहारा लेकर ही सफ़र किया करते थे। उन दिनों यही रिवाज़ था। अन्धेनैव नीयमाना यथान्धाः।

अन्धे का अर्थ है चक्षुविहीन होना। चक्षु का अर्थ है आँख और इसी आधार पर चश्मा शब्द जो है वह 'चक्ष्मा' शब्द का अपभ्रंश है। चक्षु दो प्रकार के होते हैं; एक चर्म चक्षु और दूसरे ज्ञान चक्षु। चर्म चक्षु वे हैं जिन पर विलेन काला चश्मा लगाता है और जिनके तीर बाई लोग प्रेमियों के हृदय पर इस तरह निशाना बाँधकर छोड़ती हैं कि तीर के साथ-साथ दिल भी निकल आता है। भीमसेनी काजल जो है वह भीमसेन इन्हीं चर्म चक्षुओं में लगाया करते थे। ज्ञान चक्षु वे हैं जो छापामार सैनिकों की भाँति भीतर-ही-भीतर काम करते हैं और उनके तेवरों का पता बाहर से नहीं लगता। सच्चे अर्थों में अन्धा वही है जिसके दोनों प्रकार के चक्षु ज्योतिविहीन हो जायें। यह पद्धति हमारे शास्त्रों के सर्वथा अनुकूल है।

मेरी स्थिति इधर कुछ विचित्र-सी होती जा रही है। जिधर देखता हूँ उधर अन्धे ही अन्धे नज़र आते हैं। सामनेवाले ठेकेदार की दो लड़कियों ने तो गन्धर्व विवाह कर ही लिया और तीसरी जो है वह इंजीनियर को फँसा रही है मगर ठेकेदार है कि देखता ही नहीं। वह एकदम अन्धा है। उधर ठेकेदार साहब सीमेण्ट में नब्बे प्रतिशत गंगा की रेत मिला रहे हैं मगर इंजीनियर है कि उसकी निगाह उसका साथ नहीं दे रही। शायद वह सोचता है कि गंगाजी की बालू से बनी इमारत स्थायी भले ही न

हो मगर पवित्र ज़रूर होगी। वह सिगरेट पीता है और चला जाता है। ठेकेदार की जो लड़की है वह भी उसके साथ चली जाती है। चीफ़ इंजीनियर है जो सब-कुछ जानता है मगर फिर भी कुछ नहीं देखता। दुकानदार दाल में पत्थर मिला रहा और काली मिर्च में पपीते के बीज। मगर हम सब अन्धे हैं कि ले रहे हैं और खा रहे हैं। कुछ भी नहीं करते। मेरे अज़ीज़ याहिया खान ने सारा बांग्ला देश ख़त्म कर दिया मगर राष्ट्रपति निक्सन को कुछ भी नहीं दिखायी दिया। लगता है कि निक्सन पिछले जन्म में भारतीय थे!

साहित्य और संगीत के क्षेत्र में जो अन्धापन है वह सूरदास से लेकर अब तक चला ही आ रहा है। समीक्षा के लिए पुस्तक पढ़ने की ज़रूरत नहीं, पुस्तक लिखने के लिए ज्ञान और प्रतिभा की आवश्यकता नहीं और ज्ञान और प्रतिभा के लिए परिश्रम की दरकार नहीं। वे दोनों तो कभी से एक-दूसरे को तलाक़ दे चुके हैं। लिखने में आजकल इतनी ईमानदारी चल रही है कि मैंने कुछ दिनों पूर्व अपनी एक रचना एक बंगाली साप्ताहिक में देखी और दंग रह गया। रचना मेरी थी और नाम किसी दूसरे का दिया हुआ था। गुस्सा तो बहुत आया मगर चुप हो गया। संयम का एक कारण यह भी था कि मैंने उस रचना को ख़ुद फ्रेंच भाषा से लिया था। दिल्ली के एक गुट ने पिछले दिनों लिखा था कि अज्ञेय हिन्दी के महानतम व्यंग्यकार हैं। जिस भाषा में इतने अन्धे हों, बताइए वह क्योंकर नहीं पनपेगी?

साहित्य के अतिरिक्त हमारे देश में दूसरा बड़ा धन्धा है धर्मात्मा बनने का। वहाँ भी अन्धेपन की उतनी ही प्रगति है। स्वामीजी लगते हैं चौबीस वर्ष के लफ़ंगे मगर उनके शिष्य उन्हें साढ़े चार सौ वर्ष का बताते हैं। बतौर सबूत के एक शिष्य तो यहाँ तक कहने लगा कि वह स्वयं स्वामीजी से कोई तीन सौ वर्ष पहले पाण्डिचेरी में मिला था। इस पर यदि आप सन्देह करें और जन्मतिथि देखने के लिए स्वामीजी का हाईस्कूल सर्टीफ़िकेट माँगने लगें तो भक्त लोग फ़ौजदारी पर उतर आयेंगे। मेरे पिछवाड़े एक ऐसे योगीराज प्रकट हो गये थे जो लगभग एक पखवाड़े तक एक नितान्त समृद्ध घराने में ठहरे थे। कोई दस ही दिन में उन्होंने सेठानीजी से लेकर जमादारिन तक सबको पवित्र कर दिया। सन्तों में भेदभाव कहाँ?

अपने देश के इस अन्धेपन पर मुझे बड़ा अफ़सोस है। सन्तोष है तो सिर्फ़ इतना है कि जहाँ कुछ लोग धृतराष्ट्र की तरह अन्धे हैं वहाँ कुछ ऐसे भी हैं जो संजय की तरह दिव्यदृष्टि रखते हैं। सबके सामने चौराहे पर हत्या की जाती है। मगर चश्मदीद गवाहों को कुछ भी नहीं दिखायी पड़ता। वह तो भला हो इन पेशेवर गवाहों का जो देश में क़ानून और व्यवस्था क़ायम है, नहीं तो जनाब दिन में निकलना बन्द हो जाता। ये पेशेवर गवाह वारदात की जगह पर हमेशा मौजूद रहते हैं, उनके बयान को कोई नहीं काट सकता और वे जो कुछ कहते हैं वह एकदम सत्य होता है। सत्य की जीत होती है, पुलिस क़ातिल को पकड़ती है, सरकारी वकील दिव्य दृष्टिवाले गवाहों

को बटोरता है, मैजिस्ट्रेट चार्जशीट बनाता है और सेशन जज फाँसी की सज़ा देता है। सब-कुछ एकदम विधिवत और देश के हित के अनुकूल। अगर कहीं इत्तफ़ाक से सच्चा गवाह मिल गया तो बचाव के वकील ऐसी बहस करेंगे—ऐसी बहस करेंगे कि वह ग़रीब यह तो कहेगा ही कि उसने क़त्ल देखा था, शायद यह भी कह दे कि क़त्ल किया भी उसी ने था। ये पेशेवर गवाह ही हैं जो इस अन्धे युग में भी कनुप्रिया को पकड़ लेते हैं। भगवान इन्हें लम्बा जीवन दे।

इति श्री भगवान उवाच

देवियो, माताओ और बहनो, यह पत्र मैं आपके ही लिए लिख रहा हूँ। शेष कुछ प्रवृत्तियों के साथ-साथ स्त्रियों में भक्ति की भावना भी बड़ी प्रबल होती है और इस कारण यह उचित ही होगा कि यह पत्र आपको ही सम्बोधित करके लिखा जाये।

बात यह है कि अब तक मैं केवल एक कवि और व्यंग्यकार ही था। परसों रात से मैं अचानक भगवान हो गया हूँ जिसकी सूचना इस पत्र के माध्यम से आपको दी जा रही है। मेरे अचानक भगवान हो जाने पर आपको कोई आश्चर्य नहीं होना चाहिए। मैं तो लगभग चालीस वर्ष का हूँ—इस देश में तो चौदह वर्ष की आयु में भी लोग भगवान की स्थिति को प्राप्त कर लेते हैं। वैसे भी आत्मा परमात्मा का ही एक अंग है और पता नहीं कि प्यादा कब फ़र्ज़ी बन जाये। इसके अतिरिक्त जब-जब धर्म की ग्लानि होती है, गीता के अनुसार तभी-तभी भगवान मनुष्य के रूप में प्रकट होते हैं, इस समय धर्म की ग्लानि का उत्पादन इतने बड़े पैमाने पर किया जा रहा है कि मेरे साथ और भी कई भगवान सीन पर मौजूद हैं। आचार्य रजनीशजी पिछले एक ही वर्ष में भगवान रजनीश हो गये। लाला ख़ैरातीलाल ने अपने लड़के का नाम कृष्ण भगवान रख लिया। ऐसे में यदि मुझे उच्च गति प्राप्त हो गयी तो इसमें आश्चर्य की कोई बात नहीं। खरबूज़े की तरह आत्मा भी आत्मा को देखकर रँग बदलती है। अपनी आत्मा तो वैसे भी हमेशा से ही रंगीन तबीयत की रही है। कलर बाई टैक्नीकलर।

मुझे अपने भगवान होने का पता सहसा ही लगा। बुद्धजी को ज्ञान प्राप्त करने में वर्षों लगे थे जब कि दयानन्द सरस्वती को एक चूहे की हरकत ने एक रात में ही ज्ञान दे दिया था। मार्क ट्वेन की पत्नी को जादू से ठीक करनेवाले डॉक्टर की भाँति परसों मुझे सहसा यह अनुभव हुआ कि मैं जो भी चाहता हूँ वह सम्पन्न हो जाता है। मैंने स्विच दबाया और बत्ती जल गयी। मैंने हाथ दिया और रिक्शा रुक गया। मैंने टेप खोला और पानी गिरने लगा। मैंने दियासलाई पर तिल्ली रगड़ी और अग्नि प्रज्वलित हो गयी। मैंने गाड़ी का क्लच छोड़ा और एक्सीलेटर दबाया और गाड़ी चल पड़ी। मैंने घण्टी बजायी और चपरासी हाज़िर। एकदम अलादीन के

चिराग़वाला जादू। मैं समझ गया कि मुझे दिव्यशक्ति प्राप्त हो गयी। अब आप ही बताइए कि इस आनन्द के मार्ग को क्यों छोड़ें।

तो देवियों, माताओं और बहनों, इन दिनों मैं भगवान चल रहा हूँ। जो माँगना है, माँग लो और जो कुछ अर्पित करना है अर्पित कर दो। अर्पित करना तो कोई काम की चीज़ करना—सुभद्राकुमारी चौहान की 'ठुकरा दो या प्यार करो' वाली मज़ाक़ नहीं चलेगी। सन्तान माँगनी है तो माँग लो। मिलेगी। पति ने अगर नसबन्दी भी करा ली है, सन्तान तब भी मिलेगी। पति चाहती हो तो पति भी माँग लो; वह भी प्राप्त होगा चाहे शादीशुदा ही क्यों न हो। किसी की ज़िन्दगी बर्बाद करनी है तो खुशी से करो। बन्दा उसमें भी मदद करेगा। जिधर सत्य है, उधर मैं हूँ। जिधर पीपल का वृक्ष है, उधर तुम हो।

शादी से लेकर साम्प्रदायिक दंगों तक, भगवान के नाम पर जो भी कुछ करना है, जल्दी करो। वक़्त कम है क्योंकि पता नहीं कब मैं वही पुराना घिसा-पिटा पत्नी से डरने वाला बन जाऊँ, जो बीड़ी के लिए चपरासी से पैसा माँगता है। इन दिनों तो हिम्मत बुलन्द है, उत्साह की पताकाएँ उड़ रही हैं, पुलिस के अफ़सर भुनगे लगते हैं, सम्पादक को पीटने की तबीयत कर रही है और तुम सबसे अपनापन ज़ाहिर करने की व्याकुलता है ताकि आत्मा और परमात्मा का भेद मिट जाये। इस कारण जो सेवा करनी है कर लो। तन, मन और धन, सेवा में ये तीनों मार्ग स्वीकार हैं। तन और धन को मैं प्राथमिकता देता हूँ जो मेरी विवशता है। हर भक्त की और हर भगवान की कुछ मजबूरियाँ होती हैं और इनसे घबराना ग़लत है। हिम्मत रखो मेरा पाणिग्रहण करो और स्वर्ग का सुख लूटो। सफ़ेद बाल काले हो जायेंगे और काला धन सफ़ेद हो जायेगा।

इस जल्दी करने का एक विशिष्ट कारण और भी है। पता नहीं कब ईर्ष्यालु व्यक्ति मेरे और तुम्हारे पवित्र सम्बन्धों को सन्देह की दृष्टि से देखने लगें और मुझे तुम्हारे साथ बड़े घर जाना पड़े। और न सही तो भागते-भागते पालम में त्राहिमाम् करना पड़े। ऐसी कोई चीज़ नहीं जिसमें चार लोग टाँग न अड़ाते हों। एक सूचना के अनुसार विवाहित या अविवाहित एक चूहा दम्पति पाँच वर्ष में लगभग नौ खरब चूहे उत्पन्न कर सकता है पर उसके इस पुनीत यज्ञ में माँसाहारी पक्षी इतना विघ्न डालते हैं कि हमारी पंचवर्षीय योजनाओं की भाँति चूहे की भी पाँचसाला योजना खलास हो जाती है। इसी कारण शत्रुओं से सावधान रहना ज़रूरी है और ध्येय को ध्यान में रखते हुए यह उचित होगा कि इस बात को हम और तुम अपने ही बीच में रखें। चुप रहौ काग, तू चुप रहौ, बैरिनि ना सुनै।

फिर न कहना कि वक़्त पर ख़बर नहीं दी। मैंने अपना कर्त्तव्य पूरा कर दिया। फल तुम्हारे हाथ में है। जौन-सा चाहो, भिजवा दो या खुद आकर दे जाओ। सुमित्रानन्दन पन्त के शब्दों में फ़िलहाल मैं बोध के सर्वोच्च शिखर से बोल रहा हूँ। बस!

तुम्हारा : भगवान

देवदार के पेड़

मैं यह लेख एक पहाड़ी स्टेशन पर से लिख रहा हूँ। यहाँ मैं दौरे पर आया हूँ और इसी कारण बतौर यादगार के यहाँ एक लेख लिखना ज़रूरी है। सरकारी काम तो आते हैं और चले जाते हैं और इसी तरह अफ़सर लोग भी आते हैं और चले जाते हैं; पर उसके कारण साहित्य को तो नुक़सान नहीं पहुँचाया जा सकता। सरकारी काम का साहित्य से बड़ा सीधा सम्बन्ध है। कोई भी समाज बिना सरकार के नहीं चल सकता और साहित्य जो है वह समाज का दर्पण होता है। परिणाम यह है कि लेख मुझे लिखना ही पड़ेगा।

मैं डाकबँगले में ठहरा हूँ। इस बँगले में डाक के अतिरिक्त और सब कुछ है। बैरा है जो खानसामा से झगड़ा करता है और खानसामा है जो मुझे शाकाहारी से घासाहारी बनाने पर तुला हुआ है। काफ़ी द्वन्द्व चल रहा है पर लगता है कि अन्त में चलकर जीत उसी की होगी। इनके अलावा इस डाकबँगले में खिड़कियाँ हैं जहाँ से रात को चाँदनी और दिन में देवदार के पेड़ दीखते हैं। तबीयत करती है कि अगर खानसामा खाने में घास के स्थान पर सब्ज़ियाँ देने लगे तो बाक़ी उम्र यहीं गुज़ार दूँ।

देवदार के वृक्ष देवताओं की याद दिलाते हैं। खाने की मेज़ पर बैठते ही मैं देवताओं की स्मृति में खो जाता हूँ। हमारे यहाँ भी कितने तरह के देवी-देवता हुए और तारीफ़ यह कि कितने हुए। ब्रह्मा ने संसार की सृष्टि की और उस घास की भी सृष्टि की जो खानसामा मुझे लंच में बराबर दे रहा है। विष्णु ने संसार का पालन करने का बीड़ा उठाया और अन्त में चलकर शिव ने पुराने रेकॉर्ड ख़त्म करने की ज़िम्मेदारी सँभाली। ब्रह्मा की सृष्टि विष्णु ने की। उनकी नाभि से एक ऐसा कमल निकला कि जिसमें से ब्रह्मा स्वयं प्रकट हुए। प्रकट होने के बाद उन्होंने शेष सृष्टि की रचना की। उनके मुख से ब्राह्मण निकले, भुजाओं में से क्षत्रिय, जंघा में से वैश्य और अन्त में चलकर उनके पैरों से हरिजन निकले, जो बेचारे अभी तक पददलित होते ही चले आ रहे हैं। ब्राह्मणों की तो बात ही क्या—स्वयं भगवान राम उनके चरणचिह्नों को बतौर आइडिण्टीफिकेशन मार्क की भाँति अपने हृदय में धारण करते थे। शिवजी का सिर इस्पात का बना हुआ था और इसी कारण गंगा को उन्होंने अपने

सिर पर उतार लिया। सिंचाई की जितनी भी योजनाएँ अभी तक निकली हैं उनमें यह अभी तक लाजवाब है। विष्णु पुराण के अनुसार कभी यह जगत् पंचमहाभूतों से रहित होकर मात्र जलमय था। जल में एक अण्डा था जिसके टूटने पर सारा का सारा जगत् उसमें से निकला। मैं इस कथा को याद करता हूँ, खानसामे को देखता हूँ और आमलेट खाने का निश्चय करता हूँ।

हालाँकि भतृहरि ने लिखा है कि देवता एक ही मानना चाहिए– चाहे वह केशव हो या शिव, मगर चुनाव करना उतना सरल नहीं है; क्योंकि देवी-देवताओं की संख्या बहुत बड़ी है। ये लोग परिवार-नियोजन से पूर्व उत्पन्न हुए थे और फिर प्रत्येक देवता का प्रभाव भी अलग है। अमृतधारा की क़िस्म का कोई देवता नहीं जो सारे मर्ज़ों की अकेली दवा हो। कुबेर धन के देवता थे तो वरुण पानी के। वरुण के बेटों पर कवि नागार्जुन ने ध्यान दिया। कुबेर भी काफ़ी चतुर क़िस्म के देवता थे। शिव से इनकी मैत्री थी, पर फिर भी शिवजी बेचारे चमड़ा ही ओढ़ते थे। संस्कृत के कवि रविगुप्त ने इसकी चर्चा की है। ये देवता लोग काफ़ी ख़ुशदिल लोग होते थे क्योंकि द्रौपदी के स्वयम्वर के धनुष में पर्वत, अग्नि और सर्प ये तीनों देवता काफ़ी आसानी से घुस गये थे। और हनुमानजी का तो कहना ही क्या। भूख लगी तो सूर्य को ही निगल गये। एक जबड़ा ऐसा जला कि फिर कभी नहीं मिला। पास के कमरे में जो मेजर साहब ठहरे हैं, उनकी मेम साहिबा हनुमान को हनीमून कहकर पुकारती हैं। उनकी इस बात पर तबीयत ख़ुश हो जाती है।

देवता लोग सवारी रखते थे। लक्ष्मीजी उल्लू पर कृपा करती थीं और वह स्थिति अभी तक चली आ रही है। सरस्वतीजी हंस पर विराजती थीं तो गणेशजी चूहे पर। यम भैंसा रखता था तो इन्द्र ऐरावत नाम का हाथी। इस हाथी के अतिरिक्त इन्द्र कुछ और भी काम की चीज़ें रखता था। उसका एक सिंहासन था– जिसके पास एक राडार लगा हुआ था जो बता देता था कि फ़लाँ ऋषि-महर्षि तप कर रहे हैं और सिंहासन छीनना चाहते हैं। इन्द्र तुरन्त कामदेव की सहायता लेते थे। अब की तरह कामदेव पहले भी चौबीस घण्टे ड्यूटी करता था। मेनका और तिलोत्तमा को भेजा जाता था और प्रान्तीय सरकारें भंग कर दी जाती थीं। वेश बदलने में सारे देवता उस्ताद थे। विष्णु ने कछुए और सूअर तक की शक्ल में भक्तों को दर्शन दिये और वामन बनकर सारी ज़मीन की चकबन्दी अपने हक़ में करवा ली। देवी-देवताओं के इतने और क़िस्से याद आ रहे हैं कि आप सुनना तो चाहेंगे पर सम्पादक उन्हें छापेंगे नहीं। ख़ैर, इतना बताने में कोई हर्ज़ नहीं कि सोम ने तेरह पत्नियों के रहते हुए भी बृहस्पति की स्त्री तारा का अपहरण किया था।

आजकल के नेताओं की भाँति देवताओं की कई क़िस्में होती थीं। यक्ष लोग छोटा नागपुर की पहाड़ियों से अपनी पत्नियों के नाम सन्देशा भेजा करते थे जिसका फ़ायदा कालिदास ने मेघदूत में उठाया। गन्धर्व लोग होते थे जो किशोरकुमार की

तरह हर वक़्त गाते ही रहते थे। किन्नर लोग होते थे जो कुमारसम्भव के अनुसार अपना ज़्यादा समय एक-दूसरे के चूमने में व्यतीत करते थे। मेरी तरह ये लोग भी ड्यूटी के बड़े पाबन्द थे और सरकारी काम में कोई ख़लल नहीं आने देते थे।

कलियुग आने के साथ-साथ देवता लोग भी धीरे-धीरे समाप्त हो गये। दयानन्द सरस्वती ने इनका बड़े पैमाने पर संहार कर दिया। नारद अभी ज़रूर जीवित हैं और जीवन की शक्ल में फ़िल्मों में काम करते हैं। देवी-देवता क्या, राजे-महाराजे भी ख़त्म हो गये। सिर्फ़ देवदार के पेड़ बचे हैं और कुछ मेरे-जैसे जन्मजात गधे बचे हैं जो आधी रात को डाकबँगले की खिड़की खोलते हैं ओर देवदार के इन वृक्षों को देखते हैं।

मेरा अन्तिम हास्य लेख

जब से नया बजट आया है तब से मेरा मन काफ़ी उदास चल रहा है। आयकर बढ़ गया मगर सम्पादकों ने पारिश्रमिक नहीं बढ़ाया। मैं अपनी आय का विवरण बड़ी ईमानदारी और तत्परता से दाखिल करता हूँ। आय क्योंकि ज़्यादा नहीं है, ईमानदारी बरतने में कोई विशेष असुविधा नहीं होती। मेकअप के दाम बढ़ गये हैं और स्थिति यह है कि कई युवतियाँ, जिन्हें देखकर पिछले वसन्त तक विरहगीत लिखने की प्रेरणा मिला करती थी, वे अब सच्चे अर्थों में अपनी सगी माता लगती हैं। मेरे विचार में सौन्दर्य के प्रसाधनों पर कर यदि इसी तरह बढ़ते गये तो साहित्य से शृंगार रस हमेशा के लिए समाप्त हो जायेगा। भवभूति की 'एको रसः करुण एव' वाली करुण उक्ति सच्ची साबित हो जायेगी। तेल के दाम बढ़ गये, इस कारण मोटर का घूमना-फिरना भी बन्द-सा ही हो रहा है।

कुल मिलाकर नये बजट का हिन्दी-साहित्य पर काफ़ी प्रभाव पड़ा है। यह ज़ाहिर है और इस पर शोध करने की कोई ख़ास गुंजाइश नहीं रह गयी है। इस पर तुर्रा यह है कि प्रदेश की सरकार और कर लगाने की धमकी दे रही है। जब केन्द्र और प्रदेश दोनों का स्वास्थ्य ठीक चल रहा है तो नगरपालिका भी पीछे रहने वाली नहीं। पानी का दाम बढ़ेगा जिसका कि सीधा असर शुद्ध दूध पर पड़ेगा। बिजली महँगी होगी और रात को शमा पर परवानों का जान देना बन्द हो जायेगा। काव्य के क्षेत्र में परवानों ने जो सहयोग दिया है, वह हमेशा के लिए अमर है। कुल मिलाकर उदासी इतनी बढ़ गयी है कि हास्यकार रहना अब कठिन ही दीख पड़ता है।

निराशा के इन भयंकर क्षणों में मेरा चरित्र करवट बदलता है। सोचता हूँ शायद सब ठीक ही हो रहा है। सारे कर समाजवाद के लिए ही तो लगाये जा रहे हैं और समाजवाद साहित्य से निश्चय ही कहीं बड़ी चीज़ है। और फिर हमारा समाजवाद तो एकदम देशी क़िस्म का होगा। एक बरात में डेढ़ लाख व्यक्तियों ने भोजन किया, चार कारें दहेज में दी गयीं। आसपास का बिजली-पानी बन्द कर दिया। मगर सिद्धान्त की बात देखिए कि वर-यात्रा में हाथी का प्रयोग नहीं किया गया, क्योंकि हाथी सामन्तवाद का प्रतीक है। मेरा तो सुझाव है कि सरकार को उचित होगा कि

वह सारे देश के हाथी-घोड़ों को मरवा दे, क्योंकि वे सामन्तवाद और मध्ययुगीन संस्कृति के प्रतीक हैं। हाथी का स्थान अब गधे को मिलना चाहिए, हमारे प्रगतिशील लेखक कृश्नचन्दर उसे साहित्य में प्रतिष्ठित कर ही चुके हैं। बाक़ी दिशाओं में भी गधे काफ़ी तेज़ी से आगे बढ़ रहे हैं, जो समाजवाद के एकदम अनुकूल है।

ईश्वर की कृपा से अभी तक अख़बार के दाम नहीं बढ़े हैं। और इस कारण आजकल मैं अख़बार ही पढ़ता हूँ। मगर वहाँ भी कोई ऐसी चीज़ हासिल नहीं होती, जिससे कि चित्त को शान्ति प्राप्त हो। स्टेट बैंक से साठ लाख रुपये निकाल लिये गये और दुर्भाग्य देखिए कि हिन्दी लेखकों को उसमें से कुछ भी नहीं मिला। सिडनी की एक सम्भ्रान्त महिला ने नौ बच्चों को एक साथ जन्म दिया, मगर दुर्भाग्य कि बन्दा फिर भी निस्सन्तान ही रहा। यूँ कहने को दो बच्चे हैं पर वे तो पत्नी के हैं। एक साहब की गाड़ी में पाँच सौ बोतल शराब बरामद हुई। एक छापे में पुलिस को सोने के सैकड़ों बिस्कुट मिले और मेरी बदनसीबी देखिए कि मैं पुलिस के महकमे में नहीं गया। बद्रीनाथ का मार्ग बन्द हो गया और दुर्भाग्य यह कि मेरे एक बड़े अफ़सर जो वहाँ गये थे, इस दुर्घटना से पहले ही सही-सलामत लौट आये। थोड़ा और विलम्ब कर लेते तो शायद मेरी तरक्क़ी में कुछ फ़र्क़ पड़ जाता। हाईकोर्टों में लाखों मुक़दमे पड़े हैं और अपना एक भी नहीं। किसी नगर में एक स्वामीजी ने स्वीकार किया कि उनके कोई पचास युवतियों से अनैतिक सम्बन्ध हैं। मैं शर्म से गरदन झुका लेता हूँ कि मैं न तो वह स्वामी ही हूँ और न युवतियों में से ही एक। अख़बार में छपा है कि एक महानगर में बड़े लोगों की कन्याएँ वेश्यावृत्ति कर रही हैं। वह समाजवाद के अनुकूल है। नायिका-भेद तो सामन्तवादी युग की चीज़ थी। अब तो औरतों को बराबर अधिकार प्राप्त हैं। इण्डिया गेट पर पुलिस प्रेमियों को पकड़ रही है जो एकदम उचित है। प्रेम करना निजी क्षेत्र में आता है। इस धन्धे का अभी राष्ट्रीयकरण नहीं हुआ। उसे सार्वजनिक स्थान में सम्पन्न करना सरकारी सम्पत्ति का दुरुपयोग करना है। क़ानून बड़ी चीज़ है। इण्डिया गेट से भी ऊँची है। हमें उसकी इज़्ज़त करनी चाहिए। अच्छे नागरिकों को यही शोभा देता है।

वर्षा की ऋतु है। बादल बरस रहे हैं। सोचता हूँ लगे हाथों भीग ही लूँ। क्या पता कि अगले बजट में बारिश में भीगने और वसन्त में गुलमुहर के देखने पर भी टैक्स लग जाये। मगर यहाँ भी तबीयत साथ नहीं देती। बँगला देश के लाखों शरणार्थी पता नहीं कहाँ भीग रहे होंगे। एक लोकगीत याद आ रहा है जिसमें अयोध्यावासी सोचते हैं कि पता नहीं कि राम और सीता इस समय किस वृक्ष की छाया में खड़े भींग रहे होंगे। मैं फिर उदास हो जाता हूँ। अचानक सोचता हूँ मौके का फ़ायदा उठा लूँ। पता नहीं अगले साल उदासी पर कोई कर लग जाये। पहले टैक्स ख़ज़ाने में जमा करवाइये, परची कटवाइये और फिर सरकारी अफ़सर के सामने बैठकर उदास होइये, ताकि आप उसी अनुपात में उदास हों जिसमें कि टैक्स का भुगतान किया

गया है। सारे परिवार के एक-साथ उदास होने पर विशेष छूट मिलेगी।

अख़बार कहता है कि गंगाजी में नाव डूब गयी और सत्तर आदमी डूब गये। कितने भाग्यवान् लोग थे कि गंगाजी में डूबे, किसी नदी-नाले में नहीं। कई जगह रेलगाड़ियों ने स्नेहपूर्वक एक-दूसरे का आलिन्गन किया जिसके कारण कई आत्माएँ शरीर के बन्धनों से मुक्त हो गयीं। उस नाववाले और इन रेल चालकों को परिवार-नियोजन वालों की तरफ़ से विशेष पुरस्कार मिलने चाहिए। सरकार को उचित है कि देशभर की नावों, बसों और रेल की पटरियों को मरम्मत पर क़ानूनी रोक लगा दे। अगर निरोध ने काम नहीं किया तो सिवाय विरोध के और चारा ही क्या है?

सोचता हूँ कि विदेश चला जाऊँ क्या पता सात समन्दर पार कोई सब्जपरी मेरा इन्तज़ार ही कर रही हो। क्या पता वहाँ कोई मेरी प्रतिभा का पारखी मिल ही जाये। युगोस्लाविया में लोग चिन्तित हैं कि मार्शल टीटो के बाद कौन राष्ट्रपति होगा। हो सकता है, मैं उन्हीं के कुछ काम आ सकूँ। मगर रेल और जहाज़ के भाड़े इस कदर बढ़ गये हैं कि कहीं जाने की हिम्मत भी नहीं पड़ती, रजिस्ट्री का ख़र्चा भी बढ़ गया है, नहीं तो डाक से ही चले जाते। अन्त में चलकर नहाने की तबीयत होती है, पर साबुन भी महँगा हो गया है और इस महत्त्वाकांक्षा पर भी काबू ही करना पड़ता है।

कुल मिलाकर हालत काफ़ी खस्ता है। मैं पूछता हूँ कि पार्टनर इस वातावरण में कोई हास्यकार कब तक हास्य लेख लिखता रहेगा?

शोक-सभा
(1974)

सुनो कैरा सुनो....

कभी-कभी मुझे हीनभावना का दौरा-सा पड़ता है। इस दौरे के दौरान मुझे संसार की सारी वस्तुएँ हीन प्रतीत होने लगती हैं। साहित्य, कला, समाज, सरकार, युवतियाँ और मित्र—ये सभी अपने से हीन लगने लगते हैं। शास्त्रों की उक्ति याद आने लगती है कि इस संसार में जो कुछ भी है उसमें मनुष्य सर्वश्रेष्ठ है। शास्त्रों में थोड़ा-सा संशोधन मैं खुद कर लेता हूँ और सोचता हूँ कि मनुष्यों में जो सर्वश्रेष्ठ है वह शायद यह ख़ाकसार ही है। हीनभावना की यह अनुभूति मनोवैज्ञानिकों की बतायी हीनभावना से विपरीत है पर कभी-कभी ऐसे क्षण भी आते हैं कि मैं फ्रायड की बतायी हुई दूसरी हीनभावना से भी ग्रस्त हो जाता हूँ और सोचने लगता हूँ कि मैं और लोगों से किसी कदर हीन हूँ। जब से हरिशंकर परसाई के पिटने का समाचार मिला है तब से मुझे यही हीनभावना (नम्बर दो) सता रही है।

परसाईजी के पिटने से मुझे बड़ा दुख हुआ। दुख तो परसाईजी को भी हुआ पर मेरा दुख उनसे कहीं ज़्यादा है। पहला दुख तो यही रहा कि परसाईजी जैसे सज्जन और प्रतिभावान् व्यक्ति को बिना बात क्यों इस तरह पीड़ित किया गया? साहित्यिक व्यक्ति की—और वह भी व्यंग्यकार की—आत्मा तो सदा पीड़ित रहती ही है और क्या यह वाक़ई ज़रूरी है कि आत्मा के साथ-साथ उसकी देह को भी पीड़ा दी जाये? दूसरा दुख यह है कि यदि परसाईजी के साथ यह व्यवहार किया गया तो इसे वहीं क्यों रोक दिया गया? हिन्दी की शेष विभूतियों पर यह कृपा क्यों नहीं दिखाई गयी? इनमें से कुछ तो ऐसे भी हैं जो क्या क़ानून और क्या नैतिक मूल्य, सभी की दृष्टि से चौराहे पर पीटने लायक़ हैं। दो-चार तो ऐसे लेखक और आलोचक हैं जिन्हें पीटने का यदि सामूहिक कार्यक्रम बनाया जाए तो मैं भी शायद सक्रिय भाग लेने को तैयार हो सकूँ। पुलिस से बचने के लिए नकली दाढ़ी-मूँछ लगायी जा सकती है जिनसे किसी को एतराज़ नहीं होना चाहिए। विशेष दुख यही है कि यदि बन्धुवर परसाईजी को यह पीड़ा दी गयी तो शेष व्यंग्यकारों को क्यों नहीं पीटा गया? ज़ाहिर है कि हम लोग उतना अच्छा नहीं लिखते जितना परसाईजी लिखते हैं। हीन भावना यहाँ ज़ोर पकड़ने लगती है। दुःख यही है कि अपनी इस

हीनता को तो हम वैसे ही जानते थे। ओ पीटने वाले भाई, तूने परसाईजी पर चोट पहुँचा कर हमारे लिए यह यथार्थ क्यों ज़्यादा उजागर कर दिया? उत्तर दो! सुनो, कैरा सुनो, क्या मेरी आवाज़ तुम तक पहुँचती है?

परसाई पहले व्यक्ति नहीं हैं जिन्हें पीटा गया। उनसे पहले म जाने कितने महान् लेखकों और चिन्तकों को यातनाएँ भोगनी पड़ीं। फ़्लाबर्ट पर सालों तक फ़ौजदारी का मुक़दमा चला, ओ हेनरी और आस्कर वाइल्ड को जेल भुगतनी पड़ी। वाल्टेयर एक क़ैदख़ाने की तंग कोठरी में न जाने कितने वर्षों तक रहा और स्थिति यह रही कि जब वह प्रकाश में आया तो स्वयं सम्राट् ने उसका स्वागत किया। दोस्तावेस्की को साइबेरिया में क़ैद रहना पड़ा और अपने देश में कबीर को सिकन्दर लोदी के सिपाहियों और उस वक़्त के अन्धविश्वासियों ने अनेक बार खुलेआम पीटा। एक बार तो वे मूर्च्छित हो गये और कोई शैव उन्हें दयापूर्वक मन्दिर में ले गया। होश में आने पर जब कबीर को पता लगा कि वे शिवालय में है तो वे वहीं मूर्तिपूजा को गालियाँ देने लगे और इस स्पष्टवादिता का तात्कालिक परिणाम यह हुआ कि पुजारियों ने उन्हें शिवालय से उठाकर फिर वहीं फेंक दिया जहाँ से वे उन्हें लाये थे। कबीर ने अपनी स्थिति नहीं छोड़ी। डैनियल डिफ़ो को खुलेआम यन्त्रणा दी गयी और वह बेचारा दर्शकों पर तरस खाता रहा। ईसा को फाँसी दी गयी और सुकरात को ज़हर। सच्ची बात कहने वालों की यही नियति रही। आगे भी यही रहेगी। दयानन्द सरस्वती जब-जब होंगे, उन्हें विष ही दिया जायेगा।

मैं कहाँ से कहाँ बहक गया। मैं यह भूल ही गया कि मैं हीनभावना से ग्रस्त नहीं हूँ; मैं तो वास्तव में हीन हूँ। मेरा ऐसा सौभाग्य कहाँ कि परसाईजी की भाँति कोई मुझे पीटे। मैं तो जन्मजात कायर हूँ। सुदर्शन चोपड़ा के शब्दों में जो कुछ भी लिखता हूँ वह जानबूझकर ऐसा होता है कि किसी को चोट न पहुँचे। जब मैं ही किसी को चोट पहुँचाने की हिम्मत नहीं रखता, मुझे भला कोई क्यों चोट पहुँचायेगा? मेरे से और भी ज़्यादा जो प्रतिभावान् साहित्यकार हैं वे नेताओं और शासकों की प्रत्यक्ष जी-हुज़ूरी करते हैं। कोई पागल है जो उन्हें पीटेगा?

ख़ैर, असलियत यह है कि मैं पिटना चाहता हूँ। यह भेद-भाव है कि परसाईजी पिटें और शेष व्यंग्यकार न पिटें। मुझे पता है कि पिटने में कभी-कभी शरीर पर चोट लगती है। पिटने के अनुभव मुझे काफ़ी हैं हालाँकि उनके सन्दर्भ रीतिकालीन हैं। पिटने में जान भी चली जाये तो भी कोई फ़िक्र नहीं। पत्नी को कुछ चिन्ता थी मगर जब मैंने नयी जीवन बीमा पॉलिसी लेने की बात सुझाई तो वह भी मान गयी। आर्यावर्त की पत्नियाँ कभी पति के कहने से बाहर नहीं गयीं। अगर पिटने से मैं परसाईजी के समकक्ष बैठने का हक़दार हो सकता हूँ तो इसमें किसी को कोई एतराज़ नहीं होना चाहिए।

तो भाइयों और बहिनों, मैं पिटने के लिए व्याकुल हूँ। कितने शर्म की बात है

कि हमारा एक साथी पिट जाये और हम यूँ ही बैठे रहें। अगर हम पीटनेवाले को पीट नहीं सकते, तो कम-से-कम उससे (या किसी दूसरे से) पिट तो सकते हैं। मैं अपने को इस पुनीत कार्य के लिए पेश करता हूँ। ओ पीटनेवाले बन्धुओ, आओ, चले आओ। संकोच मत करो। मेरे और तुम्हारे पास भी काम ज़्यादा और वक़्त कम है। मेरे पैरों की छाप पर छाप रखते चले आओ। जो स्थान और समय तुम्हें उपयुक्त हो, वह मुझे बता देना। मैं यथासमय वहीं पहुँच जाऊँगा। परेशानी हो तो पीटने के लिए लाठी भी मैं ही लेता आऊँगा। मेरे पीटने के ब्राद मेरा कल्याण ही होगा और सचित्र होगा। तुम्हारा क्या हश्र होगा; यह मैं नहीं कह सकता। हो सकता है मेरे कुछ तथाकथित मित्र तुम्हें कोई तोहफ़ा दें और यह भी हो सकता है कि तुम्हें सज़ा भुगतनी पड़े। ख़ैर, यह सब तुम्हारा भाग्य है। मेरा तो उद्यम तुम्हें सागर तक पहुँचाने का है। फिर वहाँ जो लहर हो, तारा हो, सोनतरी हो, अरुण सवेरा हो, वह सब हे मेरे वर्य, तुम्हारा हो, तुम्हारा हो, तुम्हारा हो।

लोकगीतों का विरह

जैसे कुछ लेखक दमे के मरीज़ होते हैं, उसी भाँति मैं लोकगीतों का पुराना मरीज़ हूँ। यह बीमारी असाध्य है। लोकगीतों में जो आनन्द मुझे प्राप्त होता है वह शायद शेष लेखकों को दमे के दौरे में भी नहीं मिलता होगा। लोकगीतों के संग्रह की दिशा में मैंने थोड़ा-बहुत प्रयास भी किया है और ख़तरा है कि शायद कभी उनका प्रकाशन भी हो। मगर वैसा करने से पूर्व शरीर के ऊपरी प्रदेश के केश बढ़ाना नितान्त आवश्यक है वरना स्थिति यह होगी कि असली माल को भी लोग नकली माल समझेंगे। वर्षों के सतत परिश्रम और कष्ट के फलस्वरूप परम्परा की जो दाढ़ी देवेन्द्र सत्यार्थी ने इस दिशा में खड़ी की है, उससे बचने का कोई उपाय नहीं दीखता। यह एक ऐसा आँगन है जिसके पार कोई द्वार नहीं।

यूँ तो मैं हमेशा सें ही खाली वक़्त में लोकगीत पढ़ता आया हूँ पर पिछले कुछ दिनों से इस कार्यक्रम में चुनाव आन्दोलन की-सी तेज़ी आ गयी है। बात दरअसल यह है कि इन दिनों लोकगीतों के साथ-साथ मैं पेट का मरीज़ भी चल रहा हूँ। हालत ज़रूरत से कुछ ज़्यादा ही पतली हो गयी है। ऐसी स्थिति लोकगीतों के अध्ययन के लिए बड़ी उपयुक्त है। मुझे आपको यह सूचना देते हुए अपार हर्ष होता है कि मैं इस स्थिति का पूरा-पूरा लाभ उठा रहा हूँ। एक हाथ पेट पर रखता हूँ और दूसरा लोकगीतों के संकलन पर। अगर कहीं कोई पंक्ति ज़्यादा मार्मिक मिल गयी तो पेट वाला जो हाथ है वह दिल पर आ जाता है और परिणाम यह होता है कि पेट की राज्य सरकार में असन्तुष्ट विधायक लोग फिर गड़बड़ी शुरू कर देते हैं और उनकी आवाज़ें विधान भवन के बाहर तक सुनाई पड़ने लगती हैं। लोकगीत चीज़ ही ऐसी है जिसे पढ़कर आपका प्रत्येक अंग क़ाबू से बाहर हो जाता है। ऐसी स्थिति में हाथ या पेट को ही दोष देने से क्या लाभ?

लोकगीतों के इस विस्तृत अध्ययन के दौरान मैंने सहसा यह महसूस किया कि इनमें और चीज़ों के साथ-साथ युवतियों के विरह पर भी समुचित मात्रा में ध्यान दिया गया है। यूँ तो बिहारी और पद्माकर वग़ैरह ने भी विरहिणी नायिकाओं पर इतना परिश्रम किया है कि अगर उतना परिश्रम नायक लोग करते तो शायद

रीतिकाल की ज़रूरत ही नहीं पड़ती, पर फिर भी जो ताज़गी लोकगीतों में वर्णित विरह में है वह शायद और कहीं नहीं। उदाहरण के लिए आप उस विरहिणी को क्या कहेंगे जो कहती थी कि "मेरे प्रियतम को पत्र द्वारा तुरन्त सूचित करो कि अब मैं गौने के योग्य हो गयी हूँ और स्थिति यह आ गयी है कि बिसाती लोग बग़ैर किसी निमन्त्रण के ही मेरे द्वार पर उतरने लगे हैं। ओ मेरे प्रियतम, अब तुम मुझे जल्दी ही ले जाओ क्योंकि देह रूपी यह हाथी अब मेरे वश में नहीं रहा।" देह की तुलना हाथी से देना कहाँ तक उपयुक्त था– यह बात उस छोकरी को देखे बिना मैं नहीं कह सकता। हाँ, अलबत्ता यदि लड़की सच बोल रही है तो वह ज़रूर गजगामिनी रही होगी। एक और विरहिणी है जो अपने शरीर को 'बलम का बाग़' घोषित करती है जिसमें आम पब्लिक का प्रवेश निषिद्ध है। ईसुर कवि कहते हैं कि इस बगीचे की रक्षा करना हम सबका कर्त्तव्य है। ईसुर का भी वाक़ई जवाब नहीं। लड़की के नेत्रों का वर्णन करते हुए फ़रमाते हैं कि 'नोकदार बरछी से पैने, कलत करेज फ़ौरन; ईसुर हमने तुमसे कैदई घायल करे करोनन।' शायद इसी लड़की की दूसरी आँख का इतिहास लिखते हुए वे कहते हैं कि सामने वाला तो क्या, इन निगाहों की चोट से अगल-बग़ल वाला तक नहीं बचता। 'लागत चोट निसाने ऊपर, पंछी उड़त बचौ ना; जियरा लेत पराए ईसुर, जे निरदई कसकें ना।'

हीर का तो कहना ही क्या; वह तो राँझा को पुकारती-पुकारती स्वयं भी राँझा ही बन गयी थी। 'सद्दो नी मैंनू-घी दो राँझा, मैंनू हीर न आँखे कोई।' हीर-राँझा के प्रणय प्रसंग में मुझे सबसे ज़्यादा मार्मिक वह स्थल लगता है जहाँ हीर-राँझा की भैंसों की प्रशंसा में मानपत्र पढ़ती है। कहती है कि हे राँझा, तेरी भैंसें हूर और परियाँ हैं, उनके सींग इतने गोल हैं कि लगता है किसी बनजारे ने उनमें चूड़ियाँ पहना दी हैं, तेरी भैंसों के दाँत इतनी सुन्दर क़तार में हैं कि लगता है जैसे चम्पे की कलियाँ खिली हों, तेरी भैंसों का दूध इतना मीठा है कि उसमें शक्कर मिलाने की ज़रूरत ही नहीं पड़ती और जब तेरी भैंस रँभाती है तो लगता है जैसे मोर कूक रहा हो। एक गीत में राँझा से वह कहती है कि तू मेरा चर्खा वहीं ले चल जहाँ तेरा हल चलता है। हीर-राँझा के गीतों में कुछ उपमाएँ तो ऐसी हैं कि उन्हें पढ़कर मुँह में वाक़ई पानी आ जाता है। कवि कहता है कि हीर मक्खन है और राँझा घी। हीर गन्ने की पोरी है और राँझा गुड़ की डली। एकदम वही 'अधिक अन्न उपजाओ' वाला आन्दोलन है। ख़ैर, उसकी चाल देखकर एक स्थान पर राँझा बड़ी समझदारी की बात कहता है; वह कहता है कि ओ मेरी प्यारी हीर, तू साँप की चाल मत चल; कहीं ऐसा न हो कि कोई सपेरा तुझे पकड़ ले।

एक और विरहिणी है जो अपने प्रियतम से कहती है कि काश, तुम पानी होते; वैसा होने पर मैं तुम्हें घूँट भरकर पी लेती। खाने-पीने की चर्चा क्या चली कि मुझे संस्कृत के कवि हर्षदेव की वाणी याद आ गयी। काफ़ी अरसे बाद जब वे अपनी

प्रेयसी से मिले तो इसी असमंजस में पड़ गये कि उसका क्या उपयोग किया जाए। कहने लगे कि क्या मैं तुम्हारे अंगों में प्रविष्ट करूँ या तुम्हें साबुत निगल जाऊँ? इतने दिन बाद मिली हो कि समझ में ही नहीं आता कि करूँ तो क्या करूँ? मैंने हर्षदेव का शेष काव्य काफ़ी मनोयोग से पढ़ा मगर मुझे यह सूचित करते हुए हार्दिक दुःख होता है कि इस बात का पता मुझे कहीं नहीं चला कि उन्होंने उस युवती विशेष के साथ अन्त में चलकर किया तो क्या किया।

विरहिणी के दुःख अनन्त हैं। देश में सूखा पड़ा है मगर वह है कि आँसुओं की बाढ़ में डूबी है। सरकार को उचित है कि अगर मानसून नहीं ला सकती तो कम-से-कम उस युवती को तो बचा ले। आँसुओं की नदी क्या बही कि नाव की ज़रूरत पड़ गयी। सूरदास ने स्थिति का फ़ायदा उठाया और नाव चला भी दी—इन नैनन के नीर सरीखी सेज गयी घरनाव; चाहत हौं ताही पै चढ़कै हरिजी के ढिग जाँव। एक और विरहिणी थी जिसके प्रियतम ने उसे करोड़ों रुपयों के आभूषण और वस्त्र भेजे थे मगर लड़की थी कि उसनें सब ठुकरा दिया था। कहने लगी कि इस सब को फेंक दो; मुझे तो अपना राजा चाहिए और बस। यह लोकगीत पिछड़े ज़माने का है; आजकल की कोई आधुनिका होती तो गहने और कपड़े तो रख ही लेती, साथ ही साथ इस बात का भी मुकम्मल इन्तज़ाम कर लेती कि ऐसा प्रियतम कभी भी विदेश से वापस न आये। विरह में कितने ही बारहमासे लिखे गये हैं जिनसे पता चलता है कि पति के विरह का दुःख हर महीने अलग-अलग प्रकार का होता है। जो विरहिणी जल्दी में होती थी, वह छहमासा गाती थी। मेरे ज़िले में चौमासा भी गाया जाता है जो और भी संक्षिप्त होता है। बात दरअसल यह है कि मेरा ज़िला भी तो बहुत छोटा है।

एक 'सादा जीवन उच्च विचार' वाली विरहिणी है जो कहती है कि पति के आने तक मैं लौंग और पान का बीड़ा नहीं लूँगी; मात्र सूखी सुरती से ही काम चला लूँगी। भारतीय नारी का इतना बड़ा त्याग! लौंगे बिरियवा कै हमरै काम नहीं; सूखी सुरतिया गुज़र करवै। एक और पतिव्रता थी जो कहती थी कि जितना मेरा पति परदेस में कमाता है उतने से तो मेरा पान-तम्बाकू का ख़र्चा भी नहीं चलता। पति के बिना रहना स्वीकार है पर पान के बिना नहीं। एक और विरहिणी है जिसका केस और भी दर्दनाक है। वैद्य लोग उसे पाण्डु रोग बताते हैं जब कि बात सिर्फ़ इतनी है कि वह गौना करवा के ससुराल जाना चाहती है। इसे कहते हैं प्राकृतिक चिकित्सा। एक और खुशमिज़ाज विरहिणी है जो कहती है कि पड़ौस में से गोलियाँ छूटने की आवाज़ आ रही है। लगता है कि कई घरों में लड़के हुए हैं। मैं भी तो एक फलदार झाड़ी साबित हो सकती थी मगर करूँ क्या जब मेरा मौजी पति घर नहीं लौटता?

फ़ैज़ अहमद फ़ैज़ ने एक बार कहा था कि 'ग़म और भी हैं दुनिया में मुहब्बत के सिवा'। ठीक यही बात एक लोककवि ने कही है और इस तरह कही है कि बाद

में कहने को और कुछ शेष ही नहीं रहता :

महँगी के मारे बिरहा बिसरिगा
भूलि गयी कजरी कबीर
देखि क गोरी क उमरा जुबनवाँ
अब उठै न करेजवा में पीर

लोकगीतों में टँगा लाल तिकोन

शेष परम्पराओं की भाँति परिवार-नियोजन की परम्परा भी हमारे देश में काफ़ी पुरानी है और इस कारण यह स्वाभाविक ही है कि लोकगीतों में उस पर ध्यान दिया जाये। आज मैं कुछ ऐसे लोकगीत प्रस्तुत करता हूँ जो प्रत्यक्ष या अप्रत्यक्ष रूप से इस महान् आन्दोलन को बल देते हैं :

कछुई बियानी कछुआ रे रामा
गंगाजी बियानी है रेत
छोटि छोटि बिटिया त बेटवा बियानी
बजर परे रे यहि पेट

कछवी ने कछवी को जन्म दिया और गंगाजी ने रेत को। कवि कहता है कि जो छोटी-छोटी लड़कियाँ बेटों की माँ हो गयीं, उनके पेट पर बज्र गिरे।

बड़ निक लागै गाइ चरवहिया
भुइयाँ जो परती होय
बड़ निक लागै मेहरी क कोरवा
जब ले लरिका न होय

परती भूमि हो तो गाय चराना बहुत अच्छा लगता है। युवती स्त्री की गोद तभी तक प्यारी लगती है, जब तक उसके कोई लड़का नहीं होता।

इसी तरह एक असमिया गीत है जिसका भावार्थ है कि पुराने ज़माने में कुतिया और शेरनी सगी बहिनें होती थीं। जब कुतिया के बच्चे ज़्यादा मात्रा में होने लगे तो शेरनी शेरनी रह गयी और कुतिया उस स्थिति को प्राप्त हो गयी जिसमें हम उसे रोज़ देखते हैं। एक दिन मुझे एक ऐसी कुलवन्ती कुतिया के दर्शनों का सौभाग्य मिला जिसका वाक़ई काफ़ी भरा-पूरा परिवार था। दो बच्चे पूँछ की ध्वजा उठाये अंगरक्षक की भाँति आगे-आगे चल रहे थे और दो बच्चे उसी मुद्रा में पीछे-पीछे। कुछ बच्चे उस स्थिति में थे जिसे नयी कहानी के आन्दोलन के सन्दर्भ में आने वाली पीढ़ी कहा जाता है।

सब की नगरिया गोविन्दा बंसी बजायब
हमरी नगरिया काहे न आयब हो राम

कैसे क आवों सँवली तोरी नगरिया
कुकुरा भूँकै पहरू जागै हो राम
कुकरा देई गोविन्दा दुधवा रे भतवा
पहरू का मदिरा मतैबे हो राम
चलहु सँवलिया तू हमरे संगहिया
दूनो जनै करबै बिहरवा हो राम
कैसे क चलौ गोविन्दा तुहरै संगहिया
बारा होरिलवा कोरवा रोवे हो राम

हे गोविन्द, तुम सब गाँवों में वंशी बजाते हो, मेरे गाँव क्यों नहीं आते?

तुम्हारे गाँव में, सुन्दरि, कुत्ते भूँकते हैं, पहरेदार पहरा देता है। तुम्हीं बताओ, ऐसी स्थिति में मैं कैसे आ सकता हूँ?

मैं कुत्ते को दूध-भात दे दूँगी और चौकीदार को शराब। तुम फिर तो आओगे न?

हे, सुन्दरि, तू मेरे साथ चल; हम दोनों मिलकर आनन्द मनायेंगे।

हे गोविन्द, मैं तुम्हारे साथ कैसे चल सकती हूँ? मेरा दुर्भाग्य नहीं देखते? मेरी गोद में एक छोटा बच्चा है जो रोता है।

केवल गोद के बच्चे के कारण यह गीत शृंगार का न रहकर करुण रस का हो गया। देश की सुन्दर युवतियों के लिए इस छोटे-से गीत में कितना बड़ा सन्देश छिपा है उसका हम एहसास कर सकते हैं।

ये रतनारे होरिलवा फागुन जिनि जनमेउ
सब सखि खेलिहैं फागुनवा, खेलन कइसे जावइ,
ये रतनारे होरिलवा चैत जिनि जनमेउ
सब सखि चुनि हैं कुसुमियाँ, चुनन कइसे जावइ,
ये रतनारे होरिलवा बैसाख जिनि जनमेउ
घर घर मंगलचार देखन कइसे जावइ,
ये रतनारे होरिलवा जेठ जिनि जनमेउ
जेठ तपै दुपहिरिया तपन मोरे लगिहइ,
ये रतनारे होरिलवा असाढ़ जिनि जनमेउ
खोरी खोरी मेघवा गरजि गोतिन नहिं अइहइं,
ये रतनारे होरिलवा सावन जिनि जनमेउ
सब सखि झुलवाँ हैं भूलवा, झूलन कैसे जावइ,
ये रतनारे होरिलवा भादों जिनि जनमेउ
भादों बिजली चमाकै गोतिन नाहीं अइहइं
ये रतनारे होरिलवा कुँवार जिनि जनमेउ
घर घर अइहइं, पितरै दुखित होइ जनहइं,

मे रतनारे होरिलवा कातिक जिनि जनमेउ
सब सखि पुजिहै तुलसिया पुजन कइसे जावइ,
ये रतनारे होरिलवा अगहन जिनि जनमेउ
सब सखि जैहें गवनवाँ देखन कैसे जवइ,
ये रतनारे होरिलवा पूस जिनि जनमेउ
पूस हनै तुसार जाड़ मोर लगिहइं,
ये रतनारे होरिलवा माघ जिनि जनमेउ
माघन मास महल बीच कइसे रहिबइ

ओ, मेरे रतनारे पुत्र, तुम फाल्गुन में जन्म नहीं लेना। सब सखियाँ फाग गायेंगी, मैं कैसे जाऊँगी? ओ, मेरे रतनारे पुत्र तुम चैत्र में पदार्पण नहीं करना, सब सखियाँ फूल बीनने जायेंगी, मैं कैसे जाऊँगी? और हाँ, तुम वैसाखनन्दन भी नहीं होना क्योंकि उन दिनों घर-घर उत्सव होते हैं। यदि आप आ गये, तो उन्हें देखने मैं कैसे जा पाऊँगी। ज्येष्ठ की दुपहरी इतनी तपती है कि मुझसे सही नहीं जाती। जहाँ तक आषाढ़ का प्रश्न है, स्थिति यह है कि गली-गली मेघ गरजेंगे और पास-पड़ौस की युवतियाँ सोहर गाने निकलेंगी। इतने व्यस्त कार्यक्रम में, हे रतनारे पुत्र, तुम हर्गिज़ नहीं आना। और श्रावण में तो इधर का दौरा भूलकर भी न करना; सारी सखियाँ झूला झूलने जायेंगी, मैं कैसे जाऊँगी? भाद्रपद का मास तो और भी बुरा है, उसमें बिजली चमकती है। क्वार में पितृपक्षों का मौसम होता है। कार्तिक में सखियों के साथ पूजा करनी है; तब भी तुम न आना। अगहन में सखियों का गौना होगा, यदि तुम उन्हीं दिनों पधार गये तो उनसे विदा माँगने कैसे जा पाऊँगी? पूस के मास में शेष तो सब ठीक है मगर ये जो कड़ाके की सर्दी पड़ती है वह प्रसूता को काफ़ी कष्ट पहुँचाती है। अब ले देकर रह गया माघ का महीना मगर वह तो महल में पलँग डालकर सोने का महीना है। उसमें तुम हर्गिज़ नहीं आना। उससे मेरा आराम हराम होगा।

कितना कलात्मक गीत है। इतना उम्दा और लाजवाब और कोई बारहमासा मेरी निगाहों से नहीं गुज़रा। ऋतुवर्णन का ऋतुवर्णन और परिवार-नियोजन जो है सो अलग। जिस कवयित्री ने इसे रचा होगा वह अपने क़िस्म की काफ़ी होनहार लड़की रही होगी। इतनी दूरअन्दाज़ और समझदार युवती से मैं हमेशा मिलना चाहूँगा।

शाम हो गयी

शाम का हमारे जीवन में बहुत बड़ा महत्त्व है। अगर सुबह और शाम न होतीं तो शायद हम लोग कभी मरते भी नहीं। इसी रहस्य को पकड़ते हुए उर्दू के कवि ने कहा है कि सुबह होती है शाम होती है; उम्र यूँ ही तमाम होती है। कवि कहता है कि यदि सुबह और शाम न होतीं तो उम्र भी इस तरह तमाम न होती। उस स्थिति में न तो ये ज़िन्दगी के मेले कभी ख़त्म होते और न हम ही सीन से हटते। ख़ैर, ख़ुदा का लाख-लाख शुक्र है कि शाम दिन के अन्त में ही आती है; अगर कहीं दिन के प्रारम्भ या मध्य में आया करती तो और भी परेशानी पड़ती।

साहित्य में साँझ को काफ़ी ऊँचा स्थान दिया गया है। वैदिक काल में तो आर्य लोग सोकर जल्दी ही उठा करते थे और इस कारण उन्होंने जो कुछ कहा है वह सूर्य और ऊषा काल को लेकर ही कहा है। बाद के साहित्य में ब्राह्म मुहूर्त का महत्त्व अलबत्ता उतना नहीं रहा जितना कि साँझ का। भारवि ने समुद्र में सूर्यास्त का इतना मार्मिक वर्णन किया है कि उसे पढ़कर सूरज के साथ-साथ स्वयं भी समुद्र में डूब जाने की इच्छा होती है। जयदेव और भर्तृहरि दोनों ने नायिका और साँझ का जो पवित्र सम्बन्ध है उस पर काफ़ी प्रकाश डाला है। उस प्रकाश में जो दृष्टिगोचर होता है वह लिखने लायक़ कम और करने लायक़ ज़्यादा है। यहाँ मुझे कालिदास का एक श्लोक अनायास ही याद आ रहा है जिसमें उसने विरही लोगों का हुलिया बताया है। कवि कहता है कि भार्या के विरह से पीड़ित चित्तवृत्ति वाले व्यक्ति राह में चलते हुए प्रफुल्लित आम्र वृक्षों को देखकर नयन मूँद लेते हैं, रुदन करते हैं, नाक को हाथ से बन्द करते हैं और ऊँचे स्वर में चिल्लाते हैं। अन्तिम दो लक्षण बड़े काम के हैं। अगर आपको कहीं कोई ऐसा व्यक्ति दिखायी पड़े जो नाक पर हाथ रखकर ऊँचे-ऊँचे स्वर में चिल्ला रहा हो तो समझ लीजिए कि प्रथम श्रेणी का विरही है और भार्या विरह से पीड़ित है। भार्या अपनी है या किसी दूसरे की—यह दीगर बात है। कालिदास की याद क्या आयी कि मन उदास हो गया। इस कवि की कविता ने जितना दुख मुझे दिया है उसे कुछ ही काव्य-प्रेमी समझ सकते हैं। कालिदास के अनुसार जो जीवन मुझे जीना चाहिए उसकी कोई सम्भावना नज़र नहीं आती और

परिणाम यह होता है कि उसकी श्रृंगार की वाणी पढ़कर भी मैं भवभूति के करुण रस में डूब जाता हूँ। ख़ैर, स्थिति कुछ भी हो, यह सच है कि कालिदास का जवाब नहीं। जो कुछ भी है, ख़ुदा की कसम लाजवाब है।

हिन्दी का आदिकाल वीरगाथा काल है। इस काल में लोग दिन में युद्ध करते थे और साँझ को प्रोग्राम यह होता था कि दोनों सेनाएँ मरे हुए सिपाहियों का आदान-प्रदान करती थीं और चारण लोग चिराग़ की रोशनी में दिन-भर के कार्यक्रम का पूरा ब्यौरा लिखते थे ताकि सनद रहे और वक़्त ज़रूरत पर काम आये। चिराग़ की रोशनी मन्द होती थी और चारण लोग बूढ़े होते थे। परिणाम यह रहा कि वीरगाथा काल के सारे साहित्य में पुनरावृत्तियों और अतिशयोक्तियों की भरमार है। रीतिकाल अलबत्ता ज़रूर सन्ध्याकाल है। सुबह को तो नायक-नायिका सोते ही रहते थे और कभी-कभी तो स्थिति इतनी नाज़ुक हो जाती थी कि बेचारी नायिका को कहना ही पड़ता था कि सुनो जी कन्हैया, कान खोलकर सुन लो; विलास के क्षण अब नहीं रहे– अब भोर हो गयी। यह पंक्ति विद्यापति की है जिसकी नायिका आमतौर से अँधेरे की प्रेमी होती थी। एक पद में वह कहती है कि ऐ चाँद, तुम आज न निकलो, आज मैं प्रीतम के पास जाऊँगी। ऐ बादल, तू मुझसे लाख-लाख हीरे-जवाहिरात ले ले पर आज रात अँधेरा ज़रा घना कर दे। ये पंक्तियाँ बड़े काम की हैं। इनसे पता चलता है कि देश में उन दिनों भी रिश्वत चलती थी। पुलिस का विभाग उन दिनों भी बड़ा सतर्क था। एक सखी ने नायिका से कहा था कि तू अपना मुखड़ा ढक ले; राजा के राज्य में से एक चाँद चोरी चला गया है। कहीं पहरेदार तुझे ही न पकड़ ले। नायिका बेचारी परेशान हो गयी। मगर वह बेचारी क्या करती। जैसा कि विद्यापति ने स्वयं ही कहा है– भला कहीं तन से भी तन ढका जाता है? बिहारी की नायिका भी सान्ध्य प्रेमी थी मगर उसका हीरो ज़रा ज़्यादा ही होनहार क़िस्म का था। बिहारी ने कहा है कि नायक और नायिका मिल-मिलकर, चल-चलकर पुनः मिलकर फिर चलते हैं परिणाम यह होता है कि चलते-चलते कि इसी स्थिति में सूरज जो है वह सरे राह ही डूब जाता है। प्रातःकाल यात्रा का समय था मगर नायक की इन हरकतों के कारण पहला पड़ाव उसे नायिका के ही घर के द्वार पर डालना पड़ा। बाक़ी यात्रा का विवरण कवि ने नहीं दिया; इंशा अल्लाह इत्सिंग हुएनसांग की यात्राओं से कम रोचक न होगा।

जहाँ तक आधुनिक युग की कविता का प्रश्न है वह तो प्रारम्भ ही शाम से होती है। दिवस का अवसान समीप था; गगन था कुछ लोहित हो चला। हरिऔध की इसी परम्परा को बाक़ी कवियों ने जारी रखा। पन्तजी ने सान्ध्यतारा लिखी और निराला व प्रसाद ने भी साँझ के मार्मिक चित्र प्रस्तुत किये। पन्तजी अविवाहित होने के कारण सन्ध्याकालीन वृक्षों की छाया को अक्सर लड़की समझ बैठते थे। एक बार उन्होंने 'ऐसे सोने के साँझ प्रात' की चर्चा भी की जो गंगा नदी युगों-युगों से बहाकर

न जाने कहाँ ले जा रही थी। कस्टम विभाग के अधिकारियों को इस कविता पर काम करना चाहिए। महादेवी का तो कहना ही क्या; वे तो वैसे ही नीर भरी दुख की बदली ठहरीं जो पता नहीं कहाँ बरस जायें। उन्हें तो साँझ से इतना प्रेम था कि वसन्त की रजनी को भी थोड़ी देर बाद आने को कहा करती थीं। बच्चन ने "दिन धीरे-धीरे ढलता है" का नारा जो बुलन्द किया तो वह 'जय हो हे संसार तुम्हारी' वाली स्थिति पर जाकर ही रुका। मिलन यामिनी में कुछ पंक्तियाँ ज़रूर काफ़ी काम की हैं जैसे "कुछ उजेला कुछ अँधेरा क्या समा है, कुछ करो इस चाँदनी में सब क्षमा है।" नरेन्द्र शर्मा को साँझ होते ही न जाने कैसी उदासी का दौरा पड़ जाता था। अज्ञेय ने जब-जब साँझ पकड़ने की कोशिश की, भाषा उनके हाथ से निकल गयी। एक जगह लिखा है– ऊगा तारा। उगने के साथ हमेशा छोटा 'उ' लगाया जाता था पर उन्होंने बड़ा लगाया। हो सकता है कि तारा बड़ा रहा हो। इसी तरह एक जगह लिखा है कि हम देखा किये सागर को। शेष कवियों ने भी साँझ को यथाशक्ति अँधेरा प्रदान किया। एक होनहार कवि ने तो उससे शादी ही कर ली। सन्ध्या उसकी पत्नी का नाम है। बच्चे का नाम है नक्षत्र।

मुझे साँझ कविता के बाहर भी उतनी ही प्यारी लगती है जितनी कि चित्रकारों के चित्रों में या कवियों के काव्य में। साँझ का समय भी क्या समय है। एक ओर गाय, भैंस, भेड़ वग़ैरह वन से लौटते हैं तो दूसरी ओर दफ़्तर से बाबू लोग साइकिल सँभाले शतरंज के पिटे मुहरों की भाँति घर की दिशा में खिसकते हैं। रेल के सिगनल जल जाते हैं जिनसे दुर्घटनाओं को और प्रेरणा मिलती है। जैसे-जैसे अँधेरा घरों में प्रवेश करता है। वैसे-वैसे ही दिल्ली की पतिव्रता कुलवधुएँ सोलह श्रृंगार कर कनाटप्लेस का सौन्दर्य बढ़ाने बाहर निकल पड़ती हैं। परवाने शमा पर मरना फिर शुरू कर देते हैं और शमा जो है वह बिजली विभाग की कृपा के कारण हर पाँच मिनट बाद किसी न किसी के साथ भागती ही रहती है। दादा लोग चाकू तेज़ करते हैं जिससे अदालतों को काम मिलता है। काफ़ी हाउस में बुद्धिजीवी दोसाजीवी हो जाते हैं। जहाँ तक मेरा अपना प्रश्न है मैं साँझ के समय कभी उदास नहीं होता। एक दिल था जिसके हज़ार टुकड़े कभी के हो गये और कोई इधर गिर गया तो कोई उधर। दूसरा दिल कभी नहीं मिला। एक पठानी लोकगीत के अनुसार दिल कोई ककड़ी की बेल थोड़े ही है जो उस पर रोज़ फूल लगें। मैं साँझ के समय कहीं नहीं जाता। बाहर लॉन पर बैठता हूँ, सिगरेट पीता हूँ और कवि की ये पंक्तियाँ याद करता हूँ :

सदा न काहू की रही प्रीतम के गल बाँह,
ढलते ढलते ढल गयी सब तरुवन की छाँह

सरल हिन्दी के पक्ष में एक खुला पत्र

भ्राताओ और भगिनियो,

हमारे परमप्रिय राष्ट्र को स्वाधीनता की उपलब्धि प्राप्त किये पंचविंशति वर्ष समाप्त हो गये। इस दीर्घ अवधि में देश नाना प्रकार की दिशाओं में प्रगति की ओर अग्रसर हुआ। लौहपथगामिनियाँ विद्युत् से संचालित होने लगीं और उनके गमनागमन सूचक यन्त्र भी विद्युत्शक्ति से कार्य सम्पन्न करने लगे। ग्राम-ग्राम में पत्र प्रवेश पेटियाँ लग गयीं और चिकित्सालयों की संस्थापना भी हुई। कहीं-कहीं चिकित्सक नहीं हैं, पर वे भी यथासमय आ जायेंगे। इसी प्रकार सहस्रों पाठशालाएँ भी प्रकट हो गयीं, जहाँ शिक्षक और कृष्णपट्ट अभी आने हैं। पवित्र पुण्य सलिला भगवती भागीरथी तथा शेष सरिताओं पर भी अनेक सेतुओं का निर्माण सम्पन्न किया गया। लेखकों और कवियों ने केश बढ़ाना त्याग दिया और नियमित रूप से क्षौर कर्म सम्पन्न कराकर वे भी जनसाधारण के समकक्ष हो गये। अतिरिक्त शब्दों में लेखकों और पाठकों में जो अन्तर भूतकाल में था, वह अब समाप्ति को प्राप्त हो गया।

परिवार नियोजित हो गये। चश्मा लगाकर नीर-क्षीर विवेक करने वाले वरिष्ठ राजकीय अधिकारियों के दृष्टिकोण में भी परिवर्तन लाने की चेष्टा की गयी। दो-एक ने तो अपने चश्मे भी परिवर्तित कर लिये। भ्रष्टाचार न्यूनता को प्राप्त हो गया, क्योंकि उसकी पारम्परिक परिभाषा यथापूर्व नहीं रही। समय के साथ-साथ शब्दों के अर्थ सदा से परिवर्तित होते आये। युवतियों के केश अल्प होने लगे और युवकों के केशों ने सारे मुखमण्डल को परिवेष्टित कर लिया। कार्यालयों में स्वागती नियुक्त हो गये और सभाओं का सभापतित्व सभापत्नियाँ करने लगीं। धोती का स्थान पादजामे ने ले लिया और चर्मपादुका का प्रयोग वृद्धि को प्राप्त हो गया। यह सब हो गया, पर मातृभाषा हिन्दी को राष्ट्रभाषा बनने का सौभाग्य पूर्णरूपेण नहीं प्राप्त हुआ। यहाँ पर प्रश्न उत्थित होता है कि संविधान में हिन्दी को राष्ट्रभाषा स्वीकार करने पर भी हिन्दी सच्चे अर्थों में राज्य की भाषा क्यों नहीं बनी? इसी बिन्दु पर विचार करने हेतु मैं यह पत्र लिख रहा हूँ।

इस महत्त्वपूर्ण प्रश्न का उत्तर, उत्तर प्रदेश का निवासी होने के कारण मुझे ही

देना पड़ेगा। इस प्रश्न पर विचार करते-करते मेरा मस्तक खल्वाट हो गया, यद्यपि मेरी कर्मपत्नी ने अभी-अभी सूचित किया कि मस्तक वाला शरीरांग प्रायः खल्वाट ही होता है; क्योंकि केश जो होते हैं, वे सिर पर होते हैं न कि मस्तक पर। केशों ने अपने उत्पन्न होने हेतु सिर का ही क्यों चयन किया, इस विषय पर एक गोष्ठी पृथक् से संयोजित की जायेगी।

सम्प्रति तो मूल प्रश्न पर ही वार्ता होगी। अन्ततोगत्वा क्या कारण है कि बंग देश के मत्स्योदनभक्षी बंगवासी व दक्षिणा पथ के दोसा-इडली-साँभर पेयी बुद्धिजीवी तथा गुर्जर देश के परम्परागत सेनानियों ने हिन्दी को अपनी भाषा क्यों नहीं स्वीकार किया? हिन्दी अपने ही गृह में प्रवासिनी की भाँति जीवन क्यों यापन करती रही? राज्य की ओर से हिन्दी की अनेक विभूतियों को आकाशवाणी से सम्पृक्त किया गया और केन्द्रीय हिन्दी निदेशालय जैसी संस्थाओं ने भी हिन्दी की प्रगति के लिए यथासम्भव सभी कुछ किया। पर फिर भी क्या कारण है कि हिन्दी पिछले पंचविंशति वर्षों में द्वय और अर्ध कोस ही चली? हिन्दी के अद्यतन इस प्रकार अवहेलित होने का हे बेताल, क्या कारण है?

इस प्रश्न का उत्तर मात्र एक है। और वह है कि हमने अपनी राष्ट्रभाषा का सरलीकरण नहीं किया। देश के कोटि-कोटि कण्ठों से निसृत करवाने हेतु यह अनिवार्य है कि हमारी भाषा सरल हो। ठेठ हिन्दी का ठाठ अब नहीं चलेगा। राष्ट्रीय गीत सरल है, इस कारण वह चलता है।

राष्ट्रभाषा दुरूह, जटिल, तत्सम, प्रांजल और संस्कृत सम्मत है और इस कारण वह वहीं है जहाँ वह थी। मैं इस तथ्य से अवगत हूँ कि भाषा के सरलीकरण से अनेक साहित्यकार इतिहास में अंकित होने से वंचित रह जायेंगे क्योंकि कुछ लेखक मात्र इसी कारण महान् स्वीकार किये जाते हैं कि उनकी वाणी हमारे मस्तिष्क में प्रवेश नहीं करती, परन्तु देश के लिए हमें कठिन संस्कृतबहुल भाषा का परित्याग करना ही होगा। इसमें मुझे तो कोई कष्ट होगा नहीं, क्योंकि मैं तो नाम से ही त्यागी हूँ। नारी जाति और पराये द्रव्य से मुझे अवश्य मोह है पर प्रतीत होता है कि आगामी बीस वर्षों में वह भी अन्तर्धान हो जायेगा। अभ्यास से क्या सिद्ध नहीं होता? यदि हम सब साहित्यकार उस दिशा में एक या दो प्रति पग उठायें तो भाषा का सरलीकरण, साधारणीकरण और लोचमयीकरण होना भी निश्चित ही है।

भाषा जनता की सम्पत्ति है। वह चल सम्पत्ति है या अचल, इसके लिए उच्चतम न्यायालय से स्पष्टीकरण माँगना होगा। जनता की सम्पत्ति ऐसी होनी उचित है कि जिसे सर्वसाधारण समझता हो, जो बोधगम्य हो और जो इस प्रकार की हो कि कथन करनेवाला भी उसे ग्रहण कर सके और श्रवण करनेवाला भी। प्रत्येक देशवासी यदि इसी सिद्धान्त का अनुसरण करेगा तो हिन्दी को समुचित स्थान मिलने में अधिक विलम्ब न होगा। स्त्रियों को यह स्वतन्त्रता भी प्राप्त होनी चाहिए कि वे व्याकरण

की दृष्टि से दूषित भाषा भी उच्चारित कर सकें। ऐसा करना हमारी संस्कृति के सर्वथा अनुकूल होगा। कालिदास की शकुन्तला इतनी रूपवती होते हुए भी प्राकृत का प्रयोग करती थी जबकि दुष्यन्त लम्पट होते हुए भी विशुद्ध संस्कृत बोलता था। यही स्थिति काव्य की शेष नायिकाओं के साथ भी रही। जो युवतियाँ अपेक्षाकृत अधिक मेधावती होती थीं, वे महत्त्वपूर्ण प्रश्नों का उत्तर नहीं देती थीं। ऐसे उत्तर अंगों के हावभाव से दिये जाते थे। यह एक ऐसी सांकेतिक भाषा है जिसे मानव जाति पाषाण काल से अद्यतन समझती रही है और भविष्य में भी इस सुखद स्थिति में कोई परिवर्तन आने की सम्भावना दृष्टिगोचर नहीं होती। पंचवर्षीय योजनाएँ भी इसके मार्ग में बाधा नहीं उपस्थित कर सकतीं। फिर हम और आप तो वस्तु ही क्या हैं?

सो हे भ्राताओं और भगिनियों, आओं, हम आज ही से सरल हिन्दी का प्रयोग आरम्भ कर दें। इसके उद्घाटन हेतु किसी मन्त्री की आवश्यकता नहीं। आओ, हम राष्ट्रभाषा को उसके उचित आसन पर प्रतिष्ठित कर दें। फिर देखना, न दरिद्रता रहेगी और न निष्क्रियता। वैभव का ऐसा ऊषा काल आयेगा कि उस प्रज्वलित विहान की आभा से हमारे लोचन द्वय विमीलित हो जायेंगे। श्रमिक वर्ग अनुशासित हो जायेगा, अधिकारियों का स्वास्थ्य उन्नत होगा और सच्चा समाजवाद इस पृथ्वी पर पदार्पण करेगा। राष्ट्र प्रत्येक दिशा में उत्पादन वृद्धि को प्राप्त होगा और हमने और आपने चाहा तो जनसंख्या भी बढ़ेगी। राष्ट्र का सारा विकास भाषा के कारण ही तो अवरुद्ध पड़ा है, नहीं तो राष्ट्र के कुछ भागों में लौहपथगामिनियों के ठहरने के स्थानों पर लगे पट्टों पर अंकित हिन्दी को कृष्ण वर्ण की स्याही से क्यों पोता जाता है?

जिन भ्राताओं और भगिनियों को इस विषय में कोई शंका हो वे मुझसे निकट सम्पर्क स्थापित करें। शंका लघु भी होगी तो भी चलेगी। मैं सदा से सरल हिन्दी का पक्षपाती रहा हूँ। प्रमाण के लिए यह प्रबन्ध प्रस्तुत है। हस्त कंगण को दर्पण क्या?

आपकी अनुकम्पा का निरन्तर आकांक्षी—

त्यागी।

एक चूहे की मौत

पिछले दिनों जब बदीउज़्ज़मा का 'एक चूहे की मौत' नाम का उपन्यास पढ़ा था तो समझा था कि बात वहीं ख़त्म हो गयी और निकट भविष्य में चूहे की मृत्यु को लेकर कुछ और कार्यवाही नहीं की जायेगी। मगर मैं ग़लत साबित हो गया। एक महानगर में दूध की बोतल में से काफ़ी बड़े साइज़ का एक मरा हुआ चूहा बरामद हुआ जिसको लेकर कई प्रश्न खड़े हो गये। लोगों ने पूछना शुरू किया कि दूध की बोतल में इतना बड़ा चूहा घुसा कैसे और घुस भी गया तो मरा क्यों? एक वकील का ख़याल है कि शायद चूहा पहले से ही मरा हुआ था और उसे बोतल में किसी ने बाद में घुसा दिया था। क्योंकि चूहे ने मरने से पहले न कोई बयान दिया और न उसकी शव-परीक्षा ही की गयी, सारा मामला काफ़ी पेचीदा हो गया।

मैं बुद्धिजीवी व्यक्ति हूँ। तर्क पर निर्भर होना मेरे लिए आवश्यक है। मेरी अक्ल में यह नहीं आ रहा कि आख़िर लोग इस बात पर इतने परेशान क्यों हैं? क्या उन्हें चूहे के मरने का दुःख है? क्या उनका प्रश्न यह है कि चूहा दूध पीकर क्यों मरा? या बात सिर्फ़ इतनी ही है कि इतना बड़ा चूहा बोतल में घुसा कैसे? मैं इनमें से प्रत्येक प्रश्न पर विचार करता हूँ और उलझ जाता हूँ।

मेरे विचार में चूहे के मरने पर हमें इतना दुःखी नहीं होना चाहिए। प्रत्येक जीवित प्राणी को कभी न कभी मरना ही है। शरीर तो वस्त्रों की भाँति है जिसे आत्मा इस भाँति बदलती है जैसे वृक्ष अपने पत्ते बदलते हैं। देश में चूहों द्वारा अन्न को इतना नुक़सान पहुँचाया जा रहा है कि जितने भी चूहे मारे जा सकें उतना ही श्रेयस्कर होगा। यदि दूध पीने से ही चूहे मरते हैं तो इस पर खोज होनी चाहिए ताकि इस प्रणाली का बड़े पैमाने पर उपयोग किया जा सके। ख़ैर, अगर लोग फिर भी चूहे की मौत पर दुःखी हैं तो वे शोक प्रस्ताव पास कर सकते हैं। चूहे के बीवी-बच्चों के नाम पर यदि कुछ चन्दा इकट्ठा किया गया हो तो वह मुझे भेजा जा सकता है। देश के सामने व्यक्तिगत हितों की मैंने कभी परवाह नहीं की।

जहाँ तक चूहे का दूध पीकर मरने का प्रश्न है, मेरा विचार है कि यह चूहे का सौभाग्य था। इस देश में न जाने कितने ऐसे इंसान हैं जिन्हें पानी तक नहीं मिलता

और वे मर जाते हैं और इधर एक भाग्यवान् चूहा है जो दूध पीकर गणेशजी के पास जाता है। सिकन्दर की सेना जब भारत से वापस लौट रही थी तो हज़ारों सैनिक रास्ते में प्यास से ही मर गये थे। मरते हुए एक सैनिक ने कहा था कि वे लोग कितने भाग्यवान् हैं जो समुद्र में डूबकर मरते हैं; कम-से-कम वे प्यासे तो नहीं मरते?

अब सिर्फ़ एक बात रह जाती है और वह यह कि इतना स्वस्थ चूहा उस छोटी-सी बोतल में घुसा तो घुसा कैसे। यह प्रश्न उतना जटिल नहीं है जितना कि दीखता है। प्रिंस क्रोपोटकिन ने चूहे के बारे में विस्तार से लिखा है और बताया है कि वह चतुरतम प्राणियों में से एक है। बोतलों में घुसना उसका पुराना शौक़ है और यह शौक़ उसे तब भी था जब बोतलें नहीं थीं। मेरे ख़याल में यह चूहा इस बोतल में काफ़ी दिनों पहले घुस गया था जब कि वह बच्चा था। बोतल के अन्दर पड़ा-पड़ा दूध पीता रहा और तगड़ा होता रहा। आख़िरकार एक दिन ऐसा भी आया कि वह इतना स्वस्थ हो गया कि बोतल के बाहर न आ सका। आप यहाँ प्रश्न कर सकते हैं कि अगर चूहा बराबर बोतल में ही था तो दिखायी क्यों नहीं पड़ा? इसके उत्तर में मेरा नम्र निवेदन यह है कि वातावरण में सफ़ेद हाथी इस कदर पैदा हो गये हैं कि उनके सामने छोटी-मोटी चीज़ दिखायी ही नहीं पड़ती।

इस विषय में मुझे एक बात और कहनी है और बस। लोग चूहे और दूध के नाश पर शोक मना रहे हैं जो ग़लत है। चूहे के बारे में ऊपर बताया ही जा चुका है और जहाँ तक दूध का प्रश्न है उसकी हमारे यहाँ कभी कमी नहीं हो सकती क्योंकि यहाँ नदियाँ बहती हैं जिनका पानी दूध का रूप इतनी सरलता से अख़्तियार कर लेता है कि पूर्वजों को कहना पड़ा था कि इस देश में दूध की नदियाँ बहती हैं। गंगा, तेरा पानी तो अमृत है। जिस वस्तु का शोक वास्तव में होना चाहिए वह तो बोतल थी जो दूध और चूहे के निकट सम्बन्धों के कारण तोड़नी पड़ी। चूहा वापस आ सकता है, दूध वापस आ सकता है मगर बोतल है कि दिल की तरह जब एक बार टूट जाती है तो फिर जुड़ना मुश्किल ही होती है। हम लोगों को उचित है कि उस बोतल की स्मृति में शोक प्रस्ताव पास करें और एक मिनट का मौन धारण करें। आमीन!

अ-डाकुओं का आत्म-समर्पण

मध्यप्रदेश के डाकुओं ने सर्वोदयी नेता जयप्रकाश नारायण के सामने आत्म-समर्पण कर दिया। तहसीलदारसिंह के बाद जो परगनासिंह, इलाकासिंह, तालुकासिंह, ज़िलासिंह और कमिश्नरसिंह बचे थे, वे भी अपने-अपने हथियार डालकर अच्छे नागरिक बन गये। सब-कुछ बड़ा अच्छा रहा। पुलिस विभाग में शायद कुछ छँटनी करनी पड़े, क्योंकि उतनी फ़ोर्स की अब शायद ज़रूरत नहीं रही। मगर वह दीगर बात है। बेकारी की समस्या ज़रूर कुछ बढ़ेगी, मगर बड़ी चीज़ों के सामने छोटी-छोटी बातों पर चिन्ता करना मेरी जैसी पवित्र आत्मा को शोभा नहीं देता। मुझे तो एक ही डर है और वह यह कि कहीं ये भूतपूर्व डकैत साहित्य के क्षेत्र में काम न करने लगें। आत्म-समर्पण करने वाले दस्युओं में से यदि कोई व्यंग्य लिखने लगा तो उसकी मुझे चिन्ता होगी। ख़ैर!

जयप्रकाश बाबू का भी जवाब नहीं। कभी बांग्ला देश के लिए विदेश जा रहे हैं तो कभी डकैतों के लिए स्वदेश लौट रहे हैं। आज़ादी के बाद से आवागमन की यही स्थिति जारी है। कोई न कोई ऐसी समस्या ज़रूर ही जयप्रकाशजी को व्यस्त रखे रहती है। नयी समस्याओं की ओर वे संकेत भी करते रहते हैं। दिल्ली में अपने सार्वजनिक अभिनन्दन के अवसर पर उन्होंने कह ही दिया कि डाकुओं के अतिरिक्त समाज में और भी ऐसे तत्त्व हैं जो डाकुओं से कम भयंकर नहीं हैं। इन लोगों का हृदय-परिवर्तन भी ज़रूरी है। ज़ाहिर है जैसा कि अ-कविता भी अन्त में चलकर कविता ही निकली, उसी प्रकार ये अ-डाकू भी अन्ततोगत्वा डाकू ही निकलेंगे। इनका आत्म-समर्पण भी निहायत ज़रूरी है। यह काम काफ़ी बड़ा है। मेरी हार्दिक इच्छा है कि इन अ-डाकुओं के आत्म-समर्पण का भार वे मुझ पर छोड़ दें। मैं इन सबको पहचान लूँगा। चिड़ीमार को आख़िर चिड़ीमार ही पहचानता है न?

तो भाइयो, और बहनो, अब समय आ गया है कि आप शरीफ़ लोग मेरे सामने आत्म-समर्पण कर दें। ओ कवियो और लेखको, तुम जो वर्षों से विदेशी साहित्य की नक़ल करते चले आ रहे हो, चले आओ और मेरे चरण पकड़ लो। हिन्दी लेखन में कभी ईमानदारी नहीं रही; क्योंकि जैसा कि इन्द्रनाथ मदान ने मुझसे बताया, इस शब्द

का हमवज़न शब्द हिन्दी में है ही नहीं। तो लेखको और कवियो! तुम लोग चले जाओ और देश की तरफ़ से मैं तुम्हें माफ़ कर दूँगा। रॉयल्टी आधी तुम्हारी, आधी मेरी। आय-कर से बचने वालो, तुम भी मेरे तम्बू में चले आओ और अपना-अपना अपराध स्वीकार कर लो। आधा तुम्हारा और आधा मेरा। तस्करी करने वाले बड़े-बड़े व्यापारियो, तुम भी वक़्त को पहचान लो और मेरी शरण में चले आओ। दो-चार विदेशी वस्तुओं की ज़रूरत मुझे भी है। पाप ही करना है तो बाँट के करो। अकेली आत्मा पर इतना भार क्यों डालते हो? इससे दिल का दौरा पड़ता है। नकली दवाइयाँ बनाने वालो, तुम भी इस साधु समाज में लाइन लगाकर खड़े हो जाओ। हालाँकि तुम्हारे धन्धे में दख़ल देने से जनसंख्या घटाने की नीति को धक्का पहुँचेगा क्योंकि ये तुम्हारी ही दवाइयाँ हैं जो न जाने कितनी आत्माओं को समय से पूर्व ही देह के बन्धनों से मुक्त कर रही हैं। पर फिर भी जो पापकर्म है, वह पापकर्म ही है। सीमेंट में बालू मिलाने वाले ठेकेदारो, तुम भी चले आओ। यथाशक्ति तुम्हारी भी सहायता करूँगा। काम ज़्यादा है और वक़्त कम। मगर इस प्रश्न को अब टाला नहीं जा सकता। इससे सबके भाग्य का उदय होगा, जो सच्चे अर्थों में सर्वोदय कहा जा सकेगा।

मेरा कर्त्तव्य था वक्तव्य देना, सो मैंने दे दिया। पालन करना जनता का कर्त्तव्य है। प्रजातन्त्र की यही प्रणाली है। समाजवाद की एक परिभाषा यह भी हो सकती है कि जो खाओ वह बाँटकर खाओ, चाहे वह रोटी हो या रिश्वत। जो बड़े लोग हैं वे दिन में कई-कई वक्तव्य देते हैं। एक बार शाकाहारी भोजन के बारे में एक महात्मा भाषण दे रहे थे कि भरी सभा में से उनके पेट में से मुर्गा बोल उठा। एक समाज सेवक थे जो युवतियों के अधनंगे रहने पर जिहाद बोल रहे थे। इत्तफ़ाक ऐसा हुआ कि माइक में फँसकर उनकी धोती खुल गयी। एक और नेता थे जो नशाबन्दी पर इतने ज़ोर से भाषण दे रहे थे कि जहाँ तक उनकी आवाज़ नहीं पहुँच रही थी वहाँ तक उनके द्वारा पी गयी देसी शराब की गन्ध पहुँच रही थी।

मैंने जो कुछ भी ऊपर कहा है, उसमें कुछ भी असंगत नहीं है। दूसरे को सुधारने के लिए अपने को सुधारना कतई ज़रूरी नहीं। अँग्रेज़ी सरकार ने ग्राम-सुधार का महकमा चलाया था, जिससे नगरों का विकास हुआ था। वालपोल कहता था कि ऐसा कोई भी व्यक्ति नहीं है जिसे ख़रीदा न जा सके। लिंकन का कहना था कि ऐसा कोई सिद्धान्त नहीं है जो तोड़ा न जा सके। उसी प्रकार यदि सुख रूपी सीता का वरण करना चाहते हो तो पुराने संकोच का धनुष तोड़ो। आओ और मेरा वरण करो। मैं बाँहें पसार कर तुम्हारी प्रतीक्षा में कब से खड़ा हूँ।

आप लोगों से सम्पर्क स्थापित कर, सम्भव है कि मैं ज़रूरत से ज़्यादा अमीर हो जाऊँ। यह भी हो सकता है कि मेरी आत्मा पतित हो जाये हालाँकि अब तक वह काफ़ी लचीली रही है। ख़ैर, अगर मैं पतित भी हो गया तो चिन्ता की कोई बात नहीं। किसी दिन जाकर मैं भी कहीं आत्म-समर्पण कर दूँगा; बस।

महीनों में महीना मार्च का

बचपन में एक कहावत सुना करते थे जिसके अनुसार सारे तालों में भूपाल का ताल सर्वश्रेष्ठ ठहरता था। इसी प्रकार नारियों में रानी पद्मावत थी; बाक़ी स्त्रियों की तुलना गधी से की गयी थी (यहाँ गधी जाति के प्रति अन्याय किया गया था जो कि साफ़ ज़ाहिर है।) रागों में सबसे ऊँचा राग विहाग को दिया गया था (राग दरबारी को भी विभाग से नीचे माना गया था; श्रीलाल शुक्ल क्षमा करेंगे।) बाक़ी कहावत याद नहीं रही पर अपनी प्रतिभा के बूते पर इसे आगे खींचा जा सकता है। साप्ताहिकों में साप्ताहिक धर्मयुग है क्योंकि यह लेख उसमें छप रहा है। व्यंग्यकारों में व्यंग्यकार रवीन्द्रनाथ त्यागी हैं जो कि इस महान् लेख के लेखक हैं। इसी परम्परा को आगे बढ़ाते हुए मुझे एक लोकगीत याद आ गया जो काफ़ी काम का है। यह लोकगीतों का मर्ज़ भी बहुत बुरा है। इसी के कारण रामनरेश त्रिपाठी को गाँव-गाँव भागना पड़ा और देवेन्द्र सत्यार्थी को दाढ़ी बढ़ानी पड़ी। इस लोकगीत में कहा गया है कि बेला भी फूलता है, चमेली भी फूलती है पर सबसे प्यारा फूल गुलाब का ही है। तबला भी बजता है, सारंगी भी बजती है पर बाजों में बाजा जो है वह सितार ही है। अन्त में चलकर कड़ी आती है कि डिपुटी भी बैठे, कलट्टर भी बैठे, सबसे सुन्दर सैंया हमार बा। यह पंक्ति बड़ी मार्मिक है। यह एकदम सत्य है कि पतियों में पति अपना ही सबसे सुन्दर होता है जबकि पत्नियों में पत्नी हमेशा दूसरे की ज़्यादा ख़ूबसूरत होती है।

इसी परम्परा को आगे बढ़ाते हुए मैं दावा करता हूँ कि महीनों में अगर कोई महीना है तो वह मार्च का है। मार्च के महीने में वसन्त आता है, होली जलती है और फाग गाया जाता है। यही वह महीना है जिसमें युवतियाँ अपने प्रेमियों को सबसे ज़्यादा याद करती हैं। यूँ कुछ ऐसी भी मन्दभाग्यवती सुन्दरियाँ होंती हैं जो कि पति के पास होने पर भी स्थिति का फ़ायदा नहीं उठा पातीं। एक लोकगीत में बताया गया है कि गोरी स्त्री का यौवन जब हिरन के सींग की तरह हुमसने लगा तो प्रेमी ने समझा कि उसे कोई बीमारी हो गयी है और वह उस पर नीम पीस-पीसकर लगाने लगा। नीम की दातुन का शौक़ मुझे भी रहा है पर इस वृक्ष में और भी

सम्भावनाएँ हैं इसका पता मुझे इस लोकगीत से लगा।

मार्च में पत्र-पत्रिकाएँ हास्य-व्यंग्य विशेषांक निकालती हैं जिनसे शरद जोशी द्वारा वर्णित हास्य-रस की अफ़सोस शाखा और भी तेज़ी से प्रकट होती है। लड़का लोग रात-रातभर बत्ती जलाकर पढ़ते हैं। मई-जून में होने वाली शादियों की व्यवस्था मार्च से ही शुरू हो जाती है। लड़की के हाथ पीले करने के लिए उसके माँ-बाप मार्च से ही पीले होने शुरू हो जाते हैं जिसके कारण वसन्त की शोभा चौगुनी हो उठती है।

मगर मार्च के महीने का जो महत्त्व सरकार में है वह और किसी क्षेत्र में नहीं है। मार्च के साथ ही साथ सरकार का वित्तीय वर्ष भी समाप्त होता है। जितना धन बग़ैर ख़र्च किये रह जाता है वह सरकार को 'लैप्स' कर जाता है। साल-भर के सारे अधूरे बिल मार्च में ही पास होते हैं, ठेकेदार मोटरें दौड़ाते हैं, दफ़्तरों में ओवरटाइम चलता है और बाक़ी जो कुछ होना चाहिए वह भी बदस्तूर होता है।

मैं सरकार का काफ़ी पुराना गधा हूँ और स्थिति यह है कि घोड़ा बनने का अवसर आने ही वाला है। मेरी समझ में आज तक यह नहीं आया कि मार्च में बजट ख़त्म हो तो क्यों हो? फ्रान्स के लोग कितने बुद्धिमान हैं कि उनका वित्तीय वर्ष कभी समाप्त ही नहीं होता। अगर अभी भी कहीं पता लग जाये कि 1809 में नैपोलियन ने किसी क़स्बे में आठ कारतूस ख़रीदे थे जिन्हें हिसाब में लिखना बाक़ी है तो वे अभी तक उसी वर्ष के हिसाब में दर्ज़ किये जाते हैं। 1809 का बजट अभी तक खुला है। कितनी वैज्ञानिक प्रणाली है। पता नहीं बाक़ी देश ऐसा क्यों नहीं करते?

आप लोगों की मार्च एक है जो पहली तारीख़ से शुरू होती है और इकत्तीस तारीख़ को ख़त्म होती है। सरकार बड़ी चीज़ है; उसके लिए एक मार्च से काम नहीं चल सकता। इसी कारण सरकार की मार्च कई हैं, मार्च प्राथमिक, मार्च अन्तरिम, मार्च अन्तिम और मार्च पूरक। इस विधि के अनुसार 31 मार्च तक किया गया व्यय सितम्बर तक मार्च के ही हिसाब में लिखा जाता है। सरकार का जादू अनन्त है।

कितना ग़लत है कि सरकार का यह धन्धा वसन्त की ऋतु में आता है। अँग्रेज़ी सरकार की यह प्रथा उन्हीं के साथ ख़त्म हो जानी चाहिए थी। एक लोककवि ने कहा है कि यौवन जो है वह अँग्रेज़ी राज्य की तरह सर्राता है। अब स्थिति यह है कि अँग्रेज़ी राज्य तो ख़त्म हो गया मगर दुर्भाग्य से इस देश में जवानी अभी भी काफ़ी मात्रा में उपलब्ध है। ऐसी स्थिति में मार्च में कर लगाना, बजट पेश करना और सरकारी दफ़्तरों में दुगुना काम करवाना देश की स्थिति के प्रतिकूल है। थोड़ा-बहुत वसन्त एप्रिल में शेष रहता है पर वह ऐसा महीना है जिसमें आपको अपना आयकर विवरण प्रस्तुत करना है। न करने पर क़ैद या जुर्माना (या दोनों)।

बड़ी ही दुःखद स्थिति है। मुझे घासीराम भटीपुर वासी की राजा कारक वाली होली याद आ रही है और उधर फ़ाइल पर फ़ाइल कमरे के भीतर चली आ रही हैं। इंजीनियर और ठेकेदार रिसेप्शन के कमरे में बैठे हैं। हर एक चाहता है कि उसका

बिल निकले और मैं चाहता हूँ कि किसी तरह मैं निकलूँ। मगर वैसा मैं कर नहीं सकता। सरकार बड़ी होशियार है; उसने खिड़कियों में लोहे की सलाखें लगवा रखी हैं। बाहर जो चपरासी बिठाया गया है वह भी काफ़ी तगड़े क़िस्म का है। लगता है दोनों वक़्त कसरत करता है। मैं दफ़्तर की नोटिंग पढ़ता हूँ, रिवाइज़ करता हूँ, क़ानून की पोथियाँ खोलता हूँ और साथ ही साथ कवि की ये पंक्तियाँ भी याद करता हूँ :

आओ, बाहर आओ,
ढपली पर गीत गाओ

राष्ट्रीयकरण के बाद

बीमे के धन्धे का राष्ट्रीयकरण कर दिया गया। बात जीवन बीमे से प्रारम्भ हुई थी और उसकी परिणति सामान्य बीमे के राष्ट्रीयकरण पर समाप्त हुई। बात को यहीं समाप्त करना राज्य को शोभा नहीं देता। जहाँ तक जीवन, राहजनी और आग इत्यादि का प्रश्न है, इनका बीमा तो काफ़ी सरल प्रवृत्ति का है। वास्तविकता तो यह है कि बीमे के लिए अभी इतनी दिशाएँ शेष पड़ी हैं कि पूरी दिग्विजय करने में काफ़ी समय लगेगा।

बीमा आयोग को सर्वप्रथम प्रेम के क्षेत्र पर एकाध नज़र डालनी चाहिए। इस क्षेत्र में अब तक कवि, लेखक और अदालत ही घुसपैठ करते आये हैं। अब समय आ गया है कि इस क्षेत्र में बीमा आयोग भी प्रवेश करे। प्रत्येक समझदार माता-पिता इस बात की पॉलिसी ले सकते हैं कि उनकी लड़की या लड़का बड़ा होने पर प्रेम करेगा या नहीं। अगर प्रेम करेगा तो माँ-बाप का दुःख कम करने के लिए बीमा आयोग उन्हें पैसा देगा। प्रेम होने पर विवाह होगा या नहीं—इस पर अतिरिक्त प्रीमियम माँगा जा सकता है। प्रेम-विवाह होने पर लड़के के बाप को बीमा आयोग उतनी रक़म देगा जो लड़के के दहेज में वैसे अपेक्षित थी। विवाह के बाद बच्चा होगा या नहीं इसका भी बीमा किया जा सकता है। बच्चा वैध होगा या अवैध, शादी के पहले होगा या बाद में, वह स्त्रीलिंग होगा या पुल्लिंग—इस पर भी अतिरिक्त प्रीमियम द्वारा जोखिम कवर किया जा सकता है। शादी के बाद आत्महत्या लड़का करेगा या लड़की इस सन्दर्भ में भी एक अनुच्छेद पॉलिसी में जोड़ा जा सकता है। निःसन्तान स्त्री की पवित्रता क़ायम रखने के लिए प्रीमियम की दर में विशेष छूट देनी होगी। हिन्दी लेखकों के सन्दर्भ में मैं इस बात की पॉलिसी ख़ुद लेना चाहूँगा कि बूढ़ा होने पर मैं अपने से कितने वर्ष छोटी लड़की से शादी करूँगा। आप कहेंगे कि यह तो द्यूत कर्म है। मैं कहता हूँ कि सारा बीमा ही द्यूत कर्म है; अगर इस वृक्ष में दो-चार कलियाँ और खिल गयीं तो आपको एतराज़?

इसी प्रकार सरकार को उचित होगा कि वह अधिकारियों की नियुक्ति के समय इस बात का बीमा करवा ले कि वे आगे चलकर कार्यक्षम और ईमानदार निकलेंगे

या नहीं। विधान सभा के प्रत्याशी चुनाव हारने के ख़िलाफ़ बीमा करवा सकते हैं। हारने के अतिरिक्त इस बात का भी बीमा किया जा सकता है कि चुनाव आन्दोलन में जूता चलेगा या नहीं और चलेगा तो किस कम्पनी का चलेगा। रेल में बैठते समय इस बात का बीमा कराना उचित होगा कि कितनी देर से पहुँचेंगे या पहुँचेंगे भी कि नहीं।

इस प्रकार के दीगर प्रश्नों पर बीमा करने की ज़िम्मेदारी काफ़ी कठिन होगी। पर बीमा आयोग के अधिकारी काफ़ी सतर्क हैं। वे जानते हैं कि झूठी आग कैसे लगती है और झूठी बाढ़ कैसे आती है। एक अधिकारी थे जो कि नब्बे वर्ष की आयु के ऊपर के व्यक्तियों का ही जीवन बीमा विशेप रूप से किया करते थे क्योंकि आँकड़ों के अनुसार इस आयु के व्यक्तियों में मृत्यु की दर अत्यन्त कम थी। यह बात अलग है कि इन सतर्कताओं के बावजूद फिर भी एक-दो व्यक्ति झूठे क्लेम ले भागते हैं पर उनके बरख़िलाफ़ ऐसे भी तो न जाने कितने ही लोग हैं जो जीवन-भर प्रीमियम देते रहते हैं और बीमे से कभी कोई पैसा लेने की नौबत ही नहीं आती। एक बड़े अधिकारी थे जो यात्रा पर निकलते समय अपने सूट का बीमा कराया करते थे। वे हमेशा इस सूट विशेष को खिड़की के पास टाँगते थे और रात-रातभर जागकर रेल में प्रतीक्षा किया करते थे कि कोई माई का लाल उसे ले जाये ताकि वे दूसरा सूट बनवा सकें। मगर वह सूट था कि कभी चोरी नहीं गया। मैंने ख़ुद एक बार अपनी साइकिल का बीमा कराया था और कम-से-कम सौ बार तो मैं ख़ुद ही उसे चौराहे पर छोड़कर आया था। मगर साइकिल थी कि हमेशा मेरे पहुँचने से पहले मेरे घर पहुँच जाती थी। मेरे और उसके प्रेम-सम्बन्धों का पता मेरे और उसके माँ-बाप के अतिरिक्त पुलिस विभाग तक को था।

बीमे का ज़िक्र क्या छिड़ा कि घिसी-पिटी मज़ाक़ याद आने लगीं। एक एकाकी सज्जन थे जिन्हें पैसे की सख़्त ज़रूरत थी। अन्त में चलकर उन्होंने अपना बीमा करवाया और फिर आत्महत्या कर ली। इसी तरह एक बड़ा सुखी दम्पति था जिसमें पति और पत्नी दोनों ने एक-दूसरे का बीमा करवा रखा था। दोनों भगवान से प्रार्थना किया करते थे कि दूसरा सदस्य मर जाये ताकि धन की प्राप्ति हो सके। अन्त में चलकर उन दोनों ने प्रेमपूर्वक निःस्वार्थ भाव से एक-दूसरे की हत्या कर दी और कवि को लिखना पड़ा—अब भी दिलकश है तेरा हुस्न मगर क्या कीजै, और भी ग़म हैं ज़माने में मुहब्बत के सिवा। बीमे के एजेण्टों का तो कहना ही क्या! उनसे बचना बहुत बड़ी चीज़ है। कहते हैं कि कनाडा में बीमे के एजेण्टों से बचने का भी बीमा किया जाता है। एक बार एक एजेण्ट कहने लगा कि उसकी कम्पनी भुगतान करने में इतनी तत्पर है कि यदि कोई व्यक्ति शनिवार की रात्रि को मरता है तो सोमवार के ब्रह्ममुहूर्त तक उसकी विधवा को चेक मिल जाता है। दूसरा एजेण्ट कहने लगा कि यह तो कुछ भी नहीं—उसकी कम्पनी तो इतनी तेज़ है कि अगर कोई आदमी

चालीसवीं मंज़िल से गिरता है तो जब वह तीसरी मंज़िल तक पहुँचता है, कम्पनी उसके हाथ में चेक पकड़ा देती है। तीसरी मंज़िल वह जगह थी जहाँ कि बीमा कम्पनी का कार्यालय था। इसके बरखिरलाफ़ मेरी जान-पहचान के एक व्यक्ति ने अपना बीमा अस्सी वर्ष की आयु में कराया था और अपने पाँच साल के नाती को उसका वारिस मनोनीत किया था। पूछने पर उन्होंने स्थिति स्पष्ट करते हुए बताया था कि जब तक बीमे वाले पैसे देंगे तब तक नाती हर हालत में बालिग हो ही जायेगा।

जहाँ तक साहित्य का प्रश्न है, वहाँ तो बीमे की सम्भावनाएँ अनन्त हैं। फलाँ लेखक अमर होगा या नहीं, इस बात को लेकर बीमा किया जा सकता है। फलाँ पुस्तक कितनी चलेगी और उसका जीवन कितना होगा—इसका बीमा जीवन बीमा आयोग ही कर सकता है। पुस्तक की अकाल मृत्यु की स्थिति में लेखक पॉलिसी की राशि का हक़दार होगा। इस सन्दर्भ में मैं व्यक्तिगत तौर पर भी बाज़ी लगाने को उद्यत हूँ। मेरा निश्चित मत है कि हरिशंकर परसाई पाँच सौ वर्ष बाद भी पढ़े जायेंगे। जिन्हें इसमें सन्देह हो, वे मुझे दस सहस्र मुद्राएँ आज दे दें। अगर पाँच सौ वर्ष बाद मैं झूठा साबित हो गया तो खुदा को हाज़िर-नाज़िर जानकर मैं वचन देता हूँ कि सारी राशि मय ब्याज के वापस कर दूँगा।

इसी प्रकार फलाँ लेखक को पद्मश्री, ज्ञानपीठ अवार्ड, अकादमी पुरस्कार या राज्य सभा की सदस्यता मिलेगी या नहीं, इसको लेकर भी पॉलिसी ली जा सकती है। मैं स्वयं एक ऐसी पॉलिसी लेना चाहता हूँ ताकि यदि पचास वर्ष की आयु तक और कोई सम्मान नहीं मिला तो कम-से-कम बीमे से पैसा तो मिलेगा। एकदम निःसंग होने से क्या लाभ? सुमित्रानन्दन पन्त मेरे बारे में पहले ही युगान्तर में काफ़ी कह गये हैं, जो इस प्रकार है:

तुम त्यागी रह
रिक्त बन गये पामर,
प्रभुता के क्षण में।

जहाँ मैं पन्तजी के प्रति अपने बारे में लिखने के लिए आभारी हूँ, वहाँ मुझे 'पामर' शब्द से सख़्त एतराज़ है। सोचता हूँ, इस मुद्दे को लेकर मुक़दमेबाज़ी शुरू कर दूँ। कितना अच्छा होता कि मुक़दमा हारने के ख़िलाफ़ पॉलिसी लेने की सुविधा प्राप्त होती! राष्ट्रीयकरण के बाद राज्य को उचित है कि बीमा व्यवस्था की इन सम्भावनाओं पर ध्यान दे।

एक ख़बरदार लेख

मैं उन लोगों में से हूँ जो दिशाकर्म की भाँति समाचारपत्र भी उसी तरह नियमित रूप से पढ़ते हैं। छुट्टी के दिन तो मैं अख़बार इतनी ईमानदारी के साथ पढ़ता हूँ कि ऊपर लिखी पंक्ति 'डाक संस्करण' से शुरू करता हूँ और वहाँ तक पढ़ जाता हूँ जहाँ कि अन्त में मुद्रक व प्रकाशक का नाम छपा होता है। समाचारों में मुझे हत्या, बलात्कार और मुक़दमेबाज़ी की ख़बरों में अपेक्षाकृत ज़्यादा आनन्द की प्राप्ति होती है। जिन कामों को मैं स्वयं नहीं कर सकता—उन्हें दूसरों द्वारा किये जाने पर एक विचित्र प्रकार का परोक्ष सुख प्राप्त होता है। अपने इसी अनुभव के आधार पर मैं दावे के साथ कह सकता हूँ कि इधर काफ़ी वर्षों से अख़बार नीरस होते जा रहे हैं। वही कुछ घिसी-पिटी ख़बरें हैं जो छपती चली आ रही हैं। एक दिन पढ़ा कि गुरुमुखसिंह मुसाफ़िर की रेल में चोरी हो गयी जिसमें उनकी कुछ कविताएँ भी चली गयीं। इसमें भी कुछ नया नहीं लगा क्योंकि साहित्य में तो चोरी हमेशा से ही होती आयी है। दुख की बात यह है कि उस चोर विशेष ने बाक़ी सामान तो रख लिया मगर कविताएँ कवि को वापस कर दीं। चोर की इस ईमानदारी ने समाचार का सारा मज़ा किरकिरा कर दिया। एक दिन पढ़ा कि दमदम के क्षेत्र में एक दुकानदार ने तेल में कुछ ऐसा रसायन मिलाया कि कोई पाँच सौ व्यक्ति अपाहिज़ हो गये। इस ख़बर से आत्मा को कुछ बल ज़रूर मिला मगर वह भी यह पढ़कर ख़त्म हो गया कि दुकानदार ने स्वयं भी वही तेल प्रयोग किया और वह भी बीमार हो गया। कितना सच्चा इंसान रहा होगा जो 'आत्मवत् सर्वभूतेषु' वाली पंक्ति के अनुसार कार्य सम्पन्न करता था। एक स्थान पर पढ़ा कि नौ वर्ष का बच्चा अनेक भाषाओं के धार्मिक प्रवचनों को बिना पुस्तक देखे सुना सकता है। यह ख़बर भी कुछ जमी नहीं क्योंकि मेरी पत्नी मेरी पिछली तीन पीढ़ियों और आगामी तीन जन्मों तक का आँखों देखा हाल मुझे अक्सर सुनाती रहती है। राजनीतिक क्षेत्र में भी कुछ विशेष नहीं हो रहा। हाँ, अलबत्ता विधायकों का स्वास्थ्य ज़रूर इधर कुछ ज़्यादा ठीक होता जा रहा है। एक राज्य की विधान सभा में काफ़ी धक्कामुक्की हुई और दूसरी विधान सभा में स्थिति इतनी प्रजातान्त्रिक हो गयी कि जूता-चप्पलों तक का आदान-प्रदान

होने लगा। अन्त में चलकर सरकार को आदेश जारी करना पड़ा कि दर्शक लोग नंगे पाँव ही विधान सभा में घुस सकेंगे; जूते पहनकर नहीं। एक अदालत में एक गवाह एकदम नंगा होकर पेश हुआ; वह इतना ईमानदार था कि अदालत से कुछ भी छिपाना नहीं चाहता था।

समाचार क्या, विज्ञापन भी घिसे-पिटे होते जा रहे हैं। एक तरफ़ परिवार-नियोजन का विज्ञापन छपता है तो ठीक सामने ताक़त की गोलियों का। ऐसे में भला परिवार-नियोजन कैसे सफल हो सकता है? परिणाम सामने है; दिल्ली में हो रही औद्योगिक नुमाइश में एक स्त्री के वहीं बच्चा हो गया। वह तो ग्रामीण भाई हैं जो जनसंख्या को काबू में रख रहे हैं नहीं तो पता नहीं बात कहाँ से कहाँ पहुँच जाती। एक दिन पढ़ा कि बदायूँ ज़िले में हर दूसरे दिन एक हत्या हो जाती है। इस समाचार से ज़रूर कुछ सुख मिला। शकील बदायुँनी ने पहले ही कह दिया था कि हम रहें या न रहें, ज़िन्दगी के ये मेले हमेशा इसी तरह चलते रहेंगे।

विदेशों में अलबत्ता अब भी ज़िन्दगी हिम्मत के साथ जी जा रही है। एक दिन पढ़ा कि जैकी कैनेडी की नंगी तस्वीरें उतारी गयीं जबकि वे समुद्र तट पर निर्वसना होकर स्नान कर रही थीं। फ़ोटोग्राफ़र समुद्र के अन्दर कैमरे लेकर छिपे हुए थे। कला के लिए इतना बड़ा त्याग हमारे देश में कौन करेगा? जापान के प्रधानमन्त्री पर पार्लियामेन्ट में यह आरोप लगाया गया कि वे एक अदद प्रेमिका रखते हैं जिसके मकान के लिए उन्होंने भूमि की व्यवस्था भी की है। कितना उन्नत देश है जहाँ लोग अपनी प्रेमिकाओं का इतना ख़याल रखते हैं! एक हमारा यह आर्यावर्त है जहाँ लोग अपनी पत्नी तक का ख़याल नहीं रखते। एक दिन पढ़ा कि हमारे भूतपूर्व वायसराय लॉर्ड माउण्टबैटन को जुर्माना देना पड़ा क्योंकि उनकी डेरी के दूध में पानी का अनुपात ज़रा कुछ ज़्यादा हो गया था। बात अदालत तक गयी जहाँ दूध का दूध और पानी का पानी अलग-अलग कर दिया गया। शाही वंश के कुछ और सदस्य भी हैं जिन पर गाड़ी तेज़ चलाने के जुर्म पर अदालती कार्रवाई होनी है। इसे कहते हैं सच्चा समाजवाद। राजा और प्रजा दोनों में कोई अन्तर नहीं रहा। जो अपराध छोटे लोग करते आये थे वे ही अपराध अब बड़े लोग कर रहे हैं। इस दृष्टि से हमारे देश में भी थोड़ा-बहुत कुछ किया जा रहा है। काफ़ी बड़े-बड़े लोगों के पीछे खुफ़िया पुलिस लगी है। कहीं-कहीं तो स्थिति यह हो गयी है कि अगर आपके पीछे पुलिस-केस न चल रहा हो तो आप एक ज़िम्मेदार आदरणीय नागरिक माने ही नहीं जा सकते।

अपने देश की तो एक ख़बर ऐसी ज़रूर मिली है जिससे तबीयत खुश होती है और वह यह है कि अज्ञातवास की पुरानी परम्परा फिर से ताज़ी हो रही है। जयप्रकाश नारायण एक वर्ष के लिए अज्ञातवास पर जा रहे हैं। पाण्डव लोग भी इसी तरह अज्ञातवास पर गये थे। डॉ. तेज़ा ने भी कई वर्ष तक अज्ञातवास किया।

अर्जेन्टाइना के भूतपूर्व राष्ट्रपति, चार्ली चैपलिन और एज़रा पाउण्ड भी वर्षों तक अपने देश के बाहर रहे। सच्ची बात तो यह है कि हमारे देश के काफ़ी लेखकों और नेताओं को अज्ञातवास पर चला जाना चाहिए। इससे देश और साहित्य दोनों को नया रक्त मिलेगा। मैं स्वयं अज्ञातवास पर जाना चाहता हूँ पर उसमें एक शर्त है और वह यह कि कविवर उमरख़ैयाम के शब्दों में ज़रूरत की चीज़ें साथ रहनी चाहिए। वे चीज़ें साथ हों तो वीरान से वीरान जंगल भी स्वर्ग है। आप आज उन वस्तुओं का इन्तज़ाम कर दीजिए और मैं यक़ीन दिलाता हूँ कि मैं अगले ही दिन अज्ञातवास पर निकल जाऊँगा?

गिरने का सन्दर्भ

इस देश में इन दिनों गिरने का कुछ दौर-सा चल रहा है। जिधर भी दृष्टिपात करो, उधर ही कुछ-न-कुछ गिरता नज़र आता है। कहीं रक्तपात हो रहा है तो कहीं गर्भपात। एक राज्य की विधान सभा में चन्द वकील लोग ऊपर की दीर्घा से कूद पड़े और परिणाम यह रहा कि वे गिर गये। गुरुत्वाकर्षण के सिद्धान्त की यह विशेषता हमेशा से रही है कि इसके जाने बग़ैर भी यह आप पर उसी निष्पक्षता से लागू होता है जितना कि स्वयं न्यूटन पर होता। इन्हीं आधारों पर तो न्याय संहिताओं में यह अनुच्छेद जोड़ा गया कि क़ानून की अनभिज्ञता अपराध के दण्ड से बचने के लिए बहाना स्वीकार नहीं की जायेगी। पता नहीं वकील लोग क़ानून के इस मूल सिद्धान्त को कैसे भूल गये? इत्तफ़ाक की बात देखिए कि इधर वकील लोग विधान सभा में गिरे और कुछ भी नहीं हुआ और उधर एक आवारा भैंस एक गड्ढे में गिर गयी तो क़रीब तीन दर्जन राइफलों का पता लगाकर निकली। जिस गर्त में उसका चरणपात हुआ था उसमें ये हथियार ग़ैरक़ानूनी तौर पर छिपाकर रखे हुए थे।

ऊपर दिये गये समाचारों को मैंने ध्यान देकर कई बार पढ़ा। वकील लोग इस बात को लेकर कूदे थे कि अमुक नगर में हाईकोर्ट की एक बेंच खुलनी चाहिए थी। यहाँ मैं दो मुद्दों को लेकर उलझ जाता हूँ। एक तो यह कि उच्च न्यायालय की पीठ को बेंच क्यों कहते हैं? हज़ारों वर्ष पहले रोम और यूनान में जज लोग बेंचों पर बैठा करते थे और बाक़ी लोग या तो खड़े रहते थे या धरती पर बैठते थे। आजकल जज लोग कुर्सी पर बैठते हैं। बेंचों का ज़माना कभी का ख़त्म हो गया। वकीलों को उचित होगा कि हाईकोर्ट की बेंच न माँगकर उसकी कुर्सी माँगें। इस माँग के कई अर्थ होंगे जो सयाने लोग समझ ही जायेंगे। दूसरी बात यह है कि केवल एक या दो नगरों में हाईकोर्ट की बेंच (या कुर्सी) खुल जाने से ही तो प्रजातन्त्र का भला नहीं होगा। न्याय का तो प्रत्येक को समान अधिकार है और उसकी हर सुविधा हर नागरिक को बराबर रूप में मिलनी चाहिए। तर्क को आगे बढ़ाया जा सकता है और निष्कर्ष पर पहुँचा जा सकता है कि अन्ततोगत्वा हर नगर के हर मुहल्ले में हाईकोर्ट की एक शाखा होनी चाहिए। इसे मात्र एक या दो नगरों की कहानी बनाने से काम

नहीं चलेगा। अगर अदालत जाने के लिए एक व्यक्ति को सौ क़दम चलना पड़ता है और दूसरे को पाँच सौ क़दम, तो ज़ाहिर है कि विधान में दिये गये मूल अधिकार तोड़े जा रहे हैं। आशा है आदरणीय पालकीवाला कभी अपनी पालकी रोककर इस महत्त्वपूर्ण प्रश्न पर ध्यान देंगे। जहाँ तक भैंस का प्रश्न है, उससे हमारी पुलिस को शिक्षा लेनी चाहिए। पुलिस के सेवा नियमों में एक उपनियम होना चाहिए कि जहाँ कहीं भी जो गड्ढ़ा नज़र आयेगा वहाँ कोई भी पुलिस अधिकारी बिना आगे-पीछे देखे कूद जायेगा। अगर ऐसा नहीं किया गया तो नतीज़ा यह होगा कि भैंस आगे निकल जायेगी और पुलिस पीछे छूट जायेगी। यह एक ऐसी दर्दनाक स्थिति होगी कि शायद भैंस भी इसके लिए दुखी ही होगी।

पुलिस के बारे में मैं फिर सोचता हूँ और फिर उलझ जाता हूँ। 'पुलिस बेचारी' के साथ हर तरह परेशानियाँ ही परेशानियाँ हैं। अगर बेचारा पुलिसमैन घटना-स्थल पर हाज़िर मिलता है तो सफ़ाई का वकील सबसे पहले यही पूछता है कि हज़रत आप सीन पर किस तरह मौजूद थे? अगर आपको अपराध होने की आशंका थी तो आपने और फ़ायर ब्रिगेड ने सही समय पर उचित क़दम क्यों नहीं उठाये और अगर पुलिस घटना-स्थल पर देर से पहुँचती है तो जनता और उसके जनार्दन उस पर दोहरा हमला करते हैं और पूछते हैं कि मिनी बस से दो कुमारियाँ शीलभंग के भय से जंगल में कूद पड़ीं और आप वहाँ इतने घण्टे बाद पहुँचे? प्रजातन्त्र में पुलिस क्या इतनी ही चुस्त होनी चाहिए?

वकील, भैंस और लड़कियों के अतिरिक्त जो और कुछ भी है वह भी गिरता ही जा रहा है। रुपये की क़ीमत गिरती जा रही है, नेताओं और अफ़सरों की सेहत गिरती जा रही है और स्थिति यह आ गयी है कि वस्तुओं के मूल्य के अतिरिक्त जो कुछ और भी जीवन की मान्यताएँ रही हैं उनका भी अवमूल्यन ही होता जा रहा है। यह बात कल एक लेखक ने मुझे बतायी जो सच ही होगी क्योंकि इनका अपना चरित्र इन दिनों काफ़ी गति से नीचे की दिशा में प्रस्थान कर रहा है। थोड़े दिनों में स्थिति यह होगी कि ये इधर होंगे और इनका चरित्र उधर। लेखक होने के साथ-साथ ये पत्रकार भी हैं। इनके पतित चरित्र का आभास आप इसी बात से लगा सकते हैं कि जिस दिन मिनी बस से कूदकर उन बहादुर युवतियों ने अपनी जान दी उस दिन इन्हें हार्दिक सन्तोष हुआ क्योंकि ऐसी ख़बर छपने से इनके पर्चे की कई हज़ार प्रतियाँ ज़्यादा बिकती थीं। इन्हें देखकर मुझे तो कभी-कभी वाक़ई यही अहसास होता है कि यदि अख़बारों का छपना बन्द कर दिया जाये तो अपराध काफ़ी हद तक शायद खुद ही बन्द हो जायें। अख़बार पढ़ने से अपराध बढ़ते हैं। जहाँ तक अख़बारों का प्रश्न है, स्थिति यह है कि यदि अपराध न हों तो वैवाहिक विज्ञापनों के अतिरिक्त उनमें पढ़ने को बचता ही क्या है? सिर्फ़ मौसम का हाल बचता है और वह आप बरामदे में खड़े होकर कहीं ज़्यादा विश्वस्त रूप से ज्ञात कर

सकते हैं क्योंकि अभी तक न तो मौसम का ही चरित्र गिरा है और न बरामदे का ही।

साहित्य का स्तर प्रत्येक दिशा में गिरता जा रहा है। कहीं-कहीं साहित्यिकों के गिरने के भी समाचार प्राप्त हुए हैं। आलोचना का स्तर अलबत्ता ज़रूर नहीं गिरा क्योंकि वह वैसे ही निम्नतम स्तर पर है और वहाँ से और नीचे जाना कठिन है। कविता अ-कविता होती जा रही है और कहानी, अ-कहानी। अगर जाल इसी तरह समेटा जाता रहा तो वह दिन दूर नहीं है जब नाटक अ-नाटक हो जायेंगे और पाठक अ-पाठक। शिक्षा का तो कहना ही क्या—वह तो इतनी तीव्रता से गिरती जा रही है कि कुछ कहा ही नहीं जा सकता। विद्यार्थी शब्द का अर्थ धीरे-धीरे होता ही यह जा रहा है कि वह विद्या की अर्थी निकाले। शोक यात्रा में शिक्षकगण भी सम्मिलित हो सकते हैं और कहीं-कहीं हो भी रहे है। कुछ ऐसे लोग भी हैं जो और कुछ तो गिरा नहीं सकते मगर अपने को ज़रूर गिरा रहे हैं। स्वयंपात के लिए कुतुबमीनार और बंगाल का दीघा घाट बड़े उपयुक्त स्थान माने जाते हैं। कुतुब पर चढ़कर शेष चीज़ें इतने निचले स्तर की लगती हैं कि उनमें रहने को तबीयत नहीं करती। इसी प्रकार दीघा घाट पर समुद्री दृश्य इतना सुन्दर है कि उसे देख लेने के बाद संसार में देखने को और कुछ बचता ही नहीं। ऐसे स्थान पर व्यक्ति जब मरता है तो काफ़ी सुख से मरता है। ठीक वही बात जो पहाड़ों पर चढ़ती हुई एक लड़की से एक शुभचिन्तक गाइड ने कही थी। वह बोला था कि मेम साहिब, इस पगडण डी पर ढलान बहुत है और फिसलकर जान जाने का अवसर ज़रूरत से ज़्यादा ही उपलब्ध है। ख़ैर, आप यदि फिर भी जा रही हैं तो ध्यान रखिए कि यदि फिसलें भी तो नज़र भी बायीं ओर ही रखें, जितना सुन्दर पर्वतीय दृश्य इस पगडण्डी पर बायीं ओर है, उतना शायद सारे स्विट्ज़रलैण्ड में नहीं।

और भी कितनी ही चीज़ें हैं जो गिरती जा रही हैं। कहीं क़ानून और व्यवस्था गिर रही है तो कहीं रेल के सिगनल। कहीं जल के अभाव के कारण लोगों की आत्मा से शरीर रूपी वस्त्र गिर रहे हैं तो कहीं ऐसे सार्वजनिक पाइप हैं जिनका पानी गिरना कभी बन्द ही नहीं होता। उसकी जो टोंटी है वह कोई पुरातत्त्व प्रेमी पहले ही ले जा चुका है। नल वह बेचारा जल्दी में नहीं ले जा सका जिसका उसे भी अफ़सोस है और मुझे भी। कहीं बम गिर रहे हैं तो कहीं सरकार। गिरने की इस परम्परा में एक दिन एक युवती देखी जिसकी कि आयु बीस और बाईस के लगभग थी। दूसरे शब्दों में वह कोई बयालीस वर्ष की कन्या थी क्योंकि बीस और बाईस वर्ष का योग बयालीस ही बैठता है। लुंगी पहने थीं और बस में से उतरने को बेताब थीं। अन्त में चलकर स्थिति यह हो गयी कि वे तो सड़क पर आ गयीं और लुंगी बस में ही रह गयी। युवती की निचली देह नंगी हो गयी। देह का ऊपरी भाग नंगा नहीं हुआ क्योंकि उस पर उसने रुद्राक्ष की माला पहन रखी थी। युवती वैसे सुन्दर थी। उसने अपनी युवावस्था काफ़ी सम्भालकर रखी थी जैसे कि कुछ लोग

अचार को रखते हैं। उसे देखकर मुझे मेघदूत की "या तत्रस्यात् युवति विसये सृष्टि माद्येव धातुः" वाली पंक्ति याद आने लगी। कितना अच्छा होता कि लुंगी-निर्माता इस स्थिति का फ़ोटो ले लेता और फिर विज्ञापन के साथ छापता। हमारी फर्म की लुंगी खरीदिए और देखिए कि वह कितनी जल्दी से खुलती है।

बातें तो बहुत हैं पर वक़्त कम है। वैसे इस लेख के लिखने के साथ-साथ मेरी तबीयत कुछ गिरती ही जा रही है। देश का भविष्य इतना उज्ज्वल होगा, इसकी कल्पना मैंने कभी नहीं की थी।

शोक-सभा

उस दिन मैं अपने एक मित्र से मिलने उसके दफ़्तर जो गया तो सहसा पता लगा कि वहाँ किसी बाबू की मृत्यु हो गयी है और इसी उपलक्ष में तीसरे पहर चार बजे दफ़्तर में एक शोक-सभा आयोजित होनी है। चार बजे का समय इस कारण निर्धारित किया गया था ताकि शोक-सभा के तुरन्त बाद बाबू लोग सीधे घर जा सकें। मेरा मित्र—जो कि एक बड़ा अफ़सर है— इस बात को ज़ोर देकर बार-बार इस तरह कह रहा था जैसे कि घर जाने की जल्दी में बाबू लोगों ने अपने उस साथी की खुद ही हत्या कर दी हो। वैसे स्थिति यह थी कि दफ़्तर जल्दी छोड़ने की सम्भावना को लेकर वह स्वयं भी कम प्रसन्न नहीं था। एक बार तो मुझे यहाँ तक अहसास हुआ कि दफ़्तर में यदि इस प्रकार का कार्यक्रम प्रतिदिन भी चलता रहे तो कम-से-कम उसे कोई एतराज़ नहीं होगा।

जैसा कि मुझे बताया गया, मरने वाला एक आम क़िस्म का इंसान था। बाक़ी लोगों की भाँति वह भी दफ़्तर में सोता था, थोड़ा-बहुत काम करता था, बीड़ी फूँकता था और सन्ध्या समय साइकिल सँभालकर अपने घर चला जाता था। दिल का साफ़ था और अपने-पराए में ज़्यादा भेदभाव नहीं रखता था और इसी कारण स्थिति यह थी कि एक शाम अपनी पुरानी साइकिल के स्थान पर अपने किसी सहयोगी की नयी साइकिल ले जाते हुए पकड़ा भी गया था। सालाना जलसे के अवसर पर वह शामियाना टँगवाने में हाथ बँटाता था और एकाध बार बाथरूम में गुनगुनाता भी देखा गया था। इसके अतिरिक्त और कोई ऐसी बात नहीं थी जिसे इतिहास में स्थान दिया जाता।

मगर जब हम शोक-सभा में पहुँचे तो पता चला कि मरने वाले में बड़ी-बड़ी खूबियाँ थीं। या यूँ कहिए कि संसार में जितनी भी खूबियाँ हैं वे सबकी सब उसमें थीं और जहाँ तक कमियों का प्रश्न है, उसमें ऐसी कोई चीज़ कतई थी ही नहीं। इसी बात पर बल देते हुए एक वक्ता ने उसकी तुलना सुकरात से की थी। एक दूसरे वक्ता ने उसे सुकरात से कहीं बेहतर इंसान बतलाया और उसकी मृत्यु पर इतना शोक प्रकट किया कि हम लोग विचलित हो उठे। बाद में किसी ने बताया

कि उसकी मृत्यु से सबसे अधिक सुख इन्हीं महोदय को पहुँचा है। वे मरहूम की पत्नी से इश्क़ करते थे और उसका कुछ कर्ज़ा भी इन पर बाक़ी था।

बोलने वाले तो कई थे मगर चर्चा करने लायक़ तीन-चार ही। एक सज्जन थे जो उसके साथ कभी-कभी ब्रिज खेला करते थे और एक बार जब वह हार गया था तो इन्होंने उसकी आधी मूँछें भी कटवा ली थीं क्योंकि उसके पास देने को रुपये नहीं थे। कहते हैं कि मरहूम ने बहुत मिन्नतें की थीं कि वे उसकी पूरी मूँछें काट लें मगर ली जाने वाली राशि को ध्यान में रखते हुए इस ईमानदार व्यक्ति ने उसकी मात्र आधी मूँछें ही अन्तर्धान की थीं। आज मंच पर खड़े होकर वे कह रहे थे कि पता नहीं उस दोस्त के बिना वे अब कैसे जी सकेंगे। इसी प्रकार एक अफ़सर ने मरने वाले की ईमानदारी, कार्य-तत्परता और कर्त्तव्य-परायणता की विशद चर्चा की और शेष कर्मचारियों से अनुरोध किया कि वे भी दिवंगत आत्मा के चरित्र का अनुकरण करें। बाद में एक कर्मचारी ने बताया कि यही अधिकारी पिछले तीन वर्षों से मरने वाले की पदोन्नति रोके हुए थे और उसकी अकाल मृत्यु होने का एक कारण यह निराशा भी थी।

अन्त में चलकर एक अधेड़ सज्जन क्षितिज पर काफ़ी मात्रा में एक साथ ही प्रकट हुए और माइक को बाँहों में भरकर रोने लगे। लगभग दस मिनट तक फूट-फूटकर रोने के बाद उन्होंने रुमाल निकाला, श्रोतागणों पर एक अदद दृष्टिपात किया और फिर उसी तरह रोने लगे। मुझे लगा कि जैसे 'भवभूति ने एको रसः करुणमेव' वाली पंक्ति इन्हें देखकर ही लिखी थी। इनके शोक को देखकर मैं अपने मित्र की तरफ़ मुखातिब हुआ। उसने मुझे कान में बताया कि रोना इन हज़रत का पैदायशी शौक है और इस क्षेत्र में वे इतने प्रतिभावान् हैं कि बिना किसी कारण के कहीं भी और कभी भी ये घण्टों तक लगातार इसी तरह रो सकते हैं।

रोने का कार्यक्रम समाप्त होने के बाद सभा विसर्जित हो गयी। वे रोने वाले सज्जन मेरे उस अधिकारी मित्र के पास आये और मरने वाले का नाम-पता पूछने लगे। मेरे मित्र ने उन्हें सारी सूचना दी और फिर कुछ इस अन्दाज़ में देखना शुरू किया गोया कि पूछ रहे हों कि अब अगला बाबू कब मरेगा!

अपना देश : चिन्तन के कुछ क्षण

हमारा हिन्दोस्तान सारे जहान से अच्छा है। यह हमारा चमन है और हम इसकी बुलबुल हैं। जस्टिस सर इकबाल के इस फ़ैसले से मैं एकदम सहमत हूँ। वैसे, मुझे बुलबुल बनने का कोई विशेष शौक़ नहीं है, फिर भी अगर अदालत इस मुल्क को चमन कहती है तो मैं भी बुलबुल का पार्ट अदा करने को तैयार हूँ। हाँ, अलबत्ता जिन लोगों ने मुझे व्यक्तिगत रूप से देखा है, वे जानते हैं कि मैं कितने बड़े साइज़ की बुलबुल हूँ।

बुलबुल से इस चुलबुली बात को शुरू करके मैं चलते-चलते चमन पर पहुँचना चाहता हूँ जो कि अनुप्रास की दृष्टि से भी एकदम ठीक बैठता है। इस चमन को आज़ाद हुए पचीस वर्ष हो गये। इस अवधि में यहाँ काफ़ी कुछ हुआ। नदियों पर बाँध बने, सीमा पर युद्ध जीते गये, कारख़ानों और बैंकों में हड़तालें हुईं और सड़कों पर दंगे हुए। नये स्टेशन और डाकख़ाने खुले और कहीं-कहीं पुलिस के सहयोग से आम नागरिकों की खोपड़ियाँ भी खुलीं। हिन्दी में कम्पाउण्डर कम रह गये और डॉक्टरों की संख्या काफ़ी बढ़ गयी। जहाँ तक नर्सों की बात है, वह मैं अपने तक ही रखूँगा। साहब, बीवी और गुलाम में से गुलाम सबसे तगड़ा हो गया और कहीं-कहीं तो स्थिति इतनी सुखदायी हो गयी कि साहब जो थे, वे ख़ुद ही गुलाम बन गये। बीवी का क्या हुआ, यह बात मैं अपने तक ही रखूँगा। शिक्षा के क्षेत्र में इतना विकास हुआ कि आधे कॉलेज और विश्वविद्यालय उपद्रवों के कारण बन्द ही रहने लगे। फ़ैशन की क़ीमत बढ़ी और रुपये की क़ीमत गिरी। एक नयी पीढ़ी प्रकाश में आई। प्राकृतिक साधनों का पूरा-पूरा उपयोग किया गया जिसकी पहली उपलब्धि यह हुई कि जनसंख्या दुगनी हो गयी। हमारी राष्ट्रभाषा में हास्य-व्यंग्य का विकास हुआ और मेरे जैसे दो-तीन प्रतिभावान कलाकार सामने आये। यदि आपको 'दो-तीन' शब्दों पर आपत्ति है तो उन्हें हटा सकते हैं और सारा श्रेय मुझे ही दे सकते हैं। कहना मैं भी यही चाहता था पर मेरी शालीनता ने मुझे वैसा करने से रोक दिया।

इतना सब-कुछ होने के बाद भी मुझे ऐसा लगता है कि वातावरण में कोई विशिष्ट अन्तर नहीं आया। स्थिति शायद अब भी कुछ-कुछ वैसी ही है जैसी कि आज़ादी से पहले थी। आसमान अभी भी नीला है और सूरज जो है वह अभी भी

पश्चिम में ही डूबता है। लड़का लोग लड़कियों को अब भी उसी तरह छेड़ते हैं जैसा कि आज़ादी से पहले मैं किया करता था और इससे लड़कियों को अब भी वही आनन्द प्राप्त होता है जो पहले प्राप्त होता था। लालकिला अभी भी लाल ही है और आलोचक का दिल अभी भी काला। जहाँ तक सरकार का प्रश्न है, वहाँ स्थिति यह है कि होने को तो प्रजातन्त्र है पर वास्तविकता यह है कि तन्त्र जो है वह प्रजा से अब भी अधिक शक्तिशाली है। प्रजा की हम इज़्ज़त करते हैं और इसी कारण प्रजा शब्द का प्रयोग तन्त्र से पहले किया गया है। पर सच्चाई में स्थिति वही है जो सीताराम शब्द में सीता की और राधाकृष्ण में राधा की।

पूर्वी उत्तर प्रदेश पर ईश्वर की अनुकम्पा यथावत् जारी है। पहले सूखा पड़ता है और फिर बाढ़ आती है। इस दिशा में सारा कार्यक्रम निश्चित-सा रहता है और उसमें ईश्वर न देर करता है और न अन्धेर। बाल-विवाह अभी भी जारी है और विधवाओं की स्थिति यह है कि उनमें से कितनी ही तो जीते-जी निरन्तर सती हो रही हैं। खाने की स्थिति यह है कि और देशों में लोग चूहा खाते हैं मगर हमारे देश में चूहा अनाज खाता है और आदमी भूखा रहता है। सांस्कृतिक क्षेत्र में हालत यह है कि गधा अब भी गर्मियों में उतना ही मस्त रहता है जितना की शेष ऋतुओं में मैं रहता हूँ। चलचित्रों में इतना कुछ दिखाया जाने लगा है कि बाक़ी भी देखने की तबीयत करती है। दफ़्तरों के दस्तूर बदस्तूर क़ायम हैं और अदालतें उसी तरह काम करती हैं जैसे वे पहले किया करती थीं। ठेकेदार तगड़े होते जा रहे हैं। कुटीर-व्यवसाय इतना पनप चुका है कि डाक के टिकट तक जाली बनने लगे हैं। रेलों के किराये इतने बढ़ गये हैं कि वह दिन दूर नहीं है जबकि हम लोग सपरिवार मालगाड़ी से सफ़र किया करेंगे। टैक्सों की तो कोई सीमा ही नहीं रही। सिर्फ़ वह दिन आना बाक़ी है जबकि नयी दुलहिन के शहर में घुसने से पूर्व नगर निगम को चुंगी देनी पड़ा करेगी। डाकू इतने चरित्रहीन हो गये हैं कि आत्मसमर्पण करने लगे हैं और लेखक इतने चतुर हो गये हैं कि प्रकाशक बन गये हैं। सम्पादकों का तो कहना ही क्या! महावीरप्रसाद द्विवेदी वाली परम्परा काफ़ी तत्परता से निभायी जा रही है। या तो रचना पहुँचती ही नहीं और पहुँचती भी है तो वही ताम्रपत्र प्राप्त होता है जो शायद भवभूति के ज़माने में होता होगा—सम्पादक के खेद एवं अभिवादन सहित वापस।

आज़ादी मिले पचीस वर्ष हो गये। देश की जगह अगर कोई लड़का होता तो अब तक उसकी शादी हो गयी होती और अगर वह लड़की होती तो दो-चार बच्चे भी हो गये होते। मगर इस चमन की बुलबुलें ऐसे इस्पात की बनी हैं कि बदलना जानती ही नहीं। चमन बदल रहा है मगर बुलबुलें वहीं हैं, जहाँ थीं। शायद वे बदलेंगी भी नहीं। फ्रेंच दार्शनिक रूसो ने कहा था कि चीज़ें जब पूरी तरह बदल जाती हैं तब वे वहीं रहती हैं जो बदलने से पहले थीं। मैं पान खाता हूँ और सोचता हूँ कि इन पंक्तियों के लिखने के पहले कहीं रूसो भारतवर्ष तो नहीं आया था?

एक फ़ाइल का सफ़र

यह जो फ़ाइल नाम की चीज़ है यह वाक़ई बड़ी ख़तरनाक है। अगर फ़ाइल न होती तो न इतने बाबू होते और न इतने अफ़सर। नतीजा यह होता कि हमारा बजट आधा हो जाता और सिगरेट और शराब सस्ती हो जाती। देश में जो कुछ भी परेशानियाँ हैं वे सब फ़ाइल के ही कारण हैं :

यह हुस्न से ही है इश्क़ पैदा
यह इश्क़ से ही मुसीबतें हैं;
जो ये न होता तो दिल न होता
जो दिल न होता तो ग़म न होता

(अकबर)

ख़ैर स्थिति यह है कि हुस्न की तरह फ़ाइल की हुस्न बानू भी सीन पर मौजूद है। एक ज़रा-सा मसला था मगर जैसे ही बाबू ने उसे फ़ाइलकवर में फ़ीते से नत्थी कर दिया, वह कयामत हो गया। ज़रा-सी बात थी मगर जब उसमें से शाखाएँ निकलने लगीं तो ऐसा लगने लगा कि वनमहोत्सव की तैयारियाँ हो रही हैं। पहले यह जाँच-पड़ताल की गयी कि इस तरह का मसला पहले भी पैदा हुआ था या नहीं। अगर हुआ था तो वह कैसे हल किया गया था और यदि नहीं हुआ था तो क्यों नहीं हुआ था? ख़ैर बात यहीं ख़त्म नहीं होती। मसला एक व्यक्ति का है पर इसकी स्वीकृति या अस्वीकृति का प्रभाव हज़ारों लोगों पर पड़ेगा। लगता है मामला विधि मन्त्रालय को जायेगा और फिर वित्त मन्त्रालय को। इसके बाद क्या होगा, पता नहीं :

सितारों से आगे जहाँ और भी हैं
अभी इश्क़ के इन्तहाँ और भी हैं

(इकबाल)

मैं फ़ाइल उठाता हूँ, एक अधिकारी से बात करता हूँ और फ़ाइल उसे भेज देता हूँ। यह अधिकारी इतना सतर्क है कि टेलीफ़ोन पर भी कोई वायदा नहीं करना चाहता। वैसे उसके वायदे की क्या क़ीमत है, यह मैं जानता हूँ पर फिर भी :

उम्मीद तो बँध जाती, तस्कीन तो हो जाती

वायदा न वफ़ा करते, वायदा तो किया होता

(हसरत)

मैंने फ़ाइल उस अधिकारी के पास भेज दी है। लगभग पन्द्रह दिन हो गये हैं और जैसा कि उन्होंने बताया है वे उस पर कोई बीस दफ़ा विचार भी कर चुके हैं। मगर फ़ाइल जो है वह वहीं है जहाँ थी। मूल प्रश्न को पीछे छोड़ा जा रहा है और दीगर बातों पर ध्यान दिया जा रहा है। फ़ाइल उनके पास है, जो चाहें करें :

आईना सामने है, खुद लुत्फ़ ले रहे हैं
जुल्फ़ें बना बनाकर, तेवर बदल बदलकर

(माइल)

किसी तरह फ़ाइल उनके पास से निकली तो दूसरे विभाग में गयी। ये अधिकारी साहित्यिक हैं और शायरी का शौक़ रखते हैं। शायरी का सरकारी नौकरी से बड़ा सीधा सम्बन्ध है :

लोग कहते हैं कि फ़न्ने शायरी मनहूस है
शेर कहते-कहते मैं डिपुटी कलक्टर हो गया

(अकबर)

इन अधिकारी की बाक़ी विशेषताएँ दो हैं। एक तो यह कि यह जो कुछ एक हाथ से देते हैं वह दूसरे हाथ से ले लेते हैं। इन्होंने यदि कोई प्रस्ताव स्वीकृत भी किया तो समझ लीजिए कि दाल में कुछ काला है। ठीक वही स्थिति जिसमें कवि ने कहा था :

शर्म में भी हैं तेरी परले सिरे की शोखियाँ
आँख नीची कीं तो बुर्का रुख से ऊँचा कर दिया

(अज्ञात)

और दूसरी बात यह है कि इन्हें कितना भी बुरा-भला कह लीजिए, बुरा नहीं मानते। कई बार मैंने फ़ाइल पर भी काफ़ी तीव्र आलोचना की मगर ये हैं कि असर ही नहीं पड़ता :

शोख़ ऐसा है कि उस बुत को अगर काफ़िर कहो
हँस के कहता है कि प्यारा लफ़्ज़ है, ये फिर कहो

(अकबर)

किसी तरह फ़ाइल उनके यहाँ से निकली तो एक और सलाहकार के पास गयी। उन्होंने इतनी ईमानदार सलाह दी कि मानो या न मानो यही तय करना मुश्किल हो गया। बात साफ़ करने के लिए फ़ाइल दुबारा मार्क की तो इन्होंने दस सवाल और पूछ लिए। यह किश्तों में चोट पहुँचाना बड़ा कष्टदायक है मगर फ़ाइल है कि सब-कुछ झेलना पड़ता है :

कहूँ किससे कि क्या है, शबे ग़म बुरी बला है

मुझे क्या बुरा था मरना, अगर एक बार होता
(ग़ालिब)

मैंने इनसे कई बार कहा कि जो कुछ भी पूछना है वह पहली बार ही पूछ लिया करो :

शर्म बेजा है, बुरा करते हो
अच्छी सूरत को छिपाया न करो
(रिन्द)

मगर ये हैं कि फ़ाइल बीस बार वापस करेंगे तो हर बार नये मुद्दे पर होगी। इस बीच वह तन्वांगी फ़ाइल गर्भवती महिला की भाँति स्वस्थ हो जाती है। कहाँ एक पेज से प्रारम्भ हुई थी और अब वह ऐसी हो गयी है कि उसके सामने मैं भी छोटा लगता हूँ :

क्यों न हो शेख़ इस क़दर मोटा
रोज़ खाता है गोश्त मुर्गी का
(अज्ञात)

सारे सवाल पूछने के बाद इस विभाग ने बताया कि फ़ाइल उनसे सम्बन्धित ही नहीं है। यानी कि पिछले छः महीने की मेहनत बेकार। इधर से उधर यूँ ही मारे-मारे फिरते रहे :

याँ से वाँ, वाँ से याँ, हुक्म हुआ वस्ल की शब
हम उठाते ही, बिछाते ही रहे बिस्तर अपना
(अज्ञात)

इसके बाद फ़ाइल एक विशेष उच्चाधिकारी के पास गयी। इन अधिकारी की यह विशेषता है कि इनके पास गयी फ़ाइल आम तौर पर वापस नहीं लौटती। आयात है, निर्यात नहीं। फ़ाइल उनके पास है और आप शेर याद कर रहे हैं :

ये कह-कहकर हम दिल को बहला रहे हैं
वो अब चल चुके हैं, वो अब आ रहे हैं
(जिगर)

आँखें सफ़ेद, दिल भी चला इन्तज़ार में
क्या कुछ न हम भी देख चुके इन्तज़ार में
(मीर)

आधी से ज़्यादा शबे ग़म काट चुका हूँ
अब भी अगर आ जाओ तो ये रात बहुत है
(साकिब)

तेरे फ़िराक़ ने ग़म से बचा लिया सबसे
मेरे क़रीब अब कोई बला नहीं आती

(जिगर)

आने के वक़्त तुम तो कहीं के कहीं रहे
अब आये तुम तो फ़ायदा, हम ही नहीं रहे

(मीर)

मैं रिमाइंडर भेजता हूँ। फिर डैमी ऑफ़िशल पत्र डालता हूँ। वे टेलीफ़ोन करते हैं और पूछते हैं कि क्या उस फ़ाइल पर अब भी कुछ होना बाक़ी है? उसका विचार है कि इतनी अवधि में बिना कुछ किये ही मसला हल हो गया होगा। मैं निवेदन करता हूँ कि मामला काफ़ी ज़िन्दा है और तूल पकड़ता जा रहा है। वे बड़ा आश्चर्य प्रकट करते हैं और जल्दी एक्शन लेने का वचन देते हैं। स्थिति वही है जो कवि ने पहले ही भाँप ली थी :

मैंने कहा जो उससे ठुकरा के चल ना ज़ालिम
हैरत में आके बोले, क्या आप जी रहे हैं?

(अकबर)

पन्द्रह दिन बाद उन्होंने फिर फ़ाइल वापस कर दी और फिर उसी विभाग को भेजने की सलाह दी जहाँ से वह ससम्मान वापस आयी थी। मैंने एक शेर अर्ज़ किया:

मीर क्या सादा हैं, बीमार हुए जिनके सबब
उसी अत्तार के लौंडे से दवा लेते हैं

(मीर)

इस शेर का उन पर असर पड़ा। उन्होंने फ़ाइल रख ली। पन्द्रह दिन बाद मैंने फिर फ़ोन किया। उन्होंने बताया कि उन्होंने निर्णय तो ले लिया है पर वे उसे अपने सीनियर को सबमिट करना चाहते हैं। मैं दुःख में मुस्कराने लगा :

कहा जब साथ चलने के लिए उस तिफ़्ले नादाँ से
तो बोला, ठहर जाओ, पूछ लें हम अपनी अम्माँ से

(गुस्ताख)

आज एक साल से ऊपर हो रहा है। फ़ाइल है कि अभी वहीं बद्रीनाथ के मार्ग में रुकी है। कल फ़ोन किया था कि क़ानूनी धमकी का ख़त आया है। जवाब में बोले कि बस फ़ाइल चलने ही वाली है। मैं सिगरेट सुलगाता हूँ, ताजीराते हिन्द की दफ़ा 302 को याद करता हूँ और यह शेर पढ़ता हूँ:

वो फिर वायदा मिलने का करते हैं यानी
अभी कुछ दिनों हमको जीना पड़ेगा।

(आसी)

काले धन का शास्त्रीय विवेचन

प्रस्तावना

देखता हूँ कि काले धन को लेकर अख़बार वाले इधर काफ़ी पर्चे काले कर रहे हैं। क्या काले धन की समस्या वास्तव में इतनी बड़ी या नयी और उलझी हुई है कि उसको लेकर हम लोग इतने चिन्तित हों? यहाँ मैं इसी बात पर विचार करूँगा।

परिभाषा

किसी भी समस्या का विवेचन करने से पूर्व यह अनिवार्य होता है कि उसकी परिभाषा का हमें पता हो। आगे बढ़ने से पूर्व यह उचित होगा कि हम जान लें कि काला धन किसे कहते हैं। अभी तक धन के दो रंग पकड़ में आये हैं– एक काला और दूसरा सफ़ेद। काला धन उस धन को कहते हैं जो कि सफ़ेद नहीं होता।

इतिहास

काले धन का इतिहास उतना ही पुरातन है जितना कि स्वयं धन का। शेष वस्तुओं की भाँति थोड़ा-बहुत धन सदा से कृष्ण-वर्ण का होता आया है। प्रकृति ने स्वयं दिन को उज्ज्वल और रात्रि को काला बनाया। महीने में भी दो पक्ष होते हैं– एक शुक्लपक्ष तो दूसरा कृष्णपक्ष। स्त्रियाँ साँवली भी होती हैं और गोरी भी। कालिदास के पक्ष की नायिका साँवली थी और स्थिति यह थी कि ब्रह्मा शेष सुन्दरियों का निर्माण उसी मॉडल पर करना चाहते थे। 'तन्वी श्यामा शिखर-दशना' वाला श्लोक। जिन भाइयों को संस्कृत न आती हो उन्हें मैं सलाह दूँगा कि वे पूरा आनन्द प्राप्त करने के लिए मूल श्लोक ही पढ़ें। जिन्हें संस्कृत आती हो, वे अलबत्ता उसका अनुवाद पढ़ें। इधर मेघदूत के कुछ ऐसे होनहार अनुवाद प्रकाश में आये हैं जिनमें वह भी कह दिया गया है जो कि यक्ष संकोचवश मेघ से नहीं कह पाया था।

काला धन प्रायः धनी व्यक्तियों के ही पास होता है क्योंकि शेष जनता पर तो

किसी रंग का भी धन नहीं होता। धनी लोग कुबेर के पुत्र हैं। पुराणों के अनुसार कुबेर श्वेतवर्ण के थे और शुभ्र वस्त्र पहनते थे। आजकल के पूँजीपतियों की भाँति उनकी तोंद काफ़ी आगे निकली हुई थी। जहाँ कहीं वे जाते थे वहाँ उनकी तोंद उनसे कुछ पल पहले ही पहुँचती थी। पूँजीपतियों का यह मॉडल आज तक उसी तरह चला आ रहा है। कुबेर के तीन चरण थे और हाथ में गदा रहती थी। आज के सन्दर्भ में तीसरा चरण इम्पाला गाड़ी का प्रतीक माना जा सकता है और गदा का अर्थ होगा गुण्डों से। आमतौर से काले धन वाले सफ़ेदपोश चन्द गुण्डे नियमित रूप से पाले रहते हैं। कुबेर भी इसी तरह धनी हुए थे जैसे कि आजकल के पूँजीपति। कहते हैं कि अपने पिछले जन्म में वे चोर थे और भक्त भी। परिणाम यह रहा कि एक दिन चोरी करने शिव के मन्दिर में ही पहुँच गये। रात का समय था और रत्न वग़ैरह दिखाई नहीं पड़ रहे थे। वे बार-बार दीपक जलाते थे जो कि वायु के प्रकोप से बार-बार बुझ जाता था। शिव ने समझा कि कोई भक्त है। उन्होंने आशीर्वाद दे दिया कि जा पट्ठे, अगले जन्म में तू धन का देवता बनेगा। आजकल के आयकर विभाग की भाँति शिव भी कितने अन्तर्यामी थे, यह विचार कर अपने दाँतों तले आपकी उँगली दबाने को तबीयत करती है। ख़ैर, कहने का अर्थ यह है कि जितने भी पूँजीपति हैं वे सब पिछले जन्म में चोर थे। और दूसरी बात यह है कि यदि अगले जन्म में भी धनाढ्य और समृद्ध रहना है तो यह नितान्त आवश्यक है कि इस जन्म में चोरी की जाये।

परम्परा

ग़लत ढंगों से धन एकत्रित करने की प्रथा काफ़ी पुरातन है। स्मृतिग्रन्थों व नीतिकारों के अनुसार पुराने ज़माने में भी कर न देने वालों को कठिन दण्ड देने की व्यवस्था थी जिससे प्रकट होता है कि होनहार लोग तब भी पाये जाते थे। कौटिल्य के अर्थशास्त्र के अनुसार कर न देने वालों को राज्य का शत्रु बताया गया है। अलाउद्दीन खिलज़ी ने चीज़ों के इकट्ठा करने और उन पर अतिरिक्त लाभ उठाने के विरुद्ध नितान्त कड़े दण्ड की व्यवस्था की थी। इसका क्या प्रभाव पड़ा—यह निश्चित रूप से कहना कठिन है क्योंकि काफ़ी परिश्रम के बावजूद उस समय का कोई व्यक्ति मुझे प्राप्त नहीं हुआ जो वास्तविक स्थिति पर प्रकाश डाल सकता।

भूगोल

काले धन का भूगोल मात्र इतना है कि वह सारे संसार में फैला हुआ है। कभी-कभी काला धन दूसरे देशों में जाकर सफ़ेद हो जाता है जिसका कारण जलवायु

परिवर्तन होना बताया जाता है।

उपयोगिता

काले धन की उपयोगिता श्वेत धन से कहीं ज़्यादा है। इस धन के कारण विदेशों से स्मगल किया हुआ सामान हमें सस्ते दामों पर प्राप्त होता है जिसके कारण हमारी आर्थिक स्थिति भी मज़बूत होती है और विदेशों की भी। जो लोग नकली नोट छापते हैं वे भी सरकार की सहायता ही करते हैं क्योंकि अगर वे वैसा नहीं करते, तो शायद उतने नोट सरकार को छापने पड़ते। काला धन सरकारों को बनाता और गिराता है। प्रजातन्त्र के अन्दर प्रजा चाहे तो तन्त्र को ख़रीद भी सकती है। यह सुविधा एकतन्त्र में नहीं है और इसी कारण प्रोफ़ेसर लास्की प्रजातन्त्र को श्रेष्ठ मानते थे। मार्क्स के अनुसार राजनीति जो निश्चित होती है वह अर्थशास्त्र से ही होती है। इसी कारण विधायक जो ख़रीदे जाते हैं वे काले धन से ही ख़रीदे जाते हैं। काले धन का क्रय-विक्रय भी किया जाता है जिससे देश में न्याय की जड़ें मज़बूत होती हैं। साहित्य के क्षेत्र में तो उसका दर्जा आलोचक से भी ऊँचा होता है। प्रकाशक लेखक को बताता है कि पुस्तक की मात्र एक हज़ार प्रतियाँ छपी हैं जबकि प्रतियाँ छपती हैं दस हज़ार। ऐसा करने से लेखक की लोकप्रियता बढ़ती है जो आमदनी से बड़ी चीज़ है। यशः प्रार्थी कवि।

उपसंहार

काला धन एकत्रित करना हमारी संस्कृति के सर्वथा अनुकूल है। इस प्रथा पर कुठाराघात करना आर्य संस्कृति का अपमान करना है। लक्ष्मी जो हैं वह हमेशा रात को ही आती हैं और इसी कारण उनका वाहन उल्लू है जो रात में भी रास्ता पहचान लेता है। उसकी बैटरी कभी ख़त्म नहीं होती। दिवाली की रात को अभी भी कुछ धर्मात्मा व्यक्ति अपने द्वार खुले रखकर सोते हैं ताकि यदि लक्ष्मी आये तो द्वार बन्द पाकर परकीया नायिका की भाँति लौट न जाये। यह बात दीगर है कि द्वार खुला छोड़ने से कभी-कभी जो थोड़ी-बहुत लक्ष्मी घर में होती है वह भी बाहर चली जाती है। यह अपना-अपना भाग्य है जिसे कोई नहीं मिटा सकता।

भरतवाक्य

सारी स्थिति ध्यान में रखते हुए मैं काला धन कमाने वालों से कहूँगा कि काला धन बनाते चलो। शुभास्ते सन्तु पन्थानः। भगवान तुम्हारा कल्याण करे। महाजन लोगों, तुम भी इसी लीक को पकड़े रहो। 'महाजनो येन गतः स पन्थाः' वाली पंक्ति याद करता हुआ मैं भी तुम्हारे पीछे-पीछे चलने की भरपूर कोशिश करूँगा। चलो,

बढ़े चलो। तुम्हारा कोई कुछ नहीं बिगाड़ सकता। काले धन की एक विशेषता यह भी है कि इसकी रक्षा भी काले धन से सम्भव है। इस कारण चिन्ता की कोई बात नहीं। अगर आप लोग काला धन इकट्ठा करना सहसा छोड़ दोगे तो वह देश के साथ ग़द्दारी करना होगा। तुम काले धन को पकड़े रहो मैं तुम्हें पकड़े रहूँगा। भगवान ने चाहा तो इस प्रकार हम दोनों वैतरणी पार कर लेंगे।

मिश्र-बन्धुओं का युग

हिन्दी-प्रेमी होने के नाते मुझे यह अनुभव करते हुए परम सुख प्राप्त होता है कि मिश्र-बन्धुओं का युग हमारे बीच फिर से आ गया। पुराने ज़माने में मिश्र-बन्धुओं की मात्रा केवल तीन थी और स्थिति यह थी कि सारा काम इन्हीं तीन व्यक्तियों को करना पड़ता था। उन्होंने ही हिन्दी के नवरत्नों की खोज की और उन्हीं बेचारों ने देव को बिहारी से ऊँचा उठाकर एक ऐसा विवाद खड़ा किया कि बाबू गुलाबराय के शब्दों में साहित्य में सजीवता नाम की स्थिति प्रकट हो गयी। मेरा निजी मत यही है कि मिश्र-बन्धु भी उठाना बिहारी को ही चाहते थे मगर बिहारी थे भारी और मिश्र-बन्धु थे मात्र तीन। नतीजा वही हुआ जो होना था; देव ऊपर उठ गये। जहाँ तक बेचारे बिहारी का प्रश्न है, वे वहीं बिहार में रह गये। पद्मसिंह शर्मा ने मौके का फ़ायदा उठाया और इस विवाद को इतना तूल दिया कि वह एक आन्दोलन बन गया जिसके माध्यम से उन्होंने बिहारी और देव के साथ-साथ अपना नाम भी किसी हद तक अमर कर लिया। ख़ैर, मिश्र-बन्धुओं की संख्या भले ही तीन रही हो पर यह एक निश्चित सत्य है कि वे तीनों अपना सारा काम अलेक्ज़ेण्डर ड्यूमा के तीन बन्दूकचियों की भाँति विधिवत बाँट कर करते थे। प्रत्येक की ज़िम्मेदारी बराबर रहती थी। वे हर काम को बराबर-बराबर बाँटकर उसे इस प्रकार सम्पन्न करते थे कि कहीं-कहीं तो सामूहिक खेती का आनन्द आ जाता था। यशपाल ने मिश्र-बन्धुओं को अपनी एक कहानी सुनायी थी जिसे टुकड़े-टुकड़े करके तीनों बन्धुओं ने अलग-अलग बारी-बारी से इस ईमानदारी से सुना था कि वह घटना स्वयं में एक कहानी बन गयी।

इन दिनों मिश्र-बन्धुओं की संख्या सहस्रों में है और वे देव और बिहारी तो क्या, उनकी नायिकाओं तक को उठा रहे हैं। जिस किसी पदार्थ को लीजिए उसमें मिश्रण किया जा रहा है और मिश्रण करने वाली इन विभूतियों को यदि मिश्र-बन्धु नहीं कहेंगे तो क्या बाबू श्यामसुन्दर दास कहेंगे? कोई मिर्चों के चूर्ण में लकड़ी का बुरादा मिला रहा है तो कोई पिसे हुए मसालों में घोड़े की लीद। नमक के क्षेत्र में भी आन्दोलन छिड़ गया है और वहाँ भी नमकहरामी की जा रही है। सरसों के तेल में

एक और वस्तु का तेल मिश्रित किया जा रहा है जिससे जलोदर नाम का साहित्यिक रोग संक्रामक रूप से फैलने लगा है। बेसन में कुछ ऐसा स्वास्थ्यवर्धक मिश्रण किया गया कि कलकत्ते में अनेक लोग अपंग हो गये। इन आदरणीय मिश्र-बन्धुओं के सामने पुराने तीन मिश्र-बन्धु कहीं नहीं ठहर पाते।

मिश्रण का वर्तमान युग एक ऐसा स्वर्ण युग है कि जहाँ कोई भी वस्तु किसी दूसरी वस्तु से मिलाई जा सकती है। विरोधी पार्टियाँ सत्ता से साँठ-गाँठ करने को हाज़िर हैं, ठेकेदार इंजीनियर के भीतर बर्मे की तरह घुसा जा रहा है और लड़का लोग जो हैं वे लड़कियों से इतने मिश्रित होते जा रहे हैं कि थोड़े दिनों बाद उन्हें एक-दूसरे से पृथक् करने के लिए सम्भवतः फ़ायरब्रिगेड की सहायता माँगनी पड़े। यूँ तो हर वस्तु किसी दूसरी वस्तु से मिलती जा रही है पर मिश्रण के इस वैभवकाल में कुछ ऐसी भी अनोखी घटनाएँ दृष्टिगोचर हो रही हैं जिनका कि उत्तर पाने के लिए हातिमताई की याद सताने लगती है। वैसे, मेरे विचार में हातिमताई या तो अब उपलब्ध ही नहीं होंगे और अगर हो भी गये तो स्थिति यह होगी कि उनकी नीयत में भी शायद मिलावट होगी।

गाय का नाम आपने सुना ही होगा। संस्कृत में इसे धेनु भी कहते हैं। गाय हमें दूध देती है जो कि भैंस के दूध से पतला होता है। आप लोगों के स्वास्थ्य को ध्यान में रखते हुए दयालु ग्वाले इस दूध को और अधिक पतला करने के लिए उसमें पानी मिलाते हैं। मेरे ख़याल से इन ग्वालों को तो वकील बनना चाहिए था ताकि अदालत में दूध का दूध और पानी का पानी और आसानी से अलग-अलग किया जा सकता। दिलीप ने नन्दिनी नामक धेनु की सेवा की तो उसे रघु जैसा होनहार पुत्र मिला जिसके पराक्रम को देखकर कवि कालिदास तक को रघुवंश नामक काव्य की रचना करनी पड़ी। मुंशी प्रेमचन्द ने जो गाय पर ध्यान दिया तो गोदान जैसी महान् कृति का सृजन कर डाला। कृष्णजी भी गाय चराया करते थे। बीच-बीच में अगर फुर्सत मिलती थी तो कुछ और कार्यक्रम भी रख लेते थे जिसका आँखों देखा वर्णन जयदेव और सूरदास ने विस्तार से लिखा। गाय के साथ-साथ आपने सोने का नाम भी शायद सुना हो। हाल ही में की गयी ख़ुदाइयों से पता लगा है कि सोना एक प्रकार की धातु होती थी जिससे कभी राजाओं के मुकुट और रूपवती युवतियों के गहने बनते थे। आजकल सोने के सिर्फ़ बिस्कुट बनते हैं। कविवर पन्त को सोने के साँझ प्रात इतने प्यारे लगे कि उन्होंने कुछ पुस्तकों का नाम ही स्वर्णधूलि और स्वर्णकिरण रख दिया। निराला ने भी 'स्वर्ण शस्य अंचल धरती का लहराया : सखि वसन्त आया' जैसी पूँजीवादी पंक्तियाँ लिखीं। ख़ैर छायावादी कवि तो सोने के तार-सा दिन ही खींचते रहे जबकि रीतिकालीन कवियों ने सोने का इतना उपयोग किया जितना कि शायद नायिकाओं का भी नहीं। कुछ कन्याएँ कनकछड़ी हो गयीं। कितनी आनन्ददायक स्थिति—लड़की की लड़की और सोने वाला हिस्सा जो है सो

अलग। 'कनक-कनक ते सौ गुनौ' जैसी पंक्तियाँ लिखकर तो कवि ने सोने पर सुहागा लगा दिया। कुछ जिज्ञासु भाई शायद जानना चाहेंगे कि यह सुहागा क्या वस्तु होती थी? इस सन्दर्भ में मैं बताना चाहूँगा कि यह वह वस्तु होती थी जो कवियों के अनुसार सोने पर लगायी जाती थी। आयुर्वेद में सोने को जलाकर स्वर्ण भस्म और स्वर्ण पर्पटी बनायी गयी जो सोने के बिस्कुट से भी ज़्यादा शक्तिवर्धक होती थी।

बहरहाल बात यह है कि मैं गाय को भी जानता था और सोने को भी। मगर धेनु और धन के सम्बन्ध कितने घनिष्ठ हो सकते हैं यह मैंने कभी नहीं सोचा या। इन गुप्त सम्बन्धों का अहसास मुझे उस दिन हुआ जिस दिन अख़बार में पढ़ा कि लुधियाना के पास एक गाय के पेट में से सोने के आभूषण निकले। कितनी महान् आत्मा थी! जहाँ शेष धेनुएँ केवल दूध और बछड़ा ही देती हैं वहाँ इस स्वर्णगर्भा धेनु के पेट में से यह क़ीमती ख़ज़ाना निकला। अब तो सचमुच लगता है कि हमारा देश शायद वास्तव में ही सोने की चिड़िया है; अगर कहीं और सोना न मिला तो गायमाता की शरण ले ली। गाय सच्चे अर्थों में हमारी जननी रही। मेरी तो स्थिति इधर इतनी नाज़ुक हो गयी है कि जहाँ कहीं भी किसी गाय को जाते देखता हूँ, यही सोचने लगता हूँ कि शायद इसके भीतर भी सोना छिपा हो। परिणाम यह होता है कि इधर गाय देखी और उधर मैंने कवि पन्त की वाणी में चिल्लाना शुरू किया :

ओ रँभाती नदियों
बेसुध तुम
कहाँ भागी जाती हो?
ओ दूध की धार टपकाती
शुभ्र प्रेरणा धेनुओं,
तुम जिस वत्स के लिए व्याकुल
हो वह मैं ही हूँ
मैं ही।

एक दीक्षान्त भाषण

भूतपूर्व उपकुलपतिजी तथा अभूतपूर्व छात्रों,

आज का दिन हम सभी के लिए गौरव का दिन है। आज मात्र आपकी दीक्षा ही समाप्त नहीं हो रही है वरन् कल से यह शिक्षा-संस्थान भी बन्द होने जा रहा है। आज का समारोह सच्चे अर्थों में दीक्षान्त समारोह है। वैसे भी पिछले दो वर्षों से इस संस्थान में छात्र कम और पुलिस बटैलियन ज़्यादा उपस्थित रहे हैं जो कि एक सन्तोष का विषय है। आप लोगों के सामूहिक प्रयत्नों के फलस्वरूप इस संस्थान का फ़र्नीचर, रसायनशाला, पुस्तकालय व दफ़्तर पूरी तरह जला दिये गये हैं जिसके लिए आप बधाई के पात्र हैं। जहाँ तक दफ़्तर जलाने का प्रश्न है, सम्भव है कि वह क़दम संस्थान के अधिकारियों के भी हित में ही हो। काग़ज़ात रहते तो पता नहीं लाखों रुपयों का घोटाला कब पकड़ा जाता। स्काटलैण्ड की रानी मेरी को कुछ काग़ज़ात के आधार पर ही फाँसी की सज़ा दी गयी थी। आप ने बाँस भी तोड़ दिया और बाँसुरी भी। आपने जो कुछ किया वह ठीक ही किया। समय के साथ चलना इसी को कहते हैं। मुझे खेद है कि विश्वविद्यालय की इस शानदार इमारत को आप लोग पूरी तरह ध्वस्त नहीं कर पाये मगर इसके लिए ज़्यादा दुखी होना उचित नहीं। नीति-ग्रन्थों के अनुसार मतिमान् लोग सर्वनाश के समय आधे को छोड़ देते हैं। इस कारण आपने जो कुछ किया वह नितान्त शास्त्रसम्मत ही है।

आज आपको उपाधियाँ वितरित की जायेंगी। यद्यपि आपमें से बहुत-से लड़के और लड़कियाँ पिछले कई वर्षों की अवधि में कक्षा में नहीं पधारे और न आपने परीक्षा में ही भाग लिया, पर डिग्रियाँ सबको दी जा रही हैं। इसी को कहते हैं सच्चा समाजवाद। सबको श्रेणी भी एक ही दी जा रही है जो साम्यवाद के सर्वथा अनुकूल है। प्रथम श्रेणी, द्वितीय श्रेणी और तृतीय श्रेणी में छात्रों को उत्तीर्ण करना पूँजीवादी पद्धति की देन थी जिसे आप लोगों ने समाप्त कर दिया। मैं आपको इस शुभ कार्य के लिए एक बार फिर से बधाई देता हूँ। लॉर्ड मैकाले की आत्मा जहाँ कहीं भी होगी, आपको बधाई ही दे रही होगी। वैसे यह भी सम्भव है कि वह आत्मा सम्भवतः इस समय मेरी ही देह में छिपी है और यही कारण है कि प्रथम वर्षा के

अवसर पर मेंढकों की तरह आज मैं इतना प्रसन्न हूँ। ख़ैर, बात कुछ भी हो, यह ज़रूर मानना पड़ेगा कि लॉर्ड मैकाले था एक बहुत बड़ा भविष्य द्रष्टा। वह जानता था कि एक दिन ऐसा आयेगा जबकि इस देश के छात्र पुलिस से निकट सम्बन्ध स्थापित करेंगे और इसी कारण उसने एक ओर तो नयी शिक्षा की पद्धति निश्चित की और दूसरी ओर ताजीराते हिन्द का मसौदा भी तैयार किया।

आज से आपका नया जीवन प्रारम्भ होता है। जहाँ तक लड़कियों का प्रश्न है, उनका भविष्य तो निश्चित-सा है। नियत समय पर वे मातृत्व को प्राप्त होंगी—यही उनकी नियति है। कुछ तो इस स्थिति को किसी सीमा तक प्राप्त भी कर चुकी हैं जिससे आपके पारस्परिक सहयोग पर प्रकाश पड़ता है। जो युवतियाँ माताएँ नहीं बनेंगी वे भी शायद पत्नियाँ तो बनेंगी ही। पत्नी बनने से उनके मातृत्व प्राप्त करने के मौलिक अधिकार पर कोई प्रभाव नहीं पड़ेगा। स्थिति तो दरअसल यह होगी कि जैसे ही वह किसी एक नवयुवक की पत्नी बनेंगी वैसे ही देश के बाक़ी सारे नवयुवकों को वे स्वतः ही माता हो जायेंगी। मनु के अनुसार दूसरे की भार्या अपनी माता के समान होती है। मेरी पत्नी आपकी माता है और आपकी पत्नी मेरी माता। दूसरे शब्दों में मैं आपका बाप हूँ और आप मेरे। ध्यान से सोचिए तो महसूस होगा कि यह बराबरी भी समाजवाद का ही एक चरण है।

जहाँ तक लड़कों का प्रश्न है, मेरी सलाह है कि वे कुछ रचनात्मक कार्य करें। रेल की पटरी उखाड़ना, सरकारी बसें जलाना, डाकख़ाने लूटना, पुलिस के साथ हाथापाई करना—यह सभी कुछ रचनात्मक कार्यों की परिधि में ही आता है। बड़ी बात यह है कि इन क्षेत्रों में अभी इतना काम होने को पड़ा है कि आपके बेकार रहने का प्रश्न ही नहीं उठता। रेल की पटरी हमारे देश में इतनी लम्बी है कि आपकी पूरी पीढ़ी भी शायद उसे पूरी तरह न उखाड़ सके। खाली बैठने से ऐसे काम करना कहीं बेहतर है। खाली दिमाग़ तो शैतान की दुकान होता है। आप लोग कुछ टोलियाँ बना लें और कार्यक्रम प्रारम्भ कर दें। पटरी उखाड़ने या बैंक लूटने से पहले यदि आप उसका विधिवत् उद्घाटन करवाना चाहें तो स्थानीय नेता को पकड़ लीजिए और उसे तब तक न छोड़िए जब तक वह कम-से-कम एक गज़ पटरी ख़ुद न उखाड़कर दिखा दे। यदि आप प्रेस रिपोर्टर और फ़ोटोग्राफ़र का उचित प्रबन्ध कर सकें तो शायद कोई राष्ट्रीय स्तर का नेता भी इस कार्य के लिए तैयार हो जाये। पटरी तोड़ना, डाकख़ाने लूटना, बसें जलाना—वग़ैरह कार्यों के करने में आप निरर्थक भय या संकोच न महसूस करें। संहार सदा से उत्पत्ति का मूल कारण रहा है। आप पुरानी पटरी उखाड़ेंगे, तो नयी पटरी बिछायी जायेगी जिससे न जाने कितने और लोगों को काम मिलेगा। महाकवि पन्त के शब्दों में वृक्षों के जीर्ण-शीर्ण पात मात्र इस कारण गिरते हैं ताकि वनों में फिर से वसन्त आ सके। लड़कियों से छेड़खानियाँ करना कभी न छोड़िए। देश के लड़के ही अगर यहाँ की लड़कियों से

कतरायेंगे तो देश की लड़कियाँ इस आवश्यकता के लिए क्या विदेश जायेंगी। विदेशी मुद्रा के संकट को ध्यान में रखते हुए ये सारे रचनात्मक कार्य हमीं को करने होंगे।

इस सन्दर्भ में मैं आपको यह भी बताना उचित समझूँगा कि ऊपर बताए गये कार्यों के सम्पन्न करने के लिए आप सरकार का मुँह कभी न ताकिये। सरकार बहुत सतर्क होती जा रही है और स्थिति यह है कि वह शायद ही आपको ऐसा कोई अवसर दे कि आप दंगा करने पर मजबूर हों। ये शुभ कार्य तो आपको निःस्वार्थ भाव से स्वतः ही करने हैं। सरकार कोई ग़लती करे या न करे, आपको रेल की पटरी उसी भाँति उखाड़नी है जिस प्रकार तुलसीदास ने रामायण लिखी थी; स्वान्तः सुखाय; बहुजन हिताय। आस्कर वाइल्ड ने इसी को कला के लिए कला कहा है। इसमें लज्जा या संकोच का स्थान ही नहीं है। आप जो कुछ भी करेंगे वह देश के हित ही में होगा। भगवान जो कुछ करता है वह ठीक ही करता है और हम जो कुछ भी करते हैं वह सब भगवान की ही इच्छा के अनुकूल है। इस सनातन आर्य, पद्धति को आप कसकर पकड़े रहें। यह हमारी संस्कृति है और इसे हमें अखण्ड रखना है। रेल की पटरी भले ही तोड़ दी जाये, मगर अपनी पुरातन परम्पराएँ हमें कभी नहीं तोड़नी हैं। हमारा हित इसी में निहित है। भगवान आपको अच्छी बुद्धि दे।

आप लोगों में से जो दब्बू, कायर, परिश्रमी और चरित्रहीन छात्र हैं वे आगे चलकर राजपत्रित अधिकारी, वकील, डॉक्टर या शिक्षक बनेंगे। ये लोग सुबह काम पर निकलेंगे और गठिया के दर्द की भाँति सन्ध्या समय फिर अपने घर लौटेंगे। रविवार के दिन वे साइकिल का पंचर ठीक करायेंगे, बड़े अफ़सरों की जी हुजूरी करेंगे या अपनी बीवी के साथ पिकनिक करने जायेंगे। ऐसे स्वार्थी व कायर लोगों से मुझे कुछ नहीं कहना। ऐसे विभीषण हर संस्कृति में होते आये हैं और होते रहेंगे। लाल तिकोन भी इन्हें चौकोन नहीं कर सकता। सन्तोष की बात इतनी ही है कि ऐसे गद्दार छात्रों की संख्या ज़्यादा नहीं है और जो है वह भी धीरे-धीरे कम होती जा रही है। भगवान के यहाँ देर है; अन्धेर नहीं।

आप लोगों के बीच खड़े होकर मुझे भी अपने कॉलेज के दिन याद आ रहे हैं। ओफ़, वे दिन भी कितने नीरस थे! दिन-रात पढ़ना, अध्यापक के चपरासी तक को प्रणाम करना और परीक्षाओं के लिए पुरानी कुंजियाँ ख़रीदना। प्रत्येक साथ पढ़ने वाली लड़की को दीदी कहना पड़ता था हालाँकि मन ही मन हम बराबर यह सोचते रहते थे कि काश, वह हमारी दीदी न होकर हमारे साले की दीदी होती। आप लोग महान् हैं। आपके कर्म और विचार एक से हैं। आपने अनेक प्यासी आत्माओं की प्यास बुझाई है जिसका मुक़ाबला सिंचाई की कोई योजना कभी नहीं कर सकती। पढ़ने के बाद हमने क्या किया, वह भी ज़ाहिर ही है। जनता की सेवा में जुट गये, एक अदद मोटर आ गयी, एक अदद बीवी भी मिली और जब करने को कुछ और नहीं बचा तो दो-चार अदद बच्चे ही बना लिये। मैंने ये कार्य अपने ही घर में सम्पन्न

किये जब कि आप इन्हें घर के बाहर भी करेंगे।

यह संस्कृति का वैभव युग है; यह चेतना का स्वर्ण काल है। आप लोग जीवन में आगे बढ़ें, यही मेरी हार्दिक कामना है। मेरी दूसरी कामना यह है कि जब तक मैं बाहर न चला जाऊँ तब तक आप अपने टमाटर और अण्डे अपनी जेबों में ही रखे रहें। मेरे जाने के बाद आप उनका जो चाहें वह प्रयोग करें। शाकाहारी शिक्षकों के मुँह पर टमाटर का प्रयोग करें और सामिष्टाहारी प्राध्यापकों के मुखों पर अण्डों का। इससे आपका कार्यक्रम भी सम्पन्न हो जायेगा और शिक्षकों के भी चोट केवल शरीर तक ही रहेगी, वह उनकी भावनाओं को ठेस नहीं पहुँचाएगी।

मुझे बुलाने के लिए फिर से एक बार धन्यवाद। मुझे यह हार्दिक और शारीरिक खेद है कि मैं यहाँ ज़्यादा देर नहीं ठहर पाऊँगा क्योंकि ठीक अभी मुझे एक देशी शराब की दुकान का उद्‌घाटन भी करना है। कुटीर व्यवसायों में मेरी रुचि बराबर रही। ख़ैर, जब भी मेरे योग्य कोई सेवा हो, मैं हमेशा हाज़िर हूँ। जाने से पहले एक बात ज़रूर कहूँगा और वह यह कि आप किसी भी स्थिति में परमपिता परमात्मा को न भूलें। वही सारी सृष्टि चलाता है और यह उसी का चमत्कार है कि मेरे जैसा निकम्मा आदमी भी आज इस प्रख्यात शिक्षा-संस्थान में दीक्षान्त भाषण दे रहा है। प्रभु की लीला अपरम्पार है। पहले हमारा मात्र एक देश था मगर धर्म और भगवान के नाम पर इसके तीन भाग हो गये। जो काम भूगोल नहीं कर सका वह इतिहास ने कर दिखाया। अगर आप सही अर्थों पर धर्मात्मा बने रहे तो इस देश के और भी खण्ड हो सकते हैं। इसी बात को ध्यान में रखते हुए मैं भगवान की स्तुति में कही गयी एक कवि की इस उक्ति के साथ इस भाषण को समाप्त करता हूँ :

जब ख़ुदा मेहरबान होता है,
तो गधा पहलवान होता है।

एक छोटी-सी यात्रा

मुझे यात्राएँ करना बहुत पसन्द है। जब भी जंगल में रेल गुज़रते देखता हूँ तभी कहीं बाहर निकल पड़ने की इच्छा फिर से ज़ोर पकड़ने लगती है। हालाँकि उसी रेल को जब मैं स्टेशन पर रुका देखता हूँ तो उत्साह काफ़ी ठण्डा पड़ जाता है। जनसंख्या की वृद्धि का सबसे अधिक और प्रत्यक्ष प्रभाव भारतीय रेलों पर ही पड़ा है। यात्री बढ़ गये, कुली बढ़ गये और दुःख की बात यह है कि इन वस्तुओं के साथ-साथ टिकटचेकर भी बढ़ गये। मुझे रेल से यात्रा करना इतना पसन्द है कि कवि रसखान के शब्दों में इसके लिए मैं सब कुछ निछावर कर सकता हूँ। वह छुक-छुक की आवाज़ और वह आँख में कोयला गिरना—ये ऐसे सुख हैं जिन्हें भुलाया नहीं जा सकता। आँख में कोयला गिरने के बाद ही रवीन्द्रनाथ ठाकुर ने 'आँख की किरकिरी' नामक अनुपम कृति लिखी होगी। दक्षिणी भारत में रहन-सहन का दर्जा इतना ऊँचा होता जा रहा है कि वहाँ रेल के सिगनल भी गिरने के बजाय ऊपर को उठने लगे हैं। भाप का इंजन बन्द होने के साथ-साथ यदि सिगनलों ने भी पतित होने को मना कर दिया तो रेल में जनाने डिब्बे के अतिरिक्त और कोई दिलचस्प चीज़ देखने को शेष नहीं रहेगी। सिगनल भले ही पतित होने को मना कर दें; हम तो पतित होकर ही रहेंगे। इस देश के बुद्धिजीवियों के इस मौलिक अधिकार में कोई भी क़ानून हस्तक्षेप नहीं कर सकता।

पिछले दिनों मैं एक समीपस्थ नगर में एक नवोदित प्रकाशन संस्थान के उद्घाटन के अवसर पर गया। जाकर पता लगा कि मुख्य अतिथि मैं ही हूँ। गौरव से मस्तक झुक गया। स्थिति यह थी कि प्रकाशक और मेरे अतिरिक्त वहाँ और कोई था ही नहीं। ठीक वही हालत जो कवि के शब्दों में कभी इलाहाबाद की थी जहाँ सिवाय अकबर और अमरूद के और कुछ भी नहीं रखा था। पुस्तकों के प्रथम सेट का विमोचन करने के बाद मैंने वापस आने के लिए रेल पकड़ने की सोची। दोस्तों ने समझाया कि यह गाड़ी रोज़ दो घण्टे लेट आती है। लेट होकर आने के बाद यहाँ सोती है और फिर कहीं चलती है। उनकी सूचना के अनुसार इस रेल विशेष के इस नित्य कर्म में पिछले अनेक वर्षों में कोई व्यवधान कभी नहीं पड़ा था। मगर मैं जानता था कि जिस दिन मुझे रेल पकड़नी होती है, उस दिन ख़राब से ख़राब गाड़ी भी वक़्त से पहले पहुँचती

है। रेलवे बोर्ड मेरे प्रति इतनी शत्रुता क्यों बरतता है इसका न मुझे पता है और न रेलवे बोर्ड को। मैंने दोस्तों को सान्त्वना दी, उनसे विदा ली और उस स्थान पर पहुँचा जिसे वहाँ की पब्लिक आम ज़ुबान में स्टेशन के नाम से पुकारती थी। पता लगा कि गाड़ी आ ही नहीं गयी है बल्कि छूटने वाली भी है। बड़ी हड़बड़ाहट में तीसरे दर्ज़ का एक अदद टिकट लिया और किसी तरह गाड़ी के सबसे पिछले डिब्बे में घुस पाया। इधर मैं डिब्बे में घुसा, उधर गाड़ी प्लेटफ़ार्म से बाहर निकली।

गाड़ी में घुसकर मैंने सीट ग्रहण की और डिब्बे के वातावरण पर एक अदद दृष्टिपात किया। तीसरे दर्जे के मज़े किसी और क्लास में कभी नहीं मिलते। हाँ, यह डिब्बा क्योंकि सबसे पिछला था, इसमें झटके ज़रूर कुछ ज़्यादा लग रहे थे। इस समस्या पर रेलवे वालों ने एक बार विचार भी किया था और फ़ैसला किया था कि रेल में आख़िरी डिब्बा लगाया ही न जाया करे पर शायद कुछ टेकनिकल परेशानियों के कारण यह बेहतरीन सुझाव कार्यान्वित नहीं किया जा सका। ख़ैर, झटकों के अलावा और जो कुछ था वह ठीक था। डिब्बे में खिड़कियाँ थीं और खिड़कियों के बाहर—जैसा कि प्रायः होता है— क्षितिज था। दिन छिपने वाला था। वातावरण एकदम छायावादी था और अँधेरा बढ़ने के साथ-साथ रहस्यवादी होने का आश्वासन देता था। खेत अपनी प्रगतिवादी आदत के मुताबिक हरे थे और उनमें खड़ी हुई चन्द भैंसें अपनी आदत के मुताबिक प्रयोगवादी ढंग से गोबर निकाल रही थीं। डिब्बे के अन्दर स्थिति यह थी कि मेरे सामने एक नवदम्पति बैठा था। पति की आयु लड़की के पिता के बराबर थी और वे देख भी उसे उसी भाव से रहे थे। रीतिकाल में भक्तिकाल का आनन्द आ रहा था। पति और पिता शब्दों में माता को छोड़कर वैसे भी कोई विशेष अन्तर कभी नहीं रहा। सिर्फ़ कुछ समय चाहिए ताकि पति जो है वह पिता बन सके और प्रसन्नता का विषय यह है कि इतना समय उसे प्रायः हर स्थान पर दिया जाता है। गाड़ी में रोशनी जल गयीं जो गाड़ी की गति के अनुसार काफ़ी मन्द भी थी। मैंने फिर बाहर देखना शुरू किया। फिर वही महिषी काण्ड। मैं अचानक सोचने लगा संस्कृत में पटरानी को राजमहिषी क्यों कहते थे? वह दूध ज़्यादा देती थी या गोबर?

कुछ देर बाद एक छोटा-सा गंवई स्टेशन आया जहाँ वह नवदम्पति उतर गया। उतरते समय पति महोदय की धोती शायद डिब्बे की किसी चीज़ में फँस गयी जिसके कारण वह इतनी जल्दी से नीचे उतरे जितनी कि शायद उनकी इच्छा भी नहीं थी। दूसरे शब्दों में वे गिर गये और उनकी नवेली दुल्हन ने उन्हें उठाया। गाँव की युवतियाँ नीचे खड़ी गीत गा रही थीं। ग्रामगीत राधाकृष्ण की प्रेमकथा कहते थे। मैं हमेशा यह सोचा करता था कि राधाकृष्ण पर इतना काव्य बंगाल में ही क्यों रचा गया? चोर्डदास, गोविन्ददास और जयदेव बंगदेश में ही क्यों उत्पन्न हुए? बाद में कहीं पढ़ा कि एक लोकोक्ति के अनुसार राधा का विवाह अयन घोष नामक व्यक्ति से सम्पन्न हुआ था जो, जैसा कि ज़ाहिर है, सरासर बंगाली रहे होंगे।

एक बड़े आदमी के बारे में

कुछ लोग ऐसे होते हैं जिन्हें बड़ा आदमी कहकर पुकारा जाता है। ये वे लोग होते हैं जो आदमी होने के साथ-साथ बड़े भी होते हैं जो कि काफ़ी मुश्किल है। शेक्सपियर के शब्दों में इनके भी तीन वर्ग किये जा सकते हैं— एक वे जो जन्म से ही बड़े लोग होते हैं, दूसरे वे जो बड़प्पन स्वयं अर्जित करते हैं और तीसरे वे लोग जिन पर बड़प्पन ज़बर्दस्ती लाद दिया जाता है। जिस अभूतपूर्व व्यक्ति का चित्र मैं प्रस्तुत करने जा रहा हूँ वे इतने होनहार थे कि शेक्सपियर की तीनों शर्तें उन पर एक साथ लागू होती थीं।

ये सज्जन जन्म से ही बड़े थे। जब इनका जन्म हुआ था तभी इनका भार लगभग चौदह पाउण्ड था। माता का ऑपरेशन किया गया और तब ये जूलियस सीज़र की भाँति पृथ्वी पर प्रकट हुए। इन्हें जन्म देने की शल्यप्रक्रिया में इनकी माता पंचत्व को प्राप्त हो गयी। खोलती जन्म इधर लोचन; मूँदती उधर मृत्यु प्रतिक्षण। बड़ा होने पर इन्होंने काफ़ी काला बाज़ार किया और उसके बाद स्थानीय जनता ने इन्हें इलाक़े का नेता घोषित कर दिया। स्थिति यह हो गयी कि जब ये प्रकट हुए थे तब तो मुँह में केवल चाँदी की चम्मच ही लेकर पैदा हुए थे पर जब इनके पुत्र का जन्म हुआ तब वह मुँह में चाँदी का चमचा लेकर उत्पन्न हुआ। चमचे शब्द का प्रयोग यहाँ अत्यन्त सार्थक है क्योंकि बड़ा होने पर भी वह लड़का हमेशा किसी न किसी का चमचा ही रहा। स्वाधीनता के बाद चमचावाद को जो गौरव और लोकप्रियता प्राप्त हुई है वह अपने ज़माने में छायावाद को भी नहीं प्राप्त हुई थी। छायावाद की बड़ी सीमाएँ थीं। वह मात्र हिन्दीभाषी क्षेत्र की कविता तक सीमित था जब कि चमचावाद सारे देश में हुकूमत करता है और कविता के बाहर भी उसकी गति उतनी ही अनन्त है जितनी कि काव्य के क्षेत्र के भीतर। इस विषय पर विस्तार से अलग लिखूँगा।

हाँ तो जिन सज्जन की मैं चर्चा कर रहा हूँ वे हर दृष्टि से बड़े आदमी थे। उनका सब कुछ बड़ा था। महाकवि देव के शन्दों में 'बड़े दिलदार, बड़े-बड़े हार, बड़े-बड़े यार, बड़ी-बड़ी आँखें।' उनका तन बड़ा था। यदि कवियों के अनुसार उनकी एक नौकरानी की गर्दन सुराहीदार थी तो मेरे अनुसार उनका गला भी घड़े

का मज़ा देता था। तन और धन के अतिरिक्त डॉक्टरों ने उनका मन भी कुछ बढ़ा हुआ बताया था जिसकी चिकित्सा के लिए वे विदेश गये थे। डॉक्टरों के अनुसार वे वास्तव में विशाल हृदय वाले व्यक्ति थे। उनका खानसामा, शोफ़र, चौकीदार और मोटर ही नहीं वरन् उनकी पत्नी और कुत्ता तक बड़े साइज़ के थे। वे चुनाव लड़ते थे और हारते थे, ठेका लेते थे और जीतते थे। नींद की गोलियाँ लेते थे और सोते थे और ताक़त की गोलियाँ खाते थे और जागते थे। नगर का प्रत्येक चित्रकार, कवि, लेखक और गुण्डा उनका आत्मीय था। प्रातःकाल वे हनुमान चालीसा को चालीस बार पढ़ते थे, दोपहर को वे सट्टे बाज़ार का अध्ययन करते थे और रात को वे चन्द्रकान्ता सन्तति पर ध्यान देते थे। अश्लील पुस्तकों में उन्हें विशेष रुचि थी और उसे वे जन-साहित्य के नाम से पुकारा करते थे। उनकी अपनी न जाने कितनी कोठियाँ थीं पर फिर भी उनका काफ़ी वक़्त कोठों पर ही गुज़रता था। बड़ों को ऐसी ही नम्रता शोभा देती थी।

वे बड़े थे। उनका हर काम बड़ा था। वे चेतन या अचेतन—सभी प्रकार की सुन्दर वस्तुओं से प्रेम करते थे। यदि उनके शयनकक्ष में द्रौपदी चीरहरण का मार्मिक चित्र सोने के फ्रेम में टँगा था तो ड्राइंगरूम में राजा रवि वर्मा स्वयं टँगे थे। वे कवि-सम्मेलनों का सभापतित्व करते थे, पुरानी मोटरों की दौड़ का इनाम बाँटते थे और माँस खाते हुए भी शाकाहारी थे क्योंकि बकरी नाम का जानवर जिसका गोश्त वे खाते थे वह तो घासपात के अलावा कुछ और खाता ही नहीं था। उनका पूरा चित्र खींचने के लिए कैमरा काफ़ी दूर रखना पड़ता था क्योंकि वैसा न करने पर उनकी जिस्मानी इमारत की चन्द मीनारें छूट जाने का ख़तरा था। वे सारे राष्ट्र के थे। वे गर्मियों में दार्जिलिंग जाते थे और सर्दियों में मद्रास। वे हमेशा जनपथ से ही चलते थे मगर इत्तफ़ाक कुछ ऐसा था कि पहुँचते वे हमेशा राजपथ पर ही थे। वे धन्य थे, उनके पाप क्षम्य थे और उनके साधन अगम्य थे।

उनके दरबार में दुम हिलाने के लिए कभी-कभी मैं भी चला जाता था। एकाध बार मेरी रचनाएँ सुनकर उन्होंने निद्रा लाभ भी किया था जो कि मेरी रचनाओं का सौभाग्य था। वैसे मैं इनके घर जाता किसी और वजह से ही था। इनका लड़का एकदम बूदम था और इस कारण मेरा मित्र था। उसकी पत्नी मेरे साथ पढ़ी थी और काफ़ी सुन्दर और चंचल स्वभाव की थी। मेरे साथ और भी कई लड़के उन दिनों उसके प्रेम-जाल में मछलियों की तरह फँसे थे। मैं जब भी उनके यहाँ जाता था तो उनके उस पुत्र और उनकी उस पत्नी से ही मिलने जाता था। ठीक वही स्थिति थी जो भारतेन्दु हरिश्चन्द्र के साथ थी— सखा कृष्ण प्यारे के, गुलाम राधारानी के। मेरी ही तरह कुछ और भी भूतपूर्व प्रेमी कोठी का चक्कर लगाते रहते थे जिसे देखकर रहीम की यह पंक्ति बराबर याद आती थी— जा पर विपदा परति है, सो आवत यहि देस। कभी-कभी आधा दर्जन प्रेमी एक साथ ही दर्शनों के लिए पहुँच जाते थे और

तब वह पतिव्रता युवती ठीक उसी तरह बैठी रहती थी जैसा कि कवि ने कहा है; बींधी सी, बँधी सी, बिषबूड़ी सी, विमोहित सी, बैठी वह लकत बिलोकन बिकानी सी।

साहित्य-प्रेमी, कला-प्रेमी व सौन्दर्य-प्रेमी होने के साथ-साथ वे राजनीति में भी दख़ल रखते थे। चुनाव में मतदाताओं को मदिरा पिलाते थे जिससे मतदाता मत्त होकर मत देता था। अगर उतने से काम नहीं चलता था तो प्रतिद्वन्द्वी को लापता भी करा दिया जाता था। अदालत, आडिट और क़ानून; इनकी परवाह उन्होंने कभी नहीं की। उनका पेट इतना बड़ा था कि बिना लवण भास्कर चूर्ण की सहायता के वे काफ़ी बड़ी रक़म हज़म कर लेते थे। आयुर्वेद के लिए तो वे वैसे भी एक अपवाद ही थे; वे बिना च्यवनप्राश के युवा थे, बिना चन्द्रप्रभावटी के प्रभावशाली थे और बिना स्वर्ण पर्पटी खाये स्वर्ण की भाँति दमकते थे। उनके हाथ लम्बे और कन्धे इतने चौड़े कि उस पर वे सारे देश की लाश उठा सकते थे। उनके हृदय में विष था, वाणी में अमृत। वे सुर भी थे और असुर भी, मेरु पर्वत भी थे और शेषनाग भी, मोहिनी भी थे और क्षीर सागर भी। दूसरे शब्दों में समुद्र मन्थन की पूरी कहानी का मज़ा वे अकेले ही दे देते थे।

आयु में वृद्धि होने के बावजूद वे बराबर प्रगतिशील ही रहे। अँग्रेज़ी हुकूमत में वे रायबहादुर बने और स्वाधीनता के बाद उन्होंने खादी का पाणिग्रहण कर लिया। एक बार नारी जाति की सेवा के उपलक्ष में जेल भी हुई मगर उन्होंने उसे भी राजनीतिक रूप दे दिया। जब देश में समाजवाद आया तो वे पंक्ति में काफ़ी आगे जाकर खड़े हो गये। सारे समाज का धन वे अपने पास ट्रस्ट की भाँति रखते थे जो गाँधीवाद के एकदम अनुकूल था। उस दिन मैं गया तो वे एक नक्सलपन्थी से प्रेम-वार्ता में संलग्न थे। मुझसे कहने लगे कि यदि अब सम्पत्ति बचानी है तो नक्सलवादी होने के अतिरिक्त और कोई राह नज़र नहीं आती। मैं चुप हो गया। थोड़ी देर बाद जब मैंने शंका प्रकट की तो कहने लगे कि तुम अभी बच्चे हो, इन बातों को क्या समझोगे। जाओ और पुत्रवधू से बातें करो। कई दिनों से तुम्हारी याद में रो रही है। बड़ी प्रेमी लड़की है; जिस किसी से देखो, उसी से प्रेम करने लगती है। बड़े घर की बेटी के यही लक्षण हैं। बड़री अँखियान, बड़े-बड़े आँसुनि।

एक बहुत बूढ़े आदमी से मुलाक़ात

वेदों में लिखा है कि हम सौ वर्ष जियें। जीवेम् शरदः शतम्। (यहाँ शरद् ऋतु की ही चर्चा क्यों की गयी और वर्षा या ग्रीष्म पर ध्यान क्यों नहीं दिया गया—इस विषय पर अलग से बहस की जा सकती है) ऋग्वेद में यह भी लिखा है कि देखते हुए और दीर्घायु भोगते हुए वृद्धावस्था में वैसे ही प्रवेश करें जैसे कि अपने घर में (अपने घर में प्रवेश करने वाली बात एकदम ठीक है क्योंकि वृद्धावस्था में पराये घर में घुसने से क्या फ़ायदा?)

ऋषियों की इस वाणी का सारा प्रभाव मेरे मन पर से उस दिन उतर गया जिस दिन मैंने अपने पुराने हेडमास्टर के दर्शन किये। इस समय उनकी आयु सौ से भी ऊपर ही होगी। जब वे हमारे हेडमास्टर थे तब वे अधेड़ थे। घूमने-फिरने के बेहद शौक़ीन और खाने के मामले में इतने मुक्त कि जो कुछ भी मिला वही खा लिया। एक बार घूमते हुए खाने को कुछ नहीं मिला तो एक रुपये का लवण भास्कर चूर्ण ही खा गये। नतीजा यह हुआ कि भूख और ज़ोर पकड़ गयी। धीरे-धीरे वे वृद्ध हो गये। उन दिनों वे हम नवयुवकों की ओर देखकर कहा करते थे कि पुराने दिनों में घी, दूध, व्यायाम और ब्रह्मचर्य के कारण लोग कितना ज़्यादा जीते थे। इस सन्दर्भ में एक दिन अपनी आयु सत्तर वर्ष बताते हुए वे हम लोगों को हिक़ारत की निगाह से देखते हुए पूछने लगे फि तुम नौजवानों में भला है कोई इस उम्र का?

इस बार मिला तो वे सौ वर्ष की आयु कभी की पार कर चुके थे। पत्नी युवावस्था में ही मर चुकी थी और इनकी इतनी लम्बी आयु प्राप्त करने का एक कारण शायद यह भी रहा होगा। ताक़त में अब भी वे वैसे ही थे जैसे पच्चीस वर्ष पहले थे। हमें याद है कि होस्टल में जब तक कोई दो लात उनकी कमर पर नहीं जमा देता था तब तक उनकी नींद नहीं टूटती थी। आज भी वही स्थिति है कि वे स्वयं प्रार्थना करते हैं कि भाई एक-दो लात और लगा दो ताकि कुछ फुर्ती आये और मैं बिस्तर छोड़ सकूँ।

अब वे बहुत बूढ़े हैं। आँखों की रोशनी कम हो गयी है। पुत्रवधू को अक्सर पुत्र समझ लेते हैं और सलाह देने लगते हैं कि पत्नी से ज़्यादा अनुराग अच्छा

नहीं। माँस के लोथड़े रूपी स्तनों को स्वर्ण-कलशों की उपमा देना, खखार और थूक से भरे मुख को चन्द्रमा समझना और टपकते हुए मूत्र से भीगी जंघा को कदली दल स्वीकार करना कवियों की मूर्खता है। पुत्रवधू सुनती है और चुप रहती है। कभी-कभी डाकिए से कहने लगते हैं कि न हमने निष्कलंक विद्या पढ़ी, न धन ही कमाया, न चंचल लोचन सुन्दरी का आलिन्गन ही किया और नतीजा यह हुआ कि जीवन बेकार ही बीत गया। एक बार नॉर्मल स्कूल के छात्रों को उपदेश देने लगे कि हे भाइयो, क्षण मात्र के लिए सुख देने वाली स्त्री के सम्पर्क से मन हटा लो। करुणा और मैत्री रूपी स्त्रियों से संगम करो क्योंकि नरक में जाने पर मुक्ताहार से सुशोभित पुष्ट स्तन और करधनी युक्त नितम्ब मण्डल वहाँ रक्षा नहीं करता। जिस दिन मैं गया उस दिन भी बैठे हुए प्रार्थना कर रहे थे कि हे कामदेव, धनुष के टंकारों से अपने हाथों को क्यों कष्ट दे रहा है, अरी कोयल तू अपनी कोमल वाणी क्यों व्यर्थ कर रही है, अरी सुन्दरि, अब तू अपने कटाक्ष मुझसे हटा ले क्योंकि मेरा मन अब चन्द्रशेखर भगवान के चरणों के ध्यानरूपी अमृत में मग्न है। वैराग्य शतक को आगे बढ़ाते हुए वे कहते गये कि हे परमेश्वर वे दिन कब आयेंगे जब पवित्र पुण्य सलिला भगवती भागीरथी के तट पर पद्मासन में स्थित मेरे शरीर की खुजलाहट को वन के मृग निःशंक होकर अपनी रगड़ से दूर करेंगे। मैंने सुना और चुप हो गया।

थोड़ी देर बाद उनकी पूजा समाप्त हुई और वे अपनी आत्मकथा का प्रथम खण्ड सुनाने लगे। कहने लगे कि पहली अक्तूबर, सन् 1880 वह ऐतिहासिक तिथि थी जब कि उन्हें पहली बार ज़ुकाम हुआ था। सन् 1891 ईस्वी में वे पहली बार अमरूद चुराते पकड़े गये थे; सन् 1903 में उन्होंने पहली बार किसी पराई स्त्री को छुआ था और शायद 4 मार्च, सन् 1904 को वह इसी सन्दर्भ में पहली बार पिटे भी थे। सन् 1914 ई. तक की बातें उन्हें पूरी तरह याद थीं; हाँ इसके बाद की घटनाएँ उन्हें सिर्फ़ याद दिलाने पर ही याद आती थीं। एक दिन जब मैंने ओंकारनाथ ठाकुर की मृत्यु का समाचार काफ़ी चिल्ला-चिल्लाकर सुनाया तो वे आँसू भरकर कहने लगे कि हाय कितना दुर्भाग्य है कि रवीन्द्रनाथ ठाकुर नहीं रहे।

नीति ग्रन्थों में लिखा है कि मनुष्य की पूर्ण आयु सौ वर्ष है। इसमें से पचास वर्ष रात को सोने में चले जाते हैं (इस अवधि में रात का थोड़ा-बहुत जागना भी शामिल है) और शेष जो पचास वर्ष हैं वे रोग, बचपन, आजीविका, स्त्री की तलाश और उसके वियोग वग़ैरह में चले जाते हैं। कहने का अर्थ यह है कि प्रोग्राम इतना टाइट है कि उसमें भगवान की भक्ति तो क्या, मैटिनी शो तक का देखना मुश्किल है। एक और लोक-कथा है जिसके अनुसार मनुष्य की वास्तविक आयु मात्र बीस वर्ष ही है। उसके बाद के बीस वर्ष बैल की आयु में से लिये गये हैं जिनमें वह परिश्रम करता है और पिसता है। अगले बीस वर्ष कुत्ते की आयु के हैं जिनमें वह कमाये धन की चौकसी करता है, जवान लड़के-लड़कियों पर निगाह रखता है और

महल्लेदारों पर भौंकता व कभी-कभी उन्हें काटता भी है। अँग्रेज़ी के लेखक जोड का कहना है कि जितनी भी मौत की सज़ाएँ दी जाती हैं वे सब उन जजों द्वारा दी जाती हैं जो पचास और साठ वर्ष के बीच की उम्र में हैं। अगले बीस वर्ष सूअर की योनि के होते हैं जिनमें इंसान सुस्त रहता है और जो कुछ मिलता है वह खा लेता है। सबसे अन्त के बीस वर्ष उल्लू की आयु के हैं जब कि इंसान रात में जागता है और दिन में देख नहीं सकता। सबकी सुनता है और चुप रहता है। मेरे हेडमास्टर अब अन्तिम योनि में हैं। एक कोने में बैठे रहते हैं; न कुछ सुनते हैं और न कुछ बोलते हैं। जब कभी बात करते हैं तो वह उस वक़्त की होती है जब कि बक्सर की लड़ाई लड़ी गयी थी। खड़े-खड़े पेशाब कर देते हैं और फिर पूछते हैं कि क्या आज बारिश हो रही है। घर के लोग हैं कि रोज़ मनाते हैं कि वे कब स्वर्गवासी हों और वे हैं कि उस दिन की प्रतीक्षा में हैं जब कि देश अँग्रेज़ों के चंगुल से आज़ाद होगा और वे खुशी-खुशी मर सकेंगे। मैं लाठी के सहारे उन्हें कोने में खड़ा हुआ देखता हूँ और शेर याद करता हूँ :

इतना जिये कि जानने वाले गुज़र गये।
पुरसा रहा न कोई तो चुपचाप मर गये?

नदिया किनारे हमरा गाँव

मेरा गाँव नदी के तट पर बसा है। मेरे ज़िले की यह विशेषता है कि वहाँ प्रत्येक पाँच मील पर कोई न कोई नदी अवश्य प्राप्त होती है। ये नदियाँ प्रायः छोटी हैं और वर्षा की ऋतु में उसी तरह भरती हैं जैसा कि वे तुलसीदास के समय में किया करती थीं: क्षुद्र नदी भरि चलि उतराई; जिमि थोड़े धन खल बौराई। जिस नदी के किनारे शकुन्तला को कण्व ऋषि ने पाला था वह भी मेरे ही ज़िले में है। नदियों के किनारे कण्व ऋषि तो अब नहीं मिलते हाँ अलबत्ता शकुन्तला की तरह छोड़े गये बच्चे अब भी बदस्तूर पाये जाते हैं। पुरानी संस्कृति अभी चले जा रही है। मेरे ज़िले का भूगोल यह है कि एक ओर गंगा नदी सीमा बाँधकर चलती है तो दूसरी ओर गढ़वाल और नैनीताल की पर्वतीय श्रेणियाँ सिर ऊँचा किये खड़ी हैं। तराई के इस ज़िले में इतिहास की सवारी भी शानदार ढंग से गुज़री है। महात्मा विदुर इसी ज़िले में रहते थे और भगवान कृष्ण उनके यहाँ पधारे थे। जहाँ यह घटना सम्पन्न हुई थी, उसके कुछ ही दूर कृष्णा साइकिल वर्क्स नाम की दुकान अभी भी क़ायम है। नजीबखान इसी ज़िले में हुआ था और उसने नजीबाबाद बसाया। उसके वंशज गुलाम कादिर ने मुग़ल सम्राट् शाह आलम की आँखें भरे दरबार में निकलवायी थीं। इसके बाद दो अदद सैयद भाई, जो रोज़ नया बादशाह दिल्ली की गद्दी पर बिठाते थे, वे भी इसी ज़िले में उत्पन्न हुए थे। जिम कार्बेट ने काफ़ी शिकार इसी ज़िले में किये। हर दृष्टि से यह ज़िला जयशंकर प्रसाद की भाँति बहुमुखी प्रतिभा वाला है। एक ओर पण्डित पद्मसिंह शर्मा यहाँ हुए तो दूसरी ओर सुल्ताना डाकू को भी इसी शस्य श्यामला धरती ने जन्म दिया जो अभी तक शेरे बिजनौर कहलाता है। पुरानी परम्परा को ध्यान में रखते हुए यह ठीक ही रहा कि मेरा जन्म भी इसी ज़िले में सम्पन्न हुआ। अगर लेखक न हुआ होता तो कम-से-कम डाकू तो ज़रूर ही बनता।

काफ़ी अरसे बाद अपने गाँव गया तो लगा कि वहाँ अब भी हालत वही है जो सुल्ताना डाकू के समय में रही होगी। वर्षा की ऋतु में वर्षा होती है और जाड़ों की ऋतु में जाड़ा। दिन अब भी सूरज के साथ ही निकलता है और चौपाल पर अब भी वही गप्पें मारी जाती हैं जो मेरे बचपन में मारी जाया करती थीं। रास्ते में जो नदी

है वह अब भी इस पवित्र गाँव को शेष संसार से चार महीने के लिए अलग रखती है। नदी पर एक पुल बनाया गया है मगर वह दस्तकारी का इतना बेशक़ीमती नमूना है कि बारिश होने पर नदी बाद में डूबती है और पुल पहले। सड़क अभी भी कच्ची है और फिसलने का इन्तज़ाम अभी भी उतना ही मुकम्मल है जितना कि आज से तीस साल पहले था। लड़के लड़कियों को उसी निगाह से देखते हैं जैसा कि पहले देखा करते थे और देवर-भाभी का रिश्ता अब भी उतना ही पवित्र है जितना कि पहले था। पहले गाँव में एक मदरसा था अब एक हाईस्कूल हो गया है जो इतना हिन्दी-प्रेमी है कि वहाँ अँग्रेज़ी भी हिन्दी के माध्यम से पढ़ाई जाती है। हरिजन अब भी हरिजन ही हैं और ठाकुर अभी भी ठाकुर। जहाँ तक बाक़ी सुविधाओं का प्रश्न है उनमें भी कोई विशेष अन्तर नहीं आया है। पहले लोग वैद्यजी की दवा खाकर मरते थे; अब वे डॉक्टर की दवा खाकर मरते हैं। शायद यह एक ऐसा अकेला गाँव है जहाँ मच्छर तो नहीं रहे पर मलेरिया अभी भी क़ायम है। लाल तिकोन ज़रूर कहीं-कहीं नज़र आता है और नतीजा यह है कि कम-से-कम तीन बच्चे हर एक के हैं चाहे वह विवाहित हो या अविवाहित। क्या ठाठ हैं। अहा ग्राम्य जीवन भी क्या है, ऐसी सुविधा और कहाँ है!

दो-चार दिन ठहरने के बाद मेरा यह विश्वास और भी दृढ़ हो गया कि नदी के किनारे बसे इस गाँव में वाक़ई कुछ नहीं बदला। बूढ़े लोग अलबत्ता ज़रूर मर गये और जवान लोग जो थे वे बूढ़े हो गये। कुछ साइकिलें आ गयी हैं और उनके कारण एक दुकान ऐसी खुल गयी है जो टायरों में हवा भरती है और उनके पंक्चर ठीक करती है। एक दुकान और खुल गयी है जहाँ पेटेंट दवाओं से लेकर गोबर के कण्डे तक– संसार की सारी चीज़ें लगभग एक ही दाम पर मिलती हैं। सच्चा डिपार्टमेण्टल स्टोर। गाँव में एक छोटा-सा डाकख़ाना खुल गया है जिसमें केवल एक ही सज्जन काम करते हैं। वही पोस्टमास्टर हैं और वही पोस्टमैन। बड़े घरेलू क़िस्म के आदमी हैं और इसी कारण इन्होंने पोस्ट ऑफ़िस भी अपने घर पर ही खोल रखा है। बाहर से आने वाली हर चिट्ठी पढ़ते हैं और फिर उसे बाँटने निकलते हैं। उर्दू कविता में एक व्यक्ति की चर्चा की गयी है जो लिफ़ाफ़ा देखकर ख़त का मज़मून भाँप लिया करते थे। ये हज़रत उनसे भी एक क़दम आगे हैं और लिफ़ाफ़ा क्या—पोस्ट कार्ड ही देखकर उसका मज़मून भाँप लेते हैं। गाँव में जो लोग मर गये उनमें से दो की याद बहुत सताती है। एक थे एक निःसन्तान कला-प्रेमी जो हर वर्ष गाँव में नौटंकी करवाया करते थे और एक थे कविजी जिन्हें लाला मटरूमल अत्तार की लिखी आल्हे की पूरी बावन लड़ाइयाँ याद थीं। वृद्ध होने पर उनका आल्हा तरेपनवीं लड़ाई का मज़ा भी दे दिया करता था। याददाश्त कमज़ोर होने के कारण अगर सिरसे की आख़िरी लड़ाई पढ़ना शुरू करते थे तो बीच में मलखान के ब्याह वाले आल्हे पर आ जाते थे। आवाज़ उनकी मधुर थी और दिल साफ़। उनके

आल्हा पढ़ने का ढंग इतना जोशीला होता था कि कभी-कभी उसे सुनकर गाँव में फ़ौजदारी हो जाया करती थी।

इधर सुनता हूँ कि गाँव बदल रहे हैं। वहाँ हरी क्रान्ति आ गयी है, ट्रैक्टर आ गये हैं, बिजली आ गयी है, अस्पताल खुल गये हैं, सड़कें बन गयी हैं और न जाने क्या-क्या हो गया है। पंजाब में तो किसानों के पास फ्रिज हैं, रेडियो हैं और टेलीविज़न हैं। भगवान की कृपा है कि मेरा गाँव सभ्यताओं के इन हमलों से सुरक्षित है। वहाँ अब भी वही पुराना भाईचारा है। वही भाई हैं और वही चारा। वहाँ अब भी लोग गुड़ खाकर पानी पीते हैं और प्रातःकाल लोटा लेकर उत्तर दिशा की ओर प्रस्थान करते हैं। इसे दिशा-कर्म कहा जाता है क्योंकि यह जहाँ भी किया जाता है वहाँ कोई न कोई दिशा होती अवश्य है। मेरे गाँव में क्षितिज अब भी उतनी ही मात्रा में पाया जाता है जितना कि मेरे बचपन में पाया जाता था। कितना अच्छा हो कि इस गाँव को आधुनिकता के आक्रमण से सुरक्षित रखा जाये ताकि हज़ारों वर्ष बाद भी विदेशी यात्री इस गाँव को देख सकें और भारत की सच्ची संस्कृति की झाँकी पा सकें। ग्रामवासिनी भारत माता को तरु तल निवासिनी रखना बड़ा ज़रूरी है। नहीं तो परिणाम यह होगा कि वह अपने ही घर में प्रवासिनी हो जायेगी।

उत्तर की प्रतीक्षा में...

तीन सप्ताह से ऊपर होने को आये पर उस पत्र का उत्तर ही नहीं आया। जब भी मेरा मन मेरी आत्मा से विरक्त होता है तो फिर उसी पत्र विशेष के उत्तर की आशा में अटक जाता है। भगवान महावीर ने ठीक ही कहा था कि यह आशा नाम की जो वस्तु है वह मानव-जाति की सबसे बड़ी दुश्मन है। पत्र की प्रतीक्षा में आँखें खुली हैं, पलकें बन्द हैं और जहाँ तक पोस्टमैन का प्रश्न है, स्थिति यह है कि जिस व्यक्ति पर भी दृष्टिपात करता हूँ वह पोस्टमैन ही प्रतीत होता है। आप लोगों में से कुछ जिज्ञासु भाई यह जानना चाहेंगे कि आख़िर इतना महत्त्वपूर्ण पत्र मैंने लिखा किसको था? यह राज मैंने यदि यहीं खोल दिया तो रचना को लम्बा करने का कोई और बहाना नहीं बचेगा। पाठकों की उत्सुकता ध्यान में रखते हुए इस प्रश्न को मैं शेष ही छोड़ता हूँ। ऐसा करने का एक परिणाम सम्भवतः यह भी हो कि मेरी यह रचना शरत् बाबू के प्रख्यात उपन्यास 'शेष प्रश्न' के समकक्ष मान ली जाये। साहित्य के क्षेत्र में पुस्तकों को नापने का जो मापदण्ड है वह कभी-कभी इतना सूक्ष्म होता है कि उसका पता समीक्षकों को स्वयं तक नहीं लगता। आलोचना तो अन्धे की लाठी है और इसी कारण मापदण्ड शब्द में 'दण्ड' का प्रयोग किया गया है। दण्ड का स्त्रीलिंग दण्डी होता है। दशकुमार चरित दण्डी ने ही लिखा था।

आप कहेंगे कि यह पत्र मैंने सम्भवतः किसी घनिष्ठ मित्र को लिखा था। मुझे यह सूचित करते हुए हर्ष होता है कि आपकी धारणा ग़लत है। मेरे मित्र बहुत कम हैं। अपनी सच्ची दोस्ती का हक़ मैंने बहुत कम लोगों को दिया है। कारण साफ़ है; ज़िन्दगी एक है– चाहे इसे ख़ुद रख लो और चाहे इसे दोस्तों में बाँट दो। उर्दू का एक प्रसिद्ध व्यंग्य लेख है 'मुझे मेरे दोस्तों से बचाओ'। यह लेख इतना मार्मिक है कि इसे पढ़कर मैंने अपने उस दोस्त को भी घर से निकाल दिया था जिसने यह रचना मुझे पढ़ने को दी थी। अब यह भी कोई दिनचर्या हुई कि सुबह को दोस्तों का हुजूम आपको प्रातः भ्रमण के लिए पलँग पर से खींचकर उठा रहा है, दफ़्तर चलने की बेला में कोई अन्तरंग मित्र अपनी आत्मकथा सुनाने के लिए मोटर के पास खड़ा है और जहाँ तक लंच की अवधि का प्रश्न है, स्थिति यह है कि इधर आप

टोस्ट खाते हैं और उधर आपके जो दोस्त हैं वे आपका दिमाग़ चाटते हैं। सन्ध्या समय आप श्रान्त क्लान्त डगमग डग धर घर लौटते हैं तो देखते हैं कि दोस्तों की आल-इण्डिया टीम पहले से ही बरामदे में इक्कीस तोपों की सलामी देने के लिए सीन पर मौजूद है। रात का खाना है तो हालत यह है कि मेज़ पर सलाद कम है और दोस्तों की मिक़दार ज़्यादा। रात्रि को आप सोने जा रहे हैं और उधर एक मित्र प्रवर अपनी ताज़ी कविताओं का पुलिन्दा पकड़े मकान का दरवाज़ा तोड़ने की चेष्टा में तत्पर हैं। इनकी कविताएँ राष्ट्रीय क़िस्म की होती हैं। वे देश को जगाना चाहती हैं और मैं हूँ कि सोना चाहता हूँ। राष्ट्र की जागृति से मुझे कभी कोई एतराज़ नहीं हुआ; बस शर्त इतनी रही कि राष्ट्र का जागरण मेरी नौ घण्टे की कुम्भकर्णी निद्रा में कोई बाधा नहीं डाले। मित्र कम होने का एक कारण और भी है। सच्ची बात यह है कि एकदम अपनी मर्ज़ी के अनुकूल दोस्त मुझे कभी मिला ही नहीं। वही पंजाबी कहावत; मैं मस्तानी रब्बा, मस्ताना यार मिले।

यदि वह पत्र मैंने अपने किसी मित्र को नहीं लिखा था तो क्या किसी लड़की को लिखा था? दुर्भाग्य देखिए कि स्थिति यह भी नहीं है। प्रेयसी को पत्र लिखना उससे मिलने से भी कहीं ज़्यादा ख़तरनाक होता है। मेरी तो निश्चित सलाह है कि पत्र किसी और युवती को तो क्या, स्वयं अपनी पत्नी तक को नहीं लिखना चाहिए। स्त्री जाति के साथ तो सारा कारोबार अलिखित ही रखना उचित है। सच्चा प्रेम वैसे भी शब्दों की पकड़ में भला कैसे आ सकता है? इसके अतिरिक्त मैं चरित्रवान पुरुष हूँ। चरित्र के सन्दर्भ में मैं इतना धनी हूँ कि क़रीब आधा दर्जन चरित्र अपने गोदाम में रखता हूँ। शेरवानी की तरह जब जिस चरित्र की ज़रूरत हुई, उसे निकाला, साफ़ किया और पहन लिया। चरित्र की कमी ने मुझे कभी परेशानी नहीं दी। मैं उन लोगों में से नहीं रहा जो मित्रों की पत्नियों को उनके पतियों के सामने दीदी कहते हैं और अकेले में भाभी। मैं तो मित्रों की पत्नियों को उनके सामने भाभी कहता हूँ और एकान्त में दीदी। एक बार तो स्थिति यह आ गयी थी कि मुझे एक भाभी विशेष को माता तक कहना पड़ा था। मेरे असहयोग के कारण शृंगार रस का परिपाक वात्सल्य रस में हो गया। रसों की उत्पत्ति का इतिहास बड़ा दिलचस्प है। इस पर मैं अलग से लिखूँगा। फ़िलहाल तो डॉक्टर नगेन्द्र इस काम पर जुटे हैं। मैं उनके काम में बाधा नहीं डालना चाहता। जब वे थक जायेंगे तो बाक़ी काम बन्दा पूरा करेगा।

अब आप शायद सोचेंगे कि वह पत्र मैंने किसी सम्पादक को लिखा था। आपका यह अनुमान भी ग़लत है। सम्पादक लोग मुझसे काफ़ी प्रसन्न हैं। प्रत्येक को मैं व्यक्तिगत रूप से बताता रहता हूँ कि आप भारत के सर्वश्रेष्ठ सम्पादक हैं और बाक़ी जो हैं वे सब गधे हैं। मेरी इस बात से उनकी पवित्र आत्मा को बड़ा सुख प्राप्त होता है। वे मेरे पत्रों का उत्तर तुरन्त देते हैं और प्रायः मेरी रचना को भी अगली डाक से ही वापस कर देते हैं। वाक़ई, सम्पादक काफ़ी बड़ी चीज़ है।

वह चाहे तो गधे को भी लेखक बना सकता है। उदाहरण के तौर पर मैं ख़ुद अपने को प्रस्तुत करता हूँ। हाँ, अलबत्ता प्रकाशक जो है, वह सम्पादक से भी बड़ी चीज़ है। वह चाहे तो गधे को लेखक क्या, सम्पादक तक बना सकता है। प्रकाशक की लीला अपरम्पार है। साहित्य में जो कुछ भी प्रकाश शेष है वह इन्हीं प्रकाशकों के कारण है– खद्योतसम आधुनिक कवियों के कारण नहीं।

अब आप कहेंगे कि मैंने वह पत्र शायद किसी लॉटरी या वर्ग पहेली के सम्बन्ध में लिखा होगा। आपका अनुमान फिर ग़लत निकला। धन की इच्छा हमें कभी रही ही नहीं। पैसा तो हाथ का मैल है। हमारी इच्छाएँ तो सदा से सीमित ही रहीं। सादा जीवन और तुच्छ विचार। आयु के बढ़ने के साथ-साथ जैसे प्रेम निष्काम होता जाता है वैसे ही इधर हमारी धन के प्रति विरक्ति कुछ ज़्यादा ही तीव्र होती जा रही है। फ़िलहाल तो सिर्फ़ इतनी तमन्ना बची है कि क़र्ज़न रोड या मैरीन ड्राइव पर दो-चार कोठियाँ हों, फ़्रिज हो, टेली़विज़न हो, आठ-दस लाख बैंक-बैलेंस हो और बस। आख़िर अस्थि चर्ममय इस देह के लिए और बटोरना ही क्या? तालस्ताय के शब्दों में एक आदमी को आख़िर कितनी धरती चाहिए?

आज आकाश फिर मेघों से घिरा है। हल्की-हल्की बूँदें पड़ रही हैं। ठीक वही ऋतु जिसमें यक्ष लोग छोटा नागपुर की पहाड़ियों से मेघ के द्वारा सन्देश भेजा करते थे। मेरी भी स्थिति यक्ष जैसी ही है। अन्तर है तो मात्र इतना है कि वह पत्नी के अभाव में विरह से पीड़ित था और हम जो हैं वो पत्नी के पास होते हुए भी उसी स्थिति में हैं। दूसरा अन्तर यह है कि उसने सन्देश भेजा था जब कि हम ख़त तो लिख चुके हैं मगर उसके उत्तर की प्रतीक्षा में व्याकुल हैं।

अब यह बताते हुए मुझे संकोच नहीं होगा कि वह पत्र मैंने किसे लिखा था, यह मुझे ख़ुद ही याद नहीं रहा। बहरहाल यह सच है कि पत्र लिखा ज़रूर था और यह भी सच है कि उसका उत्तर आना बाक़ी है। में मेघाच्छन्न आकाश को फिर देखता हूँ और इस बेमौसमी लोकगीत को फिर से सस्वर गुनगुनाने लगता हूँ :

नई भेजे पतिया
आयल चैत उतपतिया हो रामा–
नई भेजे पतिया;
विरही कोयलिया शब्द सुनाती
कल न पड़े अब रतिया हो रामा
नई भेजे पतिया;
बेला चमेली फूले बगिया में
जोबना फूलत मोरी अँगिया हो रामा
नई भेजे पतिया?

तीन ऐतिहासिक पत्र

।।एक।।

प्रिय भाई,

पत्र के लिए आभार। यह जानकर बड़ी ख़ुशी हुई कि आप व्यंग्यकार राधाकृष्ण को लेकर एक विशेषांक निकालने जा रहे हैं। बिहार में भूदान आन्दोलन के बाद जो दूसरा आन्दोलन आया है वह है विशेषांक आन्दोलन। ख़ैर, यह एक अच्छी परम्परा है जिसे आप प्रारम्भ कर रहे हैं। आशा है, भविष्य में शेष व्यंग्यकारों पर भी (जिनमें मैं भी शामिल हूँ) विशेषांक निकाले जायेंगे। ऐसे शुभकार्य के लिए मेरी शुभकामनाएँ स्वीकार करें।

राधाकृष्ण जी का और मेरा परिचय लगभग पच्चीस वर्ष पुराना है। दूसरे शब्दों में मैंने उनकी व्यंगरचना (प्रोफ़ेसर भीम भेटाराव) लगभग पच्चीस वर्ष पहले पढ़ी थी। वह रचना पण्डित वाचस्पति पाठक द्वारा सम्पादित 'इक्कीस कहानियाँ' नामक प्रख्यात संकलन में संगृहीत थीं। उसी पुस्तक से मुझे पता लगा था कि राधाकृष्ण जी छद्म नामों से लिखते हैं और उनका जन्म 1912 में राँची में सम्पन्न हुआ था और उनकी शैली अँग्रेज़ी के प्रसिद्ध लेखक बुडहाउस से प्रभावित थी। इस रचना के पढ़ने के बाद मैंने उनकी शायद ही कोई रचना पढ़ी। मुझे यह भी पता नहीं कि उनकी रचनाओं के संकलन प्रकाशित भी हुए हैं या नहीं। बस इतना पता है कि भारतेन्दु के बाद शिष्ट हास्य लिखने वालों में अन्नपूर्णानन्द, विश्वम्भरनाथ शर्मा कौशिक और राधाकृष्ण—से तीन मूर्तियाँ सबसे ऊँची ठहरती हैं। इस सन्दर्भ में एक उल्लेखनीय बात यह भी है कि यद्यपि मेरा उनका परिचय पिछले पच्चीस वर्षों से है और आप चाहें तो इस परिचय की रजत जयन्ती भी मना सकते हैं; पर हम दोनों का सौभाग्य देखिए कि राधाकृष्ण से मेरी मुलाक़ात कभी नहीं हुई।

बचपन में बुरी संगति में पड़ जाने के कारण मैं भी कविताएँ और व्यंग्य लेख लिखने लगा। देश का दुर्भाग्य देखिए कि वे रचनाएँ धीरे-धीरे छपने भी लगीं। कुछ पत्र भी आने लगे। लड़कियों के ख़त मैंने सँभाल कर रखे भी हैं। कुछ पत्र ऐसे भी आये जो अपने में लाजवाब थे। एक हज़रत ने लिखा कि तुम्हें यदि हिन्दी साहित्य

से तनिक भी प्रेम है तो लिखना बन्द कर दो। एक और विद्वान् ने प्रश्न किया कि क्या आपको डॉक्टर ने सलाह दी है कि हिन्दी में कचरा लिखें? ऐसे सच्चे और आत्मीय पत्रों के बीच एक दिन एक पत्र राधाकृष्ण जी का आया जिसमें लिखा था कि उन्हें मेरी एक रचना बहुत पसन्द आयी और इसी कारण वे पत्र लिखने का मोह सँवरण नहीं कर सके। बात उनकी सच्ची थी क्योंकि रचना वाक़ई ऊँचे दर्जे की थी। ख़ैर, मैंने फिर भी नम्रतावश एक पत्र धन्यवाद का डाल ही दिया। उत्तर में उन्होंने लिखा कि आयु के अनुसार शरीर ठीक ही चल रहा है और सोचता हूँ कि रिटायर होने के बाद आप सब लोगों से मिल ही लूँ। इस पत्र को पाकर बड़ी ख़ुशी हुई। और ज़्यादा ख़ुशी इस बात से हुई कि इस पत्र के बावजूद राधाकृष्ण अभी तक मिलने नहीं आये।

राधाकृष्ण एक बहुत बड़े शिल्पी हैं। उनकी कथावस्तु, शैली, कला सभी कुछ नितान्त सरल, मार्मिक और स्वाभाविक है। यह ठीक नहीं हुआ कि जब हम कुछ कम उम्र लोगों ने हिन्दी में हास्यव्यंग्य लिखना शुरू किया तो राधाकृष्ण जी फिर अखाड़े में उतर आये। हिन्दी के प्रति इस भयंकर विश्वासघात की ज़िम्मेदारी अमृतराय पर जाती है जिन्होंने 'नयी कहानियाँ' के माध्यम से राधाकृष्ण को फिर क़दमब के कुंजों से बाहर निकालकर यमुना तट पर प्रतिष्ठित कर दिया। 'नयी कहानियाँ' के माध्यम से राधाकृष्ण ने हिन्दी को फिर कुछ ऐसी रचनाएँ दीं जो हर दृष्टि से अद्वितीय हैं। इन रचनाओं में वह सम्मति भी शामिल है जो राधाकृष्ण ने मेरी नयी पुस्तक के फ़्लैप के लिए भेजी है।

हमारी भाषा का दुर्भाग्य है कि पहले तो हमारे यहाँ कोई निष्पक्ष और प्रतिभावान् आलोचक है ही नहीं और जो हैं भी वे हास्य व्यंग्य को साहित्यिक विधा मानने से कतराते हैं। ह्विस्की पीते हैं, मगर बाथरूम में। एक बार डॉक्टर लक्ष्मीनारायण वार्ष्णेय से बातचीत चली तो व्यंग्य के सन्दर्भ में कहने लगे कि वे काका हाथरसी को बराबर पढ़ते हैं। मैं समझ गया कि फोर्ट विलियम कॉलेज की दीवार काफ़ी ऊँची है और उसे लांघना आसान नहीं।

मैं आप लोगों से पूछता हूँ कि यदि हास्य व्यंग्य की रचना कलात्मक है तो वह श्रेष्ठ नाटक या श्रेष्ठ कविता से किस भाँति कम उतरती है? मार्क ट्वेन, डिकिन्स, वुडहाउस, जेरोम थर्बर और लीकाक महान् लेखक क्यों माने जाते हैं? राधाकृष्ण का सम्मान करके आप हिन्दी साहित्य की इस विधा का सम्मान कर रहे हैं और इसे मैं आपका हिन्दी पर एहसान मानता हूँ। बाक़ी पत्र-पत्रिकाओं से भी दरख़्वास्त करता हूँ कि वे हास्य को सही स्थान देने से न हिचकिचाएँ और इस अकारण लज्जा को अब छोड़ दें। विद्यापति के शब्दों में :

नाचहु रे तरुनि, तजहु लाज।
आयल वसन्त ऋतु, बनिक राज।।

विनीत

रवीन्द्रनाथ त्यागी

डॉ. सियारामशरण प्रसाद

सम्पादक 'दृष्टि'

मुज़फ़्फ़रपुर (बिहार)

।। दो ।।

प्रिय भाई,

पत्र के लिए हार्दिक हार्दिक आभार। आप विशेषांक निकाल रहे हैं तो मैं रचना ज़रूर भेजूँगा। वैसे कई बार ऐसा भी हुआ है कि मेरी रचना छपने के साथ-साथ उस पत्र का निकलना ही बन्द हो गया मगर जहाँ तक आपका प्रश्न है, स्थिति दूसरी है। लगता है, मेरे सहयोग के बिना भी आपका अख़बार ज़्यादा दिनों चलेगा नहीं।

आज मैं 'अपने बारे में' लिखूँगा। रवीन्द्रनाथ त्यागी नाम का यह व्यक्ति पिछले बारह वर्षों से हिन्दी में बराबर लिखता आ रहा है (इसके पूर्व वे रवीन्द्रनाथ ठाकुर के नाम से बँगला में लिखा करते थे) और यह वास्तव में लज्जा की बात है कि उन पर किसी ने कुछ नहीं लिखा। स्थिति यह आ गयी कि आज यह काम उन्हें स्वयं ही करना पड़ रहा है। उपेन्द्रनाथ अश्क़ होते तो इस लेख को सुरेश सिन्हा या सुरेन्द्र पाल के नाम से छपवाते पर त्यागीजी इतने निर्लज्ज हैं कि वे इसे अपने ही नाम से छपवा रहे हैं।

त्यागीजी स्वभाव से बड़े ही नम्र और संकोची हैं। उन्होंने आज तक किसी को यह नहीं बताया कि उनकी अनेक रचनाओं का अनुवाद और भाषाओं में हो चुका है, उन्होंने पण्डित नेहरू के साथ धूम्रपान किया है या उन्होंने डॉक्टर राजेन्द्रप्रसाद और डॉक्टर जाकिर हुसैन के साथ चाय भी पी है हालाँकि ये सारी बातें शत-प्रतिशत सच हैं। एक बार वे कई हफ़्तों तक मुंशी जी के मेहमान भी रहे जबकि वे (यानी कि मुंशी जी) उत्तर प्रदेश के गवर्नर थे। कुछ समय पूर्व, अशोका होटल में युवराज कर्णसिंह ने उनकी कविताएँ सुनीं और कुल मिलाकर उत्सव काफ़ी कामयाब रहा जिसका श्रेय युवराज कर्णसिंह को ज़्यादा और कविताओं को कम जाता है। निराला जी ने एक बार कहा था कि त्यागी, तुम आगे चलकर बड़े साहित्यकार बनोगे। यह बात उन्होंने उन दिनों कही थी जिन दिनों वे मानसिक रूप से विक्षिप्त रहा करते थे। रवीन्द्रनाथ त्यागी का सौभाग्य है कि उनका परिचय सुमित्रानन्दन पन्त, वाचस्पति पाठक, अमृतराय, बच्चन और न जाने कितने महान् साहित्यकारों से रहा। उनका सम्बन्ध कुछ गुप्त क़िस्म के लोगों से भी रहा जैसे कि प्रकाशचन्द्र गुप्त, माताप्रसाद गुप्त और जगदीश गुप्त। ईश्वरी प्रसाद के अनुसार ये लोग गुप्त वंश के अवशेष हैं। त्यागीजी के सम्बन्ध रघुपति सहाय फ़िराक़ से भी काफ़ी घनिष्ठ रहे हैं पर उतने

घनिष्ठ नहीं जितना कि शायद आप समझना चाहेंगे।

रवीन्द्रनाथ त्यागी का जन्म उनके माता-पिता की शादी के बाद ही हुआ था। उनसे पहले उस ज़िले में एक और प्रतिभावान् पुरुष हुआ था और वह था सुल्ताना डाकू। बचपन में वे बच्चे थे और किशोरावस्था में किशोर। एक जागीरदार के बगीचे में घुसने और अमरूद तोड़ने का शौक़ उन्हें उतना ही था जितना कि शेक्सपियर को। जागीरदार की एक अदद लड़की भी थी। बात कुछ ऐसी बनी कि कुल मिलाकर रवीन्द्र नाथ त्यागी ने इतने अमरूद नहीं खाये जितने कि जूते।

त्यागीजी ने प्रयाग विश्वविद्यालय से शिक्षा की अन्तिम सीढ़ी पार की। गोविन्द बल्लभ पन्त, अमरनाथ झा, तेगबहादुर सप्रू, लियाकत अली खान और न जाने कितने और महान् व्यक्ति भी इसी विश्वविद्यालय के स्नातक रह चुके थे। डॉक्टर धर्मवीर भारती का सौभाग्य है कि रवीन्द्रनाथ त्यागी उनके छात्र थे और 'परिमल' का सदस्य उन्हें भारतीजी ने ही बनवाया था। 'परिमल' में जो 'मल' आया वह तभी से आया। कमलेश्वर, रामावतार चेतन, दुष्यन्तकुमार, रमेशकुन्तल मेघ और न जाने कितने बड़े लोग त्यागीजी के ही सहपाठी थे। इन लोगों की सफलता का एक बड़ा राज यही है पर त्यागीजी की नम्रता देखिए कि इसका किसी से ज़िक्र तक नहीं करते।

रवीन्द्रनाथ त्यागी का छात्र जीवन बड़ा संघर्षपूर्ण था। वे ट्यूशन करते थे और रात को प्रूफ़ पढ़ते थे। कभी-कभी उन्हें एक वक़्त ही खाना मिलता था। लड़कियों का ट्यूशन करना उन्हें विशेष रूप से प्रिय था। एक बार एक लड़की ने 'आहार निद्रा भय मैथुनं च' वाली पंक्ति का पूरा-पूरा अर्थ जानना चाहा था मगर त्यागीजी की कायरता देखिए कि कतरा गये। छात्र जीवन में उन्हें एक लड़की से अनन्त प्रेम था और उस प्रेम को पवित्र रखने के लिए उन्होंने उस लड़की से शादी नहीं की।

इसके बाद रवीन्द्रनाथ त्यागी अखिल भारतीय सेवाओं की प्रतियोगिता में बैठे और देश का दुर्भाग्य देखिए कि उनमें से एक के लिए चुन भी लिये गये। नतीजा यह रहा कि वे कवि, व्यंग्यकार, पति, पिता वग़ैरह होने के साथ-साथ एक बड़े अफ़सर भी हैं। बच्चे उन्हें काफ़ी परिश्रम के बाद प्राप्त हुए और उसका भी श्रेय उन्हें कम जाता है और डॉक्टरों को ज़्यादा। रवीन्द्रनाथ त्यागी एक विशाल हृदय व्यक्ति हैं क्योंकि डॉक्टरों के अनुसार उनका दिल कुछ ज़्यादा बढ़ गया है। त्यागीजी के पास मोटर है जो उनके दिल की तरह काली और चमकदार है। त्यागीजी ने ई.पी. मून आई.सी.एस. के साथ काम किया तो परिणाम यह रहा कि मून साहिब जब विलायत लौटे तो रानी ने उन्हें 'सर' का खिताब दिया।

त्यागीजी इन दिनों अस्वस्थ हैं। यूँ बचने की पूरी आशा है पर फिर भी यदि आप उनकी आर्थिक सहायता करना चाहें तो उन्हें कोई एतराज़ नहीं होगा। शोक-प्रस्ताव पास करना हो, अभिनन्दन ग्रन्थ निकालना हो तो वह भी कर लो। क्योंकि अगर ठीक हो गये तो ये सारी चीज़ें अगले चालीस वर्षों के लिए टल जायेंगी। अच्छे कार्यों

में देर ठीक नहीं। और फिर वैसे भी कल का किसे पता?

विनीत
रवीन्द्रनाथ त्यागी

श्री नरेन्द्र कोहली
सम्पादक 'युवराज'
दिल्ली

।। तीन।।

प्रिय भाई चेतन जी,

पत्र के लिए आभार। बड़ी ख़ुशी हुई कि आप बैलों पर विशेषांक निकाल रहे हैं। बैलों से अब तक गोबर निकला करता था मगर आप जैसे सम्पादकों की कृपा से उन पर विशेषांक भी निकलने लगे। आशा है, विशेषांक में भी गोबर का ही मज़ा आयेगा। इससे पहले आप शायद चूहा, बिल्ली और चमगादड़ पर भी विशेषांक निकाल चुके हैं। इनके अतिरिक्त अभी बहुत सारे पशु-पक्षी इस देश में बचते हैं। लगता है 'रंग' का प्रकाशन लगभग दस वर्ष तो चलता ही रहेगा। इस अवधि से पूर्व सारे पशु-पक्षियों की सेवा करना कठिन है। यह अच्छा ही है कि अपने नाम के अनुकूल आप चेतन पदार्थों पर ही विशेषांक निकालते हैं। मेरी बधाई स्वीकार करें।

बैल के बारे में आपको क्या लिखूँ। आप तो ख़ुद ही समझदार हैं। जैसा कि शायद आपको पता हो, बैल के दो सींग होते हैं और एक पूँछ। सींग आगे होते हैं और पूँछ पीछे। इन दोनों के बीच में जो कुछ होता है वह बैल कहलाता है। बैल बड़ा सेवावृत्ति वाला पशु है। कुछ बैल किसानों की सेवा करते हैं और कुछ गायों की। आख़िरी क़िस्म के बैल साँड़ कहलाते हैं। इनकी इसी सेवावृत्ति को ध्यान में रखते हुए शिव ने उसे अपना वाहन स्वीकार किया। बनारस के साँड़ वहाँ के जर्दे की भाँति हमेशा मशहूर रहे। राँड़, साँड़, सीढ़ी, संन्यासी; इनसे बचे तो सेवे काशी। साँड़ का दर्ज़ा राँड़ के बाद रक्खा गया जो सारी स्थिति को देखते हुए उचित ही प्रतीत होता है।

बैलों ने हमारे देश के शासन में बड़ा महत्त्वपूर्ण योगदान दिया। अब तक की सरकारें बैलों की जोड़ी के ही आधार पर चुनाव जीतती रहीं। चुनाव के अतिरिक्त वैसे भी सरकार में काफ़ी बैल हैं जो यथा–शक्ति फ़ाइलों के खेतों को जोतते रहते हैं। इनमें से कुछ तो इतने पवित्र हैं कि उनके गोबर में गन्ध तक नहीं आती।

साँड़ की सवारी का मज़ा शायद आपने कभी लिया हो। देहात की तरफ़ अब भी ऐसा किया जाता है। एक दफ़ा मैंने देखा कि एक साँड़ दूसरे साँड़ की सवारी कर रहा था। सामूहिक विकास योजना में सब कुछ चलता है।

आपकी कृपा से बैल को साहित्य में स्थान मिल रहा है। इसके लिए आप प्रशंसा

के पात्र हैं। भगवान ने चाहा तो आप जैसे सम्पादकों की कृपा से बैल क्या, गधे और घोड़े भी साहित्य में अपना-अपना स्थान बना लेंगे। सम्पादक की बड़ी महिमा है। वह बैल से भी बड़ा है।

फ़िलहाल इतना ही

विनीत
रवीन्द्रनाथ त्यागी

श्री रामावतार चेतन
सम्पादक 'रंग'
बम्बई

निराशा के क्षण

जैसा कि आमतौर पर प्रत्येक के साथ होता है, अपने बचपन में मैं भी बच्चा ही था। उन दिनों मुझे रेलगाड़ी से बड़ा लगाव था। वास्तविकता तो यह है कि रेल से मैं अब भी बच्चों की भाँति ही प्रेम करता हूँ जिससे मेरे बौद्धिक विकास पर काफ़ी प्रकाश पड़ता है। रेल भी क्या चीज़ है। उसका आना, उसका रुकना, उसका चलना, उसका पटरी से उतरना—सभी कितना दिलचस्प होता है। उधर सिगनल गिरा और इधर इंजन ने सीटी दी। गार्ड साहब ने हरी बत्ती दिखायी और गाड़ी का चलना प्रारम्भ। बचपन में मैं रेल का ड्राइवर ही बनना चाहता था पर बाद में सोचा कि ड्राइवर की अपेक्षा गार्ड बनना ठीक है क्योंकि उसकी लालटेन के बिना गाड़ी चल नहीं सकती। ज़्यादा सोचने पर निश्चय किया कि बना जाये तो रेल का इंजन बना जाये जिसकी वजह से बाक़ी सारे काम सम्पन्न होते हैं। कुछ व्यक्तिगत कारणों से मेरी यह इच्छा कभी पूरी नहीं हुई। इस स्थिति के बावजूद रेल से मुझे वही मुहब्बत है जो महाकवि दाग़ को अपनी प्रेमिका से थी। मैं अक्सर रेल से ही सफ़र करता हूँ; कभी-कभी सी.ई.एम. जोड की भाँति बग़ैर टिकट चलने का आनन्द भी लेता हूँ और एकाध बार ख़तरे की जंज़ीर भी खींचने की कोशिश करता हूँ। आने वाली पीढ़ियों को रेल के ये मज़े कभी नहीं मिलेंगे। कोयले का इंजन ख़तम हो रहा है, सिगनल गिरने के बजाय उठने लगे हैं और इस सबके कारण रेल का रोमांस धीरे-धीरे समाप्ति को प्राप्त होता जा रहा है। हाँ, अलबत्ता इधर रेलों में चोरियाँ और शेष अपराध काफ़ी मात्रा में होने लगे हैं जिनके कारण यात्रा की दिलचस्पी थोड़ी-बहुत क़ायम है। ख़ैर, स्थिति कुछ भी हो, रेल का इंजन न बनना मेरे जीवन की प्रथम निराशा रही।

कालोपरान्त जब मैं किशोरावस्था को प्राप्त हुआ तो मेरी महत्त्वाकांक्षा सिर्फ़ एक थी और वह थी हलवाई बनना। मज़े से गद्दी पर विश्राम कीजिए और जलेबियाँ छानते रहिए। देखने-भालने में भी मैं हलवाई बनने के लिए एकदम अनुपयुक्त नहीं था। मगर बाद में जब किसी ने बताया कि हलवाई लोग ख़ुद मिठाई नहीं खाते, तो सारा मज़ा किरकिरा हो गया। यह मेरे जीवन की दूसरी निराशा थी।

धीरे-धीरे मैं और थोड़ा बड़ा हुआ और सोचने लगा कि या तो डॉक्टर बनूँगा या बैरिस्टर। डॉक्टरी में बड़े मज़े हैं। चाहे जिस युवती के सीने पर कितनी ही देर हाथ रख लीजिए और दिल की धड़कनें सुनते रहिए। एक बंगाली डॉक्टर था जो लड़कियों से जीभ दिखाने के लिए 'टाँग दिखाओ' कहा करता था। टाँग से उसका अर्थ 'टंग' से था। जब एकाध जिद्दी लड़की ने टाँग दिखानी मना कर दी तो वह होनहार इंसान उनसे 'ज़ुबान देखना माँगता' कहने लगा। इत्तफ़ाक की बात कि वह 'ज़ुबान' को 'जोबन' उच्चारित करता था। उसकी प्रैक्टिस काफ़ी चली। बाद में वह खुद भी कहीं चला गया।

बाद में देखा कि डॉक्टर भी मरते हैं। इससे बड़ी निराशा हुई और मैंने वकील बनना क़रीब-क़रीब तय ही कर लिया। ज़रूरत से ज़्यादा बात करने की और कभी-कभी बात घुमा-फिराकर कहने की आदत मुझे हमेशा से थी। वकालत का सबसे बड़ा आनन्द यह लगा कि जेल जायेगा तो मुवक्किल जायेगा, आप तो घर पर ही रहेंगे। मगर मैं वकील नहीं बना क्योंकि मुझे काले कोट से बड़ी चिढ़ थी। मुझे काले केश पसन्द हैं, गोरे गाल पर काला तिल पसन्द है, सफ़ेद कपड़ों में छिपा काला दिल भी मैं बर्दाश्त कर सकता हूँ पर काला कोट है कि उसे देखते ही भाग जाने की तबीयत होती है। देश और न्यायपालिका का दुर्भाग्य देखिए कि मात्र काले कोट के कारण मैं बैरिस्टर नहीं बन सका।

इसके उपरान्त मेरी युवावस्था आई और ऐसी आयी कि बस आती ही चली गयी। हालत इतनी नाज़ुक हो गयी कि हर लड़की ख़ूबसूरत लगने लगी। कभी-कभी तो लड़का भी लड़की लगने लगा। इस सन्दर्भ में ख़ाकसार ने जूते खाये, गालियाँ खायीं, कसमें खायीं मगर हालत वही रही जो उस उम्र में होती है। ज़्यादा परेशानी इस कारण रही कि मेरा प्रेम प्रायः एक साथ कई दिशाओं में चलता था। दिल के हज़ार टुकड़े थे, कोई यहाँ गिरता था, कोई वहाँ। उर्दू कवि साकिब के शब्दों में—इश्क़ की दो-चार राहें हों तो दिल को ढूँढ़ लें; मुझको क्या मालूम किस कूचे में मरकर रह गया।

इसके बाद याद नहीं मैंने क्या-क्या बनने की सोची। एक बार सोचा कि चलो संन्यासी ही हो जायें। किसी सुनसान मन्दिर में रहेंगे और गाँव की लड़कियों की हस्तरेखाएँ देखा करेंगे। न काम न धाम और सुख इतना कि शरीर की सीमा के बाहर। मगर यहाँ मेरे माता-पिता ने मेरे साथ पुश्तैनी ग़द्दारी की। चार्ल्स लैंब के शब्दों में वे अपनी तो दूसरी शादी कर नहीं सकते थे; अपना दुख मिटाने के लिए उन्होंने मेरी शादी कर दी। शादी की रस्सी से क्या बँधे कि भवभूति के शब्दों में हमने उसमें सन्तान रूपी एक-दो अदद गाँठ भी लगा लीं। स्थिति यह रही कि जब और कुछ नहीं हुआ तो मैं विवाहित हो गया।

फ़िलहाल हालत यह है कि मैं एक निहायत शरीफ़ और ज़िम्मेदार क़िस्म का

शादीशुदा सरकारी कर्मचारी हूँ। सुबह घड़ी देखकर उठता हूँ, बिना साबुन के और कभी-कभी बिना ब्लेड के हजामत बनाता हूँ और नाश्ता लेकर दफ़्तर की दिशा में भागता हूँ। घटे दामों पर सिनेमा देखता हूँ और शेष समय में पढ़ता-लिखता हूँ। सरकारी कर्मचारी होना बड़ा कठिन है क्योंकि सरकार में कर्मचारी कम हैं, ब्रह्मचारी, आकाशचारी और सदाचारी ज़्यादा। मेरी भाँति जो कर्मठ और ईमानदार अफ़सर हैं वे तो लाचारी में हैं। ब्रह्मचारी वे हैं जो फ़ाइल रूपी कन्या को कभी हाथ नहीं लगाते। आकाशचारी वे हैं जो ऊपर ही ऊपर अपनी जड़ें मज़बूत करते रहते हैं और बिना कुछ किये-धरे एक के बाद एक सीढ़ी पार करते चले जाते हैं। सदाचारी वे हैं जो इस्तेमाल किये हुए कारतूस की भाँति बेकार हैं। उनकी बैटरी ख़तम हो चुकी है। जापान में पुराने कारतूसों से देवी-देवताओं की मूर्तियाँ बनायी जा रही हैं जो नितान्त उचित है। शक्ति समाप्त होने पर देवता बनने के अतिरिक्त और चारा ही क्या बचता है?

अब तो सिर्फ़ एक तमन्ना ही बाक़ी है और वह है सम्पादक बनने की। एक ऐसा पत्र निकालना चाहता हूँ जिस पर मेरे व्यक्तित्व की पूरी-पूरी छाप हो। मुखपृष्ठ पर अपना चित्र होगा, सम्पादकीय क्या, पाठकों के पत्र भी मैं खुद ही लिखा करूँगा, रचनाएँ अपनी होंगी, संस्मरण अपने होंगे, आलोचनाएँ अपनी कृतियों की होंगी या उन पुस्तकों की होंगी जिनमें मेरी चर्चा की गयी होगी। इस पत्र का प्रत्येक अंक एक विशेषांक होगा। बच्चों के कॉलम में यौन शिक्षा दी जायेगी जैसा कि लन्दन के स्कूल करने जा रहे हैं। शोक समाचार के कॉलम में अपने आलोचकों और निजी मृत्यु का समाचार छपेगा। इतने आकर्षणों के बावजूद अगर अख़बार फ़ेल होना शुरू हो गया तो मैं आजीवन ग्राहक बनाना शुरू कर दूँगा और काफ़ी रक़म इकट्ठी होने के बाद पत्र को बन्द कर दिया जायेगा। अख़बार के दफ़्तर की जगह एक विधवा आश्रम खोलेंगे जिसमें दोस्तों की पत्नियों को प्राथमिकता दी जायेगी। आश्रम में भरती करने के लिए देश की युवतियों को विधवा बनाने का भी मुकम्मल इन्तज़ाम किया जायेगा। अख़बार के लिए मिले काग़ज़ को ब्लैक में बेच देंगे। काग़ज़ तो काला होना ही है; वह मशीन में जाकर काला होता है या उससे पहले—इससे क्या फ़र्क़ पड़ता है?

ख़ैर, ये सब तो देर तलब योजनाएँ हैं। फ़िलहाल तो ऐसा लगता है कि एक अदद ज़िन्दगी बेकार ही खलास हो गयी। न हम डाकू मानसिंह ही बने और न विनोबा भावे ही। मीर तकी मीर के शब्दों में स्थिति यह रही कि :

यही जाना कि कुछ न जाना हाय,
सो भी इक उम्र में हुआ मालूम।

गर्दिश के दिन

गर्दिश के दिन!

असलियत तो यह है कि उन दिनों गर्दिश ही गर्दिश थी; दिन वाला हिस्सा तो कहीं था ही नहीं। सिर्फ़ सूरज निकलने से ही दिन नहीं बनता—यह बात मुझे बचपन में ही मालूम हो गयी थी। बाद में यह भी पता चला कि कभी-कभी दिन का अँधेरा रात से भी कहीं ज़्यादा घना, ठोस और भयावह होता है। कालिदास ने 'सूचिभेधैः तमोभिः वाली जो बात कही है वह एकदम ठीक है। मुझे तो ऐसे-ऐसे अँधेरों से टकराना पड़ा है जो क़िले की दीवार की भाँति मज़बूत थे। इन अँधेरों को यदि कवि कालिदास देखता तो उन्हें सुई से भेदने की चर्चा नहीं करता। उस स्थिति में महाकवि को शायद कुल्हाड़ी की याद सताती। ख़ैर।

सारी बात शुरू से ही शुरू करता हूँ। हो सकता है कि कहीं बहक जाऊँ और अपने-आपको दुहरा भी जाऊँ। यदि ऐसा हुआ तो मुझे हार्दिक सन्तोष होगा क्योंकि हिन्दी में प्रतिष्ठित लेखक वही माना जाता है जो चुक जाये और अपने को दुहराने लगे या बहकी-बहकी बातें करने लगे। ऐसी स्थिति में यार लोग बड़े ख़ुश होते हैं और उस ग़रीब के चारों ओर इस तरह मँडराने लगते हैं जैसे कि किसी मरणासन्न पशु के चारों ओर गिद्ध और चीलें मँडराती हैं। वैसे कुछ चुके हुए लेखक अब भी काफ़ी सतर्क हैं। एक सत्तर वर्ष के वयोवृद्ध लेखक-विशेष चाहते हैं कि उनकी जन्म-गाँठ पर उन्हें सत्तर हज़ार की थैली नकद भेंट की जाये। मैं कहता हूँ कि ऐसी हालत में, भाइयों और बहिनों, मेरा अभिनन्दन अभी कर लो। सिर्फ़ बयालीस हज़ार का ही ख़र्चा पड़ेगा।

जैसा कि मैं एक जगह पहले भी कह चुका हूँ, मेरा जन्म मेरे माता-पिता की शादी के बाद ही सम्पन्न हुआ था। उन दिनों रिवाज़ ही कुछ ऐसा था। पंचवर्षीय योजनाओं के कारण इस अवधि में कुछ कमी ज़रूर आयी है पर फिर भी हम लोग काफ़ी पिछड़े हुए हैं। अमेरिका जैसे प्रगतिशील देशों को देखिए जहाँ बच्चा या तो शादी के पहले ही हो जाता है और अगर लालफ़ीताशाही के कारण कुछ देर भी हुई तो भी बच्चा होने में शादी के बाद तीन महीने से ज़्यादा समय प्रायः नहीं

लगता। अगर हम लोग सन्तान तक के निर्माण में समय की बचत नहीं कर सकते तो इस्पात और मशीनों के निर्माण में और देशों का मुक़ाबला कैसे कर पायेंगे? यह एक चिन्ता की बात है और देश के विज्ञ व्यक्तियों के लिए उचित होगा कि इस पर विचार-विनिमय करें, विदेश जायें और व्यक्तिगत रूप से भी जितना किया जा सके, करें। मैं हमेशा उनके साथ हूँ।

रिवाज़ की बात यदि छोड़ दें तो वास्तविकता यह थी कि मेरे पिता वैसे कतई आलसी नहीं थे। कुल मिलाकर उन्होंने चौदह-पन्द्रह बच्चों को जन्म दिया था जिनमें से अन्त में चलकर हम तीन शेष रहे। अब तो दो ही शेष हैं; एक छोटी बहिन, जिसने मेरी माँ के साथ रात-रातभर सूत कातकर मेरी फ़ीस के पैसे जुटाये थे, वह अब नहीं रही। उसके मरने के साथ मेरा भी कुछ हिस्सा हमेशा के लिए मर गया।

बचपन में आम लोगों की तरह मैं भी बच्चा ही था। जब मैं बहुत छोटा बच्चा था तभी शीतला माता की कृपा से मेरे दो भाई-बहिन देवी को प्यारे हो गये। चेचक मुझे भी निकली थी पर मैं ज़िन्दा रहने के लिए छोड़ दिया गया। मेरे पिताजी का मानसिक सन्तुलन अलबत्ता ज़रूर ख़राब हो गया और वे बाद में भी पूरी तरह ठीक नहीं हो पाये? यहाँ अपने पिताजी के बारे में चन्द ज्ञातव्य आँकड़े प्रस्तुत करना आवश्यक प्रतीत होता है। वे अपने बचपन में गाँव छोड़कर लाहौर भाग गये थे जहाँ से उन्होंने डी.ए.वी. कॉलेज से कविराज की उपाधि प्राप्त की। लाला लाजपत राय, महात्मा हंसराज, भाई परमानन्द, मास्टर राजपाल और लाला हरदयाल को उन्होंने बहुत नज़दीक से देखा था। उन दिनों सरस्वती में गुप्तजी की 'भारत भारती' धारावाहिक रूप में प्रकाशित हो रही थी और मेरे पिता उसकी नक़ल अपनी डायरी में लगातार किया करते थे। वे निहायत सफ़ाई पसन्द, संगीत-प्रेमी और प्रत्येक प्रकार की सुन्दरता के प्रत्येक रूप में उपासक थे। उनके ये गुण किसी हद तक मुझमें भी आये। उनका हस्तलेख मोती जैसा था और उसे अपनाने की मैंने बहुत कोशिश की। बीमार होने के बाद वे अपने पैतृक गाँव चले आये—वह क़स्बा जिसमें वे प्रैक्टिस करते थे उन्होंने छोड़ दिया। गाँव में हमारे परिवार के साथ बड़ा अमानवीय व्यवहार किया गया। भय का एहसास पहली बार मुझे वहीं हुआ। बीमार बाप, चिन्तित माँ, सहमे-सहमे हम लोग और भविष्य के नाम पर कुछ नहीं। इसके बाद हम लोग एक दूसरे क़स्बे में चले गये जहाँ मेरी माता का मकान था। कमलेश्वर के शब्दों में मैं दो क़स्बों का आदमी हूँ। मेरी माँ अपने माता-पिता की अकेली सन्तान थीं। आदतों में देवी की तरह पवित्र और शरीर में हाथीदाँत की भाँति सफ़ेद। हाथीदाँत शब्द शायद इस कारण भी याद आ रहा है कि उनके ऊपर के कुछ दाँत काफ़ी निकले हुए थे।

इसके बाद का इतिहास पानीपत की चौथी लड़ाई है। वह ग़रीबी और बेसहारे की एक दर्दनाक दस्तावेज़ है जो अलिखित है। बाद में पिताजी ने कभी कोई काम नहीं किया—सिवाय गुस्सा करने के, हुक़्क़ा पीने के, सोने के और बच्चा पैदा करने

के। पहले ज़ेवर बिके और फिर बर्तन। क़र्ज़ के सिलसिले में एक बार वे गिरफ़्तार भी हो गये। धीरे-धीरे दो जून खाना मिलना भी दूभर हो गया। बहिनें बड़ी होती जा रही थीं पर उनकी शादी तो क्या, उन्हें तन ढकने को पूरे कपड़े भी नहीं मिलते थे। घर ऐसा था कि हर बारिश के साथ-साथ थोड़ा-बहुत गिरता जाता था। इतना पावसप्रेमी कवि हृदय मकान मैंने फिर कभी नहीं देखा। एक तरफ़ यह सब होता था और दूसरी ओर निकम्मा बाप चादर तानकर सोता था। उससे मुझे इतनी नफ़रत थी कि कह नहीं सकता मगर जब वही इंसान घर छोड़कर भागने की धमकी देता था तो मैं रोने लगता था। पहली बार मुझे पता लगा कि आप एक ही इंसान से प्यार और नफ़रत एक साथ कर सकते हैं और काफ़ी मात्रा में कर सकते हैं। हो सकता है दोनों नाम एक ही चीज़ के हों।

अन्त में चलकर मेरी बड़ी बहिन के पति की कृपा से मेरी दूसरी बहिन की शादी एक अमीर व्यक्ति से हो गयी जिनकी दो अदद पत्नियाँ पहले ही पंचत्व को प्राप्त कर चुकी थीं। बड़ी दर्दनाक शादी थी। देने को कुछ था ही नहीं। बहिन की डोली निकली तो लगता था कि किसी की अरथी जा रही है। मुर्दों को देखने की आदत मुझे बचपन से ही पड़ गयी थी क्योंकि हर साल कोई भाई या बहिन मरता ही रहता था जिसके लिए कफ़न भी मुश्किल से ही मिलता था। ख़ैर, बहिन अपने अमीर पति के घर गयी, ननदों के ताने सुने पर पति का प्रेम पाकर वह खुश थी। जब वह ससुराल से आयी तो एकदम बदली हुई थी। क़ीमती कपड़ों और गहनों से सजी। कहाँ हमारी फटी धोती वाली बहिन और कहाँ यह अमीर सुन्दर युवती। उसने हमें गले लगाया, घर की टूटती दीवारें देखीं, मिट्टी के खाली बर्तन देखे और इस सबका सामूहिक परिणाम यह रहा कि वह फूट-फूटकर रोने लगी। हमें तो वह अब पराई लगती थी– एक दूसरे वर्ग की नागरिक। इसके बाद जब वह दुबारा हमारे यहाँ आयी तो बीमार पड़ गयी–टाइफ़ायड से। उसके पति ने जो रुपया उसकी चिकित्सा वग़ैरह के लिए भेजा वह पिताजी की परम अकर्मण्यता के कारण हमें दो जून रोटी देने पर ख़र्च होता रहा। अन्त में वह मृत्यु के पाश में फँस ही गयी। पति के यहाँ जाने के कुछ ही दिनों बाद वह मर गयी। मैं और अकेला हो गया।

मेरी शिक्षा का कोई प्रबन्ध नहीं था। पिताजी को इसकी कोई चिन्ता कभी नहीं हुई। सारा दिन सोते रहते थे या हुक़्क़ा पीते रहते थे। घूमने-फिरने के शौक़ीन थे और प्रायः घर छोड़कर भाग जाने की धमकी देते रहते थे। ख़ैर, मेरे भाग्य में शिक्षित होना लिखा था और शिक्षा मुझे काफ़ी मिक़दार में मिली भी। पहले एक पाठशाला में संस्कृत पढ़ी और काफ़ी जमकर पड़ी। अष्टाध्यायी के आठों अध्याय पढ़े। कालिदास और जयदेव ने मुझे अभिभूत कर दिया और उनका जादू अभी तक क़ायम है। शिल्प की पूर्णता क्या चीज़ होती है– यह मैंने संस्कृत से ही सीखा। इसके बाद एक परम दयालु हेडमास्टर की कृपा से मैं फिर स्कूल में भरती हो गया।

उसके बाद मैं पढ़ता गया और पढ़ता गया। माँ और छोटी बहिन ने रात-रातभर सूत काता जिसे मैंने पोखर के किनारे ज़मीन पर बैठकर बेचा। हफ़्ते में शायद एक रुपया बचता था। वज़ीफ़े मिले, पाँच-पाँच रुपयों की नौकरी की, एक-एक रुपये की दर पर ट्यूशन किए, भूखा और फटेहाल रहा पर पढ़ना नहीं छोड़ा। सुन्दरलाल गुप्त की गर्म वास्कट पहनकर जाड़े गुज़ारे पर ट्यूशन करना और प्रूफ़ पढ़ना जारी रहा। अन्त में चलकर मैंने प्रयाग विश्वविद्यालय से एम.ए. में सर्वोच्च स्थान प्राप्त किया।

संवेदनशील और अन्तर्मुख मैं शुरू से ही था। मेरी एक मौसी थीं जो हमसे भी ज़्यादा ग़रीब थी। जब भी हम जाते थे तो वह हमें चूमती थीं और मिठाई खिलाने का वायदा करती थीं। हम जानते थे कि उर्दू शायरी के माशूकों की तरह यह वायदा भी कभी पूरा नहीं होगा। उनका दाह-संस्कार मैंने देखा। मृत्यु का सच्चा एहसास मुझे तभी हुआ। इसी तरह एक बार वर्षा के कारण मरी एक चिड़िया को हाथ में लिये मैं मन्दिर की दीवार पर घण्टों बैठा रहा। वाल्मीकि को भी मेरी तरह काव्य की प्रेरणा एक पक्षी को ही देखकर मिली थी। पक्षियों से साहित्य को बड़ी प्रेरणा मिलती है। उचित होगा कि आभार प्रदर्शन करने के लिए हम एक पक्षी अभिनन्दन समिति का गठन करें और चन्दा एकत्रित करें। चन्दा ग़बन करने के बाद चिड़ियाघर चलेंगे और तालियाँ बजायेंगे।

न जाने कितने दुख, भय और दर्द लेकर मैं प्रयाग गया था। भाग्य ने साथ दिया। निराला, पन्त, पदुमलाल, पन्नालाल बख़्शी, महादेवी, अश्क़, धर्मवीर भारती, फ़िराक़, बच्चन और जगदीश गुप्त देखे और जी भरकर देखे। दुष्यन्त कमार, कमलेश्वर, रामावतार चेतन और रमेश कुन्तल मेघ मेरे सहपाठी रहे। पहली कविता दुष्यन्त ही ने कहीं छपवायी। भारतीजी ने मुझे 'परिमल' में शामिल करवाया। अज्ञेय, इलाचन्द्र जोशी, लक्ष्मीकान्त वर्मा जैसी विभूतियों के दर्शन वहीं हुए। अजितकुमार और ओंकारनाथ श्रीवास्तव मुझसे शायद एक साल सीनियर थे। रमानाथ अवस्थी और नागार्जुन भी वहीं मिले। इतनी बुरी संगति के कारण मेरे अन्दर जो दुःखों का पिघला हुआ लावा था वह कलम के रास्ते बाहर निकलने लगा। बाद में चलकर जो कुछ भी मैंने लिखा उसका सारा श्रेय वाचस्पति पाठक, प्रकाशचन्द्र गुप्त, अमृतराय व सुरेन्द्रपाल जैसे विशाल हृदय व्यक्तियों को जाता है जिन्होंने इतना प्रोत्साहन दिया कि मैं गधे से घोड़े की स्थिति में आ गया।

मूलतः मैं कवि ही रहा। आषाढ़ के मेघ, भाद्रपद की साँझ, शरद की पूर्णिमा, पलाश के दहकते फूल और सुन्दर कम उम्र लड़कियों के होठ मुझे भयानक परेशानियों में भी हमेशा अपनी ओर आकृष्ट करते रहे। धूप के धानों का मैं पुराना मरीज़ निकला। व्यंग्य और हास्य का लिखना तो सिर्फ़ एक इत्तफ़ाक ही रहा जिसका सारा श्रेय सम्पादकों को जाता है जिन्होंने कविताएँ नहीं छापीं। उनको दुआएँ दो, हमें क़ातिल बना दिया। लिखते-लिखते पता लगा कि मैं हास्य लिख सकता हूँ और

कभी-कभी ख़ासे अच्छे स्तर का भी लिख सकता हूँ मगर सयाने पाठक उदासी की रेखा उसमें भी देखते होंगे। लक्ष्मीनारायण लाल ने एक बार पूछा भी था कि तुम्हारे हास्य में इतना रोना क्यों? काश उन्हें मेरे दुःखों का पता होता। ख़ैर, मैं लिखता गया और लिखता गया। खुद नहीं हँस सका तो दूसरों को ज़रूर हँसाया। अज़ीम बेग चुगताई, परशुराम, डिकिन्स, मार्क ट्वेन और ज़ोचैंको (ठीक उच्चारण मुझे नहीं आता और न जानना ही चाहता हूँ) सब उदासी के मरीज़ थे। मैं भी आगे चलकर डिप्रेशन का शिकार हो गया। शादी से पहले मुझे प्रेम का अनुभव तो हुआ पर सेक्स का नहीं। मेरी कुछ रचनाओं के पिछड़े होने का एक कारण शायद यही है। शादी के बाद भी सम्बन्ध केवल पत्नी तक ही रहे। सोचता हूँ, अब कुछ कार्यक्रम शुरू करूँ। निगाह तो कई युवतियों पर है पर इल्लत यह है कि वे सुकुमारी तो हैं पर कुमारी नहीं। जेल जाने का ख़तरा बड़ी चीज़ है।

मैं हास्य और व्यंग्य के लेख लिखता हूँ जो आपको पसन्द आते हैं। मुझे आपसे हार्दिक सहानुभूति है। इतना मैं अलबत्ता ज़रूर बताना चाहता हूँ कि मैं इसलिए नहीं हँसता हूँ कि मैं रो नहीं सकता। मैं बखूबी रो सकता हूँ और इतनी मात्रा में रो सकता हूँ कि शायद पूर्वी उत्तर प्रदेश का सूखा भी किसी हद तक समाप्त हो जाये। मगर बात सिर्फ़ इतनी है कि मैं आपके सामने रोना चाहता नहीं। शोक मेरी निजी सम्पत्ति है और वह यदि अचल सम्पत्ति ही रहे तो उचित है। ठीक है न? अगर एतराज़ न हो तो इस लेख के पढ़ने के बाद आप लोग भी सिगरेट सुलगाइए और मेरे साथ ठहाके लगाइए। हा...हा...हा।

□□

परिशिष्ट

(अ) जीवन-वृत्त : रवीन्द्रनाथ त्यागी

1.	जन्म	:	9 मई, 1930 (क़स्बा : नहटौर, ज़िला-बिजनौर, उत्तर प्रदेश)।
2.	देहावसान	:	4 सितम्बर, 2004 (देहरादून, उत्तराखण्ड)।
3.	शिक्षा	:	एम.ए. (अर्थशास्त्र), प्रयाग विश्वविद्यालय (गोल्ड मेडलिस्ट), 1954।
4.	विवाह	:	सुश्री शारदाजी से, 24 जून, 1955।
5.	आजीविका	:	12 दिसम्बर, 1955 को 'इण्डियन डिफेंस एकाउण्ट्स सर्विस' में नौकरी आरम्भ की और 1 सितम्बर, 1989 को 'कण्ट्रोलर ऑफ़ एकाउण्ट्स' के पद से सेवानिवृत्त हुए।
6.	परिवार	:	पिता : पं. मुरारीदत्त शर्मा, माता : श्रीमती चमेली देवी, पत्नी : श्रीमती शारदा त्यागी, पुत्र : अशोक (जन्म : 17 अगस्त, 1962), पुत्री : इन्दु (जन्म : 9 जुलाई, 1966), पुत्र-वधू : दीपा, पौत्री : पल्लवी, पौत्र : प्रणव, दामाद : राजय, दौहित्री : कोपल राजे।

(आ) पुरस्कार-सम्मान

1. उत्तर प्रदेश हिन्दी संस्थान, लखनऊ : 1977-1978-1979 में प्रति वर्ष तीन अलग-अलग पुस्तकों पर पुरस्कृत।
2. सरस्वती सम्मान, सहारनपुर।
3. नागरिक सम्मान, मेरठ।
4. चकल्लस पुरस्कार, मुम्बई, 1985।

5. टेपा पुरस्कार, उज्जैन, 1988।
6. श्रीनारायण चतुर्वेदी पुरस्कार, उत्तर प्रदेश।
7. पदुमलाल पुन्नालाल बख्शी पुरस्कार, मध्य प्रदेश।
8. अट्टहास शिखर सम्मान, 1997।
9. व्यंग्यश्री पुरस्कार, दिल्ली, 1998।
10. लीलावती स्मृति पुरस्कार, 1999।
11. शरद जोशी सम्मान, 1999।
12. हरिशंकर परसाई पुरस्कार, हरदा, 2001।
13. स्नेहलता गोइन्का व्यंग्य-भूषण पुरस्कार, 2002।

(इ) रवीन्द्रनाथ त्यागी का साहित्य

(क) हास्य-व्यंग्य संग्रह (मौलिक)

	पुस्तक	**प्रकाशक**	**प्रकाशन-वर्ष**
1.	खुली धूप में नाव पर	लोकभारती प्रकाशन, इलाहाबाद	1963
2.	भित्ति-चित्र	राजकमल प्रकाशन, नयी दिल्ली	1966
3.	मल्लिनाथ की परम्परा	लोकभारती प्रकाशन, इलाहाबाद	1968
4.	कृष्णवाहन की कथा	नेशनल पब्लि. हाउस, नयी दिल्ली	1971
5.	देवदार के पेड़	नेशनल पब्लि. हाउस, नयी दिल्ली	1973
6.	शोक-सभा	नेशनल पब्लि. हाउस, नयी दिल्ली	1974
7.	अतिथि-कक्ष	राजपाल एण्ड संस, दिल्ली	1977
8.	सुन्दरकली	सम्भावना प्रकाशन, हापुड़	1978
9.	फूलों वाले कैक्टस	पराग प्रकाशन, दिल्ली	1979
10.	ऋतु-वर्णन	नेशनल पब्लि. हाउस, नयी दिल्ली	1988
11.	भद्र-पुरुष	पराग प्रकाशन, दिल्ली	1980
12.	इस देश के लोग	पराग प्रकाशन, दिल्ली	1982
13.	पदयात्रा	नेशनल पब्लि. हाउस, नयी दिल्ली	1985
14.	पराजित पीढ़ी के नाम	पराग प्रकाशन, दिल्ली	1988
15.	प्रसंगवश	पराग प्रकाशन, दिल्ली	1988
16.	आत्मलेख	नेशनल पब्लि. हाउस, नयी दिल्ली	1988
17.	विष-कन्या	भारतीय ज्ञानपीठ, नयी दिल्ली	1990
18.	गणतन्त्र दिवस की शोभा-यात्रा	नेशनल पब्लि. हाउस, नयी दिल्ली	1991

19.	चम्पाकली	किताब घर, नयी दिल्ली	1992
20.	इतिहास का शव	राजकमल प्रकाशन, नयी दिल्ली	1993
21.	देश-विदेश की कथा	किताब घर, नयी दिल्ली	1994
22.	भाद्रपद की साँझ	राजकमल प्रकाशन, नयी दिल्ली	1996
23.	लाल पीले फूल	किताब घर, नयी दिल्ली	1997
24.	बादलों का गाँव	अभिरुचि प्रकाशन, दिल्ली	1999
25.	शेष-अवशेष	भारतीय ज्ञानपीठ, नयी दिल्ली	2011

(ख) हास्य-व्यंग्य संकलन (पूर्व प्रकाशित निबन्धों के संकलन)

1.	उर्दू-हिन्दी हास्य-व्यंग्य	पराग प्रकाशन, दिल्ली	1978
		दूसरा संस्करण : राजकमल प्रकाशन, नयी दिल्ली	1991
2.	फुटकर	सम्भावना प्रकाशन, हापुड़	1979
3.	मेरी श्रेष्ठ व्यंग्य रचनाएँ	नेशनल पब्लि. हाउस, नयी दिल्ली	1979
4.	प्रतिनिधि रचनाएँ (सम्पादक : कमल किशोर गोयनका)	पराग प्रकाशन, दिल्ली	1988
5.	पूरब खिले पलाश	भारतीय ज्ञानपीठ, नयी दिल्ली	1998
6.	कबूतर, कौए और तोते	भारतीय ज्ञानपीठ, नयी दिल्ली	2001
7.	एक चिरन्तन कथा	मेधा बुक्स, दिल्ली	2004
8.	यक्ष-प्रश्न	मेधा बुक्स, दिल्ली	2005
9.	वसन्त से पतझर तक	भारतीय ज्ञानपीठ, नयी दिल्ली	2005
10.	सिन्दबाद की अन्तिम यात्रा (सम्पादक : कमल किशोर गोयनका)	प्रभात प्रकाशन, नयी दिल्ली	2008
11.	ग़रीब होने के फ़ायदे (सम्पादक : कमल किशोर गोयनका)	प्रभात प्रकाशन, नयी दिल्ली	2008
12.	51 व्यंग्य रचनाएँ (सम्पादक : कमल किशोर गोयनका)	डायमण्ड बुक्स, नयी दिल्ली	2011

(ग) कविता-संग्रह

1.	सूखे और हरे पत्ते	भारती भण्डार, प्रयाग	1962
2.	कल्प-वृक्ष	राजकमल प्रकाशन, नयी दिल्ली	1965
3.	आदिम राग	राधाकृष्ण प्रकाशन, नयी दिल्ली	1967
4.	आख़िरकार	नेशनल पब्लि. हाउस, नयी दिल्ली	1978
5.	सलीब से नाव तक	पराग प्रकाशन, दिल्ली	1983
6.	अन्तिम वसन्त	पराग प्रकाशन, दिल्ली	1988
7.	कृष्ण-पक्ष की पूर्णिमा	किताब घर, नयी दिल्ली	1996

(घ) कविता-संकलन (पूर्व प्रकाशित कविताओं का संकलन)

1.	पीले पाल वाली बूढ़ी नाव (श्रेष्ठ कविताएँ)	मेधा बुक्स, दिल्ली	2003

(ङ) उपन्यास-कहानी

1.	अपूर्ण कथा	सम्भावना प्रकाशन, हापुड़	1980
2.	अपूर्ण कथा (पेपरबैक)	राजपाल एण्ड संस, दिल्ली	1985

(च) पत्र-संग्रह

1.	मेघदूत उवाच	गीतांजलि प्रकाशन, देहरादून	2008

(छ) बाल-साहित्य

1.	मास्टर भोलाराम	पराग प्रकाशन, दिल्ली	1979
2.	हमारे मास्टर साहब	जनप्रिय प्रकाशन, दिल्ली	1987
3.	खेल गाँव	अभिरुचि प्रकाशन, दिल्ली	1991
4.	सुन्दर वन	अभिरुचि प्रकाशन, दिल्ली	1995

(ई) अप्रकाशित-असंकलित रचनाएँ

रवीन्द्रनाथ त्यागी के दिवंगत होने के बाद उनकी पत्नी श्रीमती शारदा त्यागी को

निम्नलिखित ऐसी रचनाएँ मिलीं जो अप्रकाशित एवं असंकलित थीं। ये रचनाएँ निम्नलिखित हैं–

1. आठ कविताएँ : झंडे के प्रति, पनघट, कवि से...., शाम हो गयी..., बेला, मेरा देश और साँझ।
   शारदाजी के अनुसार इनका रचना-काल 1948-52 के बीच का है। इनमें कुछ 'सरस्वती' (प्रयाग) पत्रिका में छपी थीं। उनकी एक पाँच पंक्ति की कविता उनकी डायरी में मिली, वह भी प्रस्तुत है। यह सम्भवतः उनकी अन्तिम कविता है।
2. उनके तीन असंकलित लेख भी संकलित हैं। पहला लेख तो उन्होंने मुझ पर लिखा था, दूसरा 'कुछ व्यंग्य संस्मरण' उन्होंने देहावसान के दिन ही 'उमर उजाला' को प्रकाशनार्थ भेजा था, जो उनके देहान्त के तीन दिन बाद श्रद्धांजलि के रूप में 'अमर उजाला' ने प्रकाशित किया। तीसरा लेख 'नयी पीढ़ी' फ़ाइल में दबा रखा था जो 'इण्डिया टुडे' ने उनकी पहली पुण्य-तिथि को प्रकाशित किया था।

आठ कविताएँ

(1) झंडे के प्रति

जय भारत के प्राण तिरंगे,

बिखर रही थी भारत सुषमा
सदियों से था कितना जर्जर
रही नीरसा धरा उर्वरा
रोता सा रहता था पतझर
सूने से उस ही उपवन में
मचवादी पिकतान तिरंगे!
जय भारत के प्राण तिरंगे।

स्वतन्त्रता की बलिवेदी पर
प्राणों से था खेल निरन्तर
आज सत्य हैं जिनके सपने
अमर हुए जाने वे कितने
भगत सिंह जैसे अनेक उन
वीरों के अभिमान तिरंगे।
जय भारत के प्राण तिरंगे।

जहाँ रही कल सन्ध्या काली
खिली चाँदनी है उजियाली।
वर्षों से अभिशप्त पुनीता,
पुष्प धरा पर है हरियाली
लूटी हुई भारतमाता के
हो सुहाग की शान तिरंगे।
जय भारत के प्राण तिरंगे।

(2) पनघट

ग्राम अलका अप्सराएँ
पनघट पर नीर भरे।
सुन्दर सजीले अंग,–
अचल हिले, खुले पंख,
वस्त्र कसे, कसे व्यंग
अधर रस बूँद झरे!
अंचल हिलाता मरुत्,
धीरे धीरे बजे नूपुर,
उर उर में मधुर मधुर,
अंग में उमंग भरे!
मधुर हास स्नेह सने,
खींच वारि कर थमे,
घूँघट तूणीर, तने–
नयनों के वाण चले!
आर्द्र-द्रुम छाया सघन,
नभ नील - उज्ज्वल घन,
हँसती सी मलयज पवन,
पुष्पों के पंख हिले!
उच्च नील शैल झलक
देता; था घट में छलक
होती फिर हास किलक
काम कल चाप धर!

विहँस उड़ी विहग वधू–
नीड़, चली ग्राम वधू,
प्राणों की वीणा में
जीवन का राग भरे!

(3) कवि से...

ओ शब्दों के चित्रकार तुम,
मृत वर्णों में भर देते हो
अपने प्राणों के जीवित कण!

जीवन की इस मौन डगर पर
तुम काँटों की कुंचित छाया
में भी जाने सुलग रहे हो–
कैसे अपनी कोमल काया!

सोये स्वर में प्राण जगा कर,
शुष्क शब्द से गान बना कर,
तुम जाने कैसे ले आते,
शापों से वरदान बना कर!

तुम जाने कैसे भर देते
स्वप्नों से जीवन का प्याला!
तुम कैसे मूर्च्छित कर देते
जीवित भावों से यह अन्तर!

कैसे जाने देव तुम्हारी
पीड़ा हो जाती है हाला
कैसे जाने सज जाती रे
अनजाने भावों की माला!

तुमने जीवन के क्रन्दन को
मधुर स्वरों के पात्रों में भर
पिला दिया रे अनायास ही
कैसे तुमने अपना अन्तर?

तुमने वर्णों की रेखा में
बाँध दिया सन्ध्या प्रभात को
तुमने पद लय के बन्धन में
बाँध दिया नश्वर जीवन को!

देव, तुम्हारे कल्पित जग की
अजर अमर सुन्दर कुटिया में
मैं भी आकर देख सकूँगा
क्या वे सारे संचित सपने?

(4) शाम हो गयी...

शाम हो गयी,
छिप गये पेड़,
जंगल से लौट आये
बैल, बकरी, भेड़!
पीपल पर लाल लाल
परियाँ रहीं नहीं,
दूर उधर वन में ही
छिप गयीं कहीं!

शब्द एक आता था
किसी के गाने का,
बन्द हो गया; दीप
मन्दिर पर जल गया,
पोखरों से होकर के
घेरों के पास तक
अँधेरा बढ़ आया
चुपके लपक!

डगरों से धूल भरे
बच्चे गये,
क़स्बे के व्यापारी
वापस गये,
पेड़ों के डैनों में
पंछी सोये,
तारों की छाया में
पेड़ सो गये!

सरिता के आसपास
तीर सो गया,
रात की उन बातों में
तम खो गया,
अधरों के बिस्तर पर
गान सो गये।

(5) बेला

आधी रात, जगे तुम बेला,
किसको देख रहे हो पथ पर?
सोया तम भी, सोया नभ भी
और सो गयी वह श्रान्त डगर!
ओ, कवि से तुम भी खिलते हो
गाते शैशव सा मृदु गाना।
सो जाता संसार सभी जब
एकाकी केवल मनमाना।
कौन खिला जाता है जाने
आकर तुमको धीर-धीरे;
नीरव तम में मधुर मौन वह
पंखुरियों पर मृदु स्पर्श दे!
तुम फूलों के राजा, वह भी
होगी रे परियों की रानी।
सबसे छिपकर आ जाती जो
तुम्हें सुनाने प्रेम कहानी।
तुमने यामा के विषाद में
ढूँढ़ा कैसे अमर हास रे?
तुमने कैसे जान लिया प्रिय,
आधी ठीक हुई रात रे?
बोलो, मेरे प्रिय बेला तुम,
मुझे सिखा दी खिलते रहना;
यामा के नीरव विषाद में भी
वृन्तों पर हँसते रहना।
आधी रात हो गयी बेला,
मैं जाता हूँ; तुम हो योगी!

प्रिय-माला-हित लेने कोई
जगी रात भर, आती होगी!

(6) मेरा देश

मेरा देश
मेरा देश
मेरा देश

नदियों का देश
कवियों का देश
छवियों का देश

यह देश—
कि वन-वन गाती-फिरती परियों का

खेतों का देश
गीतों का देश
दीपों का देश

यह देश—
कि शत-शत ऋतुओं का—उन रंगों का

पर्वत का देश
झीलों का देश
सागर का देश

यह देश—
पाल बर्फ़ के : माँझी के सन्देशों का

मेघों का देश
हंसों का देश
कमलों का देश

यह देश—
कि रंग-बिरंगे पंखों उड़ते पाखी का

सोने का देश
चाँदी का देश
मिट्टी का देश

यह देश—
कि लम्बे-लम्बे दिन औ गहरी रातों का

गीता का देश
अयोध्या का देश
मुग़लों का देश

यह देश—
राम, कृष्ण औ गाँधी, बुद्ध, जवाहर का

सन्तों का देश
महन्तों का देश
तीर्थों का देश

यह देश—
मन्दिर, मस्जिद, और शिवाले, गिरजे का

यौवन का देश
जीवन का देश
चिरन्तन देश

यह देश—
आशाओं का, विश्वासों का, आदर्शों का

मेरा देश
मेरा देश
मेरा देश

यह देश—
कि नाम एक बस केवल मेरे प्राणों का

(7) साँझ

धीरे-धीरे साँझ हो गयी!
अब बेला के फूल हिल गये,
नभ में कितने दीप जल गये,
मन में जगा भाव वह नये,
जग भर को मृदु-स्वप्न दे गयी!
ग्राम-डगर पर खिसका अंचल,
स्वर्ण विहग ले सोता पीपल,
उठ जल से यह रेखा चंचल
अभी-अभी नभ में खो गयी।
उधर सो गया धीरे, सविता

नभ में फैला कोमल कविता
जो बिखरे बादल की सन्ध्या
नीरव पग धर मुझे दे गयी!

(8) अन्तिम अप्रकाशित कविता

जो करता हो प्रतीक्षा पावस की
जिसके गीत से उगते हों बादल
जिसके कण्ठ से निकलता हो वसन्त
ऐसा रूपवान शव क्या
आपने कहीं देखा है?

तीन लेख

(1) कमल किशोर गोयनका : एक निश्छल व परिश्रमी प्राण

कुछ लोग ऐसे होते हैं कि आप उन्हें कतई नहीं जानते पर पहिली ही मुलाक़ात में कुछ ऐसा लगता है कि हम दोनों न जाने एक-दूसरे को कितने वर्षों से जानते हैं। डॉ. गोयनका इसी प्रकार के व्यक्ति हैं। मैं उनसे देहरादून में कोई सात वर्ष पहिले पहिली बार मिला था और उस एक भेंट में ही मैं उनका मुरीद हो गया, उनका भक्त हो गया। इतना सरल, निष्कपट, सात्विक और स्नेही बन्धु पाकर मैं वास्तव में भगवान के प्रति हृदय से आभारी हूँ। इस 'दुर्घटना' के बाद वे मेरे यहाँ जम्मू आये और मेरी 'प्रतिनिधि रचनाओं' के सम्पादन के सम्बन्ध में कोई सप्ताह भर रुके। तब मैंने उनका समीक्षक व शोधकर्म वाला व्यक्तित्व देखा, जो मेरे लिए पहला अनुभव था। वे इतने 'सिस्टैमैटिक' हैं, इतने परिश्रमी हैं और इतने पारखी हैं कि बड़े से बड़े प्रोजेक्ट को भी वे कम समय में समाप्त कर सकते हैं। उनके पास बैठ कर लगता है कि रामचन्द्र शुक्ल, हज़ारी प्रसाद द्विवेदी व बाबू श्यामसुन्दर दास किस प्रकार के व्यक्ति रहे होंगे। मैं अतिशयोक्ति कर रहा हूँ पर ज़्यादा नहीं।

डॉ. गोयनका ने मुंशी प्रेमचन्द पर काम किया और बड़ी निष्ठा व लगन के साथ किया। 'प्रेमचन्द विश्वकोश' एक ऐसा विशद ग्रन्थ है कि उसके कारण गोयनका जी की प्रसिद्धि देश में ही नहीं वरन् विदेशों में भी हुई। उन्हें कई पुरस्कार भी मिले। उन्होंने प्रेमचन्द की ऐसी रचनाओं को भी ढूँढ़ा जिनका किसी को पता भी नहीं था। प्रेमचन्द के जीवन के ऐसे प्रसंगों और घटनाओं का विवरण भी तैयार

किया जिन्हें कोई नहीं जानता था। हालाँकि इन प्रसंगों में कुछ ऐसे पहलू भी आये जिन्हें प्रेमचन्द के 'अन्ध-भक्तों' ने पसन्द नहीं किया। बात यह है कि तुलसीदास की भाँति प्रेमचन्द भी करोड़ों पाठकों के लिए मात्र लेखक ही नहीं हैं वरन् उनके परिवार के सदस्य हैं, उनके अपने हैं। ऐसे लोग ऐसी कोई बात नहीं जानना चाहते जो उस चित्र पर नया प्रकाश डाले जिसे वे वर्षों से अपने हृदय पर अंकित किये हुए हैं। मैं खुद इन अन्ध-भक्तों में से एक हूँ। मगर इस सब से गोयनका जी के शोध-कार्य पर कोई अन्तर नहीं पड़ता।

प्रेमचन्द पर किये गये काम से जैसे ही कुछ अवकाश मिला, वैसे ही वे उन चर्चित साहित्यकारों की प्रतिनिधि रचनाओं के संकलन में लग गये, जिन्होंने एक से ज़्यादा विधाओं में काम किया था। यह काम उन्होंने उसी निष्पक्षता, कुशलता और लगन के साथ किया जो उन्होंने प्रेमचन्द के सन्दर्भ में दिखाई थी। वे एक ऐसे समीक्षक हैं जो भावुक तो हैं पर निष्पक्ष भी हैं, स्नेही तो हैं पर स्पष्ट वक्ता भी हैं, प्रशंसक तो हैं पर कमियों पर प्रकाश डाले बिना रह नहीं पाते।

गोयनका जी की निश्छलता कभी-कभी ऐसे कमाल दिखाती है कि आप परेशानी में पड़ सकते हैं। उन्होंने मेरी एक अच्छी-ख़ासी किताब एक ऐसे प्रकाशक को दिलवा दी कि उसने मुझे अभी तक एक पैसा भी रॉयल्टी के रूप में नहीं दिया। यदि मेरा यह नुक़सान न हुआ होता तो मैं उनकी और ज़्यादा प्रशंसा करता।

(11 फ़रवरी, 1989)

(2) कुछ व्यंग्य-संस्मरण

मेरी शादी जून 1955 में हुई। उस समय मेरी आयु 25 वर्ष की थी और पत्नी की आयु 16 वर्ष की थी। उसी वर्ष, मैं केन्द्रीय सरकार की एक बड़ी नौकरी के लिए चुन लिया गया। दफ़्तर जाने पर मैंने साइकिल ख़रीदने के लिए एडवांस की अर्ज़ी दी जो अस्वीकृत कर दी गयी, क्योंकि मैं प्रथम श्रेणी का अधिकारी था और मुझे मोटर ख़रीदने का एडवांस तो मिल सकता था, पर साइकिल का नहीं। एक मित्र अधिकारी ने मुझे दस रुपये प्रति माह के किराये पर एक नयी साइकिल दिलवा दी। कोई डेढ़ वर्ष बाद मैंने अपनी साइकिल ख़रीदी, जिसकी क़ीमत डेढ़ सौ रुपया थी। साइकिल शानदार थी; उसमें घण्टी थी, चेन कवर था, स्टैण्ड था, आगे की तरफ़ बेंत की टोकरी थी और पिछली तरफ़ सामान रखने का क्लिप था। मैंने कोई बारह वर्ष बाद नयी मोटर ख़रीदी, जिसकी सारी क़ीमत साढ़े अठारह हज़ार थी। पत्नी गोरी थी और इसी कारण मोटर मैंने काले रंग की ली। अब तक वही मोटर है और वही पत्नी है। मोटर ख़रीदने के बाद मैंने अपनी साइकिल सौ रुपयों में बेच दी। अब तो हालत यह है कि मेरे निजी परिवार में छह मोटर हैं जिनमें मेरी मोटर सबसे पुरानी

है। मोटर उतनी ही चमकती है जितनी कि वह सैंतीस वर्ष पहले चमकती थी। चार दुर्घटनाएँ हो चुकी हैं, जिनमें एक दुर्घटना भयंकर थी और मेरी जान कैसे बच गयी, यह मैं ख़ुद नहीं जानता। यह दुर्घटना मेरी अपनी लापरवाही के कारण हुई थी।

मुन्नीलाल ने मुझे मोटर चलाना सिखाया। वह मेरे ही दफ़्तर में चतुर्थ श्रेणी का कर्मचारी था। उसके साथ मेरा परिवार सारनाथ, वाराणसी, कौशाम्बी, चित्रकूट, चुनार, मिर्ज़ापुर, विन्ध्याचल, लोअर खज़ूरी डाम, अपर खज़ूरी डाम, चचई फ़ाल, टाँडा फ़ाल, विंढम फ़ाल, रीवाँ, गोविन्द गढ़, कानपुर व लखनऊ गये। मुन्नीलाल शराब बहुत पीता था और इसी कारण वह तीस-पैंतीस वर्ष की आयु में ही मर गया। कौशाम्बी में कभी राजा उदयन राज करते थे और उनकी चर्चा कालिदास ने 'मेघदूत' में की।

1950 में जब मैं इलाहाबाद युनिवर्सिटी गया तो मैंने देखा कि लगभग सारे बड़े प्रोफ़ेसर या तो रिक्शे से चलते थे या फिर साइकिल चलाते थे। कुछ बड़े लोग (जैसे डॉ. ईश्वरीप्रसाद और रघुपतिसहाय 'फ़िराक़') युनिवर्सिटी पैदल ही आते थे, क्योंकि उनके बँगले युनिवर्सिटी के पास ही थे। हिन्दी-विभाग में केवल डॉ. रामकुमार वर्मा ही एक ऐसे अध्यापक थे जो मोटर रखते थे। बाद में चलकर डॉ. धर्मवीर भारती ने एक ऐसी फटीचर मोटर ख़रीदी थी जिसके भोंपू को छोड़कर, सारे पुर्ज़े आवाज़ निकालते थे। भोंपू की ज़रूरत कभी नहीं पड़ती थी, क्योंकि उनकी मोटर की आवाज़ इतनी बुलन्द थी कि वह दूर तक पहुँचती थी। उनकी उस मोटर को स्टार्ट करने के लिए क़रीब छह विद्यार्थी धक्का लगाते थे। कभी-कभी वह मोटर एकदम चल पड़ती थी और पीछे से धक्का लगाने वाले छात्र धराशायी हो जाते थे, जबकि उनकी वह शानदार मोटर प्रायः रोज़ ही काफ़ी धक्के लगाने के बाद ही गतिशील हो पाती थी। कॉमर्स विभाग के प्रोफ़ेसर घोष और अँग्रेज़ी विभाग के प्रोफ़ेसर सतीशचन्द्र देव ताँगे में बैठकर युनिवर्सिटी आते थे, जबकि अर्थशास्त्र के प्रोफ़ेसर रुद्रा साइकिल से ही युनिवर्सिटी आते थे। प्रोफ़ेसर देव एक दिलचस्प आदमी थे। उनके बारे में बच्चन ने लिखा है—

प्रोफ़ेसर देव थे गोलमटोल
मानो विश्व-ज्ञान के ढोल,
विनम्रता के थे अवतार
और विनम्रतर बन जाने में
उन्हें नहीं लगती थी बार,
कर सकते थे वे हाफ़िज़ का
सेनोलूल का, हलवे का
एक साँस में शंखोच्चार।

(3) नयी पीढ़ी

मैं एक निम्न मध्यवर्गीय परिवार में पैदा हुआ, जो मेरे पिता की घोर अकर्मण्यता के कारण भयंकर ग़रीब था। मेरी प्रारम्भिक शिक्षा संस्कृत में हुई। किसी तरह मैं अपने क़स्बे के हाई स्कूल में भर्ती हुआ जिसका सारा श्रेय एक परम दयालु हैडमास्टर को जाता है, जिन्होंने मेरी फीस माफ करवाई और कोर्स की किताबें स्कूल की लाइब्रेरी से दिलवाईं। मैं क्लास में हमेशा प्रथम आता था और इसी कारण मुझे छात्रवृत्ति हमेशा मिलती थी। ट्यूशन करके सौ रुपये जमा किये और उन्हीं के बल पर मैं प्रयाग विश्वविद्यालय गया और वहाँ से एम.ए. की परीक्षा में टॉप करके लौटा। वहाँ भी मैंने पाँच रुपये मासिक की नौकरी की, छात्रवृत्ति पायी, प्रूफ़ पढ़े, डिस्पैच का काम किया और सुन्दर व अमीर लड़कियों के ट्यूशन भी किये। प्रयाग उन दिनों साहित्य का गढ़ था और पन्त, निराला, महादेवी वर्मा, फ़िराक़ और बच्चन वहीं रहते थे। अगर मैं प्रयाग न जाता तो साहित्यकार कभी नहीं बनता। प्रयाग में ही मैंने देश की सर्वोच्च सिविल सर्विसेज़ की प्रतियोगिता-परीक्षा पास की और 'इण्डियन डिफेंस एकाउण्ट्स सर्विस' के लिए चुन लिया गया। मैं रातों-रात एक बड़ा आदमी बन गया। नौकरी के सात वर्ष मैंने विभिन्न महत्त्वपूर्ण पदों पर केन्द्रीय सचिवालय में गुज़ारे। जब चौधरी बंसीलाल रक्षा मन्त्री बने, तो उन्होंने पहला ख़ास काम यह किया कि बिना किसी ठोस कारण के मुझे मुअत्तिल कर दिया। मैं उन दिनों रक्षा-मन्त्रालय में उपसचिव था। मुअत्तिली का ग़लत ऑर्डर उन्हें पिछली तारीख़ से वापस लेना पड़ा। कुछ परेशानियों को छोड़कर, मेरा सारा सेवा-काल शान्ति से गुज़रा। मैं बहुत भाग्यशाली था। यदि मैं इन दिनों 'भारतीय प्रशासन सेवा' या 'भारतीय पुलिस सेवा' में होता तो कुमारी मायावती, श्रीमती राबड़ी देवी या कुमारी जयललिता द्वारा, पता नहीं कब और कहाँ फेंक दिया गया होता। कुमारी मायावती की माया अनन्त है। यह कुमारी तो जब भी चाहे तभी चीफ़ सेक्रेटरी या डाइरेक्टर जनरल (पुलिस) को मुअत्तिल कर दें या उनका ट्रांसफर कन्याकुमारी को कर दें, हालाँकि कन्याकुमारी इनके राज्य के बाहर है। हरि अनन्त, हरि कथा अनन्ता...।

मैं तो फ़िलहाल देहरादून जैसे रमणीक और महत्त्वपूर्ण नगर में एक बड़े बँगले में रहता हूँ जिसमें (रोमन क़ानून के विधाता सिसरो के कथनानुसार) लाइब्रेरी व उपवन दोनों हैं। घूमना, लिखना, पढ़ना और निद्रा लाभ—इनको छोड़कर और कोई काम नहीं करता। डिप्रेशन, डायबिटीज और रिश्वत न लेने के दुःख ज़रूर सालते हैं, पर इस असार संसार में ऐसा कौन है जो पूर्णतया सुखी हो? नानक दुखिया सब संसार। मगर असली बात यह है कि इतना सब कुछ पाने के बाद भी मेरी नीयत नहीं बदली। कुली तभी करता हूँ जबकि, सामान रेल में रखने के लिए, वैसा करना अनिवार्य हो और कुली कर भी लिया तो उससे मज़दूरी देने पर जो बहस चलती है,

वह तभी ख़त्म होती है जबकि रेल चलने लगती है। प्रतिदिन पाँच सिगरेट पीता हूँ, और प्रत्येक सिगरेट की क़ीमत चालीस पैसे होती है। जूते ख़ुद पालिश करता हूँ, किताबों की जिल्दें ख़ुद बाँधता हूँ और अपनी हजामत ख़ुद ही बनाता हूँ। कपड़ों को तब तक पहनता हूँ जब तक वे इतने न फट जायें कि मेरे गुप्तांग ही दिखने लगें। मैं एक गंजा व्यक्ति हूँ और जो थोड़े से बाल हैं, वे सिर के पिछले हिस्से पर ही हैं। इन बालों को प्रायः मैं पत्नी से कटवा लेता हूँ या ख़ुद ही काट लेता हूँ। श्री महावीर त्यागी और श्री मुरारजी देसाई भी ऐसा ही करते थे। कार वही है जो पैंतीस वर्ष पहले ख़रीदी थी। उन दिनों नयी फिएट कार मात्र अठारह हज़ार में मिली थी और पेट्रोल का दाम निन्यान्वे पैसे प्रति लीटर था। गाड़ी ख़रीदने के लिए मैंने बारह हज़ार का कर्ज़ा तो सरकार से लिया और बाक़ी पैसा पुत्र के मुंडन-संस्कार के नाम पर अपने प्रोविडेण्ट फण्ड से निकाला। टेलीविज़न 'ब्लैक एण्ड ह्वाइट' ही रहा, रंगीन नहीं। पत्नी भी वही है जिसे मैंने लगभग अड़तालीस वर्ष पहले प्राप्त किया था। सभी चीज़ें आज भी लगभग उतनी ही नयी हैं जितनी कि वे प्राप्ति के समय थीं। मैं अब भी उतना ही दक़ियानूसी और किफ़ायती हूँ, जितना पचास वर्ष पहले था। सादा जीवन व सादे विचार। मगर नयी पीढ़ी ने मुझ पर जो हमला बोला है, उसका अन्त नज़र नहीं आता।

मेरा पुत्र एक अमेरिकन मल्टीनेशनल में ऊँचे पद पर है। उसका सही वेतन तो मैं नहीं जानता, मगर इतना ज़रूर जानता हूँ कि उसको जो वेतन, बोनस व अतिरिक्त सुविधाएँ मिलती हैं, उन पर उसे साढ़े बाईस लाख आय कर प्रत्येक वर्ष देना पड़ता है। उसकी सुन्दर पत्नी भी केन्द्रीय सरकार के टेलीफ़ोन विभाग में एक बहुत ऊँचे पद पर है। दोनों की अपनी अलग गाड़ियाँ हैं और दोनों ने विश्व के लगभग सभी देशों का दौरा किया है। दोनों इतने व्यस्त हैं कि उनके दो बच्चे आया पालती है। दो ड्राइवर हैं, एक कम्पनी का दिया पहरेदार है और बाक़ी घरेलू नौकर अलग हैं। सब कुछ है, पर बच्चों को कहानियाँ सुनाने का समय उनके पास नहीं है। मेरी पुत्री और दामाद बिहार के एक मुफ़स्सिल नगर में एक शानदार कान्वेंट चलाते हैं और इतने ठाठ से रहते हैं कि दामाद जो है वह लगभग एक हज़ार रुपयों की तो टाई ही लगाता है। कान्वेंट में छुट्टी होते ही अपनी-अपनी गाड़ियों में अपनी सुन्दर बच्ची के साथ वे दोनों भारत-दर्शन को निकल पड़ते हैं। उन्होंने सारे दर्शनीय स्थान देखे हैं और अपनी मोटरों के सहारे ही देखे हैं। इन दर्शनीय स्थानों में देहरादून भी शामिल है जहाँ वर्ष में एक या दो बार वे ज़रूर आते हैं। वे पाँच सितारों वाले होटलों में ठहरते हैं और वहाँ के बैरों को इतना 'टिप' देते हैं कि मुझे किसी बड़े होटल के बैरा बनने की इच्छा सालने लगती है। महाकवि मिल्टन की यह पंक्ति याद आने लगती है जिसमें उसने कहा है कि 'दे आलसो सर्व, हू स्टैण्ड एण्ड वेट'। दोनों बच्चे फ़िज़ूलख़र्च होने के साथ-साथ दयालु भी बहुत हैं। कुली, मज़दूर व भिखारी

तबके के लोगों को वे खुले हाथ देते हैं। यो न ददाति न भुक्ते, तस्य तृतीया गतिः भवति (भर्तृहरि)।

मेरे दोनों बच्चे जब भी आते हैं तभी उन्हें मेरे रहन-सहन में खामियाँ-ही-खामियाँ नज़र आती हैं। पिछले कुछ वर्षों में उन दोनों ने मेरे मकान में कपड़े धोने की मशीन, मकान के सारे पर्दे, क़ीमती किताबें, दो कूलर, एक एयर-कण्डीशनर, एक कॉर्ड-लैस, दो रंगीन टेलीविज़न, एक वीडियो, एक मोबाइल टेलीफ़ोन, एक इन्वर्टर और विदेशों से लायी विभिन्न वस्तुएँ इस प्रकार लगायी हैं, मेरा मकान एक अजायबघर लगता है जिसका कि मैं चपरासी लगता हूँ। अपने ही घर में अब मैं प्रवासी हो गया। (वह अपने घर में प्रवासिनी—पन्त) मेरा पुत्र और मेरा दामाद मेरी सुविधा के लिए एक-एक मोटर यहाँ भी छोड़ना चाहते हैं। अगर ऐसा हो गया तो मेरा घर एक गराज़ लगेगा और आयकर विभाग की एक टीम मेरे घर की तलाशी लेगी। पता नहीं कि मैं उन्हें कैसे सन्तुष्ट करूँगा कि छापे में डेढ़ लाख की अतिरिक्त सम्पत्ति जो मिली है, वह कहाँ से आयी और कब आयी। उन्होंने एक ड्राइवर भी लगा दिया है और मेरे जूतों की पालिश व हजामत बनाने का काम उस व्यक्ति को सौंप दिया है जो अब तक सिर्फ़ मेरा माली ही था। यह व्यक्ति एक कलाकार है जिसके लिखे और गाये हुए पहाड़ी गीत उत्तरांचल के रेडियो पर प्रसारित होते हैं। मैं हजामत बनवाते समय उसकी कला को किसी तरह दबाये रहता हूँ, ताकि मेरा गला सुरक्षित रहे।

आज सारे बच्चे हमें 'हाय' कहकर किसी बड़े होटल में खाना खाने गये हैं। मैं और मेरी निजी और एकमात्र पत्नी बरामदे में चाय पी रहे हैं और वर्षा का आनन्द ले रहे हैं। मैं सिगरेट सुलगाता हूँ और अपने प्रियतम कवि अकबर इलाहाबादी का एक शेर याद करता हूँ :

हम ऐसी सब किताबें क़ाबिले-ज़ब्ती समझते हैं
कि जिनको पढ़कर बच्चे बाप को ख़ब्ती समझते हैं।

(उ) कमल किशोर गोयनका का साहित्य

(क) प्रेमचन्द पर पुस्तकें

1. **प्रेमचन्द के उपन्यासों का शिल्प-विधान** : सरस्वती प्रेस, 2/43, अंसारी रोड, दरियागंज, नयी दिल्ली-110002, प्र.सं. 1974, मूल्य : 50.00 रुपये
2. **प्रेमचन्द : कुछ संस्मरण** : सरस्वती विहार, जी.टी. रोड, शाहदरा, दिल्ली, प्र.सं. 1980, मूल्य : 25.00 रुपये
3. **प्रेमचन्द (पाकेट बुक)** : हिन्द पॉकेट बुक्स प्रा.लि., जी.टी. रोड, शाहदरा, दिल्ली, प्र.सं. 1980, मूल्य : 10.00 रुपये
4. **प्रेमचन्द और शतरंज के खिलाड़ी** : पूर्वोदय प्रकाशन, 7/8, दरियागंज,

नयी दिल्ली-110002, प्र.सं. 1980, मूल्य 45.00 रुपये

5. **प्रेमचन्द : अध्ययन की नयी दिशाएँ** : साहित्य-निधि, सी-38, ईस्ट कृष्णा नगर, दिल्ली, प्र.सं. 1981, मूल्य : 50.00 रुपये
6. **रंगभूमि : नये आयाम** : नचिकेता प्रकाशन, 9187/4, मुल्तानी ढांडा, पहाड़गंज, नयी दिल्ली-110055, प्र.सं. 1981, मूल्य : 50.00 रुपये
7. **प्रेमचन्द-विश्वकोश (खण्ड एक एवं दो)** : प्रभात प्रकाशन, 205, चावड़ी बाज़ार, दिल्ली-110006, प्र.सं. 1981, मूल्य : 300.00 रुपये
8. **प्रेमचन्द–चित्रात्मक जीवनी** : पीताम्बर पब्लिशिंग कम्पनी प्रा.लि., 888, ईस्ट पार्क रोड, करोलबाग, नयी दिल्ली-110005, प्र.सं. 1986, मूल्य : 75.00 रुपये
9. **प्रेमचन्द का अप्राप्य साहित्य (खण्ड एक एवं दो)** : वाणी प्रकाशन, 21-ए, दरियागंज, नयी दिल्ली-110002, प्रथम संस्करण, 2016, मूल्य : प्रत्येक खण्ड 2000.00 रुपये
10. **प्रेमचन्द की हिन्दी-उर्दू कहानियाँ** : भारतीय ज्ञानपीठ, 18, इंस्टिट्यूशनल एरिया, लोदी रोड, नयी दिल्ली-110003, प्र.सं. 1990, मूल्य : 130.00 रुपये
11. **प्रेमचन्द-रचना संकलन** : साहित्य अकादेमी, 35, फ़िरोजशाह मार्ग, नयी दिल्ली-110001, प्र.सं. 1994, मूल्य : 300.00 रुपये
12. **प्रेमचन्द–देश-प्रेम की कहानियाँ** : निर्मल पब्लिकेशन्स, ए-139, कबीर नगर, गली नं.-3, शाहदरा, दिल्ली-110032, प्र.सं. 2002, मूल्य : 400.00 रुपये
13. **प्रेमचन्द के नाम पत्र** : अनिल प्रकाशन, 2619-20, न्यू मार्केट, नयी सड़क, दिल्ली-110006, प्र.सं. 2002, मूल्य : 250.00 रुपये
14. **प्रेमचन्द–बाल साहित्य समग्र** : मेधा बुक्स, एक्स-11, नवीन शाहदरा, दिल्ली- 110032, प्र.सं. 2002, मूल्य : 400.00 रुपये
15. **प्रेमचन्द की अप्राप्य कहानियाँ** : अनिल प्रकाशन, 2619-20, न्यू मार्केट, नयी सड़क, दिल्ली-110006, प्र.सं. 2005, मूल्य : 300.00 रुपये
16. **प्रेमचन्द और 'रगभूमि' उपन्यास** : अनिल प्रकाशन, 2619-20, न्यू मार्केट, नयी सड़क, दिल्ली-110006, प्र.सं. 2004, मूल्य : 200.00 रुपये
17. **प्रेमचन्द–पत्रकोश** : अमित प्रकाशन, के.बी.- 97, कविनगर, ग़ाज़ियाबाद-201002, प्र.सं. 2007, मूल्य : 600.00 रुपये
18. **प्रेमचन्द–नयी पहचान** : (प्रेस में)
19. **प्रेमचन्द : कहानी रचनावली** (6 खण्डों में) : साहित्य अकादेमी, 35, फ़िरोजशाह मार्ग, नयी दिल्ली-110001, 2010, मूल्य : 1500.00 रुपये

(सम्पूर्ण)

20. **प्रेमचन्द : अनछुए प्रसंग** : मानसी पब्लिकेशंस, 1569, पहली मंज़िल, चर्च रोड, कश्मीरी गेट, दिल्ली-110006, प्र.सं. 2012
21. **प्रेमचन्द : वाद-प्रतिवाद-संवाद** : अयन प्रकाशन, महरौली, नयी दिल्ली, प्र. सं. 2012
22. **प्रेमचन्द (मोनोग्राफ)** : साहित्य अकादेमी, 35, फ़िरोजशाह मार्ग, नयी दिल्ली-110001, प्र.सं. 2013, मूल्य : 50 रुपये
23. **प्रेमचन्द : प्रतिनिधि संचयन** : सस्ता साहित्य मण्डल, नयी दिल्ली-110001, प्र.सं. 2013, मूल्य : 350.00 रुपये
24. **'गोदान' प्रथम संस्करण** (प्रेस में)
25. **'कफ़न' कहानी : आत्मा की तलाश** (प्रेस में)
26. **प्रेमचन्द : सम्पूर्ण दलित कहानियाँ** : सस्ता साहित्य मण्डल, नयी दिल्ली-110001, 2014
27. **प्रेमचन्द : राष्ट्र-प्रेम की कहानियाँ** : अनिल प्रकाशन, दिल्ली, 2014
28. **प्रेमचन्द का कहानी-दर्शन** : अनिल प्रकाशन, दिल्ली, 2014

(ख) अन्य साहित्यकारों पर पुस्तकें

1. **प्रभाकर माचवे–प्रतिनिधि रचनाएँ** : साहित्य-निधि, सी-38, ईस्ट कृष्णा नगर, दिल्ली, प्र.सं. 1984, मूल्य : 80.00 रुपये
2. **जगदीश चतुर्वेदी–एक विवादास्पद रचनाकार** : पल्लवी प्रकाशन, ए-35, निर्माण विहार, दिल्ली-110092; प्र.सं. 1985, मूल्य : 200.00 रुपये
3. **मन्मथनाथ गुप्त–प्रतिनिधि कहानियाँ** : जनप्रिय प्रकाशन, 29/60, गली नं. 11, विश्वास नगर, दिल्ली-110032, प्र.सं. 1985, मूल्य : 65.00 रुपये
4. **जिज्ञासाएँ मेरी–समाधान बच्चन के** : किताब घर, 24/4866, अंसारी रोड, दरियागंज, नयी दिल्ली-110002, प्र.सं. 1985, मूल्य : 60.00 रुपये
5. **रवीन्द्रनाथ त्यागी–प्रतिनिधि रचनाएँ** : पराग प्रकाशन, 3/114, कर्ण गली, विश्वास नगर, दिल्ली-110032, प्र.सं. 1987, मूल्य : 100.00 रुपये
6. **हज़ारीप्रसाद द्विवेदी–कुछ संस्मरण** : किताब घर, 24/4866, अंसारी रोड, दरियागंज, नयी दिल्ली-110002, प्र.सं. 1988, मूल्य : 100.00 रुपये
7. **विष्णु प्रभाकर–प्रतिनिधि रचनाएँ** : प्रभात प्रकाशन, 205, चावड़ी बाज़ार, दिल्ली-110006; प्र.सं. 1988, मूल्य : 150.00 रुपये
8. **यशपाल–कुछ संस्मरण** : पराग प्रकाशन, 3/114, कर्ण गली, विश्वास नगर, दिल्ली-110032, प्र.सं. 1990, मूल्य : 80.00 रुपये

9. **रामकुमार वर्मा नाटक रचनावली (तीन खण्डों में)** : किताब घर, 24/4866, अंसारी रोड, दरियागंज, नयी दिल्ली-110002, प्र.सं. 1990, मूल्य : 600.00 रुपये (सम्पूर्ण)
10. **लघुकथा का व्याकरण** : किताब घर, 24/4866, अंसारी रोड, दरियागंज, नयी दिल्ली-110002, प्र.सं. 1998, मूल्य : 200.00 रुपये
11. **दिनेशनंदिनी डालमिया से बातचीत** : हिन्दी बुक सेंटर, 4-5 बी, आसफ अली रोड, नयी दिल्ली-110002, प्र.सं. 2002, मूल्य : 160.00 रुपये
12. **मंजुल भगत–समग्र कथा-साहित्य (खण्ड एक एवं दो)** : किताब घर, 24/4866, अंसारी रोड, दरियागंज, नयी दिल्ली-110002, प्र.सं. 2004, मूल्य : 900.00 रुपये (सम्पूर्ण)
13. **ग़रीब होने के फ़ायदे एवं अन्य व्यंग्य रचनाएँ (रवीन्द्रनाथ त्यागी की व्यंग्य-रचनाओं का संकलन)** : प्रभात प्रकाशन, 4/19, आसफ अली रोड, नयी दिल्ली-110002, प्र.सं. 2008, मूल्य : 300.00 रुपये
14. **आपातकाल की प्रतिनिधि कविताएँ** : धारिका पब्लिकेशंस, 319, आर.जी. कॉम्प्लेक्स-1, सेक्टर-14, रोहिणी, दिल्ली-110085, प्र.सं. 2007, मूल्य : 400.00 रुपये
15. **गाँधी : पत्रकारिता के प्रतिमान** : नटराज प्रकाशन, ए-98, अशोक विहार, फेज-प्रथम, दिल्ली-110052, प्र.सं. 2008, मूल्य : 400.00 रुपये
16. **बालशौरि रेड्डी कथा-रचनावली** : मानसी पब्लिकेशंस, 1569, पहली मंज़िल, चर्च रोड, कश्मीरी गेट, दिल्ली-110006, प्र.सं. 2012
17. **रवीन्द्रनाथ त्यागी रचनावली (आठ खण्ड)** : वाणी प्रकाशन, 21-ए, दरियागंज, नयी दिल्ली-110002, प्र.सं. 2016

(ग) हिन्दी के प्रवासी साहित्य पर पुस्तकें

1. **अभिमन्यु अनत–एक बातचीत** : ज्ञान भारती, 4/14, रूपनगर, दिल्ली-110007, प्र.सं. 1985, मूल्य : 45.00 रुपये
2. **अभिमन्यु अनत–प्रतिनिधि रचनाएँ** : नटराज प्रकाशन, ए-98, अशोक विहार, फेज-प्रथम, दिल्ली-110052, प्र.सं. 1999, मूल्य : 350.00 रुपये
3. **मॉरिशस की हिन्दी कहानियाँ** : साहित्य अकादेमी, 35, फ़िरोजशाह मार्ग, नयी दिल्ली-110001, प्र.सं. 2000, मूल्य : 250.00 रुपये
4. **अभिमन्यु अनत : समग्र कविताएँ** : इरावती प्रकाशन, सी-487, विकासपुरी, नयी दिल्ली-110018, प्र.सं. 1998, मूल्य : 350.00 रुपये
5. **मॉरिशस के राष्ट्रकवि ब्रजेन्द्र कुमार भगत 'मधुकर' काव्य-रचनावली** : नटराज प्रकाशन, ए-98, अशोक विहार, फेज-प्रथम, दिल्ली-110052,

प्र.सं. 2003, मूल्य : 600.00 रुपये

6. **हिन्दी का प्रवासी साहित्य** : अमित प्रकाशन, के.बी.-97, कविनगर, ग़ाज़ियाबाद- 201002, प्र.सं. 2011, मूल्य : 600.00 रुपये

(घ) कमल किशोर गोयनका पर प्रकाशित पुस्तकें

1. **'समीचीन' पत्रिका का 'डॉक्टर कमल किशोर गोयनका अंक'** : सम्पादक—देवेश ठाकुर, मुम्बई
2. **प्रेमचन्द-साहित्य के अध्येता—डॉ. कमल किशोर गोयनका** : सम्पादक—देवेश ठाकुर, संकल्प प्रकाशन, ए-34, बिल्वकुंज हाउसिंग सोसाइटी, लालबहादुर शास्त्री मार्ग, मुलुंड (पश्चिमी), मुम्बई-400082, प्र.सं. 1990, मूल्य : 55.00 रुपये
3. **डॉ. कमल किशोर गोयनका का साहित्य-संसार** : निर्मला सैनी, अनिल प्रकाशन, 2619-20, न्यू मार्केट, नयी सड़क, दिल्ली-110006, प्र.सं. 2006, मूल्य: 200.00 रुपये
4. **'कल्पांत', फ़रवरी 2009, कमल किशोर गोयनका विशेषांक** : सम्पादक—मुरारीलाल त्यागी, 1962/151, त्रिनगर, दिल्ली-110035
5. **'समावर्तन', नवम्बर 2009, कमल किशोर गोयनका अंक** : सम्पादक—प्रभात कुमार भट्टाचार्य, 129, दशहरा मैदान, उज्जैन-456010
6. **'अभिनव इमरोज', जुलाई 2013, प्रेमचन्द विशेषांक** : सम्पादक—कमल किशोर गोयनका
7. **'पाण्डुलिपि' प्रवासी विशेषांक, रायपुर** : सम्पादक—कमल किशोर गोयनका, 2013